재개발·재건축 법규의 이해와 실무

안종화

法文社

머 리 말

도시에서 주택가격이 급등하는 경우 주택가격 안정을 위한 백가쟁명식 해법이 제시된다. 주택공급확대도 그 해법 중 하나이다. 도시 내 유휴부지가 부족한 상황에서 직주근접(職住近接)성이 높은 주택을 공급함에 유용한 재개발·재건축사업은 항상 공급정책의 우선순위로 고려된다.

재개발·재건축사업과 관련하여 다양한 법적 분쟁이 있다.

필자가 재개발·재건축사건을 본격적으로 접하기 시작한 것은 2017. 2. 의정부지방법원에서 행정합의부 재판장으로 근무하면서부터이다. 복잡하고 난해하여 피하고 싶은 유형의 사건이었다. 그 후 필자는 2019. 2. 서울행정법원 재개발·재건축사건 전담 합의재판부 재판장으로 발령받았고, 오롯이 3년을 근무하여야 하므로 재개발·재건축사건은 반드시 극복해야 하는 운명이 되었다. 이에 따라 그 무렵부터 사건을 처리할 때마다 쟁점들과 관련 법리 및 판례를 정리하는 작업을 시작하였고, 이 책은 그와 같이 3년 동안 정리한 내용들을 기초로 한 것이다.

재개발·재건축사건이 실무자에게 쉽지 않은 영역으로 다가오는 이유는 다음과 같다.

첫째, 재개발·재건축사건은 민사, 형사 및 행정이 교차하는 영역이다. 그 중 행정사건인 공법상 당사자소송사건과 민사사건은 구별하기가 어려운 경우가 많다. 또한 항고소송의 경우에도 설권행위 또는 보충행위 여부에 따라 소송형태가 달라지고, 절차의 진행경과에 따라 대상적격이 달라지며, 소의 이익 여부에 대하여도 신중한 검토가 필요하다. 이러한 사정으로 판례는 여러 곳에서 법원에 적극적 석명의무를 부과하기도 한다.

둘째, 법령의 개정이 빈번하고, 법령이 시·도조례에 폭넓게 수권하여 조례가 중요한 법원(法源)이 되는 영역이다. 법령 및 조례의 정확한 해석을 위해서는 개정연혁을 참고하여야 하고, 입법취지를 고려하여야 한다. 또한 대법원 판례에 대하여도 당시의 법령 및 조례의 규정 내용을 확인하여 현행 법령 및 조례하에서 적용될 수 있는지 여부를 검토해야 한다.

셋째, 도시정비법의 제정으로 재건축사업도 공익사업이 되었으나, 재개발사업과 재건축사업은 공공성 및 공익성의 정도에 있어 커다란 차이가 있고, 도시정비법은 구체적 규율의 내용이나 공적 개입의 정도와 관련하여 정비사업의 여러 절차에서 중대한 차이를 두고 있다. 따라서 각종 일반 규정이나 판례(선례)를 적용함에 있어, 재개발 또는 재건축사업에만 적용되는 것인지, 재개발·재건축사업 모두에 적용되는 것인지 여부를 검토해야 한다.

넷째, 재개발·재건축사업은 조합의 설립, 사업시행계획, 관리처분계획, 이전고시 등의 단계를 거쳐 순차 진행되고, 선행 행정처분이 이루어짐에 따라 후속처분이 진행되며, 선행처분은 그 자체로 처분의 목적이 종료되지 않고 계속하여 후속처분의 전제가 되며, 그 과정에서 다수의 조합설립변경, 사업시행계획변경 및 관리처분계획변경이 이루어진다. 그 경우 관련되는 수개의 처분 중 어떠한 처분을 쟁송의 대상으로 하여야 하는지 등에 관한 검토가 필요하다.

이 책은 사건 처리과정에서 맞닥뜨린 위와 같은 문제들에 대한 필자의 수년간 고민의 결과물이다. 재개발·재건축사업은 정부정책에 크게 좌우되는 영역이다. 서울행정법원의 경우 2017년에는 재개발·재건축사업이 활발하여 다수의 사건이 접수되었으나, 이를 엄격히 규제하던 2018년 이후 점차적으로 줄어들어 2020년에는 2017년 대비 약 3.3배가량 사건이 감소하였다.

현재 유력한 대통령 후보들이 공히 재개발·재건축사업의 완화를 통한 공급확대 정책을 공약하고 있으므로 향후 재개발·재건축사건의 폭발적인 증가가 예상된다. 이 책이 그와 같은 사건을 처리하는 실무에 조그마한 도움이라도 된다면 더 이상 바랄 것이 없다.

이 책을 출간하는 과정에서 많은 분들의 도움이 있었다. 먼저 행정1부에서 같이 근무하며 사건처리를 함께 고민했던 장성욱, 고준홍 판사님께 감사를 드린다. 두 분 판사님의 응원과 격려 덕분에 용기를 낼 수 있었다. 그리고 늘 믿고 지켜봐 주시는 부모님께 감사를 드리고, 주말과 휴일을 이용하여 집필하느라 가정에 소홀한 가장임에도 항상 지지해 주는 아내와 두 딸 정빈이와 수빈이에게 고맙다는 말을 전한다. 끝으로 자상하게 편집을 도와주신 배은영 선생님 등 법문사 관계자분들께 감사드린다.

2022. 1.

저자 안 종 화

차 례

제 2 편 기본·정비계획, 해제 및 안전진단

제 3 편　조합설립추진위원회

제 5 편   시공자 · 전문관리업자 · 설계자 · 감정평가업자 · 임대사업자 선정

제 7 편 관리처분계획 및 인가

제11편　기타 정비사업

제12편 벌 칙

제1편

재개발 · 재건축사업 일반론

Ⅰ. 정비사업의 의의

정비사업이란 도시기능의 회복이 필요하거나 주거환경이 불량한 지역을 계획적으로 정비하고 노후·불량건축물을 효율적으로 개량하는 방법으로 도시환경을 개선하고 주거생활의 질을 높이기 위하여 시행하는 도시 및 주거환경정비법[1]이 정한 사업을 말한다(법 제1조).

종래 도시에서의 정비사업은 여러 법률이 별도로 규율하였다. 도시 저소득 주민 밀집 거주지역의 주거환경개선을 위한 사업인 주거환경개선사업은 도시저소득주민의주거환경개선을위한임시조치법이 규율하였고, 주택재건축사업은 구분소유자들 사이의 내부관계로서 사법적 법률관계는 집합건물의 소유 및 관리에 관한 법률(이하 '집합건물법'이라 한다)이, 각종 인·허가와 관련한 공법상의 규율은 주택건설촉진법(이하 '주촉법'이라 한다)이 각 규율하였으며, 도심재개발사업, 주택재개발사업, 공장재개발사업은 도시재개발법이 규율하였다.

그러나 1970년대 이후 산업화·도시화 과정에서 대량 건설·공급된 건축물들이 노후화됨에 따라 이들을 체계적이고 효율적으로 관리하고 정비할 필요성이 대두되었다. 특히 정비사업의 통합 및 종합관리로 사업의 일관성과 '선계획－후개발'에 입각한 도시관리를 도모하며, 종래 개별법에 의하여 별도로 운영됨에 따라 발생하는 문제점을 보완하고 단일 법률에서 동일한 절차로 규율하기 위해 도시정비법이 2002. 12. 30. 법률 제6852호로 제정되었고,[2] 이에 따라 도시재개발법 및 도시저소득주민의주거환경개선을위한임시조치법은 폐지되었으며, 주촉법 중 일부 조항이 개정되었다.[3]

---

1) 이하 '법'이라 하되, 특별히 다른 법률과 구분이 필요한 경우에는 '도시정비법'이라고 한다.
2) 헌재 2011. 11. 24. 선고 2010헌가95 등 결정.

도시정비법은 제정 당시 종래 개별법에서의 정비사업을 통합하여 주택재개발 사업, 도시환경정비사업(도심재개발사업, 공장재개발사업), 주택재건축사업, 주거환경 개선사업으로 구분하여 규율하게 되었고, 그 후 몇 차례의 변경을 거쳐 오늘에 이르고 있다. 정비사업 중 주택을 개량하는 사업은 도시 내 유휴부지가 부족한 상황에서 직주근접성(職住近接性, 직장과 주거지의 근접성)이 높은 주택을 공급하는 데 중요한 역할을 하고 있다.

II. 부동산공법으로서의 도시정비법

1. 국토계획법과의 관계

가. 부동산공법 일반법으로서의 국토계획법

국토의 계획 및 이용에 관한 법률(이하 '국토계획법'이라 한다)은 전국의 국토에 대한 계획과 이를 기초로 한 이용에 관하여 규율하는 법이다.

국토계획법이 규율하고 있는 계획에는 특별시·광역시·특별자치시·특별자치도·시 또는 군의 관할 구역에 대하여 기본적인 공간구조와 장기발전방향을 제시하는 종합계획으로서 도시·군관리계획 수립의 지침이 되는 비구속적 행정계획인 도시·군기본계획이 있고, 이를 기초로 개발·정비 및 보전을 위하여 수립하는 토지 이용, 교통, 환경, 경관, 안전, 산업, 정보통신, 보건, 복지, 안보, 문화 등에 관한 계획으로서 구속적 행정계획인 도시·군관리계획이 있다.

도시·군관리계획에는 용도지역·용도지구의 지정 또는 변경에 관한 계획, 개발제한구역 등 용도구역에 관한 계획, 기반시설의 설치·정비 또는 개량에 관한 계획, 도시개발사업이나 정비사업에 관한 계획, 지구단위계획구역의 지정 또는 변경에 관한 계획과 지구단위계획 등이 있다(국토계획법 제2조 제4호).

나. 국토계획법의 특별법

정비사업에 관한 계획도 도시·군관리계획의 일종이므로 국토계획법에 따라

---

3) 주촉법이 2003. 5. 29. 법률 제6916호로 전부개정 되면서 명칭이 주택법으로 변경되었다. 주택재건축에 관한 규정은 모두 삭제되었고, 내용도 종래 주택건설을 통한 주택공급위주에서 주거복지 및 주택관리부분으로 중점이 변경되었으며, 건축물의 노후화 억제 또는 기능향상을 위한 리모델링사업이 도입되었다.

도시 · 군기본계획을 먼저 수립하고, 이를 기초로 도시 · 군관리계획에 따라 수행함이 원칙이나, 도시정비법은 국토계획법상의 도시관리계획에 의거하여 도시기능의 회복이 필요하거나 주거환경이 불량한 지역을 계획적으로 정비하고 노후 · 불량건축물을 효율적으로 개량하기 위하여 필요한 사항을 규정하기 위한 목적으로 특별히 제정된 법률로서 국토계획법의 특별법이다.[4)]

도시 내에서 공적인 개발행위로는 도시로서의 기능에 필수적인 기반시설의 설치 · 정비 또는 개량을 도시관리계획에 의하여 수행하는 도시계획시설사업, 도시개발사업 및 도시정비사업이 있는바, 그 중 도시계획시설사업은 국토계획법이, 도시개발사업은 국토계획법의 특별법인 도시개발법이, 도시정비사업은 국토계획법의 특별법인 도시정비법이 각 규율하고 있다.

도시정비법상의 정비기본계획은 국토계획법상의 도시 · 군기본계획에 해당하고, 정비계획(정비구역지정)은 국토계획법상의 도시 · 군관리계획에 해당한다. 도시개발사업은 사업시행자 지정 규정을 두고 있으나, 도시정비법에서는 별도의 사업시행자 지정 규정이 없고, 주된 사업시행자인 조합의 설립인가제도를 두고 있으며, 도시개발사업은 주로 환지방식으로 진행되나, 도시정비사업은 주로 분양신청을 통한 관리처분계획방식으로 진행되는 점에서 차이가 있다.

2. 도시재정비법, 소규모주택정비법 및 전통시장법과의 관계

가. 도시재정비법과의 관계

⑴ 근거규정

도시의 낙후된 지역에 대한 주거환경의 개선, 기반시설의 확충 및 도시기능의 회복을 위한 사업을 광역적으로 계획하고 체계적 · 효율적으로 추진하기 위하여 필요한 사항을 정함으로써 도시의 균형 있는 발전을 도모하고 국민의 삶의 질 향상에 기여함을 목적으로 도시재정비 촉진을 위한 특별법(이하 '도시재정비법'이라 한다)이 제정되어 있다.

종래 서울시의 뉴타운사업은 도시재정비법에 근거하여 이루어졌다. 도시재정비법 제3조 제1항은 "이 법은 재정비촉진지구에서는 다른 법률보다 우선하여 적용한

---

4) 대법원 2008. 11. 27. 선고 2007두24289 판결.

다.”라고 규정하여 도시재정비법이 도시정비법의 특별법임을 명확히 하고 있다. 따라서 도시재정비법에 의하여 지정된 재정비촉진지구에서 시행되는 도시정비법상의 주거환경개선사업, 재개발사업, 재건축사업은 모두 도시재정비법이 적용된다.

⑵ 정비사업 추진 중 재정비촉진지구로 지정 고시된 경우의 법률관계

㈎ 문제의 소재

정비구역으로 지정되어 재개발사업 추진 중 도시재정비법 소정의 재정비촉진지구로 지정 고시된 경우에 조합설립인가처분을 비롯한 절차를 새롭게 진행하여야 하는지 여부가 문제된다.

㈏ 판례

재정비촉진지구란 재개발 등 사업을 광역적 · 효율적으로 시행할 수 있는 체계를 확립하고 도시기반시설을 획기적으로 개선하여 도시의 균형발전과 국민의 삶의 질 향상에 기여하려는 취지에서 마련된 것으로, 기반시설의 설치비용을 원칙적으로 사업시행자에게 부담하도록 하되 용적률 · 층고제한의 완화, 지방세의 감면 등의 지원을 통하여 재개발 등 사업이 원활히 이루어질 수 있도록 하는 제도일 뿐이므로, 조합설립인가처분 이후 당해 사업구역이 재정비촉진지구로 지정되었다고 하여 조합설립인가를 다시 받아야 하는 것은 아니다.[5]

나. 소규모주택정비법과의 관계

방치된 빈집을 효율적으로 정비하고 소규모주택 정비를 활성화하기 위하여 필요한 사항 및 특례를 규정함으로써 주거생활의 질을 높이는 데 이바지함을 목적으로 하여 제정된 빈집 및 소규모주택 정비에 관한 특례법(이하 ‘소규모주택정비법’이라 한다)은 빈집을 개량 또는 철거하거나 효율적으로 관리 또는 활용하기 위한 빈집정비사업과 단독주택, 다세대주택 및 연립주택을 스스로 개량 또는 건설하기 위한 사업인 자율주택정비사업, 가로구역에서 종전의 가로를 유지하면서 소규모로 주거환경을 개선하기 위한 사업인 가로주택정비사업, 정비기반시설이 양호한 지역에서 소규모로 공동주택을 재건축하기 위한 사업인 소규모재건축사업, 역세권 또는 준공업지역에서 소규모로 주거환경 또는 도시환경을 개선하기 위한 사업인 소

---

5) 대법원 2014. 5. 29. 선고 2012두18677 판결.

규모재개발사업 등의 소규모주택정비사업으로 나누어 규율하고 있다.

도시정비법이 2017. 2. 8. 법률 제14567호로 전부개정되기 이전에 정비구역 지정 없이 시행가능하였던 소규모의 재건축사업은 위 법률 개정으로 폐지되고, 소규모주택정비법이 이를 규율하게 되었다. 소규모주택정비법 제3조 제1항은 "이 법은 빈집정비사업 및 소규모주택정비사업에 관하여 다른 법률에 우선하여 적용한다."라고 규정하고 있다. 소규모주택정비법은 제56조로 토지등소유자의 동의방법 등을 비롯한 각종 절차나 규정 등에 관하여 '자율주택정비사업 또는 가로주택정비사업'은 '재개발사업'의 규정을, '소규모재건축사업'은 '재건축사업'의 규정을 각 준용하고 있다.[6)

다. 전통시장법과의 관계

시장정비사업과 관련하여서는 1995. 12. 29. 법률 제5093호로 중소기업의구조개선및경영안정지원을위한특별조치법이 제정되었고, 그 후 2002. 1. 26. 법률 제6639호로 위 법률이 폐지되고, 중소기업의구조개선과재래시장활성화를위한특별조치법이 제정되었다가, 다시 2004. 10. 22. 법률 제7235호로 위 법률이 폐지되고, 재래시장육성을위한특별법이 제정되었으며, 2006. 4. 28. 법률 제7945호로 전부개정 되면서 재래시장 및 상점가 육성을 위한 특별법으로 법명이 변경되었다가, 2009. 12. 30. 법률 제9887호로 일부 개정되면서 법명이 전통시장 및 상점가 육

---

6) 소규모주택정비법은 토지등소유자의 동의방법에 관하여 법 제27조, 제36조 및 제37조만을 준용하도록 하고 있고(제56조 제1항), 소규모주택정비법 시행령 제23조도 "법 제25조 제1항에 따른 토지등소유자의 동의자 수 산정방법에 관하여는 도시정비법 시행령 제33조를 준용한다."고만 규정하고 있다. 따라서 도시정비법 시행령 제25조 제2항 제3호의 "토지등소유자의 동의를 받으려는 자는 제33조 제2항에 따른 동의의 철회 또는 반대의사 표시의 절차 및 방법을 설명·고지하여야 한다."는 규정이 적용 또는 유추적용되어야 하는지 여부에 대하여 논란이 있다.

　소규모주택정비법 시행령 제23조에 의하여 준용되는 도시정비법 시행령 제33조 제2항이 적용되어 동의의 철회시기가 제한되므로 그 내용이 동의서를 제출하는 조합원에게 고지될 필요성이 있고, 이는 도시정비법상의 재건축 또는 재개발 조합설립동의서 제출자와 다를 바 없는 점, 종전 도시정비법에 의하여 규율되던 가로주택정비사업의 경우 동의의 철회 또는 반대의사 표시의 절차 및 방법이 설명·고지되도록 규정하고 있었는바, 조합원 강제가입제를 제외하고는 특별히 이와 다른 내용이 없는 소규모주택정비법의 적용을 받는 가로주택정비사업의 경우에도 위 규정은 적용되어야 할 것으로 보이는 점, 실제로 소규모주택정비법 시행규칙 제9조 제3항 [별지 제12호] '조합설립동의서'에는 도시정비법 시행령 제33조 제2항에 따른 동의의 철회 또는 반대의사 표시의 절차 및 방법 등이 자세히 기재되어 있는 점 등을 종합하여 보면, 일부 입법의 불비는 소규모주택정비법이 기본법인 도시정비법을 준용하는 과정에서의 착오로 보이므로 도시정비법 시행령 제25조 제2항 제3호도 적용 또는 유추적용 되어야 한다.

성을 위한 특별법(이하 '전통시장법'이라 한다)으로 다시 바뀌었다.

전통시장법의 대상인 시장정비사업이란 시장의 현대화를 촉진하기 위하여 상업기반시설 및 도시정비법에 따른 정비기반시설을 정비하는 등 전통시장법 및 도시정비법 등에서 정하는 바에 따라 시장을 정비하는 행위를 의미한다. 시장정비사업은 전통시장 즉, 자연발생적으로 또는 사회적·경제적 필요에 의하여 조성되고, 상품이나 용역의 거래가 상호신뢰에 기초하여 주로 전통적 방식으로 이루어지는 장소로서 해당 구역 및 건물에 대통령령으로 정하는 수 이상의 점포가 밀집한 곳일 것, 유통산업발전법 시행령 제2조에 따른 용역제공장소의 범위에 해당하는 점포수가 전체 점포수의 2분의 1 미만일 것, 그 밖에 대통령령으로 정하는 기준에 맞을 것 등의 요건을 모두 충족한다고 시장·군수·구청장 등이 인정한 시장을 대상으로 한다(전통시장법 제2조 제1호).

전통시장법 제4조 제1항은 시장정비사업과 관련하여 이 법에서 정하지 아니한 사항은 도시정비법 중 재개발사업(이는 구 '도시환경정비사업'[7]을 의미한다)에 관한 규정을 준용하고, 그 밖의 사항에 관하여는 집합건물법의 관련 규정을 각각 준용한다고 규정하고 있다. 전통시장법은 행정청의 각종 지원, 공유재산의 사용·수익 허가 및 대부에 관한 특례, 국공유지 사용료등 감면, 용적률, 건폐율, 높이제한 등에 대한 각 특례를 규정하고 있다.

Ⅲ. 정비사업의 특징

1. 공익사업

도시정비법상의 정비사업은 도시환경을 개선하고 주거생활의 질을 높이는데 이바지하는 공익사업이다. 정비사업은 관리처분계획의 인가 고시가 이루어지는 경우 사회적 약자인 임차인 등의 보호를 위하여 법이 권리존속기간을 강제하고 있는 민법 제280조·제281조 및 제312조 제2항, 주택임대차보호법(이하 '주택임대차법'이라 한다) 제4조 제1항, 상가건물 임대차보호법(이하 '상가임대차법'이라 한다) 제9

---

7) 구 전통시장법(2017. 2. 8. 법률 제14567호로 전부개정되기 전의 것)에서는 도시정비법 중 도시환경정비사업(상업지역·공업지역 등으로서 토지의 효율적 이용과 도심 또는 부도심 등 도시기능의 회복이나 상권활성화 등이 필요한 지역에서 도시환경을 개선하기 위하여 시행하는 사업)에 관한 규정을 준용하도록 규정하고 있었다.

조 제1항을 배제한 채 목적물에 대한 사용·수익이 정지될 정도로 공공성 및 공
익성의 정도가 중하다.

정비사업의 공익적 성격상 가급적 유효하게 진행되도록 하는 것이 타당하다는
취지에서 원래의 조합설립변경인가는 조합이 설립인가 받은 사항을 변경하는 것
을 전제로 함에도, 최초의 조합설립인가처분에 동의율 부족 등 하자가 있음을 이
유로 취소소송이 제기되고, 1심에서 동의율 미달 등을 이유로 조합설립인가처분이
무효나 취소판결을 받게 되는 경우, 항소심 진행 중(심지어 1심에서 무효확인이나
취소판결을 받고 항소기각 판결을 받은 후, 상고심 진행 중)에 조합설립인가의 요건을
모두 구비하여 변경인가처분을 받는 경우에도 유효한 것으로 인정하고 있다.

공익성의 정도는 재건축사업, 재개발사업, 주거환경개선사업의 순으로 강하다.
도시정비법은 공익성이 강한 정비사업에 대하여는 공적개입이나 강제로 규율하는
범위가 넓고, 상대적으로 공익성이 약한 정비사업의 경우에는 보다 많은 자율성을
부여하고 있다. 가장 공익성이 중대한 주거환경개선사업의 경우 사업시행자는 시
장·군수등[8]이나 토지주택공사등(한국토지주택공사를 따로 지칭할 때도 '토지주택공
사'라고만 한다)[9] 공공기관이고, 토지등소유자[10]나 사인(私人)은 단독의 사업시행자
가 될 수 없다.

2. 원칙적으로 조합이 시행하는 사업

도시정비법상 시장·군수등 또는 토지주택공사등이 아닌 자가 정비사업을 시
행하고자 하는 경우에는 토지등소유자로 구성된 조합(예외 토지등소유자가 20인 미
만인 재개발사업)을 설립하여야 하므로 사업시행자는 원칙적으로 조합이다. 조합은
관할 행정청의 감독 아래 정비사업을 시행하는 목적 범위 내에서 법령이 정하는
바에 따라 일정한 행정작용을 행하는 '행정주체'로서의 지위를 갖는다. 그와 동시
에 정비구역 내에서 독점적·배타적인 사업시행권을 가지는 사업주체로서 조합원

---

8) 특별자치시장, 특별자치도지사, 시장, 군수, 자치구의 구청장[법 제2조 제2호 나목 1)].
9) 한국토지주택공사법에 따라 설립된 한국토지주택공사 또는 지방공기업법에 따라 주택사업을 수행하
기 위하여 설립된 지방공사를 말한다(법 제2조 제10호).
10) 주거환경개선사업 및 재개발사업의 경우에는 정비구역에 위치한 토지 또는 건축물의 소유자 또는
그 지상권자를, 재건축사업의 경우에는 정비구역에 위치한 건축물 및 그 부속토지의 소유자를 의미
한다(법 제2조 제9호). 정비구역 내 토지 또는 건축물(재개발), 건축물 및 부속토지(재건축)를 통칭
하는 경우에도 '토지등'이라고 한다.

들로 구성된 '공법상 단체'로서의 성격도 갖는다.[11]

도시정비법이 정비사업의 시행과 관련한 일정한 사항을 정관[12]으로 정하도록 위임하고 있는 경우 조합은 위임받은 사항에 관하여 상위법령을 위반하지 않는 범위 내에서 당해 조합의 실정에 맞게 조합원들의 자율적이고 민주적인 의사에 따라 단체내부의 자치규범인 '정관'을 제정할 수 있다. 조합의 정관은 조합의 조직, 활동, 조합원의 권리의무관계 등 단체법적 법률관계를 규율하는 것으로서 공법인인 조합과 조합원에 대하여 구속력을 가지는 자치법규가 된다.

행정주체이고 공법상 단체라는 특성, 도시정비법령 조항의 내용(대의원회가 총회의 권한을 대행할 수 없는 사항 명시, 법 시행령 제43조)에 비추어 각각 기관의 고유한 역할과 권한은 행정주체 내부의 권한 분장사항에 해당하여 강행법규로 보아야 하므로 임의로 정관규정이나 약정으로 변경할 수 없다.[13] 단체법적 법률관계이므로 객관성, 명확성 및 안정성이 특히 중시된다.

3. 원칙적으로 공용환권을 목적으로 하는 사업

조합이 사업시행자가 되는 정비사업은 원칙적으로 토지등소유자가 조합원이 되어 자신의 종전자산을 출자하고 공사비 등을 투입하여 구 주택 등을 철거한 후 신 주택 등을 건축한 다음, 이를 배분받는 공용환권을 목적으로 하는 사업이다.[14]

공용환권은 토지 · 건물에 관한 권리를 토지정리 후에 새로이 건축된 건축물과 그 부지에 관한 권리로 변환시키는 입체적 환지 수법이라는 점에서 평면적인 토지정리에 그치고 토지와 토지를 교환 · 분할 · 합병하는 공용환지와 다르다.[15] 다만 재개발사업 및 주거환경개선사업의 경우에는 예외적으로 대지로서의 효용을 증진하기 위하여 토지를 교환 · 분합하는 환지방식도 가능하고, 시장 · 군수등 또

---

11) 대법원 2009. 9. 24. 선고 2008다60568 판결, 헌재 2012. 4. 24. 선고 2010헌바1 결정.

12) 조합이 사업시행자인 경우에는 반드시 정관을 작성하여야 하고, 개인이 사업시행자인 토지등소유자가 20인 미만인 재개발사업의 경우에는 토지등소유자들이 정관에 준하는 정한 규약을 자치적으로 제정한다. 이를 통칭하는 경우 '정관등'이라고 한다(법 제2조 제11호).

13) 대법원 2018. 2. 8.자 2017두65227 심리불속행 판결 및 하급심인 서울고등법원 2017. 9. 13. 선고 2015누48404 판결(조합 집행부와 상가 대표자 사이에 체결된 상가독립정산제 약정 내용대로 조합 총회가 상가부분에 관한 관리처분계획을 수립할 의무를 부담하는 것이라면 강행법규를 위반한 것이어서 무효이다).

14) 대법원 2020. 9. 3. 선고 2019다272343 판결, 대법원 2016. 2. 18. 선고 2015두2048 판결, 대법원 2015. 11. 26. 선고 2014두15528 판결.

15) 부동산등기실무 III, 법원행정처(2015), 252면.

는 공공기관이 사업시행자가 되는 주거환경개선사업에는 구 주택의 보전방법에 의한 사업을 포함하여 폭넓은 예외가 인정된다.

4. 다양한 변수가 존재하는 장기간을 요하는 사업

정비사업은 이해관계가 상충되는 다수의 토지등소유자들의 개별적이고 구체적인 이익을 적절히 형량·조정하면서 장기에 걸쳐 진행되는 사업이다. 그 과정에서 임차인 등 관계자들의 이해관계도 복잡하게 얽혀 있다. 또한 부동산 정책, 시장상황이나 주변여건이 급변하고, 관계 법령이 수시로 변경되는 등 다양한 변수가 존재한다.

위와 같은 특성상 사업시행계획이나 관리처분계획 등은 처음부터 정비사업에 관한 모든 세부적 사항을 확정하여 작성, 수립하는 것이 현실적으로 용이하지 않아 진행경과에 따라 세부적 내용을 구체화하는 등으로 단계적, 발전적으로 이를 형성해 나가게 되거나 다양한 변수를 반영할 필요성으로 인하여 변경이 내재되어 있고, 도시정비법도 조합설립인가, 사업시행계획, 관리처분계획, 정관 등의 변경에 관하여 자세히 규정하고 있다. 또한 다수의 토지등소유자들 모두의 개별적, 구체적 이익을 만족시킬 수는 없으므로, 이를 적절히 형량·조정함에 있어 사업시행자에게 상당한 재량권이 부여된다. 다만 사업시행이 완료되어 이전고시가 이루어진 이후에는 그에 따라 이미 형성된 법률관계를 유지하여 법적 안정성을 보호할 필요성이 현저하여 그 전 단계의 조합설립인가처분, 사업시행계인가, 관리처분계획인가 및 수용재결 등을 더 이상 다툴 수 없다.[16]

5. 처분 중심의 순차적 절차 진행 사업

정비사업은 조합의 설립, 사업시행계획, 관리처분계획, 이전고시 등의 단계를 거쳐 순차 진행되고, 각 단계에서 조합설립인가, 사업시행계획인가, 관리처분계획인가 등의 선행 행정처분이 이루어짐에 따라 후행처분이 진행되는 것이 특성이다. 각각의 처분은 단계적으로 별개의 법률효과를 발생시키는 독립된 행정처분이므로, 선행처분에 불가쟁력이 발생하면, 그 수립에 관한 취소사유인 하자가 후행처분에

---

16) 대법원 2012. 3. 22. 선고 2011두6400 전원합의체 판결, 대법원 2014. 9. 25. 선고 2011두20680 판결, 대법원 2017. 3. 16. 선고 2013두11536 판결.

승계되지 아니한다. 따라서 선행처분의 취소사유를 들어 후행처분의 적법 여부를 다툴 수는 없다.

다만, 선행처분은 그 자체로 처분의 목적이 종료되지 않고 계속하여 후행처분의 전제가 되는 것이 정비사업의 특성이므로(이하에서는 당해처분이 변경되는 경우의 처분은 '후행처분', 후속절차에 따라 이루어지는 처분은 '후속처분'이라는 용어를 주로 사용한다), 선행처분이 당연무효로 확인되거나 취소될 경우 후행 및 후속처분도 소급하여 효력이 상실된다. 특히 이는 후속의 행정처분뿐만 아니라 사법상 계약이나 사실행위도 모두 소급하여 무효가 된다.

구체적으로 살펴보면, 조합설립인가처분이 무효로 확인되거나 취소될 경우, 조합설립변경인가처분뿐만 아니라 그 유효를 전제로 하는 시공자 선정에 관한 총회결의, 사업시행계획 및 인가처분, 매도청구권 행사(재건축), 분양공고 및 분양신청 절차, 분양신청을 하지 않은 자에 대한 정비구역 내 토지등의 협의취득, 수용 및 이의재결, 관리처분계획 및 인가처분 등과 같은 후속행위 역시 소급하여 효력을 잃게 된다.[17] 당초 사업시행계획이 무효로 확인되거나 취소될 경우, 사업시행변경 계획뿐만 아니라 이를 전제로 한 분양공고 및 분양신청 절차, 협의 및 수용절차(재개발사업), 관리처분계획의 수립 및 인가와 같은 여러 후속행위들도 모두 소급하여 효력이 상실된다.[18]

6. 다수의 이해관계자 관련 사업

정비사업은 이해관계가 상충되는 다수의 토지등소유자 및 임차인 등 기타 관계인들을 대상하므로, 도시정비법상의 처분은 통상 고시 또는 공고에 의하여 이루어진다. 이에 따라 고시, 공고 그 자체에 특별한 규정이 있는 경우를 제외하고는 행정 효율과 협업 촉진에 관한 규정(이하 '행정효율 촉진규정'이라 한다) 제4조 제3호, 제6조 제3항에 의하여 고시 또는 공고가 있고 난 뒤 5일이 경과한 날부터 효력을 발생한다.

위와 같이 고시 또는 공고에 의하여 행정처분을 하는 경우에는 그 처분의 상대방이 다수이고 그 처분의 효력이 그들에게 일률적으로 적용되는 것이므로, 행정

---

17) 대법원 2012. 3. 29. 선고 2008다95885 판결, 대법원 2012. 10. 25. 선고 2010두25107 판결.
18) 대법원 2013. 11. 28. 선고 2011두30199 판결.

처분에 이해관계를 갖는 자가 고시 또는 공고가 있었다는 사실을 현실적으로 알 았는지 여부에 관계없이 고시가 효력을 발생하는 날에 행정처분이 있음을 알았다 고 보아야 한다.

따라서 행정소송법 제20조 제1항 단서에 규정된 특별한 사정이 있음을 인정할 만한 사유가 없는 한 그와 같은 행정처분의 취소를 구하는 소의 제소기간은 고시, 공고가 있고 난 뒤 5일이 경과한 날부터 진행된다.[19]

---

19) 대법원 2013. 3. 14. 선고 2010두2623 판결, 대법원 2001. 7. 27. 선고 99두9490 판결, 대법원 2007. 6. 14. 선고 2004두619 판결.

Ⅰ. 정비사업의 종류 개관

1. 원칙적 형태

도시정비법에서 정한 절차에 따라 도시기능을 회복하기 위하여 정비구역에서 정비기반시설을 정비하거나 주택 등 건축물을 개량 또는 건설하는 사업을 정비사업이라고 하는데, 여기에는 3가지 종류가 있다(법 제2조 제2호).

첫째, **주거환경개선사업**: 도시저소득 주민이 집단거주하는 지역으로서 정비기반시설이 극히 열악하고 노후·불량건축물이 과도하게 밀집한 지역의 주거환경을 개선하거나 단독주택 및 다세대주택이 밀집한 지역에서 정비기반시설과 공동이용시설 확충을 통하여 주거환경을 보전·정비·개량하기 위한 사업

둘째, **재개발사업**: 정비기반시설이 열악하고 노후·불량건축물이 밀집한 지역에서 주거환경을 개선하거나 상업지역·공업지역 등에서 도시기능의 회복 및 상권활성화 등을 위하여 도시환경을 개선하기 위한 사업[서울특별시 도시 및 주거환경정비 조례(이하 '서울시 조례'라고 한다)[20] 제3조는 재개발사업에 관하여 정비기반시설이 열악하고 노후·불량건축물이 밀집한 지역에서 주거환경을 개선하기 위하여 시행하는 재개발사업을 '주택정비형 재개발사업', 상업지역·공업지역 등에서 도시 기능의 회복 및 상권 활성화 등 도시환경을 개선하기 위하여 시행하는 재개발사업을 '도시정비형 재개발사업'으로 구분하고 있으므로, 이하에서도 이와 같이 구분한다]

셋째, **재건축사업**: 정비기반시설은 양호하나 노후·불량건축물에 해당하는 공동주택이 밀집한 지역에서 주거환경을 개선하기 위한 사업

---

20) 도시정비법령에 시·도조례로 정하는 사항이라고 기재된 부분이 다수 있는바, 시·도조례로 정하는 사항은 일반적으로 서울특별시가 먼저 조례를 제정하고, 다른 지방자치단체는 이를 기초로 자신의 실정에 맞게 변형하는 것이 일반적이므로, 서울특별시 도시 및 주거환경 정비조례를 기준으로 한다.

"정비기반시설"이란 도로·상하수도·구거(溝渠: 도랑)·공원·공용주차장·공동구(국토계획법 제2조 제9호에 따른 공동구를 말한다), 그 밖에 주민의 생활에 필요한 열·가스 등의 공급시설로서 대통령령[21]으로 정하는 시설을 말한다(법 제2조 제4호). "공동이용시설"이란 주민이 공동으로 사용하는 놀이터·마을회관·공동작업장, 그 밖에 대통령령[22]으로 정하는 시설을 말한다.

2. 공공재개발 및 공공재건축

법이 2021. 4. 13. 법률 제18046호로 개정되면서 신설되었다. 용적률의 인센티브를 통한 사업성 부족을 보완하고, 통합심의에 의하여 인·허가 절차의 간소화라는 특혜를 부여하되(추가로 재개발사업의 경우 분양가 상한제 제외, 재건축사업의 경우 공원설치의무 완화), 조합원 분양분을 제외한 나머지 세대 수 중 50% 이상을 반드시 임대주택(전체 세대수의 20%는 공공임대주택)으로 건축하고, 인센티브로 받은 초과용적률을 통한 증축분 중 100분의 20 이상 100분의 50 이하로서 조례로

---

21) **법 시행령 제3조(정비기반시설)** 법 제2조 제4호에서 "대통령령으로 정하는 시설"이란 다음 각 호의 시설을 말한다.
　1. 녹지
　2. 하천
　3. 공공공지
　4. 광장
　5. 소방용수시설
　6. 비상대피시설
　7. 가스공급시설
　8. 지역난방시설
　9. 주거환경개선사업을 위하여 지정·고시된 정비구역에 설치하는 공동이용시설로서 사업시행계획서에 해당 시장·군수등이 관리하는 것으로 포함된 시설
22) **법 시행령 제4조**
　법 제2조 제5호에서 "대통령령으로 정하는 시설"이란 다음 각 호의 시설을 말한다.
　1. 공동으로 사용하는 구판장·세탁장·화장실 및 수도
　2. 탁아소·어린이집·경로당 등 노유자시설
　3. 그 밖에 제1호 및 제2호의 시설과 유사한 용도의 시설로서 시·도조례로 정하는 시설
　서울시 조례 제5조(공동이용시설)
　영 제4조 제3호에 따라 시·도조례로 정하는 공동이용시설은 다음 각 호의 시설을 말한다.
　1. 관리사무소, 경비실, 보안·방범시설 등 마을의 안전 및 공동이용관리를 위해 필요한 시설
　2. 주민운동시설, 도서관 등 주민공동체 활동을 위한 복리시설
　3. 마을공동구판장, 마을공동작업소 등 주민 소득원 개발 및 지역 활성화를 위해 필요한 시설
　4. 쓰레기수거 및 처리시설 등 마을의 환경개선을 위해 필요한 시설
　5. 노인복지법 제38조 제1항 제2호에 따른 주·야간보호서비스를 제공하는 재가노인복지시설과 장애인복지시설

정하는 비율의 사실상 기부(재개발사업), 종전 세대수의 100분의 160에 해당하는 세대수 이상을 건설하고, 인센티브로 받은 초과용적률을 통한 증축분 중 100분의 40 이상 100분의 70 이하로서 조례로 정하는 비율의 사실상 기부(재건축사업)를 의무로 부과하는 내용의 정비사업이다.

위 각 정비사업에 대하여는 조합원 과반수 동의로 조합이 시장·군수등, 토지주택공사등 공공기관과 공동으로 정비사업을 수행하거나(법 제25조) 또는 해당 정비구역 토지면적 2분의 1 이상의 토지소유자와 토지등소유자의 3분의 2 이상에 해당하는 자가 시장·군수등에게 시장·군수등, 토지주택공사등을 사업시행자로 지정할 것을 요청하여 시장·군수등이 직접 또는 토지주택공사등을 사업시행자(공공시행자)로 하여 사업을 수행하거나(법 제26조), 토지등소유자 과반수의 동의로 시장·군수등에게 조합을 대신하여 정비사업을 시행할 것을 요청하는 경우 시장·군수등이 직접 정비사업을 시행하거나 토지주택공사등 또는 지정개발자에게 조합을 대신하여 정비사업을 시행하게 할 수 있다(법 제28조).

II. 공공재개발 및 공공재건축 제도

정비사업의 원칙적 형태는 추후 살펴보기로 하고, 이하에서는 2021. 4. 13. 새롭게 도입된 공공재개발(재건축)제도에 관하여 자세히 살펴본다.

1. 의 의

종래 조합이 조합원 과반수의 동의가 있으면 시장·군수등, 토지주택공사등 공공기관과 공동으로 정비사업을 수행하거나(법 제25조), 조합원 과반수의 동의로 요청하는 경우 시장·군수등이 직접 또는 토지주택공사등 공공기관이 사업대행자로서 단독으로 정비사업을 수행하거나(사업대행자, 법 제28조 제1항 제2호), 토지면적 2분의 1 이상의 토지소유자와 토지등소유자의 3분의 2 이상에 해당하는 자가 시장·군수등 또는 토지주택공사등을 사업시행자로 지정하는 것을 요청하는 때에 시장·군수등이 직접 또는 토지주택공사등을 사업시행자 지정하여 정비사업을 수행하는 제도(공공시행자, 법 제26조 제1항 제8호)가 존재하고 있었다.

그 후 법이 이를 기반으로 하되, 시장·군수등 또는 공공기관이 사업시행자

등으로 반드시 참여함을 전제로 용적률 인센티브 등을 통한 사업성 강화, 간편한 절차를 통한 사업의 촉진과 반대급부로서의 임대주택의 설치 및 사실상 기부 등을 내용으로 하는 공공재개발 및 재건축사업 유형을 2021. 4. 13. 법률 제18046호로 신설하였다. 주로 사업성 부족이나 주민 간 갈등으로 상당수의 정비사업이 조합설립도 하지 못하고 정체되고 있고, 조합을 설립하더라도 복잡한 행정절차 등으로 인해 착공까지 상당한 기간이 소요되고 있는 실정을 고려하여 이를 보완하기 위하여 새로운 유형의 정비사업으로 도입되었다. 법정용적률의 인센티브를 받음으로써 분담금이 완화되는 등 사업성이 강화될 수 있고, 절차의 간소화로 사업시행기간이 단축되어 조합원에게 매력적인 측면이 있다.

한편, 공공재개발의 경우에는 원칙적으로 건설하는 전체 세대 수 중 조합원 분양분을 제외한 나머지 세대 중 50% 이상을 사실상 임대주택으로 건설하여야 하고, 인센티브로 받는 초과용적률 중 100분의 20 이상 100분의 50 이하로서 조례로 정하는 비율에 해당하는 면적에 국민주택규모 주택을 건설하여 국토교통부장관 등에게 사실상 기부하여 임대주택으로 활용되므로, 전체 세대 중 임대주택의 비율이 일반 재개발사업에 비하여 과도하여 단지(團地) 자체의 가치가 낮게 평가될 가능성과 이로 인한 종후자산 가치가 저평가될 수 있어 조합원으로서는 공공개발을 주저하게 되는 측면이 있다.

공공재건축의 경우에는 반드시 종전 세대수의 100분의 160에 해당하는 세대수 이상을 건설하여야 하므로, 새롭게 건축되는 주택은 고밀도로 인하여 가치가 하락될 가능성이 높고, 인센티브로 받는 초과용적률 중 100분의 40 이상 100분의 70 이하로서 조례로 정하는 비율에 해당하는 면적에 국민주택규모 주택을 건설하여 국토교통부장관 등에게 사실상 기부하여야 하며, 이 또한 임대주택으로 활용되어 단지 전체적으로 임대주택의 비율이 상당히 높아 이로 인한 종후자산 가치의 저평가를 우려하여 조합원으로서는 공공개발을 주저하게 되는 측면이 있다.

현재와 같이 아파트의 가격이 급격히 오르는 추세에서는 공공재개발의 경우 분양가상한제의 예외가 적용되는 점이 커다란 매력으로 다가와 일부 조합이 조합원 과반수의 동의 아래 시장 · 군수등, 토지주택공사등 공공기관과 공동으로 정비사업을 수행하는 공공재개발사업으로 나아가고 있다.

2. 요 건

가. 입안제안

토지등소유자가 공공재개발사업 또는 공공재건축사업을 추진하려는 경우에는 정비계획의 입안을 제안할 수 있다(법 제14조 제1항 제7호).

나. 공공재개발 및 공공재건축의 내용에 대한 조합원 동의

공공재개발 및 공공재건축의 내용에 대한 토지등소유자 과반수의 동의(공동시행자 또는 대행자)나 토지면적 1/2 이상의 토지소유자 및 토지등소유자 2/3 이상의 동의(공공시행자)가 있어야 한다[법 제2조 제2호 (나)목 및 (다)목의 각 1)].

3. 내 용

가. 주요 내용

⑴ 사업시행자

시장·군수등 또는 토지주택공사등이 단독으로 또는 조합과 공동으로 사업시행자가 되거나 단독의 공공시행자 또는 재개발(재건축)사업의 대행자가 되어야 한다[법 제2조의 2. 나. 및 다.의 각 1)].

⑵ 사업시행계획인가의 통합심의

정비사업의 경우 사업시행자가 시장·군수등으로부터 사업시행계획인가를 받으면 주택법 등 관련 법령상의 인·허가등이 의제된다. 일반 정비사업에서는 사업시행자가 그와 같은 인·허가등의 의제를 받으려는 경우에는 사업시행계획인가를 신청하는 때에 해당 법률에서 정하는 관계 서류를 함께 제출하여야 하고, 그 경우 심의는 따로 따로 이루어진다(법 제57조 제1항). 그러나 공공재개발사업 시행자 또는 공공재건축사업 시행자가 사업시행계획인가와 관련하여 건축법, 경관법, 교육환경보호에 관한 법률, 국토계획법, 자연재해대책법, 환경영향평가법 등에 관하여 통합심의를 신청하고 관계 서류를 제출하는 경우, 정비구역의 지정권자는 개별 법령상의 위원회에 속하고 해당 위원회 위원장의 추천을 받은 위원, 정비구역지정권자가 속한 지방자치단체 소속 공무원, 사업시행계획인가권자가 속한 지방자치단체 소속 공무원들로 통합심의위원회를 구성하여 신속히 심의하여 인가한다(법 제101조의7). 통합심의위원회의 구성방법, 위원장, 부위원장 선임방법, 위원의 제척, 기피, 회피의 사유, 통합심의위원회의 소집, 의결, 회의의 운용방법, 회의록 작성 등 통합심의의 구체적 방법과 절차에 대하여는 법 시행령 제80조의6에서 자세하게 규정하고 있다.

(3) 절차의 간편(법 제101조의4)

(개) 분과위원회 심의로 대체

지방도시계획위원회 또는 도시재정비위원회는 공공재개발사업 예정구역 또는 공공재개발사업·공공재건축사업을 위한 정비구역의 지정에 필요한 사항을 심의하기 위하여 분과위원회를 둘 수 있다. 이 경우 분과위원회의 심의는 지방도시계획위원회 또는 도시재정비위원회의 심의로 본다.

(내) 일부 절차의 생략 가능

정비구역의 지정권자가 공공재개발사업 또는 공공재건축사업을 위한 정비구역의 지정·변경을 고시한 때에는 기본계획의 수립·변경, 도시재정비법 제5조에 따른 재정비촉진지구의 지정·변경 및 같은 법 제12조에 따른 재정비촉진계획의 결정·변경이 고시된 것으로 간주되므로, 기본계획 수립절차 등의 생략이 가능하다.

(4) 용적률 완화와 기부채납

(개) 공공재개발

① 용적률 완화의 내용

공공재개발의 경우 국토계획법 제78조가 정한 용도지역에 따른 용적률 및 조례의 규정에도 불구하고, 지방도시계획위원회 및 도시재정비위원회의 심의를 거쳐 법적상한용적률의 100분의 120까지 건축할 수 있다(법 제101조의5 제1항). 일반 재개발사업의 경우에도 사업시행자가 국민주택규모 주택을 건설하여 국토교통부장관, 시·도지사, 시장, 군수, 구청장 또는 토지주택공사등 인수자에게 이를 공급하고, 용적률을 완화 받을 수는 있다. 다만 그 요건은 보다 엄격하고, 완화되는 용적률의 범위에도 제한이 있다. 즉 수도권에서는 수도권정비계획법 제6조 제1항 제1호에 따른 과밀억제권역에서 시행하는 재개발사업의 경우에 한하여, 비수도권에서는 시 · 도조례로 정하는 지역에서 시행하는 재개발사업에 한하여 제한적으로 적용되고, 또한 인센티브를 받는 용적률의 범위도 국토계획법 제78조 등 관계 법률에 따른 용적률 상한에서 정비계획으로 정해진 용적률을 뺀 부분만큼만 건축이 가능하다(법 제52조 제1항 제7호, 법 제54조 제1, 2항). 그러나 공공재개발의 경우에는 대상에 제한이 없고, 완화되는 용적률의 범위도 일반재개발에 비해 훨씬 큰 장점이 있다.

② 절차

일반 재개발사업에서 사업시행자가 국민주택규모 주택을 건설하여 국토교통부장관 등 인수자에게 공급하는 경우와 마찬가지로 공공재개발의 경우에도 사업시행자가 이를 사업시행계획의 내용으로 하여야 하고, 사업시행계획인가를 신청하기 전에 미리 국민주택규모 주택에 관한 사항을 국토교통부장관 등 인수자와 협의하여 사업시행계획서에 반영하여야 한다(법 제101조의5 제3항, 법 제55조 제3항).

③ 기부채납 비율

공공재개발사업 시행자는 법적상한초과용적률에서 정비계획으로 정하여진 용적률을 뺀 초과용적률의 100분의 20 이상 100분의 50 이하로서 시 · 도조례로 정하는 비율에 해당하는 면적에 국민주택규모 주택을 건설하여 국토교통부장관 등 인수자에게 공급하여야 한다(법 제101조의5 제2항). 현재 시 · 도조례로 정해진 부분은 없다.

국민주택규모 주택을 건설하여 용적률의 인센티브를 받는 일반 재개발사업의 경우, 법정상한용적률에서 정비계획으로 정한 용적률을 뺀 초과용적률 중 과밀억제권역에서 시행하는 경우 100분의 50 이상 100분의 75 이하로서 시 · 도조례로 정하는 비율, 과밀억제권역 외의 지역에서 시행하는 경우 100분 75 이하로서 시 · 도조례로 정하는 비율에 해당하는 면적에 국민주택규모 주택을 건설하여 국토교통부장관 등 인수자에게 공급하여야 하는바(법 제54조 제4항 제2, 4호), 공공재개발사업의 경우 상대적으로 유리하다.

④ 사실상 기부채납의 내용

건설하는 국민주택규모 주택을 국토교통부장관 등 인수자에게 반드시 공급하여야 하고, 또한 공급가격도 주택의 가격은 공공주택 특별법 제50조의4에 따라 국토교통부장관이 고시하는 공공건설임대주택의 표준건축비로 하며, 부속 토지는 인수자에게 기부채납한 것으로 본다(법 제101조의5, 법 제55조 제1, 2항). 사업시행자는 국민주택규모 주택을 인수한 국토교통부장관 등 인수자가 이를 장기공공임대주택으로 활용함을 전제로 사실상 기부하는 것으로 보아야 한다. 다만 국토교통부장관 등이 토지등소유자의 부담완화 등 법 시행령 제48조 제5항의 요건에 해당하여 임대주택으로 활용하는 경우에는 사업시행자로부터 부속 토지에 대하여도 법 시행령 제48조 제6항에 기한 금액(임대의무기간에 따른 감정평가액의 30% 또는 50%)으로 유상인수 하여야 한다. 이는 국민주택규모 주택을 건설하여 용적률의 인센티브를 받는 일반 재개발사업과 동일하다.

(내) 공공재건축

① 용적률 완화의 내용

공공재건축사업을 위한 정비구역에 대해서는 해당 정비구역의 지정 · 고시가 있은 날부터 국토계획법상 지정된 용도지역보다 용적률 상한이 높은 용도지역 중 용적률 상한이 가장 낮은 용도지역(즉 1단계 종상향)으로 결정 · 고시된 것으로 보고, 해당 지역에 적용되는 용적률 상한까지 용적률을 정할 수 있다(법 제101조의6 제1항, 법 시행령 제80조의3 제1항). 다만 해당 정비구역이 개발제한구역의 지정 및 관리에 관한 특별조치법(이하 '개발제한구역법'이라 한다) 제3조 제1항에 따라 결정된 개발제한구역인 경우, 시장 · 군수등이 공공재건축사업을 위하여 필요하다고 인정하여 해당 정비구역의 일부분을 종전 용도지역으로 그대로 유지하거나 동일면적의 범위에서 위치를 변경하는 내용으로 정비계획을 수립한 경우, 시장 · 군수등이 법 제9조 제1항 제10호 (다)목(국토계획법상의 용도지역 지정 중 도시지역의 주거지역을 세분 또는 변경하는 계획과 용적률에 관한 사항)을 포함하는 정비계획을 수립한 경우는 예외이다.

공공재건축사업을 위한 정비구역의 경우 원칙적으로 용도지역이 1단계 종상향으로 결정되나, 정비구역지정권자는 주택공급의 규모, 인근 토지의 이용현황 등을 고려할 때 용도지역을 달리 정할 필요가 있다고 인정하는 경우에는 지방도시계획위원회의 심의를 거쳐 국토계획법 시행령 제30조 제1항 제1호에 따라 주거지역을 세분하여 정하는 지역 중 어느 하나의 지역으로 용도지역을 달리 정할 수 있다(법 시행령 제80조의3 제2항).

국민주택규모 주택을 건설하여 용적률의 인센티브를 받는 일반 재건축사업의 경우 대상 및 인센티브로 받는 용적률의 범위는 재개발사업과 동일하다. 따라서 공공재건축의 경우에는 대상에 제한이 없고, 완화되는 용적률의 범위도 일반 재건축사업에 비해 훨씬 큰 장점이 있음은 공공재개발의 경우와 동일하다.

② 절차

사업시행자가 이를 사업시행계획의 내용으로 하여야 하고, 사업시행계획인가를 신청하기 전에 미리 국민주택규모 주택에 관한 사항을 국토교통부장관 등 인수자와 협의하여 사업시행계획서에 반영하여야 함은 공공재개발의 경우와 동일하다.

③ 기부채납 비율

완화된 용적률에서 정비계획으로 정하여진 용적률을 뺀 초과용적률의 100분의 40 이상 100분의 70 이하로서 시·도조례로 정하는 비율에 해당하는 면적에 국민주택규모 주택을 건설하여 국토교통부장관 등 인수자에게 공급하여야 한다(법 제101조의6 제2항). 현재 시·도조례로 정해진 부분은 없다.

국민주택규모 주택을 건설하여 용적률의 인센티브를 받는 일반 재건축사업의 경우 법정상한용적률에서 정비계획으로 정한 용적률을 뺀 초과용적률 중 과밀억제권역에서 시행하는 경우 100분의 30 이상 100분의 50 이하로서 시·도조례로 정하는 비율, 과밀억제권역 외의 지역에서 시행하는 경우 100분 50 이하로서 시·도조례로 정하는 비율에 해당하는 면적에 국민주택규모 주택을 건설하여 국토교통부장관 등 인수자에게 공급하여야 하므로(법 제54조 제4항 제1, 3호), 공공재건축과 큰 차이는 없다.

④ 사실상 기부채납의 내용

공공재건축의 경우에도 국민주택규모 주택의 인수가격은 공공건설임대주택의 표준건축비로 하고, 부속 토지는 기부채납한 것으로 보며, 다만 국토교통부장관 등이 이를 인수하여 임대주택으로 활용하는 경우에는 부속 토지에 대하여 임대의 무기간에 따른 감정평가액의 30% 또는 50%로 유상인수 하여야 함은 공공재개발의 경우와 동일하다.

한편 공공재건축의 경우 국토교통부장관 등 인수자는 공급받은 주택에 대하여 원칙적으로 임대주택으로 임대하여야 하나, 100분의 50에 해당하는 주택에 대해서는(다만, 임대주택 및 분양주택의 수요 등을 고려하여 필요한 경우에는 100분의 50 이하에서 시·도조례로 정하는 바에 따라 그 비율을 달리 정할 수 있다) 공공주택 특별법 제48조에 따라 분양할 수 있다(법 제101조의6 제4항 단서, 법 시행령 제80조의3 제3항). 위와 같이 인수자가 분양을 목적으로 인수하는 경우에는 주택의 공급가격은 주택법 제57조 제4항에 따라 국토교통부장관이 고시하는 기본형 건축비로 하고, 부속토지의 가격은 감정평가액의 100분의 50으로 정하는 가격으로 인수하여야 한다(법 제101조의6 제3 내지 5항, 법 시행령 제80조의3 제3, 4항). 공공재건축의 경우 인수자가 인수 주택 중 100분의 50에 해당하는 주택에 대하여 분양이 가능하다는 점이 공공재개발과의 중대한 차이이다.

(5) 건설사업관리기술인의 배치기준 별도 규정

공공재개발사업 시행자 또는 공공재건축사업 시행자는 공공재개발사업 또는 공공재건축사업을 시행하는 경우 건설기술 진흥법 등 관계 법령에도 불구하고 대통령령으로 정하는 바에 따라 건설사업관리기술인의 배치기준을 별도로 정할 수 있다(법 제69조 제4항). 법 시행령 제58조 제2항은 건설사업관리기술인의 배치기준을 별도로 정할 수 있는 요건으로, 법 제26조 제1항 제1호에 따라 긴급하게 정비사업을 시행하는 경우, 공사비가 1천억원 미만인 경우, 건설기술 진흥법 시행령 제60조에 따른 건설사업관리기술인 배치기준을 따르는 경우 사업성이 현저히 저하되어 사업을 추진하기 어려운 경우로서 국토교통부장관이 정하여 고시하는 사유에 해당된다고 시장·군수등이 인정하는 경우를 규정하고 있다. 그 경우에는 주택법 시행령 제47조에 따른 감리자 지정 및 감리원 배치기준을 적용할 수 있다.

나. 공공재건축의 특유 내용

(1) 유리한 내용

공공재건축사업을 위한 정비구역에서, 대지의 조경기준, 건폐율의 산정기준, 대지안의 공지기준, 건축물의 높이제한, 부대시설 및 복리시설의 설치기준 및 도시공원 및 녹지 등에 관한 법률(이하 '공원녹지법'이라 한다) 제14조에 따른 도시공원 또는 녹지확보기준 등에 대하여 재건축사업의 원활한 시행을 위하여 지방도시계획위원회의 심의를 거쳐 기준을 완화 받을 수 있다(법 제68조 제4항).

(2) 불리한 내용(일정 세대수 건설의무)

(가) 원칙

종전의 용적률, 토지면적, 기반시설 현황 등을 고려하여 공공재건축사업을 추진하는 단지의 종전 세대수의 100분의 160에 해당하는 세대수 이상을 반드시 건설·공급하여야 한다[법 제2조 제2호 (다)목 2), 법 시행령 제1조의3 제1항]. 이에 따라 새롭게 건설되는 주택단지의 경우 과밀로 인하여 그 가치가 낮게 평가될 가능성이 있다.

(나) 예외

위와 같은 세대수를 건설·공급하는 경우 도시·군기본계획에 부합하지 않게 되는 경우 또는 해당 토지 및 인근 토지의 이용 현황을 고려할 때 위와 같은 세대수를 건설·공급하기 어려운 부득이한 사정이 있는 경우에는 정비구역지정권자는 지방도시계획위원회의 심의를 거쳐 종전 세대수의 100분의 160에 해당하는 세대수 이상을 건설하지 아니하게 할 수 있다(법 시행령 제1조의3 제2항).

(3) 평가

공공재건축사업의 경우 사업시행자는 반드시 종전 세대수의 100분의 160에 해당하는 세대수 이상을 건설하여야 하므로 중소형 평형 위주의 주택으로 건설이 이루어지고, 용적률 인센티브로 인한 부분 중 상당부분이 원칙적으로 임대주택으로 공급되어 사회전체적으로는 국민주택규모 주택을 비롯하여 주택(임대주택 포함)의 공급이 획기적으로 증가하는 장점이 있다. 그러나 새롭게 건설되는 주택이 과밀하고, 또한 임대주택 구성비율의 과도함에 따른 단지 전체의 가치 저평가 가능성에다가 아파트의 가격이 급속히 오르는 추세에서 공공재개발사업과 달리 분양가상한제의 폐지특례가 인정되지 않아 공공재건축사업은 토지등소유자들로부터 환영받지 못하는 듯하다.

다. 공공재개발의 특유 내용

(1) 유리한 내용

㈎ 공공재개발사업 예정구역 지정

① 주체

정비구역지정권자는 비경제적인 건축행위 및 투기 수요의 유입을 방지하기 위하여 지방도시계획위원회의 심의를 거쳐 공공재개발사업을 추진하려는 구역을 공공재개발사업 예정구역으로 지정할 수 있다(법 제101조의2 제1항, 제16조 제1항). 지방도시계획위원회는 공공재개발사업 예정구역의 지정에 필요한 사항을 심의하기 위하여 분과위원회를 둘 수 있다. 이 경우 분과위원회의 심의는 지방도시계획위원회의 심의로 본다(법 제101조의4 제1항).

② 절차

정비계획의 입안권자 또는 토지주택공사등은 정비구역지정권자에게 공공재개발사업 예정구역의 지정을 신청할 수 있다. 이 경우 토지주택공사등은 정비계획의 입안권자를 통하여 신청하여야 한다(법 제101조의2 제2항). 정비구역지정권자는 정비계획의 입안권자가 공공재개발사업 예정구역의 지정을 신청한 경우에는 시장·군수등의 의견청취를 생략할 수 있다(법 시행령 제80조의2 제1항 단서).

지방도시계획위원회는 정비계획 입안권자의 공공재개발사업 예정구역 지정 신청이 있는 경우 신청일부터 30일 이내에 심의를 완료해야 한다. 다만, 30일 이내에 심의를 완료할 수 없는 정당한 사유가 있다고 판단되는 경우에는 심의기간을 30일의 범위에서 한 차례 연장할 수 있다(법 시행령 제80조의2 제3항).

정비구역지정권자는 공공재개발사업 예정구역을 지정·고시하기 전에 예정구역 지정의 내용을 14일 이상 주민에게 공람하여 의견을 들어야 하며, 제시된 의견이 타당하다고 인정되면 이를 반영하여 지정·고시해야 한다(법 시행령 제80조의2 제4항). 정비구역지정권자는 정비예정구역을 지정한 때에는 정비예정구역 지정의 내용을 해당 지방자치단체의 공보에 고시하여야 한다(법 제101조의2 제1항, 제16조 제2항). 공공재개발사업 예정구역 고시에는 공공재개발사업 예정구역의 명칭, 위치 및 면적 등 구역개요, 공공재개발사업 예정구역의 현황(인구, 건축물, 토지이용계획, 정비기반시설 등), 정비구역 지정 예정시기, 공공재개발사업을 시행할 시장·군수 등이나 토지주택공사 등의 명칭, 소재지 및 대표자 성명, 그 밖에 공공재개발사업 예정구역의 지정과 관련하여 시·도 조례로 정하는 사항 등이 포함되어야 한다(법 시행령 제80조의2 제5항).

정비구역의 지정권자는 정비예정구역을 지정·고시한 때에는 국토교통부령으로 정하는 방법 및 절차에 따라 국토교통부장관에게 그 지정의 내용을 보고하여야 하며, 관계 서류를 일반인이 열람할 수 있도록 하여야 한다(법 제101조의2 제1항, 제16조 제3항).

③ 효과

예정구역이 지정되면 건축물의 건축이나 토지의 분할을 하려는 자나 지역주택조합의 조합원을 모집하려는 자는 시장·군수등의 허가를 받아야 한다(법 제101조의2 제3항, 제19조 제7항, 제8항). 권리산정기준일에 대하여도 특칙을 규정하여(원래의 권리산정기준일은 정비구역지정고시일 또는 시·도지사가 투기를 억제하기 위하여 기본계획 수립 후 정비구역 지정·고시 전에 따로 정하는 날이다), 공공재개발사업 권리산정기준일은 공공재개발사업 예정구역지정고시일 또는 예정구역지정고시일 전으로 하여 시·도지사가 투기를 억제하기 위하여 따로 정하는 날의 다음 날이다. 이는 지분 쪼개기를 방지하려는 취지이다(법 제101조의2 제4항).

정비구역지정권자는 공공재개발사업 예정구역 지정·고시일부터 2년 이내에 공공재개발사업을 위한 정비구역으로 지정되지 아니하거나 공공재개발사업 시행자가 지정되지 아니하면 2년이 되는 날의 다음 날에 공공재개발사업 예정구역지정을 해제하여야 한다(법 제101조의2 제5항 본문). 다만, 정비구역지정권자는 1회에 한하여 1년의 범위에서 공공재개발사업 예정구역의 지정을 연장할 수 있다(법 제101조의2 제5항 단서).

(나) 투기과열지구에서의 양도 시 조합원 자격 불취득의 예외

투기과열지구에서의 재개발사업으로서, 관리처분계획인가 후 조합원이 토지등을 양도한 경우에는 양수인이 조합원 자격을 취득하지 못하나, 그 예외로서 양도인이 공공임대주택, 공공주택 특별법에 따른 공공분양주택의 공급 및 대통령령으로 정하는 사업(공공재개발사업 시행자가 상가를 임대하는 사업, 법 시행령 제37조 제

2항)을 목적으로 건축물 또는 토지를 양수하려는 공공재개발사업 시행자에게 양도하려는 경우에는 조합원 자격을 취득하게 된다(법 제39조 제2항 단서 제6호). 공공재개발사업 시행자는 위 규정에 따라 건축물 또는 토지를 양수하려는 경우 무분별한 분양신청을 방지하기 위하여 분양공고 시 양수대상이 되는 건축물 또는 토지의 조건을 함께 공고하여야 한다(법 제72조 제7항).

(2) 불리한 내용

㈎ 의무적 임대주택 건설

① 원칙

건설 · 공급되는 주택의 전체 세대수 중 조합원 분양분(제80조에 따른 지분형주택[23] 제외)을 제외한 나머지 주택 세대수의 100분의 50 이상을 사실상 임대주택(지분형주택, 공공주택 특별법에 따른 공공임대주택 또는 민간임대주택에 관한 특별법 제2조 제4호에 따른 공공지원민간임대주택)으로 건설 · 공급하여야 하고[법 제2조 제2호 나목 2)], 특히 건설, 공급되는 주택 전체 세대수의 100분의 20을 공공주택 특별법에 따른 공공임대주택으로 하여야 한다(법 시행령 제1조의2 제1항). 일반재개발사업의 경우 조합은 건설하는 주택 전체 세대수의 20%를 임대주택으로 건설하여야 하는 점과 대비된다(정비사업의 임대주택 및 주택규모별 건설비율 제4조 제3항). 위와 같이 공공재개발사업에 의하여 건설되는 주택단지는 임대주택의 비중이 상당히 높다.

한편 공공재개발사업을 통해 건설 · 공급되는 공공지원민간임대주택을 국가가 출자 · 설립한 법인 등 대통령령으로 정한 자[24]에게 매각하는 경우에는 수의계약의 방법으로 민간임대주택에 관한 특별법(이하 '민간임대주택법'이라 한다) 제2조 제7호에 따른 임대사업자를 선정할 수 있다(법 제30조 제1항). 국토교통부장관이 임대사업자 선정에 관하여 필요한 사항을 '정비사업 연계 임대사업자 선정기준(2021.

---

23) 사업시행자가 토지주택공사등인 경우로서 분양대상자와 사업시행자가 공동 소유하는 방식의 주택이다(법 제80조 제1항).

24) 국가 또는 지방자치단체, 토지주택공사, 지방공기업법 제49조에 따라 주택사업을 목적으로 설립된 지방공사, 공공기관의 운영에 관한 법률(이하 '공공기관운영법'이라 한다) 제5조에 따른 공공기관 중 대통령령으로 정하는 기관, 위 각 단체 중 어느 하나에 해당하는 자가 총지분의 100분의 50을 초과하여 출자 · 설립한 법인이 단독으로 또는 공동으로 총지분의 100분의 50을 초과하여 출자한 부동산투자회사법 제2조 제1호에 따른 부동산투자회사를 말한다(법 시행령 제24조의2, 공공주택특별법 제4조 제1항 제1호 내지 제5호).

8. 3. 국토교통부 고시 제2021 – 1002호)'으로 마련해 두고 있다(법 제30조 제2항).

② 예외

특별시장 · 광역시장 · 특별자치시장 · 특별자치도지사 · 시장 또는 군수는 건설하는 주택의 전체 세대수가 200세대 미만인 경우 또는 정비구역의 입지, 정비사업의 규모, 토지등소유자의 수 등을 고려할 때 토지등소유자의 부담이 지나치게 높아 공공임대주택 건설비율을 확보하기 어렵다고 인정하는 경우에는 국토계획법 제113조에 따라 해당 지방자치단체에 설치된 지방도시계획위원회의 심의를 거쳐 공공임대주택 건설비율을 제1항의 비율보다 완화할 수 있다(법 시행령 제1조의2 제2항).

(나) 일몰기한의 특칙

일반 재개발사업의 경우에는 정비구역으로 지정 · 고시된 날부터 2년이 되는 날까지 조합설립 추진위원회(이하 '추진위원회'라고 한다)의 승인을 신청하지 아니하는 경우, 3년이 되는 날까지 조합설립인가를 신청하지 아니하는 경우 정비구역지정을 해제하여야 한다[법 제20조 제1항 제2호 (가)목, (나)목]. 그러나 공공재개발사업이 경우 정비계획의 지정권자는 공공재개발사업을 위한 정비구역을 지정 · 고시한 날부터 1년이 되는 날까지 공공재개발사업 시행자가 지정되지 아니하면 그 1년이 되는 날의 다음 날에 공공재개발사업을 위한 정비구역의 지정을 해제하여야 한다. 다만, 정비구역의 지정권자는 1회에 한하여 1년의 범위에서 공공재개발사업을 위한 정비구역의 지정을 연장할 수 있다(법 101조의3 제3항).

(3) 평가

공공재개발사업의 경우 조합원 분양분을 제외한 나머지 건설하는 주택 세대수의 100분의 50 이상이 사실상 임대주택으로 건설 · 공급되고, 용적률 인센티브로 인한 부분 중 상당 부분이 임대주택으로 공급되어 사회전체적으로는 국민주택규모 주택을 비롯하여 주택(임대주택 포함)의 공급이 획기적으로 증가하는 장점이 있음은 공공재건축사업의 경우와 동일하다.

그러나 소형주택 및 임대주택 구성 비율이 과도함에 따른 단지 전체의 가치 저평가 가능성으로 인하여 토지등소유자들로부터 환영받지 못하는 측면이 있다.

그러나 공공재건축사업과 달리 분양가상한제의 폐지라는 특례로 인하여 아파트 가격이 급속히 오르는 추세에서는 토지등소유자들의 관심을 끄는 듯하다.

Ⅲ. 일반적 정비사업의 유형

2021. 4. 13. 법률 제18046호로 도입된 공공재개발 및 공공재건축사업을 제외한 일반적인 정비사업의 유형에 관하여 살펴본다.

1. 도시정비법이 2017. 2. 8. 법률 제14567호로 전부개정되기 전

2002. 12. 30. 도시정비법의 제정 당시에는 주거환경개선사업, 주택재개발사업, 주택재건축사업, 도시환경정비사업의 4가지 유형이 존재하였는데, 오늘날과 마찬가지로 실무상 주택재개발사업 및 주택재건축사업이 다수였다.

당시 주택재건축사업의 경우에는 임대주택건설 의무가 면제되고, 임차인 등에 대한 영업손실보상도 필요하지 않는 등 주택재개발사업에 비해 사업시행자에게 과도한 인센티브가 주어진다는 지적이 있었고, 실제로 개발이익이 조합 및 조합원들에게만 과도하게 귀속되는 측면이 없지 않았다. 이에 2006. 9. 25. 주택재건축사업에서 발생되는 초과이익을 환수함으로써 주택가격의 안정과 사회적 형평을 도모하여 국민경제의 건전한 발전과 사회통합에 이바지함을 목적으로 하는 재건축초과이익 환수에 관한 법률(이하 '재건축이익환수법'이라 한다)이 제정되었고, 또한 투기를 방지하기 위하여 법은 2009. 2. 6. 법률 제9444호로 개정되어 주택법 제41조 제1항의 규정에 의한 투기과열지구로 지정된 지역 안에서의 주택재건축사업의 경우 조합설립인가 후 당해 정비사업의 건축물 또는 토지를 양수한 자는 조합원이 될 수 없다고 규정하였다.

한편, 법이 2012. 2. 1. 법률 제11293호로 개정되면서 외형상 재개발사업과 큰 차이가 없음에도 과도한 이익이 귀속되어 왔던 단독주택의 재건축사업을 대체하는 가로주택정비사업(노후·불량건축물이 밀집한 가로구역에서 종전의 가로를 유지하면서 소규모로 주거환경을 개선하기 위하여 시행하는 사업), 주거환경관리사업(단독주택 및 다세대주택 등이 밀집한 지역에서 정비기반시설과 공동이용시설의 확충을 통하여 주거환경을 보전·정비·개량하기 위하여 시행하는 사업)이 새로운 유형으로 도입되었고, 이에 따라 6개의 정비사업 유형이 존재하게 되었다.

주거환경관리사업은 종전의 전면적인 철거를 통한 정비방식에서 벗어나 기존 도시구조를 유지하며 보전·정비·개량을 병행할 수 있는 정비방식이고, 가로주택정비사업은 주택재건축조합과 동일하게 동의한 자만이 조합원이 될 수 있고, 토지등소유자가 20인 미만이면 조합을 설립하지 않고 토지등소유자가 직접 시행하는 것이 가능하며, 토지등소유자가 20인 이상이어서 조합을 설립하여 사업을 추진함에 있어서도 추진위원회 절차를 생략할 수 있는 방식이다. 새로운 정비방식을 도입한 2012. 2. 1.자 개정법률은 다양한 도시정비 수요에 맞춰 유형을 세분화한 것이다.

2. 도시정비법이 2017. 2. 8. 법률 제14567호로 전부개정된 이후

법이 2017. 2. 8. 법률 제14567호로 전부개정되면서, 주거환경관리사업과 주거환경개선사업이 합쳐져 주거환경개선사업이 되었고, 주택재개발사업과 도시환경정비사업이 통합되어 재개발사업이 되었으며, 주택재건축사업은 재건축사업으로 명칭이 변경되었다.

한편, 2017. 2. 8. 법률 제14569호로 방치된 빈집을 효율적으로 정비하고 소규모주택 정비를 활성화하기 위하여 필요한 사항 및 특례를 규정함으로써 주거생활의 질을 높이는 데 이바지함을 목적으로 하는 소규모주택정비법이 제정되었는데, 종전 도시정비법상의 가로주택정비사업은 도시정비법에서 떨어져 나가 위 소규모주택정비법의 정비사업 중 하나로 편입되었다. 도시환경정비사업은 주거지역에서의 주택에 관한 정비를 목적으로 하는 나머지 정비사업들과 달리 주로 상업·공업지역 등으로서 토지의 효율적 이용과 도심 또는 부도심 등 도시기능의 회복이나 상권활성화 등이 필요한 지역에서 도시환경 개선을 목적으로 하는 사업이다. 주택재개발사업은 노후·불량한 건축물을 효율적으로 개량하여 도시환경을 개선하고 주거생활의 질을 높인다는 측면에서, 도시환경정비사업은 상권활성화를 높인다는 측면에서 유사하고, 또한 주택재개발사업은 정비기반시설이 열악한 지역에서 정비기반시설 설치를 통한 도시기능의 회복도 중요한 목적인데, 도시환경정비사업도 도시기능의 회복을 목적으로 하는 점에서 유사하다. 이처럼 양 정비사업은 공공성과 공익성의 정도가 유사하여 통합하게 된 것으로 보인다.

소규모주택정비법상의 가로주택정비사업은 종전에 도시정비법에서 규율하고 있던 정비사업이므로 이를 간단히 소개한다. 가로주택정비사업은 가로구역의 전부 또는 일부에서 인가받은 사업시행계획에 따라 주택 등을 건설하여 공급하거나 보전 또는 개량하는 방법으로 시행하는 정비사업이다. 사업대상 지역은 원칙적으로 도시계획시설인 도로로 둘러싸인 면적 1만㎡ 미만의 가로구역 중 노후·불량건축물의 수가 전체 건축물의 3분의 2 이상이고 해당 구역에 있는 주택의 수가 단독주택인 경우 10호 이상, 공동주택이면 20세대 이상, 단독주택과 공동주택의 혼재이면 20채 이상일 것이라는 적극적 요건과 국토계획법에 따른 도시계획시설인 폭이 4미터를 초과하는 도로가 해당 가로구역을 통과하지 않을 것이라는 소극적 요건을 충족하여야 한다(소규모주택정비법 제3조 제1항 제2호, 제2항).

가로주택정비사업의 경우 추진위원회 절차를 생략할 수 있는 등으로 사업시행기간을 단축할 수 있으며, 건축법에 따른 대지의 조경기준, 건폐율 산정기준, 대지 안의 공지 기준 및 건축물의 높이 제한 기준을 지방건축위원회 심의를 통해 완화하여 적용할 수 있다(소규모주택정비법 제40조 제1항).

제3장 사업시행자

일반적 정비사업에서의 사업시행자에 대하여 살펴본다.

I. 규 정

법 제24조(주거환경개선사업의 시행자)

① 제23조 제1항 제1호(관리형 주거환경개선사업)에 따른 방법으로 시행하는 주거환경개선사업은 시장·군수등이 직접 시행하되, 토지주택공사등을 사업시행자로 지정하여 시행하게 하려는 경우에는 정비계획에 따른 공람공고일 현재 토지등소유자의 과반수의 동의를 받아야 한다.

② 제23조 제1항 제2호부터 제4호(수용, 환지, 관리처분계획 주거환경개선사업)까지의 규정에 따른 방법으로 시행하는 주거환경개선사업은 시장·군수등이 직접 시행하거나 다음 각 호에서 정한 자에게 시행하게 할 수 있다.

1. 시장·군수등이 다음 각 목의 어느 하나에 해당하는 자를 사업시행자로 지정하는 경우

   가. 토지주택공사등

   나. 주거환경개선사업을 시행하기 위하여 국가, 지방자치단체, 토지주택공사등 또는 공공기관운영법 제4조에 따른 공공기관이 총지분의 100분의 50을 초과하는 출자로 설립한 법인

2. 시장·군수등이 제1호에 해당하는 자와 다음 각 목의 어느 하나에 해당하는 자를 공동시행자로 지정하는 경우

   가. 건설산업기본법 제9조에 따른 건설업자

   나. 주택법 제7조 제1항에 따라 건설업자로 보는 등록사업자

③ 제2항에 따라 시행하려는 경우에는 제15조 제1항에 따른 공람공고일 현재 해당 정비예정구역의 토지 또는 건축물의 소유자 또는 지상권자의 3분의 2 이

상의 동의와 세입자(제15조 제1항에 따른 공람공고일 3개월 전부터 해당 정비예정구역에 3개월 이상 거주하고 있는 자를 말한다) 세대수의 과반수의 동의를 각각 받아야 한다. 다만, 세입자의 세대수가 토지등소유자의 2분의 1 이하인 경우 등 대통령령으로 정하는 사유가 있는 경우에는 세입자의 동의절차를 거치지 아니할 수 있다.

④ 시장·군수등은 천재지변, 그 밖의 불가피한 사유로 건축물이 붕괴할 우려가 있어 긴급히 정비사업을 시행할 필요가 있다고 인정하는 경우에는 제1항 및 제3항에도 불구하고 토지등소유자 및 세입자의 동의 없이 자신이 직접 시행하거나 토지주택공사등을 사업시행자로 지정하여 시행하게 할 수 있다. 이 경우 시장·군수등은 지체 없이 토지등소유자에게 긴급한 정비사업의 시행 사유·방법 및 시기 등을 통보하여야 한다.

제25조(재개발사업·재건축사업의 시행자)

① 재개발사업은 다음 각 호의 어느 하나에 해당하는 방법으로 시행할 수 있다.

　1. 조합이 시행하거나 조합이 조합원의 과반수의 동의를 받아 시장·군수등, 토지주택공사등, 건설업자, 등록사업자 또는 대통령령[25]으로 정하는 요건을 갖춘 자와 공동으로 시행하는 방법

　2. 토지등소유자가 20인 미만인 경우에는 토지등소유자가 시행하거나 토지등소유자가 토지등소유자의 과반수의 동의를 받아 시장·군수등, 토지주택공사등, 건설업자, 등록사업자 또는 대통령령으로 정하는 요건을 갖춘 자와 공동으로 시행하는 방법

② 재건축사업은 조합이 시행하거나 조합이 조합원의 과반수의 동의를 받아 시장·군수등, 토지주택공사등, 건설업자 또는 등록사업자와 공동으로 시행할 수 있다.

제26조(재개발사업·재건축사업의 공공시행자)

① 시장·군수등은 재개발사업 및 재건축사업이 다음 각 호의 어느 하나에 해당하는 때에는 제25조에도 불구하고 직접 정비사업을 시행하거나 토지주택공사등(토지주택공사등이 건설업자 또는 등록사업자와 공동으로 시행하는 경우 포함)을 사업시행자로 지정하여 정비사업을 시행하게 할 수 있다.

---

25) 법 시행령 제19조(재개발사업의 공동시행자 요건)
　법 제25조 제1항 제1호 및 제2호에서 "대통령령으로 정하는 요건을 갖춘 자"란 각각 자본시장과 금융투자업에 관한 법률(이하 '자본시장법'이라 한다) 제8조 제7항에 따른 신탁업자와 한국부동산원법에 따른 한국부동산원을 말한다.

1. 천재지변, 재난 및 안전관리 기본법(이하 '재난안전법'이라 한다) 제27조 또는 시설물의 안전 및 유지관리에 관한 특별법(이하 '시설물안전법'이라 한다) 제23조에 따른 사용제한·사용금지, 그 밖의 불가피한 사유로 긴급하게 정비사업을 시행할 필요가 있다고 인정하는 때

2. 제16조 제2항 전단에 따라 고시된 정비계획에서 정한 정비사업시행 예정일부터 2년 이내에 사업시행계획인가를 신청하지 아니하거나 사업시행계획인가를 신청한 내용이 위법 또는 부당하다고 인정하는 때(재건축사업의 경우는 제외한다)

3. 추진위원회가 시장·군수등의 구성승인을 받은 날부터 3년 이내에 조합설립인가를 신청하지 아니하거나 조합이 조합설립인가를 받은 날부터 3년 이내에 사업시행계획인가를 신청하지 아니한 때

4. 지방자치단체의 장이 시행하는 국토계획법 제2조 제11호에 따른 도시·군계획사업과 병행하여 정비사업을 시행할 필요가 있다고 인정하는 때

5. 제59조 제1항에 따른 순환정비방식으로 정비사업을 시행할 필요가 있다고 인정하는 때

6. 제113조에 따라 사업시행계획인가가 취소된 때

7. 해당 정비구역의 국·공유지 면적 또는 국·공유지와 토지주택공사등이 소유한 토지를 합한 면적이 전체 토지면적의 2분의 1 이상으로서 토지등소유자의 과반수가 시장·군수등 또는 토지주택공사등을 사업시행자로 지정하는 것에 동의하는 때

8. 해당 정비구역의 토지면적 2분의 1 이상의 토지소유자와 토지등소유자의 3분의 2 이상에 해당하는 자가 시장·군수등 또는 토지주택공사등을 사업시행자로 지정할 것을 요청하는 때

   이 경우 제14조 제1항 제2호에 따라 토지등소유자가 정비계획의 입안을 제안한 경우 입안제안에 동의한 토지등소유자는 토지주택공사등의 사업시행자 지정에 동의한 것으로 본다. 다만, 사업시행자의 지정 요청 전에 시장·군수등 및 제47조에 따른 주민대표회의에 사업시행자의 지정에 대한 반대의 의사표시를 한 토지등소유자의 경우에는 그러하지 아니하다.

② 시장·군수등은 제1항에 따라 직접 정비사업을 시행하거나 토지주택공사등을 사업시행자로 지정하는 때에는 정비사업 시행구역 등 토지등소유자에게 알릴 필요가 있는 사항으로서 대통령령으로 정하는 사항을 해당 지방자치단체의 공보에 고시하여야 한다. 다만, 제1항 제1호의 경우에는 토지등소유자에게

지체 없이 정비사업의 시행 사유·시기 및 방법 등을 통보하여야 한다.

③ 제2항에 따라 시장·군수등이 직접 정비사업을 시행하거나 토지주택공사등을 사업시행자로 지정·고시한 때에는 그 고시일 다음 날에 추진위원회의 구성 승인 또는 조합설립인가가 취소된 것으로 본다. 이 경우 시장·군수등은 해당 지방자치단체의 공보에 해당 내용을 고시하여야 한다.

제27조(재개발사업·재건축사업의 지정개발자)

① 시장·군수등은 재개발사업 및 재건축사업이 다음 각 호의 어느 하나에 해당하는 때에는 토지등소유자, 사회기반시설에 대한 민간투자법(이하 '민간투자법'이라 한다) 제2조 제12호에 따른 민관합동법인 또는 신탁업자로서 대통령령으로 정하는 요건을 갖춘 자(이하 '지정개발자'라 한다)를 사업시행자로 지정하여 정비사업을 시행하게 할 수 있다.

1. 천재지변, 재난안전법 제27조 또는 시설물안전법 제23조에 따른 사용제한·사용금지, 그 밖의 불가피한 사유로 긴급하게 정비사업을 시행할 필요가 있다고 인정하는 때

2. 제16조 제2항 전단에 따라 고시된 정비계획에서 정한 정비사업시행 예정일부터 2년 이내에 사업시행계획인가를 신청하지 아니하거나 사업시행계획인가를 신청한 내용이 위법 또는 부당하다고 인정하는 때(재건축사업의 경우는 제외한다)

3. 제35조에 따른 재개발사업 및 재건축사업의 조합설립을 위한 동의요건 이상에 해당하는 자가 신탁업자를 사업시행자로 지정하는 것에 동의하는 때

② 시장·군수등은 제1항에 따라 지정개발자를 사업시행자로 지정하는 때에는 정비사업 시행구역 등 토지등소유자에게 알릴 필요가 있는 사항으로서 대통령령으로 정하는 사항을 해당 지방자치단체의 공보에 고시하여야 한다. 다만, 제1항 제1호의 경우에는 토지등소유자에게 지체 없이 정비사업의 시행 사유·시기 및 방법 등을 통보하여야 한다.

③ 신탁업자는 제1항 제3호에 따른 사업시행자 지정에 필요한 동의를 받기 전에 다음 각 호에 관한 사항을 토지등소유자에게 제공하여야 한다.

1. 토지등소유자별 분담금 추산액 및 산출근거

2. 그 밖에 추정분담금의 산출 등과 관련하여 시·도조례로 정하는 사항

④ 제1항 제3호에 따른 토지등소유자의 동의는 국토교통부령으로 정하는 동의서에 동의를 받는 방법으로 한다. 이 경우 동의서에는 다음 각 호의 사항이 모두 포함되어야 한다.

1. 건설되는 건축물의 설계의 개요
2. 건축물의 철거 및 새 건축물의 건설에 드는 공사비 등 정비사업에 드는 비용
3. 정비사업비의 분담기준(신탁업자에게 지급하는 신탁보수 등의 부담에 관한 사항 포함)
4. 사업 완료 후 소유권의 귀속
5. 정비사업의 시행방법 등에 필요한 시행규정
6. 신탁계약의 내용

⑤ 제2항에 따라 시장·군수등이 지정개발자를 사업시행자로 지정·고시한 때에는 그 고시일 다음 날에 추진위원회의 구성승인 또는 조합설립인가가 취소된 것으로 본다. 이 경우 시장·군수등은 해당 지방자치단체의 공보에 해당 내용을 고시하여야 한다.

제28조(재개발사업 · 재건축사업의 사업대행자)

① 시장·군수등은 다음 각 호의 어느 하나에 해당하는 경우에는 해당 조합 또는 토지등소유자를 대신하여 직접 정비사업을 시행하거나 토지주택공사등 또는 지정개발자에게 해당 조합 또는 토지등소유자를 대신하여 정비사업을 시행하게 할 수 있다.
   1. 장기간 정비사업이 지연되거나 권리관계에 관한 분쟁 등으로 해당 조합 또는 토지등소유자가 시행하는 정비사업을 계속 추진하기 어렵다고 인정하는 경우
   2. 토지등소유자(조합을 설립한 경우에는 조합원을 말한다)의 과반수 동의로 요청하는 경우
② 제1항에 따라 정비사업을 대행하는 시장·군수등, 토지주택공사등 또는 지정개발자(이하 '사업대행자'라 한다)는 사업시행자에게 청구할 수 있는 보수 또는 비용의 상환에 대한 권리로써 사업시행자에게 귀속될 대지 또는 건축물을 압류할 수 있다.
③ 제1항에 따라 정비사업을 대행하는 경우 사업대행의 개시결정, 그 결정의 고시 및 효과, 사업대행자의 업무집행, 사업대행의 완료와 그 고시 등에 필요한 사항은 대통령령으로 정한다.

제35조(조합설립인가 등)

① 시장·군수등, 토지주택공사등 또는 지정개발자가 아닌 자가 정비사업을 시행

> 하려는 경우에는 토지등소유자로 구성된 조합을 설립하여야 한다. 다만, 제25
> 조 제1항 제2호에 따라 토지등소유자가 재개발사업을 시행하려는 경우에는
> 그러하지 아니하다.

Ⅱ. 규정의 해석

1. 사업시행자의 유형

정비사업은 토지등소유자로 구성된 조합 또는 토지등소유자가 20인 미만의 재
개발사업에서의 토지등소유자 등 민간이 사업시행자로서 행정주체가 되어 수행하
는 경우(일정한 경우 행정청 또는 공공기관이 대행 가능), 민간 사업시행자가 시장·
군수등 행정청 또는 토지주택공사등 공공기관과 공동으로 정비사업을 수행하는
경우, 시장·군수등 행정청 또는 토지주택공사등 공공기관이 단독으로 또는 함께
정비사업을 수행하는 경우로 크게 나뉘어진다.

2. 주거환경개선사업의 사업시행자

주거환경개선사업은 정비사업 중 공익성이 가장 중대하므로 시행자는 시장·
군수등 또는 토지주택공사등 공공기관이고, 토지등소유자 등 민간은 사업시행자가
될 수 없다.

가. 구 주거환경관리사업(관리형 주거환경개선사업, 법 제23조 제1항 제1
호, 제24조 제1항)

⑴ 시장·군수등이 직접 시행

⑵ 시장·군수등이 토지주택공사등을 시행자로 지정하여 시행(정비계획안에 대
한 공람공고일 당시 토지등소유자의 과반수의 동의를 받을 것)

나. 구 주거환경개선사업(수용, 환지, 관리처분계획 주거환경개선사업, 법
제23조 제1항 제2호 내지 4호, 제24조 제2, 3항)

⑴ 시장·군수등이 직접 시행

⑵ 시장·군수등이 토지주택공사등, 국가, 지방자치단체, 공공기관이 총 지분

의 100분의 50을 초과하는 출자로 설립한 법인을 지정하여 시행(정비계획안에 대한 공람공고일 당시 토지 또는 건축물의 소유자 또는 지상권자의 3분의 2 이상의 동의와 세입자[26] 세대수의 과반수의 동의를 받을 것)

(3) 시장 · 군수등이 위 토지주택공사등 및 법인과 건설업자(건설산업기본법 제9조에 따른 건설업자), 등록사업자(주택법 제7조제 1항에 따라 건설업자로 보는 등록사업자) 등을 공동시행자로 지정하여 시행(정비계획안에 대한 공람공고일 당시 토지 또는 는 건축물의 소유자 또는 지상권자의 3분의 2 이상의 동의와 세입자 세대수의 과반수의 동의를 받을 것)

3. 재개발 · 재건축사업의 사업시행자

가. 원칙(조합 또는 토지등소유자 개인)

재개발, 재건축사업의 사업시행자는 원칙적으로 정비구역 내의 토지등소유자로 구성되는 조합이나, 토지등소유자가 20인 미만인 재개발사업의 경우에는 토지등소유자 개인이 사업시행자가 되는 것도 가능하다(토지등소유자 단체가 사업시행자가 되어야 한다는 견해가 있으나, 이는 제6편 제3장에서 자세히 살펴본다).

위와 같이 사업시행자는 민간이 원칙이다. 관할 관청은 조합설립인가 또는 사업시행계획인가를 통하여 조합이나 토지등소유자에게 행정주체의 지위를 부여하고, 단계적인 정비사업과정에서 인가 권한으로 적법성을 통제하고 있을 뿐이다.

도시정비법이 토지등소유자나 토지등소유자들로 구성된 조합으로 하여금 정비사업을 시행하도록 하는 것은 그 정비사업에 관하여 당해 정비구역 내 토지등소유자들이 직접적이고 밀접한 이해관계를 가지므로 이들의 의견을 반영하고, 이들로 하여금 정비사업을 능동적이고 지역 사정에 적합하게 수행하도록 함으로써 정비사업의 원활하고 효율적인 진행을 도모하고자 하는 것이다.[27]

---

26) 정비계획안에 대한 공람공고일 3개월 전부터 해당 정비예정구역에 3개월 이상 거주하고 있는 자를 말한다. 다만, 세입자의 세대수가 토지등소유자의 2분의 1 이하인 경우 등 대통령령으로 정하는 사유가 있는 경우에는 세입자의 동의절차를 거치지 아니할 수 있다(법 제24조 제3항).
27) 유상호, 도시환경정비사업의 시행자인 토지등소유자에 관한 조세법적 문제, 재판자료 제121집: 조세법 실무연구 II (2010년 하), 793쪽.

나. 공동시행 또는 대행(조합 등 사업시행자의 지위 존속)

(1) 공동시행

조합 또는 토지등소유자가 20인 미만인 재개발사업의 토지등소유자가 사업시행자인 경우, 조합원 과반수(또는 토지등소유자 과반수)의 동의를 받아 시장·군수등, 토지주택공사등, 건설업자, 등록사업자와 공동으로 시행하는 것이 가능하다(법 제25조 제1항).

(2) 사업의 대행(법 제28조)

(가) 사유

장기간 정비사업이 지연되거나 권리관계에 관한 분쟁 등으로 해당 조합 또는 토지등소유자가 시행하는 정비사업을 계속 추진하기 어렵다고 인정하는 경우(제1호), 토지등소유자(조합을 설립한 경우에는 조합원을 말한다)의 과반수 동의로 요청하는 경우(제2호)가 정비사업 대행의 사유이다.

(나) 사업대행자

시장·군수등은 위 사유에 해당하는 경우 해당 조합 또는 토지등소유자를 대신하여 직접 정비사업을 시행하거나 토지주택공사등 또는 지정개발자에게 해당 조합 또는 토지등소유자를 대신하여 정비사업을 시행하게 할 수 있다.

(다) 절차

시장·군수등은 사업대행개시결정 한 경우 정비사업의 종류 및 명칭, 사업시행자 등 일반적인 사업시행자 지정 시의 고시사항 외에 사업대행개시결정을 한 날, 사업대행자, 대행사항을 해당 지방자치단체의 공보등에 고시하여야 하고, 토지등소유자 및 사업시행자에게 위와 같이 고시한 내용을 통지하여야 한다(법 시행령 제22조 제1, 2항). 사업시행자인 조합 또는 토지등소유자는 여전히 존속하고 있으므로, 이를 명확히 하기 위한 것이다.

(라) 사업대행결정의 효과

① 사업대행자는 사업대행결정 고시가 있은 날의 다음 날부터 사업대행완료를 고시하는 날까지 자기의 이름 및 사업시행자의 계산으로 사업시행자의 업무를 집

행하고 재산을 관리한다. 이 경우 법 또는 법에 따른 명령이나 정관등으로 정하는 바에 따라 사업시행자가 행하거나 사업시행자에 대하여 행하여진 처분 · 절차 그밖의 행위는 사업대행자가 행하거나 사업대행자에 대하여 행하여진 것으로 본다(법 시행령 제22조 제3항).

② 시장 · 군수등이 아닌 사업대행자는 재산의 처분, 자금의 차입 그 밖에 사업시행자에게 재산상 부담을 주는 행위를 하려는 때에는 미리 시장 · 군수등의 승인을 받아야 한다. 사업대행자는 위와 같은 업무를 하는 경우 선량한 관리자로서의 주의의무를 다하여야 하며, 필요한 때에는 사업시행자에게 협조를 요청할 수 있고, 사업시행자는 특별한 사유가 없는 한 이에 응하여야 한다(법 시행령 제22조 제4, 5항).

③ 사업대행자는 조합 또는 토지등소유자인 사업시행자를 대신하여 정비사업의 업무를 수행하는 과정에서 비용을 부담하고, 또한 보수가 발생한다. 사업대행자는 사업시행자에게 청구할 수 있는 보수 또는 비용의 상환에 대한 권리로써 사업시행자에게 귀속될 대지 또는 건축물을 압류할 수 있다(법 제28조 제2항).

다. 공공시행 또는 지정개발(조합 등 사업시행자의 지위 소멸)

(1) 법정사유 발생 시의 공공시행자(법 제26조)

(가) 사유

① 천재지변 등 긴급하게 정비사업을 시행할 필요성이 있는 때(제1호), 정비사업이 지체되는 경우 등(제2, 3호, 일부는 재건축사업의 경우 제외), 지방자치단체의장이 시행하는 도시 · 군계획사업과 병행하여 정비사업을 시행할 필요가 있다고인정하는 때(제4호), 순환정비방식으로 정비사업을 시행할 필요가 있다고 인정하는 때(제5호), 관할 관청이 감독권한에 기하여 사업시행계획인가를 취소한 때(제6호), 국 · 공유지와 토지주택공사등이 소유한 토지를 합한 면적이 정비구역 전체토지면적의 과반 이상으로서 토지등소유자의 과반수가 시장 · 군수등 또는 토지주택공사등을 사업시행자로 지정하는 것에 동의하는 때(제7호), 해당 정비구역의 토지면적 2분의 1 이상의 토지소유자와 토지등소유자의 3분의 2 이상에 해당하는자가 시장 · 군수등 또는 토지주택공사등을 사업시행자로 지정할 것을 요청하는때(제8호)가 사유이다.

기본계획 수립지침에서는 정비예정구역 지정 시 법 제26조 제1항 제1호, 제4

호, 제5호, 제7호에 해당하는 경우 공공의 참여를 우선적으로 고려한다고 규정하고 있다(4-6-3).

② 제7, 8호의 경우와 같이 토지등소유자의 의사에 의하여도 가능하다.

동의는 서면동의서에 토지등소유자가 성명을 적고, 지장(指章)을 날인하는 방법으로 하며, 주민등록증, 여권 등 신원을 확인할 수 있는 신분증명서의 사본을 첨부하여야 한다(법 제36조 제1항 제5호). 동의철회의 경우에도 동일한 방식이고, 시기상의 제한이 있다(법 시행령 제33조 제2, 3항). 주민대표회의의 구성에 동의한 자는 사업시행자의 지정에 동의한 것으로 본다. 다만, 사업시행자의 지정 요청 전에 시장·군수등 및 주민대표회의에 사업시행자의 지정에 대한 반대의 의사표시를 한 토지등소유자의 경우에는 그러하지 아니하다(법 제47조 제1, 4항).

⑷ 사업시행자

시장·군수등이 직접 정비사업을 시행하거나 토지주택공사등(토지주택공사등이 건설업자 또는 등록사업자와 공동으로 시행하는 경우 포함)을 사업시행자로 지정하여 정비사업을 시행하게 할 수 있다(법 제26조 제1항). 시장·군수등, 토지주택공사등이 정비사업을 시행하는 경우 조합이 사업시행자인 경우의 정관에 준하여 시행규정을 작성하여야 한다(법 제53조). 여기에는 사업시행계획서의 변경, 관리처분계획 및 청산까지 포함된다.

⑵ 법정사유 발생 시의 지정개발자(법 제27조)

⑺ 사유

① 천재지변 등 긴급하게 정비사업을 시행할 필요성이 있는 때(제1호), 정비사업이 지체되는 경우[정비계획에서 정한 정비사업시행 예정일부터 2년 이내에 사업시행계획인가를 신청하지 아니하거나 사업시행계획인가를 신청한 내용이 위법 또는 부당하다고 인정하는 때(재건축사업의 경우 제외, 제2호)], 조합설립을 위한 동의요건 이상에 해당하는 자가 신탁업자를 사업시행자로 지정하는 것에 동의하는 때(제3호)

② 제3호의 경우와 같이 토지등소유자의 의사에 의하여도 가능하다. 동의는 서면동의서에 토지등소유자가 성명을 적고, 지장(指章)을 날인하는 방법으로 하며, 주민등록증, 여권 등 신원을 확인할 수 있는 신분증명서의 사본을 첨부하여야 함은 법정사유 발생 시의 공공시행자(법 제36조)에서 본 바와 같다. 신탁업자를 사업

시행자로 지정하는 경우에는 토지등소유자에게 법 제27조 제3항이 규정하는 토지등소유자별 분담금 추산액 및 산출근거 등 법정 정보를 제공하여야 하고, 반드시 토지등소유자로부터 법 시행규칙 [별지 제2호 서식] '신탁업자 지정 동의서'에 의하여 동의를 받아야 한다. 위 서식에는 건설되는 건축물의 설계의 개요 등 법 제27조 제4항의 법정사항이 기재되어 있다(법 제27조 제4, 5항).

(나) 사업시행자

시장·군수등이 토지등소유자, 민간투자법 제2조 제12호에 따른 민관합동법인 또는 신탁업자로서 대통령령으로 정하는 요건을 갖춘 자[28]를 사업시행자로 지정하여 정비사업을 시행하게 할 수 있다. 사업시행자는 정관에 준하여 법 제53조 각 호의 사항을 포함하는 시행규정을 작성하여야 한다(법 제53조).

(3) 주민대표회의

토지등소유자가 사업시행자의 지위에서 배제되므로 그들의 의사를 정비사업에 반영하기 위하여 주민대표회의가 구성된다.

(가) 구성시기
① 추진위원회 구성 전

토지등소유자가 시장·군수등 또는 토지주택공사등을 공공시행자 또는 지정개발자로 하여 사업을 시행하기를 원하는 경우(법 제26조 제1항 제8호, 제27조 제1항 제3호), 정비구역 지정·고시 후 주민대표회의를 구성하여야 한다(법 제47조 제1항).

② 추진위원회 구성 또는 조합설립인가 이후

시장·군수등이 직접 정비사업을 시행하거나 토지주택공사등을 사업시행자로 또는 지정개발자를 사업시행자로 지정·고시한 때에는 그 고시일 다음 날에 추진

---

28) 법 시행령 제21조(지정개발자의 요건)

　　법 제27조 제1항 각 호 외의 부분에서 "대통령령으로 정하는 요건을 갖춘 자"란 다음 각 호의 어느 하나에 해당하는 자를 말한다.

　　1. 정비구역의 토지 중 정비구역 전체 면적 대비 50% 이상의 토지를 소유한 자로서 토지등소유자의 50% 이상의 추천을 받은 자

　　2. 민간투자법 제2조 제12호에 따른 민관합동법인(민간투자사업의 부대사업으로 시행하는 경우에만 해당한다)으로서 토지등소유자의 50% 이상의 추천을 받은 자

　　3. 신탁업자로서 정비구역의 토지 중 정비구역 전체 면적 대비 3분의 1 이상의 토지를 신탁 받은 자

위원회의 구성승인 또는 조합설립인가가 취소된 것으로 본다. 이 경우 시장·군수 등은 해당 지방자치단체의 공보에 해당 내용을 고시하여야 한다(법 제26조 제2항, 제27조 제5항). 위와 같은 취소 이후 주민대표회의를 구성하여야 한다.

㈏ 구성방법

주민대표회의는 위원장을 포함하여 5명 이상 25명 이하로 구성한다. 주민대표 회의는 토지등소유자의 과반수의 동의를 받아 구성하며, 시장·군수등의 승인을 받아야 한다(제47조 제2, 3항).

㈐ 권한

① 시행규정 관련

㉮ 의견제시

시장·군수등, 토지주택공사등 또는 신탁업자가 단독으로 정비사업을 시행하는 경우 조합등이 사업시행자인 경우의 정관에 준하는 시행규정을 작성하게 된다(법 제53조). 주민대표회의 또는 세입자(상가세입자 포함)는 사업시행자가 건축물의 철 거, 주민의 이주, 토지 및 건축물의 보상, 정비사업비의 부담, 세입자에 대한 임대 주택의 공급 및 입주자격 등에 관하여 시행규정을 정하는 때에 의견을 제시할 수 있다(법 제47조 제5항).

㉯ 사업시행자의 의무

사업시행자는 주민대표회의 또는 세입자의 의견을 반영하기 위하여 노력하여 야 한다(법 제47조 제4항 후단). 구속력이 문제되나, 문언상 법 제47조 제5항 각 호의 사항에 대하여 주민대표회의가 사업시행자에게 의견을 제시하더라도 사업시 행자는 시행규정을 정할 때 이를 반영하도록 노력하는 것으로 족하고 구속력이 인정되지 아니한다.[29]

② 시공자 선정 관련

시장·군수등이 제26조 제1항 및 제27조 제1항에 따라 직접 정비사업을 시행 하거나 토지주택공사등 또는 지정개발자를 사업시행자로 지정한 경우, 사업시행자 는 사업시행자 지정·고시 후 경쟁입찰 또는 수의계약의 방법으로 건설업자 또는

---

29) 대법원 2016. 5. 12. 선고 2013다1570 판결.

등록사업자를 시공자로 선정하여야 한다(법 제29조 제6항). 그 경우 주민대표회의(제48조에 따른 토지등소유자 전체회의)가 법정의 경쟁입찰 또는 수의계약의 방법으로 시공자를 추천할 수 있고, 사업시행자는 추천받은 자를 시공자로 선정하여야 하며 구속력이 인정된다(법 제29조 제7, 8항).

③ 기타

주민대표회의는 정비구역 내 주민들의 의견을 수렴하여 사업시행자에게 정비사업과 관련한 각종 의견을 제시할 수 있다.

⑷ 토지등소유자 전체회의

제27조 제1항 제3호에 따라 사업시행자로 지정된 자가 신탁업자인 경우에는 사업시행과 관련하여 상당한 제한이 있다. 즉, 해당 정비사업의 토지등소유자(재건축사업의 경우에는 신탁업자를 사업시행자로 지정하는 것에 동의한 토지등소유자를 말한다) 전원으로 구성되는 총회에 준하는 '토지등소유자 전체회의'를 구성하여야 하고, 시행규정의 확정 및 변경, 정비사업비의 사용 및 변경, 정비사업전문관리(이하 '전문관리'라 한다)업자와의 계약 등 토지등소유자의 부담이 될 계약, 시공자의 선정 및 변경, 정비사업비의 토지등소유자별 분담내역, 자금의 차입과 그 방법·이자율 및 상환방법, 사업시행계획서의 작성 및 변경, 관리처분계획의 수립 및 변경, 청산금의 징수·지급, 부과금의 금액 및 징수방법, 그 밖에 토지등소유자에게 부담이 되는 것으로 시행규정으로 정하는 사항에 관하여는 토지등소유자 전체회의의 의결을 거쳐야 한다(법 제48조 제1항).

라. 도시영세민을 이주시켜 형성된 낙후지역에서의 재개발사업

⑴ 요건

국가 또는 지방자치단체가 도시영세민을 이주시켜 형성된 낙후되고 공익사업을 위한 토지 등의 취득 및 보상에 관한 법률(이하 '토지보상법'이라 한다) 제4조에 따른 공익사업의 시행으로 다른 지역으로 이주하게 된 자가 집단으로 정착한 지역으로서 이주 당시 300세대 이상의 주택을 건설하여 정착한 지역 및 정비구역 전체 건축물 중 준공 후 20년이 지난 건축물의 비율이 100분의 50 이상인 지역에서 예외적으로 시장·군수등 또는 토지주택공사등이 단독으로 재개발사업을 시행할 수 있다(법 제95조 제1항 제2호, 법 시행령 제79조 제2항).

(2) 효과

국가 또는 시 · 도는 위 재개발사업의 시행에 우선적으로 비용 중 일부를 보조하거나 융자할 수 있다(법 제95조 제1항). 위 재개발구역에서 지방자치단체가 소유하는 토지는 사업시행계획인가의 고시가 있은 날부터 종전의 용도가 폐지된 것으로 볼 뿐만 아니라 국유재산법, 공유재산 및 물품 관리법(이하 '공유재산법'이라 한다) 및 그 밖에 국 · 공유지의 관리 및 처분에 관하여 규정한 관계 법령에도 불구하고 해당 사업시행자에게 무상으로 양여된다(무상양여대상에서 국유지 제외). 자세한 내용은 제11편 제2장 "Ⅲ. 국 · 공유지의 무상양여 등"에서 살펴본다.

Ⅰ. 의 의

주거환경개선사업은 도시저소득 주민이 집단거주 하는 지역으로서 정비기반시설이 극히 열악하고 노후·불량건축물이 과도하게 밀집한 지역의 주거환경을 개선하거나, 단독주택 및 다세대주택이 밀집한 지역에서 정비기반시설과 공동이용시설 확충을 통하여 주거환경을 보전·정비·개량하기 위한 사업이다[법 제2조 제1호 (가)목].

종래 구 주거환경개선사업과 구 주거환경관리사업이 통합되어 주거환경개선사업이 되었다. 앞서 본 바와 같이 행정청이나 공공기관이 사업시행자이고, 조합이나 토지등소유자 등 민간이 사업시행자가 될 수 없어 실무상의 분쟁은 많지 않다. 이하에서는 주거환경개선사업과 재개발·재건축사업과의 차이 및 주거환경개선사업의 정비절차와 그 내용에 관하여 살펴본다.

Ⅱ. 재개발·재건축사업과의 차이

1. 사업시행자

주거환경개선사업의 시행자는 시장·군수등 또는 토지주택공사등 공공기관이고, 토지등소유자 등 민간은 사업시행자가 될 수 없고, 예외적으로 건설업자 등이 공동시행자로 참여할 수 있을 뿐이다. 그러나 재개발·재건축사업은 조합이나 토지등소유자 등 민간이 사업시행자이고, 예외적으로 조합 등이 시장·군수등 또는 토지주택공사등 공공기관과 공동사업시행자가 되거나 시장·군수등 또는 토지주택공사등이 단독으로 공공시행자, 지정개발자 또는 대행자가 될 수 있음은 앞서 본 바이다.

2. 정비방법

가. 대상의 차이

구 주거환경관리사업은 종전의 철거형 정비방법에서 벗어나 기존 도시구조를 유지하며 보전·정비·개량하는 사업인 점에서 재개발·재건축사업과 구별된다 (도시정비법 제2조 제2호).[30] 구 주거환경개선사업과 재개발·재건축사업은 원칙적으로 동일한 철거형 정비방법이다. 그러나 구 주거환경개선사업은 도시저소득 주민이 집단거주하는 이른바 '달동네'가 그 대상지역으로서, 정비기반시설이 열악하다는 점에서 재건축사업과는 구분되고, 주택정비형 재개발사업과 동일하나(도시정비형 재개발사업은 그 대상지역이 상업지역 및 공업지역으로서 도시기능의 회복 및 상권활성화라는 목적에서 차이가 있다), 그 정도가 극히 열악하다는 점에서 재개발사업과 구분되며, 또한 노후·불량건축물이 밀집한 점에서는 주택정비형 재개발·재건축사업과 동일하나, 그 정도가 과도하게 밀집되었다는 점에서 구분되고, 특히 재건축사업은 공동주택이 밀접한 지역이 대상임에 반해, 구 주거환경개선사업은 단독주택이나 다세대주택이 밀접한 지역을 그 대상으로 하는 점에서 차이가 있다.

나. 정비방법의 유형

(1) 규정

법 제23조(정비사업의 시행방법)

① 주거환경개선사업은 다음 각 호의 어느 하나에 해당하는 방법 또는 이를 혼용하는 방법으로 한다.

1. 제24조에 따른 사업시행자가 정비구역에서 정비기반시설 및 공동이용시설을 새로 설치하거나 확대하고 토지등소유자가 스스로 주택을 보전·정비하거나 개량하는 방법(이하 '관리형 주거환경개선사업'[31]이라 한다)

2. 제24조에 따른 사업시행자가 제63조에 따라 정비구역의 전부 또는 일부를 수용하여 주택을 건설한 후 토지등소유자에게 우선 공급하거나 대지를 토

---

30) 일반적으로 기존 건물은 철거가 원칙이나, 존치, 개수도 가능하다(서울시 조례 제8조 제2항 제2호는 정비계획을 수립할 때, 기존건축물의 경과연수, 용도, 구조, 규모, 입지, 허가유무 및 노후·불량정도를 고려하여 존치, 개수, 철거 후 신축, 철거이주 등으로 구분하여 기존건축물의 정비·개량에 관한 계획을 수립하여야 한다고 규정하고 있다).
31) 서울시 조례 제6조 제1항 제1호는 이를 '관리형 주거환경개선사업'이라고 칭하고 있다. 이는 구 주

지등소유자 또는 토지등소유자 외의 자에게 공급하는 방법(이하 '수용 주거환경개선사업'이라 한다)

3. 제24조에 따른 사업시행자가 제69조 제2항에 따라 환지로 공급하는 방법 (이하 '환지 주거환경개선사업'이라 한다)

4. 제24조에 따른 사업시행자가 정비구역에서 제74조에 따라 인가받은 관리처분계획에 따라 주택 및 부대시설 · 복리시설을 건설하여 공급하는 방법 (이하 '관리처분계획 주거환경개선사업'이라 한다)

② 재개발사업은 정비구역에서 제74조에 따라 인가받은 관리처분계획에 따라 건축물을 건설하여 공급하거나 제69조 제2항에 따라 환지로 공급하는 방법으로 한다.

③ 재건축사업은 정비구역에서 제74조에 따라 인가받은 관리처분계획에 따라 주택, 부대시설 · 복리시설 및 오피스텔을 건설하여 공급하는 방법으로 한다. 다만, 주택단지에 있지 아니하는 건축물의 경우에는 지형여건 · 주변의 환경으로 보아 사업 시행 상 불가피한 경우로서 정비구역으로 보는 사업에 한정한다.

(2) 해석

주거환경개선사업은 관리형 주거환경개선사업, 수용, 환지, 관리처분계획의 각 주거환경개선사업 등 4가지 형태의 방식이 가능하고, 특히 관리형에는 토지등소유자가 종전 주택을 철거하는 것이 아니라 정비나 개량뿐만 아니라 보전하는 방식까지 가능하다. 재개발사업은 관리처분계획방식 뿐만 아니라 환지방식도 가능하다. 다만 재건축사업은 오로지 관리처분계획방식만이 가능하다. 주거환경개선사업은 재개발 · 재건축사업과 달리 정비기반시설의 확충 외에 공동이용시설의 확충도 그 내용으로 한다.

III. 주거환경개선사업의 정비절차 및 내용

주거환경개선사업은 시장 · 군수등, 토지주택공사등 공공기관이 사업시행자가 되어 진행하는 공익성이 중대한 사업이다. 이로 인하여 정비절차 및 내용에 있어 여러 가지 특칙이 있다. 이하에서는 주거환경개선사업에 관한 정비절차 및 내용에

거환경관리사업을 의미한다.

관하여 재개발·재건축사업과는 다른 부분들 위주로 살펴본다.

1. 절차의 개관

원칙적으로 정비기본계획(정비예정구역지정)의 수립 → 정비계획(정비구역지정) → 시공자 선정 → 사업시행계획인가 → 관리처분계획인가 → 공사착공 → 공사준공 및 이전고시의 차례로 진행되나, 관리처분계획은 주거환경개선사업의 4가지 방식 중 '관리처분계획 주거환경개선사업'에서만 적용된다.

2. 구체적 내용

가. 정비기본계획(정비예정구역지정)의 수립

주거환경개선사업에 관한 정비기본계획은 비구속적 행정계획이다. 행정청은 주거환경개선사업 예정구역으로 분류하고자 하는 경우 사업의 시급성, 개선효과, 정비기반시설 현황 등을 분석하여 앞서 본 4가지 유형 중 특정한 방식으로 할 수 있다[도시·주거환경정비기본계획 수립 지침(이하 '기본계획 수립지침'이라 한다) 4-2-5]. 행정청은 기초조사 분석결과 주거환경개선사업과 재개발사업 대상지역에 모두 해당하는 경우에는 사업의 성격·특성과 지역여건 등을 감안하여 분류하되, 상습침수지역 등 전면매수 방식으로 시급히 사업시행이 필요한 지역, 대상구역 내 국·공유지 비율이 많아 거주주민의 재정착에 실질적인 도움이 되는 지역, 정비기반시설 등에 국가나 지방자치단체의 재정이 투입되어야 사업시행이 가능한 지역, 주민의 소득수준이 낮아 관리처분방식으로 사업시행이 어렵다고 판단되는 지역, 주민의 정비사업 시행 욕구가 낮거나 재개발사업을 추진하였으나 장기간 방치된 지역으로 시급히 사업시행이 필요한 지역에 해당하는 경우에는 우선적으로 주거환경개선사업 구역으로 분류할 것을 검토한다(기본계획 수립 지침 4-2-7).

행정청이 단계별 추진계획을 수립함에 있어서는 이주하게 되는 세입자를 고려하고, 구역의 세입자를 위한 임대주택건설이 가능한지 여부를 판단하여 정비예정구역의 범위를 설정할 수 있고, 세입자 및 주민의 주거안정을 위하여 순환정비방식의 시행을 고려한다(기본계획 수립지침 4-9-5, 6, 9). 이는 재개발사업도 동일하다.

나. 정비계획(정비구역지정)의 수립

(1) 요건(정비계획 입안대상지역)

노후·불량건축물에 대하여는 재개발·재건축사업의 정비계획 부분에서 자세히 살펴본다.

법 시행령 제7조 제1항 [별표 1]

1. 주거환경개선사업을 위한 정비계획은 다음 각 목의 어느 하나에 해당하는 지역에 대하여 입안한다.

   가. 1985. 6. 30. 이전에 건축된 건축물로서 법률 제3533호 특정건축물정리에관한특별조치법 제2조에 따른 무허가건축물 또는 위법시공건축물과 노후·불량건축물이 밀집되어 있어 주거지로서의 기능을 다하지 못하거나 도시미관을 현저히 훼손하고 있는 지역

   나. 개발제한구역법에 따른 개발제한구역으로서 그 구역지정 이전에 건축된 노후·불량건축물의 수가 해당 정비구역의 건축물 수의 50% 이상인 지역

   다. 재개발사업을 위한 정비구역의 토지면적의 50% 이상의 소유자와 토지 또는 건축물을 소유하고 있는 자의 50% 이상이 각각 재개발사업의 시행을 원하지 않는 지역

   라. 철거민이 50세대 이상 규모로 정착한 지역이거나 인구가 과도하게 밀집되어 있고 기반시설의 정비가 불량하여 주거환경이 열악하고 그 개선이 시급한 지역

   마. 정비기반시설이 현저히 부족하여 재해발생 시 피난 및 구조 활동이 곤란한 지역

   바. 건축대지로서 효용을 다할 수 없는 과소필지 등이 과다하게 분포된 지역으로서 건축행위 제한 등으로 주거환경이 열악하여 그 개선이 시급한 지역

   사. 국토계획법 제37조 제1항 제5호에 따른 방재지구로서 주거환경개선사업이 필요한 지역

   아. 단독주택 및 다세대주택 등이 밀집한 지역으로서 주거환경의 보전·정비·개량이 필요한 지역

   자. 도시정비법 제20조 및 제21조에 따라 해제된 정비구역 및 정비예정구역

차. 기존 단독주택 재건축사업 또는 재개발사업을 위한 정비구역 및 정비
예정구역의 토지등소유자의 50% 이상이 주거환경개선사업으로의 전
환에 동의하는 지역

카. 도시재정비법 제2조 제6호에 따른 존치지역 및 같은 법 제7조 제2항
에 따라 재정비촉진지구가 해제된 지역

4. 무허가건축물의 수, 노후 · 불량건축물의 수, 호수밀도, 토지의 형상 또는
주민의 소득 수준 등 정비계획의 입안대상지역 요건은 필요한 경우 위 제
1호에서 규정한 범위에서 시 · 도조례로 이를 따로 정할 수 있으며, 부지
의 정형화, 효율적인 기반시설의 확보 등을 위하여 필요하다고 인정되는
경우에는 지방도시계획위원회의 심의를 거쳐 위 제1호의 규정에 해당하는
정비구역의 입안대상지역 면적의 100분의 110 이하의 범위에서 시 · 도조
례로 정하는 바에 따라 제1호의 규정에 해당하지 않는 지역을 포함하여
정비계획을 입안할 수 있다.

5. 건축물의 상당수가 붕괴나 그 밖의 안전사고의 우려가 있거나 상습 침수,
홍수, 산사태, 해일, 토사 또는 제방 붕괴 등으로 재해가 생길 우려가 있
는 지역에 대해서는 정비계획을 입안할 수 있다.

서울시 조례 제6조(정비계획 입안대상지역 요건)

① 영 제7조 제1항 [별표 1] 제4호에 따른 정비계획 입안대상지역 요건은 다음
각 호와 같다.

1. 주거환경개선구역은 호수밀도가 80 이상인 지역으로서 다음 각 목의 어느
하나에 해당하는 지역을 말한다. 다만, 관리형 주거환경개선사업으로 시행
하는 경우에는 제외한다.

가. 노후 · 불량건축물의 수가 대상구역 안의 건축물 총수의 60% 이상인
지역

나. 주택접도율이 20% 이하인 지역

다. 구역의 전체 필지 중 과소필지가 50% 이상인 지역

⑵ 관리형 주거환경개선사업의 토지등소유자 정비계획 입안제안요건 완화

특별자치시장, 특별자치도지사, 시장, 군수 또는 구청장등이 정비계획의 입안권
자인바(법 제9조 제3항). 법 제14조 제1항은 단계별 정비사업 추진계획상 정비예정
구역별 정비계획의 입안시기가 지났음에도 불구하고 정비계획이 입안되지 아니하

는 등 제1호부터 제5호까지의 법정 요건에 해당하는 경우 토지등소유자는 정비계획의 입안권자에게 정비계획의 입안을 제안할 수 있다. 정비계획 입안의 제안을 위한 토지등소유자의 동의와 관련하여서는 토지등소유자의 3분의 2 이하 및 토지면적 3분의 2 이하의 범위에서 시·도조례로 정하는 비율 이상의 동의를 받도록 규정하고 있다(법 14조 제2항, 법 시행령 제12조 제1항).

현재 서울시는 입안제안 요건으로 해당 지역 토지등소유자의 60% 이상 및 토지면적의 2분의 1 이상의 동의를 받아야 함을 원칙으로 하고 있고, 이는 모든 정비사업에 공통적으로 적용된다. 다만 특별히 관리형 주거환경개선사업의 경우에는 공익성의 정도가 가장 중대하여 입안제안의 요건을 완화하여 해당 지역 토지등소유자의 과반수 동의만으로 입안제안이 가능하도록 하고 있다(서울시 조례 제10조 제1, 2항).

⑶ 시행방식 전환의 요건

사업시행자는 이미 정비계획이 수립된 다른 유형의 주거환경개선사업을 관리처분계획 주거환경개선사업방식으로 변경하려는 경우에는 토지등소유자의 3분의 2 이상의 동의를 받아야 한다(법 제123조 제5항). 그 취지는 관리처분계획 주거환경개선사업방식의 경우 토지등소유자가 상당한 정도의 비용을 부담하기 때문이다.

⑷ 사업시행예정자

수용 주거환경개선사업의 경우 수용권을 가진 사업시행예정자는 정비계획의 내용에 반드시 포함되어야 한다(법 시행령 제8조 제3항 제3호). 도시·주거환경 정비계획 수립 지침(이하 '정비계획 수립지침'이라 한다)에 의하면, 주거환경개선사업의 경우에는 사업시행예정자를 정비계획서에 표기하여야 하고[2-2-2⑷나], 각각의 시행방법을 구분하여 표기한다[4-3-3⑴]. 주거환경개선사업 시행 시 이주하게 되는 세입자를 고려하고, 정비사업 구역 내 세입자를 위한 임대주택건설이 가능한지를 판단하며, 대상구역에 세입자용 임대주택을 건설하기가 곤란한 경우 인근의 임대주택 활용여부 등을 검토하여 해당 주거환경개선사업이나 재개발사업과 연계하여 추진하는 방안을 고려해야 한다(4-14-2, 3). 이는 재개발사업과 동일하다.

⑸ 국민주택규모 주택 및 공공임대주택 건설 강제

주택수급의 안정과 저소득 주민의 입주기회 확대를 위하여 정비사업으로 건설하는 주택에 대하여 국토교통부장관이 정하여 고시하는 임대주택 및 주택규모별 건설비율 등을 정비계획에 반영하여야 한다. 주거환경개선사업의 경우 건설하는 주택 전체 세대수(임대주택 포함)의 90% 이상을 85㎡ 이하 규모의 주택으로 건설하여야 하고, 임대주택은 시·도지사가 전체 세대수의 30% 이하에서 정하여 고시하는 기준에 따라 건설하여야 하며, 전체 임대주택 세대수의 50% 이하에서 정하여 공보에 고시하는 기준에 따라 40㎡ 이하 규모의 임대주택을 건설하여야 한다[법 제10조 제1항, 법 시행령 제9조 제1항 제1호 가목, '정비사업의 임대주택 및 주택규모별 건설비율'(국토교통부 고시) 제3조 제1, 2, 4항]. 정비사업의 공익성 및 공공성에 비례하여 사업시행자가 건설하는 주택 중 국민주택규모 주택 및 공공임대주택 규모 비율에 대한 제한 정도가 달라지는바, 주거환경개선사업의 제한이 가장 중하다.

⑹ 종 상향을 위한 용도지역 변경간주

주거환경개선사업구역으로 지정고시가 있을 경우에는 국토계획법 등 관련 법률에도 불구하고 관리형, 환지 방식의 경우 제2종일반주거지역으로, 수용, 관리처분계획 방식의 경우 제3종일반주거지역(다만, 공공지원민간임대주택 또는 공공주택 특별법 제2조 제1호의2에 따른 공공건설임대주택을 200세대 이상 공급하려는 경우로서 해당 임대주택의 건설지역을 포함하여 정비계획에서 따로 정하는 구역은 준주거지역)으로 한다(법 제69조 제1항 본문, 법 시행령 제58조 제1항). 다만 개발제한구역이나 시장·군수등이 주거환경개선사업을 위하여 필요하다고 인정하여 해당 정비구역의 일부분을 종전 용도지역으로 그대로 유지하거나 동일면적의 범위에서 위치를 변경하는 내용으로 정비계획을 수립한 경우는 예외로 한다(법 제69조 제1항 단서).

⑺ 기타

주거환경개선사업의 경우에는 정비계획에 주민의 소득원 개발에 관한 사항이 포함되고, 특히 관리형의 경우에는 주거환경관리를 위한 주민공동체 활성화 방안이 포함된다(서울시 조례 제8조 제1항 제3, 7호).

다. 정비구역해제

⑴ 필요적 정비구역해제(다른 정비사업과 공통)

정비예정구역에 대하여 기본계획에서 정한 정비구역 지정 예정일부터 3년이 되는 날까지 특별자치시장, 특별자치도지사, 시장 또는 군수가 정비구역을 지정하지 아니하거나 구청장등이 정비구역의 지정을 신청하지 아니하는 경우에는 필요적 정비구역해제사유가 된다. 토지등소유자가 100분의 30 이상의 동의로 위 기간이 도래하기 전에 연장 요청한 경우, 정비구역등의 존치가 필요하다고 인정하는 경우에는 2년의 범위에서 연장가능하다(법 제20조 제1항 제1호, 제6항).

⑵ 재량적 정비구역해제(주거환경개선사업의 특유 요건)

관리형 주거환경개선사업에서, 정비구역이 지정·고시된 날부터 10년 이상 지나고, 추진 상황으로 보아 지정 목적을 달성할 수 없다고 인정되는 경우로서 토지등소유자의 과반수가 정비구역의 해제에 동의하는 경우, 정비구역지정권자는 법정의 절차를 거쳐 정비구역을 해제할 수 있다(법 제21조 제1항 제4호, 제2항). 정비구역이 해제되면 정비계획으로 변경된 용도지역, 정비기반시설 등은 정비구역 지정 이전의 상태로 환원된 것으로 보나, 다만 관리형 주거환경개선사업의 경우 정비구역지정권자는 정비기반시설의 설치 등 해당 정비사업의 추진 상황에 따라 환원되는 범위를 제한할 수 있다(법 제22조 제1항).

⑶ 타 정비사업 해제 시 관리형 주거환경개선구역 지정 가능

재개발사업 및 재건축사업이 법 제20조 및 제21조에 따라 정비구역등이 해제된 경우 정비구역의 지정권자는 해제된 정비구역을 관리형 주거환경개선구역으로 지정할 수 있다(법 제22조 제2항). 이 경우 주거환경개선구역으로 지정된 구역은 제7조에 따른 기본계획에 반영된 것으로 본다.

라. 토지주택공사등을 사업시행자로 하는 경우 토지등소유자의 동의

시장·군수등이 주거환경개선사업의 시행자로 토지주택공사등을 지정하는 경우 정비계획안에 대한 공람공고일 현재 토지 또는 건축물의 소유자 또는 지상권자의 3분의 2 이상의 동의와 세입자 세대수의 과반수의 동의를 각각 받아야 함은

앞서 본 바이다. 동의의 방법은 모든 정비사업에 공통되는 도시정비법 제36조 제1항이 적용된다. 토지등소유자의 동의자 수 산정방법은 재개발사업과 동일하다(법 시행령 제33조 제1항 제1호). 구체적인 동의자 수 산정방법은 재개발사업과 관련하여 자세히 살펴본다. 동의에 관하여는 서면동의서에 토지등소유자가 성명을 적고 지장(指章)을 날인하는 법 제36조 제1항의 법정 동의방법이 요구된다(법 제36조 제1항 제3호).

마. 시공자 선정

관리처분계획 주거환경개선사업의 사업시행자가 시공자를 선정함에 있어 토지등소유자로 구성되는 제47조에 따른 주민대표회의는 대통령령으로 정하는 경쟁입찰 또는 수의계약(2회 이상 경쟁입찰이 유찰된 경우로 한정한다)의 방법으로 시공자를 추천할 수 있다(법 제29조 제7항). 여기서 대통령령으로 정하는 경쟁입찰이란, 일반경쟁입찰·제한경쟁입찰 또는 지명경쟁입찰 중 하나일 것, 해당 지역에서 발간되는 일간신문에 1회 이상 입찰을 위한 공고를 하고, 입찰 참가자를 대상으로 현장 설명회를 개최할 것, 해당 지역 주민을 대상으로 합동홍보설명회를 개최할 것, 토지등소유자를 대상으로 제출된 입찰서에 대한 투표를 실시하고 그 결과를 반영할 것의 요건을 모두 갖춘 경우에 한한다(법 시행령 제24조 제4항).

사업시행자는 주민대표회의가 시공자를 추천한 경우 추천받은 자를 시공자로 선정하여야 한다(법 제29조 제8항). 위와 같은 시공자 선정 추천에 관한 의견은 사업시행자에 대하여 구속력이 인정된다.[32] 사업비용 중 상당 부분을 토지등소유자가 부담함에도, 토지등소유자는 사업의 시행에서 배제되어 있으므로, 사업비용 중 대부분을 차지하는 시공계약에 토지등소유자의 의사를 반영함으로써 그들의 이익을 보호하기 위함이다. 이는 재개발·재건축사업에서 법정사유 발생 시의 공공시행자(법 제26조), 법정사유 발생 시의 지정개발자(법 제27조)가 사업시행자인 경우와 동일하고, 주민대표회의의 구성 등에 관하여는 앞서 자세히 살펴보았다.

---

32) 대법원 2016. 5. 12. 선고 2013다1570 판결.

바. 사업시행계획인가 및 후속절차

(1) 임대주택 및 국민주택규모 주택

사업시행자는 정비계획에 따라 법 제52조, 법 시행령 제47조, 서울시 조례 제26조에 의하여 사업시행계획서를 작성하여야 한다. 재개발사업과 동일하게 주거환경개선사업의 사업시행자는 필수적으로 임대주택을 건설할 의무가 있으므로 이를 반드시 기재하여야 한다.

한편, 재개발 · 재건축 사업의 경우에는 사업시행자가 국민주택규모 주택을 건설하여 국토교통부장관 등에게 공급하는 대신 용적률의 인센티브를 받을 수 있으나, 주거환경개선사업의 경우에는 적용되지 아니한다(법 제52조 제1항 제6호, 제7호). 관리처분계획 주거환경개선사업의 사업시행자는 분양신청절차를 거치게 된다. 환지 주거환경개선사업의 경우에는 환지방식 재개발사업과 마찬가지로 도시개발법의 규정이 준용되고, 도시개발법 제41조 제2항 본문에 따른 '환지처분을 하는 때'는 '사업시행계획인가를 하는 때'로 본다(법 제69조 제2항). 주택법을 적용할 때에는 이 법에 따른 사업시행자(토지주택공사등이 공동사업시행자인 경우에는 토지주택공사등을 말한다)는 주택법에 따른 사업주체로 본다(법 제69조 제3항).

(2) 국 · 공유재산의 처분 등

정비사업은 사업시행자 측이 정비구역 내 토지등을 취득함을 전제로 하므로, 정비구역 내에 국 · 공유재산이 존재하는 경우 사업시행계획서에 그에 대한 처분이 포함되는 것이 일반적이다. 주거환경개선구역에서 국가 또는 지방자치단체가 소유하는 토지는 사업시행계획인가의 고시가 있은 날부터 종전의 용도가 폐지된 것으로 보며, 국유재산법, 공유재산법 및 그 밖에 국 · 공유지의 관리 및 처분에 관하여 규정한 관계 법령에도 불구하고 해당 사업시행자에게 무상으로 양여된다(법 제101조 제1항 본문). 이는 주거환경개선사업의 사업시행자는 시장 · 군수등 또는 공공기관이기 때문이다.

다만 국유재산법 제6조 제2항에 따른 행정재산 또는 공유재산법 제5조 제2항에 따른 행정재산과 국가 또는 지방자치단체가 양도계약을 체결하여 정비구역지정 고시일 현재 대금의 일부를 수령한 토지에 대하여는 무상양여의 대상에서 제외된다(법 제101조 제1항 단서). 일반 재개발·재건축 사업을 목적으로 우선하여 매각하는 국·공유재산의 매각가격은 사업시행계획인가의 고시가 있은 날을 기준으로 평가하나, 주거환경개선사업의 경우 무상양여가 아닌 매수한다 하더라도 공익성이 중대하므로 매각 시 가격은 위 평가금액의 100분의 80으로 한다(법 제98조 제6항). 자세한 내용은 제11편 제2장 "Ⅲ. 국·공유재산의 처분, 임대 등"에서 살펴본다.

(3) 재개발·재건축사업과 동일한 절차

(가) 임시거주시설의 설치 등

기존 건물의 철거를 전제로 하는 주거환경개선사업의 사업시행자는 사업의 시행으로 철거되는 주택의 소유자 또는 세입자에게 해당 정비구역 안과 밖에 위치한 임대주택 등의 시설에 임시로 거주하게 하거나 주택자금의 융자를 알선하는 등 임시거주에 상응하는 조치를 하여야 한다(법 제61조 제1항). 이는 재개발사업과 동일하고, 재건축사업과는 구별된다.

(나) 토지등의 수용 또는 사용

수용을 전제로 하는 주거환경개선사업의 시행자는 정비구역에서 정비사업을 시행하기 위하여 토지보상법 제3조에 따른 토지·물건 또는 그 밖의 권리를 취득하거나 사용할 수 있다(법 제63조). 이는 재개발사업과 동일하고, 재건축사업과는 구별된다.

(다) 기타

정비사업의 시행으로 임차권 등의 설정 목적을 달성할 수 없는 때에는 그 권리자는 계약을 해지할 수 있고(법 제70조), 사업시행자에게 소유권의 확인이 곤란한 건축물 등에 대한 처분권한이 부여됨은 재개발·재건축사업과 동일하다(법 제71조).

사. 관리처분계획인가 및 후속절차

(1) 관리처분계획 주거환경개선사업

관리처분계획 주거환경개선사업의 사업시행자는 관리처분계획을 수립하여야 하고, 그 내용은 다음에서 살펴볼 재개발사업의 관리처분계획과 동일하다(법 시행령 제63조 제1항). 종전자산 및 종후자산 평가, 세입자별 손실보상액을 산정하는 방법, 청산을 위한 기준가격평가도 재개발사업과 동일하며[법 74조 제4항 제1호 (가)목, 법 시행령 제76조 제1항 제1호], 주택 및 부대, 복리시설 공급 기준 등도 동일하다(서울시 조례 제38조).

(2) 관리형, 수용, 환지 주거환경개선사업

관리형, 수용, 환지 주거환경개선사업의 사업시행자 및 환지에 따라 대지를 공급받아 주택을 건설하는 자의 경우에는 분양신청절차에 따른 관리처분계획을 수립하지 아니하므로, 주택의 공급에 관하여는 아래의 범위에서 시장·군수등의 승인을 받아 사업시행자가 따로 정할 수 있다[법 시행령 제66조, 별표 2(주거환경개선사업의 주택공급 조건)]. 이는 재개발·재건축사업과 다른 주거환경개선사업에서의 특유한 효력이다.

(개) 주택의 공급기준(제1호)
1세대 1주택을 기준으로 공급한다.

(내) 주택의 공급대상(제2호)
다음 각 목의 어느 하나에 해당하는 자에게 공급한다. 다만, 주거환경개선사업을 위한 정비구역에 건축법 제57조에 따른 대지분할제한면적 이하의 과소토지만을 소유하고 있는 자 등에 대한 주택공급기준은 시·도조례로 따로 정할 수 있는바, 서울시는 토지면적이 90㎡에 미달하는 토지소유자를 제외하고 있다(서울시 조례 제43조).

① 정비계획안에 대한 공람공고일 또는 시장·군수등이 해당 구역의 특성에 따라 필요하다고 인정하여 시·도지사의 승인을 받아 따로 정하는 날(이하 '기준일'이라 한다) 현재 해당 주거환경개선사업을 위한 정비구역 또는 다른 주거환경개선사업을 위한 정비구역에 주택이 건설될 토지 또는 철거예정인 건축물을 소유한 자(가목)

② 국토계획법 제2조 제11호에 따른 도시·군계획사업으로 주거지를 상실하여 이주하게 되는 자로서 해당 시장·군수등이 인정하는 자(나목)

(대) 주택의 공급순위(제3호)
• 1순위: 기준일 현재 해당 정비구역에 주택이 건설될 토지 또는 철거예정인

건축물을 소유하고 있는 자로서 해당 정비구역에 거주하고 있는 자

- 2순위: 기준일 현재 해당 정비구역에 주택이 건설될 토지 또는 철거예정인 건축물을 소유하고 있는 자(법인인 경우에는 사회복지를 목적으로 하는 법인만 해당한다)로서 해당 정비구역에 거주하고 있지 아니하는 자
- 3순위: 기준일 현재 다른 주거환경개선사업을 위한 정비구역에 토지 또는 건축물을 소유하고 있는 자로서 해당 정비구역에 거주하고 있는 자
- 4순위: 도시·군계획사업으로 주거지를 상실하여 이주하게 되는 자로서 해당 시장·군수등이 인정하는 자

아. 공익의 중대성에 기초한 정비사업상의 특례

(1) 건축규제의 완화 등에 관한 특례

주거환경개선사업에 따른 건축허가를 받은 때와 부동산등기를 하는 때에는 국민주택채권의 매입에 관한 규정을 적용하지 아니하고, 도시·군계획시설의 결정·구조 및 설치의 기준 등에 필요한 사항도 따로 정하며(시·도지사는 지역여건을 고려할 때 위 기준을 적용하는 것이 곤란하다고 인정하는 경우에는 국토계획법 제113조 제1항에 따른 시·도 도시계획위원회의 심의를 거쳐 그 기준을 완화할 수 있다, 법 시행규칙 제11조 제2항), 대지와 도로의 관계, 건축물의 높이 제한, 건축법상의 대지의 조경기준, 건폐율의 산정기준, 대지 안의 공지 기준, 주택법상의 부대시설 및 복리시설의 설치기준 등을 도 시·도조례로 정하는 바에 따라 기준을 따로 정할 수 있다(법 제68조).

(2) 다른 법령의 적용 및 배제

주거환경개선사업의 경우 정비사업의 시행으로 인하여 주거용 건축물을 제공함에 따라 생활의 근거를 상실하게 되는 자에 대하여 이주대책을 수립·실시하거나 이주정착금을 지급하여야 하나, 그 중 토지보상법 제78조 제4항의 이주정착지와 관련한 규정이 적용되지 아니한다(법 제69조 제3항).

(3) 보조 및 융자

국가 또는 시·도는 시장, 군수, 구청장 또는 토지주택공사등이 시행하는 정비사업에 관한 기초조사 및 정비사업의 시행에 필요한 시설로서 정비기반시설, 임시

거주시설 및 주거환경개선사업에 따른 공동이용시설의 건설에 드는 비용의 일부를 보조하거나 융자할 수 있는바, 시장·군수등 또는 토지주택공사등이 법 제20조 및 제21조에 따라 해제된 정비구역등 또는 도시재정비법 제7조 제2항에 따라 재정비촉진지구가 해제된 지역에서 시행하는 주거환경개선사업에 우선적으로 보조하거나 융자할 수 있다(법 제95조 제1항 제1호). 또한 시장·군수등은 사업시행자가 토지주택공사등인 주거환경개선사업과 관련하여 위 제1항에 따른 정비기반시설 및 공동이용시설, 임시거주시설을 건설하는 경우 건설에 드는 비용의 전부 또는 일부를 토지주택공사등에게 보조하여야 한다(법 제95조 제2항).

(4) 관리형 주거환경개선사업의 특칙

관리형 주거환경개선사업의 경우 서울시장은 주택개량 및 신축공사비를 80% 이내에서 융자할 수 있고, 주민협의체 등의 구성, 지원, 지도 등에 대한 각종 혜택을 부여하고 있다(서울시 조례 제53조 제5항, 제58조 내지 61조).

제5장 재개발 · 재건축사업의 개관

Ⅰ. 재개발 · 재건축사업 추진 절차도

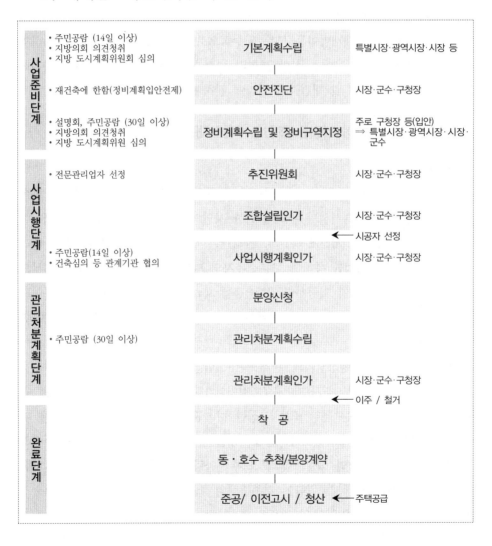

사업준비단계

- 주민공람 (14일 이상)
- 지방의회 의견청취
- 지방 도시계획위원회 심의

기본계획수립 — 특별시장·광역시장·시장 등

- 재건축에 한함(정비계획입안전제)

안전진단 — 시장·군수·구청장

- 설명회, 주민공람 (30일 이상)
- 지방의회 의견청취
- 지방 도시계획위원 심의

정비계획수립 및 정비구역지정 — 주로 구청장 등(입안) ⇒ 특별시장·광역시장·시장·군수

사업시행단계

- 전문관리업자 선정

추진위원회 — 시장·군수·구청장

조합설립인가 — 시장·군수·구청장 ← 시공자 선정

- 주민공람(14일 이상)
- 건축심의 등 관계기관 협의

사업시행계획인가 — 시장·군수·구청장

관리처분계획단계

분양신청

- 주민공람 (30일 이상)

관리처분계획수립

관리처분계획인가 — 시장·군수·구청장 ← 이주 / 철거

완료단계

착 공

동 · 호수 추첨/분양계약

준공/ 이전고시 / 청산 ← 주택공급

Ⅱ. 도시정비법 제정 이전의 (주택)재개발 · 주택재건축사업

도시정비법 제정 이전의 재개발사업은 도시재개발법에 근거하여 공권력에 의해 일정한 구역 내의 토지 및 건축물을 정비하는 도시계획사업의 일종이었으나, 재건축사업은 구 주촉법에 근거를 둔 순수한 민간사업으로 시행되었다. 재건축사업에서는 선계획 — 후개발이라는 공익사업의 성격이 존재하지 아니하여 기본계획수립, 정비계획 수립 및 도시정비구역의 지정이라는 절차가 존재하지 않았고, 관리처분계획에 대하여는 관할 관청의 인가를 필요로 하지 않았다. 도시정비법 제정이전에는 재건축이든 재개발이든 모두 필수적으로 조합설립이 요구되지 아니하였으나, 조합이 설립된 경우에는 상반된 법리를 전개하였는바, 이하에서는 도시정비법 제정 이전의 재개발 및 재건축의 법리에 관하여 간단히 살펴본다.

1. 주촉법에 의하여 설립된 조합에 의한 재건축

가. 규 정

건물에 대하여 구분소유 관계가 성립되면 구분소유자 전원을 구성원으로 하여 건물과 그 대지 및 부속시설의 관리에 관한 사업의 시행을 목적으로 하는 관리단이 설립된다(집합건물법 제23조 제1항). 관리단은 위와 같은 건물 등에 대한 관리의 일환으로 관리단집회를 통하여 구분소유자의 5분의 4 이상 및 의결권의 5분의 4 이상으로 재건축결의가 가능하다(집합건물법 제47조). 이는 구분소유자들 사이의 내부관계이므로, 그 결의의 효력을 다투는 소송은 사법적 법률관계에 해당하여 민사소송의 대상이다.

한편 구 주촉법은 행정청과의 관계 즉, 집합건물의 구분소유자들이 재건축을 추진함에 있어 각종 인 · 허가(재건축조합설립인가 등)와 관련된 공법적 관계를 규율한다. 구 주촉법에서는 동일 또는 인접한 시 · 군에 거주하는 주민이 주택을 마련하기 위하여 설립한 조합인 '지역조합', 동일한 직장의 근로자가 주택을 마련하기 위하여 설립한 조합인 직장조합 및 노후 · 불량한 주택을 철거하고 그 철거한 대지 위에 주택을 건설하기 위하여 기존주택의 소유자가 설립한 조합인 재건축조합에 관하여 규정하고 있었다(구 주촉법 제3조 제9호).

집합건물의 구분소유자들은 구 주촉법 제3조 제9호의 재건축조합을 설립하여

재건축사업을 추진하는 것이 가능하였고, 실제로도 재건축조합을 설립하여 재건축
사업을 시행하는 것이 일반적이었으며, 그 경우 구 주촉법상의 재건축조합에 관한
규정이 적용되고 구 주촉법에 따라 재건축사업이 진행된다. 구분소유자들이 직접
시행하든, 또는 재건축조합에 의하든 재건축사업은 구 주촉법상 사인(私人)에 의해
시행되는 민간의 주택건설사업이다.

나. 재건축사업 절차

(1) 일반론

구 주촉법에 따른 재건축절차는 재개발과 뚜렷이 구별된다. 즉, 관리단집회에
서의 재건축결의, 안전진단, 재건축조합설립행위, 행정청의 재건축조합설립인가처
분, 조합의 사업계획작성 및 행정청의 승인, 착공 및 준공, 입주, 청산의 절차를
거쳐 시행된다. 관리처분계획의 내용은 재건축결의의 구성요소이다.

(2) 재건축결의

집합건물의 구분소유자들이 재건축사업을 추진하는 과정에서 집합건물법 제47
조의 재건축결의를 위한 집회와 구 주촉법 제44조의 재건축조합 설립을 위한 창
립총회를 함께 개최하는 경우에는 외형상 1개의 집회로 보이더라도 거기서 이루
어지는 결의는 법률적으로 각 건물별로 구성된 관리단집회가 개별로 한 재건축결
의와 구분소유자들을 조합원으로 한 재건축조합의 설립행위로 구분된다. 재건축결
의가 재건축조합 설립행위의 일부를 이루는 것은 아니므로, 재건축결의를 위한 관
리단집회로서는 요건을 갖추지 못하여 재건축결의가 무효라고 하더라도 이로써
곧 재건축조합 설립을 위한 창립총회의 결의까지 당연히 무효로 된다고 할 수는
없다.[33] 관리처분계획의 내용은 재건축결의의 구성요소이므로, 최초의 재건축결의
상의 관리처분계획의 내용이 변경되면 재건축변경결의를 하여야 한다.

(3) 사업계획승인

(가) 사업계획승인은 재건축조합이 추진하고 있는 주택건설사업에 관한 사업내
용을 관할 행정청으로부터 승인받는 행정처분절차이다. 재건축조합이 주택건설사

---

33) 대법원 2005. 7. 8. 선고 2005다21036 판결.

업계획승인을 얻기 위해서는 주택건설사업계획서, 주택과 부대시설 및 복리시설의 배치도, 건축허가를 신청할 때의 제출도서, 공공시설의 귀속에 관한 사항을 기재한 서류, 기존주택의 철거계획서, 건설된 주택의 처분계획서, 도시계획시설 설치계획도서(도시계획도면, 지적측량성과표) 등을 제출하여야 하므로(구 주촉법 시행령 제32조 제2항), 주택건설사업에 관한 일체의 사업내용이 이로써 확정된다.

(나) 재건축조합이 관할 행정청으로부터 사업계획의 승인을 얻은 때에는 건축법상의 건축허가, 국토계획법상의 도시관리계획결정, 도시계획시설사업의 실시계획인가 등 관련 법률상의 허가 · 인가 · 결정 · 승인 또는 신고를 받은 것으로 본다(구 주촉법 제33조 제4항). 따라서 사업계획의 승인은 도시재개발법상의 사업시행계획인가의 성격을 가지고 있다.

또한 재건축대상인 노후 · 불량주택이나 그 대지에 설정된 저당권 · 가등기담보권 · 가압류 · 전세권 · 지상권 등 등기된 권리는 주택건설사업계획승인 이후에는 새로이 건설되는 주택이나 그 대지에 설정된 것으로 보고, 이 경우 도시재개발법 제33조 내지 제45조(관리처분계획, 공사완료에 따른 조치)의 규정을 준용한다(구 주촉법 제44조의3 제5항). 따라서 사업계획의 승인은 일면 관리처분계획인가의 성격도 가지고 있다. 사업계획의 승인을 얻으면 원칙적으로 행정청의 관여는 종료되고 조합원은 이로써 분양받을 권리(입주자로 선정된 지위)를 취득하게 되고, 조합원 사이의 권리분배 및 신축된 건물 또는 대지의 소유권 이전 방식 등은 일반 민법 등에 의하여 자율적으로 이루어진다.[34]

(4) 후속절차

사업계획의 승인을 얻은 재건축조합이 정관에서 토지등에 관한 현금 청산에 관한 조항을 두고 있는 경우에는, 분양신청을 하지 아니하거나 철회하는 조합원에 대하여 그 정관이 정한 방법과 절차에 따라 현금 청산을 하여야 한다.

다. 재건축조합의 특징 및 법적 성격

(1) 민법상의 사단법인

구 주촉법에 의하여 설립된 재건축조합은 민법상의 비법인사단에 해당한다. 구

---

34) 대법원 2009. 6. 25. 선고 2006다64559 판결.

주촉법에는 재건축조합에 관한 규정만 존재할 뿐, 조합설립행위에 대하여는 특별한 요건규정이 없었으므로 민법상 사단법인의 설립에 준하는 요건과 절차를 거쳐야 한다. 이에 재건축조합이 최초 설립 당시부터 총 구분소유자의 과반수 이상을 조합원으로 하여야만 설립될 수 있는 것은 아니다. 즉, 조합원 수가 총 구분소유자의 과반수에 미달하였다고 하더라도 재건축조합을 설립할 수 있고, 비법인사단의 실체를 갖춘 재건축조합이 설립된 이후에 다른 구분소유자들이 조합규약 등에 동의하여 재건축조합에 가입하는 것도 얼마든지 가능하므로, 재건축조합 창립총회의 개의정족수가 총 구분소유자의 과반수에 이르러야 하는 것은 아니다.[35]

(2) 보충행위로서의 인가(강학상 인가)

구 주촉법에 따라 행정청이 행하는 재건축조합설립인가는 불량 · 노후한 주택의 소유자들이 재건축을 위하여 한 재건축조합 설립행위를 보충하여 효력을 완성시키는 보충행위이다.[36] 따라서 보충행위에 관한 일반법리가 적용된다. 즉, 기본행위인 조합설립행위에 하자가 있을 때에는 그에 대한 인가가 있더라도 기본행위인 조합설립이 유효한 것으로 될 수 없고, 기본행위가 적법 · 유효하나 보충행위인 인가처분에만 하자가 있는 경우에는 그 인가처분의 취소나 무효확인을 구할 수 있으며, 기본행위인 조합설립에 하자가 있는 경우에는 기본행위에 대한 취소 또는 무효확인을 구하여야 하고 인가처분의 취소 또는 무효확인을 구할 수는 없다.

(3) 재건축조합 측의 매도청구권 행사 가능

집합건물법 제48조 제4항은 재건축결의에 찬성한 각 구분소유자, 재건축결의 내용에 따른 재건축에 참가할 뜻을 회답한 각 구분소유자 또는 이들 전원의 합의에 따라 구분소유권과 대지사용권을 매수하도록 지정된 자는 재건축에 참가하지 아니하겠다는 뜻을 회답한 구분소유자에게 구분소유권과 대지사용권을 시가로 매도할 것을 청구할 수 있다고 규정하고 있다. 재건축에 참가하는 개별 구분소유자가 그와 같은 자금을 부담할 자력이 없는 경우가 있으므로, 이를 고려하여 자금력을 가진 구분소유자 이외의 제3자도 재건축 참가자 전원의 합의에 의한 매수 지정을 받은 경우에는 매도청구권을 행사할 수 있도록 하였다. 위 규정은 정비사업

---

35) 대법원 1999. 12. 10. 선고 98다36344 판결, 대법원 2006. 2. 23. 선고 2005다19552, 19569 판결.
36) 대법원 1994. 10. 14. 선고 93누22753 판결, 대법원 2000. 9. 5. 선고 99두1854 판결.

에 필수적인 재건축에 참가하지 아니하는 구분소유자를 소유관계로부터 배제함으로써 구분소유자 전원이 재건축에 참가하는 상태를 형성할 수 있도록 하기 위함이다.

2. 도시재개발법에 의한 주택재개발

가. 규　정

　재개발사업이란 재개발구역 안에서 토지의 합리적이고 효율적인 고도이용과 도시기능의 회복을 위하여 도시재개발법이 정하는 바에 따라 시행하는 건축물 및 그 부지의 정비와 택지의 조성 및 공공시설의 정비에 관한 사업과 이에 부대되는 사업을 말한다(도시재개발법 제2조 제2호). 여기에는 도심재개발사업, 공장재개발사업 및 주택재개발사업으로 나뉘어지고 그중 주택재개발사업은 노후·불량한 주택이 밀집되어 있거나 공공시설의 정비가 불량한 지역의 주거환경을 개선하기 위하여 시행하는 재개발사업을 말한다[위 제2호 (나)목]. 재개발사업은 공익사업인 구 도시계획사업의 일종으로 재개발사업구역안의 토지 또는 건축물의 소유자 또는 그들이 설립하는 재개발조합(토지등소유자가 5인 이상인 경우 조합설립 가능)이 이를 시행한다(도시재개발법 제8조 제1항, 제12조).

나. 재개발사업 절차

　재개발사업 절차는 재개발기본계획의 수립·승인(제3조), 도시관리계획으로 재개발 구역지정(제4조), 5인 이상의 토지등소유자가 재개발구역안의 토지소유자 총수 및 건축물소유자 총수의 각 3분의 2 이상에 해당하는 자의 동의를 얻은 후 정관을 작성하여 조합설립인가의 신청 및 조합설립인가(제12조), 창립총회(서울시 도시재개발사업조례 제14조에 의하여 조합설립인가를 받은 날로부터 20일 이내), 조합설립등기(제13조), 사업시행계획인가(제22조), 분양신청절차(제33조), 관리처분계획수립 및 인가(제34조), 이주 및 공사착공, 준공검사 및 분양처분(제38조), 청산절차(제42조)로 진행된다. 현재 도시정비법의 정비사업절차와 유사하다.

다. 재개발조합의 특징 및 법적 성격

(1) 행정주체 겸 공법상 단체로서의 법인

㈎ 법인

재개발조합은 조합설립의 인가가 있은 날부터 30일 이내에 주된 사무소의 소재지에 등기함으로써 성립하고 법인격을 가지며, 조합은 재개발조합이라는 명칭을 사용하여야 하고 조합 외에는 재개발조합 또는 이와 유사한 명칭을 사용할 수 없다(도시재개발법 제13조).

㈏ 행정주체

도시재개발법에 의한 재개발조합은 조합원에 대한 법률관계에서 특수한 존립 목적을 부여받은 행정주체로서 국가의 감독 하에 그 존립 목적인 특정한 공공사무를 행한다.

조합원의 자격 인정 여부에 관하여 다툼이 있는 경우에는 당사자는 재개발조합을 상대로 공법상 당사자소송에 의하여 그 조합원 자격의 확인을 구할 수 있다. 관리처분계획의 내용에 관하여 다툼이 있는 조합원은 재개발조합을 상대로 항고소송에 의하여 관리처분계획 또는 그 내용인 분양거부처분등의 취소를 구할 수 있다.[37]

(2) 설권행위로서의 인가(강학상의 특허)

재개발조합설립인가의 요건으로는 재개발구역안의 토지등소유자 총수 및 건축물소유자 총수의 각 3분의 2 이상에 해당하는 자의 동의를 얻어야 함은 앞서 본 바인바, 판례는 그와 같은 동의상의 하자를 이유로 하는 조합설립인가처분의 취소를 구하는 소를 허용하고 있으므로,[38] 조합설립인가를 설권행위로 보는 듯하다.

(3) 수용

재개발조합은 분양신청을 하지 아니한 자, 분양신청을 철회한 자, 관리처분계획의 기준에 의하여 분양대상에서 제외된 자의 토지·건축물 기타의 권리를 수용할 수 있다(도시재개발법 제31조 제2항). 재개발사업은 공익사업이고 재개발조합은

---

37) 대법원 1996. 2. 15. 선고 94다31235 전원합의체 판결.
38) 대법원 1995. 7. 28. 선고 95누4629 판결, 대법원 1998. 8. 21. 선고 97누9949 판결.

행정주체이므로, 분양신청을 하지 아니한 자 등의 권리를 강제로 수용하도록 한 것이다.

Ⅲ. 현행 도시정비법상 재개발·재건축사업의 차이점

재개발·재건축사업은 토지등소유자로 구성된 조합 또는 토지등소유자가 20인 미만의 재개발사업에서 토지등소유자가 사업시행자가 되는 등 민간이 단독으로 사업시행자로서 행정주체가 되어 수행하는 것이 원칙이다. 예외적으로 민간 사업시행자가 시장·군수등, 토지주택공사등과 공동으로 시행하거나 시장·군수등, 토지주택공사등이 단독으로 또는 함께 정비사업을 수행하는 경우에 대해서는 앞에서 자세히 살펴보았다.

법이 2017. 2. 8. 법률 제14567호 전부개정으로 구 도시환경정비사업과 구 주택개발정비사업을 통합하여 재개발사업이 되었음은 앞서 본 바이다. 도시정비형 재개발사업은 상업·공업지역이 그 대상이고, 상권활성화 등을 목적으로 하는 점에서 재건축사업과는 뚜렷이 구분된다. 토지등소유자가 20인 미만의 재개발사업에서의 토지등소유자가 사업시행자가 되는 경우는 주로 도시정비형 재개발사업에서 예외적으로 이루어진다. 그에 관해서는 제6편 제3장 토지등소유자가 20인 미만인 재개발사업에서 자세히 살펴본다. 이하에서는 재개발사업 시행의 원칙적 형태인 조합을 전제로 주택정비형 재개발사업과 재건축사업을 비교한다.

1. 발생원인

가. 공공성 및 공익성의 차이

동일하게 주거환경을 개선하는 사업인 재개발·재건축사업은 모두 노후·불량한 건축물을 효율적으로 개량하여 도시환경을 개선하고 주거생활의 질을 높인다는 공공복리를 실현하기 위한 공익사업이다. 그러나 재개발사업은 정비기반시설이 열악한 지역에서 정비기반시설 설치를 통한 도시기능의 회복도 중요한 목적이므로, 공공성과 공익성의 정도에 있어 중대한 차이가 있다.[39]

---

39) 법 시행령 [별표 1]의 정비계획의 입안대상지역 제2호 (바)목, 서울시 조례 제6조 제1항 제3호에 의하면, 도시정비형 재개발사업의 경우, 노후·불량한 건축물의 요건은 동일하나, 역세권 등 양호한

나. 판례 및 헌법재판소 결정

⑴ 대법원 및 헌법재판소의 일반적 견해

대법원은 재건축사업에 관하여 '정비기반시설은 양호하나 노후·불량건축물이 밀집한 지역에서 주거환경을 개선'할 목적으로 시행하는 것으로서 정비기반시설이 열악한 지역에서 정비기반시설 설치를 통한 도시기능의 회복 등을 목적으로 하는 재개발사업에 비하여 공공성 및 공익성이 상대적으로 미약하다고 판시하고 있다.[40]

헌법재판소도 재개발사업에 관하여는 '도시기능을 회복하고 공공복리의 증진을 목적으로 다소 강제적인 방법으로 시행하는 공공사업' 또는 '본질상 도시의 건전한 발전과 공공복리의 증진이라는 공공성이 크게 강조되는 공익사업'이라고 하고, 재건축사업에 관하여는 '재개발사업에 비하여 대상지역이 불량주거지가 아니어서 공공성의 정도에 차이가 있으나, 그 또한 노후·불량주택을 재건축하여 도시환경을 개선하고 주거생활의 질을 높인다는 공공복리사업'이라고 판시하고 있다.[41]

⑵ 헌법재판소 2020. 11. 26. 선고 2018헌바407 등 결정의 소수의견

헌법재판소 2020. 11. 26. 선고 2018헌바407 등 결정의 소수의견은 재건축사업의 공익성에 관하여 매우 좁게 해석하고 있고, 이에 따라 매도청구권이 재산권을 과도하게 제한하여 과잉금지원칙에 위반되어 위헌이라고 주장하고 있는바, 이 부분의 의견도 소개하기로 한다.

재건축사업은 기존 주택 소유자들이 자율적으로 조합을 결성하여 추진하는 민간사업적 성격이 강하다. 도시정비법이 시행되면서 사법적 규율 하에 있던 재건축사업을 공법적 규율 하에 편입시켰으나, 이는 그 간 재건축사업 때문에 발생하는 부동산 투기와 주택가격 급등, 첨예한 갈등과 비리 등 폐해를 막기 위한 것이어서

기반시설을 갖추고 있는 지역이 그 대상이 된다는 점에서 주택정비형 재개발사업과는 구분되고, 오히려 재건축사업과 동일하나, 상업·공업지역이 그 대상이고, 상권활성화 외에 도시기능의 회복을 목적으로 하는 점에서 공공성과 공익성의 정도는 주택정비형 재개발사업과 동일하다.

40) 대법원 2014. 7. 24. 선고 2012다62561, 62578 판결.

41) 헌재 1997. 4. 24. 선고 96헌가3 등 결정, 헌재 1996. 3. 28. 선고 95헌바47 결정, 헌재 2014. 1. 28. 선고 2011헌바363 결정, 헌재 2020. 11. 26. 선고 2018헌바407 등 결정(매도청구권은 공공복리를 위한 사업에서 공공필요를 실현하기 위한 것으로서 재산권을 과도하게 제한하거나 침해한다고 볼 수 없다고 판시하였다).

이와 같은 공법적 규율체제에 편입되었다는 사정만으로 민간사업이라는 본질적 성격이 달라지는 것은 아니다. 정비기반시설이 열악하고 노후·불량건축물이 밀집한 지역에서 주거환경 개선을 위해 시행되는 재개발사업과 달리 재건축사업은 정비기반시설이 양호한 지역에서 시행되기 때문에 '주거환경 개선'이라는 측면에서 볼 때 재개발사업에 비하여 공익성이 상대적으로 낮다.

행정청이 재건축사업에 있어 정비구역 지정 및 정비계획 수립 등 절차를 진행하기는 하나, 실제로 그 과정에서도 재건축을 원하는 주택소유자들의 의견을 반영하여 수립되는 경우가 많다. 조합설립을 위한 추진위원회 구성 및 조합설립, 사업시행계획, 관리처분계획 등은 재건축조합과 시공자로 선정된 건설회사 주도로 이루어진다. 재건축조합이 재건축사업을 수행하는 주된 목적은 자신들의 주거환경 개선이라는 사익이고, 도시환경 개선 및 일반 분양분에 따른 불특정 다수의 주거생활 향상은 부수적인 공익일 뿐이다. 재건축조합과 시공자의 사업성 향상을 위한 재건축 설계로 재건축아파트 단지는 고급화 내지 중산층 지향이 두드러졌고 공간구획과 경비시스템에 의해 공간의 사유화 경향이 강화되었다. 그리고 재건축사업은 집값 불안 심리를 부추기고 주변지역 집값 상승을 촉발시키는 원인으로 지목되어 왔다. 재건축사업의 용적률 상향에 따른 고밀도 개발은 경관악화와 기반시설 부족을 야기하기도 하고 반영구적으로 쓸 수 있는 건축자재를 철거하여 다시 시공함에 따라 다량의 건축폐기물 양산과 자원 낭비라는 부작용을 초래하기도 한다.

(3) 결론

재건축사업이 도시정비법이라는 공법적 규율체제에 편입된 것은 본질적으로 민간사업임에도 부동산 투기와 주택가격 급등, 첨예한 갈등과 비리 등 폐해를 막기 위한 것이라기보다는 재건축을 통하여 도시환경을 개선하고 주거생활의 질을 높이는 공공복리의 성격이 강하기 때문으로 보이는 점, 특히 도시 내 유휴부지가 부족한 상황에서 직주근접성이 높은 주택을 공급하는 데 있어 재건축사업은 중요한 역할을 하고 있고, 그와 같은 공익성이 결코 가볍지 않은 점 등에 비추어 재건축사업도 상당한 정도의 공익성 및 공공성이 있다 할 것이다.

다만 공익성 및 공공성의 정도는 재건축사업, 재개발사업, 주거환경개선사업의 순으로 강하다. 정비사업에 대한 강제적인 규율이나 공적개입의 정도는 공익성이나 공공성에 비례한다. 주거환경개선사업의 경우에는 사업시행자를 시장 · 군수등 또는 토지주택공사등 공공기관으로 제한하고, 조합이나 토지등소유자 등 민간을 사업시행자에서 배제할 정도로 공적개입의 정도가 강하다.

2. 구체적 내용

가. 개   관

재개발사업 및 재건축사업으로 인정되는 경우, 사업시행자는 정비구역 내 토지등소유자의 토지등을 임의로 취득할 수 있는 등(재개발사업의 경우 수용, 재건축사업의 경우 매도청구) 상당한 특혜가 부여된다. 재개발사업의 경우에는 공익성 및 공공성이 중하여 강제적인 규율이나 공적개입의 정도가 상당하나, 재건축사업의 경우에는 공익성 및 공공성이 상대적으로 약하여 사업시행자에게 폭넓은 자율성이 부여되므로 앞서 본 특혜의 강점이 두드러진다. 이에 도시정비법은 재건축사업의 경우 공익성이 상대적으로 약함에도 불구하고 매도청구를 통하여 토지등소유자의 재산권을 박탈할 수 있어 그들의 이익도 충분히 고려되어야 하므로, 재개발사업과 달리 정비계획수립 전에 반드시 안전진단을 거쳐 법정 요건을 충족한 경우에 한하여 가능하도록 하고 있고, 조합설립인가에 있어서도 토지등소유자의 동의요건을 보다 엄격히 요구한다. 또한 주택가격의 안정과 사회적 형평을 도모하기 위하여 재건축이익환수법에 의하여 재건축사업에서 발생되는 초과이익을 환수하고 있다.

이하에서는 공공성 및 공익성 정도의 차이에 따라 재개발사업과 재건축사업은 구체적 규율의 내용이나 공적개입의 정도와 관련하여 정비사업의 여러 절차에서 중대한 차이가 발생하므로, 이를 구체적으로 살펴본다. 정비사업에 관한 각종 일반 규정이나 판례(선례)를 적용함에 있어, 재개발사업 및 재건축사업의 공익성의 차이, 그와 같은 공익성의 차이에 따른 도시정비법 규율상의 차이 등을 종합적으로 고려하여 재개발사업에만 적용할 수 있는 규정 또는 법리인지 또는 재개발 · 재건축사업 모두에 적용되는 규정 또는 법리인지 여부를 신중하게 검토할 필요가 있다.

나. 구체적 차이

⑴ 대상요건(법 제2조 제2호)

㈎ 재개발: 정비기반시설이 열악하고 노후·불량건축물이 밀접한 지역(도시정비형 재개발사업은 주로 상업지역 및 공업지역에서 이루어진다)

㈏ 재건축: 정비기반시설은 양호하나 노후·불량건축물에 해당하는 공동주택이 밀접한 지역

법이 2012. 2. 1. 법률 제11293호로 개정되어 단독주택재건축사업을 대체하는 가로주택정비사업이 새로운 정비사업의 유형으로 입법되었고, 그 후 법 시행령이 2012. 7. 31. 대통령령 제24007호로 개정되어 [별표 1] 제3호 주택재건축사업의 정비계획 수립대상구역에서 '기존의 단독주택을 재건축'하는 조항이 삭제되어 단독주택재건축사업이 불가능하게 되었다. 다만 부칙 제6조 제1항은 이 영 시행 당시 정비기본계획이 수립된 경우 정비계획의 수립에 대해서는 제52조 제2항 제1호 및 [별표 1] 제3호의 개정규정에도 불구하고 종전의 규정에 따른다고 규정하고, 제2항은 도시재정비법 제5조에 따라 지정된 재정비촉진지구에 대하여는 제52조 제2항 제1호 및 [별표 1] 제3호의 개정규정에도 불구하고 종전의 규정에 따른다고 규정함으로써 현재까지도 계속하여 단독주택재건축사업의 시행이 이루어지고 있다.

⑵ 조합원 자격(법 제2조 9호, 제35조 제3, 4항)

㈎ 재개발: 정비구역 내 토지 또는 건축물 소유자, 지상권자는 조합원 자격이 있다.

㈏ 재건축: 정비구역 내 건축물 및 부속토지의 소유자만이 조합원 자격이 있다.

⑶ 임대주택 및 국민주택규모 주택 건설비율(법 제10조, 법 시행령 제9조)

㈎ 재개발

국민주택규모 주택은 건설하는 주택 전체 세대수의 100분의 80 이하이고, 임대주택(민간임대주택법에 따른 민간임대주택과 공공임대주택을 말한다)은 원칙적으로 건설하는 주택 전체 세대수(국민주택규모 주택의 건설, 공급에 따라 정비계획으로 정한 용적률을 초과하여 건축함으로써 증가된 세대수 제외)의 100분의 20 이하이며, 또

한 해당 임대주택 중 주거전용면적이 40㎡ 이하인 임대주택이 전체 임대주택 세대수의 100분의 40 이하여야 한다.

㈏ 재건축

국민주택규모의 주택이 건설하는 주택 전체 세대수의 100분의 60 이하이고, 임대주택에 대한 제한은 없다.

재개발사업의 경우에는 공익성의 정도가 커 반드시 임대주택을 건설할 의무가 있음에 반해, 재건축사업의 경우에는 그와 같은 의무가 없다. 또한 국민주택규모의 주택 건설비율도 공익성이 중한 재개발사업이 훨씬 높다. 다만 재개발사업 및 재건축사업 모두 용적률의 인센티브를 받기 위하여 국민주택규모의 주택을 건설하여 국토교통부장관 등에게 공급할 수 있는 점은 동일하다(법 제54조 제1항, 제55조).

(4) 안전진단(법 제12조)

㈎ **재개발**: 정비계획의 입안을 위한 안전진단이 필요하지 않다.

㈏ **재건축**: 정비계획의 입안을 위하여 주택단지의 건축물을 대상으로 하는 안전진단이 필요하고, 안전진단을 통과하여야 정비계획이 수립될 수 있다. 재건축사업에만 특별히 안전진단 통과를 요구하는 것은 재개발사업에 비하여 상대적으로 공익성이 약하므로 보다 엄격한 요건을 요구하는 것이다.

(5) 사업시행방법(법 제23조)

재개발사업은 관리처분계획방식 뿐만 아니라 환지방식도 가능함에 반해, 재건축사업은 오로지 관리처분계획방식만이 가능하다. 나아가 관리처분계획방식의 내용에 있어서도, 재개발사업과 재건축사업은 법률규정에 차이가 있다. 법이 2017. 2. 8. 법률 제14567호로 전부개정되기 전에는 구 도시환경정비사업은 관리처분계획에 따라 건축물을 건설하여 공급하는 방법, 구 주택재개발사업과 구 주택재건축사업은 모두 동일하게 주택, 부대 · 복리시설 및 오피스텔42)(준거주지역 및 상업지역에 한한다)을 건설하여 공급하는 방법으로 규정하고 있었다.

---

42) 오피스텔은 사업성 부족으로 장기간 정체되고 있는 정비사업장이 증가함에 따라 정비사업의 사업성을 개선하려는 취지에서 법이 2016. 1. 27. 법률 제13912호로 개정되면서 도입되었다.

위 전부개정 이후 재건축사업은 동일하나, 재개발사업은 관리처분계획에 따라 건축물을 건설하여 공급하는 방법으로 변경됨으로써 주택정비형 재개발사업의 경우에도 주택, 부대·복리시설 및 오피스텔이 아닌 건축물(예를 들면 교회건물 등)의 공급이 가능한 것인지 여부에 대하여 논란이 있는바, 만일 가능한 것으로 해석한다면 관리처분계획방식의 내용에 있어서도 차이가 존재한다.

⑹ **사업시행자 및 공동사업시행자의 범위(법 제25조 제1, 2항, 법 시행령 제19조)**

사업시행자는 조합이 원칙이나, 토지등소유자가 20인 미만인 재개발사업의 경우에는 조합설립 없이 직접 토지등소유자가 사업시행을 할 수 있다는 점에서 차이가 있다. 그러나 실무상 주택정비형 재개발사업에서 토지등소유자가 20인 미만인 경우는 상정하기 어렵다. 나아가 재개발·재건축사업 모두 시장·군수등 또는 토지주택공사등, 건설업자 및 등록사업자와 공동으로 사업시행이 가능하나, 재개발사업의 경우에는 재건축사업과 달리 자본시장법 제8조 제7항에 따른 신탁업자 및 한국부동산원과도 공동사업시행이 가능하다.

⑺ **조합설립요건(법 제35조)**

㈎ **재개발:** 토지등소유자의 4분의 3 이상 및 토지면적 2분의 1 이상 토지소유자의 동의를 필요로 한다.

㈏ **재건축:** 주택단지 내 공동주택의 각 동별 구분소유자의 과반수 동의(공동주택의 각 동별 구분소유자가 5 이하인 경우는 제외)와 주택단지 전체 구분소유자의 4분의 3 이상 및 토지면적 4분의 3 이상 토지소유자의 동의를 필요로 하고, 주택단지가 아닌 지역이 정비구역에 포함된 때에는 주택단지가 아닌 지역의 토지 또는 건축물 소유자의 4분의 3 이상 및 토지면적 3분의 2 이상 토지소유자의 동의를 필요로 한다. 재개발사업은 재건축사업에 비해 상대적으로 조합설립 요건이 완화되어 있다. 사업시행자로서 행정주체의 지위를 가지는 조합의 설립은 정비사업의 전체 절차에서 가장 중요한 것인바, 재개발사업은 그 자체로 공익성의 강하므로 보다 용이하게, 재건축사업은 공익성이 상대적으로 약하므로 보다 엄격하게 설립이 가능하도록 하였다.

⑻ 조합원 지위(강제가입여부, 법 제39조 제1항)

⑺ **재개발:** 정비사업의 안정적이고 원활한 진행을 위해서는 사업시행자 측의 정비구역 내 토지소유권 확보가 필수적으로 전제되어야 한다. 이에 재개발사업은 공공성과 공익성의 정도가 중대하므로, 정비구역 내 토지등소유자는 강제로 조합원이 되는 강제가입제를 채택하고 있다.[43]

⑷ **재건축:** 공익성이 상대적으로 약하므로, 정비구역 내 토지등소유자 중 동의한 자만이 조합원이 된다. 따라서 사업시행자는 사업시행계획인가 고시 이후 정비사업에 동의하지 아니한 토지등소유자에 대하여 매도청구를 통하여 그들 소유의 토지등을 취득하여야 한다.

⑼ 투기과열지구에서의 조합원 지위 양도 가능시점(법 제39조 제2항)

⑺ **재개발:** 상대적으로 투기적 요소가 약하므로, 원칙적으로 정비사업이 상당히 진행된 관리처분계획이 인가된 이후 토지등소유권이 양도된 경우에 한하여 양수인은 조합원 지위를 취득할 수 없다.

⑷ **재건축:** 투기적 요소가 강하므로, 원칙적으로 정비사업의 초기단계인 조합설립인가 이후 토지등소유권이 양도된 경우 양수인은 조합원 지위를 취득할 수 없다.

⑽ 공공시행 재개발사업 및 재건축사업에서의 특칙

⑺ **공공시행 재개발사업의 특칙**

재개발사업에서 시장·군수등은 정비계획에서 정한 정비사업시행 예정일부터 2년 이내에 조합이 사업시행계획인가를 신청하지 아니하거나 사업시행계획인가를 신청한 내용이 위법 또는 부당하다고 인정하는 때에는 직접 또는 토지주택공사등을 사업시행자로 지정하여 시행하거나 토지등소유자, 민간투자법 제2조 제12호에 따른 민관합동법인 또는 신탁업자로서 대통령령으로 정하는 요건을 갖춘 자 즉, 지정개발자를 사업시행자로 지정하여 정비사업을 시행하게 할 수 있다(법 제26조 및 제27조 각 제1항 제2호). 이는 재개발사업의 경우에는 공익성의 정도가 중하여 정비사업이 지지부진하거나 적정하게 진행되지 못하는 경우 적극적으로 공적개입

---

43) 대법원 2014. 7. 24. 선고 2012다62561, 62578 판결.

하는 길을 열어둔 것이다. 그러나 공익성의 정도가 상대적으로 약한 재건축사업의 경우는 위 규정이 적용되지 아니한다.

㈏ 공공시행 재건축사업의 특칙

재개발 · 재건축사업 모두 천재지변, 재난안전법 제27조 또는 시설물안전법 제23조에 따른 사용제한, 사용금지, 그 밖의 긴급하게 정비사업을 시행할 필요가 있다고 인정하는 경우, 시장 · 군수등, 토지주택공사등이 정비사업을 시행하거나 지정개발자를 사업시행자로 지정하여 사업을 시행할 수 있다(법 제26조, 제27조 각 제1항 제1호). 그 경우 재건축사업의 시행자는 지방건축위원회 또는 지방도시계획위원회의 심의를 거쳐 건축법상의 대지의 조경기준, 건폐율의 산정기준, 공지기준, 주택법상의 부대시설 및 복리시설의 설치기준, 공원녹지법상의 도시공원 또는 녹지확보기준 등을 완화 받을 수 있다(법 제68조 제4항, 법 시행령 제57조). 이는 재개발사업은 공익성의 정도가 중하여 상당한 정도의 공적개입이 내재되어 있으나, 재건축사업의 경우에는 공익성의 정도가 상대적으로 약하고 자율성이 보장되어 있음에도, 공적개입이 이루어지는 것이므로 그에 대한 반대급부의 성격이 강하다. 재개발사업에는 위와 같은 조항이 없다.

⑾ **현금청산방법**(법 제63조 내지 65조, 제73조)

재개발 · 재건축사업 모두 사업시행자는 분양신청을 하지 아니한 자 등에 대하여 먼저 관리처분계획이 인가 · 고시된 다음 날부터 90일 이내에 손실보상에 관한 협의를 하여야 한다.

다만 손실보상에 관한 협의가 성립하지 아니하는 경우, 재개발사업의 경우에는 공공성 및 공익성이 중대하여 정비사업의 안정적이고 원활한 진행을 위해 현금청산대상자의 토지소유권을 신속하게 확보할 수 있도록 토지보상법 제3조에 따른 수용 등의 공적인 강제수단에 의하도록 하고 있으나, 재건축사업의 경우에는 매도청구권의 행사를 통한 사적 자치에 의해 해결하도록 한다. 다만 천재지변 등으로 인하여 시장 · 군수등, 토지주택공사등이 사업시행자가 되거나 지정개발자를 사업시행자로 지정하여 사업을 시행하게 하는 재건축사업의 경우에는 공공성 및 공익성이 매우 중하여 예외적으로 수용권을 인정하고 있다.

⑿ 현금청산에 따른 손실보상의 범위

㈎ 개발이익 포함여부(법 제65조, 토지보상법 제67조 제2항)

재개발사업의 경우에는 법 제65조, 토지보상법 제67조 제2항에 의하여 개발이익 즉, 당해 정비사업으로 인하여 변동된 토지등의 가격은 현금청산에 따른 손실보상의 범위에서 배제된다. 공익사업의 시행으로 지가가 상승하여 발생하는 개발이익은 사업시행자의 투자에 의한 것으로서 피수용자인 토지등소유자의 노력이나 자본에 의하여 발생한 것이 아니므로, 이러한 개발이익은 형평의 관념에 비추어 볼 때 토지등소유자에게 당연히 귀속되어야 할 성질의 것이 아니다. 오히려 투자자인 사업시행자 또는 궁극적으로는 국민 모두에게 귀속되어야 할 성질의 것이므로, 성질상 완전보상의 범위에 포함되지 않는다.[44]

재건축사업의 경우에는 사업시행자의 매도청구권 행사 의사표시가 도달함과 동시에 재건축사업에 참가하지 않은 자의 토지나 건축물에 관하여 시가에 의한 매매계약이 성립되므로 개발이익이 현금청산에 따른 손실보상의 범위에 포함된다. 이는 재건축사업의 경우 공익성의 정도가 상대적으로 미약하고, 이에 따라 수용에 따른 토지보상법상의 손실보상 규정이 적용되지 않기 때문이다.

㈏ 토지등소유자나 임차인에 대한 주거이전비 등 또는 영업손실보상

① 재개발

㋐ 점포 소유 토지등소유자나 임차인에 대한 영업손실보상

토지보상법의 규정에 의하여 점포 소유자로서 현금청산대상자가 된 토지등소유자나 임차인 등은 정비사업으로 인하여 영업을 폐업하거나 휴업한 경우 사업시행자로부터 영업손실보상을 받게 된다. 사업시행자는 상가세입자를 위하여 임시상가를 설치할 수 있다(법 제61조 제5항, 제65조, 법 시행령 제54조 제2, 3항, 토지보상법 제77조, 토지보상법 시행규칙 제45조 내지 47조).

㋑ 주거용 주택 소유 토지등소유자나 세입자에 대한 이주정착금, 주거이전비, 이사비 등

토지보상법의 규정에 의하여 주거용 주택 소유자로서 현금청산대상자가 된 토

---

44) 헌재 2010. 3. 25. 선고 2008헌바102 결정, 헌재 2009. 9. 24. 2008헌바112 결정, 헌재 2001. 4. 26. 선고 2000헌바31 결정.

지등소유자나 세입자 등은 정비사업으로 인하여 정비구역 밖으로 이주하게 된 경우 사업시행자로부터 주거이전비 및 이사비, 이주정착금(토지등소유자)을 지급받게 된다(법 제65조, 법 시행령 제54조 제1, 4항, 토지보상법 제78조, 토지보상법 시행령 제40조, 제41조, 토지보상법 시행규칙 제53조 내지 55조). 사업시행자는 정비사업으로 철거되는 주거용 주택의 소유자 또는 세입자에게 해당 정비구역 안과 밖에 위치한 임대주택 등의 시설에 임시로 거주하게 하거나 주택자금의 융자를 알선하는 등 임시거주에 상응하는 조치를 하여야 한다(법 제61조 제1 내지 4항).

정비계획상 재개발사업의 경우에는 이주하게 되는 세입자를 고려하고, 정비사업 구역 내 세입자를 위한 임대주택건설이 가능한지를 판단하고, 재개발사업 대상 구역에 세입자용 임대주택을 건설하기가 곤란한 경우 인근의 임대주택 활용여부 등을 검토하여 해당 재개발사업과 연계하여 추진하는 방안을 고려한다. 세입자용 임대주택을 건설할 경우에는 세입자의 소득수준을 감안하고, 세입자의 주거안정을 위하여 순환정비방식의 시행을 고려한다(정비계획 수립지침 4-14-2 내지 4).

② 재건축

재개발사업에 적용되는 토지보상법 규정은 정비구역 안의 토지등을 수용할 권한이 부여된 정비사업에 제한적으로 적용되고, 그 권한이 부여되지 아니한 재건축사업에는 유추적용되지 아니한다.[45] 따라서 재건축사업의 사업시행자는 위와 같은 주거이전비 등 또는 영업손실보상금을 지급할 필요가 없고, 임시거주나 임시거주에 상응하는 조치를 취할 의무가 없다.

⒀ 관리처분계획과 관련하여

㈎ 관리처분계획서 작성에 있어 자산평가의 방법

재개발·재건축사업 모두 관리처분계획의 내용으로는 종전자산 및 종후자산 평가, 세입자별 손실보상액이 필수적 기재사항이다. 다만 그 작성을 위한 자산평가방법에 있어 차이가 있다(법 제74조 제4항 1호).

① 재개발: 시장·군수등이 선정·계약한 2인 이상의 감정평가법인 등이 평가한 금액을 산술평균하여 산정한다.

② 재건축: 시장·군수등이 선정·계약한 1인 이상의 감정평가법인등과 조합

---

45) 대법원 2014. 7. 24. 선고 2012다62561, 62578 판결.

총회의 의결로 선정·계약한 1인 이상의 감정평가법인등이 평가한 금액을 산술평균한다.

재개발사업의 경우에는 공공성 및 공익성의 정도가 중하여 행정청이 전적으로 관여하나, 재건축사업의 경우에는 공공성 및 공익성의 정도가 상대적으로 미약하여 사업시행자의 자율성을 보다 존중한다.

㈏ 관리처분의 방법(법 제74조 제6항, 법 시행령 제63조, 서울시 조례 38조)

① **재개발**: 공익성이 중하여 법령에서 엄격히 규율하고 있다. 즉, 사업시행자는 시·도조례로 분양주택의 규모를 제한하는 경우에는 그 규모 이하로 주택을 공급하여야 한다. 또한 1개의 건축물의 대지는 1필지의 토지가 되도록 정하며, 주택 및 부대시설·복리시설의 공급순위는 기존의 토지 또는 건축물의 가격을 고려하여 정하되, 구체적인 기준은 시·도 조례로 정할 수 있는바, 현재 서울시 조례는 주택공급 및 상가공급의 기준을 자세히 규정하고 있으므로, 사업시행자는 이를 준수하여야 한다.

② **재건축**: 공익성이 상대적으로 미약하여 법령이 사업시행자에게 폭넓은 재량을 부여하고 있다. 즉, 법령은 재건축사업에 대하여 재개발사업의 관리처분방법 중 일반적인 내용에 해당하는 일부만 준용하고, 부대시설·복리시설에 대하여는 단순히 순위만을 정하고 있다.

㈐ 관리처분계획 수립기준[공급되는 주택의 숫자(법 제76조 제1항 제6호, 제7호)]

① **재개발**: 1세대 또는 1명이 하나 이상의 주택 또는 토지를 소유한 경우 1주택을 공급하고, 다만 사업시행자의 재량으로 종전 주택 가격의 범위 또는 종전 주택의 주거전용면적의 범위에서 2주택을 공급할 수 있으며, 이 중 1주택은 주거전용면적을 60㎡ 이하로 한다. 재개발사업은 공익성이 중대하므로 사업시행자가 조합원에게 공급하는 주택의 숫자를 엄격히 제한하고 있다.

② **재건축**: 1세대 또는 1명이 하나 이상의 주택 또는 토지를 소유한 경우 1주택을 공급함이 원칙이나, 사업시행자는 재량으로 조합원에 대하여 소유한 주택의 수만큼 공급할 수 있고, 과밀억제권역에 위치한 경우에는 조합원이 소유한 주택수의 범위에서 3주택까지 공급할 수 있다. 다만 투기과열지구 또는 주택법 제63조

의2 조정대상지역에 해당하는 경우에만 1주택만을 공급하도록 하되, 그 경우에도 사업시행자가 재량으로 종전 주택 가격의 범위 또는 종전 주택의 주거전용면적의 범위에서 2주택을 공급할 수 있고, 이 중 1주택은 주거전용면적을 60㎡ 이하로 한다. 재건축사업은 공익성이 상대적으로 미약하므로 사업시행자에게 주택공급에 있어 폭넓은 재량을 부여하고 있다.

㈑ 보류지 확보

사업시행자는 주택 등을 공급하는 경우 분양대상자의 누락 · 착오 및 소송 등에 대비하기 위하여 처음부터 또는 분양신청을 받은 후 잔여분이 있는 경우 이를 보류지로 정할 수 있다(법 제79조 제4항).

① 재개발: 보류지 강제규정(서울시 조례 제44조 제1항)

사업시행자는 분양대상자의 누락 · 착오 및 소송 등에 대비하기 위하여 보류지를 확보할 수 있으나, 그 경우에도 토지등소유자에게 분양하는 공동주택 총 건립 세대수의 1% 범위 안에서 공동주택과 상가 등 부대 · 복리시설의 일부를 보류지로 정할 수 있으며(제1호), 사업시행자가 위 1%의 범위를 초과하여 보류지를 정하려면 구청장에게 그 사유 및 증명 서류를 제출하여 인가를 받아야 한다(제2호).

재개발사업의 공익성이 중대함을 고려하여 사업시행자가 과다한 보류지의 확보로 조합원(토지등소유자)의 이익을 침해하는 것을 방지하기 위하여 조합원 분양분 중 1%의 범위를 초과하는 경우 관할 관청의 인가를 받도록 규정하고 있다.

② 재건축: 재건축사업의 경우에는 보류지 강제규정이 없다. 재건축사업의 공익성이 상대적으로 미약함에 기인하는 것으로서, 재건축사업의 사업시행자는 원칙적으로 정비사업의 시행으로 건설되는 건축물(종후자산)에 대하여 자유롭게 처분할 권한을 가진다.

⒁ 재건축초과이익 환수(재건축사업)

재건축사업에서 발생되는 초과이익을 환수함으로써 주택가격의 안정과 사회적 형평을 도모하여 국민경제의 건전한 발전과 사회통합에 이바지함을 목적으로 하는 재건축이익환수법이 제정되어 있다. 따라서 초과이익 환수의 대상은 재건축사업에 국한되고 재개발사업은 그 대상이 아니다.

제6장 소송의 관할

Ⅰ. 변론관할

행정사건 중 공법상 당사자소송사건과 민사사건은 구별하기가 어려운 경우가 많다. 그 경우 행정법원에 소를 제기하는 것이 일반적이다. 왜냐하면 행정사건은 전속관할이기 때문이다. 판례는 위와 같은 사정과 행정사건의 심리절차가 행정소송의 특수성을 감안하여 행정소송법이 정하고 있는 특칙이 적용될 수 있는 점을 제외하면 민사소송절차와 큰 차이가 없는 사정을 고려하여 민사사건이 행정법원에 제소된 경우라도, 피고가 관할위반이라고 항변하지 아니하고 변론한 경우에는 행정소송법 제8조 제2항, 민사소송법 제30조에 의하여 제1심 행정법원에 변론관할이 인정된다고 판시하고 있다.[46]

그러나 이는 항고소송에서는 적용될 수 없고, 또한 공법상 당사자소송사건에서도 피고가 관할위반의 항변을 하는 경우가 드물지 않으므로 이하에서는 정비사업과 관련하여 민사법원의 관할인지 또는 행정법원의 관할인지 여부에 관하여 살펴본다.

Ⅱ. 정비사업 단계별 관할과 관련한 쟁점

1. 조합설립인가단계

가. 조합설립인가 전 창립총회 결의 하자소송

창립총회결의의 하자 여부 관련 소송은 행정처분인 조합설립인가처분에 이르는 절차적 요건의 존부나 효력 유무에 관한 소송으로서 그 소송결과에 따라 행정

---

46) 대법원 2013. 2. 28. 선고 2010두22368 판결.

처분의 위법 여부에 직접 영향을 미치는 것이기는 하나, 조합설립인가가 이루어져야 비로소 조합이 행정주체의 지위를 가지므로, 추진위원회가 주도한 창립총회 결의의 하자에 관한 소송은 민사소송의 관할이고, 추진위원회를 상대로 하여야 한다.[47]

조합설립인가처분이 이루어진 이후에는 창립총회결의는 행정처분에 이르는 절차적 요건 중 하나에 불과한 것이고, 조합설립인가처분은 단순히 사인들의 조합설립행위에 대한 보충행위로서의 성질을 가지는 것이 아니라 법령상 일정한 요건을 갖추는 경우 행정주체의 지위를 부여하는 설권적 처분의 성질을 가지므로, 항고소송의 방법으로 조합설립인가처분의 취소 또는 무효확인을 구하여야 하고, 절차적 요건에 불과한 창립총회결의 부분만을 대상으로 그 효력 유무를 다투는 확인의 소를 제기하는 것은 확인의 이익이 없다.[48]

항고소송의 대상이 되는 행정처분의 효력이나 집행 혹은 절차속행 등의 정지를 구하는 신청은 행정소송법상 집행정지신청의 방법으로서만 가능할 뿐 민사소송법상 가처분의 방법으로는 허용될 수 없으므로,[49] 조합설립인가처분은 다음에서 살펴볼 사업시행계획 및 관리처분계획과 마찬가지로 민사소송법상 가처분의 방법으로 효력이나 집행 혹은 절차속행 등의 정지가 불가능하다.

나. 조합설립인가 이후 변경인가사항에 대한 총회결의 하자소송

조합설립인가 이후 변경인가사항에 대한 총회결의 하자소송은 행정처분에 이르는 절차적 요건의 존부나 효력 유무에 대한 소송으로서 그 소송결과에 따라 행정처분의 위법 여부에 직접 영향을 미치는 공법상 법률관계에 관한 것이므로, 이는 행정법원의 전속관할에 속하는 공법상 당사자소송에 해당한다.[50]

총회결의 무효확인소송 계속 중에 변경인가처분이 이루어지면, 항고소송의 방법으로 변경인가처분의 취소 또는 무효확인을 구할 수 있을 뿐, 행정처분에 이르는 절차적 요건 중 하나에 불과한 총회결의 부분만을 대상으로 그 효력 유무를 다투는 확인의 소를 제기하는 것은 허용되지 아니한다. 따라서 행정소송법 제42

---

47) 대법원 2009. 9. 24.자 2009마168, 169 결정.
48) 대법원 2010. 1. 28. 선고 2009두4845 판결, 위 2009마168, 169 결정.
49) 대법원 2009. 11. 2.자 2009마596 결정.
50) 대법원 2009. 9. 17. 선고 2007다2428 전원합의체 판결, 2009. 10. 15. 선고 2008다93001 판결.

조, 제21조에 기하여 총회결의 무효확인소송을 변경인가처분 취소청구의 소로 변경하여야 한다. 만일 소변경하지 않으면 총회결의 무효확인소송은 소의 이익이 없다. 나아가 변경인가처분이 존재함에도 불구하고 총회결의 무효확인소송을 제기하는 경우 역시 소의 이익이 없다.

2. 시공자선정 총회결의

도시정비법상 사업시행자인 조합이 공법인이라는 사정만으로 조합과 시공자 사이에 체결되는 공사도급계약 등을 둘러싼 법률관계가 공법상의 법률관계에 해당한다거나 위와 같은 공사도급계약의 효력을 다투는 소송이 당연히 공법상 당사자소송에 해당한다고 볼 수는 없고, 도시정비법의 규정들이 조합과 시공자와의 관계를 특별히 공법상의 계약관계로 설정하고 있다고 볼 수도 없으므로, 조합과 시공자 사이의 공사도급계약 등을 둘러싼 법률관계는 사법상의 법률관계로서 그 공사도급계약의 효력을 다투는 소송은 민사소송에 의하여야 한다.[51] 결국 조합 총회결의에 따라 선정된 시공자와 조합이 체결한 공사도급계약의 유, 무효에 관한 법률관계는 민사소송의 관할이고, 위 법률관계효력의 선결문제가 되는 시공자선정 총회결의 무효확인소송도 역시 민사소송의 관할이다.

3. 사업시행계획 또는 관리처분계획 총회결의

사업시행자는 관할 행정청의 감독 아래 도시정비법상의 정비사업을 시행하는 공법인으로서, 그 목적 범위 내에서 법령이 정하는 바에 따라 일정한 행정작용을 행하는 행정주체의 지위를 가지고, 사업시행자가 행정주체의 지위에서 법에 기초하여 작성하거나 수립한 사업시행계획 및 관리처분계획은 인가·고시를 통해 확정되면 이해관계인에 대한 구속적 행정계획으로서 인가와는 독립된 행정처분에 해당하므로, 총회결의는 그와 같은 행정처분에 이르기 위하여 반드시 필요한 절차적 요건이고, 위 총회결의가 각 행정처분의 효력을 좌우하여 그 위법여부에 직접 영향을 미친다. 따라서 사업시행계획총회 또는 관리처분계획총회 결의 무효확인을 구하는 소송은 행정법원의 전속관할에 속하는 공법상 당사자소송에 해당한다. 총회결의 무효확인소송 계속 중에 사업시행계획인가 또는 관리처분계획인가가 이루

---

51) 대법원 2010. 4. 8.자 2009마1026 결정, 대법원 2016. 8. 29. 선고 2013다50466 판결.

어지면, 항고소송의 방법으로 사업시행계획 또는 관리처분계획처분의 취소 또는 무효확인을 구할 수 있을 뿐이므로, 총회결의 무효확인소송을 사업시행계획이나 관리처분계획 취소청구의 소로 변경하여야 하고, 소변경하지 않으면 총회결의 무효확인소송은 소의 이익이 없으며, 사업시행계획 및 관리처분계획이 존재함에도 불구하고 총회결의 무효확인소송을 제기하는 경우 소의 이익이 없음은 조합설립변경인가처분에서 본 바와 같다.

4. 정관변경, 조합임원 선·해임에 관한 총회결의

가. 도시정비법상 사업시행자가 공법인이라는 사정만으로 사업시행자인 조합과 조합장 등 조합임원 사이의 선임·해임 등을 둘러싼 법률관계가 공법상의 법률관계에 해당한다거나 그 조합장 등 조합임원의 지위를 다투는 소송이 당연히 공법상 당사자소송에 해당한다고 볼 수는 없고, 도시정비법의 규정들이 조합과 조합장 등 조합임원과의 관계를 특별히 공법상의 근무관계로 설정하고 있다고 볼 수도 없으므로, 사업시행자인 조합과 조합장 등 조합임원 사이의 선임·해임 등을 둘러싼 법률관계는 사법상의 법률관계로서 그 조합장 등 조합임원의 지위를 다투는 소송은 민사소송에 의하여야 한다.[52] 일반적으로 본안으로 총회결의 무효 확인의 소가 제기되고, 가처분으로 조합장 등에 대한 직무집행정지가처분이 제기되는 경우가 있으며 인용되는 경우에는 직무대행자가 선임된다.

나. 정관변경의 총회결의 후 인가를 받았으나, 정관변경에 필요한 의결정족수의 하자나 그 내용상 하자가 있는 경우, 즉 총회결의의 효력에 관하여 다툼이 있는 경우에도 마찬가지로 민사소송에 의하여야 한다.[53]

5. 동·호수 추첨

동·호수 배정은 관리처분계획상 분양대상자로 정해진 조합원들 사이에 분양될 아파트의 동·호수를 구체적으로 정하기 위한 절차에 불과하므로 독립한 행정처분으로 볼 수 없으며, 그 효력의 유무를 민사소송으로 다툴 수 있을 뿐이다.[54]

---

52) 대법원 2014. 10. 27. 선고 2011다37360 판결.
53) 대법원 2019. 1. 31. 선고 2018다227520 판결.
54) 대법원 2010. 1. 28. 선고 2008다90347 판결.

사업시행자인 조합이 신축아파트의 배정을 위해 실시하는 동·호수 추첨은 조합원들 전원의 이해관계가 걸린 단체법적인 법률행위로써 그러한 동·호수 추첨을 기초로 하여 수많은 법률관계가 계속하여 발생할 뿐만 아니라 일단 동·호수 추첨 및 배정이 이루어지면 특별한 사정이 없는 한 그 동·호수 추첨 및 배정이 무효로 확인되기 전에는 새로운 동·호수 추첨 및 배정을 실시하는 것이 불가능하다. 따라서 동·호수 추첨으로 권리가 침해된 조합원은 사업시행자인 조합을 상대로 동·호수 추첨 및 배정과 그에 기한 분양계약의 무효를 구하는 것이 분쟁해결을 위한 유효·적절한 수단이라고 할 것이고, 설령 조합원들과 조합 사이에 동·호수 추첨내용을 기초로 신축아파트에 관한 분양계약 체결이 완료되었다 하더라도, 동·호수 추첨 및 배정을 다시 하는 것이 불가능하지 않으므로, 그 경우에도 무효확인의 소의 대상이 된다.[55]

한편, 실무상 동·호수 추첨 이후 종전 관리처분계획을 대체하는 새로운 관리처분계획을 수립하는 과정에서 동·호수 추첨행위가 유효한 것으로 보아 그와 같은 결과가 반영된 관리처분계획이 수립되는 경우가 있고, 그 경우 동·호수 추첨행위의 내용은 이미 행정처분인 관리처분계획의 내용으로 편입되었으므로, 위 관리처분계획의 무효확인 또는 취소를 구하는 방법으로 동·호수 추첨행위의 위법성을 다툴 수 있다.[56]

6. 청산금 및 부과금

가. 조합원에 대한 청산금 및 부과금

이전고시 이후 대지 또는 건축물을 분양받은 자가 종전에 소유하고 있던 토지 또는 건축물의 가격과 분양받은 대지 또는 건축물의 가격 사이에 차이가 있는 경우 사업시행자는 그 차액에 상당하는 금액 즉, 청산금을 수분양자에게 부과한다. 이는 행정처분으로서, 행정소송의 관할이고 행정심판도 제기할 수 있다.

사업시행자는 공사비 등을 투입하여 구 주택 등을 철거한 후 신 주택 등을 건축한 다음, 신 주택 중 일부는 조합원에게 배분하고 나머지는 일반분양을 하여 얻

---

55) 대법원 2008. 2. 15. 선고 2006다77272 판결.
56) 대법원 2017. 10. 12.자 2017두50096 심리불속행 판결 및 하급심인 서울고등법원 2017. 5. 26. 선고 2016누82081 판결.

은 수입으로 공사비에 충당한 후, 남은 공사비에 대하여 조합원에게 그의 종전자산 출자비율대로 부과금을 부과한다. 이 또한 행정처분으로서, 행정소송의 관할이다. 위와 같은 과정을 거쳐 청산금 또는 부과금이 확정되면, 사업시행자는 시장·군수에게 청산금 또는 부과금의 징수 위탁을 하고, 만일 시장·군수가 이를 거절하면 조합원을 상대로 청산금 또는 부과금의 지급을 구하는 공법상 당사자소송을 제기할 수 있다. 이는 모두 행정소송이다.

나. 현금청산대상자에 대한 비용부과처분

(1) 문제의 소재

분양신청기간 내에 분양신청을 하지 아니하는 등으로 현금청산대상자가 된 토지등소유자의 경우 조합원의 지위를 상실하기 전까지 발생한 조합의 정비사업비 중 일정 부분을 분담하여야 한다는 취지를 조합 정관이나 조합원 총회의 결의 또는 조합과 조합원 사이의 약정 등으로 미리 정한 경우 등에 한하여, 조합은 그 지급을 구할 수 있다. 현금청산대상자에 대한 비용부과의 근거가 약정인 경우, 사업시행자의 약정에 기한 금원지급청구의 소는 민사소송임이 명확하다. 나아가 조합 정관이나 조합원 총회결의에 기한 사업시행자의 사업비 상당의 금원지급청구가 민사소송의 관할인지 또는 행정소송의 관할인 공법상 당사자소송인지 여부가 문제된다.

(2) 민사소송

재건축조합이 대구지방법원 포항지원 2016가단106269호로 현금청산대상자를 상대로 정관에 기한 청산금지급청구의 소를 제기하였다가 패소한 후, 대구지방법원 2019나315163호로 항소하여 일부 승소한 사안에서, 대법원은 2021. 6. 30. 선고 2020다291340호로 본안판단으로 나아가 대구지방법원에 환송함으로써 관할이 민사소송임을 명확히 하였다.[57] 실무상 사업시행자가 현금청산대상자를 상대로 행

---

57) 전국에 행정법원은 서울에만 설치되어 있고, 기타 지역은 지방법원 본원 또는 춘천지방법원 강릉지원에서 행정법원의 역할을 하도록 하고 있으므로, 이러한 법원들에서는 행정사건을 민사부에서 담당하였다 하더라도 내부 사무분담의 문제에 불과하나, 당해 사건은 제1심 법원이 대구지방법원 본원 합의부가 아니라 대구지방법원 포항지원이고, 그것도 단독판사의 관할이었으므로, 만일 대법원이 당해 사건을 행정사건으로 판단하였다면, 전속관할위반임을 이유로 원심판결을 파기하고 제1심 판결을 취소하며, 대구지방법원 본원 합의부로 이송하는 판결을 하였을 것이다.

정사건으로 소를 제기하는 경우가 흔하고, 그 경우 피고가 본안 전 항변을 하지 않아 변론관할이 발생하는 경우가 대부분이다.[58]

7. 재개발사업에서의 수용재결과 관련한 소송관계

가. 수용재결 이후의 토지등 인도청구

수용재결 이후 사업시행자가 현금청산대상자나 임차인(세입자)을 상대로 제기하는 토지등 인도청구는 민사소송에 해당한다. 현금청산대상자나 임차인(세입자)은 임대차보증금, 영업보상금 및 주거이전비, 이사비, 이주정착금에 대한 항변이 가능하다.

나. 영업손실보상금, 이주정착금(토지등소유자), 주거이전비, 이사비 지급 청구

현금청산대상자 및 임차인(세입자)의 영업손실보상금, 주거이전비, 이사비, 토지등소유자의 이주정착금 지급청구의 관할이 문제된다. 영업손실보상금은 토지보상법상의 손실보상 대상이므로 행정소송의 관할임이 명백하다. 세입자의 주거이전비는 당해 정비구역 안에 거주하는 세입자들의 조기이주를 장려하여 사업추진을 원활하게 하려는 정책적인 목적과 주거이전으로 인하여 특별한 어려움을 겪게 될 세입자들을 대상으로 하는 사회보장적인 차원에서 지급되는 금원의 성격을 가지므로,[59] 적법하게 시행된 공익사업으로 인하여 이주하게 된 주거용 건축물 세입자의 주거이전비 보상청구권은 공법상의 권리이다.

토지보상법 제78조 제5항, 제9항, 토지보상법 시행규칙 제54조 제2항 본문, 제3항 등을 종합하여 보면, 세입자의 주거이전비 보상청구권은 그 요건을 충족하는 경우에 당연히 발생하는 것이므로 주거이전비 보상청구소송은 행정소송법 제3조 제2호에 규정된 당사자소송에 의하여야 한다. 다만 도시정비법 제65조 제1항에 의하여 준용되는 토지보상법 제2조, 제50조, 제78조, 제85조 등을 종합하여 보면, 주거이전비 보상에 관하여 재결이 이루어졌다면, 그 이후에 세입자가 보상금의 증감 부분을 다투는 경우에는 토지보상법 제85조 제2항에 규정된 행정소송에 따라,

---

58) 대법원 2021. 4. 29. 선고 2017두48437(재건축), 대법원 2021. 4. 29. 선고 2018두51836(재개발) 등.
59) 대법원 2006. 4. 27. 선고 2006두2435 판결.

보상금의 증감 이외의 부분을 다투는 경우에는 같은 조 제1항에 규정된 행정소송에 따라 권리구제를 받을 수 있다.[60]

이러한 법리는 주거용 건축물의 소유자인 현금청산대상자의 주거이전비, 이주정착금 및 현금청산대상자 및 세입자의 이사비에도 그대로 적용된다.[61] 결국 현금청산대상자 및 임차인(세입자)의 영업보상금, 주거이전비, 이사비 또는 이주정착금 지급청구는 모두 행정소송의 관할이다. 다만 현금청산대상자 등은 영업손실보상금에 대하여는 반드시 재결을 거쳐 당사자소송으로 구하여야 하고, 주거이전비 등에 대하여는 재결 없이 곧바로 당사자소송으로 구하거나 재결을 거친 경우에도 당사자소송으로 구하되, 그 법적 근거가 다르다 할 것이다.

8. 재건축사업에서의 매도청구에 따른 소송관계

재건축조합이 공법인이라는 사정만으로 조합 설립에 동의하지 않은 자의 토지 및 건축물에 대한 재건축조합의 매도청구권을 둘러싼 법률관계가 공법상의 법률관계에 해당한다거나 그 매도청구권 행사에 따른 소유권이전등기절차 이행을 구하는 소송이 당연히 공법상 당사자소송에 해당한다고 볼 수는 없고, 위 법률의 규정들이 재건축조합과 조합 설립에 동의하지 않은 자와 사이의 매도청구를 둘러싼 법률관계를 특별히 공법상의 법률관계로 설정하고 있다고 볼 수도 없으므로, 결국 재건축조합과 조합 설립에 동의하지 않은 자 사이의 매도청구를 둘러싼 법률관계는 사법상의 법률관계로서 그 매도청구권 행사에 따른 소유권이전등기의무의 존부를 다투는 소송은 민사소송에 의하여야 한다.[62]

9. 매몰비용에 대한 지급청구

조합설립인가처분이 취소된 경우(정비구역 해제가 고시되면 조합설립인가 취소로 간주한다), 재개발 · 재건축조합은 청산사무를 종료할 때까지 청산의 목적 범위에서 권리 · 의무의 주체가 되고, 조합원도 청산의 목적 범위에서 종전 지위를 유지하는바, 조합이 토지등소유자를 상대로 매몰비용 중 권리가액의 비율에 상당하는

---

60) 대법원 2008. 5. 29. 선고 2007다8129 판결.
61) 대법원 2019. 4. 23. 선고 2018두55326 판결.
62) 대법원 2010. 4. 8. 선고 2009다93923 판결.

금원의 지급을 구하는 소를 제기하는 경우가 있다. 이는 이미 행정주체의 지위가 존재하지 아니하는 공법상 단체에 불과한 조합의 행위이므로, 민사소송의 관할이다.[63)

---

63) 대법원 2019. 8. 14. 선고 2017다201361 판결.

제 2 편

기본·정비계획, 해제 및 안전진단

제1장 도시·주거환경정비기본계획

I. 의 의

도시·주거환경정비기본계획(이하 '기본계획'이라 한다)은 정비계획의 상위계획으로 정비사업 유형별로 정비구역 지정대상과 정비방향을 설정하고, 정비기반시설 기준, 개발밀도 기준, 정비방법 등 정비사업의 기본원칙 및 개발지침을 제시하며, 정비구역으로 지정할 예정인 구역 즉, 정비예정구역의 개략적 범위의 확정을 그 내용으로 하는 정비사업에 관한 종합계획이다.

기본계획은 무질서한 정비사업을 방지하고, 적정한 밀도로 주변지역과 조화되는 개발을 유도하여 합리적인 토지이용과 쾌적한 도시환경의 조성 및 도시기능의 효율화, 장래의 개발수요에 효과적으로 대처하고 정비사업의 합리성·효율성을 도모함을 목적으로 한다. 국토계획법상의 도시·군기본계획 등 상위계획의 이념과 내용이 정비사업을 통해 실현될 수 있도록 도시정비의 미래상과 목표를 명확히 설정하고 실천 전략을 구체적으로 제시하여야 하고, 또한 도시의 경제·사회·문화활동, 물리적 환경의 현황, 장래 변화에 대한 과학적 분석과 정비사업 수요 예측에 따라 단계별로 사업이 이루어지도록 하여야 한다(기본계획 수립지침 1-2-1 내지 3).

II. 체계상 지위 및 법적 성격

1. 체계상 지위

기본계획은 국토계획법상의 도시·군기본계획과 마찬가지로 특별시·광역시·특별자치시·특별자치도·시 단위로 수립한다. 기본계획은 도시·군기본계획의 하위계획이다. 따라서 기본계획 수립권자는 기본계획을 수립함에 있어 도시·군기본계획상의 토지이용계획과 부문별 계획 중 도시 · 주거환경의 정비에 관한 내용을 반영하여야 하고 국토계획법상 도시 · 군관리계획과는 서로 연계되도록 하여야 하며, 또한 국토교통부장관이 도시 및 주거환경을 개선하기 위하여 10년마다 기본계획의 수립 방향에 대한 기본방침[1]을 정하고, 5년마다 타당성을 검토하여 그 결과를 기본방침에 반영하고 있으므로, 이를 준수하여야 한다. 한편, 기본계획은 정비계획의 상위계획이므로 정비계획은 기본계획에 따라 정비구역을 지정하고, 제시한 방향, 기본원칙 및 개발지침에 맞게 수립되어야 한다(위 지침 1-3-1 내지 3).

2. 법적 성격

기본계획은 행정계획이다. 즉, 행정에 관한 전문적 · 기술적 판단을 기초로 하여 도시의 건설 · 정비 · 개량 등과 같은 특정한 행정목표를 달성하기 위하여 서로 관련되는 행정수단을 종합 · 조정함으로써 장래의 일정한 시점에 있어서 일정한 질서를 실현하기 위한 활동기준으로 설정된 것이다.[2]

다만, 기본계획은 여건의 변화에 유연하게 대응할 수 있도록 포괄적이고 개략적으로 수립하는 비구속적 행정계획으로서, 토지등소유자의 재산상 권리 · 의무 등에 구체적이고 직접적인 영향을 미치지 아니하여 항고소송의 대상인 행정청이 행하는 구체적 사실에 관한 법집행으로서의 공권력의 행사 또는 그 거부와 그 밖에 이에 준하는 행정작용으로서의 처분으로 볼 수 없다.

Ⅲ. 수립권자

기본계획의 작성 주체는 특별시장 · 광역시장 · 특별자치시장 · 특별자치도지사 또는 시장이고, 관할 구역에 대하여 기본계획을 10년 단위로 수립하여야 한다. 다만, 도지사가 대도시[서울특별시와 광역시 및 특별자치시를 제외한 인구 50만 이상의 도시, 법 제2조 3호 (다)목]가 아닌 시로서 기본계획을 수립할 필요가 없다고 인정

---

1) 기본방침의 내용으로는 도시 및 주거환경 정비를 위한 국가 정책 방향, 기본계획의 수립 방향, 노후 · 불량 주거지 조사 및 개선계획의 수립, 도시 및 주거환경 개선에 필요한 재정지원계획, 그 밖에 도시 및 주거환경 개선을 위하여 필요한 사항으로서 대통령령으로 정하는 사항 등이 있다(법 제3조).
2) 대법원 2000. 3. 23. 선고 98두2768 판결.

하는 시장은 기본계획을 수립하지 아니할 수 있다(법 제4조 제1항). 기본계획의 수립권자는 기본계획에 대하여 5년마다 타당성을 검토하여 그 결과를 기본계획에 반영하여야 한다(법 제4조 제2항).

Ⅳ. 내 용

법 제5조, 법 시행령 제5조, 기본계획 수립지침에서 이를 규정하고 있다.

1. 정비사업의 기본방향

기본계획에는 정비사업의 기본방향이 포함되어야 한다.

2. 정비사업의 계획기간

기본계획에는 정비사업의 계획기간이 포함되어야 한다.

3. 인구·건축물·토지이용·정비기반시설·지형 및 환경 등의 현황

인구·건축물·토지이용·정비기반시설·지형 및 환경 등의 현황이 포함되어야 한다.

4. 주거지 관리계획

가. 주거지 관리란 주거지 활성화와 불량화 방지를 위한 해당 지역 주민, 단체, 지방자치단체 등의 물리적 및 비물리적 활동을 말하며, 주거지 관리계획은 이를 위한 계획을 말한다.

물리적인 주거지 관리활동은 해당지역의 물리적 환경의 개선을 통해 주거환경을 개선하고 활성화하는 활동으로 마을 공원 가꾸기, 골목 꽃길 만들기, 담장 없애기, 쌈지공원 만들기 등과 같은 활동을 포함한다.

비물리적인 주거지 관리활동은 해당 지역의 사회경제적 환경을 개선하기 위한 활동으로 빈곤문제를 해결하기 위한 소득원의 개발, 직업 교육, 취업정보센터, 공동탁아서비스, 청소년프로그램, 자원방범활동 등을 말한다.

나. 주거지 활성화 및 불량화 방지를 위하여 도시의 특성에 맞는 주거지 관리

계획을 수립하여야 하며, 매년 주거지관리 효과에 대한 평가를 하도록 하여 5년마다 기본계획의 타당성 여부 검토 시 반영한다.

5. 토지이용계획·정비기반시설계획·공동이용시설설치계획 및 교통계획

가. 토지이용계획

(1) 도시별·지역별 특성 및 입지적인 잠재력 그리고 현재의 토지이용 상황과 토지이용의 효율성 및 주변 환경과의 연속성 등을 종합적으로 반영한 계획이어야 한다. 하나의 정비예정구역이 2 이상의 용도지역(예: 일반주거지역 및 상업지역)에 걸쳐 있는 경우 정비예정구역의 사업유형 결정은 현 토지이용 현황 및 향후 도시발전 방향, 각 용도지역의 면적 등을 종합적으로 검토하여 결정하여야 하며, 개발밀도계획은 국토계획법 제78조 및 제84조에 따라 계획할 수 있다.

(2) 준공업지역 내 노후·불량주택 등이 밀집하여 정비가 필요한 지역 등에 대하여는 용도지역에 구애됨이 없이 현재의 토지이용 현황과 향후 도시 발전방향 및 도시·군기본계획 등을 종합적으로 고려하여 사업유형을 결정하여야 하며, 도시정비의 효율성 등을 위하여 필요시 노후불량주택 인근의 공장부지 등을 포함하여 정비예정구역으로 계획할 수 있다.

(3) 정비예정구역 내 문화재나 주요시설물 및 문화적·생태적으로 보존가치가 커 보호·보존이 필요한 부분이 있는 경우에는 정비사업 시행 후 보존될 수 있도록 보존지구로의 지정을 계획하여야 하며, 여타 경관의 보호나 미관의 유지, 쾌적한 환경조성 및 토지의 고도이용을 위한 건축물의 높이를 제한하여야 할 필요가 있다고 인정되는 경우 등에는 고도지구 또는 경관지구 등의 용도지구 지정을 계획하여야 한다.

나. 정비기반시설계획 및 공동이용시설설치계획

(1) 정비기반시설계획은 도시·군기본계획 등 관련 상위계획상의 기반시설계획 및 공급처리시설계획 등을 반영하여 적합하게 수립하여야 하며, 도시·군계획시설의 설치 및 규모결정 기준 등은 국토계획법에 따른 도시·군계획시설의 결정·구조 및 설치기준에 관한 규칙에 적합하게 계획한다. 정비기반시설계획은 기존의 기반시설 규모를 토대로 주변지역을 포함하는 광역적 수요추정에 의한 공간적 범위

와 향후의 토지이용계획 및 교통계획, 건축계획 등 관련계획을 종합적으로 고려하여 계획하여야 하며, 공원녹지법 등 관련 개별법령에 적합하게 수립한다.

(2) 정비사업으로 인하여 밀도가 현재보다 현저히 늘어날 것이 예상되는 경우 또는 도로 및 공원 등의 정비기반시설이 부족한 경우에는 기반시설 등에 대한 확대방안이 계획되어야 한다.

(3) 위 (2)에 따라 정비기반시설 등을 계획한 경우로서 공공용지에 대한 부담이 필요한 경우는 수용인구, 건축연면적 등을 기준으로 각 정비예정구역별로 형평성 있게 배분한다. 또한, 정비기반시설의 개발로 현저한 이익이 발생되는 정비예정구역이 있을 경우는 그에 상응하는 부담을 그 구역에 지울 수 있다. 정비기반시설 계획 시 주민이 공동으로 이용하는 놀이터 및 마을회관, 공동작업장, 탁아소, 경로당, 공동구판장, 세탁장 등 주민공동이용시설을 계획할 필요가 있는 경우에는 함께 계획한다. 폭 30m 이상의 주간선도로에 접하는 정비예정구역의 경우 진출입도로 계획을 수립하는 것이 바람직하며, 부지면적 30만㎡ 이상의 정비구역에 대하여는 개략적인 정비기반시설 설치계획을 수립하는 것이 바람직하다.

다. 교통계획

(1) 도시·군기본계획의 내용을 구체화하여 광역교통 및 지역교통에 대한 교통체계를 구상하고 현재의 토지이용현황과 향후 정비사업 시행시의 교통량 등을 면밀히 분석하여 교통계획을 수립한다. 정비사업 시행에 따른 교통량 증가 등 향후 토지이용계획에 부합되고, 주변지역의 교통량과 도로용량 등 주변간선 교통체계와 연계된 가로망 계획이 수립되어야 한다.

(2) 정비예정구역을 포함한 인근지역에 대하여는 도시 내 교통현황을 분석하고, 도시 내 교통상황이 취약한 경우에는 향후 정비예정구역개발 시 개선될 수 있도록 개선방안을 제시한다. 정비예정구역이 집중되거나 대규모 정비예정구역의 지정이 예상되는 경우에는 향후의 개발밀도 등을 감안한 교통영향 등을 파악하여 도시·군기본계획 및 도시·군관리계획상의 도로·교통계획 등과 연계하여 검토하고, 정비예정구역과 접하고 있는 도로폭원이 주택건설기준 등에 관한 규정상의 진입도로 폭원에 미달되는 경우는 법상 진입도로가 확보될 수 있는 방안을 제시한다.

6. 녹지 · 조경 · 에너지공급 · 폐기물처리 등에 관한 환경계획

가. 녹지체계 계획은 도시 전체의 광역권과 대상사업구역별 여가공간계획 등 생활권의 녹지체계가 상호연계되도록 계획한다. 공원·녹지축은 주변에 입지한 기존 도시계획공원 및 녹지공간 등과 연계될 수 있도록 계획한다.

나. 도시전체에 대한 도시관리체계를 수립함으로써 자원절약적인 에너지 및 폐기물처리계획 등이 구축될 수 있도록 한다. 정비예정구역을 포함한 인근 근린생활권내에 기존 도시·군관리계획에 의한 공원 및 녹지 등이 없거나 부족한 경우에는 향후 정비계획수립 시 적정 규모의 공원·녹지·조경 등 환경계획이 반영될 수 있도록 개선안을 제시할 수 있다.

7. 사회복지시설 및 주민문화시설 등의 설치계획

가. 사회복지시설 및 주민문화시설 등의 설치계획이란 법 제2조 제4호에 따른 정비기반시설과 제5호에 따른 공동이용시설 등을 제외한 주요 공공시설 및 생활편익시설 등의 설치계획을 말한다. 공공·편익시설이란 기본적으로는 지역주민들에게 서비스를 제공하는 물리적인 시설로서 주민들의 생활편익을 도모함과 동시에 공공의 복리증진을 위한 시설을 말하며, 교육시설·공공청사·도서관·문화시설·사회복지시설·종교시설·의료시설·판매시설·운동시설 등이 이에 포함될 수 있다. 공공·편익시설 등의 설치계획은 도시·군기본계획 수립지침에 따른 역사·사회·문화 개발계획 및 도시·군관리계획 수립지침에 따른 공공·문화체육시설계획 등의 범위에 준하여 수립한다.

나. 시설의 종류 및 규모의 계획은 개발 이후 총 거주세대 뿐 아니라 유입인구 등을 고려해야 하며, 시설에 대한 사용자들의 인식과 접근성, 주 이용자의 특성 등을 고려하여 시설의 적정배분 및 입지 계획을 포함하도록 한다. 기본계획 수립 시 공공·편익시설 등의 종류와 범주를 영유아보육법, 노인복지법, 주택건설기준 등에 관한 규정 등에 적합한 범위 내에서 예시하되, 개발 이후 총 거주세대 및 유입인구 등을 고려하여 최소한의 수준에서 요구되는 시설의 설치기준 등을 예시하고, 기타 나머지 시설에 대해서는 정비계획 수립 시 지역차원의 종합적인 검토와 함께 추가적으로 필요한 공공·편익시설 등에 대해 보다 구체적인 계획내

용을 포함할 수 있다.

다. 사회복지시설이란 일반적으로 전문적인 사회복지서비스를 실시하는 장소를 말하는 것으로서 제공되는 서비스의 범위 및 대상에 따라서 다양하게 정의된다. 좁은 의미로는 보호가 필요한 자의 육체적·정신적 상태에 비추어 볼 때 주택 안에서 자력으로 생활할 수 없다고 판단될 때 필요한 보호를 하는 구호시설·갱생시설·의료보호시설 등의 시설을 의미하며, 넓은 의미로 보면 좁은 의미의 사회복지시설에 사회보험, 공적부조, 공중위생 등과 관련된 제도 및 시설을 포함하는 개념으로 정의할 수 있다. 계획인구와 시의 재정여건을 감안하여 탁아소, 유아원, 양로원, 모자보건 및 보건시설, 심신장애인 수용시설, 노인복지시설, 직업훈련원 등 시설의 설치 및 운영계획을 수립한다. 모든 사회복지시설에 장애인 및 노약자가 쉽고 편리하게 이용할 수 있도록 한다. 일반적으로 사회복지시설 중 종합복지관, 청소년회관, 장애인복지센터 등은 이용이 편리한 중심지역이나 근린공원 부근에 설치하고 수용시설인 양로원, 고아원, 미아시설 등은 주거지와 분리되어 있으면서 환경과 외부와의 접근성이 좋은 근린공원에 설치한다.

라. 타 지역과 비교하여 가구주(맞벌이가구 및 편부·편모가구 등)의 경제활동으로 인해 육아 및 노인보호를 위한 공적 지원이 더 요구된다고 판단되는 지역에 대해서는, 탁아소·유아원·노인주간보호소 등의 설치계획에 더 많은 비중을 둘수 있다. 주민의 정서함양과 건강 및 여가선용을 위하여 또는 시·군의 문화성을 향상시키기 위하여 인구계획에 따라 시민회관·생활과학관·극장·체육관·운동장 등에 관한 배치계획을 수립한다. 도서관은 지역의 특성과 기능에 따라 적절한 계열화를 도모할 수 있도록 배치하되, 규모가 큰 도서관 또는 본관은 도심부에 배치하여 이용자의 접근이 용이하고 그 위치가 쉽게 확인될 수 있는 장소에 도시·군관리계획으로 배치하여야 하며, 규모가 작은 도서관 또는 분관은 대부분의 이용자가 도보로 접근할 수 있도록 근린주구(近隣住區) 또는 지역단위로 배치한다.

8. 도시의 광역적 재정비를 위한 기본방향

기본계획에는 도시의 광역적 재정비를 위한 기본방향이 포함되어야 한다.

9. 제16조에 따라 정비구역으로 지정할 예정인 구역(이하 "정비예정구역" 이라 한다)의 개략적 범위

가. 정비예정구역의 설정은 대상지역의 물리적 환경 · 기능을 중심으로 분석하되 특히 상습적인 침수 · 산사태 등 재해의 위험, 이주민 정착촌, 개발제한구역, 국 · 공유지 · 무허가 건축물 과다 등 지역의 특수성, 선행된 정비사업의 재정비 필요성, 개발전략상 도시환경 개선에 파급효과가 클 것으로 예상되는 지역, 기 시행된 정비구역 주변의 환경 건전성, 주차장 · 도로 등 정비기반시설의 설치수준 및 지역주민의 정비사업 희망수준을 고려한다. 정비예정구역의 지정기준은 법 시행령 [별표 1] 정비계획의 입안대상지역에 따른다.

재건축사업은 주택법에 따른 사업계획승인 또는 건축법에 따른 허가 받은 단위로 추진할 수 있도록 구획한다. 다만, 하나의 주택단지로 사업계획승인을 받았더라도 도시계획도로 등으로 구분되어 각각 관리되고 있는 경우 별개의 단지로 보아 각각 사업대상 구역으로 구분하고, 별개의 단지로 사업승인을 받았더라도 하나의 단지처럼 관리되고 있는 경우에는 하나의 사업으로 구역 구분하며, 법 제67조에 따라 분할된 토지 또는 분할되어 나가는 토지의 경우에는 그러하지 아니하다.

나. 정비예정구역의 지정방법은 다음 기준에 따른다.

⑴ 구역지정대상은 노후 또는 불량건축물이 밀집되어 주거환경이 불량한 부분으로 한정하되, 건축물의 연령 · 구조 · 설비에 의한 불량의 정도와 이들 건축물의 과밀정도 · 상하수도 · 도로 등 정비기반시설의 설치와 이용상태 및 대지의 규모 · 안전 등 주거환경의 안전성과 위생상태 및 도시미관 등을 종합적으로 판단한다.

⑵ 정비예정구역에는 원칙적으로 공원 · 녹지 · 나대지를 포함하여서는 아니 된다. 다만, 지형여건, 건물의 배치, 토지이용계획의 증진을 위하여 필요한 경우 또는 순환정비방식으로 시행하기 위하여 특히 필요한 경우에는 이를 포함하여 계획할 수 있다.

⑶ 구역의 범위는 지형 · 행정구역 · 사업규모, 주민의견과 부담능력을 감안하여 동시에 사업이 시행될 수 있도록 정한다.

⑷ 정비사업의 시행으로 도로 등 정비기반시설의 기능에 장애가 되지 아니하도록 구역을 정하거나 기능을 보완할 수 있는 정비기반시설을 설치할 수 있도록

구역을 정한다.

(5) 지정하고자 하는 구역경계부근에 도로가 있는 경우에는 그 도로를 경계선으로 한다. 다만, 개설된 도로는 가급적 구역에서 제외하고 개설되지 아니한 계획도로인 경우에는 구역에 포함시킬 수 있다. 구역의 형태는 정비사업 시행 시 가급적 효율적인 토지이용이 될 수 있도록 정한다.

(6) 구역의 경계선은 원칙적으로 도로를 기준으로 하되 지적경계선을 기준으로 할 경우에는 가급적 직선의 형태로서 굴곡이 심하지 않도록 정한다.

(7) 토지의 지적경계선등을 경계선으로 하여, 불가피한 경우를 제외하고는 경계선이 건축물에 저촉되지 않도록 한다.

(8) 대상구역을 구획할 때에는 해당 구역의 생활권 등을 함께 고려한다.

(9) 재개발사업 예정구역의 범위는 원칙적으로 가구 단위로 획정하며, 토지의 고도이용으로 필요한 공간을 확보할 수 있는 규모 이상으로 한다.

다. 기초조사 분석결과 주거환경개선사업과 재개발사업 대상지역에 모두 해당하는 경우에는 사업의 성격·특성과 지역여건 등을 감안하여 분류하되, 상습침수지역 등 전면매수 방식으로 시급히 사업시행이 필요한 지역, 대상구역 내 국·공유지 비율이 많아 거주주민의 재정착에 실질적인 도움이 되는 지역, 정비기반시설등에 국가나 지방자치단체의 재정이 투입되어야 사업시행이 가능한 지역, 주민의 소득수준이 낮아 관리처분방식으로 사업시행이 어렵다고 판단되는 지역, 주민의 정비사업 시행 욕구가 낮거나 재개발사업을 추진하였으나 장기간 방치된 지역으로 시급히 사업시행이 필요한 지역에 해당하는 경우에는 우선적으로 주거환경개선사업 구역으로 분류를 검토한다. 주거환경개선사업 및 재개발사업 대상지역에 해당하는 경우에는 재건축사업구역으로 분류할 수 없다. 기본계획에는 정비예정구역의 개략적인 범위를 표시한다.

다만, 기본계획에 생활권의 설정, 생활권별 기반시설 설치계획 및 주택수급계획, 생활권별 주거지의 정비·보전·관리의 방향을 포함하는 경우에는 생략할 수 있다. 정비예정구역의 표시는 국토계획법 제2조 제2호에 따른 도시·군계획이 포함된 축척 1:5,000 이상의 도면에 표시하는 것을 원칙으로 하고 해당 시의 규모 및 예정구역의 면적에 따라서 축척을 조정할 수 있다.

라. 정비예정구역을 표시할 때 사업유형을 주거환경개선사업, 재개발사업 및

재건축사업으로 구분 표시하되, 다만, 주거환경개선사업 예정구역과 재개발사업 예정구역은 구분하여 표시하지 않을 수도 있다. 부지 3만㎡를 초과하는 정비예정구역은 개략적인 범위를 표시하는 것 외에 건폐율·용적률 등 개발규모와 개발시기를 정하며, 부지 3만㎡ 이하의 정비구역은 범위를 설정하기 보다는 좌표로서 그 위치를 표시하고 개발규모 등을 표기한다.

　기본계획에는 정비예정구역 지정 이후 정비사업이 착수되기 전까지 정비예정구역의 불량화 방지를 위한 대책을 수립할 수 있고, 정비예정구역 지정 이후 정비사업이 착수되기 전까지의 기간이 길어질 경우 '정비예정구역관리계획'을 별도로 수립할 수 있다.

10. 단계별 정비사업 추진계획(정비예정구역별 정비계획의 수립시기가 포함되어야 한다)

　가. 단계별 추진계획은 우선순위 선정원칙과 단계별 시행계획이 포함되어야 한다. 다만, 기본계획에 생활권의 설정, 생활권별 기반시설 설치계획 및 주택수급계획, 생활권별 주거지의 정비·보전·관리의 방향을 포함하는 경우에는 단계별 추진계획을 생략할 수 있다.

　나. 우선순위 선정원칙에는 상위계획 및 관련계획과의 부합성, 도시기능의 개선효과, 주거생활 질의 개선효과, 주민의 사업추진의지, 정비예정구역 내 거주자 중 가옥 또는 토지소유자의 비중, 재해 등이 발생할 우려가 있어 사업시행이 시급히 요구되는 지역인지 여부 등의 사항이 반영되어야 한다. 단계별 시행계획은 각 단계의 총량의 범위 및 주민들의 사업추진의지에 따라서 수정이 가능하다. 단계별 시행계획에는 정비예정구역별 정비계획의 수립시기를 포함하고, 정비예정구역에 대한 사업시기와 사업기간을 명시하여 사업에 대한 예측가능성을 높여 지역주민들의 경제활동에 지장이 없도록 한다.

11. 건폐율·용적률 등에 관한 건축물의 밀도계획

　가. 건폐율·용적률 등 개발밀도는 정비사업별 또는 정비예정구역별로 상한선을 정할 수 있으며, 필요에 따라서는 여러 개의 정비예정구역을 묶어서 정할 수 있다. 개발밀도 설정 시에는 도시의 역사·문화 보전 및 활용, 경관 및 자연환경

보호, 주요도로의 교통소통 및 지구 내 도시기반시설 정비실태, 토지이용 및 용도지역 지정현황, 지구 주변의 건축 및 도시·군계획사업 등을 고려하여 작성한다.

나. 건폐율은 국토계획법 및 같은 법 시행령에서 규정한 용도지역에서의 건폐율 적용기준과 도시계획조례가 정하는 비율 이하의 범위 내에서 정하되 정비구역별, 가로구역별 성격과 특성에 따라 건폐율의 조정이 필요하다고 판단되는 경우 별도의 규정을 두어 건폐율의 최소한도 또는 최대한도를 규정할 수 있다. 용적률은 국토계획법 및 같은 법 시행령에서 규정한 용도지역 안에서의 용적률 적용기준과 도시계획조례가 정하는 비율 이하의 범위 내에서 구역별 특성을 반영하여 정하되 다양한 공익요소(주거복합, 문화시설 도입, 가로환경 활성화, 역사보전 등)의 적용에 따른 인센티브제도의 활용이 가능하도록 정할 수 있다.

다. 개발밀도는 공익요소의 적용에 따른 인센티브제도를 운용하는 것이 바람직하다. 이 경우 용적률은 기준용적률과 함께 공개공간을 제공하는 경우 추가로 용적률을 허용하는 때와 대지의 일부를 도로·공원 등의 부지로 제공하는 때에 추가로 용적률을 부여하는 허용용적률을 제시할 수 있다. 인센티브제도를 적용하기 위해서는 인센티브 적용의 대상·구역 및 기준 등 구체적인 사항을 명기하여 정비계획수립 시 사업자의 혼돈을 초래하지 않도록 한다. 건축물 높이계획은 사업유형 및 구역특성에 따라 별도의 높이계획이 필요하다고 판단되는 경우 최고높이 및 층수 등을 구역별로 따로 지정할 수 있으며, 필요한 경우 구역별 경관시뮬레이션 등 추가적인 기초자료를 활용하여 최고높이 및 층수를 정할 수 있다.

12. 세입자에 대한 주거안정대책

가. 재개발사업의 시행으로 인하여 이주하게 되는 세입자를 고려한다. 재개발사업의 경우 구역의 세입자를 위한 임대주택건설이 가능한지 여부를 판단하여 정비예정구역의 범위를 설정할 수 있다. 재개발사업 대상구역에 세입자용 임대주택을 건설하기가 곤란한 경우 인근의 임대주택 활용여부 등을 검토하여 해당 재개발사업과 연계하여 추진할 수 있으며, 이를 위하여 단계별 추진계획을 조정할 수 있다. 세입자용 임대주택을 건설할 경우에는 세입자의 소득수준을 감안하여 임대주택 건설을 적극 고려한다.

나. 재개발사업은 세입자 및 주민의 주거안정을 위하여 순환정비방식의 시행

을 고려한다. 대규모 정비사업이 시행될 경우에는 해당 지역 거주 세입자는 물론 인근지역 임대시장에 미치는 영향이 크므로 주변지역 임대시장 동향 등을 파악하여 단계별 추진계획 등에 반영할 수 있다. 특별시장 · 광역시장 · 특별자치시장 · 도지사 · 특별자치도지사 또는 시장은 도시 · 주거환경정비기금 확대 조성을 추진하고 우선적으로 세입자용 임대주택 건설을 위한 재정확보에 최선의 노력을 한다.

13. 도시관리 · 주택 · 교통정책 등 국토계획법 제2조 제2호의 도시 · 군계획과 연계된 도시 · 주거환경정비의 기본방향

기본계획에는 도시관리 · 주택 · 교통정책 등 국토계획법 제2조 제2호의 도시 · 군계획과 연계된 도시 · 주거환경정비의 기본방향이 포함되어야 한다.

14. 도시 · 주거환경정비의 목표

기본계획에는 도시 · 주거환경정비의 목표가 포함되어야 한다.

15. 도심기능의 활성화 및 도심공동화 방지 방안

가. 기본계획 수립 시 도심환경의 질적 향상과 문화적 다양성 보전, 산업기반 구축을 통한 도시경쟁력 강화, 복잡다양한 도시수요의 충족, 주변 환경을 고려한 환경친화적 개발, 보행자 우선 동선처리 등을 고려하여 도심 활성화계획을 수립한다. 인구 및 주거기능 감소로 야기되는 도심 공동화 지역에 대하여 도심부 활성화 방안과 연계하여 공동화 방지 대책을 수립할 수 있다.

나. 공동화 방지 대책에는 다음의 사항에 대한 조사와 방향 제시가 포함되어야 한다.

⑴ 도심 및 인접주거지의 주거실태와 거주자 특성파악

도심부의 인구감소 현황, 주거지의 쇠퇴경향, 타 용도로의 전환사례, 거주자의 사회경제적 특성, 거주이유와 거주 만족도, 계속거주 의향 등에 대한 실태파악이 필요하다.

⑵ 도심주거의 유지와 확보를 위한 정책방향 제시

수립되어 있는 공동화방지 대책의 문제점 및 개선방향 도출, 인접 주거지역에 대한 용도관리방안, 도심주거확보 및 유지를 위한 도시 계획적 조치 등에 대한 정책방향이 제시되어야 한다.

다. 도심공동화 대책이 필요한 지역에 대하여 개발유도를 위하여 별도의 구역(주거복합 의무화구역, 주거복합 권장 구역 등)을 지정하거나 상위계획에서 허용하는 범위에서 용적률, 층수 및 높이 등을 완화하여 허용할 수 있다.

16. 역사적 유물 및 전통건축물의 보존계획

정비예정구역 및 인근의 역사적 유물과 전통적 건축물에 대하여 보존 및 정비사업과 관련한 활용계획을 세워야 하며, 이를 위해서는 정비예정구역 및 인근의 역사적 유물과 전통적 건축물에 대한 충실한 조사가 선행되어야 한다. 예정지구 및 인근의 역사적 유물과 전통적 건축물에 대한 활용계획은 가능하면 해당 도시의 주요 문화재와 주변의 역사적 유물 및 전통적 건축물을 종합적으로 고려하여 수립한다.

17. 정비사업의 유형별 공공 및 민간부문의 역할

가. 공공에는 국가 · 지방자치단체가 해당되며, 민간에는 주민 · 조합 · 시공업체 · 전문관리업자 또는 시민단체 등이 해당되고, 토지주택공사등 공기업은 양 부문에 다 해당한다. 공공은 계획수립 등 행정업무, 조합임원 및 조합원 교육, 지역의 주거환경개선과 활성화를 위한 주민 및 도시 관련 시민단체의 지원, 관계법령 · 기본계획 및 정비계획에 적합하게 사업이 추진되고 있는지에 대한 관리 · 감독 등의 방법으로 참여하고, 민간은 설계, 시공, 자금지원과 정비사업 밖에서의 자발적인 주거환경개선을 위한 활동 등의 역할을 수행한다.

나. 기본계획에는 필요한 경우 정비예정구역별로 공공과 민간의 역할을 설정할 수 있다. 특히 정비예정구역 지정 시 법 제26조 제1항 제1호, 제4호, 제5호, 제7호에 해당하거나 대단위 구역인 경우, 개발제한구역인 경우 또는 안전에 문제가 있어 시급히 사업시행이 필요한 구역 등에는 공공의 참여를 우선적으로 고려한다. 기본계획에는 정비예정구역별로 정비기반시설 설치 등 공공의 참여범위를 함께 설정할 수 있다. 기본계획에는 지역주민의 주거환경개선을 위한 자발적 노력을 공공이 지원하는 방안을 포함한다.

18. 정비사업의 시행을 위하여 필요한 재원조달에 관한 사항

가. 기본계획 수립 시 계획기간에 발생할 재정수요와 재원조달계획을 수립한다. 재정수요는 과거에 시행된 정비사업에 투입된 재정과 계획 중인 정비사업을 근거로 사업유형 및 정비예정구역별로 추정한다. 재원조달계획은 정비사업과 관련하여 배정 가능한 예산과 적립 가능한 도시 · 주거환경정비 기금을 중심으로 추정하며, 제3섹타 방식 및 민간자본을 유치하는 재원계획을 포함할 수 있다.

나. 배정 가능한 예산은 정비사업과 관련하여 과년도에 배정된 국비 · 교부세 · 지방비의 변화추이를 감안하여 추정한다. 도시 · 주거환경정비기금은 기금의 원천이 되는 도시계획세, 개발부담금, 정비구역 내 국 · 공유지 매각대금을 근거로 추정한다.

V. 수립(변경)절차

기본계획의 수립절차와 변경계획 수립절차는 원칙적으로 동일하다.

1. 원 칙

가. 기초조사

행정청은 기본계획을 수립하기 위한 기초자료로 활용하기 위해 먼저 기초조사를 행한다. 도시 · 군기본계획 및 도시 · 군관리계획 등 관련 계획, 산사태 · 수해 등 자연재해 발생현황 및 가능성, 문화재, 역사적 유물, 전통건물 또는 기타 문화자원 등 인문환경, 지역별 · 산업별 · 연령별 인구의 구성, 인구이동 현황 및 변화추이, 지역 총생산액, 지역별 산업체수 및 종사자수 변화 추이, 각 지역의 유형별 · 규모별 주택의 구성 및 변화추이, 노후 · 불량 건축물의 정도, 주택밀도, 주택접도율, 주택의 가격과 소유 및 이용 형태 등 건축물 현황, 용도지역 · 지목별 면적 및 분포, 토지의 소유형태 및 지가, 토지의 형상 · 고도 · 경사도 · 수계 등 지형상태, 과소필지 등 토지이용현황, 교통량과 도로 · 상수도 등 정비기반시설 및 공동이용시설의 지역별 편재 등 현황, 공공 · 문화체육시설, 공간시설 등의 지역별 편재 등 현황, 주민의 소득수준, 생활보호 대상자 및 최저주거수준 미달 가구 현황, 재개발사업 임대주택을 포함한 공공임대주택 현황 등이 조사대상이다(기본계획 수립지침 3-2-3).

나. 기본(변경)계획 입안

특별시장 · 광역시장 · 특별자치시장 · 특별자치도지사 또는 시장이 기본계획의 입안권자이다. 기본계획의 입안은 계획의 종합성과 집행성을 확보하기 위하여 도시계획부서 및 기획 · 예산 · 집행부서간의 긴밀한 협의에 의하여 추진될 수 있도록 한다(기본계획 수립지침 5-1-2).

다. 주민공람 및 지방의회 의견청취

(1) 주민공람

기본계획의 입안권자는 기본계획안을 먼저 작성한 후, 작성된 기본계획안에 대하여 14일 이상 주민에게 공람하여 의견을 들어야 하며, 제시된 의견이 타당하다고 인정되면 이를 기본계획에 반영하여야 한다(법 제6조 제1항). 입안권자가 기본계획을 주민에게 공람하려는 때에는 미리 공람의 요지 및 장소를 해당 지방자치단체의 공보 및 인터넷에 공고하고, 공람장소에 관계 서류를 갖추어 두어야 하며, 주민은 공람기간 이내에 입안권자에게 서면(전자문서 포함)으로 의견을 제출할 수 있다. 입안권자는 제출된 의견을 심사하여 채택할 필요가 있다고 인정하는 때에는 이를 채택하여 기본계획에 반영하고, 채택하지 아니한 경우에는 의견을 제출한 주민에게 그 사유를 알려주어야 한다(법 시행령 제6조 제1 내지 3항).

(2) 지방의회 의견청취

공람과 함께 지방의회의 의견을 들어야 한다. 이 경우 지방의회는 기본계획의 수립권자가 기본계획을 통지한 날부터 60일 이내에 의견을 제시하여야 하며, 의견제시 없이 60일이 지난 경우 이의가 없는 것으로 본다(법 제6조 제2항). 이는 주민들의 대표인 지방의회의 의견청취를 통하여 민주적 정당성을 확보하기 위함이다.

(3) 공청회

관련 분야 전문가와 주민대표 및 관계기관이 참석하는 공청회는 개최여부가 입안권자의 재량사항이다. 그러나 만일 공청회를 개최할 때에는 공청회 개최예정일 14일 전까지 개최목적, 개최 예정일시 및 장소, 수립하고자 하는 기본계획의 개요 등을 게시판 및 인터넷 홈페이지에 게시하고, 해당 시를 주된 보급지역으로 하는 일간신문에 1회 이상 공고하여야 한다(기본계획 수립지침 5-2-1, 2).

라. 기본(변경)계획의 수립

(1) 특별시장 등과 대도시 시장

특별시장·광역시장·특별자치시장·특별자치도지사와 대도시 시장은 관계 행정기관의 장과 협의한 후 지방 도시계획위원회의 심의를 거쳐 기본계획을 수립한다(법 제7조 제1항).

(2) 대도시의 시장이 아닌 시장

대도시의 시장이 아닌 시장은 도지사의 승인을 얻어 기본계획을 수립한다. 도지사가 이를 승인함에 있어서는 지방도시계획위원회의 심의를 거쳐야 한다(법 제7조 제2항).

마. 기본계획의 확정, 고시

기본계획 입안권자는 기본계획이 수립된 때에는 기본계획의 요지 및 기본계획서의 열람장소를 포함하여 이를 지체 없이 해당 지방자치단체의 공보에 고시하여야 한다. 그 경우 고시문과 기본계획 책자 및 기초자료 조사집 각 2부를 첨부하여 국토교통부장관에게 보고하여야 한다(법 제7조 제3, 4항, 법 시행규칙 제2조). 위 고시에 특별한 내용이 없는 한 행정효율 촉진규정 제4조 제3호, 제6조 제3항에 의하여 고시 또는 공고가 있고 난 뒤 5일이 경과한 날부터 효력을 발생한다.

2. 예외(경미한 사항 변경)

가. 경미한 사항

기본계획 수립권자가 기본계획의 내용 중 경미한 사항을 변경하는 경우에는 다음에서 보듯이 절차상 특칙이 있다. 따라서 어떠한 사항이 경미한 사항인지 여부가 중요하다. 법 시행령 제6조 제4항은 정비기반시설의 규모를 확대하거나 그 면적을 10% 미만의 범위에서 축소하는 경우, 정비사업의 계획기간을 단축하는 경우, 공동이용시설에 대한 설치계획을 변경하는 경우, 사회복지시설 및 주민문화시설 등에 대한 설치계획을 변경하는 경우, 구체적으로 면적이 명시된 정비예정구역의 면적을 20% 미만의 범위에서 변경하는 경우, 단계별 정비사업 추진계획을 변경하는 경우, 건폐율 및 용적률을 각 20% 미만의 범위에서 변경하는 경우, 정비사업의 시행을 위하여 필요한 재원조달에 관한 사항을 변경하는 경우, 국토계획법상의 도시·군기본계획의 변경에 따라 기본계획을 변경하는 경우를 경미한 사항으로 규정하고 있다.

나. 경미한 사항 변경에 있어 절차상 특칙

주민공람 및 지방의회 의견청취절차는 행정청의 재량으로 생략이 가능하다(법 제6조 제3항). 특별시장 등과 대도시 시장의 경우 관계 행정기관의 장과 협의, 지방 도시계획위원회의 심의를 거치지 아니할 수 있고, 대도시의 시장이 아닌 시장의 경우 도지사의 승인을 얻는 절차의 생략이 가능하다(법 제7조 제1, 2항 단서).

VI. 효 력

1. 원칙적 비구속적 효력

가. 원 칙

기본계획은 비구속적 행정계획으로서 원칙적으로 토지등소유자의 재산상 권리·의무 등에 구체적이고 직접적인 영향을 미치지 아니한다.

나. 예외(정비예정구역)

(1) 앞서 본 바와 같이 기본계획에는 정비예정구역의 개략적인 범위가 표시된다. 다만 기본계획에 생활권의 설정, 생활권별 기반시설 설치계획 및 주택수급계획, 생활권별 주거지의 정비·보전·관리의 방향이 포함되는 경우에는 정비예정구역의 개략적 범위가 생략될 수 있는바(기본계획 수립지침 4-3-1), 정비예정구역의 범위가 생략된 경우에는 문제되지 아니한다.

(2) 국토교통부장관, 시·도지사, 시장·군수 또는 구청장은 비경제적인 건축행위 및 투기 수요의 유입을 막기 위하여 기본계획을 공람 중인 정비예정구역에 대

하여 3년 이내의 기간(1년의 범위에서 한 차례만 연장할 수 있다)을 정하여 대통령령으로 정하는 방법과 절차에 따라 건축물의 건축, 토지의 분할행위를 예외적으로 제한할 수 있다(법 제19조 제7항). 이는 예외적 제한이므로, 국토교통부장관 등이 위 행위를 제한하려는 때에는 제한지역·제한사유·제한대상행위 및 제한기간을 미리 관보(국토교통부 장관) 또는 해당 지방자치단체의 공보(시·도지사, 시장·군수 또는 구청장)에 고시하여야 한다. 또한 위와 같은 행위를 제한하기 위해서는 중앙도시계획위원회(국토교통부장관) 또는 지방도시계획위원회(시·도지사, 시장·군수 또는 구청장)의 심의를 반드시 거쳐야 한다. 행위를 제한하려는 자가 국토교통부장관 또는 시·도지사인 경우에는 중앙도시계획위원회 또는 지방도시계획위원회의 심의 전에 미리 제한하려는 지역을 관할하는 시장·군수등의 의견을 들어야 한다(법 시행령 제16조 제1항 내지 4항).

위와 같이 행위가 제한된 지역에서 건축물의 건축, 토지의 분할행위를 하려는 자는 시장·군수등의 허가를 받아야 한다(법 시행령 제16조 제5항). 정비구역지정 이후의 건축물의 건축 등 행위제한 위반에 대하여는 도시정비법 제137조 제2호에 의하여 형사처벌의 대상이나, 위 행위제한 위반에 대하여는 형벌규정이 존재하지 아니한다.

2. 지역주택조합의 조합원 모집 금지

정비예정구역에서는 누구든지 주택법 제2조 제11호 (가)목에 따른 지역주택조합의 조합원을 모집해서는 아니 된다(법 제19조 제8항). 이는 법이 2018. 10. 13. 법률 제15676호로 개정되면서 새롭게 도입된 규정으로서, 정비예정구역에서 지역주택조합 조합원을 모집함으로써 정비사업 시행에 혼란을 주고 주민 간 갈등을 유발하는 경우가 있어 정비사업의 원활한 진행을 위하여 지역주택조합 조합원 모집행위의 금지를 명문화한 것이다. 위 규정을 위반하여 지역주택조합의 조합원을 모집한 자는 법 제138조 제1항 제1호에 의하여 1년 이하의 징역 또는 1천만 원 이하의 벌금이라는 형사처벌을 받게 된다.

3. 권리산정기준일 관련

기본계획상의 정비예정구역이 일반적으로 정비구역으로 지정되는 경향이 있다.

따라서 기본계획수립만으로도 투기의 가능성이 존재한다. 이에 법 제77조 제1항은 권리산정기준일(건축물의 분양받을 권리를 산정하기 위한 기준일)을 원칙적으로 정비구역지정일(정비계획결정일)로 하되, 시·도지사는 투기를 억제하기 위하여 기본계획 수립 후 정비구역지정·고시 전에 따로 정하는 날의 다음날을 권리산정기준일로 정할 수 있도록 규정함으로써 기본계획 수립이 권리산정기준일 지정의 근거가 되기도 한다.

제2장 재건축사업의 안전진단

I. 의 의

재건축사업에서 기본계획이 수립 고시된 이후 정비계획 입안권자인 특별자치시장·특별자치도지사·시장·군수 또는 자치구의 구청장 등은 정비계획의 입안 또는 재건축 필요성 등의 검증을 위하여 건축물에 대한 안전진단을 실시한다. 재건축사업의 안전진단 및 기준 통과는 사업의 본격적 추진을 위한 정비계획 수립에 있어 필수적 절차이다. 다만 재개발사업에는 적용되지 아니한다. 정비계획의 수립을 위해서는 노후·불량 건축물이라는 요건이 요구됨에도, 재건축사업의 경우에는 특별히 안전진단을 통과하여야 하고, 그 내용을 고려하여 재건축사업의 시행 여부 및 정비계획 수립을 결정하도록 하는 것은 재개발사업과 달리 공익성이 상대적으로 미약하고, 이에 따라 임대주택 필수적 건설의무가 부여되지 않는 등 각종 규제에서 제외되는 반면, 사업시행자인 조합은 조합설립에 동의하지 않는 토지등소유자의 재산권을 강제취득할 수 있는 등 토지등소유자 및 일반국민에게 미치는 영향이 중대하기 때문에 보다 엄격한 요건을 요구하는 것이고, 또한 무분별한 재건축으로 인한 사회적 자원낭비를 방지하기 위함이다.

II. 대상 및 시기

1. 대 상

안전진단의 대상은 주택단지의 건축물을 대상으로 한다.

다만, ① 정비계획의 입안권자가 천재지변 등으로 주택이 붕괴되어 신속히 재건축을 추진할 필요가 있다고 인정하는 것, ② 주택의 구조안전상 사용금지가 필요하다고 정비계획의 입안권자가 인정하는 것, ③ 셋 이상의 아파트 또는 연립주택이 밀집되어 있는 지역으로서 안전진단 실시 결과 전체 주택의 3분의 2 이상이 재건축이 필요하다는 판정을 받은 지역의 잔여 건축물, ④ 정비계획의 입안권자가 진입도로 등 기반시설 설치를 위하여 불가피하게 정비구역에 포함된 것으로 인정하는 건축물, ⑤ 시설물안전법 제2조 제1호의 시설물로서 같은 법 제16조에 따라 지정받은 안전등급이 D(미흡) 또는 E(불량)인 건축물인 경우에는 안전진단 대상에서 제외할 수 있다(법 제12조 제3항 단서, 법 시행령 10조 제3항).

특히 위 ⑤의 경우 법 시행령이 2018. 5. 8. 대통령령 제28873호로 개정되면서 신설되었는데, 이로써 종래 이미 시설물안전법 제2조 제1호의 시설물로서 같은 법 제16조에 따라 지정받은 안전등급이 D(미흡) 또는 E(불량)인 안전상의 문제가 명확히 확인된 건축물의 경우에도 반드시 안전진단절차를 거쳐야 하는 불합리가 시정되었다. 이로써 지진 등으로 안전상의 문제가 확인된 건축물의 경우에는 신속한 재건축의 추진이 가능하게 되었다.

2. 시 기

일반적인 주택단지 건축물에 대한 안전진단 시기에 관하여 살펴본다.

가. 원칙(정비계획 수립시기 도래 시)

정비계획의 입안권자는 재건축사업 정비계획의 입안을 위하여 기본계획에서 정해진 정비예정구역별 정비계획의 수립시기가 도래한 때에 안전진단을 실시하여야 한다(법 제12조 제1항). 그 비용은 정비계획 입안권자가 부담한다.

나. 예 외

(1) 사 유

① 정비계획의 입안을 제안하려는 자가 입안을 제안하기 전에 해당 정비예정구역에 위치한 건축물 및 그 부속토지의 소유자 10분의 1 이상의 동의를 받아 안전진단의 실시를 요청하는 경우(법 제12조 제2항 제1호), ② 기본계획상 법정 사유(법 제5조 제2항)에 따라 정비예정구역을 지정하지 아니한 지역에서 재건축사업을 하려는 자가 사업예정구역에 있는 건축물 및 그 부속토지의 소유자 10분의 1 이

상의 동의를 받아 안전진단의 실시를 요청하는 경우(법 제12조 제2항 제2호), ③ 내진성능이 확보되지 아니한 건축물 중 중대한 기능적 결함 또는 부실 설계 · 시공으로 구조적 결함 등이 있는 건축물로서, 건축물을 건축하거나 대수선할 당시 건축법령에 따른 지진에 대한 안전 여부 확인 대상이 아닌 건축물 중 급수 · 배수 · 오수 설비 등의 설비 또는 지붕 · 외벽 등 마감의 노후화나 손상으로 그 기능을 유지하기 곤란할 것으로 우려되는 건축물(법 시행령 제2조 제1항 제1호) 또는 법 제12조 제4항에 따른 안전진단기관이 실시한 안전진단 결과 건축물의 내구성 · 내하력(耐荷力) 등이 같은 조 제5항에 따라 국토교통부장관이 정하여 고시하는 기준에 미치지 못할 것으로 예상되어 구조 안전의 확보가 곤란할 것으로 우려되는 건축물(법 시행령 제2조 제1항 제2호)의 소유자로서 재건축사업을 시행하려는 자가 해당 사업예정구역에 위치한 건축물 및 그 부속토지의 소유자 10분의 1 이상의 동의를 받아 안전진단의 실시를 요청하는 경우(법 제12조 제2항 제3호)에도 안전진단을 실시하여야 한다(법 제12조 제2항, 제2조 제3호 나목, 법 시행령 제2조 제1항). 그 경우 정비계획의 입안권자는 안전진단에 드는 비용을 해당 안전진단의 실시를 요청하는 자에게 부담하게 할 수 있다.

다만, 위 ①항의 경우 정비계획의 입안권자는 안전진단 실시 여부를 결정하기 전에 단계별 정비사업 추진계획 등의 사유로 재건축사업의 시기를 조정할 필요가 있다고 인정하는 경우에는 안전진단의 실시 시기를 조정할 수 있고, 현지조사 등을 통하여 안전진단의 요청이 있는 공동주택이 노후 · 불량건축물에 해당하지 아니함이 명백하다고 인정하는 경우에는 안전진단의 실시가 필요하지 아니하다고 결정할 수 있다(법 시행령 제10조 제1, 2항).

(2) 신청방법

안전진단의 실시를 요청하려는 자는 법 시행규칙 [별지 제1호 서식] '안전진단 요청서'에 법정의 서류를 첨부하여 특별자치시장 · 특별자치도지사 · 시장 · 군수 또는 자치구의 구청장에게 제출하여야 한다(법 시행규칙 제3조 제1항). 해당 정비예정구역에 위치한 건축물 및 그 부속토지의 소유자 10분의 1 이상의 동의에 관한 토지등소유자의 동의자 수 산정 방법, 동의 철회의 방법 및 시기 등에 대하여는 법 시행령 제33조 제1항을 적용한다. 구체적인 토지등소유자의 동의자 수 산정방법 등에 관하여는 조합설립인가에서 자세히 살펴본다. 다만 서면동의서에 서명을 적고, 지장을 날인하는 방법 및 신분증명서사본을 첨부하는 법 제36조 제1항의 법정 동의방법은 필요하지 아니한다.

Ⅲ. 절 차

1. 현지조사

정비계획의 입안권자는 해당 건축물의 구조안전성, 건축마감, 설비노후도 및 주거환경 적합성 등을 심사하여 안전진단 실시여부 등을 결정하기 위하여 현지조사를 실시한다.

가. 표 본

현지조사의 표본은 단지배치, 동별 준공일자·규모·형태 및 세대 유형 등을 고려하여 골고루 분포되게 선정하여야 한다. 현지조사에서 최소한으로 조사해야 할 세대수는 조사 동당 1세대를 기본으로 하되, 단지 당 최소 3세대 이상으로 한다(주택 재건축 판정을 위한 안전진단 기준 2-2-1, 2).

나. 조사대상 및 방법

현지조사는 구조안전성 분야, 건축마감 및 설비노후도 분야, 주거환경 분야의 3개 분야별로 실시한다(위 안전진단 기준 2-3-1). 조사의 평가항목으로는, 구조안전성은 지반상태, 변형상태, 균열상태, 하중상태, 구조체 노후화상태, 구조부재의 변경 상태, 접합부 상태, 부착 모르타르상태 등이 있고, 건축마감 및 설비노후도는 지붕 마감상태, 외벽 마감상태, 계단실 마감상태, 공용창호 상태, 기계설비 시스템의 적정성, 기계설비 장비 및 배관의 노후도, 전기, 통신설비 시스템의 적정성, 전기설비 장비 및 배선의 노후도 등이 있으며, 주거환경은 실제 주거환경, 재난대비, 도시미관 등이 있다. 조사방법은 육안조사와 설계도서 검토 등이 있다(위 안전진단 기준 2-4-1).

다. 절 차

정비계획의 입안권자는 한국건설기술연구원, 국토안전관리원에 현지조사를 의뢰할 수 있다. 이 경우 현지조사를 의뢰받은 기관은 의뢰를 받은 날부터 20일 이내에 조사결과를 정비계획의 입안권자에게 제출하여야 한다(법 시행령 제10조 제5항).

위 조항은 현지조사가 안전진단 실시여부 결정을 좌우하므로 그 전문성, 객관성의 담보를 위하여 법 시행령이 2018. 5. 8. 대통령령 제28873호로 개정되면서 도입되었다.

2. 안전진단 실시 및 평가

가. 안전진단 실시여부 결정

정비계획 입안권자는 현지조사결과를 토대로 안전진단의 실시여부를 결정한다. 안전진단의 실시가 필요하다고 결정한 경우에는 안전진단 시 반드시 포함되어야 할 동, 세대 및 조사부위 등을 지정하여야 하고, 한국건설기술연구원, 시설물안전법 제28조에 따른 안전진단전문기관, 국토안전관리원에 안전진단을 의뢰하여야 한다(법 제12조 제4항, 법 시행령 제10조 제3항).

나. 안전진단 실시 방법

⑴ 안전진단을 의뢰받은 안전진단기관은 안전진단을 실시하여야 한다. 안전진단은 '구조안전성 평가 안전진단'과 '주거환경중심 평가 안전진단'으로 구분하여 시행한다. 구조안전성 평가는 건축물의 구조적 또는 기능적 결함 등을 평가하는 것이고, 주거환경중심 평가는 주거생활의 편리성 및 거주의 쾌적성 등을 종합적으로 평가하는 것이다(법 시행령 제10조 제6항). 구조안전성 평가 안전진단은 구조안전성 분야만을 평가하고, 주거환경중심 평가 안전진단은 '주거환경', '건축 마감 및 설비노후도', '구조안전성', '비용분석' 분야를 평가한다. 평가등급은 A(100~95), B(95~80), C(80~55), D(55~20), E(20~0)이다(위 안전진단 기준 3-1).

⑵ 구조안전성 평가는 기울기 및 침하, 내하력, 내구성으로 나누어 표본을 선정하여 구조안전성을 조사, 평가하여 최종 성능점수를 산정한다. 주거환경중심 평가는 주거환경, 건축마감 및 설비노후도, 비용분석 등 각 분야에 대하여 별도로

평가한다(위 안전진단 기준 3-2).

다. 종합판정

안전진단을 의뢰받아 안전진단을 실시한 안전진단기관은 국토교통부령으로 정하는 방법 및 절차에 따라 안전진단 결과보고서를 작성하여 정비계획의 입안권자 및 제2항에 따라 안전진단의 실시를 요청한 자에게 제출하여야 한다(법 제12조 제5항). 안전진단 결과보고서를 거짓으로 작성한 자는 법 제137조 제1호에 의하여 2년 이하의 징역 또는 2천만 원 이하의 벌금이라는 형사처벌을 받게 된다.

(1) 점수합산 방법

가중치를 구조안정성 0.5, 건축마감 및 설비노후도 0.25, 주거환경 0.15, 비용분석 0.10로 하여 각각의 점수에 가중치를 곱하여 산출된 최종 점수를 합산한다(위 안전진단 기준 3-6-1). '주택 재건축 판정을 위한 안전진단 기준'이 2018. 3. 5. 국토교통부 고시 제2018-141호로 개정되기 이전에는 가중치가 구조안정성 평가 0.2, 건축마감 및 설비노후도 평가 0.3, 주거환경 0.4 등으로 안전진단 기준이 주거생활의 편리성 및 거주의 쾌적성에 중점을 두었던 관계로 구조적으로 안전함에도 불구하고 재건축사업이 추진되어 사회적 자원이 낭비된다는 우려가 제기 되었으나, 위 개정으로 그와 같은 우려는 상당 부분 불식되었다.

(2) 판정내용

(가) 재건축 또는 조건부 재건축 가능판정

가중하여 산출된 점수에 따라 유지보수(55 초과 A~C), 조건부 재건축(30 초과 55 이하, D), 재건축(30 이하, D 또는 E)으로 판정한다(주택 재건축 판정을 위한 안전진단 기준 3-6-2). 다만 주거환경 또는 구조안전성 분야의 성능점수가 20점 이하의 경우에는 그 밖의 분야에 대한 평가를 하지 않고 '재건축'으로 판정한다.[3] 재건축 판정은 원칙적으로 정비계획 입안대상이 될 수 있음을 의미한다.

---

3) 비록 주택 재건축 판정을 위한 안전진단 기준이 2018. 3. 5. 개정되어 구조안전성 평가부분 비중이 강화되고, 주거환경중심 평가부분 비중이 약화되었으나, 주거환경중심 평가부분 중 충간소음, 주차장부분 등과 관련한 주거환경에 대한 평가결과 E등급을 받은 경우에는 곧바로 재건축 판정을 하도록 함으로써 주거환경이 극히 열악한 경우에는 다른 조건과 무관하게 재건축이 가능하도록 하였다(위 안전진단기준 3-1-3).

다만 조건부 재건축은 붕괴 우려 등 구조적 결함은 없어 재건축 필요성이 명확하지 않은 경우로서, 안전진단 결과보고서에 대한 공공기관의 적정성 검토를 거쳐 정비계획의 입안권자가 재건축 여부를 판정하는 것을 말한다(한국시설안전공단 등 공공기관이 안전진단을 실시하여 공적판단을 받은 경우에는 적정성 검토 없이 재건축을 실시할 수 있다). 특히 조건부 재건축의 경우 정비계획의 입안권자는 주택시장, 지역여건 등을 고려하여 재건축 시기를 조정할 수 있다(위 안전진단 기준 1-4-4).

⒜ 재건축 불가능판정

유지보수 판정은 정비계획 입안대상에서 제외되고 당해 공동주택은 일상적인 유지관리 및 보수를 수행하여야 하며, 추후 재건축을 추진하기 위해서는 다시 안전진단 등을 받아 재건축 또는 조건부 재건축 판정을 받아야 한다. 당사자는 유지보수 판정에 대하여는 쟁송으로 이를 다툴 수 있으나, 전문성을 가진 안전진단기관의 판정이어서 위법성을 증명하기 용이하지 않을 것으로 보인다.

Ⅳ. 효　과

1. 정비계획 입안결정의 자료

정비계획의 입안권자는 안전진단기관이 제출한 안전진단의 결과와 도시계획 및 지역여건 등을 종합적으로 검토하여 정비계획의 입안 여부를 결정하여야 하고, 정비계획의 입안 여부를 결정한 경우에는 지체 없이 특별시장·광역시장·도지사에게 결정내용과 해당 안전진단 결과보고서를 제출하여야 한다(법 제12조 제6항, 제13조 제1항).

2. 안전진단결과 검증 및 그 효과

특별시장·광역시장·특별자치시장·도지사·특별자치도지사는 필요한 경우 전문기관에 안전진단 결과의 적정성에 대한 검토를 의뢰할 수 있고, 국토교통부장관도 시·도지사에게 안전진단 결과보고서의 제출을 요청할 수 있으며, 필요한 경우 시·도지사에게 안전진단 결과의 적정성에 대한 검토를 요청할 수 있다(법 제13조 제2, 3항, 법 시행령 제11조, 위 안전진단기준 1-3-4, 5). 시·도지사는 전문기관에 의뢰한 검토결과에 따라 정비계획의 입안권자에게 정비계획 입안결정의 취소 등 필요한 조치를 요청할 수 있으며, 정비계획의 입안권자는 특별한 사유가 없으면 그 요청에 따라야 한다. 다만, 특별자치시장 및 특별자치도지사는 직접 정비계획의 입안결정의 취소 등 필요한 조치를 할 수도 있다(법 제13조 제4항).

V. 재실시

시장·군수등은 정비구역이 지정·고시된 날부터 10년이 되는 날까지 사업시행계획인가를 받지 아니하고 재난안전법 제27조 제1항에 따라 재난이 발생할 위험이 높거나 재난예방을 위하여 계속적으로 관리할 필요가 있다고 인정하여 특정관리대상지역으로 지정하는 경우(제1호), 시설물안전법 제12조 제2항에 따라 재해 및 재난 예방과 시설물의 안전성 확보 등을 위하여 정밀안전진단을 실시하는 경우(제2호), 공동주택관리법 제37조 제3항에 따라 공동주택의 구조안전에 중대한 하자가 있다고 인정하여 안전진단을 실시하는 경우(제3호) 중 어느 하나에 해당하는 경우에는 안전진단을 다시 실시하여야 한다(법 제131조).

제3장 정비구역 지정 및 정비계획 결정

제1절 정비구역 지정 및 정비계획 결정 일반론

I. 의 의

정비구역이란 행정청이 정비사업을 계획적으로 시행하기 위하여 노후·불량건축물이 밀집하는 등 법정의 요건에 해당하는 토지에 대하여 특별히 지정·고시한 구역을 의미한다.

행정청이 정비사업의 대상지역을 확정하는 행위를 정비구역 지정이라고 한다. 행정청의 정비구역 지정에는 정비사업의 내용이 포함되어 있지 않고 단지 대상지역의 구역과 면적만을 확정할 뿐이다. 따라서 당해 정비구역을 계획적이고 체계적으로 정비하기 위하여 해당 구역과 주변지역이 상호 유기적이며 효율적으로 정비될 수 있는 체계를 확립하고, 정비구역의 토지이용 및 기반시설의 설치, 개발밀도 설정 등에 관한 사항을 구체화하는 법정의 행정계획이 필요한데, 이것이 정비구역의 지정에 부가하여 이루어지는 정비계획이다.

정비구역의 지정과 정비계획결정은 결합하여 함께 이루어진다.[4] 정비계획은 상

---

4) 도시재정비법에서 재정비촉진지구의 지정이나 변경은 구체적인 재정비촉진계획의 수립 및 결정의 전 단계에서 광역적으로 행하는 행정계획의 일종인 점에서 도시정비법과 차이가 있다.
　재정비촉진지구를 지정하거나 변경하는 단계에서 재정비촉진계획의 결정에서 정하도록 되어 있는 주택재개발사업 등 개별법에서 정한 재정비촉진사업의 구체적인 요건까지 충족하여야 한다거나 그 요건을 충족하지 않았다고 하여 곧바로 재정비촉진지구의 지정이나 변경 자체가 위법하다고 볼 수는 없다. 따라서 도시정비법령에서 정한 '노후·불량건축물'에 관한 요건을 갖추지 못한 하자가 있다고 하더라도, 그러한 사정만으로 재정비촉진계획의 전 단계에서 이루어진 재정비촉진지구 지정처분이 위법하게 되는 것은 아니다, 설령 재정비촉진지구의 지정이 재정비촉진계획의 결정과 함께 이루어지고 위 재정비촉진계획의 결정에 도시정비법령 등 개별법에서 정한 재정비촉진사업의 구체적인 요건을 갖추지 못한 하자가 있다고 하더라도 마찬가지이다(대법원 2012. 11. 29. 선고 2011두 28837 판결).

위 계획인 기본계획에 적합한 범위 안에서 수립되어야 하고, 당해 정비구역의 토지·건축물, 기반시설 등 물리적 현황 및 사회·경제·문화 등 비물리적 현황을 면밀히 분석하여 장래의 개발수요에 효과적으로 대응하고 정비사업이 합리성과 효율성에 기반하여 구체적으로 집행될 수 있도록 작성되어야 한다(도시·주거환경 정비계획 수립 지침 1-2-3).

Ⅱ. 법적 성격

자치구의 구청장 또는 광역시의 군수는 정비계획을 입안하여 특별시장·광역시장에게 정비구역 지정을 신청하고, 특별시장·광역시장, 특별자치시장, 특별자치도지사, 시장·군수가 정비구역을 지정하고, 정비계획을 수립한다(법 제8조 제1항, 제5항). 정비계획은 국토계획법상의 도시·군기본계획 및 앞서 본 정비기본계획의 하위계획이므로, 행정청은 위 상위계획에 따라 정비구역을 지정하고, 위 상위계획이 제시한 방향, 기본원칙 및 개발지침에 부합하는 내용으로 정비계획을 수립하여야 한다. 정비계획결정 및 정비구역의 (변경)지정은 국토계획법상의 도시관리계획에 해당하는 것으로서[국토계획법 제2조 제4호 (라)목에 따른 도시·군관리계획 결정조서가 작성되어진다, 법 시행규칙 제4조 제3호], 법 제19조에 규정한 바와 같은 행위제한 등의 효과가 발생하여 국민의 권리·의무에 영향을 미치게 된다. 따라서 이는 구속적 행정계획으로 항고소송의 대상인 행정청이 행하는 구체적 사실에 관한 법집행으로서의 공권력의 행사 또는 그 거부와 그 밖에 이에 준하는 행정작용으로서의 처분에 해당한다.

Ⅲ. 계획재량

1. 계획재량

정비구역의 지정 및 정비계획의 결정과 관련하여 도시정비법 등 관계 법령에는 추상적인 행정목표, 절차 및 내용만이 규정되어 있을 뿐, 행정계획의 구체적 내용에 대하여는 별다른 규정을 두고 있지 않다. 따라서 행정청은 구체적인 행정계획을 입안·결정함에 있어서 비교적 광범위한 형성의 자유를 가진다. 판례도 주택재개발구역의 지정은 관계 행정청이 도시기능 회복의 필요성이나 불량한 주거 환경의 정비 및 효율적 개량을 위한 도시정책상의 전문적 · 기술적 판단을 기초로 하는 것으로서 법령의 범위 내에서 행정청에게 일정한 재량이 인정된다고 판시하고 있다.[5]

다만 그와 같은 형성의 자유에는 당해 행정계획에 관련되는 자들의 이익을 공익과 사익 사이에서는 물론이고 공익 상호간과 사익 상호간에도 정당하게 비교교량 하여야 한다는 제한이 있으므로, 행정청이 정비계획을 입안 · 결정함에 있어서 이익형량을 전혀 행하지 아니하거나 이익형량의 고려 대상에 마땅히 포함시켜야 할 사항을 누락한 경우 또는 이익형량을 하였으나 정당성과 객관성이 결여된 경우에는 그와 같은 정비계획은 형량에 흠이 있어 위법하게 된다.

2. 재량의 범위와 관련한 판례

가. 정비구역지정신청의 하자와 정비구역지정결정의 위법성

추진위원회는 정비구역 지정 · 고시 이후에야 구성이 가능한바, 정비구역 지정 · 고시 이전에 구성된 위법한 추진위원회가 정비구역 지정신청을 제안하거나 추진위원회가 토지등소유자의 동의 없이 정비구역 지정신청을 제안하였다 하더라도, 정비구역지정처분은 적법한 권한을 가진 구청장 등의 신청에 의한 것이지 추진위원회의 신청에 의한 것이 아니므로 정비구역지정처분에 앞서 구청장에게 추진위원회가 정비구역지정에 관한 제안을 하였다는 사정만으로 정비구역지정처분에 어떠한 하자가 있다고 할 수 없다.[6]

나. 정비계획 수립과정상의 하자와 정비계획결정의 위법성

정비구역 내에 종교시설이 존재하는 경우, 정비계획에서 그와 같은 종교시설에 대하여 종교부지를 분양하는 내용의 정비계획이 마련되는 경우가 있다. 정비계획을 수립하는 경우 지방 도시계획위원회의 심의를 거치는데, 최초에는 서울시 도시 · 건축공동위원회가 종교부지를 정비구역 북동쪽 모서리로 이전할 것을 조건으로 정비계획안을 가결하였으나, 사업시행자인 조합이 교회가 종교부지를 남측에

---

5) 대법원 2012. 6. 18. 선고 2010두16592 전원합의체 판결.
6) 대법원 2013. 2. 28. 선고 2011두10911 판결.

배치해 줄 것을 요구한다는 거짓 의견을 위 위원회에 제출하였고, 이를 바탕으로 이루어진 도시·건축공동위원회의 재심의를 거쳐 서울시장이 종교부지를 정비구역의 남측에 위치하는 내용으로 정비계획을 고시한 사안에서, 판례는 조합 측이 제출한 의견이 거짓이라 하더라도, 정비계획의 수립권한은 서울시장에게 있고 매우 광범위한 계획재량이 인정되는 점, 서울시장이 정비계획을 수립하는 과정에서 14일 이상 주민에게 공람하고 지방의회의 의견을 듣는 절차를 거친 점, 지방도시계획위원회 등의 심의를 거친다 하더라도, 그와 같은 심의에 구속되는 것은 아닌 점 등을 종합하여, 조합이 거짓 의견을 제출한 것만으로 정비계획의 수립 및 정비구역의 지정에 어떠한 하자가 있다고 볼 수 없다고 판시하였다.[7]

제2절 정비구역 지정 및 정비계획 결정의 요건

Ⅰ. 총 설

주택정비형 재개발사업은 정비기반시설이 열악하고 노후·불량건축물이 밀집한 지역에서 주거환경을 개선하는 등의 사업이고(도시정비형 재개발사업도 노후·불량건축물이 밀집한 지역임을 전제로 한다), 재건축사업은 정비기반시설은 양호하나 노후·불량건축물에 해당하는 공동주택이 밀집한 지역에서 주거환경을 개선하기 위한 사업이다.

재개발사업 정비계획의 입안대상지역으로 노후·불량건축물의 수가 전체 건축물의 수의 3분의 2(시·도조례로 비율의 10% 포인트 범위에서 증감할 수 있다) 이상인 지역으로서, 과소필지가 법정 비율이상이거나 노후·불량건축물의 연면적의 합계가 전체 건축물의 연면적의 합계의 3분의 2 이상 등 법 시행령 [별표 1] 제2호 각 목에서 규정한 사유 중 어느 하나에 해당하는 지역이어야 하고, 재건축사업 정비계획의 입안대상지역으로는 노후·불량건축물로서 기존 세대수가 200세대 이상이거나 그 부지면적이 1만㎡ 이상인 지역 등 법 시행령 [별표 1] 제3호 각 목에서 규정한 사유 중 어느 하나에 해당하는 지역이어야 한다.

---

7) 서울행정법원 2016. 9. 23. 선고 2015구합81379 판결(확정).

정비구역 지정 및 정비계획 결정의 요건으로서 재개발 · 재건축사업 모두 노후 · 불량건축물임을 전제로 하므로 이를 자세히 살펴보고, 나머지 요건들은 재개발사업과 재건축사업으로 나누어 살펴본다.

Ⅱ. 노후 · 불량건축물

1. 규 정

노후 · 불량건축물은 다음과 같다.

가. 개별 규정

(1) 건축물이 훼손되거나 일부가 멸실되어 붕괴, 그 밖의 안전사고의 우려가 있는 건축물[법 제2조 제3호 (가)목]

(2) 내진성능이 확보되지 아니한 건축물 중 중대한 기능적 결함 또는 부실 설계 · 시공으로 구조적 결함 등이 있는 건축물로서, 건축물을 건축하거나 대수선할 당시 건축법령에 따른 지진에 대한 안전 여부 확인 대상이 아닌 건축물 중 급수 · 배수 · 오수 설비 등의 설비 또는 지붕 · 외벽 등 마감의 노후화나 손상으로 그 기능을 유지하기 곤란할 것으로 우려되는 건축물 또는 법 제12조 제4항에 따른 안전진단기관이 실시한 안전진단 결과 건축물의 내구성 · 내하력(耐荷力) 등이 같은 조 제5항에 따라 국토교통부장관이 정하여 고시하는 기준에 미치지 못할 것으로 예상되어 구조 안전의 확보가 곤란할 것으로 우려되는 건축물[법 제2조 제3호 (나)목, 법 시행령 제2조 제1항]

(3) 주변 토지의 이용 상황 등에 비추어 주거환경이 불량한 곳에 위치하고, 건축물을 철거하고 새로운 건축물을 건설하는 경우 건설에 드는 비용과 비교하여 효용의 현저한 증가가 예상되는 건축물로서, 특별시 · 광역시 · 특별자치시 · 도 · 특별자치도 또는 지방자치법 제175조에 따른 서울특별시 · 광역시 및 특별자치시를 제외한 인구 50만 이상 대도시의 조례로 정하는 건축물[법 제2조 제3호 (다)목, 구체적으로는 건축법 제57조 제1항에 따라 해당 지방자치단체의 조례로 정하는 면적에 미치지 못하거나[8] 국토계획법상의 도시 · 군계획시설 등의 설치로 인하여 효용을 다할

---

8) 건축대지로서 효용을 다할 수 없는 과소필지 안의 건축물[건축물이 있는 대지는 대통령령으로 정하

수 없게 된 대지에 있는 건축물(제1호), 공장의 매연·소음 등으로 인하여 위해를 초래할 우려가 있는 지역에 있는 건축물(제2호), 해당 건축물을 준공일 기준으로 40년까지 사용하기 위하여 보수·보강하는 데 드는 비용이 철거 후 새로운 건축물을 건설하는 데 드는 비용보다 클 것으로 예상되는 건축물(제3호) 중 어느 하나에 해당하는 건축물을 의미한다(법 시행령 제2조 제2항, 서울시 조례 제4조 제2항)]

(4) 도시미관을 저해하는 건축물로서 국토계획법상 도시·군기본계획의 경관에 관한 사항에 어긋나는 건축물[법 제2조 제3호 (라)목 전단, 법 시행령 제2조 제3항 제2호]

나. 일반 규정

노후화된 건축물은 준공된 후 20년 이상 30년 이하의 범위에서 시·도조례로 정하는 기간이 지난 건축물이다[법 제2조 제3호 (라)목 후단, 법 시행령 제2조 제3항 제1호]. 공동주택 중 철근콘크리트·철골콘크리트·철골철근콘크리트 및 강구조인 공동주택은 아래 서울시 조례 [별표 1]에 따른 기간이고[서울시 조례 제4조 제1항 제1호 (가)목], 위 (가)목 이외의 공동주택은 20년이다[서울시 조례 제4조 제1항 제1호 (나)목].

한편, 공동주택 이외의 건축물 중 철근콘크리트·철골콘크리트·철골철근콘크리트 및 강구조 건축물(건축법 시행령 별표 1 제1호에 따른 단독주택을 제외한다)은 30년이고[서울시 조례 제4조 제1항 제2호 (가)목], (가)목 이외의 건축물은 20년이다[서울시 조례 제4조 제1항 제2호 (나)목].

는 범위(주거지역은 60㎡, 상업지역은 150㎡, 공업지역은 150㎡, 녹지지역은 200㎡ 내이다, 건축법 시행령 제80조)에서 해당 지방자치단체의 조례로 정하는 면적에 못 미치게 분할할 수 없는데(건축법 제57조 제1항), 서울시 건축조례는 주거지역은 90㎡, 상업지역은 150㎡, 공업지역 및 녹지지역은 각 200㎡로 규정하고 있다]로서 2009. 8. 11. 전에 건축된 건축물을 말한다(서울시 조례 제4조 제2항).

표 **2-1** 서울시 조례 [별표 1] 철근콘크리트·철골콘크리트·철골철근콘크리트 및 강구조 공동주택의 노후·불량건축물 기준(제4조 제1항 제1호 관련)

준공년도 \ 구분	5층 이상 건축물	4층 이하 건축물
1981. 12. 31. 이전	20년	20년
1982	22년	21년
1983	24년	22년
1984	26년	23년
1985	28년	24년
1986		25년
1987		26년
1988	30년	27년
1989		28년
1990		29년
1991. 1. 1. 이후		30년

2. 규정의 해석

가. 문제의 소재

실무상으로 노후·불량건축물의 해당 여부는 주로 일반 규정의 충족여부가 문제된다. 현행 법 제2조 제3호 (라)목 후단, 법 시행령 제2조 제3항 제1호의 노후화된 건축물로서 '준공된 후 20년 이상 30년 이하의 범위에서 시·도조례로 정하는 기간이 지난 건축물'이라는 일반 조항과 관련하여 '노후화'에 대한 구체적 개념 정의 규정이 없고, 위 조항으로부터 수권 받은 서울시 조례가 기간만을 규정하고 있으므로, 형식적으로 볼 때 서울시 조례가 정한 법정 기간이 경과된 건축물은 노후·불량건축물로 해석되어야 한다.

그러나 이는 다음에서 살펴볼 대법원 2012. 6. 18. 선고 2010두16592 전원합의체 판결과 배치되는 해석이므로, 그 타당성을 논증하기 위하여 도시정비법의 규정 내용 및 2회에 걸친 개정 이전의 내용까지 종합적으로 검토한다.

나. 연혁규정과 판례의 내용

(1) 2012. 2. 1. 법률 제11293호로 개정되기 전

(가) 규정의 내용

법이 2012. 2. 1. 법률 제11293호로 개정되기 전의 도시정비법 제2조 제3호는 노후·불량건축물에 관한 일반조항으로 "건축물의 기능적 결함, 부실시공 또는 노후화로 인한 구조적 결함 등으로 인하여 철거가 불가피한 건축물로서 대통령령으로 정하는 바에 따라 시·도 조례로 정하는 건축물"라고 규정하고 있었다. 이와 관련한 당시 법 시행령 규정은 현재의 법 시행령 제2조 제3항과 유사하고(상한을 규정하고 있지 않을 뿐이다), 당시의 서울시 조례 [별표 1]은 현행의 규정과 유사하다.[9]

위 규정의 해석상 노후·불량건축물이란 준공된 때로부터 법정의 기간이 경과되었을 뿐만 아니라 노후화로 인한 구조적 결함 및 그로 인하여 철거가 불가피하다는 것이 반드시 요건으로 필요하다 할 것이다.

(나) 판례

판례도 '건축물의 노후화로 인한 구조적 결함 등으로 인하여 철거가 불가피한 건축물로서 대통령령으로 정하는 바에 따라 시·도 조례로 정하는 건축물'이란, 준공된 후 20년 등이 지난 건축물로서 그로 인하여 건축물이 노후화되고 구조적 결함 등이 발생하여 철거가 불가피한 건축물을 의미하고, '준공된 후 20년 등'과 같은 일정기간의 경과는 철거가 불가피한 노후·불량건축물에 해당하는지를 판단할 때 징표가 되는 여러 기준의 하나로서 제시된 것에 불과하다고 판시하였다.[10]

(2) 2017. 2. 8. 법률 제14567호로 전부개정되기 전 규정

법이 2017. 2. 8. 법률 제14567호로 전부개정되기 전의 법 제2조 제3호는 노

---

9) 조례는 5층 이상 건축물과 4층 이하의 건축물로 구분하여, 2016. 3. 24. 이전까지는 1981. 12. 31. 이전 건물은 일괄하여 20년 이상, 1982년부터 1991년까지는 구체화된 특정 기간 이상, 1992. 2. 1. 이후는 40년(5층 이상 건물), 30년(4층 이하 건물)으로 규정하였으나, 2016. 3. 24. 이후에는 4층 건물 이하의 경우 종전과 동일하게 구체화된 특정한 기간으로 정하되, 5층 이상 건물의 경우는 1986년 이후는 일괄하여 30년, 1981. 12. 31. 이전 건물은 일괄하여 20년, 1982년과 1985년 사이의 건물은 22년 내지 28년의 특정한 기간으로 규정하였다.

10) 대법원 2012. 6. 18. 선고 2010두16592 전원합의체 판결.

후 · 불량건축물에 관한 일반조항으로 "노후화로 인하여 구조적 결함 등이 있는 건축물로서 대통령령으로 정하는 바에 따라 시 · 도조례로 정하는 건축물"이라고 규정하고 있었다. 이와 관련한 당시 법 시행령 규정은 현재의 법 시행령 제2조 제3항과 동일하고, 당시의 서울시 조례 [별표 1]은 현행의 규정과 동일하다. 결국 위 규정의 해석상 노후 · 불량건축물이란 서울시 조례 [별표 1]의 법정 기간의 경과하였다 하더라도, 노후화로 인한 구조적 결함이 반드시 요건으로 필요하다 할 것이다.

(3) 2017. 2. 8. 법률 제14567호로 전부개정된 이후

앞서 본 바와 같이 현행 도시정비법령은 노후 · 불량건축물의 요건으로 준공일로부터 법정기간의 경과만을 규정하고 있을 뿐, 구조적 결함이나 철거의 불가피성은 그 요건에서 삭제된 점, '노후화'에 대한 구체적 개념정의 규정이 없는 점, 재개발사업은 공익성이 중대하고, 재건축 사업은 상대적으로 공익성이 미약하나, 선행적으로 안전진단을 실시하고 그 결과 재건축시행이 가능하여야 정비계획의 수립이 가능한 점, 재개발 · 재건축 사업 모두 노후 · 불량건축물 요건을 충족하더라도, 법 시행령은 [별표 1]로 정비계획의 입안대상지역을 엄격히 제한하고 있는 점 등을 종합하여 보면, 현행 도시정비법령상으로는 앞서 본 서울시 조례 [별표 1]의 법정 기간이 경과된 건축물은 노후 · 불량건축물에 해당한다 할 것이다.

Ⅲ. 재개발 · 재건축사업의 정비계획 입안대상지역 요건

1. 사전조사

특별시장 · 광역시장 · 특별자치시장 · 특별자치도지사 · 시장 · 군수 또는 자치구의 구청장은 정비계획을 입안하는 경우에는 주민 또는 산업의 현황, 토지 및 건축물의 이용과 소유현황, 도시 · 군계획시설 및 정비기반시설의 설치현황, 정비구역 및 주변지역의 교통상황, 토지 및 건축물의 가격과 임대차 현황, 정비사업의 시행계획 및 시행방법 등에 대한 주민의 의견, 그 밖에 시 · 도조례[11]로 정하는 사항

---

11) 서울시 조례 제7조(정비계획 입안 시 조사 · 확인 내용)
　　영 제7조 제2항 제7호에서 "그 밖에 시 · 도조례로 정하는 사항"이란 다음 각 호의 사항을 말한다.
　　1. 거주가구 및 세입자 현황

을 조사하여 법 시행령 제7조 제1항 [별표 1] 정비계획의 입안대상지역의 요건에 적합한지 여부를 확인하여야 하며, 정비계획의 입안 내용을 변경하려는 경우에는 변경내용에 해당하는 사항을 조사·확인하여야 한다(법 시행령 제7조 제2항).

특별시장·광역시장·특별자치시장·특별자치도지사·시장·군수 또는 자치구의 구청장은 사업시행자에게 위 사전조사를 하게 할 수 있다(법 시행령 제7조 제3항).

2. 입안대상지역

가. 재개발사업

재개발사업을 위한 정비계획은 노후·불량건축물의 수가 전체 건축물의 수의 3분의 2(시·도조례로 비율의 10% 포인트 범위에서 증감할 수 있다) 이상인 지역으로서 다음 각 목의 어느 하나에 해당하는 지역에 대하여 입안한다. 이 경우 순환용주택을 건설하기 위하여 필요한 지역을 포함할 수 있다(법 시행령 제7조 제1항 별표 1 제2호).

(개) 정비기반시설의 정비에 따라 토지가 대지로서의 효용을 다할 수 없게 되거나 과소토지(토지면적이 90㎡ 미만인 토지, 서울시 조례 제2조 9호)로 되어 도시의 환경이 현저히 불량하게 될 우려가 있는 지역

(내) 노후·불량건축물의 연면적의 합계가 전체 건축물의 연면적의 합계의 3분의 2(시·도조례로 비율의 10% 포인트 범위에서 증감할 수 있다) 이상이거나 건축물이 과도하게 밀집되어 있어 그 구역 안의 토지의 합리적인 이용과 가치의 증진을 도모하기 곤란한 지역

(대) 인구·산업 등이 과도하게 집중되어 있어 도시기능의 회복을 위하여 토지

---

2. 도시관리계획상 토지이용계획 현황
3. 토지의 용도 소유자·규모별 현황
4. 건축물의 허가유무 및 노후·불량 현황
5. 건축물의 용도, 구조, 규모 및 건축경과(준공) 연도별 현황
6. 정비구역 내 유·무형의 문화유적, 보호수목 현황 및 지역유래
7. 법 제2조 제9호에 따른 토지등소유자의 정비구역 지정에 관한 동의현황(주민제안의 경우에만 해당)
8. 기존 수목의 현황
9. 구역 지정에 대한 주민(토지등소유자 및 세입자)의 의견
10. 토지등소유자의 분양희망 주택규모 및 자금부담 의사
11. 세입자의 임대주택 입주 여부와 입주희망 임대주택 규모
12. 법 제31조 제4항에 따른 추진위원회 구성 단계 생략에 대한 토지등소유자 의견

의 합리적인 이용이 요청되는 지역

㈑ 해당 지역의 최저고도지구의 토지(정비기반시설용지 제외)면적이 전체 토지면적의 50%를 초과하고, 그 최저고도에 미달하는 건축물이 해당 지역 건축물의 바닥면적 합계의 3분의 2 이상인 지역

㈒ 공장의 매연 · 소음 등으로 인접지역에 보건위생상 위해를 초래할 우려가 있는 공업지역 또는 산업집적활성화 및 공장설립에 관한 법률에 따른 도시형공장이나 공해발생정도가 낮은 업종으로 전환하려는 공업지역

㈓ 역세권 등 양호한 기반시설을 갖추고 있어 대중교통 이용이 용이한 지역으로서 주택법 제20조에 따라 토지의 고도이용과 건축물의 복합개발을 통한 주택건설 · 공급이 필요한 지역(법 시행령 제7조 제1항 별표 1 제2호 바목)

㈔ 제1호 (라)목(철거민이 50세대 이상 규모로 정착한 지역이거나 인구가 과도하게 밀집되어 있고 기반시설의 정비가 불량하여 주거환경이 열악하고 그 개선이 시급한 지역) 또는 (마)목(정비기반시설이 현저히 부족하여 재해발생 시 피난 및 구조 활동이 곤란한 지역)에 해당하는 지역

나. 재건축사업

재건축사업을 위한 정비계획은 주거환경개선사업 및 재개발사업의 각 입안대상지역에 해당하지 않는 지역으로서 다음 각 목의 어느 하나에 해당하는 지역에 대하여 입안한다(법 시행령 제7조 제1항 별표 1 제3호).

㈎ 건축물의 일부가 멸실되어 붕괴나 그 밖의 안전사고의 우려가 있는 지역

㈏ 재해 등이 발생할 경우 위해의 우려가 있어 신속히 정비사업을 추진할 필요가 있는 지역

㈐ 노후 · 불량건축물로서 기존 세대수가 200세대 이상이거나 그 부지면적이 1만㎡ 이상인 지역

㈑ 셋 이상의 아파트 또는 연립주택이 밀집되어 있는 지역으로서 안전진단 실시 결과 전체 주택의 3분의 2 이상이 재건축이 필요하다는 판정을 받은 지역으로서 시 · 도조례[1만㎡ 이상을 의미하되, 기존의 개별 주택단지가 1만㎡ 이상인 경우에는 서울시 도시계획위원회 심의를 거쳐 부지의 정형화, 효율적인 기반시설 확보 등을 위하여 필요하다고 인정하는 경우로 한정한다(서울시 조례 제6조 제4항)]로 정하는 면

적 이상인 지역

재건축사업의 경우에는 위 ㈐, ㈑의 요건이 명확하여 입안대상지역 해당여부가 실무상 다투어지지 않는다.

다. 시·도조례 위임

(1) 무허가건축물의 수, 노후·불량건축물의 수, 호수밀도, 토지의 형상 또는 주민의 소득 수준 등 정비계획의 입안대상지역 요건은 앞서 본 요건의 범위에서 시·도조례로 따로 정할 수 있다고 규정하여 구체적인 내용은 조례에 위임하고 있다(법 시행령 제7조 제1항 별표 1 제4호).

㈎ **주택정비형 재개발사업**

서울시 조례 제6조 제1항 제2호는 주택정비형 재개발구역의 정비계획입안과 관련하여 다음과 같이 규정하고 있다. 주택정비형 재개발구역은 원칙적으로 면적이 1만㎡(법 제16조 제1항에 따라 서울시 도시계획위원회 또는 도시재정비법 제5조에 따른 재정비촉진지구에서는 같은 법 제34조에 따른 도시재정비위원회가 심의하여 인정하는 경우에는 5천㎡) 이상으로서 구역의 전체 필지 중 과소필지가 40% 이상인 지역(가목), 주택접도율이 40% 이하인 지역(나목), 호수밀도[12]가 60 이상인 지역(다목) 중 어느 하나에 해당하는 지역이어야 한다(서울시 조례 제6조 제1항 제2호). 구체적인 요건의 해석과 관련하여서는 다음의 쟁점에서 자세히 살펴본다.

㈏ **역세권에서의 도시정비형 재개발사업**

서울시 조례 제6조 제1항 제3호는 역세권에서 입안하는 도시정비형 재개발구역(법 시행령 별표 1 제2호 바목)과 관련하여 다음과 같이 규정하고 있다. 역세권

---

12) '호수밀도'란 건축물이 밀집되어 있는 정도를 나타내는 지표로서 정비구역 면적 1헥타르(ha)당 건축되어 있는 건축물의 동수를 말하고 다음 각 목의 기준에 따라 산정한다(서울시 조례 제1조 제5호).

　가. 공동주택은 독립된 주거생활을 할 수 있는 구조로서 세대수가 가장 많은 층의 소유권이 구분된 1세대를 1동으로 보며, 나머지 층의 세대수는 계상하지 않는다.
　나. 신발생무허가건축물(1989. 1. 24. 이후 건축된 무허가건축물)은 건축물 동수 산정에서 제외한다.
　다. 정비구역의 면적 중 존치되는 공원 또는 사업이 완료된 공원 및 존치되는 학교 면적을 제외한다.
　라. 단독 또는 다가구주택을 건축물 준공 후 다세대주택으로 전환한 경우에는 구분소유등기에도 불구하고 전환 전의 건축물 동수에 따라 산정한다.
　마. 준공업지역에서 정비사업으로 기존 공장의 재배치가 필요한 경우에는 정비구역 면적 중 공장용지 및 공장 건축물은 제외하고 산정한다.
　바. 비주거용건축물은 건축면적당 90㎡를 1동으로 보며, 소수점 이하는 절사하여 산정한다.

은 철도역의 승강장 경계로부터 반경 500m 이내의 지역을 의미하고(다만 전용주
거지역 · 도시자연공원 · 근린공원 · 자연경관지구 및 최고고도지구와 접한 지역, 경관법
제7조에 따른 경관계획상 중점경관관리구역, 구릉지 및 한강축 경관형성기준 적용구역
은 역세권에서 제외하되, 서울시 도시계획위원회 심의를 거쳐 부득이하다고 인정하는 경
우에만 포함된다), 노후 · 불량건축물의 수가 대상지역 건축물 총수의 60% 이상인
지역에 해당한다고 규정하고 있다.

(2) 부지의 정형화, 효율적인 기반시설의 확보 등을 위하여 필요하다고 인정되
는 경우에는 지방도시계획위원회의 심의를 거쳐 제2호(재개발입안대상지역), 제3호
(재건축입안대상지역)의 규정에 해당하는 정비구역의 입안대상지역 면적의 100분의
110 이하의 범위에서 시 · 도조례로 정하는 바에 따라 제2, 3호의 규정에 해당하
지 않는 지역을 포함하여 정비계획을 입안할 수 있다(법 시행령 제7조 제1항 별표
1 제4호). 이와 관련하여 서울시 조례 제6조 제3항은 부지의 정형화, 효율적인 기
반시설의 확보 등을 위하여 필요하다고 인정되는 경우에는 서울시 도시계획위원
회의 심의를 거쳐 정비구역 입안대상지역 면적의 100분의 110 이하까지 정비계획
을 입안할 수 있다고 규정하고 있다.

라. 재개발 · 재건축사업의 공통된 입안대상지역

건축물의 상당수가 붕괴나 그 밖의 안전사고의 우려가 있거나 상습 침수, 홍
수, 산사태, 해일, 토사 또는 제방 붕괴 등으로 재해가 생길 우려가 있는 지역에
대해서는 정비계획을 입안할 수 있다(법 시행령 제7조 제1항 별표 1 제5호).

3. 쟁 점

가. 행정청의 입안대상요건 검토 시 고려할 사항

(1) 행정청은 정비구역을 지정함에 있어 입안대상지역 요건 외에 도시정비법
제4조에 따른 기본계획에 부합하여야 한다(서울시 조례 제6조 제2항).

즉, 정비예정구역 범위 내에서 정비구역이 지정되어야 한다. 정비예정구역 지
정대상은 노후 또는 불량건축물이 밀집되어 주거환경이 불량한 부분으로 한정하
되, 건축물의 연령 · 구조 · 설비에 의한 불량의 정도와 이들 건축물의 과밀정도 ·

상하수도·도로 등 정비기반시설의 설치와 이용상태 및 대지의 규모·안전 등 주거환경의 안전성과 위생상태 및 도시미관 등을 종합적으로 고려하여 지정함은 앞서 본 바이다[기본계획 수립지침 4-2-6 (1)항].

(2) 정비구역에는 원칙적으로 기존 공원이나 녹지를 포함하지 않도록 지정한다. 다만, 공원 또는 녹지의 기능을 회복하거나 그 안의 건축물을 정비하기 위하여 필요한 경우와 토지이용의 증진을 위하여 필요한 경우에는 예외로 한다(서울시 조례 제8조 제2항). 정비기본계획상의 정비예정구역 지정방법과 관련하여서도, 정비예정구역에는 원칙적으로 공원·녹지·나대지를 포함하여서는 아니 되나, 지형여건, 건물의 배치, 토지이용계획의 증진을 위하여 필요한 경우 또는 순환정비방식으로 시행하기 위하여 특히 필요한 경우에는 이를 포함하여 계획할 수 있다[기본계획 수립지침 4-2-6 (2)항].

나. 주택정비형 재개발사업의 경우 정비계획 입안대상요건

(1) 문제의 소재

법 시행령 [별표 1] 제2호가 재개발사업을 위한 정비계획 수립 대상구역 지정요건을 규정하면서 '대지로서의 효용 상실', '과소토지로 도시환경의 현저한 불량', '건축물의 과도 밀집' 등과 같은 추상적 개념을 사용하고 있고, 제4호가 시·도조례에 위 제2호 요건 범위에서 따로 정할 수 있도록 수권규정을 마련해 두고 있으며, 이에 대하여 서울시 조례 제6조 제1항 제2호가 주택정비형 재개발사업에서의 정비계획 입안대상요건에 대하여 자세히 규정하고 있다. 이에 따라 사실상 서울시 조례 규정이 정비계획의 입안요건으로 규율하고 있다. 실무상 서울시 조례 규정이 수권규정의 위임한계를 일탈한 것인지 또는 지정요건을 완화한 것인지 여부가 문제된다.

(2) 판례

서울시 조례 제6조 제1항 제2호의 규정은 법령의 수권 범위 안에서 정비구역 지정요건을 구체화한 것일 뿐, 수권 규정의 위임한계를 일탈하였다거나 그 지정요건을 완화한 것이라 보기 어렵다.[13] 그 논거는 다음과 같다.

---

13) 대법원 2012. 10. 25. 선고 2010두25077 판결.

① 법 시행령 [별표 1] 제2호가 요건으로 추상적 개념을 사용하고 있어 정비계획을 수립하는 관할 행정청이 이를 심사하기 위해서는 구체적 판단기준이 마련될 필요가 있고, 이에 제4호의 위임에 따라 서울시 조례가 판단기준에 관하여 과소필지 등의 비율, 호수밀도 등의 객관적 수치로 구체화하여 규정한 것이다.

② 서울시 조례 제6조 제1항 제2호의 지정요건과 법 시행령 [별표 1] 제2호의 지정요건의 관계를 보면 대체로 전자의 과소필지 등의 비율은 후자의 '도시의 환경이 현저히 불량하게 될 우려가 있는 지역'에 대한 판단기준으로, 전자의 호수밀도는 후자의 '건축물이 과도하게 밀집되어 있어 그 구역 안의 토지의 합리적인 이용과 가치의 증진을 도모하기 곤란한 지역'에 대한 판단기준으로 볼 수 있다.

다. 서울시의 주택정비형 재개발구역의 정비계획입안(서울시 조례 제6조 제1항 제2호) 요건과 관련한 쟁점

원칙적으로 면적이 1만㎡ 이상으로서, 구역의 전체 필지 중 과소필지가 40% 이상인 지역(가목), 주택접도율이 40% 이하인 지역(나목), 호수밀도가 60 이상인 지역(다목) 중 어느 하나에 해당하는 지역이어야 하는데, 각 목의 해석과 관련하여 실무상 다툼이 있다.

⑴ 정비기반시설 정비에 따라 과소토지(90㎡ 미만)가 구역의 전체 필지 중 40% 이상

㈎ 서울시 조례 제6조 제1항 제2호 가목은 '구역의 전체 필지 중 과소필지가 40% 이상인 지역'이라고 규정하고 있으나, 법 시행령 [별표 1] 제2호 (가)목이 '정비기반시설의 정비에 따라 토지가 과소토지로 되어 도시의 환경이 현저히 불량하게 될 우려가 있는 지역'이 요건이다. 따라서 재개발사업의 정비계획 수립대상 구역은 정비기반시설의 정비에 따라 건축 대지로서 효용을 다할 수 없는 과소필지가 과다하게 분포함에 따라 주거환경 등이 열악하여 그 개선이 시급한 지역(구역의 전체 필지 중 과소필지가 40% 이상인 지역)을 의미한다.

㈏ 과소토지(過小土地)가 구역의 전체 필지 중 40% 이상 여부를 판단함에 있어 실무상 여러 가지 논란이 있다. 이에 대하여 살펴본다.

① 현재 정비구역 내에 존재하는 정비기반시설을 포함할 것인지 여부가 문제된다. 적법하게 설치가 완료된 정비기반시설의 경우에는 건축 대지로서의 효용을

고려할 필요가 없고 정비기반시설의 존재 자체로서 주거환경 등이 열악해지는 것도 아니므로, 정비기반시설은 정비사업의 필요성과 무관한 점, 구 서울시 정비조례 시행규칙(2013. 2. 21. 서울특별시 규칙 제3893호로 개정되기 전의 것) [별지 제1호 서식] '정비구역지정(변경) 신청서' 중 과소필지와 관련하여서는 '정비기반시설(도시계획시설로 설치 완료)내 토지는 대상 산정에서 제외함'이라고 명시한 점 등에 비추어 보면, 이미 정비기반시설(도로 등)로 결정되어 실제 도로 등이 설치 완료된 토지에 대하여는 전체 토지 수와 과소필지 수 산정에서 모두 제외되어야 한다.[14)

② 지목이 대지인 토지만을 전제로 판단할 것인지, 사실상 현황이 도로인 토지를 포함할 것인지 여부, 국가 등 공공기관 소유 토지도 포함시킬 것인지 여부가 문제된다. 해당 토지의 지적공부상 용도를 기준으로 할 법령상 아무런 근거가 없으므로, 지목이 대지인 토지만으로 한정할 수 없고, 사실상의 현황이 도로인 토지도 모두 포함되며 국가나 지방자치단체 기타 공공기관 소유 토지도 포함된다 할 것이다(건축을 하고 남은 자투리 토지로서 10㎡ 미만에 해당되는 토지 역시 과소필지 수 산정에서 포함된다).[15)

③ 각 필지별로는 과소필지이나 각 필지 전체 지상에 1동 건축물만이 존재하고 각 필지를 합하면 전체적으로 90㎡를 넘게 되는 토지 또는 3필지 지상에 1동 건축물이 존재하고 그 중 2필지는 각 90㎡를 넘으며 나머지 1필지가 90㎡ 미만인 경우 나머지 1필지 토지도 전체적으로 보아 건축대지로서 효용을 다하고 있다고 보아 위 각 토지들은 모두 과소필지에서 제외되어야 하는지 여부가 문제되나, 이를 인정할 아무런 법적 근거가 없고, 과소필지 여부는 1필지 당 면적을 기준으로 판단하여야 할 것이므로, 위와 같은 토지들도 과소필지에서 제외될 수 없다.[16)

(2) 주택접도율이 40% 이하인 지역

(가) 규정의 해석

주택접도(住宅接道)율이란 폭 4m 이상 도로에 길이 4m 이상 접한 대지의 건축물의 총수를 정비구역 내 건축물 총수로 나눈 비율을 말한다. 다만, 연장 35m 이

---

14) 대법원 2012. 11. 15. 선고 2012두15616 판결.
15) 대법원 2012. 11. 15. 선고 2012두15616 판결.
16) 대법원 2014. 8. 20. 선고 2012두13986 판결, 위 2012두15616 판결(하급심인 서울고등법원 2012. 6. 13. 선고 2011누32647 판결은 위 각 토지들을 과소필지에서 제외하였으나, 이는 과소필지의 요건 등에 관한 법리를 오해한 것임을 명백히 하였다).

상의 막다른 도로의 경우에는 폭 6m로 한다(서울시 조례 제2조 제10호). 위 조례의 규정에 따르면 형식적으로는 폭 4m 이상 도로에 길이 4m 이상 접한 대지의 건축물의 경우에는 모두 이를 충족한 것으로 보아야 한다.

(나) 판례

① 내용

판례는 서울시 조례 제6조 제1항 제2호 (나)목의 주택접도율이 40% 이하인 지역의 의미는 원칙적으로 정비구역 안의 어느 건축물의 대지가 접하고 있는 도로 부분의 너비가 4m 이상이면 그 건축물은 주택접도율 산정의 기준이 되는 건축물에 해당하지만, 예외적으로 그 건축물의 대지가 접하는 도로 부분을 통하여 '정비구역 밖의 너비 4m 이상인 도로'에 이르기까지 '너비가 4m 이상 유지되는 연결 도로'가 전혀 없는 경우에는 주택접도율 산정의 기준이 되는 건축물에 해당하지 않는다고 판시하고 있다.[17]

② 논거

건축법 제44조 제1항은 건축물의 대지는 2m 이상이 도로(자동차만의 통행에 사용되는 도로는 제외한다)에 접하여야 한다고 규정하고 있고, 그 취지는 건축물의 이용자로 하여금 교통상 · 피난상 등의 안전한 상태를 유지하도록 하기 위하여 도로에 접하지 아니하는 토지에는 건축물을 건축하는 행위를 허용하지 않으려는 데에 있다. 주택접도율은 정비기반시설의 부족여부를 판단하기 위한 지표로서 도입된 것인바, 재해발생 시 피난 및 구조 활동이 곤란한 지역이라는 것은 정비기반시설이 현저히 부족한 구체적 징표에 해당하므로, 화재 등 재해가 발생한 경우 긴급차량이 해당 건축물에 접근하여 구조 활동을 할 수 있는지 여부가 접도 여부를 판정하는 데 중요한 고려요소가 되어야 한다. 따라서 예외적으로 그 건축물의 대지가 접하는 도로 부분을 통하여 '정비구역 밖의 너비 4m 이상인 도로'에 이르기까지 '너비가 4m 이상 유지되는 연결 도로'가 전혀 없는 경우에는 주택접도율 산정의 기준이 되는 건축물에 해당하지 않는다.[18]

---

17) 위 2011두22051 판결.
18) 김동국, 구 서울특별시 도시 및 주거환경정비조례 제4조 제1항 제1호 (나)목에 규정된 정비구역 지정의 요건 중 하나인 주택접도율의 의미, 2013. 12. 12.자 대법원 판례해설(제97호 하), 522쪽, 526쪽.

⑶ 호수밀도가 60 이상인 지역

호수(戶數)밀도란 앞서 본 바와 같이 건축물이 밀집되어 있는 정도를 나타내는 지표로서 정비구역 면적 1헥타르(ha)당 건축되어 있는 건축물의 동수를 의미한다.

㈎ 법 시행령의 해당 규정

호수밀도는 재개발사업을 위한 정비계획 수립 대상구역 지정요건인 법 시행령 제7조 제1항 [별표 1] 제2호 ㈏목의 '건축물이 과도하게 밀집되어 있어 그 구역 안의 토지의 합리적인 이용과 가치의 증진을 도모하기 곤란한 지역' 또는 ㈐목 의 '인구 등이 과도하게 집중되어 있고 도시기능의 회복을 위하여 토지의 합리적 인 이용이 요청되는 지역'에 대한 판단기준으로 볼 수 있다.

㈏ 존치되는 공원 등의 정비구역 포함 여부

서울시 조례 제8조 제2항에서 본 바와 같이 기존 공원이나 녹지는 포함되지 않도록 정비구역을 지정하나, 예외적으로 공원 등이 정비구역에 포함되는 경우에 호수밀도를 산정할 때 기존 공원 등의 면적을 포함할 것인지 여부가 문제되나, 이 는 제외되어야 한다. 그 근거는 서울시 조례 제2조 제5호 ㈐목이 호수밀도를 산 정함에 있어 정비구역의 면적 중 '존치되는 공원 또는 사업이 완료된 공원 및 존 치되는 학교면적'을 제외한다고 명문으로 규정하고 있기 때문이다. 공원에는 건축 물을 축조할 수 없으므로 호수밀도를 산정함에 있어 이를 제외함이 타당하다. 만 일 기존 공원 등을 제외하지 않으면 실질적으로 건축이 가능한 기존 공원 등을 제외한 구역에 주택이 밀집되어 있더라도 호수밀도가 낮게 산정되어 해당 구역은 어떤 경우에도 노후·불량주택이 밀집한 지역이 될 수 없다는 불합리가 발생한다.

나아가 판례는 구체적 타당성의 견지에서 서울시 조례 제2조 제5호 ㈐목에 서 정한 '존치되는 공원'이란 기존 공원이 원형 그대로 존치되는 경우뿐만 아니라 그 정비구역 안의 공원 또는 녹지의 기능을 회복하거나 개선하기 위하여 기존 공 원을 대신하여 그와 유사한 기능을 가진 다른 공원을 그 구역 안에 설치하는 경 우도 포함한다고 판시하고 있다.[19]

---

19) 대법원 2013. 12. 12. 선고 2011두22051 판결.

제3절 정비계획의 내용 및 수립(변경)절차

Ⅰ. 정비계획의 내용

1. 개 관

정비계획은 정비계획서, 관련도면 및 부속서류 등으로 구성된다(정비계획 수립지침 2-2-1). 법 제9조, 법 시행령 제8조, 도시·주거환경 정비계획 수립지침(이하 '정비계획 수립지침'이라 한다)이 정비계획의 내용에 관하여 자세히 규정하고 있다. 정비계획의 내용은 앞서 본 기본계획의 내용을 구체화하는 것이고, 추후 사업시행자가 수립할 사업시행계획 내용의 기초가 된다. 여기에는 정비사업의 명칭, 정비구역 및 면적, 정비기반시설 등의 설치계획과 신축건물의 건설계획, 세입자 주거대책, 정비사업시행 예정시기 등 당해 정비사업과 관련한 내용뿐만 아니라 정비사업을 수행함에 따라 파생되는 여러 가지 문제들에 대한 대책 즉, 정비구역 주변의 교육환경 보호에 관한 계획, 환경보전 및 재난방지에 관한 계획, 안전 및 범죄예방에 관한 사항 등까지 모두 포함하고 있다.

한편, 재개발·재건축사업의 정비계획 입안권자는 정비사업으로 건설하는 주택에 대하여 국토교통부장관이 정하여 고시하는 임대주택 및 주택규모별 건설비율 등을 정비계획에 반영할 의무가 있다(법 제10조 제1항). 이는 주택수급의 안정과 저소득 주민의 입주기회 확대를 위한 것으로서, 공공성 및 공익성이 상대적으로 강한 재개발사업에 보다 엄격한 제한이 가해지고 있다. 위 임대주택 및 주택규모별 건설비율은 행정청이 정비계획의 내용 수립에 있어 반드시 준수해야 할 원칙이므로, 먼저 강제되는 임대주택 및 주택규모별 건설비율에 대하여 살펴보고, 정비계획의 내용에 대하여 후술한다.

2. 임대주택 및 주택규모별 건설비율

가. 재개발사업

⑴ 원칙

전체 세대 수의 80% 이상을 85㎡ 이하인 국민주택규모로 건설하여야 한다.

주택 전체 세대 수의 20% 이하를 임대주택(공공임대주택 및 민간임대주택법에 따른 민간임대주택)으로 건설하여야 한다[법 제10조, 제1항 제1호, 법 시행령 제9조 제1항 제2호 (나)목, '정비사업의 임대주택 및 주택규모별 건설비율'(국토교통부 고시) 제4조 제1항 본문, 제3항]. 나아가 전체 임대주택 세대 수의 30% 이상 또는 건설하는 주택 전체 세대 수의 5% 이상을 주거전용면적 40㎡ 이하 규모의 임대주택으로 건설하여야 한다.

다만, 특별시장 등이 정비계획을 입안할 때 관할 구역에서 시행된 재개발사업에서 건설하는 주택 전체 세대수에서 기준일 3개월 전부터 해당 재개발사업을 위한 정비구역 또는 다른 재개발사업을 위한 정비구역에 거주하는 세입자[법 시행령 별표3 제2호 가목 1)에 해당하는 세입자]가 입주하는 임대주택 세대수가 차지하는 비율이 특별시장 등이 정하여 고시하는 임대주택 비율보다 높은 경우 등 관할 구역의 특성상 주택수급안정이 필요한 경우에는 산식[해당 시·도지가가 고시한 임대주택비율+(건설하는 주택 전체 세대 수×10/100)]에 따라 산정한 임대주택 비율 이하의 범위에서 임대주택 비율을 높일 수 있다[법 시행령 제9조 제1항 제2호 (나)목].

(2) 예외

주택단지 전체를 평균 5층 이하로 건설하는 경우에는 전체 세대 수의 80% 이상을 85㎡ 이하인 국민주택규모로 건설할 의무가 면제된다(정비사업의 임대주택 및 주택규모별 건설비율 제4조 제1항 단서). 또한 건설하는 주택 전체 세대수가 200세대 미만인 경우, 도시·군관리계획 상 자연경관지구 및 최고고도지구 내에서 7층 이하의 층수제한을 받게 되는 경우, 일반주거지역 안에서 자연경관·역사문화경관 보호 및 한옥 보존 등을 위하여 7층 이하로 개발계획을 수립한 경우, 항공법 및 군사기지 및 군사시설 보호법의 고도제한에 따라 7층 이하의 층수제한을 받게 되는 경우, 제1종일반주거지역에서 용도지역을 변경하지 않고 개발계획을 수립하는 경우에 있어서는 임대주택 건설의무가 면제된다(정비사업의 임대주택 및 주택규모별 건설비율 제4조 제4항). 그리고 정비구역에서 학교용지를 확보하여야 하는 경우에는 시·도지사가 정하는 바에 따라 임대주택 세대수를 50% 범위 내에서 차감하여 조정할 수 있다. 또한 시, 도지사가 임대주택의 건설비율을 일부 제한하여 공보에 고시하는 경우 그에 따른다 할 것이다(정비사업의 임대주택 및 주택규모별 건설비율 제4조 제5, 6항).

나. 재건축사업

⑴ 국민주택규모 건설의무

⑺ 원칙

전체 세대 수의 60% 이하에 대하여 국민주택규모로 건설하여야 한다(법 시행령 제9조 제1항 제3호).

⑷ 수도권정비계획법상의 과밀억제권역에서의 예외

① 수도권정비계획법 제6조 제1항 제1호에 따른 과밀억제권역에서 시행하는 재건축사업의 사업시행자는 건설하는 주택 전체 세대수의 60% 이상을 85㎡ 이하 규모의 주택으로 건설하여야 한다(정비사업의 임대주택 및 주택규모별 건설비율 제5조 제1항).

② 재건축 조합원에게 분양하는 주택의 주거전용면적의 합이 종전 주택(재건축하기 전의 주택)의 주거전용면적의 합보다 작거나 30%의 범위에서 큰 경우, 조합원 이외의 자에게 분양하는 주택을 모두 85㎡ 이하 규모로 건설하는 경우에는 위 제1항의 규정이 적용되지 아니한다(정비사업의 임대주택 및 주택규모별 건설비율 제5조 제2항).

⑵ 임대주택 건설의무

재건축사업이 재개발사업에 비해 공공성 및 공익성이 상대적으로 약하기 때문에 임대주택 건설의무는 없다.

3. 정비계획서의 내용

법 제9조, 법 시행령 제8조, 서울시 조례 제8조에서 구체적인 내용을 규정하고 있다. 정비계획은 장래 토지이용에 관한 계획 위주로 수립되어야 하므로, 그 중 토지이용에 관한 계획이 가장 중요하다. 이하에서는 위 법령의 구체적인 내용을 정비계획 수립지침에 따라 자세히 살펴본다.

가. 정비사업의 명칭

정비사업의 명칭은 해당 정비구역이 위치한 시·군·구 단위 이하의 행정구역 명을 중심으로 해당 정비구역의 특성, 현재의 단지명 등을 고려하여 다른 정비구역과 구별이 될 수 있도록 정하여야 한다. 정비사업의 명칭에는 사업유형을 알 수 있도록 재개발사업 및 재건축사업을 함께 표기하여야 한다.

나. 정비구역 및 그 면적

정비구역의 위치는 구역을 대표할 수 있는 소재지를 기재하되 시·도, 시·군·구, 읍·면·동, 리 및 대표번지를 기재한다(통상적으로 서울 성북구 삼선동2가 296번지 일대 등으로 기재한다). 정비구역의 면적은 제곱미터(m^2)로 표시한다.

다. 토지이용계획

(1) 정비계획은 장래 토지이용계획을 고려한 용도지역·용도지구 계획을 포함하여 수립한다(택지, 종교용지, 정비기반시설 등으로 표시한다). 토지이용계획은 토지이용의 효율성을 증대하고 도시별·지역별 특성 그리고 현재의 토지이용 상황, 기반시설의 용량과 주변 환경과의 연속성 등을 종합적으로 고려하여 계획하여야 하며 주변 및 연접한 지역의 개발계획이 있을 경우에는 반드시 연계할 수 있도록 계획한다. 정비구역 내 문화재 등 역사적 유물 또는 주요 시설물로 보존가치가 큰 지역이 있을 경우 우선적으로 보존되도록 하고, 문화적·전통적 가치가 높은 한옥 등과 생태적 가치가 높은 지역에 대하여는 보존 또는 활용될 수 있도록 계획한다.

(2) 서울시 조례는 제8조 제2항 제3호로 종교부지, 분양대상 복리시설 부지는 필요한 경우 획지로 분할하고 적정한 진입로를 확보하도록 하여야 한다고 규정하고 있다. 실무상 교회 등 종교시설의 경우 정비사업의 진행과정에서 다툼이 많으므로, 토지이용계획에서 토지 중 일부에 대하여 특정의 종교시설에 대한 부지로 획정하고 있다.

라. 지구단위계획의 내용에 관한 계획

국토계획법 제52조 제1항 각 호의 지구단위계획의 내용에 포함되는 사항이 필요한 경우에는 그와 같은 내용이 정비계획에 포함된다. 다만, 국토계획법 제52조

제1항 각 호의 내용 중 제5호 중 건축물의 배치·형태·색채에 관한 계획, 제6호 중 경관계획과 제8호에 관한 사항은 포함되지 않아야 한다(정비계획 수립지침 2-1-3).

마. 도시·군계획시설의 설치에 관한 계획 및 정비기반시설의 설치계획

도시·군계획시설의 설치에 관한 계획은 도시·군관리계획으로 결정하기 위한 도시·군계획시설 결정(변경)조서 및 시설별 설치계획을 작성한다(일반적으로 도로, 공원 등으로 표시한다). 정비기반시설의 설치계획은 전체적인 정비기반시설 종류에 대한 현황을 총괄로 작성하고 상·하수도, 전력·통신·가스 등의 공급처리시설 계획 위주로 작성한다.

바. 건축물에 관한 계획

⑴ 주택의 규모 및 건설비율

도시정비법령 및 정비사업의 임대주택 및 주택규모별 건설비율(국토교통부 고시)의 각 규정의 내용에 부합하여야 한다.

⑵ 건축물의 주용도·건폐율·용적률·높이에 관한 계획

㈎ 건축물의 주용도

건축물의 주용도라 함은 해당 건축물의 가장 넓은 바닥면적을 차지하는 용도를 말한다(법 시행령 제13조 4항 제6호, 주로는 공동주택 및 부대복리시설로 기재한다). 시장·군수등은 해당 정비구역 내 건축물의 허용용도를 구체적으로 제시하여 사업시행자가 건축물의 주용도를 선택할 수 있도록 한다. 정비구역의 용도지역·지구 등의 특성을 고려하여 적절한 용도를 지정할 수 있으며, 법상 허용되는 용도라 하더라도 입지특성상 계획 목표에 맞지 않는 경우에는 용도를 제한할 수 있다.

서울시 조례 제8조 제2항 제5호는 도시정비형 재개발사업의 경우 정비구역의 특성과 도심부 기능회복을 위하여 복합용도건축계획을 원칙으로 하고 주변의 건축물, 문화재 또는 자연 지형물이 있는 경우에는 주변 경관에 미치는 영향을 최소화할 수 있도록 계획한다고 규정하고 있다.

(내) **건축물의 건폐율, 용적률 및 높이**

① 시장·군수등은 용도지역, 용도지구 등과 해당 정비사업의 유형에 따라 허용할 수 있는 최대치의 건폐율과 용적률의 상한을 제시하여 사업시행자가 허용범위 내에서 건축계획을 수립할 수 있도록 한다[통상적으로는 건폐율 40% 이하, 용적률 222% 이하, 최고층수 18층(53m) 이하 등으로 기재한다].

② 용적률과 관련하여서는 3가지 고려요소가 있다.

ⓐ 정비기반시설의 설치 등이나 정비기반시설 부지제공 시(일부 현금납부 포함) 국토계획법 제52조 제1항 및 제3항(지구단위계획)에 따른 건폐율 및 용적률의 완화가 가능한 경우 이를 고려하여야 한다.

ⓑ 도시정비법 제54조에 따라 사업시행자가 국민주택규모 주택을 건설하여 행정청에 공급하는 경우 조례의 제한을 초과하여 법정상한용적률까지 건축이 가능하므로, 그 경우 법적상한용적률을 정하여야 한다.

ⓒ 재개발사업에서 세입자에게 주거이전비나 영업보상금(휴업, 폐업)을 법정 손실보상 기준 이상으로 지급하거나 세입자에 대한 임대주택이나 임대상가의 추가 건설 등의 추가적인 세입자 손실보상 대책을 수립하는 경우 해당 정비구역에 적용되는 용적률의 100분의 125 이하의 범위에서 용적률을 완화할 수 있으므로(법 제66조), 이 또한 고려하여야 한다. 그러나 현행의 정비계획 수립지침에는 반영되어 있지 않다(정비계획 수립지침 4-8-2).

③ 시장·군수등은 법 제18조 제1항에 따라 정비구역을 둘 이상의 구역으로 분할하는 경우 각각의 구역단위로 계획을 수립할 수 있으며 그 계획에 따라 허용 건폐율 및 용적률을 따로 정할 수 있다. 시장·군수등은 관계법령에 따른 높이의 제한을 제시하여 사업시행자가 허용범위 내에서 건축계획을 수립할 수 있도록 한다.

(3) **건축선에 관한 계획**

시장·군수등은 관계법령에 따라 허용되는 건축선 등을 제시하여 사업시행자가 허용범위 안에서 건축계획을 수립할 수 있도록 한다.

⑷ 기존 건축물의 정비·개량에 관한 계획

정비구역 내 해당 건축물의 철거·개량·보존 또는 존치 여부를 정비계획에 명시하고 향후 사업시행계획서 작성 시 정비 또는 개량하여야 할 범위와 방향을 제시한다. 정비구역 및 인근의 한옥 등 역사적 유물과 전통적 건축물에 대해서는 보존하고, 문화재보호법 등 관련 법령에 적합하게 계획하여야 한다. 이와 관련하여 서울시 조례 제8조 제2항 제2호는 기존건축물의 정비·개량에 관한 계획은 건축물의 경과연수, 용도, 구조, 규모, 입지, 허가유무 및 노후·불량 정도를 고려하여 존치, 개수, 철거 후 신축, 철거이주 등으로 구분하여 계획하도록 한다고 규정하고 있다.

사. 환경보전 및 재난방지에 관한 계획

⑴ 환경보전계획

정비구역에 대한 환경보전계획을 수립함으로써 자원 절약적인 에너지 및 폐기물 처리계획 등이 구축될 수 있도록 한다. 정비구역의 사업시행으로 인해 환경에 미치는 영향을 예측하여 자연환경과 생활환경으로 구분하여 검토하고 이에 대한 대책을 수립한다.

⑵ 재난방지계획

홍수 등 재해에 대한 취약 요인에 관한 검토결과가 포함된다. 수해·지진 등 기존에 발생한 재해의 재난유형 등을 조사하여 방재대책을 수립하기 위한 기초자료로 활용하고, 이를 토대로 수해·지진 등 위기상황에 대처하기 위한 재난방지계획을 수립한다. 저지대는 가급적 자연배수가 되도록 계획하고, 불가피한 경우에는 공원·녹지 지하에 유수지를 확보하고 유수지의 기능이 최대한 발휘되도록 계획하여야 한다.

아. 정비구역 주변의 교육환경 보호에 관한 계획

관할 교육청과 협의하여 건전한 교육목적을 달성할 수 있도록 학교시설 설치 및 교육환경 보호 등과 관련한 계획을 수립한다. 정비구역 주변에 교육시설이 인접하여 설치되어 있는 경우(정비구역으로부터 200m 이내에 교육시설이 설치되어 있는 경우에 한한다) 정비사업 시행으로 인한 일조장애, 통학로 단절 등에 대한 대책을 수립하여 교육환경이 보호되도록 하여야 한다.

자. 세입자 주거대책

시장·군수등은 정비구역 내 세입자에 대한 주거실태조사를 실시하여야 하며 세입자의 재정착 유도를 위해 주택수요 조사를 실시하여 정비계획에 반영하여야 한다. 재개발사업 시행 시 이주하게 되는 세입자를 고려하고, 정비사업 구역 내 세입자를 위한 임대주택건설이 가능한지를 판단한다. 재개발사업 대상구역에 세입자용 임대주택을 건설하기가 곤란한 경우 인근의 임대주택 활용여부 등을 검토하여 해당 재개발사업과 연계하여 추진하는 방안을 고려한다. 세입자용 임대주택을 건설할 경우에는 세입자의 소득수준을 감안하고, 세입자의 주거안정을 위하여 순환정비방식의 시행을 고려한다. 대규모 정비사업이 시행될 경우에는 해당 지역 거주 세입자는 물론 인근지역 임대시장에 미치는 영향이 크므로 주변지역 임대시장 동향 등을 파악하여 정비계획에 반영한다.

차. 정비사업시행 예정시기

정비사업시행 예정시기는 사업시행계획인가 고시일 시점을 의미하며 다음과 같이 표기한다(예: 구역지정 고시가 있는 날로부터 5년 이내). 정비계획을 수립함에 있어 정비사업 시행기간에 특별히 유념하여야 한다(정비계획 수립지침 4-1-1, 4-3-4). 서울시 조례 제8조 제2항 제4호는 정비사업시행 예정시기는 사업시행자별 사업시행계획인가 신청 준비기간을 고려하여 정비구역지정 고시가 있은 날부터 4년 이내의 범위에서 정하여야 한다고 규정하고 있다.

카. 공공지원민간임대주택 공급 또는 주택관리업자에 대한 위탁

정비사업을 통하여 민간임대주택법 제2조 제4호에 따른 공공지원민간임대주택을 공급하거나 민간임대주택법 제2조 제11호에 따른 주택임대관리업자에게 임대할 목적으로 주택을 위탁하려는 경우에는 다음 각 목의 사항을 기재하여야 한다.

다만, (나)목과 (다)목의 사항은 건설하는 주택 전체 세대수에서 공공지원민간임대주택 또는 임대할 목적으로 주택임대관리업자에게 위탁하려는 주택이 차지하는 비율이 100분의 20 이상, 임대기간이 8년 이상의 범위 등에서 대통령령으로 정하는 요건[20]에 해당하는 경우로 한정한다.

㈎ 공공지원민간임대주택 또는 임대관리 위탁주택에 관한 획지별 토지이용 계획

㈏ 주거 · 상업 · 업무 등의 기능을 결합하는 등 복합적인 토지이용을 증진시키기 위하여 필요한 건축물의 용도에 관한 계획

㈐ 국토계획법 제36조 제1항 제1호 (가)목에 따른 주거지역을 세분 또는 변경하는 계획과 용적률에 관한 사항

㈑ 그 밖에 공공지원민간임대주택 또는 임대관리 위탁주택의 원활한 공급 등을 위하여 대통령령[21]으로 정하는 사항

타. 법 제17조 제4항에 따른 현금납부에 관한 사항

정비계획을 통한 토지의 효율적 활용을 위하여 지구단위계획구역에 적용되는 국토계획법 제52조 제3항에 따른 건폐율 · 용적률 등의 완화규정(건축물을 건축하려는 자가 그 대지의 일부에 정비기반시설 등을 설치하는 경우 용적률 완화, 국토계획법 제78조 제4, 6항)은 정비계획에 준용된다. 한편 사업시행자가 정비구역에 있는 대지의 가액 일부에 해당하는 금액을 현금으로 납부한 경우에는 위에서 정한 기반시설의 부지를 제공하거나 공공시설 등을 설치하여 제공한 것으로 보는바, 이와 관련한 현금납부에 관한 사항이 포함되어야 한다.

파. 정비구역의 분할, 통합 또는 결합 지정

정비구역의 지정권자는 정비사업의 효율적인 추진 또는 도시의 경관보호를 위하여 필요하다고 인정하는 경우에는 정비구역을 분할, 통합 또는 결합하여 지정할

---

20) 법 시행령 제8조 제1항은 건설하는 주택 전체 세대수에서 다음 각 호의 주택으로서 임대기간이 8년 이상인 주택이 차지하는 비율의 합계가 100분의 20 이상인 경우를 말한다고 규정하고 있다.
　1. 민간임대주택법 제2조 제4호에 따른 공공지원민간임대주택
　2. 민간임대주택법 제2조 제11호에 따른 주택임대관리업자에게 관리를 위탁하려는 주택
21) 법 시행령 제8조 제2항은 '공공지원민간임대주택 또는 임대관리 위탁주택의 원활한 공급 등을 위하여 대통령령으로 정하는 사항'이란 다음 각 호의 사항을 말하고, 다만, 제2호 및 제3호의 사항은 정비계획에 필요한 경우로 한정한다고 규정하고 있다.
　1. 건설하는 주택 전체 세대수에서 공공지원민간임대주택 또는 임대관리 위탁주택이 차지하는 비율
　2. 공공지원민간임대주택 및 임대관리 위탁주택의 건축물 배치 계획
　3. 주변지역의 여건 등을 고려한 입주예상 가구 특성 및 임대사업 운영방향

수 있는데, 그 경우의 계획수립은 다음과 같다.

정비구역을 분할 또는 결합하여 시행하는 경우에는 정비구역 분할 또는 결합의 사유, 면적, 위치 및 구역 경계의 설정 사유(분할시행의 경우), 사업시행방법, 정비사업시행 예정시기, 법 제18조 제2항에 따라 시·도 조례로 정하는 사항이 정비계획에 반드시 포함되어야 한다.

하. 정비사업의 시행방법

재개발사업의 경우에는 건축물을 건설하여 공급하는 것인지(관리처분방법에 의하는 것인지) 또는 환지로 공급하는 것인지 여부를 표기하여야 하고, 재건축사업은 주택, 부대시설·복리시설 및 오피스텔을 건설하여 공급하는 방법임을 표기한다.

거. 교통 및 동선처리계획

정비구역의 교통처리계획은 도시·군기본계획 및 기본계획 등의 상위계획, 도시·군관리계획, 광역교통계획 등의 교통체계 개선과 관련한 계획을 종합적으로 고려하여야 한다. 정비구역의 도로망계획은 정비사업 시행에 따라 증가되는 교통량과 향후 토지이용변화를 수용하고, 주변지역의 교통량과 도로용량 등 주변 간선교통체계와 연계될 수 있도록 수립하여야 한다. 정비구역을 포함한 인접지역에 대하여는 교통현황을 분석하고 교통상황이 취약한 경우에는 향후 개선방안을 제시한다. 이동과 휴식, 놀이 등의 보행환경을 체계화하고 보행자 안전과 쾌적한 이용을 도모할 수 있는 동선체계가 구축되도록 계획한다. 공동주차장 설치의 활성화가 필요한 경우 인근 주차장 부지나 공원의 지하주차장 부지 등을 검토하여 사업화 방안을 제안할 수 있다.

너. 정비구역 및 주변지역의 주택수급에 관한 사항

시장·군수등은 정비구역 주변의 각종 개발현황 및 주택공급계획을 조사하고 해당 정비사업 시행으로 인한 주택수요 등을 검토하여 주택수급에 관한 종합적인 계획을 수립한다. 주택수급에 관한 검토결과 해당 정비사업 시행으로 인해 주변지역의 전·월세난이 발생할 우려가 있는 경우에는 정비사업시행 예정시기를 조정하여야 한다.

더. 안전 및 범죄예방에 관한 사항

정비계획수립에 있어 각종 범죄 유발가능성이 있는 환경요소를 제거하고 주민의 공동체 의식을 고양하여 인간성을 유지 · 회복시킴으로써 범죄를 예방할 수 있도록 계획하여야 한다. 청소년들이 자연과 더불어 생활할 수 있는 학습 · 놀이 · 운동 및 여가공간을 충분히 확보한다. 건물이나 시설물 등을 배치할 때에는 자연적 감시가 잘 이루어지도록 하고, 건물이나 공원 등의 시설물(식재, 울타리, 표지 등)은 자연적 접근통제가 잘 되도록 하되, 불가피한 경우 CCTV 등의 설치를 고려한다. 이웃과의 공동체 의식을 고취할 수 있도록 각종 공공시설을 공개하여 주민들이 쉽고 편리하게 이용할 수 있도록 계획한다. 주민통행로는 각종 시설의 입지, 버스나 전철이용의 편의성 등을 면밀히 검토하여 계획을 수립하여 인적이 드문 노선이 생기지 않도록 하고, 불가피한 경우에는 방범초소 등을 설치할 수 있는 공지를 마련하고 충분한 조도가 확보되도록 하여야 한다.

러. 그 밖에 정비사업의 원활한 추진을 위하여 시 · 도조례로 정하는 사항 (서울시 조례 제8조)

서울시 조례 제8조 제1항은 그 밖에 정비사업의 원활한 추진을 위하여 가구 또는 획지에 관한 계획, 임대주택의 건설에 관한 계획(자치구청장은 대학 주변지역 및 역세권에 위치한 정비구역에 대해서는 대학생 및 청년에게 공급할 수 있는 임대주택 건설계획을 입안할 수 있다), 환경성 검토결과(국토계획법 제27조 제2항 준용), 기존 수목의 현황 및 활용계획, 인구 및 주택의 수용계획, 구역 내 옛길, 옛물길, 한옥 등 건축자산의 진흥에 관한 법률 제2조의 건축자산 및 한옥 등 역사 · 문화자원의 보전 및 활용계획 등을 포함하도록 규정하고 있다.

Ⅱ. 정비계획의 수립(변경)절차

1. 일반적 수립(변경)절차

정비계획의 수립절차와 변경계획 수립절차는 원칙적으로 동일하다.

가. 기초조사

행정청은 정비계획을 수립하기 위한 기초자료로 활용하기 위해 먼저 기초조사를 행한다. 기초조사는 법령 또는 조례에서 규정하고 있는 정비사업 유형별 구역지정 요건에 해당하는 항목을 조사하여야 한다. 구체적으로는 주민(세입자 포함) 또는 산업(행정구역내 업종 일체)의 현황, 토지 및 건축물의 이용과 소유현황, 도시·군계획시설 및 정비기반시설의 설치현황, 정비구역 및 주변지역의 교통상황, 토지 및 건축물의 가격과 임대차 현황, 정비사업의 시행계획 및 시행방법 등에 대한 주민의 의견, 그 밖에 시·도조례[22]로 정하는 사항을 조사하여야 하며 정비계획의 수립 요건에 적합한지 여부를 확인하여야 한다(법 시행령 제7조 제2항). 기본계획이 수립되어 정비예정구역이 지정되어 있는 지역에 대하여 정비계획을 수립하고자 하는 경우에는 기본계획의 기초조사를 정비계획의 기초조사 자료로 활용할 수 있다(정비계획 수립지침 3-3-2).

나. 정비(변경)계획의 입안

정비계획의 입안절차는 토지등소유자의 입안제안, 정비계획 입안권자의 주민의 견청취 및 정비계획의 입안결정 등의 절차로 진행된다. 특별시장·광역시장·특별자치시장·특별자치도지사·시장·군수 또는 자치구의 구청장은 정비계획입안 대상지역에 대하여 정비계획을 입안할 수 있다. 자치구의 구청장 또는 광역시의 군수는 정비계획 입안권만 가지나, 나머지 행정청은 정비구역지정 및 정비계획결정권자로서, 법 제8조 제4항에 의하여 정비계획 입안제안권도 보유하고 있다.

(1) 토지등소유자 등의 정비(변경)계획 입안 제안

기본계획의 수립과 구별되는 가장 두드러진 절차가 토지등소유자 등의 정비계획 입안제안권이 인정되는 것이다. 입안제안에는 법정사유 및 토지등소유자의 동

---

22) 서울시 조례 제7조는 거주가구 및 세입자 현황, 도시관리계획 상 토지이용계획 현황, 토지의 용도·소유자·규모별 현황, 건축물의 허가유무 및 노후·불량 현황, 건축물의 용도, 구조, 규모 및 건축경과(준공) 연도별 현황, 정비구역 내 유·무형의 문화유적, 보호수목 현황 및 지역유래, 토지등소유자의 정비구역 지정에 관한 동의현황(주민제안의 경우에만 해당), 기존 수목의 현황, 구역 지정에 대한 주민(토지등소유자 및 세입자)의 의견, 토지등소유자의 분양희망 주택규모 및 자금부담 의사, 세입자의 임대주택 입주 여부와 입주희망 임대주택 규모, 추진위원회 구성 단계 생략에 대한 토지등소유자 의견 등을 규정하고 있다.

의가 필요하다.

㈎ 법정사유

기본계획상의 단계별 정비사업 추진계획에서 정한 정비예정구역별 정비계획의 입안시기가 지났음에도 불구하고 정비계획이 입안되지 아니하거나 정비예정구역별 정비계획의 수립시기를 정하고 있지 아니한 경우(제1호), 토지등소유자가 법 제26조 제1항 제7호 및 제8호에 따른 재개발사업·재건축사업의 공공시행자로 토지주택공사등을 사업시행자로 지정 요청하려는 경우(제2호), 대도시가 아닌 시 또는 군으로서 시·도조례로 정하는 경우(제3호), 정비사업을 통하여 공공지원민간임대주택을 공급하거나 임대할 목적으로 주택을 주택임대관리업자에게 위탁하려는 경우로서 법 제9조 제1항 제10호 각 목을 포함하는 정비계획의 입안을 요청하려는 경우(제4호), 법 제26조 제1항 제1호 및 제27조 제1항 제1호에 따라 정비사업을 시행하려는 경우(제5호), 토지등소유자(조합이 설립된 경우에는 조합원을 말한다)가 3분의 2 이상의 동의로 정비계획의 변경을 요청하는 경우(제6호, 다만, 경미한 사항을 변경하는 경우에는 토지등소유자의 동의절차를 거치지 아니한다), 토지등소유자가 공공재개발사업 또는 공공재건축사업을 추진하려는 경우(제7호)에는 토지등소유자(제5호의 경우에는 제26조 제1항 제1호 및 제27조 제1항 제1호에 따라 사업시행자가 되려는 자를 말한다)가 정비계획의 입안권자에게 정비계획의 입안을 제안할 수 있다(법 제14조 제1항).

㈏ 동의요건

토지등소유자가 정비계획의 입안권자에게 정비(변경)계획의 입안을 제안하려는 경우 해당 지역 토지등소유자의 3분의 2 이하 및 토지면적 3분의 2 이하의 범위에서 시·도조례[23]로 정하는 비율 이상의 동의를 받은 후 시·도조례로 정하는 제안서 서식에 정비계획도서, 계획설명서, 그 밖의 필요한 서류를 첨부하여 정비계획의 입안권자에게 제출하여야 한다(법 제14조 제2항, 법 시행령 제12조 제1항).

㈐ 제안 이후의 절차

정비계획의 입안권자는 위 제안이 있는 경우에는 제안일부터 60일 이내에 정

---

23) 서울시 조례 제10조 제1항은 해당 지역 토지등소유자의 60% 이상 및 토지면적의 2분의 1 이상의 동의를 받아야 한다고 규정하고 있다.

비계획에의 반영여부를 제안자에게 통보하여야 한다. 다만, 부득이한 사정이 있는 경우에는 한 차례만 30일을 연장할 수 있다(법 시행령 제12조 제2항).

(2) 정비계획 입안권자의 정비계획안 작성, 서면통보, 주민공람 및 지방의회 의 견청취

(가) 서면통보, 주민설명회 및 주민공람

정비계획의 입안권자는 정비계획안을 작성한 후, 작성된 정비계획안에 대하여 주민에게 서면으로 통보하여야 한다. 그리고 주민설명회를 개최하여야 하고, 30일 이상 주민에게 공람하여 의견을 들어야 하며, 제시된 의견이 타당하다고 인정되면 이를 정비계획에 반영하여야 한다(법 제15조 제1항).

정비계획은 구속적 행정계획으로서 토지등소유자의 권리, 의무에 중대한 영향을 미치므로, 기본계획과는 달리 정비계획 입안권자는 반드시 주민들에게 정비계획안을 서면통보하고 주민설명회를 거쳐야 한다. 입안권자가 정비계획을 주민에게 공람하려는 때에는 미리 공람의 요지 및 장소를 해당 지방자치단체의 공보 및 인터넷에 공고하고, 공람장소에 관계 서류를 갖추어 두어야 하며, 주민은 공람기간 이내에 입안권자에게 서면으로 의견을 제출할 수 있고, 입안권자는 제출된 의견을 심사하여 채택할 필요가 있다고 인정하는 때에는 이를 채택하여 정비계획에 반영하고, 채택하지 아니한 경우에는 의견을 제출한 주민에게 그 사유를 알려주어야 한다(법 시행령 제13조 제1, 2항). 이는 기본계획과 동일하다.

(나) 지방의회 의견청취

공람과 함께 지방의회의 의견을 들어야 한다. 이 경우 지방의회는 정비계획의 입안권자가 정비계획을 통지한 날부터 60일 이내에 의견을 제시하여야 하며, 의견 제시 없이 60일이 지난 경우 이의가 없는 것으로 본다(법 제15조 제2항). 이는 주민들의 대표인 지방의회의 의견청취를 통하여 민주적 정당성을 확보하기 위함이다. 기본계획의 수립에 있어 관할 행정청은 공청회를 개최할 수 있으나, 정비계획의 수립에 있어서는 근거 규정이 존재하지 아니한다.

(다) 정비기반시설 및 국·공유재산의 관리청의 의견 청취

정비계획의 입안권자는 정비기반시설 및 국·공유재산의 귀속 및 처분에 관한 사항이 포함된 정비계획을 입안하려면 미리 해당 정비기반시설 및 국·공유재산의 관리청의 의견을 들어야 한다(법 제15조 제4항).

다. 정비구역의 지정 및 정비(변경)계획결정

(1) 정비구역의 지정 신청 및 정비계획 입안제안

자치구의 구청장 또는 광역시의 군수가 원칙적인 정비계획 입안권자로서 정비구역지정을 신청하게 된다(법 제8조 제5항). 그 경우 정비계획 수립 및 정비구역지정 신청서, 정비구역 지정도서(정비계획서, 관련도면 및 부속서류), 주민설명회 및 주민공람 의견청취 서류, 지방의회 의견서, 관련부서(기관) 협의내용 등을 첨부하여야 한다(정비계획 수립지침 5-1-1).

(2) 정비구역 지정(정비계획 결정)의 법적 성격 및 절차

㈎ 특별시장·광역시장·특별자치시장·특별자치도지사·시장 또는 군수(광역시의 군수는 제외)가 정비구역 지정 및 정비계획을 결정하되, 이는 재량사항이다. 즉, 특별시장 등은 기본계획에 적합한 범위에서 노후·불량건축물이 밀집하는 등 대통령령으로 정하는 정비계획입안대상 구역에 대하여 정비계획을 결정하여 정비구역을 지정(변경지정 포함)할 수 있다(법 제8조 제1항).

㈏ 정비구역의 지정권자는 정비구역을 지정하거나 변경지정하려면 지방도시계획위원회의 심의를 거쳐야 한다(법 제16조 제1항). 다만 경미한 사항의 경우에는 심의를 거치지 아니할 수 있다. 기본계획에 적합한 범위 내에서 정비구역 지정 및 정비계획 결정이 가능하므로, 원칙적으로 선행하여 기본계획이 수립되어 있어야 한다. 다만, 도지사가 대도시가 아닌 시로서 기본계획을 수립할 필요가 없다고 인정하여 기본계획을 수립하지 아니한 경우(법 제4조 제1항 단서), 천재지변, 그 밖의 불가피한 사유로 긴급하게 정비사업을 시행할 필요가 있는 경우로서 시장·군수 등, 토지주택공사등 또는 지정개발자를 사업시행자로 지정하여 정비사업을 시행하려는 경우에는 기본계획을 수립하거나 변경하지 아니하고 정비구역을 지정할 수 있다(법 제8조 제2항).

(3) 정비구역의 지정방법

㈎ 진입로 및 인접지역 지정 가능

정비구역의 지정권자는 정비계획 입안대상 요건을 구비한 구역 외에 정비구역의 진입로 설치를 위하여 필요한 경우에는 진입로 지역과 그 인접지역을 포함하여 정비구역을 지정할 수 있다(법 제8조 제3항). 재개발사업의 경우 순환용주택을 건설하기 위하여 필요한 지역을 포함할 수 있다(법 시행령 제7조 제1항 별표 1 제2호).

㈏ 정비구역의 분할, 통합 및 결합지정

① 정비구역의 분할, 통합 및 결합지정 요건

정비구역의 지정권자는 정비사업의 효율적인 추진 또는 도시의 경관보호를 위하여 필요하다고 인정하는 경우에는 하나의 정비구역을 둘 이상의 정비구역으로 분할, 서로 연접한 정비구역을 하나의 정비구역으로 통합, 서로 연접하지 아니한 둘 이상의 구역 또는 정비구역을 하나의 정비구역으로 결합하는 방법에 따라 정비구역을 지정할 수 있다(법 제18조 제1항).

시장·군수등은 정비구역의 면적이 대규모이거나 효율적인 추진을 위해 단계적으로 개발하는 것이 바람직한 경우, 정비사업을 순차적으로 시행할 필요가 있는 경우 주로 정비구역을 분할하여 지정하고[정비계획 수립지침 4-12-1 (1), (2)항], 도시의 경관보호를 위하여 하나의 정비구역으로 결합하여 시행하는 것이 효율적인 경우에 통합하여 정비구역을 지정한다[정비계획 수립지침 4-12-1 (3)항]. 다만 그 경우에도 각각의 정비구역별로 정비계획 입안대상 요건, 정비계획입안을 위한 절차요건 등 일체의 법정요건을 구비하여야 한다(서울시 조례 제13조 제1항).

② 결합정비구역 지정을 위한 구체적 요건

서로 떨어진 구역을 하나의 정비구역으로 하는 결합정비구역으로 하여 시행하는 정비사업은 이례적이므로, 그 시행방향에 대하여 서울시 조례는 제13조 제2항으로 다음과 같이 규정하고 있다.

즉, 도시경관 또는 문화재 등의 보호가 필요한 낙후한 지역을 토지의 고도이용이 가능한 역세권 지역과 결합하여 정비사업을 시행할 수 있고, 그 경우 도시경관 또는 문화재 등을 보호하기 위하여 토지의 이용이 제한된 지역(저밀관리구역)의 용적률을 토지의 고도이용이 가능한 역세권 지역(고밀개발구역)에 이전하여 개발하여야 하며, 토지이용계획, 건축물의 밀도 및 높이 계획, 정비기반시설계획 등 정비계획은 지역 특성을 고려하여 수립하여야 한다. 서울시 조례는 [별표 2] '결합정비사업의 시행방법 및 절차'에서 이를 상세하게 규정하고 있다.

(4) 효력발생

정비구역의 지정권자는 정비구역을 (변경)지정하거나 정비계획을 (변경)결정한 때에는 정비계획을 포함한 정비구역 지정의 내용을 해당 지방자치단체의 공보에 고시하여야 한다. 이 경우 지형도면 고시 등에 대하여는 토지이용규제 기본법 제8조에 따른다(법 제16조 제2항). 고시 자체에 특별한 규정이 있는 경우를 제외하고는 행정효율 촉진규정 제4조 제3호, 제6조 제3항에 의하여 고시 또는 공고가 있고 난 뒤 5일이 경과한 날부터 효력을 발생한다. 이는 구속적 행정계획으로서, 제소기간은 효력발생일로부터 산정한다. 정비구역의 지정권자는 정비계획을 포함한 정비구역을 지정 · 고시한 때에는 관계 서류를 일반인이 열람할 수 있도록 하여야 한다(법 제16조 제3항).

(5) 보고

정비구역의 지정권자는 정비계획을 포함한 정비구역을 지정 · 고시한 때에는 국토교통부장관에게 그 지정의 내용을 보고하여야 한다(법 제16조 제3항). 정비구역지정권자가 국토교통부장관에게 정비구역의 지정 또는 변경지정사실을 보고함에 있어서는 해당 정비구역과 관련된 도시 · 군계획(도시 · 군기본계획 및 도시 · 군관리계획) 및 기본계획의 주요 내용, 정비계획의 요약, 국토계획법 제2조 제4호에 따른 도시 · 군관리계획 결정조서를 포함하여야 한다(법 시행규칙 제4조).

2. 예외(경미한 사항 변경)

가. 경미한 사항

(1) 정비계획 수립권자가 정비계획의 내용 중 경미한 사항을 변경하는 경우에는 다음에서 보듯이 절차상 특칙이 있다. 따라서 어떠한 사항이 경미한 사항인지 여부가 중요하다.

(2) 법 제15조 제3항의 위임을 받은 법 시행령 제13조 제4항 및 서울시 조례 제11조 제1항은 다음과 같은 사항을 경미한 사항으로 규정하고 있다.

① 정비구역의 면적을 10% 미만의 범위에서 변경하는 경우(법 제18조에 따라

정비구역을 분할, 통합 또는 결합하는 경우를 제외한다)

② 정비기반시설의 위치를 변경하는 경우와 정비기반시설 규모를 10% 미만의 범위에서 변경하는 경우

③ 공동이용시설 설치계획을 변경하는 경우

④ 재난방지에 관한 계획을 변경하는 경우

⑤ 정비사업시행 예정시기를 3년의 범위에서 조정하는 경우

⑥ 건축법 시행령 별표 1 각 호의 용도범위에서 건축물의 주용도를 변경하는 경우(법 시행령 13조 제4항 6호)

⑦ 건축물의 건폐율 또는 용적률을 축소하거나 10% 미만의 범위에서 확대하는 경우

⑧ 건축물의 최고 높이를 변경하는 경우

⑨ 법 제66조(법정 손실보상의 기준 이상으로 세입자에게 주거이전비를 지급하거나 영업의 폐지 또는 휴업에 따른 손실을 보상하는 경우, 법정 손실보상에 더하여 임대주택을 추가로 건설하거나 임대상가를 건설하는 등 추가적인 세입자 손실보상 대책을 수립하여 시행하는 경우 중 어느 하나에 해당하는 경우)에 따라 용적률을 완화하여 변경하는 경우

해당 토지의 국토계획법상의 용도지역이 정한 용적률에 따른 정비계획이 수립된 이후, 사업시행자는 정비구역 내 세입자 현황, 세입자에 대한 법 제66조가 정한 손실보상의 내용이 포함된 손실보상계획을 시장·군수등에게 제출하고, 사전협의하여 용적률의 완화를 적용받을 수 있음을 확인받은 후 사업시행계획서를 작성하게 되고, 그 경우 시장·군수등은 용적률에 대한 정비계획을 변경하게 되는데, 이는 경미한 사항의 변경이다(법 제66조, 법 시행령 제55조).

⑩ 국토계획법 제2조 제3호에 따른 도시·군기본계획, 같은 조 제4호에 따른 도시·군관리계획 또는 기본계획의 변경에 따라 정비계획을 변경하는 경우

⑪ 도시교통정비 촉진법에 따른 교통영향평가 등 관계법령에 의한 심의결과에 따른 변경인 경우

⑫ 정비구역 명칭의 변경

⑬ 도시·군계획시설의 결정·구조 및 설치기준에 관한 규칙 제14조에 따라 도로모퉁이를 잘라내기 위한 정비구역 결정사항의 변경

⑭ 기존건축물의 정비·개량에 관한 계획의 변경

⑮ 정비구역이 접하여 있는 경우(동일한 도시정비형 재개발구역 안에서 시행지구를 분할하여 시행하는 경우의 지구를 포함한다) 상호경계조정을 위한 정비구역 또는 지구 범위의 변경

⑯ 정비구역 또는 지구 범위의 변경이 없는 단순한 착오에 따른 면적 등의 정정을 위한 변경

⑰ 건축물의 주용도·건폐율·용적률 및 높이에 관한 계획의 변경을 수반하지 않는 획지의 변경 또는 도시정비형 재개발구역 안에서 사업시행지구 분할계획

⑱ 법 제10조가 규정한 법정의 임대 주택의 건설비율과 관련하여 국토교통부 장관이 고시하는 임대주택 건설비율 범위에서의 세대수 변경

⑲ 정비계획에서 정한 건축계획의 범위에서 주택건립 세대수를 30% 이내로 증가하는 변경 또는 10% 이내로 축소하는 변경

⑳ 건축법 등 관계 법령의 개정으로 인한 정비계획 변경 또는 건축법 제4조에 따라 구성된 건축위원회 심의결과에 따른 건축계획의 변경

나. 경미한 사항 변경에 있어 절차상 특칙

(1) 정비계획 입안절차 중 일부 생략 가능

정비계획입안 절차 중 정비계획안에 관한 주민들에 대한 서면통보, 주민공람 및 지방의회 의견청취절차는 행정청의 재량으로 생략이 가능하다(법 제15조 제3항).

(2) 자치구청장의 처리 가능

정비구역면적 5% 미만의 변경, 정비기반시설 규모 5% 미만의 변경, 건축물의 최고 높이를 낮게 변경하는 경우, 건축물의 건폐율 또는 용적률을 축소하거나 5% 미만의 범위에서 확대하는 변경 등 일부 경미한 사항 변경의 경우에는 정비계획 입안권자에 불과한 자치구청장이 이를 처리할 수 있다(서울시 조례 제11조 제2항).

제4절 정비구역지정 · 고시 및 정비계획 결정의 효력

Ⅰ. 정비구역지정 · 고시 및 정비계획 결정 전 일부 행위제한

정비구역지정 고시 및 정비계획 결정은 토지등소유자의 재산상 권리 · 의무 등에 구체적이고 직접적인 영향을 미치는 구속적 행정계획으로 지방자치단체의 공보에 고시되어야 효력을 발생하나, 예외적으로 정비계획을 수립하는 단계에서도 구속적 효력이 인정되는 경우가 있다. 즉, 국토교통부장관, 시 · 도지사, 시장 · 군수 또는 구청장은 비경제적인 건축행위 및 투기 수요의 유입을 막기 위하여 정비계획을 수립 중인 지역에 대하여 3년 이내의 기간(1년의 범위에서 한 차례만 연장할 수 있다)을 정하여 건축물의 건축, 토지의 분할 행위를 예외적으로 제한할 수 있다(법 제19조 제7항).

다만, 구속적 행정계획의 효력이 발생하기 전 단계의 행위제한이므로 기본계획을 공람 중인 정비예정구역에 대한 행위제한 절차와 마찬가지로 중앙도시계획위원회 또는 지방도시계획위원회의 심의를 거쳐야 하고, 심의 전에 미리 제한하려는 지역을 관할하는 시장 · 군수등의 의견을 들어야 하며, 제한지역 · 제한사유 · 제한 대상행위 및 제한기간을 미리 관보나 공보에 게재하여야 하고(법 시행령 제16조 제1항 내지 4항), 그 경우 건축물의 건축, 토지의 분할 행위를 하기 위해서는 시장 · 군수등의 허가를 받아야 한다(법 시행령 제16조 제5항). 정비구역지정 이후의 건축물의 건축 등 행위제한 위반과 달리 위 행위제한 위반이 형사처벌의 대상이 아님은 기본계획을 공람 중인 정비예정구역에 대한 행위제한 위반과 동일하다.

Ⅱ. 정비구역지정 · 고시 및 정비계획 결정의 효력

정비구역지정 고시 및 정비계획이 확정되면, 지구단위계획구역 결정 · 고시로 간주되고, 토지등소유자가 확정되며, 건축물의 건축 등의 행위가 제한되는 등 재산권이 제약되고, 지역주택조합 조합원의 모집이 금지되는 등의 효력이 발생한다.

1. 지구단위계획구역 결정·고시 간주

가. 지구단위계획구역 결정 고시

정비구역의 지정 고시가 있는 경우 해당 정비구역 및 정비계획 중 국토계획법상 지구단위계획 내용의 어느 하나에 해당하는 사항은 국토계획법 제50조에 따라 지구단위계획구역 및 지구단위계획으로 결정·고시된 것으로 본다(법 제17조 제1항). 또한 국토계획법에 따른 지구단위계획구역에 대하여 도시정비법상의 정비계획의 내용 사항을 모두 포함한 지구단위계획을 결정·고시하는 경우 해당 지구단위계획구역은 정비구역으로 지정·고시된 것으로 본다(법 제17조 제2항).

지구단위계획이란 도시·군계획 수립 대상지역의 일부에 대하여 토지 이용을 합리화하고 그 기능을 증진시키며 미관을 개선하고 양호한 환경을 확보하며, 그 지역을 체계적·계획적으로 관리하기 위하여 수립하는 도시·군관리계획을 말한다(국토계획법 제2조 제5호). 국토계획법 제52조 제3항은 당해 토지의 용도지역에 따른 건폐율, 용적률 등의 규정은 국토계획법 시행령이 정하는 범위에서 지구단위계획으로 정하는 바에 따라 완화하여 적용할 수 있다고 규정하고 있고, 국토계획법 시행령 제46조 제1항은 도시지역의 지구단위계획구역에서 건축물을 건축하려는 자가 그 대지의 일부를 정비기반시설 또는 공공시설 등의 부지로 제공하거나 정비기반시설 또는 공공시설 등을 설치하여 제공하는 경우에는 그 건축물에 대하여 지구단위계획으로 건폐율·용적률 및 높이제한을 완화하여 적용할 수 있다고 규정하고 있다.

나. 건폐율·용적률 등의 완화규정 준용

정비계획을 통한 토지의 효율적 활용을 위하여 국토계획법 제52조 제3항에 따른 건폐율·용적률 등의 완화규정은 정비계획에 준용한다(법 제17조 제3항). 사업시행자는 정비기반시설 등을 설치하여 제공하거나 그 부지를 제공하는 경우에는 신축 건축물에 대하여 건폐율·용적률 등에 있어 완화된 적용을 받을 수 있다. 특별시장 등 정비계획 결정권자는 사업시행자가 정비기반시설 등을 설치하여 제공하거나 부지를 제공하는 경우 정비계획을 변경하여야 한다. 다만 건축물의 건폐율 또는 용적률을 10% 미만의 범위에서 확대하는 경우에는 경미한 사항의 변경에 해당한다. 한편, 이미 정비기반시설의 설치 등으로 인한 건폐율 및 용적률의 완화를 고려한 최대치의 건폐율과 용적률의 상한을 제시하는 내용으로 정비계획이 수립된 경우에는 정비계획의 변경이 필요하지 아니하다.

다. 정비기반시설 또는 공공시설 대지 제공에 갈음하는 현금납부

도시정비법은 사업시행자가 정비구역에 있는 대지의 가액 일부에 해당하는 금액을 현금으로 납부한 경우에는 공공시설 또는 기반시설의 부지를 제공한 것으로 본다고 규정하고 있다(법 제17조 제4항). 위 규정은 사업성 부족과 복잡한 사업절차로 장기간 정체되고 있는 정비사업장이 증가함에 따라 정비사업의 사업성을 개선하기 위하여 법이 2016. 1. 27. 법률 제13912호로 개정되면서 도입되었다. 사업시행자는 법 제17조 제4항에 따라 현금납부를 하려는 경우에는 토지등소유자(법 제35조에 따라 조합을 설립한 경우에는 조합원을 말한다) 과반수의 동의를 받아야 한다. 이 경우 현금으로 납부하는 토지의 기부면적은 전체 기부면적의 2분의 1을 넘을 수 없다(법 시행령 제14조 제2항). 현금납부액은 시장·군수등이 지정한 둘 이상의 감정평가업자가 해당 기부토지에 대하여 평가한 금액을 산술평균하여 산정한다. 현금납부액 산정기준일은 사업시행계획인가(현금납부에 관한 정비계획이 반영된 최초의 사업시행계획인가를 말한다) 고시일로 한다.

다만, 산정기준일부터 3년이 되는 날까지 관리처분계획인가를 신청하지 아니한 경우에는 산정기준일부터 3년이 되는 날의 다음 날을 기준으로 다시 산정하여야 한다. 사업시행자는 착공일부터 준공검사일까지 산정된 현금납부액을 특별시장, 광역시장, 특별자치시장, 특별자치도지사, 시장 또는 군수(광역시의 군수는 제외한다)에게 납부하여야 한다(법 시행령 제14조 제3항 내지 5항).

라. 현금납부의 구체적인 절차

서울시장은 법 제17조 제4항에 따라 사업시행자가 공공시설 또는 기반시설의 부지 일부를 현금으로 납부를 요청하는 경우 관련 법령에 따른 설치요건과 공공시설 건축물에 대한 수요 여부 등을 종합적으로 고려하여 그 범위를 정한다. 서울시장은 산정된 현금납부액을 착공일부터 준공검사일까지 분할납부하게 할 수 있다. 사업시행자는 관리처분계획인가 전까지 산정된 현금납부액, 납부방법 및 기한 등을 포함하여 시장과 협약을 체결하여야 한다(법 시행령 제14조 제7항, 서울시 조례 제12조 제1, 4, 5항).

2. 토지등소유자 확정

정비구역 지정·고시 및 정비계획결정으로 토지등소유자가 확정된다. 앞서 본 바와 같이 토지등소유자는 재개발사업의 경우 정비구역에 위치한 토지 또는 건축물의 소유자 또는 그 지상권자, 재건축사업의 경우에는 정비구역에 위치한 건축물 및 그 부속토지의 소유자를 의미한다(법 제2조 제9호). 다만 재건축사업에 있어 주택단지가 아닌 지역이 정비구역에 포함된 경우에는 당해 지역의 토지 또는 건축물의 소유자는 조합설립에 있어 동의의 대상이 된다. 토지등소유자는 정비사업 전반에 걸쳐 사업시행자가 조합인 경우 그 구성원으로서, 개인인 경우에는 정비사업의 효력이 미치는 당사자로서 권리·의무의 주체가 된다.

3. 재산권 제약

가. 행위제한

(1) 허가의 대상인 행위

(가) 정비구역 지정·고시 및 정비계획결정이 있는 경우, 정비구역에서 건축물의 건축, 공작물의 설치, 토지의 형질변경, 토석의 채취, 토지분할, 물건을 쌓아놓는 행위, 죽목의 벌채 및 식재 등의 행위를 하기 위해서는 시장·군수등의 허가를 받아야 한다(법 제19조 제1항, 법 시행령 제15조 제1항). 시장·군수등은 위 행위에 대한 허가를 하려는 경우로서 사업시행자가 있는 경우에는 미리 그 사업시행자의 의견을 들어야 한다(법 시행령 제15조 제2항).

(나) 시장·군수등은 허가를 받지 아니하고 행위를 하는 등으로 이를 위반한 자에게 원상회복을 명할 수 있다. 이 경우 명령을 받은 자가 그 의무를 이행하지 아니하는 때에는 시장·군수등은 행정대집행법에 따라 대집행할 수 있다(법 제19조 제4항). 허가에 관하여 법에 규정된 사항을 제외하고는 국토계획법 제57조부터 제60조까지 및 제62조 등 개발행위허가 관련 규정을 준용한다. 위와 같은 허가를 받은 경우에는 국토계획법 제56조에 따라 허가를 받은 것으로 본다(법 제19조 제

5, 6항). 허가 또는 변경허가를 받지 아니하거나 거짓, 그 밖의 부정한 방법으로 허가 또는 변경허가를 받아 행위를 한 자는 법 제137조 제2호에 의하여 2년 이하의 징역 또는 2천만원 이하의 벌금이라는 형사처벌을 받게 된다.

(다) 개발행위허가와 관련한 판례를 살펴본다.

① 이른바 '요건재량'

국토계획법상 개발행위허가는 허가기준(제58조) 및 금지요건이 불확정개념으로 규정된 부분이 많아 그 요건에 해당하는지 여부는 행정청의 재량판단의 영역에 속한다. 그러므로 그에 대한 사법심사는 행정청의 공익판단에 관한 재량의 여지를 감안하여 원칙적으로 재량권의 일탈·남용이 있는지 여부만을 대상으로 하고, 사실오인과 비례·평등원칙 위반 여부 등이 판단기준이 된다.[24]

② 대물적 허가

국토계획법에 의한 개발행위허가는 대물적 허가의 성질을 가지고 있고, 국토계획법 제135조 제2항이 국토계획법에 의한 처분, 그 절차 및 그 밖의 행위에 대하여 그 행위와 관련된 토지 또는 건축물의 소유권이나 그 밖의 권리를 가진 자의 승계인에게 그 효력을 미치도록 규정하고 있으므로, 개발행위허가를 받은 자가 사망한 경우 특별한 사정이 없는 한 상속인이 개발행위허가를 받은 자의 지위를 승계한다.[25]

(2) 신고의 대상인 행위

허가를 받아야 하는 행위로서 정비구역의 지정 및 고시 당시 이미 관계 법령에 따라 행위허가를 받았거나 허가를 받을 필요가 없는 행위에 관하여 그 공사 또는 사업에 착수한 자는 대통령령으로 정하는 바에 따라 시장·군수등에게 신고한 후 이를 계속 시행할 수 있다(법 제19조 제3항). 위 규정에 따라 신고하여야 하는 자는 정비구역이 지정·고시된 날부터 30일 이내에 그 공사 또는 사업의 진행상황과 시행계획을 첨부하여 관할 시장·군수등에게 신고하여야 한다(법 시행령 제15조 제4항).

---

24) 대법원 2020. 7. 23. 선고 2019두31839 판결.
25) 대법원 2014. 7. 24. 선고 2013도10605 판결.

(3) 예외

㈎ 재해복구 또는 재난수습에 필요한 응급조치를 위한 행위나 기존 건축물의 붕괴 등 안전사고의 우려가 있는 경우 해당 건축물에 대한 안전조치를 위한 행위 등은 긴급한 행위이므로 시장·군수등의 허가를 요하지 아니한다(법 제19조 제2항 제1, 2호).

㈏ 농림수산물의 생산에 직접 이용되는 것으로서 국토교통부령으로 정하는 간이공작물의 설치, 경작을 위한 토지의 형질변경, 정비구역의 개발에 지장을 주지 아니하고 자연경관을 손상하지 아니하는 범위에서의 토석의 채취, 정비구역에 존치하기로 결정된 대지에 물건을 쌓아놓는 행위, 관상용 죽목의 임시식재(경작지에서의 임시식재는 제외한다) 행위로서 국토계획법 제56조에 따른 개발행위허가의 대상이 아닌 것은 허가를 요하지 아니한다(법 제19조 제2항 제3호, 법 시행령 제15조 제3항).

나. 거주환경의 악화

각종 행위제한으로 인하여 정비구역 내 토지등소유자는 주거에 대한 수리가 불가능하여 주거환경이 지속적으로 악화된다.

4. 지역주택조합 조합원의 모집금지

정비구역에서는 정비사업이 예정되어 있으므로, 주택법 제2조 제11호 가목에 따른 지역주택조합의 조합원을 모집해서는 아니 된다(법 제19조 제8항). 이는 법이 2018. 10. 13. 법률 제15676호로 개정되면서 새롭게 도입된 조항으로 정비사업의 원활한 진행을 위한 것임은 앞서 기본계획의 효력에서 본 바이고, 위 규정을 위반하여 지역주택조합의 조합원을 모집한 자는 법 제138조 제1항 제1호에 의하여 1년 이하의 징역 또는 1천만원 이하의 벌금이라는 형사처벌을 받게 되는 점도 기본계획에서의 효력과 동일하다.

5. 기존 아파트지구에 대한 별도의 정비구역 지정 요부

법 시행 전에 국토계획법에 의한 아파트 지구로 지정된 지역에서 도시정비법상 재건축사업을 하는 경우 별도로 정비구역을 지정하거나 정비계획을 수립하여야 하는지 여부가 문제된다.

2002. 12. 30. 법률 제6852호로 제정되어 2003. 7. 1. 시행된 도시정비법 부칙 제5조 제3항은 '국토계획법에 의한 용도지구 중 대통령령이 정하는 용도지구는 이 법에 의한 주택재건축구역으로 보며, 주촉법 제20조의 규정에 의하여 수립된 아파트 지구개발기본계획은 본칙 제4조의 규정에 의하여 수립된 정비계획으로 본다.'고 규정하고 있다. 그 위임에 따라, 2003. 6. 30. 대통령령 제18044호로 제정되어 2003. 7. 1. 시행된 법 시행령 부칙 제9조 제1항은 "법 부칙 제5조 제3항에서 '대통령령이 정하는 용도지구'라 함은 국토계획법에 의한 아파트 지구를 말한다."고 규정하고 있다.

위와 같은 규정 내용과 입법취지를 종합하면, 도시정비법이 제정·시행됨으로써 법 부칙 제5조 제3항에 의하여 기존의 아파트 지구는 정비구역으로, 기존의 아파트 지구개발기본계획은 정비계획으로 간주되므로, 기존의 아파트 지구에서 도시정비법상 재건축사업을 하는 경우에는 별도로 정비구역을 지정 고시하거나 정비계획을 수립하지 않더라도 그 사업을 진행할 수 있다.[26)]

---

26) 대법원 2019. 3. 14. 선고 2018두56787 판결.

I. (예정)정비구역 지정 해제의 필요성

예정정비구역 또는 정비구역(이를 포괄하여 지칭하는 경우 '정비구역등'이라 한다)이 지정되기는 하였으나, 사업성 부족 또는 주민 간 첨예한 갈등으로 상당수의 정비사업이 추진위원회 구성 또는 조합 설립에도 이르지 못한 채 표류하거나, 조합을 설립하더라도 사업 진행이 장기간 정체되는 경우가 있다. 정비사업은 이해관계가 상충되는 다수의 토지등소유자들의 개별적이고 구체적인 이익을 적절히 형량·조정하면서 장기에 걸쳐 진행되는 다양한 변수가 존재하는 사업임을 감안하더라도, 정비사업이 원활하게 추진되지 않고 있고, 향후에도 사업추진 가능성이 높지 않거나 정비구역 내 토지등소유자들이 정비사업의 시행을 원하지 않는 경우 해당 정비구역등 지정을 해제할 필요가 있다. 왜냐하면 정비구역등이 지정되면 당해 정비구역등에서의 건축물의 건축, 공작물의 설치, 토지의 형질변경, 토석의 채취, 토지분할, 물건을 쌓아 놓는 행위, 죽목의 벌채 및 식재 등 포괄적인 행위제한으로 인한 재산권 제약 및 거주환경 악화, 지역주택조합사업을 위한 조합원 모집금지 등 정비구역등 내 토지등소유자들의 권리가 중대하게 침해되기 때문이다.

정비구역등 해제의 경우에는 정비사업의 진행에 따라 이미 소요된 비용(이른바 '매몰비용'이라 한다)의 처리문제가 남게 되는데,[27] 장기간 표류된 사업의 경우 매몰 비용이 천문학적 금액에 달하고, 그 비용의 분담과 관련해 사회문제가 되기도 하므로 정비구역등의 해제에 있어서는 신중을 기할 필요가 있다. 종래 사업성 부족이나 주민 간 갈등으로 정비사업이 진행되지 못하는 경우 해제만이 출구가 될 수 있었으나, 도시정비법이 2021. 4. 13. 법률 제18046호로 개정되어 용적률 인센

---

27) 주로 추진위원회나 조합이 시공자 또는 금융기관으로 대출받아 지급한 외주 용역비, 사무실 운영비, 인건비, 회의비 등이 문제된다.

티브를 통한 사업성 부족을 보완하고 절차의 신속을 가능하게 하는 공공재개발 및 공공재건축제도가 도입되어 토지등소유자에게는 새로운 선택의 기회가 생겼다. 이하에서는 해제의 요건 및 해제에 따른 매몰비용의 부담에 대하여 살펴본다.

Ⅱ. 해제의 요건

정비구역 해제에는 필수적 해제와 재량적 해제가 있다.

1. 필수적 해제

가. 해제요건

⑴ 적극적 요건[법정기간(이른바 '일몰기한'이라 한다)의 경과]

법은 사유에 따른 일몰기한을 법정하고 있다. 정비사업은 처분 중심의 순차적 절차 진행이 특성인바, 법정의 일몰기한은 적어도 당해 단계에 필요한 최장의 기한으로서, 그와 같은 기한이 경과하는 경우에는 정비사업이 당해 단계에서 원활하게 진행되지 아니하고 있고, 향후의 가능성도 높지 않은 것으로 간주하겠다는 것이 입법자의 의사이다.

정비구역의 지정권자는 다음의 어느 하나에 해당하는 경우 정비구역등을 해제하여야 한다(법 제20조 제1항).

㈎ 관할 관청의 진행 지체

정비예정구역에 대하여 기본계획에서 정한 정비구역 지정 예정일부터 3년이 되는 날까지 특별자치시장, 특별자치도지사, 시장 또는 군수가 정비구역을 지정하지 아니하거나 구청장등이 정비구역의 지정을 신청하지 아니하는 경우(법 제20조 제1항 제1호)

㈏ 토지등소유자 또는 조합 측의 진행 지체

① 토지등소유자가 정비구역으로 지정·고시된 날부터 2년이 되는 날까지 추진위원회의 승인을 신청하지 아니하는 경우(법 제20조 제1항 제2호 가목)

② 토지등소유자가 정비구역으로 지정·고시된 날부터 3년이 되는 날까지 조합설립인가를 신청하지 아니하는 경우(시장·군수등은 정비사업의 투명성 강화 및

효율성 제고를 위하여 시 · 도조례로 정하는 정비사업에 대하여 사업시행 과정을 지원하거나 토지주택공사등에 공공지원을 위탁할 수 있는데, 그와 같이 공공지원을 하려는 경우에는 추진위원회를 구성하지 아니할 수 있는바, 이는 그와 같이 정비사업에 대하여 공공지원이 있어 추진위원회를 구성하지 아니하는 경우로 한정한다, 법 제20조 제1항 제2호 나목)

③ 추진위원회가 추진위원회 구성을 승인받은 날부터 2년이 되는 날까지 조합설립인가를 신청하지 아니하는 경우(법 제20조 제1항 제2호 다목)

④ 조합이 조합설립인가를 받은 날부터 3년이 되는 날까지 사업시행계획인가를 신청하지 아니하는 경우(법 제20조 제1항 제2호 라목)

㈐ 토지등소유자 개인이 사업시행자인 재개발사업에서 토지등소유자의 진행 지체

20인 미만 토지등소유자로 구성되는 재개발사업에서 조합 설립 없이 토지등소유자가 시업을 시행하는 경우 그가 정비구역으로 지정 · 고시된 날부터 5년이 되는 날까지 사업시행계획인가를 신청하지 아니하는 경우(법 제20조 제1항 제3호)

⑵ 소극적 요건(해석상 인정되는 요건)

법정의 일몰기한은 적어도 당해 단계에 필요한 최장의 기한이고, 그와 같은 기한의 경과는 정비사업이 당해 단계에서 원활하게 진행되지 아니하고 있으며, 향후의 사업추진 가능성도 높지 않음에 대한 강력한 징표로서 이를 고려한 입법이다. 그와 같은 입법취지를 고려하면 사업시행자 측인 추진위원회, 조합이나 토지등소유자의 진행 지체는 사업시행자 측의 귀책사유에 기한 것임이 전제가 되어야 한다. 만일 각 규정상의 기한 경과가 사업시행자 측의 책임 없는 외부적 요인에 의하는 경우에는 공평의 원칙상 위 기간은 제외되어야 할 것이다.

예를 들면 조합이 조합설립변경인가를 신청하였으나, 관할 행정청이 장기간 인가 또는 반려하지 않은 채 지체한 경우(조합설립인가에 대하여는 사업시행계획인가나 관리처분계획인가와 달리 법이 처리기간을 정해 두고 있지 않다), 적정한 처리 기간을 초과하는 기간은 조합설립인가 받은 날로부터 3년 내에 사업시행계획인가를 신청하지 않았는지 여부를 판단함에 있어 공제되어야 할 것이다. 다만 그와 같은 기간에 대한 증명책임은 이를 주장하는 사업시행자 측에 있다.

나. 절 차

⑴ 구청장 등의 해제 요청 및 후속절차

구청장등은 위 요건에 해당하는 경우에는 특별시장·광역시장에게 정비구역등의 해제를 요청하여야 하고, 그 경우 30일 이상 주민에게 공람하여 의견을 들어야 하며, 지방의회의 의견을 들어야 한다. 지방의회는 구청장등이 정비구역등의 해제에 관한 계획을 통지한 날부터 60일 이내에 의견을 제시하여야 하며, 의견제시 없이 60일이 지난 경우 이의가 없는 것으로 본다(법 제20조 제2 내지 4항).

⑵ 정비구역지정권자(특별시장, 특별자치시장, 특별자치도지사, 시장·군수)의 해제결정

정비구역의 지정권자는 정비구역등의 해제를 요청받거나 직권으로 정비구역등을 해제하려면 지방도시계획위원회의 심의를 거쳐야 한다. 다만, 도시재정비법 제5조에 따른 재정비촉진지구에서는 도시재정비위원회의 심의를 거쳐 정비구역등을 해제하여야 한다(법 제20조 제5항).

다. 필수적 해제의 예외

⑴ 예외사유 존재

㈎ 예외사유

법정 기간이 경과하였다 하더라도 ① 정비구역등의 토지등소유자(조합을 설립한 경우에는 조합원)가 100분의 30 이상의 동의로 위 해당 기간이 도래하기 전까지 연장을 요청하는 경우(제1호), ② 정비사업의 추진 상황으로 보아 주거환경의 계획적 정비 등을 위하여 정비구역등의 존치가 필요하다고 인정하는 경우(제2호), 정비구역지정권자는 정비구역등을 해제하지 아니할 수 있다(법 제20조 제6항).

위 제1호의 100분의 30 이상 동의와 관련하여서는 서면동의서에 토지등소유자가 성명을 적고, 지장(指章)을 날인하는 방법으로 하며, 주민등록증, 여권 등 신원을 확인할 수 있는 신분증명서의 사본을 첨부하여야 한다(법 제36조 제1항 제1호). 동의철회의 경우에도 동일한 방식이고, 시기상의 제한이 있다(법 시행령 제33조 제2, 3항).

㈏ 서울시 작성의 '정비사업 일몰기한 연장에 관한 업무처리기준'

서울시는 2016. 11. 23.경 '정비사업 일몰기한 연장에 관한 업무처리기준'을 마련하여 각 자치구에 통지하였다. 위 업무처리기준에 의하면 추진위원회 또는 조합이 일몰기한 도래 전 일몰기한의 연장을 요청하는 경우, ① 구청장은 필요 시 주민 의견을 조사하여 서울시장에게 연장 여부에 대한 결정을 요청할 수 있고, 주민 의견 조사 방법 및 기간은 구청장이 정하여 실시하며, ② 구청장은 시장에게 연장 결정을 요청하는 때에는 사업추진에 대한 주민 동향, 일몰 연장 후 사업추진 가능성 및 추가비용 등에 대한 검토보고서를 작성하여 제출하고, 반드시 자치구의 의견을 제출하여야 하며, ③ 서울시장은 연장 결정 요청 내용을 검토한 후 일몰 연장 시 사업추진 가능성 및 추가 비용 등에 관하여 서울시 도시계획위원회의 자문을 거친 후 일몰기한을 연장할지 여부를 결정한다.

㈐ 재량권

일몰기한의 연장 여부를 결정함에 있어 고려하여야 할 요소에 관하여 법령상 특별한 규정이 없으므로, 정비구역지정권자에게 광범위한 재량이 있다. 법정의 일몰기한의 경과는 정비사업이 당해 단계에서 제대로 진행되지 아니함을 나타내므로, 일몰기한이 경과하더라도 정비사업을 시행할 필요가 크다는 점을 인정할 만한 구체적인 사정에 대하여는 연장을 요청하는 추진위원회 또는 조합이나 토지등소유자 측이 적극적으로 주장 · 증명하여야 할 것이다.[28]

일몰기한 경과에 따른 필수적 해제요건 충족에 의하여 정비구역이 해제되는 경우 사업시행자 측은 지방자치단체로부터 매몰비용을 전혀 지원받지 못하게 되므로, 일몰기한이 임박하여 정비구역등의 토지등소유자(조합을 설립한 경우에는 조합원)가 100분의 30 이상의 동의로 위 해당 기간이 도래하기 전까지 연장을 신청하는 것이 일반적이고, 관할 행정청이 연장거부처분을 하는 경우 당해 거부처분의 취소를 구하는 소가 실무상 다수 제기된다. 그 경우의 쟁점은 앞서 본 재량권 일탈 · 남용여부가 될 것이다.

---

28) 대법원 2019. 1. 31.자 2018두59069 심리불속행 판결 및 하급심인 서울고등법원 2018. 9. 21. 선고 2018누30480, 서울행정법원 2017. 12. 8. 선고 2017구합60192 판결.

(2) 해제권 소멸

법정의 기간이 경과되었음에도 구청장이 특별시장 등에게 정비구역등의 해제를 요청하지 않거나(그 경우 해제권자는 정비구역등의 추진 상황으로 보아 지정 목적을 달성할 수 없다고 인정되는 경우로 보아 재량적 해제가 가능하다, 법 제21조 제1항 제2호, 서울시 조례 제14조 제3항 제4호), 설령 요청하였다 하더라도 특별시장 등이 해제처분을 하지 않은 기간 동안에 사업시행자 측에 의하여 당해 단계의 후속절차 신청이 이루어진 경우, 해제가 가능한지 여부가 문제되나, 해제권자인 특별시장 등이 해제권한을 행사하지 아니하는 동안 당해 단계의 후속절차신청이 이루어진 경우, 더 이상 특별시장 등은 해제권한을 행사할 수 없다고 해석되어야 한다. 왜냐하면 후속절차에 대한 신청이 이루어졌다는 것은 공익사업인 정비사업이 진행되고 있음을 나타내기 때문이다. 예를 들면 추진위원회가 추진위원회 구성을 승인받은 날부터 2년이 되는 날까지 조합설립인가를 신청하지 아니하였음에도, 해제가 이루어지지 않고 있는 동안 추진위원회가 조합설립인가를 신청한 경우에는 더 이상 정비구역등을 해제할 수 없다.

라. 고시 등 후속절차

정비구역의 지정권자는 법정 요건에 해당하여 정비구역등을 해제하거나 예외 사유에 해당하여 해제하지 아니하기로 결정한 경우에는 그 사실을 해당 지방자치단체의 공보에 고시하고 국토교통부장관에게 통보하여야 하며, 관계 서류를 일반인이 열람할 수 있도록 하여야 한다(법 제20조 제7항). 위 고시에 특별한 내용이 없는 한 행정효율 촉진규정 제4조 제3호, 제6조 제3항에 의하여 고시 또는 공고가 있고 난 뒤 5일이 경과한 날부터 효력을 발생한다.

2. 재량적 해제

가. 일반론

법 제21조 제1항은 정비사업의 시행으로 토지등소유자에게 과도한 부담이 발생할 것으로 예상되는 경우(제1호), 정비구역등의 추진 상황으로 보아 지정 목적을 달성할 수 없다고 인정되는 경우(제2호), 토지등소유자의 100분의 30 이상이 정비구역등(추진위원회가 구성되지 아니한 구역으로 한정한다)의 해제를 요청하는 경우(제3호), 추진위원회 구성 또는 조합 설립에 동의한 토지등소유자의 2분의 1 이상 3분의 2 이하의 범위에서 시·도조례로 정하는 비율 이상의 동의로 정비구역의 해제를 요청하는 경우(사업시행계획인가를 신청하지 아니한 경우로 한정한다)(제5호), 추진위원회가 구성되거나 조합이 설립된 정비구역에서 토지등소유자 과반수의 동의로 정비구역의 해제를 요청하는 경우(사업시행계획인가를 신청하지 아니한 경우로 한정한다)(제6호) 중 어느 하나에 해당하는 경우에는 정비구역지정권자는 정비구역등을 해제할 수 있다고 규정하고 있다. 위 제5, 6호에 대하여는 법 제36조의 엄격한 동의방법은 적용되지 아니한다(법 제36조 제1항 참조). 제1, 2호를 제외한 나머지 요건은 개관적인 사실을 통하여 요건충족 여부가 명확하므로, 주로 불확정개념으로 구성된 제1, 2호와 관련하여 실무상 다툼이 있다.

나. 요건 재량(제1, 2호)

제1, 2호의 요건은 모두 불확정개념으로 규정하고 있으므로 그 요건에 해당하는지 여부는 행정청의 재량판단의 영역 즉, 이른바 '요건재량'에 해당한다. 법 제21조 제1항은 위와 같은 불확정개념에 관한 구체적인 기준 등을 시·도조례로 정하도록 위임하였다. 그 취지는 각 시·도로 하여금 정비사업을 지속해야 할 주거환경개선의 필요성 정도, 정비구역의 지정으로 인한 토지등소유자가 받는 재산권 제약의 정도 및 각 시도의 구체적 여건 등을 종합적으로 고려하여 자율적으로 기준을 설정할 수 있도록 하기 위함이다.

각 시·도가 제정한 조례조항의 법적성격이 문제되나, 도시정비법의 수권에 의하여 법령을 보충하는 사항을 정한 경우로서, 그 근거 법령규정과 결합하여 대외적으로 구속력이 있는 법규명령으로서의 성질과 효력을 가진다.[29]

따라서 법의 위임에 따라 제정된 위 조례 조항은 불확정개념인 법 제21조 제1항 제1, 2호 판단의 구체적인 기준으로서 대외적으로 국민이나 법원을 기속하는 법규적 효력이 있다.

---

29) 헌재 1992. 6. 26. 선고 91헌마25 결정, 대법원 2006. 4. 27. 선고 2004도1078 판결.

다. 서울시 조례 제14조 제2, 3항의 내용

(1) 정비사업의 시행으로 토지등소유자에게 과도한 부담이 발생할 것으로 예상되는 경우

정비사업의 시행으로 토지등소유자에게 과도한 부담이 발생할 것으로 예상되는 경우란, 추진위원회 위원장(이하 '추진위원장'이라 한다)이나 조합임원 또는 신탁업자가 입력한 정비계획 등으로 산정된 추정비례율이 80% 미만인 경우로서 토지등소유자의 의견을 조사하여 사업찬성자가 100분의 50 미만인 경우를 말한다(서울시 조례 제14조 제2항). 조합 측이 스스로 산정한 추정비례율이 80% 미만이라면 사업성 부족이 명백하므로, 추후 정비사업의 시행으로 토지등소유자에게 과중한 부담이 발생할 가능성이 높아 이를 요건으로 한 것이다. 구청장은 서울시장으로부터 해당 정비구역등이 정비계획상 추정비례율이 80% 미만에 해당한다고 통보 받은 경우 해당 정비구역등의 토지등소유자의 의견을 조사하여 그 결과를 시장에게 통보하여야 한다(서울시 조례 제14조 제6항 본문).

한편 위 조항에 해당하여 주민의견조사를 실시한 구역의 추정비례율이 주민의견조사 당시 대비 10% 이상 하락하는 경우에는 재조사할 수 있다(서울시 조례 제14조 제6항 단서). 왜냐하면 10% 이상이라는 상당한 정도의 추정비례율의 하락은 종전 찬성자의 의사가 현재도 유지되는 것으로 보기 어려운 측면이 있기 때문이다. 이는 정비구역등의 해제와 관련되는 것이므로, 절차와 형식의 엄격성을 기하기 위하여 토지등소유자의 사업찬성자 수 산정방법, 해제 동의의 철회방법 등에 대하여는 법 시행령 제33조의 토지등소유자의 동의자 수 산정방법 규정을 준용한다(서울시 조례 제14조 제7항).

(2) 정비구역등의 추진 상황으로 보아 지정 목적을 달성할 수 없다고 인정되는 경우

(가) 적극적 요건

서울시 조례 제14조 제3항은 정비구역등의 추진 상황으로 보아 지정 목적을 달성할 수 없다고 인정되는 경우로서 다음 각 호의 사항을 규정하고 있다.

① 정비예정구역으로서 정비구역 지정요건이 충족되지 않은 경우 또는 관계 법령에 따른 행위제한이 해제되거나 기한이 만료되어 사실상 정비구역 지정이 어

려운 경우 중 어느 하나에 해당하는 경우(제1호)

② 추진위원장 또는 조합장이 장기간 부득이한 사유로 직무를 수행할 수 없거나 주민 갈등 또는 정비사업비 부족으로 추진위원회 또는 조합 운영이 사실상 중단되는 등 정비사업 추진이 어렵다고 인정되는 경우(제2호)

③ 자연경관지구, 최고고도지구, 문화재 보호구역, 역사문화환경 보존지역 등이 포함된 구역으로서, ⓐ 추진위원회가 추진위원회 최초 승인일부터 3년이 되는 날까지 법정요건을 구비한 조합 설립인가를 신청하지 않는 경우(가목), ⓑ 사업시행자가 최초 조합설립인가를 받은 날 또는 법 제26조 제2항, 제27조 제2항에 따른 사업시행자 지정을 받은 날이나 법 제25조에 따라 공동으로 정비사업을 시행하기로 한 날부터 4년이 되는 날까지 법정 요건을 모두 준수한 사업시행계획인가를 신청하지 않는 경우(나목), ⓒ 사업시행자가 최초 사업시행계획인가를 받은 날부터 4년이 되는 날까지 법정요건을 구비한 관리처분계획인가를 신청하지 않는 경우(다목), ⓓ 추진위원회 또는 조합이 총회를 2년 이상 개최(법 또는 정비사업 조합 설립추진위원회 운영규정에 따른 의사정족수를 갖춘 경우로 한정한다)하지 않는 경우(라목) 중 어느 하나에 해당하는 경우이다(제3호).[30]

④ 필요적 직권해제사유가 있음에도, 구청장이 정비구역등의 해제를 요청하지 않는 경우를 말한다(4호).[31]

㈏ 소극적 요건(위 ③의 ⓐ, ⓑ, ⓒ 요건과 관련)

위 규정의 해석과 관련하여서도 앞서 필요적 해제요건에서 본 바와 같이 이는 사업시행자 측인 추진위원회 또는 조합이나 토지등소유자 측의 귀책사유에 기한 절차 지체를 전제로 한다. 만일 위 규정상의 기한 경과가 사업시행자 측의 책임

---

30) 서울시 조례가 2018. 7. 19. 서울특별시 조례 제6899호로 전부개정 되기 이전에는 "제3호 각 목의 어느 하나에 해당되고 당해 구역의 토지등소유자 3분의 1 이상이 해제 요청하는 경우로서 의견을 조사하여 사업찬성자가 100분의 50 미만인 경우"가 요건으로 규정되어 있었는바(구 서울시 조례 제4조의3 제3항 제4호), 당시 부산광역시, 대구광역시, 광주광역시, 울산광역시, 대전광역시 조례는 해제요청 토지등소유자의 수를 토지등소유자의 과반수로 규정하고 있고, 인천광역시 조례는 해제요청 수는 토지등소유자의 30/100으로 하되, 주민의견조사는 정비사업의 추진을 반대하는 자가 토지등소유자의 50/100 이상일 것을 규정하고 있었다. 결국 당시 서울시 조례는 다른 지방자치단체 조례보다 훨씬 용이하게 해제가 가능하도록 규정하고 있었던 관계로 위 요건의 충족 여부와 관련하여 상당한 다툼이 있었으나, 위 조례의 전부개정으로 삭제되었다.

31) 서울시 조례가 2019. 9. 26 서울특별시 조례 제7372호로 개정되기 이전에는 "도시계획위원회에서 구역지정 이후 여건변화에 따라 해당구역 및 주변지역의 역사·문화적 가치 보전이 필요하다고 인정하는 경우"도 그 요건으로 규정하고 있었으나, 위 조례 개정으로 삭제되었다.

없는 외부적 요인에 의하는 경우에는 공평의 원칙상 위 기간은 제외되어야 할 것이다. 그와 같은 기간에 대한 증명책임은 이를 주장하는 사업시행자 측에 있다 할 것이다.

한편 법 제20조 제1항이 사업시행계획인가일로부터 일정한 기한까지 관리처분계획인가신청을 하지 아니한 경우를 필요적 해제요건으로 규정하고 있지 않다. 그 이유는 사업시행계획의 경우 정비계획이나 사업시행구역의 변경에 따라 연동하여 변경되어야 하고, 또한 이해관계가 상충되는 다수의 토지등소유자들의 개별적이고 구체적인 이익을 적절히 형량·조정하면서 장기에 걸쳐 진행되는 정비사업의 특성상 사업시행계획은 처음부터 정비사업에 관한 모든 세부적 사항을 확정하여 수립하는 대신 진행경과에 따라 다양한 변수를 반영하여 세부적 내용을 구체화하는 등으로 단계적, 발전적으로 형성해 나가게 되는 등 확정되기까지 상당한 시간이 소요될 것임이 자명하여 최초 사업시행계획인가일로부터 일정한 기한까지 관리처분계획인가를 신청하지 않는 경우를 당연 해제사유로 규정하는 것이 부당함에 기인한 것으로 보인다.

따라서 재량적 해제사유인 사업시행자가 최초 사업시행계획인가를 받은 날부터 4년이 되는 날까지 관리처분계획인가를 신청하지 아니하는 경우의 요건은 보다 엄격하게 해석하여야 할 것이므로(실제로 최초 사업시행계획인가일로부터 관리처분계획인가신청일까지 기간이 4년 이상 소요되는 경우가 드물지 않고, 사업시행계획상 정비사업의 시행기간이 사업시행계획인가일로부터 60개월 등으로 정해지는 것이 일반적이다), 사업시행자 측의 귀책사유가 없는 기간은 반드시 제외되어야 할 것이다. 예를 들면, 조합이 사업시행계획변경인가를 신청하였으나, 관할 행정청이 장기간 동안 인가 또는 반려하지 않은 채 지체한 경우, 적정한 처리 기간을 초과하는 기간은 사업시행자 측의 귀책사유가 없으므로 제외되어야 한다.

라. 이른바 효과재량

정비구역지정권자는 법 제21조 제1항의 요건에 해당하더라도 반드시 해제하여야 하는 것이 아니라 이를 해제할 수 있다. 이는 앞서의 이른바 '요건재량'과는 다른 '효과재량'이라 할 것이다. 따라서 정비구역지정권자는 해제요건이 충족되었다 하더라도 정비구역을 해제할 것인지 여부에 대하여 적절한 재량권을 행사하여야 한다. 그 중 법 제21조 제1, 2호의 효과재량권 행사와 관련하여서는 서울시 조례 제14조 제1항으로 "시장은 정비구역등의 지정을 해제하려는 경우에는 사업추진에 대한 주민 의사, 사업성, 추진상황, 주민갈등 및 정체 정도, 지역의 역사·문화적 가치의 보전 필요성 등을 종합적으로 고려하여야 한다."고 규정하여 그 기준을 마련하고 있다.

마. 해제하는 경우의 절차 및 후속절차

정비구역의 해제는 앞서 본 필수적 해제의 절차와 동일하다(법 제21조 제2항, 제20조 제3항 내지 제5항, 제7항). 고시에 특별한 내용이 없는 한 행정효율 촉진규정 제4조 제3호, 제6조 제3항에 의하여 고시 또는 공고가 있고 난 뒤 5일이 경과한 날부터 효력을 발생한다.

3. 해제의 효력

가. 다른 정비사업 등으로 지정 가능

⑴ 도시재생 선도지역 지정 요청 가능

필요적, 재량적 해제요건에 따라 정비구역등이 해제된 경우 정비구역의 지정권자는 해제된 정비구역등을 도시재생 활성화 및 지원에 관한 특별법에 따른 도시재생 선도지역으로 지정하도록 국토교통부장관에게 요청할 수 있다(법 제21조의2). 이는 법이 2019. 4. 23. 법률 제16383호로 개정되면서 처음 도입되었다.

⑵ 관리형 주거환경개선사업 지정 가능

재개발사업 및 재건축사업이 위 필요적, 재량적 해제요건에 따라 정비구역등이 해제된 경우 정비구역의 지정권자는 해제된 정비구역등을 관리형 주거환경개선구역으로 지정할 수 있다(법 제22조 제2항).

나. 용도지역, 정비기반시설 등 환원

정비구역등이 해제된 경우에는 정비계획으로 변경된 용도지역, 정비기반시설 등은 정비구역 지정 이전의 상태로 환원된 것으로 본다(법 제22조 제1항).

다. 추진위원회 구성승인취소 및 조합설립인가 취소 고시

정비구역등이 해제·고시된 경우 추진위원회 구성승인 또는 조합설립인가는 취소된 것으로 보고, 시장·군수등은 해당 지방자치단체의 공보에 그 내용을 고시하여야 한다(법 제22조 제3항). 여기에서 말하는 추진위원회 구성 승인 또는 조합설립인가의 각 '취소'는 추진위원회 구성 승인이나 조합 설립인가 당시에 위법 또는 부당한 하자가 있음을 이유로 한 것이 아니라 처분 이후 발생한 후발적 사정을 이유로 하는 것이므로, 추진위원회 구성 승인 또는 조합 설립인가의 효력을 소급적으로 상실시키는 행정행위의 '취소'가 아니라 적법요건을 구비하여 완전히 효력을 발하고 있는 추진위원회 구성 승인 또는 조합 설립인가의 효력을 장래에 향해 소멸시키는 행정행위의 '철회'이다.[32]

III. 매몰비용의 부담

1. 문제의 소재

정비구역이 해제되면, 추진위원회 구성승인 또는 조합설립인가가 취소된 것으로 간주됨은 앞서 본 바이다. 해제 당시 사업시행자인 추진위원회나 조합의 경우 고유의 적극재산은 거의 미미한 반면, 외주 용역비, 사무실 운영비, 인건비, 회의비 등을 지급하기 위하여 시공자(금융기관) 등으로부터 대여 받은 소극재산이 다액 존재하는 것이 일반적이다. 그 경우 소극재산에서 적극재산을 공제한 매몰비용을 누가 부담할 것인지 여부가 문제된다.

토지등소유자와는 별개의 법인격인 추진위원회나 조합만이 부담할 것인지, 토지등소유자 전부가 권리가액의 비율대로 분담할 것인지, 사업추진에 동의한 토지등소유자만이 분담할 것인지, 해산에 동의한 토지등소유자가 분담할 것인지, 시공자 등 채권자가 부담할 것인지 등 다양한 견해가 제시되고 있다. 대체로는 토지등소유자의 책임이 논의되고 있고, 토지등소유자가 매몰비용을 분담한다면 그 근거 규정 및 절차가 논의의 핵심이다. 실무상 추진위원회 구성승인처분 또는 조합설립인가처분이 취소되는 경우 조합은 청산사무를 종료할 때까지 청산의 목적 범위에

---

32) 대법원 2016. 6. 10. 선고 2015도576 판결.

서 권리·의무의 주체가 되고, 조합원도 청산의 목적 범위에서 종전 지위를 유지하며, 정관도 그 범위에서 효력을 유지하고 있으므로, 당해 조합은 청산을 위하여 토지등소유자를 상대로 매몰비용에 대하여 권리가액의 비율대로 나눈 금액에 대한 지급을 구하는 소를 제기하는 것이 일반적이다.

2. 매몰비용의 부담주체

가. 원칙(토지등소유자와 별개의 추진위원회 또는 조합)

조합은 공법상 단체로서의 성격을 가진다. 법 제38조 제1항은 "조합은 법인으로 한다."고, 법 제49조는 "조합에 관하여는 이 법에 규정된 사항을 제외하고는 민법 중 사단법인에 관한 규정을 준용한다."고 각 규정하고 있다.

민법은 사단법인의 청산에 관하여 "법인의 재산이 그 채무를 완제하기에 부족한 경우 이사는 지체 없이 파산신청을 하여야 한다."고만 규정하고 있을 뿐(제79조), 법인과 별개의 법적 주체인 사원들에게 채무를 부담하도록 규정하고 있지 않으므로, 결국 조합도 파산절차에 따라야 한다. 다만 그 경우 시공자, 금융기관 등 조합의 채권자들은 채권 만족 측면에서 불리하나, 채권자들은 정비사업의 경제성, 조합의 존속 가능성 등을 판단하여 조합과 법률행위를 할 것인지 여부를 결정할 수 있어 스스로 어느 정도의 위험부담은 감수한 것이고, 정비사업이 원활하게 이루어지지 않을 경우를 대비하여 사전에 채권 보전 조치를 취할 수도 있으므로, 민법이 정한 사단법인 청산의 원칙과 달리 조합 채권자들의 이익을 우선할 필요가 있다고 보이지 않는다.[33]

법은 매몰비용과 관련하여 조합설립인가 등이 취소된 경우, 시공자·설계자 또는 전문관리업자 등은 해당 추진위원회 또는 조합(연대보증인을 포함한다)에 대한 채권(조합 및 연대보증인이 시공자등과 합의하여 이미 상환하였거나 상환할 예정인 채권은 제외한다)의 전부 또는 일부를 포기하고 이를 조세특례제한법 제104조의26에 따라 손금에 산입하려면 해당 조합등과 합의하여 채권의 금액 및 그 증빙 자료, 채권의 포기에 관한 합의서 및 이후의 처리 계획, 그 밖에 채권의 포기 등에 관하여 시·도조례로 정하는 사항을 포함한 채권확인서를 시장·군수등에게 제출하여

---

33) 대법원 2019. 8. 14. 선고 2017다201361 판결 및 하급심인 인천지방법원 2016. 12. 22. 선고 2016
나58782 판결.

야 한다(법 제133조)는 규정까지 두고 있다.

나. 토지등소유자의 책임 요건

(1) 토지등소유자의 매몰비용 부담 요건

조합의 정관은 조합의 조직, 활동, 조합원의 권리의무관계 등 단체법적 법률관계를 규율하는 것으로서 공법인인 조합과 조합원에 대하여 구속력을 가지는 자치법규로서의 효력을 가지고 있고, 조합의 총회는 조합의 최고의사결정기관으로서 조합 내부적으로 업무집행기관을 구속하는 규범으로서의 효력을 가진다. 조합과 조합원 사이의 법률관계는 근거 법령이나 정관의 규정, 조합원 총회의 결의 또는 조합과 조합원 사이의 약정에 따라 규율되므로, 매몰비용 중 일정 부분을 분담하여야 한다는 취지를 조합 정관[34]이나 조합원 총회의 결의 또는 조합과 조합원 사이의 약정 등으로 미리 정한 경우 등에 한하여, 조합은 토지등소유자에게 매몰비용의 분담분에 대한 지급을 구할 수 있다.

(2) 법 제92조, 제93조 제1항에 의한 매몰비용 청구 가능 여부

조합이 법 제92조, 제93조 제1항에 의하여 토지등소유자에게 매몰비용을 청구할 수 있는지 여부가 문제된다. 법 제93조 제1항의 토지등소유자는 관리처분계획 당시 분양을 받은 수분양자로서 조합원인 토지등소유자를 의미하므로, 관리처분계획 단계에 이르지 아니한 채 해제된 경우의 토지등소유자에게 동일하게 적용될 수는 없다. 따라서 조합이 위 조항에 근거하여 토지등소유자에게 매몰비용의 일부를 청구할 수는 없다.[35]

(3) 법 제89조에 의한 청산금채무의 비용청구 가능 여부

조합이 법 제89조에 의하여 토지등소유자에게 매몰비용을 청구할 수 있는지 여부가 문제된다. 청산금의 부과는 조합이 관리처분계획상 종후자산을 분양받은 자에게 종전자산과의 차액에 대한 납부를 명하는 행정처분이므로, 관리처분계획 단계에 이르지 아니한 채 해제된 경우의 토지등소유자에게 동일하게 적용될 수는

---

34) 다만 매몰비용을 정관에 의하여 조합원에게 부담시키기 위해서는 부담하게 될 비용의 발생 근거, 분담 기준과 내역, 범위 등을 구체적으로 규정하여야 한다, 대법원 2021. 4. 29. 선고 2018두51836 판결 참조.
35) 대법원 2019. 8. 14. 선고 2017다201361 판결.

없다. 따라서 조합이 위 조항에 근거하여 토지등소유자에게 매몰비용의 일부를 청구할 수는 없다.[36)]

3. 재량적 직권해제 시의 매몰비용 보조

가. 요 건

재량적 직권해제요건에 해당하여 정비구역등이 해제된 경우 정비구역의 지정권자는 해당 추진위원회 또는 조합이 사용한 비용의 일부를 대통령령으로 정하는 범위에서 시 · 도조례로 정하는 바에 따라 보조할 수 있다(법 제21조 제3항). 이와 관련하여 서울시는 재량적 직권해제사유 중 정비사업의 시행으로 토지등소유자에게 과도한 부담이 발생할 것으로 예상되는 경우(법 제21조 제1항 제1호), 정비구역등의 추진 상황으로 보아 지정 목적을 달성할 수 없다고 인정되는 경우(법 제21조 제1항 제2호)로서 조례가 규정한 요건을 충족하고, 이에 따라 정비구역지정권자가 재량권을 행사하여 정비구역등을 해제한 경우에 한한다(서울시 조례 제15조 제3항). 또한 조합이 시행하는 정비사업에 한정한다(2018. 7. 19. 서울시 조례 제6899호 부칙 제5조).

나. 대상 및 범위

(1) 법정의 대상

(개) 법 시행령 제17조

추진위원회 또는 조합에 대한 비용의 보조 범위는, 정비사업 전문관리 용역비, 설계 용역비, 감정평가비용, 그 밖에 해당 추진위원회의 법정 업무(제32조 제1항) 및 조합의 총회소집 및 의결(제44, 45조)에 따른 업무를 수행하기 위하여 사용한 비용으로서 시 · 도조례로 정하는 비용이다.

(내) 서울시 조례 제15조 제1항

법 시행령에서 정한 '시 · 도조례로 정하는 비용'이란, 추진위원회 승인 및 조합 설립인가 이후 다음 각 호의 업무를 수행하기 위하여 사용한 비용으로서 총회(주민총회 포함)의 의결을 거쳐 결정한 예산의 범위에서 추진위원회 및 조합이 사용

---

36) 대법원 2019. 8. 14. 선고 2017다201361 판결.

한 비용을 말한다.

① 법 제32조 제1항 각 호 및 제45조 제1항 각 호의 업무(제1호)

② 영 제26조 각 호 및 제42조 제1항 각 호의 업무(제2호)

③ 법원의 판결, 결정으로 인하여 주민총회를 개최하지 못한 경우로서 법 제31조에 따라 승인 받은 추진위원회의 의결을 거쳐 결정한 예산의 범위 이내에서 사용한 비용(제3호)

④ 총회의 의결사항 중 대의원회가 총회의 권한을 대행하여 정한 업무(영 제43조의 대의원회가 대행할 수 없는 사항을 제외한다, 제4호)

(2) 범위

서울시장 또는 구청장은 제16조에 따른 검증위원회 또는 제17조에 따른 재검증위원회의 검증을 거쳐 결정한 금액을 기준으로 다음 각 호에 정하는 비율에 따라 보조금을 지급할 수 있다(서울시 조례 제15조 제3항).

① 제14조 제2항, 같은 조 제3항 제1호부터 제3호까지에 해당되어 법 제21조 제1항에 따라 정비구역등을 해제하여 추진위원회의 승인 또는 조합설립인가가 취소되는 경우: 70% 이내(제1호)

② 제14조 제3항 제5호에 해당되어 법 제21조 제1항에 따라 정비구역등을 해제하여 추진위원회의 승인 또는 조합설립인가가 취소되는 경우: 검증된 금액 범위(제2호)

지방자치단체장은 추진위원회나 조합이 사용한 비용의 일부를 보조할 수 있을 뿐, 사용비용 전부나 일부를 보조하여야 하는 의무를 부담하는 것은 아니므로 해당 지방자치단체장은 제한된 재정상 여건이나 환경 등에 따라 추진위원회나 조합에 대한 비용의 보조 여부 및 그 범위를 결정할 수 있는 광범위한 재량을 가진다고 보아야 한다.

(3) 서울시의 재량준칙

서울시는 한정된 재정 내에서 배정된 예산을 공정하게 지원, 사용하기 위해서는 사용비용의 보조에 관한 구체적이고 엄정한 업무처리기준이 필요하여 '정비사업 추진주체 사용비용 보조 업무처리기준' 및 '정비사업 추진위원회 사용비용 보조 가이드라인'을 마련해 두고 있다.

다. 지급절차

(1) 추진위원회 및 조합의 사용비용에 대한 보조금은 검증위원회의 검증을 거쳐 결정한다. 추진위원회의 보조금은 승인 취소된 추진위원회의 대표자가 추진위원회 승인 취소 고시가 있는 날부터 6개월 이내에 추진위원회 사용비용 보조금 신청서에 세부내역서와 증명자료 등 조례 제15조 제4항 각 호가 정한 서류를 첨부하여 구청장에게 신청하여야 한다(서울시 조례 제15조 제4항).

조합의 보조금도 설립인가 취소된 조합의 대표자가 조합설립인가 취소 고시가 있는 날부터 6개월 이내에 조합 사용비용 보조금 신청서에 세부내역서와 증명자료 등 조례 제15조 제5항 각 호가 정한 서류를 첨부하여 구청장에게 신청하여야 한다(서울시 조례 제15조 제5항).

(2) 구청장은 보조금 신청이 있는 경우 신청내용을 클린업시스템 및 구보에 공고하고, 추진위원회 또는 조합 사용비용 이해관계자에게 서면으로 통보하여야 한다(서울시 조례 제15조 제6항). 구청장은 위 공고 및 서면통보를 완료한 후 검증위원회의 검증을 거쳐 보조금을 결정하고 대표자, 해산된 추진위원회 위원 또는 조합임원과 이해관계자에게 서면으로 통보하여야 한다. 이 경우 대표자는 보조금 결정을 통보받은 날부터 20일 이내에 이의신청을 할 수 있고, 구청장은 정당한 사유가 있는 경우에는 재검증위원회의 검증을 거쳐 그 결과를 통보하여야 한다(서울시 조례 제15조 제7항).

(3) 대표자는 보조금 결정을 통보받은 날부터 20일 이내에 통장사본을 첨부하여 구청장에게 보조금 지급을 신청하여야 하고, 구청장은 보조금 지급 신청이 있는 경우에는 지급일자 등 지급계획을 클린업시스템 및 구보에 공고하고, 공고 완료일로부터 10일 이후에 신청된 통장계좌번호로 보조금을 입금한다(서울시 조례 제15조 제9항). 구청장이 추진위원회 또는 조합의 사용비용을 보조하는 경우에는 시장은 서울특별시 지방보조금 관리 조례 제8조에도 불구하고 구청장에게 보조금의 일부 또는 전부를 지원할 수 있다(서울시 조례 제15조 제10항).

제 3 편

조합설립추진위원회

제1장 총 설

Ⅰ. 의 의

조합설립추진위원회(단체로서의 '조합설립추진위원회' 내부에는 기관으로서의 '추진위원회'가 존재하므로, 제3편에서는 그 구분을 위하여 이를 '설립추진위원회'라고 하나, 그 외의 편에서는 '추진위원회'라고만 한다)는 조합 설립을 목적으로 하는 토지등소유자를 구성원으로 하는 단체이다. 설립추진위원회는 조합설립 이전단계에서 조합을 대신해서 정비사업을 준비하는 예비적 사업시행자인데, 정비구역 지정 등의 절차가 완비된 현행 법제에서는 일종의 사족(蛇足)으로 볼 수 있다는 견해가 있다.[1]

그러나 설립추진위원회는 조합의 설립을 목적으로 이를 추진하는 업무, 조합설립인가를 받기 위한 준비업무를 주로 행한다 할 것이므로 그 자체를 정비사업과 관련한 사업시행자로 보기는 어렵다. 또한 행정주체의 지위가 부여되는 조합설립에는 엄격한 요건과 형식이 요구되므로, 비록 정비구역 지정 등의 절차가 완비되었다 하더라도, 원활한 조합설립 추진을 위하여 토지등소유자로부터 독립한 단체의 필요성은 여전히 존재한다.

Ⅱ. 도시정비법 제정 이전의 설립추진위원회

법 제정 이전의 재건축사업과 재개발사업의 설립추진위원회에 관하여 살펴본다.

1. 재건축사업

재건축 초기 단계에서부터 재건축조합설립인가를 받을 때까지 재건축을 추진하고자 하는 일부 토지등소유자들이 법령의 근거 없이 결성한 사실상의 집합체로

---

1) 김종보, 건설법의 이해, 제6판, 피데스, 2018년, 449쪽.

서의 설립추진위원회가 존재하였다.[2]

위와 같은 조합 설립의 실무를 담당하는 실체로서 토지등소유자와 구별되는 존재로서의 설립추진위원회는 사실상의 필요에 의하여 발생한 것이다. 토지등소유자와는 다른 별개의 실체인 설립추진위원회가 의미 있는 활동을 하기 위해서는 그의 행위가 추후 조합에 승계되어야 할 것인데, 법적 근거가 없는 점이 문제였으나 조합규약(정관)에 이를 기재하는 방법으로 해결하였다.

즉, 당시 건설교통부는 조합규약에 규정하여야 할 사항과 규약 작성 상 유의할 점 등을 담은 '재건축조합 표준규약'을 제정하였고, 거의 모든 재건축조합이 위 재건축조합 표준규약의 내용대로 정관을 작성하였는데, 표준규약 제50조는 "재건축조합 설립인가일 전에 조합의 설립과 사업시행에 관하여 재건축조합 설립추진위원회가 행한 행위는 관계 법령 및 이 규약이 정하는 범위 안에서 재건축조합이 이를 승계한 것으로 본다."고 규정하였으므로, 위 정관 규정에 따라 설립추진위원회의 활동이 재건축조합에 승계되었다. 이는 당시 정부도 설립추진위원회의 실체를 인정하고, 추후 조합이 성립한 이후 발생할 법률적 문제의 해결책으로 승계규정을 표준규약에 마련한 것으로 보인다.

2. 재개발사업

구 도시재개발법에는 설립추진위원회와 관련하여 아무런 규정이 없었다. 다만 재개발사업의 경우에도 조합 설립을 위한 실무를 담당하는 실체로서 토지등소유자와 구별되는 존재로서의 설립추진위원회가 필요하였다. 문제는 재개발사업의 경우에는 이권 등으로 조합설립의 전 단계에서 설립추진위원회라는 이름의 각종 단체가 난립한 채 그들에 의하여 정비사업이 추진되어져 왔고, 그 과정에서 각종 비리와 부조리가 만연하여 토지등소유자에게 피해가 발생하는 경우가 많았다.[3]

이에 당시 서울시는 구 도시재개발법상의 주택재개발사업에 대하여 정관준칙을 마련하였는데, 토지등소유자의 피해방지를 위하여 설립추진위원회가 행한 행위의 승계에 관한 규정을 두지 않았다.

---

2) 김선희, 도시정비법상 추진위원회와 관련한 제반 법률문제, 사법 제23호(2013. 3.), 151쪽.
3) 이우재, 조해 도시 및 주거환경정비법(상), 진원사, 320쪽.

Ⅲ. 도시정비법 제정 이후의 설립추진위원회

1. 도시정비법의 규정

가. 규정 내용

2002. 12. 30. 제정된 도시정비법은 재개발·재건축사업 모두 원칙적으로 정비사업을 시행하고자 하는 경우에는 반드시 토지등소유자로 구성된 조합을 설립하여야 한다고 규정하고, 이에 따라 조합설립의 전 단계로 설립추진위원회가 필수적 절차로 규정되었다. 현행 법도 조합을 설립하기 위해서는 먼저 추진위원장을 포함한 5인 이상의 추진위원 및 운영규정에 대하여 토지등소유자 과반수의 동의를 받아 조합설립을 위한 설립추진위원회를 구성하여 국토교통부령으로 정하는 방법과 절차에 따라 시장·군수등의 승인을 받아야 한다고 규정하고 있다(법 제31조 제1항). 다만 이는 토지등소유자로 구성된 조합이 정비사업 시행자가 되는 것을 전제로 한다.

따라서 시장·군수 또는 토지주택공사등이 사업시행자가 되는 주거환경개선사업, 토지등소유자가 20인 미만으로서 조합설립 없이 개인이 사업시행자가 되는 재개발사업, 법 제26조 제1항에 의하여 시장·군수등 또는 토지주택공사등이 단독의 사업시행자로 정비사업을 시행하거나, 법 제27조 제1항에 의하여 시장·군수등에 의하여 지정된 신탁업자 등이 지정개발자로서 정비사업을 시행하는 경우는 설립추진위원회가 존재하지 아니하거나 이미 존재한 경우 설립추진위원회 구성승인이 취소된 것으로 본다.

나. 입법의 경위

도시정비법 제정을 추진하면서 재개발·재건축사업의 시행자를 모두 법인인 조합으로 하고, 조합에는 행정주체의 지위를 부여하여 수용 또는 매도청구의 권한까지 인정함에 비례하여 조합의 설립에는 까다로운 법정의 요건과 형식을 요구하게 되었다. 이에 조합설립 이전단계에서 토지등소유자와는 구별되는 조합설립이라는 업무를 실제로 수행할 일정한 단체, 즉 설립추진위원회의 필요성이 인정되었고, 이에 따라 설립추진위원회를 정비사업의 필수적인 절차로 하였다. 다만 그 과정에서 설립추진위원회의 난립 및 설립추진위원회의 각종 비리와 분쟁을 방지하는 제도를 도입함으로써 토지등소유자를 보호하기로 하였다.

법은 난립을 방지하기 위하여 설립추진위원회는 토지등소유자 과반수의 동의를 받아 구성되도록 하였다. 또한 하나의 정비구역에는 반드시 하나의 설립추진위원회만이 구성되도록 하고, 이미 승인받은 설립추진위원회가 구성되어 있음에도 불구하고 임의로 설립추진위원회를 구성하여 정비사업을 추진한 자에 대하여는 형사처벌까지 하도록 규정하였다(법 제137조 제4호). 또한 구성된 설립추진위원회가 각종 비리를 저지르고, 다양한 분쟁이 발생하는 것을 방지하기 위하여 설립추진위원회의 업무범위를 명확히 규정하였다.

한편, 법은 법 제정 이전에 실제 설립추진위원회가 존재하여 활동하였던 사정을 고려하여 제정 당시 부칙 제9조로 이 법 시행 당시 재개발사업 또는 재건축사업의 시행을 목적으로 하는 조합을 설립하기 위하여 토지등소유자가 운영 중인 기존의 설립추진위원회는 본칙 제13조 제2항의 규정에 의한 동의의 구성요건을 갖추어 이 법 시행일부터 6월 이내에 시장·군수등의 승인을 얻은 경우 이 법에 의한 설립추진위원회로 본다는 경과규정을 두었다.

2. 설립추진위원회 구성의 예외(공공지원 사업)

가. 토지등소유자로 구성된 조합이 사업시행자가 되는 경우에는 원칙적으로 설립추진위원회를 구성하여야 한다. 다만 여기에도 예외가 있다. 시장·군수등은 정비사업의 투명성 강화 및 효율성 제고를 위하여 시·도조례로 정하는 정비사업[4]에 대하여 사업시행 과정을 지원하거나 토지주택공사등에 공공지원을 위탁할 수 있는바(법 제118조 제1항), 그 경우에는 설립추진위원회를 구성하지 아니할 수 있다(법 제31조 제4항 전단).

정비계획 입안권자는 정비계획을 입안하는 단계에서 공공지원에 따른 설립추진위원회 구성의 생략에 대한 토지등소유자의 의견을 조사하여야 하고(법 시행령 제7조 2항 제7호, 서울시 조례 제7조 제12호), 시장·군수등은 토지등소유자의 과반수가 설립추진위원회 구성 단계 생략을 원하는 경우 반드시 설립추진위원회를 구

---

4) 서울시 조례 73조는 '시·도조례로 정하는 정비사업'이란 법 제25조에 따른 일반적인 재개발·재건축조합이 시행하는 정비사업을 의미하되, 다만, 정비구역지정·고시가 있은 날의 토지등소유자의 수가 100명 미만으로서 주거용 건축물의 건설비율이 50% 미만인 도시정비형 재개발사업은 제외한다고 규정하고 있다.

성하지 아니하는 방법과 절차 등에 따라 조합을 설립하여야 한다(서울시 조례 제82조 제2항).

나. 공공지원에 있어 설립추진위원회를 구성하지 아니하는 방법과 절차 등에 따라 조합을 설립함에 필요한 사항은 법 제31조 제4항 후단, 법 시행령 제27조 제6항에 의하여 시·도조례에 위임되었다.

현재 서울시 조례 제82조 제1항은 설립추진위원회를 구성하지 아니하는 경우 시장은 토지등소유자의 대표자 등 주민협의체 구성을 위한 선출방법, 참여주체별 역할, 조합설립 단계별 업무처리 기준, 그 밖에 조합설립 업무지원을 위하여 필요한 사항 등을 포함하여 조합설립 방법 및 절차 등에 필요한 사항을 고시하도록 규정하고 있다.

제2장 설립추진위원회의 법적 성격과 구성시기

제1절 설립추진위원회의 법적 성격

I. 민법상의 비법인사단

설립추진위원회는 원칙적으로 당해 정비구역 내의 모든 토지등소유자들로 구성된다. 설립추진위원회는 추후 설립되는 재개발·재건축조합과는 달리 법상 설립등기규정이 없어 법인격취득이 불가능하다. 이에 민법상의 조합에 유사한 인적 결합체인지 또는 사단성이 인정되는 비법인사단인지 여부가 문제된다.

비법인사단은 구성원과는 별개로 권리·의무의 주체가 될 수 있는 독자적 존재로서의 단체적 조직을 가져야 하는바, 그 징표로서 고유의 목적을 가지고 사단적 성격을 가지는 규약을 만들어 이에 근거하여 의사결정기관 및 집행기관인 대표자를 두는 등의 조직을 갖추고 있고, 구성원의 가입, 탈퇴 등으로 인한 변경에 관계없이 단체 그 자체가 존속되는 경우에는 비법인사단으로서의 실체를 가진다.[5]

설립추진위원회는 토지등소유자의 동의를 받아 단체 내부 자치규범인 운영규정을 확정하고 임원을 선출하는 등의 단체결성행위를 거쳐 성립하는 점, 설립추진위원회는 주민총회, 추진위원회, 추진위원장 등 의사결정기관 및 집행기관 등의 조직을 갖추고 있고, 구성원의 가입, 탈퇴 등으로 인한 변경에 관계없이 단체 그 자체가 존속되며, 법은 설립추진위원회가 조합설립의 동의요건을 충족시키기 위하여 필요한 경우에는 스스로 주택단지 안의 일부 토지의 소유자와 토지분할을 협의하고, 협의가 성립되지 아니하는 경우 법원에 토지분할을 청구하는 독자적 권한을 인정하고 있는바(법 제67조 제1 내지 3항), 이는 토지등소유자와는 별개로 권

---

5) 대법원 1992. 7. 10. 선고 92다2431 판결.

리·의무의 주체가 될 수 있는 독자적 존재임을 전제로 하는 점 등에 비추어 민법상의 비법인사단에 해당한다.

Ⅱ. 설립추진위원회와 조합과의 관계

1. 별개의 단체

설립추진위원회가 법인으로서의 조합으로 발전되어 나가는 측면에서 조합의 전신(前身) 등으로 보는 견해가 있을 수 있다.

그러나 조합은 설립추진위원회와 별개로 토지등소유자들이 법정의 설립동의 아래 창립총회 결의를 통하여 정관을 확정하고 임원을 선출하는 등의 단체결성행위를 거쳐 성립하고, 다만 그 과정에서 법은 설립추진위원회의 구성에 동의한 토지등소유자는 조합의 설립에 동의한 것으로 본다는 간주규정만을 두고 있을 뿐이므로(법 제31조 제2항), 설립추진위원회는 조합과 구별되는 별개의 단체이다.

설립추진위원회는 조합을 만들어내기 위한 전 단계의 준비조직이며 그 단체 자체가 목적이 될 수 없다.[6]

2. 포괄승계

가. 법 제34조 제3항과 '정비사업 조합설립추진위원회 운영규정' 제6조

설립추진위원회가 조합의 전신으로 볼 수 없으므로, 설립추진위원회가 조합설립을 추진하는 과정에서 발생한 권리·의무가 조합에 대하여 승계되는지 여부가 문제된다. 법은 설립추진위원회가 조합을 설립한 경우 설립추진위원회가 행한 업무와 관련된 권리와 의무는 조합이 일체로 포괄승계한다고 규정하고 있다(법 제34조 제3항). 한편, 법 제34조 제1항의 위임에 따라 국토교통부가 제정하여 고시한 '정비사업 조합설립추진위원회 운영규정(이하 '국토교통부 고시 운영규정'이라 한다)' 제6조는 설립추진위원회 업무범위를 초과하는 업무나 계약, 용역업체의 선정 등은 조합에 승계되지 아니한다고 규정하고 있다. 따라서 위 각 규정의 조화로운 해석이 쟁점이다.

---

6) 김종보, 전게서, 449쪽.

나. 승 계

(1) 원칙적 승계

법 제34조 제3항의 입법취지 및 법 제26조가 설립추진위원회의 업무범위를 법정한 취지 등에 비추어 보면, 국토교통부 고시 운영규정 제6조에서의 승계 제한의 의미는 설립추진위원회가 업무범위를 초과하여 행하였다 하더라도 일단 조합이 이를 모두 승계하되, 다만 조합에 대하여는 효력이 없다는 의미로 해석된다.

따라서 비록 설립추진위원회가 행한 업무가 객관적으로 명백하게 무효이거나 또는 사후에 관계 법령의 해석상 설립추진위원회의 업무범위에 속하지 아니하여 효력이 없는 것으로 해석되더라도, 조합에 승계되지 않는 것으로 볼 수는 없다.

(2) 판례

판례도 설립추진위원회가 주민총회를 개최하여 갑을 시공자로 선정하는 결의를 하였고, 이에 일부 토지등소유자가 시공자의 선정은 조합총회의 고유권한임을 이유로 설립추진위원회를 상대로 총회결의 무효확인의 소를 제기하였으며, 그 후 조합이 설립된 사안에서, 법 제34조 제3항은 설립추진위원회가 수행한 업무는 조합이 포괄승계한다고 규정하고 있고, 법인의 권리의무가 법률의 규정에 의하여 새로 설립된 법인에 승계되는 경우에는 특별한 사유가 없는 한 계속 중인 소송에서 그 법인의 법률상 지위도 새로 설립된 법인에 승계되는 것이므로, 조합이 설립추진위원회의 소송을 수계한다고 판시하였다.[7] 위와 같이 소송의 수계를 인정함은 무효인 업무도 모두 조합에 포괄승계됨을 전제로 하는 것으로 해석된다.

(3) 법 제29조 제1항과의 관계

법이 2017. 8. 9. 법률 제14857호로 개정되면서 제29조 제1항으로 "추진위원장 또는 사업시행자는 이 법 또는 다른 법령에 특별한 규정이 있는 경우를 제외하고는 계약을 체결하려면 일반경쟁에 부쳐야 한다."고 규정하고 있다.

설립추진위원회 또는 조합은 모두 전문관리업자 또는 설계자를 선정할 수 있으므로, 설립추진위원회 단계에서 선정한 전문관리업자나 설계자의 경우 위 제29

---

7) 대법원 2012. 4. 12. 선고 2009다22419 판결.

조 제1항에 의하여 조합에 승계되지 않는다고 해석할 여지가 있다. 이 부분에 대하여는 제4장 Ⅱ. "5. 전문관리업자 또는 설계자의 조합 설립 이후의 승계 여부"에서 자세히 살펴본다.

제2절 설립추진위원회 구성시기 등

Ⅰ. 규정의 내용

법 제정 당시에는 설립추진위원회 구성시기에 관하여 아무런 규정을 두고 있지 아니하였다. 그 후 법이 2009. 2. 6. 법률 제9444호로 개정되면서 제13조 제2항(현행 법 제31조 제1항)으로 '정비구역지정 고시 후'로 설립추진위원회 구성 시기가 명시되었다.

위 개정규정은 부칙 제3조에 의하여 최초로 설립추진위원회 구성승인을 신청하는 분부터 적용한다. 따라서 위 개정 규정의 시행 이후부터는 정비구역지정 고시 이전에 설립추진위원회가 구성될 수 없고, 설령 구성승인을 받는다 하더라도 이는 위법하다.

Ⅱ. 정비구역 지정 고시 전 구성승인처분

1. 위법여부

가. 문제의 소재

법률 제9444호의 위 개정규정은 부칙 제3조에 의하여 최초로 설립추진위원회 구성승인을 신청하는 분부터 적용하므로, 그 이전에 설립추진위원회가 '정비구역지정 고시 전'에 구성승인 된 경우 명문의 규정이 없어 그 효력이 문제된다.

나. 학 설

(1) 적법설

설립추진위원회 구성시기에 관하여 명문의 규정이 없고, 정비사업은 장기간이 소요되는 사업으로 정비구역의 면적은 사정에 따라 변경될 수 있으므로, 정비구역이 중요한 의미를 가지는 것으로 볼 수 없음을 근거로 한다.

(2) 위법설

설립추진위원회는 정비사업을 수행하는 조합의 설립을 목적으로 하고, 정비사업은 그 범위가 특정되고 이를 통하여 토지등소유자가 확정되어야만 시행될 수 있으므로, 비록 명문의 규정은 없으나 위법하다.

다. 판 례

판례는 설립추진위원회는 일정한 구역에서 실시되는 특정한 정비사업을 전제로 그 사업대상 · 범위에 속하는 토지등소유자의 동의를 얻어 설립되므로, 토지등소유자가 정비구역이 정하여지기 전에 임의로 그 구역을 예상하여 설립추진위원회 설립에 동의하였다가 나중에 확정된 실제 사업구역이 동의 당시 예정한 사업구역과 사이에 동일성을 인정할 수 없을 정도로 달라진 때에는, 구성승인을 신청하는 당해 설립추진위원회의 구성에 관한 동의가 있다고 볼 수 없어 이에 기초한 구성승인처분은 위법하다고 판시하였다.[8]

라. 결 론

설립추진위원회는 조합설립을 목적으로 하고, 조합이 설립되는 경우 조합에는 행정주체의 지위가 부여되어 수용 또는 매도청구의 권한까지 인정되는 등 토지등소유자에게 미치는 영향이 중대한 점, 토지등소유자 중 일부가 임의로 사업시행구역을 획정하여 토지등소유자로부터 과반수 동의를 받아 설립추진위원회 구성승인처분을 받는 경우 토지등소유자의 의사가 왜곡될 수 있으므로, 위법설이 타당하다.

2. 하자의 중대 · 명백 여부

가. 기본계획 수립 이전의 설립추진위원회 구성승인처분

(1) 문제의 소재

법 제4조 제1항 단서, 제2조 제3호 (다)목에 의하면, 인구 50만 미만인 중소도

---

8) 대법원 2011. 7. 28. 선고 2011두2842 판결.

시의 경우에는 도지사의 인정 아래 정비사업의 기본계획을 수립하지 아니할 수 있는바, 기본계획이 수립되어 있지는 않지만, 노후·불량 건축물의 밀접 등으로 정비사업의 필요성이 큰 경우 토지등소유자가 임의로 설립추진위원회를 구성하고, 승인처분까지 받는 경우가 있다. 그 효력이 문제된다.

(2) 원칙적 무효

기본계획이 수립되기 이전의 설립추진위원회 구성승인처분은 하자가 중대할 뿐만 아니라 객관적으로 명백하므로, 구성승인처분은 무효이다.[9] 그 논거는 다음과 같다.

① 기본계획에는 추후 정비구역으로 지정할 예정인 구역(정비예정구역)의 개략적 범위가 내용에 포함되어 있으나, 기본계획이 수립되지 않아 정비예정구역이 지정되지 아니한 상태에서는 토지등소유자가 전혀 특정될 수 없다.

② 기본계획조차 없는 경우 일부 주민이 임의로 구역을 획정하고 이를 전제로 설립추진위원회가 구성되는데, 위와 같이 임의로 획정된 구역은 추후 정비구역으로 지정될 가능성이 전무하고, 임의로 획정된 구역에서의 설립추진위원회 구성이 허용된다면, 정비사업에 관한 법률관계가 불명확·불안정하게 되어 토지등소유자의 권리가 침해된다.

나. 기본계획 수립 이후의 설립추진위원회 구성승인처분

(1) 정비예정구역 내에서 설립추진위원회가 구성된 경우

하자가 중대하거나 명백하다고 볼 수 없다.[10] 그 논거는 다음과 같다.

① 종래 법령에 설립추진위원회의 구성에 관한 토지등소유자의 동의시기를 정비구역 지정 고시 이후로 제한하는 명문의 규정을 두고 있지 않았다. 오히려 건설교통부 장관이 2003. 9. 2.자로 시행·하달한 '설립추진위원회 업무처리기준'에 의하면, 당해 지역이 기본계획에 반영되어 있는 경우에는 정비구역 지정 전이라도 설립추진위원회 승인이 가능하다고 규정하고 있었다.

② 특별시장 등이 정비구역으로 지정할 예정인 구역의 개략적 범위가 포함된

---

9) 대법원 2009. 10. 29. 선고 2009두12297 판결, 대법원 2014. 6. 12. 선고 2012두12051 판결, 대법원 2012. 9. 27. 선고 2011두17400 판결.
10) 대법원 2013. 10. 24. 선고 2011두28455 판결.

기본계획을 수립하면, 정비계획 입안권자인 구청장 등은 기본계획에 적합한 범위 안에서 정비계획을 수립하여 특별시장 등에게 정비구역 지정을 신청하도록 되어 있어 통상적으로 정비예정구역 그대로 정비구역의 지정 및 고시가 이루어진다.

(2) 정비예정구역과 무관하게 설립추진위원회가 구성된 경우

판례는 정비예정구역의 토지등소유자 일부가 정비예정구역과 무관하게 토지등을 확정하고, 그 지역 토지등소유자의 과반수의 동의를 얻은 후 설립추진위원회의 구성에 관한 승인신청을 하였음에도, 행정청이 승인처분 한 사안에서, 임의로 획정된 구역에서의 설립추진위원회 설립은 허용될 수 없으므로 처분의 하자는 중대·명백하다고 판시하였다.[11]

3. 정비구역 지정 이전에 받은 동의서의 효력

정비구역 지정 이전의 설립추진위원회 구성승인처분은 기본계획이 수립되었는지 여부를 불문하고 위법하다. 비록 설립추진위원회 구성승인처분이 정비구역 지정 이전임을 이유로 취소되었으나, 기본계획이 수립된 이후 기본계획상의 정비예정구역을 전제로 설립추진위원회가 구성되었고, 실제로 지정된 정비구역(정비계획)의 범위와 정비예정구역의 범위가 일치하거나 경미한 정도의 차이가 있는 경우, 설립추진위원회 구성승인처분 취소 이후 토지등소유자의 동의절차를 다시 거쳐 설립추진위원회를 구성함에 있어 토지등소유자로부터 반드시 새롭게 동의서를 징구해야 하는지 또는 종전 동의서를 계속하여 사용할 수 있는지 여부가 문제된다.

정비예정구역과 정비구역이 일치하거나 경미한 정도의 차이가 있다면, 종전에 동의서를 제출한 토지등소유자의 의사가 왜곡될 여지는 없는 점, 종전에 동의서를 제출한 토지등소유자는 새로운 설립추진위원회의 구성 승인신청 전에 동의를 철회하는 것이 가능한 점, 법 제37조는 조합설립인가의 무효 또는 취소소송 중에 일부 동의서를 추가 또는 보완하여 조합설립변경인가를 신청하는 때 또는 법원의 판결로 조합설립인가의 무효 또는 취소가 확정되어 조합설립인가를 다시 신청하는 때에는 토지등소유자 동의서 재사용의 특례를 규정하고 있는바, 위와 같이 행정주체의 지위가 부여되는 조합설립인가의 경우에도 동의서의 재사용을 허용하고

---

11) 대법원 2012. 4. 26. 선고 2011두23108, 23115 판결.

있는 점 등을 종합하여 보면, 법 제37조 및 법 시행령 제35조의 요건 아래 종전
동의서를 계속하여 사용할 수 있다.

제3장 설립추진위원회 구성승인처분

제1절 설립추진위원회 구성승인 절차 및 요건

Ⅰ. 설립추진위원회 구성승인의 신청

조합을 설립하려는 경우에는 이를 추진하려는 자가 먼저 토지등소유자 과반수의 동의를 받아 추진위원장을 포함한 5명 이상의 추진위원을 선정한 후 운영규정과 함께 시장·군수등에게 설립추진위원회 구성승인을 신청하여야 한다(법 제31조 제1항).

설립추진위원회 구성승인을 신청하려는 자는 법 시행규칙 [별지 제3호 서식]에 신청인, 설립추진위원회 구성내역(주된 사무소 소재지, 사업시행예정구역의 명칭, 위치, 면적), 동의사항 등을 기재한 후, 토지등소유자의 명부, 토지등소유자의 동의서, 추진위원장 및 추진위원의 주소 및 성명, 설립추진위원회 위원 선정을 증명하는 서류를 첨부하여 시장·군수등에게 제출하여야 한다(법 시행규칙 제7조).

법은 제정 당시부터 조합을 설립하고자 하는 자는 건설교통부령이 정하는 방법 및 절차에 따라 시장·군수등의 승인을 얻어야 한다고 규정하였고(구 법 제13조 제2항), 이에 법 제정 당시부터 법 시행규칙에 신청서가 별지로 규정되었다.

따라서 설립추진위원회 신청서 양식은 법규적 효력이 있으므로, 위 신청서에 의하지 아니한 신청은 그 효력이 없다.

Ⅱ. 토지등소유자 과반수 동의

1. 토지등소유자의 동의자 수 산정방법

설립추진위원회 구성을 위해서는 토지등소유자 과반수의 동의를 요한다. 법 시행령 제33조가 조합에서의 토지등소유자의 총 숫자 및 동의자 수 산정방법에 대하여 재개발사업 및 재건축사업으로 나누어 자세히 규정하고 있다.

법령에 설립추진위원회의 토지등소유자 산정방법에 관한 명문의 규정이 없고, 위 법 시행령 제33조를 준용한다는 규정도 없어 문제가 된다. 그러나 설립추진위원회는 조합설립을 목적으로 하는 점, 법 시행령 제33조는 조합에만 적용되는 특유규정이 아니라 일반규정으로 해석되는 점, 특히 법 시행령 제33조 제1항 제3호는 설립추진위원회 구성에 동의한 자로부터 토지 또는 건축물을 취득한 자는 설립추진위원회 구성에 동의한 것으로 볼 것이라고 규정하고 있는바, 이는 위 전체 규정이 설립추진위원회에도 적용됨을 전제로 한 점 등에 비추어 설립추진위원회에도 법 시행령 제33조는 적용 또는 유추적용 되어야 한다. 자세한 내용은 제4편 제3장 토지등소유자의 동의에서 살펴본다.

1필지의 토지 또는 하나의 건축물을 여럿이서 공유하거나 소유권 또는 구분소유권을 여럿이서 공유하는 경우에는 그 여럿을 대표하는 1인을 토지등소유자로 산정하여야 하는바(법 시행령 제33조 제1항 제1호 가목, 제2호 가목), 설립추진위원회는 운영규정으로 그 경우 대표소유자 선임동의서를 제출하도록 하는 규정을 두고 있는 것이 일반적이다(법 제34조 제1항의 위임에 따라 제정된 국토교통부 고시 운영규정은 "설립추진위원회 운영규정안"을 규정하고 있고, 국토교통부 고시 운영규정안의 내용은 다음에서 살펴보듯이 법규적 효력은 없으나, 실무에서 거의 대부분의 설립추진위원회가 이를 그대로 자치법규인 운영규정으로 채택하고 있는 경우가 많다. 위 운영규정안은 토지등소유자로 하여금 대표소유자 선임동의서를 제출하도록 규정하고 있다).

2. 토지등소유자의 동의방법 및 효과

가. 요식행위

(1) 지장날인 및 신분증명서 사본 첨부

동의방법은 서면동의서에 토지등소유자가 성명을 적고 지장(指章)을 날인하는 방법으로 하며, 주민등록증, 여권 등 신원을 확인할 수 있는 신분증명서의 사본을 첨부하여야 한다(법 제36조 제1항 제6호, 국토교통부 고시 운영규정안 제8조 제2항). 동의철회의 경우에도 동일한 방식이고, 시기상의 제한이 있다(법 시행령 제33조 제2, 3항). 동의 방법에 대하여는 법령의 개정으로 여러 차례 변경되었는데, 이 부분에 관하여는 제4편 제3장 토지등소유자의 동의에서 자세히 살펴본다.

(2) 법 시행규칙 [별지 제4호 서식] 설립추진위원회 구성동의서

토지등소유자의 동의를 받으려는 자는 법 시행규칙 [별지 제4호 서식] '설립추진위원회 구성동의서'에 소유권 현황, 동의사항으로 추진위원장, 추진위원, 법 제32조 제1항에 따른 설립추진위원회의 업무 및 같은 법 제34조 제1항에 따른 운영규정을 미리 쓴 후 토지등소유자의 동의를 받아야 한다. 설립추진위원회 구성동의서는 시장·군수등이 대통령령으로 정하는 방법에 따라 검인(檢印)한 서면동의서를 사용하여야 하며, 검인을 받지 아니한 서면동의서는 그 효력이 발생하지 아니한다(법 제36조 제3항). 검인의 유효성과 관련하여서는 제4편 제3장 토지등소유자의 동의에서 자세히 살펴본다.

(3) 구성동의서의 법적 구속력

설립추진위원회 구성동의서는 법 시행규칙 [별지 제4호 서식]으로 규정하고 있다. 이는 대통령령인 법 시행령 제25조 제1항의 위임에 따른 것으로서 법규적 효력이 있다. 법 제정 당시에는 동의의 방법 및 형식에 관하여 아무런 규정이 없었다. 다만 건설교통부 고시로 제정된 법적 구속력이 없는 운영규정안에 [별지 1] 서식으로 규정하고 있었을 뿐이다.

그 후 2009. 8. 11. 대통령령 제21679호로 법 시행령이 개정되면서, 토지등소유자의 동의를 받으려는 자는 국토해양부령으로 정하는 동의서에 동의를 받아야 함을 규정하였고, 그 후 법 시행규칙이 2009. 8. 13. 국토해양부령 제157호로 개정되면서 처음 [별지 제2호의2 서식]으로 동의서가 규정되었으며, 앞서의 서식이 운영규정안에서 제외되었다. 법령이 이처럼 법정동의서를 법규적 효력이 있는 법 시행규칙으로 규정한 취지는 종래 건설교통부 고시 운영규정안에서 제공되던 표준동의서를 대신할 동의서 양식을 법령으로 정하여 그 사용을 강제함으로써 동의서의 양식이나 내용을 둘러싼 분쟁을 미연에 방지하고, 나아가 행정청으로 하여금 설립추진위원회 구성 신청 시에 제출된 동의서에 의해서만 동의요건의 충족 여부를 심사하도록 함으로써 동의 여부의 확인에 불필요하게 행정력이 소모되는 것을 막기 위함에 있다. 따라서 법정 구성동의서를 사용하지 아니한 동의서는 그 효력이 없다. 작성된 동의서의 유효여부에 관하여는 제4편 제3장 토지등소유자의 동의에서 자세히 살펴본다.

⑷ 추진위원장을 포함한 5인 이상이 추진위원 선정이 포함될 것

조합설립동의서에는 추진위원장을 포함한 5인 이상의 추진위원이 기재되어 있어야 한다. 추진위원 명단을 공란으로 한 경우 동의서의 효력이 문제된다. 동의는 설립추진위원회 구성뿐만 아니라 추진위원에 대한 동의와도 관련된 것이므로 이는 그 자체로 추진위원에 대한 동의가 존재하지 않는 점, 법령은 동의서에 대하여 엄격한 요식행위임을 명백히 하고 있는 점 등에 비추어 위 동의서는 원칙적으로 효력이 없다. 다만, 당시 동의자가 추진위원으로 활동하며 조합설립을 준비하던 사람들에게 그들을 추진위원으로 인정하거나 아니면 그들에게 필요한 범위 내에서 추진위원을 선임할 수 있도록 하는 위임을 하였고, 이에 따라 추진위원으로 활동하며 조합설립을 준비하던 사람들이 추후 동의서에 추진위원의 이름을 보완하였다면 유효하다.[12]

나. 설명 · 고지의무

⑴ 동의의 내용 설명 · 고지의무

토지등소유자의 동의를 받으려는 자는 토지등소유자에게 동의를 받으려는 사

---

[12] 대법원 2011. 7. 28. 선고 2011두2842 판결(비록 법 시행규칙이 2009. 8. 13. 개정되기 이전의 사안이기는 하나, 설립추진위원회가 동의서를 받을 당시 개별적으로 설립추진위원회 명단을 동의서에 첨부하지 않았지만, 설립추진위원회 구성승인신청 당시 설립추진위원회 명단을 첨부한 사안에서 동의서의 유효성을 인정하였다).

항 및 목적, 동의로 인하여 의제되는 사항, 동의의 철회 또는 반대의사 표시는 승인을 신청하기 전까지 할 수 있다는 등의 내용을 설명·고지하여야 한다(법 제31조, 법 시행령 제25조, 제33조).

⑵ 조합설립동의 간주효과 설명

토지등소유자의 동의를 받으려는 자는 동의를 받기 전에 반드시 토지등소유자에게 설립추진위원회의 구성에 동의한 토지등소유자는 조합의 설립에 동의한 것으로 간주되고, 다만, 조합설립인가를 신청하기 전에 인가권자인 시장·군수등 및 설립추진위원회에 조합설립에 대한 반대의 의사표시를 하는 경우에 한하여 조합설립 동의가 간주되지 않는다는 점을 설명·고지하여야 한다(법 제31조 제3항).

이는 설립추진위원회 구성에 대한 동의일 뿐이고, 조합설립에 대하여 별도의 동의절차가 진행될 것으로 오인하기 쉬운 토지등소유자에 대하여 동의의 효과를 명확히 설명하고, 신중히 동의여부를 결정하도록 하기 위함이다.

다. 동의의 효과

동의는 설립추진위원회 구성에 대한 동의 및 조합설립에 대한 동의로 간주된다(법 제31조 제2항).

Ⅲ. 설립추진위원회 운영규정

1. 운영규정의 법적 성격

설립추진위원회의 운영규정은 재개발·재건축조합의 정관에 준한다. 운영규정은 설립추진위원회라는 단체의 조직, 활동, 구성에 동의한 토지등소유자의 권리의무관계 등 단체법적 법률관계를 규율하는 것으로서 설립추진위원회와 동의한 토지등소유자에 대하여 구속력을 가지는 자치법규이다. 다만 동의하지 아니한 토지등소유자가 당연히 운영규정의 구속을 받는다고 보기는 어렵다.

2. 운영규정의 내용

가. 국토교통부 고시 운영규정

법은 제정 당시 건설교통부장관은 설립추진위원회의 공정한 운영을 위하여 설립추진위원회의 운영규정을 관보에 고시하여야 한다고 규정하였고, 현행 법도 제34조 제1항으로 국토교통부장관은 설립추진위원회의 공정한 운영을 위하여 설립추진위원회의 운영규정을 정하여 고시하여야 한다고 규정하고 있다. 이에 따라 설립추진위원회의 구성·기능·조직 및 운영에 관한 사항을 정하여 공정하고 투명한 설립추진위원회의 운영을 도모하고 원활한 정비사업의 추진을 목적으로 하는 '정비사업 조합설립추진위원회 운영규정'이 2006. 8. 25. 건설교통부고시 제2006-330호로 제정되었고, 6회에 걸쳐 개정되어 현재에 이르고 있다. 현재의 국토교통부 고시 운영규정은 제1조부터 제6조까지 목적, 설립추진위원회의 설립에 관한 절차, 구성 및 추진위원 결격사유, 운영규정의 작성방법, 설립추진위원회의 운영, 해산 및 승계제한에 관한 내용 등 필수적인 사항을 규정하고 있다.

한편, 국토교통부 고시 운영규정은 [별표]로 '설립추진위원회 운영규정안'을 첨부하고 있고, 실무에서 거의 대부분의 설립추진위원회는 위 '운영규정안'을 그대로 자치법규인 운영규정으로 채택하고 있음은 앞서 본 바이므로, 이는 사실상 설립추진위원회의 자치법규에 해당한다 할 것이어서 이 부분에 관하여 자세히 살펴본다.

나. 국토교통부 고시 '설립추진위원회 운영규정안'의 적용범위

국토교통부 고시 운영규정에서 별표로 첨부한 '설립추진위원회 운영규정안'의 적용범위와 관련하여, 설립추진위원회는 '설립추진위원회 운영규정안' 중 일부에 대하여는 반드시 운영규정에서 확정하고, 일부는 수정 및 보완이 가능함을 명시하고 있다(국토교통부 고시 운영규정 제3조 제2항).

(1) 확정 조항

명칭, 사업시행구역, 사무소, 위원의 선임 및 변경은 운영규정에 반드시 확정되어야 한다(제1호).

(2) 변경가능 조항

① 설립추진위원회에 사무국을 두거나 유급직원을 두는 것, ② 상근위원 및 유급직원에 대하여 별도의 보수규정을 따로 정하여 보수를 지급하는 것, ③ 용역업체의 선정, ④ 운영경비의 부과 및 징수, ⑤ 설립추진위원회 또는 전문관리업자는 주민총회 또는 기관으로서의 추진위원회 회의가 있은 때에는 서류 및 관련 자료와 속기록 녹음 또는 영상자료를 만들어 조합에 인계하고, 토지등소유자의 위 속기록 등의 요청방법, 활용 등의 규정은 사업특성·지역상황을 고려하여 법에 위배되지 아니하는 범위 안에서 수정 및 보완할 수 있다. 사업추진상 필요한 경우 운영규정안에 조·항·호·목 등을 추가할 수 있다(제2호).

(3) 한계

설립추진위원회가 운영규정안에 대하여 수정·보완 또는 추가하는 사항 중 법·관계법령, 관련 행정기관의 처분에 위배되는 경우에는 효력 없다.

제2절 설립추진위원회 구성승인처분

Ⅰ. 법적 성격

1. 조합설립인가 처분과는 별개의 독립된 처분

법은 설립추진위원회는 추진위원장을 포함한 5인 이상의 추진위원 및 운영규정에 대하여 토지등소유자 과반수의 동의를 받는 등 단체결성행위를 거쳐 시장·군수등의 승인 등을 받아야 하고, 조합은 그와 별도로 토지등소유자들의 가중된 특별다수 법정 동의 이후 창립총회의 결의를 통하여 정관을 확정하고 임원을 선출하는 등의 단체결성행위를 거쳐 시장·군수등의 인가를 받아야 한다. 위와 같이 설립추진위원회와 조합은 별개의 단체이므로, 설립추진위원회 구성승인처분은 조합설립인가처분과는 그 법률요건이나 효과가 다른 별개의 독립적인 행정처분이다.

2. 강학상 인가

설립추진위원회 구성승인처분의 법적 성격에 대해서는 강학상 허가 또는 특허로 보는 견해와 강학상 인가로 보는 견해로 나누어진다.

가. 학 설

(1) 인가설

비법인사단인 설립추진위원회를 구성하는 행위는 기본행위이고, 구성승인처분은 이를 보충하여 그 효력을 부여하는 보충행위이다. 강학상 특허임이 명백한 조합설립인가의 경우에는 이로써 조합에 대하여 행정주체의 지위가 부여되고 수용권 또는 매도청구권 등이 발생하나, 설립추진위원회 구성승인처분의 경우에는, 설립추진위원회에 대하여 특별한 지위(권리, 능력)가 부여되지 않고 포괄적 법률관계를 설정하는 것도 아니며, 단지 설립행위를 보충하는 처분에 불과하므로 강학상 인가로 보아야 한다.[13)

(2) 허가 또는 특허설

설립추진위원회 구성승인처분은 이로 인하여 설립추진위원회가 조합설립인가를 받기 위한 준비업무 수행 등을 주된 업무로 하여, 토지등소유자들로부터 조합설립동의를 받고, 창립총회의 개최나 조합설립인가를 신청할 수 있는 권한이 인정되므로, 그와 같은 권한을 부여하는 의미에서 이는 강학상의 특허이다.[14)

나. 판 례

판례는 설립추진위원회의 구성을 승인하는 처분은 조합의 설립을 위한 주체에 해당하는 비법인 사단인 설립추진위원회를 구성하는 행위를 보충하여 그 효력을 부여하는 처분인 데 반하여, 조합설립인가처분은 법령상 요건을 갖출 경우 법상 정비사업을 시행할 수 있는 권한을 가지는 행정주체(공법인)로서의 지위를 부여하는 일종의 설권적 처분이므로, 양자는 그 목적과 성격을 달리한다고 판시하여 강학상 인가임을 명확히 하고 있다.[15)

---

13) 이승훈, 조합설립추진위원회 설립승인 무효확인, 행정판례연구 19-2집(2014), 박영사, 185쪽, 이영동, 재개발·재건축조합의 설립과 설립무효, 사법논집 제49집(2009), 178쪽.
14) 이우재, 전게서(상), 382-383쪽, 김선희, 전게논문, 156-157쪽.

한편 판례는 토지등소유자 과반수의 동의라는 설립추진위원회 구성요건의 하자에 대하여 설립추진위원회의 구성 자체에 관한 하자임과 동시에 설립추진위원회 구성승인처분에 관한 하자에 해당한다고 보고 있고, 또한 그 경우 관할 행정청을 상대로 설립추진위원회 구성승인처분의 효력을 다투는 소송에서 관할 행정청이 피고적격을 가지고, 그와 같은 소송이 적법함을 전제로 본안 판단을 하고 있다.[16] 이는 기본행위의 하자를 이유로 보충행위를 다툴 수 있다는 점에서 전형적인 보충행위로서의 강학상 인가와 부합하지 아니한다. 이에 대하여 구성승인처분은 설권행위임이 명백한 조합설립인가처분에 선행하는 예비적 결정임을 이유로 위 판례를 비판하는 견해가 있다.[17]

다. 결론(강학상 인가)

설립추진위원회 구성승인처분은 강학상 인가로 보아야 한다. 그 논거는 다음과 같다.

① 강학상 특허임이 명백한 조합설립인가처분의 경우에는 이로써 조합은 행정주체의 지위라는 새로운 법률상의 권한이 부여됨에 반해 설립추진위원회는 구성승인처분으로 인하여 특별한 권한이 부여되지는 아니한다(법 제67조 제3, 4항은 재건축사업에 있어 주택단지 안의 토지 소유자에 대하여 일정한 사유가 있는 경우 설립추진위원회가 토지분할협의를 할 수 있고, 협의 불성립 시 법원에의 제소권이 인정되나, 이를 새로운 권한의 부여로 보기 어렵다).

② 비록 판례가 토지등소유자 과반수의 동의라는 설립추진위원회 구성요건의 하자에 대하여 설립추진위원회 구성승인처분의 하자임을 전제로 관할 행정청을 상대로 구성승인처분의 취소를 구하는 것을 허용하고 있으나, 이는 강학상의 인가인 사업시행계획이나 관리처분계획의 경우 별도로 기본행위로서의 처분을 다투는 방법이 마련되어 있고, 이에 따라 기본행위가 효력이 없는 경우 보충행위도 효력을 상실하나, 구성승인처분의 경우 과반수의 동의여부에 대한 기본행위를 다툴 길이 없기 때문에 부득이 기본행위의 하자로 인한 구성승인처분의 효력을 상실시키

---

15) 대법원 2013. 12. 26. 선고 2011두8291 판결.
16) 대법원 2013. 1. 31. 선고 2011두11112, 2011두11129 판결, 대법원 2009. 6. 25. 선고 2008두13132 판결, 대법원 2011. 7. 28. 선고 2011두2842 판결, 대법원 2009. 6. 25. 선고 2008두13132 판결, 대법원 2008. 7. 24. 선고 2007두12996 판결.
17) 김종보, 전게서, 456쪽 내지 459쪽.

기 위한 방편을 마련할 필요성 때문에 허용하고 있는 것으로 보이므로, 그것만으로 설립추진위원회 구성승인처분을 강학상의 특허로 볼 수는 없다.

Ⅱ. 구성승인행위의 기속행위 여부

설립추진위원회 구성승인신청이 승인의 요건을 구비하였더라도, 행정청이 재량으로 이를 거부할 수 있는지 여부가 문제된다. 어떤 행정행위가 기속행위인지, 재량행위인지 여부는 이를 일률적으로 규정지을 수는 없고, 당해 행위의 근거가 된 법규의 체제·형식과 그 문언, 당해 행위가 속하는 행정 분야의 주된 목적과 특성, 당해 행위 자체의 개별적 성질과 유형 등을 모두 고려하여 판단하여야 한다.[18)]

판례는 시장·군수등은 법 시행규칙 [별지 제3호 서식] '설립추진위원회 승인신청서'에 토지등소유자의 명부, 토지등소유자 과반수의 동의서, 추진위원장을 포함한 5인 이상의 추진위원 선정을 증명하는 서류 등이 첨부된 것을 확인한 경우 구성을 승인하여야 한다고 판시하고 있다.[19)]

구성승인처분은 상대방에게 권리나 이익을 부여하는 효과를 가진 이른바 수익적 행정처분이기는 하나, 설립추진위원회는 조합설립이라는 제한적인 목적 범위 내에서 존재하는 점, 토지등소유자 과반수의 동의를 필요로 하고, 정비구역 내에는 하나의 설립추진위원회만이 가능한 점, 설립추진위원회는 조합설립 시까지 한시적으로만 존재하는 점 등을 종합하여 보면, 기속행위로 봄이 타당하다.

Ⅲ. 설립추진위원회 구성승인 후 정비구역면적 변경과 변경승인

1. 변경승인의 요부

가. 문제의 소재

설립추진위원회 구성승인 후 정비구역 면적이 변경되는 경우, 토지등소유자의 범위가 달라지는바, 그 경우 설립추진위원회는 행정청의 변경승인을 받을 필요가

---

18) 대법원 2001. 2. 9. 선고 98두17593 판결, 대법원 2014. 4. 10. 선고 2012두16787 판결.
19) 대법원 2009. 6. 25. 선고 2008두13132 판결, 대법원 2008. 7. 24. 선고 2007두12996 판결.

있는지 여부가 문제된다. 법 제31조가 구성승인에 관하여만 규정할 뿐, 변경승인에 관하여는 규정하고 있지 않아 해석상 이를 인정할 것인지 여부가 쟁점이다.

나. 학 설

(1) 변경승인 불요설

당초 구성승인을 받은 설립추진위원회가 후에 면적 변경 등이 있었다고 하더라도 동일성을 상실하지 않고 변경된 면적을 기초로 조합설립업무를 추진할 수 있으며 명문의 규정이 없으므로 별도의 변경승인을 필요로 하지 않는다.[20] 그 논거는 다음과 같다.

① 조합설립인가처분 전에 정비구역 면적이 변경되었다고 하여 변경동의를 받거나 추가 동의를 받도록 하는 것은 정비사업의 신속하고 원활한 추진을 저해한다.

② 당초 설립추진위원회 설립에 동의하였다고 하더라도 정비구역 면적 변경 등으로 인하여 정비사업이 추진되기를 원하지 않는 경우에는 얼마든지 조합설립 동의를 하지 않는 방법으로 견제할 수 있다.

(2) 변경승인 필요설

행정청의 구성승인은 설립추진위원회가 구성승인 신청 당시의 정비구역에서 조합설립을 목적으로 사업을 추진하는 것을 전제로 한 것이므로, 정비구역의 면적이 변경되면 변경승인 필요하고, 면적이 확대된 경우에는 확대된 부분의 토지등소유자의 동의도 필요하다.

다. 판 례

법이 '정비구역지정 고시 후'로 추진위원회 구성시기를 명시한 2009. 2. 6. 법률 제9444호로 개정되기 전의 판례이다. 판례는 정비예정구역만 지정된 상태에서 설립추진위원회가 구성승인처분을 받았다가 그 후 지정된 정비구역이 정비예정구역보다 확대된 사안에서, 당초 설립추진위원회의 신청서에 기재된 사업시행예정구역의 위치 및 면적 등을 토대로 설립추진위원회 구성승인을 한 시장·군수로서는 정비사업 시행구역이 변경된 경우 요건 등을 심사하여 이를 규제할 수 있다고 보

---

20) 김선희, 전게논문, 165-166쪽.

는 것이 자연스러운 점 등에 비추어 설립추진위원회는 시장·군수에게 설립추진
위원회 구성 변경승인을 신청할 수 있고, 설립추진위원회 구성에 관한 승인권한을
가지는 시장·군수는 그 변경승인의 권한이 있다고 판시하였다.[21] 변경승인 필요
설을 전제로 한 듯하다.

라. 결 론

(1) 변경승인필요설이 타당하다. 그 논거는 다음과 같다.

① 법 시행규칙 [별지 제3호 서식] '설립추진위원회 승인신청서'에는 사업시행
예정구역의 명칭, 위치 및 면적이 필수적 기재사항이고, 시장·군수등의 구성승인
은 위 사업시행예정구역을 전제로 이루어진다. 따라서 정비구역의 면적이 변경되
는 경우 시장·군수등의 심사 및 승인권을 보장하기 위하여 변경승인이 필요하다.

② 법 제31조는 설립추진위원회의 구성승인에 대한 규정을 두고 있으므로, 승
인받은 사항을 변경하는 경우에는 명문의 규정이 없다 하더라도 변경승인이 해석
상 인정될 수 있다. 나아가 국토교통부 고시 운영규정 제4조 제2항이 '설립추진위
원회는 구성승인 후에 위원장 및 감사를 변경하고자 하는 경우 시장·군수등의
승인을 받아야 한다.'고 규정하고 있으므로, 정비구역의 면적변경은 추진위원장이
나 감사 변경 시의 위 승인규정을 유추적용 할 수 있다.

③ 면적이 확대되는 경우 새롭게 정비구역에 포함된 토지등소유자로 하여금
설립추진위원회 구성에 대한 동의의 기회를 부여함이 타당하다. 나아가 법 시행규
칙 [별지 제4호 서식] '설립추진위원회 구성동의서'에는 운영규정을 첨부하여야 하
고, 첨부하는 운영규정에는 사업시행구역의 위치 및 면적이 반드시 확정되어야 하
므로(국토교통부 고시 운영규정 제3조 제2항 제1호), 사업시행구역의 위치 및 면적은
설립추진위원회 구성과 관련하여 토지등소유자의 동의의 대상이었다.

(2) 한편 정비구역의 위치 및 면적 변경이 종전과 동일성을 유지할 수 없을 정
도라면 기존의 동의도 유효하다고 보기 어려우므로, 기존 동의자들에 대하여 변경

---

21) 대법원 2014. 2. 27. 선고 2011두2248 판결(법 시행령이 2009. 8 11. 대통령령 제21679호로 개정
되면서 제23조로 정비사업의 시행범위를 확대 또는 축소하려는 때에는 토지등소유자의 과반수 또
는 추진위원회의 구성에 동의한 토지등소유자 3분의 2 이상의 토지등소유자의 동의를 받아야 한다
고 규정하고 있었으므로, 판례는 위 규정도 그 근거로 들고 있으나, 위 규정은 2018. 2. 9. 대통령
령 제28628호로 전부개정 되면서 삭제되었다).

된 정비구역을 대상으로 한 새로운 동의서 징구가 필요하다.

2. 경미한 사항의 신고여부

가. 문제의 소재

조합설립인가처분의 경우 조합이 인가받은 사항 중 경미한 사항을 변경함에 있어서는 총회의 의결 없이 시장·군수등에게 신고만으로 가능하고(법 제35조 제5항 단서), 정비구역의 면적이 10% 미만 변경되는 경우에는 경미한 사항에 해당한다(법 시행령 제31조 제8호). 설립추진위원회 구성승인처분의 경우에도 정비구역의 면적이 10% 미만 변경 시, 위 규정을 유추적용하여 신고만으로 가능할 것인지 여부가 문제된다.

나. 유추적용불능

유추적용은 허용되지 않는다고 봄이 타당하다. 그 논거는 다음과 같다.

① 법 제31조가 설립추진위원회의 구성승인에 대한 규정을 두고 있으므로, 승인받은 사항을 변경하는 경우에는 명문의 규정이 없다 하더라도 변경승인이 해석상 인정될 수 있으나, 경미한 사항의 변경신고는 예외에 해당한다. 예외에 해당하는 사항은 명문의 규정이 있는 경우에 한하여 허용될 수 있는바, 설립추진위원회 구성 변경승인처분에 대하여는 경미한 사항의 변경에 관한 명문의 규정이 없다.

② 구성승인처분은 앞서 본 바와 같이 행정청이 그 요건에 해당하면 반드시 승인하여야 하는 기속행위이므로, 경미한 사항 변경에 따른 신고 수리와 특별한 차이가 없다.

3. 일반 변경승인과 새로운 구성승인으로서의 변경승인

가. 정비구역의 동일성이 유지되는 정비구역 면적변경

정비구역 면적의 변경이 있으나 당초 승인의 전제가 된 정비구역과 동일성이 유지되는 정도의 면적변경의 경우, 종전 토지등소유자의 동의서의 효력은 유지되고, 변경승인처분은 종전 구성승인처분을 그대로 둔 채 일부 변경된 부분만을 심사하여 변경승인한 것이므로, 당초승인과 변경승인처분은 병존한다.

정비계획은 정비구역의 면적을 10% 미만의 범위에서 변경하는 경우 경미한 사항의 변경으로 규정하고 있고(법 시행령 제13조 제4항 제1호), 조합설립인가처분의 경우에도 동일한 점(법 시행령 제31조 8호) 등에 비추어 정비구역 면적변경이 10% 미만인 경우 정비구역의 동일성이 유지되는 점은 명백하다. 문제는 어느 정도의 면적변경이 정비구역의 동일성을 상실하게 하는가이다.

토지등소유자를 확정하는 정비구역의 위치 및 면적은 정비사업의 기초로서 중요한 요소인 점, 법은 종전 정비계획에서 정한 건축계획의 범위에서 주택건립 세대수를 30% 이내로 증가하는 변경에 대하여는 경미한 사항의 변경으로 규정함에 반해(법 시행령 제13조 제4항 제12호, 서울시 조례 제11조 제1항 제8호), 정비구역 면적 변경의 경우에는 보다 엄격히 10% 미만의 범위에서 변경만을 경미한 사항의 변경으로 인정하는 점, 구 법 시행령 제23조(2018. 2. 9. 대통령령 제28628호로 전부개정되기 전의 것)는 추진위원회는 정비사업의 시행범위를 확대 또는 축소하려는 때에는 토지등소유자의 과반수 또는 추진위원회의 구성에 동의한 토지등소유자의 3분의 2 이상의 토지등소유자의 동의를 받아야 한다고 규정하고 있었던바, 이는 정비사업 시행범위의 변경이 토지등소유자에게 미치는 영향이 중대함에 기인한 점 등에 비추어 정비구역 면적이 10% 이상 변경되는 경우에는 정비구역의 동일성이 상실된 것으로 보아야 한다.[22]

나. 정비구역의 동일성이 유지되지 않는 정비구역 면적변경

⑴ 변경승인의 법리

정비구역의 동일성이 유지되지 않을 정도로 정비구역의 면적이 변경된 경우, 즉 10% 이상 정비구역의 면적이 변경된 경우, 설립추진위원회는 새롭게 전체 토지등소유자의 과반수 동의를 받은 후 종전 구성승인처분을 대체하는 새로운 구성승인처분으로서 변경승인을 받아야 한다.

위와 같은 변경승인처분을 받은 경우, 종전 설립추진위원회 구성승인처분은 변경승인처분에 흡수되어 존재하지 않게 되었으므로, 변경승인처분에 대하여 하자가 있음을 주장하며 다투는 것은 별론으로 하고, 과거의 법률관계인 종전 설립추진위

---

[22] 설립추진위원회는 한시적 조직이므로 명시적 판례를 찾기 어려우나, 정비구역 면적의 10% 이상 변경의 경우 본질적인 변경으로 보는 듯한 하급심 판례가 있다(대법원 2013. 12. 26. 선고 2011두8291 판결의 하급심인 서울고등법원 2011. 3. 29. 선고 2010누38105 판결).

원회 구성승인처분의 효력을 다투는 것은 권리보호의 이익이 없다.

판례도 정비구역의 면적이 19,371.8㎡에서 77,200.2㎡가 증가하여 96,572㎡로 되어, 기존 설립추진위원회가 확대된 전체 면적의 토지등소유자로부터 새롭게 과반수 동의를 받아 변경승인처분을 획득한 사안에서, 변경승인처분은 면적이 대폭 확대된 정비구역 전체에 대하여 전체 토지등소유자 수와 동의자 수에 터 잡아 다시 새로운 승인처분을 한 것이므로 종전 설립추진위원회 구성승인처분은 효력을 상실하고, 그러한 종전 구성승인처분의 효력을 다투는 것은 권리보호의 이익이 없다고 판시하였다.[23]

(2) 기존의 사업구역을 전제로 한 토지등소유자 동의서의 효력

정비구역의 동일성이 유지되지 않는 정비구역 면적변경의 경우, 기존의 사업구역을 전제로 한 토지등소유자의 동의서는 효력이 없음에도, 설립추진위원회가 변경된 구역을 전체로 하여 구성승인처분을 받음에 있어 종전 동의서를 사용한 경우 변경승인처분의 효력이 문제된다.

토지소유자등이 정비구역이 정해지기 전에 임의로 그 구역을 예상하여 설립추진위원회 설립에 동의하였다가 나중에 확정된 실제 사업구역이 동의 당시 예정한 사업구역과 동일성을 인정할 수 없을 정도로 달라진 때에는, 정비구역이 정해지기 전의 동의를 구성승인을 신청하는 당해 설립추진위원회 구성에 관한 동의로 볼 수 없어 이에 기초한 구성승인처분은 위법하다는 앞서 본 판례(2011두2842 판결)에 비추어 설립추진위원회가 변경된 구역을 전체로 하여 구성승인처분을 받음에 있어 종전 동의서를 사용하였다면, 그와 같은 변경승인처분은 위법하다.

Ⅳ. 구성승인거부처분과 구성승인처분의 효과

1. 구성승인거부처분

시장·군수등은 설립추진위원회 구성승인 신청이 법정 요건에 부합하지 않는 경우 거부의 의미로 반려하게 된다. 우선 설립추진위원회 구성에 동의한 토지등소유자의 경우에는 이를 다툴 법률상 이익이 인정된다. 다만 동의하지 않은 토지등

---

23) 대법원 2012. 9. 27. 선고 2011두17400 판결.

소유자는 그와 같은 거부처분으로 인하여 어떠한 권리의무에 영향을 받은 바가 없으므로 이를 다툴 법률상 이익이 인정되지 아니한다. 법령상 처리기간이나 간주규정이 존재하지 않아 승인 또는 거부가 장기간 지체되는 경우가 있다. 그 경우에는 부작위위법확인소송을 제기할 수 있다.

2. 구성승인처분의 효과

시장·군수등은 토지등소유자 과반수의 동의 등 법정요건이 구비된 경우 구성승인처분을 하여야 함은 앞서 본 바이다. 구성승인처분의 효과 및 그에 대한 법률상 쟁송에 관하여 살펴본다.

가. 효 과

(1) 조합설립 추진 가능

설립추진위원회는 행정청의 구성승인이 있으면 조합설립을 추진하는 행위가 가능하다.

(2) 추진위원장에 대하여 벌칙 적용에서 공무원 의제

승인처분 이후 추진위원장은 형법 제129조부터 제132조까지의 규정을 적용할 때는 공무원으로 의제된다(법 제134조).

(3) 추가적인 설립추진위원회 구성 차단

승인을 받은 설립추진위원회는 사업시행구역 내에서 유일하게 조합설립을 위한 활동을 할 수 있다. 승인받은 설립추진위원회가 구성되어 있음에도 불구하고 임의로 설립추진위원회를 구성하여 정비사업을 추진한 자는 형사처벌의 대상임은 앞서 본 바이다.

(4) 설립추진위원회의 행정주체 지위 존재 여부

조합설립인가처분의 경우에는 조합에 행정주체의 지위가 인정된다. 설립추진위원회 구성승인처분에 의하여 설립추진위원회에 행정주체의 지위가 부여되는지 여부도 문제되나, 설립추진위원회는 구성승인처분에 의하여 특별한 권한이 법상 부여되지는 아니하는 점, 설립추진위원회는 조합과 달리 법률상 등기할 수 있는 규정이 존재하지 아니하여 민법상의 비법인사단에 불과한 점 등에 비추어 행정주체로서의 지위는 인정되지 아니한다.

나. 구성승인처분에 대한 법률상 쟁송

(1) 문제의 소재

설립추진위원회 구성에 동의한 토지등소유자가 구성승인처분에 대하여 다툴 법률상 이익이 없음은 명백하다. 설립추진위원회 구성에 동의하지 아니한 토지등소유자의 경우 설립추진위원회가 구성된다 하더라도, 설립추진위원회의 행위로 인한 비용에 대하여 어떠한 부담도 지지 않고, 주민총회의 출석권·발언권 및 의결권, 추진위원회 위원의 선임·선출권 등 권리만이 인정되므로, 구성승인처분을 다툴 수 있는 원고적격 또는 법률상 이익이 있는지 여부가 문제된다.

(2) 판단(법률상 이익 긍정)

설립추진위원회가 조합을 설립할 경우 법 제34조 제3항에 의하여 설립추진위원회가 행한 업무와 관련된 권리와 의무는 조합이 포괄승계한다. 조합이 설립된 경우 재개발사업에서의 정비구역 내 토지등소유자는 같은 법 제39조 제1항에 의하여 당연히 그 조합원으로 되어 설립추진위원회가 행한 업무에 직접적 영향을 받게 되므로, 설립추진위원회 구성승인처분에 대하여 법이 보호하는 직접적이고 구체적인 법률상 이익이 있어 구성승인처분 취소소송의 원고적격이 있다.[24]

재건축사업과 관련하여서는 조합이 설립되더라도 재건축사업에 동의한 토지등소유자만이 조합원이 되기는 한다. 그러나 하나의 정비구역 안에서 복수의 설립추진위원회 구성에 대한 승인은 허용되지 않으므로, 위법한 구성승인처분의 존재로 인하여 새로운 설립추진위원회 구성이 불가능하다. 따라서 재건축사업에 있어서도 설립추진위원회 구성에 동의하지 아니한 정비구역 내의 토지등소유자의 경우 새로운 조합설립위원회 구성을 위하여 종전 구성승인처분의 위법을 다툴 수 있는 원고적격 또는 법률상 이익이 인정된다.

---

24) 대법원 2007. 1. 25. 선고 2006두12289 판결.

제3절 구성승인처분의 취소 및 설립추진위원회 해산

Ⅰ. 구성승인처분의 취소

구성승인이 도시정비법 또는 위 법에 따른 명령·처분에 위반되었다고 인정되는 때에는 국토교통부장관, 특별시장, 광역시장 또는 도지사는 시장·군수등에게 감독권에 기하여 설립추진위원회 구성승인 처분의 취소·변경 또는 정지 등 필요한 조치를 취할 수 있다(법 제113조). 승인을 취소하는 경우에는 반드시 청문절차를 거쳐야 한다(법 제121조 제2호). 구성승인처분을 행한 시장·군수등은 승인처분에 하자가 있는 경우 직권으로 이를 취소할 수 있다.

Ⅱ. 구성승인처분의 취소간주

1. 정비구역의 직권해제로 인한 취소간주

설립추진위원회가 설립추진위원회 승인일부터 2년이 되는 날까지 조합설립인가를 신청하지 아니하는 경우에는 원칙적으로 정비구역 지정권자의 필요적 정비구역 해제사유가 되고[법 제20조 제1항 제2호 (다)목], 설립추진위원회 구성에 동의한 토지등소유자의 2분의 1 이상 3분의 2 이하의 범위에서 시·도조례로 정하는 비율 이상의 동의로 정비구역의 해제를 요청하는 경우 등은 정비구역 지정권자의 재량적 정비구역 해제사유가 된다(법 제21조 제1항 제5호).

위와 같은 정비구역 해제사유에 따라 정비구역 지정권자가 정비구역에 대하여 해제·고시한 경우, 설립추진위원회 구성승인은 취소된 것으로 간주되고, 시장·군수등은 해당 지방자치단체의 공보에 그 내용을 고시하여야 한다(법 제22조 제3항). 여기에서 말하는 설립추진위원회 승인의 '취소'는 정비계획 해제의 효력에서 본 바와 같이 구성승인의 효력을 장래에 향해 소멸시키는 행정행위의 '철회'임은 앞서 본 바이다.

2. 재개발 · 재건축사업의 공공시행 등

① 천재지변 등 법 제26조 제1항 각 호의 요건에 해당하여 시장·군수등이 직접 정비사업을 시행하거나 토지주택공사등을 사업시행자로 지정하여 정비사업을 시행하는 경우, ② 법 제27조 제1항 각호의 요건에 해당하여 시장·군수등이 신탁업자 등 지정개발자를 사업시행자로 지정하여 정비사업을 시행하는 경우에는 사업시행자로 지정·고시한 다음 날에 설립추진위원회의 구성승인이 취소된 것으로 본다. 이 경우 시장·군수등은 해당 지방자치단체의 공보에 해당 내용을 고시하여야 한다(법 제26조 제3항, 제27조 제5항). 이 또한 구성승인의 효력을 장래에 향해 소멸시키는 행정행위의 '철회'이다.

III. 설립추진위원회의 신고 해산

1. 필요성

하나의 사업구역 내에는 하나의 설립추진위원회만이 가능하므로, 설립추진위원회가 구성승인 당시에는 토지등소유자 과반수의 동의를 얻어 구성되었으나 그 후 사업구역 내 토지등소유자의 대표성을 상실한 경우에는 해산하고, 새롭게 토지등소유자의 의사를 대표하는 설립추진위원회를 구성할 필요성이 있다. 따라서 설립추진위원회의 해산은 반드시 필요하다.

2. 요 건

가. 국토교통부 고시 운영규정 제5조 제3항

국토교통부 고시 운영규정 제5조 제3항은 설립추진위원회는 조합설립인가 전 설립추진위원회를 해산하고자 하는 경우 설립추진위원회 동의자 3분의 2 이상 또는 토지등소유자의 과반수 동의를 받아 시장·군수등에게 신고하여 해산할 수 있다고 규정하고 있다. 문제는 설립추진위원회가 해산신고하지 않는 경우에 해산에 동의한 토지등소유자들 스스로 해산신고가 가능한 것인지 여부이다.

나. 판 단

국토교통부 고시 운영규정 제5조 제3항은 토지등소유자의 동의에 의한 설립추진위원회 해산규정을 둠으로써 파행적으로 운영되는 설립추진위원회를 해산시키고 토지등소유자의 대표성을 가지는 설립추진위원회를 구성할 수 있도록 하기 위하여 규정된 조항으로서, 전체적인 문맥상 해산신고의 주체를 설립추진위원회로 제한하고 있다고 보이지 않으며, 토지등소유자의 과반수가 적법하게 설립된 설립추진위원회의 해산에 동의하였음에도 설립추진위원회가 스스로 해산신고를 하지 아니한 채 조합설립 행위를 계속함은 부당하므로, 해산에 동의한 토지등소유자들 스스로 해산신고를 할 수 있다고 해석하는 것이 위 조항의 취지에 부합한다.[25]

3. 해산 후의 절차

설립추진위원회의 법적인 성격은 민법상의 비법인사단인 점, 국토교통부 고시 운영규정안 제37조 제1항은 설립추진위원회에 관하여는 법에 규정된 것을 제외하고는 민법의 규정 중 사단법인에 관한 규정을 준용한다고 규정하고 있는 점 등에 비추어 보면, 설립추진위원회의 해산에 있어서는 민법 제77조 내지 제96조에서 정하고 있는 법인의 해산에 관한 규정 중 법인등기를 전제로 하는 규정을 제외한 나머지 규정이 준용될 수 있다.

---

25) 대법원 2009. 1. 30. 선고 2008두14869 판결.

제4장 설립추진위원회의 업무

I. 총 설

설립추진위원회가 수행할 수 있는 업무는 전문관리업자의 선정 및 변경, 설계자의 선정 및 변경, 개략적인 정비사업 시행계획서의 작성, 설립추진위원회 운영규정의 변경, 토지등소유자로부터 조합설립을 위한 동의서 접수, 조합설립을 위한 창립총회의 준비 및 개최, 조합정관의 초안 작성, 그 밖에 설립추진위원회 운영규정이 정하는 사항[설립추진위원회는 조합설립 동의를 받기 전에 반드시 토지등소유자에게 추정분담금 등 대통령령으로 정하는 정보(토지등소유자별 분담금 추산액 및 산출근거)를 제공하여야 하는바(법 제35조 제10항), 이를 위해 필요한 경우 감정평가업자를 선정할 수 있다(국토교통부 고시 운영규정안 제5조 제4항 단서)] 등이 있다.

토지등소유자로부터 동의서의 접수, 창립총회의 준비 및 개최, 조합정관 초안 작성, 감정평가업자의 선정 등은 모두 조합설립인가를 받기 위한 준비업무에 해당하는바, 이는 조합설립인가에서 자세히 살펴보고, 이하에서는 설립추진위원회의 고유의 업무로서 논란이 많은 전문관리업자 또는 설계자의 선정 및 변경, 개략적인 정비사업 시행계획서의 작성 및 변경, 운영규정의 작성 변경 등을 중심으로 살펴본다.

II. 전문관리업자 또는 설계자의 선정

1. 개 관

정비사업의 공공성 그리고 전문성 등으로 인하여 정비사업 전문관리업제도가 법 제정 당시부터 도입되었다. 이에 따라 법 제정 당시부터 전문관리업자의 선정 및 변경을 설립추진위원회의 업무로 규정하고 있었다. 실무상 설립추진위원회가 사업을 진행함에 있어 전문관리업자를 선정하여 업무를 위탁하거나 자문을 받게 되는 것이 일반적이다. 한편 설계자의 선정 및 변경은 법이 2010. 4. 15. 법률 제 10268호로 개정되면서 정비사업의 업무효율성 제고를 위해 설립추진위원회의 업무로 규정되었다. 설립추진위원회가 전문관리업자를 선정하는 과정에서 여러 비리들이 문제되자, 국토해양부는 2010. 9. 16. 국토해양부 고시 제2010-632호로 설립추진위원회가 전문관리업자를 선정함에 공정성을 유지하여야 하고, 공개경쟁의 방법으로 선정하는 것을 원칙으로 하는 '정비사업전문관리업자 선정기준'을 마련하였다. 그러나 설계자의 선정 및 변경에 관하여는 아무런 규정이 없었다.

그 후 법이 2017. 8. 9. 법률 제14857호로 개정되면서 일반조항으로 추진위원장 또는 사업시행자(청산인을 포함한다)는 대통령령으로 정하는 예외사유가 없는 한 이 법 또는 다른 법령에 특별한 규정이 있는 경우를 제외하고는 일체의 계약을 체결하려면 일반경쟁에 부쳐야 하고(법 제29조 제1항), 일정 규모를 초과하는 계약은 국가종합전자조달시스템을 이용하여야 한다(법 제29조 제2항)고 규정하였다. 그와 같이 계약을 체결하는 경우의 계약의 방법 및 절차 등에 필요한 사항은 국토교통부장관이 정하여 고시하는바(법 제29조 제3항), 이에 따라 정비사업 계약 업무 처리기준(국토교통부고시 제2018-101호, 2018. 2. 9.)이 마련되었다.

위 법률 개정 당시 법 제32조 제2항으로 설립추진위원회가 전문관리업자를 선정하려는 경우에는 설립추진위원회 승인을 받은 후 제29조 제1항에 따른 경쟁입찰 또는 수의계약(2회 이상 경쟁입찰이 유찰된 경우로 한정한다)의 방법으로 선정하여야 한다고 규정하여 앞서 본 일반조항과는 구별되는 별도 규정을 두었다. 법이 시공자(법 제29조 제4항)와 더불어 전문관리업자에 대하여만 위 일반규정과 다른 특유규정을 두고 있는 것은 정비사업과정에서 추진위원장이나 사업시행자가 위탁하는 계약 중 가장 논란이 많은 전문관리업자 및 시공자 선정계약에 대하여는 이를 보다 명확히 규율하기 위함이다. 같은 날 위 '정비사업전문관리업자 선정기준'은 폐지되었다.

설계자에 대하여는 제29조 제1항의 일반규정 외에 서울시 조례 제77조 제3항이 "설립추진위원회는 주민총회에서 법 제29조 제1항에 따른 경쟁입찰 또는 수의계약의 방법으로 건축사법 제23조에 따라 건축사사무소 개설신고 한 자를 설계자로 선정하여야 한다."고 규정하여 설계자 선정에 대하여는 조례에서 특유규정을 두고 있다.

한편, 시장 · 군수등은 정비사업의 투명성 강화 및 효율성 제고를 위하여 시 · 도조례로 정하는 정비사업에 대하여 사업시행 과정을 지원하거나 토지주택공사등에 공공지원을 위탁할 수 있는데, 그 경우에는 전문관리업자의 선정 및 설계자 선정은 시장 · 군수등이나 토지주택공사등이 행하게 되므로(법 제118조 제1, 2항 제2, 3호), 설립추진위원회가 공공지원에 따라 시장 · 군수등이 정한 전문관리업자를 선정하는 경우에는 법 제32조 제2항을 적용하지 아니한다(법 제118조 제5항). 마찬가지로 설립추진위원회가 공공지원에 따라 시장 · 군수등이 정한 설계자를 선정하는 경우에는 서울시 조례 제77조 제3항이 적용되지 아니한다.

전문관리업자는 위탁자인 조합 등과 관계에서의 수임자의 지위에 있고, 뇌물죄 등과 관련한 공무원으로 의제되는 지위에 있다. 자세한 내용은 제11편 제3장 Ⅲ. 전문관리업자 업무 및 지위에서 살펴본다.

2. 전문관리업자 또는 설계자 선정의 전제요건

시장 · 군수등으로부터 설립추진위원회의 구성승인을 받은 이후 전문관리업자를 선정하여야 한다(법 제32조 제1항). 만일 설립추진위원회 구성승인을 받지 아니하고 전문관리업자를 선정한 자는 도시정비법 제136조 제3호에 의하여 3년 이하의 징역 또는 3천만 원 이하의 벌금이라는 형사처벌을 받게 된다. 정비사업 전문관리업제도의 도입과 함께 전문성을 갖추지 못한 전문관리업체의 난립으로 인한 폐해를 방지하기 위하여 등록제도를 통하여 설립추진위원회나 사업시행자 등으로부터 정비사업의 전문관리를 위탁받을 수 있는 능력(자본, 기술인력 등)을 갖추었는지 여부를 확인하는 규정이 신설되었고, 이에 따라 설립추진위원회는 반드시 시 · 도지사에 등록한 전문관리업체 중에서 전문관리업자를 선정하여야 한다.

전문관리업자 등록기준, 결격사유 및 등록취소, 행정청의 전문관리업자에 대한 조사, 감독 등 전문관리업 전반에 대하여는 제11편 제3장에서 자세히 살펴본다.

설계자에 대하여는 선정의 전제요건으로 건축사법 제23조에 따라 건축사사무소 개설신고 한 자일 것을 요한다(서울시 조례 제77조 제3항). 또한 건축사법 제28조의 효력상실처분을 받지 아니하여야 함은 해석상 명백하다(서울시 공공지원 설계자 선정기준 제2조 제1호 참조).

3. 선정방법

설립추진위원회가 전문관리업자를 선정하려는 경우에는 제29조 제1항에 따른 경쟁입찰 또는 수의계약(2회 이상 경쟁입찰이 유찰된 경우로 한정한다)의 방법으로 선정하여야 한다(법 제32조 제2항). 위와 같은 계약의 방법을 위반하여 전문관리업자를 선정한 추진위원장은 법 제136조 제4호에 의하여 3년 이하의 징역 또는 3천만 원 이하의 벌금이라는 형사처벌을 받게 된다. 선정방법에 대하여는 도시정비법령, 서울시 조례 및 국토교통부장관이 고시한 정비사업 계약업무 처리기준(이하 '정비계약업무 처리기준'이라 한다)을 중심으로 살펴본다.

가. 입 찰

(1) 일반경쟁입찰 원칙

설립추진위원회가 전문관리업자·설계자를 선정하기 위해서는 일반경쟁입찰에 부쳐야 한다(정비계약업무 처리기준 제5조 제1항). 2인 이상의 유효한 입찰참가 신청이 있어야 한다.

(2) 예외

정비계약업무 처리기준 제5조 제1항 단서는 법 시행령 제24조 제1항에 해당하는 경우에는 지명경쟁이나 수의계약이 가능하다고 규정하고 있으나, 위 규정내용은 건설공사와 관련된 것으로서 전문관리업자나 설계자 선정에는 해당하지 아니한다.

나. 입찰절차

(1) 입찰공고

설립추진위원회는 입찰서 제출마감일 7일 전까지 전자조달시스템 또는 1회 이상 일간신문(전국 또는 해당 지방을 주된 보급지역으로 하는 일간신문을 말한다)에 입찰을 공고하여야 한다(정비계약업무 처리기준 제9조 제1항).

(2) 입찰공고의 내용

입찰공고의 내용에는 사업계획의 개요, 입찰의 일시 및 장소, 입찰의 방법(경쟁입찰 방법, 공동참여 여부 등), 현장설명회 일시 및 장소(현장설명회를 개최하는 경우에 한한다), 부정당업자의 입찰 참가자격 제한에 관한 사항, 입찰참가에 따른 준수사항 및 위반 시 자격 박탈에 관한 사항, 그 밖에 사업시행자등이 정하는 사항이 반드시 포함되어야 한다(정비계약업무 처리기준 제10조).

(3) 현장설명회(재량사항)

입찰서 제출 전에 현장설명회를 개최하는 경우에는 현장설명회 개최일 7일 전까지 전자조달시스템 또는 1회 이상 일간신문에 입찰을 공고하여야 한다(정비계약업무 처리기준 제9조 제2항). 현장설명회를 개최할 경우 정비구역 현황, 입찰서 작성방법 · 제출서류 · 접수방법 및 입찰유의사항, 계약대상자 선정 방법, 계약에 관한 사항, 그 밖에 입찰에 관하여 필요한 사항 등이 포함되어야 한다(정비계약업무 처리기준 제11조).

(4) 전문관리업자 또는 설계자 선정 등과 관련한 특유절차

전문관리업자 또는 설계자 선정 등과 관련 하여서는 일반계약과 달리 다음과 같은 특징이 있다. 즉, 설립추진위원회는 입찰에 참여한 설계업자, 전문관리업자 등을 선정하고자 할 때에는 이를 토지등소유자가 쉽게 접할 수 있는 일정한 장소의 게시판에 7일 이상 공고하고 인터넷 등에 병행하여 공개하여야 한다. 설립추진위원회는 필요한 경우 설계업자, 전문관리업자 등의 합동홍보설명회를 개최할 수 있다. 또한 설립추진위원회는 합동홍보설명회를 개최하는 경우에는 개최 7일 전까지 일시 및 장소를 정하여 토지등소유자에게 이를 통지하여야 한다(정비계약업무 처리기준 제14조 제1 내지 3항).

다만 입찰에 참여한 자는 토지등소유자 등을 상대로 개별적인 홍보(홍보관 · 쉼터 설치, 홍보책자 배부, 세대별 방문, 개인에 대한 정보통신망을 통한 부호 · 문언 · 음향 · 영상 송신행위 등을 포함한다)를 할 수 없으며, 홍보를 목적으로 토지등소유자에게 사은품 등 물품 · 금품 · 재산상의 이익을 제공하거나 제공을 약속하여서는 아니 된다(정비계약업무 처리기준 제14조 제4항).

(5) 입찰서의 접수 및 개봉

설립추진위원회는 밀봉된 상태로 입찰서(사업 참여제안서를 포함한다)를 접수하여야 하고, 접수한 입찰서를 개봉하고자 할 때에는 입찰서를 제출한 입찰참여자의 대표(대리인을 지정한 경우에는 그 대리인을 말한다)와 사업시행자의 임원 등 관련자, 그 밖에 이해관계자 각 1인이 참여한 공개된 장소에서 개봉하여야 하며, 입찰서 개봉 시에는 일시와 장소를 입찰참여자에게 통지하여야 한다(정비계약업무 처리기준 제13조).

다. 주민총회 의결

전문관리업자 및 설계자의 선정 및 변경은 주민총회의 의결사항이다(국토교통부 고시 운영규정안 제21조 제3호). 그 절차는 다음과 같다.

(1) 추진위원회의 사전심의

주민총회 부의안건에 대하여는 추진위원회(이는 설립추진위원회의 기관이다)의 사전심의를 거쳐야 한다(운영규정안 제25조 제1항 제3호). 주민총회에는 원칙적으로 4인 이상의 입찰대상자를 상정하여야 하는바, 추진위원회가 상정할 입찰대상자를 선정하여야 한다. 다만 입찰에 참가한 입찰대상자가 4인 미만인 때에는 모두 총회에 상정하여야 한다(정비계약업무 처리기준 제15조 제2항).

(2) 주민총회 의결

㈎ 의결 내용

주민총회는 상정된 4인 이상의 입찰참여자 중 1인을 선택하여야 한다.

㈏ 의결방법

주민총회는 설립추진위원회 구성에 동의한 토지등소유자 과반수 출석으로 개의하고 출석한 토지등소유자(동의하지 않은 토지등소유자를 포함한다)의 과반수 찬성으로 의결한다(운영규정안 제22조 제1항). 주민총회 소집결과 정족수에 미달된 경우 재소집하여야 하나, 정족수 미달로 인하여 계속하여 전문관리업자 및 설계자를 선정할 수 없어 정비사업의 진행이 불가능함을 방지하기 위하여 재소집의 경우에도 정족수에 미달되는 때에는 기관인 추진위원회 회의로 주민총회를 갈음할 수 있다(운영규정안 제22조 제5항).

문제는 4인 이상의 입찰대상자를 상정하므로, 그 중 1개 업체가 과반수의 찬성을 획득하는 것이 용이하지 않다. 실제로 여러 차례 개최된 주민총회에서 어떤 업체도 과반수 찬성을 획득하지 못하여 의결이 이루어지지 않아 정비사업이 표류하는 경우가 있다. 그 경우를 대비하여 어떤 업체도 관반수 찬성을 획득하지 못할 시 표결 당일 1, 2위 득표 업체를 대상으로 하는 결선투표를 시행하는 조항을 둘 필요가 있다.

(3) 설립추진위원회와 전문관리업자 및 설계자와의 계약

주민총회가 전문관리업자 또는 설계자를 선정하는 경우, 추진위원장이 전문관리업자 또는 설계자와 계약을 체결하게 된다(법 제29조 제1항, 정비계약업무 처리기준 제17조). 조합이 설립된 이후에는 총회가 선정하는 경우 조합이 계약을 체결하게 된다.

4. 전문관리업자 또는 설계자의 업무

가. 전문관리업자의 업무

조합설립의 동의, 창립총회 개최 및 준비 등 조합설립을 위한 준비업무, 운영규정의 변경, 개략적인 정비사업 시행계획서의 작성 등 설립추진위원회의 모든 업무를 대행하게 된다. 다만 동일한 정비사업에 대하여 설계, 회계감사는 전문관리업자가 병행하여 수행할 수 없다(법 제103조, 법 시행령 제83조는 전문관리업자의 업무제한 등에 대하여 다수 규정하고 있으나, 대부분은 조합설립 이후에서의 업무와 관련된다).

나. 설계자의 업무

추진위원장과 설계자 사이의 계약에 의하여 설계자의 업무가 결정되나, 설계도서 작성, 설계도서 작성을 위한 기초조사(지반조사, 현황측량), 일조분석, 경관분석 및 예정공사비(산출내역서 포함) 산정, 각종 영향평가 등 업무협의 등이 설계자의 일반적인 업무 내용이다(서울시 공공지원 설계자 선정기준 제15조 참조).

5. 전문관리업자 또는 설계자의 조합 설립 이후의 승계 여부

가. 문제의 소재

설립추진위원회 단계에서 선정된 전문관리업자 또는 설계자는 조합이 설립된 이후에도 지위를 그대로 유지하는지 여부가 문제된다. 법 제29조 제1항이 신설되

기 이전에는 법 제34조 제3항이 설립추진위원회가 수행한 업무와 관련된 권리·의무는 조합이 포괄승계한다고 규정하고 있고, 전문관리업자 또는 설계자의 선정은 조합설립 설립추진위원회의 업무이므로 선정의 효과가 당연히 승계되는 것으로 해석되었다. 그러나 법 제29조 제1항이 추진위원장 또는 사업시행자는 이 법 또는 다른 법령에 특별한 규정이 있는 경우를 제외하고는 계약(공사, 용역, 물품구매 및 제조)을 체결하려면 일반경쟁에 부쳐야 한다고 규정하고 있어 위 규정의 해석상 추진위원장 또는 조합이 계약 당사자로서 별개의 총회 등 입찰절차를 거쳐 전문관리업자 또는 설계자와 사이에 반드시 새롭게 계약을 체결해야 하는 것이 아닌가 하는 의문이 제기된다.

특히 법 제137조 제6호는 총회의 의결을 거치지 아니하고 사업을 임의로 추진한 조합임원에 대하여 2년 이하의 징역 또는 2천만 원 이하의 벌금이라는 형사처벌까지 규정하고 있으므로, 그 해석이 중요하다.

나. 포괄승계

법 제29조 제1항은 추진위원장 또는 사업시행자가 별도로 계약을 체결할 수 있음을 선언한 일반규정일 뿐 포괄승계를 배제하는 것으로 보이지 않는 점, 포괄승계를 인정한다 하더라도 조합은 설립된 이후 새롭게 전문관리업자나 설계자를 선정할 수도 있으므로, 조합에 불리한 것으로 보이지 않고, 오히려 포괄승계가 부정되는 경우 조합이 엄격한 절차를 거쳐 전문관리업자나 설계자를 새롭게 선정하여야 하는바, 여기에는 상당한 시간과 비용이 소요되므로 정비사업의 진행에 차질을 초래하는 점 등을 종합하여 보면, 설립추진위원회가 선정한 전문관리업자 또는 설계자의 경우 조합 설립 이후에도 선정의 효과가 승계된다.

Ⅲ. 개략적인 정비사업 시행계획서의 작성

1. 의 의

설립추진위원회는 용적률·건폐율 등 건축계획, 건설예정 세대수 등 주택건설계획, 철거 및 신축비 등 공사비와 부대경비, 사업비의 분담에 관한 사항, 사업완료 후 소유권의 귀속에 관한 사항이 포함된 개략적인 사업시행계획서를 작성하여야 한다(국토교통부 고시 운영규정안 제30조). 이미 작성된 개략적인 정비사업 시행계획서를 변경하기 위해서는 주민총회의 의결을 필요로 한다(국토교통부 고시 운영규정안 제21조 제5호).

설립추진위원회가 토지등소유자로부터 조합설립 동의를 받기 위해서는 법 제35조 제10항에 따른 추정분담금(토지등소유자별 분담금 추산액 및 산출근거) 등에 관한 정보를 제공하여야 하는바, 이를 위해서는 개략적인 정비사업 시행계획서 작성이 전제가 되어야 한다. 결국 이는 조합설립을 위한 준비업무의 일종으로 보인다.

2. 사업시행계획서 변경의 의미

국토교통부 고시 운영규정안에서 주민총회 의결사항으로 규정한 내용들은 주로 토지등소유자의 이해관계에 관련되는 중요한 사항이고, 이는 설립추진위원회의 최고 의사결정기구인 토지등소유자 전원으로 구성되는 주민총회에서 결정되어야 한다는 것이다.

개략적인 사업시행계획서의 변경을 주민총회의 의결사항으로 규정한 것도 같은 취지로 이해된다. 따라서 주민총회 의결을 요하는 사업시행계획서 변경의 의미는 주요부분이 실질적으로 변경되어 주민의 이해관계에 영향을 미치는 것을 내용으로 한다. 단순히 토지등소유자의 숫자가 증가함에 발맞추어 종전의 사업시행계획서를 변경하는 것은 주민총회의 의결을 요하는 실질적 변경으로 보기 어렵다.[26] 따라서 그 경우 설립추진위원회가 주민총회의 의결 없이 새롭게 개략적 사업시행계획을 마련하였다 하더라도, 이는 그 자체로 적법하다.

Ⅳ. 운영규정의 변경

운영규정은 설립추진위원회 구성승인 시 토지등소유자의 과반수의 동의를 얻어 작성된다. 그 후 운영규정의 변경은 토지등소유자의 4분의 1 이상 또는 추진위원회의 의결로 발의한 후, 주민총회의 의결을 거쳐야 한다. 의결은 설립추진위원회 구성에 동의한 토지등소유자 과반수 출석으로 개의하고 출석한 토지등소유

---

26) 서울행정법원 2020. 11. 20. 선고 2019구합73055 판결(현재 서울고등법원 2020누69092호로 계속 중).

자(동의하지 않은 토지등소유자를 포함한다)의 과반수 찬성으로 하며, 운영규정이 변경된 경우 설립추진위원회는 시장·군수등에게 이를 신고하여야 한다(국토교통부 고시 운영규정안 제10조).

V. 시공자 선정 권한 여부

1. 현행 법령의 규정

법 제29조 제4항은 조합은 조합설립인가를 받은 후 조합총회에서 경쟁입찰 또는 수의계약(2회 이상 경쟁입찰이 유찰된 경우로 한정한다)의 방법으로 건설업자 또는 등록사업자를 시공자로 선정하여야 한다고 규정하여 시공자 선정이 조합설립인가 이후에 이루어져야 할 조합의 권한임을 명시하고 있다. 국토교통부 고시 운영규정안 제5조 제4항도 시공자 선정권한은 조합의 권한이고, 설립추진위원회의 업무범위에 포함되지 아니함을 명시하고 있다.

2. 쟁 점

시공자 선정 시기에 관한 법 규정은 여러 차례 개정되었다. 법 제정 당시 조합은 사업시행계획인가를 받은 후 시공자를 선정하여야 한다고 규정하고 있었으나, 그 후 법은 2005. 3. 18. 법률 제7392호로 재건축조합은 사업시행계획인가를 받은 후 시공자를 선정하여야 한다고 규정하였고(재개발조합에 대한 규정은 없다), 다시 2006. 5. 24. 법률 제7960호로 재개발조합은 조합설립인가를 받은 후, 재건축조합은 사업시행계획인가를 받은 후 각 시공자를 선정하여야 한다고 규정하였다. 이에 따라 재개발조합의 경우 2006. 5. 24. 법률 제7960호로 개정(시행일 2006. 8. 25.)되기 이전인 2005. 3. 18.부터 2006. 8. 24.까지 사이에는 시공자 선정 시기 및 선정방법에 관한 법적 공백이 있었다.

실무상 위 기간 동안 설립추진위원회가 시공자를 선정하는 경우 그 시공자 선정에 관한 결의의 효력에 대하여 다툼이 있어 왔다. 나아가 설립추진위원회가 시공자 선정권한이 없음에도, 이를 선정한 경우 법 제34조 제3항에 의하여 조합에 포괄승계되는 것인지 여부도 문제된다.

3. 판 단

가. 2005. 3. 18.부터 2006. 8. 24.까지 사이 재개발조합 설립추진위원회의 시공자 선정

판례는 2005. 3. 18.부터 2006. 8. 24.까지 기간 동안 재개발사업에 있어 시공자 선정 권한에 관하여 명문의 규정이 없으나, 시공자의 선정은 조합총회의 고유 권한이라고 봄이 상당하므로, 설립추진위원회 단계에서 개최한 주민총회 또는 토지등소유자 총회에서 시공자를 선정하기로 한 결의는 무효라고 판시하였다.[27] 다만, 그 후 설립된 조합이 설립추진위원회 단계에서 개최한 주민총회 또는 토지등소유자 총회에서 선정된 시공자 선정결의를 그대로 승인 또는 추인하는 결의는 유효하다.

나. 포괄승계

설립추진위원회가 행한 시공자 선정이 법률상 무효이고, 이에 따라 당연히 조합에도 효력이 없으나, 설립추진위원회의 업무는 조합에 포괄승계 되므로, 그와 관련된 소송이 계속 중에 조합이 설립된 경우, 설립된 조합은 설립추진위원회를 승계하게 된다.

---

27) 대법원 2008. 6. 12. 선고 2008다6298 판결.

Ⅰ. 설립추진위원회의 운영

1. 내 용

설립추진위원회는 스스로 제정한 내부적 자치법규인 운영규정에 따라 운영하여야 하고(법 제34조 2항 전단), 또한 도시정비법·관계 법령, 관련 행정기관의 처분을 준수하야 하며, 그 업무를 추진함에 있어 사업시행구역안의 토지등소유자의 의견을 충분히 수렴하여야 한다(운영규정 제4조 제1항). 설립추진위원회는 토지등소유자의 명부와 설립추진위원회 구성에 동의한 토지등소유자의 명부를 작성하여 관리하여야 한다(운영규정안 제12조).

설립추진위원회는 구성승인 이후 추진위원장 및 감사를 변경하고자 하는 경우에는 시장·군수등의 승인을 받아야 하며, 그 밖의 경우 시장·군수등에게 신고하여야 한다(운영규정 제4조 제2항). 신고사항으로는 운영규정이 변경된 경우, 추진위원이 변경된 경우 등이 있다(운영규정안 제10조 제2항, 제18조 제3항).

2. 경비부담

가. 문제의 소재

설립추진위원회의 운영과정에서는 필연적으로 경비가 소요된다. 법 제34조 제2항은 토지등소유자는 운영에 필요한 경비를 운영규정에 따라 납부하여야 한다고 규정하고 있다. 재원의 조달과 관련하여 국토교통부 고시 운영규정안 제32조는 설립추진위원회의 운영 및 사업시행을 위한 자금은 토지등소유자가 납부하는 경비, 금융기관 및 전문관리업자 등으로부터의 차입금, 지방자치단체의 장이 융자하는 융자금으로 한다고 규정하고 있고, 운영규정안 제33조 제1항은 설립추진위원회는 조합설립을 추진하기 위한 비용을 충당하기 위하여 토지등소유자에게 운영경비를 부과징수 할 수 있다고 규정하고 있다. 이와 관련하여 운영경비를 부담하는 토지등소유자가 누구인지가 문제된다. 왜냐하면 도시정비법에서는 설립추진위원회 구성에 동의한 토지등소유자로 제한하고 있지 않기 때문이다. 이하에서는 설립추진위원회 구성에 동의하지 않은 토지등소유자도 경비를 부담할 의무가 있는지 여부를 중심으로 살펴본다.

나. 원칙적 부정

원칙적으로 설립추진위원회 운영에 따른 경비에 대하여 설립추진위원회 구성에 동의하지 않은 토지등소유자가 부담하는 것은 타당하지 않다. 왜냐하면 구성에 동의하지 않은 토지등소유자는 주민총회 개의 정족수에서 제외되고, 추진위원회 위원 피선임, 피선출권이 제한되는 등 동의한 토지등소유자와 비교하여 권리에 제한이 있고, 동의하지 않은 단체의 활동에 따른 비용을 부담하는 것도 합리적이지 않기 때문이다.

국토교통부가 고시한 운영규정안에서도 설립추진위원회 운영경비 및 그 연체료 납부의무는 설립추진위원회 구성에 동의한 토지등소유자로 제한하고 있다(운영규정안 제13조 제1항 단서 제4호).

다. 추후 설립추진위원회 구성에 동의한 자의 경비부담의무

설립추진위원회 구성에 동의하지 아니한 자가 추후 동의서를 제출하여 동의하는 경우, 그 이전의 운영경비에 대한 분담의무를 부담하는지 여부가 문제된다.

국토교통부가 고시한 운영규정안에서는 추후 동의서를 제출하여 동의한 해당 토지등소유자는 설립추진위원회 구성에 동의한 토지등소유자가 납부한 운영경비와 동일한 금액 및 그 금액의 지연납부에 따른 이자를 납부하여야 한다고 규정하고 있다(운영규정안 제12조 제2항).

추후 동의한 토지등소유자는 그동안 설립추진위원회가 활동함에 따른 이득을 향유하는 점, 만일 이미 구성에 동의한 토지등소유자가 납부한 운영경비와 동일한 금액을 납부하지 않는다면, 토지등소유자로서는 가급적 늦게 동의하고자 할 것이고, 그 경우 정비사업의 진행에 중대한 차질을 초래할 것인 점 등에 비추어 구성에 동의한 토지등소유자가 이미 납부한 운영경비와 동일한 금액을 납부할 의무를 부담하는 것은 타당하다. 그러나 지연손해금과 관련하여서는 일률적으로 부과하는 대신 뒤늦게 동의함에 귀책사유가 있는 토지등소유자에 국한하여 부과하여야 할 것이고, 그와 같이 늦게 가입함에 귀책사유가 없는 토지등소유자에 대하여서까지 이를 부과하는 것은 타당하지 아니하다.

라. 조합설립 이후 동의한 토지등소유자의 경비부담의무 여부

(1) 문제의 소재

설립추진위원회가 동의한 토지등소유자들로부터 갹출한 경비 등을 재원으로 조합설립을 위하여 노력한 결과 조합이 설립된 후, 설립추진위원회 단계에서는 동의하지 않은 토지등소유자가 조합원이 된 경우, 그와 같이 조합설립 단계에서 동의한 토지등소유자에 대하여 설립추진위원회 구성에 동의한 토지등소유자가 이미 납부한 운영경비와 동일한 금액 및 그 금액의 지연납부에 따른 이자를 부과할 수 있는지 여부가 문제된다.

(2) 판단

㈎ 재건축사업

조합설립에 동의하여야만 조합원의 지위를 취득하게 되는 재건축사업에 있어서는, 공평의 원칙상 조합설립 이후 동의한 조합원은 설립추진위원회 단계에서 동의한 토지등소유자가 분담하였던 운영경비 등을 부담함이 타당하다.

㈏ 재개발사업

강제가입제가 적용되는 재개발사업의 경우에는 경우를 나누어서 살펴보아야 한다. 즉, 정비사업 그 자체를 반대하여 설립추진위원회 구성뿐만 아니라 조합설립도 반대하나, 법상의 강제가입제 규정에 의하여 부득이 조합원이 된 토지등소유자에게는 그와 같은 경비를 부과할 수 없으나(조합설립에 동의하지 않은 토지등소유자가 분양신청까지 행하지 않아 현금청산대상자가 된 경우에는 경비를 부담한다고 볼 수 없다), 조합설립 이후 정비사업의 진행에 찬성하는 토지등소유자는 공평의 원칙상 위와 같은 경비 등을 부담함이 타당하다. 여기에는 조합설립에 동의하거나 조합설립에 동의하지 않았다 하더라도 분양신청을 한 토지등소유자가 포함된다.

마. 매몰비용

⑴ 토지등소유자의 비용부담

재원의 조달과 관련하여 운영규정안 제32조는 설립추진위원회의 운영 및 사업시행을 위한 자금은 토지등소유자가 납부하는 경비 외에 금융기관 및 전문관리업자 등으로부터의 차입금, 지방자치단체의 장이 융자하는 융자금이 있다고 규정하고 있는바, 정비구역이 해제되어 설립추진위원회 구성승인이 취소된 것으로 간주되는 경우, 설립추진위원회는 사무소 임대차보증금 등 적극재산보다 차입금 또는 융자금 등 소극재산이 훨씬 많은 것이 일반적이다. 그와 같은 매몰비용에 대하여 토지등소유자가 부담하는지 여부가 문제된다.

정비구역의 해제에서 자세히 살펴본 바와 같이 매몰비용 중 일정 부분을 분담하여야 한다는 취지를 설립추진위원회 운영규정이나 주민총회의 결의 또는 설립추진위원회와 토지등소유자와 사이의 약정 등으로 미리 정한 경우 등에 한하여, 설립추진위원회는 토지등소유자를 상대로 그 반환을 구할 수 있다. 그 경우에도 동의한 토지등소유자에 한한다.

⑵ 차입금에 대한 연대보증채무

설립추진위원회가 운영을 위하여 금융기관 및 전문관리업자 등으로부터의 금원을 차입함에 있어, 설립추진위원회를 주도한 추진위원장, 추진위원 등이 연대보증채무를 부담하게 되는 것이 일반적인바, 이는 토지등소유자의 매몰비용 부담과는 별개이다.

Ⅱ. 토지등소유자의 지위

1. 개 관

설립추진위원회 운영규정은 재개발·재건축조합의 정관에 준하는 것으로서, 설립추진위원회라는 단체의 조직, 활동, 구성에 동의한 토지등소유자의 권리의무관계 등 단체법적 법률관계를 규율하는 설립추진위원회와 동의한 토지등소유자에 대하여 구속력을 가지는 자치법규이다. 다만 동의하지 아니한 토지등소유자는 운영규정의 구속을 받지 않는다. 다만 설립추진위원회의 활동에 의하여 조합이 설립되는 경우 그가 업무와 관련하여 행한 권리·의무는 모두 조합에 포괄승계 되는 점, 재개발사업의 경우 강제가입제에 의하여 토지등소유자는 조합원으로 당연가입하게 되는 점, 추후 수용권이나 매도청구에 의하여 자신의 재산을 잃게 될 수도 있는 점 등을 고려하여 실무상 설립추진위원회 운영규정은 동의하지 않은 토지등소유자에 대하여 일정한 권리를 부여하고 있다.

　이하에서는 설립추진위원회를 구성하는 토지등소유자의 지위에 관하여 그들의 권리의무를 규율하고 있는 국토교통부 고시 운영규정 및 실무상 대부분의 설립추진위원회가 운영규정으로 채택하고 있는 국토교통부 고시 운영규정안을 중심으로 살펴본다.

2. 권리 및 의무

가. 권 리

⑴ 주민총회 및 추진위원회(기관) 관련 권리

　주민총회의 출석권, 발언권 및 의결권, 추진위원회 위원의 선임, 선출권은 모든 토지등소유자의 권리로 인정된다. 다만 추진위원회 위원의 피선임, 피선출권은 토지등소유자 중 설립추진위원회 구성에 동의한 자에 한한다(운영규정안 제13조 제1항 제1호 내지 3호). 모든 토지등소유자는 운영규정에 따라 추진위원 해임, 교체요구권도 가진다(법 제33조 제3항).

⑵ 정비사업 내용에 대한 고지 또는 통지 받을 권리

　설립추진위원회는 안전진단 결과(재건축사업에 한함), 전문관리업자의 선정에 관한 사항, 토지등소유자의 부담액 범위를 포함한 개략적인 사업시행계획서, 추진위원회 임원의 선정에 관한 사항, 토지등소유자의 비용부담을 수반하거나 권리, 의무에 변동을 일으킬 수 있는 사항, 법 시행령 제26조에 따른 추진위원회의 업무에 관한 사항, 창립총회 개최의 방법 및 절차, 조합설립에 대한 동의철회(법 제31조 제2항 단서에 따른 반대의 의사표시를 포함한다) 및 방법, 조합설립 동의서에 포함되는 사항을 토지등소유자가 쉽게 접할 수 있는 장소에 게시하거나 인터넷 등을 통하여 공개하고, 필요한 경우에는 토지등소유자에게 서면통지를 하는 등 토

지등소유자가 그 내용을 충분히 알 수 있도록 하여야 한다(운영규정안 제9조 제1
항).

통지는 토지등소유자에게 등기우편으로 개별 통지하여야 하며, 등기우편이 주
소불명, 수취거절 등의 사유로 반송되는 경우에는 1회에 한하여 일반우편으로 추
가 발송한다. 공고는 토지등소유자가 쉽게 접할 수 있는 일정한 장소의 게시판에
14일 이상 공고하고 게시판에 게시한 날부터 3월 이상 설립추진위원회 사무소에
관련서류와 도면 등을 비치하여 토지등소유자가 열람할 수 있도록 한다. 인터넷
홈페이지가 있는 경우 홈페이지에도 공개하여야 한다. 다만, 특정인의 권리에 관
계되거나 외부에 공개하는 것이 곤란한 경우에는 그 요지만을 공개할 수 있다. 등
기우편이 발송되고 제2호의 게시판에 공고가 있는 날부터 공개, 통지된 것으로 본
다(운영규정안 제9조 제2항).

한편 주민총회와 관련하여서는 다음에서 살펴보듯이 1회 등기우편을 발송한
후 반송되는 경우, 지체 없이 1회에 한하여 등기우편으로 추가 발송하여야 한다
(운영규정안 제20조 제5항).

나. 의 무

(1) 운영규정 및 주민총회 의결사항 준수의무

설립추진위원회 운영경비 및 그 연체료의 납부의무, 그 밖에 관계법령 및 운영
규정, 주민총회의 의결사항 준수의무 등이 있는바, 이는 설립추진위원회 구성에
동의한 토지등소유자에 한함은 앞서 본 바이다(운영규정안 제13조 제1항 제4, 5호).

(2) 권리양도 및 주소변경 신고의무

토지등소유자가 그 권리를 양도하거나 주소 또는 인감을 변경하였을 경우에는
그 양수자 또는 변경 당사자는 그 행위의 종료일부터 14일 이내에 설립추진위원
회에 그 변경내용을 신고하여야 한다. 이 경우 신고하지 아니하여 발생되는 불이
익 등에 대하여 해당 토지등소유자는 설립추진위원회에 이의를 제기할 수 없다(운
영규정안 제13조 제3항).

(3) 대표소유자 신고의무

㈎ 신고방법 및 효과

소유권을 수인이 공동 소유하는 경우에는 그 수인은 일치하여 특정인을 대표자로 함에 동의하여야 하고, 그 특정인이 이를 수락한 후 운영규정안 첨부 대표소유자 선임동의서를 작성, 제출하는 방법으로 설립추진위원회에 이를 신고하여야 한다. 이 경우 소유자로서의 법률행위는 그 대표소유자가 행한다(운영규정안 제13조 제5항). 대표소유자를 선임하도록 하는 것은 다수의 공유자를 대표할 1인을 선출하여 그 1인을 추진위원회에 등록하게 함으로써 추진위원회 운영의 절차적 편의를 도모하기 위한 것이다. 이는 조합설립 이후의 대표조합원과 동일하다.

㈏ 쟁점

다수의 토지등소유자가 관련되는 경우 대표소유자 선임과 관련하여 토지등소유자 과반수의 동의로 선임될 수 있는지 여부가 문제되나, 반드시 공유자 전원의 동의로 대표자가 선임되어야 한다(대표소유자 선임동의서 서식 참조). 운영규정안에는 대표소유자의 변경에 대하여 아무런 규정이 없으나, 전원이 일치하여 새로운 특정인을 대표자로 하는 대표소유자 선임동의서를 작성하여 설립추진위원회에 이를 신고하는 방법으로 대표소유자의 변경이 가능할 것으로 보인다.

나아가 소유자 중 일부가 대표소유자와 의견이 상충되는 경우, 대표소유자 선임 동의를 철회할 수 있는지 여부가 문제되나, 대표소유자 선임은 위임계약의 일종인바, 위임계약은 각 당사자가 언제든지 해지할 수 있는 점(민법 제689조) 등에 비추어 일부 소유자의 대표소유자에 대한 위임철회는 가능하고, 이로써 대표자의 지위는 상실된다 할 것이다. 자세한 내용은 제4편 제5장 제1절 "Ⅴ. 대표조합원"에서 살펴본다.

다. 권리·의무의 승계 및 권리의 상실

양도·상속·증여 및 판결 등으로 토지등소유자가 된 자는 종전의 토지등소유자가 행하였거나 설립추진위원회가 종전의 권리자에게 행한 처분 및 권리·의무 등을 포괄승계한다(운영규정안 제11조). 토지등소유자가 토지등의 소유권을 이전하였을 때에는 그 자격을 즉시 상실한다(운영규정안 제14조).

Ⅲ. 설립추진위원회의 기관

1. 개 관

설립추진위원회의 기관으로는 최고 의사결정기관인 주민총회, 집행기관으로서 조합 설립 이후의 이사회와 유사한 추진위원회(다만 조합설립 이후의 대의원회의 기능도 일부 가진다), 추진위원장, 감사 등이 있다. 각 기관의 권한에 관하여 도시정비법은 제124조 제1항 제3호로 추진위원장의 추진위원회 의사록 등 자료공개의무 규정만을 두고 있다. 따라서 구체적인 내용은 국토교통부 고시 운영규정 및 실무상 대부분의 설립추진위원회가 운영규정으로 채택하고 있는 국토교통부 고시 운영규정안을 중심으로 살펴본다.

2. 주민총회

가. 지 위

조합이 설립된 이후의 조합총회와 유사한 설립추진위원회의 최고 의사결정기관이다.

나. 주민총회 의결사항

설립추진위원회 승인 이후 위원장·감사의 선임·변경·보궐선임·연임, 운영규정의 변경, 전문관리업자 및 설계자의 선정 및 변경, 개략적인 사업시행계획서의 변경, 감사인의 선정, 조합설립추진과 관련하여 기관인 추진위원회에서 주민총회의 의결이 필요하다고 결정하는 사항이 주민총회 의결사항이다(운영규정안 제21조).

다. 절차(운영규정안 제20조, 제22조)

⑴ 개최요건

추진위원장이 필요하다고 판단하는 경우, 추진위원회 구성에 동의한 토지등소유자 5분의 1 이상이 주민총회의 목적사항을 제시하여 청구하는 때, 추진위원 3분의 2 이상으로부터 개최요구가 있는 때에 주민총회가 개최된다.

(2) 추진위원회 의결

원칙적으로 주민총회를 개최하는 경우에는 주민총회의 목적, 안건, 일시, 장소 등에 관하여 미리 기관인 추진위원회의 의결을 거쳐야 한다. 단, 설립추진위원회 구성에 동의한 토지등소유자 5분의 1 이상 청구나 추진위원 3분의 2 이상 요구에 따른 경우에는 제외된다.

(3) 소집통지

추진위원장이 소집통지를 한다. 동의하지 않은 토지등소유자도 출석권, 발언권 및 의결권, 추진위원 선임, 선출권을 가지므로, 그들에게도 반드시 주민총회 소집 통지를 하여야 한다. 주민총회를 소집하는 경우에는 회의개최 14일 전부터 회의목 적·안건·일시 및 장소 등을 게시판에 게시하여야 하며, 토지등소유자에게는 회 의개최 10일 전까지 등기우편으로 이를 발송·통지하여야 한다. 이 경우 등기우편 이 반송된 경우에는 지체 없이 1회에 한하여 추가로 등기우편으로 발송한다(운영규 정안 제20조 제5항).

(4) 의결방법

주민총회는 설립추진위원회 구성에 동의한 토지등소유자 과반수 출석으로 개 의하고 출석한 토지등소유자(동의하지 않은 토지등소유자를 포함한다)의 과반수 찬 성으로 의결한다. 소유권을 수인이 공동 소유하는 경우에는 신고한 대표소유자가 의결권을 행사한다. 의결정족수 산정방법은 법 시행령 제33조가 적용된다(운영규 정안 제8조 제1항).

토지등소유자는 서면 또는 법정의 대리인을 통하여 의결권을 행사할 수 있다. 이 경우 서면에 의한 의결권 행사는 제1항에 따른 출석으로 본다. 토지등소유자는 규정에 의하여 출석을 서면으로 하는 때에는 안건내용에 대한 의사를 표시하여 주 민총회 전일까지 설립추진위원회에 도착되도록 하여야 한다. 토지등소유자는 출석 을 대리인으로 하고자 하는 경우에는 위임장 및 대리인 관계를 증명하는 서류를 설립추진위원회에 제출하여야 한다. 주민총회 소집결과 정족수에 미달되는 때에는 재소집하여야 한다. 다만, 정족수 미달로 인하여 계속하여 주민총회의 결의가 이루 어지지 못하여, 정비사업의 진행이 불가능함을 방지하기 위하여 재소집의 경우에도 정족수에 미달되는 때에는 추진위원회 회의로 주민총회를 갈음할 수 있다.

⑸ 가중요건으로서의 특별다수 동의

㈎ 규정

법 제32조 제4항은 설립추진위원회가 수행하는 업무의 내용이 토지등소유자의 비용부담을 수반하거나 권리 · 의무에 변동을 발생시키는 경우로서 대통령령으로 정하는 사항에 대하여는 그 업무를 수행하기 전에 대통령령으로 정하는 비율 이상의 토지등소유자의 동의를 받아야 한다고 규정하고 있다.

위와 같이 대통령령으로 정하는 사항에 대하여 일정 비율 이상의 토지등소유자의 동의를 얻도록 한 취지는 토지등소유자의 권리 · 의무에 직접적인 영향을 미치는 중대한 사항에 대하여 토지등소유자의 의사가 더욱 충실히 반영될 수 있도록 하려는 데에 있다.[28] 그러나 현행 법 시행령은 어떠한 규정도 두고 있지 않으므로, 주민총회결의와 관련하여 가중요건으로서 특별다수 동의의 대상인 사항은 없다.

㈏ 연혁

법 제정 당시 현행 법 제32조 제4항과 동일한 구 법 제14조 제3항이 있었고, 당시 구 법 시행령은 토지등소유자 3분의 2 이상의 동의가 필요한 사항과 설립추진위원회 구성에 동의한 토지등소유자 과반수의 동의가 필요한 사항으로 나누어 규정하고 있었다(구 법 시행령 제23조). 그 후 법이 2009. 2. 6. 법률 제9444호로 현행 제32조 제4항과 같은 내용으로 개정되었고, 법 시행령은 2009. 8 11. 대통령령 제21679호로 개정되면서 제23조로 정비사업의 시행범위를 확대 또는 축소하려는 때에는 토지등소유자의 과반수 또는 추진위원회의 구성에 동의한 토지등소유자의 3분의 2 이상의 토지등소유자의 동의를 받아야 한다고 규정하였다가 다시 2018. 2. 9. 대통령령 제28628호로 전부개정 되면서 위 규정은 삭제되었고, 현행 법 시행령에는 어떠한 규정도 두고 있지 않다.

㈐ 효력요건

추후 법 시행령이 토지등소유자의 비용부담을 수반하거나 권리 · 의무에 변동을 발생시키는 경우로서 동의를 요하는 사항과 동의비율을 규정하는 경우, 이는

---

28) 대법원 2021. 6. 30. 선고 2019다208281 판결.

효력규정에 해당하므로 위와 같은 절차를 거치지 않은 사항은 설립추진위원회에 효력이 없다. 설령 설립추진위원회가 운영규정으로 법령상의 가중요건인 특별다수 동의를 완화하더라도 또한 효력이 없다.

3. 추진위원회

가. 지 위

추진위원회는 조합설립 이후의 이사회와 유사한 설립추진위원회 사무의 집행 기관이다. 다만 주민총회가 재소집 되었음에도 정족수에 미달되는 때에는 추진위 원회 회의로 주민총회를 갈음할 수 있는바, 그 경우는 주민총회의 권한을 대행한 다는 의미에서 조합설립 이후의 기관 중 대의원회와 유사하다.

나. 구 성

추진위원의 수는 토지등소유자 10분의 1 이상으로 하되, 토지등소유자가 50인 이하인 경우에는 추진위원을 5인으로 한다(국토교통부 고시 운영규정 제2조). 추진 위원장 및 감사도 추진위원회의 구성원이다.

다. 추진위원 자격

(1) 자격요건(추진위원장 및 감사 공통)

추진위원회 설립에 동의한 자만이 피선출자격이 있음은 앞서 본 바이고, 피선 출일 현재 사업시행구역 안에서 3년 이내에 1년 이상 거주하고 있는 자(다만, 거 주의 목적이 아닌 상가 등의 건축물에서 영업 등을 하고 있는 경우 영업 등은 거주로 본다), 피선출일 현재 사업시행구역 안에서 5년 이상 토지 또는 건축물(재건축사업 의 경우 토지 및 건축물을 말한다)을 소유한 자 중 어느 하나에 해당하여야 한다(운 영규정안 제15조 제2항).

(2) 결격사유

미성년자·피성년후견인 또는 피한정후견인, 파산선고를 받고 복권되지 아니한 자, 금고 이상의 실형을 선고받고 그 집행이 종료(종료된 것으로 보는 경우를 포함 한다)되거나 집행이 면제된 날부터 2년이 경과되지 아니한 자, 금고 이상의 형의 집행유예를 받고 그 유예기간 중에 있는 자, 도시정비법 또는 관련 법률에 의한 징계에 의하여 면직의 처분을 받은 날부터 2년이 경과되지 아니한 자, 도시정비법을 위반하여 벌금 100만 원 이상의 형을 선고받고 5년이 지나지 아니한 자는 추진위원이 될 수 없다(국토교통부 고시 운영규정 제2조 제3항, 운영규정안 제16조 제1항).

라. 선출 및 임기

추진위원의 선임방법은 추진위원회에서 정하되, 동별·가구별 세대수 및 시설의 종류를 고려하여야 한다. 위원의 임기는 선임된 날부터 2년까지로 하되, 추진위원회에서 재적위원 과반수의 출석과 출석위원 3분의 2 이상의 찬성으로 연임할 수 있다. 임기가 만료된 위원은 그 후임자가 선임될 때까지 그 직무를 수행하고, 추진위원회에서는 임기가 만료된 위원의 후임자를 임기만료 전 2개월 이내에 선임하여야 하며, 위 기한 내 추진위원회에서 후임자를 선임하지 않을 경우 토지등소유자 5분의 1 이상이 시장·군수등의 승인을 얻어 주민총회를 소집하여 위원을 선임할 수 있다. 위원이 임기 중 궐위된 경우에는 추진위원회에서 재적위원 과반수 출석과 출석위원 3분의 2 이상의 찬성으로 이를 보궐선임 할 수 있다(운영규정안 제15조 제2항 내지 6항).

마. 추진위원회 의결사항

추진위원(단 위원장·감사는 주민총회의 의결에 의한다)의 보궐선임, 예산 및 결산의 승인에 관한 방법, 주민총회 부의안건의 사전심의 및 주민총회로부터 위임받은 사항, 주민총회 의결로 정한 예산의 범위 내에서의 용역계약 등 그 밖에 추진위원회 운영을 위하여 필요한 사항이 추진위원회 의결사항이다(운영규정안 제25조 제1항).

바. 절차(운영규정안 제24조, 제26조)

(1) 개최요건

추진위원장이 필요하다고 판단하는 경우, 동의한 토지등소유자 10분의 1 이상이 추진위원회의 목적사항을 제시하여 소집을 청구하는 때, 재적 추진위원 3분의

1 이상이 회의의 목적사항을 제시하여 청구하는 때에 추진위원회가 개최된다.

(2) 소집통지

추진위원장은 추진위원회 위원에 대하여 추진위원회 소집통지를 하여야 한다. 위 개최요건에 정하여진 소집청구가 있음에도, 추진위원장이 14일 이내에 정당한 이유 없이 추진위원회를 소집하지 아니한 때에는 감사가 지체 없이 이를 소집하여야 한다. 감사도 추진위원회를 소집하지 아니하는 때에는 소집을 청구한 자가 공동명의로 소집한다. 추진위원회의 소집은 회의개최 7일 전까지 회의목적·안건·일시 및 장소를 기재한 통지서를 추진위원회의 위원에게 송부하고, 게시판에 게시하여야 한다.

(3) 의결방법

추진위원회는 운영규정에서 특별히 정한 경우를 제외하고는 재적위원 과반수 출석으로 개의하고 출석위원 과반수의 찬성으로 의결한다. 다만 주민총회 소집결과 정족수에 미달되어 재소집하였으나 또다시 정족수에 미달되어 추진위원회 회의로 주민총회를 갈음하는 경우의 주민총회 의결을 대신하는 의결사항은 재적위원 3분의 2 이상의 출석과 출석위원 3분의 2 이상의 찬성으로 의결한다.

4. 추진위원장

가. 지 위

추진위원장은 설립추진위원회를 대표하고 설립추진위원회의 사무를 총괄하며, 주민총회 및 기관인 추진위원회의 의장이 된다(법 제33조 제1항, 운영규정안 제17조 제1항). 자격요건은 추진위원, 감사와 동일하고 앞서 본 바이다. 추진위원장은 주민총회에서 선임되고, 그 변경·보궐선임·연임 등도 주민총회의 의결을 거쳐야 한다(운영규정안 제21조 제1호).

나. 법령상의 구체적 의무

(1) 설립추진위원회 단계에서 체결하는 용역계약 등의 경우 계약체결의 당사자가 된다(법 제29조 제1항, 정비계약업무 처리기준 제17조).

(2) 설립추진위원회 운영규정, 설계자 및 전문관리업자 등과의 선정계약서, 추진위원회 의사록 등 정비사업의 시행에 관한 각종 서류 및 관련 자료가 작성되거나 변경된 후 15일 이내에 이를 토지등소유자등이 알 수 있도록 인터넷과 그 밖의 방법을 병행하여 공개하여야 하고, 분기별로 공개대상의 목록, 개략적인 내용, 공개장소, 열람·복사 방법 등을 대통령령으로 정하는 방법과 절차에 따라 토지등소유자에게 서면으로 통지하여야 하며, 토지등소유자가 위 각종 서류 및 토지등소유자 명부를 포함하여 정비사업 시행에 관한 서류와 관련 자료에 대하여 열람·복사 요청을 한 경우 15일 이내에 그 요청에 따라야 한다(법 제124조 제1 내지 4항).

(3) 조합설립을 위한 창립총회는 직권 또는 토지등소유자 5분의 1 이상의 요구로 추진위원장이 소집한다(법 시행령 제27조 제3항).

(4) 형법 제129조부터 제132조까지의 뇌물죄 관련 형법의 적용에서 공무원으로 의제된다(법 제134조).

(5) 임기가 만료되었다 하더라도, 운영규정안 제15조 제4항에 의하여 후임자가 선임될 때까지 그 직무를 수행한다.

권리능력 없는 사단인 설립추진위원회와 그 대표기관인 추진위원장과의 관계는 위임인과 수임인의 법률관계로서 임기가 만료되면 일단 위임관계는 종료되는 것이 원칙이다. 다만 후임자가 선임될 때까지 대표자가 존재하지 않는다면 대표기관에 의하여 행위를 할 수밖에 없는 설립추진위원회는 당장 정상적인 활동을 중단하지 않을 수 없는 상태에 처하게 되므로, 민법 제691조의 규정을 유추하여 임기만료 된 추진위원장으로 하여금 설립추진위원회의 업무를 수행케 함이 부적당하다고 인정할 만한 특별한 사정이 없고 종전의 직무를 위 추진위원장으로 하여금 처리하게 할 필요가 있는 경우에 한하여 후임 추진위원장이 선임될 때까지 임기만료 된 추진위원장에게 대표자의 직무를 수행할 수 있는 업무수행권이 인정된다.

임기만료 된 추진위원장에게 후임자 선임 시까지 업무수행권을 인정할 필요가 있는 경우에 해당한다 하더라도, 임기만료 된 추진위원장의 업무수행권은 급박한 사정을 해소하기 위하여 그로 하여금 업무를 수행하게 할 필요가 있는지를 개별적·구체적으로 가려 인정할 수 있는 것이지 임기만료 후 후임자가 아직 선출되지 않았다는 사정만으로 당연히 포괄적으로 부여되는 것이 아니다.[29]

5. 감 사

감사는 설립추진위원회의 사무 및 재산상태와 회계에 관하여 감사하며, 기관인 주민총회 및 추진위원회에 감사결과보고서를 제출하여야 하고 토지등소유자 5분의 1 이상의 요청이 있을 때에는 공인회계사에게 회계감사를 의뢰하여야 한다(운영규정안 제17조 제2항).

감사는 설립추진위원회의 재산관리 또는 업무집행이 공정하지 못하거나 부정이 있음을 발견하였을 때에는 기관인 추진위원회에 보고하기 위하여 추진위원장에게 추진위원회 소집을 요구하여야 한다(운영규정안 제17조 제3항).

감사는 직무위배행위로 인해 감사가 필요한 경우 추진위원 또는 외부전문가로 구성된 감사위원회를 구성할 수 있다. 이 경우 감사는 감사위원회의 의장이 된다(운영규정안 제17조 제4항).

감사는 주민총회에서 선임되고 그 변경·보궐선임·연임등도 주민총회의 의결을 거쳐야 한다(운영규정안 제21조 제1호).

---

29) 대법원 2003. 7. 8. 선고 2002다74817 판결.

제6장

조합설립인가처분 이후의 법률관계

Ⅰ. 설립추진위원회의 해산

조합이 설립인가처분을 받아 등기까지 완료하면 설립추진위원회는 해산한다 (운영규정안 36조 제1항). 조합설립인가에 이르기 전 설립추진위원회가 필요에 의하여 스스로 해산이 가능함은 앞서 본 바인바, 이하에서는 조합설립인가로 인한 설립추진위원회의 해산에 대하여 살펴본다.

1. 해산의 효과

가. 포괄승계

설립추진위원회 업무와 관련된 권리·의무는 조합이 포괄승계한다(법 제34조 제3항).

나. 설립추진위원회 업무 종료

설립추진위원회는 조합설립인가일까지만 업무를 수행할 수 있다(운영규정안 제36조 제1항). 설립추진위원회의 권한은 조합 설립을 추진하기 위한 업무를 수행하는 데 그치므로 일단 조합설립인가처분이 이루어져 추진위원회의 업무와 관련된 권리와 의무가 조합에 포괄적으로 승계되면, 추진위원회는 그 목적을 달성하여 소멸한다.[30]

설립추진위원회 업무 종료는 매우 엄격하여 조합이 설립되었는데도 불구하고 설립추진위원회를 계속 운영한 자는 2년 이하의 징역 또는 2,000만 원 이하의 벌금에 처해진다(법 제137조 제5호).

---

30) 대법원 2013. 12. 26. 선고 2011두8291 판결.

2. 설립추진위원회의 의무

가. 조합총회 보고의무

설립추진위원회는 수행한 업무를 조합이 설립된 이후 총회에 보고하여야 한다 (법 제34조 제3항 전단).

나. 업무와 자산 인계의무

설립추진위원회는 조합이 설립되면 모든 업무와 자산을 조합에 인계하여야 한다(운영규정안 제36조 제1항). 설립추진위원회는 사용경비를 기재한 회계장부 및 관계 서류를 조합설립인가일부터 30일 이내에 조합에 인계하여야 한다(법 제34조 제4항). 위 규정에 위반하여 회계장부 및 관계 서류를 조합에 인계하지 아니한 추진위원장은 법 제138조 제1항 제2호에 의하여 1년 이하의 징역 또는 1천만원 이하의 벌금이라는 형사처벌을 받게 된다.

Ⅱ. 설립추진위원회 구성승인처분과 조합설립인가처분의 관계

1. 소의 이익

토지등소유자가 시장·군수등을 상대로 설립추진위원회 구성승인처분의 위법을 다투는 소송 계속 중에 조합설립인가처분이 이루어진 경우 소의 이익이 문제된다. 설령 설립추진위원회 구성승인처분에 대한 취소 또는 무효확인 판결이 확정된다 하더라도, 이미 조합설립인가처분이 이루어졌다면, 그것만으로 이미 조합설립인가를 받은 조합에 의한 정비사업의 진행을 저지할 수 없으므로, 설립추진위원회 구성승인처분을 다투는 소송 계속 중에 조합설립인가처분이 이루어진 경우에는, 직접 조합설립인가처분을 다툼으로써 정비사업의 진행을 저지하여야 하고, 이와는 별도로 설립추진위원회 구성승인처분에 대하여 취소 또는 무효확인을 구할 법률상의 이익은 없다.[31]

---

31) 대법원 2013. 1. 31. 선고 2011두11112, 11129 판결.

2. 정비사업 특유법리의 적용 여부(부정)

정비사업은 조합의 설립, 사업시행계획, 관리처분계획 등의 단계를 거쳐 순차 진행되고, 각 단계에서 조합설립인가, 사업시행계획인가, 관리처분계획인가 등의 선행 행정처분이 이루어짐에 따라 후속 절차가 진행되는 것이 정비사업의 특성이다. 또한 선행처분은 그 자체로 처분의 목적이 종료되지 않고 계속하여 후속처분의 전제가 되므로, 선행처분이 당연무효로 확인되거나 취소될 경우 후속처분은 소급하여 효력이 없다.

설립추진위원회 구성승인처분에도 위와 같은 정비사업 특유의 법리가 적용되어 구성승인처분이 당연 무효로 확인되거나 취소되는 경우 조합설립인가처분도 후속처분으로서 소급하여 효력이 소멸하는지 여부가 문제된다.

설립추진위원회는 조합설립만을 목적으로 하는 점, 다음에서 살펴보듯이 조합설립인가처분은 토지등소유자의 가중된 특별다수 법정 동의 아래 창립총회의 결의를 통하여 정관을 확정하고 임원을 선출하는 등의 사실상 설립추진위원회와는 별개의 단체결성행위를 거쳐 성립하는 것으로서, 정비사업의 진정한 출발점에 해당하는 점 등에 비추어 위 정비사업 특유법리는 설립추진위원회 구성승인처분에 적용되지 아니한다. 따라서 설립추진위원회 구성승인처분이 당연 무효가 되거나 취소되더라도, 조합설립인가처분은 후속처분에 해당하지 아니하여 소급하여 효력이 소멸된다고 볼 수 없다.

3. 일반 행정처분 법리의 적용 여부

가. 하나의 법률효과를 발생시키는 것인지 여부(부인)

동일한 행정목적을 달성하기 위하여 단계적인 일련의 절차로 연속하여 행하여지는 선행처분과 후행처분이 서로 결합하여 하나의 법률효과를 발생시키는 경우, 선행처분이 하자가 있는 위법한 처분이라면, 선행처분의 하자가 무효 또는 불가쟁력 발생여부를 불문하고 후행처분도 선행처분과 같은 하자가 있는 위법한 처분으로 보아 항고소송으로 취소를 청구할 수 있다.[32] 설립추진위원회 구성승인처분과 조합설립인가처분은 별개의 행정목적을 달성하기 위한 것이고, 별개의 법률효과가

---

32) 대법원 1993. 2. 9. 선고 92누4567 판결.

발생한다. 따라서 설립추진위원회 구성승인처분의 하자가 조합설립인가처분에 당연히 승계되어 위법하게 되는 것으로 보기 어렵다.

나. 연속적 처분의 하자 승계법리의 적용 여부(제한적 긍정)

(1) 문제의 소재

연속적으로 행하여진 선행처분과 후행처분이 서로 독립하여 별개의 법률효과를 목적으로 하고 선행처분에 불가쟁력이 생겨 그 효력을 다툴 수 없게 된 경우에도 선행처분의 하자가 중대하고 명백하여 당연무효인 경우에는 선행처분의 하자를 이유로 후행처분의 효력을 다툴 수 있다.[33] 이는 독립하여 별개의 법률효과를 목적으로 하나 연속적으로 처분이 행하여진 경우의 일반법리이다. 위와 같은 일반법리가 설립추진위원회 구성승인처분과 조합설립처분에 대하여 적용되는지 여부가 문제된다.

(2) 학설

(가) 긍정설

설립추진위원회 구성승인처분과 조합설립인가처분은 연속적 처분이므로, 행정처분의 일반법리가 당연히 적용된다. 따라서 설립추진위원회 구성승인처분에 당연무효의 하자가 있으면, 이를 이유로 조합설립인가처분을 다툴 수 있다.

(나) 부정설

설립추진위원회 구성승인처분과 조합설립인가처분은 연속적으로 이루어지는 처분이기는 하나, 설립추진위원회 구성승인처분은 조합설립이라는 목적을 달성하기 위한 것으로 종국적인 처분으로 볼 수 없고, 조합설립인가처분이 사실상 설립추진위원회와는 별개의 단체결성행위를 거쳐 성립하는 것인 점을 고려할 때 연속적 처분과 관련한 행정처분의 일반법리가 적용될 수 없다. 따라서 설립추진위원회 구성승인처분에 당연무효의 하자가 있다 하더라도, 이를 이유로 조합설립인가처분을 다툴 수 없다.

---

33) 대법원 2009. 4. 23. 선고 2007두13159 판결.

(3) 판례(제한적 긍정설)

설립추진위원회 구성승인처분과 조합설립인가처분은 그 목적과 성격을 달리하고, 설립추진위원회는 조합설립인가처분을 받으면 그 목적을 달성하여 소멸하는 점, 조합설립인가처분은 설립추진위원회 구성의 동의요건보다 더 엄격한 동의요건을 갖추어야 할 뿐만 아니라 창립총회의 결의를 통하여 정관을 확정하고 임원을 선출하는 등의 단체결성행위를 거쳐 성립하는 것이므로, 설립추진위원회 구성의 동의요건 흠결 등 설립추진위원회 구성승인처분상의 위법만을 들어 조합설립인가처분의 위법을 인정하는 것은 조합설립의 요건이나 절차, 그 인가처분의 성격, 추진위원회 구성의 요건이나 절차, 그 구성승인처분의 성격 등에 비추어 타당하다고 할 수 없다. 따라서 조합설립인가처분은 설립추진위원회 구성승인처분이 적법·유효할 것을 전제로 한다고 볼 것은 아니므로, 설립추진위원회 구성승인처분에 하자가 있고 그 하자가 중대·명백하여 무효라 하더라도, 조합설립인가처분이 위법하다고 볼 수 없다. 다만 설립추진위원회 구성승인처분의 위법으로 그 설립추진위원회의 조합설립인가 신청행위가 무효라고 평가될 수 있는 특별한 사정이 있는 경우라면, 그 신청행위에 기초한 조합설립인가처분이 위법하다고 볼 수 있다.

위법사유가 도시정비법상 하나의 정비구역 내에 하나의 추진위원회로 하여금 조합설립 추진업무를 수행하도록 한 추진위원회 제도의 입법취지를 형해화할 정도에 이르는 경우에 한하여 그 추진위원회의 조합설립인가 신청행위가 위법·무효이고, 이에 기초한 조합설립인가처분의 효력을 다툴 수 있게 된다.[34]

(4) 결론

설립추진위원회 구성승인처분은 조합설립이라는 한시적 목적을 달성하기 위한 처분에 불과하고, 조합설립인가처분은 이와는 별개의 보다 엄격한 단체결성행위를 거쳐 이루어지는 처분인 점, 정비사업의 공익적 성격상 가급적 유효하게 진행되도록 하는 것이 타당한 점 등에 비추어 부정설의 입장에 기초한 판례의 견해는 타당하다.

또한 하나의 사업구역 내에는 하나의 설립추진위원회만이 가능하고, 이는 엄격

---

34) 대법원 2013. 12. 26. 선고 2011두8291 판결.

히 준수되어야 하는 것으로서, 이미 승인받은 추진위원회가 구성되어 있음에도 불구하고 임의로 추진위원회를 구성하여 정비사업을 추진한 자는 2년 이하의 징역 또는 2천만 원 이하의 벌금이라는 형사처벌까지 받게 되는 사정(법 제137조 제4호)에 비추어 이미 설립추진위원회가 존재함에도 불구하고 후행의 설립추진위원회가 구성되어 조합설립인가를 신청하는 행위는 위법성이 중대하므로 그에 따른 조합설립인가처분을 위법하다고 본 판시 또한 타당하다.

다만 판례가 예시로 든 사유 외에 설립추진위원회 제도의 입법취지를 형해화할 정도에 이르는 경우 즉, 설립추진위원회 구성승인처분의 위법으로 그 설립추진위원회의 조합설립인가 신청행위가 무효라고 평가될 수 있는 특별한 사정을 상정하기는 어렵다(위 2011두8291 판결 이후 현재까지 전혀 판례가 축적되고 있지 않다).

Ⅲ. 정비구역 확대 시 설립추진위원회의 변경승인 전 조합설립인가신청의 무효여부

1. 문제의 소재

설립추진위원회 구성승인 후 정비구역의 면적이 확대된 경우, 조합은 시장·군수등으로부터 변경승인을 받아야 함은 앞서 본 바이다. 만일 설립추진위원회가 변경승인을 받기 전에 조합설립인가를 신청한 경우, 그 신청이 무효인지 여부가 문제된다.

2. 판 례

판례는 설립추진위원회가 구성승인을 받을 당시의 정비구역보다 면적이 확대된 경우, 설립추진위원회가 구성변경승인을 받기 전에 확대된 정비구역 전체를 대상으로 조합설립을 추진하여 조합설립인가신청을 하였다 하더라도 이는 유효하게 설립된 비법인사단의 법률행위이므로, 당초의 설립추진위원회 구성승인이 실효되었다는 등의 특별한 사정이 없는 한 변경승인 전의 행위라는 사정만으로 조합설립인가신청 자체가 무효라고 할 수는 없다고 판시하였다.[35]

---

35) 대법원 2014. 2. 27. 선고 2011두2248 판결.

위 판례는 설립추진위원회가 구성승인을 받을 당시 정비구역 면적이 45,619㎡ 이나, 그 후 확대된 면적이 68,339㎡로 약 50%의 면적 증가가 있었음에도 불구하고, 추진위원회를 해산하고 새로운 추진위원회를 설립하여 그에 대한 구성승인을 받거나 그에 준하는 절차를 밟아야 할 필요는 없고, 당초의 설립추진위원회 구성승인이 실효되었다고 볼 수는 없다고 판시하였다.

3. 결 론

판례는 조합설립인가처분은 토지등소유자의 가중된 특별다수 법정 동의 아래 창립총회의 결의를 통하여 정관을 확정하고 임원을 선출하는 등의 사실상 설립추진위원회와는 별개의 단체결성행위를 거쳐 성립하는 것임을 전제로, 이미 조합설립인가신청 행위가 있었다면 그에 따른 적법요건의 심사로 충분한 것으로 보는 듯하다. 그러나 앞서 본 바와 같이 정비구역의 면적증가가 50%에 이른다면 변경된 면적을 기준으로 하는 경우 종전의 설립추진위원회를 진정한 설립추진위원회로 볼 수 없으므로, 종전 설립추진위원회의 조합설립인가 신청행위를 적법한 것으로 단정할 수 없다. 다만 정비구역 면적변경과 설립추진위원회의 관계 및 변경승인에 관하여 법령 및 대법원 판례가 없는 이상 그와 같은 하자를 중대하고도 명백한 하자로 보기는 어렵다.

IV. 조합설립인가처분의 무효 또는 취소와 설립추진위원회의 법률관계

1. 설립추진위원회의 부활

가. 문제의 소재

조합설립인가처분이 취소되거나 무효로 확인되는 경우에 종전 설립추진위원회가 부활하는지 또는 토지등소유자들이 다시 조합설립을 추진하기 위해서는 새롭게 설립추진위원회를 구성하여야 하는지 여부가 문제된다.

나. 판 단

(1) 설립추진위원회 부활

원칙적으로 조합설립인가처분을 받은 조합이 설립등기를 마쳐 법인으로 성립하게 되면 설립추진위원회는 목적을 달성하여 당연히 소멸하듯이 그 후 조합설립인가처분이 법원의 판결에 의하여 취소된 경우에는 설립추진위원회가 지위를 당연히 회복하여 다시 조합설립인가신청을 하는 등 조합설립추진 업무를 계속 수행할 수 있다.[36] 그 논거는 다음과 같다.

① 일단 조합이 설립된 이상 설립추진위원회는 그 목적을 달성하여 확정적으로 소멸하고 그 후에 조합설립인가처분이 취소되더라도 그 지위를 회복할 수 없다고 본다면, 당해 정비구역 내에서 정비사업을 계속 추진할 아무런 주체가 없게 되어, 당해 정비구역 내에서 정비사업을 추진하기 위해서는 추진위원회 구성 및 동의서 징구 등 최초부터 모든 절차를 새롭게 진행해야 하는바, 이는 사회·경제적 낭비이다.

② 조합설립인가처분이 취소된 경우 설립추진위원회가 그 지위를 회복한다고 보더라도, 정비사업의 계속 추진에 반대하는 토지등소유자로서는 설립추진위원회가 다시 조합설립인가신청을 하기 이전까지 법령이 정한 바에 따라 동의를 철회할 수 있으므로, 토지등소유자의 권익보호에 중대한 지장을 초래한다고 보기 어렵다.

(2) 종전 동의서 재사용 여부

부활한 설립추진위원회가 다시 조합설립을 추진함에 있어 종전 토지등소유자의 동의서를 다시 사용할 수 있는지 여부가 문제된다. 앞서 제2장 제2절 Ⅱ. "3. 정비구역 지정 이전에 받은 동의서의 효력"에서 본 바와 같이 법 제37조 및 법 시행령 제35조의 요건 아래 종전 동의서를 계속하여 사용할 수 있다.

2. 종전 조합과 부활한 설립추진위원회의 병존

조합설립인가처분이 법원의 판결에 의하여 취소된 경우에는 조합설립인가처분이 소급하여 효력을 상실하고, 조합은 청산사무가 종료될 때까지 청산의 목적범위

---

36) 대법원 2016. 12. 15. 선고 2013두17473 판결.

내에서 권리 · 의무의 주체로서 잔존하게 된다.[37] 하나의 사업구역 내에는 하나의 설립추진위원회만이 가능하나, 종전 조합은 청산의 목적 범위 내에서만 잔존하고 조합설립을 목적으로 하지 아니하므로, 하나의 정비구역 내에 종전 조합과 부활한 설립추진위원회가 병존하게 된다 하더라도 법률상 아무런 문제가 없다.

---

37) 대법원 2012. 3. 29. 선고 2008다95885 판결, 대법원 2012. 11. 9. 선고 2011두518 판결.

제 4 편

조합설립

제1장 총 설

I. 조합의 성립

정비구역 내 토지등소유자가 재개발·재건축사업을 시행하는 경우는 토지등소유자로 구성된 조합이 사업시행자가 되는 경우와 토지등소유자가 20인 미만인 재개발사업에서 토지등소유자 개인이 사업시행자가 되는 경우로 구분되나, 원칙적 형태는 전자라 할 것이다. 토지등소유자가 20인 미만인 재개발사업에서 토지등소유자 개인이 사업시행자가 되는 정비사업에 관하여는 제6편 제3장에서 자세히 살펴본다.

조합이 설립되기 위해서는 정비구역지정 고시 후 토지등소유자 과반수의 동의를 얻어 추진위원회가 구성되고, 추진위원회가 토지등소유자들의 가중된 특별다수 법정 동의 아래 창립총회 결의를 통하여 정관을 확정하고 임원을 선출하는 등의 단체결성행위를 거쳐 시장·군수등의 인가를 받아야 한다. 그 후 인가받은 조합이 등기를 마침으로써 법인으로 성립한다.

도시정비법 제정 이전의 재개발·재건축조합의 법적 성격에 관하여는 제1편 제5장 II. 도시정비법 제정 이전의 (주택)재개발·재건축사업에서 자세히 살펴보았다. 재개발·재건축조합은 관할 행정청의 감독 아래 도시정비법상의 재개발 또는 재건축사업을 시행하는 공법인이다.[1]

또한 재개발·재건축조합은 관할 행정청의 감독 아래 정비구역 안에서 도시정비법상의 정비사업을 시행하는 목적의 범위 내에서 법령이 정하는 바에 따라 일정한 행정작용을 하는 행정주체의 지위를 가진다.[2] 조합이 설립되기 위해서는 위와 같이 추진위원회가 법정요건을 구비하여 시장·군수등의 인가를 받아야 한다.

---

1) 대법원 2009. 10. 15. 선고 2008다93001 판결.
2) 대법원 2014. 5. 22. 선고 2012도7190 전원합의체 판결.

조합이 사업시행자가 되는 정비사업은 조합의 설립, 사업시행계획, 관리처분계획 등의 단계를 거쳐 순차 진행되고, 각 단계에서 모두 행정청의 인가처분이 이루어지므로 각각의 인가처분의 법적 성격이 문제된다. 이하에서는 조합설립인가처분의 법적 성격에 대하여 살펴본다.

Ⅱ. 조합설립인가처분의 법적 성격

1. 인가론 일반

행정청의 법률행위적 행정행위 중 실무상 주로 문제되는 것은 강학상 허가 즉, 일정한 행위를 법령에 따라 잠정적으로 금지시킨 다음 법정의 요건을 구비한 경우 금지된 행위를 행할 수 있게 하는 행위, 강학상 인가 즉, 행정청이 타인이 한 법률행위의 효력을 보충함으로써 그 효력을 완성하는 행위(보충행위), 강학상 특허 즉, 특정인에 대하여 법정의 권한을 부여하는 행위(설권행위) 등이다.

강학상 인가의 대상인 행위는 대한민국 국민이 외국인과 차관계약을 체결한 때에 받아야 하는 재무부장관의 인가(구 외자도입법 제19조), 토지거래허가처럼 사법상의 법률행위와 다음에서 살펴볼 재개발·재건축조합의 사업시행계획 또는 관리처분계획인가처럼 공법상의 법률행위로 나뉘어진다. 법 뿐만 아니라 주택법 등 각종 법률에서 '인가'라는 용어가 사용되고 있으나, 실질은 고유의 의미의 인가가 아니라 강학상 특허, 허가 등인 경우가 흔히 있고, 또한 고유의 의미의 인가임에도 불구하고 법령에서는 인허, 허가, 승인 등의 용어로 사용되기도 하므로, 법적 성격에 대한 면밀한 검토가 필요하다.

2. 강학상 특허(설권행위)

도시정비법 시행 이전의 구 주촉법에 의하여 설립된 재건축조합에 대한 설립인가처분은 강학상의 인가이고, 도시재개발법에 의하여 설립된 재개발조합에 대한 설립인가처분은 강학상의 특허이다. 그러나 법 시행 이후에는 재개발·재건축조합 모두 조합설립인가처분을 받아 등기를 마침으로써 공법상 법인으로 성립할 뿐만 아니라 관할 행정청의 감독 아래 정비구역 안에서 일정한 행정작용을 하는 행정주체의 지위를 가진다.

따라서 조합설립인가처분의 법적 성격은 설립되는 조합에 대하여 정비사업을 시행할 수 있는 권한을 갖는 행정주체의 지위를 부여하는 강학상의 특허로서 설권적 처분의 성격을 가진다.[3] 이는 다음에서 살펴보듯이 사업시행계획인가 또는 관리처분계획인가가 각각 사업시행계획 또는 관리처분계획에 대한 법률상의 효력을 완성시키는 보충행위에 해당하는 순수한 의미의 강학상 인가인 것과 대비된다. 다만 토지등소유자가 20인 미만의 재개발사업에서 조합설립 없이 토지등소유자 개인이 직접 시행하는 경우의 사업시행계획인가는 토지등소유자에게 일정한 행정작용을 하는 행정주체의 지위를 부여하는 설권적 처분인 점에서 조합설립인가처분과 법적 성격이 동일하다.

3. 재량행위

조합설립인가처분이 재량행위인지 여부가 문제된다. 이는 실무상 행정청이 조합설립인가의 요건을 구비하였더라도, 재량으로 이를 거부할 수 있는지, 부관을 붙일 수 있는지 여부와 관련된다. 어떤 행정행위가 기속행위인지, 재량행위인지 여부는 당해 행위의 근거가 된 법규의 체제·형식과 그 문언, 당해 행위가 속하는 행정 분야의 주된 목적과 특성, 당해 행위 자체의 개별적 성질과 유형 등을 모두 고려하여 판단하여야 함은 앞서 본 바이다.

조합설립인가처분은 상대방에게 권리나 이익을 부여하는 효과를 가진 이른바 수익적 행정처분으로서, 법령에 처분의 요건이 일의적으로 규정되어 있지 아니한 점, 조합에 행정주체라는 특별한 권한을 부여하는 형성적 처분이고, 이로써 수용 또는 매도청구를 통하여 토지등소유자의 재산권을 제한할 수 있는 권한까지 부여되므로, 공익을 실현해야 하는 합목적성이 필요한 점, 종래 보충행위로서 강학상 인가에 불과한 구 주촉법에 따른 주택조합설립인가처분에 대하여도 재량행위임을 인정하고 있는 점[4] 등에 비추어 이는 재량행위로 보아야 할 것이다.

---

3) 대법원 2009. 9. 24. 선고 2008다60568 판결, 대법원 2010. 2. 25. 선고 2007다73598 판결.
4) 대법원 1995. 12. 12. 선고 94누12302 판결.

Ⅰ. 요 건

1. 실체적 요건

가. 현행 규정

조합설립인가를 위한 실체적 요건으로는 토지등소유자 및 토지소유자의 법정 동의와 창립총회가 있다. 재개발사업의 추진위원회가 조합을 설립하려면 토지등소유자의 4분의 3 이상 및 토지면적 2분의 1 이상 토지소유자의 동의를 받은 후, 창립총회결의를 거쳐야 한다(법 제32조 제3항, 제35조 제2항).

재건축사업의 추진위원회가 조합을 설립하려면 주택단지의 공동주택의 각 동 (복리시설의 경우에는 주택단지의 복리시설 전체를 하나의 동으로 본다)별 구분소유자의 과반수 동의(공동주택의 각 동별 구분소유자가 5 이하인 경우 제외)와 주택단지의 전체 구분소유자의 4분의 3 이상 및 토지면적 4분의 3 이상의 토지소유자의 동의를 받고, 주택단지가 아닌 지역이 정비구역에 포함된 때에는 주택단지가 아닌 지역의 토지 또는 건축물 소유자의 4분의 3 이상 및 토지면적 3분의 2 이상의 토지소유자의 동의를 받은 후, 창립총회결의를 거쳐야 한다(법 제35조 제3, 4항).

나. 연 혁

실체적 요건 중 토지등소유자 및 토지소유자의 법정 동의와 관련하여 여러 차례 입법상의 변천을 겪어왔다.

⑴ 법 제정당시부터 2007. 12. 21. 법률 제8785호로 개정되기 전

법이 제정될 당시에는 재개발사업(주택재개발사업 및 도시환경정비사업)의 경우에는 토지등소유자의 5분의 4 이상의 동의를 얻어야 하고, 재건축사업의 경우에는 주택단지안의 공동주택의 각 동 별 구분소유자 및 의결권의 각 3분의 2 이상의 동의와 주택단지안의 전체 구분소유자 및 의결권의 각 5분의 4 이상의 동의를 얻어야 하며, 주택단지가 아닌 지역이 정비구역에 포함된 때에는 주택단지가 아닌 지역안의 토지 또는 건축물 소유자의 5분의 4 이상 및 토지면적 3분의 2 이상의 토지소유자의 동의를 얻어야 한다고 규정하고 있었으며, 인가받은 사항을 변경하는 경우에도 동일하였다. 다만 복리시설에 대하여는 주택단지안의 복리시설 전체를 하나의 동으로 본다고 규정하였다.

⑵ 2007. 12. 21. 개정부터 2009. 2. 6. 법률 제9444호로 개정되기 전

조합설립요건의 완화를 통한 정비사업의 활성화를 위하여 법이 2007. 12. 21. 법률 제8785호로 개정되면서, 재개발사업의 경우에는 토지등소유자의 4분의 3 이상의 동의, 재건축사업의 경우에는 주택단지안의 공동주택의 각 동별 구분소유자 및 의결권의 3분의 2 이상의 동의, 주택단지안의 전체 구분소유자 및 의결권의 4분의 3 이상의 동의, 주택단지가 아닌 지역의 경우에는 토지 또는 건축물 소유자의 4분의 3 이상 및 토지면적 3분의 2 이상의 토지소유자의 각 동의를 얻어야 하는 것으로 변경되었다. 인가받은 사항을 변경하는 경우에도 동일하였다.

⑶ 2009. 2. 6. 개정부터 2016. 1. 27. 법률 제13912호로 개정되기 전

그 후 법이 2009. 2. 6. 법률 제9444호로 개정되면서, 재개발사업의 경우에는 토지면적 2분의 1 이상의 토지소유자의 동의요건 및 재건축사업에서 주택단지안의 토지면적의 4분의 3 이상의 토지소유자의 동의가 추가되었다. 이는 다수 면적을 소유한 토지소유자의 권리를 보호하기 위함이다. 또한 재건축사업에 있어 각 동별 구분소유자의 3분의 2 이상 동의에 덧붙여 토지면적의 2분의 1 이상의 토지소유자의 동의가 추가되었다.

⑷ 2016. 1. 27. 법률 제13912호로 개정된 이후

재건축사업의 활성화를 위하여 다시 법이 2016. 1. 27. 법률 제13912호로 개정되면서, 재건축사업의 경우 각 동별 구분소유자의 과반수 동의를 얻는 것으로 변경하고, 각 동별 토지면적의 2분의 1 이상의 토지소유자의 동의요건을 삭제하였다.

다. 조합설립의 실체적 요건인 토지등소유자의 동의, 창립총회 등에 대하여는 각각 별도의 장(章)으로 나누어 자세히 살펴본다.

2. 절차적 요건(조합설립인가신청)

추진위원회는 창립총회 이후 법정 서류를 첨부하여 시장 · 군수등에게 조합설립인가를 신청하여야 한다.

가. 신청서

법령은 추진위원회가 조합설립인가를 신청함에 있어 법 시행규칙 제8조 제1항 [별지 제5호 서식] '조합설립(변경) 인가신청서'를 반드시 사용하도록 하고 있다.

나. 첨부서류

⑴ 법 제35조 제2항 제1, 2호, 법 시행규칙 제8조 제2항

법령은 추진위원회가 조합설립인가를 신청함에 있어 정관, 조합원 명부 및 해당 조합원의 자격을 증명하는 서류, 공사비 등 정비사업에 드는 비용을 기재한 토지등소유자의 조합설립동의서 및 동의사항을 증명하는 서류, 창립총회 회의록 및 창립총회참석자 연명부, 토지 · 건축물 또는 지상권을 여럿이서 공유하는 경우에는 그 대표자의 선임 동의서, 창립총회에서 임원 · 대의원을 선임한 때에는 선임된 자의 자격을 증명하는 서류, 건축계획(주택을 건축하는 경우에는 주택건설예정세대수를 포함한다), 건축예정지의 지번 · 지목 및 등기명의자, 도시 · 군관리계획상의 용도지역, 대지 및 주변현황을 기재한 사업계획서를 첨부하도록 하고 있다.

⑵ 법 제35조 제2항 제3호, 서울시 조례 제19조

서울시 조례는 추진위원회가 조합설립인가를 신청함에 있어 정비구역의 위치도 및 현황사진, 정비구역의 토지 및 건축물의 지형이 표시된 지적현황도, 매도청구대상자명부 및 매도청구계획서(재건축사업의 경우)를 첨부하도록 하고 있다.

Ⅱ. 동의요건 충족을 위한 재건축사업의 특례(토지분할)

1. 쟁 점

재건축조합 설립요건으로 주택단지의 경우 공동주택 각 동별, 주택단지 전체의 토지등소유자의 동의 및 토지면적과 관련한 일정 비율의 토지소유자 동의가 필요하다. 앞서 본 바와 같이 법은 최초에는 전체 토지등소유자의 동의만을 요건으로 하다가 다수 면적을 소유한 토지소유자의 권리를 보호하기 위하여 토지면적과 관련한 일정 토지소유자의 동의를 요건으로 추가하기는 하였으나, 정비사업의 활성화를 위하여 나머지 요건과 관련한 동의 정족수는 꾸준히 완화하여 왔다.

특히 아파트단지 내 소규모상가가 여러 동이 있는 경우 각 동별로 소유자의 동의를 요구하여 재건축사업의 진행에 지장을 초래하는 문제가 발생하자, 법 제정 당시부터 복리시설의 경우에는 주택단지의 복리시설 전체를 하나의 동으로 본다는 간주규정을 두었다.[5] 그럼에도 불구하고 각 동별 동의요건이 충족되지 아니하여 재건축사업이 진행되지 못하는 경우가 발생하자 재건축사업의 경우에는 별도의 특칙을 규정하게 되었다.

2. 토지분할

가. 토지분할 청구의 요건

추진위원회는 조합설립의 동의요건을 충족시키기 위하여 필요한 경우 주택단지 안의 일부 토지에 대하여 건축법 제57조에도 불구하고 분할하려는 토지면적이 같은 조에서 정하고 있는 면적에 미달되더라도 토지분할을 청구할 수 있다(법 제67조 제1항 제2호).[6]

건축법 제57조는 건축물이 있는 대지는 대통령령[7]으로 정하는 범위에서 해당 지방자치단체의 조례로 정한 면적에 미치지 못하거나 도로와의 관계, 대지안의 공

---

5) 이는 법 제정 이전의 구 주촉법이 2000. 1. 28. 법률 제6250호 개정하면서 제44조의3 제7호 괄호부분을 신설하여, 각 동별 결의요건인 구분소유자 및 의결권의 3분의 2 이상의 결의 중 복지시설은 하나의 동으로 본다는 간주규정이 처음 도입되었고 위 규정이 도시정비법에 그대로 계수되었다.

6) 이는 주택법 제15조 제1항에 따라 사업계획승인을 받아 건설한 둘 이상의 건축물이 있는 주택단지에 재건축사업을 하는 경우에도 동일하게 적용된다(법 제67조 제1항 제1호).

7) 건축법 시행령 제80조는 주거지역의 경우 60㎡, 상·공업지역 각 150㎡, 녹지지역 200㎡라고 각 규정하고 있다.

지 규정 등 건축법이 정한 각종 기준(건축법 제44조, 제55조, 제56조, 제60조, 제61조 등)에 미치지 못하는 경우 토지분할을 허용하지 않고 있음에도 불구하고, 정비사업의 공익적 특성에 비추어 그 예외를 인정하고 있다. 이는 법 제정 당시부터 규정하고 있었다(구 법 제41조).

나. 규정취지

재건축사업은 재개발사업과 달리 원칙적으로 하나의 주택단지를 전제로 진행되는 정비사업이다. 또한 재건축사업은 재개발사업과 달리 정비기반시설이 양호한 정비사업이고, 공공성이 상대적으로 약한 관계로 재개발사업보다 동의요건이 강화되어 있다. 이에 따라 주택단지 내 일부 동(棟) 토지등소유자의 동의요건이 충족되지 않아 주택단지 전체의 정비사업이 진행되지 못하는 문제점 등이 노정되자, 토지분할청구제도를 통하여 보다 원활하게 재건축사업을 진행할 수 있도록 하기 위함이다.

다. 절   차

추진위원회가 토지분할 청구를 하는 때에는 토지분할의 대상이 되는 토지 및 그 위의 건축물과 관련된 토지등소유자와 협의하여야 하고, 토지분할의 협의가 성립되지 아니한 경우에는 법원에 토지분할을 청구할 수 있다(법 제67조 제2, 3항).

라. 분할의 효과

법원에 토지분할이 청구된 경우 시장·군수등은 분할되어 나가는 토지 및 그 위의 건축물과 관련하여, ① 해당 토지 및 건축물의 토지등소유자의 수가 전체의 10분의 1 이하일 것, ② 분할되어 나가는 토지 위의 건축물이 분할선 상에 위치하지 아니할 것, ③ 그 밖에 사업시행계획인가를 위하여 대통령령으로 정하는 요건에 해당할 것(분할되어 나가는 토지가 건축법 제44조에 적합한 경우, 법 시행령 제56조)의 요건을 충족하는 때에는 토지분할이 완료되지 아니하여 재건축조합 설립을 위한 동의요건에 미달되더라도, 건축법 제4조에 따라 특별자치시·특별자치도·시·군·구(자치구를 의미)에 설치하는 건축위원회의 심의를 거쳐 조합설립인가를 할 수 있다(법 제67조 제4항).

III. 집합건물법상 재건축결의 요건의 중복 적용 여부

1. 문제의 소재

집합건물법상 집합건물에서의 재건축결의는 구분소유자 전원을 구성원으로 하는 관리단집회에서 구분소유자의 5분의 4 이상 및 의결권의 5분의 4 이상의 결의를 필요로 한다(집합건물법 제47조 제1, 2항). 현행 도시정비법에서는 집합건물법의 결의요건과는 다른 동의요건(주택단지 공동주택의 각 동별 구분소유자의 과반수 동의와 주택단지 전체 구분소유자의 4분의 3 이상 동의 및 토지면적 4분의 3 이상의 토지소유자의 동의) 및 창립총회 의결을 규정하고 있을 뿐, 집합건물법상의 결의요건에 대한 명시적 제외규정이 없다. 따라서 도시정비법에 따른 재건축사업에서 조합설립 동의 및 창립총회 결의 외에 집합건물법상의 재건축결의가 별도로 필요한지 여부가 문제된다.

2. 판 례

판례는 도시정비법 시행 이후의 재건축사업은 조합설립결의, 사업시행계획, 관리처분계획 등의 절차에 의하여야 하므로, 설령 집합건물법상의 재건축결의가 있어도 곧바로 조합원에게 권리변동의 효력을 미칠 수 없다 할 것이어서, 그와 같은 재건축결의가 독자적인 의미를 가진다고 볼 수 없다고 판시하였다.[8] 즉 도시정비법 시행 이후의 재건축사업은 반드시 도시정비법이 정한 요건과 절차에 의하여야 하므로 별도로 집합건물법상의 재건축결의는 필요로 하지 않는다는 것이 판례의 견해이다.

다만, 조합설립인가 이후 집합건물법상의 재건축결의가 별도로 이루어진 경우, 그 실질이 조합설립 당시 인가받은 사항을 변경하는 결의 또는 사업시행계획 결의에 해당한다고 볼 수는 있다. 따라서 도시정비법 시행 이후 집합건물법상의 재건축결의의 무효확인을 구하는 소는 특별한 사정이 없는 한 소의 이익이 없으나, 그 실질이 조합설립변경결의 또는 사업시행계획결의인 경우에는 그에 대한 무효확인을 구하는 취지로 선해 될 여지는 있다.[9]

---

8) 대법원 2012. 11. 15. 선고 2010다95338 판결.
9) 대법원 2010. 7. 29. 선고 2008다6328 판결.

3. 결 론

재건축사업에서 도시정비법에 따른 조합설립 동의 및 창립총회 결의 외에 집합건물법상의 재건축결의가 별도로 필요로 하지 아니한다. 그 논거는 다음과 같다.

① 도시정비법은 재개발 · 재건축사업 등 정비사업을 규율하기 위한 법으로서, 재건축사업과 관련하여 집합건물법과는 다른 별도의 조합설립요건을 규정한 것은 집합건물법상의 재건축결의 규정을 배제하겠다는 취지가 내포되어 있다. 또한 집합건물법 제47조 제3항이 규정하고 있는 결의사항은 모두 재건축조합 설립에 필요한 토지등소유자의 동의내용에 포함되어 있다.

② 집합건물법에서 재건축결의가 가진 중요한 의미는 재건축결의 후 지체 없이 재건축결의에 찬성하지 아니한 구분소유자에 대하여 재건축에 참가할 것인지 여부를 촉구하는 등 매도청구의 행사이다. 그러나 현행 도시정비법에서는 제64조로 별도의 매도청구 관련 규정을 두고 있다.

제3장 토지등소유자의 동의

제1절 동의의 대상인 토지등소유자의 확정

I. 의 의

정비구역이 지정·고시되면 정비사업의 대상이 되는 구역과 면적이 확정되어 토지 및 건축물 등이 특정된다. 법 제39조 제1항은 정비사업의 조합원은 토지등소유자로 한다고 규정하고 있으므로, 조합설립요건으로서의 토지등소유자의 동의 정족수 충족여부를 판단하기 위해서는 선행적으로 '토지등' 및 '소유자'의 의미가 확정되어야 한다.

법은 '토지등'에 대하여 재개발사업의 경우에는 '정비구역에 위치한 토지 또는 건축물'을, 재건축사업의 경우에는 '정비구역에 위치한 건축물 및 그 부속토지'만을 각 의미하고(다만 주택단지가 아닌 지역이 정비구역에 포함된 때에는 주택단지가 아닌 지역의 토지 또는 건축물 소유자는 동의의 대상으로 규정하고 있다), '소유자'에 대하여도 재개발사업의 경우에는 '토지 또는 건축물의 소유자 또는 그 지상권자'를, 재건축사업의 경우에는 '건축물 및 그 부속토지의 소유자'만을 각 의미한다[법 제2조 제9호(나목)]. 소유권, 지상권은 민법에서 규정한 권리를 전제로 판단한다.

II. 소송상 쟁점

1. 재개발사업(무허가건물)

가. 문제의 소재

법 제2조 제9호, 제35조 제2 내지 4항의 각 기재에 의하면, 재개발·재건축사업에서 동의의 대상인 토지등소유자에 관하여 '토지 또는 건축물 소유자 또는 지상권자', '건축물 및 그 부속토지의 소유자'라고만 기재되어 있고, 무허가건축물이 대상인지 여부에 관하여 아무런 규정이 없다. 그러나 무허가건축물은 원칙적으로 관계 법령에 의하여 철거되어야 할 것인데도 그 소유자에게 조합원 자격을 부여하여 결과적으로 재개발·재건축사업의 시행으로 인한 이익을 향유하게 하는 것은 위법행위를 한 자가 이익을 받는 결과가 되어 허용될 수 없는 점, 재개발·재건축사업의 원활한 시행을 위해서는 정비구역 안의 무분별한 무허가주택의 난립을 규제할 현실적 필요성이 적지 않은 점 등을 고려하여 볼 때, 동의의 대상이 되는 건축물이라 함은 원칙적으로 적법한 건축물을 의미하고 무허가건축물은 이에 포함되지 않는다.[10] 다만 1989. 1. 24. 이전에 건축된 무허가건축물인 특정무허가건축물의 경우에는 달리 보아야 한다는 견해가 있다.[11]

그 논거는 토지보상법 제정 당시 시행규칙의 부칙에 1989. 1. 24. 당시의 무허가건축물에 대하여는 손실보상을 함에 있어 적법한 건축물로 간주하는 규정이 존재하므로 도시정비법에서도 이를 적법한 건축물로 간주하여야 한다는 것이다. 이는 주로 재개발사업에서 문제되고, 재건축사업에서는 주택단지가 아닌 지역이 정비구역에 포함된 때에 예외적으로 문제될 수 있다.

한편, 특정무허가건축물 이외의 무허가건축물인 신발생무허가건축물(서울시 조례 제2조 제2호)은 어느 모로 보나 동의의 대상이 될 수 없다.

나. 특정무허가건축물

(1) 토지보상법의 규정

토지보상법은 공공용지의 취득 및 손실보상에 관한 특례법 및 토지수용법이 폐지되면서 법률 제6656호로 2002. 2. 4. 제정되어 2003. 1. 1.부터 시행되었는데, 토지보상법 시행규칙(건설교통부령 제344호, 2002. 12. 31.) 부칙 제5조가 1989. 1. 24. 당시의 무허가건축물에 대하여는 손실보상을 함에 있어 적법한 건축물로 본다고 규정하였다. 위 규정이 부칙으로 삽입된 유래에 대하여는 제9편 제2장 제3절 Ⅲ. "2. 당해 토지의 평가방법"부분에서 자세히 살펴본다.

---

10) 대법원 2009. 10. 29. 선고 2009두12228 판결.
11) '특정무허가건축물'이란 건설교통부령 제344호 공익사업을위한토지등의취득및보상에관한법률시행규칙 부칙 제5조에서 '1989. 1. 24. 당시의 무허가건축물등'을 말한다(서울시 조례 제2조 제1호).

(2) 서울시 조례 규정

서울시 조례는 2011. 5. 26. 조례 제5102호로 개정되면서 제2조 제1호로 특정무허가건축물의 개념이 도입되었고, 그 이전에는 기존 무허가건축물의 개념을 사용하고 있었다. 종래 기존 무허가건축물은 1981. 12. 31. 현재 무허가건축물대장에 등재된 무허가건축물, 1981년 제2차 촬영한 항공사진에 나타나 있는 무허가건축물, 재산세 납부대장 등 공부상 1981. 12. 31. 이전에 건축하였다는 확증이 있는 무허가건축물, 1982 4. 8. 이전에 사실상 건축된 연면적 85㎡ 이하의 주거용 건축물로서 1982년 제1차 촬영한 항공사진에 나타나 있거나 재산세 납부대장 등 공부상 1982. 4. 8. 이전에 건축하였다는 확증이 있는 무허가건축물, 토지보상법 시행규칙(건설교통부령 344호) 부칙 제5조에 따른 무허가건축물 중 조합정관에서 정한 건축물로 세분화하고 있었다.

(3) 특정무허가건축물 소유자의 지위

(가) 동의의 대상인 토지등소유자(부정)

특정무허가건축물의 소유자는 도시정비법상 조합설립 단계에서의 토지등소유자로 볼 수 없으므로, 조합설립요건으로서의 동의율 산정에서는 제외된다. 그 논거는 다음과 같다.

① 법문상의 '토지 또는 건축물 소유자 또는 지상권자', '건축물 및 그 부속토지의 소유자'에는 적법한 건축물임이 내포되어 있고, 도시정비법에 명시적으로 특정무허가건축물에 대하여 토지등소유자의 지위를 부여하는 규정이 없다.

② 법 시행령 제38조 제17호(그 밖에 시·도조례로 정하는 정관사항)의 위임을 받은 서울시 조례 제22조 제2호는 특정무허가건축물 소유자의 조합원 자격에 관한 사항을 정관으로 정할 사항이라고 규정하고 있는바, 이는 특정무허가건축물 소유자는 원칙적으로는 조합원 자격이 부여되지 아니함을 전제로 한다.

(나) 조합설립 이후의 조합원 지위

서울시 조례 제22조 제2호에 규정에 의하여 특정무허가건축물 소유자의 조합원자격 유무는 각 조합의 정관에 규정할 사항이다. 다음에서 살펴보듯이 구 법(2019. 4. 23. 법률 제16383호로 개정되기 전의 것) 제40조 제2항에 의하여 국토교통부장관이 주택재개발표준정관, 주택재건축표준정관을 작성하여 보급하였고, 위 법률 개정으로 표준정관을 작성하여 보급하는 권한이 시·도지사로 이관되었으나, 현재 부산광역시를 제외하고는 표준정관이 작성되어 있지 않다.

부산광역시 표준정관(이하 '부산 표준정관'이라 한다)도 국토교통부장관이 작성한 각 표준정관에 대하여 도시정비법령의 내용을 반영하여 일부 수정한 외에는 대동소이하다. 실무에서 거의 대부분의 조합이 국토교통부장관이 작성, 보급한 위 각 표준정관을 그대로 자치법규인 정관으로 하고 있으므로, 그 기본이 되는 주택재개발표준정관이 조합의 정관내용임을 전제로 살펴보되(이하 표준정관은 주택재개발표준정관을 의미하고, 주택재건축표준정관을 지칭하는 경우에는 구체적으로 특정하기로 한다), 부산 표준정관의 특유한 부분은 따로 설명하기로 한다.

실무상 거의 대부분의 조합이 정관에서 시·도조례에서 정하는 특정무허가건축물로서 자기 소유임을 입증하는 경우에는 그 무허가건축물 소유자를 조합원으로 인정한다고 규정하고 있다(표준정관 제9조 제2항). 따라서 특정무허가건축물 소유자는 조합설립인가 이후에는 정관에 의하여 조합원의 자격을 취득한 자로서 조합설립변경을 비롯한 이후의 총회결의에 있어 의사정족수 및 동의자 수에 포함된다. 다음에서 살펴보듯이 특정무허가건축물을 주거용으로 사용하고 있는 소유자는 종후자산(정비사업으로 건립되는 공동주택 등)의 분양대상이 된다(서울시 조례 제36조 제1호).

2. 재건축사업

가. 주택단지의 의미

(1) 문제의 소재

법 제35조 제3항이 재건축사업의 경우에는 주택단지를 기준으로 동의요건을 규정하고 있고, 법 제67조 제1항이 주택단지 중 일부를 사업구역에서 제외하는 경우에 관한 토지분할제도를 규정하고 있으므로, 재건축사업은 '주택단지' 단위로 시행됨이 명백하다.[12] 문제는 주택단지의 판단기준이다. 즉, 일정한 근접지역에 공동주택과 상가 등이 존재하고 일부 동(棟)이 재건축사업에 반대하는 경우, 이를

---

12) 대법원 2019. 3. 14. 선고 2018두57957 판결.

하나의 주택단지로 보아 토지분할청구절차를 선행해야 하는지 또는 별개의 주택단지로서 토지분할청구절차 없이 곧바로 일부 동을 제외하고 재건축사업을 진행할 수 있는지 여부는 주택단지의 판단기준에 좌우된다. 상가의 구분소유자들은 재건축 공사기간 중에 영업을 중단하여야 하므로 소득이 감소하고, 단골 고객을 잃게 될 우려가 있으며, 개발이익확보가 불확실한 점 등을 이유로 재건축을 반대하는 경우가 많아 실무상 상가동에 대한 토지분할청구절차의 요부가 주로 문제된다.

(2) 판례

도시정비법상 하나의 주택단지에 해당하는지 여부는 당해 주택의 건설사업 또는 당해 주택이 건립된 부지의 대지조성사업을 할 당시 하나의 사업계획으로 승인받아 주택이 건설되거나 대지가 조성되었는지 여부에 의해 결정된다.[13] 따라서 당해 주택 및 상가 등의 건설경위를 살펴 하나의 사업계획으로 승인받아 건설되거나 대지가 조성되었다면 하나의 주택단지로 보아야 할 것이다. 하나의 사업계획으로 승인받아 건축되었다는 사실을 증명하는 자료로는 주택건설사업계획 승인대장 등을 들 수 있다.

나. 주택단지 내 토지 또는 건축물만의 소유자

정비구역인 주택단지 내에 토지 또는 건축물만을 소유하고 있는 자는 '건축물 및 그 부속토지의 소유자'에 해당하지 아니하여 조합원의 자격이 없다. 따라서 토지 또는 건축물만을 소유한 자는 위 법 제35조 소정의 조합설립 동의의 상대방이 되지 아니한다.[14]

---

13) 대법원 2010. 4. 8. 선고 2009다10881 판결.
14) 대법원 2008. 2. 29. 선고 2006다56572 판결[정비사업을 신속하고도 효율적으로 추진하기 위해서는 토지 또는 건축물만을 소유한 자로부터 조합이 그 소유권을 취득하여야 하는바, 조합은 법 제64조를 준용하여 토지 또는 건축물만을 소유한 자에 대하여 매도청구를 할 수 있다. 다만 재건축사업의 주택단지 내에 토지만을 소유하고 있는 자는 조합설립 동의의 상대방이 되지 아니하므로, 최고 절차에 대하여 법률상 이해관계를 갖지 아니하여 매도청구 전에 최고절차를 거치지 않았더라도 매도청구는 적법하다(법 제64조 제1항 제1호는 주택단지 내 토지 또는 건축물만의 소유자에 대하여는 최고대상에서 제외하고 있다). 그러나 법 제64조가 매도청구권의 행사기간을 제한한 취지가 매도청구 상대방의 정당한 법적 이익을 보호하고 아울러 재건축을 둘러싼 법률관계를 조속히 확정하기 위한 것이므로 그 경우에도 매도청구권은 행사기간 내에 이를 행사하지 아니하면 효력을 상실한다].

다. 주택단지가 아닌 지역이 정비구역에 포함된 경우의 토지 또는 건축물의 의미

(1) 문제의 소재

법 제2조 제9호 (나)목 및 법 제39조 제1항에 의하면, 주택단지 내 재건축사업에 있어서는 정비구역에 위치한 건축물 및 그 부속토지의 소유자만이 토지등소유자로서 조합원의 자격이 있다. 그러나 법 제35조 제4항은 "주택단지가 아닌 지역이 정비구역에 포함된 때에는 주택단지가 아닌 지역의 토지 또는 건축물 소유자의 4분의 3 이상 및 토지면적 3분의 2 이상의 토지소유자의 동의를 받아야 한다."고 규정하고 있다. 주택단지가 아닌 지역의 재건축조합설립 동의요건인 '토지 또는 건축물' 소유자의 의미와 관련하여, 이를 앞서 본 주택단지와 동일하게 '토지 및 건축물' 소유자로 제한하여 해석해야 하는지 여부가 문제된다.

(2) 판례

법 제35조 제4항의 문언상의 기재 및 토지만을 소유한 자 또는 건축물만을 소유한 자는 비록 재건축사업에서 조합원이 될 수 없다고 하더라도, 그 소유의 토지 또는 건축물은 매도청구의 대상이 될 수 있으므로 재건축조합의 설립에 중대한 이해관계가 있는 점 등을 종합하면, 법 제35조 제4항에서 정한 '토지 또는 건축물 소유자'는 정비구역 안의 토지 및 건축물의 소유자뿐만 아니라 토지만을 소유한 자, 건축물만을 소유한 자 모두를 포함하는 의미이다.[15]

(3) 결론

토지 및 건축물 소유자로 해석하는 것은 문언에 반하고, 반드시 조합원의 지위와 동의의 대상은 동일시할 필요가 없는 점 등에 비추어 판례의 견해는 타당하다. 문제는 토지 또는 건축물만의 소유자는 조합원이 될 수 없으므로, 재건축조합 설립에 동의하지 않을 것이 명백하다. 왜냐하면 조합원이 될 수 없어 종후자산을 배분받을 가능성이 원천봉쇄 되어 있는 상태에서 조합이 설립되면 매도청구를 통하여 자신의 토지나 건축물 등을 사실상 강제로 빼앗길 가능성만 존재하기 때문이다. 아직도 토지 또는 건축물만을 소유한 자가 적지 않은 현실에 비추어 주택단지

---

15) 대법원 2012. 10. 25. 선고 2010두25107 판결.

가 아닌 지역이 정비구역에 포함되는 경우에는 토지 또는 건축물 소유자의 4분의
3 이상 및 토지면적의 3분의 2 이상의 토지소유자의 동의라는 요건을 충족하기가
어려워 정비사업의 진행이 지체될 가능성이 높다.

제2절 토지등소유자의 동의자 수 산정방법

I. 규정 및 해석

1. 법령의 규정

법 시행령 제33조 제1항은 '법 제12조 제2항, 제28조 제1항, 제36조 제1항, 시
행령 제12조, 제14조 제2항 및 제27조에 따른 토지등소유자(토지면적에 관한 동의
자 수를 산정하는 경우에는 토지소유자를 말한다)의 동의'를 다음 각 호의 기준에 따
라 산정한다고 규정하고 있다.

> 1. 재개발사업의 경우에는 다음 각 목의 기준에 의할 것
>   가. 1필지의 토지 또는 하나의 건축물을 여럿이서 공유할 때에는 그 여럿
>   을 대표하는 1인을 토지등소유자로 산정할 것. 다만, 재개발구역의 전
>   통시장법 제2조에 따른 전통시장 및 상점가로서 1필지의 토지 또는
>   하나의 건축물을 여럿이서 공유하는 경우에는 해당 토지 또는 건축물
>   의 토지등소유자의 4분의 3 이상의 동의를 받아 이를 대표하는 1인을
>   토지등소유자로 산정할 수 있다.
>   나. 토지에 지상권이 설정되어 있는 경우 토지의 소유자와 해당 토지의
>   지상권자를 대표하는 1인을 토지등소유자로 산정할 것
>   다. 1인이 다수 필지의 토지 또는 다수의 건축물을 소유하고 있는 경우에
>   는 필지나 건축물의 수에 관계없이 토지등소유자를 1인으로 산정할
>   것. 다만, 재개발사업으로서 법 제25조 제1항 제2호에 따라 토지등소
>   유자가 재개발사업을 시행하는 경우 토지등소유자가 정비구역 지정
>   후에 정비사업을 목적으로 취득한 토지 또는 건축물에 대해서는 정비
>   구역 지정 당시의 토지 또는 건축물의 소유자를 토지등소유자의 수에

포함하여 산정하되, 이 경우 동의 여부는 이를 취득한 토지등소유자에 따른다.

    라. 둘 이상의 토지 또는 건축물을 소유한 공유자가 동일한 경우에는 그 공유자 여럿을 대표하는 1인을 토지등소유자로 산정할 것

2. 재건축사업의 경우에는 다음 각 목의 기준에 따를 것

    가. 소유권 또는 구분소유권을 여럿이서 공유하는 경우에는 그 여럿을 대표하는 1인을 토지등소유자로 산정할 것

    나. 1인이 둘 이상의 소유권 또는 구분소유권을 소유하고 있는 경우에는 소유권 또는 구분소유권의 수에 관계없이 토지등소유자를 1인으로 산정할 것

    다. 둘 이상의 소유권 또는 구분소유권을 소유한 공유자가 동일한 경우에는 그 공유자 여럿을 대표하는 1인을 토지등소유자로 할 것

3. 추진위원회의 구성 또는 조합의 설립에 동의한 자로부터 토지 또는 건축물을 취득한 자는 추진위원회의 구성 또는 조합의 설립에 동의한 것으로 볼 것

4. 토지등기부등본·건물등기부등본·토지대장 및 건축물관리대장에 소유자로 등재될 당시 주민등록번호의 기록이 없고 기록된 주소가 현재 주소와 다른 경우로서 소재가 확인되지 아니한 자는 토지등소유자의 수 또는 공유자 수에서 제외할 것

5. 국·공유지에 대해서는 그 재산관리청 각각을 토지등소유자로 산정할 것[16]

2. 토지등소유자의 구체적인 산정방법

가. 동일인이 다수의 부동산을 소유한 경우: 1인

갑이 A 토지 및 B, C건축물을 소유하고 있는 경우

나. 공유 부동산: 1인

갑과 을이 A토지를 공유한 경우

---

16) 법 시행령이 2010. 7. 15. 대통령령 제22277호로 개정되면서 처음 도입되었다, 그 이전에는 여러 필지의 국가 또는 지방자치단체 소유의 국·공유지에 대하여 소관 관리청이 다른 경우에 관한 특별한 예외규정을 두고 있지 않음을 이유로 1개로 산정하였다(대법원 2014. 4. 14. 선고 2012두1419 전원합의체 판결).

다. 지상권자가 있는 경우: 1인

갑의 A토지 지상에 을이 지상권을 가지고 있는 경우

라. 공유자의 구조가 동일한 경우: 1인

(1) 갑과 을이 A, B토지를 각 공유하고 있는 경우: 1인

(2) 갑, 을, 병이 수개의 토지를 각 동일한 형태로 공유하고 있는 경우: 1인

(3) 동일한 공유자가 서로 다른 토지 또는 토지·건축물을 공동소유하고 있을 때에는 부동산의 종류나 수가 무엇이든 그 공유자들 중 1인만이 토지등소유자로 산정되어야 한다.[17] 동일인이 다수의 부동산을 소유한 경우 및 공유인 경우 1인으로 취급하는 점에서 이는 타당하다.

마. 부동산별로 소유자가 다른 경우

(1) 원칙: 각 1인

① 갑이 A토지를 단독소유하고 갑과 을이 B토지를 공유하고 있는 경우: 2인

② 갑, 을이 A토지 소유, 갑이 A토지 지상 건축물 소유: 2인(토지의 공유자 중 일부가 지상 건축물을 단독 소유하는 경우에도 소유자를 달리 취급되어야 한다[18])

③ 갑, 을이 A토지를, 을, 병이 B토지를, 갑, 병이 C토지를 각 공유하고 있는 경우: 3인(=갑+을, 을+병, 갑+병)

④ 갑, 을이 A토지를, 갑, 을, 병이 B토지를, 갑, 병, 정이 C토지를 각 공유하고 있는 경우: 3인(=갑+을, 갑+을+병, 갑+병+정)

⑤ 토지의 필지별 또는 토지·건축물의 소유자, 공유자가 서로 다를 경우에는 각 부동산별로 1인의 토지등소유자로 산정되어야 한다.[19]

(2) 예외 1

① 토지나 건축물을 단독으로 소유하고 있어 이미 토지등소유자로 산정되었던

---

17) 대법원 2010. 1. 14. 선고 2009두15852 판결.
18) 대법원 2015. 3. 20. 선고 2012두23242 판결.
19) 대법원 2014. 5. 29. 선고 2012두18677 판결, 대법원 2010. 1. 14. 선고 2009두15852 판결.

자들이 별도로 다른 토지나 건축물을 공유하는 경우에 그들의 공유 토지나 건축물 지분에 대해서는 토지등소유자 수가 추가로 산정되지 아니한다.[20]

② 갑이 A토지를 단독소유, 을이 B토지를 단독소유하고, 갑과 을이 C토지를 공유하고 있는 경우: 2인(실제 조합원은 2명이고, 그 이상은 불가능하므로 2인으로 취급한다)

(3) 예외 2

동일인 소유 토지와 지상 건축물 중 토지에 관하여 지상권이 설정되어 있다고 하더라도 토지등소유자 수를 산정할 때에는 지상권자를 토지의 공유자와 동일하게 취급할 수 없고, 해당 토지와 지상 건축물에 관하여 1인의 토지등소유자로 산정한다(지상권자는 수분양권이 없는 자로서 일반적 공유와 동일하게 취급하는 것은 부당함에 근거한다).[21]

바. 승 계

조합의 설립에 동의한 자로부터 토지 또는 건축물을 취득한 자는 조합의 설립에 동의한 것으로 본다. 이는 조합설립 전에 조합설립에 동의한 자로부터 토지등을 특정승계 또는 포괄승계 한 경우 추진위원회가 양수인으로부터 또다시 동의를 받아야한다면 정비사업의 진행에 중대한 차질이 초래되므로 이를 방지하기 위하여 규정된 조항이다. 조합이 설립된 이후에는 일반적으로 정관에 토지 또는 건축물을 취득한 자는 종전의 권리자가 행한 행위를 승계한다는 규정을 두고 있고(표준정관 제9조 제5항), 정관은 조합의 조직, 활동, 조합원의 권리의무관계 등 단체법적 법률관계를 규율하는 것으로서 공법인인 조합과 조합원에 대하여 구속력을 가지는 자치법규이므로 종전 권리자의 행위는 토지 또는 건축물을 취득한 자에게 당연히 효력을 미쳐 법령에 위와 같은 내용을 규정할 필요가 없다.

---

20) 대법원 2014. 5. 29. 선고 2011두2286 판결, 대법원 2011. 7. 28. 선고 2011두2842 판결 및 하급심인 서울고등법원 2010. 12. 16. 선고 2010누18378 판결.
21) 대법원 2015. 3. 20. 선고 2012두23242 판결.

사. 소재불명자: 제외

⑴ 소재불명자의 의미

㈎ 규정의 내용

토지등기부등본·건물등기부등본·토지대장 및 건축물관리대장에 소유자로 등재될 당시 주민등록번호의 기록이 없고 기록된 주소가 현재 주소와 다른 경우로서 소재가 확인되지 아니한 자는 동의의 대상인 토지등소유자에서 제외된다.

㈏ 공부내용을 기준으로 한 근거

주민등록법 제29조 제2항 제3호는 "다른 법령에 주민등록자료를 요청할 수 있는 근거가 있는 경우에는 주민등록표의 열람이나 등·초본이 교부가 가능하다."고 규정하고 있고, 토지보상법 제8조 제1항은 "사업시행자는 대통령령으로 정하는 바에 따라 해당 공익사업의 수행을 위하여 필요한 서류의 발급을 국가나 지방자치단체에 신청할 수 있으며, 국가나 지방자치단체는 해당 서류를 발급하여야 한다."고 규정하고 있다. 행정주체로서 공익사업을 수행하는 재개발 및 재건축조합은 위 토지보상법 조항의 적용 또는 유추적용에 의하여 토지등소유자에 대한 주민등록표의 발급을 국가나 지방자치단체에 신청할 수 있고, 재개발 및 재건축 추진위원회 또한 조합의 설립이라는 목적범위에서는 위 규정을 유추적용하여 토지등소유자에 대한 주민등록표의 발급신청이 가능하다.

다만 주민등록법 시행령 제47조 제2항은 "주민등록표의 열람 또는 등·초본의 교부신청을 위해서는 대상자의 성명 및 주소 또는 성명 및 주민등록번호를 정확하게 표시하여야 한다."고 규정하고 있으므로, 적어도 토지등소유자에 대한 주민등록표의 발급신청을 위해서는 주민등록번호 또는 주소는 특정될 수 있어야 한다.

따라서 토지등기부등본·건물등기부등본·토지대장 및 건축물관리대장에 소유자로 등재될 당시 기록된 주소가 현재 주소와 다른 경우로서, 주민등록번호의 기재가 없는 경우에는 재개발 및 재건축 추진위원회로서는 토지등소유자에 대한 주민등록표의 발급신청이 불가능하여 그 소재를 확인할 길이 없게 되므로, 그 경우에는 그를 토지등소유자에서 제외한다.

㈐ **구체적 사례**

토지대장에 주민등록번호 뒷자리가 '1******'라고 기재되어 있는 것은 주민등록번호를 외부에 공개하지 않기 위한 것일 뿐, 토지대장을 관리하는 관할 관청에는 주민등록번호 뒷자리가 존재한다는 것이므로, 위 기재를 주민등록번호의 기록이 없는 것으로 간주할 수는 없다.[22]

(2) **입법취지**

법은 조합설립 요건으로 재건축·재개발사업 모두 토지등소유자 또는 전체 구분소유자의 4분의 3 이상의 동의라는 엄격한 요건을 요구한다. 그런데 소재불명자를 토지등소유자로 산정하는 경우, 정비사업의 대상인 노후·불량건축물에는 소유자가 직접 거주하지 않는 경우가 많고, 또한 소유자의 소재가 확인되지 않은 경우가 적지 않은 현실에서는 동의요건을 충족하기 어렵다. 특히 정비사업의 필요성이 중대할수록 더더욱 동의요건을 충족하는 것이 어려운 문제가 있다. 이에 조합설립인가의 요건인 동의 여부에 관한 의사 확인이 어려운 토지 또는 건축물 소유자를 동의의 대상인 토지등소유자에서 배제하여 공익사업인 정비사업을 보다 용이하게 시행할 수 있게 하려는 취지이다.

(3) **문제점**

소재가 확인되지 아니한다는 이유만으로 토지등소유자의 수에서 제외되는 토지 또는 건축물 소유자는 자신의 의사가 전혀 반영되지 아니한 채 정비사업의 대상이 된다. 특히 법 제71조는 사업시행자가 정비사업을 시행함에 있어 조합설립인가일(토지등소유자가 20인 미만이고 조합설립 없이 개인이 시행하는 재개발사업의 경우에는 사업시행계획인가일) 현재 건축물 또는 토지 소유자의 소재확인이 현저히 곤란한 경우에는 전국적으로 배포되는 둘 이상의 일간신문에 2회 이상 공고하고, 공고한 날부터 30일 이상이 지난 때에는 그 소유자의 해당 건축물 또는 토지의 감정평가액에 해당하는 금액을 법원에 공탁하고 정비사업을 시행할 수 있다고 규정하고 있다.[23]

---

22) 대법원 2012. 12. 13. 선고 2011두21218 판결.
23) 다만 감정평가는 종전자산 및 종후자산 또는 권리를 평가할 때와 마찬가지로 시장·군수등이 선정·계약한 2인 이상의 감정평가법인등이 평가한 가액을 산술 평균한 금액(재개발사업), 시장·군

따라서 소재불명자는 소재가 확인되지 아니한다는 이유만으로 토지등소유자의 수에서 제외되고, 사업시행자가 행정주체의 지위를 취득한 이후에는 일방적으로 그의 소유물이 처분되는 결과에 이르게 된다. 이는 공익을 위하여 사실상 사익이 희생되는 결과가 초래되므로, 위 규정의 적용에는 신중을 기해야 한다. 특히 추진 위원회로서는 정비사업에 반대하는 토지등소유자에 대하여 소재불명자로 처리함으로써 동의요건을 충족시키려는 유혹이 있을 수 있으므로, 사업시행자가 소재불명자로 처리한 사안의 경우 인가권을 가진 시장·군수등에 의한 신중한 심사가 요구된다. 또한 소유자 불명으로 공탁된 토지에 대하여 이의를 제기하는 방법이나 그 효력 등에 대하여 아무런 규정이 없는 점도 문제이다.[24]

⑷ 소재불명자로 간주되어 처리되는 경우

㈎ 사망한 자 소유의 토지 또는 건축물에 대한 상속인 불명

정비구역 내 토지 또는 건축물의 소유자가 이미 사망한 경우, 원칙적으로는 상속인 확인이 문제되나 넓게는 소재가 확인되지 않는 것으로 취급할 수 있다. 이 경우 소재가 확인되지 않는다는 이유로 토지등소유자의 수에서 제외하기 위해서는 망인인 토지 또는 건축물 소유자의 상속인의 존재 및 소재를 확인하기 위한 가능하고도 충분한 노력을 다하였음에도 그러한 사실을 확인할 수 없음이 분명한 경우이어야 하고, 이는 관련 공부에 망인의 주민등록번호가 기재되어 있더라도 달리 볼 이유가 없다.[25]

㈏ 여러 명의 공유에 속하는 토지의 공유자 중 일부가 소재불명자인 경우

여러 명의 공유에 속하는 토지의 공유자 중 일부가 소재불명자인 경우, 토지의 단독소유자가 소재불명자인 경우와 다르지 아니하므로, 공유자 중 일부가 소재불명자인 경우도 단독소유자가 소재불명인 경우와 마찬가지로 조합설립 동의대상이 되는 토지 또는 건축물 소유자의 수에서 제외하여야 한다.[26]

수등이 선정·계약한 1인 이상의 감정평가법인등과 조합총회의 의결로 선정·계약한 1인 이상의 감정평가법인등이 평가한 가액을 산술 평균한 금액(재건축사업)으로 산정한다(법 제71조 제4항).

24) 김종보, 전게서, 483쪽.
25) 대법원 2014. 5. 29. 선고 2012두11041 판결.
26) 대법원 2017. 2. 3. 선고 2015두50283 판결.

아. 국·공유지(재산관리청)

대한민국 소유 토지 중 기획재정부가 A토지를, 여성가족부가 B토지를 각 관리하고 있고, 서울특별시가 C토지를, 서울 강남구가 D토지를 각 소유하고 있는 경우: 토지등소유자는 4인(기획재정부, 여성가족부, 서울특별시, 서울 강남구)에 해당한다.

Ⅱ. 1동의 건물과 관련한 공유와 구분소유

1. 쟁 점

조합설립 동의요건으로서의 토지등소유자는 1동의 건물을 다수가 공유한 경우 1인으로 산정하여야 하나, 1동의 건물을 다수가 구분소유하고 있는 경우에는 각각의 구분소유권자마다 별개로 산정하여야 한다. 이와 같이 토지등소유자 전체 숫자 및 동의자 수를 산정함에 있어 1동의 건물을 구분소유하고 있는 것인지 또는 공유하고 있는 것인지 여부는 매우 중요하다. 토지등소유자 전체 숫자 및 동의자 수와 관련한 산정 잘못은 조합설립인가처분의 효력과 직결되고, 조합설립인가처분이 무효 또는 취소되는 경우 그 후속행위도 모두 소급하여 무효가 되는 중대한 결과가 초래되므로 주의를 요한다. 특히 구분소유등기가 마쳐지지 아니하고 공유등기만이 마쳐진 건물에 대하여도 구분소유가 인정되는 경우가 있으므로, 구분소유등기 여부만으로 이를 판단하여서는 아니 된다.

2. 판 례

가. 대법원 2013. 1. 17. 선고 2010다71578 전원합의체 판결

1동의 건물에 대하여 구분소유가 성립하기 위해서는 객관적·물리적인 측면에서 1동의 건물이 존재하고, 구분된 건물부분이 구조상·이용상 독립성을 갖추어야 할 뿐 아니라, 1동의 건물 중 물리적으로 구획된 건물부분을 각각 구분소유권의 객체로 하려는 구분행위가 있어야 한다. 따라서 구분소유등기가 경료되었는지 여부를 불문하고(설령 공유자로 등기되었더라도), 위의 요건을 구비하여 구분소유자로 인정되는 경우, 그 대표자 1명만을 토지등소유자로 산정함은 위법하고, 구분소유자들 전부에 대하여 토지등소유자로 인정하여야 한다. 각각의 요건별로 살펴본다.

나. 구조상의 독립성

(1) 판단기준

구조상의 독립성은 주로 소유권의 목적이 되는 객체에 대한 물적 지배의 범위를 명확히 할 필요성 때문에 요구되는 것이다. 따라서 구조상의 구분에 의하여 구분소유권의 객체 범위를 확정할 수 없는 경우에는 구조상의 독립성이 있다고 할 수 없다.

상가의 경우 주택과 달리 본질적 특성이 개방성이므로, 구조상의 독립성 판단이 용이하지 않다는 문제가 있다. 이와 관련하여 집합건물법 제1조의2(상가건물의 구분소유) 제1항은 ① 구분점포의 용도가 건축법 제2조 제2항 제7호의 판매시설 및 같은 항 제8호의 운수시설일 것, ② 경계를 명확하게 알아볼 수 있는 표지를 바닥에 견고하게 설치할 것[27], ③ 구분점포별로 부여된 건물번호표지를 견고하게 붙일 것[28]을 요건으로 하여 1동의 건물이 여러 개의 건물부분으로 이용상 구분된 경우에 그 건물부분(구분점포)은 이 법에서 정하는 바에 따라 각각 소유권의 목적으로 할 수 있다고 규정하고 있다. 집합건물법 시행령 제2조가 정하는 경계표지가 설치되어 있는지 여부는 각 구분점포의 구조상의 독립성을 판단하는 하나의 기준일 뿐, 경계표지가 없다고 하여 독립성이 없다고 단정할 수는 없다.

---

27) 집합건물법 시행령 제2조(경계표지)
　① 집합건물법 제1조의2 제1항 제3호에 따른 경계표지는 바닥에 너비 3㎝ 이상의 동판, 스테인리스강판, 석재 또는 그 밖에 쉽게 부식·손상 또는 마모되지 아니하는 재료로서 구분점포의 바닥재료와는 다른 재료로 설치하여야 한다.
　② 경계표지 재료의 색은 건물바닥의 색과 명확히 구분되어야 한다.
28) 집합건물법 시행령 제3조(건물번호표지)
　① 집합건물법 제1조의2 제1항 제4호에 따른 건물번호표지는 구분점포 내 바닥의 잘 보이는 곳에 설치하여야 한다.
　② 건물번호표지 글자의 가로규격은 5㎝ 이상, 세로규격은 10㎝ 이상이 되어야 한다.
　③ 구분점포의 위치가 표시된 현황도를 건물 각 층 입구의 잘 보이는 곳에 견고하게 설치하여야 한다.
　④ 건물번호표지의 재료와 색에 관하여는 제2조를 준용한다.

(2) 판례

벽체 등 외부로 드러난 표지 없이 단지 건물의 1층 부분을 20개 점포로 구획하고, (정확한 측량없이) 각 점포의 호수와 위치 및 면적을 표시한 분할도면을 작성한 후 그 분할도면에 따라 점포들을 분양한 다음, 각 점포에 대하여 건물 1층 부분의 공유지분을 할당하고, 그와 같이 할당된 공유지분에 관하여 수분양자들 앞으로 소유권이전등기를 마쳤다면, 이는 독립성이 없다.[29] 따라서 구조상의 독립성이 인정되기 위해서는 건물의 분양 당시 점포의 각 점유부분이 정확하게 측량되거나 점포가 벽체로 명확하게 구분된 상태에서 분양되어, 각 점포의 실제 면적과 공유지분이 일치하여야 한다.

(3) 재산세 부과의 증명력

해당 건물부분에 대하여 별도의 재산세가 부과되었다는 것은 구조상의 독립성을 방증하는 것이라고 볼 여지가 있기는 하다. 그러나 과세 관청은 법령상 무허가나 불법건축물도 면적이나 구조, 신축년도 등을 기준으로 하여 과표를 산출한 후 재산세를 부과하는 등 독립성이 의심되더라도 세수 증대의 목적으로 재산세를 부과하였을 가능성도 배제할 수 없으므로, 그것만으로 구조상 독립된 단독의 부동산으로 단정할 수는 없다.

다. 이용상의 독립성

이용상의 독립성이란 구분소유권의 대상이 되는 해당 건물부분이 그 자체만으로 독립하여 하나의 건물로서의 기능과 효용을 갖춘 것을 말한다. 이용상의 독립성이 인정되는지 여부는 해당 부분의 효용가치, 외부로 직접 통행할 수 있는지 여부(별개의 출입문 등이 있어 외부나 공용부분인 통로로 나갈 때 다른 상가호실을 통하지 않아도 되는지 여부 등) 등을 고려하여 판단하여야 한다. 특히 해당 건물부분이 집합건물법 제1조의2의 적용을 받는 '구분점포'인 경우에는 그러한 구분점포의 특성을 고려하여야 한다.

---

29) 대법원 2014. 2. 27. 선고 2011다42430 판결.

라. 구분행위

(1) 의의

구분행위는 건물의 물리적 형질에 변경을 가함이 없이 법률관념상 그 건물의 특정 부분을 구분하여 별개의 소유권 객체로 하려는 일종의 법률행위로서, 그 시기나 방식에 특별한 제한이 있는 것은 아니고 처분권자의 구분의사가 객관적으로 외부에 표시되면 인정된다. 따라서 구분건물이 물리적으로 완성되기 전에도 건축허가신청이나 분양계약 등을 통하여 장래 신축되는 건물을 구분건물로 하겠다는 구분의사가 객관적으로 표시되면 구분행위의 존재를 인정할 수 있고, 이후 1동의 건물 및 구분행위에 상응하는 구분건물이 객관적·물리적으로 완성되면 아직 그 건물이 집합건축물대장(집합건물법은 1984. 4. 10. 제정되어 그 이전에는 구분등기가 아닌 일반건물로 지분소유권이전등기가 경료되었다)에 등록되거나 구분건물로서 등기부에 등기되지 않았더라도 그 시점에서 구분소유가 성립한다.

일반건물로 등기된 기존의 건물이 구분건물로 변경등기되기 전이라도, 즉 구분소유자들이 구분등기를 마치지 못하고 형식상 공유등기를 마쳤더라도, 위와 같은 요건들을 갖추면 구분소유권이 성립한다.[30] 앞서 본 구조상·이용상 독립성에 더하여 구분행위가 존재하면 구분소유가 성립한다.

구분소유가 성립하는 이상 구분행위에 상응하여 객관적·물리적으로 완성된 구분건물이 구분소유권의 객체가 되고, 구분건물에 관하여 집합건축물대장에 등록하거나 등기부에 등재하는 것은 구분소유권의 내용을 공시하는 사후적 절차일 뿐이므로,[31] 집합건축물대장 등록, 등기부상의 구분소유등기의 존부가 구분소유여부를 좌우한다고 볼 수 없다.

(2) 판단기준

㈎ 상가의 경우

상가건물은 구조상, 이용상의 독립성이 인정되는 경우, 집합건축물대장이 없다 하더라도, 건축주가 동·호수를 특정(위치 및 면적을 특정)하여 타인과 각 상가호

---

[30] 대법원 2013. 1. 17. 선고 2010다71578 전원합의체 판결, 대법원 2017. 12. 22. 선고 2017다225398 판결, 대법원 2019. 11. 15. 선고 2019두46763 판결.
[31] 대법원 2019. 10. 17. 선고 2017다286485 판결 등 참조.

실에 대한 분양계약을 체결하면, 각 상가호실을 구분소유권의 객체로 하려는 구분행위로 인정할 수 있다.

(나) 주택의 경우

① 주택의 경우에도, 집합건물이 아닌 일반건물로 등기된 기존의 건물이 구분건물로 변경등기되기 전이라도, 구분된 건물부분이 구조상·이용상 독립성을 갖추고 당해 건물을 구분건물로 하겠다는 처분권자의 구분의사가 객관적으로 외부에 표시되는 구분행위가 있으면 구분소유권이 성립한다. 그리고 일반건물로 등기되었던 기존의 건물에 관하여 실제로 건축물대장의 전환등록절차를 거쳐 구분건물로 변경등기까지 마쳐진 경우라면 특별한 사정이 없는 한 전환등록 시점에는 구분행위가 있었던 것으로 봄이 타당하다.

② 그러나 주택과 관련한 건축법 등은 구분소유의 대상이 되는 것을 전제로 하는 공동주택(아파트, 연립주택, 다세대주택)과 구분소유의 대상이 되지 않는 것을 전제로 하는 다가구주택을 비롯한 단독주택을 엄격히 구분하여 규율하고 있으므로(건축법 제2조 제2항, 건축법 시행령 제3조의5 [별표 1], 주택법 제2조 제2호 등 참조), 만일 등록·등기되어 공시된 내용과 다른 법률관계를 인정할 경우 거래의 안전을 해칠 우려가 크다는 점 등에 비추어 볼 때, 단독주택 등을 주용도로 하여 일반건물로 등록·등기된 기존의 건물에 관하여 건축물대장의 전환등록절차나 구분건물로의 변경등기가 마쳐지지 아니한 상태에서 구분행위의 존재를 인정하는 데에는 매우 신중하여야 한다.[32]

즉, 공동주택이 아니라 단독주택으로 축조된 일반건물(다가구주택 제도가 도입된 1990. 4. 21. 이후 다가구주택으로 축조된 것 포함)의 경우 다수의 세대가 거주하더라도, 건축법령의 관련 규정이나 건축주의 의사는 건물 전체를 하나의 소유권의 객체로 하되, 여러 세대가 거주할 수 있는 구조만을 갖춘 것에 불과한 것으로 해석함이 타당하다. 따라서 건축물대장의 전환등록절차나 구분건물로의 변경되기 이전의 상태에서 소유자가 구조상·이용상 독립된 부분에 관하여 지분소유권을 이전하는 방식으로 분양하겠다는 의사가 있었다 하더라도, 이를 구분소유권의 객체로 하려는 구분행위로 인정할 수 없고, 오히려 이는 건축법령이 단독주택과 공동

---

32) 대법원 2016. 6. 28. 선고 2016다1854, 1861 판결.

주택을 준별하여 규율하는 취지를 잠탈하는 행위라 할 것이다.

③ 집합건물 중 전유부분 소유자들이 공동으로 사용하는 것이 일반적인 사용형태로 취급되는 부분의 경우에는 구분소유권의 성립여부에 따라 전유부분 소유자들의 권리관계나 거래의 안전에 미치는 영향이 중대하므로 구분의사의 표시행위가 있었는지 여부를 신중하게 판단하여야 한다. 예를 들면 다세대주택의 지하층은 구분소유자들이 공동으로 사용하는 경우가 적지 않은데, 다세대주택인 1동의 건물을 신축하면서 건축허가를 받지 않고 위법하게 지하층을 건축하였다면 처분권자의 구분의사가 명확하게 표시되지 않은 이상 공용부분으로 추정하는 것이 사회관념이나 거래관행에 부합한다.[33]

Ⅲ. 대표소유자를 통한 동의 여부

1. 쟁 점

법 시행령 제33조 제1항은 공유자의 경우에는 그 여럿을 대표하는 1인을 토지등소유자로 산정할 것이라고만 기재하고 있을 뿐, 동의를 반드시 대표자를 선임하여 그를 통하여 행사하여야 하는지 여부에 대한 명문의 규정은 없다. 조합설립인가 후 1명의 토지등소유자로부터 토지 또는 건축물의 소유권이 양수되어 여러 명이 소유하게 된 때에는 그 여러 명을 대표하는 1명을 조합원으로 간주하는 것(법 제39조 제1항 제3호)처럼 법령에서는 다수의 토지등소유자임에도 불구하고 1인의 토지등소유자(조합원)로 취급하는 경우가 있는바, 그 경우 조합원으로서의 권리행사와 관련하여서도 동일한 문제가 발생한다.

앞서 본 바와 같이 국토교통부 고시 추진위원회 운영규정안 제13조 제5항은 "소유권을 수인이 공동 소유하는 경우에는 그 수인은 대표자 1인을 대표소유자로 지정하고 별지 서식의 대표소유자 선임동의서를 작성하여 추진위원회에 신고하여야 한다. 이 경우 소유자로서의 법률행위는 그 대표소유자가 행한다."고 규정하고 있으므로, 실무상으로는 이미 추진위원회 과정에서 대표소유자가 선임되어 있는 경우가 많을 것이다.

---

33) 대법원 2018. 2. 13. 선고 2016다245289 판결.

2. 동의방법

가. 대표소유자 선임을 통한 대표자 동의

추진위원회에 대표소유자 선임동의서가 제출되었다면, 대표소유자로 선임된 자가 조합설립에 대하여 동의하여야 한다. 토지등소유자 전원의 동의로 대표소유자가 선임되고(전통시장법 제2조에 따른 전통시장 및 상점가로서 1필지의 토지 또는 하나의 건축물을 여럿이서 공유하는 경우에는 해당 토지 또는 건축물 토지등소유자의 4분의 3 이상의 동의를 받아 이를 대표하는 1인을 토지등소유자로 선임할 수 있다, 법 시행령 제33조 제1항 제1호 가목 단서), 대표소유자의 변경도 가능하며, 각 소유자는 대표소유자에 대한 위임철회도 가능한 점에 대하여는 제3편 제5장 Ⅱ. "2의 나 (3) 공동소유자 신고의무"에서 살펴보았다.

나. 전원의 동의

대표소유자 선임동의서를 제출하지 아니한 채 해당 토지등소유자 전원 또는 공유자 전원이 조합설립 동의서를 제출하는 경우에는 동의로서의 효력이 인정된다. 다만 그 중 일부만이 조합설립에 관하여 동의한 경우에는 유효한 조합설립 동의가 있다고 볼 수 없다.[34]

Ⅳ. 부동산별로 소유자가 다른 경우 이를 각각의 토지등소유자로 함에 따른 쟁점

1. 문제의 소재

토지의 필지별 또는 토지·건물의 소유자, 공유자가 서로 다를 경우는 각 부동산별로 1인의 토지등소유자로 산정함은 앞서 본 바이다. 정비사업의 대상지역을 확정하는 정비구역지정 및 당해 정비구역을 계획적이고 체계적으로 정비하기 위하여 정비구역의 토지이용 및 기반시설의 설치, 개발밀도 설정 등에 관한 사항을 구체화하는 법정의 정비계획이 효력을 발생한 이후에도, 동일인 소유의 1필지 토지가 여러 개의 필지로 분할, 양도되어 다수가 소유하거나 동일인 소유의 토지 및

---

34) 대법원 2017. 2. 3. 선고 2015두50283 판결.

주택이 양도 등을 통하여 소유자가 분리되는 등의 사유가 발생하고, 그 경우 각각의 토지등소유자는 별개로 동의의 대상인 토지등소유자가 된다.

문제는 정비사업을 추진하고자 하는 세력들이 조합설립에 필요한 토지등소유자의 동의요건을 충족하기 어려운 경우, 정비구역지정 이후라도 인위적으로 동의율을 충족하기 위한 목적에서 1필지의 토지를 여러 개의 필지로 분할하여 다수가 소유하게 하거나, 토지 및 건축물의 소유자를 달리하거나 다가구주택을 다세대주택으로 전환하는 등의 방식 즉, 이른바 '지분 쪼개기' 방식을 사용하여 토지등소유자의 수를 인위적으로 늘리는 편법을 사용한다.

조합설립을 반대하는 측도 또한 조합설립을 무산시키기 위하여 지분 쪼개기 방식을 사용할 여지가 있으나, 실무상 찾기 어렵다. 과거에는 수분양권을 통한 부당이득을 노리는 투기세력들이 이른바 '지분 쪼개기'의 방식을 많이 사용하였으나, 현재는 권리산정기준일의 도입으로 이는 원천적으로 차단되어 실무상 특별히 문제되지 아니한다.

2. 토지등소유자 동의요건 충족을 위한 지분 쪼개기의 문제점

비록 조합설립인가와 관련한 동의정족수가 점차 완화되어 오기는 했으나, 현재도 법은 재개발사업의 경우에는 사업구역 내 토지등소유자의 4분의 3 이상, 재건축사업의 경우 주택단지 전체 구분소유자의 4분의 3 이상이라는 엄격한 동의요건을 요구하고 있다. 위와 같이 75% 이상이라는 절대다수 토지등소유자의 동의를 조합설립의 요건으로 하는 것은 조합이 설립되면 행정주체의 지위를 가지고, 토지등소유자의 토지등에 대하여 수용이나 매도청구를 통하여 강제로 취득할 수 있는 권한이 부여되기 때문이다.

법은 조합의 설립, 사업시행계획, 관리처분계획, 이전고시 등의 단계별 절차상의 다수 위법행위 중 공익성 및 공공성을 해치는 정도를 고려하여 일부행위에 대하여는 법 제135조 내지 제138조에서 형벌을 부과하는 벌칙규정을 두고 있는데, 그 중 토지등소유자의 서면동의서를 위조하는 행위가 정비사업과 관련한 개별 위법행위 중 위법성의 정도가 가장 중한 것으로 보아 법 제135조 제1호는 5년 이하의 징역 또는 5천만 원 이하의 벌금이라는 가장 중한 법정형을 규정해 두고 있고, 토지등소유자의 서면동의서를 매도하거나 매수한 행위는 그 다음으로 높은 3년 이하의 징역 또는 3천만 원 이하의 벌금에 처하는 법정형을 규정해 두고 있다(법 제136조 제5호). 이는 토지등소유자의 동의행위 조작이나 거래를 통하여 조합의 성립을 왜곡하는 행위를 엄단하겠다는 취지로 이해된다.

그럼에도 불구하고 조합설립인가 동의기준의 정족수 판단시점이 조합설립인가 신청 시이고, 앞서 본 바와 같이 부동산별로 소유자가 다른 경우에는 원칙적으로 별개의 토지등소유자로 산정하므로, 정비구역지정 이후에도 계속적으로 소위 '지분 쪼개기' 방식을 사용하여 임의로 토지등소유자의 숫자를 늘리고, 그에 상응하여 동의자의 숫자가 증가하여 조합설립의 동의율을 충족하는 경우가 실제로 발생하고 있다.

이는 사업구역 내 토지등소유자 절대다수(75%)의 동의를 요구하는 법의 설립인가요건규정의 입법취지를 몰각시키는 결과를 초래하게 되고, 그에 따른 수용 등으로 토지등소유자의 재산권을 중대하게 침해하게 된다.

3. 2009. 2. 6. 법률 제9444호 법 개정에 의한 지분 쪼개기 방지규정 도입

가. 법이 2009. 2. 6. 법률 제9444호 개정되기 전에는 조합설립이전 및 이후 모두 지분 쪼개기 방식이 용인되었고, 지분 쪼개기 방식을 통하여 증가된 토지등소유자는 모두 조합원의 지위가 인정되었으며, 분양설계에 관한 계획은 분양신청기간이 만료되는 날을 기준으로 하여 수립하도록 함으로써 지분 쪼개기를 통한 수분양권 취득이 용인되었다(다만 서울시만 조례를 통하여 지분 쪼개기를 통하여 조합원이 증가하더라도, 1수분양권만을 인정하는 방법으로 이를 제한하였다).

나. 조합설립인가 무렵 및 그 이후의 다양한 지분 쪼개기를 통한 조합원 수의 급격한 확대로 인하여 공익사업인 정비사업의 진행이 차질을 빚고 좌초하는 일이 다수 발생하자, 이를 방지하기 위하여 법이 2009. 2. 6. 법률 제9444호로 개정되면서 제19조 제1항 제2, 3호 및 제50조의2가 신설되어 지분 쪼개기 방지규정이 도입되었다. 즉, 조합설립단계에서 지분 쪼개기 등을 통하여 토지등소유자의 숫자를 늘리는 일이 허다하고, 그 중 토지등소유자와의 관계상 세대내 분할이 대표적인 행태였음을 고려하여 수인의 토지등소유자가 1세대인 경우에는 조합설립 당시부터 1조합원의 지위만 부여하고(제19조 제1항 제2호), 또한 토지의 분할, 단독 또

는 다가구주택의 다세대주택으로 전환, 다세대주택 또는 공동주택의 신축 등이 발생하는 경우, 부득이 다수의 토지등소유자에게 다수의 조합원 지위를 부여하더라도, 권리산정기준일(정비구역지정·고시일 또는 시·도지사가 투기억제를 위하여 기본계획수립 후 정비구역지정·고시 전에 따로 정하는 날) 이후 이루어진 경우에는 하나의 분양신청권만을 부여하며(제50조의2), 나아가 조합설립인가 후 1인의 토지등소유자로부터 토지등을 양수하여 수인이 소유하게 된 때에는 수인을 1인의 조합원으로 간주한다는 것이다(제19조 제1항 제3호). 위 규정은 현재까지도 이어지고 있다.

4. 지분 쪼개기 방지 규정의 문제점과 해결방안

가. 지분 쪼개기 방지 규정의 문제점

현행 지분 쪼개기 방지 규정은 조합설립단계에서 지분 쪼개기가 이루어지더라도 그 모두를 동의의 대상인 토지등소유자로는 인정하되, 조합설립 이후 수인의 토지등소유자가 1세대인 경우에는 처음부터 1조합원의 지위만 부여하고, 권리산정기준일 이후 지분 쪼개기가 이루어진 경우에는 다수의 조합원에 대하여 1수분양권만 부여한다는 것이다.

이는 1조합원의 지위만 인정하거나 다수의 조합원 지위는 인정하되 1수분양권만을 부여하여, 조합설립 이전에 수분양권을 통한 부당이득을 노리는 투기세력 등의 유입을 차단하는 효과가 있기는 하다. 그러나 정비사업을 추진하고자 하는 세력들이 조합설립에 필요한 토지등소유자의 동의요건을 충족하기 어려운 경우, 동의자 수를 늘리기 위한 목적에서 이루어지는 지분 쪼개기를 방지하는 해결책은 되지 못한다.

나. 해결방안

(1) 현행법 하에서의 해결방법

단지 동의자 수를 늘리기 위한 목적으로 토지분할과 매매계약 체결 또는 토지 및 건축물 소유자로부터 토지 또는 건축물에 대한 양수 등이 이루어진 경우, 통정한 허위의 의사표시이면 민법 제108조에 의하여, 선량한 풍속 기타 사회질서에 위반한 사항에 해당하면 민법 제107에 의하여 각 무효로 처리하는 것이다. 그러나 현실적으로 이를 증명하는 것은 용이하지 아니하다.

(2) 입법론

외형상 지분 쪼개기인 듯 보여 민법 제107조, 제108조 위반이 의심된다 하더라도, 사법상 법률관계가 위법, 무효임을 증명하는 것이 용이하지 않음은 앞서 본 바이다. 또한 공익사업인 정비사업의 신속 진행의 필요성에 비추어 관할 관청이 사법상 법률관계의 무효여부를 일일이 심사하는 것 또한 타당하지 않은 측면이 있다. 결국 현행 지분 쪼개기 방지규정 및 도시정비법 관계 규정만으로는 정비사업을 추진하고자 하는 세력들이 조합설립에 필요한 토지등소유자의 동의요건을 충족시키기 위하여 인위적으로 동의자 수를 늘리기 위한 목적에서 이루어지는 지분 쪼개기를 막을 수는 없다. 그러나 지분 쪼개기를 통한 조합설립은 토지등소유자의 전체 의사를 왜곡시킬 수 있고, 법이 엄격한 동의정족수를 규정한 취지를 몰각시킬 수 있다는 측면에서 이를 방지할 필요성은 여전히 존재한다.

입법론으로는 조합설립 동의와 관련한 토지등소유자를 정비구역 지정·고시일을 기준으로 하거나 관리처분계획에서의 권리산정기준일 개념처럼 기본계획 수립 후 정비구역 지정·고시 전에 따로 정하는 날을 기준으로 하여 산정하는 방법이 검토될 수 있다.

제3절 동의정족수 충족과 동의의 유효요건

Ⅰ. 동의정족수 충족여부 판단시점

1. 문제의 소재

재개발사업의 경우 조합을 설립하려면 4분의 3 이상의 토지등소유자 및 토지면적 2분의 1 이상의 토지소유자의 각 동의를 받아야 한다. 재건축사업의 경우 주택단지 전체 구분소유자의 4분의 3 이상 및 토지면적 4분의 3 이상의 토지소유자의 각 동의 및 주택단지가 아닌 지역이 정비구역에 포함된 때에는 주택단지가 아닌 지역의 토지 또는 건축물 소유자의 4분의 3 이상 및 토지면적 3분의 2 이상의 토지소유자의 동의를 받아야 한다.

　문제는 추진위원회가 토지등소유자로부터 동의서를 징구할 당시는 법정 동의율을 충족하였다 하더라도, 그 후속으로 창립총회, 조합설립인가신청 및 시장·군수등의 인가 등의 여러 절차가 존재하고, 그 과정에서 정비구역 내 토지의 분할, 합병, 토지 또는 건물 등의 양도 등으로 인하여 전체 토지등소유자(분모)가 달라질 수 있다. 그 경우 동의율 충족여부를 판단하는 기준시점이 쟁점이다.

2. 판례(조합설립인가신청 시)

　판례는 조합설립인가신청 시에 동의서를 첨부하도록 한 점, 인가신청 후 처분 사이의 기간에도 토지등소유자는 언제든지 자신의 토지 및 건축물 등을 처분하거나 분할, 합병하는 것이 가능한데, 대규모 지역의 재개발사업에 대한 조합설립인가신청의 경우 행정청이 처분일을 기준으로 다시 일일이 소유관계를 확인하여 정족수를 판단하기는 현실적으로 어려울 뿐만 아니라 처분시점이 언제이냐에 따라 동의율이 달라질 수 있는 점, 만일 처분일을 기준으로 동의율을 산정하면 인가신청 후에도 소유권변동을 통하여 의도적으로 동의율을 조작하는 것이 가능하게 되어 정비사업과 관련한 비리나 분쟁이 양산될 우려가 있는 점 등을 종합적으로 고려하면, 조합설립인가를 위한 동의정족수는 조합설립인가신청 시를 기준으로 판단하여야 한다고 판시하였다.[35)

3. 결 론

　도시정비법령의 해석상 조합설립인가신청 시가 타당하다.

　① 서면에 의한 동의를 요구하고 그 동의서를 조합설립인가신청 시 행정청에 제출하도록 하는 취지는, 조합설립인가신청 시에 제출된 동의서에 의해서만 동의요건의 충족 여부를 심사하도록 함으로써 동의 여부에 관하여 발생할 수 있는 관련자들 사이의 분쟁을 미연에 방지하고 행정청이 동의 여부의 확인에 불필요하게 행정력이 소모되는 것을 막기 위한 데 있으므로, 행정청이 제출된 서류를 통하여 형식적 심사가 가능한 조합설립인가신청 시를 기준으로 하는 것이 타당하다.

　② 법 제31조 제2항은 추진위원회의 구성에 동의한 토지등소유자는 조합의 설립에 동의한 것으로 보되, 조합설립인가를 신청하기 전에 시장·군수등 및 추진위

---

35) 대법원 2014. 4. 24. 선고 2012두21437 판결.

원회에 조합설립에 대한 반대의 의사표시를 한 동의자의 경우에는 그러하지 아니하다고 규정하고 있고, 법 시행령 제33조 제2항은 동의의 철회는 원칙적으로 인가 등을 신청하기 전까지 할 수 있다고 규정하고 있다. 위와 같이 추진위원회 구성에 동의한 자의 반대 의사표시의 종기와 이미 조합설립에 동의한 자의 철회의 종기를 조합설립인가신청 시로 하는 것은 그것이 동의율 충족여부를 판단하는 기준시점이기 때문이다.

Ⅱ. 동의의 의제

1. 토지등소유자의 동의의제

가. 입법취지

추진위원회 구성에 동의한 토지등소유자는 조합의 설립에 동의한 것으로 간주한다(법 제31조 제2항). 위 규정은 2009. 2. 6. 법률 제9444호로 개정되면서 도입된 것으로서, 동의절차 이행의 장기화에 따른 사업추진의 저해와 각종 비리 발생 소지를 억제하기 위하여 도입되었다.

나. 설명·고지

(1) 내용

토지등소유자의 동의를 받으려는 자는 동의를 받으려는 사항 및 목적, 동의로 인하여 의제되는 사항, 동의의 철회 또는 반대의사 표시의 절차 및 방법 등을 설명·고지하여야 한다(법 제31조 제3항, 법 시행령 제25조 제2항).

이와 관련하여 추진위원회 단계에서 토지등소유자의 동의를 받으려는 자는 동의를 받기 전에 반드시 토지등소유자에게 추진위원회의 구성에 동의한 토지등소유자는 조합의 설립에 동의한 것으로 간주되고, 다만, 조합설립인가를 신청하기 전에 인가권자인 시장·군수등 및 설립추진위원회에 조합설립에 대한 반대의 의사표시를 하는 경우에 한하여 조합설립 동의가 간주되지 않는다는 점을 설명·고지하여야 함은 제3편 제3장 제1절 Ⅱ. "2. 토지등소유자의 동의방법 및 효과"에서 살펴보았다.

(2) 동의의제 및 동의의 철회방법 설명하지 않은 경우의 효과

추진위원회와 조합은 별개의 단체이고, 특정한 단체의 구성에 대한 동의가 별개 단체의 설립동의가 의제된다는 것은 이례적이므로 그와 같은 이례적인 사정은 반드시 토지등소유자에게 고지되어야 하는 점, 실제로 토지등소유자로서는 추진위원회의 구성에 동의할 의사가 있다 하더라도, 토지수용권 또는 매도청구권 등에 의하여 재산권의 제한이 발생할 여지가 있는 조합설립에는 선뜻 동의하지 아니하려는 경우도 있을 수 있으므로, 토지등소유자의 권리를 보호하기 위해서는 추진위원회 구성 동의에 따른 조합설립의 동의의제와 이를 복멸하기 위한 방법 등에 대하여는 반드시 고지되어야 하는 점 등을 종합하여 보면, 그와 같은 내용이 고지되지 아니한 추진위원회 동의는 조합설립에 대한 동의의제의 효과가 없다.

다. 반대 의사표시의 시기 및 방법

(1) 조합설립인가를 신청하기 전일 것

추진위원회 구성에 동의한 토지등소유자라 하더라도, 조합설립인가를 신청하기 전에 시장·군수등 및 추진위원회에 조합설립에 대한 반대의 의사표시를 한 경우에는 동의가 의제되지 아니한다(법 제31조 제2항 단서).

(2) 방법

추진위원회 구성에 동의한 토지등소유자는 반대의 의사표시가 기재된 서면에 성명을 적고 지장을 날인한 후, 주민등록증, 여권 등 신원을 확인할 수 있는 신분증명서의 사본을 첨부하여 시장·군수등 및 추진위원회에 내용증명의 방법으로 발송하여야 한다(법 시행령 제33조 제2 내지 4항).

2. 국가 또는 지방자치단체의 동의의제

가. 설립인가 행정청 소속 지자체, 국가 또는 정비구역 지정권자 소속 지자체 특칙

국가와 지방자치단체는 정비사업 시행과 관련하여 여러 공적 권한과 역할을 부여받고 있음과 아울러 공공복리 실현을 위하여 정비사업을 지원하고 사업의 추

진에 협조할 의무를 지고 있는 사정을 고려하여 해당 조합의 설립을 인가하는 관할 관청이 대표하는 지방자치단체가 정비구역 내에 토지를 소유하는 경우에 그 지방자치단체는 조합설립인가처분을 통하여 해당 조합의 설립에 동의한 것으로 볼 수 있고, 또한 국가 또는 정비구역 지정권자가 대표자로 있는 지방자치단체가 해당 정비구역 내에 국·공유지를 소유하는 경우에 기본계획의 수립 및 정비구역의 지정으로부터 관할 관청의 구체적인 조합설립인가처분에 이르기까지의 과정에서 협의 절차 등을 통하여 정비사업 자체나 해당 조합에 의한 사업추진에 대하여 명시적으로 반대의 의사를 표시하거나 반대하였다고 볼 수 있는 행위를 하지 않았다면, 국가 또는 그 지방자치단체는 관할 관청의 인가에 의하여 이루어지는 해당 조합의 설립에 동의한 것으로 볼 수 있다.[36]

나. 동의의 특칙이 공기업에 적용되는지 여부

사업구역 내에 한국철도시설공단 또는 토지주택공사나 도시개발공사 같은 공기업이 소유한 토지가 소재하는 경우, 위와 같은 동의의 특칙이 적용될 수 있는지 여부가 문제되나, 위와 같은 특칙은 정비사업과 관련되는 국·공유지에 국한하여 적용되는 예외적인 것이고, 공단이나 공기업은 자신 소유의 재산에 대한 처분에 관하여 독자적인 결정권을 가지고 있으므로, 그들이 소유한 토지에 대하여는 간주규정이 적용될 수 없다.[37]

Ⅲ. 동의의 유효요건

1. 시기요건

가. 동의서의 유효시기

(1) 문제의 소재

재개발·재건축사업의 경우 토지등소유자의 동의요건은 엄격하다. 그런데 추진위원회가 조합설립을 추진하는 과정은 동의서 징구, 창립총회, 조합설립인가신청

---

36) 대법원 2014. 4. 14. 선고 2012두1419 전원합의체 판결.
37) 서울고등법원 2012. 9. 19. 선고 2011누42699 판결(확정) 및 하급심인 서울행정법원 2011. 11. 3. 선고 2010구합47510 판결.

및 시장·군수등의 인가 등의 연속적 절차로 이루어지고, 그 과정에서 정비구역 내의 토지 및 건축물 등의 소유권변동이 발생하므로 동의의 시기요건이 문제된다.

추진위원회는 법 제35조 제2항부터 제4항까지의 규정에 따른 '동의를 받은 후' 조합설립인가를 신청하기 전에 법 제32조 제3항에 따라 창립총회를 개최하여야 한다고 규정하고 있다(법 시행령 제27조 제1항). 위 규정과 관련하여 창립총회 이전에 제출된 동의서만을 유효한 것으로 하여야 하는지, 조합설립인가 신청 시까지 제출된 동의서도 유효한 것으로 취급하여야 하는지 여부가 문제된다.

(2) 판단

(가) 창립총회 이전에 받은 동의서만이 유효하다.[38] 그 논거는 다음과 같다.

① 위 법 시행령 제27조 제1항의 규정은 문언상 반드시 창립총회 이전에 토지등소유자로부터 동의를 받은 것만이 유효한 것임을 전제로 한다.

위 규정은 법 시행령이 2009. 8. 11. 대통령령 제21679호로 개정되면서 제22조 2로 처음 도입되었는바, 위 법 시행령 규정 부칙 제3조는 경과규정에서 위 규정 시행 후 최초로 창립총회를 소집요구하는 분부터 적용한다고 규정하고 있다. 이는 창립총회 이전에 토지등소유자로부터 동의 받은 것만을 유효로 하는 것으로 새롭게 규정함에 따른 불의타를 방지하기 위한 것이다.

② 현행 법 시행령이 조합설립 인가신청 전까지 동의는 철회할 수 있고, 그 경우 토지등소유자의 동의자 수에서 제외하되, 조합설립에 대한 동의 후 조합설립 동의서 기재사항의 변경이 없는 경우에는 조합설립에 최초로 동의한 날부터 30일 까지만 철회가능하되, 30일이 지나지 아니한 경우에도 창립총회를 개최한 경우에는 철회할 수 없다고 규정하고 있는바(법 시행령 제33조 제2항 제2호), 위 '창립총회를 개최한 경우에는 철회할 수 없다'는 단서규정은 창립총회 개최 전까지 받은 동의서만이 유효함을 전제로 한다.

(나) 따라서 창립총회 이후 징구한 동의서는 효력이 없다. 만일 창립총회 이전에 법정 정족수를 충족한 동의가 존재하지 않는다면 창립총회 이후 토지등소유자의 동의서를 추가로 징구하여 정족수를 충족하였다 하더라도, 조합설립인가처분에

---

38) 서울행정법원 2020. 11. 20. 선고 2019구합73055 판결(현재 서울고등법원 2020누69092호로 계속 중).

는 하자가 존재한다 할 것이다.

나. 신분증명서 등의 사본 첨부시기

(1) 문제의 소재

법 제36조 제1항은 동의는 서면동의서에 토지등소유자가 성명을 적고 지장을 날인하는 방법으로 하며, 주민등록증, 여권 등 신원을 확인할 수 있는 신분증명서의 사본을 첨부하여야 하고, 제2항은 토지등소유자가 해외에 장기체류하거나 법인인 경우 등 불가피한 사유가 있다고 시장·군수등이 인정하는 경우에는 토지등소유자의 인감도장을 찍은 서면동의서에 해당 인감증명서를 첨부하는 방법으로 할 수 있다고 규정하고 있는바, 창립총회 이전에 신분증명서가 반드시 첨부된 것만이 유효한 동의로 해석되어야 하는지 여부가 문제된다.

(2) 판단

법 시행령 제27조 제1항의 '동의를 받은 후'라는 의미는 창립총회 전에 조합설립에 대한 토지등소유자의 진의에 의한 동의가 법정비율을 충족하여야 함을 의미하는 것으로 해석되는 점, 신분증명서 사본 및 인감증명서는 첨부서류일 뿐이고, 첨부서류는 원칙적으로 추후 보완이 가능한 점 등을 종합하여 보면, 첨부되는 신분증명서 사본(인감증명서) 등은 반드시 창립총회 이전에 첨부되어야 할 필요는 없다.

다. 창립총회 전 동의 여부 판단방법

제출된 동의서가 창립총회 전 작성된 것인지 여부에 대한 판단방법에 대하여 살펴본다. 법 시행규칙 [별지 제6호 서식] '조합설립동의서'에는 '작성 년 월일'란이 존재한다. 그러나 다음에서 살펴보듯이 법 제36조가 작성일자를 필수적인 기재사항으로 규정하고 있지 않으므로, 동의서에 작성일자가 기재되어 있지 않다 하더라도, 그 동의서를 무효로 볼 수 없다.

동의서에는 주민등록증, 여권 등 신원을 확인할 수 있는 신분증명서의 사본을 첨부하여야 하는바, 만일 동의서에 인감증명서 또는 주민등록등본 등이 첨부되어 있고, 그 발행일자가 창립총회 이후인 경우에 그 동의서 작성일자가 창립총회 이후인 것으로 추단할 수 있는가의 문제가 생긴다. 그러나 앞서 본 바와 같이 동의서를 제외한 다른 서류(신분증명서의 사본, 인감증명서 등)는 해당 토지등소유자의 동의서가 본인의 진정한 의사에 의하여 성립된 것인지 여부를 확인하기 위함이다. 따라서 동의서가 창립총회 이전에 작성되었다면, 주민등록증, 여권 등 신원을 확인할 수 있는 신분증명서의 사본은 추후 보완이 가능한 것으로 해석되므로, 인감증명서 등의 발행일자가 창립총회 이후인 것만으로 동의서가 창립총회 이후에 작성된 것으로 단정할 수 없다. 결국 제출된 동의서가 창립총회 전 작성된 것인지 여부에 대한 판단이 용이하지 않다. 동의서가 창립총회 전 작성되어 무효임은 이를 주장하는 자가 증명하여야 한다.

2. 절차요건

가. 규 정

⑴ 법령 일반규정

㈎ 법

> **법 제35조(조합설립인가 등)**
> ⑩ 추진위원회는 조합설립에 필요한 동의를 받기 전에 추정분담금 등 대통령령으로 정하는 정보를 토지등소유자에게 제공하여야 한다.
>
> **법 제119조(정비사업관리시스템의 구축)**
> ① 시·도지사는 정비사업의 효율적이고 투명한 관리를 위하여 정비사업관리시스템을 구축하여 운영할 수 있다.
> ② 제1항에 따른 정비사업관리시스템의 운영방법 등에 필요한 사항은 시·도조례로 정한다.

㈏ 시행령

> **법 시행령 제32조(추정분담금 등 정보의 제공)**
> 법 제35조 제10항에서 "추정분담금 등 대통령령으로 정하는 정보"란 다음 각 호의 정보를 말한다.
> 1. 토지등소유자별 분담금 추산액 및 산출근거
> 2. 그 밖에 추정 분담금의 산출 등과 관련하여 시·도조례로 정하는 정보

㈐ 서울시 조례

제69조(정비사업관리시스템의 구축 및 운영 등)

① 시장은 법 제119조에 따라 정비사업의 효율적이고 투명한 관리를 위하여 다음 각 호의 정비사업관리시스템을 구축·운영한다.

2. 분담금 추정 프로그램: 제80조에 따른 토지등소유자별 분담금 추산액 등 정보를 제공하기 위한 시스템

제80조(조합설립 등의 업무지원)

① 추진위원장 또는 조합임원은 조합설립 동의 시부터 최초로 관리처분계획을 수립하는 때까지 사업비에 관한 주민 동의를 받고자 하는 경우에는 분담금 추정 프로그램에 정비계획 등 필요한 사항을 입력하고, 토지등소유자가 개략적인 분담금 등을 확인할 수 있도록 하여야 하며, 토지등소유자에게 개별 통보하여야 한다.

② 추진위원장 또는 조합임원은 토지등소유자에게 동의를 받고자 하는 사업비의 내용과 부합하게 자료를 입력하여야 한다.

③ 법 제27조 제3항 제2호에서 "그 밖에 추정분담금의 산출 등과 관련하여 시·도조례로 정하는 사항"과 영 제32조 제2호에서 "그 밖에 추정 분담금의 산출 등과 관련하여 시·도조례로 정하는 정보"란 제2항에 따라 산출된 정보를 말한다.

⑵ **연혁**

추진위원회가 조합설립에 필요한 동의를 받기 전에 추정분담금 등 법정 정보를 제공하는 규정은 법이 2012. 2. 1. 법률 제11293호로 개정되면서 제16조 제6항이 신설되어 2013. 2. 2.부터 시행된 규정으로서, 위 법률이 시행되기 이전에는 추진위원회는 조합설립에 필요한 동의받기 전에 추정분담금 등의 정보를 제공할 필요가 없었다.

위 법률개정으로 추진위원회가 조합설립에 필요한 동의를 받기 전 추정 분담금 등의 정보를 토지등소유자에게 제공하도록 한 취지는 정비사업의 비용 분담에 관한 사항은 토지등소유자가 당해 정비사업에의 참여 여부를 결정함에 있어 중요한 기준이 되는 것으로 이를 고지함으로써 동의자의 동의 여부에 관한 의사결정에 도움을 제공하기 위함이다.

나. 절차적 요건으로서의 정보제공

(1) 추정분담금 등 정보제공

(개) 추진위원회가 동의를 받기 전에 토지등소유자에게 반드시 제공하여야 하는 추정분담금 등의 정보는 서울시장이 운영하는 분담금 추정 프로그램에 사업비 등을 포함하는 정비계획 등 필요한 사항을 입력하여, 토지등소유자가 개략적인 분담금 등을 확인할 수 있도록 한 후 토지등소유자에게 개별 통보하는 방법으로 정보를 제공한다.

통상적으로 추진위원회는 사업비 등을 포함하는 정비계획 등 필요한 사항을 입력한 후, 토지등소유자에게 분담금 추정 프로그램에 접속하여 추정분담금을 확인할 수 있다는 소식지를 배포하고, 토지등소유자는 실명확인 등의 절차를 거쳐 추정분담금을 확인할 수 있다. 추진위원회 운영규정안 제5조 제4항은 추진위원회가 조합설립 동의를 위한 추정분담금을 산정하기 위해 필요한 경우 감정평가업자를 선정할 수 있다고 규정하고 있다.

(내) 추진위원회가 법 제35조 제10항에 반하여 조합설립에 필요한 동의를 받기 전에 추정분담금 등 대통령령으로 정하는 정보를 토지등소유자에게 제공하지 아니하였다면, 이는 절차적 요건 규정을 위반한 것으로서 그 동의의 효력은 없다.

(대) 법 시행령이 2008. 12. 17. 대통령령 제21171호로 개정되면서, 토지등소유자의 동의는 국토해양부령으로 정하는 동의서에 동의를 받는 방법에 따른다는 규정이 신설되었고(구 법 시행령 제 26조 제1항), 이에 따라 종래 건설교통부 고시로 제공하던 표준동의서를 대신하여 법 시행규칙 제7조 제3항 [별지 4호의 3서식(현행의 별지 제6호 서식)] '조합설립동의서'가 규정되었다. 따라서 이는 법규적 효력이 있으므로, 위 동의서에 의하지 아니한 동의는 그 효력이 없다.

(2) 법정 동의서와의 조화로운 해석

(가) 문제의 소재

법정동의서 서식인 [별지 제6호 서식] '조합설립동의서'에는 다음에서 살펴보듯이 추정 분담과 관련하여 분담금 추산방법인 '분양대상자별 분담금 추산액＝분양예정인 대지 및 건축물의 추산액－(분양대상자별 종전의 토지 및 건축물의 가격×비례율[39])만이 기재되고 구체적인 액수를 기재하는 란이 없다. 그렇다면 추진위원회는 토지등소유자로부터 위 법정 동의서에 의하여 동의를 받는 외에 추가적으로 추정분담금 등의 정보를 제공하여야 그 동의의 효력이 있는지 여부가 문제된다.

㈐ 판례(법정동의서만으로 충분)

추진위원회가 법정동의서에 의하여 토지등소유자로부터 조합설립 동의를 받았다면 그 조합설립 동의는 법령에서 정한 절차와 방식을 따른 것으로서 적법·유효한 것이고, 그 서식에 토지등소유자별로 구체적인 분담금 추산액이 기재되지 않았다거나 추진위원회가 그 서식 외에 토지등소유자별로 분담금 추산액 산출에 필요한 구체적인 정보나 자료를 충분히 제공하지 않았다는 사정만으로 개별 토지등소유자의 조합설립 동의를 무효라고 볼 수는 없다.[40] 그 논거는 다음과 같다.

① 법 시행규칙이 정한 법정동의서는 상위 법령의 위임에 따른 것으로서 법적 구속력이 있고, 법령이 이처럼 법정동의서를 규정한 취지는 종래 건설교통부 고시로 제공하던 표준동의서를 대신할 동의서 양식을 법령에서 정하여 그 사용을 강제함으로써 동의서의 양식이나 내용을 둘러싼 분쟁을 미연에 방지하려는 취지이다.

② 개략적으로라도 토지등소유자별 분담금 추산액을 산출하려면 우선 비례율이 산정되어야 하나, 이는 정비구역 내의 종전자산에 대한 평가, 종후자산에 관한 대략적인 사업계획, 공사비 등 총사업비 추산이 있어야만 가능한데, 종전자산 가액평가는 사업시행계획 수립 시점에 감정평가를 실시하여, 종후자산 가액은 사업시행계획 수립 후 분양신청절차를 거친 다음에 관리처분계획을 수립하는 단계에서 종후자산에 관한 감정평가를 실시하여 산출가능하다. 추진위원회가 조합설립 동의를 받는 단계에서는 종전자산 및 종후자산에 관한 감정평가를 거치지 않은 상태이므로 정비사업 비용과 수입에 관한 대략적 추산조차도 어렵다.

㈎ 구 법상의 표준동의서를 사용하던 법제에서의 판례

구 법 시행령(대통령령 제21171호로 개정된 것) 제26조 제1항의 위임에 따라 2008. 12. 17. 국토해양부령 제79호 제7조 제3항 [별지 4호의 3서식] '조합설립동

---

39) 비례율이란 종후자산 가액 등 총 수입에서 총사업비를 뺀 금액을 종전자산의 총 가액으로 나눈 것으로서, 종전자산대비 수익률(개발이익률)을 의미한다.

40) 대법원 2020. 9. 7. 선고 2020두38744 판결.

의서'가 마련되기 이전에는 법적 구속력이 없는 '조합설립동의서(표준동의서)'가 통용되었다. 판례는 그와 같은 표준동의서에 기하여 동의를 받는 경우에도 이를 적법하고, 별도로 추정분담금 등의 정보를 제공할 필요가 없다고 보았다.[41)]

3. 형식요건

가. 법령의 규정

> **법 제36조(토지등소유자의 동의방법 등)**
> ① 다음 각 호에 대한 동의(동의한 사항의 철회 또는 제26조 제1항 제8호 단서, 제31조 제2항 단서 및 제47조 제4항 단서에 따른 반대의 의사표시를 포함한다)는 서면동의서에 토지등소유자가 성명을 적고 지장(指章)을 날인하는 방법으로 하며, 주민등록증, 여권 등 신원을 확인할 수 있는 신분증명서의 사본을 첨부하여야 한다.
> 8. 제35조 제2항부터 제5항까지의 규정에 따라 조합을 설립하는 경우
> ② 제1항에도 불구하고 토지등소유자가 해외에 장기체류하거나 법인인 경우 등 불가피한 사유가 있다고 시장·군수 등이 인정하는 경우에는 토지등소유자의 인감도장을 찍은 서면동의서에 해당 인감증명서를 첨부하는 방법으로 할 수 있다.
> ③ 제1항 및 제2항에 따라 서면동의서를 작성하는 경우 제31조 제1항 및 제35조 제2항부터 제4항까지의 규정에 해당하는 때에는 시장·군수 등이 대통령령으로 정하는 방법에 따라 검인(檢印)한 서면동의서를 사용하여야 하며, 검인을 받지 아니한 서면동의서는 그 효력이 발생하지 아니한다.

나. 동의서 양식의 법정효과

(1) 양식변천의 연혁

(가) 법 제정 시부터 2012. 2. 1. 법률 제11293호로 개정되기 이전

2003년 법 제정 당시부터 구 법 제17조의 위임에 따라 구 법 시행령 제26조는 토지등소유자의 동의는 인감도장을 사용한 서면동의의 방법에 의하며, 이 경우 인감증명서를 첨부하여야 한다고 규정하였다. 그 후 법이 2009. 2. 6. 법률 제

---

41) 대법원 2010. 7. 15. 선고 2009다63380 판결.

9444호로 개정되어 위 구 법 시행령 규정의 내용이 법률에 입법화되었다.

동의의 진정성에 관하여는 그 동의서에 날인된 인영과 인감증명서의 인영이 동일한 것인지를 기준으로 심사하여야 하고, 일치하지 아니하는 동의서에 대하여는 이를 무효로 처리하여야 하며, 임의로 이를 유효한 동의로 처리할 수는 없었다.[42] 위 동의서 양식은 관련자들 사이의 분쟁방지 및 행정청의 동의 여부에 대한 판단이 용이하여 정비사업이 신속히 진행되는 장점이 있었다. 그러나 인감증명제도는 1914년 도입된 이래 많은 불편을 야기하였으며, 이에 2009년부터 범부처 차원에서 인감증명 요구사무를 줄이는 내용의 개편방안이 광범위하게 추진되었다.

⑷ 2012. 2. 1. 법률 제11293호로 개정된 이후

법이 2012. 2. 1. 법률 제11293호로 개정되어 법정의 서면동의서에 토지등소유자가 성명을 적고 지장을 날인하는 방법으로 하며, 신분증명서의 사본을 첨부하는 방법으로 변경되었다. 이는 인감증명제도에 대한 비판에 따른 개편방안이 적용된 사례로서 '인감증명 요구사무 감축을 통한 국민 편의 제고 및 사회, 경제적 비용절감'을 목적으로 한 것이다. 다만, 토지등소유자가 해외에 장기체류하거나 법인인 경우 등 불가피한 사유가 있다고 시장 · 군수가 인정하는 경우에는 토지등소유자의 인감도장을 날인한 서면동의서에 해당 인감증명서를 첨부하는 방법으로 할 수 있다(구 법 제17조 제1항). 위 개정조항은 부칙 제4조에 의하여 이 법 시행(2012. 8. 2.이다) 이후 최초로 토지등소유자의 동의를 받는 분부터 적용된다.

⑸ 2016. 1. 27. 법률 제13912호로 개정 이후

법이 2016. 1. 27. 법률 제13912호로 개정되어 서면동의서를 작성하는 경우 시장 · 군수등이 대통령령으로 정하는 바에 따라 검인(檢印)한 서면동의서를 사용하여야 하며, 검인을 받지 아니한 서면동의서는 그 효력이 발생하지 아니하는 것으로 규정하고 있다. 위 개정조항에 대하여는 부칙 제6조 제1항에 의하여 일부 예외는 있으나, 원칙적으로 위 개정법률 시행 후 최초로 정비계획을 수립하는 분부터 적용한다.

---

42) 대법원 2013. 11. 14. 선고 2011두5759 판결.

⑵ 법정동의서의 효과

㈎ 법규적 효력

최초에는 '정비사업조합 추진위원회 운영규정(건설교통부 고시 제165호)'에 첨부된 '조합설립동의서(표준동의서)'가 통용되었고 법적구속력이 없었다.

그 후 법 시행령이 2008. 12. 17. 대통령령 제21171호로 개정되면서, 토지등소유자의 동의는 국토해양부령으로 정하는 동의서에 동의를 받는 방법에 따른다는 규정이 신설되었고(구 법 시행령 제 26조 제1항), 이에 따라 법 시행규칙이 위 표준동의서를 대신하여 2008. 12. 17. 국토해양부령 제79호 제7조 제3항 [별지 4호의 3 서식] '조합설립동의서'를 규정하였다. 그 후 여러 차례 변경되어 현재는 법 시행규칙 제8조 제3항에 의한 [별지 제6호 서식]에 이르고 있다.

위 조합설립동의서 서식은 법령의 수권에 의하여 법령을 보충하는 사항을 정한 것으로서, 그 근거 법령규정과 결합하여 대외적으로 구속력이 있는 법규적 효력이 있으므로, 위 동의서에 의하지 아니한 동의는 그 효력이 없다.

㈏ 취지

조합설립에 토지등소유자의 서면에 의한 동의를 요구하고 위와 같이 법정 동의서를 조합설립인가신청 시 행정청에 제출하도록 하는 취지는 서면에 의하여 토지등소유자의 동의 여부를 명확하게 함으로써 동의 여부에 관하여 발생할 수 있는 관련자들 사이의 분쟁을 미연에 방지하고 나아가 행정청으로 하여금 조합설립인가신청 시에 제출된 동의서에 의하여서만 동의요건의 충족 여부를 심사하도록 함으로써 동의 여부의 확인에 불필요하게 행정력이 소모되는 것을 막기 위한 데 있다.[43]

㈐ 시장 · 군수등의 판단기준

조합설립인가 신청을 받은 행정청은 ① 추진위원회가 위 [별지 제6호 서식] '조합설립동의서'에 의하여 토지등소유자의 동의를 받았는지, ② 토지등소유자가 성명을 적고 지장을 날인한 경우에는 신분증명서 사본이 첨부되었는지, 예외적으로 토지등소유자의 인감증명서를 첨부한 경우에는 그 동의서에 날인된 인영과 인

---

43) 대법원 2010. 1. 28. 선고 2009두4845 판결.

감증명서의 인영이 동일한지를 확인하는 방법으로 동의의 유효여부를 판단하여야 한다.[44)]

(3) 지장날인 방식의 적용 시점인 '개정조항 시행(2012. 8. 2.이다) 이후 최초로 토지등소유자의 동의를 받는 분'의 의미

(가) 문제의 소재

추진위원회가 토지등소유자로부터 서면동의서를 이미 인감증명서 방식으로 징구하고 있는 상황에서 2012. 8. 2.이 도래한 경우에, 그 이후 작성 제출받는 동의서 방식은 인감증명서 방식이 적법한 것인지 또는 지장날인 방식이 적법한 것인지 여부가 문제된다. 위 부칙조항의 의미를 특정 사안에 관하여 동의서를 최초로 받기 시작하는 시점으로 보아야 할 것인지 또는 엄격히 위 효력발생일 이전에는 인감증명서 방식으로, 이후에는 지장날인 방식으로 받는 것이 타당할 것인지의 문제이다.

(나) 판단

① 위 부칙조항은 특정 사안에 대하여 최초로 토지등소유자의 동의를 받는 분부터 적용된다고 명시하고 있지 아니하므로, 2012. 8. 2.이 도래한 이후에는 지장날인 방식이 적법하고, 만일 2012. 8. 2.이 도래한 이후 인감증명서 방식으로 제출된 동의서는 부적법하다.

② 만일 2012. 8. 2.이 도래한 이후 인감증명서 방식으로 제출된 동의서가 적법함을 전제로 조합설립인가처분이 이루어진 경우 그 하자의 중대·명백여부가 문제되나, 하자가 명백하다고 보기 어렵다.[45)] 그 논거는 다음과 같다.

ⓐ 토지등소유자의 동의를 정해진 양식에 따라 받도록 한 취지는 서면동의서를 통해 토지등소유자의 동의 여부가 명확히 드러나도록 함으로써 불필요한 분쟁을 방지하고 토지등소유자의 의사가 정확히 반영되도록 함에 있을 뿐인데, 2012. 8. 2. 이후 인감증명서 방식으로 받았다 하더라도 위 취지는 달성된다.

ⓑ 인감증명 방식에서 지장날인 방식으로의 변경은 국민 편의 제고 및 사회·경제적 비용절감을 목적으로 할 뿐, 그와 같은 방식에 어떠한 결함이 있어 지장날

---

44) 대법원 2020. 9. 7. 선고 2020두38744 판결.
45) 서울고등법원 2021. 9. 16. 선고 2020누68457 판결(확정) 및 하급심인 서울행정법원 2020. 11. 13. 선고 2018구합6768 판결.

인 방식으로 전환된 것은 아니다. 부칙 문언 상 특정 사안에 관하여 동의서를 최초로 받기 시작하는 시점이 2012. 8. 2. 이후인 경우에 비로소 새로운 동의서 방식을 적용하도록 하는 의도로 해석될 여지도 있다.

다. 동의서 기재사항

⑴ 규정

> **법 제35조(조합설립인가 등)**
> ⑨ 제2항부터 제5항까지의 규정에 따른 토지등소유자에 대한 동의의 대상 및 절차, 조합설립 신청 및 인가 절차, 인가받은 사항의 변경 등에 필요한 사항은 대통령령으로 정한다.
>
> **법 시행령 제30조(조합설립인가신청의 방법 등)**
> ① 법 제35조 제2항부터 제4항까지의 규정에 따른 토지등소유자의 동의는 국토교통부령으로 정하는 동의서에 동의를 받는 방법에 따른다.
> ② 제1항에 따른 동의서에는 다음 각 호의 사항이 포함되어야 한다.
>   1. 건설되는 건축물의 설계의 개요
>   2. 공사비 등 정비사업비용에 드는 비용(이하 '정비사업비'라 한다)
>   3. 정비사업비의 분담기준
>   4. 사업 완료 후 소유권의 귀속에 관한 사항
>   5. 조합 정관

⑵ 동의서의 기재사항과 관련한 쟁점

⑺ 법 시행령 제30조 제2항 제5호의 조합정관이 동의서에 포함되어야 한다는 의미

① 문제의 소재

법 시행령 제30조 제2항 제5호의 조합정관이 동의서에 포함되어야 한다는 의미가 동의서에 정관의 내용이 모두 기재되어 있어야 한다는 의미인지, 설령 동의서에는 정관의 내용이 기재되어 있지 않다 하더라도 정관초안을 첨부하여 동의를 받아야 하는 것인지, 또는 모두 불필요한 것인지 여부가 문제된다.

② 판례

법정동의서의 정관에 관한 부분은 정관에 포함될 구체적 내용에 대하여 각각

동의를 얻기 위한 취지라기보다는 향후 조합의 운영과 활동에 관한 자치규범으로서 정관을 마련하고 그 규율에 따르겠다는 데에 대한 동의를 얻기 위한 취지로 해석되므로, 동의서에 정관의 내용이 기재될 필요가 없고, 조합원으로부터 동의서를 받을 당시 정관초안을 첨부할 필요도 없다.[46) 법정동의서의 '조합정관 승인'란에도 '정비사업 조합을 설립할 때 그 조합정관을 신의성실의 원칙에 따라 준수하며, 조합정관이 정하는 바에 따라 조합정관이 변경되는 경우 이의 없이 따릅니다.'는 내용이 부동문자로 기재되어 있을 뿐이다.

⑷ 법 시행규칙 [별지 제6호 서식] '조합설립 동의서'의 내용[47) 중 일부가 공란인 경우의 유효여부

① 공란인 토지등소유자 동의서의 효력 및 이에 따른 조합설립인가처분의 효력

추진위원회는 법정 동의서 중 일부 내용('신축 건축물의 설계의 개요'와 '건축물의 철거 및 신축에 소요되는 비용의 개략적인 금액')이 공란인 채로 토지등소유자로부터 동의를 받았고, 공란인 상태로 인가신청 되었는데도 행정청이 이를 유효한 동의로 처리하여 동의요건을 충족하였음을 이유로 조합설립인가처분을 한 경우, 조합설립인가처분의 유효여부가 문제된다.

'신축 건축물의 설계의 개요'와 '건축물의 철거 및 신축에 소요되는 비용의 개략적인 금액'은 토지등소유자의 동의 여부를 판단함에 있어서 기초가 되는 사항으로서 동의서의 본질적인 내용을 이룬다 할 것이므로 위 내용이 공란으로 된 동의서는 무효이고, 행정청이 이를 유효한 것으로 보아 조합설립인가처분을 한 것은 그 하자가 중대·명백하여 조합설립인가처분이 당연무효이다.[48)

② 추진위원회가 토지등소유자로부터 동의서를 받을 당시 공란이었으나, 임의로 보충한 후 조합설립인가처분을 받은 경우

추진위원회가 토지등소유자로부터 '신축건물의 설계 개요'와 '건축물철거 및 신축비용 개산액'에 관한 사항이 공란인 동의서를 제출받은 후 임의로 이를 보충하였다 하더라도, 앞서 본 바와 같이 위와 같은 내용들은 동의 여부를 판단함에 있

---

46) 대법원 2013. 12. 26. 선고 2011두8291 판결.
47) 건설되는 건축물의 설계의 개요, 공사비 등 정비사업에 드는 비용, 정비사업비의 분담기준, 사업 완료 후 소유권의 귀속에 관한 사항.
48) 대법원 2010. 1. 28. 선고 2009두4845 판결.

어서 기초가 되는 사항으로서 동의서의 본질적인 내용을 이룬다 할 것이므로 동의서로서의 효력을 인정할 수 없다.[49]

만일 토지등소유자가 조합설립 동의를 할 당시의 조합설립동의서에는 위와 같은 내용이 공란이었으나, 추진위원회가 행정청에 조합설립인가를 신청하기 전에 임의로 일괄보충하여 행정청에 제출함으로써 인가신청 당시 조합설립동의서에 위 공란이 모두 기재되어 있었다면, 특별한 사정이 없는 한 이를 인가한 행정청의 인가처분은 하자가 중대하나, 당연무효라고 할 수는 없다.[50] 왜냐하면 설립인가신청 당시 이미 보충되었으므로 하자가 명백하다고 보기는 어렵다. 이는 종래 건설교통부 고시로 제공하던 표준동의서와 관련한 사안이나, 현행의 법정동의서에도 동일하게 적용될 수 있다.

③ 토지등소유자가 공란 보충을 수권한 경우

추진위원회가 토지등소유자로부터 동의서의 일부 내용에 대하여 공란으로 하여 동의를 받았으나, 공란 아래 및 동의서 말미에 창립총회에서 확정되는 사항을 추진위원회가 공란에 일괄 기재하는 데 동의한다는 문구가 기재된 조합설립동의서를 제출받았고, 그 후 추진위원회가 공란에 창립총회에서 가결된 내용을 보충한 후 이를 첨부하여 조합설립인가신청을 하고 관할 관청으로부터 조합설립인가처분을 받은 경우 조합설립인가처분의 적법여부가 문제된다.

추진위원회는 위 동의서의 공란을 자의적으로 보충한 것이 아니라 토지등소유자들의 개별 수권하에 창립총회 결의사항을 공란에 보충한 점, 토지등소유자들은 창립총회 결의사항이 그의 의사에 반하는 경우 추진위원회를 상대로 개별 동의를 철회한다는 의사표시를 하여 동의서의 완성을 저지할 수 있는 점 등에 비추어 관할 관청이 위 동의서를 적법한 것으로 보고 조합설립을 인가한 처분에 하자가 없다.[51]

㈐ '작성일자'란이 공란인 경우, 동의서의 유효여부

[별지 제6호 서식] '조합설립 동의서'의 말미에 작성연월일의 기재가 있는바,

---

49) 대법원 2012. 12. 13. 선고 2011두21218 판결.
50) 대법원 2010. 10. 28. 선고 2009다29380 판결, 대법원 2013. 5. 23. 선고 2010두24975 판결(원심이 동의서 작성 시 공란으로 되어 있었다가 사후에 보충된 것으로 의심할 수 있는 사정이 있다는 등의 사정들만으로 조합설립인가처분을 무효라고 판단한 것은 위법하다고 판시하였다).
51) 대법원 2013. 1. 10. 선고 2010두16394 판결.

추진위원회가 작성일자를 공란으로 하여 동의서를 징구한 경우, 그와 같은 동의서의 유효여부가 문제된다.

동의서에 작성일자가 기재되어 있지 않다는 사정만으로는 그 동의서가 무효라고 볼 수 없다.[52] 그 논거는 다음과 같다.

① 법 제36조는 '서면동의서에 토지등소유자가 성명을 적고 지장을 날인하는 방법으로 한다.'고 규정하고 있는바, 만일 작성일자가 필수적 기재사항이었다면, 이를 명시하였을 것으로 보인다.

② [별지 제6호 서식] '조합설립 동의서'에도 일자를 반드시 기재하도록 양식에 안내되어 있지 않다('동의자'란에는 자필로 이름을 써넣음이라고 안내되어 있는 점과 대비된다).

㈒ 동의서의 말미에 자서가 기재되지 않고, 소유자 인적사항란에 자서된 경우

토지등소유자가 [별지 제6호 서식] '조합설립 동의서'의 말미에 자서하도록 기재되어 있는 란에 자서하지 않고, 소유자 인적사항란에 자서한 경우, 동의서 중 어느 한곳에 이름을 자서하였으므로, 이를 유효한 것으로 간주할 것인지 여부가 문제된다.

그러나 동의서의 말미에 자서하지 않고, 소유자 인적사항란의 자서만으로는 효력이 없다. 그 논거는 다음과 같다.

① 법 제36조 제1항은 동의서의 유효요건으로 토지등소유자가 성명을 적고 지장을 날인한 경우라고 적시하고 있으므로, 이는 형식상 이름을 자서하고 그 옆에 지장날인 할 때 이를 유효한 것으로 해석하겠다는 것으로 보인다.

② 법적 구속력이 있는 [별지 제6호 서식] '조합설립 동의서' 말미에 "위 동의자: (자필로 이름을 써넣음) 지장날인"이라고 안내되어 있는바, 말미에 그와 같은 자서와 지장날인을 요구하는 것은 토지등소유자가 앞서의 내용을 모두 확인하고 동의가 최종적인 의사임을 나타내기 위한 의도로 보인다.

③ 본문 소유자 인적사항란에 수기가 기재된 경우, 동의자의 자서인지 또는 제3자의 수기인지 여부, 동의자의 자서라 하더라도 동의의 의미로서 자서한 것인지, 단순히 형식적 기재사항을 수기로 기재한 것인지 여부를 행정청이 별도로 심사하

---

52) 서울행정법원 2020. 11. 20. 선고 2019구합73055 판결(현재 서울고등법원 2020누69092호로 계속 중).

여야 하는바, 이는 행정청으로 하여금 창립총회 전에 제출된 동의서에 의하여서만 동의 여부를 심사하도록 함으로써 동의 여부의 확인에 불필요하게 행정력이 소모되는 것을 막기 위하여 도입한 법정동의서 제도의 취지에 반한다.

(마) '**소유권 현황', '인적 사항'란 등 '동의자 현황'란이 공란인 경우 동의서의 효력 유무**

'소유권 현황', '인적 사항' 등 '동의자 현황'란은 법 시행규칙 제8조 제3항 [별지 제6호 서식] '조합설립 동의서'의 기재항목에 해당한다. 하지만 '동의자 현황'란이 법령상 반드시 기재되어야 한다는 규정이 없고, '인적 사항'의 내용은 첨부하는 신분증명서의 사본을 통하여, 소유권 현황 즉, 사업구역 내에 소유권이나 지상권을 보유하고 있는지 여부는 부동산 등기부 등을 통하여 객관적으로 확인될 수 있는 점 등을 고려하면, '동의 내용'란이 공란인 것과 달리 '동의자 현황'란이 공란인 것만으로 그 동의서를 무효라고 할 수는 없다.[53]

(바) **연번**

① **규정**

법 제36조 제3항은 "서면동의서를 작성하는 경우 제31조 제1항 및 제35조 제2항부터 제4항까지의 규정에 해당하는 때에는 시장·군수등이 대통령령으로 정하는 방법에 따라 검인(檢印)한 서면동의서를 사용하여야 하며, 검인을 받지 아니한 서면동의서는 그 효력이 발생하지 아니한다."고 규정하고 있다.

법 시행령 제34조 제1항은 "법 제36조 제3항에 따라 동의서에 검인(檢印)을 받으려는 자는 제30조 제2항에 따라 동의서에 기재할 사항을 기재한 후 관련 서류를 첨부하여 시장·군수등에게 검인을 신청하여야 한다."고, 제2항은 "제1항에 따른 신청을 받은 시장·군수등은 동의서 기재사항의 기재 여부 등 형식적인 사항을 확인하고 해당 동의서에 연번(連番)을 부여한 후 검인을 하여야 한다."고, 제3항은 "시장·군수등은 제1항에 따른 신청을 받은 날부터 20일 이내에 신청인에게 검인한 동의서를 내주어야 한다."고 각 규정하고 있다.

---

53) 서울행정법원 2020. 11. 20. 선고 2019구합73055 판결(현재 서울고등법원 2020누69092호로 계속 중).

② 연혁 및 입법취지

위 법 제36조 제3항의 '검인한 서면동의서 사용' 조항은 법이 2016. 1. 17. 법률 제13912호로 개정되면서 신설되었고(시행일은 2016. 7. 28.이다), 법 시행령 제34조 제1, 2항은 2016. 7. 28. 대통령령 제27409호로 개정되면서 신설된 조문이다(시행일은 공포일이다). 법령상 토지등소유자의 동의서에 연번(連番)을 부여하도록 한 것은, 법 시행령 제21조의2 규정이 신설되면서 제1항에서 추진위원회 구성동의와 관련하여 동의서 형식을 법 시행규칙에 위임하였고, 법 시행규칙이 2009. 8. 13. 국토해양부령 제157호로 개정되면서 제6조 제2항에서 최초로 추진위원회 구성동의서에 연번을 부여하도록 하는 제도가 도입되었다.

이는 추진위원회가 구성동의서 징구 시 발생하는 음성적 거래를 차단할 수 있도록 동의서 양식을 새로이 정하면서, 시장·군수등이 연번을 부여하여 제공하는 동의서를 사용하도록 함으로써 발행매수의 제한·통제를 통하여 동의서를 임의적으로 사용하는 것을 방지하는 데 그 목적이 있었다. 그 후 위 연번제도는 조합설립동의서에도 도입되었는데, 특히 백지동의서 사용 등과 관련한 분쟁이 다수 발생하고 있어 이에 시장·군수등의 검인을 받은 동의서를 사용함으로써 동의서 위·변조 등과 관련한 분쟁을 예방하고자 하는 데 있다. 이에 따라 추진위원회는 행정청으로부터 일련번호의 범위 및 순번까지 기재되고 검인된 조합설립동의서를 교부받아 토지등소유자에게 이를 제공한 후 동의서로 회수한다.

③ 쟁점

행정청이 아래와 같이 일련번호의 범위만 기재하고 순번을 특정하지 아니한 동의서를 교부하는 경우가 있는바, 그 효력이 문제된다.

행정기관에서 부여한 일련번호 범위	합정동447-가(1~103)	일련번호	/103

연번의 범위가 명확히 기재되어 있고 조합설립동의서의 발행매수도 제한되었다면, 비록 조합설립동의서에 구체적 연번이 부여되지 않은 하자가 있다고 하더라도 그것이 조합설립동의서에 날인된 검인이나 조합설립동의서 자체를 무효라고 할 만큼의 하자라고 볼 수 없고, 사소한 절차상의 하자에 불과하여 위법하다고 보

기도 어렵다.[54] 그 논거는 다음과 같다.

ⓐ 각각의 동의서에 일련번호 외에 구체적 연번을 특정하지는 아니하였다 하더라도, 일련번호가 특정되어 있으므로, 전체적인 연번의 범위는 명확하여 동의서 발행매수의 확인 및 그 제한을 통하여 동의서의 임의적 사용이나 실제 발행된 것보다 회수되는 동의서의 매수가 증가하는 상황을 방지하는 효과를 달성함으로써 연번제도의 도입 목적은 상당 부분 달성된다.

ⓑ 법령상 조합설립 동의서에 대한 검인제도는 2016. 7. 28. 시행되는 법과 법 시행령에서 함께 도입되었다. 그러나 조합설립동의서 서식에 현재와 같이 '행정기관에서 부여한 일련번호 범위'와 '일련번호'를 기재하도록 하는 란이 마련된 것은 법 시행규칙이 2018. 2. 9. 국토교통부령 제491호로 전부개정 되면서부터이다(제8조 제3항 별지 제6호). 입법자가 2016. 7. 28. 검인제도의 도입과 함께 법 시행령으로 규정된 연번제도에 대하여 그 동의서의 효력을 좌우할 정도의 의미를 부여하고자 하였다면, 그 즉시 법 시행규칙을 개정하여 연번을 부여할 수 있는 동의서 서식을 마련하였을 것이다.

ⓒ 행정청이 동의서에 구체적 연번을 부여하더라도 그 동의서가 배부될 토지등소유자 개개인을 지정하는 것은 아니므로, 결국 특정 연번이 부여된 동의서가 어떤 토지등소유자에게 배부될지는 전혀 알 수 없다. 그렇다면 연번을 특정하지 않고 연번의 범위만을 기재하는 것과 큰 차이가 없다.

라. 첨부하는 신분증 사본

⑴ 신분증 사본 첨부의 의미

조합설립인가의 동의 요건을 심사하는 과정에서 주안점은 해당 토지등소유자의 동의서가 본인의 진정한 의사에 의하여 성립된 것인지 여부를 확인하기 위한 것이므로, 동의서를 제외한 다른 서류(신분증명서 사본, 인감증명서 등)는 이를 통하여 작성자와 실제 토지등소유자의 동일성이 확인된다면 유효하다. 실제로 조합설립인가 신청을 받은 행정청은 신분증명서 사본이 첨부되었는지 유무만을 심사할 뿐이다. 이는 앞서 본 바와 같이 추후 보완이 가능하다.[55]

---

54) 서울행정법원 2020. 10. 30. 선고 2020구합51631 판결(현재 서울고등법원 2020누66864호로 계속 중).

55) 서울행정법원 2020. 11. 20. 선고 2019구합73055 판결(현재 서울고등법원 2020누69092호로 계속

보완이 가능한 시점을 조합설립인가신청 시로 볼 것인지 또는 조합설립인가 시로 볼 것인지 여부가 문제되나, 시장·군수등 행정청은 조합설립인가를 심사하는 과정에서 첨부서류가 누락된 경우, 그 보완을 명하는 사정에 비추어 조합설립인가신청 서류에 대한 검토결과 동의서에 신분증사본의 첨부가 누락되었다면 그 보완을 명할 수 있고, 이에 따라 신분증사본이 보완된 경우 이를 유효한 것으로 보아야 할 것이므로, 조합설립인가 시까지 보완이 가능하다.

(2) 신분증 사본의 유형

첨부되는 신분증사본은 해당 토지등소유자의 동의서가 본인의 진정한 의사에 의하여 성립된 것인지 여부를 확인하는 취지이므로, 동의자와 동일성이 인정되는 것이라면 어떠한 것이든 유효하다. 판례는 도시정비법 이전의 주촉법상의 사안에서, 조합이 재건축결의 동의서에 인감증명서를 첨부하게 한 것은 단지 위 동의서가 본인의 진정한 의사에 의하여 성립된 것인지 여부를 확인하기 위한 취지라고 할 것이므로 동의서에 첨부된 인감증명서의 용도가 재건축결의 동의용으로 기재되어 있지 않다거나 전에 추진위원회에 제출하였던 인감증명서를 재사용하였다 하더라도 재건축결의 동의와 관련한 구분소유자들의 의사가 진정한 것인 한 그 동의의 효력을 배제할 수 없다고 판시하고 있다.[56] 인감증명서의 발급일자가 오래 되었다 하더라도 신분증명서로서는 유효하다.[57]

4. 동의의 유효 여부와 관련한 소송상 쟁점

가. 기망 또는 협박에 의한 동의서 징구 여부

실무에서는 추진위원회가 조합설립동의서를 징구하는 과정에서 토지등소유자에게 조합설립에 부동의 할 경우 조합원 자격을 얻지 못하고, 조합설립인가 후 30일 내에 매도청구를 당하는 등의 불이익을 각오해야 한다는 등으로 기망 또는 협박을 하였다거나, 토지등소유자가 이로 인하여 자유로운 의사결정을 하지 못한 상태에서 조합설립동의서를 제출하였다는 주장을 하는 사례가 많다.

중).
56) 대법원 2005. 6. 24. 선고 2003다55455 판결.
57) 대법원 2014. 5. 29. 선고 2013두18773 판결 및 하급심인 서울고등법원 2013. 8. 16. 선고 2012누31856 판결.

조합설립인가가 이루어지는 경우 추후 조합에 수용권 또는 매도청구권이 발생되는 것에 비추어 보면, 토지등소유자들이 추진위원회 측으로부터 조합설립에 동의하지 않으면 불이익이 있을 수 있다는 취지의 말을 들었다고 하더라도, 이는 위 규정에 대한 설명이었다고 볼 여지가 있을 뿐, 이를 기망 또는 협박으로 볼 수는 없다.[58]

나. 오에스 요원에 의한 동의서 징구의 위법성

실무에서는 추진위원회가 오에스 요원[59]을 고용하여 그들로 하여금 토지등소유자로부터 서면동의서를 징구하게 하는 경우가 있는바, 그것이 곧 토지등소유자들의 자유로운 판단에 의한 의사결정을 방해한 것이고, 이를 이유로 창립총회 결의가 무효이며, 이로 인하여 조합설립인가처분이 위법하다고 다투는 경우가 있다. 추진위원회가 창립총회의 안건을 안내하거나 창립총회 개최사무를 지원할 인력으로 오에스 요원들을 채용하는 것이 원칙임에도, 오에스 요원들이 토지등소유자로부터 동의서를 징구하는 경우가 개별 조합 사정에 따라 있기는 하다.

그러나 오에스 요원들이 토지등소유자들로부터 동의서를 받았다 하더라도, 그러한 사정만으로 곧바로 토지등소유자들의 자유로운 의사결정이 방해되었다고 단정하기 어렵다.

Ⅳ. 동의철회

1. 규 정

가. 현행 규정

> **법 시행령 제33조(토지등소유자의 동의자 수 산정 방법 등)**
> ② 법 제12조 제2항 및 제36조 제1항 각 호 외의 부분에 따른 동의(법 제26조 제1항 제8호, 제31조 제2항 및 제47조 제4항에 따라 의제된 동의를 포함한다) 의 철회 또는 반대의사 표시의 시기는 다음 각 호의 기준에 따른다.

---

58) 서울행정법원 2020. 10. 30. 선고 2020구합51631 판결(현재 서울고등법원 2020누66864호로 계속 중).

59) OS(Outsourcing) 요원이란 재개발·재건축 현장에서 활동하는 외주 용역회사의 직원을 말한다.

1. 동의의 철회 또는 반대의사의 표시는 해당 동의에 따른 인·허가 등을 신청하기 전까지 할 수 있다.

2. 제1호에도 불구하고 다음 각 목의 동의는 최초로 동의한 날부터 30일까지만 철회할 수 있다. 다만, 나목의 동의는 최초로 동의한 날부터 30일이 지나지 아니한 경우에도 법 제32조 제3항에 따른 조합설립을 위한 창립총회 후에는 철회할 수 없다.

   가. 법 제21조 제1항 제4호에 따른 정비구역의 해제에 대한 동의

   나. 법 제35조에 따른 조합설립에 대한 동의(동의 후 제30조 제2항 각 호의 사항이 변경되지 아니한 경우로 한정한다)

③ 제2항에 따라 동의를 철회하거나 반대의 의사표시를 하려는 토지등소유자는 철회서에 토지등소유자가 성명을 적고 지장(指章)을 날인한 후 주민등록증 및 여권 등 신원을 확인할 수 있는 신분증명서 사본을 첨부하여 동의의 상대방 및 시장·군수등에게 내용증명의 방법으로 발송하여야 한다. 이 경우 시장·군수등이 철회서를 받은 때에는 지체 없이 동의의 상대방에게 철회서가 접수된 사실을 통지하여야 한다.

④ 제2항에 따른 동의의 철회나 반대의 의사표시는 제3항 전단에 따라 철회서가 동의의 상대방에게 도달한 때 또는 같은 항 후단에 따라 시장·군수등이 동의의 상대방에게 철회서가 접수된 사실을 통지한 때 중 빠른 때에 효력이 발생한다.

나. 연혁

최초 법 시행령은 조합설립인가 전에 동의를 철회한 자는 토지등소유자의 동의자 수에서 제외하되, 조합설립 동의서상의 기재사항에 변경이 없는 경우에는 동의자 수에서 제외하지 아니하도록 하였다(구 법 시행령 제28조 제3항). 그 후 법 시행령이 2005. 5. 18. 대통령령 제18830호로 개정되면서 조합설립의 인가신청 전에 동의를 철회하는 자는 토지등소유자의 동의자수에서 제외하되, 조합설립 동의서상의 기재사항에 변경이 없는 경우에는 동의자 수에서 제외하지 아니하도록 하였다(구 법 시행령 제28조 제1항 제5호). 당시 동의와 관련하여서는 인감도장에 의한 서면동의의 방법 및 인감증명서 방식이라는 요식행위를 요구하였으나, 철회 방식에는 제한을 두지 않았다.

그 후 법 시행령이 2009. 8. 11. 대통령령 제21679호로 개정되면서 철회권 자

체가 제한되어 조합설립 인가신청 이전에만 동의를 철회할 수 있고, 그 경우 토지
등소유자의 동의자 수에서 제외하되, 조합설립에 대한 동의 후 조합설립 동의서
기재사항의 변경이 없는 경우에는 조합설립의 인가신청 전이라 하더라도 철회할
수 없도록 하였다. 또한 동의철회를 동의와 마찬가지로 요식행위로 규정하여 동의
를 철회하려는 토지등소유자는 동의의 상대방 및 시장·군수등에게 철회서에 인
감증명서를 첨부하여 내용증명의 방법으로 발송하여야 하며, 이 경우 시장·군수
등이 철회서를 받은 때에는 지체 없이 동의의 상대방에게 철회서가 접수된 사실
을 통지하여야 하며, 동의의 철회나 반대의 의사표시는 철회서가 동의의 상대방에
게 도달한 때 또는 시장·군수등이 동의의 상대방에게 철회서가 접수된 사실을
통지한 때 중 빠른 때에 효력이 발생한다고 규정하였다(구 법 시행령 제28조 제4
내지 6항).

　다시 법 시행령이 2012. 7. 31. 대통령령 제24007호로 개정되면서 비록 조합
설립에 대한 동의 후 기재사항의 변경이 없더라도 제한적으로 철회권을 인정하고,
동의에 대한 방식이 법에 의하여 변경되었으므로, 그에 따라 철회에 대한 방식도
변경하였다. 즉, 조합설립 인가신청 전까지 동의는 철회할 수 있고, 그 경우 토지
등소유자의 동의자 수에서 제외하되, 동의 후 조합설립 동의서 기재사항의 변경이
없는 경우에는 조합설립에 최초로 동의한 날부터 30일이 지나거나 창립총회를 개
최한 경우에는 철회할 수 없다고 규정하였다.

　동의를 철회하려는 토지등소유자는 동의의 상대방 및 시장·군수등에게 철회
서에 토지등소유자의 지장을 날인하고 자필로 서명한 후 주민등록증 및 여권 등
신원을 확인할 수 있는 신분증명서 사본을 첨부하여 내용증명의 방법으로 발송하
여야 하고, 그 이후의 시장·군수등의 철회서 접수사실 통지 및 그에 따른 효력
발생일은 종전과 동일하다(구 법 시행령 제28조 제4 내지 6항). 또다시 법 시행령이
2016. 2. 29. 대통령령 제27029호로 개정되어 보다 엄격히 철회권을 인정하였다.

　즉, 조합설립 인가신청 전까지 동의는 철회할 수 있고, 그 경우 토지등소유자
의 동의자 수에서 제외하되, 조합설립에 대한 동의 후 조합설립 동의서 기재사항
의 변경이 없는 경우로서, 조합설립에 최초로 동의한 날부터 30일까지만 철회가능
하되, 30일이 지나지 아니한 경우에도 창립총회를 개최한 경우에는 철회할 수 없
도록 규정하고 나머지 철회의 방법 등은 종전과 동일하다(구 법 시행령 제28조 제4

내지 6항). 현행 법 시행령 제33조 제2항은 위 개정 시행령 규정과 동일한 내용으로 규정하고 있다.

위와 같은 법 시행령의 변천에 따라 당해 사안에서 철회권의 인정여부, 철회의 방식, 제한시기 등은 법 시행령의 효력발생일 뿐만 아니라 부칙의 경과규정에 따라 결정된다.

2. 철회권 제한

동의의 철회 가능여부는 조합설립 동의서 기재사항의 변경에 좌우된다. 동의한 토지등소유자는 조합설립에 대한 동의 후 조합설립 동의서 기재사항이 변경된 경우에는 조합설립 인가신청 전까지 동의를 철회할 수 있으나, 조합설립 동의서 기재사항의 변경이 없는 경우에는 조합설립에 최초로 동의한 날부터 30일까지만 철회가능 하되, 30일이 지나지 아니한 경우에도 창립총회를 개최한 경우에는 철회할 수 없다.

위와 같은 제한을 둔 취지는 조합설립 인가신청 당시의 정비사업의 중요내용에 변경이 없는데도 토지등소유자의 일방적인 동의철회에 의하여 정비사업의 시행이 무산되어 그로 인한 경제적 손실이 발생하는 것을 방지하고 사업시행의 안정성을 확보하고자 하는 데 그 목적이 있다.[60] 그와 같은 변경이 있었는지 여부는 토지등소유자가 동의철회서를 제출한 시점을 기준으로 판단을 하여야 한다.[61]

3. 철회와 관련한 실체적 쟁점

가. 동의철회 가능여부의 기준이 되는 기재사항 변경 여부

⑴ 조합설립 동의서 기재사항 변경여부의 판단기준

㈎ 문제의 소재

조합설립 동의서 기재사항 중 '동의 내용'란 기재 사항의 일부라도 변경이 이루어지면 토지등소유자는 조합설립인가 신청 전까지 동의를 자유롭게 철회할 수 있는지 여부가 문제된다. 왜냐하면 정비사업은 이해관계가 상충되는 다수의 토지등소유자들의 개별적이고 구체적인 이익을 적절히 형량·조정하면서 장기에 걸쳐

---

60) 대법원 2012. 9. 27. 선고 2010두28649 판결.
61) 대법원 2012. 12. 13. 선고 2011두21218 판결.

진행되고, 부동산 정책, 시장상황이나 주변여건이 급변하고, 관계 법령이 수시로 변경되는 등 다양한 변수가 존재하므로, 본질적으로 진행과정에서 변경이 예정되어 있기 때문이다.

(나) 판례(동일성 인정여부)

동의서의 '동의 내용'란 기재 사항은 토지등소유자의 권리·의무에 중대한 영향을 미치는 사항으로서 조합설립에 대한 동의 여부의 판단에 직접 영향을 주는 것이기는 하다. 그러나 그 중 건설되는 '건축물의 설계 개요'는 처음부터 확정짓기가 곤란하여 추진위원회의 활동, 의견수렴, 조합의 설립준비, 사업관계자와의 절충과 협의 등의 과정에서 단계적, 발전적으로 형성되어 사업계획의 승인단계에 이르러 건축설계나 사업계획 등이 완성되면서 비로소 구체적인 모습을 드러내는 것이 통례이고, 법 시행령에서 동의서에 포함되는 사항으로 건설되는 건축물의 설계의 '개요'라고 정한 것도 이러한 사정을 반영한 것으로 보인다. 또한 '정비사업의 비용' 등의 변경 역시 어느 정도는 피할 수 없다.

따라서 비록 동의서의 '동의 내용'란 기재 사항이 일부 변경되었다 하더라도 사회통념상 종전 동의서의 '동의 내용'란 기재 사항과의 동일성이 인정되는 경우에는, 여전히 종전의 동의서에 의한 동의는 변경된 내용에 따른 조합설립인가에 대한 동의로서 유효하다고 할 것이고,[62] 토지등소유자는 그 동의서에 의한 동의를 철회할 수 없다고 해석하여야 한다.

(2) 정관초안의 변경

(가) 문제의 소재

토지등소유자의 동의에 정관초안을 첨부할 필요가 없음은 앞서 본 바이다. 그러나 실제로 토지등소유자의 동의서에 정관초안이 첨부되었고, 그 후 창립총회에서 정관의 내용이 변경되어 확정된 경우, 토지등소유자는 조합설립인가 신청 전까지 동의를 철회할 수 있는지 여부가 문제된다.

(나) 판례(동일성 인정여부)

정관의 내용이 일부 변경되었다고 하더라도 사회통념상 종전의 정관과 동일성이 인정된 경우에는 여전히 종전의 동의서에 의한 동의는 변경된 내용에 따른 조

---

62) 대법원 2005. 6. 24. 선고 2003다56441 판결.

합설립인가에 대한 동의로서 유효하므로 토지등소유자는 그 동의서에 의한 동의를 철회할 수 없다.[63]

나. 인가신청 후 조합설립동의 철회와 조합설립인가처분의 취소 또는 무효 확정판결의 관계

(1) 문제의 소재

토지등소유자가 조합설립인가신청 후에 한 조합설립 동의철회는 그 효력이 없다. 문제는 그 후 조합설립인가처분이 취소나 무효확인 확정판결이 있게 되면, 인가신청 그 자체가 소급적으로 효력이 소멸되므로 조합설립 동의철회의 효력이 유효하게 될 수 있지 않은가 하는 점이다.

(2) 판례

조합설립인가처분이 판결 때문에 취소되거나 무효로 확인되더라도 조합은 소급적으로 소멸하는 것이 아니라 청산의 목적범위 내에서 존속하고, 이에 따라 조합원은 종전의 지위를 유지하고 정관도 효력을 가진다. 따라서 조합설립인가처분이 판결 때문에 취소되거나 무효로 확인되었다는 사정만으로는 무효인 인가신청 후에 한 조합설립 동의의 철회가 유효하게 된다고 할 수 없다.[64]

4. 철회와 관련한 절차적 쟁점

가. 철회의 요식행위

동의철회는 철회서에 성명을 적고 지장을 날인한 후 신분증명서 사본을 첨부하여 동의의 상대방 및 시장·군수등에게 반드시 내용증명의 방법으로 발송하여야 한다. 위와 같이 동의의 철회에 대하여 지장을 날인하고 신분증명서 사본을 첨부하여 내용증명을 발송하는 방법에 의하도록 한 것은, 토지등소유자의 동의철회 여부를 명확하게 함으로써 동의철회 여부에 관하여 발생할 수 있는 관련자들 사이의 분쟁을 미연에 방지하며, 나아가 행정청으로 하여금 창립총회 전에 제출된 동의 철회서에 의하여서만 동의철회 여부를 심사하도록 함으로써 동의 여부의 확

---

63) 대법원 2014. 3. 13. 선고 2012두14095 판결, 시공자 선정과 관련한 내용의 정관변경을 동일성의 변경으로 볼 수는 없다(대법원 2015. 5. 14. 선고 2013두9298 판결).
64) 대법원 2012. 11. 29. 선고 2011두518 판결.

인에 불필요하게 행정력이 소모되는 것을 막기 위한 데 그 입법 취지가 있다.[65)

나. 철회의 절차 및 방법 설명·고지의무

(1) 규정 및 해석

(가) 규정

> **법 시행령 제25조(추진위원회 구성을 위한 토지등소유자의 동의 등)**
> ② 토지등소유자의 동의를 받으려는 자는 법 제31조 제3항에 따라 다음 각 호의 사항을 설명·고지하여야 한다.
>   3. 제33조 제2항에 따른 동의의 철회 또는 반대의사 표시의 절차 및 방법

(나) 해석

추진위원회는 토지등소유자로부터 동의서를 징구함에 있어 법 시행령 제33조 제2항의 내용 즉, 철회의 표시는 조합설립인가신청 전까지만 가능하고, 동의서에 기재된 사항이 변경되지 아니한 경우의 동의는 최초로 동의한 날부터 30일까지만 철회할 수 있고, 30일이 지나지 아니한 경우에도 창립총회 후에는 철회할 수 없다는 내용을 반드시 설명·고지하여야 한다.

법 시행규칙 [별지 제6호 서식] '조합설립동의서'에도 "동의서를 제출한 경우에도 조합설립에 반대하고자 할 경우 법 시행령 제33조 제2항에 따라 조합설립인가를 신청하기 전까지 동의를 철회할 수 있다. 다만, 동의 후 법 시행령 제30조 제2항 각 호의 사항이 변경되지 아니한 경우에는 최초로 동의한 날부터 30일까지만 철회할 수 있으며, 30일이 지나지 아니한 경우에도 조합설립을 위한 창립총회 후에는 철회할 수 없다"는 내용이 부동문자로 기재되어 있다.

(2) 동의철회에 대한 형식적 요건에 관한 설명·고지의무 여부

(가) 문제의 소재

법 시행령 제25조 제2항 제3호는 법 시행령 제33조 제2항 즉, 철회의 시기, 요건만을 설명·고지의무의 대상으로 규정하고 있을 뿐, 철회의 형식적 방법을 규정하고 있는 법 시행령 제33조 제3항 즉, 토지등소유자가 성명을 적고 지장을 날인한 후 주민등록증 등 신원을 확인할 수 있는 신분증명서 사본을 첨부하여 동의

---

65) 대법원 2012. 9. 27. 선고 2010두28649 판결.

의 상대방 및 시장·군수등에게 내용증명의 방법으로 발송하여야 한다는 내용은 명시하고 있지 않으므로, 이를 해석상 설명·고지의무의 대상으로 인정할 수 있을 것인지 여부가 문제된다.

(나) 판단

철회의 형식적 방법은 설명·고지의무의 대상으로 볼 수 없다. 그 논거는 다음과 같다.[66]

① 법 시행령 제25조 제2항 제3호는 명확히 철회의 형식적 방법을 규정하고 있는 법 시행령 제33조 제3항에 대하여는 설명·고지의무의 대상으로 규정하고 있지 않다. 이는 입법자의 의사가 철회의 형식적 방법은 설명·고지의무의 대상이 아님을 명확히 한 것이다.

② 동의의 방식이 토지등소유자가 성명을 적고 지장을 날인한 후 주민등록증 등 신원을 확인할 수 있는 신분증명서 사본을 첨부하는 것이므로, 동의한 토지등소유자로서는 철회도 동일한 방식임은 쉽게 알 수 있다. 또한 철회의사를 사업시행자나 시장·군수등에게 발송하였음을 증명하기 위한 방편으로는 당해 우편물의 문서내용을 등본에 의하여 증명하는 제도인 내용증명에 의하는 방법이 보편적이므로, 이 부분에 대하여 특별히 설명·고지할 필요성이 없다.

V. 동의의 하자

조합설립에 대한 토지등소유자의 동의에 하자가 있는 경우의 처리방법에 관하여 살펴본다. 조합설립에 대한 토지등소유자의 동의는 조합설립인가처분이라는 행정처분을 하는 데 필요한 절차적 요건 중 하나에 불과한 것이므로, 동의 등에 하자가 있는 경우, 조합설립인가처분이 이루어진 후에, 그 인가처분의 무효확인 또는 취소를 구하여야 한다. 설령 동의에 하자가 있다 하더라도 그로 인해 조합설립인가처분이 취소되거나 당연무효로 되지 않는 한 조합은 여전히 사업시행자로서의 지위를 갖는다.[67]

---

66) 서울행정법원 2020. 10. 30. 선고 2020구합51631 판결(현재 서울고등법원 2020누66864호로 계속 중).
67) 대법원 2009. 9. 24. 선고 2008다60568 판결.

Ⅰ. 창립총회

1. 규정 및 해석

가. 규 정

법 제32조(추진위원회의 기능)

③ 추진위원회는 제35조 제2항, 제3항 및 제5항에 따른 조합설립인가를 신청하기 전에 대통령령으로 정하는 방법 및 절차에 따라 조합설립을 위한 창립총회를 개최하여야 한다.

법 시행령 제27조(창립총회의 방법 및 절차 등)

① 추진위원회(법 제31조 제4항 전단에 따라 추진위원회를 구성하지 아니하는 경우에는 토지등소유자를 말한다)는 법 제35조 제2항부터 제4항까지의 규정에 따른 동의를 받은 후 조합설립인가를 신청하기 전에 법 제32조 제3항에 따라 창립총회를 개최하여야 한다.

② 추진위원회(법 제31조 제4항 전단에 따라 추진위원회를 구성하지 아니하는 경우에는 조합설립을 추진하는 토지등소유자의 대표자를 말한다)는 창립총회 14일 전까지 회의목적·안건·일시·장소·참석자격 및 구비사항 등을 인터넷 홈페이지를 통하여 공개하고, 토지등소유자에게 등기우편으로 발송·통지하여야 한다.

③ 창립총회는 추진위원장(법 제31조 제4항 전단에 따라 추진위원회를 구성하지 아니하는 경우에는 토지등소유자의 대표자를 말한다)의 직권 또는 토지등소유자 5분의 1 이상의 요구로 추진위원장이 소집한다. 다만, 토지등소유자 5분의 1 이상의 소집요구에도 불구하고 추진위원장이 2주 이상 소집요구에 응하지 아니하는 경우 소집요구한 자의 대표가 소집할 수 있다.

④ 창립총회에서는 다음 각 호의 업무를 처리한다.
1. 조합 정관의 확정
2. 법 제41조(조합장, 이사, 감사)에 따른 조합의 임원의 선임
3. 대의원의 선임
4. 그 밖에 필요한 사항으로서 제2항에 따라 사전에 통지한 사항
⑤ 창립총회의 의사결정은 토지등소유자(재건축사업의 경우 조합설립에 동의한 토지등소유자로 한정한다)의 과반수 출석과 출석한 토지등소유자 과반수 찬성으로 결의한다. 다만, 조합임원 및 대의원의 선임은 제4항 제1호에 따라 확정된 정관에서 정하는 바에 따라 선출한다.

나. 규정의 해석

(1) 추진위원회는 토지등소유자의 동의를 받은 후 창립총회를 개최하여야 하고, 창립총회를 개최한 후에 조합설립인가를 신청하여야 한다.

(2) 창립총회에서는 구성원과는 독립된 단체로서의 조합 내부의 자치규범인 정관을 확정하고 단체의 대표자인 임원을 선출하는 등의 단체결성행위를 행하는 것이 가장 중요한 역할이다. 다만 임원·대의원의 선임은 창립총회에서 필수적으로 요구되지는 아니한다[시행규칙 제8조 제2항 제1호 (마)목, 법 시행규칙 (별지 제5호 서식)]. 그 밖에 필요한 사항으로서 사전에 통지한 사항에 대한 업무를 처리한다.

추진위원회가 행한 업무는 조합이 설립되면 포괄승계되나, 실무상 창립총회에서 추진위원회가 추진한 업무와 관련하여 승인받는 절차를 거치기도 한다. 여기에는 개략적인 정비사업 시행계획, 자금의 차입과 그 방법, 이율 및 상환방법 승인 등이 있다.

(3) 창립총회는 원칙적으로 법정의 요건에 따라 추진위원장이 소집한다. 창립총회의 의사결정은 토지등소유자(재건축사업의 경우 조합설립에 동의한 토지등소유자로 한정한다)의 과반수 출석과 출석한 토지등소유자 과반수 찬성으로 결의한다. 다만, 조합임원 및 대의원의 선임은 확정된 정관에서 정하는 바에 따라 선출한다. 창립총회의 경우에는 토지등소유자 100분의 20 이상이 직접 출석하여야 한다(법 제45조 제6항 단서).

2. 공공지원 정비사업의 특칙

가. 규 정

법 제118조(정비사업의 공공지원)

① 시장·군수등은 정비사업의 투명성 강화 및 효율성 제고를 위하여 조합이 시행하는 정비사업에 대하여 사업시행 과정을 지원하거나 토지주택공사등에 공공지원을 위탁할 수 있다.

제31조(추진위원회의 구성·승인)

② 제1항에 따라 정비사업을 공공지원하는 시장·군수등 및 공공지원을 위탁받은 자(이하 "위탁지원자"라 한다)는 다음 각 호의 업무를 수행한다.

　　1. 추진위원회 또는 주민대표회의 구성

④ 정비사업에 대하여 제118조에 따른 공공지원을 하려는 경우에는 추진위원회를 구성하지 아니할 수 있다. 이 경우 조합설립 방법 및 절차 등에 필요한 사항은 대통령령으로 정한다.

법 시행령 제27조(창립총회의 방법 및 절차 등)

⑥ 법 제118조에 따라 공공지원 방식으로 시행하는 정비사업 중 법 제31조 제4항에 따라 추진위원회를 구성하지 아니하는 경우에는 제1항부터 제5항까지에서 규정한 사항 외에 제26조 제2호부터 제4호까지의 업무(동의서 접수, 창립총회 개최, 정관초안작성)에 대한 절차 등에 필요한 사항을 시·도조례로 정할 수 있다.

서울시 조례 제82조(공공지원에 의한 조합설립 방법 및 절차 등)

① 시장은 법 제31조 제4항 및 영 제27조제6항에 따라 추진위원회를 구성하지 아니하는 경우에 조합설립 방법 및 절차 등에 필요한 사항을 다음 각 호의 내용을 포함하여 고시하여야 한다.

　　1. 토지등소유자의 대표자 등 주민협의체 구성을 위한 선출방법

　　2. 참여주체별 역할

　　3. 조합설립 단계별 업무처리 기준

　　4. 그 밖에 조합설립 업무지원을 위하여 필요한 사항

② 구청장은 제7조 제12호에 따라 토지등소유자의 과반수가 추진위원회 구성 단계 생략을 원하는 경우 제1항에 따른 방법과 절차 등에 따라 조합을 설립하여야 한다.

나. 규정의 해석

공공지원 정비사업의 경우에는 시장·군수등 및 공공지원을 위탁받은 자가 추진위원회를 구성하지 아니할 수 있고, 추진위원회도 직접 구성한다(법 제118조 제2항 제1호). 추진위원회가 구성된 경우에는 앞서 본 일반적인 창립총회와 관련한 규정들이 적용된다. 그러나 추진위원회를 구성하지 아니하는 경우에는 창립총회를 통한 단체결성행위가 존재하지 아니하므로, 서울시장은 조합설립 방법 및 절차 등에 필요한 사항, 특히 토지등소유자의 대표자 등 주민협의체 구성을 위한 선출방법, 참여주체별 역할, 조합설립 단계별 업무처리 기준, 그 밖에 조합설립 업무지원을 위하여 필요한 사항 등을 포함하여 고시하여야 한다.

공공지원에 따라 추진위원회가 구성되지 아니한 경우에는 토지등소유자가 토지등소유자의 동의를 받아 법정서류를 첨부하여 조합설립인가를 신청하여야 한다 (법 제35조 제2, 3항).

3. 창립총회가 주민총회의 일종인지 여부

가. 문제의 소재

추진위원회의 기관으로 주민총회가 있다. 창립총회는 추진위원회가 추진하는 업무이므로, 이를 주민총회로 볼 수 있는가 하는 의문이 제기된다.

법 시행령 제27조 제5항은 "창립총회의 의사결정은 토지등소유자의 과반수 출석과 출석한 토지등소유자 과반수 찬성으로 결의한다."고 규정하고 있는바, 만일 창립총회를 주민총회로 본다면, 개의요건으로 법 시행령상의 토지등소유자의 과반수 출석은 조합설립에 동의한 토지등소유자로 해석되어야 한다(국토교통부 고시 추진위원회 운영규정안 제22조 제1항). 다만 재건축사업의 경우 조합설립에 동의한 토지등소유자로 한정하므로 이는 재개발사업에서 문제된다.

나. 판단(부정)

창립총회는 주민총회로 볼 수 없다. 그 논거는 다음과 같다.

① 법 시행령 제27조 제5항이 재건축사업의 경우 창립총회의 의사결정은 동의한 토지등소유자 과반수 출석임을 명시한 사정에 비추어 그 반대해석상 법 시행

령 제27조의 나머지 항의 토지등소유자는 동의하였는지 여부를 불문한다.

② 주민총회는 추진위원회의 운영 등과 관련한 업무를 처리하는 기관인데, 창립총회는 추진위원회와는 별개의 조합이라는 단체결성행위를 행하는 것이 가장 중요한 역할이고, 재개발조합의 경우 창립총회를 거쳐 조합이 설립되면 정비구역 내의 토지등소유자는 당연히 조합원으로 가입하게 되므로, 동의하였는지 여부를 불문하고 창립총회에 중대한 이해관계를 가진다.

다. 주민총회 관련 규정의 유추적용

추진위원회의 업무가 조합의 설립을 위한 창립총회의 준비 및 개최인 점(추진위원회 운영규정안 제5조 제1항 제8호), 창립총회는 조합이 설립되기 이전으로 조합총회로 볼 수는 없으므로, 법 시행령의 규정이 없는 경우에는 추진위원회의 기관인 주민총회와 관련된 규정을 유추적용한다.

4. 창립총회의 하자

가. 민사소송 관할

창립총회결의에 하자가 있는 경우에는 소로써 이를 다툴 수 있는데, 조합은 조합설립인가 이후에야 행정주체의 지위를 가지므로, 조합설립 전 단계인 추진위원회가 주도한 창립총회 결의의 하자에 관한 소송은 민사소송의 관할이고 추진위원회를 상대로 하여야 하고, 조합설립인가처분이 이루어진 이후에는 창립총회결의는 행정처분에 이르는 절차적 요건 중 하나에 불과한 것이므로, 항고소송의 방법으로 조합설립인가처분의 취소 또는 무효확인을 구하여야 하고, 절차적 요건에 불과한 창립총회결의 부분만을 대상으로 그 효력 유무를 다투는 확인의 소를 제기하는 것은 확인의 이익이 없음은 제1편 제6장 Ⅱ. "1의 가. 조합설립인가 전 창립총회결의 하자소송"에서 자세히 살펴보았다.

나. 하자의 내용

⑴ 결의의 하자 여부

㈎ 절차의 하자

일반절차상의 하자 여부에 대하여는 향후 '기관'의 총회결의 부분에서 상세히 살펴보기로 하고, 추진위원회의 특유한 절차와 관련하여서만 살펴본다.

① 소집통지의 등기우편 발송·통지

추진위원회는 창립총회 14일 전까지 회의목적·안건·일시·장소·참석자격 및 구비사항 등을 인터넷 홈페이지를 통하여 공개하고, 토지등소유자에게 등기우편으로 발송·통지하여야 한다(법 시행령 제27조 제2항).[68] 따라서 등기우편이 아니라 일반우편으로 발송하였다면, 이는 명문의 규정에 반하여 위법하다.

② 반송된 경우의 처리방법

등기우편이 반송된 경우의 처리방법에 관하여 법 시행령 제27조 제2항에는 아무런 규정이 없다. 추진위원회 운영규정안 제20조 제5항은 주민총회의 소집통지 시 "등기우편이 반송된 경우에는 지체 없이 1회에 한하여 추가 발송한다."고 규정하고 있는바(조합의 표준정관 제7조 제2항 1호에서는 조합원에게 등기우편으로 개별고지 하되, 반송된 경우에는 1회에 한하여 일반우편으로 추가 발송한다고 규정한 점과 대조된다), 해석상 창립총회는 주민총회 관련 규정이 유추적용되므로 운영규정안에 따라 반드시 1회 등기우편으로 추가 발송하여야 한다. 우편물이 등기취급의 방법으로 발송된 경우에는 반송되는 등의 특별한 사정이 없는 한 그 무렵 수취인에게 배달되었다고 보아야 한다.[69]

③ 양도인에 대한 통지 및 주소변경신고 없는 종전 주소로의 통지 유효

추진위원회 운영규정안 제13조 제3항은 "토지등소유자가 그 권리를 양도하거나 주소를 변경하였을 경우 양수자 또는 변경 당사자는 그 행위의 종료일로부터 14일 이내에 추진위원회에 변경내용을 신고하여야 하고, 신고하지 않아 발생한 불이익 등에 대하여 해당 토지등소유자는 추진위원회에 이의를 제기할 수 없다."고 정하고 있다. 따라서 추진위원회는 권리양도의 신고가 없는 경우의 양도인에 대한 소집통지, 주소변경신고가 없는 경우의 종전 주소로의 소집통지는 적법하다.

④ 대표소유자 선임신고 없는 경우의 처리

추진위원회 운영규정안 제13조 제5항에 의하면, "소유권을 수인이 공동 소유하

---

68) 운영규정안 제20조 제5항은 창립총회를 제외한 주민총회를 소집하는 경우에는 회의개최 14일 전부터 회의목적·안건·일시 및 장소 등을 게시판에 게시하여야 하며, 토지등소유자에게는 회의개최 10일 전까지 등기우편으로 이를 발송·통지하여야 한다고 규정하고 있다.

69) 대법원 2007. 12. 27. 선고 2007다51758 판결.

는 경우에는 그 수인은 대표자 1인을 대표소유자로 지정하고 별지 서식의 대표소유자 선임동의서를 작성하여 추진위원회에 신고하여야 한다. 이 경우 소유자로서의 법률행위는 그 대표소유자가 행한다."고 규정하고 있으므로, 소유권을 수인이 공동 소유하는 경우 대표소유자가 선임된 경우에는 대표소유자의 주소로 창립총회 소집통지하면 적법하다. 다만 공유 등 다수가 1인의 토지등소유자에 해당함에도 대표소유자 선임동의서 미제출의 경우가 문제된다.

추진위원회 운영규정안에서 대표소유자를 선임하지 않았을 경우의 불이익에 대하여는 아무런 규정이 없으므로, 공유자 등이 대표소유자를 선임하지 않은 채 각자 토지등소유자의 지위에서 권리를 행사할 수 있다. 따라서 공유 등으로 인하여 다수가 1인의 토지등소유자에 해당함에도 대표소유자 선임동의서 미제출의 경우에는 공유자 전부에 대하여 창립총회 소집통지를 하여야 하고, 그 중 일부라도 누락하면 적법한 소집통지로 볼 수 없다.[70]

⑤ 토지등소유자에 대한 통지의 일부 누락

추진위원회는 창립총회 14일 전까지 회의목적·안건·일시·장소·참석자격 및 구비사항 등을 인터넷 홈페이지를 통하여 공개하고, 토지등소유자에게 등기우편으로 발송·통지하여야 하므로, 창립총회 당시 토지등소유자로 확인된 사람들 중 결의에 반대할 것으로 예상되는 사람들을 배제하고자 의도적으로 소집통지를 누락하는 경우에는 그 자체로 창립총회 결의가 무효가 되고, 이로 인하여 조합설립인가처분이 위법하다.

문제는 정비구역 내의 토지등소유자가 다수이고, 권리양도 등으로 계속적인 변동이 발생하는 관계로 추진위원회가 토지등소유자를 산정함에 있어 일부 오류가 있을 수 있고, 이에 따라 의도하지 않게 일부 토지등소유자에게 창립총회의 소집통지를 누락하는 경우, 창립총회결의가 무효가 되고, 이로 인하여 조합설립인가처분이 위법하게 될 것인지 여부가 문제된다.

소집통지가 누락된 토지등소유자의 숫자가 극소수이고, 창립총회의 의사결정은 토지등소유자의 과반수 출석과 출석한 토지등소유자 과반수 찬성으로 결의하는데, 창립총회에서 각 안건에 대하여 소집통지의 누락이 결의에 영향을 미쳤다고 보기

---

70) 대법원 2020. 10. 15.자 2020두43142 심리불속행 기각 판결 및 하급심인 서울고등법원 2020. 6. 4. 선고 2019누52913 판결.

어려울 정도의 다수의 찬성으로 의결되었다면, 창립총회의 소집공고 시 '토지등소유자에게는 개별 등기우편으로 통지하되, 미 수령 시 본 공고로서 통지에 갈음한다.'고 안내하는 사정 등을 고려하여 창립총회에서의 결의가 무효라거나, 이로써 조합설립인가처분이 위법하게 된다고 보기는 어렵다.[71]

(내) 내용의 하자

일반원칙에 대하여는 '기관'의 총회결의 부분에서 상세히 살펴본다. 여기에서는 창립총회의 특유한 부분에 대하여만 살펴본다.

① 총회결의의 내용이 정비구역지정 및 정비계획 위반의 경우

창립총회의 결의내용이 정비구역지정 및 정비계획의 내용에 위반하는 경우, 총회결의는 위법하고, 그 효력이 없다.

② 조합장 등 조합임원 선임 결의의 부결과 창립총회 결의의 위법여부

법 시행규칙 제8조 제2항 제1호 (마)목 및 [별지 제5호 서식] '조합설립 인가신청서'의 규정에 의하면, 창립총회에서 임원 · 대의원을 선임한 경우에 한하여 선임된 자의 자격을 증명하는 서류를 첨부하여야 하므로, 조합의 임원이나 대의원을 반드시 창립총회에서 선임할 필요는 없다. 따라서 창립총회에서 조합장 등 조합임원 선임의 결의가 부결되었다고 하더라도 이로 인하여 창립총회가 무효라고 볼 수는 없다.[72]

(2) 창립총회에서의 출석, 의사 및 의결정족수에 대한 하자의 증명

(가) 쟁점

창립총회에서 토지등소유자의 20% 직접 출석여부, 의사 및 의결정족수 충족여부가 다투어지는 경우, 통상적으로 추진위원회 측에서는 참석자 명부, 총회의사록 등을 제출하는 경우가 있다. 그 증명력이 문제된다.

(나) 판례

창립총회에서는 의사록이 작성되고, 의사록에는 의사의 경과, 요령 및 결과 등

---

71) 전체 토지등소유자가 1,106명인데, 그 중 11명에 대하여 소집통지가 누락되었고, 각 안건이 출석자 647명 중 500명 이상의 압도적 찬성으로 의결되었으며, 그 중 일부는 창립총회에 직접 또는 서면으로 출석하여 의결권을 행사한 사안에서, 그것만으로는 창립총회의 결의를 무효로 할 정도로 중대한 것으로 보기 어렵다(위 서울고등법원 2019누52913 판결).

72) 대법원 2014. 10. 30. 선고 2012두25125 판결.

이 기재된다. 만일 의사록을 작성하지 못하였다든가 또는 이를 분실하였다는 등의 특단의 사정이 없는 한 의사록에 의하여서만 위와 같은 사실이 증명된다. 즉, 총회의 결의와 관련하여 당사자 사이에 의사정족수나 의결정족수 충족 여부가 다투어져 결의의 성립 여부나 절차상 흠의 유무가 문제되는 경우로서 추진위원회 측에서 의사의 경과, 요령 및 결과 등을 기재한 의사록을 제출하거나 이러한 의사의 경과 등을 담은 녹음, 녹화자료 또는 녹취서 등을 제출한 때에는, 그러한 의사록 등이 사실과 다른 내용으로 작성되었다거나 부당하게 편집, 왜곡되어 증명력을 인정할 수 없다고 볼 만한 특별한 사정이 없는 한 의사정족수 등 절차적 요건의 충족 여부는 의사록 등의 기재에 의하여 판단하여야 한다. 그리고 위와 같은 의사록 등의 증명력을 부인할 만한 특별한 사정에 관하여는 결의의 효력을 다투는 측에서 구체적으로 주장·증명하여야 한다.[73]

Ⅱ. 조합설립인가신청

1. 규 정

가. 법

법 35조(조합설립인가 등)
② 재개발사업의 추진위원회(제31조 제4항에 따라 추진위원회를 구성하지 아니하는 경우에는 토지등소유자를 말한다)가 조합을 설립하려면 토지등소유자의 동의를 받아 다음 각 호의 사항을 첨부하여 시장·군수등의 인가를 받아야 한다.
　1. 정관
　2. 정비사업비와 관련된 자료 등 국토교통부령으로 정하는 서류
　3. 그 밖에 시·도조례로 정하는 서류
③ 재건축사업의 추진위원회(제31조 제4항에 따라 추진위원회를 구성하지 아니하는 경우에는 토지등소유자를 말한다)가 조합을 설립하려는 때에는 토지등소유자의 동의를 받아 제2항 각 호의 사항을 첨부하여 시장·군수등의 인가를 받아야 한다.

---

73) 대법원 2010. 4. 29. 선고 2008두5568 판결, 대법원 2011. 10. 27. 선고 2010다88682 판결.

나. 법 시행규칙

> **법 시행규칙 제8조(조합의 설립인가 신청 등)**
>
> ① 법 제35조 제2항부터 제5항까지의 규정에 따라 조합의 설립인가(변경인가를 포함한다)를 신청하려는 경우 신청서(전자문서로 된 신청서를 포함한다)는 별지 제5호 서식에 따른다.
>
> ② 법 제35조 제2항 제2호에서 "정비사업비와 관련된 자료 등 국토교통부령으로 정하는 서류"란 다음 각 호의 구분에 따른 서류(전자문서를 포함한다)를 말한다.
>   1. 설립인가: 다음 각 목의 서류
>   가. 조합원 명부 및 해당 조합원의 자격을 증명하는 서류
>   나. 공사비 등 정비사업에 드는 비용을 기재한 토지등소유자의 조합설립 동의서 및 동의사항을 증명하는 서류
>   다. 창립총회 회의록 및 창립총회참석자 연명부
>   라. 토지 · 건축물 또는 지상권을 여럿이서 공유하는 경우에는 그 대표자의 선임 동의서
>   마. 창립총회에서 임원 · 대의원을 선임한 때에는 선임된 자의 자격을 증명하는 서류
>   바. 건축계획(주택을 건축하는 경우에는 주택건설예정세대수를 포함한다), 건축예정지의 지번 · 지목 및 등기명의자, 도시 · 군관리계획상의 용도지역, 대지 및 주변현황을 기재한 사업계획서
>
> ③ 영 제30조 제1항에서 "국토교통부령으로 정하는 동의서"란 별지 제6호 서식의 조합설립 동의서를 말한다.

다. 서울시 조례

> **서울시 조례 제19조(조합의 설립인가 신청서류)**
>
> 법 시행규칙 제8조 제1항 별지 제5호서식의 신청인 제출서류란 중 제1호 아목에서 "그 밖에 시 · 도조례로 정하는 서류"란 다음 각 호의 서류를 말한다.
>   1. 정비구역의 위치도 및 현황사진
>   2. 정비구역의 토지 및 건축물의 지형이 표시된 지적현황도
>   3. 법 제64조 제1항 제1호에 해당하는 매도청구대상자명부 및 매도청구계획서(재건축사업으로 한정한다)

2. 규정의 해석

추진위원회는 시장·군수등에게 조합설립인가를 신청함에 있어 법 시행규칙 제8조 제1항 [별지 제5호 서식] '조합설립(변경) 인가신청서'를 반드시 사용하여야 한다. 신청서에는 조합의 명칭과 그 대표자의 성명 및 주소, 조합설립내역(주된 사무소 소재지, 사업시행예정구역, 조합원 수, 사업시행계획인가 신청예정시기), 동의사항 (토지등소유자 수, 동의율), 전문관리업자 등이 기재되어야 한다.

또한 추진위원회는 조합설립인가신청서에 정관, 조합원 명부 및 해당 조합원의 자격을 증명하는 서류, 공사비 등 정비사업에 드는 비용을 기재한 토지등소유자의 조합설립동의서 및 동의사항을 증명하는 서류, 창립총회 회의록 및 창립총회참석자 연명부, 토지·건축물 또는 지상권을 여럿이서 공유하는 경우에는 그 대표자의 선임 동의서, 건축계획, 건축예정지의 지번·지목 및 등기명의자, 도시·군관리계획상의 용도지역, 대지 및 주변현황을 기재한 사업계획서, 정비구역의 위치도 및 현황사진, 정비구역의 토지 및 건축물의 지형이 표시된 지적현황도를 반드시 첨부하되, 창립총회에서 임원·대의원을 선임한 때에는 선임된 자의 자격을 증명하는 서류, 재건축사업의 경우에는 매도청구대상자명부 및 매도청구계획서를 첨부하여야 한다.

재건축사업의 경우에는 조합설립에 동의하지 않은 자는 조합원의 지위에 있지 않고 매도청구의 대상이 되므로, 재개발사업과 달리 조합설립인가신청서에 매도청구대상자명부 및 매도청구계획서를 반드시 첨부하여야 한다. 공공지원에 따라 추진위원회가 구성되지 아니한 경우에는 토지등소유자가 위 절차에 따라 조합설립인가를 신청하여야 한다(법 제35조 제2, 3항). 시장·군수등은 조합설립인가신청서 및 첨부서류에 누락된 부분이 있는 경우 보완을 명하게 된다.

Ⅲ. 조합의 성립

1. 시장·군수등의 조합설립인가

가. 조합설립인가서 교부 및 고시절차 불요

시장·군수등은 조합설립을 인가하는 경우 조합에 조합설립인가서를 교부하게 된다. 여기에는 조합명칭, 대표자, 주된 사무소 소재지, 사업시행예정구역의 위치 및 면적, 조합원 수, 사업시행계획인가신청 예정시기, 동의사항(전체 토지등소유자 수), 동의율(동의자수/토지등소유자수), 전문관리업자 등이 기재된다(서울시 조례 시행규칙 제9조 별지 제12호 서식).

시장 · 군수등은 사업시행계획인가 및 관리처분계획인가를 하는 경우 조합에 인가서를 교부하는 외에 해당 지방자치단체의 공보에 이를 고시하여야 하고(사업 시행계획의 경우에는 해당 지방자치단체의 인터넷 홈페이지에도 게재하여야 한다), 이에 따라 행정효율 촉진규정 제4조 제3호, 제6조 제3항에 의하여 고시 또는 공고가 있고 난 뒤 5일이 경과한 날부터 효력을 발생하며 어느 누구든 당시 행정처분이 있음을 알았다고 간주되므로, 각 처분의 취소를 구하는 소의 제소기간도 진행되게 된다. 그러나 조합설립인가의 경우에는 별도의 고시절차를 거치지 않으므로, 제소기간은 각각의 쟁송사건 별로 검토되어야 한다.

나. 처리기간 무제한

법은 조합설립인가 신청에 대한 처리기간에 대하여 아무런 규정을 두고 있지 않다. 법은 관리처분계획에 대하여는 제정 시부터 관리처분계획인가의 신청이 있은 날부터 30일 이내에 인가 여부를 결정하여야 한다고 규정하고 있었고, 사업시행계획에 대하여도 2017. 2. 8. 법률 제14567호로 전부개정하면서 특별한 사정이 없으면 사업시행계획서의 제출이 있은 날부터 60일 이내에 인가여부를 결정하여야 한다고 규정함에 반해, 조합설립인가신청에 대하여는 처리기간에 대하여 아무런 규정을 두고 있지 않다. 이는 조합설립인가가 사업시행계획인가 및 관리처분계획인가와 달리 설권행위이고, 이로써 조합에 행정주체의 지위가 부여되며, 수용권이나 매도청구권이 발생할 수 있는 근거가 되어 토지등소유자에게 미치는 영향이 중대하므로 신중한 심사를 위하여 처리기간을 규정하고 있지 않다. 조합설립인가가 재량행위임은 앞서 본 바이다.

2. 후속절차

가. 토지등소유자에 대한 통지

조합은 조합설립인가를 받은 때에는 정관으로 정하는 바에 따라 토지등소유자에게 그 내용을 통지하고, 이해관계인이 열람할 수 있도록 하여야 한다(법 시행령 제30조 제3항).

나. 등 기

인가받은 조합은 조합설립인가를 받은 날로부터 30일 이내에 주된 사무소 소재지에서, 설립목적, 조합의 명칭, 주된 사무소의 소재지, 설립인가일, 임원의 성명 및 주소, 임원의 대표권을 제한하는 경우에는 그 내용, 법 제41조 제5항 단서에 따른 전문조합관리인을 선정한 경우에는 그 성명 및 주소 등을 등기하여야 하고, 그때 성립한다(법 제38조, 법 시행령 제36조). 조합은 명칭에 '정비사업조합'이라는 문자를 사용하여야 한다.

제5장 조합설립인가의 효과

제1절 조합설립인가효과의 일반론

I. 총 설

조합이 설립인가처분을 받아 등기까지 완료하면 조합의 운영과 활동에 관한 자치규범인 정관의 효력이 발생하고, 창립총회에서 임원, 대의원 등이 선임되는 경우 조합의 기관이 확정되며, 이로써 구성원인 조합원과 구분되는 별개의 단체로서의 조합이 성립하고 설립추진위원회는 해산·소멸한다. 조합은 행정주체로서의 지위를 가지고 개개의 토지등소유자는 원칙적으로 조합원의 지위를 가진다. 이하에서는 조합설립인가의 효과로서 정비사업을 시행하는 사업시행자로서의 조합, 조합의 구성원인 조합원, 조합원 자격 및 대표조합원 등에 대하여 살펴보고, 조합의 성립에 따른 정관 및 기관에 대하여는 별개의 절(節)로 나누어 살펴본다.

토지등소유자가 20인 미만의 재개발사업에서 조합설립 없이 개인이 사업시행자가 되는 경우가 존재하므로, 법은 재개발·재건축사업에 국한하여 규율하는 경우에도 '조합'이라는 용어 대신 '사업시행자', '조합원'이라는 용어 대신 '토지등소유자'라는 용어를 사용하고(또는 괄호안에 '조합을 설립한 경우에는 조합원을 말한다.'는 표현을 사용한다, 제20조 제6항 제1호), 반드시 조합을 전제로 하거나 그 구성원인 '조합원'을 규율하는 경우에만 특별히 '조합' 또는 '조합원'이라는 용어를 사용한다(제25조 제1항 제1호, 제35조 제5항, 제40조, 제43조 제4항, 제44조 등).

법이 2017. 2. 8. 법률 제14567호로 전부개정 되기 이전에는 구 도시환경정비사업이 구 주택재개발사업, 구 주택재건축사업과는 별개의 독자적 정비사업이었고, 토지등소유자의 수에 구애받지 아니하고 개인이 사업시행자가 가능하였다. 그

러나 현재는 구 주택재개발사업과 통합되어 재개발사업의 일종이 되면서 토지등
소유자가 20인 미만인 예외적인 경우에만 조합설립 없이 토지등소유자 개인이 사
업시행자가 되고 그 외에는 반드시 조합이 사업시행자가 되어야 한다.

Ⅱ. 사업시행자로서의 조합

1. 도시정비법상 행정주체

조합은 조합설립인가처분을 받아 등기를 마침으로써 공법상 법인으로 성립할
뿐만 아니라 관할 행정청의 감독 아래 정비구역 안에서 도시정비법상의 정비사업
을 시행하는 목적의 범위 내에서 법령이 정하는 바에 따라 일정한 행정작용을 하
는 행정주체의 지위를 가진다.[74] 추진위원회가 행한 업무와 관련된 권리와 의무는
조합이 포괄승계한다(법 제34조 제3항).

추진위원회는 수행한 업무를 조합이 설립된 이후 총회에 보고하여야 하고, 모
든 업무와 자산을 조합에 인계하여야 하며, 사용경비를 기재한 회계장부 및 관계
서류를 조합설립인가일부터 30일 이내에 조합에 인계하여야 한다(법 제34조 제4항,
추진위원회 운영규정안 제36조 제1항).

2. 주택법상의 사업주체

조합이 정비사업을 시행하면서 건설하는 주택 중 일부를 일반분양하는 경우
주택법 제54조가 적용되고, 주택법 제2조 제10호 (다)목에 따른 주택건설사업자로
서 사업주체가 된다. 연간 20세대 이상의 공동주택 또는 30세대 이상의 도시형생
활주택의 건설사업을 시행하려는 자는 국토교통부장관에게 등록하여야 하나(주택
법 제4조, 주택법 시행령 제14조 제1항 제2호), 조합의 경우에는 조합설립인가일부터
주택법 제4조에 따른 주택건설사업 등의 등록을 한 것으로 의제된다(법 제35조 제
8항).

---

74) 대법원 2014. 5. 22. 선고 2012도7190 전원합의체 판결.

Ⅲ. 조합원 지위 일반론

1. 조합원

가. 재개발사업의 강제가입제

⑴ 의의

법 제39조 제1항은 재개발사업의 조합원은 토지등소유자로 한다고 규정하고 있고, 법 제2조 제9호 (가)목은 재개발사업의 경우 토지등소유자란 정비구역에 위치한 토지 또는 건축물의 소유자 또는 그 지상권자라고 규정하고 있다. 따라서 정비구역 내의 토지 또는 건축물의 소유자 또는 그 지상권자는 강제로 당연히 조합원으로 가입하게 된다.

⑵ 입법취지

정비사업의 안정적이고 원활한 진행을 위해서는 사업시행자인 조합 측의 정비구역 내 토지등에 대한 소유권 확보가 필수적으로 전제되어야 하는데, 재건축사업과 달리 재개발사업은 공익성 및 공공성의 정도가 중하므로 이를 위해 강제가입제를 채택하고 있다. 공익성의 정도가 가장 강한 주거환경개선사업도 마찬가지이다.

⑶ 당해 정비구역 내에 토지등이 존재함에도 조합이 이를 부인하는 경우

㈎ 쟁점

정비사업은 조합설립인가 이후 사업시행계획, 관리처분계획, 이전고시 등으로 순차적으로 진행되는바, 조합이 당해 정비구역 내 토지등소유자에 대하여 그 소유의 토지등이 당해 정비구역 내에 소재하지 않음을 이유로 조합원 지위를 부인하는 경우 권리구제수단이 문제된다. 왜냐하면 조합이 조합설립인가처분의 후속처분으로 작성, 수립하는 사업시행계획이나 관리처분계획에서 모두 당해 토지등소유자는 완전히 배제되어 있기 때문이다.

㈏ 소송의 형태

① 조합원지위확인의 소(긍정)

당해 정비사업의 사업시행계획 또는 관리처분계획이 존재하는 경우, 토지등소유자가 그 취소 또는 무효확인의 소를 제기하는 대신 조합원 지위확인의 소를 제기하는 것은 처분의 공정력에 반하여 소의 이익이 없다는 견해가 있다. 그러나 사업시행계획이나 관리처분계획은 이전고시가 이루어지기 전까지는 변경될 수 있으므로, 조합원임을 주장하는 자는 그의 권리 또는 법적 지위에 현존하는 위험·불안을 제거하는 방법으로 조합을 상대로 조합원지위확인을 구할 소의 이익이 있고, 행정소송에서는 무효확인소송의 보충성이 요구되는 것도 아니므로 그 경우에도 소의 이익이 있다고 보아야 한다.

설령 소의 이익이 없다는 견해에 따른다 하더라도, 이 경우에는 조합원 지위확인의 소를 제기할 수 있다. 왜냐하면 사업시행계획이나 관리처분계획상 당해 토지등소유자는 원천적으로 배제되어 있어(현금청산대상자로 분류되어 있지도 않다) 공정력의 대상이 될 수 없으므로, 토지등소유자로서 조합원임을 주장하는 자는 그의 권리 또는 법적 지위에 현존하는 위험·불안을 제거하는 방법으로 조합을 상대로 조합원지위확인을 구할 소의 이익이 있다.[75)]

② 사업시행계획이나 관리처분계획의 취소 또는 무효확인의 소

사업시행자인 조합이 작성하거나 수립한 사업시행계획이나 관리처분계획상 당해 토지등소유자에 대하여는 어떠한 내용도 기재되어 있지 않음에도 불구하고 이를 다툴 수 있는지 여부가 문제된다. 처분에 대하여는 그 효력을 받는 상대방뿐만 아니라 제3자도 취소나 무효확인을 구할 수 있는바, 당해 토지등소유자는 사업시행계획이나 관리처분계획이 취소되면 자신을 조합원으로 하는 내용이 반영될 수 있으므로, 처분의 제3자로서 취소나 무효확인을 구할 법률상의 이익이 인정된다.

나. 재건축사업의 임의가입제

(1) 임의가입제의 의의

법 제39조 제1항은 재건축사업의 조합원은 재건축사업에 동의한 토지등소유자로 한다고 규정하고 있고, 법 제2조 제9호 (나)목은 재건축사업의 경우 토지등소유자란 정비구역에 위치한 건축물 및 그 부속토지의 소유자라고 규정하고 있다. 법 제35조 제3항은 재건축사업의 추진위원회가 조합을 설립하고자 하는 때에는 주택단지의 공동주택의 각 동별 구분소유자의 과반수 동의와 주택단지의 전체 구

---

75) 대법원 1999. 2. 5. 선고 97누14606 판결 및 하급심인 서울고등법원 1997. 7. 31. 선고 96구27041 판결.

분소유자 4분의 3 이상 및 토지면적 3분의 2 이상의 토지소유자의 각 동의를 받아야 하고, 같은 조 제4항은 주택단지가 아닌 지역이 정비구역에 포함된 때에는 주택단지가 아닌 지역의 토지 또는 건축물 소유자의 4분의 3 이상 및 토지면적 3분의 2 이상의 토지소유자의 각 동의를 받아야 한다고 각 규정하고 있다.

위 각 규정을 종합해 보면, 재건축사업의 주택단지 내에 토지나 건물만을 소유하고 있어 토지등소유자에 해당하지 않는 사람은 조합원의 자격이 없을 뿐만 아니라 조합설립 동의의 상대방이 되지도 아니한다. 그러나 주택단지가 아닌 지역의 토지 또는 건축물의 소유자는 동의의 대상이 되기는 하나, 역시 조합원이 될 수는 없다.

(2) 조합원이 가능한 동의서 제출의 종기

국토교통부장관이 작성, 보급하여 재건축조합이 일반적으로 정관으로 채택하고 있는 재건축조합 표준정관은 "조합설립에 동의하지 아니한 자는 분양신청기한까지 조합설립 동의서를 조합에 제출하여 조합원이 될 수 있다."고 규정하고 있다(제9조 제1항 단서).[76] 따라서 재건축사업에 있어 토지등소유자가 동의를 통하여 조합원이 될 수 있는 종기는 분양신청기간 종료일이므로, 분양신청기간 종료일까지 재건축사업 동의서와 분양신청서를 제출하여 조합원의 지위를 취득할 수 있다.

비록 매도청구는 형성권이므로 그 행사에 의하여 매매계약체결이 의제되나, 매도청구의 행사에는 일정한 요건이 필요하므로 매도청구의 대상이 되었다 하더라도, 매도청구소송이 확정(매매계약체결의 의제가 확정)되어야 최종적으로 토지등소유자의 동의권이 상실하게 된다. 결국 분양신청기간이 만료되기 전이라면 토지등소유자는 매도청구소송의 1심 또는 2심에서 패소되더라도 판결확정 전에 동의서를 제출하여 조합원의 지위를 취득할 수 있다.

통상적으로 매도청구 소송절차의 진행 중 토지등소유자가 동의서를 제출하면, 조합은 매도청구의 소를 취하한다. 매도청구소송의 진행 중에서야 토지등소유자가 조합원으로 가입하는 경우 매도청구소송에 따른 비용은 추후 동의서를 제출한 토지등소유자가 부담함이 타당해 보이는 측면이 있고, 이를 정관으로 명시해 두는 조합도 있다.

---

76) 부산 재건축정비사업조합 표준정관에는 위 규정이 삭제되어 있다.

다. 조합원 지위 취득 및 상실

⑴ 조합원 지위취득

토지등의 소유자는 원칙적으로 조합원 지위를 취득한다. 나아가 조합이 일반적으로 정관으로 채택하고 있는 표준정관 제9조 제2항 단서는 특정 무허가건축물로 자기소유임을 입증하는 경우에는 조합원으로 인정한다는 규정을 두고 있으므로, 조합이 성립되면 특정무허가건물 소유자는 조합원 지위를 취득하게 된다.

⑵ 조합원 지위상실

조합원이 토지등을 양도한 경우 원칙적으로 양수인이 조합원의 지위를 취득하고, 양도인은 조합원의 지위를 상실한다(법 제129조, 표준정관 제11조 제1항). 또한 분양신청기한 내에 분양신청을 아니한 자도 조합원 지위가 상실된다(표준정관 제11조 제2항).

2. 조합원의 권리 · 의무

조합이 일반적으로 정관으로 채택하고 있는 표준정관 제10조는 조합원의 권리, 의무를 다음과 같이 규정하고 있다.

가. 조합원의 권리

⑴ 조합원은 건축물의 분양청구권, 총회의 출석권, 발언권 및 의결권, 임원의 선임권 및 피선임권, 대의원의 선출권 및 피선출권, 손실보상청구권(재개발조합), 매도청구에 따른 매매대금 청구권(재건축조합) 등의 권리를 갖는다.

⑵ 조합원의 권리는 평등하며 권리의 대리행사는 원칙적으로 인정하지 아니하되, 조합원이 권리를 행사할 수 없어 배우자, 직계존비속, 형제자매 중에서 성년자를 대리인으로 정하여 위임장을 제출하는 경우, 해외거주자가 대리인을 지정한 경우에 한하여 대리할 수 있다.

나. 의 무

⑴ 조합원은 청산금 납부의무, 부과금(연체료 포함) 및 지연손실금(이주지연 등 포함) 등의 비용납부의무, 사업시행계획에 의한 철거 및 이주의무, 그 밖에 관계법

령 및 정관의 준수의무, 총회 등의 의결사항 준수의무 등을 부담한다.

⑵ 조합원이 그 권리를 양도하거나 주소 또는 인감을 변경하였을 경우에는 그 양수자 또는 변경 당사자는 그 행위의 종료일부터 14일 이내에 조합에 그 변경내용을 신고하여야 한다. 이 경우 신고하지 아니하여 발생되는 불이익 등에 대하여 해당 조합원은 조합에 이의를 제기할 수 없다.

다. 조합의 조합원에 대한 권리·의무에 관한 사항의 고지 공고

조합은 조합원의 권리·의무에 관한 사항(변동사항 포함)을 조합원 및 이해관계인에게 성실히 고지·공고하여야 한다. 고지·공고방법은 정관의 별도 조항에서 따로 정하는 경우를 제외하고는 다음 각 호의 방법에 따른다(표준정관 제7조).

① 관련 조합원에게 등기우편으로 개별 고지하여야 하며,[77] 등기우편이 주소불명, 수취거절 등의 사유로 반송되는 경우에는 1회에 한하여 일반우편으로 추가 발송한다.

② 조합원이 쉽게 접할 수 있는 일정한 장소의 게시판에 14일 이상 공고하고 게시판에 게시한 날부터 3월 이상 조합사무소에 관련서류와 도면 등을 비치하여 조합원이 열람할 수 있도록 한다.

③ 인터넷 홈페이지가 있는 경우 이에 게시하여야 한다. 다만, 특정인의 권리에 관계되거나 외부에 공개하는 것이 곤란한 경우에는 그 요지만을 게시할 수 있다.

④ 제1호의 등기우편이 발송되고 제2호의 게시판에 공고가 있는 날부터 고지·공고된 것으로 본다.

Ⅳ. 조합원 자격

1. 조합원 자격 관련 규정의 연혁

앞서 본 조합설립단계에서 토지등소유자의 수 및 동의자 수 산정방법과 마찬가지로 조합설립인가 시 당시의 토지등소유자 전부에 대하여 조합원의 지위를 인

---

77) 부산 표준정관 제7조 제2항 제1호는 조합원에게 고지 시에는 등기우편 및 휴대폰 문자발송(조합에 신고한 휴대폰번호에 한한다)을 병행하여 고지하여야 한다고 규정하고 있고, 같은 항 제3호도 등기우편 및 휴대폰 문자발송(조합에 신고한 휴대폰번호에 한한다)이 되고, 게시판 등에 게시가 된 날부터 조합원에게 고지·공고된 것으로 본다고 규정하고 있다. 휴대폰이 일상화 된 현재에 있어 유용한 방법이다.

정할 것인지 또는 일부 자격을 제한할 것인지, 토지등이 양도되는 경우 조합원 지위의 이전을 인정할 것인지 여부 등의 문제는 입법정책상의 문제인바, 그 입법경과에 관하여 살펴본다.

가. 법 제정 당시

법 제정 당시에는 조합원은 토지등소유자로 하되, 토지 또는 건축물의 소유권과 지상권이 수인의 공유에 속하는 때에는 그 수인을 대표하는 1인을 조합원으로 본다고 규정하여 공유자에 대하여만 1인의 조합원으로 본다는 제한규정을 두었다.

나. 2003. 12. 31. 법률 제7056호 일부개정

법이 2003. 12. 31. 법률 제7056호 개정되면서 '주택법 제41조 제1항의 규정에 의한 투기과열지구로 지정된 지역 안에서의 재건축사업의 경우 조합설립인가후 당해 정비사업의 토지등을 양수(매매·증여 그 밖의 권리의 변동을 수반하는 일체의 행위를 포함하되, 상속·이혼으로 인한 양도·양수의 경우 제외)한 자는 조합원이 될 수 없다. 다만, 양도자가 다음 각 호(각 호의 내용은 현행 제39조 제2항 제4호를 제외한 나머지이다)에 해당하는 경우 그 양도자로부터 그 건축물 또는 토지를 양수한 자는 그러하지 아니하다.'는 규정이 신설되었다.

이는 투기과열지구 안에서 재건축 대상 부동산에 대한 투기수요를 차단하려는데에 그 목적이 있다. 다만 위 규정은 사실상 재건축조합원의 재산처분권을 침해하는 것으로 볼 여지가 있으므로, 개정 법률 부칙 제2항으로 "위와 같은 투기과열지구 안에서의 재건축사업의 조합원 자격취득에 관한 특례 규정은 이 법 시행 전에 주택재건축조합의 설립인가를 받은 정비사업의 조합원[이 법 시행 전에 조합원의 지위를 취득한 자(조합설립동의자)에 한한다]으로 부터 건축물 또는 토지를 양수한 자는 위 개정규정에 불구하고 조합원 자격을 취득할 수 있다."는 경과규정을 두었다.

이는 2003. 12. 31. 이전에 이미 조합설립인가를 받아 개정 전 법률 하에서라면 조합원 자격 취득을 전제로 정비구역 내 토지등을 자유롭게 양도할 수 있었던 조합원(재건축조합 설립에 동의한 자)인 토지등소유자에 대하여 개정규정에 관계없이 토지등을 양도하여 그 양수인으로 하여금 조합원이 될 수 있도록 기득권을 보장하려는 취지이다(다만 2003. 12. 31. 이후 변경인가의 방법으로 기존 재건축사업의

정비구역에 편입된 토지등의 소유자들에 대하여는 적용하지 아니한다).[78)]

다. 2005. 3. 18. 법률 제7392호로 부칙 개정

법이 2005. 3. 18. 법률 제7392호로 부칙 개정으로 투기과열지구 안에서의 재건축사업의 조합원 자격취득에 관한 특례 규정과 관련하여 이 법 시행 전에 재건축조합의 설립인가를 받은 정비사업의 토지등소유자(2003년 12월 31일 전에 건축물 또는 토지를 취득한 자에 한한다)의 경우에는 동의여부를 불문하고 기득권을 인정하여 이를 양도한 경우 양수인은 조합원 자격을 취득할 수 있도록 하였다. 종전 부칙규정에 의하면 미동의 토지등소유자의 경우 재산처분권이 침해되는 불리한 지위에 있었는데, 이를 개선하기 위하여 2005. 3. 18. 부칙만을 개정하였다.

라. 2009. 2. 6. 법률 제9444호로 개정

법이 2009. 2. 6. 법률 제9444호로 개정되어 지분 쪼개기 방지 규정이 도입되었다. 즉, 토지 또는 건축물을 하나의 세대 내에서 분할하여 수인의 토지등소유자가 되거나, 조합이 설립된 이후 1명의 조합원으로부터 토지 또는 건축물이나 지상권을 양수하여 수인이 소유하게 되는 때에는 그 대표자 1명만을 조합원으로 인정하는 규정이 도입되어 현행 법 제39조 제1항 제2, 3호의 규정과 유사한 형태로 규정되게 되었다.

마. 2017. 10. 24. 법률 제14943호 개정

법이 2017. 10. 24. 법률 제14943호로 개정되어 투기과열지구에서의 양수인 조합원 자격 제한 규정이 보완되었다. 즉 투기과열지구로 지정된 지역에서의 주택재개발사업 및 도시환경정비사업의 경우에도 관리처분계획의 인가 후 토지등을 양수한 자에 대하여 조합원의 지위를 취득할 수 없도록 하였다(부칙에 의하여 위 조항은 개정규정 시행 후 최초로 사업시행계획인가를 신청하는 경우부터 적용한다).

다만, 재개발 · 재건축사업의 경우에는 장기간 이루어지는 정비사업임에도, 위와 같이 양수인이 일정한 경우 조합원 지위를 취득할 수 없게 함에 따라 투기과열지구에서는 사실상 양도인의 재산권이 제한되는 측면을 고려하여 부동산 투기와 관계없다고 보이는 1세대 1주택자로서 양도하는 주택에 대한 소유 및 거주기

---

78) 대법원 2008. 4. 24. 선고 2007두25855 판결.

간이 법정 기간 이상인 경우에는 양수인이 조합원 자격을 취득하도록 하는 규정
이 신설되었다.

2. 현행 법령 및 정관의 규정

가. 법 령

법 제39조(조합원의 자격 등)

① 재개발·재건축사업의 조합원은 토지등소유자(재건축사업의 경우에는 재건축
사업에 동의한 자만 해당한다)로 하되, 다음 각 호의 어느 하나에 해당하는
때에는 그 여러 명을 대표하는 1명을 조합원으로 본다.
1. 토지 또는 건축물의 소유권과 지상권이 여러 명의 공유에 속하는 때
2. 여러 명의 토지등소유자가 1세대에 속하는 때. 이 경우 동일한 세대별 주
민등록표 상에 등재되어 있지 아니한 배우자 및 미혼인 19세 미만의 직계
비속은 1세대로 본다. 다만 1세대로 구성된 여러 명의 토지등소유자가 조
합설립인가 후 세대를 분리하여 동일한 세대에 속하지 아니하는 때에도
이혼 및 19세 이상 자녀의 분가(세대별 주민등록을 달리하고, 실거주지를
분가한 경우로 한정한다)를 제외하고는 1세대로 본다.
3. 조합설립인가 후 1명의 토지등소유자로부터 토지 또는 건축물의 소유권이
나 지상권을 양수하여 여러 명이 소유하게 된 때
② 주택법 제63조 제1항에 따른 투기과열지구로 지정된 지역에서 재건축사업을
시행하는 경우에는 조합설립인가 후, 재개발사업을 시행하는 경우에는 관리처
분계획의 인가 후 해당 정비사업의 건축물 또는 토지를 양수(매매·증여, 그
밖의 권리의 변동을 수반하는 모든 행위를 포함하되, 상속·이혼으로 인한 양
도·양수의 경우 제외)한 자는 제1항에도 불구하고 조합원이 될 수 없다. 다
만, 양도인이 다음 각 호의 어느 하나에 해당하는 경우 그 양도인으로부터 그
건축물 또는 토지를 양수한 자는 그러하지 아니하다.
1. 세대원(세대주가 포함된 세대의 구성원을 말한다)의 근무상 또는 생업상의
사정이나 질병치료(의료법 제3조에 따른 의료기관의 장이 1년 이상의 치료
나 요양이 필요하다고 인정하는 경우로 한정한다)·취학·결혼으로 세대
원이 모두 해당 사업구역에 위치하지 아니한 특별시·광역시·특별자치
시·특별자치도·시 또는 군으로 이전하는 경우
2. 상속으로 취득한 주택으로 세대원 모두 이전하는 경우

3. 세대원 모두 해외로 이주하거나 세대원 모두 2년 이상 해외에 체류하려는 경우

4. 1세대(제1항 제2호에 따라 1세대에 속하는 때를 말한다) 1주택자로서 양도하는 주택에 대한 소유기간 및 거주기간이 대통령령으로 정하는 기간 이상인 경우

5. 제80조에 따른 지분형주택을 공급받기 위하여 건축물 또는 토지를 토지주택공사등과 공유하려는 경우

6. 공공임대주택, 공공주택 특별법에 따른 공공분양주택의 공급 및 대통령령으로 정하는 사업을 목적으로 건축물 또는 토지를 양수하려는 공공재개발사업 시행자에게 양도하려는 경우

7. 그 밖에 불가피한 사정으로 양도하는 경우로서 대통령령으로 정하는 경우

③ 사업시행자는 제2항 각 호 외의 부분 본문에 따라 조합원의 자격을 취득할 수 없는 경우 정비사업의 토지, 건축물 또는 그 밖의 권리를 취득한 자에게 제73조를 준용하여 손실보상을 하여야 한다.

나. 표준정관

제9조(조합원의 자격 등)

① 조합원은 사업구역안의 토지 또는 건축물의 소유자 또는 그 지상권자로 한다.

③ 1세대 또는 동일인이 2개 이상의 토지 또는 건축물의 소유권 또는 지상권을 소유하는 경우에는 그 수에 관계없이 1인의 조합원으로 본다.

⑤ 양도 · 상속 · 증여 및 판결 등으로 조합원의 권리가 이전된 때에는 조합원의 권리를 취득한 자로 조합원이 변경된 것으로 보며, 권리를 양수받은 자는 조합원의 권리와 의무 및 종전의 권리자가 행하였거나 조합이 종전의 권리자에게 행한 처분, 청산 시 권리 · 의무에 관한 범위 등을 포괄승계한다.

3. 규정의 해석

가. 일반론

(1) 1인이 다수 필지의 토지 또는 다수의 건축물을 소유하고 있는 경우에는 1조합원으로 하고, 1필지의 토지 또는 하나의 건축물을 여럿이 공유하는 경우 1조합원으로 한다. 이는 조합설립단계에서의 토지등소유자의 수 및 동의자 수 산정방

법과 동일하다.

(2) 여러 명의 토지등소유자가 1세대에 속하는 경우(조합설립인가 이후 이혼, 19세 이상 자녀의 분가 시 예외)에는 1조합원으로 한다. 조합설립단계에서는 여러 명의 토지등소유자가 1세대에 속하더라도, 각각 토지등소유자로서 별개의 동의자로 산정하였으나 조합설립 이후에는 이들을 1조합원으로 한 것이다.

위 조항은 앞서 본 바와 같이 2009. 2. 6. 법률 제9444호로 개정되면서 도입되었고, 당시 제50조의2(권리산정기준일)도 신설되어 토지의 분할, 단독 또는 다가구주택의 다세대주택으로 전환, 다세대주택 또는 공동주택의 신축 등이 발생하는 경우, 정비구역지정·고시가 있은 날 또는 시·도지사가 투기억제를 위하여 기본계획 수립 후 정비구역지정·고시 전에 따로 정하는 날을 기준으로 분양받을 권리를 산정하도록 하였다.

위 각 조항은 정비구역지정·고시 이전에 부당이득을 노리는 투기세력 등의 유입을 사전에 근본적으로 차단하고, 기존 조합원의 권익보호를 위하여 소위 '지분 쪼개기'를 하는 경우 분양권을 제한하고자 한 것이다. 특히 1세대 1조합원 규정은 조합설립단계에서 세대분할을 통하여 토지등소유자의 숫자를 늘리는 일이 용이하게 발생할 수 있으므로, 조합설립에 관한 동의요건과 관련하여서는 그와 같은 행위가 위법·무효임이 확인되지 아니하는 한 부득이 각각의 토지등소유자로 하여 정족수를 계산하되, 조합설립인가 이후 여러 명의 토지등소유자가 1세대에 속하는 것으로 확인되는 경우에는 1인의 조합원으로 함으로써 세대분할을 통한 의도적인 조합원 증가를 억제시키려는데 목적이 있다.

(3) 조합설립인가 후 1인의 토지등소유자로부터 토지 또는 건축물의 소유권이나 지상권을 양수하여 수인이 소유하게 된 때에는 그 수인을 대표하는 1인을 조합원으로 본다. 위 규정도 2009. 2. 6. 법률 제9444호로 개정되면서 도입되었다. 위 규정의 입법취지는 조합설립인가 전에 다수의 필지 또는 건축물을 소유하고 있던 1인의 조합원이 조합설립인가 후에 그 중 일부를 수인에게 양도하더라도 조합원 수에는 변화가 없도록 하기 위함이다.

나. 토지 또는 건축물 양도 시의 조합원 지위 이전 여부

(1) 원칙

법 제129조는 사업시행자와 정비사업과 관련하여 권리를 갖는 자의 변동이 있은 때에는 종전의 사업시행자와 권리자의 권리·의무는 새로 사업시행자와 권리자로 된 자가 승계한다고 규정하고 있으므로, 토지등의 양도 시 조합원의 지위는 당연히 양수인에게 이전되고, 그때까지의 권리·의무는 승계된다. 표준정관 제9조 제5항도 동일하게 규정하고 있다.

(2) 투기과열지구 예외

주택법 제63조 제1항에 따른 투기과열지구로 지정된 지역에서 재건축사업을 시행하는 경우에는 조합설립인가 후, 재개발사업을 시행하는 경우에는 관리처분계획의 인가 후 해당 정비사업의 건축물 또는 토지를 양수(매매·증여, 그 밖의 권리의 변동을 수반하는 모든 행위를 포함하되, 상속·이혼으로 인한 양도·양수의 경우 제외)한 자는 제1항에도 불구하고 양수인이 조합원이 될 수 없다(법 제39조 제2항).

입법취지는 투기행위의 방지를 목적으로 한다. 재개발·재건축사업에 있어 양수인이 조합원이 될 수 없는 시기가 다른 것은 재건축사업이 훨씬 투기성이 강하여 조합설립인가만 이루어지면 그 이후의 양수인에 대하여 조합원 지위를 부여하지 않음으로써 이를 근절하고자 한다. 이는 매우 엄격하여 만일 거짓 또는 부정한 방법으로 제39조 제2항을 위반하여 조합원 자격을 취득한 자와 조합원 자격을 취득하게 하여준 토지등소유자 및 조합의 임직원, 제39조 제2항을 회피하여 제72조에 따른 분양주택을 이전 또는 공급받을 목적으로 건축물 또는 토지의 양도·양수 사실을 은폐한 자는 법 제136조 제6, 7호에 의하여 3년 이하의 징역 또는 3천만원 이하의 벌금이라는 형사처벌을 받게 된다.

사업시행자인 조합은 다음에서 살펴볼 예외조항이 적용되지 아니하여 양수인이 조합원의 자격을 취득할 수 없는 경우 토지등의 양수인에게 제73조(분양신청을 하지 아니한 자 등에 대한 조치) 규정을 준용하여 손실보상을 하여야 한다(법 제39조 제3항).

(3) 예외의 예외

조합원이었던 자가 1세대 1주택자로서 장기간 소유 및 거주하였던 주택을 양도하는 경우에는 그 양수인에게 조합원 지위를 인정하여 줌으로써 조합원이 투기목적 없이 실제 거주지를 이전하기 위하여 정비구역 내 부동산을 양도하고 새로운 주택을 양수하는 것에 지나친 어려움이 없도록 고려하고, 기타 부득이 대상 부동산을 이전하거나 이전에 특별한 사정이 있는 경우에는 그 양도에 따른 조합원자격취득을 인정하여 양도인의 재산권을 보호해 주기 위하여 법 제39조 제2항에서 그 예외를 규정하고 있다.

(가) 세대원(세대주가 포함된 세대의 구성원을 말한다)의 근무상 또는 생업상의 사정이나 질병치료(의료법 제3조에 따른 의료기관의 장이 1년 이상의 치료나 요양이 필요하다고 인정하는 경우로 한정한다)·취학·결혼으로 세대원이 모두 해당 사업구역에 위치하지 아니한 특별시·광역시·특별자치시·특별자치도·시 또는 군으로 이전하는 경우

(나) 상속으로 취득한 주택으로 세대원 모두 이전하는 경우

(다) 세대원 모두 해외로 이주하거나 세대원 모두 2년 이상 해외에 체류하려는 경우

(라) 1세대(제1항 제2호에 따라 1세대에 속하는 때를 말한다) 1주택자로서 양도하는 주택에 대한 소유기간 및 거주기간이 대통령령으로 정하는 기간 이상인 경우(4호)

① 소유기간 및 거주기간

법정 소유기간은 10년이고, 거주기간은 5년이다(법 시행령 제37조 제1항). 거주기간은 기준을 명확하게 하기 위해 주민등록법 제7조에 따른 주민등록표를 기준으로 하되, 소유자가 거주하지 아니하고 소유자의 배우자나 직계존비속이 해당 주택에 거주한 경우에도 그 기간을 합산하여 준다. 또한 소유자가 피상속인으로부터 주택을 상속받아 소유권을 취득한 경우에는 피상속인의 주택의 소유기간 및 거주기간도 합산한다.

② 1세대 1주택자로서 양도하는 주택의 법정기간 소유 및 거주와 관련한 쟁점

㉮ 1세대 1주택과 관련한 쟁점

정비구역 내 주택의 소유자가 양도 당시 상속으로 타 주택의 지분을 소유하고 있는 경우에 1세대 1주택자에 해당하는지 여부, 만일 1세대 2주택자에 해당한다면 주택공급에 관한 규칙 제53조 제1호의 규정을 유추적용하여 그때부터 3개월 이내에 상속받은 주택 공유지분을 처분한 경우에는 양수인(표준정관은 조합원이 그 권리를 양도한 경우, 양수자는 그 행위의 종료일로부터 14일 이내에 변경내용을 신고하여야 한다고 규정하고 있다, 제10조 제3항)이 조합원의 자격을 취득하는지 여부가 문제된다.

㉯ 지분을 보유한 경우에도 1세대 2주택자로 보아야 한다.[79] 그 논거는 다음과 같다.

ⓐ '공유'는 소유의 한 형태이고, 주택법 제54조 등에 따라 주택 등을 공급하는 조건 등에 관한 사항을 규정하고 있는 주택공급에 관한 규칙 제53조도 "주택 소유 여부를 판단할 때 분양권 등을 갖고 있거나 주택 또는 분양권 등의 공유지분을 소유하고 있는 경우에는 주택을 소유한 것으로 본다."고 규정하고 있다.

ⓑ 과반 또는 절대다수의 공유지분을 보유하고 있는 경우 이를 2주택 이상을 보유한 것과 특별히 다르게 볼 이유가 없다. 또한 이를 제외하는 경우 투기과열지구에서의 투기가 만연할 위험이 있다.

㉰ 주택공급에 관한 규칙 제53조 제1호(상속으로 주택의 공유지분을 취득한 사실이 판명되어 사업주체로부터 공급자격 등의 부적격자로 통보받은 날부터 3개월 이내에 그 지분을 처분한 경우에는 주택을 소유하지 아니한 것으로 본다)가 정비사업에 적용 또는 유추적용 된다고 보기 어렵다.[80] 그 논거는 다음과 같다.

ⓐ 법 제39조 제2항 단서 제4호에서 '1주택자'인지 여부는 조합원 개인이 아니라 '1세대'를 기준으로 하여 판단하게 되는데, 도시정비법에서의 '세대'와 주택공급에 관한 규칙에서의 '세대[81]' 개념이 상이하다.

---

79) 서울행정법원 2021. 6. 25. 선고 2020구합67780 판결(확정).
80) 서울행정법원 2021. 6. 25. 선고 2020구합67780 판결(확정).
81) 주택공급에 관한 규칙 제2조(정의)
　　이 규칙에서 사용하는 용어의 뜻은 다음과 같다.
　　2의 3. "세대"란 다음 각 목의 사람(이하 '세대원'이라 한다)으로 구성된 집단(주택공급신청자가 세

ⓑ 주택공급에 관한 규칙 제53조에서 정한 주택소유 여부 판정기준은 주택법상 사업주체가 주택의 입주자를 선정하거나 사업계획상의 입주자를 확정하려는 경우 공급자격 또는 선정순위 확인을 위한 무주택기간 및 주택소유 여부 등을 판정하기 위한 것임에 반해, 법 제39조 제2항 본문은 투기과열지구 안에서 투기수요를 차단하는 데에 그 목적이 있고, 그 예외사유로 규정된 같은 항 단서 각 호의 사유들은 조합원인 양도인이 투기 목적 없이 실제 거주지를 이전할 목적 등으로 재건축 대상 부동산을 양도하는 것에 지나친 어려움이 없도록 고려한 것이므로, 주택공급에 관한 규칙과 도시정비법의 위 각 규정들은 서로 그 목적 및 입법취지가 다르다.

③ 양도와 관련한 쟁점

㉮ 정비구역 내 1주택 소유자가 주택에 관한 매매계약을 체결하였고 매매계약에서 중도금, 잔금 지급기일을 정하였으며, 이에 따라 양도인이 양수인에게 소유권이전등기를 경료하여 주었으나, 양도인이 소유권이전등기를 경료하여 주기 전에 다른 주택을 매매하는 계약을 체결하고, 소유권이전등기까지 마쳤다면, 소유권이전등기 당시 양도인은 형식상 2주택자 이므로, 양수인이 조합원의 지위를 취득할 수 없는지 여부가 문제된다.

㉯ 1세대 1주택자로서 주택의 '양도'는 물권변동의 원인행위가 되는 매매계약 체결을 의미하는 것이므로, 양수인은 조합원의 지위를 취득한다.[82] 그 논거는 다음과 같다.

대별 주민등록표에 등재되어 있지 않은 경우는 제외한다)을 말한다.
가. 주택공급신청자
나. 주택공급신청자의 배우자
다. 주택공급신청자의 직계존속(주택공급신청자의 배우자의 직계존속을 포함한다)으로서 주택공급신청자 또는 주택공급신청자의 배우자와 같은 세대별 주민등록표에 등재되어 있는 사람
라. 주택공급신청자의 직계비속(직계비속의 배우자를 포함한다)으로서 주택공급신청자 또는 주택공급신청자의 배우자와 세대별 주민등록표에 함께 등재되어 있는 사람
마. 주택공급신청자의 배우자의 직계비속으로서 주택공급신청자와 세대별 주민등록표에 함께 등재되어 있는 사람

82) 서울행정법원 2019. 12. 3. 선고 2019구합61700 판결(확정), 서울행정법원 2019. 11. 22. 선고 2019구합65702 판결(확정). 이는 모두 토지등의 매매 등으로 조합원의 권리가 이전된 경우의 조합원 교체로서 경미한 사항의 변경임을 이유로 조합이 조합설립변경인가를 신청하였으나, 관할 행정청이 조합원 자격이 양수될 수 없음을 들어 수리를 거부하였고, 위 수리거부처분의 취소를 구하는 사안이다.

ⓐ 정비구역 내 부동산을 소유한 조합원이 당해 주택을 매도하는 계약을 체결한 이후에 다른 주택을 매수하는 계약을 체결하였고, 등기를 경료하는 과정에서 일시적으로 2주택을 소유하게 되었으나, 그것이 연속하여 체결된 각 매매계약에서 정한 소유권이전등기 이행시점의 선후에 따라 우연히 매도 주택과 매수 주택의 소유가 일시적으로 양도인에게 중첩되었기 때문으로 조합원이 재건축 대상 주택에 대한 실질적인 처분권을 상실한 시점에서 다른 주택의 소유권을 취득한 것에 불과하다면(통상적으로는 양도인이 양수인으로부터 중도금까지 지급받아 더 이상 주택에 관한 매매계약을 임의로 해제할 수 없어 실질적으로 주택에 관한 처분권을 상실한 상태에서 새롭게 매수한 주택에 대한 소유권이전등기를 마쳤다면), 양도인이 1세대 1주택자로서 주택을 양도한 경우에 해당한다고 보는 것이 실질에 부합한다.

ⓑ 주택을 매도하는 경우 매도인은 신속히 새로운 주택을 매수하는 것이 거래의 일반적 관념임에도, 등기가 마쳐진 시점만을 기준으로 형식적으로 판단하는 경우, 조합원이 실제 거주지를 이전할 목적으로 재건축 대상 주택을 양도하고 새로운 주택을 매수함에 지나친 어려움이 발생하지 않도록 하기 위함인 법 제39조 제2항 제4호 규정의 취지에 부합하지 않고, 재건축주택의 양수인에게도 불측의 사정으로 인하여 조합원 지위를 인정받지 못하는 중대한 피해를 준다.

㈐ 제80조에 따른 지분형주택을 공급받기 위하여 건축물 또는 토지를 토지주택공사등과 공유하려는 경우, 공공임대주택, 공공주택 특별법에 따른 공공분양주택의 공급 및 대통령령으로 정하는 사업을 목적으로 건축물 또는 토지를 양수하려는 공공재개발사업 시행자에게 양도하려는 경우

위 규정은 법이 2021. 4. 13. 법률 제18046호로 개정되면서 도입되었다. 공공재개발사업 시행자에 대한 양도와 관련한 내용은 제1편 제2장 Ⅱ. "3의 다. 공공재개발의 특유 내용과 평가"에서 자세히 살펴보았다.

㈑ 그 밖에 불가피한 사정으로 양도하는 경우로서 대통령령으로 정하는 경우

법 시행령 제37조 제3항은 불가피한 사정으로 양도하는 경우에 관하여 다음과 같이 규정하고 있다.

① 조합설립인가일부터 3년 이상 사업시행계획인가 신청이 없는 재건축사업의 건축물을 3년 이상 계속하여 소유하고 있는 자(소유기간을 산정할 때 소유자가 피상속인으로부터 상속받아 소유권을 취득한 경우에는 피상속인의 소유기간을 합산한다. 이

하 제2호 및 제3호에서 같다)가 사업시행계획인가 신청 전에 양도하는 경우

② 사업시행계획인가일부터 3년 이내에 착공하지 못한 재건축사업의 토지 또는 건축물을 3년 이상 계속하여 소유하고 있는 자가 착공 전에 양도하는 경우

③ 착공일부터 3년 이상 준공되지 않은 재개발사업·재건축사업의 토지를 3년 이상 계속하여 소유하고 있는 경우

④ 법률 제7056호 도시정비법 일부개정법률 부칙 제2항에 따른 토지등소유자로부터 상속·이혼으로 인하여 토지 또는 건축물을 소유한 자

⑤ 국가·지방자치단체 및 금융기관(주택법 시행령 제71조 제1호 각 목의 금융기관을 말한다)에 대한 채무를 이행하지 못하여 재개발사업·재건축사업의 토지 또는 건축물이 경매 또는 공매되는 경우

⑥ 주택법 제63조 제1항에 따른 투기과열지구로 지정되기 전에 건축물 또는 토지를 양도하기 위한 계약(계약금 지급 내역 등으로 계약일을 확인할 수 있는 경우로 한정한다)을 체결하고, 투기과열지구로 지정된 날부터 60일 이내에 부동산 거래신고 등에 관한 법률(이하 '부동산거래신고법'이라 한다) 제3조에 따라 부동산 거래의 신고를 한 경우

4. 법 제39조 제1항 제2호 및 제3호 해석상의 쟁점

가. 조합설립인가 이후 세대원들이 소유권을 양도한 경우의 양수인 지위

⑴ 문제의 소재

재개발사업에서 A, B, C, D가 1세대로서 각각 수개의 토지등을 소유하다가 조합설립인가 이후 A가 자신의 토지등 중 일부를 갑에게 양도하고, B가 자신의 토지등 중 일부를 을에게 양도하며, C가 자신의 부동산 전부를 병에게 양도한 경우, A, B, 甲, 乙, 丙, D가 1개의 수분양권을 가지는지 여부이다.

⑵ 학설

①설(2, 3호 복합적용설): A, B, 甲, 乙, 丙, D가 전체 1조합원

(근거) 법 제129조는 사업시행자와 정비사업과 관련하여 권리를 갖는 자의 변동이 있은 때에는 종전의 사업시행자와 권리자의 권리·의무는 새로이 사업시행자와 권리자로 된 자가 이를 승계한다고 규정하고 있는바, 1세대를 구성하는 구성

원들은 전체가 1조합원의 지위만 인정됨에도 불구하고 토지등의 양도라는 행위를 통하여 양수인이 양도인의 지위보다 우월한 지위, 즉 수 개의 조합원의 지위를 취득하게 되는 경우 이는 법 제129조가 규정한 특정승계 행위의 본질에 부합하지 아니한다.

②설(3호만 적용설/2호 배제설): A, 甲 1조합원, B, 乙 1조합원, 丙, D 각 1조합원

(근거) 토지등이 양도된 경우에는 엄격해석의 원칙상 1세대가 아닌 점, 2호의 입법취지는 세대분할을 통한 지분 쪼개기를 방지하기 위함인데, 이는 세대분할이 아닌 점, 이혼 및 20세 이상 자녀 분가의 경우 별개의 조합원 지위를 인정하고 있는 점 등을 근거로 한다(법제처 2012. 12. 26.자 법령해석회신, 안건번호 12-0468).

(3) 결론

①(2, 3호 복합적용설)설이 타당하다.[83] 그 논거는 다음과 같다.

ⓐ 제39조 제1항 제2호의 입법취지는 1세대의 경우 조합설립인가 이후에는 이들을 모두 1인의 조합원으로 함으로써 세대분할을 통한 의도적인 조합원 증가를 억제시키려는데 목적이 있고, 제38조 제1항 제3호의 입법취지는 조합설립인가 전에 다수의 필지 또는 건축물을 소유하고 있던 1인의 조합원이 조합설립인가 후 그 중 일부를 수인에게 양도하더라도 조합원 수에는 변화가 없도록 수인의 소유자 전원을 1인의 조합원으로 보겠다는 것으로서 각각은 적용의 국면이 다르므로 복합적으로 적용되어야 한다.

ⓑ 정비구역 내에 1세대에 속하는 구성원들 다수가 존재하는 경우가 드물지 않은데(많게는 십여 명도 가능할 것이다), ②설에 따르는 경우 각 세대 구성원 소유 토지의 양도로 인하여 조합원의 숫자가 급격히 증가하게 되는바, 이는 지분 쪼개기를 통한 사업성 저하를 방지하고 기존 조합원의 재산권 보호라는 법 제39조 제1항 제2호의 입법취지가 몰각된다.

---

83) 서울행정법원 2021. 7. 23. 선고 2020구합80141 판결(현재 서울고등법원 2021누56376호로 계속 중).

나. 재건축사업에서 수개의 부동산 보유자가 일부만 양도한 경우 양수인의 지위

(1) 문제의 소재

재개발사업에서 수개의 부동산 보유자가 그 일부를 양도하여 다수의 토지등소유자가 1조합원의 지위에 있는 경우, 해당 정비구역안의 토지등소유자는 전체가 당연히 조합원이 되고, 그 경우 대표조합원을 선임하여야 하며, 만일 대표조합원을 선임하지 아니한 채 그 중 일부라도 분양신청기간 내에 분양신청하지 않고 현금청산대상자가 된다면 전원이 현금청산대상자가 되어야 한다. 그러나 재건축사업에서 수개의 부동산 보유자가 그 일부를 양도하여 다수의 토지등소유자가 되었고, 그 중 양수인은 조합설립에 동의하였으나, 양도인은 동의하지 않은 채 현금청산대상자가 되는 경우, 양도인 및 양수인 모두를 토지등소유자로 하여 대표조합원을 선임하여 양수인이 분양신청을 하여야 하는지 여부 또는 그 중 일부가 조합설립에 동의하지 아니한 채 현금청산대상자가 되는 경우 전원이 현금청산대상자가 되는지 여부가 문제된다.

(2) 판단

대표조합원을 선임할 필요가 없고 양수인이 단독으로 분양신청 할 수 있으며, 일부가 현금청산대상자가 된다고 하여 전원이 현금청산대상자가 되는 것으로 볼 수 없다.[84) 그 논거는 다음과 같다.

① 법 제39조 제1항 본문의 규정 체계 및 '그 여러 명을 대표하는 1인을 조합원으로 본다.'라는 명시적인 문언에 비추어 보면, 대표조합원을 선임하는 경우는 수인의 토지등소유자들이 모두 조합원임을 전제로 한 것이다.

② 양수인에게만 단독의 조합원 및 분양신청권을 인정한다 하더라도(부동산 양수인이 다수이고, 그들 모두가 조합설립에 동의한 경우에는 그들 전체에 대하여 1조합원의 지위 및 하나의 분양신청권만 인정한다), 조합원이나 수분양권의 숫자가 증가하지는 아니하므로 기존 조합원의 권리가 침해될 우려는 없다.

---

84) 서울행정법원 2021. 7. 23. 선고 2020구합80141 판결(현재 서울고등법원 2021누56376호로 계속 중).

Ⅴ. 대표조합원

1. 대표조합원 선임

법 제39조 제1항은 공유자뿐만 아니라 다양한 경우 다수의 토지등소유자들에 대하여도 그 여러 명을 대표하는 1명을 조합원으로 본다고 규정하여 1조합원 지위만 인정하고 있다. 이에 따라 대표조합원 선임의 필요성이 논의된다.

가. 표준정관

제9조(조합원의 자격 등)

④ 토지 또는 건축물의 소유권과 지상권이 수인의 공유에 속하는 때에는 그 수인을 대표하는 1인을 조합원으로 본다. 이 경우 그 수인은 대표자 1인을 대표조합원으로 지정하고 별지의 대표조합원 선임동의서를 작성하여 조합에 신고하여야 하며, 조합원으로서의 법률행위는 그 대표조합원이 행한다.

표준정관은 [별지]로 대표조합원 선임동의서를 마련해 두고 있다.

나. 규정의 취지

대표조합원을 선임하도록 하는 것은 1조합원 지위에 있는 경우, 다수의 공유자나 다수의 소유자들을 대표할 1인을 선출하여 그 1인을 조합에 등록하게 함으로써 조합의 효율적이고 안정적인 운영을 도모함에 목적이 있다.[85]

다. 선임요건

대표조합원 선임과 관련하여 조합원 과반수의 동의로 대표조합원을 선임할 수 있는지 여부가 문제된다. 표준정관의 [별지] 대표조합원 선임동의서 서식에 따르면, 그 요건으로는 대표자(선임수락자), 위임자(동의자) 전원의 성명, 생년월일, 전화번호의 기재와 함께 날인하되, 위임자의 경우에는 인감도장을 날인하여야 하고 위임자는 인감증명서를 첨부하도록 규정하고 있으므로, 반드시 공유자 전원의 동의로 대표자를 선임하여야 한다.

판례도 적법한 대표조합원이 되기 위해서는 공유자 전원의 동의로 선임하여

---

85) 대법원 2021. 9. 30. 선고 2021다230144 판결.

야 함을 명확히 하고 있다.[86] 다만 재개발구역 내의 전통시장법 제2조에 따른 전통시장 및 상점가로서 1필지의 토지 또는 하나의 건축물을 여럿이서 공유하는 경우에는 해당 토지 또는 건축물 토지등소유자 4분의 3 이상의 동의를 받아 이를 대표하는 1인을 토지등소유자로 산정할 수 있다(법 시행령 제33조 제1항 제1호 가목 단서). 이는 전통시장 상가의 특수성을 고려한 것이다.

국토교통부장관이 작성하여 보급한 표준정관에 첨부된 대표조합원 선임동의서의 서식에 의하면 인감도장을 날인하고 인감증명서를 첨부하여야 하나, 이는 2012. 2. 1. 법률 제11293호로 개정되기 이전의 조합설립동의서 양식에 따른 것으로서, 실무상 조합에 따라서는 조합설립동의서와 같이 위임자가 성명을 적고 지장을 날인하며, 신분증명서의 사본을 첨부하는 방법으로 대표조합원 선임동의서 서식을 변경하여 사용하고 있다. 부산 표준정관도 위임자는 지장을 날인하고 신분증명서를 첨부하도록 규정하고 있다.

라. 대표조합원 선임동의서 형식과 관련한 쟁점

(1) 문제의 소재

대표조합원 선임동의서의 경우에도 법 시행규칙 별지 제4호 서식(정비사업 조합설립추진위원회 구성동의서), 별지 제6호 서식(조합설립동의서)과 같은 서면에 법 제36조 제1항의 동의방법인 성명을 적고 지장을 날인하며 신분증명서 사본을 첨부하는 등의 엄격한 형식을 요하는지 여부가 문제된다.

(2) 판단(불요)

도시정비법령에서는 대표조합원 선임동의서라는 법정의 서식이 없고, 법 제36조는 자서와 지장날인 등 엄격한 형식을 요구하는 동의사안에 대하여 한정적으로 열거하고 있는 것으로 해석되는바, 대표조합원 선임동의에 대하여는 명시적으로 규정하고 있지 않은 점 등에 비추어 보면, 다수의 토지등소유자를 대표하는 1인을 대표자로 지정하는 의사만 표시되면 족하다 할 것이다. 다만 정관은 공법인인 조합과 조합원에 대하여 구속력을 가지는 자치법규이므로, 정관에 대표조합원 선임동의서 서식이 규정되어 있는 경우 이에 따라야 한다.

---

86) 대법원 2017. 2. 3. 선고 2015두50283 판결.

2. 대표조합원의 지위

가. 대표조합원이 선임된 경우, 이는 공유자 전원을 1인의 조합원으로 보되 공유자 전원을 대리할 대표조합원 1인을 선출하여 그 1인을 조합에 등록하도록 함으로써 조합 운영의 절차적 편의를 도모함과 아울러 조합규약이나 조합원총회 결의 등에서 달리 정함이 없는 한 공유자 전원을 1인의 조합원으로 취급하여 그에 따른 권리분배 등의 범위를 정하겠다는 의미로 보아야 한다.[87] 따라서 대표조합원이 선임된다 하더라도, 대표조합원 1인 외의 나머지 공유자나 토지등소유자들을 모두 조합과의 사단적 법률관계에서 완전히 탈퇴시켜 비조합원으로 취급하겠다는 취지로 해석할 수는 없다. 다만 조합원으로서의 법률행위는 그 대표조합원이 행하고, 조합으로서도 총회소집통지 등은 그 대표조합원에 대한 것으로 족하다.

사업시행자는 공유자나 토지등소유자들에게 개발이익 등을 분배함에 있어 다른 일반조합원에 대한 관계에서나 공유자들 상호간의 관계에서 형평이 유지되도록 하여야 하고, 대표조합원 1인에게 그 공유지분에 관한 개발이익을 초과하여 다른 공유자 등에게 분배하여야 할 개발이익까지 임의로 분배하는 등 형평에 현저히 반하는 권리분배를 내용으로 하는 재건축조합의 결의는 무효이다.

나. 대표조합원을 선임하지 않았다 하더라도, 조합원 전원이 일치된 행위를 하는 경우에는 하나의 조합원으로서의 행위로 인정될 수 있다. 또한 대표조합원을 선임한 경우 조합원으로서의 법률행위는 원칙적으로 대표조합원이 행하나, 대표조합원이 행위하는 대신 조합원들이 일치하여 법률행위를 하는 것도 무방하다.

총회에서의 의결권도 사전에 대표조합원 선임동의서가 제출된 대표조합원이 행사하나, 소(공)유자들 전부가 총회에 참석하여 동일한 내용의 의결권을 행사하거나 동일한 내용의 서면결의서를 제출하는 등의 방법도 위법하지는 않다. 다만 반드시 조합원 전원이 일치하여 행위를 하여야 하고, 그 중 일부라도 다르게 행위한 경우 그 전체를 조합원의 행위로 인정할 수 없다. 조합원 전원이 동시에 행위함을 요하지는 아니한다.

---

87) 대법원 2009. 2. 12. 선고 2006다53245 판결.

3. 대표조합원 변경 및 위임 철회

가. 대표조합원의 변경과 관련하여 표준정관에는 아무런 규정이 없다. 그러나 조합원 전원이 일치하여 새로운 특정인을 대표자로 하는 [별지 대표조합원 선임동의서]를 작성하여 조합에 이를 신고하는 방법으로 대표조합원의 변경이 가능하다.

나. 만일 소(공)유자 중 일부가 대표조합원과 의견이 상충하는 경우, 대표조합원 선임 동의를 철회할 수 있는지 여부가 문제되고 이 또한 표준정관상 아무런 규정이 없다. 명시적 규정이 없고 조합 운영의 안정이라는 측면에서 전원이 일치하여 새로운 대표조합원 선임하지 아니하는 한 일부 소(공)유자의 대표조합원 선임동의 철회가 불가능하다는 견해가 있을 수 있다. 그러나 위 견해에 의하면 현재의 대표조합원이 스스로 사임하고 새로운 소(공)유자를 대표조합원으로 함에 동의하지 않는 이상 영구히 대표조합원의 지위를 가지는 것으로 해석되어 이는 부당한 점, 대표조합원 선임계약은 법적 성격이 위임계약으로서 이는 각 당사자가 언제든지 해지할 수 있는 점(민법 제689조 제1항) 등에 비추어 일부 소유자의 대표조합원에 대한 위임철회는 가능하고, 이로써 대표조합원의 지위는 상실된다 할 것이다.

다만 법적안정성을 위하여 법 시행령 제33조 제3항의 동의 철회규정을 유추적용하여 소(공)유자는 철회의사가 기재된 서면에 주민등록증 및 여권 등 신원을 확인할 수 있는 신분증명서 사본을 첨부하여 대표조합원 및 조합에게 내용증명우편의 방법으로 발송하여야 한다고 봄이 타당하다.

제2절 정 관

Ⅰ. 정관의 확정과 표준정관

1. 정관의 확정

추진위원장 등은 법 제40조 제2항에 의하여 작성, 보급된 표준정관안을 기초로 정비구역 실정에 맞게 수정, 보완하여 정비구역 내 토지등소유자등을 대상으로 공람 및 주민의견수렴절차를 거쳐, 설립추진위원회 사무의 집행기관인 추진위원회 회의를 거쳐 최종 정관안을 확정한다(창립총회는 주민총회와 유사하고, 주민총회 부의안건은 추진위원회 의결사항이다). 그 후 창립총회에 안건을 상정하여 토지등소유자 과반수의 출석과 출석한 토지등소유자의 과반수의 찬성으로 의결한다. 이후 조합이 설립인가를 받고 등기를 마치면, 조합의 설립등기일부터 조합의 운영과 활동에 관한 자치규범으로서 정관이 효력을 발생한다.

2. 표준정관

구 법(2019. 4. 23. 법률 제16383호로 개정되기 전의 것) 제40조 제2항은 국토교통부장관은 정관에 기재할 사항이 포함된 표준정관을 작성하여 보급할 수 있다고 규정하고 있었고, 이에 따라 국토교통부장관이 주택재개발표준정관, 주택재건축표준정관을 작성하여 보급하였다. 그 후 2019. 4. 23. 법이 개정되어 시·도지사가 표준정관을 작성하여 보급할 수 있다고 규정하고 있으나, 현재 부산 표준정관만 작성되어져 있고 그 내용 또한 종래의 표준정관과 유사하여 이미 밝힌 대로 국토교통부장관 작성의 표준정관, 그 중 기본이 되는 주택재개발표준정관을 전제로 살펴본다.

II. 정관의 법적 성격

1. 자치법규

조합 정관은 조합의 조직, 운영 및 활동, 조합원의 권리의무관계 등 단체법적 법률관계를 규율하는 것으로서 자치법규이다.[88] 정관은 공법인인 조합과 조합원에 대하여 구속력을 가지는 자치법규이므로, 조합의 기관 및 조합원이 이에 위반하여 활동하는 것은 원칙적으로 허용되지 아니한다.[89] 조합원 소유 토지등의 양수인 등 조합설립 이후 조합원의 지위를 취득한 자도 당연히 정관의 구속을 받게 된다.

---

88) 대법원 2013. 12. 26. 선고 2011두8291 판결.
89) 대법원 2009. 1. 30. 선고 2007다31884 판결, 대법원 2009. 6. 25. 선고 2007다31822, 2007다31839(공동소송참가) 판결.

2. 정관의 한계

조합 정관은 단체내부 규정으로 도시정비법령, 조례 및 이에 기한 행정청의 처분에 위반하지 않아야 하고, 그 내용이 선량한 풍속 기타 사회질서에 위반되지 않아야 한다. 다만 정관의 내용이 사회관념상 현저히 타당성을 잃은 것이거나 정관으로 결정되는 절차가 현저히 정의에 어긋난 것으로 인정되는 경우 등을 제외하고는 일응 유효한 것으로 하여야 한다.[90]

Ⅲ. 정관의 기재사항

1. 규 정

법 제40조(정관의 기재사항 등)
① 조합의 정관에는 다음 각 호의 사항이 포함되어야 한다.
  1. 조합의 명칭 및 사무소의 소재지
  2. 조합원의 자격
  3. 조합원의 제명·탈퇴 및 교체
  4. 정비구역의 위치 및 면적
  5. 제41조에 따른 조합의 임원의 수 및 업무의 범위
  6. 조합임원의 권리·의무·보수·선임방법·변경 및 해임
  7. 대의원의 수, 선임방법, 선임절차 및 대의원회의 의결방법
  8. 조합의 비용부담 및 조합의 회계
  9. 정비사업의 시행연도 및 시행방법
  10. 총회의 소집 절차·시기 및 의결방법
  11. 총회의 개최 및 조합원의 총회소집 요구
  12. 제73조 제3항에 따른 이자 지급
  13. 정비사업비의 부담 시기 및 절차
  14. 정비사업이 종결된 때의 청산절차
  15. 청산금의 징수·지급의 방법 및 절차
  16. 시공자·설계자의 선정 및 계약서에 포함될 내용
  17. 정관의 변경절차

---

90) 대법원 1992. 11. 24. 선고 91다29026 판결, 대법원 2007. 7. 24.자 2006마635 결정.

18. 그 밖에 정비사업의 추진 및 조합의 운영을 위하여 필요한 사항으로서 대통령령으로 정하는 사항

법 시행령 제38조(조합 정관에 정할 사항)

법 제40조 제1항 제18호에서 "대통령령으로 정하는 사항"이란 다음 각 호의 사항을 말한다.

1. 정비사업의 종류 및 명칭
2. 임원의 임기, 업무의 분담 및 대행 등에 관한 사항
3. 대의원회의 구성, 개회와 기능, 의결권의 행사방법 및 그 밖에 회의의 운영에 관한 사항
4. 법 제24조 및 제25조에 따른 정비사업의 공동시행에 관한 사항
5. 전문관리업자에 관한 사항
6. 정비사업의 시행에 따른 회계 및 계약에 관한 사항
7. 정비기반시설 및 공동이용시설의 부담에 관한 개략적인 사항
8. 공고·공람 및 통지의 방법
9. 토지 및 건축물 등에 관한 권리의 평가방법에 관한 사항
10. 법 제74조 제1항에 따른 관리처분계획 및 청산(분할징수 또는 납입에 관한 사항을 포함한다)에 관한 사항
11. 사업시행계획서의 변경에 관한 사항
12. 조합의 합병 또는 해산에 관한 사항
13. 임대주택의 건설 및 처분에 관한 사항
14. 총회의 의결을 거쳐야 할 사항의 범위
15. 조합원의 권리·의무에 관한 사항
16. 조합직원의 채용 및 임원 중 상근(常勤)임원의 지정에 관한 사항과 직원 및 상근임원의 보수에 관한 사항
17. 그 밖에 시·도조례로 정하는 사항

서울시 조례 제22조(조합정관에 정할 사항)

영 제38조 제17호에서 "그 밖에 시·도조례로 정하는 사항"이란 다음 각 호의 사항을 말한다.

1. 이사회의 설치 및 소집, 사무, 의결방법 등 이사회 운영에 관한 사항
2. 특정무허가건축물 소유자의 조합원 자격에 관한 사항
3. 공유지분 소유권자의 대표자 선정에 관한 사항

4. 단독 또는 다가구주택을 건축물 준공 이후 다세대주택으로 전환한 주택을
   취득한 자에 대한 분양권 부여에 관한 사항
5. 재정비촉진지구의 도시계획사업으로 철거되는 주택을 소유한 자 중 구청
   장이 선정한 자에 대한 주택의 특별공급에 관한 사항
6. 융자금액 상환에 관한 사항
7. 융자 신청 당시 담보 등을 제공한 조합장 등이 변경될 경우 채무 승계에
   관한 사항
8. 정비구역 내 공가 발생 시 안전조치 및 보고 사항
9. 법 제87조에 따른 권리의 확정, 법 제88조에 따른 등기 절차, 법 제89조
   에 따른 청산금 등의 징수 및 지급이 완료된 후 조합 해산을 위한 총회
   또는 대의원회의 소집 일정에 관한 사항

2. 규정의 해석

가. 조합은 위 도시정비법령이나 조례가 정한 정관의 필요적 기재사항이 포함
된 정관을 제정하여야 하나, 도시정비법령 및 조례에 의하여 위임받은 사항에 관
하여 상위법령을 위반하지 않는 범위 내에서 당해 조합의 실정에 맞게 조합원들
의 자율적이고 민주적인 의사에 따라 단체내부의 자치규범인 정관을 제정할 수
있다.

법은 조합 정관의 변경과 관련하여 정관 조항의 구체적 내용에 따라 총회에서
의 의결 방법을 달리 정하고 있다. 다음에서 살펴보듯이 조합원에게 중대한 영향
을 미치는 법정사항은 조합원 3분의 2 이상의 찬성을 필요로 하고, 나머지 법정
사항은 조합원 과반수의 찬성을 필요로 하며, 법정사항 외에 각 조합이 자신의 실
정에 따라 임의로 정관으로 정한 사항은 통상적인 총회 의결 방법인 조합원 과반
수의 출석과 출석 조합원의 과반수 찬성에 따라 변경할 수 있다.

나. 조합은 정비사업의 원활한 진행을 위하여 정관으로 조합원의 토지등에 대
한 신탁등기의무 및 부동산 인도의무를 규정하고 있는 경우가 있다. 주로 재건축
사업에서 이루어진다. 재건축사업은 임의가입제이므로 정비사업에 동의하여 조합
원이 된 경우에는 위 정관 규정에 따라 신탁등기를 이행할 의무가 있다. 조합원은
일반적으로 조합에게 정관의 효력발생일자(조합의 설립등기일자) 신탁을 원인으로

한 소유권이전등기절차 및 부동산인도의무를 이행하게 된다.[91]

신탁등기의무 이행여부는 그 불이행을 이유로 분양신청권을 제한할 수 있는지 여부, 조합원이 신탁등기의무를 이행한 후 스스로 분양신청에 나아가지 않아 조합원의 지위를 상실한 경우, 재건축조합은 위 토지등의 소유권을 취득하기 위하여 법 제64조를 준용하여 새로이 매도청구권을 행사하여야 하는지 여부와 관계된다. 자세한 내용은 관리처분계획의 하자, 매도청구 부분에서 살펴본다.

Ⅳ. 정관의 변경

1. 규 정

가. 법

법 제40조(정관의 기재사항 등)

③ 조합이 정관을 변경하려는 경우에는 제35조 제2항부터 제5항까지의 규정에도 불구하고 총회를 개최하여 조합원 과반수의 찬성으로 시장·군수등의 인가를 받아야 한다. 다만, 제1항 제2호·제3호·제4호·제8호·제13호 또는 제16호의 경우에는 조합원 3분의 2 이상의 찬성으로 한다.

④ 제3항에도 불구하고 대통령령으로 정하는 경미한 사항을 변경하려는 때에는 이 법 또는 정관으로 정하는 방법에 따라 변경하고 시장·군수등에게 신고하여야 한다.

⑤ 시장·군수등은 제4항에 따른 신고를 받은 날부터 20일 이내에 신고수리 여부를 신고인에게 통지하여야 한다.

⑥ 시장·군수등이 제5항에서 정한 기간 내에 신고수리 여부 또는 민원 처리 관련 법령에 따른 처리기간의 연장을 신고인에게 통지하지 아니하면 그 기간(민원 처리 관련 법령에 따라 처리기간이 연장 또는 재연장된 경우에는 해당 처리기간을 말한다)이 끝난 날의 다음 날에 신고를 수리한 것으로 본다.

---

91) 대법원 2012. 5. 9. 선고 2010다71141 판결.

나. 법 시행령

제39조(정관의 경미한 변경사항)

법 제40조 제4항에서 "대통령령으로 정하는 경미한 사항"이란 다음 각 호의 사항을 말한다.

1. 법 제40조 제1항 제1호에 따른 조합의 명칭 및 사무소의 소재지에 관한 사항
2. 조합임원의 수 및 업무의 범위에 관한 사항
4. 법 제40조 제1항 제10호에 따른 총회의 소집 절차·시기 및 의결방법에 관한 사항
5. 제38조 제2호에 따른 임원의 임기, 업무의 분담 및 대행 등에 관한 사항
6. 제38조 제3호에 따른 대의원회의 구성, 개회와 기능, 의결권의 행사방법, 그 밖에 회의의 운영에 관한 사항
7. 제38조 제5호에 따른 전문관리업자에 관한 사항
8. 제38조 제8호에 따른 공고·공람 및 통지의 방법에 관한 사항
9. 제38조 제13호에 따른 임대주택의 건설 및 처분에 관한 사항
10. 제38조 제14호에 따른 총회의 의결을 거쳐야 할 사항의 범위에 관한 사항
11. 제38조 제16호에 따른 조합직원의 채용 및 임원 중 상근임원의 지정에 관한 사항과 직원 및 상근임원의 보수에 관한 사항
12. 착오·오기 또는 누락임이 명백한 사항
13. 법 제16조에 따른 정비구역 또는 정비계획의 변경에 따라 변경되어야 하는 사항
14. 그 밖에 시·도조례로 정하는 사항

다. 서울시 조례

제23조(정관의 경미한 변경사항)

영 제39조 제12호에서 "그 밖에 시·도조례로 정하는 사항"이란 제22조 제1호(이사회의 설치 및 소집, 사무, 의결방법 등 이사회 운영에 관한 사항)의 사항으로서 예산의 집행 또는 조합원의 부담이 되지 않는 사항을 말한다.

2. 쟁 점

가. 정관변경과 관련한 의결정족수

조합이 총회에서 조합원 3분의 2 이상, 과반수 찬성 또는 과반수 출석에 출석 조합원 과반수 찬성 등 가결 요건이 다른 여러 정관 조항을 변경하려 할 때에는 사전에 조합원들에게 각 조항별로 변경에 필요한 의결정족수에 관하여 설명하여야 하고, 의결정족수가 동일한 조항별로 나누어서 표결이 이루어지도록 하는 등의 방법으로 각 조항별 가결 여부를 명확히 알 수 있도록 하여야 한다. 이와 다르게 조항별 가결 요건에 대한 사전설명도 없이 의결정족수가 다른 여러 조항을 구분하지 않고 일괄하여 표결하도록 한 경우, 만약 그 표결 결과 일부 조항에 대해서는 변경에 필요한 의결정족수를 채우지 못하였다면, 특별한 사정이 없는 한 그 정관 개정안 전체가 부결되었다고 보아야 하고 의결정족수가 충족된 조항만 따로 분리하여 그 부분만 가결되었다고 볼 수는 없다. 단체법적 법률관계를 규율하는 정관의 변경은 객관적이고 명확하게 결정되어야 하기 때문이다.[92]

나. 정관변경절차

(1) 일반론

정관을 변경하고자 할 때에는 조합원 3분의 1 이상, 대의원 3분의 2 이상 또는 조합장의 발의가 있어야 한다(표준정관 제8조 제1항). 조합장은 적법한 절차를 거쳐 이사회를 소집하여 발의된 정관안에 대하여 이사회의 심의, 의결을 거쳐야 한다(표준정관 제28조 제2호). 그 후 조합장은 적법한 절차를 거쳐 총회를 소집하여 법 제40조 제3항에서 정한 법정의 찬성의결에 의한 총회결의를 거쳐야 한다.

표준정관 제8조 제2항 본문은 경미한 사항을 제외한 정관변경 사항 전부에 대하여 조합원 3분의 2 이상의 동의(찬성)를 얻어야 한다고 규정하여 일부는 법 제40조 제3항이 규정한 의결요건보다 가중하고 있는바, 그 유효성에 대하여는 아래에서 살펴본다.

(2) 인가의 의미

조합은 정관변경안에 대한 총회결의 후에 시장·군수등의 인가를 받아야 한다.

---

92) 대법원 2019. 1. 31. 선고 2018다227520 판결.

시장·군수등의 인가는 그 대상이 되는 기본행위를 보충하여 법률상 효력을 완성시키는 보충행위로서 강학상 인가에 해당한다. 이러한 인가를 받지 못한 경우 변경된 정관은 효력이 없다.[93]

(3) 인가를 받지 아니한 경우의 효력

정관변경사항에 대하여 총회결의가 있었으나, 법정의 정관변경절차에 의하지 아니하여 시장·군수등의 인가를 받지 못한 경우가 있다. 그 경우 정관변경으로서의 효력은 없음은 앞서 본 바이나, 단체내부적 효력이 문제된다. 시장·군수등의 인가를 받지 아니함으로써 정관변경의 요건을 완전히 갖추지는 못하여 형식적으로 정관이 변경된 것은 아니지만, 총회결의로서 유효하게 성립하였고 정관변경을 위한 실질적인 의결정족수를 갖췄다면 적어도 조합 내부적으로 업무집행기관을 구속하는 규범으로서의 효력은 가진다고 보아야 한다.[94] 그 논거는 다음과 같다.

① 조합의 총회는 조합의 최고의사결정기관이고 정관변경 등은 총회의 결의사항이므로, 총회는 상위법령과 정관이 정한 바에 따라 새로운 총회결의로써 종전 총회결의의 내용을 철회하거나 변경할 수 있는 자율성과 형성의 재량을 가진다.

② 정관변경에 대하여는 감독청의 인가를 받아야 하나, 감독청의 인가는 기본행위인 총회결의의 효력을 완성시키는 보충행위일 뿐이고 정관의 내용형성은 기본행위인 총회결의에서 이루어진다.

(4) 기본행위와 보충행위

정관변경결의 후 인가를 받았으나, 정관결의(정족수)의 하자나 그 내용상 하자가 있는 경우, 즉 총회결의의 효력에 관하여 다툼이 있는 경우에는 조합을 상대로 민사소송으로 총회결의의 무효확인을 구하여야 함은 제1편 제6장 Ⅱ. "4. 정관변경, 조합임원 선·해임에 관한 총회결의"에서 자세히 살펴보았다. 기본행위가 적법·유효하고 보충행위인 인가처분 자체에만 하자가 있다면 그 인가처분의 취소나 무효확인을 구할 수 있으나, 인가처분에 하자가 없다면 기본행위에 하자가 있다 하더라도 따로 그 기본행위의 하자를 다투는 것은 별론으로 하고 기본행위의 무효를 내세워 바로 그에 대한 인가처분의 취소 또는 무효확인을 구할 수는 없다.

---

93) 대법원 2010. 12. 9. 선고 2010두1248 판결, 대법원 2007. 7. 24.자 2006마635 결정 등 참조.
94) 대법원 2018. 3. 13. 선고 2016두35281 판결.

다. 특별다수 결의사항

(1) 특별다수 결의사항

조합원의 자격, 조합원의 제명·탈퇴 및 교체, 정비구역의 위치 및 면적, 조합의 비용부담 및 조합의 회계, 정비사업비의 부담 시기 및 절차, 시공자·설계자의 선정 및 계약서에 포함될 내용을 변경하기 위해서는 총회에서 조합원 3분의 2 이상의 찬성으로 의결하여야 한다(법 제40조 제3항, 제1항 제1호 제2호·제3호·제4호·제8호·제13호 또는 제16호). 이는 조합원들의 이해관계에 중대한 영향을 미칠 정도의 중요한 사항이므로 특별다수의 의결요건을 규정하여 조합원들의 이익을 보호하려는 취지이다.

이사회나 대의원회가 총회에 상정한 동기나 경위에 관계없이, 총회에 상정된 안건이 객관적으로 '조합원의 재산권 및 비용부담에 관한 사항'에 해당하는 때에는 원칙적으로 특별다수에 의한 결의방법을 따라야 한다. 다만 이미 특별다수에 의한 결의방법에 따라 의결된 '조합원의 재산권 및 비용부담에 관한 사항'을 경미한 범위 내에서 수정하는 경우나 다른 안건에 관한 결의 등을 통하여 위 각 사항에 관하여 특별결의에 준하는 조합원의 총의가 확인된 경우 등과 같은 특별한 사정이 있는 때에는 예외가 인정될 수 있다.[95]

(2) 특별다수 결의사항과 관련한 총회결의

사업시행계획이나 관리처분계획의 내용에 정관의 필요적 기재사항이자 엄격한 정관변경절차를 거쳐야 하는 '조합의 비용부담'이나 '시공자·설계자의 선정 및 계약서에 포함될 내용'이 포함되어 있고, 당초 재개발 또는 재건축결의 당시와 비교하여 볼 때 조합원들의 이해관계에 중대한 영향을 미칠 정도로 실질적으로 변경된 경우에는 비록 그것이 정관변경에 대한 절차가 적용되는 것은 아니라 하더라도 특별다수의 결의요건을 규정하여 조합원들의 이익을 보호하려는 위 정관변경 규정을 유추적용하여 조합원 3분의 2 이상의 찬성이 필요하다.[96]

다만 정비사업이 조합의 설립, 사업시행계획, 관리처분계획 등의 단계를 거쳐

---

95) 대법원 2014. 8. 20. 선고 2012두5572 판결, 대법원 2012. 11. 15. 선고 2010다7430 판결.
96) 대법원 2012. 8. 23. 선고 2010두13463 판결.

순차 진행되고, 각 단계에서 조합설립인가, 사업시행계획인가, 관리처분계획인가 등의 선행 행정처분이 이루어짐에 따라 다음 절차가 진행되는 것이 정비사업의 특성이므로, 전 단계에서 처분의 대상이 된 '조합의 비용부담'이나 '시공자·설계자의 선정 및 계약서에 포함될 내용'이 후속처분의 기초가 된다 할 것이다. 따라서 판단기준은 전 단계의 내용이다.[97]

(3) 정관에서 법정의 의결정족수 요건 완화 가능 여부

조합의 비용부담이나 시공자·설계자의 선정 및 계약서에 포함될 내용에 관한 사항 등 특별다수 결의사항에 대하여 변경에 필요한 의결정족수를 완화하는 내용으로 정관에 규정하는 것이 가능한지 여부가 문제된다.

조합의 비용부담이나 시공자·설계자의 선정 및 계약서에 포함될 내용 등 특별다수 결의사항은 토지등소유자 4분의 3 이상 동의, 주택단지 토지등소유자 4분의 3 이상의 동의 등의 요건을 거쳐 성립한 재개발·재건축사업의 내용에 포함되는 사항이다. 그와 같은 사항을 변경하는 것임에도 조합원 3분의 2 이상의 의결정족수에 못 미치는 동의로도 가결될 수 있도록 규정함은 위와 같은 엄격한 동의요건을 거쳐 성립한 재개발·재건축사업의 내용이 쉽게 변경되어 재개발·재건축사업의 기초가 흔들릴 수 있을 뿐만 아니라, 일단 변경된 내용도 다시 이해관계를 달리하는 일부 조합원들의 이합집산에 의하여 재차 변경될 수 있어 권리관계의 안정을 심히 해하고 재개발·재건축사업의 원활한 진행에 상당한 장애를 가져올 수 있으므로, 의결정족수를 완화하는 내용으로 정관을 규정하는 것은 불가능하고, 그러한 내용으로 완화된 정관의 가결정족수 규정은 사회통념상 현저히 타당성을 잃은 것으로서 무효이다.[98]

---

97) 대법원 2014. 6. 12. 선고 2012두28520 판결(관리처분계획을 수립할 때에 의결한 정비사업비가 조합원들의 이해관계에 중대한 영향을 미칠 정도로 실질적으로 변경된 경우에 해당하는지를 판단할 경우에는 조합설립에 관한 동의서 기재 건축물 철거 및 신축비용 개산액과 바로 비교할 것이 아니라, 먼저 사업시행계획 시에 조합원들의 동의를 거친 정비사업비가 조합설립에 관한 동의서 기재 건축물 철거 및 신축비용 개산액과 비교하여 조합원들의 이해관계에 중대한 영향을 미칠 정도로 실질적으로 변경된 경우에 해당하는지를 판단하고, 다음으로 관리처분계획안에서 의결한 정비사업비가 사업시행계획 시에 조합원들의 동의를 거친 정비사업비와 비교하여 조합원들의 이해관계에 중대한 영향을 미칠 정도로 실질적으로 변경된 경우에 해당하는지를 판단해야 한다).

98) 대법원 2012. 8. 23. 선고 2010두13463 판결, 대법원 2009. 6. 25. 선고 2007다31822, 2007다31839(공동소송참가) 판결.

⑷ 정관에서 법정의 의결정족수 요건 강화 가능 여부

조합이 조합원들의 이익을 더욱 철저히 보호하기 위하여 정관으로 법정의 의결정족수보다 요건을 강화하는 것은 가능하다.[99] 다만 정관변경을 위해서는 조합원들 전원일치의 의사에 의한다는 등으로 정관변경 자체를 봉쇄하는 조항인 경우에는 그 효력을 인정하기 어렵다.

라. 조합원자격과 관련한 정관변경상의 쟁점

⑴ 문제의 소재

사업시행계획에 따른 분양신청절차에서 다수의 조합원들이 분양신청을 하지 않아 현금청산대상자가 되는 경우, 분양신청하지 않은 조합원들은 분양신청기간 종료일 다음날 조합원지위를 상실한다. 그 경우 조합은 당해 사업시행계획에 따른 정비사업의 지속이 불가능하다고 판단하여 나머지 조합원들로 조합총회를 개최하여 사업시행계획 폐지 결의 후 이를 인가받고, 정관을 아래 (변경 전) 제9조와 같이 변경하여, 현금청산대상자들에게 조합원자격을 부여한 후 사업시행계획을 새롭게 수립하여 분양신청절차를 진행하는 경우가 있다. 위와 같이 변경된 정관의 효력이 문제된다.

> (변경 전) 제9조 ⑥ 사업시행계획인가에 따라 행하여진 분양신청에서 분양신청 기간 내에 분양신청을 하지 않은 자(현금청산대상자)는 사업시행계획인가 폐지 시 조합원 자격이 <u>회복된</u>다(단 조합원 변경신고 수리일부터 회복되는 것으로 간주한다).
>
> (변경 후) 제9조 ⑥ 사업시행계획인가에 따라 행하여진 분양신청에서 분양신청 기간 내에 분양신청을 하지 않은 자(현금청산대상자)는 사업시행계획인가 폐지 시 조합원 자격이 <u>회복될 수 있</u>다(단 조합원 변경신고 수리일부터 회복되는 것으로 간주한다).

---

99) 대법원 2020. 6. 25. 선고 2018두34732 판결 참조(조합 정관이 조합의 비용부담 등에 관한 의결방법에 대하여 상위법령인 도시정비법이 정한 것보다 더 엄격한 조항을 두지 않은 이상 조합의 비용부담에 관한 정관을 변경하고자 하는 총회결의에는 조합원 3분의 2 이상의 찬성의결 정족수가 적용된다고 판시하고 있는바, 이는 보다 가중된 특별다수 찬성의결을 요구하는 정관이 유효함을 전제로 한다).

(2) 판단(정관조항 무효)

(개) 그와 같은 정관변경결의 및 그에 따른 정관변경조항은 사회통념상 현저히 타당성을 잃은 것으로서 무효이다.[100] 그 논거는 다음과 같다.

① 사업시행자가 종전 사업시행계획을 대체하는 새로운 사업시행변경계획을 작성한 후(종전 사업시행계획을 폐지하고 새로운 사업시행계획을 작성한 후) 현금청산 대상자들에게 새로운 분양신청 및 조합 재가입의 기회를 부여하는 것은 단체 자치적 결정으로서 허용되지만, 그 기회를 활용하여 분양신청을 함으로써 조합에 재가입할지 여부는 현금청산대상자들이 개별적으로 결정할 몫이지, 현금청산대상자들의 의사와 무관하게 조합이 일방적으로 현금청산대상자들이 조합원의 지위를 회복하는 것으로 결정하는 것은 현금청산대상자들의 의사에 배치된다.

② 재개발조합원의 지위가 당연히 회복되면, 그 경우 계속하여 분양신청을 원하지 않는 조합원의 경우에는 사업시행자가 새로운 사업시행계획을 작성·인가받아 분양신청절차를 진행할 때까지는 부득이 조합원의 지위에 있게 되고, 그 경우 정관 또는 총회결의에 의하여 위 기간 동안 발생한 사업비에 대하여 종전자산 평가액에 비례하여 부담할 수 있다.

③ 구 법(2013. 12. 24. 법률 제12116호로 개정되기 전의 것)하에서는 현금청산사유가 발생하면 사업시행자는 150일 이내에 현금청산 하여야 하고(다만, 현행 법은 현금청산대상자에 대하여 관리처분계획이 인가, 고시된 다음날부터 90일 이내에 협의한다), 위 기간 내에 협의가 성립하지 아니하는 경우 현금청산대상자는 재결신청을 청구할 수 있고, 만일 조합이 60일 이내에 재결을 신청하지 아니하는 경우, 토지보상법 제30조에 따라 지연가산금을 지급하여야 함에도 사업시행자는 총회결의나 정관변경을 통하여 이를 면탈하게 된다.

(내) 조합은 제1심 판결 이후 (변경 후) 제9조와 같이 변경하였다.[101] 위와 같이 변경된 정관은 조합에 재가입할지 여부가 현금청산대상자들의 의사에 맡겨졌으므로 이는 적법하다.

---

100) 대법원 2021. 2. 10. 선고 2020두48031 판결.
101) 인천지방법원 2020. 1. 10. 선고 2018구합55924 판결.

마. 경미한 사항 변경

⑴ 정관의 경미한 변경사항은 법 시행령 제39조, 서울시 조례 제23조가 자세히 규정하고 있다. 위와 같은 정관의 경미한 변경사항 중 도시정비법령이나 조합 정관에서 총회의결사항으로 특별히 규정한 경우에는 총회의 의결을 받아야 한다(법 제45조 제1항 제1호, 제40조 제4항).

조합이 일반적으로 채택하고 있는 표준정관은 법 시행령 제39조의 경미한 변경사항에 대하여 조합원 과반수 출석과 출석조합원 과반수 찬성으로 변경한다고 규정하고 있다(표준정관 제8조 제2항). 따라서 앞서의 정관변경절차 일반론에서 본 바와 같이 조합원 3분의 1 이상, 대의원 3분의 2 이상 또는 조합장의 발의와 이사회의 심의·의결 및 총회결의를 거쳐야 한다. 그 후 조합은 시장·군수등에게 의결된 정관변경안에 대하여 신고하여야 한다. 다만 위 변경신고는 시장·군수등의 수리를 요한다. 한편, 부산 표준정관은 법 시행령 제39조에 의한 경미한 정관 변경사항에 대하여 대의원회 권한사항으로 규정하고 있다(제24조 제1항).

⑵ 법은 2021. 3. 16. 법률 제17943호로 시장·군수등은 경미한 사항에 대한 변경신고를 받은 날부터 20일 이내에 신고수리 여부를 신고인에게 통지하여야 하고, 시장·군수등이 20일 기간 내에 신고수리 여부 또는 민원 처리 관련 법령에 따른 처리기간의 연장을 신고인에게 통지하지 아니하면 그 기간(민원 처리 관련 법령에 따라 처리기간이 연장 또는 재연장된 경우에는 해당 처리기간을 말한다)이 끝난 날의 다음 날에 신고를 수리한 것으로 본다는 규정을 신설하였다(법 제35조 제6, 7항). 관련 민원의 투명하고 신속한 처리와 일선 행정기관의 적극행정을 유도하기 위하여 처리기간 및 간주규정을 두게 되었다.

제3절 기 관

Ⅰ. 총 설

1. 기관의 종류

조합은 성립 이후 조합원과 구분되는 별개의 공법상 단체로서 행정처분을 행하는 행정주체의 지위를 갖게 되고, 독립한 단체로서 활동하기 위한 기관이 필요하다. 법에서는 조합의 기관으로 조합장, 총회, 대의원회, 감사 등을 규정하고 있고, 조합이 일반적으로 정관의 내용으로 하고 있는 표준정관에는 집행기관으로 이사회를 규정하고 있다. 법은 조합장을 보좌하고 이사회에 부의된 사항을 심의, 의결하며 정관이 정하는 바에 의하여 조합의 사무를 분장하는 임원으로 이사를 규정하고 있다.

창립총회에서 조합장, 감사, 이사회를 구성하는 이사, 대의원회를 구성하는 대의원 등을 선임할 의무가 있는 것은 아니나, 일반적으로 창립총회에서 이들을 선임한다. 이를 위해 추진위원회는 창립총회 전에 조합임원(조합장, 이사, 감사) 및 대의원을 선임하기 위한 선거관리위원회를 사전에 구성하고, 공고 등의 절차를 거쳐 각각 입후보 등록까지 받는다. 그 후 창립총회에서는 선거관리위원회 구성에 대한 추인을 받은 후, 조합임원 및 대의원에 대한 선거를 실시하여 이들을 선임하는 것이 일반적이다.

2. 권한분장의 강행규정

가. 문제의 소재

법령에서는 조합장, 총회, 대의원회, 감사 등 기관에 관한 권한을 규정하고 있다. 그와 같은 권한분장을 조합이 임의로 정관, 총회결의 또는 기관간의 협약을 통하여 변경할 수 있는지 여부가 문제된다.

나. 판단(불가)

법령이 규정하고 있는 기관의 권한분장은 강행규정이므로, 이를 임의로 변경할 수 없고 이에 반하는 내용은 무효이다.[102] 그 논거는 다음과 같다.

① 법령이 규정하고 있는 기관의 권한분장은 조합이 행정주체임을 고려하여 법이 기관간의 견제와 균형을 위해 권한을 분장해 두고 있는 것이다.

---

[102] 대법원 2018. 2. 8.자 2017두65227 심리불속행 판결 및 하급심인 서울고등법원 2017. 9. 13. 선고 2015누48404 판결(조합장 등이 상가의 대표자와 상가에 관한 관리처분계획안을 상가협의회가 마련하는 내용의 상가독립정산제 약정을 체결하더라도, 이는 조합총회가 상가협의회가 작성한 상가관리처분계획안에 100% 구속된다는 의미로 볼 수는 없다. 만약 상가독립정산제약정이 총회가 상가협의회가 마련한 상가관리처분계획안에 100% 구속되어 반드시 승인 결의를 할 의무까지 포함하는 의미라면, 그러한 약정은 법상 허용될 수 없어 강행법규를 위반한 것이어서 무효라고 판시하였다).

② 법은 일정한 사항에 관하여 총회의 의결을 거치도록 하고 이를 위반하여 사업을 추진한 조합임원을 형사처벌하는 규정까지 두고 있는바(법 제137조 제6호), 이는 기관의 권한분쟁이 강행규정임을 전제로 한다. 또한 법 시행령 제43조는 대의원회가 총회의 권한을 대행할 수 없는 사항을 명시적으로 규정하고 있다.

다. 이하에서는 구체적으로 기관을 구성하는 임원 및 기관의 업무에 관하여 자세히 살펴본다.

II. 조합임원

1. 조합임원 구성

가. 조합장, 이사, 감사

⑴ 조합의 임원은 조합장, 이사 및 감사 등이 있다. 조합장은 1명으로 한다. 이사의 수는 3명 이상으로 하고, 감사의 수는 1명 이상 3명 이하로 하되, 토지등소유자의 수가 100인을 초과하는 경우에는 이사의 수를 5명 이상으로 하며 구체적인 숫자는 정관으로 정한다(법 제41조 제1 내지 5항, 법 시행령 제40조). 조합임원의 임기는 3년 이하의 범위에서 정관으로 정하되 연임할 수 있다. 조합임원의 선출방법 등은 정관으로 정한다.

⑵ 법 제49조는 조합에 관하여는 이 법에 규정된 사항을 제외하고는 민법 중 사단법인에 관한 규정을 준용하고, 이에 따라 민법 제57조 내지 67조가 적용되는 바, 민법상 법인과 그 기관인 임원과의 관계는 위임자와 수임자의 법률관계와 같다.[103] 조합과 조합임원 및 대의원과의 관계도 동일하다. 뇌물죄 관련 형법의 적용에서 공무원으로 의제된다(법 제134조).

나. 전문조합관리인

⑴ 전문조합관리인 선임요건

시장 · 군수등은 ① 조합임원이 사임, 해임, 임기만료, 그 밖에 불가피한 사유 등으로 직무를 수행할 수 없는 때부터 6개월 이상 선임되지 아니한 경우, ② 총회에서 조합원 과반수의 출석과 출석 조합원 과반수의 동의로 전문조합관리인의

---

103) 대법원 1996. 1. 26. 선고 95다40915 판결.

선정을 요청하는 경우, 전문조합관리인을 선정하여 조합임원의 업무를 대행하게 할 수 있다(법 제41조 제5항).[104]

(2) 전문조합관리인 선정대상 요건

변호사, 공인회계사, 법무사, 세무사, 건축사, 도시계획·건축분야의 기술사, 감정평가사, 행정사 중 어느 하나에 해당하는 자격을 취득한 후 정비사업 관련 업무에 5년 이상 종사한 경력이 있는 사람(법 시행령 제41조 제1항 제1호), 조합임원으로 5년 이상 종사한 사람(제2호), 공무원 또는 공공기관의 임직원으로 정비사업 관련 업무에 5년 이상 종사한 사람(제3호), 전문관리업자에 소속되어 정비사업 관련 업무에 10년 이상 종사한 사람(제4호), 건설산업기본법 제2조 제7호에 따른 건설사업자에 소속되어 정비사업 관련 업무에 10년 이상 종사한 사람(제5호), 제1호부터 제5호까지의 경력을 합산한 경력이 5년 이상인 사람. 이 경우 같은 시기의 경력은 중복하여 계산하지 아니하며, 제4호 및 제5호의 경력은 2분의 1만 포함하여 계산한다(제6호).

전문조합관리인은 선임 후 6개월 이내에 법 제115조에 따른 교육을 60시간 이상 받아야 한다. 다만, 선임 전 최근 3년 이내에 해당 교육을 60시간 이상 받은 경우에는 그러하지 아니하다(제41조 제3항).

(3) 임기 및 지위

전문조합관리인의 임기는 3년으로 하고 조합임원의 업무를 대행한다(제41조 제4항). 조합의 임원으로서 뇌물죄 관련 형법의 적용에서 공무원으로 의제된다(법 제134조).

2. 자격요건 및 직무

가. 조합장, 이사, 감사의 자격요건

(1) 법정의 자격요건

정비구역에서 거주하고 있는 자로서 선임일 직전 3년 동안 정비구역 내 거주

---

104) 전문조합관리인을 선정하여 조합임원의 업무를 대행하도록 하는 것은 법이 2016. 1. 27. 법률 제13912호로 개정되면서 도입이 되었고, 법이 2019. 4. 23. 법률 제16383호로 개정되면서 총회가 전문조합관리인의 선정을 요청하는 요건이 추가되었다.

기간이 1년 이상이나 정비구역에 위치한 건축물 또는 토지(재건축사업의 경우에는 건축물과 그 부속토지를 말한다)를 5년 이상 소유하고 있는 경우에 한하여 임원으로 선임될 수 있고, 특히 조합장은 선임일부터 관리처분계획인가를 받을 때까지는 해당 정비구역에서 거주하여야 한다(법 41조 제1항). 위와 같은 자격요건은 법이 2019. 4. 23. 법률 제16383호로 개정되면서 처음으로 도입되었다(개정 법률 시행 후 조합임원을 선임하는 경우부터 적용한다). 정비사업 관련 비리를 근절하기 위하여 조합임원의 자격요건을 강화한 것이다.

위 법 제정 이전에도 개개 조합은 정관에 조합원만이 임원의 자격이 있다거나 거주 및 소유요건을 별도로 규정하는 방법으로 따로 임원요건을 규정해 두는 경우도 있었다. 거주기간이 1년 이상이나 소유기간이 5년 이상의 의미와 관련하여 위 규정에 특별한 제한이 없으므로, 반드시 연속하여 1년 이상 거주하거나 5년 이상 소유할 필요는 없다.

⑵ 재개발사업에서 조합설립에 동의한 조합원으로 임원자격을 제한하는 것이 가능한지 여부

㈎ 문제의 소재

강제가입제를 택하고 있는 재개발사업에 있어서는 조합설립에 동의하지 아니한 토지등소유자도 조합원인바, 임원자격을 동의한 사람으로 제한하는 것이 가능한지 여부가 문제된다.

㈏ 판례

판례가 조합의 선거관리규정 중 조합임원 후보자에 대한 추천권을 조합설립에 동의한 토지등소유자에게만 부여한 조항에 대하여 토지등소유자들에게 평등하게 부여되어야 할 조합임원 선출권을 합리적 사유 없이 제한하는 규정이어서 무효라고 판시[105]한 점에 비추어 임원자격을 조합설립에 동의한 조합원만으로 제한하는 것은 효력이 없다.

나. 임원의 직무 및 한계

조합장과 감사의 직무에 대하여는 기관의 직무로서 따로 살펴보기로 한다.

---

105) 대법원 2011. 4. 28. 선고 2010다106269 판결.

이사는 조합장을 보좌하고, 이사회에 부의된 사항을 심의·의결하며 정관이 정하는 바에 의하여 조합의 사무를 분장한다(표준정관 제16조 제2항). 조합장이 유고 등으로 인하여 그 직무를 수행할 수 없을 때에는 (상근)이사 중에서 연장자순에 의하여 그 직무를 대행한다(표준정관 제16조 제6항).

조합임원은 같은 목적의 정비사업을 하는 다른 조합의 임원 또는 직원을 겸할 수 없다(법 제42조 제4항). 나아가 다른 정비사업의 추진위원회 또는 당해 사업과 관련한 시공자·설계자·전문관리업자 등 관련단체의 임원·위원 또는 직원을 겸할 수 없다(표준정관 제16조 제8항).

3. 조합임원 등의 결격사유, 해임 및 사임 등

가. 결격사유

미성년자·피성년후견인 또는 피한정후견인, 파산선고를 받고 복권되지 아니한 자, 금고 이상의 실형을 선고받고 그 집행이 종료되거나 집행이 면제된 날부터 2년이 지나지 아니한 자, 금고 이상의 형의 집행유예를 받고 그 유예기간 중에 있는 자, 도시정비법을 위반하여 벌금 100만 원 이상의 형을 선고받고 10년이 지나지 아니한 자는 조합임원이 될 수 없다(법 제43조 제1항).

법이 2019. 4. 23. 법률 제16383호로 개정되기 이전에는 도시정비법을 위반하여 벌금 100만 원 이상의 형을 선고받고 5년이 지나지 아니한 자가 결격사유였으나, 위 법률개정으로 그 기간을 10년으로 연장하였다. 정비사업 관련 비리를 근절하기 위하여 조합임원의 결격사유를 강화한 것이다.

나. 당연퇴임사유

조합임원이 선임된 이후 결격사유에 해당하게 되거나 선임 당시 결격사유에 해당하는 자이었음이 밝혀진 경우, 조합임원이 법 제41조 제1항에 따른 거주 또는 소유 자격요건을 갖추지 못한 경우에는 당연 퇴임한다(법 제43조 제2항). 다만, 퇴임된 임원이 퇴임 전에 관여한 행위는 그 효력을 잃지 아니한다(법 제43조 제3항).

다. 해 임

(1) 조합임원은 법 제44조 제2항(총회의 소집절차 규정)에도 불구하고 조합원

10분의 1 이상의 요구로 소집된 총회에서 조합원 과반수의 출석과 출석 조합원 과반수의 동의를 받아 해임할 수 있다. 이 경우 요구자 대표로 선출된 자가 해임 총회의 소집 및 진행을 할 때에는 조합장의 권한을 대행한다(법 제43조 제4항).

원칙적 총회소집 요구는 조합원 5분의 1 이상임에도 조합원 10분의 1 이상으로 완화하고, 그 경우 요구자 대표가 총회의 소집과 진행을 하도록 함으로써 언제든지 임원 해임을 위한 총회가 개최될 수 있어 공익사업인 정비사업의 진행에 차질을 초래할 우려가 있다는 견해가 있는 듯하다.

임원의 권한 및 그들이 정비사업에 미치는 영향 등에 비추어 조합원 10분의 1 이상으로 소집요구의 요건을 완화한 것은 타당하고, 나아가 명백한 해임사유가 있음에도 조합장이 총회소집권을 보유함을 기화로 임원 해임을 위한 총회의 소집 자체를 거부할 경우에 대비하여, 발의자 대표로 선출된 조합원에게 예외적으로 총회를 스스로 소집할 수 있는 권한을 부여한 것 또한 타당하다. 특히 위 규정의 입법취지는 조합의 혼란가능성을 어느 정도 감수하고서라도 조합원들로 하여금 부적임이라고 판단되는 조합임원을 신속하게 해임할 수 있도록 함으로써 조합에 추가적인 손해를 끼치지 못하도록 함에 있다.[106]

총회에서 조합원 과반수의 출석과 출석 조합원 과반수의 동의로 전문조합관리인의 선정을 요청하여 시장·군수등이 전문조합관리인을 선정한 경우, 전문조합관리인이 업무를 대행할 임원은 당연 퇴임한다(법 제43조 제5항). 법이 2019. 4. 23. 법률 제16383호로 개정되면서 신설되었다.

⑵ 법 제49조는 조합에 관하여 이 법에 규정된 사항을 제외하고는 민법 중 사단법인에 관한 규정을 준용하는바, 민법 제70조 제3항은 총 사원의 5분의 1 이상으로부터 총회소집 요구를 받는 경우 대표자인 이사는 총회를 소집하여야 하나, 이사가 총회소집절차를 밟지 아니하는 때에는 청구한 사원은 법원의 허가를 얻어 이를 소집할 수 있다고 규정하고 있으므로, 조합원 10분의 1 이상의 요구로 총회를 소집함에 있어 법원의 허가를 얻어야 하는지 여부가 문제된다.

법은 조합원 10분의 1 이상이 총회소집을 요구하는 경우에는 조합장에게 소집권한이 있을 뿐만 아니라 즉시 요구자 대표가 직접 총회를 소집하고 진행할 수 있도록 하고 있으므로, 대표자가 총회를 소집하지 않는 경우를 대비한 위 민법 제

---

106) 서울고등법원 2011. 12. 14.자 2011라856 결정.

70조 제3항은 적용될 여지가 없다.

(3) 법은 해임사유에 대하여 아무런 규정이 없고, 또한 조합 임원은 조합에 대하여 민법상 수임인의 지위에 있어 민법 제689조 제1항에 의하여 위임계약은 언제든지 해지될 수 있다. 따라서 해임사유에는 제한이 없음이 명백하다.

라. 사 임

앞서 본 바와 같이 조합과 그 임원의 관계는 위임관계이므로, 임원은 자유롭게 사임하여 법률관계를 종료시킬 수 있다(민법 제689조 제1항). 사임행위는 상대방 있는 단독행위라 할 것이므로 그 의사표시가 상대방에게 도달함과 동시에 곧바로 효력을 발생하고 그 의사표시가 효력을 발생한 후에는 마음대로 이를 철회할 수 없다.[107] 이와 관련하여 사임의 의사표시는 언제 있었는지, 수령 있는 기관에 도달하였는지 여부와 관련하여 실무상 다툼이 있다.

현재 부산 표준정관에는 임원 및 대의원의 사임은 사임서를 조합사무실에 제출함으로써 효력이 발생한다고 규정하여 실무상의 다툼을 해소하였다(제16조 제4항). 위 규정에 의하는 경우 사임서 제출은 사임의 효력발생요건이므로 설령 임원이 사임서 제출 전에 사임의 의사를 밝혔다 하더라도 자유롭게 사임의사를 철회할 수 있다.[108]

마. 자격정지

임원으로 선임된 후 직무와 관련한 형사사건으로 기소된 경우에는 기소내용이 통지된 날부터 14일 이내에 조합원에게 그 내용을 고지하여야 하며, 그 내용에 따라 확정판결이 있을 때까지 조합은 임원의 자격을 정지할 수 있다(표준정관 제17조 제4항). 부산 표준정관은 "그 내용에 따라 확정판결이 있을 때까지 직무를 수행하는 것이 적합하지 아니하다고 인정될 때에는 대의원회의 의결에 따라 그의 직무수행을 정지할 수 있다."라고 규정하여 그 요건을 엄격히 하고 있다.

바. 새로운 임원 선임

(1) 임원이 사임하거나 해임되는 경우에는 지체 없이 새로운 임원을 선출하여

---

107) 대법원 2003. 1. 10. 선고 2001다1171 판결.
108) 대법원 2006. 6. 15. 선고 2004다10909 판결.

야 한다. 이 경우 새로 선임된 임원의 자격은 시장·군수등의 조합설립변경인가 및 조합에 의한 임원변경등기가 이루어져야 대외적으로 효력이 발생한다(표준정관 제18조 제2항). 대외적으로 효력을 발생한다는 의미와 관련하여 새로 선임된 임원은 변경등기 이전에는 대외적으로는 아무런 효력이 없는 것인지 또는 단지 제3자에게 대항할 수 없는 것인지 여부가 문제된다.

법 제49조는 조합에 관하여는 이 법에 규정된 사항을 제외하고는 민법 중 사단법인에 관한 규정을 준용한다고 규정하고 있고, 민법 제54조 제1항은 설립등기 이외의 등기사항은 그 등기후가 아니면 제삼자에게 대항하지 못한다고 규정하고 있으며, 표준정관이 민법과 달리 특별히 새롭게 선임된 임원에 대하여 등기 전에 대외적으로 아무런 효력이 발생하지 않도록 규정할 아무런 이유가 없는 점에 비추어 위 '대외적으로 효력이 발생한다.'의 의미는 위 민법상의 대항요건을 규정한 것으로 해석된다.[109]

(2) 사임하거나 또는 해임되는 임원이 새로운 임원이 선임, 취임할 때까지 직무를 수행하는 것이 적합하지 아니하다고 인정될 때에는 이사회 또는 대의원회의 의결에 따라 그의 직무수행을 정지하고 조합장이 임원의 직무를 수행할 자를 임시로 선임할 수 있다(표준정관 제18조 제4항). 부산 표준정관은 '이사회'를 삭제하고 반드시 대의원회의 의결에 의하도록 하고 있다.

조합장이 사임하거나 해임되는 경우 그 직무대행자에 관하여 다음에서 살펴보듯이 재개발사업의 경우 감사가 그를 선임하고, 재건축의 경우에는 (상근)이사 중에서 연장자가 직무대행자가 되는바, 문제는 조합장의 경우에도 이사와 마찬가지로 이사회 또는 대의원회의 직무정지의결이 있는 경우에 한하여 조합장 직무대행체제로 전환되는 것인지 여부이다.

조합장도 임원이므로 별도의 이사회 또는 대의원회 결의가 있는 경우에 한하여 직무대행체제로 전환된다고 보아야 한다. 사임의 경우에는 판례도 같은 견해이다.[110]

---

109) 김은유, 정비사업 조합 임원의 선임 및 해임에 따른 법률문제, 사법 제23호(2013), 55쪽.
110) 대법원 1996. 1. 26. 선고 95다40915 판결.

III. 총 회

1. 의 의

조합에는 조합원으로 구성되는 총회를 둔다(법 제44조 제1항). 조합의 총회는 조합의 최고의사결정기관으로서 조합의 의사를 결정함에 있어 상위법령 및 정관에 위배되지 않는 범위 내에서 자율성과 형성의 재량을 가진다. 총회는 정기총회, 임시총회로 구분하며 원칙적으로 조합장이 소집한다. 정기총회는 매년 1회 개최한다(표준정관 제20조 제2, 3항).

2. 소집절차

가. 총회는 원칙적으로 조합장이 소집하고 총회를 개최하거나 일시를 변경하는 경우에는 총회의 목적·안건·일시·장소·변경사유 등에 관하여 미리 이사회의 심의, 의결을 거쳐야 한다(표준정관 제20조 제6항). 다만 조합임원의 사임, 해임 또는 임기만료 후 6개월 이상 조합임원이 선임되지 아니한 경우에는 시장·군수 등이 조합임원 선출을 위한 총회를 소집할 수 있다(법 제44조 제3항).

또한 앞서 본 바와 같이 조합원 10분의 1 이상의 요구로 이사 등의 해임요구 시 요구대표자가 총회를 소집할 수 있다.

나. 임시총회는 조합장이 필요하다고 인정하는 경우 직권으로, 조합원 5분의 1 이상이 총회의 목적사항을 제시하여 청구하는 때(다만 정관의 기재사항 중 조합임원의 권리·의무·보수·선임방법·변경 및 해임에 관한 사항을 변경하기 위한 총회의 경우는 10분의 1 이상으로 한다), 대의원 3분의 2 이상으로부터 개최요구가 있는 때에 개최된다(법 제44조 제2항, 표준정관 제20조 제4, 5항). 실무상 조합장이나 이사의 해임총회와 관련하여 주로 문제된다. 만일 조합원 10분의 1 이상이 발의하였는데, 총회개최 전까지 발의 철회자가 나와 그 요건을 갖추지 못한 경우에는 그 총회는 무효이다. 발의철회는 당연히 가능하다.

해임총회 발의에 동의한 자를 상대로 해임대상자가 설득하여 발의를 철회하려고 하는 경우 그 방법이 문제 된다. 발의자 대표가 철회서를 받아주지 않는 경우가 있기 때문이다. 그 경우에는 발의자 대표에게 우편이나 기타 방법으로 철회하고, 그 사실을 증명할 수 있으면 발의철회를 인정할 수 있다.[111]

다. 총회를 소집하는 경우에는 총회가 개최되기 7일전까지 회의목적 · 안건 · 일시 및 장소를 정하여 조합원에게 통지하여야 한다(법 제44조 제4항). 통지방법은 등기우편으로 이를 발송, 통지하여야 한다(표준정관 제20조 제6항, 부산 표준정관에서도 휴대폰 문자발송을 요건으로 하고 있지 않다). '총회가 개최되기 7일전'을 계산함에 있어서는 늦어도 회의개최예정일을 포함하여 역산하여 7일째 되는 날의 전날에 총회 소집통지의 발송이 이루어져야 한다.[112] 회의개최 14일전부터 회의목적 · 안건 · 일시 및 장소 등을 게시판에 게시하여야 한다(표준정관 제20조 제6항). 총회는 통지한 안건에 대해서만 의결할 수 있다.

3. 총회의 의결사항 및 의결방법

가. 의결사항

법 제45조 제1항

반드시 총회의 의결을 거쳐야 하는 사항은 다음과 같다.

① 정관의 변경(경미한 사항의 변경은 이 법 또는 정관에서 총회의결사항으로 정한 경우로 한정한다)

② 자금의 차입과 그 방법 · 이자율 및 상환방법

③ 정비사업비의 세부 항목별 사용계획이 포함된 예산안 및 예산의 사용내역

④ 예산으로 정한 사항 외에 조합원에게 부담이 되는 계약

⑤ 시공자 · 설계자 및 감정평가법인등(제74조 제4항에 따라 시장 · 군수등이 선정 · 계약하는 감정평가법인등은 제외한다)의 선정 및 변경. 다만, 감정평가법인등 선정 및 변경은 총회의 의결을 거쳐 시장 · 군수등에게 위탁할 수 있다.

⑥ 전문관리업자의 선정 및 변경

⑦ 조합임원의 선임 및 해임

⑧ 정비사업비의 조합원별 분담내역

⑨ 사업시행계획서의 작성 및 변경(제50조 제1항 본문에 따른 정비사업의 중지 또는 폐지에 관한 사항을 포함하며, 같은 항 단서에 따른 경미한 변경은 제외한다)

⑩ 관리처분계획의 수립 및 변경(제74조 제1항 각 호 외의 부분 단서에 따른 경

---

111) 김은유, 전게논문, 74쪽.
112) 이우재, 전게서(상), 780쪽.

미한 변경은 제외한다)

⑪ 제89조에 따른 청산금의 징수·지급(분할징수·분할지급을 포함한다)과 조합 해산 시의 회계보고

⑫ 제93조에 따른 비용의 금액 및 징수방법

⑬ 그 밖에 조합원에게 경제적 부담을 주는 사항 등 주요한 사항을 결정하기 위 하여 대통령령 또는 정관으로 정하는 사항(이하 법 시행령 42조 제1항)

㉮ 조합의 합병 또는 해산에 관한 사항

㉯ 대의원의 선임 및 해임에 관한 사항

㉰ 건설되는 건축물의 설계 개요의 변경

㉱ 정비사업비의 변경

(2) 쟁점

(가) 법 제45조 제1항이 법정사항에 대하여 총회의결을 거치도록 한 취지는 조합원들의 권리·의무에 직접적인 영향을 미치는 사항에 대하여 조합원들의 의사가 반영될 수 있도록 절차적 참여 기회를 보장하고 조합임원에 의한 전횡을 방지하기 위한 것이다. 이와 같은 규정의 취지에 비추어 보면, 조합이 조합원 총회의 의결을 거치지 아니하고 시공자·설계자 및 감정평가법인등의 선정 및 변경, 전문관리업자의 선정 및 변경, 기타 예산으로 정한 사항 외에 조합원의 부담이 될 계약을 체결한 경우에는 그 효력이 없다고 할 것이다.[113] 나아가 법 제45조 제1항에 따른 총회의 의결을 거쳐야 하는 사항을 임의로 추진하는 조합의 임원은 법 제137조 제6호에 의하여 2년 이하의 징역 또는 2천만 원 이하의 벌금이라는 형사처벌을 받게 된다.

(나) 관리처분계획에 따라 이전고시가 이루어진 이후 조합원들에 대한 제89조에 의한 청산금의 징수, 지급이나 제93조에 따른 부과금의 징수에 총회결의가 필요함은 명백하다. 문제는 관리처분계획 수립이후 사업시행자인 조합과 수분양자 사이에 체결하는 분양계약에 따라 조합원들이 납부하여야 하는 '추가부담금'에 대하여 총회의결을 거쳐야 하는지 여부이다.

---

113) 대법원 2001. 3. 23. 선고 2000다61008 판결, 대법원 2010. 6. 24. 선고 2009도14296 판결, 대법원 2011. 4. 28. 선고 2011다5448, 2011다5455(반소) 판결 등 참조.

조합이 조합원들과 체결한 각각의 분양계약에 따라 조합원들이 납부하여야 하는 '추가부담금'은 법 제45조 제1항 제8호에서 조합원총회의 의결사항으로 규정한 '정비사업비의 조합원별 분담내역'에 해당한다. 따라서 반드시 총회의결을 거쳐야 한다.[114)

(다) '예산으로 정한 사항 외에 조합원에게 부담이 되는 계약'이란 사업시행자인 조합이 예산으로 정해진 항목과 범위를 벗어나서 금원을 지출하거나 채무를 부담으로써 조합원에게 그 비용에 대한 부담이 되는 계약을 의미하고, '조합의 회계와 총회의 소집시기' 등은 법 제40조 제1항 제8, 10호에 따라 조합의 정관에 포함되어야 할 사항인바, '예산'의 의미는 통상적으로 조합의 정관에서 정한 1회계연도의 수입 · 지출 계획'을 의미한다.[115)

따라서 예산으로 정한 사항 외에 조합원에게 부담이 되는 계약이란 당해 계약이 수년간 효력을 미치는 것에 국한하는 것이 아니라, 그 계약에 따른 채무의 효력이 그 회계연도에 한정되고 그 회계연도 내에 채무의 변제가 완료되는 것이라고 하더라도 예산으로 정하여지지 않았다면 총회의 의결사항에 해당한다고 보아야 한다.[116)

한편 예산으로 정한 사항 외에 조합원의 부담이 될 계약은 사업시행자인 조합이 정비사업을 추진하는 과정에서 흔하게 발생할 것임에도, 매번 총회결의를 받아야 한다면 공익사업인 정비사업의 진행에 지장을 초래한다는 우려가 있기는 하다.

비록 정비사업의 성격상 조합이 추진하는 모든 업무의 구체적 내용에 관하여 총회에서 사전에 의결하는 것이 어렵다 하더라도 법 제45조 제1항 제4호의 규정 취지에 비추어 보면 예산으로 정한 사항 외에 조합원의 부담이 될 계약을 체결하는 경우에는 사전에 총회에서 추진하려는 계약의 목적과 내용, 그로 인하여 조합원들이 부담하게 될 부담의 정도를 개략적으로 밝히고 그에 관하여 총회의 의결을 거쳐야 할 것이다.[117)

---

114) 대법원 2018. 12. 27. 선고 2018도14424 판결.
115) 헌재 2014. 5. 29. 선고 2012헌바390, 2014헌바155(병합) 결정.
116) 대법원 2008. 1. 10. 선고 2005도8426 판결(단발성의 목욕탕 매입계약을 체결함에 있어서도 총회 의결이 필요하다).
117) 대법원 2010. 6. 24. 선고 2009도14296 판결.

나. 의결방법

(1) 일반적 의결방법

(가) 원칙

조합원은 직접 출석하여 의결권을 행사하는 것이 원칙이다.

(나) 예외

① 서면의결권 행사

조합원은 서면의결권을 행사하는 것도 가능하다. 조합은 서면의결권을 행사하는 자가 본인인지를 확인하여야 한다(법 제45조 제5, 6항). 서면으로 의결권을 행사하는 경우에는 정족수를 산정할 때에 출석한 것으로 본다.

위 본인확인 조항은 법이 2021. 8. 10. 법률 제1888호로 개정되면서 새롭게 도입되었다. 출석을 서면으로 하는 때에는 안건내용에 대한 의사를 표시하여 총회 전일까지 조합에 도착되도록 하여야 한다(표준정관 제22조 제4항).

② 대리인에 의한 의결권 행사

조합원의 대리인에 의한 의결권 행사는 아래 어느 하나에 해당하는 경우에만 예외적으로 허용된다.

㉮ 조합원이 권한을 행사할 수 없어 배우자, 직계존비속 또는 형제자매 중에서 성년자를 대리인으로 정하여 위임장을 제출하는 경우(제1호)

㉯ 해외에 거주하는 조합원이 대리인을 지정하는 경우(제2호)

㉰ 법인인 토지등소유자가 대리인을 지정하는 경우. 이 경우 법인의 대리인은 조합임원 또는 대의원으로 선임될 수 있다(제3호)

대리인을 통하여 의결권을 행사하는 경우에는 정족수를 산정할 때에 출석한 것으로 본다(법 제45조 제7항).

③ 쟁점

출석을 대리인으로 하고자 하는 경우에는 인감 또는 조합에 등록된 사용인감으로 대리인계를 작성하여 조합에 제출하여야 한다(표준정관 제22조 제5항).

위 규정의 취지는 대리권의 존부에 관한 법률관계를 명확히 하여 총회결의의 성립을 원활하게 하기 위함에 목적이 있다. 만일 총회 개회 당시 의장 등 집행부의 자의적인 판단에 따라 조합원의 의결권 대리행사 가부를 가릴 수 있다고 보게 되면 그들에게 자신들의 유불리에 따라 총회결의의 결과를 좌우할 수 있도록 허용하는 것이 되어 불필요한 법적 분쟁이 야기될 수 있으므로, 이를 원천적으로 차단하기 위함이다. 따라서 정관에 규정된 위임장을 제출하지 아니하면 대리인을 통해 의결권을 행사할 수 없고, 위임장의 추후 보완은 인정될 수 없다.[118]

한편, 부산 표준정관은 대리인을 통하여 의결권을 행사하는 경우 위임장 및 대리인 관계를 증명하는 서류를 조합에 제출하는 것으로 족하다고 규정하고 있다(제10조 제3항). 인감의 불필요한 과다사용이 문제되므로 부산 표준정관이 타당하다.

(2) 재난 시의 의결방법

재난안전법 제3조 제1호에 따른 재난의 발생 등 대통령령으로 정하는 사유가 발생하여 시장·군수등이 조합원의 직접 출석이 어렵다고 인정하는 경우에는 전자적 방법[전자문서 및 전자거래 기본법 제2조 제2호에 따른 정보처리시스템을 사용하거나 그 밖의 정보통신기술을 이용하는 방법을 말한다]으로 의결권을 행사할 수 있다(법 제45조 제8항). 이 경우 정족수를 산정할 때에는 직접 출석한 것으로 본다. 위 조항은 법이 2021. 8. 10. 법률 제1888호로 개정되면서 새롭게 도입되었다.

다. 의결정족수 및 출석정족수

(1) 의결정족수

① **조합원 3분의 2 이상**: 정비사업비가 100분의 10 이상 늘어나는 사업시행계획서의 작성 및 변경, 관리처분계획의 수립 및 변경

② **조합원 과반수 찬성**: 사업시행계획서의 작성 및 변경(정비사업의 중지 또는 폐지에 관한 사항을 포함하며, 경미한 변경 제외), 관리처분계획의 수립 및 변경(경미한 변경 제외)

③ **조합원 과반수 출석과 출석조합원 과반수 찬성**: 나머지 사항

④ **표준정관**: 조합이 일반적으로 정관으로 채택하고 있는 표준정관 제15조 제2항은 조합임원은 조합원 과반수의 출석과 출석 조합원 3분의 2 이상의 동의를 얻

---

118) 대법원 2021. 9. 30. 선고 2021다230144 판결, 대법원 2001. 12. 28. 선고 2001다49111 판결, 대법원 2015. 7. 23.자 2015두41173 심리불속행 판결 및 하급심인 서울고등법원 2015. 4. 10. 선고 2014누69459 판결.

어 조합원 중에서 선임한다고 규정하고 있다.

한편, 부산 표준정관은 조합임원의 경우에도 조합원 과반수 출석과 출석조합원 과반수의 동의를 얻도록 규정하고 있는바(제13조 제2항), 법령에 의하여 일정기간 거주 및 소유를 요구하는 등으로 조합임원의 자격요건이 강화된 측면에 비추어 부산 표준정관이 타당하다.

⑵ 현장에의 직접 출석정족수

① 원칙: 조합원의 100분의 10 이상이 직접 출석하여야 한다(법 제45조 제7항 본문).

② 예외: 창립총회, 사업시행계획서의 작성 및 변경을 위하여 개최하는 총회, 관리처분계획의 수립 및 변경을 위하여 개최하는 총회, 정비사업비의 사용 및 변경을 위하여 개최하는 총회에서는 조합원의 100분의 20 이상이 직접 출석하여야 한다(법 제45조 제7항 단서, 법 시행령 제42조 제2항).

⑶ 정족수 미달로 재소집하였음에도, 다시 정족수 미달의 경우 처리방법

표준정관 제22조 제6항은 정관변경, 자금의 차입과 그 방법·이자율 및 상환방법, 예산으로 정하는 사항 외에 조합원의 부담이 될 계약, 철거업자, 시공자, 설계자의 선정 및 변경, 조합임원 및 대의원의 선임 및 해임, 관리처분계획의 수립 및 변경, 조합의 합병 또는 해산을 제외하고는 총회 소집결과 정족수에 미달되는 때에는 재소집하여야 하며, 재소집의 경우에도 정족수에 미달되는 때에는 대의원회로 총회를 갈음할 수 있다고 규정하고 있다.

그러나 법 시행령 제43조는 대의원회가 총회의 권한을 대행할 수 없는 사항을 명시하고 있는바, 이는 조합원 전체의 이해에 중대한 영향을 미칠 수 있는 사항으로서, 강행규정이다. 따라서 위와 같은 사항은 총회가 재소집 되었으나, 정족수에 미달된다 하더라도, 대의원회로 총회를 갈음할 수 없으므로, 위 범위 내에서 표준정관의 내용대로 제정된 정관은 강행규정에 반하여 무효이다. 부산 표준정관은 총회를 재소집하였으나 정족수에 미달한다 하더라도, 법 시행령 제43조 각 호의 사항은 대의원회로 총회를 갈음할 수 없음을 명시하고 있다(제20조 제5항).

4. 총회결의의 하자 여부

이는 이사회 또는 대의원회에도 공통적으로 적용된다.

가. 총회결의의 효력여부 판단기준

총회결의의 효력 여부는 특별한 사정이 없는 이상 결의내용이 강행법규에 위반되는지 여부 등 실체적 요건과 소집절차가 법령 또는 정관이 정한 규정에 부합하는 것인지 여부, 해당 안건의 결의에 필요한 의결정족수를 갖추었는지 여부 등 절차적 요건을 충족하였는지에 따라 판단해야 한다.[119]

나. 절차의 하자

법령 또는 정관이 정하는 바에 따른 정당한 소집권자가 아닌 자에 의하여 소집되고 적법한 소집절차 없이 개최되었다면 그 총회의 결의는 부적법한 결의로서 효력이 없다.[120] 구체적인 사례에 관하여 자세히 살펴본다.

(1) 정족수 관련

(가) 의사정족수 관련

총회에서 의결하는 경우의 의결정족수를 정하는 기준이 되는 출석조합원은 당초 총회에 참석한 모든 조합원을 의미하는 것이 아니라 문제가 된 결의 당시 회의장에 남아 있던 조합원만을 의미하고, 회의 도중 스스로 회의장에서 퇴장한 조합원은 이에 포함되지 않는다.[121] 따라서 통상적인 의결요건인 조합원 과반수 출석에 출석조합원 과반수 찬성에 있어 과반수 찬성은 결의 당시 회의장에 남아있던 조합원만을 출석자로 산정하여야 한다.

(나) 의결정족수 관련

① 정관의 필요적 기재사항이자 엄격한 정관변경절차를 거쳐야 하는 '조합원의 자격에 관한 사항'이나 '조합의 비용부담'이 당초 재건축결의 당시와 비교하여 볼

---

119) 대법원 2014. 5. 29. 선고 2011두33051 판결.
120) 대법원 2007. 5. 31. 선고 2006도8488 판결, 대법원 2007. 10. 25. 선고 2006도5719 판결 등 참조.
121) 대법원 2010. 4. 29. 선고 2008두5568 판결.

때 조합원들의 이해관계에 중대한 영향을 미칠 정도로 실질적으로 변경된 경우에
는 비록 그것이 정관변경에 대한 절차가 아니라 하더라도 특별다수의 동의요건을
규정하여 조합원들의 이익을 보호하려는 법 제40조 제3항 단서, 제1항 제2호 및
제8호의 규정을 유추적용하여 조합원 3분의 2 이상의 찬성의결이 필요하다.

② 조합의 비용부담 등 엄격한 정관변경절차를 거쳐야 하는 사항이고, 종전 총
회결의의 내용에 대한 변경을 위한 재건축 총회결의에 있어, 변경되는 내용이 상
가 소유자 등 특정 집단의 이해관계에 직접적인 영향을 미치는 경우라 할지라도
조합설립인가에 준하여 각 동별 구분소유자 과반수의 동의 및 전체 구분소유자의
4분의 3 이상, 토지 면적 4분의 3 이상 토지소유자의 동의 규정이 적용되거나 유
추적용된다고 볼 수는 없다.[122]

(2) 소집절차상의 하자의 적법

(가) 전원출석 및 이의 없는 결의 시 유효

총회가 법령 및 정관상 요구되는 이사회의 결의 및 소집권자의 소집절차 없이
이루어졌다 하더라도, 조합원 전원이 참석하여 총회를 개최하는 데 동의하고 아무
런 이의 없이 만장일치로 결의가 이루어졌다면 그 결의는 특별한 사정이 없는 한
유효하다.[123]

(나) 소집공고절차상의 하자

법 제44조 제5항은 '총회의 소집절차·시기 등에 필요한 사항은 정관으로 정
한다.'고 규정하고 있고 조합정관은 총회 소집공고 규정을 두고 있다. 정관상의 총
회 소집공고 규정 등에 비추어 총회 소집공고절차상 하자가 있다 하더라도 구성
원들의 총회 참여에 실질적인 지장이 없었다면 그와 같은 절차상 하자는 경미한
것이어서 총회결의는 유효하다.

정관이 정한 총회일 20일전 안건의 공고, 게시절차를 위반하여 총회일 14일전
에 안건을 공고·게시하였다는 점(총회소집통지서는 적법한 때에 발송하였다)만으로
는 총회결의를 무효라고 단정할 수 없다.[124]

---

122) 대법원 2020. 6. 25. 선고 2018두34732 판결.
123) 대법원 2002. 12. 24. 선고 2000다69927 판결.
124) 대법원 2020. 6. 25. 선고 2018두34732 판결.

㈐ 자격없는 자에 대한 소집통지, 출석과 관련한 하자

① 총회 소집통지를 조합원들뿐만 아니라 조합원 자격 없는 현금청산대상자들에게도 하였다는 사정만으로 총회결의가 위법하다고 볼 수는 없다.

판례는 조합원 중 분양신청을 하지 않은 자들은 분양신청기간 종료일 다음날 조합원의 지위를 상실하였으므로 분양신청기간이 종료한 후 개최되는 조합원 총회에서는 의사정족수 산정을 위한 총 조합원 수에서 제외되어야 함에도, 조합이 이들에게 모두 소집통지를 하고 이들을 모두 포함하여 964명을 출석자로 판단하였으나, 분양신청하지 않은 조합원들을 제외하면 조합원은 866명인데, 총회에 668명이 출석한 사안에서, 안건에 관한 결의 당시 출석자 수가 적어도 483명 이상이어서 총 조합원의 과반수 출석이라는 의사정족수를 충족하였다고 판단한 결론은 정당하다고 판시하였다.[125]

② 조합의 이사회 혹은 대의원회의의 결의에 자격 없는 자가 참가한 하자가 있다 하더라도, 자격 없는 자의 표결을 제외하더라도 그 결의가 성립함에 필요한 정족수를 충족하고, 제반 사정에 비추어 그 하자가 결의의 결과에 영향을 미치지 않았다고 인정되는 때(대의원회의에서의 임원선임 결의에 조합원이 아니어서 대의원의 자격이 없는 자 13인이 참가하였으나 그들은 그 회의에서 아무런 발언을 하지 않은 채 임원후보에 대한 선임 결의 시 찬성의 의사표시만을 하였다)에는 그 결의를 무효라고 볼 것은 아니다.[126]

③ 판례는 총회결의에 조합원 자격이 없는 현금청산대상자 136명이 참여하였으나, 그들을 제외하더라도 조합원 총수 477명 중 436명이 참석하였고, 그중 434명(재적조합원의 약 90%, 참석조합원의 약 99%)의 찬성으로 총회결의가 이루어진 사안에서, 총회 의결정족수를 넉넉히 충족하고, 총회 회의록상 참석한 현금청산대상자들은 투표만 하였을 뿐이며, 기타 총회 외에서 그들이 결의에 영향을 미쳤다는 사정이 없음을 들어 결의가 유효하다고 판시하였다.[127]

---

125) 대법원 2012. 3. 29. 선고 2010두7765 판결.
126) 대법원 1995. 11. 7. 선고 94다5649 판결, 대법원 1995. 11. 21. 선고 94다15288 판결, 대법원 1997. 5. 30. 선고 96다23375 판결.
127) 대법원 2021. 2. 10. 선고 2020두48031 판결.

㈜ **소집권한 없는 자에 의하여 소집된 총회의 예외적 유효사유**

법정의 소집권한이 없는 자에 의하여 소집된 총회결의는 원칙적으로 무효이다. 그러나 판례는 다음과 같은 예외를 인정하고 있다.

① 총회의 소집권자인 공동대표 중의 1인이 나머지 공동대표자와 공동하지 않은 채 단독으로 총회를 소집하였다 하더라도 특단의 사정이 없는 한 그 총회의 결의가 부존재라거나 무효라고 할 정도의 중대한 하자라고 볼 수는 없다.[128]

② 당초 총회에서 임원을 선임한 결의가 있었고 그 후 다시 개최된 총회에서 위 종전 결의를 그대로 재인준하는 결의를 한 경우, 설사 당초의 임원선임결의가 부존재 혹은 무효라고 할지라도 새로운 총회가 당초 임원선임결의에 의하여 선임된 임원에 의하여 소집된 총회임에 근거한 무권리자에 의하여 소집된 총회라는 사유는 이를 독립된 무효사유로 볼 수 없다.[129] 왜냐하면 만약 이를 무효사유로 본다면 최초의 임원선임결의의 무효로 인하여 연쇄적으로 그 후의 결의가 모두 무효로 되는 결과가 되어 법률관계의 혼란을 초래하고 법적 안정성을 현저히 해하게 되기 때문이다.

㈜ **총회소집에 필요한 유예기간 미준수의 하자**

총회개최에 일정한 유예기간을 두고 소집통지를 하도록 규정한 취지는 그 구성원의 토의권과 의결권의 행사를 보장하기 위한 것이므로 조합원들에 대한 소집통지가 단순히 법정기한을 1일이나 2일 지연하였을 뿐이고 조합원들이 사전에 회의의 목적사항을 알고 있는 등의 사정이 있었다면 조합원들의 토의권 및 의결권의 적정한 행사가 방해된 것으로 볼 수 없으므로, 총회결의는 유효하다.[130] 위 판례의 반대해석상 법 제44조 제4항의 규정과 같이 회의개최 7일 전에 회의 목적·안건·일시 및 장소를 정하여 조합원들에게 통지하여야 함에도, 기한이 4~5일 정도 늦추어졌다면 그 총회결의는 무효로 보아야 할 것이다.

㈜ **안건 통지의 방법 및 시기**

표준정관 제20조 제6항은 총회를 개최하는 경우 조합원에게 회의개최 7일 전까지 '회의목적·안건·일시 및 장소'를 등기우편으로 이를 발송, 통지하도록 규

---

128) 대법원 1999. 6. 25. 선고 99다10363 판결.
129) 대법원 2003. 9. 26. 선고 2001다64479 판결.
130) 대법원 1999. 6. 25. 선고 99다10363 판결.

정하고 있다. 따라서 반드시 등기우편으로 통지하여야 하고, 일반우편으로 통지하였다면, 이는 위법하다. 다만 통지는 '발송'으로 족하고 개개 조합원에게 7일 전까지 '도달'됨을 요하지 않는다.

회의의 목적사항의 의미에 관하여 판례는 일반적으로 회의체를 소집함에 있어서 그 소집통지에 포함될 회의의 목적사항은 구성원들의 회의참석에 관한 의사결정이나 준비를 가능하게 할 정도이면 충분하고, 달리 법령이나 정관등에서 특별한 규정을 두고 있지 않은 한 상정될 안건의 구체적 내용이나 그에 관한 판단자료까지 반드시 소집통지에 포함해야 하는 것은 아니라고 판시하고 있다.[131] 따라서 '대의원의 선임 및 해임에 관한 사항'이 안건이라면 '대의원 선 · 해임의 건'이라고 안건제목을 명시하여 총회 소집 공문을 각 조합원에게 발송하는 것으로 족할 뿐, 새로 선임될 대의원들의 신상자료가 첨부되지 않았다고 하여 회의의 목적사항이나 안건이 명시되지 않았다고 볼 수 없다.

㈄ 토지등 소유권이 양도되었음에도 양수인의 주소변경신고가 없는 경우

표준정관 제10조 3항은 "토지등소유자가 그 권리를 양도하거나 주소를 변경하였을 경우 양수자 또는 변경 당사자는 그 행위의 종료일로부터 14일 이내에 조합에 변경내용을 신고하여야" 하고,[132] "이 경우 신고하지 않아 발생한 불이익 등에 대하여 해당 조합원은 조합에 이의를 제기할 수 없다."고 규정하고 있다. 따라서 권리 양도의 신고가 없어 조합이 양도인에 대한 종전 주소로 행한 총회의 소집통지는 적법하다.

㈅ 대표조합원 미선임 시 통지 관련

표준정관 제9조 제4항은 토지 또는 건축물의 소유권 등이 수인의 공유에 속하는 경우, 1인을 대표조합원으로 지정하고, 대표조합원 선임동의서를 작성하여 조합에 신고하여야 하며 조합원으로서의 법률행위는 그 대표조합원이 행한다고 규정하고 있다. 따라서 토지등소유자가 대표조합원을 선임하여 신고하지 아니한 경우, 조합이 전체 토지등소유자에게 소집통지하지 아니하더라도 이는 적법하다.[133]

---

131) 대법원 2012. 1. 27. 선고 2011두9164 판결.
132) 부산 표준정관은 조합의 고지방법으로 등기우편 및 '휴대폰 문자발송'을 병행하도록 규정하고 있으므로, 휴대전화 번호가 변경된 경우에도 신고의무를 부과하고 있다(제10조 제4항).
133) 대법원 2009. 1. 30. 선고 2007다31884 판결.

왜냐하면 정관은 조합과 조합원에 대하여 구속력을 가지는 자치법규이기 때문이다.

㉔ 소집통지

① 표준정관의 내용

표준정관 제7조 제1항은 "조합은 조합원의 권리·의무에 관한 사항(변동사항을 포함한다. 이하 같다)을 조합원 및 이해관계인에게 성실히 고지·공고하여야 한다.", 제2항은 "제1항의 고지·공고방법은 이 정관에서 따로 정하는 경우를 제외하고는 다음 각호의 방법에 따른다."고 규정하면서 제1호로 "관련 조합원에게 등기우편으로 개별 고지하여야 하며, 등기우편이 주소불명, 수취거절 등의 사유로 반송되는 경우에는 1회에 한하여 일반우편으로 추가 발송한다.", 제2호로 "조합원이 쉽게 접할 수 있는 일정한 장소의 게시판에 14일 이상 공고하고 게시판에 게시한 날부터 3월 이상 조합사무소에 관련서류와 도면 등을 비치하여 조합원이 열람할 수 있도록 한다."라고 규정하고 있다. 한편 표준정관 제20조 제6항은 "총회를 소집하는 경우에는 회의개최 14일 전부터 회의목적·안건·일시 및 장소 등을 게시판에 게시하여야 하며 각 조합원에게는 회의개최 7일 전까지 등기우편으로 이를 발송, 통지하여야 한다."고 규정하고 있다.

② 문제의 소재

사업시행자가 조합원에 대하여 사업시행계획의 의결을 위한 총회 소집통지서를 등기우편이 아니라 일반우편에 의하여 발송, 통지한 것은 위법하고 이로써 총회결의에 하자가 존재함은 명확하다. 문제는 총회 소집통지서를 등기우편에 의하여 발송, 통지하였으나 반송된 경우 일반우편에 의한 발송이 필요한지 여부이다.

조합원들에게는 총회의 출석권·발언권 및 의결권이 인정되므로(표준정관 제10조 제1항 제2호), 그 경우에도 표준정관 제7조 제2항 제1호에 의하여 반드시 일반우편에 의한 발송, 통지가 필요하다고 해석될 수 있다. 한편, 표준정관 제20조 제6항은 총회를 소집하는 경우 각 조합원에게는 회의개최 7일 전까지 등기우편으로 이를 발송, 통지하여야 한다고만 규정하고 있으므로, 일반우편에 의한 발송, 통지가 필요하지 않다고 볼 여지도 있다.

③ 판단(일반우편 발송, 통지 불요)

일반우편에 의한 발송, 통지가 필요하지 않다. 그 논거는 다음과 같다.

㉮ 표준정관 제7조는 조합원들의 권리, 의무에 관한 일반규정이고, 제20조는 총회와 관련한 특별규정이므로 제20조가 우선적으로 적용된다. 표준정관 제20조 제6항은 각 조합원에게는 회의개최 7일 전까지 등기우편으로 발송, 통지하여야 한다고만 규정하고 있을 뿐, 반송 시의 일반우편에 의한 발송, 통지를 요건으로 명시하고 있지 않다.

㉯ 회의개최 7일 전까지 등기우편으로 이를 발송하는 경우, 실제로 조합원에 대한 등기우편이 반송되어 조합에 도착하는 것은 총회개최일 이후인 경우도 존재하는바, 그 경우 일반우편 발송 자체가 불가능하다. 즉, '회의개최 7일 전까지 등기우편 발송'이라는 소집통지기간을 단기로 정한 것은, 일반우편 통지를 전제로 하고 있지 않다.

㉳ 조합원 일부에 대한 소집통지 누락 시

정관상 조합원에게는 총회의 출석권, 발언권 및 의결권이 있음을 규정하고 있으므로, 조합은 반드시 총회개최 7일 이전까지 전체 조합원에게 등기우편으로 소집통지서를 발송, 통지할 의무가 있다. 그럼에도 불구하고 조합이 일부 조합원에게 총회 결의와 관련한 소집통지를 하지 않아 그들이 출석하지 못한 채 결의가 이루어졌다면, 이는 일부 조합원들의 권리를 침해하였을 뿐만 아니라 그와 같은 총회 결의는 정관 규정을 위반하였는바, 조합의 정관은 조합의 조직, 활동, 조합원의 권리의무관계 등 단체법적 법률관계를 규율하는 것으로서 공법인인 재개발조합과 조합원에 대하여 구속력을 가지는 자치법규이므로, 그와 같은 총회결의는 원칙적으로 무효이다.[134] 특히 그와 같은 총회 결의에 있어 권리를 침해받은 조합원의 숫자가 적지 않거나 조합장 등이 일부 조합원들의 총회 출석을 막기 위하여 고의로 소집통지를 누락한 경우이라면 더욱 무효임이 명백하다.

조합원 10분의 1 이상의 요구로 조합임원에 대한 해임을 의결하는 총회를 개최함에 있어 총회의 소집 및 진행은 요구자의 대표로 선출된 자가 행하는바, 만일 조합 집행부가 요구자의 대표에게 조합원 명단 제공을 거부하는 경우, 조합원 전원에 대한 소집통지가 어려운 문제가 생길 수 있다. 따라서 요구자대표는 법 제124조 제4항에 따라 사전에 조합원 명부, 조합원의 전화번호 등에 대하여 열람·

---

134) 서울행정법원 2021. 1. 22. 선고 2018구합6478 판결(현재 서울고등법원 2021누35591호로 계속 중).

복사를 해 둘 필요가 있다.

(3) 결의 관련

(가) 서면결의 관련

① 선관위원장 날인 관련

서면결의서는 반드시 조합장이나 선관위원장의 날인된 원본만 인정한다는 취지의 조합 선거관리규정이 존재하는 경우, 그와 같은 날인이 없는 서면결의서의 유효 여부가 문제되나 그것만으로 그와 같은 서면결의를 무효로 볼 수 없다.[135] 그 논거는 다음과 같다.

㉮ 조합 선거관리규정이 선거관리위원장의 직인이 날인된 투표용지만을 유효한 것으로 규정한 취지는 투표용지가 선거관리위원회에서 적법하게 교부한 것임을 확인함과 동시에 그 위·변조를 방지하기 위함인데, 비록 조합이 조합원들에게 배포한 서면결의서에는 선거관리위원장의 직인이 날인되어 있지 않지만, 통상적으로 위·변조 방지를 위한 기술적 조치가 구현되어 있다.

㉯ 서면결의서에는 투표자의 성명, 생년월일, 소유 물건의 소재지가 기재되고 투표자의 자필서명 또는 지장 날인이 이루어지므로, 중복 투표나 위조 투표가 이루어질 개연성이 낮다. 특히 선거관리위원회가 서면결의서를 접수한 경우에는 각 서면결의서가 일단 밀봉된 후 총회 당일에 조합원들이 참관한 상태에서 개봉되어 각 안건별로 분리·집계되는 것이 원칙이므로, 부정투표행위가 개입될 기회 자체가 봉쇄된다.

② 대표조합원 선임동의서 관련

토지등의 공유자들이 조합 총회에서 의결권을 행사하기 위해서는 공유자들 전부가 총회에 참석하여 동일한 내용의 의결권을 행사하거나 동일한 내용의 서면결의서를 제출하는 등의 특별한 사정이 없는 한 대표조합원을 지정하여 조합에 대표조합원 선임동의서를 서면으로 제출하여야 하므로, 대표조합원으로 지정하는 선임동의서가 제출되지 않은 채 공유자 중 1인이 제출한 서면결의서는 적법한 것으로 볼 수 없다.

---

135) 대법원 2017. 9. 21.자 2017두49362 심리불속행 판결 및 하급심인 서울고등법원 2017. 5. 19. 선고 2016누66058 판결.

㈏ 표결 및 집계방법

총회의 표결 및 집계방법에 관하여는 법령에 특별한 규정이 없으므로 정관에 다른 정함이 없으면 개별 의안마다 표결에 참석한 조합원의 성명을 특정할 필요는 없고, 표결에 참석한 조합원의 수를 확인한 다음 찬성·반대·기권의 의사표시를 거수, 기립, 투표 기타 적절한 방법으로 하여 집계하여 속기록에 기재하면 된다.[136] 다만 조합의 경우에는 선거관리위원회가 구성되어 있고 선거관리규정을 두고 있으며, 이에 따라 통상적으로 무기명 비밀 투표가 이루어진다.

다. 내용의 하자

⑴ 총회결의의 내용은 상위법령 및 정관에 위배되지 않을 것

조합의 총회는 조합의 최고의사결정기관이므로 광범위한 자율과 형성의 재량을 가지나, 총회결의의 내용이 상위법령 및 정관에 위배되지 않아야 한다. 상위법령 및 정관에 위배되는 내용의 총회결의는 위법하다.

⑵ 신뢰보호원칙에 위배되지 않을 것

㈎ 대법원 2020. 6. 25. 선고 2018두34732 판결(부정)

① 법리

총회결의의 내용이 상위법령 및 정관에 위배되지 않는다 하더라도, 조합 내부의 규범을 변경하고자 하는 총회결의의 경우 내용상 한계로 신뢰보호의 원칙이 있다. 즉, 일단 내부 규범이 정립되면 조합원들은 특별한 사정이 없는 한 그것이 존속하리라는 신뢰를 가지게 되므로, 내부 규범 변경을 통해 달성하려는 이익이 종전 내부 규범의 존속을 신뢰한 조합원들의 이익보다 우월하여야 한다.

조합 내부 규범을 변경하는 총회결의가 신뢰보호원칙에 위반되는지를 판단하기 위해서는, 한편으로는 침해받은 이익의 보호가치, 침해의 중한 정도, 신뢰가 손상된 정도, 신뢰침해의 방법 등과 다른 한편으로는 조합 내부 규범의 변경을 통해 실현하고자 하는 공익적 목적을 종합적으로 비교·형량하여야 한다.

② 내용

신뢰보호의 원칙에 위반되어 하자가 있다고 보기 위해서는, 종전 의사표명 당

---

136) 대법원 2011. 10. 27. 선고 2010다88682 판결.

시의 사정이 처분 당시까지 변경된 바 없음에도 조항이 합리적 이유 없이 종전 표명 의사와 다른 결의를 하여 상대방의 법률상 이익을 중대하게 침해한 경우여야 하므로, 종전 총회결의 당시(의사표명 당시)는 확정지분제를 전제로 하였으나 추진과정에서 도급제로 변경되었고, 그로 인해 종전 의사표명 대로 관리처분계획을 수립하는 것이 일반 조합원들의 이해관계에도 막대한 영향을 끼치게 되는 사정변경을 기초로 한 것이라면 새롭게 수립된 관리처분계획이 신뢰보호의 원칙에 위반되지 않는다.

다수의 이해관계인들이 관여되고 장기간 시행될 것이 예정된 정비사업의 특성상 사업 진행 과정에서 사업여건 등이 바뀌면 그에 따라 사업내용의 수정이 불가피한 경우가 발생할 수 있으므로 이는 타당하다.

(ⅱ) 대법원 2020. 9. 3. 선고 2017다218987, 218994 판결(긍정)

① 법리

재건축조합 임원의 보수 특히 인센티브(성과급)의 지급에 관한 내용은 정비사업의 수행에 대한 신뢰성이나 공정성의 문제와도 밀접하게 연관되어 있고 여러 가지 부작용과 문제점을 불러일으킬 수 있으므로 단순히 사적 자치에 따른 단체의 의사결정에만 맡겨둘 수는 없는 특성을 가진다. 재건축사업의 수행결과에 따라 차후에 발생하는 추가이익금의 상당한 부분에 해당하는 금액을 조합 임원들에게 인센티브로 지급하도록 하는 내용을 총회에서 결의하는 경우 조합 임원들에게 지급하기로 한 인센티브의 내용이 부당하게 과다하여 신의성실의 원칙이나 형평의 관념에 반한다고 볼 만한 특별한 사정이 있는 때에는 적당하다고 인정되는 범위를 벗어난 인센티브 지급에 대한 결의 부분은 그 효력이 없다고 보아야 한다.

인센티브의 내용이 부당하게 과다한지 여부는 조합 임원들이 업무를 수행한 기간, 업무수행 경과와 난이도, 실제 기울인 노력의 정도, 조합원들이 재건축사업의 결과로 얻게 되는 이익의 규모, 재건축사업으로 손실이 발생할 경우 조합 임원들이 보상액을 지급하기로 하였다면 그 손실보상액의 한도, 총회 결의 이후 재건축사업 진행 경과에 따라 조합원들이 예상할 수 없는 사정변경이 있었는지 여부, 그 밖에 변론에 나타난 여러 사정을 종합적으로 고려하여 판단하여야 한다.

② 내용

재건축조합의 결의가 재건축사업에 따라 손실이 발생할 경우 조합 임원들이 부담하게 될 액수의 최고한도를 제한하고 있는 반면, 추가이익이 발생할 경우 조합 임원들이 받게 될 인센티브를 추가이익금에 대한 20%로만 정하고 있을 뿐 총액의 상한에 관해서는 어떠한 제한도 두고 있지 않으며, 당해 재건축조합의 조합원의 수와 시설규모, 사업 시행 위치 등을 감안할 때 재건축사업의 성패에 따라서는 큰 금액의 손실이나 추가수익금이 발생할 수 있는 상황이고, 경우에 따라서는 조합 임원들이 받게 될 인센티브의 규모가 기하급수적으로 늘어날 가능성이 있다면 위에서 정한 인센티브가 조합 임원들의 직무와 합리적 비례관계를 가지는 범위에서만 유효하고, 이를 벗어난 부분에 관한 결의는 무효이다.

라. 기 타

(1) 과거의 법률관계 확인

당초 총회에서 임원을 선임한 결의 후, 다시 개최된 총회에서 위 종전 결의를 그대로 재인준하는 결의를 한 경우에는 설사 당초의 임원선임결의가 무효라고 할지라도 새로운 총회결의가 하자로 인하여 부존재 또는 무효임이 인정되거나 그 결의가 취소되는 등의 특별한 사정이 없는 한 종전 총회결의의 무효에 대한 확인을 구하는 것은 과거의 법률관계 내지 권리관계의 확인을 구하는 것에 불과하여 권리보호의 요건을 결여한 것이다.[137]

(2) 총회에서의 출석, 의사 및 의결 정족수에 대한 다툼에 대한 증명방법

총회에서의 출석, 의사 및 의결 정족수에 대한 다툼은 의사록에 의하여 증명되어야 함은 앞서 창립총회에서 자세히 살펴보았다.

IV. 조합장

1. 지 위

조합장은 조합을 대표하고 그 사무를 총괄하며, 총회 또는 대의원회, 이사회의

---

137) 대법원 2003. 9. 26. 선고 2001다64479 판결.

의장이 된다. 조합장이 대의원회의 의장이 되는 경우에는 대의원으로 본다(법 제 42조 제1항, 표준정관 제16조 제1항).

2. 권한 및 의무

가. 총회의장

조합장은 총회의장으로서 총회를 소집하고 총회를 진행한다. 다만 조합임원의 사임, 해임 또는 임기만료 후 6개월 이상 조합임원이 선임되지 아니한 경우(소집)와 조합원 10분의 1 이상의 요구로 이사 등의 해임요구 시(소집 및 진행)에 예외가 있음은 앞서 본 바이다.

나. 조합사무 총괄

정관변경 발의권이 인정된다(표준정관 제8조).

다. 이사회 의장

조합장은 이사회 의장으로서 이사회를 소집하고 이사회를 진행한다.

라. 대의원회 의장

조합장은 대의원회 의장으로서 대의원회를 소집하고 대의원회를 진행한다. 조합임원 중 조합장만이 대의원이 될 수 있다(법 제46조 제3항).

마. 뇌물죄 관련 형법의 적용에서 공무원 의제(법 제134조)

조합의 임원으로서 뇌물죄 관련 형법의 적용에서 공무원으로 의제된다.

바. 임기만료 조합장의 업무수행범위

(1) 표준정관

임기가 만료된 임원은 그 후임자가 선임될 때까지 그 직무를 수행한다(표준정관 제15조 제5항). 임기가 만료된 조합장도 그 후임자가 선임될 때까지 조합장으로서 직무를 수행할 권한이 있다. 왜냐하면 만약 후임자가 선임될 때까지 조합장이 존재하지 않는다면 조합장에 의하여 행위를 할 수밖에 없는 조합으로서는 당장 정상적인 활동을 중단하지 않을 수 없는 상태에 처하게 되기 때문이다.

조합장에게 후임자 선임 시까지 업무수행권한을 인정할 필요가 있는 경우에 해당한다 하더라도, 조합장의 업무수행 범위는 급박한 사정을 해소하기 위하여 그로 하여금 업무를 수행하게 할 필요가 있는지를 개별적 · 구체적으로 가려 인정할 수 있는 것이지 임기만료 후 후임자가 아직 선출되지 않았다는 사정만으로 당연히 포괄적으로 부여되는 것이 아니다. 이는 추진위원회와 추진위원장과의 관계에서 자세히 살펴보았다.

사. 사실상 시공계약의 연대보증채무

조합에 따라서는 정관에 조합장 등 임원은 시공자와 조합 사이의 시공계약상의 공사비지급채무를 연대보증해야 할 의무 및 그 대가로 동 · 호수 추첨상의 우선선택권을 부여하는 경우가 있다. 그 유효 여부에 관하여는 제8편 제3장 Ⅲ. "3의 다. 임원들에 대한 동 · 호수 우선선택권 부여의 적법성"에서 자세히 살펴본다.

Ⅴ. 감 사

1. 지 위

감사는 조합의 사무 및 재산상태와 회계에 관하여 감사하는 지위에 있다.

2. 권한 및 의무

가. 예외적 조합대표권

조합장 또는 이사가 자기를 위하여 조합과 계약이나 소송을 할 때에는 감사가 조합을 대표한다(법 제42조 제3항).

나. 감사업무

⑴ 정기 총회에 감사결과보고서를 제출하여야 하고, 조합원 5분의1 이상의 요청이 있을 때에는 공인회계사에게 회계감사를 의뢰하여 공인회계사가 작성한 감사보고서를 총회 또는 대의원회에 제출하여야 한다(표준정관 제16조 제3항).

⑵ 감사는 조합의 재산관리 또는 조합의 업무집행이 공정하지 못하거나 부정이 있음을 발견하였을 때에는 대의원회 또는 총회에 보고하여야 하고, 조합장은

보고를 위한 대의원회 또는 총회를 소집하여야 한다. 이 경우 감사의 요구에도 조합장이 소집하지 아니하는 경우에는 감사가 직접 대의원회를 소집할 수 있으며 대의원회 의결에 의하여 총회를 소집할 수 있다(표준정관 제16조 제4항).

다. 임시조합장 선임권

재개발조합의 경우 조합장이 사임하거나 해임되는 경우 감사가 직무를 수행할 자를 임시로 선임할 수 있다(재개발 표준정관 제18조 제4항). 그러나 재건축의 경우에는 상근이사 중에서 연장자 순으로 조합장을 대신하여 조합을 대표한다(재건축 표준정관 제16조 제6항).

부산 표준정관은 재개발조합과 재건축조합 모두 조합장이 사임하거나 해임되는 경우 상근이사 중에서 연장자순에 의하여 그 직무를 대행하고, 상근이사가 없을 경우에는 이사 중에서 연장자순에 의하여 그 직무를 대행한다고 규정하고 있다(제16조 제5항 단서, 제14조 제8항).

라. 총회 및 대의원회 소집권

(1) 조합원 5분의 1 이상이 총회의 목적사항을 제시하여 청구하는 때, 대의원 3분의 2 이상으로부터 개최요구가 있는 때에는 조합장이 총회를 소집하여야 하나, 조합장이 2월 이내에 정당한 이유 없이 총회를 소집하지 아니하는 때에는 감사가 지체 없이 총회를 소집하여야 한다(표준정관 제20조 제5항).

(2) 조합원 10분의 1 이상이 대의원회 목적사항을 제시하여 소집을 청구하는 때, 대의원의 3분의 1 이상이 회의의 목적사항을 제시하여 소집을 청구하는 때에는 조합장은 대의원회를 소집하여야 하나, 조합장이 14일 이내에 정당한 이유 없이 대의원회를 소집하지 아니한 때에는 감사가 지체 없이 이를 소집하여야 한다(표준정관 제24조 제6항).

마. 이사회 권한

감사는 이사회 출석, 의견진술권이 있다(표준정관 제30조). 다만 의결권은 없다.

Ⅵ. 대의원회

1. 의 의

조합원의 수가 100명 이상인 조합은 대의원회를 두어야 한다(법 제46조 제1항). 조합 최고의사결정기구인 총회의 의결이 필요한 사항은 법정되어 있고 정관에 규정되어 있다. 조합원이 다수인 경우에는 총회의 소집이 용이하지 않고, 정족수에 미달하여 의결에 이르지 못하는 경우가 드물지 않다. 이에 따라 공익사업인 정비사업의 진행에 차질을 빚게 되므로, 총회를 대신하는 기관으로 대의원회를 법이 규정하고 있다.

2. 구 성

가. 대의원은 조합원 중에서 선출한다(법 시행령 제44조 제1항). 대의원회는 조합원의 10분의 1 이상으로 구성한다. 다만, 조합원의 10분의 1이 100명을 넘는 경우에는 조합원의 10분의 1의 범위에서 100명 이상으로 구성하되, 대의원의 수는 정관으로 정하는 바에 따른다(법 제46조 제2항, 법 시행령 제44조 제3항). 대의원회가 총회의 역할을 대신하는 성격상 조합임원은 조합장을 제외하고는 대의원이 될 수 없다.

나. 대의원회는 행정주체의 지위에 있는 조합의 기관이므로, 조합원의 10분의 1이 100명을 넘는 경우 조합원의 10분의 1의 범위에서 100명 이상으로 대의원회를 구성하는 것은 강행규정이다. 따라서 조합원이 1,000명을 초과함에도 100명 미만의 대의원으로 구성되는 등 법률에서 정한 정원에 미달하는 대의원회에서의 결의는 대의원회 구성에 중대한 하자가 있어 무효이다.[138]

3. 권 한

가. 총회의 권한을 대행할 수 없는 사항

대의원회는 총회의 의결사항 중 대통령령으로 정하는 사항 외에는 총회의 권한을 대행할 수 있다. 대의원회가 총회의 권한을 대행할 수 없는 사항은 다음과

---

138) 대법원 2012. 5. 10.자 2012다15824 심리불속행 판결 및 하급심인 대구고등법원 2012. 1. 13. 선고 2011나4224 판결.

같다(법 시행령 제43조).

이는 조합원 전체의 이해에 중대한 영향을 미칠 수 있는 사항이기 때문에 대의원회가 그 권한을 대행할 수 없도록 한 것이므로 강행규정이다.

① 정관의 변경에 관한 사항(경미한 사항의 변경은 법 또는 정관에서 총회의결사항으로 정한 경우로 한정한다)

② 자금의 차입과 그 방법·이자율 및 상환방법에 관한 사항

③ 예산으로 정한 사항 외에 조합원에게 부담이 되는 계약에 관한 사항

④ 시공자·설계자 또는 감정평가업자(법 제74조 제2항에 따라 시장·군수등이 선정·계약하는 감정평가업자는 제외한다)의 선정 및 변경에 관한 사항

⑤ 전문관리업자의 선정 및 변경에 관한 사항

⑥ 조합임원의 선임 및 해임과 제42조 제1항 제2호에 따른 대의원의 선임 및 해임에 관한 사항. 다만, 정관으로 정하는 바에 따라 임기 중 궐위된 자(조합장은 제외한다)를 보궐선임하는 경우를 제외한다.

⑦ 사업시행계획서의 작성 및 변경에 관한 사항(법 제50조 제1항 본문에 따른 정비사업의 중지 또는 폐지에 관한 사항을 포함하며, 경미한 변경 제외)

⑧ 관리처분계획의 수립 및 변경에 관한 사항(경미한 변경 제외)

⑨ 총회결의사항 중 법 또는 정관에 따라 조합원의 동의가 필요하여 총회에 상정하여야 하는 사항

⑩ 조합의 합병 또는 해산에 관한 사항. 다만, 사업완료로 인한 해산의 경우는 제외한다.

⑪ 건설되는 건축물의 설계 개요의 변경에 관한 사항

⑫ 정비사업비의 변경에 관한 사항

나. 일반적 대의원회 권한 사항

(1) 표준정관 규정

표준정관은 궐위된 임원 및 대의원의 보궐선임, 예산 및 결산의 승인에 관한 방법, 총회 부의안건의 사전심의 및 총회로부터 위임받은 사항, 총회의결로 정한 예산 범위 내에서의 용역계약 등을 대의원회 의결사항으로 규정하고 있다(제25조 제1항). 부산 표준정관은 사업완료로 인한 조합의 해산결의, 법 시행령 제39조에 의한 경미한 정관변경 등도 대의원회 권한사항으로 규정하고 있다(제24조 제1항).

(2) 정비사업 계약업무 처리기준

조합은 정비사업을 추진하기 위하여 공사, 용역, 물품구매 및 제조 등 각종 계약을 체결한다. 이를 규율하고 있는 국토교통부 고시 정비사업 계약업무 처리기준은 그와 관련하여 상당수가 대의원회의 고유권한으로 규정하고 있다. 반드시 총회의 의결을 거쳐야 하는 법정의 계약을 제외한 나머지 계약은 모두 대의원회의 의결을 거쳐야 한다.[139]

4. 소집절차 및 의결방법

가. 소집절차

(1) 대의원회는 조합장이 필요하다고 인정하는 때에 소집하되, 사전에 안건에 대한 이사회의 심의·의결을 거쳐야 한다. 다만, 조합원 10분의 1 이상이 회의의 목적사항을 제시하여 소집을 청구하는 때, 대의원의 3분의 1 이상이 회의의 목적사항을 제시하여 청구하는 때에는 조합장은 해당일부터 14일 이내에 대의원회를 소집하여야 한다. 조합장이 14일 이내에 정당한 이유 없이 대의원회를 소집하지 아니한 때에는 감사가 지체 없이 이를 소집하여야 하며, 감사가 소집하지 아니하는 때에는 소집을 청구한 사람의 대표가 소집한다. 이 경우 미리 시장·군수등의 승인을 받아야 한다(법 시행령 제44조 제4, 5항).

(2) 대의원회의 소집은 집회 7일 전까지 그 회의의 목적·안건·일시 및 장소를 기재한 서면을 대의원에게 통지하는 방법에 따른다. 이 경우 정관으로 정하는 바에 따라 대의원회의 소집내용을 공고하여야 한다. 대의원회는 사전에 통지한 안건만 의결할 수 있다. 다만, 사전에 통지하지 아니한 안건으로서 대의원회의 회의에서 정관으로 정하는 바에 따라 채택된 안건의 경우에는 그러하지 아니하다(법 시행령 제44조 제7, 9항).

---

139) 총회의 의결을 거쳐야 하는 경우 대의원회에서 총회에 상정할 4인 이상의 입찰대상자를 선정하되, 단 입찰에 참가한 입찰대상자가 4인 미만인 때에는 모두 총회에 상정하여야 한다, 시공계약의 경우에는 총회에 상정할 6인 이상의 건설업자 등을 선정하되, 단 입찰에 참가한 건설업자등이 6인 미만인 때에는 모두 총회에 상정하여야 한다.

나. 의결방법

(1) 원칙

대의원회는 재적대의원 과반수의 출석과 출석대의원 과반수의 찬성으로 의결한다. 다만, 그 이상의 범위에서 정관으로 달리 정하는 경우에는 그에 따른다. 특정한 대의원의 이해와 관련된 사항에 대해서는 그 대의원은 의결권을 행사할 수 없다(법 시행령 제44조 제8, 10항). 대의원은 서면으로 대의원회에 출석하거나 의결권을 행사할 수 있다. 이 경우 출석으로 본다(표준정관 제26조 제2항).

(2) 예외

시공자를 선정하는 총회에 상정할 6인 이상의 건설업자 등을 결정함에 있어서는 대의원회 재적의원 과반수가 직접 참여한 회의에서 비밀투표의 방법으로 의결하여야 한다. 이 경우 서면결의서 또는 대리인을 통한 투표는 인정하지 아니한다(정비사업 계약업무 처리기준 제33조 제3항).

Ⅶ. 이사회

1. 의 의

조합은 사무를 집행하기 위하여 조합장과 이사로 구성된 이사회를 둔다(표준정관 제27조 제1항). 이는 법령에 근거한 것이 아니라 정관에 근거한 기관이다. 감사는 이사회 구성원이 아닌 관계로 의결권은 없으나, 출석, 의견진술권이 있다(표준정관 제30조).

2. 사무 등

가. 사 무

이사회의 사무는 조합의 예산 및 통상업무의 집행에 관한 사항, 총회 및 대의원회의 상정안건의 심의·결정에 관한 사항, 업무규정 등 조합 내부규정의 제정 및 개정안 작성에 관한 사항, 그 밖에 조합의 운영 및 사업시행에 관하여 필요한 사항 등이다(표준정관 제28조). 이사회는 조합운영상 필요하다고 인정될 때에는 감사에게 조합의 업무에 대하여 감사를 실시하도록 요청할 수 있다(표준정관 제30조 제2항).

나. 이사회 소집 및 의결방법

조합장이 이사회를 소집하고, 이사회의 의장이 된다. 이사회는 대리인 참석이 불가하며, 구성원 과반수 출석으로 개의하고 출석 구성원 과반수 찬성으로 의결한다. 구성원 자신과 관련된 사항에 대하여는 그 구성원은 의결권을 행사할 수 없다(표준정관 제27조 제2항, 제29조).

제6장 조합설립변경인가

I. 총 설

정비사업은 이해관계가 상충되는 다수 토지등소유자들의 개별적이고 구체적인 이익을 적절히 형량·조정하면서 장기에 걸쳐 진행되는 사업으로서, 시장상황, 관계법령, 도시계획의 규율 등 정비사업의 제반 여건의 변화에 따라 정비사업의 내용이 수시로 변경될 수 있음을 전제로 하고 있다. 이에 따라 설립된 조합이 조합설립인가처분 이후의 사정변경으로 인하여 당초 인가받은 사항을 변경하는 경우가 흔히 발생한다.

조합설립인가처분이라는 설권적 처분의 내용이나 범위를 변경함에 있어서는 조합설립인가처분에 준하는 정도의 엄격함을 요구함이 원칙이다. 왜냐하면 조합설립인가 이후 그 내용을 용이하게 변경할 수 있게 한다면, 조합설립인가의 요건을 엄격하게 요구하는 법의 취지를 몰각시키기 때문이다. 다만 반드시 조합설립인가처분과 동일한 정도를 요구할 것인지 또는 그에 준하는 정도로 족한 것인지 여부는 입법정책상의 문제이다. 현재 법은 조합설립인가 받은 사항의 변경에 총회에서의 조합원 3분의 2 이상의 찬성의결을 요구하여 조합설립인가요건에 비하여 완화하고 있으나, 조합설립인가요건에 준하는 정도라 할 것이므로 그 자체로 부당하다고 보기 어렵다. 한편 법은 조합설립인가 받은 사항 중 조합원의 이해관계와 무관하거나 이미 총회의결을 통하여 정당성이 확보되어 있는 등 별도로 총회의 의결을 거칠 필요가 없는 사항 즉 경미한 사항에 대하여는 정비사업의 신속을 위하여 그 변경에 총회의 의결을 필요로 하지 않고, 시장·군수등에 대한 신고로 족하다고 규정하고 있다.

이하에서는 조합설립변경인가에 필요한 절차 및 효과, 엄격한 절차를 필요로 하지 않는 경미한 사항에 대하여 자세히 살펴본다. 나아가 경미한 사항임에도 불구하고 총회의결을 거쳐 시장·군수등으로부터 인가를 받는 경우의 요건 및 효과에 대하여도 살펴보고, 당초 인가받은 사항이 인가 이후의 사정변경으로 인하여 변경되는 것이 아니라 최초의 조합설립인가처분에 하자가 있음을 이유로 쟁송이 제기되자 조합이 새롭게 조합설립인가의 요건을 구비한 후 조합설립변경인가를 받는 경우의 유효성 및 효과에 대하여도 살펴본다.

Ⅱ. 의의 및 요건

1. 의 의

조합설립변경인가처분은 당초 조합설립인가처분에서 인가받은 사항의 일부를 수정 또는 취소·철회하거나 새로운 사항을 추가하는 것으로서 조합설립인가처분이라는 설권적 처분의 내용이나 범위를 변경하는 것을 의미한다. 여기에는 일반적 변경과 경미한 사항의 변경이 있다.

2. 요 건

가. 현행 규정

설립된 조합이 인가받은 사항을 변경하고자 하는 때에는 총회에서 조합원의 3분의 2 이상의 찬성으로 의결하고, 법정 서류를 첨부하여 시장·군수등의 인가를 받아야 한다(법 제35조 제5항, 시행규칙 제8조 제2항 제2호).

나. 연 혁

법이 2017. 2. 8. 법률 제14567호로 전부개정되기 전에는 사업시행계획 및 관리처분계획의 각 변경과 마찬가지로 설립된 조합이 인가받은 사항을 변경하고자 하는 경우 의결정족수 등 그 요건은 조합설립인가의 요건과 동일하였다. 그 후 위 법률 개정으로 설립된 조합이 인가받은 사항을 변경하는 경우에는 총회에서 조합원 3분의 2 이상의 찬성의결만을 요구하여 이를 완화하였다.

Ⅲ. 변경인가사항 및 경미한 사항

1. 경미한 사항 변경의 특칙

조합설립인가처분이라는 설권적 처분의 내용이나 범위를 변경하는 것은 마찬가지임에도, 경미한 사항의 변경과 그렇지 않은 사항의 변경사이에는 중대한 절차적 차이가 존재한다. 이하에서는 경미한 사항의 변경에 있어서의 절차상의 특칙과 그 내용에 대하여 자세히 살펴본다.

가. 이사회의결 불요

(1) 설립인가 받은 사항을 변경하기 위해서는 총회의결을 받기 위한 전제로 먼저 조합의 사무를 총괄하는 조합장 등이 조합설립변경초안을 작성하고, 조합의 이사회가 총회 상정 안건인 조합설립변경안에 대하여 심의하고, 총회에 상정하는 결정을 하는 등 절차를 거쳐야 한다(표준정관 제28조 제2호).

(2) 경미한 사항의 변경의 경우에는 총회의 의결절차가 필요없으므로 조합장 등은 조합설립변경초안을 작성하는 것만으로 족하고, 따로 이사회 심의·결정절차를 거칠 필요가 없다.

나. 총회의결 불요

(1) 조합이 인가받은 사항을 변경하기 위해서는 총회에서 조합원 3분의 2 이상의 찬성으로 의결하여야 한다(법 제35조 제5항).

(2) 경미한 사항을 변경하는 경우에는 총회의 의결이 필요하지 아니한다(법 제35조 제5항 단서).

다. 신청절차상의 법정 형식 불요

(1) 조합이 인가받은 사항을 변경하기 위해서는 법정 서식인 법 시행규칙 [별지 제5호 서식] 조합설립변경인가신청서를 작성하여야 하고, 정관, 정비사업비와 관련된 경우에는 그에 관한 자료, 변경내용을 증명하는 서류를 첨부하여야 하는 등 법정의 형식이 요구된다(법 제35조 제5항, 시행규칙 제8조 제2항 제2호).

(2) 경미한 사항을 변경하는 경우에는 비법정의 신고서 제출로 족하다.

라. 수리 등과 관련한 절차상의 특칙

⑴ 조합이 인가받은 사항을 변경하기 위해서는 시장·군수등으로부터 인가를 받아야 하고, 기간 경과에 따른 의제규정이 존재하지 아니한다.

⑵ 경미한 사항의 경우에 조합은 시장·군수등에게 신고하고, 그의 수리만으로 족하다. 또한 시장·군수등은 경미한 사항의 변경 신고를 받은 날부터 20일 이내에 신고수리 여부를 신고인에게 통지하여야 하며, 시장·군수등이 위 기간 내에 신고수리 여부 또는 민원 처리 관련 법령에 따른 처리기간의 연장을 신고인에게 통지하지 아니하면 그 기간(민원 처리 관련 법령에 따라 처리기간이 연장 또는 재연장된 경우에는 해당 처리기간을 말한다)이 끝난 날의 다음 날에 신고를 수리한 것으로 본다(법 제35조 제7항).

2. 변경인가사항과 경미한 사항의 구분

가. 기준(변경대상의 중요도)

법령이 조합설립인가처분이라는 설권적 처분의 내용이나 범위 중 변경인가사항과 신고사항을 구분하는 이유는 중요한 사항은 조합원 전체의 이해에 중대한 영향을 미칠 수 있는 사항이므로 그 변경에 대하여 엄격한 인가절차를 거치도록 하고, 경미한 사항은 조합원의 이해관계와 무관하므로 정비사업의 신속을 위하여 그 변경에 대하여 간단한 신고절차를 거치도록 한 것이다. 따라서 변경대상의 중요도가 구분의 척도라 할 것이다. 다만 경미한 사항 중 일부는 내용이 중요하나, 이미 사전에 다른 절차에서 총회의결을 거쳤으므로 중복하여 총회의결 및 인가절차를 요구하는 것이 오히려 정비사업의 진행에 지장을 초래할 뿐이어서 신고사항으로 하였다.

나. 규정

법 시행령 제31조는 다음과 같은 사항을 경미한 사항으로 규정하고 있다. 각 규정의 의미에 대하여 자세히 살펴본다.

⑴ 착오·오기 또는 누락임이 명백한 사항

이는 정관의 경미한 변경사항과 동일하다.

⑵ 조합의 명칭 및 주된 사무소의 소재지와 조합장의 성명 및 주소

이는 조합장의 동일성에 변경이 없는 경우를 전제로 한다. 만일 조합장의 동일성이 변경되는 경우에는 제4호에 의한다.

조합의 명칭 및 사무소의 소재지는 정관의 경미한 변경사항과 동일하다.

⑶ 토지 또는 건축물의 매매 등으로 조합원의 권리가 이전된 경우의 조합원의 교체 또는 신규가입(제3호)

① 법 제129조는 정비사업과 관련하여 권리를 갖는 자의 변동이 있은 때에는 종전 권리자의 권리·의무는 새로 권리자로 된 자가 승계한다고 규정하고 있으므로, 이로 인한 조합원의 교체를 경미한 사항으로 규정하고 있다.

② 재건축사업과 관련하여 정비구역 내의 토지등소유자는 조합설립인가 이후에도 분양신청기간 종료일까지는 동의서를 제출하여 조합원이 될 수 있는바, 그와 같이 토지등소유자가 조합설립 인가 이후 설립에 동의하여 추가로 조합에 가입한 경우에는 경미한 사항의 변경이다.[140] 새롭게 추가된 동의 내역도 법정 동의율 충족 여부를 판단할 때 반영하여야 한다.

③ 법 제39조 제2항의 적용과 관련하여 실무상 문제된다. 조합이 양수인의 신청을 토대로 시장·군수등에게 양도인이 1세대 1주택자로서 양도하는 주택에 대한 법정의 소유 및 거주기간 요건이 구비되었음을 전제로 조합원의 지위가 양도인에서 양수인으로 변경되었다는 내용의 경미한 사항의 변경신고를 하는 경우, 시장·군수등은 그와 같은 요건의 미비를 이유로 신청의 수리를 거부하는 처분을 하는 경우가 있다.

그 경우 조합이나 양수인이 행정청을 상대로 위 수리거부처분의 취소 또는 무효확인을 구하는 소가 다수 제기되고 있다(토지등에 대한 다수의 양도가 있는 경우, 시장·군수등은 이를 심사하여 적법한 양수에 대하여는 조합설립변경신청의 수리처분을 한다). 또는 양수인의 조합원 명의변경신청에 대하여 조합이 이를 거부하는 경우,

---

140) 대법원 2014. 5. 29. 선고 2011두25876 판결, 대법원 2014. 8. 20. 선고 2012두5572 판결.

양수인이 조합을 상대로 조합원 지위확인의 소를 제기하고 있다.

⑷ 조합임원 또는 대의원의 변경(법 제45조에 따른 총회의 의결 또는 법 제46조에 따른 대의원회의 의결을 거친 경우로 한정한다)

법 및 법 시행령은 조합임원의 선임 및 해임은 총회의결 사항으로 규정하고 있고, 대의원회가 이를 대행할 수 없는 사항으로 규정하고 있으므로, 조합임원의 변경을 위해서는 반드시 조합총회의 의결을 거쳐야 한다(법 제45조 제1항 제7호, 법 시행령 제43조 제6호). 다만 정관으로 정하는 바에 따라 조합장을 제외한 조합임원이 임기 중 궐위된 자에 대한 보궐선임은 대의원회가 대행할 수 있다(법 시행령 제43조 제6호 단서).

한편 법 및 법 시행령은 대의원의 선임 및 해임은 총회의결사항으로 규정하고 있고, 대의원회가 이를 대행할 수 없는 사항으로 규정하고 있으므로, 대의원의 변경을 위해서는 반드시 조합총회의 의결을 거쳐야 한다(제45조 제1항 제13호, 법 시행령 제42조 제1항 제2호, 법 시행령 제43조 제6호). 다만 정관으로 정하는 바에 따라 대의원이 임기 중 궐위된 자에 대한 보궐선임은 대의원회가 대행할 수 있다(법 시행령 제43조 제6호 단서). 결국 조합임원 또는 대의원의 변경은 반드시 총회 또는 대의원회의 의결을 거쳐야 하는바, 이미 총회나 대의원회의 의결을 거쳤다면 또다시 조합원 2/3의 찬성의결을 거쳐 인가받는 것은 이중적 절차에 해당하므로 총회의결 및 인가절차를 요하지 않고, 신고만으로 가능하다.

⑸ 건설되는 건축물의 설계 개요의 변경

법 시행령 제42조 제1항 제3호는 건설되는 건축물의 설계 개요의 변경에 대하여 총회의 의결사항으로 규정하고 있다. 따라서 건설되는 건축물의 설계 개요의 변경을 위해서는 반드시 총회의 의결을 거쳐야 한다. 나아가 설계도서는 법 시행령 제47조 제2항 제4호에 의하여 사업시행계획서에 포함될 사항이므로, 건설되는 건축물 설계 개요 변경이 설계도서의 변경을 수반하는 경우에는 결국 사업시행계획의 변경작성 및 인가가 필요하고, 사업시행계획의 변경작성을 위해서는 조합원 20%가 출석하고 과반수가 찬성하는 총회의 의결이 이루어져야 한다.

결국 건축물의 설계 개요의 변경을 위해서는 위와 같이 총회결의를 반드시 거쳐야 하므로, 중복하여 총회의결 및 인가절차를 요하지 않고 신고만으로 가능하다.

(6) 정비사업비의 변경

법 시행령 제42조 제1항 제4호는 정비사업비의 변경에 대하여 총회의 의결사항으로 규정하고 있으므로, 정비사업비의 변경을 위해서는 반드시 총회의 의결을 거쳐야 한다. 특히 조합의 비용부담 및 조합의 회계, 정비사업비의 부담시기 및 절차는 정관에 규정되어야 할 사항이고, 그 경우 정관을 변경하려면 조합원 3분의 2 이상의 동의를 요하는바, 조합의 비용부담이 재건축 결의 당시와 비교하여 조합원들의 이해관계에 중대한 영향을 미칠 정도로 실질적으로 변경된 경우에는 비록 그것이 정관변경에 대한 절차가 아니라 하더라도 특별다수의 동의요건을 충족하여야 한다. 결국 정비사업비의 변경을 위해서는 반드시 총회결의를 거쳐야 하므로, 중복하여 총회의결 및 인가절차를 요하지 않고 신고만으로 가능하다.

(7) 현금청산으로 인하여 정관에서 정하는 바에 따라 조합원이 변경되는 경우

법 제73조 제1항, 표준정관 제44조 제4항은 현금청산의 방법에 대하여 규정하고 있다.[141] 조합이 현금청산 이후 현금청산 받은 자들을 조합원에서 제외하는 변경신청은 조합원들의 이해관계에 아무런 영향을 미치지 아니하므로 경미한 사항으로 신고만으로 가능하다.

한편 토지등소유자는 분양신청기간 내에 분양신청을 하지 않는 경우 분양신청기간 만료 다음날에, 수분양자라도 정관에 따라 분양계약을 체결하지 않는 경우 분양계약체결 기간 만료 다음날에 조합원의 지위를 상실하게 된다. 그와 같이 토지등소유자가 분양신청기간 내에 분양신청을 하지 않고, 수분양자가 분양계약체결 기간 내에 분양계약을 체결하지 않는 경우, 그들이 조합원에서 제외되었다는 내용의 조합원 변동신고도 경미한 사항의 변경이다(예를 들면 조합은 전체 조합원 777명 중 330명이 미분양신청하면, 조합원 330명을 조합원에서 제외하여 조합원 총원을 477명으로 한다는 내용으로 신고하고 시장·군수등은 이를 수리한다).

---

141) 표준정관 제44조는 법이 2013. 12. 24. 법률 제12116호로 개정되기 이전의 분양신청기간 종료일 다음날 등으로부터 150일 이내에 현금청산한다고 규정하고 있으나, 부산 표준정관은 개정 법률을 반영하여 관리처분계획이 인가·고시된 날부터 90일 이내에 현금청산함을 규정하고 있다(제45조 제1항).

⑻ 법 제16조에 따른 정비구역 또는 정비계획의 변경에 따라 변경되어야 하
는 사항(정비구역 면적이 10% 이상의 범위에서 변경되는 경우는 제외)

㈎ 정비구역 면적이 10% 미만 범위에서 변경

서울시 조례 제19조에 의하면, 정비구역의 위치도, 지적현황도는 조합설립인가
신청 시 첨부되어야 할 서류이므로, 사업구역의 위치와 면적을 변경하는 것은 인
가받은 사항을 변경하는 것이다. 정비구역 또는 정비계획이 변경되면, 조합은 인
가받은 사항을 변경하는 절차를 반드시 거쳐야한다. 왜냐하면 조합설립인가의 내
용은 선행하는 정비구역지정 및 정비계획에 부합하여야 하기 때문이다.

제8호를 경미한 사항으로 한 것은 법 제16조의 규정에 의한 행정청의 정비구
역 또는 정비계획의 변경(사업구역의 위치를 변경하고 면적을 변경하는 경우 포함)이
라는 선행 행정처분으로 인하여 부득이 조합이 인가받은 사항을 변경하는 것이기
때문이다.

정비구역 면적이 10% 미만으로 변경되는 것과 관련하여 2017. 2. 8. 법률 제
14567호로 전부개정되기 전 조합설립변경인가에 조합설립인가를 위한 동의 요건
(재개발의 경우 토지등소유자의 4분의 3 이상 및 토지면적 2분의 1 이상 토지소유자의
동의, 재건축의 경우 주택단지는 동별 구분소유자의 과반수 동의와 주택단지 안의 전체
구분소유자의 4분의 3 이상 및 토지면적 4분의 3 이상의 토지소유자의 동의)을 요구하
였던 구 법상의 판례는 기존의 조합설립에 동의한 조합원들에 대하여는 새로이
동의를 받을 필요가 없고 종전 사업구역에 대한 동의는 변경된 사업구역에 대한
동의로도 유효하다. 새로 편입된 구역에 대한 토지등소유자에 대하여는 새롭게 동
의를 받아야하며, 재건축의 경우 그 무렵 새롭게 동의서를 제출한 토지등소유자의
경우에는 사업구역변경 시의 법정동의요건 충족에서 고려되어야 한다고 판시하였
다.[142] 그러나 위 판례는 구 법상의 판례이고, 현재는 조합설립변경인가에 정비구
역을 대상으로 하여 토지등소유자의 3분의 2 이상의 찬성의결이 필요하다는 요건
이므로, 정비구역 면적이 10% 미만의 면적변경 시 토지등소유자 전체를 대상으로
한 총회의결을 받아야 하는지 여부만이 문제된다.

정비구역 면적이 10% 이상의 범위에서 변경되는 경우에는 신고만으로 가능한

---

142) 대법원 2014. 5. 29. 선고 2011다46128, 2013다69057 판결, 대법원 2014. 5. 29. 선고 2011두
25876 판결.

경미한 변경으로 보지 않는 점, 현재의 조합설립변경인가의 요건은 종전 변경인가의 요건보다 완화된 점 등에 비추어 별도로 총회결의 없이 신고만으로 가능하고, 변경된 구역에 대한 토지등소유자의 동의도 반드시 필요한 것은 아니다.

(나) 정비구역 면적 10% 이상 변경

정비구역 또는 정비계획의 변경에 따른 변경이라 하더라도, 정비구역 면적이 10% 이상의 범위에서 변경되는 경우에는 신고만으로 가능하지 않다. 그 경우에는 원칙으로 돌아가 일반적 조합설립변경인가의 경우와 같이 종전 구역과 추가된 구역을 합한 전체 구역을 대상으로 하여 전체 토지등소유자의 3분의 2 이상의 찬성 의결에 따른 조합설립변경인가를 받아야 한다. 나아가 정비구역 또는 정비계획의 변경에 따라 정비구역 면적이 변경되었다 하더라도, 종전면적보다 더 넓은 면적이 새롭게 증가된 경우와 같이 전체 정비구역 면적을 기준으로 할 경우, 이미 설립된 조합의 적법성을 인정하기 어렵다면 새롭게 추진위원회를 구성하여 토지등소유자의 동의를 받고 창립총회를 거쳐 조합설립인가절차를 진행하여야 한다. 다만 실무상 상정하기 어렵다.

(9) 그 밖에 시·도조례로 정하는 사항

서울시 조례 제21조는 다음과 같은 사항을 조합설립인가내용의 경미한 변경으로 규정하고 있다.

(가) 법령 또는 조례 등의 개정에 따라 단순한 정리를 요하는 사항

(나) 사업시행계획인가 또는 관리처분계획인가의 변경에 따라 변경되어야 하는 사항

사업시행계획인가 또는 관리처분계획인가의 변경에는 조합원 과반수의 찬성의결과 시장·군수등의 인가까지 이루어졌으므로, 중복하여 총회의결 및 인가절차를 요하지 않고 신고만으로 가능하다.

(다) 매도청구대상자가 추가로 조합에 가입함에 따라 변경되어야 하는 사항

위 조항은 서울시 조례가 제정된 2003. 12. 20.부터 존재하던 조항이다. 재건축사업에 있어 조합설립인가 이후 토지등소유자가 동의서를 제출하여 추가로 조합에 가입함에 따른 조합원 변경은 법 시행령 제31조 제3호에 의하여 의율됨은

앞서 본 바이다.

㈑ 그 밖에 규칙으로 정하는 사항

서울시 조례 시행규칙 제10조는 사업시행계획인가 신청예정시기의 변경을 조합설립인가 내용의 경미한 변경으로 규정하고 있다.

3. 신고의 법률적 의미

설권적 효력의 내용이나 범위를 변경하는 것이지만 경미한 사항 변경은 신고만으로 가능하다고 규정하고 있는바, 위 신고의 의미가 무엇인지가 문제된다.

가. 신고의 유형

신고란 사인이 행정청에 대하여 일정한 사항을 통지함으로써 공법상의 효과가 발생하는 사인의 공법행위를 말한다. 여기에는 형식적·절차적 요건을 갖춘 신고서가 행정청에 도달하면(접수되면) 신고로서의 효과가 곧바로 발생하는 이른바 '자기완결적 신고'와 행정청이 실체적 요건에 관한 심사를 한 후 이를 수리하여야 신고로서의 효과가 발생하는 '수리가 필요한 신고'로 구분된다.[143] 자기완결적 신고의 경우에는 신고로 곧바로 효과가 발생하므로 그 후 설령 수리의 절차를 거쳤다 하더라도, 수리의 취소를 구할 소의 이익이 없다.

나. 수리가 필요한 신고

⑴ 경미한 사항의 변경대상 중 상당 부분은 사전에 총회의결절차를 거쳤기 때문이다. 앞서 본 바와 같이 법 시행령 제31조 제4호는 조합임원 또는 대의원의 변경이 경미한 사항의 변경이 되기 위해서는 반드시 총회(대의원회)의결을 거쳤을 것을 명시하고 있다. 이는 행정청이 조합임원의 변경신고에 대하여 총회(대의원회)의결절차를 거쳤는지 여부 등에 대한 심사가 이루어지는 것을 전제로 하고 있다고 해석된다. 따라서 경미한 사항의 변경에 대한 신고는 수리가 필요한 신고이다.[144]

⑵ 법은 2021. 3. 16. 법률 제17943호로 개정하면서 시장·군수등은 경미한 사항에 대한 변경신고를 받은 날부터 20일 이내에 신고수리 여부를 신고인에게

---

143) 대법원 2011. 1. 20. 선고 2010두14954 전원합의체 판결 참조.
144) 서울고등법원 2021. 8. 12. 선고 2020누60217 판결(확정) 및 하급심인 서울행정법원 2020. 9. 25. 선고 2019구합2183 판결, 대법원 2013. 10. 24. 선고 2012두12853 판결.

통지하여야 하고, 시장·군수등이 20일 기간 내에 신고수리 여부 또는 민원 처리
관련 법령에 따른 처리기간의 연장을 신고인에게 통지하지 아니하면 그 기간(민원
처리 관련 법령에 따라 처리기간이 연장 또는 재연장된 경우에는 해당 처리기간을 말한
다)이 끝난 날의 다음 날에 신고를 수리한 것으로 본다는 규정을 신설하였다(법
제35조 제6, 7항). 위 규정은 경미한 사항의 변경신고가 수리가 필요한 신고임을
명확히 하였다. 위와 같이 경미한 사항의 변경신고에 관하여 처리기간 및 간주규
정을 둔 것은 관련 민원의 투명하고 신속한 처리와 일선 행정기관의 적극행정을
유도하기 위한 것이다.

다. 신고와 기본행위와의 관계

임원변경이 총회의결절차를 거치지 않거나 정족수에 미달함에도 불구하고 임
원변경신고가 수리된 경우의 법률관계가 문제된다. 임원변경 신고의 수리는 적법
한 임원변경이 있었음을 전제로 하는 것이므로 총회의결절차를 거치지 않거나 정
족수에 미달한 경우에는 수리대상인 임원변경이 존재하지 아니하거나 무효이므로,
설령 관할 행정청이 수리를 하였다 하더라도 그 수리는 유효한 대상이 없는 것으
로서 당연히 무효라 할 것이다. 그 경우 이해관계인은 민사쟁송으로 임원선임, 해
임결의의 무효확인을 구함이 없이 곧바로 시장·군수등을 피고로 하여 행정소송
으로 신고수리처분의 무효확인을 구할 법률상 이익이 있다.[145]

4. 경미한 사항에 대한 조합설립변경인가처분의 적법성 심사기준

가. 문제의 소재

조합은 총회 의결 없이 신고만으로 족한 경미한 사항의 변경에 대하여 조합원
3분의 2 이상의 찬성의결을 거쳐 시장·군수등의 인가를 받는 조합설립변경인가
절차를 취하는 경우가 있다. 조합이 경미한 사항의 변경에 대하여도 조합설립변경
인가처분을 받는 이유는 총회의결을 통한 절차적 정당성을 확보하여 정비사업을
보다 효율적으로 추진하기 위함이다. 그 경우 경미한 사항의 변경에 하자가 있음
을 이유로 조합설립변경인가처분의 무효확인 또는 취소청구의 소가 제기된다.

---

145) 대법원 2005. 12. 23. 선고 2005두3554 판결.

나. 신고수리에 필요한 절차 및 요건 구비여부가 쟁점

법은 조합설립인가의 내용을 변경함에 있어 '신고사항'과 '변경인가사항'을 엄격히 구분하고 있다. 행정청이 신고사항을 변경하면서 신고절차가 아닌 변경인가 형식으로 처분을 한 경우, 그 성질은 신고사항을 변경하는 내용의 신고수리에 불과한 것으로 보아야 하므로, 그 적법여부 역시 변경인가의 절차 및 요건의 구비여부가 아니라 신고수리에 필요한 절차 및 요건을 구비하였는지 여부에 따라 판단하여야 한다.[146)]

한편, 다음에서 살펴보듯이 조합설립인가 이후 새롭게 조합설립의 요건과 절차를 거쳐 변경인가를 받는 경우, 당초 조합설립인가는 원칙적으로 흡수·소멸되어 더 이상 존재하지 않는 처분이 되나, 신고로 족한 경미한 사항에 대하여 새롭게 조합설립의 요건과 절차를 모두 거쳐 변경인가를 받았다 하더라도, 당초 조합설립인가는 흡수·소멸되지 않는다.[147)]

5. 조합설립인가와 변경인가의 관계

가. 법 리

(1) 실무상의 쟁점

정비사업의 특성상 통상적으로 최초의 조합설립인가 이후 여러 차례 조합설립 변경인가가 이루어진다. 실무상 당사자들은 어떠한 조합설립인가나 변경인가를 쟁송의 대상으로 하여야 하는지 혼란을 겪는 경우가 많고, 일반적으로 그 모두를 쟁송의 대상으로 하는 듯하다. 심지어 후행처분이라는 이유로 경미한 변경의 신고도 그 취소를 구하는 경우가 있다.

법 제35조 제5항은 조합이 설립인가 받은 사항을 장차 변경하는 것을 예정하고 있는바, 이는 당초 인가받은 사항이 인가 이후의 사정변경으로 인하여 변경되는 것으로서, 종전 조합설립인가의 효력은 그대로 유지한 채 내용 중 일부만을 추가·철회·변경하는 것을 전제로 한다. 그러나 다음에서 살펴보듯이 새로운 조합설립인가의 요건을 갖추어 종전 조합설립인가를 대체하는 조합설립변경인가가 인

---

146) 대법원 2013. 10. 24. 선고 2012두12853 판결.
147) 대법원 2010. 12. 9. 선고 2009두4555 판결.

정되고, 그 경우 당초 조합설립인가는 원칙적으로 흡수·소멸되어 더 이상 존재하지 않게 된다. 따라서 각종의 조합설립인가처분 및 변경인가처분이 쟁송의 대상이된 경우, 심리의 형태는 후행의 조합설립변경인가 중 새로운 조합설립인가의 요건을 갖춘 것으로서 종전의 조합설립인가를 실질적으로 대체한 것이 있는지 여부를확인하여, 만일 존재한다면 그 이전의 조합설립인가, 변경인가의 무효확인이나 취소를 구하는 부분은 원칙적으로 소의 이익이 없어 각하하고(다만 후속처분이 있는경우 예외), 실질적으로 대체한 조합설립인가 및 그 후행처분만이 적법성 여부의심리대상이 된다.

(2) 일반적 조합설립변경인가

일반적인 조합설립변경인가는 당초 조합설립인가에서 인가받은 사항의 일부를수정 또는 취소·철회하거나 새로운 사항을 추가하는 것으로서 유효한 당초 조합설립인가에 근거하여 설권적 효력의 내용이나 범위를 변경하는 성질을 가지므로,당초 조합설립인가가 성립하자로 쟁송에 의하여 취소되거나 무효로 확정된 경우에는 이에 기초하여 이루어진 조합설립변경인가도 원칙적으로 그 효력을 상실하거나 무효라고 해석함이 타당하다. 마찬가지로 당초 조합설립인가 이후 여러 차례조합설립변경인가가 있었고, 그 중 중간에 행하여진 선행 조합설립변경인가가 성립상 하자로 취소되거나 무효로 확정된 경우 그 이후의 조합설립변경인가도 그효력을 상실하거나 무효라고 새겨야 한다.[148] 이는 조합설립인가의 본질적인 고유특성이 선행처분이 유효함을 전제로 후행처분이 이루어지는 것이기 때문이다.

(3) 후행의 조합설립변경인가처분

당초 조합설립인가가 성립상 하자로 취소되거나 무효로 확정된 경우에는 이에기초하여 이루어진 조합설립변경인가도 원칙적으로 그 효력을 상실하거나 무효이므로, 조합원 등 이해당사자는 최초의 조합설립인가의 무효나 취소를 주장, 증명하면 족하다. 다만 후행의 조합설립변경인가에는 외관이 존재하여 이를 기초로 정비사업이 진행될 여지가 있는 등 토지등소유자에게 법률적 불안이나 위험이 존재하는 점, 조합설립인가처분과는 다른 변경인가된 부분과 관련한 고유의 위법이 존

---

148) 대법원 2014. 5. 29. 선고 2011두25876 판결, 대법원 2014. 8. 20. 선고 2012두5572 판결.

재할 수도 있는 점 등에 비추어 당초의 조합설립인가처분과 함께 또는 후행의 조합설립변경인가에 대하여만 쟁송이 제기된 경우에도 대상적격이나 소의 이익이 인정된다.

후행의 조합설립변경인가에 대하여만 쟁송이 제기된 경우에는 최초의 조합설립인가처분의 무효사유를 주장, 증명하거나 조합설립변경인가 고유의 무효나 취소사유를 주장, 증명하여 다툴 수 있다. 다만 경미한 변경의 신고는 종전 조합설립인가 내용의 변경이기는 하나, 수리처분 자체가 하자가 있어 취소나 무효를 구하는 것은 별론으로 하고, 조합설립인가처분의 후행처분이라는 이유만으로 대상적격을 인정하기 어렵다. 또한 경미한 변경의 신고는 전제가 되는 선행의 조합설립인가가 취소나 무효 확정되는 경우 당연히 그 효력이 소멸하므로, 그 외관만으로 법률상 이익이 침해된다고 보기는 어렵다 할 것이어서, 다툴 소의 이익도 없다.

나. 처분 일반론과의 관계

(1) 처분의 일반론으로서는, 기존의 행정처분을 변경하는 내용의 행정처분이 뒤따르는 경우, 후행처분의 내용이 종전처분의 유효를 전제로 그 내용 중 일부만을 추가 · 철회 · 변경하는 것이고 그 추가 · 철회 · 변경된 부분이 그 내용과 성질상 나머지 부분과 불가분적인 것이 아닌 경우에는, 후행처분에도 불구하고 종전처분이 여전히 항고소송의 대상이 된다고 보아야 하고, 따라서 종전처분을 변경하는 내용의 후행처분이 있는 경우 법원으로서는, 후행처분에서 추가 · 철회 · 변경된 부분의 내용과 성질상 그 나머지 부분과 가분적인지 등을 살펴 항고소송의 대상이 되는 행정처분을 확정하여야 한다.[149] 처분의 내용을 추가 · 철회 · 변경하는 후행처분이 있는 경우, 선행처분과 후행처분은 각각의 하자와 관련하여 쟁송의 대상된다. 즉 선행처분에 대하여 하자가 존재하는 경우 선행처분을 대상으로 하여야 하고, 추가 · 철회 · 변경된 부분에 하자가 존재하는 경우 후행처분을 대상으로 하여야 하며, 각각 하자가 존재하는 경우 그 모두가 쟁송의 대상이 된다. 다만, 후행처분이 종전처분을 완전히 대체하는 것이거나 그 주요 부분을 실질적으로 변경하는 내용이 아니라 하더라도, 추가 · 철회 · 변경된 부분이 성질상 나머지 부분과 불가분적인 경우에는 후행처분만이 쟁송의 대상이 된다.

---

149) 대법원 2015. 11. 19. 선고 2015두295 전원합의체 판결.

이는 행정청이 대형마트 등에 대하여 의무휴업일 지정과 영업시간 제한(오전 0시부터 오전 8시까지)의 처분을 하였다가 영업시간 제한을 변경(오전 0시부터 오전 10시까지)한 사안에서, 후행처분(오전 9시부터 10시까지)은 영업시간제한 부분만 일부 변경한 것으로서, 가분적인 것이고 후행처분이 선행처분과 병존하면서 규제내용을 형성한다는 내용이므로 별개의 쟁송대상이 된다는 것이다.

(2) 위 일반론은 행정청이 행한 침익적 처분으로서 요건은 적법하되, 내용상의 하자와 관련되는 것이다. 그러나 통상적으로 조합설립인가 및 변경인가와 관련한 하자는 요건과 관련된 것이고, 내용상 하자는 사실상 상정하기가 어려우므로, 위 일반론이 적용될 여지는 거의 없다.

다. 오류 정정의 조합설립변경인가

조합설립인가신청서에는 전체 토지등소유자와 동의한 토지등소유자 및 동의율을 기재하여야 하고, 행정청은 이를 심사하여 인가할 때 이를 확인하여 인가서에 기재하여야 한다. 최초에 시장·군수등이 신청서에 기재된 토지등소유자 수, 동의자 수 및 동의율을 확인하고 인가하였으나, 그와 같은 판단에 오류가 있는 경우에는 조합의 변경승인신청이 없더라도, 직권으로 이를 정정하는 조합설립변경인가를 한다.[150] 그와 같은 변경인가처분은 조합으로부터 이미 인가받은 사항을 변경하고자 하는 아무런 신청이나 신고가 없음에도 불구하고, 시장·군수등이 스스로 기존에 행한 유효동의서의 산정결과를 시정한 것에 불과하므로, 최초 인가처분은 그 후의 변경인가처분에 의하여 그 범위 내에서 직권취소되었다고 보아야 한다.

---

150) 대법원 2011. 8. 18.자 2011두8833 심리불속행 판결 및 하급심인 서울고등법원 2011. 3. 24. 선고 2010누24632 판결의 사실관계 참조[행정청은 2009. 6. 19. 토지등소유자 760명 중 575명의 동의(동의율 75.65%)를 얻은 것으로 보아 참가인 조합의 설립변경을 인가한 후, 2009. 7. 6. 유효한 동의서를 574장으로 인정하여 동의율 75.52%로 조합설립변경인가를 하였다가, 2009. 7. 21.에는 다시 유효한 동의서를 580장으로 인정하여 동의율 76.31%로 조합설립변경인가를 하였다].

Ⅳ. 새로운 조합설립인가로서의 조합설립변경인가

1. 유효여부

가. 문제의 소재

법 제35조 제5항은 조합이 설립인가 받은 사항을 총회의결을 거쳐 변경하여 시장·군수등으로부터 변경인가 받는 내용을 규정하고 있는바, 이는 당초 인가받은 사항이 인가 이후의 사정변경으로 인하여 변경되는 것을 전제로 하고 있다. 그러나 실제로는 최초의 조합설립인가처분에 동의율 부족 등 하자가 있음을 이유로 취소소송 등이 제기되고, 1심에서 동의율 미달 등을 이유로 조합설립인가처분이 무효확인이나 취소판결을 받게 되는 경우, 항소심 진행 중(심지어 1심에서 무효확인이나 취소판결을 받고, 항소기각 판결까지 받은 후 상고심 진행 중)에 조합설립인가의 요건을 모두 새롭게 구비하여 변경인가처분을 받는 경우가 있다.

그 경우 당초 조합설립인가처분과 변경인가처분의 관계가 문제된다. 새로운 조합설립인가로서의 조합설립변경인가처분을 인정하는 경우, 종전 조합설립인가처분은 과거의 법률관계에 해당하게 되어 계속 중인 소송의 1, 2심 판결이 무력화되어 그 판결의 취지를 몰각시키게 되는데, 행정청이 그와 같은 변경인가처분을 하는 것이 적법한 것인지(사실상 행정청이 법적 근거도 없이 처분으로 사법부의 판결을 무력화시키는 것이 아닌지), 정의관념에 부합하는 것인지 등의 문제가 제기된다.[151]

결국 법 제35조 제5항의 변경인가에 조합이 조합설립인가의 요건을 모두 새롭게 구비하여 변경인가처분을 받는 경우가 포함될 수 있는가 하는 점이 쟁점이다.

나. 판단(유효)

(1) 법 제37조 제1항은 조합이 조합설립인가를 받은 후 동의서 위조, 동의율 미달 등에 관한 다툼으로 인하여 제기된 조합설립인가의 무효 또는 취소소송 중에 일부 동의서를 추가 또는 보완하여 조합설립변경인가를 신청하는 때에는 토지등소유자의 동의서를 다시 사용할 수 있다고 규정하고 있는바, 이는 새로운 조합설립인가로서의 조합설립변경인가의 유효성을 전제하고 있다. 따라서 법 제35조

---

151) 서울행정법원 실무연구회, 2021년 행정소송의 이론과 실무 Ⅰ(도시정비 및 보건·의료), 사법발전재단, 32쪽.

제5항의 변경인가에는 조합이 조합설립인가의 요건을 모두 새롭게 구비하여 변경인가처분을 받는 경우가 포함된다고 해석되어야 한다.

⑵ 판례도 조합설립변경인가처분이 조합에게 정비사업을 시행할 수 있는 권한을 설정하여 주는 처분인 점에서는 당초 조합설립인가처분과 다를 바 없으므로, 조합설립인가처분의 위법 여부 또는 효력 유무에 관한 다툼이 있어 조합이 처음부터 다시 조합설립인가에 관한 절차를 밟아 조합설립변경인가를 받았고, 그 조합설립변경인가처분이 새로운 조합설립인가처분으로서의 요건을 갖춘 경우에는 그에 따른 효과가 있다고 판시하고 있다.[152]

⑶ 변경인가 당시 조합설립인가를 새롭게 받을 정도의 실체적, 절차적 요건을 모두 다시 갖추었다면, 공익사업이라는 정비사업의 특성에 비추어 가급적 유지, 수행되도록 하는 것이 타당하므로, 새로운 조합설립인가처분으로서의 변경인가처분을 인정하여야 한다.

2. 새로운 조합설립인가처분으로서의 조합설립변경인가처분의 유효요건

가. 조합설립인가를 위한 실체적·절차적 요건 구비

새로운 조합설립인가처분으로서의 조합설립변경인가의 유효요건은 조합설립인가에 필요한 실체적·절차적 요건을 모두 갖추는 것이다. 원칙적으로 조합은 토지등소유자로부터 법정사항이 포함된 법 시행규칙 [별지 제6호 서식] '조합설립동의서'에 의한 법 제36조가 정한 방법으로 법 제35조 제2, 3항이 정한 비율의 동의를 받아야 할 뿐만 아니라 조합설립변경인가의 신청 전에 총회(다만 '창립총회'라는 명칭은 조합설립단계에서의 명칭인바, 조합설립변경인가를 통한 새로운 조합설립인가를 허용하므로, 군이 창립총회라는 명칭을 사용하여야 하는 것은 아니다)를 새로 개최하여 토지등소유자 과반수 출석에 출석한 토지등소유자 과반수의 찬성으로 구성원과는 독립된 단체로서의 조합 내부의 자치규범인 정관을 확정하고 단체의 대표자인 임원을 선출하는 등의 단체결성행위를 행하여야 한다.

---

152) 대법원 2013. 2. 28. 선고 2012다74816 판결.

나. 간이한 절차적 요건

(1) 창립총회결의 추인 가능

조합은 새로 개최된 총회에서 의사결정을 함에 있어 종전 조합설립인가의 신청 전에 이루어진 창립총회의 결의를 추인하는 결의를 하거나 총회의 진행경과 등에 비추어 그러한 추인의 취지가 포함된 것으로 볼 수 있는 사정이 있으면 충분할 것이다.[153)]

(2) 동의서의 재사용

(가) 엄격한 요건 하에서의 재사용

법 제37조 제1항은 조합설립인가를 받은 후에 동의서 위조, 동의 철회, 동의율 미달 또는 동의자 수 산정방법에 관한 하자 등으로 다툼이 있는 경우로서, 조합설립인가의 무효 또는 취소소송 중에 일부 동의서를 추가 또는 보완하여 조합설립변경인가를 신청하는 때(제1호)에는 동의서의 유효성에 다툼이 없는 토지등소유자의 동의서를 다시 사용할 수 있다.

(나) 유효성에 다툼이 없는 토지등소유자의 동의서

재사용이 가능한 유효성에 다툼이 없는 동의서란, 조합이 토지등소유자에게 기존 동의서를 다시 사용할 수 있다는 취지와 반대 의사표시의 절차 및 방법을 서면으로 설명·고지하여야 하고, 60일 이상의 반대의사 표시기간을 위 서면에 명백히 적어 부여한 경우의 동의서를 의미한다(법 제37조 제3항, 법 시행령 제35조).

3. 새로운 조합설립인가로서의 조합설립변경인가처분과 종전 조합설립인가처분의 관계

가. 흡수·소멸

조합설립인가를 새롭게 받을 정도의 실체적, 절차적 요건을 모두 갖추어 조합설립변경인가를 받았다면, 당초 조합설립인가는 원칙적으로 변경인가에 흡수되어 독립된 존재가치를 상실하여 당연히 소멸하고 더 이상 존재하지 않는 처분이거나 과거의 법률관계가 된다. 따라서 새로운 조합설립인가로서의 조합설립변경인가처

---

153) 대법원 2014. 5. 29. 선고 2013두18773 판결.

분 이후 당초 조합설립인가처분의 무효확인이나 취소청구의 소는 특별한 사정이 없는 한 소의 이익이 없다.[154] 이에 대하여 선행 조합설립인가처분이 주된 것이고 변경처분은 종된 것임에도 주된 처분이 종된 처분에 흡수되는 것은 부당하는 견해가 있다.[155] 그러나 새로운 조합설립인가의 요건을 구비한 조합설립변경인가처분은 그 내용 중 일부만을 추가·철회·변경하는 것이 아니므로 종된 처분으로 보기 어렵고, 오히려 새로운 조합설립인가의 요건을 모두 구비한 점, 종전 조합설립인가처분에 존재하는 하자를 시정하는 등으로 종전 조합설립인가를 대체함을 목적으로 하는 점 등에 비추어 흡수·소멸의 판례 견해가 타당하다.

나. 예 외

조합이 당초 조합설립인가처분의 유효를 전제로, 시공자 선정에 관한 총회 결의, 사업시행계획의 수립, 매도청구권 행사(재건축), 분양공고 및 분양신청절차, 분양신청을 하지 않은 자에 대한 정비구역 내 토지등의 협의취득, 수용, 관리처분계획의 수립 등과 같은 후속행위를 한 경우, 당초 조합설립인가처분이 효력을 잃으면, 그와 같은 행위들은 모두 행정주체인 공법인의 행위로 볼 수 없으므로, 다음에서 살펴보듯이 위와 같은 후속행위 역시 소급하여 효력을 잃게 된다.

위와 같이 후속행위가 무효이나, 외관상 유효한 것으로 존재하고 있는 경우, 그 분쟁의 근원이 되는 당초 인가처분을 다툴 소의 이익을 긍정하여 그 소송에서 인가처분의 위법함을 확인하여 주게 되면 다수의 후속행위의 효력을 부인할 수 있어 분쟁을 근원적이고 획일적으로 해결할 수 있는 유효·적절한 수단이 되기 때문에, 달리 특별한 사정이 없는 한 위와 같은 형태의 변경인가가 있다고 하여 당초 조합설립인가처분의 무효확인을 구할 소의 이익이 소멸하지 아니한다.[156] 그러나 조합설립변경인가를 기초로 새롭게 종전 후속행위에 대한 변경 내지 대체절차가 이루어졌다면, 즉 조합설립변경인가처분에 기하여 별도의 후속행위가 행하여진 경우에는 종전 조합설립인가처분이 현재 조합원들의 권리·의무에 어떠한 영향도 미치고 있지 않아 역시 그 무효확인을 구할 법률상 이익이 없다.[157]

---

154) 대법원 2013. 10. 24. 선고 2012두12853 판결.
155) 김종보, 전게서, 508쪽.
156) 대법원 2012. 10. 25. 선고 2010두25107 판결, 대법원 2013. 2. 28. 선고 2012두20809 판결.
157) 대법원 2013. 11. 28. 선고 2011두30199 판결.

제7장 조합설립인가 관련 소송상 쟁점

제1절 조합설립인가처분의 취소 또는 무효확인

Ⅰ. 조합설립인가처분의 하자

행정처분인 조합설립인가처분에 이르는 절차적 요건의 존부나 효력 유무에 관한 사항들, 즉 이미 정비구역 내에 추진위원회가 존재함에도, 후행의 추진위원회가 구성되어 조합설립인가를 신청하여 처분이 이루어진 경우, 법 제35조 제2, 3항이 규정한 법정 비율의 동의를 받지 못하였음에도 조합설립인가처분이 이루어진 경우, 창립총회의 의결을 받지 못하였거나 그 과정에서의 하자에도 불구하고 조합설립인가처분을 받은 경우 등이 조합설립인가처분과 관련한 하자이다.

실무상 주로 문제가 되는 것은 법정비율의 동의를 받지 못하였다는 것이고, 주된 쟁점은 정비구역 내 토지등소유자의 숫자, 동의자의 숫자, 동의서가 법 제36조가 정한 적법한 동의방법에 의한 것인지 여부, 대표소유자 선임의 적법성, 동의서 제출의 시기, 철회 등이다. 조합설립인가처분과 후속처분은 각각 단계적으로 별개의 법률효과를 발생시키는 독립된 행정처분이라고 할 것이므로, 조합설립인가처분에 불가쟁력이 생겨 그 효력을 다툴 수 없게 된 경우에는 그 조합설립인가처분에 위법사유가 있다 할지라도 그것이 당연무효의 사유가 아닌 한 조합설립인가처분의 하자를 이유로 후속처분의 위법을 주장할 수는 없다.

Ⅱ. 하자의 치유

1. 문제의 소재

행정행위가 이루어진 당시 위법사유가 되는 하자가 사후의 추완행위 또는 어떤 사정에 의하여 보완되었다 하더라도, 행정행위의 성질이나 법치주의의 관점에서 볼 때 원칙적으로 하자의 치유는 허용될 수 없다. 또한 행정행위의 무용한 반복을 피하고 당사자의 법적 안정성을 위해 하자의 치유를 허용하는 때에도 국민의 권리와 이익을 침해하지 않는 범위에서 구체적 사정에 따라 합목적적으로 인정해야 할 것이다.[158] 정비사업은 다양한 변수가 존재하고 장기간이 소요되는 사업으로서, 정비사업의 진행과정에서 이루어지는 여러 처분에는 각종의 하자가 존재하는 경우가 많다.

문제는 정비사업의 경우 조합의 설립, 사업시행계획, 관리처분계획 등의 단계를 거쳐 순차 진행되고, 각 단계에서 조합설립인가, 사업시행계획인가, 관리처분계획인가 등의 선행 행정처분이 이루어짐에 따라 다음 절차가 진행되는 것이 특성이어서 선행단계의 하자로 인한 처분취소에 의하여 후속행위가 모두 소급적으로 무효가 되고, 이로 인하여 정비사업 자체가 좌초하게 된다는 점이다. 위와 같은 사정들과 정비사업이 공익사업인 특성을 이유로 보다 폭 넓은 하자의 치유가 논의된다.

2. 판 례

가. 원 칙

판례는 조합설립인가처분은 설권적 처분이고 하자의 치유가 인정되기 위해서는 토지등소유자의 권리와 이익이 침해되지 않아야 하는데, 조합설립인가처분에 대한 하자의 치유를 인정하는 경우 토지등소유자들에게 아무런 손해가 발생하지 않는다고 단정할 수 없다는 점 등을 들어 하자의 치유를 부인한다. 도시정비법 및 판례가 새로운 조합설립인가요건을 구비한 경우, 조합설립변경인가를 허용하고 있는 것은 하자의 치유를 인정하지 않음을 전제로 한 것이므로, 위와 같은 판례의

---

158) 대법원 2003. 11. 14. 선고 2003두7118 판결.

태도는 타당하다. 구체적으로는 토지등소유자 4분의 3 이상의 동의를 받지 못하였음을 이유로 제1심에서 조합설립인가처분 취소판결이 선고되자, 조합이 항소심 진행 중에 정비구역 내 토지등소유자 4분의 3을 초과하는 조합설립동의서를 새롭게 받은 사안에서,[159] 그리고 조합설립인가처분 이후 정비구역 내 토지등소유자들로부터 추가로 조합설립동의서가 제출되었고, 이에 따라 4분의 3 이상의 동의 요건을 충족하자 시장·군수등이 조합설립변경인가처분까지 한 사안에서,[160] 판례는 모두 하자의 치유를 인정하지 않았다.

나. 예외 사안

재건축조합이 정비구역에 포함된 주택단지가 아닌 지역의 조합설립에 동의하지 않는 자 등에 대해 매도청구권을 행사하여 그에 따른 소유권이전등기절차의 이행 등을 구하는 소송을 제기하였고, 토지등소유자가 매도청구권의 적법성을 다투면서 조합설립인가처분의 당연무효를 주장한 사안에서, 부족한 동의의 비율이 1.25%(당시는 토지등소유자 5분의 4 이상의 동의가 필요한데 78.85%의 동의만 있었다)에 불과하고, 인가일로부터 16일 만에 부족분 이상에 해당하는 동의서를 징구하였으며, 그 후 조합이 변경인가를 신청하여 변경인가까지 받았음을 이유로 부족분 이상의 추가동의를 받아 정족수를 충족시킴으로써 그 무렵 적법한 설립동의가 있었고, 변경인가의 하자도 치유되었음을 전제로 매도청구가 적법하여 토지등소유자가 매매대금을 지급받음과 동시에 소유권이전등기절차를 이행하여야 한다고 판시한 사안이 있기는 하다.[161]

그러나 위 사안은 조합설립인가처분에 대한 하자의 치유여부가 정면에서 다루어진 것이 아니라 매도청구권 행사의 적법여부에 대한 전제로서 판단된 것에 불과하고, 위 판결 이후 동일한 사안에서 판례는 정면으로 하자의 치유를 인정하지 아니한 점 등에 비추어 위 판례는 극히 이례적인 것으로서 향후 또다시 인정되기는 어렵다.

---

159) 대법원 2010. 8. 26. 선고 2010두2579 판결.
160) 대법원 2012. 12. 13. 선고 2011두21218 판결.
161) 대법원 2010. 7. 15. 선고 2009다63380 판결.

Ⅲ. 조합설립인가처분의 취소 또는 무효확인판결이 후속행위에 미치는 효과

조합설립인가처분을 취소하는 판결이 확정되어 조합설립인가처분이 소급하여 효력을 잃으면, 해당 조합 역시 조합설립인가처분 당시로 소급하여 정비사업을 시행할 수 있는 행정주체의 지위 및 공법인의 지위를 상실한다. 또한 조합설립인가처분에 대한 무효확인의 확정판결도 마찬가지의 효과가 있다. 이로 인하여 파생되는 효과는 다음과 같다.

1. 후속행위의 소급적 무효

조합설립인가처분의 후속행위로는 시공자 선정 및 변경, 설계자, 전문관리업자 선정 및 변경(추진위원회와 별도로 조합이 선정한 경우)에 관한 총회 결의, 사업시행계획의 작성(변경) 및 인가, 재건축조합의 매도청구권 행사 또는 재개발조합의 수용, 관리처분계획의 수립(변경) 및 인가 등이 있다.

조합설립인가처분이 무효로 확인되거나 취소될 경우 조합설립인가처분이 유효하게 존재하는 것을 전제로 이루어진 위와 같은 후속행위 역시 소급하여 효력을 상실하게 된다.[162] 그 이유는 조합의 설립, 사업시행계획, 관리처분계획, 이전고시 등의 단계를 거쳐 순차 진행되고, 각 단계에서 조합설립인가, 사업시행계획인가, 관리처분계획인가 등의 선행 행정처분이 이루어지는 것을 전제로 후속절차가 진행될 뿐만 아니라 정비사업의 특성상 조합설립인가처분 등 선행처분은 그 자체로 목적이 종료되지 않고 후속행위에 영향을 미치기 때문이다.

2. 협의취득의 포함 여부

가. 문제의 소재

재개발사업에 있어 조합원인 토지등소유자가 분양신청기간 내에 분양신청을 하지 아니하는 경우 조합은 당해 현금청산대상자와 사이에 협의취득에 의하여 토지등의 소유권을 취득하는바, 그 후 조합설립인가처분이 취소된 경우 협의취득의

---

162) 대법원 2012. 3. 29. 선고 2008다95885 판결, 대법원 2012. 10. 25. 선고 2010두25107 판결, 대법원 2013. 11. 28. 선고 2011두30199 판결.

효력이 문제된다. 협의취득도 조합설립인가처분의 후속행위로 볼 수 있으나, 한편으로 이는 조합과 현금청산대상자와 사이의 사법상 계약, 즉 자유로운 의사에 기하여 이루어졌기 때문에 문제된다.

나. 견해의 대립

⑴ **유효(서울고등법원 2013. 8. 16. 선고 2012누31856 판결)**

서울고등법원 2013. 8. 16. 선고 2012누31856 판결에서는 협의취득은 조합과 조합원 사이의 사법상 계약에 의하여 이루어진 것이므로 민사상 무효사유에 해당한다고 볼 만한 사정이 없는 이상 종전 설립인가처분의 무효로 인하여 조합과 조합원이었던 현금청산대상자와 사이에 체결된 협의취득의 효력을 부인할 수 없다고 판시하였다. 위 사건의 상고심인 대법원 2014. 5. 29. 선고 2013두18773 판결은 종전 설립인가처분의 무효로 인한 조합과 현금청산대상자와 사이에 체결된 협의취득의 효력에 대하여는 명시적으로 판시하지 않았다.

⑵ **무효(도시계획시설사업 관련 사건)**

㈎ **대법원 2000. 8. 22. 선고 98다60422 판결**

비록 협의취득이 사법상 매매계약의 형태를 취하고 있으나 협의취득될 수 있는 현금청산대상자의 토지등은 토지보상법에 의하여 수용될 수 있고, 협의취득과 수용에 있어 손실보상은 동일한 이론적 근거에 기초하고 있으며 협의취득의 과정에도 여러 가지 공법적 규제가 있고, 토지등소유자로서는 협의에 불응하면 바로 수용을 당하게 된다는 심리적 강박감으로 인하여 그 의사에 반하여 협의에 응하는 경우도 있기 때문에 협의취득은 실질적으로는 수용과 비슷한 공법적 기능을 수행하고 있다. 따라서 협의취득의 경우에도 수용과 마찬가지로 공익적 필요성이 있고, 법률에 의거하여야 하며 정당한 보상을 지급하여야 한다는 요건을 갖추어야 하고, 위 요건이 갖추어지지 아니한 협의취득은 효력이 발생하지 아니한다.

㈏ **대법원 2021. 4. 29. 선고 2020다280890 판결**

협의취득의 매수인은 공익사업을 수행하는 법상의 사업시행자이어야 한다. 만일 사업시행자 지정이 처음부터 효력이 없거나 토지의 취득 당시 해당 도시계획시설사업의 법적근거가 없었다면, 협의취득은 결국 시행자가 아닌 자에 의해 이루어진 것으로 법률에 의거하지 아니하여 효력이 없다고 할 것이다. 이처럼 협의취득이 무효이거나 취소가 확정된 경우 토지등소유자는 협의취득 된 토지등에 관한 소유권을 계속해서 보유하고 있는 것이므로, 소유권에 기한 청구권이나 부당이득 반환청구권을 행사하는 방식으로 등기 명의를 회복하거나 점유를 이전받는 등으로 사업시행자에 대한 권리를 구제받을 수 있다(법 제91조에 의한 환매권은 인정되지 아니한다).

다. 결 론

협의취득이 조합과 현금청산대상자와 사이의 사법상 계약이기는 하나, 조합설립인가처분의 후속행위임은 명백하고(그 경우 수용재결은 당연 무효이다), 나아가 수용 또는 매도청구가 전제된 협의취득은 토지등소유자의 100% 자유로운 의사에 기한 합의로 보기 어렵다. 무효설이 타당하다.

라. 관련 쟁점

(1) 문제의 소재

종전 조합설립인가처분에 대한 무효확인소송 또는 취소소송이 계속 중 조합이 처음부터 다시 조합설립인가의 실체적·절차적 요건을 모두 구비하여 새로운 조합설립인가처분으로서의 변경인가처분을 받음에 있어, 종전 인가처분에 따른 후속행위로 협의취득에 의하여 소유권을 상실한 토지등소유자가 동의의 대상인지 여부가 문제된다.

판례는 조합이 종전 조합설립인가처분에 대한 무효확인소송 등이 진행되고 있을 뿐, 확정되지 않은 상황에서 새로운 조합설립변경인가처분을 받음에 있어서는 협의취득에 의하여 소유권을 상실한 자를 토지등소유자 산정에서 배제한 정족수 및 동의율을 산정하는 것이 타당하다고 판시하였다.[163]

결국 조합설립인가처분에 대한 취소나 무효확인소송이 확정된 후, 새롭게 조합설립인가절차를 진행함에 있어서는 협의취득된 토지등의 소유자를 토지등소유자로 하여 정족수 및 동의율을 산정하여야 하나, 판결이 확정되기 이전에는 그들을 배제한 채 실체적, 절차적 요건을 모두 구비하여 새로운 조합설립인가처분으로서

---

163) 대법원 2014. 5. 29. 선고 2013두18773 판결.

의 변경인가를 받을 수 있다. 종전 조합설립인가처분에 대한 무효확인소송 또는
취소소송이 계속 중이고 확정되지 않았다면, 위 대법원 판례의 판시 취지에 비추
어 동일한 사법상 계약인 매도청구로 소유권을 상실하거나 수용재결에 의하여 소
유권을 상실한 토지등소유자의 경우에도 그를 소유자로 취급할 수 없다.

(2) 대법원 판례의 문제점

위 대법원 판례에 의하는 경우, 조합으로 하여금 조합설립인가처분의 하자가
존재하면 그것이 중대·명백할 지라도, 판결이 확정되기 전에 신속히 협의취득(매
수청구) 또는 수용재결에 의하여 소유권을 상실한 토지등소유자들을 배제한 상태
에서(그들은 정비사업에 반대하여 자신의 의사와 무관하게 토지등을 강제로 빼앗긴 자
들이 대부분이다) 나머지 조합원들만으로 용이하게 정족수를 충족하여 조합설립변
경인가를 받도록 조장한다. 이로써 종전 조합설립인가처분은 조합설립변경인가에
흡수·소멸되어 이미 제기된 무효확인 또는 취소의 소는 소의 이익이 없게 되는
결과를 초래하게 되는바, 이는 부당하다.

Ⅳ. 조합설립인가처분의 취소 및 무효확인 판결이 조합 및 조합원에 미치는 효과

1. 조합 및 조합원(청산의 목적범위 내에서 잔존)

조합설립인가처분이 판결에 의하여 취소되거나 무효로 확정된 경우 조합설립
인가처분은 처분 당시로 소급하여 효력을 상실하고, 이에 따라 당해 조합 역시 조
합설립인가처분 당시로 소급하여 도시정비법상 정비사업을 시행할 수 있는 행정
주체인 공법인으로서의 지위를 상실한다. 다만 효력 상실로 인한 잔존사무의 처리
와 같은 업무는 여전히 수행되어야 하므로 조합은 청산사무가 종료될 때까지 청
산의 목적범위 내에서 권리·의무의 주체가 되고, 조합원 역시 청산의 목적범위
내에서 종전 지위를 유지하며 정관등도 그 범위 내에서 효력을 가진다.[164] 또한
조합은 같은 이유로 종전에 이루어진 결의·처분 등의 법률효과를 다투는 소송의
당사자지위도 존속한다.

---

164) 대법원 2012. 11. 29. 선고 2011두518 판결, 대법원 2012. 3. 29. 선고 2008다95885 판결.

2. 추진위원회 부활

가. 조합설립업무

조합설립인가처분이 법원의 판결에 의하여 무효 또는 취소가 확정된 경우에는 추진위원회가 지위를 당연히 회복하여 다시 조합설립요건을 갖추어 조합설립인가 신청을 하는 등 조합설립추진 업무를 계속 수행할 수 있다.

나. 동의서의 재사용

(1) 법원의 판결로 조합설립인가의 무효 또는 취소가 확정된 후, 부활된 추진위원회가 새롭게 조합설립인가를 다시 신청함에 있어 종전의 동의서를 재사용할 수 있는지 여부가 문제된다.

(2) 도시정비법 제37조 제1항 제2호, 제2항 제2호, 법 시행령 제35조 제2호는 동의서 재사용과 관련하여 다음과 같은 매우 엄격한 요건하에서 이를 인정하고 있다.

㈎ 토지등소유자에게 기존 동의서를 다시 사용할 수 있다는 취지와 반대의사 표시의 절차 및 방법을 서면으로 설명·고지할 것

㈏ 90일 이상의 반대의사 표시기간을 위 서면에 명백히 적어 부여할 것

㈐ 정비구역, 조합정관, 정비사업비, 개인별 추정분담금, 신축되는 건축물의 연면적 등 정비사업의 변경내용을 위 서면에 포함할 것

㈑ 아래 변경의 범위가 모두 100분의 10 미만일 것

　① 정비구역 면적의 변경

　② 정비사업비의 증가(생산자물가상승률분 및 법 제73조에 따른 현금청산 금액은 제외한다)

　③ 신축되는 건축물의 연면적 변경

㈒ 조합설립인가의 무효 또는 취소가 확정된 조합과 새롭게 설립하려는 조합이 추진하려는 정비사업의 목적과 방식이 동일할 것

㈓ 조합설립의 무효 또는 취소가 확정된 날부터 3년 내에 새로운 조합을 설립하기 위한 창립총회를 개최할 것

3. 병 존

하나의 정비구역 내에 종전 조합과 부활한 추진위원회가 병존하게 된다.

제2절 기타 소송상의 쟁점

Ⅰ. 토지등의 양도와 법률상 이익

법 제39조 제1항은 정비사업의 조합원은 '토지등소유자'로 한다고 규정하고 있으므로, 정비구역 안에 있는 토지등소유자로서 조합원의 지위를 취득한 자가 그 토지등에 대한 소유권을 상실하면 조합원 지위도 상실하게 되고, 조합원의 지위를 상실하게 되면 조합설립인가처분(후속처분인 사업시행계획, 관리처분계획도 마찬가지 이다[165])에 관하여 어떠한 영향을 받을 개연성이 없어져 조합설립인가처분의 취소를 구할 원고 적격이 없고, 무효확인을 구할 법률상의 이익이 없게 된다.

다만 법 제129조는 사업시행자와 정비사업과 관련하여 권리를 갖는 자의 변동이 있은 때에는 종전의 사업시행자와 권리자의 권리·의무는 새로 사업시행자와 권리자로 된 자가 승계한다고 규정하고 있으므로, 토지등의 양수인이 조합설립인가처분 등의 취소나 무효확인을 구할 수 있다. 그러나 투기과열지구에서의 조합설립인가 이후 양수인(재건축), 관리처분계획인가 이후 양수인(재개발)의 경우에는 조합원의 자격을 취득하지 못하므로 원고적격이 없다.

Ⅱ. 재건축사업 미동의자의 조합설립인가처분 취소가능여부

1. 문제의 소재

재건축사업의 경우 조합설립에 동의한 자만이 조합원이 된다. 이에 정비구역 내의 토지등을 소유하고 있음에도 조합설립에 동의하지 아니한 자의 경우 조합설

---

165) 서울고등법원 2021. 9. 16. 선고 2020누68457 판결(확정) 및 하급심인 서울행정법원 2020. 11. 13. 선고 2018구합6768 판결[사업시행계획인가가 있기 이전에 정비구역 내 부동산의 소유권을 상실하여 토지등소유자의 지위에 있지 않은 자는 더 이상 사업시행계획인가 및 사업시행계획 변경인가로 인하여 권리관계에 어떠한 영향을 미칠 개연성이 없어 그 적법 여부를 다툴 법률상 이익이 없다].

립인가처분의 취소를 구할 원고적격이 있는지 여부가 문제된다.

왜냐하면 조합설립인가 및 그 이후의 후속행위는 종후자산의 배분과 비용분담이 주된 내용이어서, 조합설립에 동의하지 아니한 자는 그로 인하여 어떠한 영향을 받을 개연성이 없으므로 조합설립인가처분의 취소를 구할 원고적격이 없다고 볼 여지가 있기 때문이다.

2. 판 례

판례는 동의요건(상가동 구분소유자의 과반수 동의, 법 제35조 제3항)의 흠결에도 불구하고 조합설립인가처분이 이루어진 경우, 조합설립에 동의하지 아니한 상가소유자들이 조합 측으로부터 매도청구소송을 당하게 되자 현금청산을 당하지 않으려는 목적에서 동의한 후(당시 현금청산을 당하지 않으려는 목적에서 동의함을 명백히 표시하였다), 조합설립인가처분의 취소 등을 구하는 소를 제기한 사안에서, 비록 조합설립인가 이후 상가소유자들이 추가로 동의서를 제출하여 각 동별 동의요건을 충족하였다 하더라도 이로써 법 제35조 제3항 위반의 하자가 치유된 것으로 볼 수 없고, 처분의 취소를 구할 법률상 이익이 있다고 판시하였다.[166]

3. 결 론

조합설립인가처분이 존재하는 경우, 토지등소유자는 매도청구의 대상이 될 수 있고 이로써 자신의 의사와 무관하게 토지등을 강제로 처분하게 되는 불이익을 받게 된다 할 것이므로, 처분의 취소를 구할 법률상 이익 및 원고적격이 인정된다.

Ⅲ. 제소기간

1. 제소기간 관련 법리

행정소송법상 취소소송은 처분 등이 있음을 안 날부터 90일 이내에 제기하여야 하고, 처분 등이 있은 날부터 1년을 경과하면 제기하지 못한다(행정소송법 제20조 제1항, 제2항). 한편 청구취지를 교환적으로 변경하여 종전의 소가 취하되고 새로운 소가 제기된 것으로 보게 되는 경우에 새로운 소에 대한 제소기간의 준수

---

166) 대법원 2019. 11. 15. 선고 2019두46763 판결.

등은 원칙적으로 소의 변경이 있은 때를 기준으로 하여 판단된다. 그러나 선행의 조합설립인가처분의 취소를 구하는 소가 그 후행의 조합설립변경인가처분의 취소를 구하는 소로 교환적으로 변경되었다가 다시 선행의 조합설립인가처분의 취소를 구하는 소로 변경된 경우, 후행처분의 취소를 구하는 소에 선행처분의 취소를 구하는 취지가 그대로 남아 있었던 것으로 볼 수 있다면 선행처분의 취소를 구하는 소의 제소기간은 최초의 소가 제기된 때를 기준으로 정하여야 한다.[167)]

2. 위 대법원 판례 사안

재건축 조합설립인가처분 이후 일부 동의서가 추가되었음을 이유로 조합설립 변경인가처분을 받는 경우(적어도 조합설립인가 당시는 동의정족수가 충족되어야 한다), 이는 경미한 사항의 변경에 해당하여 신고만으로 가능함에도 변경인가를 받은 경우에 해당하여 그 변경인가처분은 '경미한 사항의 변경에 대한 신고를 수리하는 의미'에 불과하다. 그러나 당사자가 이를 간과하여 종전의 조합설립인가처분을 대체하는 새로운 변경인가처분으로 오인하여 변경인가처분으로 청구취지를 변경한 경우이다.

이와 관련하여 판례는 원고가 소로써 취소를 구하는 처분을 조합설립인가처분으로 하여야 할 것인지 또는 변경인가처분으로 하여야 할 것인지 확정하기 어려웠을 것임을 이유로, 또한 원고가 제1심에서 변경인가처분의 취소를 구하는 내용의 '청구취지 및 청구원인 변경 신청'의 서면을 제출한 당시에는 "경미한 사항의 변경에 대한 신고를 수리하는 의미에 불과한 변경인가처분에 설권적 처분인 조합설립인가처분이 흡수된다고 볼 것은 아니다"라고 밝힌 대법원 2010. 12. 9. 선고 2009두4555 판결이 선고되기 전이어서 원고로서는 소로써 취소를 구하는 처분을 설립인가처분으로 하여야 할 것인지 또는 변경인가처분으로 하여야 할 것인지 확정하기 더욱 어려웠을 것이라는 이유로 선행처분의 취소를 구하는 소가 그 후행처분의 취소를 구하는 소로 교환적으로 변경되었다가 다시 선행처분의 취소를 구하는 소로 변경된 경우, 후행처분의 취소를 구하는 소에 선행처분의 취소를 구하는 취지가 그대로 남아 있었던 것으로 볼 수 있다면 선행처분의 취소를 구하는 소의 제소기간은 최초의 소가 제기된 때를 기준으로 정하여야 한다고 판시하였다.

---

167) 대법원 2013. 7. 11. 선고 2011두27544 판결.

제 5 편

시공자 · 전문관리업자 · 설계자 · 감정평가업자 · 임대사업자 선정

제1장 총 설

I. 조합설립인가 직후의 정비사업

추진위원회가 토지등소유자의 법정 동의와 창립총회 결의를 거쳐 시장·군수 등의 조합설립인가를 받아 등기를 마침으로써 조합이 법인으로 성립한다. 그 후 조합은 전문관리업자·시공자(철거업자)·감정평가업자·설계자의 각 선정 및 변경을 비롯한 각종의 계약을 체결하는 등으로 정비사업을 진행한다. 이와 별도로 조합은 각종의 계약내용 등을 반영한 사업시행계획을 작성하여 인가를 받거나 사업시행계획인가 이후에도 여러 계약을 체결하기도 한다. 다만 토지등소유자가 20 인 미만인 경우로서 토지등소유자 개인이 사업을 시행하는 재개발사업의 경우에는 사업시행계획인가로 행정주체의 지위를 부여받게 되므로, 시공계약은 반드시 사업시행계획인가 이후 체결하여야 한다(법 제29조 제5항). 또한 앞서의 각종 계약들도 사업시행계획인가 이후 체결하는 것이 일반적이다.

한편 법 제118조에 따라 시장·군수등이 정비사업의 투명성 강화 및 효율성 제고를 위하여 시·도조례로 정하는 정비사업에 대하여 사업시행 과정을 지원하거나 공공지원을 위탁하는 경우에는, 시장·군수등이나 공공지원을 위탁받은 자가 전문관리업자를 선정하고, 설계자 및 시공자 선정방법 등의 업무를 수행한다(법 제118조 제1, 2항). 또한 법 제26조 제1항에 따라 시장·군수등이 공공시행자로서 직접 정비사업을 시행하거나 토지주택공사등을 사업시행자로 지정하여 정비사업을 시행하는 경우, 법 제27조 제1항에 따라 시장·군수등이 지정개발자를 사업시행자로 지정한 경우 등에 있어서는 그와 같은 사업시행자가 시공자 선정업무를 수행하고(법 제29조 제6항), 각종 계약을 체결함은 당연하다.

사업시행자는 공공지원민간임대주택을 원활히 공급하기 위하여 국토교통부장관이 정하는 경쟁입찰의 방법 또는 수의계약(2회 이상 경쟁입찰이 유찰된 경우와 공공재개발사업을 통해 건설·공급되는 공공지원민간임대주택을 국가가 출자·설립한 법인 등 대통령령으로 정한 자에게 매각하는 경우로 한정한다)의 방법으로 민간임대주택법 제2조 제7호에 따른 임대사업자를 선정할 수 있다(법 제30조 제1항).

법 제29조는 계약의 방법 및 시공자 선정 등에 관하여 규정하고 있고, 법 시행령 제24조는 법 제29조의 내용을 구체화하여 규정하고 있다. 법 시행령 제24조의2는 법 제30조 제1항의 수의계약에 의한 임대사업자의 선정에 관한 내용을 구체화하여 규정하고 있다.

법 제29조 제3항에 근거하여 국토교통부장관이 정비사업의 투명성을 개선할 목적으로 사업시행자 등이 계약을 체결하는 경우의 계약 방법 및 절차 등에 관하여 국토교통부 고시인 '계약업무 처리기준'으로 정하고 있다. 위 기준은 조합이나 토지등소유자가 사업시행자로서 정비계약업무를 수행하는 경우에 적용된다.

법 제29조의2는 공사비 검증 요청 등에 관하여 규정하고 있고, 위 법 제29조의2 제2항에 근거하여 국토교통부장관이 정비사업 공사비의 검증에 필요한 사항에 관하여 국토교통부 고시인 '정비사업 공사비 검증기준(이하 '검증기준'이라 한다)'으로 정하고 있다. 또한 법 제30조 제2항에 근거하여 국토교통부장관이 임대사업자 선정에 필요한 사항에 관하여 국토교통부 고시인 '정비사업 연계 임대사업자 선정기준(이하 '선정기준'이라 한다)'으로 정하고 있다.

Ⅱ. 계약체결 일반론

사업시행자는 정비계약업무의 수행과 관련하여 다음과 같은 의무를 부담한다 (계약업무 처리기준 제4조).

1. 이행의무

가. 이해충돌방지에 노력할 의무

조합(추진위원회 단계에서의 추진위원장 포함 및 청산단계에서의 조합 포함) 등 사업시행자 및 입찰에 관계된 자는 입찰에 관한 업무가 자신의 재산상 이해와 관련되어 공정성을 잃지 않도록 이해충돌의 방지에 노력하여야 한다.

나. 성실히 직무를 수행할 의무

임원 및 대의원 등 입찰에 관한 업무를 수행하는 자는 직무의 적정성을 확보하여 조합원 또는 토지등소유자의 이익을 우선으로 성실히 직무를 수행하여야 한다.

다. 분리발주 최소화 의무

사업시행자는 업무추진의 효율성을 제고하기 위해 분리발주를 최소화하여야 한다.

2. 금지의무

정비사업과 관련된 사람은 누구든지 다음과 같은 금지의무가 있다.

가. 금품, 향응 또는 그 밖의 재산상 이익을 제공하거나 제공의사를 표시하거나 제공을 약속하는 행위

나. 금품, 향응 또는 그 밖의 재산상 이익을 제공받거나 제공의사 표시를 승낙하는 행위

다. 제3자를 통하여 위 가. 또는 나.에 해당하는 행위를 하는 행위

Ⅲ. 일반계약 처리기준

일반계약 처리기준에 관하여 살펴본다. 시공계약과 관련하여서는 제2장에서 따로 자세히 살펴본다.

1. 계약방법

가. 원칙(일반경쟁입찰)

⑴ 일반계약

사업시행자는 정비사업 수행과정에서 도시정비법령에 특별한 규정이 있는 경우를 제외하고는 계약(공사, 용역, 물품구매 및 제조 등을 포함한다)을 체결하려면 일반경쟁에 부쳐야 한다. 일반경쟁입찰이 유효하기 위해서는 2인 이상의 유효한 입찰참가 신청이 있어야 한다(법 제29조 제1항 본문, 계약업무 처리기준 제6조 제2항).

(2) 중대계약

건설산업기본법에 따른 건설공사로서 추정가격이 6억 원을 초과하는 공사의 계약, 건설산업기본법에 따른 전문공사로서 추정가격이 2억 원을 초과하는 공사의 계약, 공사관련 법령(건설산업기본법 제외)에 따른 공사로서 추정가격이 2억 원을 초과하는 공사의 계약, 추정가격 2억 원을 초과하는 물품 제조·구매, 용역, 그 밖의 계약의 경우에는 업무의 신뢰성 및 공정성을 확보하기 위하여 전자조달의 이용 및 촉진에 관한 법률 제2조 제4호의 국가전자조달시스템을 이용하여야 한다 (법 제29조 제2항, 법 시행령 제24조 제2항).

나. 예 외

(1) 지명경쟁에 의한 입찰

다음과 같은 사유가 있는 경우에는 입찰참가자를 지명하여 경쟁에 부칠 수 있다(법 제29조 제1항 단서, 법 시행령 제24조 제1항 제1호). 주로 계약의 성질 또는 목적상의 특수성에 비추어 지명경쟁입찰이 용이하거나 계약금액이 과다하지 아니한 경우를 지명경쟁입찰 사유로 규정하고 있다.

    ㈎ 계약의 성질 또는 목적에 비추어 특수한 설비·기술·자재·물품 또는 실적이 있는 자가 아니면 계약의 목적을 달성하기 곤란한 경우로서 입찰대상자가 10인 이내인 경우

    ㈏ 건설산업기본법에 따른 건설공사(전문공사 제외)로서 추정가격이 3억 원 이하인 공사

    ㈐ 건설산업기본법에 따른 전문공사로서 추정가격이 1억 원 이하인 공사

    ㈑ 공사관련 법령(건설산업기본법 제외)에 따른 공사로서 추정가격이 1억 원 이하인 공사

    ㈒ 추정가격 1억 원 이하의 물품 제조·구매, 용역, 그 밖의 계약

지명경쟁입찰이 유효하기 위해서는 4인 이상의 입찰대상자를 지명하여야 하고, 3인 이상의 입찰참가 신청이 있어야 하며, 입찰대상자를 지명하고자 하는 경우에는 대의원회의 의결을 거쳐야 한다(계약업무 처리기준 제7조).

(2) 수의계약

다음과 같은 사유가 있는 경우에는 수의계약(隨意契約)으로 계약을 체결할 수 있다(법 제29조 제1항 단서, 법 시행령 제24조 제1항 제2호). 주로 긴급한 사정 또는 입찰자가 없거나 2회 이상 유찰로 경쟁입찰이 불가능하거나 상대적으로 계약금액이 소액이어서 경쟁입찰이 불필요한 경우를 수의계약 사유로 규정하고 있다.

(가) 건설산업기본법에 따른 건설공사로서 추정가격이 2억 원 이하인 공사

(나) 건설산업기본법에 따른 전문공사로서 추정가격이 1억 원 이하인 공사

(다) 공사관련 법령(건설산업기본법 제외)에 따른 공사로서 추정가격이 8천만 원 이하인 공사

(라) 추정가격 5천만 원 이하인 물품의 제조 · 구매, 용역, 그 밖의 계약인 경우

(마) 소송, 재난복구 등 예측하지 못한 긴급한 상황에 대응하기 위하여 경쟁에 부칠 여유가 없는 경우

(바) 일반경쟁입찰이 입찰자가 없거나 단독 응찰의 사유로 2회 이상 유찰된 경우

수의계약을 하는 경우 보증금과 기한을 제외하고는 최초 입찰에 부칠 때에 정한 가격 및 기타 조건을 변경할 수 없다(계약업무 처리기준 제8조).

2. 입찰절차 및 내용

경쟁입찰의 절차와 내용에 관하여 살펴본다.

가. 입찰 공고 등(계약업무 처리기준 제9조)

(1) 사업시행자는 계약을 체결하기 위하여 입찰을 하고자 하는 경우에는 입찰서 제출마감일 7일 전까지 전자조달시스템 또는 1회 이상 일간신문(전국 또는 해당 지방을 주된 보급지역으로 하는 일간신문을 말한다)에 입찰을 공고하여야 한다. 다만, 지명경쟁에 의한 입찰의 경우에는 입찰서 제출마감일 7일 전까지 내용증명우편으로 입찰대상자에게 통지(도달을 의미한다)하여야 한다(제1항).

(2) 입찰서 제출 전에 현장설명회를 개최하는 경우에는 현장설명회 개최일 7일 전까지 전자조달시스템 또는 1회 이상 일간신문에 입찰을 공고하여야 한다. 다만, 지명경쟁에 의한 입찰의 경우에는 현장설명회 개최일 7일 전까지 내용증명우편으로 입찰대상자에게 통지하여야 한다(제2항).

(3) 재입찰을 하거나 긴급한 재해예방 · 복구 등을 위하여 필요한 경우에는 입찰서 제출마감일 5일 전까지 공고할 수 있다(제4항).

나. 입찰보증금

사업시행자는 입찰에 참가하려는 자에게 입찰보증금을 내도록 할 수 있고, 입찰보증금은 현금 또는 국가를 당사자로 하는 계약에 관한 법률(이하 '국가계약법'이라 한다) 또는 지방자치단체를 당사자로 하는 계약에 관한 법률(이하 '지방계약법'이라 한다)에서 정하는 보증서로 납부하게 할 수 있다. 다만 사업시행자가 입찰에 참가하려는 자에게 입찰보증금을 납부하도록 하는 경우에는 입찰 마감일부터 5일 이전까지 입찰보증금을 납부하도록 요구하여서는 아니 된다(계약업무 처리기준 제10조의2).

다. 현장설명회

사업시행자가 현장설명회를 개최할 경우 현장설명에는 정비구역 현황, 입찰서 작성방법 · 제출서류 · 접수방법 및 입찰유의사항, 계약대상자 선정 방법, 계약에 관한 사항, 그 밖에 입찰에 관하여 필요한 사항 등이 포함되어야 한다(계약업무 처리기준 제11조).

라. 부정당업자의 입찰 참가자격 제한

사업시행자는 입찰시 대의원회의 의결을 거쳐 금품, 향응 또는 그 밖의 재산상 이익을 제공하거나 제공의사를 표시하거나 제공을 약속하여 처벌을 받았거나, 입찰 또는 선정이 무효 또는 취소된 자(소속 임직원 포함) 또는 입찰신청서류가 거짓 또는 부정한 방법으로 작성되어 선정 또는 계약이 취소된 자에 대하여 입찰참가자격을 제한할 수 있다(계약업무 처리기준 제12조).

마. 입찰서 접수 및 개봉

사업시행자는 밀봉된 상태로 입찰서를 접수하여야 한다. 또한 사업시행자가 접수한 입찰서를 개봉하고자 할 때에는 입찰서를 제출한 입찰참여자의 대표(대리인을 지정한 경우 그 대리인)와 사업시행자 등의 임원 등 관련자, 그 밖에 이해관계자 각 1인이 참여한 공개된 장소에서 개봉하여야 한다. 사업시행자는 입찰서 개봉 시에는 일시와 장소를 입찰참여자에게 통지하여야 한다(계약업무 처리기준 제13조). 입찰에 참여한 자는 조합원 또는 토지등소유자를 상대로 개별적인 홍보(홍보관 · 쉼터 설치, 홍보책자 배부, 세대별 방문, 개인에 대한 정보통신망을 통한 부호 · 문언 · 음향 · 영상 송신행위 등 포함)를 할 수 없으며, 홍보를 목적으로 토지등소유자 등에게 사은품 등 물품 · 금품 · 재산상의 이익을 제공하거나 제공을 약속하여서는 아니 된다(계약업무 처리기준 제14조 제4항).

바. 계약 체결 대상의 선정

(1) 총회 또는 대의원회 의결

법정 총회의결사항인 예산으로 정한 사항 외에 조합원에게 부담이 되는 계약, 시공자 · 설계자 및 감정평가법인등의 선정 및 변경, 전문관리업자의 선정 및 변경과 관련한 계약은 총회의 의결을 거쳐야 하며, 그 외의 계약은 대의원회의 의결을 거쳐야 한다(계약업무 처리기준 제15조 제1항). 총회의 의결을 거쳐야 하는 경우 대의원회에서 총회에 상정할 4인 이상의 입찰대상자를 선정하여야 한다. 다만, 입찰에 참가한 입찰대상자가 4인 미만인 때에는 모두 총회에 상정하여야 한다(계약업무 처리기준 제15조 제2항).

계약업무 처리기준 제14조 제4항에서 금지하고 있는 토지등소유자 등을 상대로 개별적인 홍보를 하는 행위가 적발된 건수의 합이 3회 이상인 경우 해당 입찰은 무효로 본다(단, 시공자 선정은 일부 예외). 그에 따라 해당 입찰이 무효로 됨에 따라 단독 응찰이 된 경우에는 유효한 경쟁입찰로 본다(계약업무 처리기준 제16조).

(2) 계약 체결 및 무효처리

사업시행자는 개봉된 입찰의 내용을 기초로 다수의 업체 중 하나의 업체를 선정한다. 한편, 선정된 자가 정당한 이유 없이 3개월 이내에 계약을 체결하지 아니하는 경우, 사업시행자는 총회 또는 대의원회의 의결을 거쳐 해당 선정을 무효로 할 수 있다(계약업무 처리기준 제17조).

Ⅳ. 전자입찰 계약 처리기준

1. 전자입찰의 방법

원칙적으로 일반경쟁입찰의 방법으로 하되, 앞서 본 법 시행령 제24조 제1항 제1호의 지명경쟁입찰 가능사유가 있는 경우에는 지명경쟁입찰도 가능하다. 전자입찰을 통한 계약대상자 선정방법은 투찰 및 개찰 후 최저가로 입찰한 자를 선정하는 최저가방식, 입찰가격과 실적·재무상태·신인도 등 비가격요소 등을 종합적으로 심사하여 선정하는 적격심사방식, 입찰가격과 사업참여제안서 등을 평가하여 선정하는 제안서평가방식이 있다(계약업무 처리기준 제19조).

2. 전자입찰의 공고 등

가. 사업시행자가 전자입찰을 하는 경우에는 입찰서 제출마감일 7일 전까지 전자조달시스템에 입찰을 공고하여야 한다. 다만, 입찰서 제출 전에 현장설명회를 개최하는 경우에는 현장설명회 개최일 7일 전까지 공고하여야 한다(계약업무 처리기준 제20조 제1항). 지명경쟁입찰의 공고는 일반계약처리기준과 동일하다.

나. 사업시행자가 전자입찰을 하는 경우에는 전자조달시스템에 사업계획의 개요(공사규모, 면적 등), 입찰의 일시 및 장소, 입찰의 방법(경쟁입찰 방법, 공동참여 여부 등), 현장설명회 일시 및 장소(현장설명회를 개최하는 경우에 한한다), 부정당업자의 입찰 참가자격 제한에 관한 사항, 입찰참가에 따른 준수사항 및 위반 시 자격 박탈에 관한 사항, 그 밖에 사업시행자가 정하는 사항을 공고하여야 하고, 만일 적격심사방식 또는 제안서평가방식에 의하여 계약대상자를 선정하는 경우 평가항목별 배점표를 작성하여 입찰 공고 시 이를 공개하여야 한다(계약업무 처리기준 제21조).

3. 입찰서 접수 및 개봉

사업시행자는 전자조달시스템을 통해 입찰서를 접수하여야 한다. 전자조달시스템에 접수한 입찰서 이외의 입찰 부속서류는 밀봉된 상태로 접수하여야 한다. 입찰 부속서류의 개봉절차는 일반계약처리기준과 동일하다(계약업무 처리기준 제22조).

4. 전자입찰 계약의 체결

사업시행자는 전자입찰을 통해 계약대상자가 선정될 경우 전자조달시스템에 따라 계약을 체결할 수 있다. 전자입찰을 통해 계약된 사항에 대해서는 전자조달 시스템에서 그 결과를 공개하여야 한다(계약업무 처리기준 제23조). 일반계약처리 기준 중 현장설명회, 부정당업자의 입찰 참가자격 제한, 입찰참여자의 홍보 등 및 계약체결대상, 입찰무효 등 계약의 체결과 관련한 내용은 동일하게 적용된다(계약 업무 처리기준 제24조).

Ⅰ. 의　의

　　정비사업은 원칙적으로 토지등소유자가 종전자산을 출자하고 공사비 등을 투입하여 구 주택 등을 철거하고 신 주택 등을 건축한 후 이를 배분받는 공용환권을 목적으로 하는 사업이므로 구 주택의 철거 및 신 주택의 건축이라는 시공행위가 필요하다. 조합방식에 의한 사업시행의 경우 조합은 조합설립인가를 받은 후 총회에서 건설산업기본법 제9조에 따른 건설업자 또는 주택법 제7조 제1항에 따라 건설업자로 보는 등록사업자(이하 '건설업자등'이라 한다)를 시공자로 선정 및 변경한다(법 제45조 제1항 제5호). 이는 총회의 고유권한으로 대의원회가 대행할 수 없다(법 시행령 제43조 제4호).

　　법은 시공자의 선정 및 시공계약에 포함될 내용은 정관에 필요적으로 기재하여야 할 사항으로 규정하고 있다(법 제40조 제1항 제16호). 따라서 사업시행자인 조합 및 조합원들을 구속하는 자치법적 단체법규로서의 정관의 성격에 비추어 반드시 정관내용에 부합하게 시공자를 선정, 변경하여야 한다.

　　다만 법 제26조 제1항에 따라 시장·군수등, 토지주택공사등이 공공시행자로서 정비사업을 시행하거나 법 제27조 제1항에 따라 시장·군수등이 지정개발자를 사업시행자로 지정하여 정비사업을 시행하는 경우에는 각 사업시행자가 사업시행자 지정·고시 후 시공자를 선정하되, 주민대표회의 또는 토지등소유자 전체회의가 경쟁입찰 또는 수의계약(2회 이상 경쟁입찰이 유찰된 경우로 한정)의 방법으로 시공자를 추천할 수 있고, 사업시행자는 반드시 추천받은 자를 시공자로 선정하여야 함은 제1편 제3장 Ⅱ. "3의 다. 공공시행 또는 지정개발"에서 자세히 살펴보았다.

　　주민대표회의 또는 토지등소유자 전체회의의 추천으로 시공계약을 체결하는 경우에는 사업시행자가 시장·군수등, 토지주택공사등 공공단체 등임에도 불구하고, 시공자와의 계약에 관해서는 지방계약법 제9조 또는 공공기관운영법 제39조를 적용하지 아니한다(법 제29조 제8항). 토지등소유자가 20인 미만인 경우로서 토지등소유자가 직접 정비사업을 시행하는 재개발사업의 경우에는 사업시행계획인가를 받은 후 시공자를 선정하여야 함은 앞서 본 바인바, 이는 사업시행계획인가가 행정주체의 지위를 부여하는 효력이 있으므로, 행정주체가 성립된 이후에 시공계약을 체결하는 것이 논리적으로 타당하기 때문이다. 사업시행자가 정비사업을 수행함에 있어 정비사업의 전문성으로 인하여 일반적으로 전문관리업자를 선정하여 정비업무를 위탁하거나 자문을 받게 되는바, 시공자 선정에 관한 업무의 지원은 전문관리업자에 대한 위탁업무에 해당한다(법 제102조 제1항 제4호).

Ⅱ. 선정 시기

1. 원 칙

조합이 사업시행자인 경우 조합설립인가를 받은 후 시공자를 선정하게 된다.

2. 예외(서울시)

시장 · 군수등이 정비사업의 투명성 강화 및 효율성 제고를 위하여 일부 정비사업에 대하여 사업시행 과정을 지원하거나 토지주택공사등에 공공지원을 위탁하는 경우, 시공자 선정방법 등은 위 시장 · 군수등 또는 공공지원을 위탁받은 자가 그 업무를 수행하고, 그 경우 조합은 원칙적으로 사업시행계획인가를 받은 후 총회에서 시공자를 선정하여야 한다(법 제118조 제2, 6항, 서울시 조례 제77조 제1항 본문). 사업시행계획인가 이후 시공자를 선정함에 있어 조합은 사업시행계획서를 반영한 설계도서를 작성하여 경쟁입찰 또는 수의계약(2회 이상 경쟁입찰이 유찰된 경우로 한정한다)의 방법으로 시공자를 선정하여야 한다(서울시 조례 제77조 제2항).

한편, 조합이 법 제25조에 따라 건설업자와 공동으로 정비사업을 시행하는 경우로서 조합과 건설업자 사이에 협약을 체결하는 경우에는 시공자 선정 시기를 조절할 수 있다(서울시 조례 제77조 제1항 단서). 조합이 법 제25조에 따라 건설업자와 공동으로 정비사업을 시행하는 협약사항에 관한 구체적인 내용은 협약의 목적, 당사자 간의 지위, 권리 및 의무, 협약의 범위 및 기간, 협약의 체결, 변경,

해지, 연장, 이행 보증 등, 사업의 시행, 변경, 사업경비의 부담, 이익의 분배, 손실의 부담, 채권 및 채무, 의사결정 방법 및 절차, 공사의 시행 및 관리, 공사목적물의 처분 및 인수 등, 입주 및 하자관리 등, 분쟁 및 소송 등, 인 · 허가 업무, 기타 공동사업시행 등이다(법 제118조 제8항, 서울시 조례 제78조).

Ⅲ. 시공자 선정상의 특칙

1. 방법상의 특칙

가. 선정방법

사업시행자는 조합총회에서 경쟁입찰 또는 수의계약(2회 이상 경쟁입찰이 유찰된 경우로 한정한다)의 방법으로 앞서의 건설업자 또는 등록사업자를 시공자로 선정하여야 한다(법 제29조 제4항). 다만 조합원 100인 이하인 정비사업에서는 조합총회에서 정관으로 정하는 바에 따라 선정할 수 있다(법 제29조 제4항 단서, 법 시행령 제24조 제3항).

나. 선정방법과 관련한 특별의무

(1) 사업시행자의 의무

사업시행자는 건설업자등에게 이사비, 이주비, 이주촉진비, 재건축이익환수법 제2조 제3호에 따른 재건축부담금, 그 밖에 시공과 관련이 없는 사항에 대한 금전이나 재산상 이익을 요청하여서는 아니 된다(계약업무 처리기준 제29조 제2항).

(2) 건설업자 등의 의무

(개) 건설업자등은 입찰서 작성 시 이사비, 이주비, 이주촉진비, 재건축이익환수법 제2조 제3호에 따른 재건축부담금, 그 밖에 시공과 관련이 없는 사항에 대한 금전이나 재산상 이익을 제공하는 제안을 하여서는 아니 된다(계약업무 처리기준 제30조 제1항).

(내) 다만 건설업자등은 금융기관의 이주비 대출에 대한 이자를 사업시행자에 대여하는 것을 제안할 수 있다(계약업무 처리기준 제30조 제2항). 건설업자등은 금융기관으로부터 조달하는 금리 수준으로 추가 이주비(종전 토지 또는 건축물을 담보

로 한 금융기관의 이주비 대출 이외의 이주비를 말한다)를 사업시행자에 대여하는 것
을 제안할 수 있다(재건축사업은 제외한다, 계약업무 처리기준 제30조 제3항).

2. 내용상의 특칙

표준정관은 총회의 의결사항으로 철거업자 또는 시공자의 선정 및 변경을 별
개로 규정하고 있으나(법 제21조 제6호), 도시정비법은 사업시행자가 총회의 의결
에 따라 선정된 시공자와 공사에 관한 계약을 체결할 때에는 기존 건축물의 철거
공사(석면안전관리법에 따른 석면 조사 · 해체 · 제거를 포함한다)에 관한 사항을 포함
시켜야 한다고 명시하고 있으므로(법 제29조 제9항), 철거업자만을 따로 선정할 수
없다.[1] 법이 2017. 8. 9. 법률 제14857호로 개정 되면서 건축물의 철거공사에는
석면안전관리법에 따른 석면 조사 · 해체 · 제거를 포함한다는 내용이 명시되었다.

"석면"(石綿)이란 자연적으로 생성되며 섬유상 형태를 갖는 규산염(硅酸鹽) 광
물류로서 환경부령으로 정하는 물질이다(석면안전관리법 제2조 제1호). 석면을 포함
하고 있는 기존 건축자재가 다수 존재하므로, 석면을 안전하게 관리함으로써 석면
으로 인한 국민의 건강 피해를 예방하고 국민이 건강하고 쾌적한 환경에서 생활
할 수 있도록 하기 위하여 일반 건축물의 철거와는 별도로 석면의 철거는 전문업
체를 통하여 석면 조사 · 해체 · 제거의 각 방법에 의하여야 함을 명확히 한 것이
다. 따라서 사업시행자가 기존 건축물을 철거함에 있어서는 반드시 전문성을 가진
석면조사업체와 석면조사를 실시하는 계약을 체결하고, 그 조사에 기반하여 석면
해체, 제거를 내용으로 하는 석면해체, 제거 전문업체와 계약을 체결하며, 마지막
으로 일반 철거업체와 건축물 철거에 관한 계약을 체결하여야 한다.

철거공사(석면 조사, 해제, 제거 포함)에 관한 사항을 포함하여 시공계약을 체결
하도록 규정한 제29조 제9항을 위반하여 시공자와 공사에 관한 계약을 체결한 자
는 도시정비법 제136조 제2의2호에 의하여 3년 이하의 징역 또는 3천만 원 이하
의 벌금이라는 형사처벌을 받게 된다.

---

1) 부산 표준정관은 시공자 외에 별도로 철거업자 선정에 관한 규정을 두고 있지 않다(표준정관 제19
   조 제1항 제5호).

Ⅳ. 입찰절차

1. 특 징

사업시행자에 대하여 아래에서 살펴보는 바와 같이 다른 계약자 선정 보다 시공자 선정에 엄격한 절차를 요구하는 것은 공사비용이 사업비용의 대부분을 차지하므로 시공자 선정 과정의 투명성을 제고하여 조합원들의 이익을 도모하기 위한 것이다.[2]

2. 구체적 내용

가. 경쟁입찰

(1) 전자입찰

시공계약은 원칙적으로 일반경쟁입찰에 의하되, 건설산업기본법에 따른 건설공사로서 추정가격이 6억 원을 초과하는 공사계약에 해당하므로 앞서 본 바와 같이 전자입찰 규정이 적용된다. 지명경쟁입찰의 사유가 있는 경우 지명경쟁에 의한 입찰도 가능하나, 그 경우 5인 이상의 입찰대상자를 지명하여 3인 이상의 입찰참가 신청이 있어야 하고, 지명경쟁에 의한 입찰을 하는 경우에는 사전에 대의원회의 의결을 거쳐야 한다(계약업무 처리기준 제26조 제1항, 제27조). 실무상 지명경쟁입찰은 찾아보기 어렵다.

(2) 입찰공고 등

앞서 본 전자입찰의 공고와 동일하다.

나. 현장설명회

(1) 사업시행자는 입찰서 제출마감일 20일 전까지 현장설명회를 개최하여야 한다. 다만, 비용산출내역서 및 물량산출내역서 등을 제출해야 하는 내역입찰의 경우에는 입찰서 제출마감일 45일 전까지 현장설명회를 개최하여야 한다(계약업무 처리기준 제31조 제1항). 다른 계약의 경우 현장설명회 개최는 사업시행자의 재량사항이나, 시공계약에서는 의무사항이다.

---

2) 대법원 2016. 8. 29. 선고 2013다50466 판결.

(2) 현장설명회에는 설계도서(사업시행계획인가를 받은 경우 사업시행계획인가서를 포함하여야 한다), 입찰서 작성방법·제출서류·접수방법 및 입찰유의사항 등, 건설업자등의 공동홍보방법, 시공자 결정방법, 계약에 관한 사항, 기타 입찰에 관하여 필요한 사항 등이 포함되어야 한다(계약업무 처리기준 제31조 제2항).

다. 입찰서 접수 및 개봉

앞서 본 전자입찰의 입찰서 접수 및 개봉과 동일하다.

라. 대의원회의 의결 및 토지등소유자에 대한 통지

사업시행자는 제출된 입찰서를 모두 대의원회에 상정하여야 한다. 대의원회는 총회에 상정할 6인 이상의 건설업자등을 선정하여야 한다. 다만, 입찰에 참가한 건설업자등이 6인 미만인 때에는 모두 총회에 상정하여야 한다. 건설업자등의 선정은 대의원회 재적의원 과반수가 직접 참여한 회의에서 비밀투표의 방법으로 의결하여야 한다. 이 경우 서면결의서 또는 대리인을 통한 투표는 인정하지 아니한다(계약업무 처리기준 제33조).

위 제33조에 따라 총회에 상정될 건설업자등이 결정된 때에는 사업시행자는 토지등소유자에게 이를 통지하여야 한다(계약업무 처리기준 제34조 제1항). 이 경우 사업시행자는 총회에 상정하는 건설업자등이 제출한 입찰제안서에 대하여 시공능력, 공사비 등이 포함되는 객관적인 비교표를 작성하여 토지등소유자에게 제공하여야 하며, 건설업자등이 제출한 입찰제안서 사본을 토지등소유자가 확인할 수 있도록 전자적 방식을 통해 게시할 수 있다. 이는 시공계약의 특유한 절차이다.

마. 건설업자등의 홍보

(1) 합동홍보설명회 개최

사업시행자는 대의원회의 의결에 따라 총회에 상정될 건설업자등이 결정된 때에는 건설업자등의 합동홍보설명회를 2회 이상 개최하여야 한다. 사업시행자는 합동홍보설명회를 개최할 때에는 개최일 7일 전까지 일시 및 장소를 정하여 토지등소유자에게 이를 통지하여야 한다(정비사업 계약업무 처리기준 제34조 제1, 2항).

⑵ 건설업자등의 홍보

사업시행자는 합동홍보설명회(최초 합동홍보설명회를 말한다) 개최 이후 건설업자등의 신청을 받아 정비구역 내 또는 인근에 개방된 형태의 홍보공간을 1개소 제공하거나, 건설업자등이 공동으로 마련하여 한시적으로 제공하고자 하는 공간 1개소를 홍보공간으로 지정할 수 있다. 이 경우 건설업자등은 사업시행자등이 제공하거나 지정하는 홍보공간에서는 토지등소유자 등에게 홍보할 수 있다. 건설업자등은 홍보를 하려는 경우에는 미리 홍보를 수행할 직원의 명단을 사업시행자에게 등록하여야 하며, 홍보직원의 명단을 등록하기 이전에 홍보를 하거나 등록하지 않은 홍보직원이 홍보를 하여서는 아니 된다. 이 경우 사업시행자는 등록된 홍보직원의 명단을 토지등소유자에게 알릴 수 있다(계약업무 처리기준 제34조 제4, 5항).

건설업자등의 임직원, 시공자 선정과 관련하여 홍보 등을 위해 계약한 용역업체의 임직원 등은 토지등소유자 등을 상대로 개별적인 홍보를 할 수 없으며, 홍보를 목적으로 토지등소유자 또는 전문관리업자 등에게 사은품 등 물품·금품·재산상의 이익을 제공하거나 제공을 약속하여서는 아니 된다(계약업무 처리기준 제34조 제3항). 이는 시공계약의 특유한 절차이다.

바. 건설업자등의 선정을 위한 총회의 의결 등

건설업자등이 설계를 제안하는 경우 사업시행자는 제출받은 입찰서에 포함된 설계도서, 공사비 명세서, 물량산출 근거, 시공방법, 자재사용서 등 시공 내역의 적정성을 검토해야 한다(계약업무 처리기준 제29조 제3항). 조합원 과반수의 출석과 과반수의 찬성으로 의결한다(법 제45조 제3항).

법 제45조 제5항에 따른 대리인이 참석한 때에는 직접 출석한 것으로 본다. 조합원은 총회 직접 참석이 어려운 경우 서면으로 의결권을 행사할 수 있으나, 서면결의서를 철회하고 시공자선정 총회에 직접 출석하여 의결하지 않는 한 직접 참석자에는 포함되지 않는다.

서면의결권 행사는 조합에서 지정한 기간·시간 및 장소에서 서면결의서를 배부 받아 제출하여야 한다. 조합은 조합원의 서면의결권 행사를 위해 조합원 수 등을 고려하여 서면결의서 제출기간·시간 및 장소를 정하여 운영하여야 하고, 시공자 선정을 위한 총회 개최 안내 시 서면결의서 제출요령을 충분히 고지하여야 한다. 조합은 총회에서 시공자 선정을 위한 투표 전에 각 건설업자등별로 조합원들에게 설명할 수 있는 기회를 부여하여야 한다(계약업무 처리기준 제35조). 시공자를 선정하는 총회의 의결은 낙찰자 결정과 동일한 의미이다. 총회의결 이후 사업시행자가 시공자와 사이에 시공계약을 체결하게 된다. 낙찰자 결정으로 곧바로 시공계약이 성립된다고 볼 수는 없어 낙찰자는 사업시행자에 대하여 계약을 체결하여 줄 것을 청구할 수 있는 권리를 갖는다. 따라서 낙찰자 결정의 법적 성질은 입찰과 낙찰행위가 있은 후에 본 계약을 따로 체결한다는 취지로서 계약의 편무예약에 해당한다.[3]

사. 계약의 체결

사업시행자가 선정된 시공자와 계약을 체결하는 경우 계약의 목적, 이행 기간, 지체상금, 실비정산방법, 기타 필요한 사유 등을 기재한 계약서를 작성하여 기명날인하여야 한다(계약업무 처리기준 제36조 제1항). 사업시행자는 총회의결에 따라 선정된 시공자가 정당한 이유 없이 3개월 이내에 계약을 체결하지 아니하는 경우에는 총회의 의결을 거쳐 해당 선정을 무효로 할 수 있다(계약업무 처리기준 제17조). 사업시행자인 조합이 사업시행에 관하여 시공자와 체결한 시공계약은 관계법령 및 정관이 정하는 범위 안에서 조합원에게 효력을 갖는다(표준정관 제66조).

사업시행자는 시공자 등 선정 또는 변경계약서 및 관련 자료가 작성되거나 변경된 후 15일 이내에 이를 토지등소유자 또는 세입자가 알 수 있도록 인터넷과 그 밖의 방법을 병행하여 공개하여야 한다(법 제124조 제1항 제2호, 법 시행령 제94조 제1항 제4호).

---

3) 대법원 2006. 6. 29. 선고 2005다41603 판결.

Ⅴ. 시공계약 체결 이후의 법률관계

1. 시공계약사항의 관리

가. 의 의

시공계약 체결 이후 법정비율 이상으로 공사비가 증액되거나 토지등소유자 또는 조합원 5분의 1 이상의 요청이 있는 경우 사업시행자는 법 제114조에 따른 정비사업 지원기구에 공사비 검증을 요청하여야 한다(법 제29조의2). 이는 법이 2019. 4. 23. 법률 제16833호의 개정으로 제29조의2가 신설되면서 도입된 제도로서 정비사업 비용의 대부분을 차지하는 공사비의 적정을 확보하기 위함이다. 정비사업 공사비의 검증업무는 법 제114조에 따른 정비사업 지원기구 또는 정비사업 지원기구 업무를 대행할 수 있는 한국부동산원 및 토지주택공사가 수행한다(검증기준 제2조). 이는 주로 도급계약에서 문제된다.

나. 검증요건

⑴ 사업시행자는 시공자와 시공계약 체결 이후 ① 토지등소유자 또는 조합원 5분의 1 이상이 사업시행자에게 검증 의뢰를 요청하는 경우(법 제29조의2 제1항 제1호), ② 공사비의 증액 비율(당초 계약금액 대비 누적 증액 규모의 비율로서 생산자물가상승률은 제외한다)이 사업시행계획인가 이전에 시공자를 선정한 경우에는 100분의 10 이상, 사업시행계획인가 이후에 시공자를 선정한 경우에는 100분의 5 이상(법 제29조의2 제1항 제2호), ③ 공사비 검증이 완료된 이후 공사비의 증액 비율(검증 당시 계약금액 대비 누적 증액 규모의 비율로서 생산자물가상승률은 제외한다)이 100분의 3 이상인 경우(법 제29조의2 제1항 제3호) 중 어느 하나에 해당하는 때에는 검증기관에 검증을 요청하여야 한다.

⑵ 위 법 제29조의2 제1항 제2호에서의 생산자물가상승률의 적용은 당초 체결한 공사도급계약서의 공사비 산정 기준일(기준일이 없는 경우 계약일을 기준으로 한다)의 직전 달 생산자물가지수와 검증 기준시점(시공자가 사업시행자에게 공사비의 증액을 신청한 날짜)의 직전 달의 생산자물가지수를 비교하여 산정하며, 법 제29조의2 제1항 제3호에서의 생산자물가상승률의 적용은 검증 후 체결한 공사도급계약서의 공사비 산정 기준일(기준일이 없는 경우 계약일을 기준으로 한다)의 직전 달 생

산자물가지수와 제8조 검증 기준시점의 직전 달의 생산자물가지수를 비교하여 산정한다(검증기준 제3조 제2항). 법 제29조의2 제1항 제2호에서의 당초 계약금액은 시공자 선정 이후 최초 체결한 계약금액으로 한다. 다만 2019. 10. 24. 이전에 시공자를 선정한 경우에는 2019. 10. 24. 직전 체결한 계약금액으로 한다(검증기준 제3조 제3항).

다. 검증신청 시기 및 방법

(1) 시기

사업시행자는 시공자와 계약체결 후 검증을 신청하여야 한다. 다만, 시공계약 이후 공사비 증액인 경우는 변경계약 체결 전에 검증을 신청하여야 한다(검증기준 제4조 제1항). 사업시행자는 검증 신청을 하는 경우, 검증기준 제13조 제2항 내지 4항에서 정한 수수료를 검증기관에 납부하여야 한다(검증기준 제13조 제1항).

(2) 신청방법

공사비 검증을 신청하는 사업시행자는 신청서에 공사비 목록 및 사유서, 사업개요 및 추진경과, 단계별 도급계약서, 시공자 입찰관련 서류, 사업시행계획(변경)인가서등 인·허가 관련 서류, 변경 전·후 설계도 및 시방서(특기시방 포함), 지질조사서, 자재설명서 등, 공사비 총괄표, 변경 전·후 공사비 내역서, 물량산출서, 단가산출서(일위대가, 공량산출서, 단가산출서에 준하는 근거서류) 등 공사비 내역을 증빙하는 서류, 기타 검증기관이 요구하는 검증에 필요한 서류 등을 첨부하여 검증기관에 제출하여야 한다(검증기준 제5조).

라. 검 증

(1) 검증의 기준시점

검증의 기준이 되는 시점은 시공자가 사업시행자에게 공사비의 증액을 신청한 날짜로 한다. 다만, 토지등소유자 또는 조합원 5분의 1 이상이 검증의뢰를 요청한 경우로서 전체 공사비를 검증하는 경우는 공사도급계약서의 공사비 산정 기준일(기준일이 없는 경우 계약일을 기준으로 한다)로 한다. 단 사업시행자와 시공자가 서로 협의한 경우 협의한 날짜로 할 수 있다(검증기준 제8조).

⑵ 처리기간

검증기관은 전체 또는 증액 공사비가 1,000억 원 미만인 경우에는 접수일로부터 60일 이내에, 1,000억 원 이상인 경우에는 75일 이내에 검증결과를 신청인에게 통보하여야 한다. 다만, 부득이한 경우 10일 범위 내에서 1회 연장할 수 있다(검증기준 제7조 제1항). 검증기관은 공사비 검증결과를 보고서로 작성하여 신청인에게 제출하여야 한다(검증기준 제10조 제1항).

2. 증액계약체결 전 총회의결

가. 총회의결의 정족수

공사비 증액계약은 예산으로 정한 사항 외에 조합원에게 부담이 되는 계약 또는 정비사업비의 변경에 해당하므로 공사비 증액계약체결 전에 총회의결을 요한다. 조합원 과반수의 출석과 출석 조합원의 과반수 찬성으로 의결한다(법 제45조 제1항 제4호, 제4항, 법 시행령 제42조 제1항 제4호). 시공자의 선정 및 시공계약서에 포함될 내용은 정관사항이므로, 공사비 증액계약은 정관변경사항으로 해석될 수 있다. 그 경우에는 총회를 개최하여 조합원 3분의 2 이상의 찬성으로 의결하고 시장 · 군수등의 인가를 받아야 한다(법 제40조 제1항 제16호, 제3항).

나아가 이는 정관의 필요적 기재사항이자 엄격한 정관변경절차를 거쳐야 하는 '조합의 비용부담'과 관련된 것이고(법 제40조 제1항 제8호, 제3항). 조합원들의 이해관계에 중대한 영향을 미칠 정도로 실질적으로 시공계약이 변경된 경우에는 비록 그것이 정관변경에 대한 절차가 적용되는 것은 아니라 하더라도 특별다수의 결의요건을 규정하여 조합원들의 이익을 보호하려는 위 정관변경 규정을 유추적용하여 조합원 3분의 2 이상의 동의가 필요하다고 볼 여지도 있다.[4]

나. 총회의결 없는 증액계약의 효력

조합이 조합원 총회의 의결을 거치지 아니하고 예산으로 정한 사항 외에 조합원의 부담이 될 계약을 체결한 경우에는 그 효력이 없다.

---

4) 대법원 2012. 8. 23. 선고 2010두13463 판결.

3. 시공자 선정취소 명령 또는 과징금, 입찰참가자격제한

가. 의 의

건설업자등이 금품 등을 제공하거나 제공의사를 표시하거나 제공을 약속하는 행위를 하거나, 건설업자등이 고용한 용역업체의 임직원이 금품 등을 제공하는 행위를 하지 아니하도록 교육 등 필요한 조치를 하여야 할 의무가 있음에도, 그와 같은 의무를 위반하여 관리 · 감독 등을 하지 아니한 경우로서 용역업체의 임직원(건설업자등이 고용한 개인을 포함한다)이 금품 등을 제공한 경우 시 · 도지사는 사업시행자에게 해당 정비사업에 대한 시공자 선정을 취소할 것을 명하거나 건설업자등에게 과징금을 부과할 수 있고, 법정 기간 동안 정비사업의 입찰참가를 제한할 수 있다(법 제113조의2, 3, 제132조, 제132조의2).

건설업자등의 임직원이 시공자 선정을 위해 직접 금품 · 향응을 제공하는 경우 법 제135조 제2호 위반죄로 형사처벌을 받게 되고, 그 경우 건설사는 법 제139조의 양벌규정에 의하여 그 위반행위를 방지하기 위하여 해당 업무에 관하여 상당한 주의와 감독을 게을리하지 아니한 경우 외에는 벌금형에 처해진다. 그러나 건설업자등이 자신의 임직원이 아닌 제3자인 용역업체 직원을 통하여 시공자 선정을 위해 금품 · 향응을 제공하는 불법행위가 계속하여 나타날 뿐만 아니라 교묘해지고 있다. 그와 같은 경우 건설업자등에 대한 직접 제재를 통한 정비사업의 투명성 확보 및 수주질서의 확립을 위하여 법이 2018. 6. 12. 법률 제15676호로 개정되면서 법 제113조의2, 3 규정이 도입되었다.

나. 시공자 선정취소 명령 또는 과징금 부과사유(법 제113조의2)

(1) 주체

해당 정비사업을 관할하는 시 · 도지사

(2) 사유

① 건설업자등이 직접 또는 제3자를 통하여 금품, 향응 또는 그 밖의 재산상 이익을 제공하거나 제공의사를 표시하거나 제공을 약속하는 행위를 하는 등 법 제132조를 위반한 경우(제113조의2 제1호, 제132조)

② 건설업자등은 법 제132조의2에 의하여 시공자 선정과 관련하여 홍보 등을

위하여 계약한 용역업체의 임직원이 위 법 제132조의 행위를 위반하지 아니하도록 교육, 용역비 집행 점검, 용역업체 관리·감독 등 필요한 조치를 하여야 할 의무가 있음에도, 그와 같은 의무를 위반하여 관리·감독 등 필요한 조치를 하지 아니한 경우로서 용역업체의 임직원(건설업자등이 고용한 개인을 포함한다)이 법 제132조를 위반한 경우(제113조의2 제2호, 제132조의2)

(3) 조치사항

위 각 사유에 해당하는 경우 시·도지사는 사업시행자에 대하여 건설업자등의 해당 정비사업에 대한 시공자 선정을 취소할 것을 명하거나 그 건설업자등에게 사업시행자와 시공자 사이의 계약서상 공사비의 100분의 20 이하에 해당하는 금액의 범위에서 과징금을 부과할 수 있다. 따라서 이는 재량사항이다. 다만 시·도지사로부터 시공자 선정 취소의 명을 받은 사업시행자는 시공자 선정을 취소하여야 한다(법 제113조의2 제1항). 시공자 선정 취소 또는 과징금 부과를 위해서는 반드시 청문을 거쳐야 한다(법 제121조 제3호).

(4) 절차

시·도지사는 시공자 선정을 취소할 것을 명하거나 과징금을 부과하려는 경우에는 건설업자등에게 그 위반행위, 처분의 종류 및 과징금의 금액(과징금을 부과하는 경우만 해당한다)을 적어 서면으로 통지하여야 하고, 과징금 부과 통지를 받은 자는 통지가 있은 날부터 20일 또는 시·도지사가 20일 이상의 범위에서 따로 정한 기간 이내에 시·도지사가 정하는 수납기관에 과징금을 납부하여야 한다. 다만, 천재지변이나 그 밖에 부득이한 사유로 그 기간에 과징금을 납부할 수 없는 경우에는 그 사유가 없어진 날부터 7일 이내에 납부하여야 한다(법 시행령 제89조의2 제2, 3항). 과징금을 납부 받은 수납기관은 그 납부자에게 영수증을 발급하여야 하고, 지체 없이 그 사실을 해당 시·도지사에게 통보하여야 한다(법 시행령 제89조의2 제4항).

다. 과징금의 범위 및 징수

과징금의 범위에 관하여는 법 시행령 제89조의2 제1항, 별표 5의2에서 상세하게 규정하고 있는바, 아래에서 자세히 살펴본다.

시 · 도지사는 과징금의 부과처분을 받은 자가 납부기한까지 과징금을 내지 아니하면 지방행정제재 · 부과금의 징수 등에 관한 법률에 따라 징수한다(법 제113조의2 제3항).

라. 건설업자등의 입찰참가제한(법 제113조의3)

시 · 도지사는 위 제113조의2 제1항의 어느 하나에 해당하는 건설업자등에 대해서는 2년 이내의 범위에서 대통령령으로 정하는 기간 동안 정비사업의 입찰참가를 제한할 수 있다(법 제113조의3 제1항). 시 · 도지사는 건설업자등에 대한 정비사업의 입찰참가를 제한하려는 경우에는 대통령령으로 정하는 바에 따라 대상, 기간, 사유, 그 밖의 입찰참가제한과 관련된 내용을 공개하고, 관할 구역의 시장 · 군수 또는 구청장 및 사업시행자에게 통보하여야 한다. 이 경우 통보를 받은 사업시행자는 해당 건설업자등의 입찰참가자격을 제한하여야 한다. 사업시행자는 입찰참가를 제한받은 건설업자등과 계약(수의계약을 포함한다)을 체결해서는 아니 된다. 입찰참가 제한기간에 관하여는 법 시행령 제89조의2 제1항, 별표 5의2에서 상세하게 규정하고 있다. 입찰참가제한을 위해서는 반드시 청문을 거쳐야 한다(법 제121조 제4호).

마. 과징금 부과기준 및 정비사업의 입찰참가 제한기준(법 시행령 제89조의2, 별표 5의2)

위반행위	근거 법조문	과징금 금액	입찰참가 제한기간
가. 건설업자가 법 제132조를 위반한 경우	법 제113조의2 제1항 제1호 및 제113조의3 제1항		
1) 건설업자가 법 제132조를 위반하여 금품, 향응 또는 그 밖의 재산상 이익을 제공하거나 제공의사를 표시하거나 제공을 약속(이하 "부정제공"이라 한다)한 가액의 합이 3천만 원 이상인 경우		공사비의 100분의 20	2년
2) 건설업자가 법 제132조를 위반하여 부정제공한 가액의 합이 1천만 원 이상 3천만 원 미만인 경우		공사비의 100분의 15	2년

3) 건설업자가 법 제132조를 위반하여 부정제공한 가액의 합이 500만 원 이상 1천만 원 미만인 경우		공사비의 100분의 10	1년
4) 건설업자가 법 제132조를 위반하여 부정제공한 가액의 합이 500만원 미만인 경우		공사비의 100분의 5	1년
나. 건설업자가 법 제132조의2를 위반하여 관리 · 감독 등 필요한 조치를 하지 않은 경우로서 용역업체의 임직원이 법 제132조를 위반한 경우	법 제113조의2 제1항 제2호 및 제113조의3 제1항		
1) 용역업체의 임직원이 법 제132조를 위반하여 부정제공한 가액의 합이 3천만 원 이상인 경우		공사비의 100분의 20	2년
2) 용역업체의 임직원이 법 제132조를 위반하여 부정제공한 가액의 합이 1천만 원 이상 3천만 원 미만인 경우		공사비의 100분의 15	2년
3) 용역업체의 임직원이 법 제132조를 위반하여 부정제공한 가액의 합이 500만 원 이상 1천만 원 미만인 경우		공사비의 100분의 10	1년
4) 용역업체의 임직원이 법 제132조를 위반하여 부정제공한 가액의 합이 500만 원 미만인 경우		공사비의 100분의 5	1년

VI. 시공계약과 관련한 쟁점

1. 시공계약

가. 사법상의 도급계약

사업시행자와 건설업자등이 체결한 공사도급계약은 사법상의 계약이다. 따라서 그 유 · 무효에 관한 법률관계는 민사소송의 관할이고, 위 법률관계 효력의 선결문제가 되는 시공자선정 총회결의 무효확인소송도 역시 민사소송이다. 다만 정비사업이 공익사업인 점을 고려하여 법은 시공자에 대하여 공사의 시공보증(시공자가 공사의 계약상 의무를 이행하지 못하거나 의무이행을 하지 아니할 경우 보증기관에서 시공자를 대신하여 계약이행의무를 부담하거나 총 공사금액의 100분의 30의 범위에서 사업시행자가 정하는 금액을 납부할 것을 보증하는 것을 말한다)을 위하여 국토교통부

령으로 정하는 기관의 시공보증서를 사업시행자에게 제출할 의무를 부과시키고
있다(법 제82조 제1항, 법 시행령 제73조).

시공보증서는 건설산업기본법에 따른 공제조합이 발행한 보증서, 주택도시기금
법에 따른 주택도시보증공사가 발행한 보증서, 은행법 제2조 제1항 제2호에 따른
금융기관, 한국산업은행, 한국수출입은행 또는 중소기업은행이 발행한 지급보증서,
보험업법에 따른 보험사업자가 발행한 보증보험증권을 의미한다(법 시행규칙 제14
조). 한편, 시장·군수등은 건축법 제21조에 따른 착공신고를 받는 경우에는 제1
항에 따른 시공보증서의 제출 여부를 확인하여야 한다(법 제82조 제2항).

나. 분양신청통지의 기준일

사업시행자는 사업시행계획인가 이후 시공자를 선정한 경우에는 시공자와 계
약을 체결한 날부터 120일 이내에 법정 사항을 토지등소유자에게 통지하고, 분양
의 대상이 되는 대지 또는 건축물의 내역 등 대통령령으로 정하는 사항을 해당
지역에서 발간되는 일간신문에 공고하여야 한다(법 제72조 제1항). 따라서 시공계
약체결일이 분양신청통지 및 분양공고의 기준일이 된다.

2. 소송상의 쟁점

가. 법령의 규정이나 정관이 정한 절차에 위반한 시공자 선정

시공자 선정과 관련한 법령의 규정은 시공자 선정 과정의 투명성을 제고하여
조합원들의 이익을 도모하기 위한 강행규정이므로, 이를 위반한 시공자 선정은 효
력이 없다. 특히 실무상 문제가 되고 있는 사업시행자와 건설업자등과 사이에 시
공과 관련이 없는 사항에 대한 금전이나 재산상 이익의 요청 또는 제안과 이를
기초로 한 시공자 선정은 그 효력이 없다.

나. 건설업자등이 개별 조합원들에게 금품을 제공하는 경우

건설업자등이 조합원들에게 금품을 제공하는 등의 부정한 행위를 하였고, 부정
행위가 시공자 선정에 관한 총회결의 결과에 영향을 미쳤다고 볼 수 있는 경우
등과 같이, 정관에서 경쟁입찰에 의하여 시공사를 정하도록 한 취지에 정면으로
위배되는 경우에는 총회결의가 정관이 정한 바에 따라 이루어졌다고 볼 수 없으

므로 총회의결에 따른 시공자 선정이라 하더라도 무효이다.[5]

실무상 건설업자등이 조합원들에게 상당한 금원을 제공하는 대가로 서면결의서 등을 받아 이를 총회에 제출하거나 금원을 받은 조합원으로 하여금 총회에 출석하여 투표하도록 하는 경우가 흔히 있다. 이는 경쟁입찰의 공정성을 해하고, 조합원들의 자유로운 결정권이나 선택권을 침해하는 것으로서 법령이나 정관에서 경쟁입찰의 방식으로 시공자를 정하도록 한 취지에 정면으로 반하는 행위로서 무효이다.

다. 조합설립인가처분의 후속행위로서 시공자 선정결의 및 시공계약

조합설립인가처분이 법원의 재판에 의한 무효나 취소가 확정되면, 인가처분 당시로 소급하여 효력을 상실하게 되고 그때부터 당해 조합은 행정주체인 공법인으로서 지위를 상실한다. 따라서 조합설립인가 취소 전에 조합이 적법한 사업시행자임을 전제로 개최한 시공자선정 결의도 소급하여 효력을 상실한다.[6]

라. 시공자 선정결의와 별도로 공사도급계약의 내용도 총회결의가 필요한 지 여부

(1) 원칙

법 제45조 제1항은 '자금의 차입과 그 방법·이자율 및 상환방법'(제2호), '예산으로 정한 사항 외에 조합원의 부담이 될 계약'(제5호), '시공자·설계자 또는 감정평가업자의 선정 및 변경'(제6호)은 총회의 의결을 거쳐야 한다고 규정하고 있고, 법 제46조 제4항 및 법 시행령 제43조 제2호 내지 4호에 의하면 위 사항들은 대의원회가 그 의결을 대행할 수 없도록 규정한 강행규정이다.

총회에서 시공자를 선정하는 의결만이 이루어진 경우, 시공계약의 내용을 이루는 '선정된 시공자의 업무범위 및 관련 사업비의 부담 등 사업시행 전반에 대한 내용'은 '자금의 차입과 그 방법·이율 및 상환방법', '예산으로 정한 사항 외에 조합원의 부담이 될 계약'에 해당한다. 따라서 사업시행자는 시공자 선정을 위한 총회의결과는 별도로 시공계약의 체결에 앞서 총회의결을 거쳐야 한다.

---

5) 대법원 2016. 8. 29. 선고 2013다50466 판결.
6) 대법원 2012. 3. 29. 선고 2008다95885 판결.

(2) 실무상의 형태

실무상 시공자선정 총회 당시 안건으로 '시공자 선정의 건' 외에도, '시공자 선정방법 결정의 건', '시공자 계약체결 위임 결의의 건'을 상정하고, 총회자료집에는 세대별 분양면적, 특화계획, 이주비 및 사업비대여 조건, 공사도급 조건, 공사금액에 포함되는 사항 등 시공업무의 범위 및 사업비 부담에 관하여 상세한 내용이 담긴 각 입찰 참여업체의 사업제안서가 첨부되어 있고, 사업시행자인 조합은 토지등소유자에게 위 자료집에서 각 건설업체의 사업제안서를 항목별로 비교한 표를 함께 제공한다.

위와 같은 안건이 시공자 선정 외에 공사도급계약의 내용에 대한 결의로 볼 수 있는지 여부가 문제된다.

판례는 예산으로 정한 사항 외에 조합원의 부담이 될 계약에 대하여 총회의결을 받아야 한다는 의미는 사업시행자가 사전에 계약의 주요 내용과 그로 인하여 조합원들이 부담하게 될 부담의 정도를 개략적으로 밝히고 그에 관하여 총회의 의결을 거쳐야 한다는 것으로 해석될 뿐, 세부적으로 완성된 계약서를 승인받아야 한다는 의미로 해석되지는 않는다고 설시하면서, 앞서 본 사안에서는 시공자 선정 외에 당해 총회에서 선정된 시공자의 사업제안서 내용을 계약의 주요 내용으로 하여 시공계약을 체결하기로 의결하였다고 봄이 상당하다고 판시하였다.[7]

마. 시공자 선정 및 공사도급계약이 무효인 경우 관리처분계획의 무효 여부

(1) 문제의 소재

법 제72조 제1항은 "사업시행자는 사업시행계획인가의 고시가 있은 날(사업시행계획인가 이후 시공자를 선정한 경우에는 시공자와 계약을 체결한 날)부터 120일 이내에 분양대상자별 분담금의 추산액 및 분양신청기간 그밖에 대통령령이 정하는 사항을 토지등소유자에게 통지하고 분양의 대상이 되는 대지 또는 건축물의 내역 등 대통령령이 정하는 사항을 해당 지역에서 발간되는 일간신문에 공고하여야 한다."고 규정하고 있다.

위 규정상 관리처분계획 수립의 전제가 되는 분양신청통지 및 분양공고 이전

---

7) 서울고등법원 2014. 12. 12. 선고 2014누61714 판결(확정).

에는 반드시 시공계약이 체결되어야 한다. 또한 사업시행자가 토지등소유자에게 하는 분양신청통지의 내용에는 '분양대상자별 분담금의 추산액'이 포함되어 있는 바, 이는 사업비용을 전제로 하고 사업비용의 대부분은 공사비이며, 시공계약에 의하여 좌우된다. 따라서 시공자 선정 및 공사도급계약이 무효인 경우, 분양신청 통지가 효력이 없고, 이로써 이를 전제로 하여 권리귀속에 관한 사항과 비용분담 에 관한 사항을 정한 관리처분계획도 무효로 보아야 한다는 견해가 제기된다.

(2) 유효설

서울행정법원 2011. 9. 2. 선고 2011구합3401 판결은 시공계약이 무효라면 관리처분계획의 전제가 되는 토지등소유자들에 대한 분양신청통지 및 분양공고는 시공자를 선정하거나 계약도 체결하지 못한 상태에서 이루어졌는데, 법은 조합설립 후 시공자와의 계약을 체결한 다음에 분양신청통지 및 분양공고를 하도록 명시적으로 규정한 점, 무효가 되었던 시공계약의 내용을 기초로 작성된 분양신청통지상의 개략적인 부담금의 내역 등은 사후에 시공자와의 계약에 따라 변동될 수밖에 없는 점 등에 비추어 적법한 시공사 선정 및 공사도급계약 체결 이전에 분양신청통지 및 분양공고를 하고 이를 기초로 분양신청을 받아 관리처분계획을 수립한 것은 위법하고, 그 하자가 중대·명백하여 무효라고 판시하기는 하였다.[8]

그러나 조합이 조합원에 대하여 하는 분양신청통지의 내용은 분양대상자별 분담금의 '추산액'일 뿐, 확정적인 사항을 전제로 하는 것은 아닌 점, 조합원별로 구체적으로 특정된 부담금내역은 분양신청이 완료된 후 관리처분계획에 의하여 분양대상자, 청산대상자, 평형배정 등이 결정되어야 비로소 확정될 수 있고, 나아가 관리처분계획에 의하여 확정된 분담금도 비례율의 변경 등을 내용으로 하는 관리처분계획의 변경으로 계속적인 변경이 이루어지는 점, 종후자산에 대한 감정평가는 분양신청절차를 거친 후 관리처분계획을 수립하는 단계에서 이루어지는 점, 시공계약상의 공사비 또한 확정적인 것이 아니라 시공과정에서 증감이 이루어지고 있는 점, 시공계약이 무효라 하더라도, 추후에 총회 의결로 새로운 시공자가 선정되고 그에 따라 체결되는 시공계약 또한 앞서의 시공계약의 내용과 크게 달라지

---

8) 이 판결의 항소심인 서울고등법원 2012. 1. 26. 선고 2011누31620 판결은 원고들이 현금청산대상자라는 이유로 각하 판결을 하였고, 그 후 대법원은 2012. 6. 14.자 2012두5039호로 심리불속행 판결을 하였다.

지 않는 것이 실무인 점 등에 비추어 보면 시공자 선정 및 공사도급계약이 무효
라고 하여 후속의 관리처분계획도 무효로 볼 수는 없다.

제3장

전문관리업자 또는 설계업자 선정

Ⅰ. 총 설

조합에 의한 사업시행방식의 경우 전문관리업자 및 설계자의 각 선정 및 변경은 추진위원회의 업무에 속하고, 실제로 추진위원회 단계에서 전문관리업자 및 설계자 선정이 이루어지는 것이 일반적임은 앞서 본 바이다. 이와 관련하여 법 제34조 제3항의 포괄승계와 관련한 일반조항과 2017. 8. 9. 법률 제14857호로 신설된 법 제29조 제1항 조항과의 해석이 문제되나, 추진위원회가 선정한 전문관리업자 또는 설계자의 경우 조합 설립 이후에도 선정의 효과가 승계된다(제3편 제4장 Ⅱ. "5. 전문관리업자 또는 설계자의 조합 설립 이후의 승계 여부" 참조).

다만 조합은 성립 이후 추진위원회와는 별개로 전문관리업자 또는 설계자를 선정할 수 있다. 설계자의 선정 및 계약서에 포함될 내용에 관한 사항 및 전문관리업자에 관한 사항은 정관의 필요적 기재사항이고(법 제40조 제1항 제16호, 법 시행령 제38조 제5호), 총회의 의결사항이다(법 제45조 제1항 제5, 6호).

따라서 조합이 설립된 이후 추진위원회 단계에서와 달리 전문관리업자 또는 설계자를 별도로 선정함에 있어서는 반드시 총회의 의결을 거쳐야 하고 정관에 기재된 내용대로 선정하여야 한다.

정비사업의 전문성으로 인하여 조합이 사업을 진행함에 있어 일반적으로 전문관리업자를 선정하여 정비업무에 관하여 위탁하거나 자문을 받게 되는바, 설계자 선정에 관한 업무의 지원은 전문관리업자에 대한 위탁업무에 해당한다(법 제102조 제1항 제4호).

Ⅱ. 쟁 점

1. 절 차

가. 경쟁입찰에 의하여야 하는 등 앞서 본 일반계약절차가 전문관리업자 또는 설계자 선정에도 동일하게 적용된다(법 제32조 제2항, 제29조 제1항). 다만 그 특유의 절차로는 사업시행자는 입찰서 접수 이후 입찰에 참여한 설계업자, 전문관리업자 등을 토지등소유자(조합이 설립된 경우에는 조합원을 말한다)가 쉽게 접할 수 있는 일정한 장소의 게시판에 7일 이상 공고하고 인터넷 등에 병행하여 공개하여야 한다(계약업무 처리기준 제14조 제1항).

사업시행자는 필요한 경우 설계업자, 전문관리업자 등의 합동홍보설명회를 개최할 수 있고(합동홍보설명회 절차가 필요하지 아니한 일반계약 및 합동홍보설명회 개최를 필수적으로 요구하는 시공계약과 구분된다), 그 경우 사업시행자는 개최 7일 전까지 일시 및 장소를 정하여 토지등소유자에게 이를 통지하여야 한다(계약업무 처리기준 제14조 제2, 3항).

전문관리업자 또는 설계자를 선정, 변경함에 있어 반드시 총회의결절차를 거쳐야 하고, 조합원 과반수의 출석과 출석조합원 과반수의 찬성으로 의결하며, 이는 총회의 고유권한으로 대의원회가 대행할 수 없음은 시공계약과 동일하고 일반계약과 구분된다(법 제45조 제3항, 법 시행령 제43조 제4, 5호). 그 후 사업시행자는 총회가 선정한 전문관리업자 및 시공자와 계약을 체결하게 된다.

사업시행자는 설계자 또는 전문관리업자의 선정 및 변경계약서 및 관련 자료가 작성되거나 변경된 후 15일 이내에 이를 조합원, 토지등소유자 또는 세입자가 알 수 있도록 인터넷과 그 밖의 방법을 병행하여 공개하여야 한다(법 제124조 제1항 제2호, 법 시행령 제94조 제1항 제4호).

나. 법 제26조 제1항에 따라 시장·군수등이 직접 정비사업을 시행하거나 토지주택공사등을 사업시행자로 지정하여 정비사업을 시행하게 하는 공공시행의 경우, 법 제27조 제1항에 따라 시장·군수등이 지정개발자를 사업시행자로 지정하여 정비사업을 시행하게 하는 경우에는 원칙적으로 전문관리업자와 계약을 체결하지 아니한다. 다만 조합설립을 위한 동의요건 이상에 해당하는 토지등소유자가 신탁업자를 사업시행자로 지정하는 것에 동의하여 시장·군수등이 신탁업자를 사

업시행자로 지정한 경우(법 제27조 제1항 제3호)의 사업시행자인 신탁업자는 전문관리업자와 위탁 또는 자문계약을 체결할 수 있고, 그 경우에는 토지등소유자 전체회의의 의결을 거쳐야 한다(법 제48조 제1항 제3호).

법 제118조에 따라 시장·군수등이 정비사업의 투명성 강화 및 효율성 제고를 위하여 시·도조례로 정하는 정비사업에 대하여 사업시행 과정을 지원하거나 공공지원을 위탁한 경우에도 시장·군수등이나 공공지원을 위탁받은 자가 전문관리업자를 선정한다(법 제118조 제1, 2항). 이에 따라 사업시행자가 시장·군수등이 선정한 전문관리업자를 선정하는 경우에는 앞서 본 전문관리업자 등을 선정함에 있어 경쟁입찰방식에 따른다는 법 제32조 제2항이 적용되지 아니한다(추진위원회에 대하여는 법 제118조 제5항으로 명문의 규정이 있고, 조합에 대하여는 법령상 명문의 규정이 없으나, 서울시 조례 제77조 제4항이 이를 명시적으로 규정하고 있다).

2. 설계변경 가능성

설계가 정비사업 전반에 걸치는 특성상 추진위원회 단계에서 신중하게 설계자를 선정하고, 그 후 조합이 설립되더라도 추진위원회 단계에서 선정한 설계자가 그대로 업무를 수행할 가능성이 있기는 하다. 그러나 설계의 내용은 시공 및 공사비와 직접적으로 관련되는 것이므로, 시공계약의 체결과정에서 기존의 설계계약은 변경될 수 있다. 실제로 건설업자 등은 시공자로 선정되기 위한 입찰제안서에 새로운 설계안을 제안하는 경우가 흔히 있다. 그 경우 사업시행자는 건설업자등이 제출하는 입찰서에 포함된 설계도서, 공사비 명세서, 물량산출 근거, 시공방법, 자재사용서 등 시공 내역의 적정성을 검토해야 함은 앞서 본 바이다.

제4장 감정평가업자 선정

I. 총 설

정비사업 진행과정에서 객관적인 자산평가의 필요성이 있는 경우가 다수 있다. 즉 사업시행자는 정비사업 진행과정에서 종전자산 및 종후자산 가액, 비용, 분담금, 현금청산금(손실보상) 등을 산정하여야 하고, 이는 객관적인 자산평가를 기초로 한다. 이를 위한 감정평가법인의 선정 및 변경은 조합원들의 이해관계에 중대한 영향을 미치므로 총회의 의결사항이고, 대의원회가 권한을 대행할 수 없다(법 제45조 제1항 제5호, 법 시행령 제43조 제4호). 사업시행자가 감정평가법인을 선정 및 변경하는 절차는 앞서 본 일반계약절차와 동일하되, 총회의결을 거쳐 사업시행자가 감정평가법인과 계약을 체결하여야 한다.

II. 정비사업과정에서의 감정평가

1. 조합설립 전

추진위원회는 조합설립에 필요한 동의를 받기 전에 추정분담금 등 대통령령으로 정하는 정보를 토지등소유자에게 제공하여야 한다(법 제35조 제10항). 이에 추진위원회는 조합설립 동의를 받기 위한 추정분담금(토지등소유자별 분담금 추산액 및 산출근거)을 산정하기 위해 필요한 경우 감정평가업자를 선정할 수 있다(법 제32조 제1항 제5호, 법 시행령 제26조 제5호, 추진위원회 운영규정안 제5조 제4항 단서).

2. 조합설립 이후

가. 재개발 · 재건축사업의 용적률 완화를 위한 국민주택규모 주택 건설

사업시행자가 국민주택규모 주택을 건설하여 국토교통부장관 등에게 공급하는 경우 용적률 완화의 인센티브를 받게 된다(법 제54조 제4항). 사업시행자는 국토교통부장관 등에게 건설된 국민주택규모의 주택을 인도함에 있어 부속토지는 원칙적으로 기부채납하나, 인수자가 인수된 국민주택규모 주택을 장기공공임대주택이 아닌 임대주택으로 활용하는 경우에는 임대의무기간이 10년 이상이면 감정평가액의 100분의 30, 임대의무기간이 10년 미만이면 감정평가액의 100분의 50의 가격으로 부속 토지를 인도하게 한다. 따라서 그 경우 감정평가법인의 감정평가가 필요하다(법 제55조 제5항, 법 시행령 제48조 제6항). 다만 이 경우에는 시장·군수등이 지정하는 둘 이상의 감정평가업자가 평가한 금액을 산술평균한 금액으로 한다.

나. 재개발사업에서의 임대주택의 인도

재개발사업에서는 사업시행자의 임대주택 건설이 의무이다. 사업시행자는 임대주택을 건설한 후 이를 직접 분양하거나 국토교통부장관 등에게 인수를 요청할 수 있고, 그 경우 국토교통부장관 등은 법정의 내용대로 반드시 인수하여야 한다.

국토교통부장관 등이 임대주택을 인수하는 경우 부속토지의 가격은 사업시행계획인가 고시가 있는 날을 기준으로 감정평가업자 둘 이상이 평가한 금액을 산술평균한 금액으로 한다(법 제79조 제5항, 법 시행령 제68조 제2항). 따라서 이를 위해 감정평가법인의 감정평가가 필요하다.

다. 소유자의 확인이 곤란한 건축물 등에 대한 처분

사업시행자인 조합은 조합설립인가일(토지등소유자가 20인 미만인 재개발사업으로서 토지등소유자가 사업시행자인 경우에는 제50조에 따른 사업시행계획인가일) 현재 건축물 또는 토지의 소유자의 소재 확인이 현저히 곤란한 때에는 전국적으로 배포되는 둘 이상의 일간신문에 2회 이상 공고하고, 공고한 날부터 30일 이상이 지난 때에는 그 소유자의 해당 건축물 또는 토지의 감정평가액에 해당하는 금액을 법원에 공탁하고 정비사업을 시행할 수 있다(법 제71조 제1항 제1, 2호). 따라서 이를 위한 감정평가가 필요하다.

재개발사업의 경우에는 시장·군수등이 선정·계약한 2인 이상의 감정평가법인등, 재건축사업의 경우에는 시장·군수등이 선정·계약한 1인 이상의 감정평가법인등과 조합총회의 의결로 선정·계약한 1인 이상의 감정평가법인등에 의한다(법 제71조 제4항, 74조 제4항 제1호).

라. 종전자산 및 종후자산에 대한 감정평가

(1) 분양신청통지 전 종전자산에 대한 감정평가

사업시행자는 사업시행계획인가의 고시가 있은 날(사업시행계획인가 이후 시공자를 선정한 경우에는 시공자와 계약을 체결한 날)부터 120일 이내에 분양대상자별 종전의 토지 또는 건축물의 명세 및 사업시행계획인가의 고시가 있은 날을 기준으로 한 가격(사업시행계획인가 전에 제81조 제3항에 따라 철거된 건축물은 시장·군수등에게 허가를 받은 날을 기준으로 한 가격) 등을 포함하는 내용 등을 토지등소유자에게 통지하고, 분양의 대상이 되는 대지 또는 건축물의 내역 등 대통령령으로 정하는 사항을 해당 지역에서 발간되는 일간신문에 공고하여야 한다(법 제72조 제1항 제1호). 이를 위해서는 감정평가가 필요하다.

법 제74조 제4항 제1호의 규정에 따라 재개발사업의 경우에는 시장·군수등이 선정·계약한 2인 이상의 감정평가법인등, 재건축사업의 경우에는 시장·군수등이 선정·계약한 1인 이상의 감정평가법인등과 조합총회의 의결로 선정·계약한 1인 이상의 감정평가법인등이 평가한 금액을 산술평균하여 산정한다(법 제74조 제4항 제1호, 제1항 제5호). 다만, 관리처분계획을 변경·중지 또는 폐지하려는 경우 종전의 토지 또는 건축물의 가격은 사업시행자 및 토지등소유자 전원이 합의하여 산정할 수 있다(법 제74조 제4항 제1호 단서).

(2) 관리처분계획 수립을 위한 종후자산 및 세입자별 손실보상을 위한 권리명세에 대한 평가

사업시행자는 관리처분계획의 수립을 위하여 종후자산 및 세입자별 권리가액에 대하여 감정평가 하여야 한다(법 제74조 제4항 제1호, 제1항 제3, 8호). 가액은 종전자산과 마찬가지로 선정된 2인 이상의 감정평가법인등이 평가한 금액을 산술평균하여 신청하고, 관리처분계획을 변경·중지 또는 폐지하려는 경우 예외가 있음은 종전자산과 동일하다(74조 제4항 제1호).

(3) 감정비용 부담

시장 · 군수등이 선정 · 계약한 감정평가법인에 대한 감정비용은 사업시행자가 부담하여야 한다. 따라서 사업시행자는 감정평가를 하려는 경우 시장 · 군수등에게 감정평가법인등의 선정 · 계약을 요청하고 감정평가에 필요한 비용을 미리 예치하여야 한다. 시장 · 군수등은 감정평가가 끝난 경우 예치된 금액에서 감정평가 비용을 직접 지급한 후 나머지 비용을 사업시행자와 정산하여야 한다(법 제74조 제4항 제1, 3호).

마. 분양신청하지 아니한 조합원에 대한 현금청산(재개발사업)

사업시행자는 분양신청을 하지 아니한 현금청산대상자에 대하여 협의하여 청산금액을 산정한다. 협의의 방법으로 재개발사업의 경우에는 먼저 감정평가를 거쳐야 하고, 감정평가업자 선정에 관하여는 토지보상법 제68조 제1항에 따른다(법 시행령 제60조 제1항 후단).

토지보상법 제68조 제1항은 원칙적으로 시 · 도지사, 토지소유자 및 사업시행자가 추천한 감정평가법인등 3인에게 평가를 의뢰하여야 한다(단, 시 · 도지사와 토지소유자가 모두 감정평가법인등을 추천하지 아니하거나 시 · 도지사 또는 토지소유자 어느 한쪽이 감정평가법인등을 추천하지 아니하는 경우에는 2인).

바. 부지 중 일부에 대한 현금 기부채납으로 인한 용적률 완화에 필요한 감정평가

사업시행자가 정비구역 내 토지의 일부에 정비기반시설 등을 설치하거나 부지 등을 제공하고 용적률을 완화 받는 내용으로 정비계획이 수립된 경우, 사업시행자는 대지의 가액 일부에 해당하는 금액을 현금으로 납부할 수 있다(법 제17조 제4항). 그와 같은 현금납부액은 시장 · 군수등이 지정한 둘 이상의 감정평가업자가 해당 기부토지에 대하여 평가한 금액을 산술평균하여 산정하되, 최초 사업시행계획인가 고시일을 기준으로 한다(법 제17조 제4항, 법 시행령 제14조 제3, 4항).

사. 사업시행계획서의 내용 중 폐지되는 정비기반시설의 가액 평가

사업시행자는 사업시행계획서를 작성함에 있어 정비사업의 시행으로 용도가 폐지되는 정비기반시설의 조서·도면을 작성하여야 하고, 그와 같은 조서 및 도면에는 폐지되는 정비기반시설의 가액이 포함된다. 폐지되는 정비기반시설의 가액평가는 둘 이상의 감정평가업자의 감정평가를 거쳐야 하고, 그와 같은 감정평가서는 사업시행계획서에 반드시 포함되어야 할 사항이다(법 제97조 제2항, 법 시행령 제47조 제2항 제11호).

Ⅲ. 시장·군수등의 감정평가법인 선정

1. 특 징

사업시행자가 정비사업의 수행을 위하여 조합설립인가 이후 소유자의 확인이 곤란한 건축물 등에 대한 처분을 함에 필요한 감정평가, 토지등소유자의 종전자산 및 종후자산의 평가 등을 비롯한 각종 감정평가의 경우 감정평가의 공정을 기하여 시장·군수등으로 하여금 감정평가법인등을 선정·계약하도록 하고 있다. 도시정비법은 시장·군수등이 감정평가법인등을 선정·계약하는 방법과 관련하여, 감정평가법인등의 업무수행능력, 소속 감정평가사의 수, 감정평가 실적, 법규 준수 여부, 평가계획의 적정성 등을 고려하여 객관적이고 투명한 절차에 따라 선정하여야 한다고 규정하고 있다(법 제74조 제4항 제2호).

감정평가법인등의 선정·절차 및 방법 등에 필요한 사항은 시·도조례로 위임하고 있는바, 이에 따라 서울시 조례는 구청장이 감정평가업자를 선정하는 기준·절차 및 방법에 대하여 다음과 같이 규정하고 있다.

2. 기준 및 절차

가. 원 칙

구청장은 감정평가 및 감정평가사에 관한 법률(이하 '감정평가법'이라 한다) 제2조 제4호의 감정평가업자 중 같은 법 제29조에 따라 인가를 받은 감정평가법인으로부터 신청을 받아 감정평가업자의 업무수행실적, 소속 감정평가사의 수, 기존

평가참여도, 법규 준수 여부, 감정평가수수료 적정성, 감정평가계획의 적정성 등의 평가항목을 평가하여 감정평가업자를 선정한다.

나. 선정제외 대상

감정평가업자가 다음 각 목의 어느 하나에 해당하는 경우에는 선정에서 제외한다.

⑴ 감정평가법 제32조에 따른 업무정지처분 기간이 만료된 날부터 6개월이 경과되지 아니한 자

⑵ 감정평가법 제41조 제1항에 따른 과징금 또는 같은 법 제52조에 따른 과태료 부과 처분을 받은 날부터 6개월이 경과되지 아니한 자

⑶ 토지보상법 제95조, 감정평가법 제49조 또는 제50조에 따른 벌금형 이상의 선고를 받고 1년이 경과되지 아니한 자

제5장 임대사업자 선정

I. 의 의

　재개발·재건축 등 정비사업에서 발생하는 일반분양 주택을 공공지원 민간임대주택으로 일괄 매수하여 청년·신혼부부, 무주택자, 원주민에게 10년 이상 시세보다 저렴하게 맞춤형으로 공급하는 사업을 공공지원민간임대 연계형 정비사업이라 한다.

　사업시행자는 일반분양 주택을 시세보다 저렴하게 일괄하여 임대사업자에게 매도하되, 이로 인한 손실분은 민간임대주택에 관한 특별법 제21조 제2호에 따라 용적률 인센티브 등으로 보전받게 된다. 임대사업자는 사업시행자로부터 매수한 주택을 10년 이상 의무적으로 임대한 후 이를 일반분양하게 된다.

　사업시행자가 공공지원민간임대 연계형 정비사업을 시행하기 위해서는 우선 지원대상 정비구역으로 지정되어야 한다. 위와 같은 정비구역지정 이후 용적률 상한 등을 포함하여 공공지원민간임대주택 건설이 포함된 내용으로 정비계획이 변경되고, 이에 따라 사업시행자는 공공지원민간임대주택 건설계획을 포함한 사업시행계획서를 작성하여 시장·군수등으로부터 인가를 받아야 한다(법 제52조 제1항 제8호).

　공공지원민간임대 연계형 정비사업에서의 임대사업자 선정과 관련하여 법은 제30조에서 이를 규정하고 있다.

　사업시행자는 공공지원민간임대주택을 원활히 공급하기 위하여 국토교통부장관이 정하는 경쟁입찰의 방법 또는 수의계약(2회 이상 경쟁입찰이 유찰된 경우와 공공재개발사업을 통해 건설·공급되는 공공지원민간임대주택을 국가가 출자·설립한 법인 등 대통령령으로 정한 자에게 매각하는 경우로 한정한다)의 방법으로 민간임대주택법 제2조 제4호 및 같은 조 제7호에 따라 10년 이상 임대할 목적으로 공공지원민간임대주택을 취득하였거나 취득하려는 임대사업자(부동산투자회사, 집합투자기구 또는 투자회사의 설립을 통해 임대사업을 하려는 경우에는 해당 부동산투자회사, 집합투자기구 또는 투자회사)를 선정할 수 있다(법 제30조, 선정기준 제2조 제2호).

민간임대주택법이 2020. 8. 18. 법률 제17482호로 개정되어 민간임대주택의 임대의무기간이 8년에서 10년으로 연장되었으나, 저렴한 가격으로 주택을 취득할 수 있는 장점으로 공공지원민간임대주택을 취득하려는 임대사업자는 여전히 인기가 높다.

사업시행자는 임대사업자로 선정되고자 하는 자 중 우선협상대상자를 선정할 수 있다. 임대사업자 선정절차에 관계된 자는 공정성을 잃지 않도록 이해충돌의 방지에 노력하여야 하고, 특히 누구든지 임대사업자 선정과 관련하여 금품, 향응 또는 그 밖의 재산상 이익을 제공하거나 제공의사를 표시하거나 제공을 약속하는 행위, 이를 승낙하는 행위를 하여서는 아니 된다(선정기준 제4조).

Ⅱ. 임대사업자 선정절차

1. 우선협상대상자의 선정절차

가. 입찰공고(선정기준 제6조)

⑴ 사업시행자는 제안서 제출마감일의 전일부터 기산하여 30일 전에 입찰공고를 하여야 한다. 이 경우 입찰 공고 이후에 현장설명회를 실시할 수 있다.

⑵ 입찰공고에는 정비사업의 명칭, 정비사업의 개요(현재 용적률, 건폐율 등 정비계획의 주요내용 포함), 용적률 인센티브의 범위(용적률 인센티브가 있는 경우), 입찰을 위한 현장설명회 참석의무 여부, 제안서의 제출기간, 제안서에 포함되어야 할 내용, 제안서의 평가요소 및 평가방법, 사업시행자가 필요하다고 인정하는 사항 등이 명시되어야 한다.

⑶ 현장설명회를 실시하는 경우, 위 입찰공고 사항 외에 공공지원민간임대주택으로 공급할 세대수, 공모 참여 시 계획한 재정착임대주택 공급 세대 수, 건축계획, 공공지원민간임대주택의 공급을 위해 매도 예정인 공동주택, 토지, 지분 등의 매도의향 가격 범위, 기타 조합이 필요하다고 인정하는 사항 등을 포함하여야

한다.

(4) 임대사업자 선정을 위하여 제출하는 제안서에는 사업계획, 재무계획, 제안가격, 기타 임대사업자 선정을 위해 필요한 사항이 반드시 기재되어야 한다.

나. 입찰보증금(선정기준 제6조의2)

사업시행자는 입찰에 참가하려는 자에게 입찰보증금을 내도록 할 수 있다. 입찰보증금의 금액은 제안 매입총액의 2,000분의 1 이내의 범위에서 사업시행자가 정할 수 있다.

다. 재공고입찰(선정기준 제7조)

입찰공고에 둘 이상의 유효한 입찰자가 없는 경우 재공고입찰에 부쳐야 한다. 이 경우 재공고입찰에 따른 제안서 제출 마감일의 전일부터 기산하여 15일 전에 공고할 수 있다. 재공고입찰 결과 하나 이상의 유효한 입찰자가 있는 경우 입찰이 성립된 것으로 본다. 사업시행자가 입찰공고에 입찰참가조건으로 현장설명회 참석 의무를 적시한 경우, 현장설명회에 참석한 업체가 하나 이하이면 즉시 재공고입찰을 실시할 수 있다.

라. 제안서의 평가(선정기준 제8조)

(1) 사업시행자는 제출받은 제안서에 대해 가격적정성(시세 대비 제안가격의 비율, 제안가격의 정합성), 재무여건(출자비율, 신용도), 사업계획(의무임대기간 종료 후 임대유지기간, 주거서비스 계획)을 종합적으로 평가하여야 하고, 이를 위한 평가기준을 마련하여야 한다.

(2) 사업시행자는 제출받은 제안서에 부동산투자회사, 집합투자기구 또는 투자회사의 설립을 통해 공공지원민간임대주택을 공급하려는 계획이 포함되어 있는 경우, ① 주택도시기금의 출 · 융자를 받는 계획이 포함되어 있는 경우에는 주택기금 내부수익률, 사업완충률, 운용실적, 임대조건율 등을 포함하여, ② 주택도시보증공사의 보증을 이용하는 계획이 포함되어 있는 경우에는 출자비율, 운용실적, 임대조건율 등을 포함하여 각 평가기준을 마련하여야 한다.

(3) 사업시행자는 제안서의 평가를 금융전문지원기관에게 대행하게 할 수 있으

며, 금융전문지원기관의 운영기준에 반영된 평가기준을 사업시행자의 평가기준으로 할 수 있다.

마. 우선협상대상자의 선정(선정기준 제9조)

(1) 총회 등에서의 투표실시

사업시행자는 우선협상대상자를 선정하기 위해 총회 등에서 토지등소유자(조합이 설립된 경우 조합원)를 대상으로 투표를 실시하여야 하며, 이 경우 조합원 등에게 평가결과와 제안가격의 범위를 총회 등 개최 7일 전에 공개하여야 한다. 선정총회에는 조합원 등 총수의 10% 이상이 직접 출석하여야 한다. 이 경우 정관등이 정한 대리인이 출석한 때에는 직접 출석한 것으로 본다.

(2) 선정방법

사업시행자는 투표에서 최다 득표자가 선정총회에 출석한 조합원 등(서면으로 의결권을 행사하는 경우 포함)의 과반수의 표를 얻지 못한 경우에는 최다 득표자에 대한 찬반투표를 통해 선정총회에 출석한 조합원 등(서면으로 의결권을 행사하는 경우 포함)의 과반수의 찬성을 얻어야 한다. 사업시행자는 총회 등의 의결을 거쳐 위 득표수에 따른 차순위 협상대상자를 정하고, 우선협상대상자와 가격협상이 성립되지 않는 경우 차순위 협상대상자와 순차적으로 가격협상을 실시하여야 한다.

(3) 재공고 입찰에 따른 유일 입찰자

사업시행자는 재공고 입찰결과 유일한 입찰자가 있는 경우 앞서의 절차를 거쳐 해당 입찰자를 우선협상대상자로 선정할 수 있다.

2. 구체적 임대사업자 선정절차

가. 가격협상의 진행(선정기준 제10조)

(1) 성실협상의무

사업시행자와 우선협상대상자는 공공지원민간임대주택의 공급을 목적으로 매각할 토지, 공동주택, 지분 등의 가격에 대해 성실하게 협상하여야 한다.

(2) 사업시행자의 사전통보의무

사업시행자는 가격협상을 실시하고자 하는 경우에는 협의일로부터 30일 전에 협상 일시·기간·장소·방법, 예상 총 주택공급량 및 규모별 세대수, 예상 공공지원민간임대주택 공급량 및 규모별 세대수, 예상 총사업비 내역(일반분양분 매각 예정가격, 예정공사비 등 포함), 사업의 추진이 가능한 비례율의 범위 및 추정 분담금의 수준, 기타 가격 협상에 필요한 사항이 포함된 서류를 작성하여 우선협상대상자에게 통보하여야 한다.

(3) 우선협상대상자의 응답의무

우선협상대상자는 사전통보를 받으면 협의일로부터 15일 전에 예상 공공지원민간임대주택 공급량 및 규모별 세대수에 따른 규모별 매수의향 가격, 예상 운영수익률(예상 내부수익률), 기타 가격 협의에 필요한 사항이 포함된 서류를 작성하여 사업시행자에게 송부하여야 한다.

(4) 업무협약체결

사업시행자는 우선협상대상자와의 가격협상이 성립되면 공공지원민간임대주택 예상 공급량, 규모별 매매가격, 규모별 예상 세대수, 건축계획 수립, 시공사 선정, 시공과정 등에 대한 협의절차, 기타 공공지원민간임대주택 공급을 위해 필요한 사항에 대한 업무협약을 체결하여야 한다.

나. 매매예약의 체결(선정기준 제10조의2, 제15조 제1항)

(1) 사업시행자의 시세조회의뢰

(가) 원칙

국토교통부장관은 우선협상대상자가 설립하는 부동산투자회사, 집합투자기구 또는 투자회사에 대한 원활한 기금·보증지원을 위해 관할 지방자치단체를 대상으로 정비구역 공모를 실시할 수 있다. 정비구역 공모에 따라 지원구역으로 선정된 이후 최초사업시행계획인가 시점의 인근 공동주택 등의 시세조사를 한국부동산원에 의뢰할 수 있다.

㈔ 예외

사업시행자는 매매예약 체결 이후 재정비촉진지구 내 연접한 정비구역의 해제 등 사업시행자의 귀책이 아닌 불가피한 사유로 사업계획을 변경해야 할 경우 해당 정비구역 관할 특별시장·광역시장·특별자치시장·도지사 또는 특별자치도지사의 동의를 거쳐 국토교통부장관에게 시세조사 재의뢰를 요청할 수 있으며, 국토교통부장관이 시세 재조사의 필요성을 인정하는 경우에는 한국부동산원에 변경된 사업시행계획의 인가 시점을 기준으로 시세조사를 다시 의뢰하여 매매예약을 다시 체결할 수 있다.

사업시행자가 시세조사를 다시 의뢰하여 우선협상대상자와 매매예약을 다시 체결하는 경우에는 사업시행계획 변경기간 동안 늘어난 사업비를 초과하는 임대주택 매각수익이 발생하지 않도록 매매가격을 책정하여야 한다.

(2) 매매예약체결

사업시행자와 우선협상대상자는 시세를 기준으로 지원구역으로 선정된 이후 법 제50조에 따른 최초 사업시행계획인가 고시 후 6개월 이내에 공공지원민간임대주택 공급을 위한 토지, 공동주택, 지분, 공급조건 등에 대한 매매예약을 체결하여야 한다.

(3) 가격협상의 조정(선정기준 제11조)

사업시행자 및 우선협상대상자는 가격협상이 성립되지 아니하거나 협상을 할 수 없을 때에는 한국부동산원에 가격협상의 조정을 요청할 수 있다. 이 경우 사업시행자 및 우선협상대상자는 관련 자료를 한국부동산원에 제출하여야 한다. 사업시행자와 우선협상대상자는 한국부동산원의 조정결과를 참고하여 가격협상을 재개하여야 한다.

다. 임대사업자의 선정(선정기준 제12조)

사업시행자는 매매예약을 체결한 후 대의원회 또는 총회 등의 의결을 통해 매매예약의 상대방인 우선협상대상자를 임대사업자로 지정하여야 한다. 다만, 우선협상대상자가 부동산투자회사, 집합투자기구 또는 투자회사의 설립을 통해 임대사업을 하려는 경우에는 부동산투자회사, 집합투자기구 또는 투자회사를 설립한 이후에 그 부동산투자회사, 집합투자기구 또는 투자회사를 임대사업자로 지정하여야 한다. 우선협상대상자를 임대사업자로 지정하는 경우에는 사업시행자와 우선협상대상자 사이에 맺은 임대사업에 대한 업무협약, 매매예약 등은 임대사업자에게 승계된다. 사업시행자와 임대사업자는 지원구역으로 선정된 이후 최초 관리처분계획인가 고시 후 6개월 이내에 매매예약의 결과에 따라 매매계약을 체결하여야 한다.

제 6 편

사업시행계획 및 인가

제1장 사업시행계획

I. 사업시행계획의 의의

　사업시행계획이란 정비사업의 목적인 건축물, 정비기반시설 등의 신설, 정비 또는 환지 등 개발을 위한 설계도임과 동시에 시공이나 환지를 위하여 필요한 비용, 주민이주대책, 세입자의 주거 및 이주 대책을 비롯한 개발에 부수되거나 파생되는 내용에 관하여 사업시행자가 작성하는 정비사업의 시행과 관련한 일체의 계획이다. 사업시행계획은 재개발사업에서의 환지방식이 아닌 경우 정비구역 내 토지에서의 건축 등을 통한 개발계획이 주요내용인바, 구체적으로는 토지이용계획, 정비기반시설 및 공동이용시설의 설치계획, 건축물의 주용도·대지면적·건폐율·용적률·높이·용도 등 건축계획(기존 건축물의 존치, 리모델링 포함), 주택건설계획이 반드시 포함된다.

　사업시행계획에 대한 인가의 요건 및 인가의 법적 성격은 조합이 사업시행자가 되는 일반적인 재개발·재건축사업과 토지등소유자 개인이 사업시행자가 되는 토지등소유자가 20인 미만인 재개발사업은 명확히 구분된다. 조합설립인가를 통하여 행정주체의 지위를 취득하는 전자(前者)의 경우 사업시행자가 사업시행계획인가를 받기 위해서는 조합원 과반수의 찬성의결이 필요하고, 인가는 보충행위로서 사업시행계획은 인가를 통해 그 효력이 발생하게 되면 인가와는 별개의 독립한 행정처분으로 항고소송의 대상이 됨에 반해, 후자(後者)의 경우에는 사업시행계획인가로 인하여 비로소 사업시행자가 행정주체의 지위를 취득하게 되므로 사업시행계획인가를 받기 위해서는 조합설립인가에 준하여 토지등소유자 4분의 3 이상 동의 및 토지면적 2분의 1 이상 토지소유자의 동의를 받아야 하고, 인가는 설권행위로서 사업시행계획은 인가처분의 요건 중 하나에 불과하여 항고소송의 대상이 되는 독립된 행정처분에 해당하지 아니한다. 다만 사업시행계획인가[1]로 건축,

환지 등 개발이 승인되고, 재개발사업의 경우 수용권이 발생함은 동일하다.

Ⅱ. 사업시행계획의 정비사업상의 특징

1. 계획재량

시장·군수등이나 토지주택공사등 공공기관이 아닌 토지등소유자가 주도하는 재개발·재건축사업의 경우 원칙적으로 토지등소유자로 구성되는 조합이 정비사업을 시행하게 된다. 사업시행자인 조합은 조합설립인가를 받아 행정주체의 지위를 취득한 이후 사업시행계획서를 작성하게 된다. 사업시행자가 작성하는 사업시행계획은 법령, 조례 및 정관 등에 위반될 수 없고, 정비계획의 후속행위로서 정비계획에 부합하여야 하는 제한이 있으나, 그 외에는 개발의 내용과 관련하여 광범위한 계획재량을 갖는다. 이에 따라 사업시행자는 건축면적, 건축연면적, 지하면적, 주용도(공동주택, 근린생활시설), 층수, 분양 또는 임대 아파트의 동수, 세대수, 각 평형별 구분과 세대 수 등을 자유롭게 결정할 수 있다.

특히 도시정비법령은 재개발사업의 사업시행자에게 임대주택 건설의무를 부과하는 외에는 사실상 특별한 제한을 두고 있지 않고, 조례나 정관 또한 마찬가지여서 재량의 범위는 폭 넓다 할 것이다. 즉 정비사업은 이해관계가 상충되는 다수 토지등소유자들의 개별적이고 구체적인 이익을 적절히 형량·조정하여야 하나, 모든 이해관계인들의 이익을 만족시켜 줄 수는 없으므로 사업시행계획의 구체적인 내용 수립에 관하여는 이른바 계획재량행위에 해당하여 사업시행자의 상당한 재량이 인정된다.

다만 사업시행자의 계획재량에도 한계는 있는바, 사업시행계획에 관련된 조합원 기타 이해관계자들의 이익을 정당하게 비교·교량하여야 하고 그 비교·교량은 비례의 원칙에 적합하도록 하여야 하는 것이므로, 만약 이익형량을 전혀 하지 아니하였거나 이익형량의 고려대상에 포함시켜야 할 중요한 사항을 누락한 경우 또는 이익형량을 하기는 하였으나 그것이 비례의 원칙에 어긋나게 된 경우에는

---

1) 법이 2017. 2. 8. 법률 제14567호로 전부개정 되기 이전에는 '사업시행인가'라는 용어를 사용하였으나, 위 개정이후 '사업시행계획인가'라는 용어를 사용하고 있다. 법률의 규정 및 다른 용어와의 관계에 비추어 볼 때, '사업시행계획인가'가 보다 정확한 용어로 보이고 용어의 통일을 기하기 위하여 이하에서는 '사업시행계획인가'라는 용어로만 사용한다.

그 사업시행계획은 재량권을 일탈·남용하여 위법하다.

사업시행자가 당시의 신건물의 건축과 관련한 관계법령상의 규제, 사업부지의 위치 및 형상, 주변 편의시설로의 접근성, 토지등소유자들이 종전에 소유하고 있는 토지등의 내용 등을 고려하여 최적의 효율성, 합리성, 재해 또는 위생상의 안전 등에 기초하여 적정규모의 공동주택, 근린생활시설을 건축하고 배치하는 건축설계를 하였다면, 그와 같은 사업시행계획을 위법하다고 보기 어렵다. 사업시행자에게 위와 같이 폭넓은 계획재량이 인정되어 실무상 사업시행계획 내용의 위법성을 다투는 소송은 거의 찾기 어렵고, 성립요건을 다투는 소송이 주를 이룬다. 관리처분계획의 경우 주로 그 내용을 다투는 소송인 점과 대조된다.

2. 정비사업과 사업시행계획

사업시행자인 조합은 사업시행계획서를 작성한 후 정관과 그 밖에 국토교통부령으로 정하는 서류를 첨부하여 관할 행정청으로부터 사업시행계획인가를 받아야 하며, 대통령령으로 정하는 경미한 사항 이외에 인가받은 사항을 변경하는 경우에도 역시 인가를 받아야 한다(법 제50조). 사업시행계획이 정비계획의 후속행위로서 정비계획에 부합하여야 하는 것과 마찬가지로 사업시행계획의 후속행위로서 다음에서 살펴볼 관리처분계획은 사업시행계획의 내용에 부합하여야 한다. 사업시행계획 및 그 인가는 정비사업이 본격적으로 시행됨을 의미한다. 행정청이 수립하는 정비계획의 내용에는 정비사업시행 예정시기가 있는데, 이는 사업시행계획인가 고시일 시점을 의미한다(법 제9조 제1항 제9호, 정비계획 수립지침 4-3-4).

사업시행계획의 인가·고시가 이루어지면 재개발사업의 사업시행자에게 수용권이 발생하고, 재건축사업의 사업시행자에게 법정 절차를 거쳐 매도청구권이 발생하며, 또한 정비구역의 국유·공유재산은 국유재산법 및 공유재산법 등의 관련규정에도 불구하고, 사업시행자 또는 점유자 및 사용자에게 우선하여 수의계약으로 매각 또는 임대될 수 있으며, 사업시행계획의 인가 고시가 있은 날 종전의 용도가 폐지된 것으로 본다(법 제98조 제4, 5항). 또한 사업시행자는 법정의 정지조건(법 제81조 제2항은 관리처분계획인가를 받은 후 기존의 건축물을 철거하여야 한다고 규정하여 관리처분계획인가 이후 착공 가능하다)이 부가되어 있기는 하지만 건축허가의 효과가 발생하여 건축이 가능하다.

시장 · 군수등은 사업시행계획인가를 한 경우 그 사실을 관할 경찰서장 및 관할 소방서장에게 반드시 통보하여야 하고, 정비구역 내 주민 안전 등을 위하여 범죄예방이나 화재예방을 위한 순찰의 강화를 요청할 수도 있다(법 제130조). 추진위원회 구성 또는 조합 설립에 동의한 토지등소유자의 2분의 1 이상 3분의 2 이하의 범위에서 시 · 도조례로 정하는 비율 이상의 동의로 정비구역의 해제를 요청하는 경우 또는 조합이 설립된 정비구역에서 조합원 과반수의 동의로 정비구역의 해제를 요청하는 경우 정비구역지정권자는 정비구역을 해제할 수 있으나, 조합이 이미 사업시행계획인가를 신청한 경우에는 해제할 수 없다(법 제21조 제1항 제5, 6호). 왜냐하면 조합이 사업시행계획인가를 신청하였다면 이미 정비사업이 본격적으로 시행되었음을 나타내기 때문이다.

시장 · 군수등은 사업시행계획인가를 한 경우 지방자치단체 공보에 고시할 뿐만 아니라 관리처분계획인가와 달리 해당 지방자치단체의 인터넷 홈페이지에도 실어야 하는바, 이는 정비사업의 본격적 시작을 널리 알릴 필요성에 기인한다.

제2장 일반적 사업시행계획인가의 법적 성격 및 요건

제1절 법적 성격

Ⅰ. 법적 성격

1. 강학상 인가

먼저 조합이 사업시행자인 일반적 재개발·재건축사업에 관하여 살펴본다. 사업시행계획인가는 사업시행계획에 대한 법률상의 효력을 완성시키는 보충행위에 해당하고, 이는 강학상 인가이다.[2] 조합이 행정주체의 지위에서 법령에 따라 작성한 사업시행계획은 시장·군수등에 의하여 인가되고, 고시가 이루어지면 이해관계인에 대한 구속적 행정계획으로서 인가와는 별개의 독립한 행정처분이 된다.[3] 이로써 사업시행계획 및 그 인가라는 2개의 행정처분이 존재하게 된다. 이는 선행의 조합설립인가와 구분되고, 후속의 관리처분계획인가와 동일하다.

시장·군수등의 인가는 사업시행자에게 사업시행계획의 내용인 대상 토지에서의 건축 또는 환지 등 개발을 승인하여 주고(건축의 경우 건축법상의 건축허가 또는 주택법상의 사업계획승인과 유사하다), 재개발사업의 경우 토지등에 대한 수용 권한까지 부여하는 토지보상법상의 사업인정의 성격을 가진다.[4]

2. 재량행위

가. 재량행위

행정청은 인가의 요건을 구비하였더라도, 재량으로 사업시행계획인가신청을 거

---

2) 대법원 2008. 1. 10. 선고 2007두16691 판결, 대법원 2010. 12. 9. 선고 2009두4913 판결.
3) 대법원 2009. 11. 2.자 2009마596 결정.
4) 대법원 2018. 7. 26. 선고 2017두33978 판결.

부할 수 있는지 여부가 문제된다. 어떤 행정행위가 기속행위인지, 재량행위인지 여부는 당해 행위의 근거가 된 법규의 체제·형식과 그 문언, 당해 행위가 속하는 행정 분야의 주된 목적과 특성, 당해 행위 자체의 개별적 성질과 유형 등을 모두 고려하여 판단하여야 함은 앞서 본 바이다.

판례는 사업시행계획인가는 상대방에게 권리나 이익을 부여하는 효과를 가진 이른바 수익적 행정처분이고, 법령에 행정처분의 요건에 관하여 일의적으로 규정되어 있지 아니하여 행정청의 재량행위에 속한다고 판시하고 있다.[5] 이는 동일한 강학상의 인가임에도 기속행위인 추진위원회 구성승인행위와 구분되고, 관리처분계획인가와 동일하다.

나. 부 관

(1) 원칙(가능)

(가) 일반 내용

사업시행계획인가는 수익적 행정행위로서 재량행위이므로 법령상의 근거가 없다 하더라도 인가권을 가진 시장·군수등은 사업시행계획인가 당시 부관을 붙이는 것이 가능하고, 실제로 실무상 다양한 내용의 부관이 붙여진다. 예를 들면, '관리처분계획 수립 전 종교시설의 이전 등에 대하여 신의성실원칙에 따라 적극적으로 종교시설의 소유자와 협의를 진행할 것', '설치되는 정비기반시설 중 도로의 개통은 공동주택 입주 신청이전에 완성할 것', '착공 전 흙막이 공사와 단지 조성에 따른 경사면의 안정성 검토와 설계도서, 옹벽설계도를 작성하여 착공 전까지 서울시 등의 건축위원회 자문을 받아 시행할 것', '가설울타리 높이는 지역여건과 도시미관을 감안하여 높낮이를 고르게 설치하고, 자재는 강한 비, 바람에도 지탱할 수 있는 견고한 자재를 사용할 것' 등이 있다.

(나) 한계

① 인가권을 가진 시장·군수등이 사업시행계획인가의 기회에 정비사업과 무관하게 기부채납을 요청하거나 이를 부관으로 부가하는 경우가 있다. 행정청이 정비사업과 무관한 토지등을 기부채납 하도록 하는 부관을 붙인 경우, 그 부관은 부

---

5) 대법원 2007. 7. 12. 선고 2007두6663 판결, 대법원 2014. 2. 21. 선고 2012다78818 판결.

당결부금지의 원칙에 위반되어 위법하다.[6]

특히 법 제51조 제1항은 시장·군수등이 사업시행계획을 인가하는 경우 사업시행자가 제출하는 사업시행계획에 해당 정비사업과 직접적으로 관련이 없거나 과도한 정비기반시설의 기부채납을 요구하여서는 아니 된다고 명시적으로 규정하고 있고, 제2항에서 국토교통부장관은 정비기반시설의 기부채납과 관련하여 정비기반시설의 기부채납 부담의 원칙 및 수준, 정비기반시설의 설치기준 등이 포함된 운영기준을 작성하여 고시할 수 있다고 규정하고 있으며, 제3항에서 시장·군수등은 제2항에 따른 운영기준의 범위에서 지역여건 또는 사업의 특성 등을 고려하여 따로 기준을 정할 수 있으며, 이 경우 사전에 국토교통부장관에게 보고하여야 한다고 규정하고 있다.

결국 정비사업과 무관하게 기부채납을 요청하거나 이를 부관으로 부가하는 것은 위법하고 이는 부담에 해당하므로, 주된 처분인 사업시행계획인가와 별도로 부담에 대하여만 취소청구가 가능하다. 정비기반시설의 부관 부과에 대하여는 제6장 Ⅲ. "2. 부관(정비기반시설)"에서 자세히 살펴본다.

② 부관은 행정행위의 한 구성부분이므로 그 부관의 내용은 적법하고 이행가능 하여야 하며 비례의 원칙 및 평등의 원칙에 적합하고 행정처분의 본질적 효력을 해하지 아니하는 한도의 것이어야 한다.[7]

⑵ 도시정비형 재개발사업에서 보류지에 대한 적격 세입자 우선분양을 내용으로 하는 부관

서울시의 경우 사업시행계획인가권자인 구청장은 도시정비형 재개발사업에서 세입자 대책이 필요한 경우로서 해당 정비사업으로 신축되는 건축물의 상가 또는 공동주택의 분양을 원하는 세입자가 있는 정비구역 또는 지구에 대하여 사업시행계획인가를 하는 때에는 보류지를 제3자에 우선하여 서울시 조례 제46조 제1항 제1호에 해당하는 세입자[8]에게 분양하도록 할 수 있다(서울시 조례 제27조 제2항,

---

6) 대법원 1997. 3. 11. 선고 96다49650 판결.
7) 대법원 1997. 3. 14. 선고 96누16698 판결.
8) 해당 정비구역에 거주하는 세입자로서 세대별 주민등록표에 등재된 날을 기준으로 법 시행령 제13조에 따른 정비구역의 지정을 위한 공람공고일(사업시행방식전환의 경우에는 전환을 위한 공람공고일을 말한다) 3개월 전(국민기초생활 보장법 제2조 제2호에 따른 수급자는 사업시행계획인가 신청일 전)부터 사업시행계획인가로 인하여 이주하는 날(법 제81조 제3항에 따라 건축물을 철거하는 경우 구청장의 허가를 받아 이주하는 날)까지 계속하여 거주하고 있는 무주택세대주(다만, 신발생무

제1, 2호). 사업시행계획인가에 보류지를 제3자에 우선하여 적격세입자에게 분양하도록 하는 내용의 부관이 부가된 경우 사업시행자는 법 제72조 제1항에 따른 분양공고 내용에 이를 포함하여야 한다(서울시 조례 제27조 제2항 제3호).

3. 기본행위 및 보충행위

가. 의 의

사업시행계획인가는 강학상 인가로서 기본행위인 사업시행계획의 법률상의 효력을 완성시키는 보충행위인바, 사업시행계획(기본행위)과 인가(보충행위)는 별개의 처분이므로 각각의 하자도 별개이다. 따라서 보충행위인 '인가'에 하자가 없는 한 기본행위인 사업시행계획의 하자를 이유로 인가의 무효확인 또는 취소를 구할 수는 없다. 다만 보충행위는 기본행위의 존재를 전제로 하므로 기본행위인 사업시행계획이 무효이거나 법원의 확정판결로 취소된다면, 보충행위인 인가는 효력이 인정될 수 없고 이에 따라 의제된 사업인정도 효력을 상실한다.

나. 기본행위 하자의 내용

(1) 절차상의 하자

사업시행계획에 대한 총회결의에 절차상 하자가 있거나(소집절차, 통지절차상의 하자, 강압적인 공개투표 등), 의사 또는 의결정족수를 충족하지 못하였다는 주장, 조합이 사업비를 증액하는 내용으로 사업시행계획을 변경하면서 그와 같은 사정을 조합원에게 제대로 알리지 않은 채 의결을 받는 등 의결과정에 기망행위가 존재한다는 주장 등이 있다.

(2) 내용상의 하자

시행시행계획의 내용이 정비계획의 내용에 위반된다는 주장, 사업시행계획은 조합원의 이익이 아닌 시공자의 폭리를 위한 것으로서 불공정한 법률행위에 해당한다는 주장[9] 등이 있다.

허가건축물에 거주하는 세입자 제외)를 말한다.
9) 대법원 2010. 12. 9. 선고 2009두4913 판결.

다. 보충행위 하자의 내용

(1) 사업시행계획인가신청이 있는 경우 시장·군수등으로서는 법 시행규칙 제10조 제1항 [별지 제8호 서식] '사업시행계획인가신청서'에 의한 것인지, 법령에서 필수적으로 제출하도록 규정한 서류가 제출되어 있는지 여부에 관하여 심사하여야 한다(이는 법 시행규칙 제10조 제2항에서 정한 사업시행계획인가신청서에 첨부되도록 정한 서류가 적법하게 제출되었는지 여부에 대하여 심사하는 방식에 의한다).

시장·군수등은 제출된 서류에 누락이 있거나 하자가 있을 경우 보완을 명하거나 인가신청을 반려(거부)하여야 함에도, 제출된 서류의 누락이나 하자를 간과하고 인가처분을 하였다면 그 인가처분에는 고유한 하자가 있다.[10]

(2) 시장·군수등이 정비구역 내 토지등소유자들에게 사업시행계획결의 무효확인의 소가 제기되어 있으니, 추후 사업시행계획변경 인가신청이 있더라도 이를 보류하겠다고 공표하였음에도 변경인가처분을 하였다는 주장은 인가처분이 신뢰보호의 원칙 또는 신의성실의 원칙에 반하여 위법하다는 의미이므로 인가처분의 고유한 하자에 해당한다.[11]

(3) 시장·군수등은 사업시행계획인가를 위해서는 반드시 공람 및 의견청취절차를 거쳐야 하는데, 만일 이를 거치지 않았다면 이는 인가 자체의 고유한 하자에 해당한다.

(4) 실무상 사업시행계획에 하자가 있는데도 행정청이 이를 그대로 인가한 것이 인가처분 자체의 고유한 하자라는 주장을 하는 경우가 흔히 있는바, 이는 기본행위의 하자에 대한 주장일 뿐, 인가처분 자체의 고유한 하자 주장으로 볼 수 없다. 주의를 요한다.[12]

라. 기본행위의 하자를 이유로 보충행위인 인가처분의 무효확인 또는 취소를 구하는 경우

실무상 주된 쟁송의 대상은 기본행위인 사업시행계획이다. 왜냐하면 사업시행계획이 이해관계인에게 구속력을 미치기 때문이다. 다만 그 과정에서 인가처분도

---

10) 대법원 2011. 6. 10.자 2011두4909 심리불속행 판결 및 하급심인 서울고등법원 2010. 12. 22. 선고 2009누34336 판결, 의정부지방법원 2009. 10. 28. 선고 2008구합2199 판결.
11) 대법원 2010. 12. 9. 선고 2009두4913 판결.
12) 대법원 2016. 12. 15. 선고 2015두51347 판결.

함께 무효확인 또는 취소를 구하는 경우가 많지만, 그 사유는 기본행위인 사업시행계획상의 하자를 들고 있는 경우가 대부분이다. 그 경우의 주문과 관련하여 실무상의 견해 대립이 있다.

(1) 실무상 견해

㈎ 각하설

인가처분에 하자가 없다면 기본행위에 하자가 있다 하더라도 따로 그 기본행위의 하자를 다투는 것은 별론으로 하고 기본행위의 무효를 내세워 보충행위인 인가처분의 취소 또는 무효확인을 소구할 법률상의 이익이 없다는 견해이다.[13]

㈏ 기각설

기본행위의 흠을 내세워 그에 대한 인가처분의 무효확인 또는 취소를 구할 수는 없고, 그 경우 이유없으므로 해당 부분 청구를 기각하여야 한다는 견해이다.[14]

(2) 대법원의 견해

대법원은 최초에는 법률상의 이익이 없어 부적법하다는 판시를 하였으나, 2010. 12. 9. 선고 2009두4913 판결에서부터 당부에 관하여 판단할 필요가 없는 청구기각 사유라고 일관되게 판시하고 있고, 기각하는 것이 법원이 취할 조치임을 명확히 하고 있다(위 2015두51347). 특히 원심이 법률상 이익이 없다고 하여 소를 각하한 사안에 대하여, 청구를 기각하지 아니하고 법률상 이익이 없다고 보아 각하한 것은 잘못이나, 불이익변경 금지의 원칙상 각하한 원심판결을 유지할 수밖에 없다고 일관되게 판시하고 있다.[15]

(3) 결론

보충행위의 무효확인 또는 취소를 소구하면서 기본행위인 사업시행계획상의 하자를 주장하는 것은 주장 자체로 이유 없다고 보아야 할 뿐, 이를 소구할 법률상 이익이 없는 것으로 단정할 수는 없다. 기각설이 타당하다.

---

13) 대법원 2001. 12. 11. 선고 2001두7541 판결.
14) 대법원 2016. 12. 15. 선고 2015두51347 판결.
15) 대법원 2015. 2. 26. 선고 2012두5244 판결, 대법원 2016. 12. 15. 선고 2015두51347 판결.

마. 법원의 석명의무

(1) 문제의 소재

토지등소유자인 원고가 조합이 수립한 사업시행계획에 법상의 의결요건을 갖추지 않은 하자가 존재함을 이유로 시장·군수등을 상대로 사업시행계획인가처분의 취소를 구하는 경우, 앞서 본 기각설에 따라 주장 자체로 이유 없음을 들어 곧바로 기각판결을 할 수 있는지 여부가 문제된다.

(2) 판례

판례는 법원이 조합을 새로운 피고로 하여 사업시행계획 자체의 취소를 구하는 소송으로의 경정 여부에 대한 석명권을 행사하여 적법한 소송형태를 갖추도록 했어야 함에도, 사업시행계획인가처분이 위법하다고 판단한 원심판결에 법리를 오해한 위법이 있다고 판시하였다.[16] 원심은 사업시행계획의 동의요건(당시는 총회의 결의 아니라 토지등소유자의 동의가 필요하였다)을 충족하지 아니하였음에도 사업시행계획을 인가한 행위가 인가처분 자체의 고유한 하자로 오인하여 원고 승소판결한 사안이다.

대법원은 원심이 법리를 오인하여 사업시행계획인가처분이 위법하다는 내용으로 원고 승소로 판단하였음에도, 위와 같은 석명의무를 부과하는 판시를 한 점, 기본행위와 보충행위는 준별되고, 기본행위의 하자를 이유로 보충행위인 인가처분의 무효확인 또는 취소를 구하는 청구는 별도의 심리를 요하지 아니하는 주장 자체로 이유 없는 것인 점 등에 비추어 볼 때, 사업시행자로의 피고 경정이 이루어지는 경우 사업시행계획에 대한 본안판단이 가능함을 전제로 기본행위의 하자를 이유로 행정청을 상대로 보충행위의 취소를 구하는 것은 원고가 부주의나 오해로 명백히 간과한 법률상 사항에 해당하는 것으로 보아 법원에 대하여 적극적으로 석명하여야 할 의무를 부과한 것으로 보인다. 따라서 이를 게을리하면 석명의무의 위반이 된다.

---

16) 대법원 2010. 12. 9. 선고 2010두1248 판결.

Ⅱ. 법적 성격과 관련한 소송상 쟁점

1. 사업시행계획 총회결의의 하자를 다투는 소송

토지등소유자가 행정주체인 조합을 상대로 사업시행계획안에 대한 조합 총회
결의의 효력 등을 다투는 소송은 행정처분에 이르는 절차적 요건의 존부나 효력
유무에 관한 소송으로서 그 소송결과에 따라 행정처분의 위법 여부에 직접 영향
을 미치는 공법상 법률관계에 관한 것이므로, 이는 행정소송법상의 당사자소송에
해당한다.[17)]

2. 사업시행계획인가 고시가 있은 후에 총회결의의 하자를 다투는 소송

사업시행계획에 대한 관할 행정청의 인가 · 고시가 있은 후에 총회결의의 하자
를 이유로 그 결의 부분만을 따로 떼어내어 무효 등 확인의 소를 제기하는 것은
특별한 사정이 없는 한 소의 이익이 없다. 왜냐하면 이미 사업시행계획이라는 처
분이 존재한다면, 총회결의는 그에 이르는 절차적 요건의 존부나 효력에 관한 것
이므로 이를 이유로 사업시행계획의 취소나 무효확인을 구하는 항고소송을 제기
하여야 하기 때문이다.[18)] 실무에서는 총회결의 무효확인 소송이 계속 중에 사업시
행계획인가가 이루어지면, 사업시행계획의 취소를 구하는 항고소송으로의 소변경
이 이루어진다.

사업시행계획인가가 존재함에도 불구하고, 토지등소유자가 총회결의 무효확인
소송을 제기한 경우의 법원의 태도와 관련하여 판례는 당사자 권리 구제나 소송
경제의 측면에서 원고로 하여금 항고소송(취소소송의 제소기간을 도과하였다면, 하자
가 중대 · 명백함을 주장하여 무효확인을 구하는 취지의 항고소송으로 변경할 수 있을
것이다)으로 소 변경을 하려는 취지인지 석명권을 행사하는 등으로 소송관계를 명

---

17) 대법원 2009. 10. 15. 선고 2009다10638, 10645 판결.
18) 국립대학교의 총장이 총장임용후보자 추천위원회의 복수 추천자를 교육부장관에게 총장 임용후보
자로 추천하고, 교육부장관이 그 중 특정인을 대통령에게 제청(중간결정)하게 되며, 대통령은 그 후
보자에 관하여 임용결정(종국처분)을 하게 되는바, 이때 제청에서 제외된 추천자가 교육부장관을
상대로 임용제청 거부행위의 취소를 구한 사건에서, 대법원은 교육부장관의 국립대학 총장임용 제
청결정이 항고소송의 대상이 되는 행정처분이 된다고 판시하였다. 다만 교육부장관이 특정 후보자
를 임용제청에서 제외하고 다른 후보자를 임용제청한 후 대통령이 임용제청 된 다른 후보자를 총장
으로 임용까지 한 경우에는, 임용제청에서 제외된 후보자는 대통령이 자신에 대하여 총장 임용 제
외처분을 한 것으로 보아 이를 다투어야 하고, 교육부장관의 임용제청 제외처분을 별도로 다툴 소
의 이익이 없어진다(대법원 2018. 6. 15. 선고 2016두57564 판결).

확히 하여 항고소송으로 변경되면 그에 대해 본안을 심리·판단하였어야 옳았을 것인데 만연히 이를 각하함은 판결 결과에 영향을 미친 심리미진의 위법이 있다고 판시하였다.[19]

이 또한 원고의 주장 자체로 소의 이익이 없고 소변경이 이루어지면 본안판단이 가능한 경우, 법원에 대하여 적극적 석명의무를 부과한 것으로 보인다.

제2절 사업시행계획인가의 요건

I. 개 관

사업시행자가 사업시행계획인가를 받기 위해서는 먼저 사업시행계획서를 작성하여야 한다. 사업시행계획서의 작성은 요식행위이고 그 내용이 법정되어 있다. 사업시행자는 사업시행계획서를 작성한 후 총회의결을 받아야한다. 총회의 의결요건과 관련하여서는 일반적 재개발·재건축사업과 재개발사업 중 토지등소유자가 20인 미만인 경우로서 조합을 설립하지 아니한 채 토지등소유자 개인이 사업시행자인 경우의 요건이 다름은 앞서 본 바이다.

총회 의결 후 사업시행자는 법정의 서식에 따른 사업시행계획 인가신청서에 정관등[20]과 그 밖에 국토교통부령으로 정하는 서류를 첨부하여 시장·군수등에게 제출하여 인가를 받아야 한다.

II. 사업시행계획서의 작성

1. 규 정

가. 필수적 기재사항

사업시행계획서에는 법 제52조 제1항에 기재된 사항, 법 시행령 제47조에 기

---

19) 대법원 2009. 10. 15. 선고 2009다10638, 10645 판결.
20) 조합이 사업시행자인 경우에는 앞서 본 바와 같이 정관이고, 다음에서 살펴볼 개인이 사업시행자가 되는 토지등소유자 20인 미만의 재개발사업의 경우에는 토지등소유자들이 자치적으로 정한 규약인 바, 이를 통칭하는 경우 '정관등'이라고 한다.

재된 사항(사업시행기간 등) 및 시 · 도조례로 정하는 사항을 포함하여야 한다.

(1) 법 제52조 제1항

① 토지이용계획(건축물배치계획을 포함한다)
② 정비기반시설 및 공동이용시설의 설치계획
③ 임시거주시설을 포함한 주민이주대책
④ 세입자의 주거 및 이주 대책
⑤ 사업시행기간 동안 정비구역 내 가로등 설치, 폐쇄회로 텔레비전 설치 등 범
   죄예방대책
⑥ 임대주택의 건설계획(재건축사업의 경우는 제외한다)
⑦ 법 제54조 제4항에 따른 국민주택규모 주택의 건설계획[21](주거환경개선사업
   의 경우는 제외한다)
⑧ 공공지원민간임대주택 또는 임대관리 위탁주택의 건설계획(필요한 경우로 한
   정한다)
⑨ 건축물의 높이 및 용적률 등에 관한 건축계획
⑩ 정비사업의 시행과정에서 발생하는 폐기물의 처리계획
⑪ 교육시설의 교육환경 보호에 관한 계획(정비구역부터 200m 이내에 교육시설
   이 설치되어 있는 경우로 한정한다)
⑫ 정비사업비
⑬ 그 밖에 사업시행을 위한 사항으로서 대통령령으로 정하는 바에 따라 시 · 도
   조례로 정하는 사항

(2) 법 시행령 제47조

사업시행계획서에 포함될 사항으로서 시 · 도조례로 정하는 사항에 대하여 다음과 같이 규정하고 있다.

① 정비사업의 종류 · 명칭 및 시행기간
② 정비구역의 위치 및 면적
③ 사업시행자의 성명 및 주소
④ 설계도서

---

21) 공공재개발 및 공공재건축사업에서 국민주택규모의 주택을 건설하여 인수자에게 공급하는 경우에
    도 마찬가지로 이를 사업시행계획의 내용으로 한다(법 제101조의5 및 제101조의6).

⑤ 자금계획

⑥ 철거할 필요는 없으나 개·보수할 필요가 있다고 인정되는 건축물의 명세 및 개·보수계획

⑦ 정비사업의 시행에 지장이 있다고 인정되는 정비구역의 건축물 또는 공작물 등의 명세

⑧ 토지 또는 건축물 등에 관한 권리자 및 그 권리의 명세(종전자산 및 그 권리자)

⑨ 공동구의 설치에 관한 사항

⑩ 정비사업의 시행으로 법 제97조 제2항에 따라 용도가 폐지되는 정비기반시설의 조서·도면 및 그 정비기반시설에 대한 둘 이상의 감정평가업자의 감정평가서와 새로 설치할 정비기반시설의 조서·도면 및 그 설치비용 계산서

⑪ 사업시행자에게 무상으로 양여되는 국·공유지의 조서

⑫ 물의 재이용 촉진 및 지원에 관한 법률에 따른 빗물처리계획

⑬ 기존주택의 철거계획서(석면을 함유한 건축자재가 사용된 경우에는 그 현황과 해당 자재의 철거 및 처리계획을 포함한다)

⑭ 정비사업 완료 후 상가세입자에 대한 우선 분양 등에 관한 사항

나. 용적률 관련 규정

(1) 법 제66조(용적률에 관한 특례)

사업시행자가 다음 각 호의 어느 하나에 해당하는 경우에는 국토계획법 제78조 제1항에도 불구하고 해당 정비구역에 적용되는 용적률의 100분의 125 이하의 범위에서 대통령령으로 정하는 바에 따라 특별시·광역시·특별자치시·특별자치도·시 또는 군의 조례로 용적률을 완화하여 정할 수 있다.

1. 제65조 제1항 단서에 따라 대통령령으로 정하는 손실보상의 기준 이상으로 세입자에게 주거이전비를 지급하거나 영업의 폐지 또는 휴업에 따른 손실을 보상하는 경우

2. 제65조 제1항 단서에 따른 손실보상에 더하여 임대주택을 추가로 건설하거나 임대상가를 건설하는 등 추가적인 세입자 손실보상 대책을 수립하여 시행하는 경우

(2) 법 시행령 제55조(용적률에 관한 특례)

① 사업시행자가 법 제66조에 따라 완화된 용적률을 적용받으려는 경우에는 사업시행계획인가 신청 전에 다음 각 호의 사항을 시장 · 군수등에게 제출하고 사전협의하여야 한다.
 1. 정비구역 내 세입자 현황
 2. 세입자에 대한 손실보상 계획
② 제1항에 따른 협의를 요청받은 시장 · 군수등은 의견을 사업시행자에게 통보하여야 하며, 용적률을 완화 받을 수 있다는 통보를 받은 사업시행자는 사업시행계획서를 작성할 때 제1항 제2호에 따른 세입자에 대한 손실보상 계획을 포함하여야 한다.

2. 규정의 해석

가. 일반적 사업시행계획서의 내용과 관련하여

(1) 토지이용계획(건축물배치계획 포함)

　사업시행계획은 정비계획의 후속행위이므로 정비계획에 부합하는 내용으로 작성되어야 한다. 정비계획은 토지이용계획을 주된 내용으로 하고, 특히 토지 중 일부에 대하여 특정의 종교시설에 대한 부지로 획정하기도 하므로, 사업시행계획의 토지이용계획도 동일한 내용으로 작성되어야 한다. 토지이용계획에 따른 건축물 배치계획도 포함되어야 한다. 정비계획에는 사업시행자가 자유롭게 건축계획을 수립할 수 있도록 관계법령에 따라 허용되는 건축선에 관한 계획만이 포함되어 있다. 단 공공지원민간임대주택 및 임대관리 위탁주택의 경우에는 건축물 배치계획까지 정비계획에 포함되어 있다. 정비계획에는 건축물의 주용도 · 건폐율 · 용적률 · 높이에 관한 계획이 포함되어 있는바(다만 건폐율 · 용적률은 상한을 제시하고 있다), 그 범위 내에서 건축물배치계획을 작성하여야 한다.

(2) 정비기반시설의 설치계획

　정비기반시설의 설치계획도 정비계획에 부합하여야 하나, 정비계획에서는 정비기반시설과 관련하여 전체적인 정비기반시설 종류에 대한 현황을 총괄로 기재할 뿐이고, 상·하수도, 전력·통신·가스 등의 공급처리시설계획 위주로 기재되어 있다. 법령이 정하고 있는 정비기반시설의 종류에 대하여는 제1편 제2장 Ⅰ. "1. 원칙적 형태"에서 자세히 살펴보았다.

정비사업으로 설치되는 정비기반시설은 도시계획시설로서 원칙적으로 국가 또는 지방자치단체가 설치하여야 함에도, 법은 위와 같이 사업시행자가 이를 설치하도록 규정하고 있다. 이는 정비사업을 통한 공동주택 등의 건설이 정비기반시설의 설치를 유발하거나 설치되는 정비기반시설에서 사업시행자 측이 주로 수익을 향유하는 사정을 고려하여 원인자 부담 또는 수익자 부담의 측면에서 사업시행자에게 정비기반시설의 설치의무를 부과하는 것이고, 또한 법은 제97조 제2항 후단에서 그에 대한 반대급부로서 폐지되는 정비기반시설의 무상양도를 규정함으로써 형평을 기하고 있다.

사업시행자가 사업시행계획인가신청을 할 때는 정비사업의 시행으로 용도폐지되는 정비기반시설의 조서·도면과 그 정비기반시설에 대한 둘 이상의 감정평가업자의 감정평가서, 새로이 설치되는 정비기반시설의 조서·도면 및 그 설치비용계산서가 포함된 사업시행계획서를 제출하여야 한다(법 시행령 제47조 제2항 제11호). 사업시행계획서에는 용도가 폐지되는 정비기반시설과 새로이 설치할 정비기반시설을 나누어 기재하되 각각 종류(도로, 공원, 녹지, 공공공지, 학교 등) 및 면적, 새로이 설치할 정비기반시설의 경우에는 비용부담자 및 부담내용(예를 들면 기부채납, 대지조성 후 매각 등)을 기재하게 된다. 사업시행자는 정비기반시설의 설치를 내용으로 하는 경우 사업시행계획서 작성 전에 관할 지방자치단체의 장과의 협의를 거쳐 협의된 내용으로 작성하여야 한다(법 제96조).

사업시행계획인가권자인 시장·군수등은 정비기반시설의 귀속 및 양도에 관한 사항이 포함된 정비사업을 시행하거나 그 시행을 인가하려는 경우에는 미리 그 관리청의 의견을 들어야 하고 인가받은 사항을 변경하려는 경우에도 마찬가지이다(법 제97조 제4항). 실무상 사업시행자는 사업시행계획인가를 신청하기 전 또는 신청하는 단계에서 감정평가서와 함께 정비구역에 편입된 국·공유지 중 용도폐지되는 기반시설을 조사하여 인가권을 가진 관할 행정청에 용도폐지되는 정비기반시설에 대한 무상양도협의를 요청하고, 인가권을 가진 관할 행정청은 해당 국·공유지 소유자 또는 관리청과 협의한 후 사업시행계획을 인가하게 된다.

법 제97조 제2항의 법적 성격 및 무상양도 되는 범위를 비롯한 정비기반시설과 관련한 쟁점은 제8편 제5장 "Ⅴ. 준공인가와 정비기반시설 부분"에서 자세히 살펴본다.

(3) 임대주택(재건축사업 제외), 국민주택규모 주택 및 공공지원 민간임대주택 건설계획

공익성이 강한 재개발사업 및 주거환경개선사업의 경우에는 임대주택 건설은 사업시행자의 의무사항이다. 그러나 공익성이 상대적으로 약한 재건축사업은 의무사항이 아니다. 재개발사업의 사업시행자는 법 제52조 제1항 제6호에 따른 임대주택의 건설계획에 임대주택의 부지확보 및 대지조성계획을 포함하고, 임대주택 입주대상자 명부를 첨부하여 사업시행계획인가를 신청하여야 한다(서울시 조례 제27조 제1항).

국민주택규모 주택의 건설계획은 용적률의 인센티브를 받기 위한 것으로 재개발 · 재건축사업 모두 사업시행자의 재량사항이나, 위와 같이 건설된 국민주택규모 주택에 대하여는 반드시 국토교통부장관 등에게 사실상 기부채납 하여야 하고 이는 임대주택으로 활용된다. 위와 같이 정비사업시행 시 임대주택 건설을 강제하거나, 인센티브를 통한 임대주택 건설을 유도하는 것은 정비사업으로 가장 취약한 지위에 있게 되는 저소득층의 주거문제를 해결하고자 함에 있다.

㈎ 임대주택 건설계획

법 제정 당시에는 주택재개발사업의 사업시행자만이 사업시행계획서에 임대주택의 건설계획을 필수적으로 작성하는 것으로 기재되어 있었다(구 법 제30조 제5호, 도시환경정비사업 제외). 그 후 법이 2005. 3. 18. 법률 제7392호로 개정되면서 과밀억제권역에서 주택재건축사업을 시행하는 경우 사업시행자는 당해 주택재건축사업으로 증가되는 용적률 중 100분의 25 이하의 범위 안에서 대통령령이 정하는 비율 이상에 해당하는 면적을 임대주택으로 공급하여야 한다는 구 법 제30조의2(주택재건축사업의 임대주택 건설의무 등) 조항이 신설되었다.

다시 법이 2009. 4. 22. 법률 제9632호로 개정되면서 위 제30조의2(주택재건축사업의 임대주택 건설의무 등) 조항이 삭제되고, 현행 법 제54조와 거의 동일하되 재건축사업에만 적용되는 내용의 제30조의3(주택재건축사업의 용적률 완화 및 소형

주택 건설 등) 조항이 신설되었으며, 제30조 제5호에서 '임대주택의 건설계획(주택재건축사업의 경우 제30조의3 제2항에 따른 재건축소형주택의 건설계획을 말한다)'이라고 규정하게 되었다. 2009. 4. 22. 법률 제9632호로 개정된 구 법 제30조 제5호는 주택재개발사업에서의 임대주택 건설계획과 주택재건축사업에서의 소형주택 건설계획을 동일한 호에서 같이 규정하였다.

위와 같이 법 제정 당시에는 주택재개발사업의 사업시행자만이 임대주택의 건설의무가 있었으나, 법이 2005. 3. 18. 개정되어 일정한 주택재건축사업의 경우에도 임대주택의 건설의무가 부과되었다가, 다시 법이 2009. 4. 22. 개정되어 주택재건축사업의 경우에는 임대주택 건설의무 조항이 삭제되고, 대신 소형주택 건설에 대한 재량규정이 도입되었으며, 마지막으로 2017. 2. 8. 법률 제14567호로 전부개정 되어 인센티브를 조건으로 하는 소형주택 건설에 대한 재량규정이 재개발사업에도 적용되게 되었다(2017. 2. 8. 주택재개발사업과 도시환경정비사업이 재개발사업으로 통합되어 종전 도시환경정비사업의 경우에도 임대주택 건설이 의무사항으로 되었다). 한편 법이 2021. 4. 13. 법률 제18406호로 개정되어 종전의 '주거전용면적 60㎡ 이하의 소규모 주택'이 '국민주택규모 주택'으로 명칭이 변경되었다.

재개발사업 시행자에게 건설의무가 부과되는 임대주택은 용적률의 인센티브를 받고 건설되는 국민주택규모 주택과 달리 사업시행자는 이를 직접 분양하거나 국토교통부장관 등에게 인수를 요청할 수 있고, 그 경우 국토교통부장관 등은 국민주택규모 주택의 인수와 달리 법정의 실비 수준의 금액으로 인수하여야 한다. 자세한 내용은 제10편 제1장 제5절 Ⅱ. 임대주택에서 살펴본다.

(나) 국민주택규모 주택 건설계획

도시재정비법 제2조 제1호에 따른 재정비촉진지구에서 시행되는 재개발·재건축사업을 제외하고, 수도권에서는 수도권정비계획법 제6조 제1항 제1호에 따른 과밀억제권역에서 시행하는 재개발·재건축사업(국토계획법 제78조에 따른 주거지역으로 한정한다)의 경우, 비수도권에서는 시·도조례로 정하는 지역에서 시행하는 재개발·재건축사업의 경우, 국민주택규모 주택을 건설하면 정비계획으로 정하여진 용적률에도 불구하고 지방도시계획위원회의 심의를 거쳐 국토계획법 제78조 및 관계 법률에 따른 용적률의 상한까지 건축할 수 있으므로, 이를 전제로 사업시행계획을 수립할 수 있다. 그 경우 국토계획법 제78조에 따라 특별시 등 지방자치단체 조례로 정한 용적률 제한 및 정비계획으로 정한 허용세대수의 제한을 받지 아니한다. 다만 사업시행자는 법적상한 용적률에서 정비계획으로 정하여진 용적률을 뺀 초과용적률의 100분의 30 이상 100분의 50 이하로서 시·도조례로 정하는 비율에 해당하는 면적에 국민주택규모 주택을 건설하여야 한다. 즉 일정한 요건하의 재개발·재건축사업에서는 용적률의 인센티브를 받고, 국민주택규모 주택의 건설할 수 있다. 사업시행자는 제54조 제1, 2항에 따라 정비계획상 용적률을 초과하여 건축하려는 경우에는 사업시행계획인가를 신청하기 전에 미리 국민주택규모 주택에 관한 사항을 인수자와 협의하여 사업시행계획서에 반영하여야 한다.

사업시행자는 용적률 등의 인센티브를 제공받는 대신 국민주택규모 주택을 건설하여야 할 뿐만 아니라 사실상의 기부채납 즉, 무상에 가까운 가격으로 국토교통부장관등에게 의무적으로 인수시켜야 한다. 자세한 내용은 제10편 제1장 제5절 "Ⅲ. 국민주택규모 주택"에서 살펴본다.

㈐ 공공지원민간임대주택 건설계획

사업시행자가 재개발·재건축 등 정비사업에서 발생하는 일반분양 주택을 시세보다 저렴하게 공공지원 민간임대주택으로 임대사업자에게 일괄 매도하고, 임대사업자는 이를 청년·신혼부부, 무주택자, 원주민에게 10년 이상 시세보다 저렴하게 임대하는 경우(정비사업 연계형 공공지원민간임대주택 사업), 사업시행자에 대하여 민간임대주택에 관한 특별법 제21조 제2호에 의하여 특별시 등 지방자치단체 조례로 정한 용적률 제한에도 불구하고 국토계획법 제78조 및 관계 법률에 따른 용적률의 상한까지 건축할 수 있으므로, 이를 전제로 사업시행계획을 수립할 수 있다.

정비사업 연계형 공공지원민간임대주택 사업을 하기 위해서는 먼저 국토교통부장관이 사업시행자의 신청을 기초로 해당 정비구역의 관할 시·도지사가 추천하는 정비구역을 대상으로 공모를 하고, 이 경우 관할 시·도지사의 추천기준은 국토교통부장관이 정한다(공공지원민간임대주택 등에 관한 업무처리지침 제69조 제1항). 국토교통부장관은 제1항에 따른 추천기준 및 해당 정비구역에 대한 현장실사 등을 통해 지원대상 정비구역을 선정한다(위 업무처리지침 제69조 제2항).

위와 같은 지원대상 정비구역으로 선정된 이후, 정비계획이 변경되면, 이에 따라 사업시행자는 공공지원민간임대주택 건설계획이 포함된 사업시행계획서를 작성한다.

⑷ 건축물의 높이 및 용적률 등에 관한 건축계획

정비계획에는 해당 정비사업의 유형에 따라 허용할 수 있는 최대치의 건폐율과 용적률의 상한이 있으므로 그 범위 내에서 구분된 획지상의 건축물의 면적, 연면적, 건폐율, 용적률, 층수, 전용면적별 세대수(임대 또는 분양 여부) 등에 관한 내용이 기재되어야 한다. 다만, 정비계획상 종교용지로 분류된 토지에 대하여는 사업시행자가 사업시행계획을 통하여 건축하고자 하는 내용이 없으므로, 통상적으로 '해당 용도지역에 부합한 용도, 용적률, 건폐율, 높이 적용'이라고만 사업시행계획서에 기재된다.

⑸ 교육시설의 교육환경 보호에 관한 계획(정비구역부터 200m 이내에 교육시설이 설치되어 있는 경우로 한정한다)

사업 등의 개요, 교육환경 영향평가 대상별 조사자료 및 현황, 교육환경 영향평가 결과, 교육환경 보호를 위한 조치계획 등이 포함되어야 한다(법 시행령 제47조 제1항, 교육환경 보호에 관한 법률 시행령 제16조 제1항).

나. 일반적 사업시행계획서 내용의 예외

⑴ 존치 또는 리모델링 가능

일반적으로 정비계획은 정비구역 내 기존 건축물 전부의 철거를 내용으로 하나, 문화재나 주요시설물 및 문화적·생태적으로 보존가치가 커 보호·보존이 필요한 부분에 대하여는 보존지구로 지정하는 토지이용계획을 수립하고, 정비구역 내에 존재하는 한옥 등 역사적 유물과 전통적 건축물에 대하여는 개량·보존 또는 존치하는 내용의 기존 건축물 정비·개량에 관한 계획을 수립하기도 한다.

사업시행계획은 정비계획에 부합하여야 하므로 사업시행자는 정비계획에서 존치 또는 리모델링하는 것으로 계획된 내용대로 사업시행계획서를 작성하여야 하고, 그 경우 존치 또는 리모델링 건축물 소유자의 동의도 필요하지 아니한다(법 제58조 제3항 단서).

한편, 사업시행자는 정비계획에 특별한 존치 또는 리모델링에 관한 내용이 없다 하더라도, 일부 건축물에 대하여 존치 또는 리모델링(주택법 제2조 제15호 또는 건축법 제2조 제1항 제10호에 따른 리모델링을 말한다)하는 내용의 사업시행계획서를 작성하여 사업시행계획인가를 신청할 수 있다(법 제58조 제1항). 다만 사업시행자가 그와 같은 내용의 사업시행계획서를 작성하려는 경우에는 존치 또는 리모델링하는 건축물 소유자의 동의(집합건물법 제2조 제2호에 따른 구분소유자가 있는 경우에는 전체 구분소유자 3분의 2 이상의 동의와 해당 건축물 연면적 3분의 2 이상의 구분소유자 동의를 요한다)를 받아야 한다(법 제58조 제3항 본문).

(2) 환지 가능(재개발사업)

일반적 사업시행계획서는 기존 건축물 전부의 철거 및 건축물의 신축을 내용으로 한다. 그러나 재개발사업(주거환경개선사업 포함)의 경우 사업시행자는 주택 등을 건설하여 공급하는 외에 환지에 의한 공급이 가능하므로(법 제23조 제2항), 환지에 의한 공급방식을 내용으로 하는 사업시행계획서의 작성이 가능하다. 그 경우 사업시행자는 도시개발법령 및 도시개발업무지침에 따라 이를 작성하여야 한다.

다. 세입자 추가보상 등에 따른 용적률 완화 인센티브를 내용으로 하는 사업시행계획서 작성

(1) 내용

재건축사업 시행자는 임차인이 직접 임대차보증금 반환을 구하는 경우 소유자를 대신하여 이를 반환하는 외에 별도로 임차인에게 손실보상을 하지 아니한다. 재개발사업 시행자는 법 시행령 제54조에 의하여 임차인에게 임대차보증금 반환 외에 점포임차인인 경우에는 영업의 폐지 또는 휴업에 따른 영업손실보상금, 주거용 건축물 세입자인 경우에는 주거이전비 등을 지급한다. 그러나 재개발사업 시행자가 세입자(임차인)에게 법 시행령 제54조가 정한 손실보상 기준 이상으로 영업손실보상금을 지급하거나 주거이전비를 지급하는 경우 또는 의무건설 범위를 초과하여 임대주택을 추가로 건설하거나 재량사항인 임대상가를 건설하는 등 추가적인 세입자 손실보상대책을 수립하여 시행하는 경우에는 해당 정비구역에 적용되는 용적률의 100분의 125 이하의 범위에서 대통령령으로 정하는 바에 따라 조례[22]로 용적률을 높일 수 있다.

---

22) 현재 서울시 조례에는 이와 관련한 규정이 없다.

(2) 입법취지

토지등소유자는 분양신청 등을 통하여 종후자산을 취득할 기회가 부여되나, 세입자(임차인)의 경우에는 법정의 손실보상을 받는 외에는 특별한 구제수단이 없다. 관리처분계획의 인가·고시로 원칙적으로 종전자산에 대한 사용, 수익이 정지되고, 철거가 이루어진다. 법 제70조 제5항은 관리처분계획의 인가를 받은 경우 지상권·전세권설정계약 또는 임대차계약의 계약기간은 민법 제280조·제281조 및 제312조 제2항, 주택임대차법 제4조 제1항, 상가임대차법 제9조 제1항을 적용하지 아니한다고 규정함으로써 공익사업인 정비사업의 원활하고 신속한 진행을 위하여 권리존속기간을 강제하고 있는 민법, 주택임대차법 및 상가임대차법 등에 우선하도록 규정하고 있다. 위와 같이 상대적으로 열세의 지위에 있는 세입자(임차인)의 보호를 위하여 사업시행자가 법정 손실보상 이상으로 보상하거나 이주대책을 마련하는 경우에는 용적률의 인센티브를 부여하는 방법으로 이를 장려하고 있다.

(3) 절차

㈎ 사업시행자가 법 제66조에 따라 완화된 용적률을 적용받으려는 경우에는 사업시행계획인가 신청 전에 세입자 현황, 손실보상계획에 관한 사항을 시장·군수등에게 제출하여 사전협의를 하여야 하고, 협의결과 용적률을 완화 받을 수 있게 된 사업시행자는 사업시행계획서를 작성할 때 법 제66조가 정한 내용의 세입자에 대한 추가 손실보상이나 이주대책 계획을 포함하여야 한다. 정비계획에는 사업시행자가 정비구역 내에 정비기반시설의 설치나 그 부지제공 등에 따른 용적률 완화 또는 법 제54조에 따른 국민주택규모 주택의 건설에 따른 용적률의 완화와 관련하여서는 이미 수립 당시 이를 고려하여 허용할 수 있는 최대치의 건폐율이나 용적률을 기재한다. 그러나 세입자에 대한 추가적인 손실보상 등으로 인한 용적률 등에 대하여는 정비계획에 반영되어 있지 않다(정비계획 수립지침 4-8-2).

따라서 사업시행자는 정비기반시설의 설치 등, 국민주택규모 주택 건설 외에 세입자에 대한 추가적인 손실보상 등으로 인한 용적률 인센티브를 받기 위해서는 선행적으로 정비계획이 변경되어야 한다. 다만 이는 경미한 사항의 변경에 불과하므로(법 시행령 제13조 제4항 제9호), 관할 행정청에 의한 신속한 변경이 가능하다.

㈏ 정비사업의 전문성으로 인하여 사업시행자가 정비사업을 수행함에 있어 일반적으로 전문관리업자를 선정하여 위탁하거나 자문을 받게 된다. 사업성 검토 및 정비사업의 시행계획서의 작성, 사업시행계획인가의 신청에 관한 업무의 대행은 전문관리업자에 대한 위탁업무로 규정하고 있다(법 제102조 제1항, 제3호, 제5호).

Ⅲ. 총회의결

1. 일반론

조합이 사업시행자인 경우 조합을 대표하고 사무를 총괄하는 조합장 등이 사업시행계획초안을 작성한다. 사업시행계획은 총회의결사항이고 총회에 상정하는 안건에 대하여는 반드시 조합 이사회가 심의·결정하여야 하므로(표준정관 제28조 제2호), 사전에 사업시행계획안에 대한 이사회 의결을 거쳐야 한다. 이사회의 소집 및 의결방법에 관하여는 제4편 제5장 제3절 Ⅶ. 이사회에서 자세히 살펴보았다. 이사회가 사업시행계획을 총회에 상정하기로 결정하였다면, 조합장은 총회를 소집하여 법 제45조 제1항 제9호에 따라 사업시행계획에 대한 총회의결을 받아야 한다. 총회는 조합원 과반수의 찬성으로 의결하고 반드시 조합원 100분의 20 이상이 직접 출석하여야 한다. 총회의 소집절차, 조합원에 대한 통지방법, 의결방법, 절차상의 하자, 결의와 관련한 하자를 비롯하여 총회결의의 하자 등에 관하여는 제4편 제5장 제3절 "Ⅲ. 총회"에서 자세히 살펴보았다.

사업시행계획을 변경·중지 또는 폐지하려는 경우에도 변경된 사업시행계획서 (중지 또는 폐지계획서)에 관하여 사전에 이사회의 심의·결정을 거쳐 총회의 의결을 받아야 한다. 사업시행계획서의 작성, 변경에 관한 사항은 대의원회가 이를 대행할 수 없는 사항이다(법 제50조 제1항, 법 시행령 제43조 제7호).

2. 사업시행계획인가 요건에 대한 법령의 변천

사업시행계획에 대하여 총회의결을 요구할 것인가 또는 조합설립인가처럼 일정 비율의 조합원의 동의를 요구할 것인가 등과 관련하여 법령이 변경되어 왔다.

가. 법 제정 시부터 2009. 2. 6. 법률 제9444호로 개정되기 이전까지

⑴ 해석상의 쟁점

법 제정 시부터 2009. 2. 6. 법률 제9444호로 개정되기 이전에는 사업시행자는 사업시행계획인가를 신청하기 전에 미리 정관등이 정하는 바에 따라 토지등소유자(주택재건축사업인 경우에는 조합원를 말한다)의 동의를 얻어야 한다고 규정하고 있었다. 위와 같이 법은 사업시행계획에 대한 동의의 시기에 관하여 인가 신청 이전임을 규정하고 있을 뿐, 동의의 방법과 정족수에 관하여는 정관등에 의한 자치법적 규율에 맡기고 있었다.

위 법령 하에서의 쟁점으로 첫째, 사업시행계획의 내용이 확정되기 이전에 동의서가 작성된 경우, 사업시행계획의 적법성이 문제되었는데, 판례는 동의서에 구체적인 사업시행계획의 작성에 관하여 사업시행자에게 위임한다는 취지가 포함되었다고 볼 수 있다면 동의서를 위법한 것으로 볼 수 없다고 판시하였다.[23]

둘째, 사업시행계획이 확정되었고 이를 전제로 동의서가 작성되었으나, 그 이후 사업시행계획의 내용이 변경되었음에도, 사업시행자가 별도로 동의서를 다시 받지 아니하고 종전의 동의서를 첨부하여 인가받은 경우 사업시행계획의 위법성이 문제되었다. 조합설립과 달리 사업시행계획에 있어서는 인가 신청 이전에 창립총회와 같이 변경된 사업시행계획에 대한 조합원들의 의사를 확인할 수 있는 절차가 규정되어 있지 아니하므로, 동의 이후 사업시행계획이 변경된 경우 사업시행자인 조합으로서는 조합원들에게 변경된 사업시행계획의 내용과 함께 기존 동의를 철회할 수 있음을 고지할 신의칙상 의무가 있고, 이를 하지 아니하는 경우 원칙적으로 절차상 위법이 있다. 다만 판례는 사업시행계획 동의 이후 계획내용이 달라진 경우의 동의 효력에 관하여 당시 법이 아무런 규정을 두고 있지 아니할 뿐 아니라 효력에 관한 대법원 판결도 없어 이러한 경우 동의의 효력이 상실되는지 여부가 명확하지 아니하였고, 그 경우 조합이 변경 내용을 토지등소유자에게 고지해야 하는지 여부에 대한 법리도 선언되지 아니하였던 점 등을 이유로 하자가 중대·명백하다고 볼 수 없어 동의의 효력이 당연히 상실된다고 볼 수 없다고 판시하였다.[24]

---

23) 대법원 2014. 2. 27. 선고 2011두25173 판결.

셋째, 사업시행계획에 대한 토지등소유자의 동의를 받는 대신, 총회의 의결로 갈음한 경우 이를 동의로 볼 수 있는지 여부가 문제되었다.[25]

판례는 구 법 제28조 제4항에서 정관등이 정하는 바에 따라 토지등소유자의 동의를 얻도록 한 것은 서면 동의방식을 통한 토지등소유자의 동의를 받도록 하되, 다만 그 구체적인 동의율 등에 관하여는 정관등의 규정에 의한다는 취지로 해석해야 함을 전제로, 인가된 사업시행계획은 토지등소유자의 서면 동의 요건을 충족하지 못하는 것으로서 위법할 뿐만 아니라 그 하자가 중대하나, '정관등이 정하는 바에 따라' 부분의 문언적 의미가 명확한 것이 아니어서 동의 방식 자체에 대하여도 정관에 위임한 것으로 해석될 여지가 있다는 점 등을 들어 객관적으로 명백하다고 할 수 없어 사업시행계획이 당연무효로 볼 수 없다고 판시하였다.[26]

(2) 위헌결정

법이 2009. 2. 6. 법률 제9444호로 개정되었으나, 헌법재판소는 개정 전 '토지등소유자가 직접 사업시행자가 되어 구 도시환경정비사업을 시행하는 정비사업에서의 사업시행계획인가 신청에 필요한 동의의 정족수를 자치규약에 정하도록 한 규정'에 대하여, 구 도시환경정비사업에서의 사업시행계획인가와 관련한 토지등소유자의 동의는 토지등소유자를 상대로 수용권을 행사하고 각종 행정처분을 발할 수 있는 행정주체로서의 지위를 가지는 사업시행자를 지정하는 문제로서 그 동의 요건을 정하는 것은 토지등소유자의 재산권에 중대한 영향을 미치는 것이므로, 사업시행계획인가 신청 시 요구되는 토지등소유자의 동의정족수를 정하는 것은 국민의 권리와 의무의 형성에 관한 기본적이고 본질적인 사항으로 법률유보 내지 의회유보의 원칙이 지켜져야 할 영역임을 이유로 헌법에 위반된다는 내용의 결정을 하였다.[27]

종전의 규정에 의한 사업시행계획인가처분의 위법성이 문제된다.

---

24) 대법원 2014. 2. 27. 선고 2011두25173 판결.
25) 구 법 제28조는 제4항에서 사업시행자는 사업시행계획인가를 신청하기 전에 미리 '정관등이 정하는 바에 따라' 토지등소유자의 동의를 얻어야 한다고 규정하면서, 제5항에서 위 동의에 관하여는 조합설립동의에 있어서 토지등소유자의 동의 산정방법 및 절차에 관한 제17조 규정을 준용하도록 하고 있고, 제17조의 위임에 따른 구 법 시행령 제28조 제4항은 토지등소유자의 동의는 인감도장을 사용한 서면동의의 방법에 의하며 인감증명서를 첨부하여야 한다고 규정하고 있었다.
26) 대법원 2014. 2. 13. 선고 2011두21652 판결.
27) 헌재 2011. 8. 30. 선고 2009헌바128, 148(병합) 결정, 2012. 4. 24. 선고 2010헌바1 결정.

위헌결정의 효력은 그 결정 이후에 당해 법률이 재판의 전제가 되었음을 이유로 법원에 제소된 일반사건에도 미치므로, 당해 법률에 근거하여 행정처분이 발하여진 후에 헌법재판소가 그 행정처분의 근거가 된 법률을 위헌으로 결정하였다면 결과적으로 행정처분은 법률의 근거가 없이 행하여진 것과 마찬가지가 되어 하자가 있는 것이 되나, 이미 취소소송의 제기기간을 경과하여 확정력이 발생한 행정처분의 경우에는 위헌결정의 소급효가 미치지 않는다고 보아야 할 것이고, 일반적으로 법률이 헌법에 위반된다는 사정은 헌법재판소의 위헌결정이 있기 전에는 객관적으로 명백한 것이라고 할 수는 없으므로 헌법재판소의 위헌결정 전에 행정처분의 근거되는 당해 법률이 헌법에 위반된다는 사유는 특별한 사정이 없는 한 그 행정처분의 취소소송의 전제가 될 수 있을 뿐 당연무효사유는 아니라고 봄이 상당하다.[28]

나. 2009. 2. 6. 법률 제9444호로 개정된 이후부터 2012. 2. 1. 법률 제11293호로 개정되기 전까지

법이 2009. 2. 6. 법률 제9444호로 개정되면서 구 법 제28조 제5항으로 사업시행자는 사업시행계획인가를 신청하기 전에 미리 총회를 개최하여 조합원 과반수의 동의를 얻어야 한다(구 도시환경정비사업의 경우에는 사업시행계획서에 대하여 토지등소유자 4분의 3 이상의 동의를 얻어야 한다, 제7항)고 규정하였다. 위 법률 개정으로 종래 개별 토지등소유자의 동의서를 징구하는 방법에서 총회를 개최하여 과반수의 동의를 얻는 방법으로 변경되었다.

이와 관련하여 부칙(제6조)에서 위 규정은 이 법 시행 후 최초로 사업시행계획인가를 신청하는 분부터 적용한다고 규정하고 있는바, 위 '최초 사업시행계획인가 신청'에 사업시행계획변경인가를 신청하는 것이 포함되는지 여부가 문제되었다. 판례는 위 부칙조항에서 사업시행계획변경인가 신청을 제외하고 있지 않고, 개정된 구 법 제28조 제5항 본문이 "사업시행자는 사업시행계획인가를 신청(인가받은 내용을 변경하는 경우를 포함한다)하기 전에 미리 총회를 개최하여 조합원 과반수의 동의를 얻어야 한다."라고 규정하여 변경인가 신청까지 명시하고 있음을 들어 사업시행계획변경인가를 신청하는 것도 포함하는 것으로 해석하였다.[29]

---

28) 대법원 2002. 11. 8. 선고 2001두3181 판결.

다. 2012. 2. 1. 법률 제11293호로 개정된 이후

법이 2012. 2. 1. 법률 제11293호로 개정되면서 조합이 사업시행자인 경우 사업시행계획은 총회의 의결을 거쳐야 하고, 총회의 의결방법 등에 관하여는 정관으로 정하되, 조합원 과반수의 동의를 받아야 하고(정비사업비가 100분의 10 이상 늘어나는 경우에는 조합원 3분의 2 이상의 동의), 조합원 100분의 20 이상이 직접 출석하여야 한다고 규정하였다. 그 후 법이 다시 2017. 2. 8. 법률 제14567호로 전부개정 되면서 사업시행자는 사업시행계획인가를 신청하기 전에 미리 총회를 개최하여 조합원 과반수의 찬성으로 의결하고(정비사업비가 100분의 10 이상 늘어나는 경우에는 조합원 3분의 2 이상의 동의), 조합원 100분의 20 이상이 직접 출석하여야 한다고 규정하게 되었다.

한편 법 제45조 제5항은 조합원은 서면으로도 의결권을 행사할 수 있으나(정족수를 산정할 때 출석한 것으로 본다), 대리인을 통한 의결권 행사는 엄격히 제한하고 있고, 법이 2021. 8. 10. 법률 제18388호로 개정되면서 조합은 서면의결권 행사자가 본인인지 여부를 반드시 확인하여야 하고, 재난발생 등의 경우 전자적 방법으로 의결권을 행사할 수 있는 규정이 신설되었음은 제4편 제5장 제3절 Ⅲ. "3. 총회의 의결사항 및 의결방법"에서 자세히 살펴보았다.

3. 총회의결

조합이 사업시행자인 경우 사업시행계획을 작성, 변경(중지, 폐지 포함)하기 위해서는 총회의결을 거쳐야 하고, 총회의 의결을 위해서는 반드시 100분의 20 이상이 출석하여야 한다. 의결정족수는 다음과 같다.

가. 원 칙

사업시행계획의 작성, 변경 등을 위해서는 총회에서 조합원 과반수의 찬성으로 의결한다.

---

29) 대법원 2017. 7. 27.자 2017두42101 심리불속행 판결 및 하급심인 서울고등법원 2017. 3. 22. 선고 2016누60166 판결, 대법원 2016. 8. 24.자 2016두39757 심리불속행 판결 및 하급심인 서울고등법원 2016. 4. 20. 선고 2015누48442 판결.

나. 예 외

(1) 정비사업비가 100분의 10 이상 증가

정비사업비가 100분의 10 이상 늘어나는 경우에는 조합원 3분의 2 이상의 찬성으로 의결하여야 한다. 정비사업비 100분의 10 이상 증가의 의미에 대하여는 제6장 Ⅲ. "1. 결의의 하자 여부"에서 자세히 살펴본다.

(2) '조합의 비용부담' 등 정관 기재 사항의 중대한 변경

조합설립인가 받을 당시의 내용과 다른 내용의 사업시행계획(변경)계획을 수립하는 경우가 있다. 그 경우의 적법한 정족수에 대하여 살펴본다. 구체적으로는 조합설립인가 당시 확정된 정관의 내용과 관련하여 문제된다.

법 제40조 제3항, 제1항 제8호, 제16호는 조합의 비용부담 등에 관한 사항, 시공자·설계자의 선정 및 계약서에 포함될 내용을 정관의 필요적 기재사항으로 규정하면서, 이를 변경하기 위해서는 조합원 3분의 2 이상의 찬성을 요한다고 규정하고 있다. 그러나 '조합의 비용부담'이나 '시공자·설계자의 선정 및 계약서에 포함될 내용'에 관한 사항과 관련한 사업시행계획의 내용이 정관 작성(재개발·재건축결의) 당시와 비교하여 볼 때 조합원들의 이해관계에 중대한 영향을 미칠 정도로 실질적으로 변경된 경우에는 비록 그것이 정관변경에 대한 절차가 아니라 하더라도 특별다수의 동의요건을 규정하여 조합원들의 이익을 보호하려는 정관 규정을 유추적용하여 조합원 3분의 2 이상의 동의가 필요하다고 보아야 한다.[30] 사업시행계획 변경의 경우에도 마찬가지이다.

한편, 그 경우 조합설립변경인가와 동일한 정족수를 요한다는 견해가 있다. 구법에서는 조합설립변경인가도 조합설립인가와 동일한 요건을 요구하여 토지등소유자 4분의 3 이상의 동의 등을 요구하였으나, 현행 법은 조합설립변경인가에 조합원 3분의 2의 찬성결의를 요하므로, 위 견해의 대립은 의미가 없다.

---

30) 구체적 사례로는 조합설립인가 당시에는 용적률 299%, 지상 20~29층 55개동 6,572세대였으나, 사업시행계획 작성 시 용적률 279.1%, 지상 15~35층 48개동 5,242세대를 건축한다는 것인 경우(대법원 2012. 8. 23. 선고 2010두13463 판결), 사업의 내용이 실질적으로 변경된 것이다.

Ⅵ. 사업시행계획인가 신청 및 후속절차

1. 사업시행자의 신청서 제출

총회결의 이후 사업시행자는 법 시행규칙 [별지 제8호 서식] '사업시행계획인가신청서'를 작성하여 사업시행계획서, 총회의결서 사본, 인·허가등의 의제를 받음에 필요한 해당 법률에서 정하는 관계 서류, 수용 또는 사용할 토지 또는 건축물의 명세 및 소유권 외의 권리의 명세서(재건축사업의 경우에는 수용권이 발생하는 법 제26조 제1항 제1호, 법 제27조 제1항 제1호의 경우) 등을 첨부하여 시장·군수등에게 인가를 신청한다(법 시행규칙 제10조 제1항, 제2항 제1호).

사업시행계획변경, 중지 또는 폐지의 경우에도 마찬가지로 사업시행계획변경(중지, 폐지)인가신청서를 작성하여야 하고, 인·허가등의 의제를 받으려는 경우에는 해당 법률에서 정하는 관계 서류 및 변경·중지 또는 폐지의 사유와 그 내용을 설명하는 서류를 첨부하여야 한다(법 시행규칙 제10조 제1항, 제2항 제2호).

위와 같이 사업시행자는 정비사업에 대하여 법 제57조 제1항 및 제2항에 따른 인·허가등의 의제를 받으려는 경우에는 사업시행계획인가를 신청하는 때에 해당 법률에서 정하는 관계 서류를 함께 제출하여야 하나, 사업시행계획인가를 신청한 때에 시공자가 선정되어 있지 아니하여 관계 서류를 제출할 수 없거나 천재지변이나 그 밖의 불가피한 사유로 긴급히 정비사업을 시행하는 경우에는 시장·군수등이 정하는 기한까지 제출할 수 있다(법 제57조 제3항).

2. 시장·군수등의 심사

가. 처리기한

(1) 시장·군수등은 특별한 사유가 없으면 사업시행계획서의 제출이 있은 날부터 60일 이내에 인가 여부를 결정하여 사업시행자에게 통보하여야 한다(법 제50조 제4항). 시장·군수등은 인가신청서의 내용이 모두 완성되어 있는지, 그 내용이 적법, 적절한지 여부를 검토한다. 인가신청서의 기재에 공란이 있거나 첨부서류에 누락이 있는 경우 그 보완을 명한다.

(2) 법은 관리처분계획에 대하여는 제정 시부터 시장·군수등은 인가신청이 있

은 날부터 30일 이내에 인가여부를 결정하여야 한다고 규정하고 있었으나, 사업시행계획에 대하여는 2017. 2. 8. 법률 제14567호 전부개정되면서 처리기한 조항이 도입되었다. 법이 2021. 3. 16. 법률 제17943호 개정으로 도입한 경미한 사항에 대한 신고 수리기간 도과 시의 간주규정과 달리 인가여부 처리기간 도과에 대하여는 아무런 규정이 없고, 사업시행계획인가로 인하여 재개발사업에 있어 수용권이 발생하는 등 그 효과가 중대하며, 위 조항에는 그 자체로 '특별한 사유가 없으면'이라는 단서를 규정하고 있는 점 등에 비추어 처리기한 조항은 훈시규정으로 해석된다.

나. 사업시행계획인가의 시기조정

⑴ 의의

법이 2012. 2. 1. 법률 제11293호로 개정되면서 정비사업의 시행으로 주변지역에 현저한 주택부족이나 주택시장 불안정 등의 사유가 발생하는 경우 행정청이 1년의 범위에서 정비사업의 사업시행계획인가 및 관리처분계획 인가의 시기를 조정할 수 있도록 하는 규정이 신설되었다. 이는 사업시행계획인가와 관리처분계획인가에 공통적으로 적용된다.

⑵ 요건

㈎ 주변지역 주택의 현저한 부족이나 주택시장의 불안정

정비사업의 시행으로 정비구역 주변 지역에 주택이 현저하게 부족하거나 주택시장이 불안정하게 되는 등 특별시·광역시 또는 도의 조례로 정하는 사유가 발생하여야 한다(법 제75조 제1항). 서울시는 그와 같은 사유가 존재하는 구역을 심의대상구역으로 하고 있다.

'심의대상구역'이란 정비구역의 기존 주택 수가 자치구 주택 재고 수의 1%를 초과하는 경우(제1호), 정비구역의 기존 주택 수가 2,000호를 초과하는 경우(제2호), 정비구역의 기존 주택 수가 500호를 초과하고, 같은 법정동에 있는 1개 이상의 다른 정비구역(해당구역의 인가 신청일을 기준으로 최근 6개월 이내 관리처분계획인가를 신청하였거나, 완료된 구역으로 한정한다)의 기존 주택 수를 더한 합계가 2,000호를 초과하는 경우(제3호)의 어느 하나에 해당하여야 한다(서울시 조례 제49

조 제1항).

심의대상구역의 사업시행자가 사업시행계획인가(관리처분계획인가)를 신청하는
경우 구청장은 시기 조정자료와 검토의견을 작성하여 시장에게 심의를 신청하여
야 한다(서울시 조례 제51조 제1항).

㈏ 특별시장 · 광역시장 또는 도지사의 결정

서울시장은 사업시행계획인가(또는 관리처분계획인가) 시기에 대하여 조정할 것
인지 여부 및 조정기간 등을 결정하고, 결정사항을 심의신청일로부터 60일 이내
구청장에게 서면으로 통보하며, 구청장은 특별한 사유가 없으면 결정사항에 따라
야 한다(서울시 조례 제51조 제2, 3항). 서울시장은 위와 같은 결정을 함에 있어 반
드시 주거기본법 제9조에 따른 서울시 주거정책심의위원회의 심의를 거쳐야 한다
(법 제75조 제1항, 서울시 조례 제51조 제2호). 서울시장은 심의대상구역 중 주변지
역[31]의 주택 멸실량이 공급량을 30%를 초과하는 경우(제1호), 주변지역의 주택
멸실량이 공급량을 2,000호를 초과하는 경우(제2호), 그 밖에 주택시장 불안정 등
을 고려하여 주거정책심의회에서 인가 시기의 조정이 필요하다고 인정하는 경우
(제3호)의 어느 하나에 해당하는 경우 조정대상구역으로 정할 수 있다(서울시 조례
제49조 제2항).

'조정대상구역'이란 서울시 주거정책심의위원회의 심의를 거쳐 사업시행계획인
가 또는 관리처분계획인가 시기조정 대상으로 확정된 정비구역을 말한다(서울시
조례 제48조 제3호).

구청장은 위와 같이 결정된 조정기간이 경과되면 인가를 할 수 있다(서울시 조
례 제51조 제4항).

⑶ 시기조정을 위한 자료제공의무

구청장은 해당 자치구의 주택공급, 멸실 현황 및 예측, 정비사업 추진현황 및
계획(위 심의대상구역 해당여부를 포함), 전세가격 동향 등을 매월 말일까지 작성하
여 시장에게 제출하여야 한다(서울시 조례 제50조 제1항). 구청장은 정비구역의 사
업시행계획인가(관리처분계획인가) 신청 이전이라도 시기 조정자료(해당 구역의 현

---

31) '주변지역'이란 사업시행구역이 위치한 자치구와 행정경계를 접하는 자치구를 말한다(서울시 조례
제48조 제1호).

황 및 추진상황, 예상 이주시기 및 이주가구, 주택의 멸실 및 공급량)를 사업시행자에게 요청할 수 있다(서울시 조례 제50조 제3항). 시장은 구청장이 제출한 시기조정자료 등을 기초로 자치구별 주택 재고량을 매 분기별로 공고하여야 한다(서울시 조례 제50조 제2항).

(4) 한계

사업시행계획인가(또는 관리처분계획인가)의 조정시기는 인가를 신청한 날부터 1년을 넘을 수 없다(법 제75조 제1항). 공공지원사업의 경우에는 원칙적으로 사업시행계획인가를 받은 후 시공자를 선정하여야 하나(법 제118조 제2, 6항, 서울시 조례 제77조 제1항 본문), 조정대상구역의 사업시행자는 사업시행계획인가 조정기간 중이라도 공공지원자와 협의하여 시공자를 선정할 수 있다(서울시 조례 제51조 제5항).

다. 서류의 공람 공고 및 토지등소유자에 대한 통지, 의견제출

(1) 시장·군수등은 사업시행계획인가를 하려는 경우에는 관계 서류의 사본을 14일 이상 일반인이 공람할 수 있게 하여야 하는데, 그 경우 요지와 공람장소를 해당 지방자치단체의 공보등에 공고하고 토지등소유자에게 공고내용을 통지하여야 한다(법 제56조 제1항, 법 시행령 제49조).

(2) 토지등소유자 또는 조합원, 그 밖에 정비사업과 관련하여 이해관계를 가지는 자는 공람기간 이내에 시장·군수등에게 서면으로 의견을 제출할 수 있다(법 제56조 제2항). 시장·군수등은 제출된 의견을 심사하여 채택할 필요가 있다고 인정하는 때에는 이를 채택하고, 그러하지 아니한 경우에는 의견을 제출한 자에게 그 사유를 알려주어야 한다(법 제56조 제3항).

라. 심 사

(1) 관계 행정기관과의 협의

(가) 시장·군수등은 사업시행계획인가를 하려는 경우 법 제57조 제1항 각 호 및 제2항 각 호에 따라 의제되는 인·허가등에 해당하는 사항이 있는 때에는 미리 관계 행정기관의 장과 협의하여야 하고, 협의를 요청받은 관계 행정기관의 장

은 요청받은 날(별도로 시장·군수등이 기한을 허여한 경우에는 서류가 관계 행정기관의 장에게 도달된 날을 말한다)부터 30일 이내에 의견을 제출하여야 한다. 이 경우 관계 행정기관의 장이 30일 이내에 의견을 제출하지 아니하면 협의된 것으로 본다(법 제57조 제4항).

(나) 시장·군수등은 사업시행계획인가를 하려는 경우 정비구역부터 200m 이내에 교육시설이 설치되어 있는 때에는 해당 지방자치단체의 교육감 또는 교육장과 협의하여야 한다(법 제57조 제5항).

(다) 시장·군수등은 천재지변이나 그 밖의 불가피한 사유로 긴급히 정비사업을 시행할 필요가 있다고 인정하는 때에는 관계 행정기관의 장 및 교육감 또는 교육장과 협의를 마치기 전에 사업시행계획인가를 할 수 있다.

(2) 재개발사업에 있어 중앙토지수용위원회와 협의 등

재개발사업에 있어 사업시행계획인가는 토지보상법상 사업인정으로 의제된다(토지보상법 제21조 제2항 별표 2. 법 제20조에 따른 사업인정이 의제되는 사업 제30호). 토지보상법은 2015. 12. 29. 법률 제13677호로 개정되어 사업인정이 의제되는 공익사업의 경우 공익사업의 허가·인가·승인권자 등은 사업인정이 의제되는 지구지정·사업계획승인 등을 하려는 경우 중앙토지수용위원회와 협의하여야 하고, 사업인정에 이해관계가 있는 자의 의견을 들어야 한다는 규정이 신설되었다(토지보상법 제21조 제2항). 따라서 재개발사업에서 시장·군수등은 사업시행계획인가를 하기 전에 반드시 중앙토지수용위원회와의 협의하고, 이해관계 있는 자의 의견청취절차를 거쳐야 한다.

(3) 국·공유재산 관리청과의 협의

정비구역 내에 국·공유재산이 존재하는 경우, 정비사업은 사업시행자 측이 정비구역 내 토지등을 취득함을 전제로 하므로 사업시행계획서에 그에 대한 처분이 포함되는 것이 일반적이다. 시장·군수등은 인가하려는 사업시행계획서에 국·공유재산의 처분에 관한 내용이 포함되어 있는 때에는 미리 관리청과 협의하여야 한다. 이 경우 관리청이 불분명한 재산 중 도로·구거(도랑) 등은 국토교통부장관을, 하천은 환경부장관을, 그 외의 재산은 기획재정부장관을 관리청으로 본다(법

제98조 제1항). 협의를 받은 관리청은 20일 이내에 의견을 제시하여야 한다(법 제98조 제2항).

정비구역의 국·공유재산은 정비사업 외의 목적으로 매각되거나 양도될 수 없다(법 제98조 제3항). 정비구역의 국·공유재산은 국유재산법 제9조 또는 공유재산법 제10조에 따른 국유재산종합계획 또는 공유재산관리계획과 일반입찰에 의한 매각을 규정한 국유재산법 제43조 및 공유재산법 제29조에 따른 계약의 방법에도 불구하고 사업시행자 또는 점유자 및 사용자에게 다른 사람에 우선하여 수의계약으로 매각 또는 임대될 수 있다(법 제98조 제4항).

위 제4항에 따라 다른 사람에 우선하여 매각 또는 임대될 수 있는 국·공유재산은 국유재산법, 공유재산법 및 그 밖에 국·공유지의 관리와 처분에 관한 관계 법령에도 불구하고 사업시행계획인가의 고시가 있은 날부터 종전의 용도가 폐지된 것으로 본다(법 제98조 제5항). 위 제4항에 따라 정비사업을 목적으로 우선하여 매각하는 국·공유지는 사업시행계획인가의 고시가 있은 날을 기준으로 평가한다(다만 주거환경개선사업의 경우 매각가격은 평가금액의 100분의 80으로 한다). 다만, 사업시행계획인가의 고시가 있은 날부터 3년 이내에 매매계약을 체결하지 아니한 국·공유지는 국유재산법 또는 공유재산법에서 정한다(법 제98조 제6항).

⑷ 정비기반시설 관리청의 의견청취

사업시행계획에 정비기반시설의 귀속 및 양도에 관한 사항이 포함된 경우에는 시장·군수등은 미리 해당 정비기반시설 관리청의 의견을 들어야 한다(법 제97조 제4항).

마. 인가의 특례

시장·군수등은 사업시행계획의 대상이 존치 또는 리모델링하는 건축물 및 건축물이 있는 토지인 경우, 주택법 제2조 제12호에 따른 주택단지의 범위, 주택법 제35조 제1항 제3호 및 제4호에 따른 부대시설 및 복리시설의 설치기준, 건축법 제44조에 따른 대지와 도로의 관계, 건축법 제46조에 따른 건축선의 지정, 건축법 제61조에 따른 일조 등의 확보를 위한 건축물의 높이 제한 기준에 부합하지 않더라도, 법 시행령 제50조가 정하는 기준에 따라 재량으로 인가가 가능하다(법 제58

조 제2항).

3. 인가 및 후속절차

시장·군수등은 사업시행계획(변경, 중지, 폐지)을 인가하는 경우, 사업시행계획(변경, 중지, 폐지)인가서를 사업시행자에게 교부하고, 지방자치단체의 공보에 고시하여야 한다(법 제50조 제9항).

가. 고 시

시장·군수등은 사업시행계획(변경, 중지, 폐지)을 인가한 경우에는 다음과 같은 사항을 해당 지방자치단체의 공보에 고시하여야 하고, 고시한 내용을 해당 지방자치단체의 인터넷 홈페이지에 실어야 한다(법 시행규칙 제10조 제3, 4항).

⑴ 사업시행계획인가

정비사업의 종류 및 명칭, 정비구역의 위치 및 면적, 사업시행자의 성명 및 주소(법인인 경우에는 법인의 명칭 및 주된 사무소의 소재지와 대표자의 성명 및 주소를 말한다), 정비사업의 시행기간(통상적으로 사업시행계획인가일로부터 00개월로 한다), 사업시행계획인가일, 수용 또는 사용할 토지 또는 건축물의 명세 및 소유권 외의 권리의 명세, 건축물의 대지면적·건폐율·용적률·높이·용도 등 건축계획에 관한 사항, 주택의 규모 등 주택건설계획(용도지역별로 택지를 나누고, 그에 따른 용적률, 건폐율, 층수, 동수, 평형 및 세대수 등), 정비기반시설 및 토지 등의 귀속에 관한 사항(폐지 및 설치되는 정비기반시설의 종류 및 면적, 비용부담자) 등이 고시되어야 한다.

⑵ 사업시행계획 변경·중지 또는 폐지인가

정비사업의 종류 및 명칭, 정비구역의 위치 및 면적, 사업시행자의 성명 및 주소, 정비사업의 시행기간, 사업시행계획인가일 등의 기본사항 외에 변경·중지 또는 폐지의 사유 및 내용 등이 고시되어야 한다.

나. 고시의 효력

행정효율 촉진규정 제4조 제3호, 제6조 제3항에 의하여 고시 또는 공고가 있고 난 뒤 5일이 경과한 날부터 효력을 발생한다. 이는 일률적으로 적용되는 것이므로, 행정처분에 이해관계를 갖는 자가 고시 또는 공고가 있었다는 사실을 현실적으로 알았는지 여부에 관계없이 고시가 효력을 발생하는 날에 행정처분이 있음을 알았다고 보아야 한다. 따라서 행정소송법 제20조 제1항 단서에 규정된 특별한 사정이 있음을 인정할 만한 사유가 없는 한 그와 같은 행정처분의 취소를 구하는 소의 제소기간은 그때부터 진행된다.

다. 인터넷 홈페이지에만 게재한 경우의 효력

지방자치단체는 인터넷 홈페이지의 '시정소식' 화면에 '알림마당' 등의 세부항목을 두고, '알림마당' 항목 아래에는 '고시/공고' 등의 항목을 마련한 후, 사업시행계획인가 고시문을 게재하게 된다. 문제는 별도의 지방자치단체의 공보 게재라는 고시절차 없이 인터넷 홈페이지 게재만을 행하였을 경우에 인가에 대한 적법한 고시가 있는 것으로 볼 수 있는지, 그 하자가 중대·명백한 것으로 볼 수 있는지 여부이다.

당해 지방자치단체의 시보발행규칙상 종이시보를 전제로 함에도 지방자치단체의 공보(시보) 게재라는 고시절차 없이 인터넷 홈페이지에만 게재한 경우 고시로서는 위법함이 명백하다.[32] 다만, 인터넷이 발달되고 보편화된 현실과 지방자치단체의 인터넷 홈페이지 개설 목적과 활용 형태, 이를 접하는 일반인의 인식 등에 비추어 행정청이 내부적인 결재를 거쳐 인터넷 홈페이지의 '알림마당' 중 '고시/공고'라는 항목에 '사업시행계획인가 고시문'을 게재하여 전자 고시한 것은 행정의사가 공식적인 방법으로 외부에 표시된 것에 해당한다 할 것이므로, 적어도 사업시행계획인가처분이 내·외부적 성립요건을 모두 갖추었다.

또한 고시는 행정처분을 한 기관과 그 처분의 내용을 불특정 다수에게 알리는 행위로서, 지방자치단체 홈페이지의 '고시/공고'란에 사업시행계획인가처분의 고시문을 게재하는 경우 고시의 목적은 일정 부분 달성되었다고 볼 수 있으며, 종이시보는 매회 소량을 일정한 관공서 등에 배부하는 것임에 비추어 시 인터넷 홈페이지 알림마당의 '고시/공고'란을 통하는 것이 종이 시보에 의하는 것보다 훨씬

---

32) "시보의 규격은 16절지로 하고, 가로쓰기로 한다."등의 형태이다. 지방자치단체에 따라서는 "전자문서의 형태로 발행함을 원칙으로 하며 필요한 경우 종이시보를 발행할 수 있다."라는 규정을 두고 있다.

더 고시의 목적이 달성되는 것으로 볼 수 있는 점 등에 비추어 그 하자가 중대 · 명백하여 사업시행계획인가처분이 무효라고 보기는 어렵다.[33]

라. 사업시행계획인가서에 기재되는 내용

시장 · 군수등은 사업시행계획인가를 하는 경우, 사업시행계획인가서를 사업시행자에게 교부하게 되는데, 여기에는 다음과 같은 사항이 기재되어 있다.

① 사업구분(재개발사업, 재건축사업 여부)

② 사업시행자(명칭, 사업시행자 지정 근거일자인 조합설립인가일, 대표자 성명, 대표자의 주소, 주된 사무소 소재지)

③ 시행구역[구역명칭, 위치, 시행면적, 건축물(총 000동, 무허가 00동), 거주가구 및 인구, 토지의 용도지역, 지목별 토지의 필지 수 및 면적, 국, 공유지 관리청별 필지 수 및 면적]

④ 동의내역(사업시행계획서 수립을 위한 총회 동의 내역, 총 조합원 수, 직접 참석자 수, 총 참석자 수, 동의율)

⑤ 전문관리업자

⑥ 사업시행계획의 구체적 내용{사업시행기간, 사업비, 건축시설[대지면적, 건축면적, 건축연면적, 지하면적, 주용도(공동주택, 근린생활시설), 건폐율, 용적률, 최고 높이, 층수(지하 0층, 지상 0층, 주차장(면적 및 대수)], 주택(분양 또는 임대 아파트의 동수, 세대수, 각 평형별 구분과 세대 수), 정비기반시설[용도폐지 되는 정비기반시설의 종류(도로, 하천, 구거 등) 및 면적, 새로이 설치되는 정비기반시설의 종류(도로, 공원 등) 및 면적, 비용부담자], 철거 또는 이전요구 대상(통상적으로 현존하는 건축물의 숫자가 철거건축물의 숫자인데, 일부 존치 건축물이 존재하는 경우 그 숫자), 수용대상 토지 및 건축물의 숫자 및 면적(통상적으로 정비구역 내 토지등소유자의 모든 토지 및 건축물이다), 세입자 대책(세입자 세대 수, 주거이전비 지급세대 수, 비대책세대 수)}

⑦ 일괄처리사항(주택건설사업자등록, 주택건설사업계획승인, 건축허가 등 법 제57조 제1항의 인, 허가 등의 의제사항)

⑧ 사업시행계획인가일

---

33) 서울고등법원 2019. 1. 9. 선고 2018누60184 판결(확정) 및 하급심인 의정부지방법원 2018. 7. 5. 선고 2017구합12426 판결.

Ⅰ. 총 설

　토지등소유자가 20인 미만인 재개발사업은 주로 구 도시환경정비사업, 즉 도시
정비형 재개발사업[34]에 해당한다. 주택정비형 재개발사업은 작은 필지 소유자가
수백 명에 이르고, 노후·불량건축물이 다수인 주택밀집지역이 주된 대상이며, 또
한 지정되는 정비구역의 면적이 광대한 점 등에 비추어 토지등소유자가 20인 미
만인 경우는 상정하기 어렵다.

　도시정비법은 정비사업의 효율적인 추진 등을 위하여 필요하다고 인정하는 경
우에는 하나의 정비구역을 둘 이상의 정비구역으로 분할하는 방법에 따라 정비구
역을 지정할 수 있고(법 제18조 제1항), 또한 하나의 정비구역에서 여러 개의 시행
지구로 나누어 시행할 수도 있으므로(그 경우 먼저 정비계획의 변경이 필요한데, 도
시정비형 재개발구역 안에서 사업시행지구 분할계획은 정비계획입안 및 결정과정에서
서면통보, 주민공람 및 지방의회 의견청취절차의 생략이 가능한 경미한 변경사항에 해당
한다[35]), 도시정비형 재개발사업에서 토지등소유자가 20인 미만인 경우가 존재한
다. 실제로 도심지에서 업무용 시설 건설을 위하여 추진되는 도시정비형 재개발사
업의 경우에는 당초 지정된 정비구역을 여러 개의 소규모 지구로 나누어 각 지구
마다 하나의 상업용 건물 또는 주상복합건물 등을 독립적으로 건축하는 방식으로
이루어지는 경우가 많다.

---

34) 서울시 조례는 구 도시환경정비사업에 대하여는 도시정비형 재개발사업으로(서울시 조례 제3조 제
　2호), 구 주택재개발정비사업에 대하여는 주택정비형 재개발사업(서울시 조례 제3조 제1호)으로 지
　칭하고 있다.
35) 서울시 조례 제11조 제1항 제6호, 또한 동일한 도시정비형 재개발구역 안에서 시행지구를 분할하
　여 시행하는 경우, 상호경계조정을 위한 지구 범위의 변경을 내용으로 하는 정비계획의 변경도 경
　미한 사항의 변경에 불과하다(서울시 조례 제11조 제1항 제4호).

법은 토지등소유자가 20인 미만인 재개발사업의 경우 조합을 설립하지 아니한 채 토지등소유자 개인이 사업시행자로서 이를 시행하는 것을 허용하고 있다. 실제로 위와 같은 소규모 도시정비형 재개발사업의 경우 대토지소유자 1인 또는 소수에 의해 주도되어 굳이 조합을 구성하지 아니하고 토지등소유자가 직접 사업을 시행하는 것이 일반적이고, 실제로 서울시 4대문 내 도시정비형 재개발사업의 경우에는 조합보다 토지등소유자가 직접 정비사업을 시행하는 경우가 훨씬 많다.[36]

법이 2017. 2. 8. 법률 제14567호로 전부개정 되면서 주택재개발사업과 도시환경정비사업이 재개발사업으로 통합되었다. 위 법률 개정 이전의 구 도시환경정비사업은 정비구역 내 토지등소유자 수의 제한 없이 조합을 설립하지 아니하고 토지등소유자가 직접 사업시행자로서 정비사업을 시행하는 것이 가능하였다. 그러나 위 법률 개정으로 조합설립 없이 토지등소유자가 사업시행자가 되어 정비사업을 시행하기 위한 요건은 정비구역 내 토지등소유자 수가 20인 미만인 경우로 엄격히 제한되었는데, 위 개정규정은 부칙 제7조에 의하여 이 법 시행 후 최초로 정비계획의 입안을 위한 공람을 실시하는 경우부터 적용된다.

Ⅱ. 도시정비형 재개발사업의 특성

도시정비형 재개발사업은 상업지역·공업지역 중 토지의 효율적 이용과 도심 또는 부도심 등 도시기능의 회복이나 상권활성화 등이 필요한 지역에서 도시환경을 개선하기 위하여 시행하는 사업이다. 이를 공익사업으로 한 이유는 도시공간의 효율적인 이용을 통하여 쾌적하고도 유용한 도시환경을 조성하고 궁극적으로 도시의 건전한 발전과 공공복리의 증진이라는 목적을 달성하기 위한 사업이기 때문이다.[37]

일반적인 정비사업은 주로 공동주택 또는 상가라는 단일용도 건축물의 신축을 전제로 하나, 도시정비형 재개발사업은 복합용도 건축물의 신축을 원칙으로 한다. 서울시 조례 제8조 제2항 제5호는 도시정비형 재개발사업의 경우 정비계획을 수립함에 있어 정비구역의 특성과 도심부 기능회복을 위하여 복합용도 건축계획을 원칙으로 하고 주변의 건축물, 문화재 또는 자연 지형물이 있는 경우에는 주변 경

---

36) 유상호, 전게논문, 794 – 795쪽.
37) 헌재 2011. 11. 24. 선고 2010헌가95 등 결정.

관에 미치는 영향을 최소화할 수 있도록 계획한다고 규정하고 있다. 다만 사업방식은 일반적 정비사업과 마찬가지로 원칙적으로 일정한 지역 범위 내에서 기존 건축물을 철거하고 그 위에 새로운 건축물을 건설하여 분양희망자에게 배분하는 방식으로 추진된다.

시장·군수등은 정비사업의 투명성 강화 및 효율성 제고를 위하여 시·도조례로 정하는 정비사업에 대하여 사업시행 과정을 지원하거나 토지주택공사등에 공공지원을 위탁할 수 있는바(법 제118조 제1항), 서울시 조례 73조는 법 제118조 제1항에서 '시·도조례로 정하는 정비사업'이란 일반적인 재개발, 재건축조합이 시행하는 정비사업을 의미하되, 정비구역 지정·고시가 있는 날의 토지등소유자의 수가 100명 미만으로서 주거용 건축물의 건설비율이 50% 미만인 도시정비형 재개발사업은 제외하고 있다. 토지등소유자의 수가 100명 미만으로서 주거용 건축물의 건설비율이 50% 미만인 도시정비형 재개발사업을 공공지원 대상에서 제외한 것은 소규모여서 정비사업의 투명성 강화 및 효율성 제고의 목적이 크지 않고, 주거용 건축물의 건설비율이 50% 미만이어서 공익성 및 공공성이 상대적으로 중대하지 않기 때문인바, 토지등소유자가 사업시행자가 되는 재개발사업은 조합이 사업시행자가 아닐 뿐만 아니라 토지등소유자가 20인 미만이므로 원천적으로 공공지원 대상에서 배제된다.

또한 추진위원장 또는 사업시행자는 법 제124조에 의하여 인터넷을 통하여 정비사업 시행에 관련한 정보를 공개하여야 하고, 서울시의 경우 반드시 클린업시스템을 이용하여야 하나, 토지등소유자가 단독으로 시행하는 재개발사업의 경우에는 제외할 수 있다(서울시 조례 제69조 제4항). 토지등소유자가 20인 미만으로 토지등소유자가 행정주체로서 사업시행자가 되는 도시정비형 재개발사업의 경우에는 조합설립을 통한 정비사업의 시행과는 여러 측면에서 많은 차이가 있으므로, 이에 대하여 자세히 살펴본다.

Ⅲ. 사업시행자

1. 규 정

재개발사업은 조합이 단독으로 시행하거나 시장·군수등과 공동시행하는 외에 토지등소유자가 20인 미만인 경우에는 토지등소유자가 시행하거나 토지등소유자가 토지등소유자 과반수의 동의를 받아 시장·군수등과 공동으로 시행할 수 있다(법 제25조 제1항 제2호). 토지등소유자가 조합설립 없이 사업시행자로서 재개발사업을 시행하려는 경우에는 사업시행계획인가를 신청하기 전에 사업시행계획서에 대하여 토지등소유자 4분의 3 이상의 동의 및 토지면적 2분의 1 이상의 토지소유자의 동의를 받아야 한다. 다만, 인가받은 사항을 변경하려는 경우에는 규약으로 정하는 바에 따라 토지등소유자의 과반수의 동의를 받아야 하며, 또한 경미한 사항의 변경인 경우에는 토지등소유자의 동의를 필요로 하지 아니한다(법 제50조 제6항). 위와 같은 토지등소유자의 동의는 서면동의서에 토지등소유자가 성명을 적고, 지장(指章)을 날인하는 방법으로 하며, 주민등록증, 여권 등 신원을 확인할 수 있는 신분증명서의 사본을 첨부하여야 한다(법 제36조 제1항 제4호). 동의철회의 경우에도 동일한 방식이고, 시기상의 제한이 있다(법 시행령 제33조 제2, 3항).

한편 법 제2조 제11호 나목은 '정관등'에 사업시행자인 조합이 제정한 정관뿐만 아니라 사업시행자인 토지등소유자가 자치적으로 정한 규약도 포함된다고 규정하고 있다.

2. 사업시행자로서의 토지등소유자의 의미

가. 문제의 소재

토지등소유자 개인이 사업시행자의 자격이 있는지 여부(개인은 사업시행자의 자격이 없고, 단체로서의 토지등소유자만이 사업시행자의 자격이 있는지 여부)와 관련하여 견해의 대립이 있다. 이는 앞서 본 법령 규정의 해석과 관련된다.

나. 학 설

(1) 부정설

'토지등소유자'(정비구역 안에 소재한 토지 또는 건축물의 소유자 또는 그 지상권자) 개인이 사업시행자가 되는 것을 부정하고, 조합을 갈음하는 단체로서의 토지등소유자 전원으로 구성되는 집단만이 사업시행자가 될 수 있다는 견해이다.[38]

---

38) 김종보, 전게서, 684쪽.

법령상 사업시행자로서의 토지등소유자는 조합과 대등하게 규정되어 있고, 단체로서의 토지등소유자가 사업을 시행하는 경우 구성원의 내부적 관계를 규율하기 위해 규약을 작성하고 총회를 개최하여 의사를 결정하는 등 조합과 유사한 제도가 마련되어 있음을 근거로 한다. 법 제2조 제11호 나목에서 사업시행자인 토지등소유자는 자치적으로 규약을 작성한다고 규정하고 있는데, 이는 해석상 '토지등소유자'란 구성원 전원을 전제로 한다.

(2) 긍정설

도시정비형 재개발사업을 시행하고자 하는 토지등소유자는 정비구역 내에 토지등을 소유하고 있기만 하면 1인이 단독으로 또는 수인이 공동하여 정비사업을 시행할 수 있고, 반드시 정비구역 내의 토지등소유자 전원이 공동으로 정비사업을 시행하여야 하는 것은 아니라는 견해이다.

법 제25조 제1항 제2호는 토지등소유자가 20인 미만인 재개발사업은 토지등소유자가 시행하거나 토지등소유자가 토지등소유자의 과반수의 동의를 받아 시장·군수등과 공동으로 시행하는 것도 한 방법이라고 규정하고 있는바, 위 후단의 규정은 명확히 사업시행자인 토지등소유자가 개인임을 전제로 한다. 또한 법 제50조 제6항은 토지등소유자는 사업시행계획인가를 신청하기 전에 사업시행계획서에 대하여 토지등소유자 4분의 3 이상의 동의 및 토지 면적 2분의 1 이상의 토지소유자의 동의를 받아야 하고, 인가받은 사항을 변경하고자 하는 경우에는 규약이 정하는 바에 따라 토지등소유자의 과반수의 동의를 얻어야 한다고 규정하고 있는바, 위 규정의 해석상 사업시행자를 의미하는 전자의 '토지등소유자'는 개인 토지등소유자임이 명백하다.

다. 판 례

긍정설에서 든 법률의 규정, 법령이 명시적으로 토지등소유자 전원이 사업시행자가 되어야 한다고 규정하고 있지는 않은 점, 정비구역 내 토지등소유자 개인을 사업시행자로 하더라도, 정비사업 진행과정에서 다른 토지등소유자에 대한 법정동의를 요하므로, 나머지 토지등소유자 등 다수의 의사에 반하는 정비사업이 진행될 우려가 없는 점 등을 근거로 토지등소유자 개인에 대하여 사업시행자로서의

자격을 인정한다.[39]

라. 결 론

긍정설이 타당하다. 그 논거는 다음과 같다. 따라서 1인이든 수인이든 모두 사업시행자가 가능하다. 또한 사업시행자는 사업시행계획의 한 요소이므로 사업시행계획 변경절차를 통하여 변경이 가능하고, 사업시행자가 변경되었다고 하여 새로운 사업시행계획인가 절차를 진행할 필요는 없다.

(1) 연혁적인 근거

구 도시재개발법은 모든 재개발사업(당시는 주택재개발사업, 도심재개발사업, 공장재개발사업이다)의 원칙적 시행자를 '토지등소유자 또는 그들이 설립하는 조합'으로 하고 있었다(당시는 주택재개발사업도 토지등소유자가 사업시행자가 될 수 있었다).

그 후 도시정비법이 제정되면서 당시 주택재개발사업에서는 종래 잘 활용되지 않던 토지등소유자 개인이 사업시행자가 되어 정비사업을 시행하는 방식이 제외된 반면, 도심재개발과 공장재개발을 묶은 구 도시환경정비사업에서는 조합과 함께 토지등소유자 개인이 여전히 사업시행자로 남아있게 되었는데, 이는 작은 필지 소유자가 수백 명씩 존재하는 주택밀집지역의 주택재개발사업과 달리 구 도시환경정비사업은 대체로 5인 이하의 대토지 소유자와 몇몇의 소필지 소유자가 존재하는 지역에서 비교적 소규모로 진행되기 때문이다.

(2) 실제 필요성

① 도시정비형 재개발사업은 이해관계인이 많지 않고 대토지 소유자 위주로 사업이 진행될 수 있다는 점에서 굳이 조합을 결성할 필요성이 크지 않다. 특히 도시기능의 조속한 회복이라는 공익실현을 목적으로 하는 도시정비형 재개발사업은 빠른 시간 내에 개발이 진행될 필요성이 있는데, 토지등소유자 방식이 조합 방식보다 사업의 신속한 진행을 가능하게 한다.

② 법상 정비사업비는 사업시행자가 부담하도록 되어 있는바(제92조 제1항), 성

---

39) 대법원 2011. 6. 30. 선고 2010두1347 판결, 대법원 2011. 6. 30. 선고 2010두238 판결 및 하급심인 서울고등법원 2009. 12. 11. 선고 2009누14844 판결, 서울행정법원 2009. 5. 13. 선고 2008구합22280 판결.

공 여부가 불투명한 정비사업 초기에는 정비구역 내 다수의 토지등소유자가 자금 조달을 책임지려 하지 않기 때문에 조속한 도시기능의 회복을 위해서는 사인의 이윤추구 동기를 일부 활용하는 것도 사업시행의 한 방법이 될 수 있다.[40]

(3) 법령의 근거

도시정비법에는 긍정설로 해석되는 조항 및 부정설로 해석되는 조항이 모두 존재하기는 하나, 긍정설로 해석되는 조항이 다수인 듯하다. 특히 법 제72조 제1항 단서는 "다만, 토지등소유자 1인이 시행하는 재개발사업의 경우에는 그러하지 아니하다."라고 명시하고 있고, 또한 법 제124조 제1항은 사업시행자의 관련 자료 공개의무를 규정하면서, 사업시행자의 의미에 대하여 토지등소유자가 '단독'으로 시행하는 재개발사업의 경우에는 그 대표자를 말한다고 규정하고 있는바, 이는 토지등소유자 개인이 사업시행자가 됨을 명시한 것으로 해석된다(단독의 의미가 토지등소유자 단체가 시장·군수등이나 토지주택공사등과 공동으로 하지 않는 경우를 지칭한 것이 아닌가하는 견해가 있을 수 있으나, 그 경우라면 괄호 속에 조합이 단독으로 시행하는 경우도 명시하였을 것이므로, 그처럼 해석될 수는 없다). 또한 서울시 조례 제69조 제4항 단서는 "다만 토지등소유자가 단독으로 시행하는 재개발사업의 경우에는 제외할 수 있다."라고 규정하고 있다.

마. 실무상 쟁점

실무상 도시정비형 재개발사업에서 사업시행자인 토지등소유자 개인이 규약으로 정하는 바에 따라 전체 토지등소유자 과반수의 동의를 받아 사업시행자를 제3자로 변경한 후, 관할 행정청에 제3자로 사업시행자를 변경하는 내용의 사업시행계획변경인가를 신청한다. 그 경우 관할 행정청은 토지등소유자 전원으로서의 집단만이 사업시행자가 되고, 사업시행계획서상 기재된 사업시행자 개인은 단체의 대표자로 판단하는 경우, 변경인가를 하되, 서울시 조례 제25조 제2호(사업시행자 대표자의 변경은 경미한 변경)에 따라 이를 대표자 변경으로 인한 경미한 변경신고로 보아 실질은 수리에 해당한다고 오인하여 해당 지방자치단체의 공보에 고시하는 등의 적법한 절차를 이행하지 아니하는 경우가 있다. 그 경우 사업시행변경인

---

40) 헌재 2011. 8. 30. 선고 2009헌바128 등 결정.

가가 외부에 표시되지 않아 성립요건을 갖추지 못하여 효력이 발생하지 아니하게 되는 중대한 문제가 발생한다.

Ⅳ. 사업시행계획인가의 법적 성격

1. 설권행위

개인이 사업시행자가 되는 토지등소유자가 20인 미만인 재개발사업에서의 사업시행계획인가의 법적 성격은 조합이 사업시행자가 되는 일반 재개발·재건축사업의 사업시행계획인가와는 확연히 구별된다. 즉, 토지등소유자가 정비사업을 위한 조합을 따로 설립하지 아니하고 직접 재개발사업을 시행하고자 하는 경우에는 규약, 토지등소유자의 법정 동의서 등과 함께 사업시행계획서를 시장·군수등에게 제출하여 사업시행계획인가를 받아야 하고, 이러한 절차를 거쳐 사업시행계획인가를 받은 토지등소유자는 관할 행정청의 감독 아래 정비구역에서 재개발사업을 시행하는 목적 범위에서 법령이 정하는 바에 따라 일정한 행정작용을 하는 행정주체의 지위를 가지게 된다.

따라서 토지등소유자 개인이 직접 시행하는 재개발사업에서의 사업시행계획인가는 단순히 사업시행계획에 대한 보충행위로서의 성질을 가지는 것이 아니라 정비사업을 시행할 수 있도록 행정주체의 권한과 지위를 부여하는 설권적 처분의 성격을 가진다. 이 경우 사업시행계획은 인가처분의 요건 중 하나에 불과하고 항고소송의 대상이 되는 독립된 행정처분에 해당하지 아니한다.[41]

2. 수용권의 위헌 여부

가. 수용권 발생

도시기능의 회복 및 상권활성화 등을 통한 도시환경을 개선하기 위한 토지등소유자가 20인 미만인 도시정비형 재개발사업도 주택정비형 재개발사업과 마찬가지로 공익사업이고, 원칙적으로 일정한 지역 범위 내에서 기존 건축물을 철거하고 그 위에 새로운 건축물을 건설하여 분양희망자에게 배분하는 방식으로 추진된다.

---

41) 대법원 2013. 6. 13. 선고 2011두19994 판결.

따라서 사업시행자 측이 정비구역 내에 소재하는 토지 및 건축물의 소유권을 확보하지 못하면 도시정비형 재개발사업의 추진이 불가능하므로 이를 확보할 수 있는 장치로서 수용권을 부여하는 것은 불가피하다.

토지등소유자가 20인 미만인 도시정비형 재개발사업에서 전체 토지등소유자로 구성되는 조합이 사업시행자가 되는 경우에는 전체 토지등소유자의 이익 및 공익을 위하여 수용권이 긍정될 수 있음에는 이론의 여지가 없다.

나. 문제의 소재

토지등소유자 개인이 사업시행자인 경우에도 행정주체가 되고 수용권이 부여된다. 이에 따라 정비구역 내의 토지등소유자 중 분양신청을 하지 아니한 자들은 개발이익이 배제된 채 현금보상만을 받고, 토지등에 대한 소유권을 상실하게 된다. 토지등소유자 개인이 사업시행자인 정비사업의 경우 대토지소유자로서 사업시행자인 토지등소유자 1인 또는 소수에게 개발이익의 대부분 또는 상당 부분이 귀속될 여지가 있는바, 그럼에도 불구하고 개인인 사업시행자에게 수용권을 부여하는 것이 타당한 것인지, 토지등소유자들의 재산권을 침해한 것은 아닌지 여부가 문제된다.

다. 헌법재판소(합헌)

헌법재판소는 합헌이라고 결정하였다.[42] 그 논거는 다음과 같다.

① 토지등소유자가 수용의 주체가 되나, 그에게 수용권을 부여하는 것은 사업시행계획인가를 행하는 시장·군수등이며(수용권에 대한 판단권한이 행정청에게 유보되어 있다), 비록 사인이 수용의 주체가 된다 하더라도 이는 행정청의 결정에 따른 구체적인 실행에 불과한 것이다.

② 사업시행자가 정비사업에 관한 공사를 완료한 때에는 시장·군수의 준공인가를 받아야 하고(제83조) 정비사업이 인가받은 사업시행계획대로 완료되지 아니한 때에는 시장·군수는 공사의 중지·변경 등 필요한 조치를 취할 수 있으며(제113조), 정비사업의 시행으로 조성된 대지 및 건축물은 관리처분계획에 의하여 이를 처분하여야 하는데, 종전자산 및 종후자산은 감정평가를 통하여 산정하도록 규

---

42) 헌재 2011. 11. 24. 선고 2010헌가95 등 결정.

정되어 있고(제74조 제4항 제1호), 토지등의 수용에 관하여 토지보상법을 준용하며 (제63조) 환매권을 보장하고 있는 등(법 제91조)으로 법은 도시정비형 재개발사업의 시행자인 사인이 자신의 이윤추구에 치우친 나머지 애초 도시정비형 재개발사업으로 달성하고자 하는 공익목적을 훼손할 위험성을 방지하는 제도적 규율을 마련하고 있다.

라. 결 론

사업시행자 측이 사업구역 내에 소재하는 토지 및 건축물의 소유권을 확보하지 못하면 도시정비형 재개발사업의 추진이 불가능하므로 토지등소유자 개인이 사업시행자가 되는 재개발사업에서도 사업시행자에게 수용권을 부여함은 불가피하다. 다만 사업시행계획인가의 동의요건은 보다 엄격함이 필요하다. 즉, 법은 2017. 2. 8. 법률 제14567호로 전부개정 되어 토지등소유자 전체 숫자가 20인 미만이라는 엄격한 요건을 전제로 하고 있고, 동의요건도 강화하여 앞서 연혁규정에 본 바와 같이 최초에는 토지등소유자 4분의 3 이상 동의만이 요건이었으나, 그 후 토지등소유자 4분의 3 이상의 동의 외에 토지면적 2분의 1 이상의 토지소유자의 동의요건이 추가되었다. 이는 토지등소유자 개인이 사업시행자가 되는 토지등소유자가 20인 미만인 재개발사업에서의 사업시행계획인가는 조합설립인가와 법적 성질이 유사한바, 재개발사업의 경우 조합설립인가 요건으로 토지면적 2분의 1 이상 토지소유자의 동의를 요구하므로 그것과의 균형을 고려한 것으로 보인다.

그러나 일반 재개발사업에서 조합설립인가의 경우 토지면적의 2분의 1 이상이라는 토지소유자의 동의를 요구함은 다수의 조합원이 존재함을 전제로 하는 것인데, 토지등소유자 개인이 사업시행자가 되는 토지등소유자가 20인 미만인 재개발사업의 경우에는 토지등소유자가 소수에 불과한 점을 고려하여 입법론으로는 재건축사업(토지면적 4분의 3 이상 토지소유자의 동의) 정도의 토지면적에 대한 동의를 검토할 필요가 있다.

V. 개인이 사업시행자인 토지등소유자가 20인 미만인 재개발사업의 시행절차

1. 정비사업 절차 일반

가. 일반적인 사업형태

조합을 설립하지 아니하고 토지등소유자 개인이 시행하는 도시정비형 재개발사업은 정비구역 내 상당 부분의 토지 또는 건축물을 매입한 1인 또는 수인의 대토지 소유자와 몇몇의 소필지 또는 건축물 소유자들로 구분되며, 그중 대토지 소유자가 주도하여 정비사업을 추진하는 것이 일반적 형태이다.[43] 도심지에서 호텔, 주상복합건물 등을 건축하는 방식으로 사업을 시행하는 경우 막대한 자금이 소요되는데, 1인 또는 수인의 대토지 소유자의 경우 주로 Project Financing을 통해 자금을 조달한다. 그와 관련하여 SPC(특수목적법인)방식과 PFV(프로젝트 금융투자회사)방식으로 나누어 시행되고 있다.

SPC(특수목적법인)방식은 1인 또는 수인의 대토지 소유자 등이 SPC를 설립하고, SPC가 1인 또는 수인의 대토지 소유자 등으로부터 토지등을 양도받고, 사업시행자 변경절차를 거쳐 처음부터 사업시행자가 되어 Project Financing을 통하여 자금을 조달하고 호텔, 주상복합건물 신축사업을 시행하는 방식이다.

PFV(프로젝트 금융투자회사)방식은 1인 또는 수인의 대토지 소유자, 금융기관 및 기타 투자자 등이 자금 및 현물을 출자하여 호텔, 주상복합건물 신축사업을 효율적으로 추진하기 위해 사실상 페이퍼 컴퍼니인 PFV를 설립하고, PFV가 자산관리업무는 출자자 등 자산관리회사에 위탁하고, 자금관리업무는 금융기관에 위탁한 채 호텔, 주상복합건물 신축사업을 시행하는 방식이다.

양 방식 모두 새로운 법인을 설립하여 그 법인에 모든 사업을 귀속시키므로 자금조달이 용이하고, 사업의 위험이 분산되며 사업의 신뢰가 확보됨으로써 정비사업의 진행이 원활하여 널리 사용된다. 다만 금융기관이 일정비율 이상을 출자해야 하고 자본금의 제한이 있으나, 금융 및 세제 지원에 있어 PFV방식이 SPC방식보다 상대적으로 우월하여 중대규모 사업에서는 PFV방식이 주로 시행되고, 중소

---

43) 대법원 2011. 6. 30. 선고 2010두238 판결.

규모 사업에서는 SPC방식이 널리 시행된다.

나. 사업시행계획인가 시까지의 절차

조합설립을 위한 추진위원회 구성과 조합설립인가절차가 생략되는 외에 다른 절차는 조합이 시행하는 방식과 동일하다. 구체적으로 조합을 설립하지 아니하고 토지등소유자 개인이 사업시행자가 되는 경우의 절차를 개관한다.

⑴ 토지등소유자 20인 미만인 재개발사업(도시정비형 재개발사업)에서 특별시장 등이 재개발구역을 지정하고 재개발정비계획을 결정하여 고시하면, 일부 토지등소유자는 도시정비형 재개발사업을 시행할 목적으로 규약안, 사업시행계획안을 마련한 후 정비구역 내 토지등소유자들을 대상으로 토지등소유자 총회의 소집을 통지하고, 임시총회를 개최하여 다음에서 살펴볼 토지등소유자의 4분의 3 이상의 동의 및 토지면적 2분의 1 이상의 토지소유자의 동의를 받아 사업시행에 관한 규약을 제정(통상적으로는 조합이 사업시행자인 경우의 표준정관을 기초로 작성된다)하고, 자신을 사업시행자로 정하며, 사업시행계획을 확정한 후, 사업시행계획인가신청서에 사업시행계획서, 규약, 토지등소유자의 동의서 및 토지등소유자의 명부를 첨부하여 관할 행정청에 인가를 신청하게 된다.

⑵ 사업시행계획인가신청에 따른 후속절차는 일반적 사업시행계획의 경우와 동일하다(제2장 제2절 "Ⅵ. 사업시행계획 인가 신청 및 후속절차" 참조).

시장·군수등의 처리기한이 사업시행계획서의 제출이 있은 날부터 60일인 점은 동일하다. 앞서 본 바와 같이 설권행위인 조합설립인가를 위한 신청에 대하여는 처리기한에 대하여 아무런 규정을 두고 있지 않은바, 개인이 사업시행자가 되는 토지등소유자 20인 미만의 재개발사업에서의 사업시행계획인가가 동일하게 설권행위이고, 행정주체의 지위를 부여하는 것이므로 그 처리에 신중을 기하여야 하는 점에 비추어 사업시행계획인가 신청에 대하여 처리기한을 둔 것이 부당해 보이나, 이는 훈시규정에 불과하므로 특별히 문제되지 아니한다.

시장·군수등은 사업시행계획인가의 시기조정이 가능하고, 서류의 공람 공고 및 토지등소유자에 대한 통지, 의견제출 등의 절차를 거쳐야 하며, 일반적 사업시행계획인가와 마찬가지로 부관 등을 첨부하여 인가할 수 있다.

시장·군수등은 사업시행계획인가 이후 사업시행계획인가서를 사업시행자에게 교부하고, 지방자치단체의 공보에 고시하여야 하며, 해당 지방자치단체의 인터넷 홈페이지에 실어야 한다.

다. 사업시행계획인가 이후의 후속행위

(1) 소재 확인 곤란 건축물의 처분 및 시공자 선정

조합이 사업시행자가 되는 경우에는 조합설립인가일 이후이나, 개인이 사업을 시행하는 토지등소유자가 20인 미만인 재개발사업의 경우에는 사업시행계획인가일 이후 소유자의 소재 확인이 곤란한 건축물 등의 처분이 가능하다(법 제71조 제1항 제2호). 사업시행자는 사업시행계획인가를 받은 후 자치규약에 따라 건설업자 또는 등록사업자를 시공자로 선정하여야 한다(법 제29조 제5항). 시공자 선정방법은 앞서 본 바이다.

(2) 사업시행계획변경

토지등소유자가 시행하는 재개발사업에 있어 사업시행자는 사업시행계획의 한 요소에 해당한다. 따라서 대토지 소유자로서 사업시행자가 자신의 토지를 양도한 경우에는 그 양수인으로 사업시행자를 변경하는 사업시행계획변경이 이루어진다. 법 제129조는 "사업시행자의 변동이 있는 때에는 종전의 사업시행자의 권리·의무는 새로 사업시행자로 된 자가 승계한다."고 규정하고 있으므로, 그 경우 새로운 사업시행자는 종전 사업시행자의 권리의무를 승계한다.

(3) 관리처분계획인가 및 후속절차

(개) 사업시행계획인가 이후 사업시행자는 사업시행계획에 기초하여 분양신청절차를 진행한 후, 분양신청자들의 신청내용을 기초로 관리처분계획을 작성하여 주민총회를 개최하여 이를 의결한 후,[44] 분양신청하지 않은 현금청산대상자들에 대

---

44) 표준정관을 기초로 작성되는 규약에서는 관리처분계획의 수립, 변경을 총회의결사항으로 규정하고 있고, 총회의 의결방법으로는 '도시정비법, 자치규약에서 특별히 정한 경우를 제외하고는 토지등소유자 과반수 출석으로 개의하고, 출석 토지등소유자 과반수의 찬성으로 의결하며, 단 총회에 토지등소유자의 100분의 10 이상이 출석하여야 한다.'라고 규정하고 있는 것이 일반적이다. 법 제45조 제4항, 제1항 제10호는 관리처분계획의 수립 및 변경에 대하여는 조합원 과반수의 찬성(정비사업비가 100분의 10 이상 늘어나는 경우 3분의 2 이상)으로 의결하고, 조합원 100분 20 이상이 직접 출석하도록 규정하고 있으므로, 위 자치규약 규정에 따라 위 도시정비법 제45조 제4항, 제1항 제10호가 적용된다.

하여 수용절차를 진행하게 되고, 공사착공 후 준공인가, 이전고시 등의 절차를 거치게 된다.

㈏ 사업시행자는 대지 또는 건축물을 분양받은 자가 종전에 소유하고 있던 토지 또는 건축물의 가격과 분양받은 대지 또는 건축물의 가격 사이에 차이가 있는 경우 이전고시가 있은 후에 그 차액에 상당하는 금액(청산금)을 분양받은 자로부터 징수하되, 예외적으로 자치규약에서 분할징수 및 분할지급에 대하여 정하고 있거나 총회의 의결을 거쳐 따로 정한 경우에는 분양계약에 따라 관리처분계획인가 후부터 이전고시일까지 일정기간별로 분할징수하거나 분할지급하게 된다.

㈐ 사업시행자가 조합인 경우에는 법 제93조 제1항에 의하여 토지등소유자에 대하여 정비사업의 시행과정에서 발생한 수입(일반분양분 등)에서 소요된 정비사업비의 차액을 조합원에게 부과·징수할 수 있고, 이는 부과처분의 형태로 이루어진다. 그러나 토지등소유자가 시행하는 재개발사업에 있어서는 위 법 제93조 제1항의 규정이 적용될 수 없으므로, 대토지소유자인 사업시행자가 정비사업비를 부담하게 된다.

정비사업비의 부담시기 및 절차는 조합이 사업시행자인 경우 정관 기재사항이고 그 변경에 토지등소유자 3분의 2 이상의 찬성을 요하며, 정관에 이와 달리 규정하더라도 그 효력이 없는바, 만일 자치규약상 정비사업비의 부담시기 및 절차의 변경에 토지등소유자 과반수의 출석에 과반수 찬성이라는 단순 다수결 요건으로 규정한 경우, 그와 같은 규약의 내용이 위법하여 무효인지 여부가 문제된다.

법 제40조 제3항이 사업의 비용부담과 관련하여 그 변경에 가중다수결을 요구하는 것은 토지등소유자가 종국적으로 사업비용을 부담하는 것을 전제로 한 것인데, 토지등소유자 개인이 시행하는 재개발사업에 있어서는 사업비용을 개인인 토지등소유자가 부담하므로, 사업비용의 증액이 다른 토지등소유자들의 이익을 침해하지는 아니한다. 따라서 자치규약상 사업비용 증액에 가중다수결을 요구하지 않는다고 하여 위법한 것으로 볼 수 없다.

⑷ 분양과 개발이익

개인이 사업시행자인 토지등소유자 20인 미만의 도시정비형 재개발사업은 주로 도심 또는 부도심 등 도시기능의 회복이나 상권활성화 등이 필요한 지역에서,

빌딩 등의 건설과 그에 따른 상가분양이 이루어지는 경우가 많고 일부 공동주택에 대한 분양도 이루어진다.

1인 또는 소수의 토지소유자인 사업시행자는 공동주택의 경우 분양수익을 통하여, 상가의 경우에는 스스로 다수의 상가를 취득하는 방법으로 개발이익의 상당 부분을 전속적으로 취득할 여지가 있기는 하다. 그러나 이는 사업비를 모두 부담하는 위험을 안은 채 진행되는 사업의 특성상 사업시행자에게 그에 대한 대가로 개발이익에 대한 인센티브가 부여되는 측면이 있고, 또한 상가의 경우에는 주변 상권의 변화에 따른 변동의 여지가 많아 개발이익의 발생이 확정적인 것으로 단정하기도 어렵다.

2. 규약제정을 위한 동의율

개인이 사업을 시행하는 토지등소유자가 20인 미만인 재개발사업의 경우에도 조합이 사업시행자인 방식에서의 정관과 유사한 규약을 제정하여야 하는바, 그 규약제정을 위한 동의율에 관하여 다음과 같은 견해의 대립이 있다.

가. 학 설

⑴ 토지등소유자 3분의 2 동의설

정비구역 내의 토지등소유자 집단은 그 성격상 민법상의 비법인사단에 해당하므로, 규약의 제정에 관하여는 사단법인의 정관변경에 관한 민법 제42조 제1항의 규정을 유추적용하여 토지등소유자 3분의 2 이상의 동의를 요한다.

⑵ 토지등소유자 4분의 3 이상 동의 및 토지면적 2분의 1 이상 토지소유자 동의설

개인이 사업을 시행하는 토지등소유자가 20인 미만인 재개발사업에서 사업시행계획인가는 설권적 처분이고 수용권이 발생하므로, 사업시행자가 조합인 경우의 조합설립인가에 필요한 동의와 유사한 점, 사업시행계획인가신청서에 첨부해야 할 서류에는 규약 및 토지등소유자의 동의서, 토지등소유자의 명부를 첨부하는 점 등에 비추어 사업시행계획인가의 요건과 동일하게 토지등소유자 4분의 3 이상 동의 및 토지면적 2분의 1 이상 토지소유자의 동의를 요한다.

나. 판 례

당시는 법에 사업시행계획인가에 대한 동의율 조항이 신설되기 전으로서, 조합설립인가와 관련한 구 법 제16조 제1항(법이 2007. 12. 21. 법률 제8785호로 개정된 이후부터 2009. 2. 6. 법률 제9444호로 개정되기 전까지로서 당시는 토지면적 2분의 1 이상 토지소유자의 동의 규정이 도입되기 전이다)을 유추적용하여 토지등소유자 4분의 3 이상의 동의를 요한다고 판시하였다.[45]

다. 결 론

개인이 사업을 시행하는 토지등소유자가 20인 미만인 재개발사업에서 사업시행계획인가는 조합설립인가와 법적 성질이 유사하므로, 규약제정을 위한 동의율도 마찬가지로 토지등소유자 4분의 3 이상 동의 및 토지면적 2분의 1 이상 토지소유자 동의로 봄이 타당하다.

3. 사업시행계획인가의 요건

가. 규 정

법이 2009. 2. 6. 법률 제9444호로 개정되면서 구 도시환경정비사업에서 토지등소유자가 이를 시행하는 경우에는 사업시행계획인가를 신청하기 전에 사업시행계획서에 대하여 토지등소유자 4분의 3 이상의 동의를 얻어야 한다고 규정하였고(구 법 제28조 제7항 전단), 인가받은 사항을 변경하고자 하는 경우에는 규약이 정하는 바에 따라 토지등소유자의 과반수의 동의를 얻어야 하되, 경미한 변경의 경우에는 토지등소유자의 동의를 요하지 아니한다고 규정하였다(구 법 제28조 제7항 후단).

그 후 2017. 2. 8. 법률 제14567호로 전부개정 된 현행 법에서는 토지등소유자는 사업시행계획인가를 신청하기 전에 사업시행계획서에 대하여 토지등소유자(정비구역 안에 소재한 토지 또는 건축물의 소유자 또는 그 지상권자) 4분의 3 이상의 동의 및 토지면적 2분의 1 이상의 토지소유자의 동의를 받아야 한다고 규정하고 있다(법 제50조 제6항, 제25조 제1항 제2호).

---

45) 대법원 2011. 6. 30. 선고 2010두238 판결, 대법원 2011. 6. 30. 선고 2010두1347 판결.

사업시행자는 법 시행규칙 제10조 제1항 [별지 제8호 서식] '사업시행계획인가 신청서'에 규약, 토지등소유자의 동의서 및 토지등소유자의 명부, 사업시행계획서 등을 첨부하여 인가를 신청하여 관할 행정청으로부터 인가를 받아야 한다. 이 경우 추진위원회의 구성, 조합설립에서와 동일하게 동의의 방법은 서면동의서에 토지등소유자가 성명을 적고 지장(指章)을 날인하는 방법으로 하며, 주민등록증, 여권 등 신원을 확인할 수 있는 신분증명서의 사본을 첨부하여야 한다(법 제36조 제1항 제4호).

한편, 인가받은 사항을 변경하고자 하는 경우에는 규약이 정하는 바에 따라 토지등소유자의 과반수의 동의를 얻어야 하되, 경미한 사항의 변경인 경우에는 토지등소유자의 동의를 요하지 아니한다고 규정하고 있다(법 제50조 제6항 단서).

나. 토지등소유자의 동의자 수 산정과 관련한 쟁점

토지등소유자 개인이 사업시행자가 되는 토지등소유자가 20인 미만인 재개발사업(도시정비형 재개발사업) 또한 재개발사업이므로, 토지등소유자의 동의자 수 산정과 관련하여서는 법 시행령 제33조 제1항 제1호의 원칙 규정이 적용된다. 다만, 토지등소유자가 20인 미만인 재개발사업(도시정비형 재개발사업)의 특성과 관련하여 다음과 같은 예외가 있다.

(1) 토지등소유자가 정비구역 지정 후에 정비사업을 목적으로 취득한 토지등의 특칙

(가) 앞서 조합설립인가에서 살펴본 바와 같이 1인이 다수 필지의 토지 또는 다수의 건축물을 소유하고 있는 경우에는 필지나 건축물의 수에 관계없이 토지등소유자를 1인으로 산정함이 원칙이나, 토지등소유자가 정비구역 지정 후에 정비사업을 목적으로 취득한 토지 또는 건축물에 대해서는 정비구역 지정 당시의 토지 또는 건축물의 소유자를 토지등소유자의 수에 포함하여 산정하되, 이 경우 동의 여부는 이를 취득한 토지등소유자에 따른다[법 시행령 제33조 제1항 제1호 (다)목 단서].

(나) 토지등소유자 개인이 사업시행자가 되는 토지등소유자가 20인 미만인 재개발사업(도시정비형 재개발사업)은 도심 내 상업지역·공업지역 등에서 빌딩, 주상

복합건물 등을 신축하는 사업이 주를 이루고, 사업시행자인 토지등소유자가 사업의 시행과정에서 편의상 다수의 토지등을 매입하는 경우가 많다. 그럼에도 불구하고 일반적 재개발사업의 토지등소유자 수 산정기준에 따라 1인이 다수 필지의 토지를 소유한 경우 필지 수에 관계없이 1인으로 산정하게 되면, 사업시행자인 토지등소유자가 사업의 편의를 위하여 사업구역 내 토지를 취득하면 할수록 전체 소유자의 수가 감소하게 되고, 사업시행자가 아닌 토지등소유자가 다수로 되어 (동의율이 낮아져) 결과적으로 토지등소유자 4분의 3 이상 동의의 충족이 어려워 사업시행이 불가능하게 되는 문제가 발생하게 된다.

위와 같은 문제점을 해소하여 정비사업의 원활한 진행이 가능하도록 토지등소유자 개인이 사업시행자가 되는 토지등소유자가 20인 미만인 재개발사업의 경우에는 정비구역 지정 후에 토지등소유자가 정비사업을 목적으로 취득한 토지 또는 건축물에 대해서는 정비구역 지정 시를 기준으로 토지등소유자 수를 산정하되, 동의는 이를 취득한 토지등소유자에 따른다는 특칙을 두게 되었다.

앞서 본 바와 같이 사업시행계획인가를 신청하는 과정에서 토지등소유자들로 구성된 임시총회가 개최되어 규약을 제정하게 되는데, 규약에 법 시행령 제33조 제1항 제1호 (다)목 단서의 내용을 규정하는 경우가 흔히 있다.

(다) 위 규정은 '토지등소유자가 정비구역 지정 후에 정비사업을 목적으로 취득한 토지 또는 건축물에 대하여'라고 규정하고 있다. 위 규정의 해석과 관련하여 위 규정의 토지등소유자는 정비구역 지정 당시의 토지등소유자에 국한되는 것인지 또는 정비구역 지정 후에 토지등을 양수하여 사업시행자가 되는 경우에도 적용되는지 여부가 문제된다.

위 규정의 '토지등소유자'를 반드시 정비구역지정 당시의 토지등소유자로 제한하여 해석할 근거가 없고, 위 조항의 입법취지 등에 비추어 정비구역 지정 후에 토지등을 취득하여 사업시행자가 되려는 토지등소유자도 포함한다.[46]

(2) 신탁의 경우 특칙

(가) 토지등소유자 개인이 사업시행자가 되는 토지등소유자가 20인 미만인 재개

---

46) 서울고등법원 2021. 9. 16. 선고 2020누68457 판결(확정) 및 하급심인 서울행정법원 2020. 11. 13. 선고 2018구합6768 판결.

발사업(도시정비형 재개발사업)에 있어서는 종전부터 사업시행을 위하여 또는 사업시행과 관련하여 부동산에 관한 처분신탁 또는 담보신탁 등에 의한 사업방식이 관행적으로 이루어져 왔다.[47] 1인 또는 수인의 대토지 소유자는 정비구역 내 다른 부동산 소유자들로부터 그들의 토지등을 매수하는 과정에서 금융기관으로부터 자금을 조달하되, 금융기관과 부동산관리 및 처분신탁계약 또는 담보신탁계약을 체결하고, 금융기관에 신탁을 원인으로 한 소유권이전등기를 마쳐주게 된다.

(내) 신탁법상의 신탁은 위탁자가 수탁자에게 특정의 재산권을 이전하거나 기타의 처분을 하여 수탁자로 하여금 신탁 목적을 위하여 그 재산권을 관리·처분하게 하는 것이므로, 부동산신탁에 있어서 수탁자 앞으로 소유권이전등기를 마치게 되면 대·내외적으로 소유권이 수탁자에게 완전하게 이전되는 것인바,[48] 그 경우 재개발사업에서의 전체 토지등소유자의 수 및 동의자 수를 산정할 때에도 수탁자를 기준으로 하여야 하는지 여부가 문제된다.

법은 재개발사업의 경우 '토지등소유자'는 정비구역에 위치한 토지 또는 건축물의 소유자 또는 그 지상권자이고, 다만 예외적으로 재개발사업 및 재건축사업의 조합설립을 위한 동의요건 이상에 해당하는 자가 신탁업자를 사업시행자로 지정하는 것에 동의하는 때 등 법 제27조 제1항에 따라 시장·군수등이 특정인을 사업시행자로 지정하여 정비사업을 시행함에 있어 자본시장법 제8조 제7항에 따른 신탁업자가 사업시행자로 지정된 경우에 토지등소유자가 정비사업을 목적으로 신탁업자에게 신탁한 토지 또는 건축물에 대하여는 위탁자를 토지등소유자로 본다고 규정하고 있을 뿐이다(법 제2조 제9호, 법 제27조 제1항).

(대) 전체 토지등소유자의 수 및 동의자 수를 산정함에 있어서는 직접 이해관계를 가지는 위탁자를 기준으로 함이 타당하다.[49] 그 논거는 다음과 같다.

① 토지등소유자 개인으로 하여금 토지등소유자의 동의를 얻어 도시정비형 재개발사업을 시행할 수 있도록 하는 것은 도시정비형 재개발사업과 직접적인 이해관계가 있는 당사자를 주체(사업시행자)로 하여 사업을 추진하고 또한 그러한 이해관계인의 의견을 반영하려는 취지이다.

---

47) 대법원 2015. 6. 11. 선고 2013두15262 판결.
48) 대법원 2013. 1. 24. 선고 2010두27998 판결.
49) 대법원 2015. 6. 11. 선고 2013두15262 판결.

② 토지등소유자가 도시정비형 재개발사업 시행을 위하여 또는 그 사업 시행과 관련하여 직접적인 이해관계를 가지는 당사자로서 부동산을 신탁한 경우에 그 사업의 시행은 신탁의 목적에 부합하고, 부동산신탁은 토지등소유자의 의사에 기하여 추진되는 도시정비형 재개발사업 시행을 위한 수단으로서 기능하게 되므로, 사업시행에 직접 이해관계를 가지는 종전 토지등소유자인 위탁자가 주체가 되어야 한다.

㈃ 다만 위 법리는 토지등소유자 개인이 사업시행자가 되는 토지등소유자가 20인 미만인 재개발사업(도시정비형 재개발사업)에서 사업시행을 위한 자금조달을 위하여 일반적으로 신탁제도가 이용되는 점을 고려한 것으로서, 그 외의 다른 정비사업에 곧바로 적용될 수는 없다.

⑶ 동의정족수 충족 시점

일부 토지등소유자가 도시정비형 재개발사업을 시행할 목적으로 토지등소유자의 4분의 3 이상 동의 및 토지면적의 2분의 1 이상의 토지소유자의 동의를 받아 규약과 사업시행계획을 확정한 후, 사업시행계획인가를 신청하게 되는데, 그 과정에서 사업구역 내의 토지 또는 건축물 등의 소유권변동으로 인하여 전체 토지등소유자(분모)가 달라질 수 있다. 그 경우 동의율 충족여부를 판단하는 기준시점이 문제된다.

판례가 조합설립인가와 관련하여 조합설립인가를 위한 동의정족수는 조합설립인가신청 시를 기준으로 판단하여야 한다고 판시한 점은 앞서 본 바인바, 토지등소유자 개인이 사업시행자가 되는 토지등소유자가 20인 미만인 재개발사업에서 사업시행계획인가는 조합설립인가와 마찬가지로 설권행위인 점에 비추어 마찬가지로 사업시행계획인가신청 시를 기준으로 판단하는 것이 타당하다.

Ⅴ. 기타 쟁점

1. 토지소유자 아닌 자에 대한 건축허가에 필요한 동의서 요부(부정)

다음에서 살펴보듯이 사업시행계획인가를 받은 때에는 건축법 제11조에 따른 건축허가를 받은 것으로 의제된다(법 제57조 제1항 제3호). 사업시행계획서에는 '건축물의 높이 및 용적률 등에 관한 건축계획'이 포함되어 있다(법 제52조 제1항 제9호). 특별시, 광역시에서 21층 이상의 건축물, 연 면적 10만㎡ 이상의 건축물을 건축하는 경우에는 시장의 허가를 받아야 한다고 규정하고 있다(건축법 시행령 제8조 제1항).

서울특별시 건축조례 제7조 제1항의 1의 1)항은 '연면적의 합계가 10만㎡ 이상이거나 21층 이상 건축물의 건축에 관한 사항'에 대하여 서울시 건축심의위원회 심의사항으로 규정하였고, 같은 조 제3항은 2021. 1. 7. 서울특별시 건축조례 제7859호로 개정되기 이전에는 "제1항에 따른 건축물을 건축하고자 하는 자는 법 제11조에 따른 건축허가를 신청하기 전에 심의를 신청할 수 있다. 다만, 토지소유자가 아닌 자(도시정비법에 따른 정비사업의 시행자를 제외한다)가 신청하는 경우에는 토지면적 3분의 2 이상에 해당하는 토지소유자의 동의서를 제출하여야 한다."고 규정하였다.

위 규정상 '도시정비법에 따른 정비사업의 시행자'의 의미는 개개 토지등소유자와 무관한 별도의 행정주체로서의 조합을 의미하는 것이고, 개개의 토지등소유자가 사업시행자가 되는 경우는 제외되어야 한다는 견해가 있었다. 그 후 위 조례는 2021. 1. 7. 서울특별시 조례 제7859호로 개정되면서 토지소유자가 아닌 자로서 토지면적 3분의 2 이상에 해당하는 토지소유자의 동의서가 면제되는 대상으로 명확히 도시정비법에 따른 정비사업의 시행자뿐만 아니라 '토지등소유자 방식으로서 사업시행계획인가 신청 동의요건을 갖춘 경우'를 제외하여 논란을 해소하였다.

2. 사업시행계획변경에 필요한 요건 관련

가. 법정 동의서 요부

(1) 문제의 소재

서면동의서에 토지등소유자가 성명을 적고 지장(指章)을 날인하는 방법으로 하며, 주민등록증, 여권 등 신원을 확인할 수 있는 신분증명서의 사본을 첨부하여야 하는 경우로서 법 제36조 제1항 제10호 본문은 토지등소유자가 재개발사업을 시행하려는 경우를 들고 있고, 이는 사업시행계획에 대하여 최초로 인가를 받는 경우에 적용됨은 명백하다. 다만 사업시행계획변경에 필요한 토지등소유자의 과반수 동의를 받음에 있어서도, 위와 같은 법정의 동의서를 사용하여야 하는지 여부가 문제된다.

(2) 판단(부정)

사업시행계획 변경인가의 경우에는 자치규약이 정하는 바에 따라 동의를 받으면 유효하고, 반드시 지장 등 날인방식의 동의에 의할 필요는 없다.[50] 그 논거는 다음과 같다.

① 법 제50조 제6항 후단은 전단과 달리 '규약으로 정하는 바에 따라' 토지등소유자의 과반수의 동의를 받아야 한다고 규정하고 있는바, 이는 토지등소유자가 시행하는 도시정비형 재개발사업에 있어서는 변경을 위한 동의방법에 대하여 규약에 위임한 것으로 해석된다.

② 조합설립인가 및 변경인가와 관련하여서는 구 법은 모두 동의를 요하는 것으로 규정하였다가, 법이 2017. 2. 8. 법률 제14567호로 전부개정되어 조합설립변경인가에 대하여는 총회 결의(조합원의 3분의 2 이상의 찬성)에 의하는 것으로 변경되었는바, 이는 수용권을 설정하는 설권적 처분으로 그 성격이 유사한 토지등소유자 개인이 시행하는 도시정비형 재개발사업의 사업시행계획인가 및 그 변경인가에도 동일하게 유추적용될 수 있으므로, 변경의 경우에는 법정의 양식에 의한 동의를 요하지 아니하는 것으로 해석된다.

나. 과반수 찬성에 의한 총회의결 가능여부

㈎ 문제의 소재

법 제50조 제6항 단서는 사업시행계획변경의 경우 규약으로 정하는 바에 따라 토지등소유자의 '과반수의 동의'를 받아야 한다고 규정하고 있으나, 실무상 자치규약에는 전체 토지등소유자 총회의 의결사항 중 하나로 '사업시행계획인가의 변경에 관한 사항'을 규정하고 있고, 인가받은 사업시행계획을 변경함에 있어 과반수의 찬성에 의한 총회의 의결을 거치는 경우가 있다. 사업시행자가 변경인가를 받음에 있어 토지등소유자 과반수의 동의서를 징구하는 대신 총회의 과반수 찬성의결을 거치는 경우 그 변경인가의 유효성 여부가 문제된다.

---

50) 서울고등법원 2021. 9. 16. 선고 2020누68457 판결(확정) 및 하급심인 서울행정법원 2020. 11. 13. 선고 2018구합6768 판결.

(나) 판단(유효)

변경인가에 반드시 법 제36조 제1항의 법정 동의서를 요하지 않음은 앞서 본 바인바, '규약으로 정하는 바에 따라'의 의미와 관련하여 동의 방식 자체를 규약에 위임한 것으로 볼 수 있으므로, 그에 따른 총회결의 방식도 유효한 것으로 해석되는 점, 조합이 사업시행자인 경우 사업시행계획 작성 및 변경 모두 총회에서의 조합원 과반수 찬성의결이 요건인 점, 수용권을 설정하는 설권적 처분으로 그 성격이 유사한 조합이 시행자가 되는 조합설립인가의 경우 인가받은 사항을 변경하려는 경우에는 조합원 2/3 이상의 찬성으로 의결하고 있는 점(법 제35조 제5항) 등에 비추어 과반수 찬성의결의 경우에도 유효하다고 보아야 한다.[51]

설령 '동의'와 '의결'은 구분되므로 방식 자체를 규약에 위임한 것으로 볼 수 없어 총회의결에 따른 동의에 하자가 있는 것으로 본다 하더라도, '규약으로 정하는 바에 따라' 부분의 문언적 의미가 명확한 것이 아니어서 동의 방식 자체에 대하여도 정관에 위임한 것으로 해석될 여지가 있는 점 등에 비추어 그 하자가 명백하다고 보기는 어렵다.[52]

다. 과반수 동의의 문제점

사업시행계획인가의 요건은 토지등소유자(정비구역 안에 소재한 토지 또는 건축물의 소유자 또는 그 지상권자) 4분의 3 이상 동의 및 토지면적 2분의 1 이상의 토지소유자의 동의이다. 그러나 사업시행계획변경의 경우에는 토지등소유자 과반수의 동의로 족한바, 이는 부당하고, 사업시행계획변경의 경우에도 그에 준하는 정도의 의결정족수가 필요하다.

토지등소유자 개인이 사업시행자가 되는 토지등소유자가 20인 미만인 재개발사업의 사업시행계획인가는 설권행위로서 이로써 토지등소유자는 행정주체의 지위를 가지고, 수용권을 통하여 다른 토지등소유자의 재산권의 제한이 가능하다. 그럼에도 불구하고, 설권행위의 대상인 사항(건물동수, 건물층수, 공동주택의 면적, 세대수 및 세대별 면적, 건폐율, 용적률, 연면적 등)을 토지등소유자 과반수의 동의로

---

51) 대법원 2019. 6. 13.자 2019두35114 심리불속행 판결 및 각 하급심인 서울고등법원 2019. 1. 17. 선고 2018누62043 판결, 서울행정법원 2018. 8. 24. 선고 2017구합61041 판결.
52) 대법원 2014. 2. 13. 선고 2011두21652 판결 등 참조.

변경이 가능하다고 한다면, 사업시행자는 사업시행계획인가 이후 용이하게 사업시행계획의 내용을 변경할 수 있다 할 것인바, 이는 사업시행계획인가에 토지등소유자 4분의 3 이상 동의 및 토지면적 2분의 1 이상의 토지소유자의 동의라는 엄격한 요건을 요구한 입법취지를 몰각시키게 될 것이다. 입법론으로는 조합설립변경인가와 같이 적어도 토지등소유자 3분의 2 이상의 찬성의결 등이 필요하다. 나아가 설권행위의 변경 방법을 규약에 위임하는 것도 매우 부당하므로, 법령에 명시함이 타당하다.

3. 특정무허가건축물 소유자에 대한 토지등소유자 지위 인정여부

토지등소유자들로 구성된 주민총회에서 규약을 제정함에 있어, "토지등소유자는 사업시행구역 안의 토지 또는 건축물의 소유자 또는 그 지상권자와 서울시 조례 제2조에서 말하는 특정무허가건축물 소유자로 한다."라고 규정하는 경우가 대부분이다. 조합이 사업시행자가 되어 수행하는 재개발사업의 경우 1989. 1. 24. 이전에 건축된 특정무허가건축물의 소유자에 대하여는 정관으로 조합원 자격을 부여하는 것이 일반적이므로 그에 상응하는 규약 규정이다.

위 규약 규정에 따라 사업시행계획인가 이후 특정무허가건축물 소유자는 토지등소유자의 지위를 취득하게 된다. 특정무허가건축물 소유자는 규약이 제정된 이후부터는 토지등소유자의 지위에서 주민총회에서 출석권·발언권 및 의결권을 행사할 수 있고, 사업시행변경에 대한 과반수 동의율 산정에 있어 의사 및 의결정족수에 포함된다.

4. 임시총회 이후 징구 동의서의 효력

법 시행령 제27조 제1항이 추진위원회는 조합설립 동의를 받은 후 조합설립인가를 신청하기 전에 법 제32조 제3항에 따라 창립총회를 개최하여야 한다고 규정하고 있으므로, 반드시 창립총회 이전에 토지등소유자로부터 동의를 받아야 하고, 창립총회 이후 징구한 동의서는 효력이 없다.

그러나 토지등소유자가 20인 미만인 재개발사업(도시정비형 재개발사업)에 있어서는 창립총회가 존재하지 아니하고 주민총회에서 규약을 제정하나, 법 시행령 제27조 제1항과 같은 규정이 존재하지 아니하므로, 사업시행계획인가신청에 관한

토지등소유자의 동의의사가 진정한 것인 이상 법 제36조 제1항이 규정한 법정의
동의서가 주민총회결의 후에 제출되었다고 하여 이를 무효로 볼 수 없다.[53]

5. 사업시행계획인가 취소와 변경인가의 관계

가. 토지등소유자 개인이 사업시행자가 되는 토지등소유자가 20인 미만인 재
개발사업(도시정비형 재개발사업)의 사업시행계획인가는 조합이 사업시행자인 경우
의 조합설립인가에 준하나, 한편 조합이 사업시행자인 경우의 개발을 위한 설계도
임과 동시에 개발에 부수되거나 파생되는 사항에 관하여 작성되는 정비사업과 관
련한 계획을 인가하는 성격도 모두 가지고 있다.

나. 사업시행계획인가에 필요한 동의요건의 하자 등과 관련된 경우에는 조합
설립인가에서 본 바와 같이 당초 사업시행계획인가가 쟁송에 의하여 취소되거나
무효로 확정된 경우에는 이에 기초하여 이루어진 사업시행계획변경인가도 원칙적
으로 그 효력을 상실하거나 무효이고, 또한 당초 사업시행계획인가 이후 여러 차
례 변경인가가 이루어졌고, 그 중 중간에 행하여진 사업시행계획변경인가가 쟁송
에 의하여 취소되거나 무효로 확정된 경우에 그의 후행 사업시행계획변경인가도
그 효력을 상실하거나 무효이다.

---

53) 대법원 2011. 6. 30. 선고 2010두238 판결.

제4장　사업시행계획인가의 효과

I. 총 설

정비사업은 조합의 설립, 사업시행계획, 관리처분계획 등의 단계를 거쳐 순차 진행되고, 각 단계에서 조합설립인가, 사업시행계획인가, 관리처분계획인가 등의 선행 행정처분이 이루어짐에 따라 후속절차가 진행되는 것이 정비사업의 특성이므로, 사업시행계획인가를 통하여 관리처분계획으로 나아갈 수 있다. 이는 매우 엄격하여 사업시행계획인가를 받지 아니하고 정비사업을 시행한 자는 법 제137조 제7호에 의하여 2년 이하의 징역 또는 2천만 원 이하의 벌금이라는 형사처벌을 받게 된다.

사업시행계획이 인가·고시되면 법 제57조 제1항에 의한 개별 법률에서 정한 각종 인·허가 등의 의제효과가 발생한다. 법정의 정지조건(법 제81조 제2항은 관리처분계획인가를 받은 후 기존의 건축물을 철거하여야 한다고 규정하여 관리처분계획인가 이후 착공 가능하다)이 부가된 건축허가의 효과가 발생하고, 주택법이 정한 사업계획승인의 효과가 발생한다.

사업시행계획이 인가되면 사업시행자는 원칙적으로 개발행위에 착수할 수 있는 반면, 반드시 사업시행계획내용대로 건축 등 개발행위를 하여야 하며, 만일 이를 위반하여 건축물을 건축한 자는 법 제137조 제7호에 의하여 2년 이하의 징역 또는 2천만 원 이하의 벌금이라는 형사처벌을 받게 된다.

정비구역 내 국·공유재산은 사업시행계획의 인가 고시가 있은 날 종전의 용도가 폐지된다. 용도폐지 되기 이전의 국·공유재산법상의 행정재산인 도로 등의 정비기반시설은 일반재산이 된다.[54]

---

54) 용도폐기 되기 이전의 사용허가나 점용허가는 모두 소멸한다(대법원 2015. 2. 26. 선고 2012두6612 판결, 대법원 2015. 11. 12. 선고 2014두5903 판결).

재개발사업의 경우에는 토지보상법 소정의 사업인정·고시가 있은 것으로 의제되고, 이에 따라 수용권이 발생한다. 재건축사업의 경우에는 매도청구가 가능하다. 개인이 사업시행자가 되는 토지등소유자가 20인 미만인 재개발사업에 있어 사업시행계획인가는 행정주체의 지위를 부여하는 별도의 효과가 발생되는 것 외에는 동일한 사업시행계획인가의 성격을 가지므로 그 효과는 동일하다. 이하에서는 사업시행계획인가의 효과와 관련 쟁점 및 후속절차에 관하여 살펴본다.

II. 효 과

1. 일반적 효과

가. 의제 규정

> 법 제57조(인·허가등의 의제 등)
>
> ① 사업시행자가 사업시행계획인가를 받은 때에는 다음 각 호의 인가·허가·승인·신고·등록·협의·동의·심사·지정 또는 해제가 있은 것으로 보며, 제50조 제9항에 따른 사업시행계획인가의 고시가 있은 때에는 다음 각 호의 관계 법률에 따른 인·허가등의 고시·공고 등이 있은 것으로 본다.
>
> 1. 주택법 제15조에 따른 사업계획의 승인
>
> 2. 공공주택 특별법 제35조에 따른 주택건설사업계획의 승인
>
> 3. 건축법 제11조에 따른 건축허가, 같은 법 제20조에 따른 가설건축물의 건축허가 또는 축조신고 및 같은 법 제29조에 따른 건축협의
>
> 4. 도로법 제36조에 따른 도로관리청이 아닌 자에 대한 도로공사 시행의 허가 및 같은 법 제61조에 따른 도로의 점용 허가
>
> 5. 사방사업법 제20조에 따른 사방지의 지정해제
>
> 6. 농지법 제34조에 따른 농지전용의 허가·협의 및 같은 법 제35조에 따른 농지전용신고
>
> 7. 산지관리법 제14조·제15조에 따른 산지전용허가 및 산지전용신고, 같은 법 제15조의2에 따른 산지일시사용허가·신고와 산림자원의 조성 및 관리에 관한 법률 제36조 제1항·제4항에 따른 입목벌채등의 허가·신고 및 산림보호법 제9조 제1항 및 같은 조 제2항 제1호에 따른 산림보호구역에서의 행위의 허가. 다만, 산림자원의 조성 및 관리에 관한 법률에 따른 채

종림 · 시험림과 산림보호법에 따른 산림유전자원보호구역의 경우는 제외한다.

8. 하천법 제30조에 따른 하천공사 시행의 허가 및 하천공사실시계획의 인가, 같은 법 제33조에 따른 하천의 점용허가 및 같은 법 제50조에 따른 하천수의 사용허가

9. 수도법 제17조에 따른 일반수도사업의 인가 및 같은 법 제52조 또는 제54조에 따른 전용상수도 또는 전용공업용수도 설치의 인가

10. 하수도법 제16조에 따른 공공하수도 사업의 허가 및 같은 법 제34조 제2항에 따른 개인하수처리시설의 설치신고

11. 공간정보의 구축 및 관리 등에 관한 법률(이하 '공간정보관리법'이라 한다) 제15조 제4항에 따른 지도등의 간행 심사

12. 유통산업발전법 제8조에 따른 대규모점포등의 등록

13. 국유재산법 제30조에 따른 사용허가(재개발사업으로 한정한다)

14. 공유재산법 제20조에 따른 사용 · 수익허가(재개발사업으로 한정한다)

15. 공간정보관리법 제86조 제1항에 따른 사업의 착수 · 변경의 신고

16. 국토계획법 제86조에 따른 도시 · 군계획시설 사업시행자의 지정 및 같은 법 제88조에 따른 실시계획의 인가

17. 전기안전관리법 제8조에 따른 자가용전기설비의 공사계획의 인가 및 신고

18. 화재예방, 소방시설 설치 · 유지 및 안전관리에 관한 법률 제7조 제1항에 따른 건축허가등의 동의, 위험물안전관리법 제6조 제1항에 따른 제조소등의 설치의 허가(제조소등은 공장건축물 또는 그 부속시설과 관계있는 것으로 한정한다)

② 사업시행자가 공장이 포함된 구역에 대하여 재개발사업의 사업시행계획인가를 받은 때에는 제1항에 따른 인 · 허가등 외에 다음 각 호의 인 · 허가등이 있은 것으로 보며, 제50조 제9항에 따른 사업시행계획인가를 고시한 때에는 다음 각 호의 관계 법률에 따른 인 · 허가 등의 고시 · 공고 등이 있은 것으로 본다.

1. 산업집적활성화 및 공장설립에 관한 법률 제13조에 따른 공장설립등의 승인 및 같은 법 제15조에 따른 공장설립등의 완료신고

2. 폐기물관리법 제29조 제2항에 따른 폐기물처리시설의 설치승인 또는 설치신고(변경승인 또는 변경신고를 포함한다)

3. 대기환경보전법 제23조, 물환경보전법 제33조 및 소음 · 진동관리법 제8조에 따른 배출시설설치의 허가 및 신고

4. 총포·도검·화약류 등의 안전관리에 관한 법률 제25조 제1항에 따른 화약류저장소 설치의 허가

나. 규정의 해석

(1) 인·허가 의제의 의미

여러 개별법령에서 각각 고유한 목적과 취지를 가지고 그 요건과 효과를 달리하는 인·허가제도를 두고 있다면, 정비사업을 시행하기 위해서는 개별법령에 따른 여러 인·허가절차를 각각 거치는 것이 원칙이다. 다만 어떤 인·허가의 근거 법령에서 절차 간소화를 위하여 관련 인·허가를 의제 처리할 수 있는 근거규정을 둔 경우에는, 사업시행자가 인·허가를 신청하면서 하나의 절차 내에서 관련 인·허가를 의제 처리해줄 것을 신청할 수 있다.

정비사업에 관한 인·허가의 근거 법령인 도시정비법이 법 제57조의 인·허가 의제제도를 둔 취지는 창구를 단일화하고 절차를 간소화하며 비용과 시간을 절감함으로써 국민의 권익을 보호하려는 것이지, 인·허가 의제사항 관련 법률에 따른 각각의 인·허가 요건에 관한 일체의 심사를 배제하려는 것이 아니다.[55] 이에 법 제57조 제3항, 법 시행규칙 제10조 제2항 제1호 (다)목은 사업시행자가 인허가를 의제받기 위해서는 필요한 서류를 제출하여야 함을 규정하고 있다.

또한 위와 같은 인·허가 의제제도는 사업시행자의 이익을 위한 것이므로, 사업시행자가 반드시 관련 인·허가 의제 처리를 신청할 의무가 있는 것은 아니다.[56] 사업시행계획 인가권자가 관계 행정청의 장과 미리 협의한 사항에 한하여 인가처분을 할 때에 인·허가 등이 의제될 뿐이고, 법 제57조 제1항 각 호에 열거된 모든 인·허가 등에 관하여 일괄하여 사전협의를 거칠 것을 사업시행계획인가의 요건으로 규정하고 있지 않다.

따라서 인·허가 의제 대상이 되는 부분에 어떤 하자가 있더라도, 그로써 해당 인·허가 의제의 효과가 발생하지 않을 여지가 있게 될 뿐이고, 그러한 사정이 사업시행계획인가처분 자체의 위법사유가 될 수는 없다. 또한 의제된 인·허가

---

55) 대법원 2011. 1. 20. 선고 2010두14954 전원합의체 판결.
56) 대법원 2020. 7. 23. 선고 2019두31839 판결.

는 통상적인 인·허가와 동일한 효력을 가지므로, 적어도 '부분 인허가 의제'가 허용되는 경우에는 그 효력을 제거하기 위한 법적 수단으로 행정청의 의제된 인·허가의 직권취소나 철회가 허용될 수 있고, 이러한 직권취소·철회가 가능한 이상 그 의제된 인·허가에 대한 쟁송취소 역시 허용된다. 결국 사업시행계획인가에 따라 의제된 인·허가의 위법함을 다투고자 하는 이해관계인은, 사업시행계획이나 인가처분의 취소를 구할 것이 아니라 의제된 인·허가의 취소를 구하여야 하며, 의제된 인·허가는 사업시행계획 및 인가처분과 별도로 항고소송의 대상이 되는 처분에 해당한다.[57]

⑵ 사업시행계획인가의 일반적 효과

㈎ 법정의 정지조건이 부가된 건축허가

사업시행계획인가에 의하여 건축허가가 의제된다. 건축법 제11조 제7항 제1호는 허가를 받은 날부터 2년 이내에 공사에 착수하지 아니한 경우 제재를 가하고, 건축허가신청서(건축법 시행규칙 별지 제1호의4 서식)에는 부동문자로 '착공일부터 00년'이라는 시공기간을 기재하도록 하고 있는 사정 등에 비추어 그와 같은 건축허가는 즉시 건축에 착수할 수 있음이 전제되어 있다. 그러나 법 제81조 제2항은 관리처분계획인가를 받은 후 기존의 건축물을 철거하도록 규정하고 있고 기존 건축물의 철거가 신건물 건축의 전제가 되므로, 결국 관리처분계획인가는 건축에 관한 사업시행계획인가와 관련하여서는 그 효력발생을 위하여 법률이 특별히 요구하는 조건인 법정의 정지조건으로 보아야 한다.

㈏ 주택법상의 사업계획승인

주택법상 공동주택 30세대 이상의 주택건설사업을 시행하려는 자는 사업계획승인권자로부터 사업계획승인을 받아야 하나(주택법 제15조 제1항, 주택법 시행령 제27조 제1항 제2호), 정비사업의 경우에는 승인이 의제된다.

㈐ 개발사업에 필요한 각종 인·허가

개발사업과 관련하여 개별 법률이 정한 각종 인·허가 즉, 도로점용허가, 농지전용신고, 사방지의 지정해제, 도로공사 시행의 허가, 하천점용허가 및 하천공사

---

57) 대법원 2018. 11. 29. 선고 2016두38792 판결.

시행의 허가 등이 의제된다. 다만 국유재산법에 따른 사용허가, 공유재산법에 따른 사용·수익허가는 공익성과 공공성이 중한 재개발사업에 한정한다.

특히 법 제57조 제1항이나 제2항에 따라 인·허가 등을 받은 것으로 보는 경우에는 관계 법률 또는 시·도조례에 따라 해당 인·허가 등의 대가로 부과되는 수수료와 해당 국·공유지의 사용 또는 점용에 따른 사용료 또는 점용료를 면제한다(법 제57조 제7항).

2. 재개발·재건축사업에서의 각 고유효과

가. 재개발사업

(1) 사업인정·고시 의제

재개발사업의 경우 사업시행계획인가·고시가 이루어지면 토지보상법 소정의 사업인정·고시가 있은 것으로 의제된다(법 제65조 제2항). 한편 토지보상법 제20조 제1항, 제22조 제3항은 사업시행자가 토지등을 수용하거나 사용하려면 국토교통부장관의 사업인정을 받아야 하고, 사업인정은 고시한 날부터 효력이 발생한다고 규정하고 있으며 토지보상법 제4조는 수용권이 부여되는 공익사업을 열거하고 있는데, 같은 조 제8호 [별표] "2. 법 제20조에 따른 사업인정이 의제되는 사업 제30호"에서 도시정비법 제63조에 따라 토지등을 수용하거나 사용할 수 있는 사업을 적시하고 있음은 앞서 본 바이다.

재건축사업의 경우에는 천재지변 등 불가피한 사유로 긴급하게 정비사업을 시행할 필요가 있다고 인정되는 경우 시장·군수등이 직접 시행하거나 토지주택공사등을 사업시행자로 지정하여 시행하게 하거나(법 제26조 제1항 제1호), 시장·군수등이 신탁업자 등 지정개발자를 사업시행자로 지정하여 시행하게 하는 경우(법 제27조 제1항 제1호)에 한하여 예외적으로 사업인정·고시가 있은 것으로 의제된다(도시정비법 제63조).

(2) 수용·사용권 발생

사업인정·고시 의제로 재개발사업의 사업시행자(예외적으로 사업인정·고시가 의제되는 재건축사업 포함)는 정비구역에서 정비사업을 시행하기 위하여 토지보상법 제3조에 따른 토지·물건 또는 그 밖의 권리를 취득하거나 사용할 수 있는 권리를 부여받게 되고, 수용·사용할 목적물의 범위가 확정된다(법 제63조, 제65조 제1항, 제2항). 정비구역에서 정비사업의 시행을 위한 토지 또는 건축물의 소유권 과 그 밖의 권리에 대한 수용 또는 사용은 법에 규정된 사항을 제외하고는 토지 보상법을 준용한다.

토지보상법은 사업인정고시 후 1년 이내에만 수용·사용에 대한 재결의 신청을 할 수 있고, 위 기간이 경과되면 사업인정이 실효됨에 반해(토지보상법 제23조 및 제28조 제1항), 재개발사업(예외적 재건축사업)의 사업시행자는 사업시행계획인 가 시에 정한 사업시행기간 이내라면 언제라도 수용·사용에 대한 재결의 신청을 할 수 있다(법 제65조 제3항).

사업시행자가 수용 또는 사용의 개시일까지 관할 토지수용위원회가 재결한 보 상금을 지급하거나 공탁하지 아니하였을 때에는 해당 토지수용위원회의 재결은 효력을 상실하나, 재개발사업에서 대지 또는 건축물을 현물보상하는 경우에는 준 공인가 이후에도 할 수 있다(법 제65조 제4항).

나. 재건축사업

법이 2017. 2. 8. 법률 제14567호로 전부개정되면서 제64조로 재건축사업에서 의 매도청구 조항이 신설되었다. 즉, 재건축사업의 시행자는 사업시행계획인가의 고시가 있은 날부터 30일 이내에 조합설립에 동의하지 아니한 자를 상대로 조합 설립에 관한 동의 여부를 회답할 것을 서면으로 촉구하여야 하고, 토지등소유자는 촉구를 받은 날부터 2개월 이내에 회답하여야 하며, 2개월 이내에 불응하는 내용 으로 회답하거나 회답하지 아니한 경우(토지등소유자는 조합설립에 동의하지 아니하 겠다는 뜻을 회답한 것으로 간주된다), 사업시행자는 그 기간이 만료된 때부터 2개 월 이내에 조합설립에 동의하지 아니하겠다는 뜻을 회답한 토지등소유자에게 건 축물 등의 권리를 매도할 것을 청구할 수 있다.

위 개정 법률이 시행되기 이전에는 조합설립에 동의하지 아니한 자는 조합설 립 이후 곧바로 매도청구의 대상이 되었으나, 위와 같은 법률의 개정으로 사업시 행계획인가 이후에만 매도청구 청구의 대상이 된다. 공공성 및 공익성이 중대한 예외적인 법정사유가 있는 경우, 재건축사업에서도 수용권이 인정됨은 앞서 본 바 이다.

3. 후속행위 가능

정비사업은 조합의 설립, 사업시행계획, 관리처분계획 등의 단계를 거쳐 순차 진행되고, 각 단계에서 선행 행정처분이 이루어짐에 따라 후속절차가 진행되는 것이 정비사업의 특성이므로, 사업시행계획인가에 따라 후속행위가 가능하다. 사업시행계획인가의 후속행위는 다음과 같다.

가. 관리처분계획 수립을 위한 분양신청통지 및 분양공고

사업시행자는 사업시행계획인가의 고시가 있은 날부터 120일 이내에 분양대상자별 종전자산의 명세 및 가격, 분양신청기간 등 법정사항을 적시하여 토지등소유자에게 분양신청을 통지하고, 분양의 대상이 되는 대지 또는 건축물의 내역 등 법정사항을 공고하여야 하며, 분양을 받으려는 토지등소유자는 분양신청기간 내에 사업시행자에게 분양신청을 하여야 한다(법 제72조 제1항 및 제3항). 실무상 분양신청통지의 적법성 및 그 하자 등이 다투어지는 경우가 많은바, 이는 관리처분계획의 적법성 여부와 직결되므로, 이 부분은 관리처분계획과 관련하여 살펴본다.

나. 수용, 매도청구절차

재개발·재건축사업의 경우 모두 분양신청기간 내에 분양신청을 하지 아니한 조합원은 분양신청기간 종료일 다음날 조합원의 지위를 상실하여 현금청산대상자가 되고, 협의가 성립되지 아니하는 경우, 재개발사업의 경우에는 수용절차를, 재건축사업의 경우에는 매도청구절차를 거치게 된다. 재개발사업에 있어 수용재결처분은 선행처분인 사업시행계획 및 그 인가처분의 후속처분이다. 사업시행계획 및 그 인가처분이 행정처분으로서 독립하여 행정쟁송의 대상이 되므로 위 선행처분에 대한 쟁송기간이 지난 후의 수용재결 단계에서는 사업시행계획 및 그 인가처분이 당연무효라고 볼만한 특별한 사정이 없는 한 그 위법을 이유로 재결의 취소를 구할 수 없다. 즉 하자는 승계되지 아니한다.[58]

---

58) 대법원 1993. 3. 9. 선고 92누16287 판결.

III. 사업시행계획인가와 관련한 쟁점

1. 사업시행계획인가·고시일의 적용

사업시행계획인가·고시일은 정비사업 전반에 걸쳐 중요한 의미를 가지므로, 이 부분에 관하여 살펴본다.

가. 종전자산 평가기준일

(1) 규정상의 종전자산 평가기준일의 의미

(가) 문제의 소재

수분양자의 종전자산 가격은 관리처분계획의 내용이 되는바, 법 제74조 제1항 제5호는 종전자산이 사업시행계획인가 전에 시장·군수등의 허가를 받아 철거된 경우가 아닌 한 종전자산 평가의 기준일에 대하여 사업시행계획인가 고시가 있는 날이라고 규정하고 있다. 장기간에 걸친 정비사업의 진행과정에서 사업시행계획은 여러 차례 변경되는 것이 일반적인바, 그 경우 종전자산 평가의 기준일을 최초 사업시행계획인가 고시일로 할 것인지, 또는 변경된 사업시행계획인가 고시일로 할 것인지 여부가 문제된다.

(나) 판단(최초 사업시행계획인가 고시일)

법 제74조 제1항 제5호가 정한 '사업시행계획인가 고시일'이란 '최초 사업시행계획인가 고시일'을 의미한다.[59] 그 논거는 다음과 같다.

① 재개발·재건축사업은 정비구역 내의 토지등소유자들이 종전자산을 출자하고 공사비 등을 투입하여 공동주택 등을 새로이 건설한 후 이를 토지등소유자들에게 배분하는 사업인바, 관리처분계획의 내용으로서 종전자산 가격의 평가는 이와 같은 토지등소유자들 사이의 상대적 출자비율을 정하기 위한 것이다.

② 법 제74조 제1항 제5호가 원칙적으로 사업시행계획인가 고시일을 기준으로 종전자산 가격을 평가하도록 정하면서, 사업시행계획이 변경된 경우 종전자산 가격의 평가를 새로 하여야 한다는 내용의 규정을 두고 있지 아니한 것은 평가시점에 따라 종전자산의 가격이 달라질 경우 발생할 수 있는 분쟁을 방지하고 종전자

---

59) 대법원 2015. 10. 29. 선고 2014두13294 판결.

산의 가격 평가시점을 획일적으로 정하기 위한 것으로 보인다.

(2) 최초 사업시행계획에 대한 주요 부분의 실질적 변경이 이루어졌음에도, 종 전자산에 대한 평가가 최초의 사업시행계획인가 고시일로 한 경우의 위법 성 여부

(가) 문제의 소재

사업시행계획의 주요 부분에 해당하는 건축물의 구조와 내용(건물동수, 건물층 수, 공동주택의 면적, 세대수 및 세대별 면적, 건폐율, 용적률, 연면적) 등이 실질적으 로 변경되는 경우 최초 사업시행계획은 그 효력을 상실한다. 그럼에도 불구하고 종전자산 평가를 실질적으로 변경된 사업시행계획 변경인가 고시일이 아니라 효 력을 상실한 최초의 사업시행계획인가 고시일로 한 경우의 위법성 여부가 문제 된다.

(나) 판단(적법)

최초 사업시행계획의 주요 부분을 실질적으로 변경하는 사업시행계획 변경인 가가 있었다고 하더라도 최초의 사업시행계획인가 고시일을 기준으로 평가한 종 전자산 가격을 기초로 하여 수립된 관리처분계획이 법 제74조 제1항 제5호에 위 반된다고 볼 수 없다.[60] 그 논거는 다음과 같다.

① 최초 사업시행계획의 주요 부분에 해당하는 공동주택의 면적, 세대수 및 세 대별 면적 등이 실질적으로 변경되는 경우 최초 사업시행계획이 효력을 상실한다 하더라도, 이는 최초 사업시행계획이 사업시행계획 변경시점을 기준으로 장래를 향하여 실효된다는 의미일 뿐이다.

② 정비사업 완료 후 총 수입에서 총 사업비를 공제한 금액을 종전자산의 총 가액으로 나눈 비례율에 조합원의 종전자산 가격을 곱하여 산정되는 조합원별 권 리가액의 산정방식에 비추어 볼 때, 종전자산의 가격이 사후에 상승하였다고 하더 라도 종전자산의 총 가액을 분모로 하는 비례율이 하락하여 그 상승분이 상쇄되 므로, 평가시점의 차이로 정비구역 내 종전자산의 가액이 달라져도 반드시 권리가 액이 달라진다고 볼 수는 없어 최초의 사업시행계획인가 고시일을 기준으로 종전 자산 가격을 평가하도록 한 것이 부당하다고 볼 수 없다.

---

60) 대법원 2016. 2. 18. 선고 2015두2048 판결.

⑶ 총회의 결의로 최초의 사업시행계획인가 고시일이 아닌 사업시행계획 변경
인가 고시일을 종전자산 평가기준일로 하는 것이 가능한지 여부

관리처분계획의 내용으로서 종전자산 가격의 평가는 토지등소유자들 사이의
상대적 출자비율을 정하기 위한 것이므로, 총회결의를 거쳐 사업시행계획 변경인
가 고시일을 기준으로 종전자산을 평가하는 것도 가능하다.

⑷ 무효가 확정된 사업시행계획의 인가고시일[61]을 기준으로 종전자산 가격을
평가하여 작성된 관리처분계획 하자의 중대 · 명백 여부

㈎ 문제의 소재

무효가 확정된 사업시행계획은 소급하여 효력을 상실하므로, 그 인가 · 고시일
을 종전자산 평가기준일로 적용하는 것은 위법하다 할 것이어서, 이를 기초로 수
립된 관리처분계획 중 토지등소유자들에 대한 종전자산 가격평가에 관한 부분에
는 하자가 존재한다. 다만 그 하자가 중대 · 명백하여 무효인지 여부가 문제된다.

㈏ 판단(부정)

법 제74조 제1항 제5호가 분양대상자별 종전자산 가격을 평가하여 이를 관리
처분계획에 포함시키도록 한 것은 토지등소유자들 사이의 상대적 출자비율을 정
하기 위한 것이므로, 모든 토지등소유자들에게 동일한 평가기준일을 적용한다면
그 일자를 언제로 하는지가 토지등소유자들의 권리관계에 별다른 영향을 미치지
않는다. 따라서 사업시행자가 무효로 확정된 사업시행계획인가 고시일을 종전자산
가격 평가기준일로 정하는 잘못을 하였다고 하더라도 그 일자가 동일한 평가기준
이므로, 하자가 중대하다고 볼 수 없어 관리처분계획이 당연무효라고 단정할 수
없다.[62]

⑸ 직권취소 여부

행정청은 행정처분에 하자가 있는 경우에는 원칙적으로 이를 직권취소할 수

---

61) 조합원 소유 토지 또는 건축물에 대하여 사업시행계획인가 고시일인 2011. 6. 17.자 가격이 아니라
이미 무효가 된 종전 사업시행계획인가 고시일인 2007. 9. 3.자 가격으로 관리처분변경계획이 작성
된 사안이다.
62) 대법원 2017. 10. 12.자 2017두50096 심리불속행 판결 및 하급심인 서울고등법원 2017. 5. 26. 선
고 2016누82081 판결.

있으므로, 사업시행자가 최초의 사업시행계획을 스스로 직권으로 취소하면 소급하여 효력을 상실한다. 그 경우 취소된 사업시행계획인가 고시일은 종전자산 가격평가기준일이 될 수 없다. 실무상 사업시행자인 행정주체가 사업시행계획을 직권취소하는 경우는 찾기 어렵다.

다만 최초 사업시행계획 총회결의 요건에 하자가 있는 등으로 그 무효확인 또는 취소의 소가 제기되자, 사업시행자가 하자를 시정하기 위하여 동일한 절차를 거쳐 새로운 사업시행변경계획을 작성하여 인가받는 경우가 있다. 그 경우 해석상 새로운 사업시행변경계획의 수립으로 인하여 사업시행자가 최초의 사업시행계획을 직권취소한 것인지 여부가 문제된다. 만일 직권취소로 볼 수 있다면, 최초의 사업시행계획은 소급하여 소멸하였으므로, 반드시 새로운 사업시행계획 변경인가 고시일을 기준으로 종전자산을 평가하여야 하고, 직권취소로 볼 수 없다면, 종전의 사업시행계획은 장래를 향하여 소멸하는 것일 뿐이므로 최초의 사업시행계획인가 고시일을 기준으로 종전자산을 평가하더라도 무방하다. 행정주체의 처분에 대한 직권취소는 예외적으로 인정되어야 할 것이므로 일응 최초 사업시행계획인가 고시일을 기준으로 하더라도 적법하다.

⑹ 관리처분계획 수립기준 중 2주택 취득 요건으로서의 종전자산 가격평가

법 제76조 제1항 제6호, 제7호 (다)목은 관리처분계획 수립기준으로 사업시행자는 1세대 또는 1명이 하나 이상의 주택 또는 토지를 소유한 경우 1주택을 공급하되, 그 예외로서 분양대상자의 종전자산 가격의 범위에서 2주택을 공급할 수 있다고 규정하고 있다. 즉 분양대상자가 2주택을 분양받을 수 있는 기준인 종전자산 가격은 사업시행계획인가 고시가 있은 날을 기준으로 하고, 여기에서의 사업시행계획인가 고시일이란 '최초 사업시행계획인가 고시일'을 의미한다(위 2014두13294 판결).

나. 재개발사업 손실보상의 기준시점

⑴ 일반론

수용권이 발생하는 재개발사업(예외적 재건축사업)에 있어 법 제65조 제1항 및 제2항은 사업시행계획인가의 고시가 있은 때에 토지보상법에 의한 사업인정 및 그 고시가 있은 것으로 본다고 규정하고 있으므로, 정비사업을 위한 수용에서는 사업인정 고시일로 의제되는 사업시행계획인가 고시일이 보상금 산정에 관한 일응의 기준이 된다.[63] 한편 법 제63조, 제65조에 의하여 준용되는 토지보상법 제67조 제1항은 보상액의 산정은 재결에 의한 경우에는 수용 또는 사용의 재결 당시의 가격을 기준으로 한다고 규정하고 있다. 이와 관련하여 토지보상법 제70조 제1항은 재결에 의하여 취득하는 토지에 대하여는 부동산가격공시에 관한 법률(이하 '부동산공시법'이라 한다)에 따른 공시지가를 기준으로 하여 보상하되, 그 공시기준일부터 가격시점까지는 해당 공익사업으로 인한 지가의 영향을 받지 아니하는 지역의 지가변동률 등을 고려하여 평가한 적정가격으로 보상하여야 한다고 규정하고 있고, 제4항은 사업인정 후의 취득의 경우 공시지가는 사업인정고시일 전의 시점을 공시기준일로 하는 공시지가로서, 해당 토지에 관한 재결 당시 공시된 공시지가 중 그 사업인정고시일과 가장 가까운 시점에 공시된 공시지가로 한다고 규정하고 있다.

결국 현금청산대상자들의 토지등에 대한 수용보상금은 토지보상법 제67조 제1항에 따라 토지등의 수용재결일 당시의 가격으로 산정하여야 하나, 다만 그 기준시점은 사업시행계획인가 고시일과 가장 가까운 시점에 공시된 공시지가로 하고, 그때부터 가격시점인 수용재결일까지는 개발이익이 배제된 지가변동율 등에 의한 시점수정이 이루어진다.

장기간에 걸친 정비사업의 진행과정에서 사업시행계획이 여러 차례 변경되는 경우 손실보상기준일을 최초 사업시행계획인가 고시일로 할 것인지, 또는 사업시행계획변경인가 고시일로 할 것인지 여부가 문제되나, 최초의 사업시행계획이 존속함을 전제로 그 중 일부에 대한 취소·철회·변경을 통한 사업시행계획변경의 경우에는 최초의 사업시행계획인가 고시일로 함이 타당하다.

(2) 개발이익이 배제된 손실보상의 위헌여부

재개발사업의 경우에는 사업시행계획인가 고시일과 가장 가까운 시점에 공시

---

63) 사업인정은 일정한 절차를 거칠 것을 조건으로 하여 일정한 내용의 수용권을 설정해 주는 행정처분의 성격을 띠는 것으로서 사업인정을 받음으로써 수용할 목적물의 범위가 확정되고 수용권으로 하여금 목적물에 관한 현재 및 장래의 권리자에게 대항할 수 있는 일종의 공법상의 권리로서의 효력을 발생시킨다(대법원 1994. 11. 11. 선고 93누19375 판결).

된 공시지가를 기준으로 개발과 무관한 정상 지가변동률 등에 의한 시점수점을 통하여 수용재결일 당시의 가격으로 손실보상금을 산정함으로써 개발이익이 배제된 채 손실보상금이 지급됨에 반해, 재건축사업의 경우에는 개발이익이 포함된 보상금이 지급된다. 이와 같은 재개발사업에서의 보상을 정당한 보상으로 볼 수 있는지 여부 및 재건축사업과 비교하여 형평에 반하는 것인지 여부가 문제된다.

개발이익은 그 성질상 완전보상의 범위에 포함되지 아니하므로 수용으로 인한 보상액의 산정에 있어서 개발이익은 배제함이 타당하고, 수용과 매도청구는 그 행사로 인한 법률관계의 성질을 달리하고 있으므로 그 차별에는 합리적인 이유가 인정된다. 자세한 내용은 제9편 제2장 제3절 "Ⅱ. 개발이익 배제의 원칙"에서 살펴본다.

⑶ 사업시행계획 주요 부분의 실질적 변경

⑺ 문제의 소재

최초 사업시행계획의 주요 부분에 대한 실질적 변경이 있는 경우, 즉, 사업시행계획의 대지 부분에는 변경 없이 건축물의 구조와 내용(건물동수, 건물층수, 공동주택의 면적, 세대수 및 세대별 면적, 건폐율, 용적률, 연면적) 등이 실질적으로 변경되는 경우 최초 사업시행계획은 그 효력을 상실한다. 그 경우 손실보상의 기준일이 문제된다.

⑷ 판단

최초의 사업시행계획인가 고시일을 기준으로 보상금을 산정함이 원칙이다.[64] 그 논거는 다음과 같다.

① 최초의 사업시행계획인가가 유효하게 존속하다가 변경인가 시부터 장래를 향하여 실효될 뿐이고 소급하여 효력을 상실하는 것은 아니므로, 이미 발생한 수용권은 유효하고 최초 사업시행계획인가 고시로 의제된 사업인정 고시의 효력이 그대로 유지된다.

② 만일 사업시행자의 사정에 따른 사업시행계획변경인가가 있을 때마다 보상금 산정 기준시점(보상의 대상인지 여부 및 보상내용 등)이 변경되는 것으로 본다면, 최초의 사업시행계획인가 고시가 있을 때부터 계속하여 수용의 필요성이 유지되

---

64) 대법원 2018. 7. 26. 선고 2017두33978 판결.

는 토지등도 그와 무관한 사정으로 보상금 산정 기준시점이 매번 바뀌게 되어 부당할 뿐만 아니라 사업시행자가 자의적으로 보상금 산정 기준시점을 바꿀 수도 있게 되어 불합리한 결과가 초래하게 된다.

⑷ 사업시행계획의 폐지

토지보상법 제24조 제1항은 "사업인정고시가 된 후 사업의 전부 또는 일부를 폐지나 변경함으로 인하여 토지등의 전부 또는 일부를 수용하거나 사용할 필요가 없게 되었을 때에는 사업시행자는 지체 없이 시 · 도지사에게 신고하고, 토지소유자 및 관계인에게 이를 통지하여야 한다."고 규정하고 있다. 사업시행자가 사업시행계획을 폐지하는 총회의 결의 후 관할 행정청의 인가 고시를 받았다면, 최초 사업시행계획인가 고시로 인한 사업인정은 효력을 상실한다. 따라서 최초의 사업시행계획인가 · 고시일은 수용의 손실보상 기준시점이 될 수 없다.

⑸ 사업시행계획의 무효확인 또는 취소 확정판결

어느 특정한 토지를 최초로 사업시행 대상 부지로 삼은 사업시행계획이 당연무효이거나 법원의 확정판결로 취소된다면, 무효 또는 취소가 확정된 사업시행계획은 소급하여 그 효력을 상실하고, 보충행위인 인가도 소급적으로 효력을 상실하므로 그로 인하여 의제된 사업인정도 소급적으로 효력을 상실한다 할 것이어서, 결국 소급하여 수용이 불가능하다.[65] 따라서 최초의 사업시행계획인가 · 고시일은 수용의 손실보상 기준시점이 될 수 없다.

⑹ 하자있는 사업시행계획의 직권취소

앞서 본 바와 같이 최초의 사업시행계획의 총회결의 요건에 하자가 있는 등으로 그 무효, 취소의 소가 제기되자, 사업시행자가 하자를 시정하기 위하여 동일한 절차를 거쳐 새로운 사업시행변경계획을 수립하는 경우 해석상 사업시행자가 종전 사업시행계획을 직권취소한 것인지 여부가 문제된다.

만일 직권취소로 볼 수 있다면, 최초의 사업시행계획은 소급하여 소멸하였으므로, 새로운 사업시행계획변경인가 고시일이 손실보상의 기준시점이 되어야 하고, 직권취소로 볼 수 없다면, 최초의 사업시행계획인가 고시일이 손실보상의 기준시

---

65) 대법원 2018. 7. 26. 선고 2017두33978 판결.

점이 되어야 한다. 행정주체의 처분에 대한 직권취소는 예외적으로 인정되어야 할 것이므로 일응 최초 사업시행계획인가 고시일을 기준으로 한다.

이와 관련하여 사업시행계획에 하자가 있더라도 중대·명백하지 아니하고, 이미 제소기간이 도과되어 불가쟁력이 발생한 후에 사업시행자가 하자를 시정하기 위하여 사업시행변경계획을 작성하여 인가까지 받았다면 이는 직권취소가 아니라 단지 기존의 하자 있는 내용을 변경하는 것에 불과하므로 기존의 사업시행계획인가 고시일이 손실보상의 기준시점이 되어야 한다.

다. 용적률 인센티브를 위한 토지기부에 갈음하는 현금납부를 위한 토지가액 평가시점

정비구역의 지정·고시가 있는 경우 해당 정비구역 및 정비계획 중 국토계획법 제52조 제1항(지구단위계획의 내용) 각 호의 어느 하나에 해당하는 사항은 국토계획법 제50조에 따라 지구단위계획구역 및 지구단위계획으로 결정·고시된 것으로 본다(법 제17조 제1항). 그 경우 정비계획을 통한 토지의 효율적 활용을 위하여 국토계획법 제52조 제3항(지구단위계획구역에서의 용적률 완화규정)에 따른 건폐율·용적률 등의 완화규정은 정비계획에 준용된다. 따라서 사업시행자가 정비구역 내 토지의 일부에 정비기반시설 등을 설치하거나 부지 등을 제공하여 용적률을 완화하는 것이 가능하고, 그와 같은 내용으로 정비계획이 수립된 경우, 동일한 내용의 사업시행계획이 작성된다(법 제17조 제3항, 국토계획법 제52조 제3항, 제78조 제4, 6항, 국토계획법 시행령 제85조 제8항 제3호).

한편 사업시행자는 용적률 완화를 조건으로 정비기반시설 등을 설치하거나 부지 등을 제공하기로 하였다 하더라도, 대지의 가액 일부에 해당하는 금액을 현금으로 납부하는 경우 정비기반시설 등이나 부지를 제공한 것으로 간주된다(법 제17조 제4항). 그 경우 토지가액 평가시점 즉, 현금납부액 산정기준일은 법 제50조 제7항에 따른 사업시행계획인가 고시일로 하고, 이는 현금납부에 관한 정비계획이 반영된 최초의 사업시행계획인가 고시일로 한다(법 시행령 제14조 제4항 본문).

다만, 산정기준일부터 3년이 되는 날까지 관리처분계획인가를 신청하지 아니한 경우에는 산정기준일부터 3년이 되는 날의 다음 날을 기준으로 해당 기부토지에 대하여 감정평가를 새롭게 실시하여 금액을 다시 산정하여야 한다(법 시행령 제14

조 제4항 단서).

라. 학교용지부담금 부과기준이 되는 정비사업 시행 전 세대 수 산정 기준 시점

학교용지 확보 등에 관한 특례법(이하 '학교용지법'이라 한다) 제5조 제1항 제5호는 정비사업의 시행 결과 해당 정비구역 내 '세대' 수가 증가하지 아니하는 경우를 학교용지부담금 면제사유로 규정하고 있다. 이에 따라 정비사업의 시행으로 증가되는 세대 수는 '정비사업에 따라 공급되는 공동주택의 세대 수'에서 '정비사업 시행 이전 해당 정비구역 내 전체 세대 수'를 빼는 방법으로 산정해야 하는데, '정비사업 시행 이전 해당 정비구역 내 전체 세대 수'를 어느 기준시점으로 산정해야 하는지 여부가 문제된다.

행정청은 정비사업 시행 이전 해당 정비구역 내 세대 수를 정비구역지정·고시일을 기준시점으로 하여 정비사업의 시행으로 증가되는 세대 수에서 공제한 후 학교용지부담금을 산정하여 이를 부과하기도 하나, 앞서 본 바와 같이 정비사업은 사업시행계획인가로 본격화 된다 할 것이므로, 최초의 사업시행계획인가일을 기준시점으로 하는 것이 타당하다. 자세한 내용은 제10편 제3장 Ⅲ. "2의 다. 정비사업 시행 이전 해당 정비구역 내 전체 세대 수"에서 살펴본다.

마. 재개발사업에서의 주거용 건축물 세입자의 주거이전비 및 현금청산대상자, 세입자의 이사비 확정(발생)시점

법 시행령 제54조 제4항은 주거용 건축물 세입자에 대한 주거이전비 보상대상자 인정시점을 정비계획안에 대한 공람공고일로 본다고 규정하고 있으나(토지보상법 시행규칙 제54조 제2항과의 조화로운 해석상 정비계획안에 대한 공람공고일 당시 당해 정비구역 안에서 3월 이상 거주한 자를 대상으로 함이 타당하다, 제9편 제4장 제2절 Ⅲ. "2. 세입자" 참조), 주거이전비청구권은 주거이전비 보상의 방법, 금액 등 보상내용이 구체적으로 정해지는 최초의 사업시행계획인가 고시일에 발생한다.[66] 현금청산대상자, 세입자의 이사비도 마찬가지이다.

주거이전비청구권 등의 근거가 되는 사업시행계획이 당연무효이거나 법원의 확정판결로 취소되었다는 등의 특별한 사정이 없는 한 사업시행자에 의하여 수립

---

66) 대법원 2012. 9. 27. 선고 2010두13890 판결.

된 사업시행계획에서 정한 사업시행기간이 도과하였더라도, 유효하게 수립된 사업시행계획 및 그에 기초한 토지의 매수, 수용을 비롯한 사업시행의 법적 효과가 소급하여 효력을 상실하여 무효로 된다고 할 수 없으므로, 주거용 건축물의 세입자들이 이미 취득한 주거이전비 내지 이사비에 관한 구체적 권리에 영향을 미치지 아니한다.[67] 자세한 내용은 제9편 제4장 제2절 주거이전비에서 살펴본다.

바. 최초 사업시행계획인가일로부터 4년이 되는 날까지 관리처분계획 신청하지 않은 경우의 정비구역 해제사유

(1) 법 제21조 제1항 제2호는 정비구역등의 추진 상황으로 보아 지정 목적을 달성할 수 없다고 인정되는 경우 정비구역 지정권자는 정비구역을 해제할 수 있다고 규정하고 있고, 구체적인 기준 등 필요한 사항은 시·도조례에 위임하고 있다. 위 조항의 수권을 받은 서울시 조례 제14조 제3항 제3호 (다)목은 자연경관지구, 최고고도지구, 문화재 보호구역, 역사문화환경 보존지역 등이 포함된 구역으로서, 사업시행자가 사업시행계획인가(최초 인가를 말한다)를 받은 날부터 4년이 되는 날까지 법 제74조, 법 시행규칙 제12조를 모두 준수한 관리처분계획인가를 신청하지 않는 경우가 위 요건에 해당한다고 규정하고 있다. 특히 서울시 조례는 최초 사업시행계획인가일이 기준시점임을 명확히 하고 있다.

(2) 다만 제2편 제4장 Ⅱ. "2. 재량적 해제요건 및 절차"에서 살펴본 바와 같이 사업시행자가 최초 사업시행계획인가를 받은 날부터 4년이 되는 날까지 관리처분계획인가를 신청하지 아니하는 경우의 요건은 보다 엄격히 해석하여야 할 것이므로, 사업시행자의 귀책사유가 없는 기간은 제외되어야 할 것이다.

사. 재개발사업의 사업시행자가 건설한 임대주택에 대한 국토교통부장관 등의 인수가격

재개발사업에서는 임대주택의 건설이 의무이다. 사업시행자는 임대주택을 건설한 후 국토교통부장관 등에게 인수를 요청할 수 있고, 그 경우 국토교통부장관 등은 법정의 내용대로 반드시 인수하여야 한다. 인수가격 중 부속토지의 가격은 사업시행계획인가 고시가 있는 날을 기준으로 한다(법 제79조 제5항, 법 시행령 제68

---

67) 대법원 2016. 12. 1. 선고 2016두34905 판결, 대법원 2020. 1. 30. 선고 2018두66067 판결.

조 제2항).

아. 투기과열지구 재건축사업에서의 조합원 자격취득의 예외 인정기준

투기과열지구로 지정된 지역에서의 재건축사업의 경우, 조합설립인가 후 토지 등을 양수받은 자는 조합원의 자격을 취득할 수 없다(법 제39조 제2항). 그러나 사업시행계획인가일부터 3년 이내에 착공하지 못한 재건축사업의 토지 또는 건축물을 3년 이상 계속하여 소유하고 있는 자가 착공 전에 양도하는 경우에는 양수인이 조합원의 자격을 취득할 수 있다(법 제39조 제2항 제7호, 법 시행령 제37조 제3항 제2호). 여기에서의 사업시행계획인가일은 최초의 사업시행계획인가일로 보아야 할 것이다.

자. 사업시행계획인가에 따른 국·공유재산의 처분가격

시장·군수등은 인가하려는 사업시행계획서에 국·공유재산의 처분에 관한 내용이 포함되어 있는 때에는 미리 관리청과 협의한 후 인가한다. 사업시행계획인가 이후 정비구역의 국·공유재산은 정비사업 목적으로 매각될 수 있는데, 사업시행자 또는 점유자 및 사용자에게 다른 사람에 우선하여 수의계약으로 매각될 수 있다(법 제98조 제4항). 정비사업을 목적으로 우선하여 매각하는 국·공유지는 사업시행계획인가의 고시가 있은 날을 기준으로 평가한다(법 제98조 제6항).

법 제98조 제4항에 따라 정비구역의 국·공유지를 점유·사용하고 있는 건축물소유자(조합 정관에 따라 조합원 자격이 인정되지 않은 경우와 신발생무허가건축물 제외)에게 우선 매각하는 기준으로 점유·사용인정 면적은 건축물이 담장 등으로 경계가 구분되어 실제사용하고 있는 면적으로 하고, 경계의 구분이 어려운 경우에는 처마 끝 수직선을 경계로 하며, 건축물이 사유지와 국·공유지를 점유·사용하고 있는 경우에 매각면적은 구역 내 사유지면적과 국·공유지 면적을 포함하여야 하고, 매각면적은 200㎡를 초과할 수 없다(서울시 조례 제55조 제1항).

점유·사용 면적의 산정은 공간정보관리법에 따른 지적측량성과에 따르며, 국·공유지를 점유·사용하고 있는 자로서 위 제1항에 따라 우선 매수하고자 하는 자는 관리처분계획인가신청을 하는 때까지 해당 국·공유지의 관리청과 반드시 매매계약을 체결하여야 한다(서울시 조례 제55조 제2, 3항).

2. 사업시행기간 도과와 사업시행계획 변경 가능 여부

가. 문제의 소재

사업시행기간은 사업시행계획의 필수적 기재사항이다. 통상적으로 사업시행계획인가일로부터 ○○개월로 기재된다. 사업시행계획에서 정한 사업시행기간이 도과하였을 때, 재개발사업의 사업시행자는 더 이상 사업시행계획인가를 기초로 수용·사용에 대한 재결의 신청을 할 수 없다(법 제65조 제3항). 문제는 사업시행기간이 사업시행계획의 유효기간인지 여부이다.

즉, 사업시행기간이 만료되면 사업시행계획이 소멸하여 추후 사업시행자는 새롭게 사업시행계획을 작성하여 총회의결을 거쳐 인가받은 후 절차를 진행하여야 하는지 또는 종전 사업시행계획을 전제로 (기간 변경 등) 사업시행변경계획을 수립한 후 인가받아 절차를 진행할 수 있는지 여부에 대하여 다툼이 있다.

나. 판단(사업시행계획변경 가능)

(1) 사업시행계획에 있어서 사업시행기간은 사업시행자가 당해 사업시행계획에 따라 장차 정비사업을 시행할 예정기간을 의미할 뿐이고, 사업시행계획 자체의 유효기간을 의미한다고 볼 수 없다.[68] 그 논거는 다음과 같다.

① 사업시행기간이란 사업을 시행하는 기간으로서, 사업시행계획서 작성 당시 사업을 시행할 것을 예정하고 있는 기간으로 문언상 해석된다.

② 법 제52조 제1항 및 법 시행령 제47조 제2항은 사업시행계획서에 포함시켜야 하는 사항을 규정하고 있는데, 사업시행기간은 시·도 조례로 정하는 사항에 해당한다. 사업시행기간을 시·도 조례가 정하는 사항에 포함시킴으로써 지역에 따라서는 사업시행계획서에 사업시행기간이 포함되지 않을 수도 있다. 이는 결국 법령이 사업시행기간을 사업시행계획의 본질적이고 중요한 요소로 예정하고 있다고 할 수 없다.[69]

---

68) 대법원 2017. 10. 12.자 2017두50096 심리불속행 판결 및 하급심인 서울고등법원 2017. 5. 26. 선고 2016누82081 판결, 대법원 2019. 6. 13.자 2019두35114 심리불속행 판결 및 각 하급심인 서울고등법원 2019. 1. 17. 선고 2018누62043 판결, 서울행정법원 2018. 8. 24. 선고 2017구합61041 판결.

69) 만일 사업시행기간을 사업시행계획의 존속기간이나 적법요건으로 하겠다는 의사라면 법령에 기재하였을 것이다. 그리고 조례의 규정사항에 불과하므로 조례에 사업시행기간을 필요적 기재사항으로 기재하지 않은 지역의 사업시행자가 사업시행계획을 수립하면서 사업시행기간을 두었다면, 이는 임의적 기재사항으로 위 기간경과로 사업시행계획이 소멸되는 것으로 해석될 수 없는데, 이 경우 지

③ 사업시행계획에서 정한 사업시행기간이 도과하는 경우 당해 사업시행계획이 소멸되어 그 이후에는 사업시행기간을 연장하는 사업시행변경계획을 수립할 수도 없다고 한다면 사업시행계획이 유효함을 전제로 이루어진 후속행위들까지 모두 무효가 되어 정비사업의 계속 추진이 어렵고 다수 이해관계인들의 권리관계에 혼란을 초래하게 된다.

(2) 따라서 사업시행계획에서 정한 사업시행기간이 도과하였다 하여 유효하게 수립된 사업시행계획 및 그에 기초하여 사업시행기간 내에 이루어진 부동산의 매수 · 수용을 비롯한 사업시행의 법적 효과가 소급하여 그 효력을 상실하여 무효로 된다고 할 수 없다.[70] 다만 법 제65조 제3항이 수용 또는 사용에 대한 재결신청은 사업시행기간 이내에 하여야 한다고 규정하고 있으므로[71], 정비사업에 있어 사업시행기간은 수용 또는 사용 재결신청의 종기로서 의미가 있다.

(3) 실무에서는 사업시행계획상의 기간이 만료된 후, 동일한 사업시행계획의 내용에다가 사업시행기간만을 변경하는(장기간으로 하는) 사업시행계획변경이 흔히 이루어진다. 이와 관련하여 종전 사업시행계획을 대체하거나 주요부분을 실질적으로 변경하는 것으로 볼 수 있는지 여부가 문제된다.

사업시행기간만을 변경하는 사업시행계획변경은 종전 사업시행계획을 대체하거나 주요부분을 실질적으로 변경한 것으로 볼 수 없으므로, 변경 인가 신청에 필요한 요건을 구비하는 것으로 충분하고,[72] 수용 또는 사용할 토지 또는 건축물의 명세 및 소유권 외의 권리의 명세서 등 새로운 사업시행계획인가 신청에 필요한 서류를 첨부할 필요는 없다.

역에 따라 사업시행기간의 의미가 달라지는 문제점이 있다.

70) 대법원 2016. 12. 15. 선고 2015두51354 판결, 대법원 2016. 12. 1. 선고 2016두34905 판결.

71) 토지보상법은 제23조 제1항에서 사업시행자가 사업인정의 고시가 된 날부터 1년 이내에 재결신청을 하지 아니한 경우에는 사업인정고시가 된 날부터 1년이 되는 날의 다음 날에 사업인정은 그 효력을 상실한다고 규정하고 있으므로, 도시정비법의 위 규정은 특칙이다.

72) 대법원 2016. 12. 15. 선고 2015두51354 판결 및 하급심인 서울고등법원 2015. 8. 13. 선고 2015누30427 판결, 한편 국토계획법상의 도시계획시설사업의 실시계획인가의 경우 사업시행자는 그 시행지에 포함된 토지에 대하여 시행계획의 승인이나 그 변경승인에서 정한 사업시행기간 내에 이를 매수하거나 수용재결의 신청을 하여야 하고, 그 시행기간 내에 그 중 일부 토지에 대한 취득이 이루어지지 아니하면 그 일부 토지에 대한 시행계획의 승인이나 그 변경승인은 장래에 향하여 그 효력을 상실한다 할 것이고, 이는 강학상의 이른바 '실효'에 해당한다(대법원 2001. 11. 13. 선고 2000두1706 판결).

3. 사업시행계획 변경 등과 현금청산대상자의 소의 이익

가. 문제의 소재

사업시행자가 사업시행계획을 작성하여 총회의결절차를 거쳐 인가를 받은 후 조합원에 대한 분양신청절차를 거쳤으나, 위 기간 내에 분양신청을 하지 않아 분양신청기간 종료일 다음날 조합원의 지위를 상실하고 현금청산대상자가 된 자의 경우, 그 후 사업시행자가 분양신청절차에 기초하여 관리처분계획을 수립하지 않은 채, 새롭게 사업시행변경계획을 작성하여 인가받았거나 종전 사업시행계획을 폐지한 후 새롭게 사업시행변경계획을 작성, 인가받았다면, 이를 다툴 법률상의 이익이 있는지 여부가 문제된다.

나. 판 단

(1) 단순 사업시행변경계획의 경우(부정)

이미 현금청산대상자가 되어 조합원 지위를 상실한 토지등소유자의 경우, 수용권은 종전 사업시행계획인가일에 발생하였고, 위 인가일을 기준으로 손실보상이 이루어진다. 따라서 현금청산대상자로서는 그 후의 사업시행변경계획으로 인하여 권리 또는 의무에 어떠한 영향도 받지 아니하므로 이를 다툴 법률상의 이익이 없다.

(2) 사업시행계획 폐지 후의 사업시행변경계획의 경우(긍정)

사업시행자가 종전 사업시행계획을 폐지결정 한 이후 사업시행계획변경인가를 받은 경우에는 현금청산대상자들도 자신들 소유의 토지등이 수용되지 않도록 하거나 수용재결의 시점을 늦추기 위하여 사업시행변경계획의 취소를 구할 법률상 이익이 있다.[73] 그 논거는 다음과 같다.

① 종전 사업시행계획은 폐지로 인하여 소멸되어 그 인가일에 수용권이 발생한 것으로 볼 수 없으므로(토지보상법 제24조 제1항), 새로운 사업시행계획변경인가 고시일을 기준으로 사업시행자는 수용재결을 신청할 수 있는 권한을 다시 부여받게 되었고, 이를 기준으로 손실보상이 이루어지는바, 그 경우 사업시행자로서는 손실보상기준일을 자유롭게 변경할 수 있으므로, 현금청산대상자들로서는 불리한 지위

---

73) 대법원 2021. 2. 10. 선고 2020두48031 판결.

에 빠질 수 있다.

② 새롭게 수립된 사업시행계획변경인가 고시일이 보상금 산정의 기준일이 되는바, 위와 같이 수립된 사업시행변경계획이 위법하여 취소된다면 추후 다시 사업시행변경계획을 수립하여 인가받아야 수용권이 발생하고, 그 경우 수용보상금 산정의 기준일이 달라져 보상금이 증액될 여지가 있다.

제5장 사업시행계획변경(폐지)인가

Ⅰ. 총 설

이해관계가 상충되는 다수 토지등소유자들의 개별적이고 구체적인 이익을 적절히 형량·조정하면서 장기에 걸쳐 진행되고 다양한 변수가 존재하는 정비사업의 특성상 처음부터 모든 세부적 사항을 확정하여 사업시행계획을 작성하는 것이 어렵고, 또한 부동산 정책, 관계 법령이나 도시계획 규율, 시장상황 등 제반 여건의 변화에 따른 대응의 필요성으로 인하여 사업시행계획은 그 자체로 변경의 가능성이 내포되어 있다. 특히 조합원에 대한 종후자산의 귀속과 비용분담 등과 관련된 관리처분계획과 달리 사업시행계획은 개발을 위한 설계도임과 동시에 이를 위한 비용 및 부수, 파생되는 각종 법정사항에 관한 것으로서 토지등소유자 전체의 이익과 관련되어 변경이 보다 용이하다 할 것이다. 이에 따라 사업시행자가 사업시행계획인가 이후의 사정변경 등으로 인하여 당초 인가받은 사항을 변경하는 경우가 흔히 발생한다.

법은 사업시행계획이 갖는 중요성 및 이해관계인에게 미치는 영향을 고려하여 그 변경을 위해서는 원칙적으로 조합원 100분의 20 이상이 직접 출석하여야 하고, 과반수 찬성이라는 가중된 총회의결 및 시장·군수등의 인가를 요한다. 다만 변경내용에 따라 정비사업비가 100분의 10이상 증가하는 경우에는 조합원 3분의 2 이상의 찬성의결을 요구하는 등으로 의결요건을 강화하기도 하고, 또한 경미한 사항인 경우에는 총회의결절차를 거치지 않을 뿐만 아니라 시장·군수등에 대한 인가 대신 단순 신고만으로 가능하도록 하고 있다.

이하에서는 사업시행계획의 변경에 필요한 절차 및 효과, 엄격한 절차를 필요로 하지 않는 경미한 사항에 대하여 자세히 살펴본다. 나아가 실무상 당초 인가받은 사항을 전제로 일부에 대한 취소·철회·변경·추가가 아니라 종전 사업시행계획을 실질적으로 대체하는 새로운 사업시행계획이 작성되는 경우가 있고, 그 법률적 효과와 관련하여 논란이 있으므로, 이 부분에 대하여도 자세히 살펴본다. 사업시행계획의 중지, 폐지는 변경과 동일한 원리가 적용된다.

Ⅱ. 변경인가사항 및 경미한 사항

1. 사업시행계획 변경절차

사업시행계획변경인가를 받는 일반절차에 관하여 살펴본다. 먼저 조합장 등은 사업시행변경계획 초안을 작성하고, 위 초안에 대한 이사회의 심의 · 결정을 거쳐야 하며, 조합원 100분의 20 이상이 직접 출석한 총회에서 위 초안에 대한 조합원 과반수의 찬성의결을 받아야 한다(법 제50조 제1항, 제45조 제1항 제9호, 제4항, 제7항 단서). 다만 정비사업비가 100분의 10(생산자물가상승률분, 제73조에 따른 손실보상 금액은 제외한다) 이상 늘어나는 경우에는 조합원 3분의 2 이상의 찬성으로 의결하여야 한다(제45조 제4항 단서). 그 후 사업시행자는 사업시행변경계획에 대하여 시장 · 군수등의 인가를 받아야 하며, 인가한 시장 · 군수등은 해당 지방자치단체의 공보에 이를 고시하여야 한다. 구체적인 내용은 아래의 경미한 사항 변경의 특칙과 대비하여 자세히 설명한다.

2. 경미한 사항 변경의 특칙

가. 이사회의결 불요

(1) 사업시행계획을 변경하기 위해서는 총회의결을 받기 위한 전제로 먼저 조합장 등이 사업시행변경계획 초안을 작성하고, 조합의 이사회가 총회 상정 안건인 사업시행변경계획안에 대하여 심의 · 결정하는 등 의결을 거쳐야 한다(표준정관 제28조 제2호).

(2) 경미한 사항 변경의 경우에는 총회의 의결절차가 필요 없으므로 조합장 등은 사업시행변경계획 초안의 작성으로 충분하고, 이사회의결이 필요하지 않다.

나. 총회의결 불요

(1) 조합이 사업시행자인 경우 사업시행계획을 변경하기 위해서는 앞서 본 바

와 같은 조합원 100분의 20 이상의 출석 및 가중 다수결 찬성에 의한 총회의결을 거쳐야 한다. 대의원회가 이를 대행할 수 없다(법 시행령 제43조 제7호). 토지등소유자 개인이 사업시행자가 되는 토지등소유자가 20인 미만인 재개발사업의 경우 사업시행계획을 변경하기 위해서는 자치규약으로 정한 바에 따라 토지등소유자 과반수의 동의를 받아야 한다.

(2) 경미한 사항을 변경하는 경우에는 총회의 의결이 필요하지 않다(법 제45조 제1항 제9호, 제50조 제5항 단서).

다. 신청절차상의 법정 형식 불요

(1) 사업시행계획을 변경하는 경우에는 법정 서식인 법 시행규칙 [별지 제8호 서식] '사업시행계획변경인가신청서'를 작성하여야 하고, 인・허가등의 의제를 받으려는 경우에는 해당 법률에서 정하는 관계 서류, 변경의 사유와 그 내용을 설명하는 서류를 첨부하여야 하는 등 법정의 형식이 요구된다(법 시행규칙 제10조 제3항 제2호).

(2) 경미한 사항을 변경하는 경우에는 비 법정의 신고서 제출로 족하다.

라. 수리 등과 관련한 절차상의 특칙

(1) 공람 및 통지 불요

시장・군수등은 사업시행계획변경인가를 하기 위해서는 인가와 마찬가지로 공람, 토지등소유자에 대한 통지 및 의견청취절차를 거쳐야 한다. 법 제56조 제1항은 사업시행계획에 대하여만 공람과 의견청취절차를 규정하고 있고, 계획변경에 대하여는 명시하고 있지 않지만, 단서가 경미한 사항을 변경하려는 경우에는 그러하지 아니하다고 규정하고 있으므로 일반적 사업시행계획변경에 대하여는 위 절차가 적용됨이 명백하다. 법 제56조 제1항의 수권에 의한 법 시행령 제49조의 시장・군수등의 토지등소유자에 대한 공고내용에 대한 통지도 마찬가지로 사업시행계획변경에도 적용된다. 경미한 사항 변경에는 위 절차가 필요하지 아니한다.

(2) 관계 행정기관 및 교육감과 협의 불요

시장・군수등은 사업시행계획변경이 인・허가 의제와 관련되는 경우 관계 행정기관 및 교육감 등과 협의하여야 한다. 관계 행정기관과의 협의를 규정한 제57조 제4항에는 인가받은 사항의 변경과 관련하여 명시하고 있지 않지만 해석상 인정되어야 하고, 교육시설과 관련한 규정인 제57조 제5항에는 사업시행계획변경에 대하여 명시적으로 규정하고 있다. 사업시행변경계획의 내용 중 정비기반시설의 귀속 및 양도에 관한 사항이 포함된 경우에는 시장·군수등은 변경인가를 하기 위해서는 미리 그 관리청의 의견을 들어야 한다(제97조 제4항). 법정의 경미한 사항은 앞서 본 인·허가 의제, 교육시설 및 정비기반시설 등과는 무관하다.

(3) 신고수리 여부

(가) 사업시행자가 인가받은 사항을 변경하기 위해서는 시장·군수등으로부터 인가를 받아야 하고, 기간 경과에 따른 의제규정이 존재하지 아니한다.

(나) 경미한 사항의 경우에는 시장·군수등에게 신고하고, 그의 수리만으로 족하다. 시장·군수등은 경미한 사항의 변경 신고를 받은 날부터 20일 이내에 신고수리 여부를 신고인에게 통지하여야 하며, 시장·군수등이 위 기간 내에 신고수리 여부 또는 민원 처리 관련 법령에 따른 처리기간의 연장을 신고인에게 통지하지 아니하면 그 기간(민원 처리 관련 법령에 따라 처리기간이 연장 또는 재연장된 경우에는 해당 처리기간을 말한다)이 끝난 날의 다음 날에 신고를 수리한 것으로 본다(법 제50조 제2, 3항).

(4) 지방자치단체 공보 고시

인가받은 사항을 변경인가하는 경우, 시장·군수등은 이를 해당 지방자치단체의 공보에 고시하여야 하고, 고시한 내용을 해당 지방자치단체의 인터넷 홈페이지에 게재하여야 한다(법 시행규칙 제10조 제4항). 경미한 사항 변경의 경우에는 이를 필요로 하지 아니한다(법 제50조 제9항).

3. 경미한 사항

위와 같이 사업시행계획의 일반적 변경과 경미한 사항 변경은 요건 및 절차에 있어 뚜렷한 차이가 있으므로, 어떠한 사항이 경미한 사항인지 여부는 매우 중요하다. 법령은 경미한 사항을 다음과 같이 규정하고 있다(법 제50조 제1항 단서).

가. 규 정

법 시행령 제46조(사업시행계획인가의 경미한 변경)

1. 정비사업비를 10%의 범위에서 변경하거나 관리처분계획의 인가에 따라 변경하는 때. 다만, 주택법 제2조 제5호에 따른 국민주택을 건설하는 사업인 경우에는 주택도시기금법에 따른 주택도시기금의 지원금액이 증가되지 아니하는 경우만 해당한다.
2. 건축물이 아닌 부대시설·복리시설의 설치규모를 확대하는 때(위치가 변경되는 경우는 제외한다)
3. 대지면적을 10%의 범위에서 변경하는 때
4. 세대수와 세대 당 주거전용면적을 변경하지 않고 세대 당 주거전용면적의 10%의 범위에서 세대 내부구조의 위치 또는 면적을 변경하는 때
5. 내장재료 또는 외장재료를 변경하는 때
6. 사업시행계획인가의 조건으로 부과된 사항의 이행에 따라 변경하는 때
7. 건축물의 설계와 용도별 위치를 변경하지 아니하는 범위에서 건축물의 배치 및 주택단지 안의 도로선형을 변경하는 때
8. 건축법 시행령 제12조 제3항 각 호의 어느 하나에 해당하는 사항을 변경하는 때
9. 사업시행자의 명칭 또는 사무소 소재지를 변경하는 때
10. 정비구역 또는 정비계획의 변경에 따라 사업시행계획서를 변경하는 때
11. 법 제35조 제5항 본문에 따른 조합설립변경 인가에 따라 사업시행계획서를 변경하는 때
12. 그 밖에 시·도조례로 정하는 사항을 변경하는 때

서울시 조례 제25조(사업시행계획인가의 경미한 변경)

1. 법 제53조(시장·군수등, 토지주택공사등 또는 신탁업자가 단독으로 정비사업을 시행하는 경우 작성하는 시행규정)에 따른 시행규정 중 조합설립인가 내용의 경미한 변경에 해당하는 법 시행령 제31조 제1호(착오, 오기, 누락) 및 이 조례 제21조 제1호(법령 또는 조례 등의 개정에 따라 단순 정리를 요하는 사항)에 해당하는 사항
2. 영 제47조 제2항 제3호에 따른 사업시행자의 대표자
3. 영 제47조 제2항 제8호에 따른 토지 또는 건축물 등에 관한 권리자 및 그 권리의 명세

나. 경미한 사항의 변경과 관련한 쟁점

(1) 경미한 사항 규정이 제한적 또는 예시적인지 여부

(가) 문제의 소재

법 시행령 제46조 및 서울시 조례 25조가 열거한 경미한 사항이 제한적 규정인지, 예시적 규정인지 여부가 문제된다. 사업시행계획이 구속적 행정계획으로서 토지등소유자의 권리·의무에 중대한 영향을 미치는 점을 고려하면, 원칙적으로 엄격한 사업시행계획 변경절차에 의하여야 하므로 법령이 예외적으로 경미한 사항으로 규정한 경우에 한하여 이를 인정하여야 할 것이고, 또한 예외적인 사항은 좁게 해석되어야 하므로 경미한 사항은 제한적 규정으로 해석될 여지가 있다.

한편, 사업시행계획변경에 총회의 의결 및 행정청의 인가절차 등을 요구하는 취지는 토지등소유자의 의사를 충실히 반영하고자 함에 있고, 경미한 사항은 이러한 필요성이 그다지 크지 아니하기 때문에 총회의결 없이 행정청에 신고하는 것만으로 가능하도록 규정하고 있는 것이라면, 그 내용을 살펴 경미한 사항의 변경을 보다 폭넓게 인정할 수도 있을 것이다.

(나) 판례(예시적 규정)

관리처분계획변경과 관련된 것이기는 하지만, 판례는 법령상의 경미한 사항은 예시적 규정에 불과하므로, 그 내용에 따라 해석에 의하여 확대될 수 있다고 판시하고 있다.[74] 자세한 내용은 제7편 제6장 Ⅱ. "3. 경미한 사항"에서 살펴본다. 실무에서는 명확하게 경미한 사항임에도 절차적 정당성을 확보하거나 장래의 다툼을 미연에 방지하기 위하여 변경인가절차를 거치는 것이 일반적이다. 따라서 경미한 사항에 해당하는지 여부가 다투어질 여지가 있음에도 사업시행자가 경미한 사항임을 이유로 신고로 처리하는 경우는 많지 않을 것으로 보인다.

(2) 수리가 필요한 신고인지 여부

조합설립인가에서 살펴본 바와 같이 수리가 필요한 신고이고, 법이 2021. 3. 16. 법률 제17943호로 개정되어 시장·군수등은 경미한 사항에 대한 변경 신고를 받은 날부터 20일 이내에 신고수리 여부를 신고인에게 통지하여야 하고, 이를 하

---

74) 대법원 2012. 5. 24. 선고 2009두22140 판결.

지 아니하면 그 기간이 끝난 날의 다음 날에 신고를 수리한 것으로 본다(도시정비
법 제50조 제1 내지 3항, 제4편 제6장 Ⅲ. "3. 신고의 법률적 의미" 참조).

(3) 경미한 사항임에도 변경인가형식으로 처분한 경우

사업시행자인 조합은 경미한 신고사항임에도 불구하고, 절차적 정당성을 위하
여 변경인가처분의 형식으로 처리하는 경우가 있다. 조합설립인가에서 살펴본 바
와 같이 사업시행자의 신청에 기하여 행정청이 신고사항을 변경하면서 신고절차
가 아닌 변경인가 형식으로 처분을 한 경우, 그 성질은 신고사항을 변경하는 내용
의 신고수리에 불과한 것으로 보아야 하므로, 그 적법 여부 역시 변경인가의 절차
및 요건의 구비 여부가 아니라 신고수리에 필요한 절차 및 요건을 구비하였는지
여부에 따라 판단하여야 한다(제4편 제6장 Ⅲ. "4. 경미한 사항에 대한 조합설립변경
인가처분의 적법성 심사기준" 참조).

4. 사업시행계획인가와 변경인가의 관계

가. 사업시행계획변경의 내용

법 제50조 제1항이 규정하고 있는 사업시행계획의 변경은 사업시행자가 인가
받은 사업시행계획의 내용에 대하여 인가 이후의 사정변경으로 인하여 이를 변경
하는 것으로서, 종전 사업시행계획의 효력은 그대로 유지한 채 내용 중 일부만을
추가·철회·변경하는 것을 전제로 한다.

실무상 임대주택 중 일부를 일반분양으로 한다거나, 설계를 일부 변경하거나
부대시설·복리시설의 위치와 설치규모를 변경하는 때, 정비기반시설 및 토지등의
귀속에 관한 사항이 변경되거나 건축연면적, 건폐율, 용적률 및 세대수, 주택의
규모 및 평형, 건축물 높이의 변경 등 다양한 내용의 변경이 이루어진다.

나. 쟁송의 대상

(1) 원칙

최초의 사업시행계획과 다수의 사업시행변경계획이 수립된 경우, 당사자들은
어떠한 사업시행(변경)계획을 쟁송의 대상으로 하여야 하는지 혼란을 겪는 경우가
많고, 일반적으로는 그 모두를 쟁송의 대상으로 하는 듯하다. 조합설립인가(제4편

제6장 Ⅲ. "5. 조합설립인가와 변경인가의 관계")에서 자세히 살펴본 바와 같이 심리의 형태는 우선 후행의 다수 사업시행변경계획 중 종전의 사업시행계획을 실질적으로 대체한 것이 있는지 여부를 심리하여, 만일 존재한다면 그 이전의 사업시행계획, 변경계획은 이미 흡수·소멸되어 존재하지 아니하므로 그 부분에 대한 무효확인이나 취소를 구하는 부분은 원칙적으로 소의 이익이 없어 각하하고(다만 관리처분계획이나 수용재결 등 후속처분이 있는 경우 예외), 실질적으로 대체한 사업시행변경계획만이 적법성 여부의 심리대상이 된다.

종전의 사업시행계획을 실질적으로 대체하는 사업시행변경계획이 없다면, 당초 사업시행계획이 총회결의 요건을 갖추지 못한 경우 등 성립과 관련한 하자로 인하여 쟁송에 의하여 취소되거나 무효로 확정된 경우에는 이에 기초하여 이루어진 사업시행변경계획도 원칙적으로 그 효력을 상실하거나 무효이고, 당초 사업시행계획 이후 여러 차례 변경이 있었다가 중간에 행하여진 사업시행변경계획이 성립과 관련한 하자로 인하여 쟁송에 의하여 취소되거나 무효로 확정된 경우에 그 후행 사업시행변경계획도 효력을 상실하거나 무효이다(위 2011두25876 판결).

위와 같이 당초 사업시행계획이 성립상의 하자로 쟁송에 의하여 취소되거나 무효로 확정된 경우에는 이에 기초하여 이루어진 사업시행변경계획도 원칙적으로 그 효력을 상실하므로, 조합원 등 이해당사자는 최초의 사업시행계획의 무효나 취소를 주장, 증명하면 족하다. 다만 후행의 사업시행변경계획에는 외관이 존재하여 법률적 불안이나 위험이 있는 점, 최초의 사업시행계획과는 다른 고유의 변경된 부분에 대한 위법이 존재할 수도 있는 점 등에 비추어 최초의 사업시행계획과 함께 또는 후행의 사업시행변경계획에 대하여만 쟁송이 제기된 경우에도 대상적격이나 소의 이익이 인정된다.

후행의 사업시행변경계획에 대하여만 쟁송이 제기된 경우에는 최초의 사업시행계획의 무효사유를 주장, 증명하거나 사업시행변경계획 고유의 무효나 취소사유를 주장, 증명하여 다툴 수 있다. 다만 이는 최초의 사업시행계획이 총회결의의 하자 등 성립요건이 흠결된 경우에 적용되고, 일부 내용상 하자인 경우에는 다음에서 살펴볼 처분 일반론이 적용된다.

한편 경미한 변경의 신고는 전제가 되는 선행의 사업시행계획이 취소나 무효 확정되는 경우 당연히 그 효력이 소멸하므로, 그 외관만으로 법률상 이익이 침해된다고 보기는 어렵다 할 것이어서, 다툴 소의 이익이 없다.

(2) 처분 일반론과의 관계

㈎ 처분의 내용을 추가 · 철회 · 변경하는 후행처분이 있는 경우, 선행처분과 후행처분은 각각의 하자에 대한 쟁송의 대상된다. 즉 선행처분에 대하여 하자가 존재하는 경우 선행처분을 대상으로 하여야 하고, 추가 · 철회 · 변경된 부분에 하자가 존재하는 경우 후행처분을 대상으로 하여야 하며, 각각 하자가 존재하는 경우 그 모두가 쟁송의 대상이 된다. 다만, 후행처분이 종전처분을 완전히 대체하는 것이거나 그 주요 부분을 실질적으로 변경하는 내용이 아니라 하더라도, 추가 · 철회 · 변경된 부분이 성질상 나머지 부분과 불가분적인 경우에는 후행처분만이 쟁송의 대상이 된다.

따라서 종전처분을 변경하는 내용의 후행처분이 있는 경우 법원으로서는, 후행처분에서 추가 · 철회 · 변경된 부분의 내용이 성질상 그 나머지 부분과 가분적인지 여부 등을 살펴 항고소송의 대상이 되는 행정처분을 확정하여야 한다(위 2015두295 판결).

㈏ 이는 조합설립인가(제4편 제6장 Ⅲ. "5. 조합설립인가와 변경인가의 관계")에서 자세히 살펴본 바와 같이 행정처분의 요건은 적법하되, 그 일부 내용상의 하자와 관련되는 것이다. 예를 들면, 종전 사업시행계획이 총회결의 등 성립요건은 모두 구비하였으나, 그 내용 중 일부가 정비계획이나 강행법규에 반하는 하자가 존재하여 그 부분에 대한 취소를 구하는 소가 제기되거나, 사업시행계획인가 이후 종전 사업시행계획의 내용 중 일부를 변경하였으나 변경된 부분에 정비계획이나 강행법규에 반하는 하자가 존재하는 경우 위 처분 일반론 법리가 적용될 수 있다.

사업시행자에게는 폭넓은 계획재량이 부여되어 있는 점, 사업시행계획의 내용 일부가 정비계획이나 강행법규에 위반되는 경우 시장 · 군수등의 인가 단계에서 거부나 반려될 것인 점 등에 비추어 실무상 사업시행계획의 내용상 하자와 관련한 다툼은 많지 않은 듯하다. 이는 주로 내용상 하자와 관련되는 관리처분계획인가와 구분되고, 조합설립인가와 동일하다.

Ⅲ. 종전 사업시행계획을 대체하는 새로운 사업시행변경계획

1. 의 의

법 제50조 제1항이 규정하고 있는 사업시행계획의 변경은 사업시행자가 인가 받은 사업시행계획에 대하여 인가 이후의 사정변경으로 인하여 그 내용 중 일부를 변경하는 것을 전제로 하나, 실무상으로는 사업시행자가 사업시행계획인가 이후의 사정변경이 아니라 최초 사업시행계획상 존재하는 하자를 바로 잡기 위하여 당초 사업시행계획과 동일한 요건, 절차를 거쳐 새로운 사업시행변경계획을 작성하여 시장·군수등으로부터 인가받는 경우가 있고, 또는 당초 사업시행계획을 대체하였다고 평가할 수 있는 정도로 사업시행계획의 주요 부분을 실질적으로 변경하는 사업시행변경계획을 작성한 후 시장·군수등의 인가를 받는 경우도 있다.

위와 같은 사업시행계획변경인가는 유효하고, 사업시행자가 사업시행계획의 작성 및 인가를 위한 실체적, 절차적 요건을 모두 갖추어 시장·군수등으로부터 사업시행계획변경인가를 받았다면, 당초 사업시행계획은 원칙적으로 변경된 사업시행계획에 흡수·소멸되어 더 이상 존재하지 않는 처분이거나 과거의 법률관계가 된다. 다만, 이는 사업시행계획 변경시점을 기준으로 당초 사업시행계획이 장래를 향하여 실효된다는 의미일 뿐이고, 소급하여 그 효력을 상실하는 것이 아님은 제4편 제6장 "Ⅳ. 새로운 조합설립인가로서의 조합설립변경인가"에서 살펴보았다. 그러나 하자의 시정을 목적으로 하는 새로운 사업시행변경계획의 경우에는 예외가 있을 수 있는바, 이하에서는 종전 사업시행계획을 대체하는 새로운 사업시행변경계획에 관하여 살펴본다.

2. 하자의 시정을 목적으로 하는 새로운 사업시행변경계획

가. 내 용

사업시행자가 사업시행계획의 흠을 바로 잡기 위하여 당초 사업시행계획과 동일한 요건, 절차를 거쳐 새로운 사업시행계획을 작성하여 총회의 의결절차를 거쳐 시장·군수등으로부터 사업시행계획변경인가를 받은 경우가 있다.

나. 효 과

(1) 원칙

사업시행계획 변경시점을 기준으로 원칙적으로 최초 사업시행계획은 장래를 향하여 실효된다.

(2) 예외

행정청은 행정처분에 하자가 있는 경우에는 별도의 법적 근거가 없다 하더라도 원칙적으로 이를 직권취소할 수 있다.[75] 사업시행자가 종전 사업시행계획의 하자를 바로 잡기 위하여 새롭게 사업시행계획을 수립하는 경우에는 새로운 사업시행변경계획의 수립과 인가로 종전 사업시행계획을 직권으로 취소한다는 의미에서 소급적으로 실효된다고 해석될 수도 있다.[76] 다만, 행정청의 종전 처분에 대한 직권취소는 이례적이므로, 이는 사업시행자가 새로운 사업시행계획의 수립으로 종전 사업시행계획을 직권취소하려는 의사가 명확한 경우에 한하여 예외적으로 인정하여야 할 것이다.

다. 의결절차상의 쟁점

(1) 종전 사업시행계획에 대한 무효확인소송 또는 취소소송이 계속 중 사업시행자가 처음부터 다시 사업시행계획을 작성하여 총회의결 등 실체적, 절차적 요건을 모두 구비한 후 변경인가처분을 받게 된다.

사업시행자가 종전 사업시행계획에 따라 조합원에게 분양신청통지를 하고, 적법한 분양신청기간 내에 분양신청을 하지 아니한 조합원은 분양신청기간 종료일 다음날 조합원의 지위를 상실하고, 현금청산대상자가 되는바, 사업시행자가 종전 사업시행계획의 하자를 이유로 처음부터 다시 사업시행계획을 작성하여 총회의결 절차를 거침에 있어 그와 같은 현금청산대상자를 조합원으로 취급하여야 하는지 여부가 문제된다.

(2) 조합설립인가와 관련하여 판례(위 2013두18773 판결)에서 살펴본 바와 같이 당시 종전의 사업시행계획에 대한 무효확인소송 등이 진행되고 있을 뿐, 확정되지

---

75) 대법원 2006. 5. 25. 선고 2003두4669 판결.
76) 대법원 2011. 2. 10. 선고 2010두19799 판결.

않은 상황에서는 새로운 사업시행계획을 작성하여 총회의결을 받음에 있어 조합원 지위를 상실한 현금청산대상자를 토지등소유자 산정에서 배제한 채 의사정족수 및 의결정족수를 산정하여야 할 것이다. 그와 관련한 문제점은 제4편 제7장 제1절 Ⅲ. "2. 협의취득의 포함 여부"에서 자세히 살펴보았다.

라. 실효된 사업시행계획의 무효확인을 구할 법률상 이익 여부

하자의 시정을 목적으로 하는 새로운 사업시행변경계획이 종전 사업시행계획을 직권취소한 것이 아닌 한, 실효된 사업시행계획의 무효확인을 구할 법률상 이익이 있는지 여부가 문제된다. 이는 주요 부분을 실질적으로 변경하는 사업시행변경계획에서 자세히 살펴본다.

3. 주요 부분을 실질적으로 변경하는 사업시행변경계획

가. 의 의

사업시행계획의 내용변경에는 종전 사업시행계획의 내용 중 일부만을 추가 · 철회 · 변경하는 것과 당초 사업시행계획의 주요 부분을 실질적으로 변경하여 이를 대체한 경우로 나눌 수 있다. 그 차이는 전자의 경우에는 종전 사업시행계획이 존속하나, 후자의 경우에는 종전의 사업시행계획은 변경된 사업시행계획에 흡수 · 소멸되어 효력이 상실된다. 사업시행자가 수차례 사업시행계획을 변경하는 것이 실무인 현실에서, 그 중 주요 부분을 실질적으로 변경하여 이를 대체하는 사업시행계획이 존재한다면, 원칙적으로 그 이전의 사업시행계획은 이미 실효되어 그 대상적격을 상실하므로 그 판단기준이 중요하다.

나. 판단기준

⑴ 판단기준

사업시행계획의 변경이 당초 사업시행계획의 주요 부분을 실질적으로 변경하여 이를 대체하였는지 여부는 사업시행계획 중 변경된 내용, 변경의 원인 및 그 정도, 당초 사업시행계획과 변경 사업시행계획 사이의 기간, 당초 사업시행계획의 유효를 전제로 이루어진 후속행위의 내용 및 그 진행 정도 등을 종합적으로 고려하여 판단하여야 한다.[77]

⑵ 구체적 사례

판례는 종전 사업시행계획에 비하여 사업비용이 22.5% 증액되었으나, 건축될 주택의 동수·세대수·형별 세대수 등은 전과 동일하고, 임대주택공급 및 주거이전비 지급대상자 증가에 따른 변경과 향후 분양업무에 대한 효율성을 높이기 위한 근린생활시설 부분의 변경 외에 나머지 사항의 변동이 없는 사안에서, 변경된 사업시행계획이 종전 사업시행계획을 대체하여 실질적으로 새로운 사업시행계획을 수립한 것이라고 볼 수 없다고 판시하였다.[78]

⑶ 결론

당초 사업시행계획과 변경된 사업시행계획 사이의 기간, 당초 사업시행계획의 유효를 전제로 이루어진 후속행위의 존재여부 등은 중요한 판단의 기준이다. 다만 변경내용과 관련하여서는 앞서 본 경미한 사항의 내용이 중요한 참고사항이 된다. 즉, 사업비의 변경범위가 10%인 경우에는 경미한 변경사항이므로, 10% 이상이라 하더라도 약 20% 정도 수준인 경우는 실질적 대체로 보기 어렵다. 부대시설·복리시설의 경우 설치규모와 달리 그 위치가 중대하게 변경된 경우, 공동주택의 경우 용적률, 층(層) 및 동(棟)수, 세대수, 연면적, 세대 당 주거전용면적, 건축물의 설계와 용도별 위치의 상당한 변경 등은 주요 부분을 실질적으로 변경한 것으로 보아야 할 것이다.

다. 효 과

⑴ 종전 사업시행계획의 실효

㈎ 의의

새로운 사업시행(변경)계획의 수립으로 당초 사업시행계획은 효력을 상실한다. 다만, 이는 사업시행계획 변경시점을 기준으로 원칙적으로 최초 사업시행계획이 장래를 향하여 실효된다는 의미일 뿐이고, 소급하여 그 효력을 상실하는 것은 아니다.[79]

---

77) 대법원 2014. 2. 27. 선고 2011두25173 판결.
78) 대법원 2014. 2. 27. 선고 2011두25173 판결.
79) 대법원 2016. 2. 18. 선고 2015두2048 판결, 대법원 2015. 11. 26. 선고 2014두15528 판결.

㈏ **실효된 사업시행계획의 무효확인을 구할 법률상 이익 여부**

① **원칙**

종전 사업시행계획을 대체하는 사업시행계획변경에 대한 인가를 받은 이후 종전 사업시행계획에 대한 무효확인 또는 취소청구의 소는 특별한 사정이 없는 한 소의 이익이 없다. 왜냐하면 이미 종전 사업시행계획은 변경된 사업시행계획에 흡수 · 소멸되어 실효되었기 때문이다.

② **예외**

다만 사업시행계획의 경우 그 인가처분의 유효를 전제로 분양신청 및 분양공고 절차, 분양신청을 하지 않은 조합원에 대한 토지의 협의취득, 수용, 관리처분계획의 수립 및 그에 대한 인가 등 후속행위가 있었다면, 흡수 소멸된 당초 사업시행계획이 무효로 확인되거나 취소될 경우 그것이 유효하게 존재하는 것을 전제로 이루어진 위와 같은 일련의 후속행위 역시 소급하여 효력을 상실하게 되므로, 당초 사업시행계획을 실질적으로 변경하는 내용으로 새로운 사업시행계획이 수립되어 시장 · 군수등으로부터 인가를 받았다는 사정만으로 일률적으로 당초 사업시행계획의 무효확인을 구할 소의 이익이 소멸된다고 볼 수는 없다.

결국 위와 같은 후속 행위로 토지등소유자의 권리 · 의무에 영향을 미칠 정도의 공법상의 법률관계를 형성시키는 외관이 만들어졌는지 또는 존속되고 있는지 등을 개별적으로 따져 보아야 한다. 종전 사업시행계획에 따라 수용재결절차가 이루어졌다면 원칙적으로 확인의 이익이 있다고 보아야 할 것이다.

③ **예외의 예외**

만일 사업시행계획의 주요 부분이 실질적으로 변경되었고, 종전 사업시행계획에 기한 수용절차 등 후속행위가 있었더라도 후속행위에 대한 변경 내지 대체절차가 이루어짐으로 인하여 종전 사업시행계획이 현재 조합원들의 권리 · 의무에 영향을 미치고 있지 않다면(예를 들면, 종전 사업시행계획에 따라 분양신청 및 분양공고, 관리처분계획이 수립되었지만, 새로운 사업시행계획 이후 그에 기초하여 별도의 분양신청 및 분양공고, 관리처분계획이 이루어졌다면, 이는 후속행위의 변경 내지 대체절차가 이루어진 것이다), 역시 그 무효확인을 구할 법률상 이익이 없다.[80]

---

80) 대법원 2013. 11. 28. 선고 2011두30199 판결.

⑵ 새로운 분양신청절차의 진행 여부

주요부분을 실질적으로 변경하는 사업시행변경계획 중 특히 문제가 되는 것은 사업시행자가 사업시행계획에 따라 분양신청절차를 진행하였으나, 다수 또는 상당수가 분양신청절차에 응하지 않는 경우, 분양신청 내용에 따라 분양설계하여 관리처분계획을 수립하는 대신 종전 사업시행계획을 대체하는 사업시행변경계획을 작성하여 총회의결절차를 거쳐 인가받는 경우이다.

그 경우 종전에 분양신청한 조합원들 또는 이미 현금청산대상자가 된 종전 조합원들을 상대로 새롭게 분양신청절차를 진행하여야 하는지 여부가 문제된다. 이는 제7편 제2장 제2절 Ⅲ. "3. 사업시행계획의 실질적 변경에 기초한 새로운 분양신청절차 진행여부"에서 자세히 살펴본다.

Ⅳ. 사업시행계획 폐지 및 인가의 효과

1. 의 의

사업시행자가 인가받은 사업시행계획을 소멸시키려면 사업시행계획 폐지에 관한 총회결의 후 행정청의 인가를 받아야 한다(법 제50조). 사업시행계획의 폐지가 문제되는 것은 인가받은 사업시행계획에 기초하여 분양신청절차를 진행하였으나, 조합원 상당수가 분양을 하지 않은 경우, 사업시행자인 조합으로서는 현금청산대상자들을 위하여 천문학적 금액의 현금을 준비하여야 하고, 일반분양조차 장담할 수 없어 사업시행기간 내에 정비사업을 수행하기 어렵기 때문에, 현금청산대상자들을 조합원에서 배제하는 내용의 조합원 변동신고를 한 후(법 시행령 제31조 제7호), 사업시행계획폐지안을 작성하여 분양신청한 조합원들만으로 총회를 개최하여 과반수 찬성으로 의결하고, 시장·군수등의 인가를 받게 된다.

2. 사업시행계획 폐지와 현금청산대상자

가. 사업시행계획 폐지의 효과

사업시행계획이 폐지되는 경우, 폐지된 사업시행계획은 장래를 향하여 소멸된다. 폐지된 사업시행계획에 따라 진행된 분양신청절차에서 분양신청을 하지 않은 조합원들은 분양신청기간 종료일 다음날 현금청산대상자가 되어 조합원으로서의 지위를 상실하였으므로, 사업시행계획의 폐지로 현금청산대상자들의 조합원 지위가 당연히 회복되는 것은 아니다.

나. 사업시행자의 현금청산대상자에 대한 조합원 자격 부여

사업시행자는 사업시행계획을 폐지하는 경우, 새롭게 사업성을 강화하여 사업시행계획을 작성한 후 인가를 받는 것이 일반적이다. 그 경우 사업시행자는 현금청산대상자들에게 새롭게 분양신청의 기회를 부여하여 그들의 참여를 통한 새로운 정비사업의 진행을 도모한다. 이때 사업시행자의 잔존 조합원들이 '분양신청을 하지 아니한 자는 사업시행계획인가 폐지 시 조합원 자격이 회복된다.'라고 정관 변경결의를 하고 인가를 받은 경우, 이로 인하여 현금청산대상자들의 조합원 자격이 당연히 회복되는지 여부가 문제되나, 이를 인정할 수 없음은 앞서 본 바이다 (제4편 제5장 제2절 "Ⅳ. 정관의 변경" 참조).

다. 새로운 사업시행변경계획에 대한 쟁송

만일 사업시행자가 사업시행계획 폐지 이후 새롭게 사업시행(변경)계획을 수립하여 인가받은 경우, 현금청산대상자들에게 위 사업시행(변경)계획의 취소를 구할 법률상 이익이 있음은 앞서 본 바이다.

Ⅴ. 보충행위로서의 인가처분 변경

보충행위로서 사업시행계획인가처분 그 자체에 고유의 하자가 있어 제1심에서 취소되었으나, 그 후 항소심에서 사업시행계획변경이 이루어진 후 인가되어 실질적으로 하자가 시정된 경우, 또는 종전 사업시행계획이 인가 이후 건축계획, 자금계획, 토지이용계획, 정비기반시설 및 공동이용시설의 설치계획, 세입자의 주거대책, 임대주택 건설계획의 변경 등의 사유로 용적률, 건폐율, 건축면적, 건축연면적, 주택의 규모, 신축세대수, 사업비 등 주요 부분이 변경되었고, 그와 같은 사업시행계획변경에 대하여 인가가 이루어진 경우에는 그와 같은 변경인가도 또한 실질적으로 새로운 보충행위로서의 인가처분에 해당한다.

위의 경우 모두 종전 인가처분이 변경인가처분에 흡수되어 존재하지 않게 되었으므로, 종전 인가처분의 취소를 구하는 부분의 소는 권리보호의 이익이 없어 부적법하다.[81]

---

81) 대법원 2011. 6. 10.자 2011두4909 심리불속행 판결 및 하급심인 서울고등법원 2010. 12. 22. 선고 2009누34336 판결.

사업시행계획과 관련한 소송상의 쟁점

Ⅰ. 소송의 형태

법 제45조 제1항 제9호는 사업시행계획서의 작성 및 변경은 총회의 의결을 거치도록 규정하고 있다. 총회결의에 하자가 있는 경우에는 소로써 이를 다툴 수 있다. 이는 행정처분에 이르는 절차적 요건의 존부나 효력 유무에 관한 소송으로서 그 소송결과에 따라 행정처분의 위법 여부에 직접 영향을 미치는 공법상 법률관계에 관한 것이므로, 행정소송법상의 당사자소송에 해당한다. 다음에서 살펴볼 관리처분계획의 수립 및 변경에 관한 총회결의에 하자가 있는 경우도 동일하다.

법 제45조 제1항 제1호가 정관변경을, 제5호가 시공자의 선정 및 변경을, 제7호가 조합임원의 선임 및 해임을 각 총회의결사항으로 규정하고 있고, 그와 같은 총회결의에 하자가 있는 경우에도 소로써 이를 다툴 수 있으나, 이는 행정처분에 이르는 절차적 요건의 존부나 효력 유무에 관한 소송에 해당하지 아니하여 민사소송의 대상인 점에서 구분된다.

사업시행계획이 총회의결 이후 인가·고시까지 이루어지면 인가와는 별도의 처분으로 성립되므로, 항고소송의 방법으로 사업시행계획의 취소 또는 무효확인을 구할 수 있을 뿐, 절차적 요건에 불과한 총회결의 부분만을 대상으로 그 효력 유무를 다투는 확인의 소를 제기하는 것은 허용될 수 없다. 따라서 총회결의 무효확인의 소 진행 중 사업시행계획에 대한 인가·고시가 이루어지는 경우, 사업시행계획의 취소 또는 무효확인을 구하는 것으로 소변경이 필요하다.[82] 결국 사업시행계획인가 이후에는 사업시행계획 총회결의에 하자가 있을 때에도 사업시행계획에 대한 취소 또는 무효확인소송을 제기하여야 하고, 절차적 요건에 불과한 사업시행

---

[82] 대법원 2009. 11. 2.자 2009마596 결정, 행정소송법상 집행정지신청을 통하여 사업시행계획의 집행이나 효력을 정지하는 것만 가능할 뿐 총회결의의 효력 정지를 구하는 민사가처분은 불가하다.

계획에 대한 총회결의의 취소 또는 무효확인의 소는 부적법하다.

Ⅱ. 소송요건과 관련한 쟁점

1. 사업시행계획에 대한 취소소송의 제소기간

통상 고시 또는 공고로 행정처분을 하는 경우에는 그 처분의 상대방이 불특정 다수이고, 그 처분의 효력도 불특정 다수에게 일률적으로 미치는 것이므로, 그 행정처분에 이해관계를 갖는 자는 고시 또는 공고가 효력을 발생하는 날에 그 행정처분이 있음을 알았다고 보아야 한다. 사업시행계획인가는 행정 효율과 협업 촉진에 관한 규정 제4조 제3호 및 제6조 제3항에 의하여 인가 및 고시가 있은 후 5일이 경과한 때부터 효력이 발생하므로 이해관계인은 특별한 사정이 없으면 그때 처분이 있음을 알았다고 할 것이다. 따라서 사업시행계획 취소를 구하는 소의 제소기간은 그때부터 기산한다.[83]

2. 법률상 이익

가. 조합원

사업시행계획은 인가를 통해 그 효력을 발생하게 되면 이해관계인에 대한 구속적 행정계획이 되므로, 조합원은 이를 다툴 법률상 이익이 있다. 조합설립인가처분과 사업시행계획은 서로 독립하여 별개의 법적 효과를 발생시키는 것으로서, 조합설립인가처분에 관한 취소사유인 하자는 사업시행계획에 승계되지 아니하여 그 하자를 들어 사업시행계획의 적법 여부를 다툴 수 없다. 그러나 조합설립인가 처분이 효력을 잃으면, 그 후속행위로서 사업시행계획 역시 소급하여 효력을 잃게 되므로 조합설립인가의 무효를 이유로 사업시행계획을 다툴 수 있다.

나. 현금청산대상자

(1) 원칙(긍정)

사업시행자는 사업시행계획인가의 고시가 있은 후 법정의 기간 내에 분양신청

---

83) 대법원 2010. 12. 9. 선고 2009두4913 판결.

통지절차를 진행하게 되고, 위 분양신청절차에서 분양신청하지 아니한 조합원은 분양신청기간 종료일 다음날 조합원의 지위를 상실하고 현금청산대상자가 된다. 그와 같은 조합원의 지위를 상실한 현금청산대상자가 사업시행계획의 하자를 다투는 소의 이익이 있는지 여부가 문제된다.

사업시행계획에 당연무효인 하자가 있거나 사업시행계획이 위법하여 취소되는 경우에는 사업시행자는 새로이 사업시행계획을 작성한 후 총회의결을 거쳐 시장·군수등으로부터 인가를 받고 또한 새롭게 분양신청을 받아 관리처분계획을 수립하여야 한다. 따라서 분양신청기간 내에 분양신청을 하지 않거나 분양신청을 철회함으로 인해 조합원의 지위를 상실한 토지등소유자도 그때 분양신청을 함으로써 건축물 등을 분양받을 수 있으므로 사업시행계획의 무효확인 또는 취소를 구할 법률상 이익이 있다.[84]

(2) 예외(현금청산대상자로서 수용재결 확정이나 매도청구 확정)

재개발사업의 사업시행자가 현금청산대상자에 대하여 재결신청을 하고 토지수용위원회가 이에 기하여 금전보상의 재결을 하여 확정되면, 사업시행자가 현금청산대상자의 토지등에 관한 소유권을 취득하고 현금청산대상자는 최종적으로 소유권을 상실하게 되므로, 더 이상 사업시행계획상의 권리관계에 관하여 어떠한 영향을 받을 개연성이 없어졌다고 할 것이어서, 현금청산대상자는 사업시행계획의 무효확인이나 취소를 구할 법률상 이익이 없다.[85] 다만 현금청산대상자가 관할 토지수용위원회를 상대로 수용재결의 취소를 구하는 소를 제기하여 현재 수용재결의 효력을 다투고 있거나 또는 사업시행자가 제기한 매도청구의 소가 확정되기 이전이라면 법률상의 이익이 있다. 또한 수용재결(매도청구)에 당연 무효인 하자가 있는 경우에도 마찬가지이다.

만일 현금청산대상자에 대한 수용재결(매도청구)이 확정되었으나, 수용재결(매도청구)이 당연 무효임을 전제로 사업시행계획의 취소 또는 무효를 구한다면, 먼저 수용재결(매도청구)이 당연 무효인지 여부를 심리하여 수용재결이 당연 무효가 아니라면 법률상 이익이 없음을 이유로 각하하여야 하고,[86] 심리결과 수용재결(매

---

84) 대법원 2011. 12. 8. 선고 2008두18342 판결, 대법원 2014. 2. 27. 선고 2011두25173 판결.
85) 대법원 2011. 1. 27. 선고 2008두14340 판결.
86) 현금청산대상자가 관리처분계획취소를 구하는 소를 제기하면서, 사업시행계획에 당연 무효의 하자

도청구)이 당연 무효라면 사업시행계획의 위법성을 심사하여 기각하거나 인용하는 등으로 본안판단으로 나아가야 한다.

다. 재건축사업에 있어 조합설립에 동의하지 않아 매도청구의 대상이 된 자

재건축사업은 임의가입제가 원칙이므로 사업시행구역 내에 소재한 토지등소유자의 경우에는 재건축사업에 동의한 자만이 조합원이 된다. 재건축사업에 동의하지 않은 자는 매도청구의 대상이 될 뿐, 사업시행계획으로 인하여 어떠한 권리·의무에 영향을 받지 아니하므로 일응 사업시행계획의 무효확인 또는 취소를 구할 법률상 이익이 없다고 보아야 한다. 그러나 토지등소유자가 재건축조합에 조합원으로 가입할 수 있는 종기는 분양신청기간 종료일이므로(표준정관 제9조 제1항, 다만 부산 표준정관에서 이를 삭제하였음은 앞서 본 바이다), 만일 분양신청기간 종료일 이전이라면 동의의 기한이 남아있어 사업시행계획을 다툴 소의 이익이 인정된다.

나아가 분양신청기간이 만료되었다 하더라도, 사업시행계획이 당연 무효 또는 소급적으로 취소되면 사업시행자는 새롭게 사업시행계획을 작성한 후 별도로 분양신청절차를 거쳐야 하고, 그 경우 토지등소유자는 조합원이 될 수 있으므로 그 경우에도 역시 사업시행계획의 무효확인 또는 취소를 구할 소의 이익이 있다.[87]

Ⅲ. 본안과 관련한 쟁점

1. 결의의 하자 여부

가. 절차의 하자

(1) 의결정족수 및 절차 일반요건

사업시행계획서의 작성 및 변경(중지, 폐지 포함하고, 경미한 변경 제외)에는 총회의 결의를 요한다. 재적 조합원 과반수의 찬성으로 의결하고, 정비사업비가 100

가 있다고 주장하는 경우, 사업시행계획에 당연 무효의 하자가 인정되면, 그 후속행위도 효력이 없고, 그 경우 새롭게 사업시행계획을 수립하여 분양신청 절차를 진행하여야 하므로, 관리처분계획의 취소를 구할 법률상 이익이 인정되나, 심리결과 사업시행계획이 당연무효가 아닌 경우에는 관리처분계획으로 인하여 어떠한 영향도 받지 아니하므로, 결국 법률상 이익이 없어 각하하여야 한다(대법원 2011. 12. 8. 선고 2008두18342 판결의 파기환송심인 서울고등법원 2012. 7. 13. 선고 2011누44848 판결, 그 후 위 판결은 대법원 2013. 10. 31. 선고 2012두19007호로 상고기각 되었다).
87) 서울행정법원 2021. 6. 11. 선고 2020구합61119 판결(현재 서울고등법원 2021누49255호로 계속 중).

분의 10(생산자물가상승률분, 현금청산대상자에 대한 손실보상금액은 제외) 이상 늘어나는 경우에는 조합원 3분의 2 이상의 찬성으로 의결한다. 사업시행계획서의 작성 및 변경을 의결하는 총회의 경우에는 조합원 100분의 20 이상이 직접 출석하여야한다. 법이 2021. 8. 10. 법률 제18388호로 개정되어, 재난 발생 등으로 인해 조합원의 직접 출석을 통한 총회 의결이 어려운 경우 전자적 방법의 의결권 행사를 인정하고 있음은 앞서 본 바이다.

⑵ 일반절차상의 하자

사업시행계획에 대한 총회결의 과정에서의 절차상 하자 여부와 관련한 일반적 내용은 제4편 제5장 제3절 Ⅲ. "4의 나. 절차의 하자"에서 자세히 살펴보았다. 이하에서는 사업시행계획 등과 관련한 특유절차의 하자와 관련하여 주로 살펴본다.

⑶ 정비사업비 100분의 10 이상 증가와 가중다수결

⑺ 규정

법은 2012. 2. 1. 법률 제11293호로 개정하면서 총회의 의결사항으로 "사업시행계획서, 관리처분계획의 수립 및 변경의 경우 조합원 과반수의 동의를 받아야한다. 다만, 정비사업비가 100분의 10(생산자물가상승률분은 제외한다) 이상 늘어나는 경우에는 조합원 3분의 2 이상의 동의를 받아야 한다"는 규정을 신설하였다(구법 제24조 제6항 단서). 그 후 법은 2013. 12. 24. 법률 제12116호로 개정하면서 정비사업비의 100분의 10을 산정함에 있어 생산자물가상승률분 외에 현금청산 금액도 제외하도록 하였다(구 법 제24조 제6항 단서). 현재도 동일한 규정을 두고 있다(법 45조 제4항 단서).

조합의 비용부담은 정관기재사항이고, 이를 변경함에는 조합원 3분의 2 이상의 찬성을 요한다(법 제40조 제3항 단서). 또한 조합의 비용부담이 재건축 결의 당시와 비교하여 조합원들의 이해관계에 중대한 영향을 미칠 정도로 실질적으로 변경된 경우에는 비록 그것이 정관변경에 대한 절차가 아니라 하더라도 특별다수의 동의요건을 충족하여야 한다. 정비사업비가 100분의 10 이상 증가하는 것은 통상 합리적으로 예상할 수 있는 범위를 초과하는 것으로서, 조합의 비용부담과 관련한 정관변경이나 비용부담이 조합원들의 이해관계에 중대한 영향을 미칠 정도로 실질적으로 변경된 경우에 준하는 것으로 보아 조합원 3분의 2 이상의 찬성을 받아야 하는 것으로 규정되었다.

(나) 문제의 소재

사업시행(변경)계획서에는 정비사업비가 필수적으로 기재된다. 사업시행(변경)계획서에 기재된 정비사업비가 종전 보다 100분의 10 이상 증가한 것인지 여부를 판단함에 있어 실질적 내용을 기준으로 결정할 것인지 또는 단순히 형식적 사업비의 액수를 기준으로 할 것인지 여부가 문제된다.

(다) 학설

① 실질설

실질적인 관점에서 상호 동등한 조건 아래 정비사업비 사이의 증가폭을 비교하여야 한다. 정비사업비는 건축비가 대부분을 차지하므로, 일응 건축비를 기준으로 판단하여야 한다. 건축비는 건축연면적을 기준으로 ㎡당 가격으로 산정하는 것이 보편적이므로, 이를 기준으로 비교하여야 한다. 그 논거는 다음과 같다.

㉮ 건축연면적을 대폭 감소하면서 형식적 정비사업비만 종전보다 100분의 10 이상 증가에 미달되는 경우, 실제로 ㎡당 건축비는 대폭증가된 것이고 이는 사업시행자의 비용부담과 관련한 정관변경이나 비용부담이 조합원들의 이해관계에 중대한 영향을 미칠 정도로 실질적으로 변경된 것임에도, 과반수의 찬성의결로 함은 입법취지를 몰각하는 것이다.

㉯ 법 45조 제4항 단서가 정비사업비 증가를 비교함에 있어 실질적인 사업비 증가와 무관한 생산자물가상승률분과 현금청산 금액을 제외하도록 하고 있는 것은 실질설을 전제로 하고 있기 때문이다.

② 형식설

직전 단계의 정비사업비와 사업시행계획서 또는 변경계획서 작성 당시 정비사업비의 전체 액수를 별도의 환산 없이 단순 비교하여야 한다.

(라) 판례

창립총회 당시의 ㎡당 건축비보다 사업시행계획에서의 ㎡당 건축비가 100분의 10 이상 증가하였으나, 전체 정비사업비의 액수 증가가 100분의 10 미만인 사안에서, 형식설에 의하여 양 정비사업비의 전체 액수를 별도의 환산 없이 단순비교함이 타당하다고 판시하였다.[88] 그 논거는 다음과 같다.

① 조합설립인가 전 창립총회에서 정하는 전체 정비사업비 추산액은 개략적 산정이 불가피하고, 실제로 창립총회에서 건축비를 건축연면적에 비례하여 산정하였더라도, 이는 전체 정비사업비 추산액 산정을 위하여 임시적, 개괄적으로 산출한 것에 불과하다.

② 사업시행계획에서 정비사업비를 산정함에 있어 개별 항목별로 세목의 금액, 내역 및 산출근거를 자세히 제시하였으나, 건축연면적을 기준으로 공사비 등을 산정하지는 않는다.

㈑ **결론**

위 판례는 창립총회에서의 정비사업비 추산액과 그 후 사업시행계획에서의 정비사업비 산정과 관련된 것으로서, 창립총회에서의 정비사업비 추산액은 개략적 산정이 불가피함을 전제로 한다. 추진위원회가 조합설립 당시 토지등소유자로부터 징구하는 법 시행규칙 [별지 제6호 서식] 조합설립동의서에는 공사비 등 정비사업에 드는 비용이 기재된다. 만일 추진위원회가 창립총회 당시 정비사업에 드는 비용의 산출근거를 세대수, 동수 기타 건축연면적을 기준으로 ㎡당 가격으로 산정하는 등으로 구체화한 경우에도 형식설에 의하는 것은 부당하다(다만 조합설립 단계에서는 시공자선정 및 시공계약이 체결되기 이전이어서 단순히 전체 정비사업비만 기재한 경우에는 해당되지 아니한다).

왜냐하면 추진위원회는 토지등소유자로부터 건축연면적 기준(다수의 동, 세대수)으로 과소하게 산정한 공사비를 전제로 토지등소유자 4분의 3 이상의 동의 및 토지면적 2분의 1 이상의 토지소유자의 동의를 받아 조합을 설립한 이후, 동수와 세대수를 대폭 감소하는 등으로 연면적을 축소시켜 실질적으로 공사비의 대폭증가이나 형식적으로 100분의 10 미만의 정비사업비 증가라는 외관을 작출하여 조합원 과반수 찬성의결로 용이하게 변경할 수 있다면, 이는 조합설립에 엄격한 요건을 요구하는 입법취지를 몰각시키게 된다.

한편, 사업시행계획 및 그 이후의 사업시행변경계획의 경우에는 달리 보아야

---

88) 대법원 2020. 1. 16.자 2019두53761 심리불속행 판결 및 하급심인 서울고등법원 2019. 9. 20. 선고 2019누40514 판결.

한다. 비록 사업시행계획 수립 단계에서 정비사업비는 정비사업의 규모를 반영하는 개략적인 추산액에 불과하다 하더라도, 일반적으로 사업시행계획 이전에 시공자가 선정되고, 시공계약을 체결하기 때문이다.

당초의 사업시행계획이 건물의 동수나 세대수 및 연면적을 기준으로 정비사업비를 산정한 이후, 건물의 동수나 세대수를 대폭 감소하고 비례하여 건축연면적이 대폭 감소하였음에도, 형식적 정비사업비만을 그대로 하거나 종전보다 정비사업비가 100분의 10 미만 증가하는 내용으로 사업시행변경계획을 작성하여 조합원 과반수 찬성으로 의결하는 것을 허용한다면, 사업시행자의 비용부담이 조합원들의 이해관계에 중대한 영향을 미칠 정도로 실질적으로 변경된 경우 특별다수의 찬성의결로 하려는 입법취지에 반한다.

다만 건축연면적을 기준으로 ㎡당 건축비로 공사비를 산정하지 아니하는 경우, 정비사업비 100분의 10 이상 증가에 대한 실질적 기준을 무엇으로 할 것인지의 문제가 여전히 남는다. 입법을 통하여 보완할 필요가 있다.

⑷ 정비사업비가 조합원들의 이해관계에 중대한 영향을 미칠 정도로 변경된 것인지 여부

㈎ 법리

2012. 2. 1. 법률 제11293호 개정으로 법이 정비사업비의 100분의 10 이상 증가의 경우 조합원 3분의 2 이상의 동의를 요한다는 규정을 도입하기 이전에도, 판례는 조합 정관의 필요적 기재사항이자 엄격한 정관변경절차를 거쳐야 하는 '조합의 비용부담'이나 '시공자·설계자의 선정 및 계약서에 포함될 내용'에 관한 사항이 당초 재개발결의 당시와 비교하여 볼 때 조합원들의 이해관계에 중대한 영향을 미칠 정도로 실질적으로 변경된 경우에는 비록 그것이 정관변경에 대한 절차가 적용되는 것은 아니라 하더라도 특별다수의 동의요건을 규정하여 조합원들의 이익을 보호하려는 법 제40조 제3항, 제1항 제8호 및 제16호의 규정을 유추적용하여 조합원 3분의 2 이상의 동의가 필요하다고 판시하였다.[89]

㈏ 판단기준

판단기준은 그 직전 단계에서의 사업비를 기준으로 판단하여야 한다. 즉, 사업

---

89) 대법원 2012. 8. 23. 선고 2010두13463 판결 등 참조.

시행변경계획을 수립할 때에 의결한 정비사업비가 조합원들의 이해관계에 중대한 영향을 미칠 정도로 실질적으로 변경된 경우에 해당하는지를 판단함에 있어서는 사업시행계획 시의 정비사업비와 비교하여야 하고, 사업시행계획 시의 정비사업비는 조합설립에 관한 동의서 기재 건축물 철거 및 신축비용 개산액과 비교하여야 한다.[90]

나. 내용의 하자

(1) 원칙

사업시행계획 내용에 관한 하자 일반론에 대하여는 제4편 제5장 제3절 Ⅲ. "4의 다. 내용의 하자"에서 자세히 살펴본 바와 같이 총회결의의 내용이 상위법령 및 정관에 위배되는 경우, 신뢰보호원칙에 위배되는 경우에 위법하다. 이하에서는 사업시행계획과 관련한 특유의 내용상 하자와 관련하여 살펴본다.

(2) 사업시행계획에 관한 특유의 쟁점

㈎ 정비계획 위반

사업시행계획의 내용은 정비계획에 부합하여야 하고, 정비계획에 반하여 작성된 사업시행계획은 그 자체로 위법하다.

㈏ 정비사업비를 잘못 산정한 내용의 사업시행계획서

① 문제의 소재

사업시행계획에 기초한 분양신청과정에서 상당수 조합원이 분양신청을 포기하였고[현금청산으로 인한 조합원변경은 조합설립인가의 경미한 변경으로 신고사항(법 시행령 제31조 제7호)이다], 잔존 조합원들의 과반수 결의로 사업시행계획 폐지 이후 새롭게 사업시행계획을 수립하여 인가를 받았으며, 현금청산대상자에게 분양신청의 기회를 제공하는 내용의 정관변경이 이루어졌으며, 그 후 새롭게 수립된 사업시행계획의 내용상 위법여부가 다투어진 사안에서, 사업시행계획서에는 정비사업비가 필수적인 기재사항으로서, 다수 현금청산대상자들이 존재하는 경우 그들의 토지등을 매수하여야 하므로 이를 정비사업비로 계상하여야 하는바, 현금청산대상자들이 전체 토지등소유자 중 41%임에도, 30%임을 전제로 정비사업비를 산출하

---

90) 대법원 2014. 6. 12. 선고 2012두28520 판결.

여 잔존 조합원 과반수의 동의로 사업시행계획서를 작성한 경우, 그와 같은 사업시행계획의 위법여부가 문제된다.

② 판단(적법)

판례는 사업시행계획에 현금청산대상자에게 지급하여야 하는 토지매입비 등 정비사업비가 현저히 불합리하게 과소 계상되어 조합원들의 의사결정에 영향을 미쳤다고 보기는 어렵다고 판시하였다.[91] 그 논거는 다음과 같다.

㉮ 정비사업비는 사업시행계획서에 필수적으로 기재하여야 할 사항이지만, 사업시행계획 수립 단계에서 정비사업비는 정비사업의 규모를 반영하는 개략적인 추산액이다. 당시 현금청산대상자들에게 분양신청의 기회를 제공하는 것으로 정관의 변경이 있었으므로, 일부가 분양신청할 가능성도 있어 현금청산대상자를 30%로 추정한 것은 합리적인 예측이다.

㉯ 현금청산금을 다소 과소 계상하여 그에 따라 이후 현금청산금의 규모가 늘어난다고 하더라도 그만큼 일반 분양분과 분양수익이 늘어나게 되므로, 사업시행계획 수립 단계에서 제시하는 조합원의 수 또는 현금청산금의 규모가 비례율 및 조합원의 부담금에 직접적인 영향을 미친다거나 조합원들의 주된 관심사항이라고 보기도 어렵다.

(3) 시공자 선정(변경) 및 시공계약이 무효인 경우 사업시행계획도 무효인지 여부

일반적으로 시공자를 선정하는 총회에서 조합과 시공자 사이의 공사도급계약이 확정된다. 위 시공자 선정 및 시공계약 관련 총회결의가 무효인 경우 사업시행계획이 무효인지 여부가 문제된다. 사업시행계획서에는 정비사업비 및 설계도서가 포함되는바(법 제52조 제1항 12호, 법 시행령 제47조 제2항 제4호), 공사비가 정비사업비의 대부분을 차지하고, 공사도급계약을 기초로 설계도서가 작성되므로, 위 시공자 선정 및 시공계약 관련 총회결의가 무효라면 사업시행계획도 무효로 보아야 한다는 견해가 있다.

그러나 사업시행계획 수립 단계에서 정비사업비는 정비사업의 규모를 반영하는 개략적인 추산액인 점, 공사도급계약에 따라 설계도서가 작성되는 것이 아니라

---

91) 대법원 2021. 2. 10. 선고 2020두48031 판결.

설계도서를 기초로 공사도급계약이 작성되는 점, 설령 시공자 선정 총회결의가 무효가 된다 하더라도, 종전 공사도급금액을 기초로 새롭게 시공자를 선정하는 것이 가능하고 그 경우에는 사업시행계획에는 어떠한 영향도 없는 점 등에 비추어 시공자 선정 총회결의 및 시공계약이 무효라 하더라도, 사업시행계획의 유효성에는 영향이 없다.

2. 부관(정비기반시설 관련)

가. 법 제97조 제2항과 관련한 쟁점

(1) 법령의 규정 및 취지

시장 · 군수등 또는 토지주택공사등이 아닌 사업시행자가 정비사업의 시행으로 새로 설치한 정비기반시설은 그 시설을 관리할 국가 또는 지방자치단체에 무상으로 귀속되고, 정비사업의 시행으로 용도가 폐지되는 국가 또는 지방자치단체 소유의 정비기반시설은 사업시행자가 새로 설치한 정비기반시설의 설치비용에 상당하는 범위에서 그에게 무상으로 양도된다(법 제97조 제2항).

입법취지는 사업시행자의 부담으로 새로이 설치되는 정비기반시설이 관리청인 국가 및 지방자치단체로 무상 귀속됨으로써 생기는 사업시행자의 손실을 보상하여 주기 위하여, 용도가 폐지되는 지방자치단체 소유의 정비기반시설을 새로이 설치한 정비기반시설의 설치비용에 상당하는 범위 안에서 사업시행자에게 무상으로 양도되게 한 것이다.[92] 법 제97조 제2항 후단에 의하여 사업시행자에 무상양도되는 범위, 정비기반시설의 취득시기, 사업시행자가 정비사업 기간 동안 정비기반시설의 사용과 관련한 법률관계 등에 대하여는 제8편 제5장 "Ⅴ. 준공인가와 정비기반시설"에서 자세히 살펴본다.

(2) 제소기간과 관련한 쟁점

무상양도 대상인 종전 정비기반시설의 대상 및 범위와 관련하여 일반적으로 인가관청이 사업시행계획서 등을 심사하여 사업시행계획인가처분을 하면서 무상양도 대상인 종전 정비기반시설을 결정하고 그에 해당하지 아니하는 정비기반시설 등은 사업시행자가 이를 매수하도록 하는 부관을 부가하는 형식을 취한다. 다

---

92) 헌재 2011. 7. 28. 선고 2008헌바13 결정.

만 예외적으로 사업시행계획인가처분 이후 따로 결정할 것을 유보한 경우에는 나중에 사후 부관을 부가하거나 변경처분을 함으로써 달리 정할 수 있다.

사업시행자가 사업시행계획인가처분 및 그 후속의 사후 부가처분 또는 변경처분에서 특정한 정비기반시설을 무상양도 대상에서 제외한 부분의 취소를 구하는 소를 제기하는 경우, 그 제소기간은 무상양도 대상에 관한 행정청의 확정적인 제외 의사가 담긴 처분이 있는 때를 기준으로 할 것이고, 이는 당해 처분서의 이유기재 등 문언을 통하여 행정청의 의사가 처분의 상대방에게 명확하게 표명되었는지, 그 결과 처분의 상대방이 처분서에 따라 불복의 대상과 범위를 특정할 수 있는지 등 제반 사정을 종합적으로 고려하여 판단하여야 한다.[93]

(3) 본안과 관련한 쟁점

(가) 문제의 소재

주택정비형 재개발사업은 정비기반시설이 열악한 지역에서의 주거환경개선사업이므로 새로 설치되는 정비기반시설이 폐지되는 정비기반시설보다 훨씬 많고, 도시정비형 재개발사업이나 정비기반시설이 양호한 지역에서의 주거환경개선사업인 재건축사업의 경우에도 새롭게 설치되는 정비기반시설이 더욱 많은 것이 일반적이므로, 정비사업의 시행으로 용도가 폐지되는 국가 또는 지방자치단체 소유의 정비기반시설은 원칙적으로 모두 사업시행자에게 귀속된다. 부관과 관련하여 문제되는 것은 사업시행계획을 인가하는 행정청이 위 제97조 제2항에 반하여 폐지되는 정비기반시설에 대하여 매수의 부관을 붙이는 경우이다.

즉, 관할 행정청은 사업시행자에게 당연히 무상으로 귀속되는 일부 정비기반시설을 포함하여 '사업시행구역 내 국공유지를 착공신고 전까지 매입하고, 착공신고 시 관련 서류를 제출할 것'과 같은 부관을 붙이게 되고, 사업의 진행이 시급한 사업시행자로서는 인가권을 가진 행정청을 상대로 그에 대하여 이의를 제기하거나 부관에 대한 취소소송을 제기하지 못하고, 울며 겨자 먹기로 그와 같은 부관을 용인하는 경우를 볼 수 있다.

(나) 부관의 법적 성격

위와 같은 부관에 대하여는 사업시행계획인가 효력발생의 정지조건인지 여부

---

93) 대법원 2014. 2. 21. 선고 2011두20871 판결.

또는 사업시행자에게 국공유지를 유상으로 매수하도록 하는 작위의무를 부과하는 부담인지 여부가 다투어지나, 판례는 이를 부담으로 본다. 따라서 주된 처분인 사업시행계획인가와 별도로 부담에 대하여만 취소청구가 가능하다.[94]

㈐ 부관의 위법(강행규정 위반)

① 법 제97조 제2항은 민간 사업시행자에 의하여 새로이 설치된 정비기반시설은 정비사업의 준공인가에 의하여 당연히 국가 등에 무상귀속되도록 정함으로써 도로 등 공공시설의 확보와 효율적인 유지 · 관리를 기하도록 하는 한편, 그로 인한 사업시행자의 재산상 손실을 고려하여 새로 설치할 정비기반시설의 설치비용에 상당하는 범위 안에서 용도폐지 되는 정비기반시설은 사업시행자에게 무상양도 하도록 강제하는 것으로서, 위 무상귀속과 무상양도에 관한 규정은 강행규정이다.[95] 따라서 위 규정을 위반하여 사업시행자와 국가 또는 지방자치단체 사이에 체결된 매매계약 등은 무효이다. 만일 매매계약에 따라 사업시행자가 국가 또는 지방자치단체에게 매매대금을 지급하였다면, 부당이득반환을 청구할 수 있다.

② 폐지 또는 신설되는 해당 정비기반시설은 정비사업이 준공인가 되어 관리청에 준공인가통지를 한 때에 국가 또는 지방자치단체에 귀속되거나 사업시행자에게 귀속 또는 양도된 것으로 본다(법 제97조 제5항). 시장 · 군수등은 용도폐지되어 사업시행자에 무상귀속 될 재산과 해당 국가 등에 무상양도 될 재산의 가액을 정산하면서, '새로이 설치한 정비기반시설의 설치비용'에 포함되어야 함에도 불구하고, 이를 누락한 결과, 사업시행자가 설치한 정비기반시설의 설치비용이 용도폐지 되어 사업시행자에 귀속되는 정비기반시설의 평가액에 미달한다고 보아 차액을 정산금으로 부과하고, 사업시행자가 이를 납부하는 경우가 있다. 그 경우 사업시행자는 시장 · 군수등에 대하여 정산금 부과처분에 따라 납부한 금액 상당의 부당이득반환을 청구할 수 있다.[96]

---

94) 대법원 2008. 12. 11. 선고 2007두14312 판결, 대법원 2008. 11. 27. 선고 2007두24289 판결.
95) 대법원 2018. 5. 11. 선고 2015다41671 판결.
96) 대법원 2014. 2. 21. 선고 2012다82466 판결(시장 · 군수등이 사업시행자의 비용 부담으로 정비구역 남측과 북측 지하의 하수암거를 확장 이설하라는 내용의 인가조건을 부가하였고, 사업시행자가 그 인가조건에 따라 하수암거를 이설한 사안에서, 위 이설에 소요되는 비용은 새로이 설치한 정비기반시설의 설치비용에 포함됨에도 불구하고, 시장 · 군수등이 이를 누락한 채 정산하여 시장 · 군수등이 사업시행자에게 일정 금원을 정산금으로 부과하여 사업시행자가 이를 납부하였으나, 그 인가조건을 다툴 수 있는 불복기간이 지났는지 여부를 불문하고 부당이득반환청구가 가능하다고 판시하였다).

나. 용적률 완화에 따른 정비기반시설 유상부담 부관의 적법성

(1) 문제의 소재

행정청과 사업시행자 사이에 사업시행자가 정비기반시설을 설치하는 것에 대한 보상으로 용적률 제한의 완화와 같은 다른 이익을 얻기로 약정하는 예외적인 경우, '정비사업의 시행으로 용도가 폐지되는 국가 또는 지방자치단체 소유의 정비기반시설은 사업시행자가 새로 설치한 정비기반시설의 설치비용에 상당하는 범위에서 그에게 무상으로 양도된다.'는 규정을 배제할 수 있는지 여부가 문제된다.

(2) 판례(위법)

판례는 행정청과 사업시행자 사이에 사업시행자가 정비기반시설을 설치하는 것에 대한 보상으로 용적률 제한의 완화와 같은 다른 이익을 얻는 대신 법 제97조 제2항 후단의 "정비사업의 시행으로 용도가 폐지되는 국가 또는 지방자치단체 소유의 정비기반시설은 사업시행자가 새로 설치한 정비기반시설의 설치비용에 상당하는 범위에서 그에게 무상으로 양도된다."는 규정을 적용하지 않기로 하는 합의를 하였고 그에 따라 실제 사업시행자가 다른 이익을 얻은 바 있다 하더라도, 그러한 사정만으로 법 제97조 제2항 후단규정의 적용을 배제할 수는 없다고 판시하였다.[97]

IV. 사업시행계획의 취소 또는 무효확인 판결확정의 효과

당초 사업시행계획이 무효로 확인되거나 취소될 경우 이를 전제로 이루어진 분양신청 및 분양공고절차, 협의 및 수용절차(재개발사업), 관리처분계획의 수립 및 인가와 같은 여러 후속행위들이 효력이 문제된다. 사업시행계획은 그 자체로 처분의 목적이 종료되지 않은 채 후속행위인 관리처분계획 등의 전제가 되는 것이 정비사업의 특성이다. 따라서 사업시행계획이 무효로 확인되거나 취소될 경우 이를 전제로 한 분양신청 및 분양공고절차, 협의 및 수용절차(재개발사업), 관리처분계획의 수립 및 인가와 같은 여러 후속행위들도 모두 소급하여 효력이 없다.[98]

---

97) 대법원 2008. 12. 11. 선고 2007두14312 판결.
98) 대법원 2013. 11. 28. 선고 2011두30199 판결.

특히 후속행위 중 처분행위인 관리처분계획의 효력이 소급하여 소멸할 뿐만 아니라 사법상의 계약에 불과한 협의취득도 그 효력이 소멸한다.

한편, 사업시행계획과 후속처분은 각각 단계적으로 별개의 법률효과를 발생시키는 독립된 행정처분이라고 할 것이므로, 사업시행계획에 불가쟁력이 생겨 그 효력을 다툴 수 없게 된 경우에는 그 사업시행계획에 위법사유가 있다 할지라도 그것이 당연무효의 사유가 아닌 한 사업시행계획의 하자를 이유로 후속처분의 위법을 주장할 수는 없다.

V. 사업시행계획 인가처분에 대한 소송

시장 · 군수등은 사업시행계획인가를 하기 전에 공람 및 의견청취절차를 거쳐야 하므로, 이를 누락하였다면 인가 그 자체에 하자가 존재한다. 다만 그 경우 하자의 중대 · 명백여부가 문제된다.

시장 · 군수등이 인가 전에 공람 및 의견청취절차를 거치는 이유는 이해관계를 가지는 자로부터 이를 청취하여 사업시행계획인가에 반영하기 위한 것이나, 설령 이해관계인들이 의견을 제출한다 하더라도 시장 · 군수등은 그와 같은 의견을 반드시 따라야 하는 것은 아니고 이를 채택하지 않을 수도 있는 점 등에 비추어 그 하자가 중대 · 명백한 것으로 볼 수 없다.[99]

---

99) 대법원 2017. 10. 12.자 2017두50096 심리불속행 판결 및 하급심인 서울고등법원 2017. 5. 26. 선고 2016누82081 판결.

제7편

관리처분계획 및 인가

제1장 총 설

제1절 관리처분계획의 의의 등

I. 관리처분계획의 의의

관리처분계획이란 사업시행자가 행정주체의 지위에서 정비사업 시행의 결과 설치되는 대지를 포함한 각종 시설물의 권리 귀속에 관한 사항과 그 비용 분담에 관한 사항을 정하는 포괄적 행정계획이다.[1] 즉, 관리처분계획은 정비구역 안에 있는 종전의 토지 또는 건축물의 소유권과 소유권 이외의 권리를 정비사업으로 새로이 조성된 토지와 축조된 건축시설에 관한 권리로 일정한 기준 아래 변환시켜 배분하는 내용을 주로 하되, 그에 따른 비용분담에 관한 사항, 공동주택 등을 배분받지 아니하는 자에 대한 현금청산에 관한 사항을 포함하고 있다.

사업시행자는 사업시행계획인가의 고시가 있은 날(사업시행계획인가 이후 시공자를 선정한 경우에는 시공자와 계약을 체결한 날)부터 120일 이내에 분양신청통지절차를 밟아야 하고, 분양신청기간이 종료된 이후 분양신청의 현황을 기초로 관리처분계획을 수립하여 시장·군수등의 인가를 받아야 한다(법 제72조 제1항, 제74조 제1항). 시장·군수등의 인가가 이루어지면 관리처분계획은 인가와는 별개의 독립된 행정처분으로서, 조합원[2]의 재산상 권리·의무 등에 구체적이고 직접적인 영향을 미치는 구속적 행정계획에 해당한다.

---

[1] 대법원 2007. 9. 6. 선고 2005두11951 판결.

[2] 개인이 정비사업을 시행하는 토지등소유자 20인 미만의 재개발사업의 경우에는 조합원이 존재하지 아니하므로 토지등소유자로 통칭하여야 하나, 조합이 사업시행인자 경우가 일반적이고, 특히 관리처분계획과 관련하여서는 분양신청을 하지 아니하여 조합원의 지위를 상실한 토지등소유자와의 구분을 명확히 하기 위해 일응 조합원으로 칭한다.

Ⅱ. 관리처분계획의 정비사업상의 특징

1. 계획재량

행정주체인 사업시행자는 사업시행계획서에 기초하여 분양신청절차를 거쳐 관리처분계획을 수립하게 된다. 사업시행자가 작성하는 관리처분계획은 도시정비법령, 조례 및 정관 등에 위반될 수 없고, 사업시행계획의 후속행위로서 사업시행계획에 부합하여야 하는 제한이 있으나, 그 외에 관리처분계획의 구체적인 내용 수립에 관하여는 이른바 계획재량행위에 해당하여 사업시행자의 상당한 재량이 인정된다.

관리처분계획이 종전의 토지 또는 건축물의 면적·이용상황·환경 그 밖의 사항을 종합적으로 고려하여 대지 또는 건축물이 균형 있게 분양신청자에게 배분되고 합리적으로 이용되도록 하는 것인 이상, 그로 인하여 토지등소유자들 사이에 다소 불균형이 초래된다고 하더라도 일응 적법하다. 왜냐하면 정비사업은 이해관계가 상충되는 다수 토지등소유자들의 개별적이고 구체적인 이익을 적절히 형량·조정하여야 하나, 모든 이해관계인들의 이익을 만족해 줄 수는 없기 때문이다.

다만 사업시행자의 계획재량에도 한계는 있는바, 사업시행계획에 관련된 조합원 기타 이해관계자들의 이익을 정당하게 비교·교량하여야 하고 그 비교·교량은 비례의 원칙에 적합하도록 하여야 하는 것이다. 특히 관리처분계획이 특정 토지등소유자의 재산권을 본질적으로 침해하는 것이라면 그 관리처분계획은 재량권을 일탈·남용하여 위법하다.

한편 도시정비법령, 조례 및 정관은 권리산정기준일, 관리처분방법 및 관리처분계획 수립기준 등을 통하여 조합원 지위나 조합원의 구체적인 권리를 규정하고 있는바, 사업시행자가 이를 구체화하는 내용으로 관리처분계획을 수립하는 한에서는 사실상 기속행위에 해당하여 사업시행자의 재량이 개입될 여지가 없다. 이에 실무상으로는 관리처분계획의 내용이 권리산정기준일, 관리처분방법 및 관리처분계획 수립기준을 위반하여 위법하다는 다툼이 주를 이루나, 재량권의 일탈·남용으로 자신의 재산권이 본질적으로 침해되었다는 내용도 드물지 않다.

관리처분계획의 경우 위와 같이 내용을 다투는 소송이 주를 이루는 점에서, 성립요건을 다투는 소송이 주를 이루는 조합설립인가, 사업시행계획과 대조된다.

2. 정비사업과 관리처분계획

사업시행자는 사업시행계획서를 작성하여 인가를 받은 후 분양신청절차를 거쳐 관리처분계획을 수립하여 인가를 받게 된다. 관리처분계획의 후속처분으로는 이전고시가 있는바, 관리처분계획에 기초하여 이전고시가 이루어지면 조합원의 종전자산에 관한 권리가 종후자산에 관한 권리로 확정적으로 변환된다. 사업시행계획의 후속처분인 관리처분계획이 사업시행계획의 내용에 부합하여야 하는 것처럼, 관리처분계획의 후속처분인 이전고시도 관리처분계획의 내용에 부합하여야 한다.

관리처분계획은 이전고시의 내용을 미리 정하는 계획으로서, 관리처분계획이 인가·고시되면 종전자산에 대한 권리는 종후자산의 권리에 대한 잠정적 권리로서의 수분양권(입주자의 지위, 부동산을 취득할 수 있는 권리)으로 변환된다. 결국 관리처분계획에 의하여 종후자산에 대한 수분양권은 확정되고, 조합원이 수분양권을 확정적으로 취득하는 시기는 관리처분계획의 인가·고시가 있는 때이다.[3] 관리처분계획은 개별 조합원의 재산권, 부담하는 비용 등과 관련된 사항을 규율하는 것이고, 관리처분계획의 전제가 되는 분양신청절차상의 하자와도 관련되는 것이어서, 실무상 쟁송의 다수를 차지한다.

제2절 관리처분계획인가의 법적 성격

Ⅰ. 법적 성격

1. 강학상 인가

관리처분계획인가는 관리처분계획에 대한 법률상의 효력을 완성시키는 보충행위에 해당하고, 이는 강학상 인가이다. 사업시행자가 행정주체의 지위에서 법령에 따라 수립한 관리처분계획은 시장·군수등에 의하여 인가되고, 고시가 이루어지면 이해관계인에 대한 구속적 행정계획으로서 인가와는 별개의 독립한 행정처분에 해당한다. 이로써 관리처분계획 및 그 인가라는 2개의 행정처분이 존재하게 된다.

---

3) 대법원 1995. 2. 14. 선고 94누7256 판결, 대법원 1996. 8. 23. 선고 95누6618 판결.

이 점에서 조합설립인가처분과 차이가 있고, 사업시행계획인가와 동일하다.

2. 재량행위

가. 재량행위

사업시행계획인가와 달리 관리처분계획인가에 대하여 재량행위인지 여부에 대하여 다툼이 있다. 어떤 행정행위가 기속행위인지, 재량행위인지 여부는 당해 행위의 근거가 된 법규의 체제·형식과 그 문언, 당해 행위가 속하는 행정 분야의 주된 목적과 특성, 당해 행위 자체의 개별적 성질과 유형 등을 모두 고려하여 판단하여야 함은 앞서 본 바이다.

(1) 학설

(가) 기속행위설

관리처분계획인가를 기속행위로 보는 견해이다. 그 논거는 다음과 같다.

① 법은 사업시행계획인가에 대하여는 사업시행계획서 제출일로부터 '특별한 사유가 없으면' 60일 이내에 인가여부를 결정하여야 한다고 규정함에 반해 관리처분계획인가에 대하여는 관리처분계획인가의 신청일부터 무조건 30일 이내에 결정하도록 규정하고 있다.

② 판례는 사업시행계획인가에 대하여는 원칙적으로 부관을 붙이는 것을 허용함에 반해, 다음에서 살펴보듯이 관리처분계획인가에 대하여는 기부채납 등 다른 조건을 부가함을 허용하지 않는바, 일반적으로 기속행위에는 부관을 붙일 수 없고 설령 부관을 붙였다 하더라도 무효이므로 관리처분계획인가는 기속행위이다.

(나) 재량행위설

관리처분계획인가를 재량행위로 보는 견해이다. 그 논거는 다음과 같다.

① 관리처분계획인가는 수익적 행정행위이다.

② 사업시행자가 수립하여 인가 신청한 관리처분계획의 내용이 강행규정인 관리처분계획 수립방법이나 수립기준을 위반한 경우, 그 효력이 없는바, 그와 같은 경우에도 행정청이 관리처분계획을 반드시 인가하여야 하는 것으로 해석될 수는 없다.

⑵ 판례

판례는 행정청이 관리처분계획에 대한 인가 여부를 결정할 때에는 관리처분계획인가 신청서와 첨부서류를 기준으로 관리처분계획에 법 제74조 제1항 및 시행령 제62조에 규정된 법정 사항이 포함되어 있는지, 계획의 내용이 관리처분계획 수립기준에 부합하는지 여부 등을 심사·확인하여 인가 여부를 결정하되, 법 제111조 제2항(자료제출요구권), 제113조 제1항(감독권)에서 정한 조치를 통하여 관리처분계획을 실질적으로 심사할 권한이 있음을 밝히고 있고,[4] 행정청이 관리처분계획에 대한 인가·고시를 통하여 이를 관리·감독하고 있음을 명확히 밝힌 점[5] 등에 비추어 재량행위로 보는 듯하다.

⑶ 결론

관리처분계획의 인가는 상대방에게 권리나 이익을 부여하는 효과를 가진 이른바 수익적 행정처분인 점, 법령에 행정처분의 요건에 관하여 일의적으로 규정되어 있지 아니한 점, 법 제78조 제2항이 관리처분계획인가에 대하여 신청일부터 30일 이내에 결정하도록 규정하고 있으나, 이는 훈시규정에 불과한 점 등에 비추어 재량행위로 보아야 할 것이다.

나. 부 관

⑴ 관리처분계획에 대하여 부관을 붙일 수 있는지 여부가 문제된다.

판례는 행정청이 관리처분계획에 대한 인가 여부를 결정할 때에는 법정사항이 포함되어 있는지, 관리처분계획 수립기준에 부합하는지 여부 등을 심사·확인하여 그 인가 여부를 결정할 수 있을 뿐, 기부채납과 같은 다른 조건을 붙일 수는 없고, 관리처분계획인가에 기부채납과 같은 인가조건을 부과한 것은 그 위법성이 중대하고 명백하여 무효이다. 설령 그와 같은 인가조건과 동일한 사실이 관리처분계획의 내용으로 기재되어 있다고 하더라도 무효인 인가조건이 유효로 될 수는 없다고 판시하고 있다.[6]

---

4) 대법원 2014. 3. 13. 선고 2013다27220 판결 참조.
5) 대법원 2012. 3. 29. 선고 2010두19751 판결.
6) 대법원 2012. 8. 30. 선고 2010두24951 판결.

(2) 위 판례의 취지는 관리처분계획인가가 기속행위이므로 본질적으로 부관을 붙일 수 없음에 기인한 것이 아니다. 즉 부관은 행정행위의 한 구성부분이므로 행정처분의 본질적 효력을 해하지 아니하는 한도의 것이어야 하는바, 법적 성격상 사업시행계획인가는 사업시행자에게 사업시행계획에 따른 대상 토지에서의 개발과 건축을 승인하여 주는 것이므로 그 과정에서 준수하여야 할 의무를 부과하는 것이 필요하여 부관과 친함에 반해, 관리처분계획인가는 종후자산의 권리배분 및 귀속에 관한 사항과 그 비용 분담에 관한 사항을 정하는 행정계획인 관리처분계획의 효력을 완성시키는 보충행위로서 부관과 친하지 않을 뿐이다.

3. 기본행위 및 보충행위

가. 의 의

사업시행계획에서 자세히 살펴본 바와 같이 관리처분계획을 인가하는 시장·군수등의 행위는 강학상 인가로서 사업시행자가 수립한 관리처분계획에 대한 법률상의 효력을 완성시키는 보충행위에 해당한다. 관리처분계획인가가 이루어지면 관리처분계획과 인가는 별개의 행정처분으로 존재하고, 관리처분계획(기본행위)과 인가(보충행위)는 별개 행위이므로 각각의 하자도 별개이다. 따라서 보충행위인 '인가'에 하자가 없는 한 기본행위인 관리처분계획의 하자를 이유로 인가의 무효확인 또는 취소를 구할 수는 없다.

다만 보충행위는 기본행위의 존재를 전제로 하므로 기본행위인 관리처분계획이 무효이거나 법원의 확정판결로 취소된다면, 보충행위인 인가는 그 효력이 인정될 수 없다.

나. 기본행위 하자의 내용

(1) 절차상의 하자

관리처분계획에 대한 총회결의에 절차상 하자가 있거나(소집권한 여부, 소집통지 절차상의 하자 등), 의사 또는 의결정족수를 충족하지 못하였다는 주장 등이 있다.

(2) 내용상의 하자

적법한 분양신청통지를 받지 못하였다는 주장, 관리처분계획의 내용이 사업시행계획의 내용이나 강행법규에 위반된다는 주장 등이 있다.

다. 보충행위 하자의 내용

(1) 사업시행자가 관리처분계획인가신청을 한 경우에 시장·군수등은 법 시행규칙에서 정한 [별지 제9호 서식] '관리처분계획인가신청서'에 의한 것인지(법 시행규칙 제12조 제1항), 법령 및 조례에서 필수적으로 제출하도록 규정한 서류가 제출되었는지 여부에 관하여 심사하여야 하고, 제출된 서류에 누락이 있거나 하자가 있을 경우에는 보완을 명하거나 인가신청을 반려하여야 한다. 그럼에도 불구하고 시장·군수등이 제출된 서류의 하자를 간과하고 인가처분을 하였다면 그 인가처분에는 그 자체로 고유한 하자가 있다.

(2) 또한 시장·군수등은 법 제78조 제3항의 타당성 검증요건이 충족되면 반드시 인가 전에 대통령령으로 정하는 공공기관에 타당성 검증을 요청하여야 함에도, 그와 같은 절차를 생략한 채 인가한 경우에는 이 또한 인가처분 자체의 고유한 하자로 보아야 한다. 기타 행정청이 조합원들에게 관리처분총회결의 무효확인의 소가 제기되었으니 관리처분계획에 대한 인가를 보류하겠다고 하였음에도, 그와 같은 약속에 위반하여 인가처분을 하였음을 이유로 한 신뢰보호의 원칙 또는 신의성실의 원칙에 반하여 위법하다는 주장은 인가에 대한 고유의 하자 주장으로 보인다.

(3) 다만 관리처분계획에 하자가 있는데도 행정청이 이를 그대로 인가한 것이 인가처분 자체의 고유한 하자라는 주장은 부당하고 이는 기본행위의 하자일 뿐이다.[7)]

라. 기본행위의 하자를 이유로 보충행위인 인가처분의 무효확인 또는 취소를 구하는 경우

기본행위의 하자를 이유로 보충행위인 인가처분의 무효확인 또는 취소를 구하는 경우, 이는 별도의 심리를 요하지 아니하는 주장 자체로 이유 없는 청구기각 사유이나, 법원은 원고에게 사업시행자를 새로운 피고로 하여 관리처분계획 자체의 취소를 구하는 소송으로의 경정 여부에 대한 석명권을 행사하여 적법한 소송

---

7) 대법원 2016. 12. 15. 선고 2015두51347 판결.

형태를 갖추도록 해야 할 의무가 있다(제6편 제2장 제1절 Ⅰ. "3. 기본행위 및 보충행위" 참조).

Ⅱ. 법적 성격과 관련한 쟁점

제6편 제2장 제1절 Ⅰ. "3. 기본행위 및 보충행위"에서 살펴본 바와 마찬가지로 행정주체인 조합을 상대로 관리처분계획안에 대한 조합 총회결의의 효력 등을 다투는 소송은 행정처분에 이르는 절차적 요건의 존부나 효력 유무에 관한 소송으로서 그 소송결과에 따라 행정처분의 위법 여부에 직접 영향을 미치는 공법상 법률관계에 관한 것이므로, 이는 행정소송법상의 당사자소송에 해당한다. 또한 관리처분계획에 대한 관할 행정청의 인가·고시가 있은 후에 총회결의의 하자를 이유로 그 결의 부분만을 따로 떼어내어 무효 등 확인의 소를 제기하는 것은 소의 이익이 없다. 총회결의 무효확인소송이 계속 중에 관리처분계획인가가 이루어지면, 관리처분계획의 취소를 구하는 항고소송으로의 소변경을 하여야 한다. 관리처분계획인가가 존재함에도 불구하고 당사자가 총회결의무효 확인소송을 제기한 경우, 법원은 소변경에 대한 적극적 석명의무를 부담한다.

이하에서는 관리처분계획인가 요건인 관리처분계획 수립의 전제가 되는 분양설계를 위한 사업시행자의 분양신청통지 및 분양공고, 토지등소유자의 분양신청, 분양신청현황을 기초로 한 사업시행자의 관리처분계획 수립절차 및 관리처분방법 등, 인가절차 및 인가의 효과, 변경인가 등을 중심으로 살펴본다.

제2장 관리처분계획 수립의 전제로서 분양신청

제1절 분양신청통지 및 분양공고

I. 의 의

분양신청통지 및 분양공고는 사업시행자가 조합원에게 그의 가장 본질적이고 중대한 권리인 분양신청권을 행사할 기회를 부여하는 법정 행위를 말한다. 법 제72조 제1항은 사업시행자는 사업시행계획인가의 고시가 있은 날(사업시행계획인가 이후 시공자를 선정한 경우에는 시공자와 계약을 체결한 날)부터 120일 이내에 분양대상자별 종전의 토지 또는 건축물의 명세 및 사업시행계획인가의 고시가 있는 날을 기준으로 한 가격 등을 비롯한 법정 사항을 조합원에게 통지하고, 분양의 대상이 되는 대지 또는 건축물의 내역 등 법정 사항을 일간신문에 공고하도록 규정하고 있다. 분양신청통지의 내용으로 종전자산 가격 통지규정은 법이 2017. 2. 8. 법률 제14567호로 전부개정 되면서 새롭게 도입된 규정으로서, 위 전부개정 이전에는 구 도시정비법 제46조에서 사업시행자는 사업시행계획인가의 고시가 있은 날(사업시행계획인가 이후 시공자를 선정한 경우에는 시공자와 계약을 체결한 날)부터 60일 이내에 개략적인 부담금내역 등을 조합원에게 통지할 뿐이었다.

2017. 2. 8.자 법의 전부개정 이전에는 종전자산에 대한 가격산정을 위한 감정평가가 분양신청 이후에 이루어지도록 규정하고 있어 조합원으로서는 종후자산의 구체적 가격뿐만 아니라 자신의 종전자산 가격에 대하여도 알지 못한 채 산정된 개략적인 부담금을 기초로 향후 정비사업에의 참여여부를 결정하였으나, 위 법률 개정으로 보다 정확한 부담금 산출이 가능하게 되었고, 이는 조합원에게 보다 충실한 정보에 기초한 분양신청권의 행사를 가능하게 하였다. 분양신청통지 및 공고

는 통상업무의 집행에 관한 사항이므로, 이사회의 의결을 거쳐 조합장이 행한다.

Ⅱ. 분양신청통지 대상

사업시행자가 조합원에게 분양신청 통지하여야 할 법정사항은 다음과 같다.

1. 규 정

법 제72조(분양공고 및 분양신청)

① 사업시행자는 사업시행계획인가의 고시가 있은 날(사업시행계획인가 이후 시공자를 선정한 경우에는 시공자와 계약을 체결한 날)부터 120일 이내에 다음 각 호의 사항을 토지등소유자에게 통지하고, 분양의 대상이 되는 대지 또는 건축물의 내역 등 대통령령으로 정하는 사항을 해당 지역에서 발간되는 일간신문에 공고하여야 한다. 다만, 토지등소유자 1인이 시행하는 재개발사업의 경우에는 그러하지 아니하다.

1. 분양대상자별 종전의 토지 또는 건축물의 명세 및 사업시행계획인가의 고시가 있은 날을 기준으로 한 가격(사업시행계획인가 전에 건축물의 붕괴 등 안전사고의 우려가 있거나 폐공가의 밀집으로 범죄발생의 우려가 있는 건축물로서 소유자의 동의 및 시장·군수등의 허가를 받고 철거한 경우, 그 경우 허가를 받은 날을 기준으로 한 가격)

2. 분양대상자별 분담금의 추산액

3. 분양신청기간

4. 그 밖에 대통령령으로 정하는 사항

시행령 제59조(분양신청의 절차 등)

① 법 제72조 제1항 각 호 외의 부분 본문에서 "분양의 대상이 되는 대지 또는 건축물의 내역 등 대통령령으로 정하는 사항"이란 다음 각 호의 사항을 말한다.

1. 사업시행계획인가의 내용(사업대지면적, 주용도, 건축면적, 건축연면적, 건폐율, 용적률, 구조, 세대수, 층수, 주차장, 사업시행기간 등)

2. 정비사업의 종류·명칭 및 정비구역의 위치·면적

3. 분양신청기간 및 장소

4. 분양대상 대지 또는 건축물의 내역[사업시행계획인가 시의 임대주택 및 분양주택의 평형, 세대수, 면적(전용면적, 주거공용면적), 기타 공용면적, 지

하주차장, 계약면적]

5. 분양신청자격

6. 분양신청방법

7. 토지등소유자 외의 권리자의 권리신고방법(가등기권자, 가압류권자, 가처분권자, 예고등기권자 등을 비롯한 소유권 이외의 권리자는 권리를 증명하는 서류 및 권리내역을 사업시행자에 신고해야 한다 등)

8. 분양을 신청하지 아니한 자에 대한 조치(현금으로 청산하고, 청산금액은 사업시행자와 토지등소유자가 협의하여 산정하되, 시장·군수등이 추천하는 감정평가업자 2인 이상이 평가한 금액을 산술평균하여 산정한 금액을 기준으로 협의할 수 있다)

9. 그 밖에 시·도조례로 정하는 사항

② 법 제72조 제1항 제4호에서 "대통령령으로 정하는 사항"이란 다음 각 호의 사항을 말한다.

1. 제1항 제1호부터 제6호까지 및 제8호의 사항

2. 분양신청서

3. 그 밖에 시·도조례로 정하는 사항

서울시 조례 제32조(분양신청의 절차 등)

② 영 제59조 제2항 제3호에서 "그 밖에 시·도조례로 정하는 사항"이란 분양신청 안내문(1호), 철거 및 이주 예정일(2호)을 말한다.

2. 규정의 해석

가. 종전자산 가격

사업시행자는 조합원에게 분양신청통지함에 있어 반드시 종전자산 가격을 통지하여야 한다. 법이 2017. 2. 8. 법률 제14567호로 개정되기 이전에는 분양신청 통지 사항으로 '분양대상자별 종전의 토지 또는 건축물의 명세 및 사업시행계획인가 고시일을 기준으로 한 가격(사업시행계획인가 전에 시장·군수등의 허가받아 철거된 건축물의 경우에는 허가받은 날을 기준으로 한 가격)이 규정되어 있지 않았음은 앞서 본 바이다(위 개정 법률 이전에는 '분양대상자별 분담금의 추산액' 대신 '개략적인 부담금 내역'이라고 규정하고 있었으나, 같은 의미로 보인다). 개정 규정은 시행(2018. 2. 9.) 후 최초로 사업시행계획인가를 신청하는 경우부터 적용한다.

위와 같이 '분양대상자별 종전의 토지 또는 건축물의 명세 및 사업시행계획인가의 고시가 있는 날을 기준으로 한 가격'의 통지 규정에 따라 사업시행자는 적어도 분양신청통지 전에 종전자산에 대한 감정평가를 하여야 한다. 그 방법은 재개발사업의 경우에는 시장·군수등이 선정·계약한 2인 이상의 감정평가법인등, 재건축사업의 경우에는 시장·군수등이 선정·계약한 1인 이상의 감정평가법인등과 조합총회의 의결로 선정·계약한 1인 이상의 감정평가법인등이 각 평가한 금액을 산술평균하여 산정하여야 한다(법 제74조 제4항 제1호, 제1항 제5호).

나. 분양대상자별 분담금의 추산액

분양대상자별 분담금의 추산액(개략적인 부담금 내역)에 대하여는 통상적으로 총 사업비[조사측량비, 설계감리비, 공사비, 보상비(국공유지 매입비, 현금청산대상자에 대한 손실보상비, 주거이전비 등), 관리비, 외주용역비, 기타경비(학교용지부담금 등)]와 추정 총 수입(공동주택 중 임대주택 분양, 조합원 분양 및 일반 분양, 근린생활시설 등 분양) 및 부담금 산정 방식[부담금=분양아파트 가액-권리가액(종전자산 평가액×비례율)], 비례율 산정식[비례율=총수입-총사업비/분양대상자 전체의 종전자산 가액×100]을 적시하고 있다.

다. 분양신청기간

분양신청기간은 분양신청통지 및 분양공고에서의 필수적인 사항이다. 분양신청기간은 통지한 날부터 30일 이상 60일 이내로 하여야 한다. 다만, 사업시행자는 관리처분계획의 수립에 지장이 없다고 판단하는 경우에는 분양신청기간을 20일의 범위에서 한 차례만 연장할 수 있다(법 제72조 제2항).

정비사업은 원칙적으로 토지등소유자가 자신의 종전자산을 출자하고 공사비 등을 투입하여 공동주택 등을 건축한 후 이를 분배받는 공용환권을 목적으로 하는 사업으로서 분양신청권은 조합원들에게 있어 가장 본질적이고 중대한 권리이다. 따라서 분양신청기간은 조합원들이 그와 같은 종후자산을 배분받을 것인지 여부 즉, 분양신청 할 것인지 여부에 대하여 심사숙고하여 결정함에 필요한 최소한의 기간이다. 법은 분양신청의 최소기간을 30일로 법정하였고, 다만 분양신청기간이 과도한 경우에는 정비사업의 신속한 수행이라는 이념에 반한다고 보아 최장은

60일로 하되, 사업시행자에게 재량으로 20일의 범위에서 1회만 연장이 가능하도록 하였다. 이는 모두 강행규정이다.

라. 분양신청자격 및 분양신청방법

분양신청의 전제로서 분양신청자격 및 분양신청방법을 안내하는 것이다.

마. 분양신청 안내문

분양신청통지 시에는 서울시 조례 제32조 제2항 제1호의 분양신청 안내문을 반드시 첨부하여야 하는데, 일반적으로 다음과 같은 내용이 기재된다.

(1) 공동주택 분양신청 안내

분양신청서의 분양희망 의견 주택규모는 전용면적 기준으로 00㎡형, 00㎡형, 00㎡형, 00㎡형 중 본인이 희망하는 순으로 1순위부터 3순위까지의 순위를 기재하여 제출(2주택 대상자 중 2주택 희망 조합원은 이 중 주거전용면적 60㎡ 외에 00㎡형, 00㎡형, 00㎡형 중 희망하시는 순으로 1순위부터 3순위까지 순위를 기재하여 제출)하고, 분양아파트 배정은 같은 평형의 경합이 있을 경우 종전 토지등의 감정평가액(권리가액)을 기준으로 많은 권리가액순으로 배정한다.

(2) 상가 분양신청 안내

㈎ (호수까지 특정되어 있는 경우) 서울시 조례 제38조 제2항의 상가분양 순위 및 분양대상 건축물 내역의 근린생활시설 동수와 호수를 확인한 후 본인이 희망하는 순으로 순위를 기재하여 제출하고, 분양상가 배정은 같은 호수의 경합이 있을 경우 순위 및 권리가액에 따라 배정한다.

㈏ (상가별, 층별, 위치별 면적만 특정되어 있을 뿐, 상가의 호수가 특정되어 있지 않는 경우[8]) 분양면적 및 용도를 기재하여 분양신청을 하되, 동, 층, 위치(전면, 후면 등) 등에 따라 구분하여 희망의견서를 제출하라는 내용이 기재되기도 한다.

---

8) 법령 및 조례에서 1상가 공급원칙을 규정하고 있지 않고, 상가 1개를 분양받더라도, 분할하여 호수를 나누거나 상가 2개를 받더라도 합하여 1개로 변경이 가능하므로, 상가 개수가 중대한 의미를 가지는 것으로 보기 어렵다.

⑶ **공통된 분양신청 안내**

㈎ 공람과정에서 조합원들의 의견이 있고, 이를 반영하는 경우 배정평형이 변경되어 관리처분계획이 인가될 수 있다.

㈏ 관리처분계획이 인가되고, 동·호수 추첨이 완료되면 확정된 종후 아파트의 분양가격 평가액에 따라 분담액이 변경될 수 있다.

Ⅲ. 분양공고의 대상

사업시행자가 일간신문에 공고하여야 할 분양공고의 법정사항은 다음과 같다.

1. 규 정

가. 법 제72조 제1항

분양의 대상이 되는 대지 또는 건축물의 내역 등 대통령령으로 정하는 사항을 해당 지역에서 발간되는 일간신문에 공고하여야 한다.

나. 시행령 제59조 제1항

앞서 본 바이다.

다. 서울시 조례 제32조 제1항

영 제59조 제1항 제9호에서 "그 밖에 시·도조례로 정하는 사항"이란 다음 각 호의 사항을 말한다.

1. 법 제72조 제4항에 따른 재분양공고 안내
2. 재개발사업의 경우 제44조 제2항에 따른 보류지 분양 처분 내용

2. 규정의 해석

법이 2017. 2. 8. 법률 제14567호로 전부개정된 이후 이에 발맞추어 법 시행령이 2018. 2. 9. 대통령령 제28628호로 개정되었으나, 공고의 내용은 개정되기 이전과 차이가 없다. 사업시행자는 법령 및 조례가 규정한 내용을 공고하여야 한다.

Ⅳ. 분양신청통지 및 분양공고와 관련한 쟁점

1. 사업시행자의 분양신청통지 의무

가. 사업시행자의 의무내용

(1) 사업시행자의 신의칙상 의무

사업시행자는 조합설립인가 당시부터 토지등소유자의 소재확인이 현저히 곤란한 경우[9]가 아닌 한, 조합설립인가 이후 등기부등본 등 공부상의 기재를 일응의 기준으로 하여 토지등소유자의 소재를 확인할 신의칙상의 의무가 있고, 이를 기초로 분양신청통지를 하여야 한다.

특히 사업시행자는 조합원들에게 분양신청통지를 함에 있어, 분양신청권이 조합원이 가지는 재산권의 중요한 요소라는 점에 유의하여 조합원이 이를 적절하게 행사할 수 있도록 주의의무를 다하여 성실하게 노력하여야 한다. 사업시행자가 주의의무를 다 하였음에도 불구하고 조합원의 주소를 확인할 수 없는 경우에는, 그와 같은 조합원에게 분양신청통지를 할 수 없고, 이에 따라 그 조합원에게 분양신청의 기회가 부여되지 못하였다 하더라도 이는 불가피하다.

(2) 주소변경에 대한 조합원의 신고의무

표준정관 제10조 제3항은 조합원이 그 권리를 양도하거나 주소를 변경하였을 경우에는 그 행위의 종료일부터 14일 이내에 조합에 그 변경내용을 신고하여야 하고, 이 경우 신고하지 아니하여 발생되는 불이익 등에 대하여 해당 조합원은 조합에 이의를 제기할 수 없다고 규정하고 있다. 정관은 조합의 조직, 활동, 조합원의 권리의무관계 등 단체법적 법률관계를 규율하는 것으로서 공법인인 조합과 조합원에 대하여 구속력을 가지는 자치법규이므로 토지등을 취득한 자에게 당연히 효력을 미친다.

사업시행자인 조합에게 조합원의 주소를 확인할 의무가 있으나, 사업시행자로서는 조합원 등의 주소변경이나 토지등 양도여부 및 양수인의 주소를 알 수 없으

---

9) 소유자의 소재가 확인되지 아니하고 토지등기부등본·건물등기부등본·토지대장 및 건축물관리대장상 주민등록번호, 주소 등의 기재가 부실하여 공부를 통하여 소재확인이 불가능한 경우로서 조합설립 단계에서 토지등소유자의 동의자 수 산정에서 제외된 경우를 말한다.

므로, 조합원이 사업시행자에게 변경된 주소를 신고하지 않은 경우 또는 조합원의 권리가 양도되었음에도 양수인이 자신의 주소에 대한 변경신고가 없는 경우, 사업시행자가 행한 구 주소로의 분양신청통지는 적법하다.

나. 분양신청통지의 방법

(1) 엄격성

정비사업은 정비구역 내의 조합원이 종전자산을 출자하고 공사비 등을 투입하여 공동주택 등을 건설한 후 조합원에게 배분하고 남는 공동주택 등을 일반에게 분양하여 발생한 개발이익을 조합원들 사이의 출자비율에 따라 나누어 가지는 사업이다. 관리처분계획이란 정비구역 안에 있는 종전의 토지 또는 건축물의 소유권과 소유권 이외의 권리를 정비사업으로 새로이 조성된 토지와 축조된 건축시설에 관한 권리로 일정한 기준 아래 변환시켜 배분하는 일련의 계획이다. 따라서 정비사업의 본질과 관리처분계획의 성격에 비추어 관리처분계획 수립의 전제가 되는 분양신청권은 조합원들에게 있어 가장 본질적이고 중대한 권리이므로, 그 행사를 위한 분양신청통지의 적법성은 엄격히 판단되어야 한다.

(2) 구체적 방법

(가) 규정

표준정관 제7조 제1항은 조합은 조합원의 권리·의무에 관한 사항에 대하여는 조합원 및 이해관계인에게 성실히 고지, 공고하여야 한다고 규정하고 있고, 표준정관 제7조 제2항 제1호 및 제4호는 조합이 조합원에게 조합원의 권리·의무에 관한 사항을 고지함에 있어서 관련 조합원에게 등기우편으로 개별적으로 고지하여야 하고, 등기우편이 주소불명, 수취거절 등의 사유로 반송되는 경우에는 1회에 한하여 일반우편으로 추가 발송하며, 이 경우 그 등기우편을 발송한 날에 고지된 것으로 본다고 규정하고 있다.

(나) 요건

① 위 정관 규정은 조합원의 주소지 등 '적법한 송달장소'로 등기우편에 의하여 조합원의 권리·의무에 관한 사항을 발송하였으나 송달불능된 경우에 일반우편으로 1회 더 추가로 발송하는 것에 한하여 해당 고지의 효력을 인정하겠다는

의미라고 보아야 한다. 따라서 최초 등기우편에 의하여 발송한 주소가 신고한 조합원의 주소지가 아니라면 이는 그 자체로 적법한 것으로 보기 어렵다. 분양신청 통지는 등기우편에 의한 송달이 원칙이고, 사업시행자는 다수의 조합원에게 대량으로 이를 발송한다. 소송상 적법한 분양신청통지가 다투어지는 경우, 사업시행자가 제출하는 발송등기번호를 통하여 해당 조합원의 주소지 우편번호를 확인하고 이로써 적법한 주소지로 송달한 것인지 여부를 추단하게 된다.

② 이미 그 전에 다른 안건으로 등기우편 송달, 1회 우편 송달로 송달간주 되었다면, 분양신청통지에 대하여 등기우편 1회로 갈음할 수 있는지 여부가 문제된다.

정관에 달리 정함이 없는 이상 위와 같은 고지간주 규정은 해당 고지사항의 송달에 한하여 적용될 수 있을 뿐이므로, 특정 사항에 관하여 정관 규정에 따른 고지간주의 효력이 발생하였다 하더라도 그와 다른 별개의 사항을 고지함에 있어서는 위 정관 규정이 정한 요건과 절차를 다시 갖추어야 고지간주의 효력이 인정된다. 따라서 이와 별도로 분양신청통지도 등기우편송달과 1회 우편송달이 반드시 필요하다.[10]

㈐ 등기우편 배달여부

우편물이 등기취급의 방법으로 발송된 경우 그것이 도중에 유실되었거나 반송되었다는 등의 특별한 사정에 대한 반증이 없는 한 그 무렵 수취인에게 배달되었다고 추정된다.[11] 사업시행자는 등기우편으로 발송하였음에 대한 증명책임을 부담하고, 추가로 일반우편으로 1회 발송하지 아니함이 위법하다고 주장하는 조합원이 등기우편이 반송되었음에 대한 증명책임을 부담한다.

2. 분양신청통지의 하자

가. 분양신청통지의 절차상 하자

법 제72조 제1항에서 정한 분양신청 통지절차는 조합원에게 분양신청의 기회를 보장하여 주기 위한 것으로서 관리처분계획을 수립하기 위해서는 반드시 거쳐야 할 필요적 절차이고, 사업시행자는 분양신청통지를 함에 있어 법령 및 그 위임에 의하여 정하여진 조합의 정관 규정에 따라 통지 등 절차를 이행하여야 한다.

---

10) 대법원 2014. 11. 13. 선고 2011두2446 판결.
11) 대법원 1992. 3. 27. 선고 91누3819 판결, 대법원 2017. 3. 9. 선고 2016두60577 판결.

따라서 사업시행자가 통지 등 적법절차를 제대로 거치지 아니한 채 신청된 분양 내용을 기초로 수립한 관리처분계획은 위법하다.[12]

나아가 분양신청통지는 적법하나 다음에서 살펴보듯이 사업시행자가 조합원의 분양신청을 접수하는 단계에서 일부 조합원의 분양신청을 거부하는 등으로 공정한 분양신청 기회를 실질적으로 보장하여 주지 아니한 경우에는 특별한 사정이 없는 한 그러한 분양신청의 현황을 토대로 수립된 관리처분계획은 합리적이고 균형 있는 재량권 행사의 기초를 상실하여 위법하다고 보아야 한다.

나. 분양신청통지의 내용상 하자

⑴ 평형선택권을 침해하는 내용의 분양신청통지

㈎ 분양신청통지는 조합원에게 분양신청의 기회를 보장하여 주기 위한 것이고, 사업시행자는 분양신청통지를 받은 조합원으로부터 분양신청을 받아 그 현황을 토대로 관리처분계획을 수립한다. 사업시행자가 일부 조합원들에게 특정 평형에 대한 분양신청이 불가하다고 안내하는 등으로 평형선택권을 침해하는 내용의 분양신청통지를 하였다면, 그와 같은 하자는 당해 조합원이 공정한 분양신청 기회를 실질적으로 보장받지 못한 것이다. 따라서 특별한 사정이 없는 한 그러한 분양신청의 현황을 토대로 수립된 관리처분계획은 합리적이고 균형 있는 재량권 행사의 기초를 상실하여 위법하다고 보아야 한다.[13]

㈏ 종전자산 가격의 범위에서 종후자산을 취득하는 내용의 관리처분계획 수립기준이 존재하는 재건축사업에서, 특정 평형을 종전자산으로 가진 조합원들의 종전자산 평균 추정가액이 종후자산 중 특정 평형(종후자산 가액)의 평균 추정가격에 미치지 못한다 하더라도, 종전자산 또는 종후자산의 가액은 각 동의 위치와 형상, 면적, 층수 및 주변 편의시설로의 접근성에 따라 천차만별이고, 또한 추후 동·호수 추첨결과에 따라 종후자산의 가격이 확정되므로, 경우에 따라서는 당해 특정 평형을 취득할 여지가 있음에도, 사업시행자가 단지 평균 추정가액을 기준으로 특정 평형의 소유자에 대하여 일률적으로 특정 평형의 종후자산에 대한 분양신청을 금지하는 내용의 안내를 하였다면, 이를 기초로 수립된 관리처분계획은

---

12) 대법원 2011. 1. 27. 선고 2008두14340 판결.
13) 서울고등법원 2020. 12. 24. 선고 2019누55516 판결(판결 후 소취하).

위법하고, 단순히 청산금의 가감을 통하여 조정될 수 있는 재량범위 내인 것으로 볼 수 없다.[14)]

⑵ 분양대상자별 분담금 추산액 통지의 하자

사업시행자는 조합원에게 반드시 분담금 추산액을 통지하여야 한다. 위 규정은 사업시행자로 하여금 분양신청을 앞둔 조합원에게 상당한 비용을 부담하면서 정비사업에 참여할 것인지, 아니면 현금으로 청산 받고 정비사업에 참여하지 아니할 것인지를 선택함에 있어 판단의 기초가 되는 정보를 제공하도록 하기 위한 것이므로, 관리처분계획을 수립하는 과정에서 중요하고 본질적인 절차이다.

그러나 정확한 분담금 산정을 위해서는 분양대상자별 종전의 토지 및 건축물 가격뿐만 아니라 분양예정인 대지 및 건축물의 추산액, 사업완료 후의 대지 및 건축물의 총 수입, 총 사업비 등의 산정자료가 필요하다. 또한 조합원별로 구체적으로 특정된 분담금내역은 분양신청이 완료된 후 관리처분계획에 의하여 분양대상자, 청산대상자, 평형배정 등이 결정되어야 비로소 확정될 수 있다. 근래에는 조망권의 가치가 중요하게 부각되고 있으므로 동·호수 추첨까지 마쳐져야 분담금이 확정될 수 있다. 그렇다면 분양신청통지 단계에서의 '분담금 추산액'의 통지는 사업시행자에 대하여 관리처분계획에 포함될 사항과 같은 수준으로 구체화된 분담금내역을 통지할 의무를 부과하는 것은 아니라고 할 것이다. 따라서 사업시행자인 조합으로서는 사업시행계획인가의 고시가 이루어지고 관리처분계획이 수립되기 전 단계에서 장차 조합원이 부담하게 될 것으로 예측되는 비용을 대강 판단 내지 추단할 수 있을 정도로 기재하여 통지하는 것으로 족하다 할 것이다.[15)] 특히 상가의 경우 전용면적, 공용면적, 세대수, 구체적인 구조 등이 확정되어 있는 아파트와 달리 수요자별 또는 업종별로 선호하는 면적이나 위치, 구조 등이 다를 수 있기 때문에 분양신청 및 관리처분계획 수립 단계에서 신축상가의 면적, 구조, 위치 등이 확정되지 않는 경우가 많고, 그러한 경우에는 관리처분계획의 수립 및 인가 이후 이루어질 분양계약에 따라 수분양자가 결정되고 나서야 비로소 수분양자별 입점계획 등을 반영하여 상가의 면적, 구조, 위치 등을 확정할 수 있기 때문에

---

14) 서울고등법원 2020. 12. 24. 선고 2019누55516 판결(판결 후 소취하) 및 하급심인 서울행정법원 2019. 8. 16. 선고 2018구합593 판결.
15) 헌재 2015. 12. 23. 선고 2015헌바66 결정.

분양신청 및 관리처분계획 수립 단계에서 정확한 분담금을 산정하기는 사실상 어려우므로, 분담금 추산액 통지가 개괄적으로 이루어지더라도 적법하다[실무상 분담금 추산액을 통지하면서 "분담금 추산액은 향후 감정평가업자가 감정평가한 분양가격 및 사업비(시공도급 공사비 등) 증감에 따라 변경될 수 있습니다."라고 안내한다].

3. 분양신청통지의 하자(누락)를 이유로 한 관리처분계획에 대한 쟁송

가. 소의 이익

조합원은 분양신청기간 내에 분양신청을 하지 아니하는 경우, 그 사유가 무엇이든 분양신청기간 종료일 다음날 조합원의 지위를 상실하고 현금청산대상자가 된다. 사업시행자로부터 분양신청통지를 받지 못하여 분양신청을 할 수 없었다 하더라도 마찬가지이다. 그 경우 이미 조합원의 지위를 상실한 현금청산대상자가 관리처분계획을 다툴 소의 이익이 있는지 여부가 문제된다. 비록 조합원의 지위가 상실되었지만, 분양신청절차의 하자를 이유로 한 경우에는 자신을 현금청산대상자로 한 관리처분계획이 취소되는 경우 소급하여 조합원 지위를 회복하게 되고, 사업시행자의 새로운 분양신청통지에 따라 분양신청함으로써 수분양자가 될 수 있으므로, 소의 이익 있다.

또한 분양신청절차의 하자가 중대·명백하여 관리처분계획에 당연 무효의 사유가 있다면 현금청산대상자의 조합원 지위는 존속하고 있고 그 경우 사업시행자는 당해 조합원에 대한 분양신청통지를 새로이 진행하여야 하고 이때 당해 조합원은 분양신청을 함으로써 수분양자가 될 수 있으므로 소의 이익이 있다. 따라서 어느 경우에나 소의 이익은 존재한다.

나. 본 안

⑴ 제소기간 내에 관리처분계획의 취소를 구하는 경우

분양신청통지의 하자가 존재하는지 여부에 따라 본안청구의 당부가 결정된다. 앞서 본 바와 같이 분양신청통지에는 엄격성이 요구되므로 사업시행자가 법령 또는 정관의 분양신청통지절차를 준수하지 아니하였고, 이에 따라 당해 조합원이 분양신청을 하지 못하여 현금청산대상자가 되었다면, 그와 같은 관리처분계획은 위법하고 취소되어야 한다.

⑵ 제소기간 경과 후에 관리처분계획의 무효확인을 구하는 경우

조합원이 적법한 분양신청통지가 없어 분양신청을 하지 못한 것이라면, 그와 같은 분양신청의 현황을 기초로 수립된 관리처분계획은 필수적인 절차를 위반하였을 뿐만 아니라 조합원의 본질적인 권리를 침해한 것으로서 그 하자가 중대·명백하므로, 분양신청통지를 받지 못하여 현금청산대상자로 분류된 토지등소유자에 대한 관리처분계획은 무효이다.[16) 그 논거는 다음과 같다.

① 정비사업은 토지등소유자가 종전자산을 출자하고 공동주택 등을 새로이 건설한 후 이를 배분받는 것을 내용으로 하는 사업이므로, 조합원의 분양신청권은 종후자산인 공동주택을 취득하기 위한 전제로서 조합원이 가지고 있는 재산권의 중요한 요소이고 핵심적인 권리인바, 분양신청통지의 누락은 위와 같은 권리를 침해한 것이다.

② 분양신청통지는 사업시행자로 하여금 조합원에게 상당한 비용을 부담하면서 정비사업에 참여할 것인지, 아니면 현금으로 청산받고 정비사업에 참여하지 아니할 것인지를 선택하는 기회를 부여하는 것으로, 적법한 분양신청통지는 사업시행자인 조합이 관리처분계획을 수립하는 과정에서의 본질적인 절차이다.

③ 관리처분계획인가는 고시로 이루어지는 행정처분이므로 조합원으로서는 처분의 존재를 알기 어렵다. 특히 관리처분계획인가·고시가 있는 경우 사업시행자는 분양신청을 한 자에게만 관리처분계획인가의 내용 등을 통지하므로(법 제78조 제5항), 실제로 적법한 분양신청통지를 받지 못한 조합원으로서는 제소기간을 도과한 이후에야 관리처분계획의 수립 사실을 알게 되는 경우가 많다.

4. 분양신청 연장결정 관련 쟁점

가. 분양신청 연장통지하지 않은 하자의 중대·명백 여부

⑴ 문제의 소재

사업시행자가 분양신청기간을 연장하기로 결정하였음에도, 일부 조합원들에게 분양신청기간 연장통지를 하지 않았고 이로 인하여 일부 조합원들이 분양신청을

---

16) 대법원 2019. 7. 25.자 2019두40192 심리불속행 판결 및 하급심인 서울고등법원 2019. 4. 17. 선고 2018누62432 판결, 서울행정법원 2018. 7. 27. 선고 2017구합82390 판결(확정), 서울행정법원 2021. 4. 16. 선고 2020구합68509 판결(확정).

하지 못한 경우, 당해 조합원들에 대한 관리처분계획의 하자가 중대하나, 이를 무효로 할 정도로 객관적으로 명백한지 여부가 문제된다.

(2) 판례(무효 부정)

판례는 법 제72조 제2항은 본문으로 분양신청기간 등의 통지에 관한 규정을 둔 다음, 단서로 분양신청기간의 연장에 관한 규정을 두고 있는바, 그 문언만으로는 분양신청기간을 연장하는 경우에도 이를 다시 조합원들에게 통지하여야 하는지 여부가 명확하지 않다. 또한 당시 조합원들에게 개별적으로 분양신청기간 연장 통지를 하여야 하는지에 관하여는 하급심의 해석이 엇갈리는 상황이다. 따라서 하자가 객관적으로 명백한 것으로 볼 수 없다고 판시하였다.[17]

(3) 결론

법 제72조 제2항 단서가 본문과 달리 하한을 정함이 없이 '20일의 범위에서'라고 규정하고 있다. 만일 분양신청기간의 연장에 있어 조합원들 전부에 대한 통지를 전제로 하였다면, 연장통지에 소요되는 물리적 시간을 고려하여 법이 하한을 규정하였을 것인데, 하한을 규정하지 아니한 것은 입법자가 사업시행자에게 분양신청연장에 대하여는 개별 통지의무를 부과하지 아니한다는 의사가 내포되어 있다고 볼 여지가 있으므로, 판례의 견해가 타당하다.[18]

나. 분양신청기간 경과 후 임의 연장결정의 적법성

(1) 문제의 소재

실무상 분양신청기간이 연장되지 않은 채 경과된 이후에 적법한 분양신청기간 내에 분양신청을 하지 못한 현금청산대상자들이 관리처분계획 인가권을 가진 행정청에 항의를 하고, 항의를 받은 행정청은 사업시행자인 조합에 분양신청기간의 연장을 권유하며, 그 경우 별도의 총회결의를 거치지 아니한 채 조합장 등이 임의로 분양신청기간 연장의 의미로 추가적인 분양신청기간을 부여하는 경우가 있다. 이를 전제로 하여 수립된 관리처분계획의 위법성 여부에 대하여 살펴본다.

---

17) 대법원 2020. 1. 9.자 2019두55811 심리불속행 판결 및 하급심인 서울고등법원 2019. 9. 26. 선고 2019누40194 판결, 서울고등법원 2018. 2. 22. 선고 2017누77055 판결(확정).

18) 서울고등법원 2017누77055 판결의 제1심인 서울행정법원 2017. 10. 13. 선고 2017구합50621 판결은 분양신청기간의 연장에 있어 개별 통지의무가 없다고 판시하였다.

⑵ 판단(위법)

㈎ 분양신청기간 연장은 분양신청기간이 경과되기 전에 적법한 절차를 거쳐 분양신청기간 연장결정을 하는 경우에 가능하고, 분양신청기간이 만료된 이후에 임의로 분양신청기간을 연장하는 것은 위법하다. 그 논거는 다음과 같다.

① 분양신청기간 내에 분양신청을 하지 않은 조합원은 분양신청기간 종료일 다음날에 조합원 지위를 상실하게 되므로, 그 후 사업시행자인 조합이 임의로 분양신청기간을 연장하더라도 이미 조합원의 지위가 상실된 자로부터 분양신청을 받는 것이어서 그 자체로 부적법하다.

② 분양대상 조합원에 해당하는지 여부 판정의 기준일은 '분양신청기간 종료일'이고, 이는 임의로 변경할 수 없다.[19] 사업시행자인 조합이 임의로 분양신청기간을 연장하는 것은 분양대상 조합원에 해당하는지 여부의 판정기준일을 임의로 변경하는 것이어서 위법하다.

㈏ 분양신청기간이 경과됨으로써 이미 현금청산대상자가 되어 조합원의 지위를 상실한 자에게 별도로 분양신청의 기회를 주기 위해서는 조합 총회에서 그와 같은 현금청산대상자들에게 다시 조합원 지위를 부여하는 결의를 하여,[20] 현금청산대상자들로 하여금 다시 조합원이 될 수 있는 지위를 부여한 이후에야, 별도로 그들에 대한 분양신청절차를 거칠 수 있다.[21]

제2절 분양신청 및 현금청산대상자

Ⅰ. 분양신청권

1. 원 칙

조합원에게는 원칙적으로 분양신청권이 있다. 이는 조합원의 가장 본질적이고

---

19) 대법원 2002. 1. 22. 선고 2000두604 판결 참조.
20) 정관의 필요적 기재사항이자 엄격한 정관변경절차를 거쳐야 하는 '조합원의 자격'에 관한 사항에 해당하므로, 비록 그것이 정관변경에 대한 절차가 아니라 하더라도 특별다수의 동의요건을 규정하여 조합원들의 이익을 보호하려는 법 제40조 제3항, 제1항 제2호의 규정을 유추적용하여 조합원 3분의 2 이상의 찬성결의가 필요하다.
21) 서울행정법원 2021. 4. 9. 선고 2020구합71123(확정).

중대한 권리이다.

2. 예 외

가. 투기과열지구에서의 투기수요차단을 위한 분양신청권 박탈

(1) 법은 투기과열지구로 지정된 지역에서의 투기수요차단을 위하여 2가지 제재를 가하고 있다. 즉 토지등의 양수인에게 조합원 지위 자체를 인정하지 않는 경우와 조합원 지위는 인정하되 분양신청권을 인정하지 않는 경우이다.

전자는 제4편 제5장 제1절 Ⅳ. 조합원 자격에서 살펴본 바와 같이 투기과열지구로 지정된 지역에서 재건축사업을 시행하는 경우에는 조합설립인가 후, 재개발사업을 시행하는 경우에는 관리처분계획의 인가 후 해당 정비사업의 건축물 또는 토지를 양수한 자는 조합원 지위 자체를 인정하지 아니한다(매매 · 증여, 그 밖의 권리의 변동을 수반하는 모든 행위를 포함하되, 상속 · 이혼으로 인한 양도 · 양수의 경우 및 일부 법정사항의 경우 제외, 법 제39조 제2항).

(2) 후자 즉, 조합원의 지위는 인정하되, 분양신청권의 박탈과 관련하여 법 제72조 제6항 본문은 투기과열지구의 정비사업에서 이미 관리처분계획에 따른 분양대상자 또는 일반분양분의 분양대상자 및 각 그 세대에 속한 자는 분양대상자 선정일(조합원 분양분의 분양대상자는 최초 관리처분계획 인가일을 의미한다)부터 5년 이내에는 투기과열지구에서 분양신청을 할 수 없다고 규정하고 있다.

위 조항은 법이 2017. 10. 24. 법률 제14943호로 개정되면서 신설되었다. 이는 투기과열지구 내 정비사업에서 일반분양 또는 조합원분양에 당첨된 자는 5년 이내에 투기과열지구 내 정비사업의 조합원분양 신청을 할 수 없도록 함으로써 투기수요을 차단하기 위함이다. 다만, 상속, 결혼, 이혼으로 투기과열지구의 조합원 자격을 취득한 경우에는 분양신청을 할 수 있다(법 제72조 제6항 단서).

위와 같은 분양신청권 박탈의 실효성을 담보하기 위하여 서울의 경우 구청장은 주택공급에 관한 규칙 제57조에 따라 당해 정비사업의 관리처분계획인가일 당시 입주대상자로 확정된 조합원명단을 전산관리지정기관에 통보하여야 한다(서울시 조례 제62조 제3항).

나. 재개발사업의 지상권자

법 시행령 제63조 제1항 제3호는 재개발사업에서 정비구역의 토지등소유자 중 지상권자는 분양대상자에서 제외한다고 규정하고 있다. 따라서 지상권자는 분양신청권이 인정되지 아니한다. 부동산별로 소유자가 다른 경우에는 별개로 취급하여야 함에도 불구하고, 동일인 소유인 토지와 지상 건축물 중 토지에 관하여 지상권이 설정되어 있는 경우, 조합설립을 위한 토지등소유자 수를 산정할 때에는 지상권자를 토지의 공유자와 동일하게 취급할 수 없고, 해당 토지와 지상 건축물에 관하여 1인의 토지등소유자로 산정하는바, 이는 지상권자에게 독자적인 분양신청권이 인정되지 아니하기 때문이다(제4편 제3장 제2절 Ⅰ. 2. "토지등소유자의 구체적인 산정방법" 참조).

Ⅱ. 분양신청의 방법

1. 규　정

가. 법

제72조(분양공고 및 분양신청)
　③ 대지 또는 건축물에 대한 분양을 받으려는 토지등소유자는 제2항에 따른 분양신청기간에 대통령령으로 정하는 방법 및 절차에 따라 사업시행자에게 대지 또는 건축물에 대한 분양신청을 하여야 한다.

나. 시행령

제59조(분양신청의 절차 등)
　③ 법 제72조 제3항에 따라 분양신청을 하려는 자는 제2항 제2호에 따른 분양신청서에 소유권의 내역을 분명하게 적고, 그 소유의 토지 및 건축물에 관한 등기부등본 또는 환지예정지증명원을 첨부하여 사업시행자에게 제출하여야 한다. 이 경우 우편의 방법으로 분양신청을 하는 때에는 제1항 제3호에 따른 분양신청기간 내에 발송된 것임을 증명할 수 있는 우편으로 하여야 한다.

④ 재개발사업의 경우 토지등소유자가 정비사업에 제공되는 종전의 토지 또는 건축물에 따라 분양받을 수 있는 것 외에 공사비 등 사업시행에 필요한 비용의 일부를 부담하고 그 대지 및 건축물(주택을 제외한다)을 분양받으려는 때에는 제3항에 따른 분양신청을 하는 때에 그 의사를 분명히 하고, 법 제72조 제1항 제1호에 따른 가격의 10%에 상당하는 금액을 사업시행자에게 납입하여야 한다.

다. 서울시 조례

조례 제32조(분양신청의 절차 등)
③ 법 제72조 제3항에 따라 분양신청을 하고자 하는 자는 영 제59조 제2항 제2호에 따른 분양신청서에 다음 각 호의 서류를 첨부하여야 한다.
1. 종전의 토지 또는 건축물에 관한 소유권의 내역
2. 분양신청권리를 증명할 수 있는 서류
3. 법 제2조 제11호 또는 이 조례에 따른 정관등에서 분양신청자격을 특별히 정한 경우 그 자격을 증명할 수 있는 서류
4. 분양예정 대지 또는 건축물 중 관리처분계획 기준의 범위에서 희망하는 대상·규모에 관한 의견서

시행규칙 제14조(분양신청)
영 제59조 제2항 제2호에 따른 분양신청서는 별지 제24호 서식에 따른다.

2. 규정의 해석

종후자산에 대한 분양을 받으려는 조합원은 분양신청기간 내에 법정의 방법 및 절차에 따라 사업시행자에게 대지 또는 건축물에 대한 분양신청을 하여야 한다.

가. 분양신청서

(1) 법 제72조 제3항, 법 제72조 제1항 제4호, 법 시행령 제59조 제3항, 제2항 제2호의 위임에 따라 서울시 조례 시행규칙 제14조는 "분양신청서는 별지 [제24호 서식]에 따른다."고 규정하고 있고, 조례 시행규칙 [별지 제24호 서식]상의 분양신청서는 다음과 같다.

분 양 신 청 서						접수번호		※ 시행자가 기재		
신청인	성 명				생년월일					
	주 소			(전화)			조합원번호			
	수인이 1인의 분양대상자로 신청하는 경우 함께 신청하는 자의 성명 (총 인)									

권리내역	토 지	소유토지	소 재 지	지 목	면 적(㎡)			공유여부	이용상황	취득일자	시행구역 외 주택소유 여부
					공부상	편입	소유				
			(계 필지)								
		점유국공유지	소 재 지	지 목	면 적(㎡)		관리청	점유상황	비 고 <불하희망여부>		
					공부상	점유인정					
			(계 필지)								
	건축물		소 재 지	연면적 (㎡)	용 도	취 득 일	공유여부	허가유무	무 허 가 건물번호		
			(계 동)								

분양희망의견	주 택 규 모		상가용도 등 및 규모	

「도시 및 주거환경정비법」 제46조제2항, 같은 법 시행령 제47조 및 「서울특별시 도시 및 주거환경 정비조례」 제24조에 따라 위와 같이 분양을 신청합니다.

년   월   일

신청인   (서명 또는 날인)

구역   정비사업 시행자 귀하

※ 첨부서류
 1. 토지 및 건축물에 관한 등기부등본 또는 환지예정지증명원 각 1부.
 2. 토지대장 및 건축물대장 각 1부.
 3. 무허가 건축물인 경우에는 무허가건물확인원 및 소유를 입증하는 서류 1부.
 4. 주민등록표 등본(신청인과 동일한 세대별주민등록표상에 등재되어 있지 아니하는 신청인 배우자의 주민등록표 등본 포함) 1부.
 5. 수인이 1인의 분양대상자로 신청하는 경우에는 함께 신청하는 자의 분양신청서 각 1부.
 6. 사업자등록증 기타 자격요건을 증빙하는 서류 1부.

여기서 주의할 점은 수인이 1인의 조합원의 지위에서 분양신청을 하는 경우, 각각 분양신청서를 작성하여 제출하되, 신청인란에 '수인이 1인의 분양대상자로 신청하는 경우 함께 신청하는 자의 성명'과 전체 인원을 기재하여야 한다는 것이다. 즉, 수인이 1인의 분양대상자로 신청하는 경우에는 함께 신청하는 자의 분양신청서도 각 1부씩 첨부하여야 한다.

위 서울시 조례 시행규칙 제14조는 법 제72조 제3항, 법 제72조 제1항 제4호, 법 시행령 제59조 제3항, 제2항 제2호의 위임에 따른 것이다. 따라서 위 분양신청서 서식은 법령의 수권에 의하여 법령을 보충하는 사항을 정한 것으로서, 그 근거 법령규정과 결합하여 대외적으로 구속력이 있는 법규적 효력이 있다.

⑵ 수인이 1인의 조합원 지위에 있는 경우에는 그 수인을 대표하는 1인을 조합원으로 본다. 이 경우 표준정관 제9조 제4항은 조합 운영의 절차적 편의를 도모하기 위하여 그 수인은 대표자 1인을 대표조합원으로 지정하고 대표조합원 선임동의서를 작성하여 조합에 신고하여야 하며, 조합원으로서의 법률행위는 그 대표조합원이 행한다. 따라서 사업시행자인 조합은 분양신청통지도 대표조합원에 대하여 하여야 하고, 분양신청도 대표조합원이 하여야 한다. 다만 분양신청은 대표조합원이 행하되, 대표조합원은 나머지 사람들의 분양신청서도 작성하여 제출하여야 한다.

입법취지는 분양신청에 의하여 관리처분계획상 수분양자가 되는 경우, 당해 조합원 수인은 비록 1인의 조합원 지위에 있으나 각각 종후자산과 종전자산과의 차액에 해당하는 청산금 및 조합비용에 대한 분담금을 지급할 의무를 부담하게 되므로 그와 같은 중대한 불이익을 초래할 행위에 대하여는 조합 운영의 절차적 편의를 도모하기 위하여 대표조합원이 행위를 하더라도 나머지 조합원들의 의사를 확인하는 서면을 제출하도록 한 것이다. 서울시 조례 시행규칙 제14조의 법규적 효력에 비추어 대표조합원을 제외한 나머지 수인들의 분양신청서도 반드시 제출되어야 하고, 위와 같은 분양신청서가 첨부되지 아니한 대표조합원의 분양신청서는 적법하다고 보기 어렵다.

⑶ 재건축사업의 경우에는 조합의 재량으로 소유한 주택 수만큼 공급할 수도 있고, 과밀억제권역에 위치한 경우에는 소유한 주택의 범위에서 3주택까지 공급할 수 있다. 그 경우에는 당해 주택별로 분양신청서를 제출하여야 한다. 조합설립인

가 이후 1명의 토지등소유자로부터 수 개 주택의 소유권이 양수되어 수인의 주택소유자가 존재하는 경우에도 여러 명을 대표하는 1명을 조합원으로 본다 할 것이므로, 대표조합원을 선임하게 된다. 그 경우 실무상 각각의 주택소유자는 각각 자신에게 소유권이 있음을 이유로 자신의 이름으로 분양신청서를 제출하는 경우가 흔히 있다. 그러나 그 경우에도 대표조합원 명의의 분양신청서를 제출하여야 한다.

나. 분양신청기간 내 제출

(1) 분양신청을 하려는 자는 분양신청기간 내에 사업시행자에게 법정의 분양신청서에 법정 서류를 첨부하여 제출하여야 한다. 조합원은 분양신청통지나 공고 당시 지정한 장소에서 사업시행자에게 직접 분양신청서를 제출하여 접수함이 일반적이나, 우편의 방법으로 분양신청을 하는 때에는 분양신청기간 내에 발송되었다면 비록 도달이 분양신청기간 경과 이후라 하더라도 적법한 분양신청으로 본다. 다만 조합원이 분양신청기간 내에 발송된 것임을 증명하여야 하므로, 이를 증명할 수 있는 내용증명우편으로 하여야 한다.

(2) 재개발사업의 경우 조합원은 정비사업에 제공되는 종전자산 외에 공사비 등 사업시행에 필요한 비용의 일부를 부담하고 그 대지 및 건축물(주택을 제외한다)을 분양받으려는 때에는 분양신청을 하는 때에 그 의사를 분명히 하고, 종전자산 가격의 10%에 상당하는 금액을 사업시행자에게 납입하여야 한다. 이 경우 위 10%는 납입하였으나 관리처분계획에서 정하여진 비용부담액을 정하여진 시기에 납입하지 아니한 자는 그 납입한 금액의 비율에 해당하는 만큼의 대지 및 건축물만 분양을 받을 수 있다.

다. 분양희망의견

(1) 서울시 조례 제32조 제3항 제4호는 분양신청서에는 분양신청자의 종후자산에 대한 분양희망의견을 반드시 첨부하도록 규정하고 있고, 또한 사업시행자는 서울시 조례 제32조 제2항 제1호에 따라 조합원에게 분양신청통지를 함에 있어 반드시 분양신청 안내문을 첨부하여야 하는바, 위 안내문에는 희망하는 분양의견을 기재하도록 하는 내용이 포함됨은 앞서 본 바이다.

(2) 앞서 본 분양신청 안내문 기재와 같이 공동주택의 경우 분양신청 당시 개

별 호수와 면적, 타입(A, B, C타입)까지 정해져 있는바, 조합원들이 특정 1개의 호수에 대하여만 분양신청하는 경우, 경합 시 탈락자가 다수 발생할 우려가 있으므로, 탈락자를 최소화하기 위해 2, 3순위를 기재하도록 한다. 실무상으로는 공동주택의 경우에는 반드시 1, 2, 3순위의 분양희망의견을 기재하여 분양신청을 받게 된다.

(3) 부대시설·복리시설(상가)과 관련하여서는, 분양신청 당시 개별 호수까지 특정되어 있는 경우에는 앞서 본 분양신청 안내문 기재와 같이 공동주택과 동일한 방법으로 분양희망의견을 기재하게 된다. 그러나 상가의 경우 상가별, 층별, 위치별 면적만 특정되어 있을 뿐, 상가의 호수가 특정되어 있지 않는 경우가 일반적이다. 그 경우에는 법령 및 조례에서 1인 1상가 공급원칙을 규정하고 있지 않고, 상가 1개를 분양받더라도 분할하여 호수를 나누거나 2개를 분양받더라도 합하여 1개로 변경이 가능하여 개수가 특별한 의미가 없으므로, 분양면적 및 용도를 기재하여 분양신청을 받게 된다. 다만 사업시행자가 상가의 경우에도 동, 층, 위치(전면, 후면 등) 등에 따라 구분하여 공동주택의 경우처럼 각 순위를 정하여 분양하는 내용의 기준을 수립한 경우에는 조합원은 아래의 분양신청서에 순위별로 특정하여 기재한 후 이를 제출한다. 예를 들면 1순위 A동 1층 전면부, 2순위 B동 1층 후면부, 3순위 A동 1층 전면부 등과 같다.

위와 같이 순위별로 분양희망의견을 기재하여 분양신청을 받는 경우에는, 주택이든 상가든 각각의 평형 또는 동, 층, 위치에 따라 순위별로 분양하게 된다.

(4) 실무에서는 서울시 조례 시행규칙 [별지 제24호 서식]상의 분양신청서에 추가하여 순위의 선택이 용이한 아래와 같은 분양신청서가 많이 사용된다.

(제2쪽)

1. 분양희망의견 (타입 결정은 동 호수 추첨시 결정합니다)		선택유형	59㎡			73㎡	78㎡	84㎡	111㎡
			A타입	B타입	C타입				
공동주택 분양희망		1순위				○			
		2순위	○			불원작성			
		3순위					○		
근린생활시설			층 분양희망면적 : 80 ㎡				용도: 약국		

2. 공유자 명세서 (토지 또는 건축물의 소유가 공유일 경우 대표자 외의 공유자 전원 기재)

Ⅲ. 분양신청과 관련한 쟁점

1. 수인에 대한 하나의 분양신청권 인정여부

가. 문제의 소재

수인이 각각 조합원의 지위를 가지고, 각각 분양신청권이 있음에도 불구하고, 하나의 수분양권만을 신청하는 것이 가능한 것인지 여부가 문제된다. 관련 법령, 조례 및 정관은 명시적 규정을 두고 있지 않다.

나. 판 단

사업시행자인 조합이 수인의 조합원들의 의사에 따라 하나의 분양신청을 인정하고, 이에 따라 1인의 분양대상자로 분류하는 관리처분계획을 수립하더라도, 이는 관련 법령, 조례 및 정관의 규정에 위반되지 아니하고 적법하다. 그 논거는 다음과 같다. 현재 실무상 허용하고 있다.[22]

① 수인이 각각 조합원의 지위를 가짐에도 불구하고, 하나의 수분양권만을 신청하는 것은 분양신청권의 일부를 포기한 것이다. 조합원에게는 건축물의 분양신청권이 인정되고, 이를 행사하거나 포기하는 것이 가능하므로, 해석상 일부 포기도 허용될 수 있고 실제로 관련 법령 등이 그와 같은 처분행위를 불허하는 규정을 두고 있지 않다.

② 종전자산 평가액이 최소 종후자산 평가액에 현저히 미치지 못하는 경우 과다한 청산금을 부담할 여력이 없는 수인의 조합원들로서는 공동으로 1인의 분양대상자가 되어서라도 분양신청을 할 유인이 충분히 존재하며, 만약 이와 같은 형태의 분양신청을 허용하지 않는다면, 가치가 낮은 종전자산을 소유한 조합원의 경우에는 경제적 사정 등으로 인하여 종후의 공동주택 등을 전혀 분양받을 수 없게 되는바, 이는 정비사업의 시행 목적에 부합하지 않는다.

---

22) 서울행정법원 2019. 12. 18. 선고 2019구합63089 판결(확정).

2. 종전 처분을 대체하는 조합설립변경인가처분 후 종전 분양신청 현황의 이용가능여부

가. 문제의 소재

사업시행자가 새로 조합설립인가처분을 받는 것과 동일한 요건과 절차를 거쳐 조합설립변경인가처분을 받고, 이에 따라 새로운 사업시행계획을 작성하여 인가받은 후 별도의 분양신청절차 없이 종전 사업시행계획에 기하여 실시한 종전 분양신청의 현황을 이용하여 관리처분계획을 수립할 수 있는지 여부가 문제된다.

나. 판 단

(1) 원칙적 부정

사업시행자가 종전의 조합설립인가처분에 대한 무효확인소송 또는 취소소송이 진행되고 있는 등으로 그 효력 유무 또는 위법 여부 등이 확정되지 않은 상태에서 새로 조합설립인가처분을 받는 것과 동일한 요건과 절차로 조합설립변경인가처분을 받은 경우, 조합설립변경인가처분은 새로운 조합설립인가처분으로서의 효력을 가진다.

종전의 조합설립인가처분이 당연무효이거나 취소되는 경우에는 종전의 조합설립인가처분이 유효함을 전제로 수립·인가된 관리처분계획은 소급하여 효력을 잃는바, 비록 그와 같은 확정판결이 없지만, 하자를 시정하기 위한 조합설립변경인가처분은 종전 조합설립인가처분을 대체하였을 뿐만 아니라 실질적으로는 종전 설립인가처분을 직권취소한 것으로 볼 수도 있으므로, 그 경우 종전 조합설립인가처분이 소급적으로 소멸함으로써 이에 기초한 종전 사업시행계획, 관리처분계획은 모두 효력이 없다. 따라서 사업시행자는 조합설립변경인가처분을 받기 전에 수립·인가된 종전의 관리처분계획에 따라 정비사업을 진행할 수는 없고, 법령이 정한 요건과 절차에 따라 새롭게 사업시행계획의 작성 및 관리처분계획을 수립하여 각 인가를 받아야 한다. 또한 사업시행자는 사업시행계획을 작성하여 인가받은 이후 법 제72조가 규정하고 있는 분양신청 통지·공고 등의 절차를 다시 밟거나 분양신청 대상자들(종전 분양신청 절차에서 분양신청을 한 사람들과 이때에는 분양신청을 하지 않았지만 조합원 지위를 상실하지 않은 자를 포함한다)의 분양신청에 관한 의사를 개별적으로 확인하여 그 분양신청 현황을 기초로 관리처분계획을 수립하여야 하고, 사업시행자가 이러한 절차를 밟지 않고 종전 분양신청 현황에 따라 관리처분계획을 수립하였다면 그 관리처분계획은 위법하다.

(2) 예외

다만 종전의 분양신청 현황을 기초로 했더라도 새로운 관리처분계획 수립 당시 토지등소유자의 새로운 분양신청 현황을 기초로 관리처분계획을 수립했다고 평가할 수 있는 예외적인 경우, 즉 ① '분양대상자별 분담금의 추산액' 등 법령이 분양신청통지에 포함시키도록 한 사항 등에 관하여 새로운 사업시행계획과 종전 사업시행계획 사이에 실질적으로 변경된 내용이 없고, ② 사업의 성격이나 규모 등에 비추어 두 사업시행계획 인가일 사이의 시간적 간격이 지나치게 크지 않으며, ③ 분양신청 대상자들 중 종전 분양신청을 철회·변경하겠다거나 새롭게 분양신청을 희망한다는 의사를 조합에 밝힌 사람이 실제 있지 않은 경우 등에 있어, 종전의 분양신청 현황을 기초로 새로운 관리처분계획을 수립하는 것도 허용된다.[23)]

3. 사업시행계획의 실질적 변경에 기초한 새로운 분양신청절차 진행 여부

가. 실무상의 문제

사업시행계획 변경 시 새로운 분양신청절차를 진행할 것인지 여부와 관련하여 실무상 상당한 논란이 있다. 대표적으로는 사업시행계획에 기초하여 분양신청절차가 이루어진 이후 이를 기초로 한 관리처분계획 수립 전에 사정변경으로 사업시행계획이 변경되는 경우, 분양신청한 조합원들 또는 현금청산대상자들이 새롭게 분양신청을 요구하고, 사업시행자가 이를 거부하는 경우가 있다.

한편 사업시행자가 사업시행계획에 기초하여 분양신청절차를 진행한 결과, 다수 또는 상당수의 조합원들이 분양신청에 응하지 아니하는 경우가 있다. 주로 아

---

23) 대법원 2016. 12. 15. 선고 2015두51347 판결, 대법원 2016. 12. 15. 선고 2015두51309 판결(최초 사업시행계획과 변경된 사업시행계획 사이의 시간적 간격은 약 3년 9개월이고, 변경된 사업시행계획은 건축면적이 9,742.72㎡에서 9,915.32㎡로, 건축연면적이 166,113.04㎡에서 167,621.81㎡로, 건폐율이 20.78%에서 21.15%로, 용적률이 228.71%에서 231.21%로, 59.99평형 분양세대수가 271세대에서 285세대로 변경된 것 외에는 큰 차이가 없으며, 종전 분양신청을 철회·변경하겠다거나 새롭게 분양신청을 희망한다는 의사를 사업시행자에게 밝힌 사람이 없다).

파트 등의 가격이 하락세인 경우에 흔하다. 그 경우 사업시행자는 다수의 현금청산대상자들에 대한 청산에 필요한 현금 마련이 용이하지 않고, 미분양분에 대한 향후 일반분양의 불투명 등으로 인하여 정비사업의 진행에 어려움을 겪게 된다. 이에 사업시행자는 분양신청 내용에 따라 분양설계하여 관리처분계획을 수립하는 대신 종전 사업시행계획을 대체하는 사업시행변경계획을 작성하여(또는 종전 사업시행계획의 폐지결정 후 새로운 사업시행변경계획을 작성하여) 총회 의결절차를 거쳐 이를 인가받아 새롭게 이미 분양신청한 조합원 또는 현금청산대상자들에 대한 분양신청절차를 진행하는 경우가 있다. 각각의 적법성에 관하여 살펴본다.

나. 요 건

(1) 사업시행계획의 주요 부분의 변경 또는 실질적 대체

새로운 분양신청절차를 진행할 것인지 여부가 논의되는 전제는 사업시행계획의 주요 부분의 변경 또는 실질적 대체여야 한다. 분양대상 조합원에 해당하는지 여부에 대한 판정기준일은 원칙적으로 '분양신청기간 종료일'이고, 이는 강행규정으로서 이를 그 이후로 늦추는 내용의 조합 총회 결의는 효력이 없다.[24] 사업시행계획의 변경이 이루어졌다 하더라도, 그 내용이 경미한 사항의 변경에 불과하거나, 종전 사업시행계획의 유효를 전제로 내용 중 일부만을 추가·철회·변경하는 것에 불과하다면, 후행처분에도 불구하고 여전히 종전 사업시행계획이 존속한다. 그럼에도 불구하고, 새롭게 분양신청절차를 진행하는 것은 분양설계에 관한 계획 기준일인 분양신청기간 종료일을 임의로 변경하는 것으로서 그 자체로 위법하다.

다만 주요 부분을 변경하여 종전 사업시행계획을 대체하는 실질적으로 새로운 사업시행계획이 작성되어 인가된 경우에는 종전 사업시행계획이 소멸되었으므로 새로운 분양신청절차를 진행할 여지가 있다.

(2) 판단기준

제6편 제5장 "Ⅲ. 종전 사업시행계획을 대체하는 새로운 사업시행변경계획"에서 자세히 살펴본 바와 같이 사업시행계획의 변경이 당초 사업시행계획의 주요 부분을 실질적으로 변경하여 이를 대체한 것인지 여부는, 사업시행계획 중 변경된

---

24) 대법원 2002. 1. 22. 선고 2000두604 판결 참조.

내용, 변경의 원인 및 그 정도, 당초 사업시행계획과 변경 사업시행계획 사이의 기간, 당초 사업시행계획의 유효를 전제로 이루어진 후속행위의 내용 및 그 진행 정도 등을 종합적으로 고려하여 판단하여야 한다.

구체적으로는 당초 사업시행계획과 변경된 사업시행계획 사이의 기간이 장기간인 경우, 부대시설·복리시설의 경우 설치규모와 달리 그 위치가 중대하게 변경된 경우, 공동주택의 경우 용적률, 층(層) 및 동(棟)수, 세대수, 연면적, 세대 당 주거전용면적의 상당한 변경 등은 주요부분을 실질적으로 변경한 것으로 보아야 할 것이다.

다. 사업시행계획의 실질적 변경 시 새로운 분양신청절차 요부

⑴ 규정의 내용

㈎ 사업시행자는 분양신청기간 종료 후 사업시행계획인가의 변경(경미한 사항의 변경은 제외한다)으로 세대수 또는 주택규모가 달라지는 경우 제1항부터 제3항까지의 규정에 따라 분양공고 등의 절차를 다시 거칠 수 있다(법 제72조 제4항). 사업시행자는 정관등으로 정하고 있거나 총회의 의결을 거친 경우 제4항에 따라 제73조 제1항 제1호 및 제2호에 해당하는 토지등소유자에게 분양신청을 다시 하게 할 수 있다(법 제72조 제5항). 위 각 규정의 '사업시행계획인가의 변경(경미한 사항의 변경은 제외한다)으로 세대수 또는 주택규모가 달라지는 경우'의 의미는 앞서 본 바와 같이 사업시행계획의 주요 부분의 변경 또는 실질적 대체를 의미한다 할 것이다.

㈏ 사업시행계획에 따른 분양신청기간 내에 분양신청을 한 조합원들에 대하여 사업시행계획이 실질적으로 변경되는 경우에 새롭게 분양신청절차를 거칠 필요가 있는지 여부에 관하여 규율하고 있는 조항이 제72조 제4항이고, 사업시행계획에 따른 분양신청기간 내에 분양신청을 하지 아니하여 이미 조합원의 지위를 상실한 현금청산대상자들에 대하여 사업시행계획이 실질적으로 변경되는 경우에 새롭게 분양신청절차를 거칠 필요가 있는지 여부에 관하여 규율하고 있는 조항이 제72조 제5항이다.

㈐ 위 각 규정은 법이 2017. 2. 8. 법률 제14567호로 전부개정되면서 처음으로 도입되었고, 위 규정에 관하여 특별한 부칙상의 경과규정이 없어 2018. 2. 9.

부터 시행되었다.

(2) 이미 분양신청한 조합원들에 대한 새로운 분양신청절차 진행여부

㈎ 법 제72조 제4항은 '사업시행자는... 분양공고 등의 절차를 다시 거칠 수 있다.'라고 규정하고 있으므로, 사업시행자는 주요 부분에 대한 사업시행계획의 내용이 실질적으로 변경된 경우 이미 분양신청 하였던 조합원들을 상대로 새롭게 분양신청절차를 진행할 것인지 여부를 결정함에 재량이 있다. 주요부분을 실질적으로 변경하는 사업시행변경계획이 작성되어 총회의결을 거쳐 인가받은 경우, 조합원들은 대체로 새로운 분양신청절차가 진행되기를 원한다. 이에 따라 실무상으로는 새로운 분양신청절차를 진행하는 것이 일반적이나, 새로운 분양신청절차를 진행하지 아니한 채 종전 분양신청현황을 기초로 관리처분계획을 수립한다 하더라도, 그 위법여부는 재량권의 일탈·남용여부에 의하여 판단되어야 할 것이다.

㈏ 종전 분양신청의 현황을 기초로 분양설계하는 것이 실질적으로 형평에 반하거나 현저히 부당한 것인지 여부가 재량권 일탈·남용 여부 판단의 기준이 될 것이다. 사업시행계획의 변경으로 분양주택의 층(層) 및 동(棟)수, 전체 분양세대수, 평형, 세대 당 주거전용면적 등에 대한 근본적 변화로 종전 분양신청이 의미가 없다고 볼 수 있음에도, 사업시행자가 새로운 분양신청절차를 거부하고 종전 분양신청의 내용을 기초로 관리처분계획을 수립하였다면 재량권 일탈·남용으로 위법하다고 보아야 할 것이다.

㈐ 재분양신청절차를 거치는 경우 재분양공고절차를 거쳐야 하는지 여부가 문제되나, 법 제72조 제1항 제4호, 법 시행령 제59조 제1항 제9호, 서울시 조례 제32조 제1항 제1호에 의하면, 법 제72조 제4항(사업시행계획의 실질적 변경이 있는 경우, 이미 분양신청한 조합원들에 대한 재분양신청 등)의 경우 행하는 재분양공고 안내를 서울시 조례로 정하도록 규정하고 있다. 따라서 반드시 재분양공고절차를 거쳐야 한다.

(3) 현금청산대상자들에 대한 새로운 분양신청절차 진행요부

㈎ 법 제72조 제5항은 '사업시행자는 정관등으로 정하고 있거나 총회의 의결을 거친 경우... 토지등소유자에게 분양신청을 다시 하게 할 수 있다.'라고 규정하

고 있다. 우선 '다시 하게 할 수 있다'라고 규정하고 있으므로, 사업시행자는 현금청산대상자들을 상대로 새롭게 분양신청절차를 진행할 것인지 여부를 결정함에 재량이 있다. 법 제72조 제5항 중 '정관등으로 정하고 있거나 총회의 의결을 거친 경우'의 의미는 이미 조합원의 지위를 상실한 현금청산대상자들에 대하여는 선행적으로 조합원의 자격이 부여되어야 분양신청의 기회를 부여할 수 있다는 것이다.

조합원의 자격은 정관에 기재하여야 할 사항이고, 이를 변경하기 위해서는 조합원 3분의 2 이상의 찬성이 필요하며, 시장·군수등의 인가를 받아야 한다(법 제40조 제1항 제2호, 제3항). 시장·군수등의 인가를 받지 아니하여 정관변경의 요건을 완전히 갖추지는 못하여 형식적으로 정관이 변경된 것은 아니지만, 총회결의로서 유효하게 성립하였고 정관변경을 위한 실질적인 의결정족수를 갖췄다면 적어도 조합 내부적으로 업무집행기관을 구속하는 규범으로서의 효력은 가진다고 보아야 한다.

(나) 결국 사업시행자가 이미 조합원의 지위를 상실한 현금청산대상자에 대하여 분양신청의 기회를 부여하기 위해서는 명시적으로 정관등으로 정하거나(현금청산대상자들에게도 다시 분양신청할 수 있는 조합원 자격을 부여한다는 내용이 정관등에 기재되어 있거나, 또는 조합원 2/3 이상의 찬성의결에 의한 정관등 변경절차를 통하여 가능하다) 또는 총회의 의결(현금청산대상자들에 대하여 조합원 자격을 부여한다는 2/3 이상의 찬성에 의한 총회의결을 의미한다)을 거치는 것을 전제로 분양신청절차를 진행할 것인지 여부를 결정함에 재량이 있다.

사업시행계획의 실질적 변경의 경우 현금청산대상자들게 분양신청의 기회를 줄 것인지 여부에는 위와 같이 조합원 지위를 부여하는 절차가 선행되어야 하므로, 이미 분양신청한 조합원들에 대하여 새로운 분양신청절차를 진행할 것인지 여부 보다 사업시행자에게 폭넓은 재량이 인정된다. 분양신청기간 내에 분양신청을 하지 않아 조합원의 지위를 상실한 채 현금청산대상자가 된 토지등소유자는 이로써 정비사업 내용에는 특별한 이해관계를 가진다고 볼 수 없다.

따라서 주요부분을 실질적으로 변경하는 사업시행변경계획이 작성되었다 하더라도 그들의 권리·의무나 법률상의 지위에 아무런 영향이 없으므로 그들에게 분양신청의 기회를 부여하지 않았다고 하여 원칙적으로 재량권 일탈·남용으로 보기는 어렵다.[25] 실무상으로는 현금청산대상자들에게 새로운 분양신청의 기회를 부여하지 않은 것이 위법인가 여부보다 그들에게 분양신청의 기회를 부여하는 경우 그 방법 및 분양신청의 기회를 부여하되 일정한 제한이 가해질 수 있느냐 하는 점이 문제된다.

㈐ 현금청산대상자들에 대하여 재분양신청절차를 거치는 경우 재분양공고절차를 거쳐야 하는지 여부가 특별히 문제된다. 왜냐하면 법 제72조 제4항(사업시행계획의 실질적 변경이 있는 경우, 이미 분양신청한 조합원들에 대한 재분양신청 등)의 경우와 달리 명문의 규정이 없기 때문이다.

비록 서울시 조례가 법 제72조 제5항(사업시행계획의 실질적 변경이 있는 경우, 이미 현금청산대상자가 된 토지등소유자에 대한 재분양신청 등)에 대하여는 재분양공고 등 관련 규정을 두고 있지 않지만, 재분양공고를 통하여 다수의 조합원(현금청산대상자)들에게 분양신청 관련 사실을 알리는 것은 법 제72조 제4항(사업시행계획의 실질적 변경이 있는 경우, 이미 분양신청 한 조합원들에 대한 재분양신청 등)의 경우보다 그 필요성이 더욱 중대하고, 서울시 조례가 명문규정을 두지 않은 것은 입법상의 착오로 보이는 점 등에 비추어 서울시 조례 제32조 제1항 제1호의 규정을 유추적용하여 재분양공고를 하여야 한다.

라. 현금청산대상자들에 대하여 분양신청권을 부여함에 따른 실무상의 쟁점

조합원이 분양신청절차에서 분양신청을 하지 않으면 분양신청기간 종료일 다음날에 현금청산대상자가 되고 조합원의 지위를 상실한다. 그 후 분양신청절차의 근거가 된 사업시행계획이 사업시행기간 만료나 폐지 등으로 실효된다고 하더라도 이는 장래에 향하여 효력이 발생할 뿐이므로, 그 이전에 발생한 조합관계 탈퇴라는 법적 효과가 소급적으로 소멸하거나 이미 상실된 조합원의 지위가 자동적으로 회복된다고 볼 수는 없다.

문제는 사업시행자인 조합이 종전 사업시행계획을 변경하고(또는 폐지결정 후 새로운 사업시행계획을 수립하고), 현금청산대상자들로부터 분양신청을 받기 위하여 현금청산대상자들에 대하여 조합원 자격이 당연히 회복된다는 내용의 총회결의를

---

25) 대법원 2020. 1. 16.자 2019두53921 심리불속행 판결 및 하급심인 서울고등법원 2019. 9. 11. 선고 2019누40446 판결(원칙적으로 현금청산대상자에 대하여 분양신청절차를 진행하여서는 아니된다고 판시하였다), 대법원 2018. 2. 28.자 2017두71833 심리불속행 판결 및 서울고등법원 2017. 11. 8. 선고 2017누48699 판결.

하거나 정관변경결의(각 조합원의 자격과 관련되는 것이어서, 2/3 이상 찬성)를 하고 인가까지 받게 되는 경우가 있으나, 그와 같은 정관변경결의 및 그에 따른 정관변경조항은 사회통념상 현저히 타당성을 잃은 것으로서 무효이고, 사업시행자는 현금청산대상자들에게 조합원 자격 회복을 위한 분양신청할 기회를 부여하고, 그들이 분양신청을 함에 따라 추후 조합원변경신고와 그에 따른 수리가 이루어지는 경우 조합원 지위가 회복된다는 내용으로 총회결의나 정관변경이 이루어져야 적법함은 제4편 제5장 제2절 "Ⅳ. 정관의 변경"에서 자세히 살펴보았다.

마. 2017. 2. 8. 법률 제14567호로 개정된 법률 시행이전의 법률관계

⑴ 문제의 소재

법 제72조 제4항과 같은 명문의 규정이 없던 2017. 2. 8. 법률 제14567호 개정 법 시행일(2018. 2. 9.) 이전에 사업시행계획의 주요 부분이 변경된 경우 이미 분양신청한 조합원들을 상대로 새롭게 분양신청절차를 거쳐야 하는지 여부가 문제된다. 실무상 사업시행계획이 실질적으로 변경되었음에도 종전 분양신청을 기초로 관리처분계획이 수립되는 경우 당해 관리처분계획의 위법성이 문제된다.

⑵ 실무상 견해 대립

㈎ 반드시 새롭게 분양신청절차를 거쳐야 한다는 견해

당초 사업시행계획의 내용을 실질적으로 변경하는 정도에 이르렀음에도, 새로운 분양신청절차를 거치지 않고 단지 평형변경 신청절차만을 거친 채(평형변경 신청이 없으면 종전 평형 유지로 해석) 그 결과를 기초로 하여 관리처분계획을 수립한 사안에서,[26] 종전의 사업시행계획이나 정비사업의 현황을 기초로 분양신청을 하거나 분양신청을 하지 아니한 토지등소유자의 선택을 여전히 유효한 것으로 강제한다면, 조합원들의 이익을 보호하려는 여러 법 관계 규정의 취지와도 어긋나는 결과를 가져오게 될 것이므로, 사업시행자인 조합으로서는 토지등소유자들을 대상으로 새로운 분양공고 및 분양신청절차를 거쳐야 한다. 따라서 종전 사업시행계획을

---

26) 세대수가 1,123세대에서 1,330세대로 총 207세대 증가하였으며, 세대 구성에 있어서도 분양아파트의 경우 전용면적 60㎡ 미만 타입이 351세대에서 517세대로, 전용면적 60~85㎡ 타입이 492세대에서 616세대로 각 증가하고, 전용면적 85㎡ 초과 타입이 186세대에서 60세대로 감소하였으며, 임대아파트의 경우 전용면적 40㎡ 미만 타입이 94세대에서 67세대로 감소하고, 전용면적 40~60㎡ 타입이 70세대 신설되는 등 설계 자체가 완전히 달라졌다.

전제로 한 분양신청을 기초로 작성된 관리처분계획은 위법하다는 견해이다.[27]

  ㈏ **분양신청절차의 진행 여부는 사업시행자인 조합의 재량이라는 견해**

  조합은 관리처분계획의 수립에 폭넓은 계획재량이 있다. 따라서 당초 사업시행계획의 내용이 실질적으로 변경되었다 하더라도, 새로운 분양신청절차를 거칠 것인지 여부는 조합의 재량이므로, 새로운 분양신청절차 없이 종전 분양신청을 기초로 관리처분계획을 수립하더라도, 원칙적으로 재량권을 일탈 · 남용한 것으로 볼 수 없다는 견해이다. 일부 하급심 판결이 있다.

  (3) 결론

  법 제72조 제4, 5항의 신설 이전이라도 사업시행계획의 주요 부분이 실질적으로 변경된 경우 재분양신청 절차를 거칠 것인지 여부는 사업시행자의 재량사항으로 봄이 상당하다.[28] 그 논거는 다음과 같다.

  ① 2017. 2. 8. 법률 제14567호로 전부개정 된 제72조 제1항의 규정(분양신청 통지 시의 종전자산 목록 및 가격의 통지 등)은 부칙으로 이 법 시행 후 최초로 사업시행계획인가를 신청하는 경우부터 적용한다고 규정함에 반해, 위 제72조 제4항, 제5항은 부칙으로 적용시기를 제한하고 있지 아니하고 있다. 이는 위 개정 규정이 새로운 내용을 규율하는 것이 아니라 종전에도 동일하게 해석되어 오던 것인데, 단지 이를 명확히 하기 위해 규정한 것임을 방증한다.

  ② 사업시행계획의 실질적 변경이 이루어질 때마다 조합원 전원을 상대로 다시 분양신청절차를 거쳐야 한다면, 그 자체로도 매우 긴 기간이 소요되며, 그때마다 조합원의 구성이 달라질 뿐만 아니라 조합원 지위에 관한 분쟁이 새롭게 촉발될 위험도 있고, 정비사업의 신속한 진행을 저해할 위험이 크다.

---

27) 서울행정법원 2014. 9. 19. 선고 2013구합19400 등(항소심에서 소취하로 확정).

28) 서울행정법원 2021. 1. 22. 선고 2019구합72410 판결(서울고등법원 2021누34383호로 계속 중, 종전 사업시행계획에 따른 분양신청절차를 거쳐 관리처분계획을 수립, 인가받았다가, 다시 종전 사업시행계획의 주요 부분을 변경하는 새로운 사업시행계획을 작성하여 인가를 받은 후, 종전 사업시행계획에 기초한 분양신청내용에 따라 관리처분변경계획을 수립한 사안에서, 원고는 새롭게 수립된 관리처분변경계획이 위법함을 이유로 취소를 구하였는바, 사업시행계획이 실질적으로 변경되었는지 여부, 실질적으로 변경된 경우 사업시행자는 반드시 새로운 분양신청절차를 거쳐야 하는지 여부가 다투어 졌다).

바. 분양신청권의 우대 또는 제한의 가능여부

분양신청권은 정비사업의 조합원들에게 있어 가장 본질적이고 중대한 권리인데, 그와 같은 권리를 타 조합원에 비하여 우대할 수 있는지 또는 타 조합원에 비하여 제한할 수 있는지 여부, 만일 우대 또는 제한하려면 어떠한 방법으로 하여야 하는가의 문제이다. 이는 주택단지 중 특정 동(棟)이 재건축에 포함되는 경우 전체 조합원들에게 이익이 될 때, 특정 동(棟)의 구분소유자들에게 평형배정의 우선권을 부여하는 경우 또는 분양신청기간 내에 분양신청을 하지 않아 조합원 지위를 상실한 현금청산대상자들에 대하여 추가 분양신청기회를 부여하되, 다만 분양신청권은 기존의 조합원들이 분양받고 남은 잔여분으로 제한하는 경우, 또는 조합이 정비사업의 원활한 진행을 위하여 정관으로 조합원의 토지등에 대한 신탁등기의무 등을 규정하고 있는데, 분양신청이 종료된 후 조합원 총회를 거쳐 신탁을 원인으로 하는 소유권이전등기의무를 미이행한 조합원들에게 분양신청을 제한하는 경우(즉 신탁등기를 마친 자에 한하여 분양신청을 받기로 하는 결정) 등이 실무상 문제된다.

이는 분양신청권의 일부 우대나 일부 제한인바, 이를 통하여 수립된 관리처분계획이 특정 조합원의 재산권을 본질적으로 침해하는 내용으로 위법한지 여부 등이 문제된다. 제7장 제3절 Ⅲ. "3의 다. 특정 조합원의 재산권을 본질적으로 침해하는지 여부"에서 자세히 살펴보기로 한다.

Ⅳ. 현금청산대상자

1. 규 정

가. 법 제73조

법 제73조(분양신청을 하지 아니한 자 등에 대한 조치)
 ① 사업시행자는 관리처분계획이 인가·고시된 다음 날부터 90일 이내에 다음 각 호에서 정하는 자와 토지, 건축물 또는 그 밖의 권리의 손실보상에 관한 협의를 하여야 한다. 다만, 사업시행자는 분양신청기간 종료일의 다음 날부터

협의를 시작할 수 있다.

1. 분양신청을 하지 아니한 자
2. 분양신청기간 종료 이전에 분양신청을 철회한 자
3. 제72조 제6항 본문에 따라 분양신청을 할 수 없는 자
4. 제74조에 따라 인가된 관리처분계획에 따라 분양대상에서 제외된 자

나. 입법취지

위 조항의 연혁을 비롯한 규정의 내용은 제9편 제1장 제1절 현금청산규정에서 자세히 살펴본다. 법 제73조가 현금청산조항을 규정한 것은 사업시행자가 분양신청을 하지 않은 조합원 등에 대하여 현금청산을 통하여 그 소유 토지등을 취득할 수 있도록 함으로써 정비사업을 신속하고도 차질 없이 추진할 수 있도록 하려는데 그 취지가 있다.

2. 쟁 점

가. 분양신청을 하지 않은 토지등소유자의 조합원 지위 상실 시점

(1) 분양신청기간 종료일 다음날 조합원 지위 상실

분양신청을 하지 아니한 자 또는 분양신청기간 종료 전에 분양신청을 철회한 자(제73조 제1항 제1, 2호)가 조합원의 지위를 상실하는 시점은 분양신청기간 종료일 다음날이다.[29] 그 논거는 다음과 같다.

① 표준정관 제11조 제1항은 "조합원이 건축물의 소유권이나 입주자로 선정된 지위 등을 양도하였을 때에는 조합원의 자격을 즉시 상실한다."고 규정하고 있는바, 분양신청을 하지 않은 것은 입주자로 선정된 지위 등을 조합에 양도한 것과 다름없다.

② 현금청산대상자는 조합에 가입한 주된 목적을 상실하여 이미 조합의 업무에 관심이 없고, 조합의 입장에서도 현금청산을 통해 법률관계를 간명하게 마무리할 수 있을 뿐만 아니라 향후 관리처분계획을 수립 · 의결함에 있어 현금청산대상자를 의사정족수에서 제외함으로써 정비사업을 보다 원활히 추진할 수 있다.

---

29) 대법원 2010. 8. 19. 선고 2009다81203 판결.

(2) 분양신청기간 종료 이전에 분양신청을 철회한 자의 의미

법 제73조 제1항 제2호에서 말하는 분양신청기간 종료 이전에 분양신청을 철회한 자라고 함은 분양신청기간 내에 분양신청을 하였으나 그 기간이 종료되기 전에 이를 철회함으로써 같은 조 제1호의 분양신청을 하지 아니한 자와 마찬가지로 관리처분계획의 수립과정에서 현금청산대상자가 된 자를 가리킬 뿐, 분양신청을 한 토지등소유자가 분양신청기간이 종료된 후에 임의로 분양신청을 철회하는 것까지 당연히 허용되어 그에 따라 위에서 말하는 분양신청을 철회한 자에 해당하게 된다고 볼 수 없다.[30)]

나. 투기과열지구 정비사업에서 이미 분양을 받아 5년 내 투기과열지구에서의 토지등소유자로서 분양신청권이 제한되는 자(제73조 제1항 제3호) 및 인가된 관리처분계획에 따라 분양대상자에서 제외된 자(제73조 제1항 제4호)의 조합원 지위 상실 시점

법 제73조 제1항 제1호 내지 제4호의 사유를 동일하게 규정하고 있고, 제1항 단서에서 사업시행자는 분양신청기간 종료일의 다음날부터 협의를 시작할 수 있다고 규정하고 있는바, 이는 모두 분양신청기간 종료일 다음날 조합원 지위를 상실하기 때문으로 해석된다. 따라서 제73조 제1항 제3, 4호의 경우에도 분양신청기간 종료일 다음날 조합원의 지위를 상실한다고 해석하여야 할 것이다.

다. 확정적 조합원 지위 상실

(1) 사업시행계획에 따라 분양신청절차를 진행한 후 분양신청 현황을 기초로 관리처분계획을 수립하여야 함에도, 사업시행자가 관리처분계획을 수립하지 아니한 채 사업시행변경계획을 작성하여 인가받는 경우가 있다. 그 경우 종전 사업시행계획상의 분양신청기간 내에 분양신청을 하지 아니하여 현금청산대상자가 된 자는 이를 기초로 한 관리처분계획이 수립되지 않았으므로, 조합원의 지위를 회복하고, 이에 사업시행자는 새로운 사업시행변경계획에 따라 당해 현금청산대상자에게 분양신청의 기회를 부여하여야 하는지 여부가 문제된다. 그러나 분양신청기간 내에 분양신청을 하지 아니한 자는 분양신청기간 종료일 다음날 확정적으로 조합

---

30) 대법원 2011. 12. 22. 선고 2011두17936 판결.

원의 지위를 상실하므로, 조합원 지위가 회복되지 아니한다.[31]

(2) 분양신청기간 내에 분양신청을 하지 않아 조합원의 지위를 상실하였음에도 불구하고, 그 후 사업시행자가 조합설립변경인가를 하면서 착오로 그를 조합원으로 취급하고, 수분양자로 하는 관리처분계획을 수립하였다 하더라도, 조합원의 지위를 가지게 된다고 볼 수 없다.[32] 이는 정비사업 조합의 조합원 지위나 구체적인 권리의무는 법령 및 조합 정관에 의하여 정하여지고 이를 구체화하는 내용으로 수립하는 조합의 관리처분계획은 위 범위 내에서는 기속행위에 속하는 것이므로, 조합원의 구체적인 권리 · 의무를 확정함에 조합의 재량이 개입될 여지가 없기 때문이다. 설령 사업시행자인 조합이 관리처분계획 수립 전에 현금청산대상자에게 마치 분양대상조합원으로서의 지위를 인정하는 듯한 태도를 취하였다고 하더라도 그것만으로 그를 분양대상조합원으로 인정하는 행정처분이 있었다고는 볼 수 없으므로, 조합이 관리처분계획에서 당해 현금청산대상자를 분양대상 조합원에서 배제한 조치를 수익적 행정행위의 취소나 철회라고 볼 수 없다.[33]

라. 조합원 변동신고나 조합설립변경인가

(1) 일부 토지등소유자가 분양신청기간 종료일 다음날 조합원의 지위에서 이탈하여 현금청산대상자가 되는 등 조합원의 구성에 변동이 발생하는 경우, 사업시행자는 경미한 사항의 변경으로 현금청산대상자들이 조합원의 지위에서 제외되었다는 내용의 조합원 변동신고를 하거나 조합설립변경인가절차를 거치게 된다.

(2) 분양신청을 하지 않아 분양신청기간 종료일 다음날 조합원의 지위를 상실하였다 하더라도, 조합원 변동신고 또는 조합설립변경인가가 이루어지기 전까지는 조합원의 지위가 유지되는지 여부가 문제된다.

조합원 지위의 취득 및 상실은 법이 정한 사유에 의하여 당연히 발생하고 조합설립변경인가(조합원 변동신고)는 위와 같은 사유에 의한 조합원의 변동을 확인하는 보충적 행위에 불과하다. 따라서 분양신청을 하지 아니한 기존의 조합원들은 조합설립변경인가(조합원 변동신고) 전이라도 분양신청기간이 종료한 후 개최되는

---

31) 의정부지방법원 2019. 1. 17. 선고 2017구합13795 판결(확정).
32) 대법원 2018. 11. 8.자 2018다261513 심리불속행 판결 및 하급심인 서울고등법원 2018. 7. 13. 선고 2017나2060773 판결.
33) 대법원 1998. 11. 27. 선고 98두12796 판결.

조합원 총회의 의사정족수 산정을 위한 총 조합원 수에서 엄격히 제외되어야 할 것이다.[34]

마. 수용절차 또는 매도청구절차

정비사업은 정비구역 내 조합원이 종전자산을 출자한 후 종후자산을 배분받고, 그 차액을 청산금으로 정산하고, 비용을 분담하는 것을 내용으로 하는바, 정비구역 내 토지 전부가 종후 자산(일반분양)으로 제공되어야 하므로 사업시행자 측은 반드시 정비구역 내 토지등의 소유권을 확보하여야 한다. 따라서 정비구역 내 토지등소유자가 조합원 지위를 상실하면 그들의 토지등을 사업시행자 측이 취득하여야 하므로 재개발사업에서는 수용절차를, 재건축사업에서는 매도청구절차를 각 규정하고 있다.

---

34) 대법원 2012. 3. 29. 선고 2010두7765 판결.

제3장 관리처분계획의 수립[35]

제1절 관리처분계획의 수립절차

I. 개 관

조합의 사무를 총괄하는 조합장 등이 분양신청현황을 기초로 하여 분양신청자들에 대하여는 종후자산에 대한 권리배분계획, 비용분담 사항 등, 현금청산대상자들에 대하여는 토지등 명세 및 청산방법 등을 내용으로 하는 관리처분계획초안을 작성하고, 이사회의 의결을 거쳐야 한다. 이사회는 조합장이 소집하고 구성원 과반수 출석으로 개의하며 출석 구성원 과반수 찬성으로 의결한다. 이사회 의결을 거쳐 작성이 확정된 관리처분계획은 총회의결을 통하여 최종적으로 수립되는데, 그 사전절차로서 조합장은 조합원에게 총회 개최사실을 통지하여야 한다.

사업시행계획을 포함하여 일반적인 총회의결 안건의 경우와 달리 관리처분계획의 수립 및 변경사항을 의결하기 위한 총회의 경우에는 개최일부터 1개월 전에 일부 법정사항을 각 조합원에게 문서로 통지하여야 한다. 관리처분계획에 대한 총회의결을 위해서는 조합원 100분의 20 이상이 직접 출석하여야 하고, 조합원 과반수의 찬성으로 의결한다. 다만 정비사업비가 100분의 10 이상 증가하는 경우에는 조합원 3분의 2 이상의 찬성으로 의결하여야 한다.

---

35) 주거환경개선사업은 재개발사업과 동일하다.

Ⅱ. 감정평가절차

관리처분계획서에는 2인 이상의 감정평가법인이 산술평균하여 산정한 사업시행계획인가의 고시가 있은 날을 기준으로 한 종전자산 가액, 종후자산인 분양대상자별 분양예정인 대지 또는 건축물의 가격 및 세입자별 손실보상을 위한 권리명세 및 평가액이 기재되어야 하므로, 관리처분계획서가 작성되기 위해서는 최우선적으로 감정평가절차가 진행된다.

재개발사업의 경우에는 시장·군수등이 선정·계약한 2인 이상의 감정평가법인 등으로, 재건축사업의 경우에는 시장·군수등이 선정·계약한 1인 이상의 감정평가법인등과 조합총회의 의결로 선정·계약한 1인 이상의 감정평가법인 등으로 각 구성되는데, 감정평가법인은 감정평가법에 따라 인가를 받은 감정평가법인이 그 대상이다(법 제74조 제4항 제1호).

구체적인 감정평가업자의 선정 등과 관련하여서는 제5편 제4장 감정평가업자 선정에서 자세히 살펴보았다.

Ⅲ. 관리처분계획서 작성

관리처분계획서는 이사회결의를 거쳐 작성이 확정되는바, 관리처분계획서에 기재되는 내용에 관하여 살펴본다. 정비사업의 전문성으로 인하여 조합이 사업을 진행함에 있어 일반적으로 전문관리업자를 선정하여 위탁하거나 자문을 받게 된다. 관리처분계획의 수립에 관한 업무의 대행은 전문관리업자에 대한 위탁업무에 해당한다(법 제102조 제1항, 제6호).

1. 규 정

가. 법 제74조 제1항

법 제74조(관리처분계획의 인가 등)
① 사업시행자는 제72조에 따른 분양신청기간이 종료된 때에는 분양신청의 현황을 기초로 다음 각 호의 사항이 포함된 관리처분계획을 수립하여 시장·군수등의 인가를 받아야 하며, 관리처분계획을 변경·중지 또는 폐지하려는 경우

에도 또한 같다. 다만, 대통령령으로 정하는 경미한 사항을 변경하려는 경우에는 시장·군수등에게 신고하여야 한다.

1. 분양설계
2. 분양대상자의 주소 및 성명
3. 분양대상자별 분양예정인 대지 또는 건축물의 추산액(임대관리 위탁주택에 관한 내용을 포함한다)
4. 다음 각 목에 해당하는 보류지 등의 명세와 추산액 및 처분방법. 다만, 나 목의 경우에는 제30조 제1항에 따라 선정된 임대사업자의 성명 및 주소 (법인인 경우에는 법인의 명칭 및 소재지와 대표자의 성명 및 주소)를 포함한다.
   가. 일반 분양분
   나. 공공지원민간임대주택
   다. 임대주택
   라. 그 밖에 부대시설·복리시설 등
5. 분양대상자별 종전의 토지 또는 건축물 명세 및 사업시행계획인가 고시가 있은 날을 기준으로 한 가격(사업시행계획인가 전에 제81조 제3항에 따라 철거된 건축물은 시장·군수등에게 허가를 받은 날을 기준으로 한 가격)
6. 정비사업비의 추산액(재건축사업의 경우에는 재건축이익환수법에 따른 재건축부담금에 관한 사항을 포함한다) 및 그에 따른 조합원 분담규모 및 분담시기
7. 분양대상자의 종전 토지 또는 건축물에 관한 소유권 외의 권리명세
8. 세입자별 손실보상을 위한 권리명세 및 그 평가액
9. 그 밖에 정비사업과 관련한 권리 등에 관하여 대통령령으로 정하는 사항

나. 시행령

제62조(관리처분계획의 내용)

법 제74조 제1항 제9호에서 "대통령령으로 정하는 사항"이란 다음 각 호의 사항을 말한다.

1. 법 제73조에 따라 현금으로 청산하여야 하는 토지등소유자별 기존의 토지·건축물 또는 그 밖의 권리의 명세와 이에 대한 청산방법

2. 법 제79조 제4항 전단에 따른 보류지 등의 명세와 추산가액 및 처분방법

3. 제63조 제1항 제4호에 따른 비용의 부담비율에 따른 대지 및 건축물의 분양계획과 그 비용부담의 한도·방법 및 시기. 이 경우 비용부담으로 분양받을 수 있는 한도는 정관등에서 따로 정하는 경우를 제외하고는 기존의 토지 또는 건축물의 가격의 비율에 따라 부담할 수 있는 비용의 50%를 기준으로 정한다.

4. 정비사업의 시행으로 인하여 새롭게 설치되는 정비기반시설의 명세와 용도가 폐지되는 정비기반시설의 명세

5. 기존 건축물의 철거 예정시기

6. 그 밖에 시·도조례로 정하는 사항

다. 서울시 조례

제33조(관리처분계획의 내용)

영 제62조 제6호에서 "그 밖에 시·도조례로 정하는 사항"이란 다음 각 호의 사항을 말한다.

1. 법 제74조 제1항 제1호의 분양설계에는 다음 각 목의 사항을 포함한다.

　　가. 관리처분계획 대상물건 조서 및 도면

　　나. 임대주택의 부지명세와 부지가액·처분방법 및 임대주택 입주대상 세입자명부(임대주택을 건설하는 정비구역으로 한정한다)

　　다. 환지예정지 도면

　　라. 종전 토지의 지적 또는 임야도면

2. 법 제45조 제1항 제10호에 따른 관리처분계획의 총회의결서 사본 및 법 제72조 제1항에 따른 분양신청서(권리신고사항 포함) 사본

3. 법 제74조 제1항 제8호에 따른 세입자별 손실보상을 위한 권리명세 및 그 평가액과 영 제62조 제1호에 따른 현금으로 청산하여야 하는 토지등소유자별 권리명세 및 이에 대한 청산방법 작성 시 제67조에 따른 협의체 운영 결과 또는 법 제116조 및 제117조에 따른 도시분쟁조정위원회 조정 결과 등 토지등소유자 및 세입자와 진행된 협의 경과

4. 영 제14조 제3항 및 이 조례 제12조 제3항에 따른 현금납부액 산정을 위한 감정평가서, 납부방법 및 납부기한 등을 포함한 협약 관련 서류

5. 그 밖의 관리처분계획 내용을 증명하는 서류

제44조(보류지 등)

① 사업시행자는 제38조(주거환경개선사업, 재개발사업)에 따라 주택 등을 공급하는 경우 분양대상자의 누락·착오 및 소송 등에 대비하기 위하여 법 제79조 제4항에 따른 보류지(건축물을 포함한다)를 다음 각 호의 기준에 따라 확보하여야 한다.

1. 법 제74조 및 제79조에 따른 토지등소유자에게 분양하는 공동주택 총 건립세대수의 1% 범위의 공동주택과 상가 등 부대·복리시설의 일부를 보류지로 정할 수 있다.

2. 사업시행자가 제1호에 따른 1%의 범위를 초과하여 보류지를 정하려면 구청장에게 그 사유 및 증명 서류를 제출하여 인가를 받아야 한다.

② 제1항에 따른 보류지는 다음의 기준에 따라 처분하여야 한다.

1. 분양대상의 누락·착오 및 소송 등에 따른 대상자 또는 제27조 제2항 제3호에 따른 적격세입자에게 우선 처분한다.

2. 보류지의 분양가격은 법 제74조 제1항 제3호를 준용한다.

3. 제1호에 따라 보류지를 처분한 후 잔여분이 있는 경우에는 제40조에 따라 분양하여야 한다.

2. 관리처분계획서 작성과 관련한 쟁점

가. 분양설계

관리처분계획서에는 분양설계의 구체적 내용 즉, 공동주택 및 근린생활시설의 총 동(棟) 수, 공동주택의 전체 세대 수를 조합원 분양분, 임대분, 보류지, 일반분양분으로 구분하고, 각각 전용면적기준 세대 수를 특정한다. 정비기반시설에 대하여도, 용도폐지되는 정비기반시설의 종류 및 규모, 신설되는 정비기반시설의 종류, 규모, 설치비용, 관리청을 특정한다. 조합원 분양분과 관련하여서는 분양대상자의 주소 및 성명, 분양대상자별 종전자산 가격 및 종후자산 가격이 기재된다. 공공지원민간임대 연계형 정비사업으로서 공공지원 민간임대주택 건설계획이 포함된 사업시행계획이 수립되고, 법 제30조에 따라 임대사업자가 선정된 경우에는 공공지원민간임대주택의 명세와 임대사업자의 성명 및 주소가 기재된다.

나. 정비사업비의 추산액 및 그에 따른 조합원 분담규모, 분담시기

(1) 비례율

정비사업비의 추산액(재건축사업의 경우에는 재건축이익환수법에 따른 재건축부담금에 관한 사항을 포함한다) 및 그에 따른 조합원 분담규모, 분담시기는 관리처분계획의 필수적 기재사항이다. 일반분양분의 가액 및 정비사업비의 추산액이 정해지므로, 권리가액산정을 위한 비례율[비례율 = (분양총수입 − 총지출) ÷ (전체조합원들의 종전자산 총 평가액) × 100]의 산출이 가능하고, 비례율이 관리처분계획의 내용에 포함되는 것이 일반적이다.

비례율은 청산금(조합원 분담금 = 종후자산 가액 − 종전자산 가액 × 비례율) 산정을 위하여 이전고시에 이르는 과정에서 여러 차례 변동된다. 정비사업의 진행과정에서 공사비를 비롯한 정비사업비가 증가하는 등 총 지출이 증가하여 통상적으로는 비례율의 감소가 일반적이다.

(2) 재건축초과이익에 대한 재건축부담금의 위헌여부

행정청은 재건축조합에 대하여 재건축이익환수법령에 의하여 재건축초과이익에 대한 재건축부담금{[종료시점 주택가액 − (개시시점 주택가액 + 정상주택가격상승분 총액 + 개발비용)] × 부과율}을 부과하게 되고, 위 금액은 앞서 본 바와 같이 정비사업비의 추산액에 포함된다. 재개발사업과 달리 재건축사업에만 부과되어 재산권에 대한 과도한 침해여부, 위헌여부가 논란이 되었다. 이에 대하여 헌법재판소는 합헌이라고 판시하였다.[36] 그 논거는 다음과 같다.

① 주택가격을 안정시키고 사회적 형평을 기하기 위하여 재건축사업을 통하여 발생한 정상주택가격 상승분을 초과하는 주택가액의 증가분 중 일부를 환수하도록 규정한 것이고, 재건축조합의 비용과 노력이 투입된 개발비용 등을 모두 공제하여 산정하도록 규정하고 있다.

② 재건축사업과 재개발사업은 사업목적과 대상, 구체적인 사업의 시행방식 및 절차, 개발이익 환수의 방식과 정도가 모두 달라, 헌법적으로 의미 있는 비교집단이 될 수 없으므로 재개발사업과 비교하여 평등원칙에 위반되지 아니한다.

---

36) 헌재 2019. 12. 27. 선고 2014헌바381 결정.

⑶ **청산금 및 부과금의 부담시기**

㈎ 정비사업비의 추산액 및 그에 따른 조합원 분담규모, 분담시기가 관리처분계획의 필수적 기재사항임은 앞서 본 바인바, 법 제93조 제1항에 의하면 사업시행인 조합은 이전고시 이후 조합원에게 정비사업의 시행과정에서 발생한 수입(일반분양분 등)에서 소요된 정비사업비의 차액을 조합원에게 부과·징수함을 원칙으로 하나, 관리처분계획의 내용으로 정비사업비에 대한 이전고시 이전의 사전분담을 정하더라도 유효하다. 실무상 정관상의 분양계약규정 및 관리처분계획 총회결의를 근거로 한 분양계약을 통하여 종후자산과 종전자산의 차액인 청산금 뿐만 아니라 정비사업비의 분담분까지 사전 징수하게 된다. 이와 관련하여 청산금 및 부과금의 사전 징수가 적법한 것인지 여부가 다투어지고 있다. 자세한 내용은 제8편 제4장 "Ⅱ. 분양계약의 유효여부"에서 살펴본다.

㈏ 법 제45조 제10호는 관리처분계획의 수립 및 변경이 총회의 의결사항이다. 분양대상자별 종전자산의 가격, 정비사업비의 추산액 및 그에 따른 조합원 분담규모 및 분담시기(법 제74조 제1항 제5호, 제6호)는 관리처분계획의 필수적 기재사항이므로, 이 부분은 총회의결이 이루어진다. 한편 법 제45조 제8호는 위와 같은 관리처분계획의 내용과는 별도로 정비사업비의 조합원별 분담내역을 총회의 의결사항으로 규정하고 있다. 관리처분계획상의 정비사업비 분담규모는 조합원이 전체적으로 분담할 사업비 규모가 얼마인지를 정한 것임에 반해, 정비사업비의 조합원별 분담내역은 보다 세분화된 분담관련 내역을 의미한다. 실무상으로는 사업시행자가 관리처분계획수립과 별도로 위 법 제45조 제8호의 총회의결절차를 거쳤는지 여부가 문제된다. 자세한 내용은 제8편 제4장 Ⅳ. "5. 청산금, 정비사업비와 분양계약"에서 살펴본다.

㈐ 종후자산이 종전자산보다 큰 경우 사업시행자는 분양계약을 통하여 조합원으로 하여금 계약금, 수회의 중도금, 잔금 등으로 세분화하여 이전고시 전에 청산금을 납부하도록 한다. 그러나 이례적으로 종전자산이 종후자산보다 큰 경우 사업시행자는 조합원에 대한 청산금 지급시기를 이주 시 등으로 이와 달리 정하는 것이 일반적이다. 위와 같이 종전자산이 큰 경우의 조합원을 종전자산이 작은 경우의 조합원보다 불리하게 취급하는 것이 위법한지 여부가 다투어지기도 한다. 그 적법성 여부에 관하여 다음에서 살펴본다.

한편, 분양계약의 내용이 되는 청산금(부과금) 지급시기, 비례율에 관한 관리처분계획의 내용은 이전고시에 이르기까지 여러 차례 변동되고, 그 효력이 문제되나, 자세한 내용은 제8편 제4장 Ⅳ. "4. 관리처분계획과 분양계약"에서 살펴본다.

다. 보류지 등의 명세와 추산액 및 처분방법

(1) 관리처분계획의 필수적 기재 사항

보류지 등의 명세와 추산액 및 추산방법은 2017. 2. 8. 법률 제14567호로 전부개정되면서 법에 필수적 기재사항으로 처음 도입되었으나 실무에서는 편의상 오래전부터 관리처분계획의 내용으로 보류지가 기재되어 왔다. 분양신청을 받은 후 잔여분이 있는 경우 사업시행자는 정관등 또는 사업시행계획으로 정하는 목적을 위하여 그 잔여분을 보류지로 정할 수 있다.[37]

실무상 사업시행자는 소송이 만연하고 자신의 실수에 대비하기 위하여 가급적 충분한 보류지를 확보하려는 경향이 있다. 한편 서울시 조례 제27조 제2항에 의하여 구청장이 도시정비형 재개발사업에서 세입자 대책이 필요한 경우로서 해당 정비사업으로 신축되는 건축물의 상가 또는 공동주택의 분양을 원하는 세입자가 있는 정비구역 또는 지구에 대하여 사업시행계획인가를 함에 있어 보류지를 제3자에 우선하여 서울시 조례 제46조 제1항 제1호에 해당하는 세입자에게 분양한다는 내용의 부관을 부가한 경우, 사업시행자는 관리처분계획의 수립 전에 그 내용을 분양공고 하여야 하고, 그와 같은 내용을 보류지 등의 처분방법으로 관리처분계획서에 기재하여야 한다.

(2) 재개발사업(주거환경개선사업 포함)에서의 보류지 제한

재개발사업은 재건축사업에 비하여 공익성 및 공공성이 상대적으로 강하여 서울시가 조례를 통하여 제한을 가하고 있다. 즉 재개발사업의 경우에는 분양대상자의 누락·착오 및 소송 등에 대비하기 위하여 보류지를 확보하더라도 토지등소유자에게 분양하는 공동주택 총 건립세대수의 1% 범위의 공동주택과 상가 등 부

---

37) 법 제79조 제4항 전단. 이 규정은 위 법률의 전부개정 이전에도 구 법 제48조 제1항 제8호의 위임에 따라 구 법 시행령 제50조 제3호가 관리처분계획에 포함되어야 할 사항 중 하나로 "법 제48조 제3항 전단의 규정(사업시행자가 분양신청을 받은 후 잔여분이 있는 경우 보류지로 정하는 경우)에 의한 보류지 등의 명세와 추산가액 및 처분방법"을 규정하고 있었다.

대 · 복리시설의 일부만을 보류지로 정할 수 있다. 사업시행자가 1%의 범위를 초과하여 보류지를 정하려면 구청장에게 그 사유 및 증명 서류를 제출하여 인가를 받아야 한다. 사업시행자인 조합이 과다하게 보류지를 정하는 경우 조합원의 권리를 해치게 되므로, 원칙적으로 조합원 분양분의 1% 이내에서만 보류지를 정할 수 있도록 한 것이다. 다만 공익성 및 공공성이 상대적으로 약한 재건축사업의 경우에는 보류지 확보의 상한에 관한 특별한 제한이 없다.

(3) 실무상의 내용

현재 조합이 사업시행자인 재개발사업이나 재건축사업 모두 정관에 보류지의 범위를 규정하여 두고 있다. 표준정관도 분양대상의 누락, 착오 등의 사유로 인한 관리처분계획의 변경과 소송 등의 사유로 인한 향후 추가분양 등을 대비하여 보류지를 정할 수 있도록 하되, 각각 조합별 사정에 따라 달리 정하도록 하고 있다 (제50조). 대개는 조합원에게 공급하는 주택의 3% 또는 전체 분양하는 주택의 3% 이내라고 정하고 있다.[38] 정관에는 조합원에게 공급하는 주택의 3% 이내를 보류지로 정할 수 있도록 하고 있음에도, 관리처분계획에 대한 총회결의 과정에서 전체 분양하는 주택의 3% 이내로 정하는 경우가 있고 이는 유효하다. 재건축사업의 경우 비록 조례에 보류지 상한 규정이 없으나, 조합은 자신의 정관 규정을 준수하여야 한다.

(4) 보류지 처분 및 변경의 절차 및 요건

(가) 재개발사업의 보류지 처분기준

서울시 조례 제44조 제2항은 재개발사업, 주거환경개선사업에서의 보류지 처분과 관련하여, 누락 · 착오 및 소송 등에 따른 대상자 또는 제27조 제2항 제3호 (구청장이 사업시행계획인가를 하면서 보류지를 제3자에 우선하여 제46조 제1항 제1호에 해당하는 세입자에게 분양한다는 부관을 부가한 경우)에 따른 적격세입자에게 우선 처분한다고 규정하고(제1호), 제1호에 따라 보류지를 처분한 후 잔여분이 있는 경우에는 제40조(일반분양)에 따라 분양하여야 한다(제3호)고 규정하고 있다.

누락, 착오 등의 경우 조합원 또는 적격세입자 등에 분양하는 보류지의 분양가

---

[38] 부산 표준정관은 '토지등소유자에게 분양하는 공동주택건립세대수의 100분의 1 이내'라고 규정하고 있다(제51조 제1호).

격은 법 제74조 제1항 제3호(분양대상자별 분양예정인 건축물의 추산액)를 준용한다(서울시 조례 제44조 제2항 제2호). 재개발사업의 경우에는 위 기준에 따라 보류지를 처분하여야 한다(서울시 조례 제44조 제1항, 제38조). 그러나 재건축사업의 경우에는 처분기준이 없으므로, 총회의결을 거치기만 하면 자유롭게 처분할 수 있다.

(내) 보류지 변경 요건

① 원칙

법의 2017. 2. 8. 법률 제14567호 전부개정으로 보류지의 수를 확대하거나 축소하는 내용은 통상적인 관리처분계획의 내용변경절차에 따라야 한다. 즉, 다음에서 살펴보듯이 법 제45조 제1항 제10호, 제4항, 제6항에 따라 100분의 20 이상이 출석하여 과반수의 찬성의결이 필요하다. 위 법률 개정 이전의 경우 보류지는 법정사항이 아님에도 임의로 관리처분계획의 내용이 되었고, 그 후 관리처분계획에 기재된 보류지의 수를 변동하는 경우 의결정족수가 문제된다.

법 제40조 제1항 제18호, 시행령 제38조 제15호는 '조합원의 권리·의무에 관한 사항'은 정관에 포함될 사항이라고 규정하고 있고, 법 제40조 제3항은 그와 같은 사항에 관한 정관 규정을 변경하는 경우에는 '총회를 개최하여 조합원 과반수의 찬성으로 시장·군수등의 인가를 받아야 한다.'고 규정하고 있다. 보류지를 확대하는 내용의 안건은 조합원의 권리·의무에 관한 사항에 해당하므로, 엄격한 정관변경절차에 따르지 아니한다 하더라도 조합원 과반수의 찬성 의결을 받아야 한다. 따라서 정관상의 보류지를 확대하는 관리처분계획 총회결의가 유효하게 성립하였고, 그 결의와 관련하여 정관변경을 위한 실질적인 의결정족수를 갖추었으며, 관리처분계획에 대한 인가까지 이루어졌다면 유효하다.[39]

② 예외

다만 사업시행자가 누락·착오 등으로 인하여 조합원 중 일부를 현금청산대상자로 하였다가, 이를 시정하여 그들을 수분양자로 하고, 보류지의 수를 줄이는 경우에는 관리처분계획 수립을 위한 총회 당시 그에 따른 수정에 관하여 조합장 등이 이미 수권을 받았으므로, 누락·착오분에 대하여 보류지 수를 줄이고, 수분양을 확대하더라도 이는 경미한 사항의 변경이므로 신고로 족하다. 또한 현금청산대

---

39) 서울행정법원 2020. 12. 11. 선고 2019구합78920 판결(확정).

상자가 판결절차를 통하여 수분양자로 확정된 경우에도 그들을 수분양자로 하고, 보류지의 수를 줄이는 내용변경은 경미한 사항의 변경이므로 신고로 충분하다. 자세한 내용은 제6장 "Ⅱ. 관리처분계획변경인가와 경미한 변경"에서 살펴본다.

Ⅳ. 총회의결

1. 관리처분계획(안)의 공람

사업시행자는 관리처분계획(안)에 대하여 총회의결 이전에 공람절차를 거치거나, 총회의결 이후 수립된 관리처분계획에 대하여 공람절차를 거치거나, 공람기간을 총회의결일의 전후로 하는 경우 등 공람과 관련하여서는 실무가 다양하게 나뉘어진다. 관리처분계획총회 의결 이전에 공람을 진행하는 경우의 절차는 조합장이 이사회 등이 심의·결정한 관리처분계획안에 대하여 총회의결 전에 공람을 실시하기 위하여 조합원들에게 관리처분계획(안) 공람안내문을 등기우편의 방법으로 발송하여 통지한다.

그 후 사업시행자는 조합원들로부터 의견을 제출받아 이를 반영하여 관리처분계획안을 확정한 후, 이를 기초로 총회결의를 거쳐 관리처분계획을 수립한다. 조합원은 공람 및 의견청취절차를 통하여 내용을 숙지한 상태에서 관리처분계획총회 의결에 임하게 된다. 실무상 관리처분계획에 대한 총회의결 이후 수립된 관리처분계획에 대하여 공람절차를 거치는 것이 일반적이므로, 공람과 관련한 구체적인 내용에 대하여는 제4장 제1절 Ⅰ. "1. 관리처분계획의 공람"에서 자세히 살펴본다.

2. 조합원에 대한 관리처분계획서의 통지

가. 규 정

⑴ 현행 규정

법 제74조
⑤ 조합은 제45조 제1항 제10호(관리처분계획의 수립 및 변경)의 사항을 의결하기 위한 총회의 개최일부터 1개월 전에 제1항 제3호부터 제6호(분양대상자별

분양예정인 대지 또는 건축물의 추산액, 보류지 등의 명세와 추산액 및 처분방법, 분양대상자별 종전자산의 명세 및 사업시행계획인가 고시일을 기준으로 한 가액, 정비사업비 추산액 및 그에 따른 조합원 분담규모 및 분담시기)까지의 규정에 해당하는 사항을 각 조합원에게 문서로 통지하여야 한다.

(2) 연혁

법이 2009. 5. 27. 법률 제9729호로 개정되기 이전에는 위와 같은 통지규정이 존재하지 않다가, 위 법률 개정으로 "조합은 관리처분계획의 수립 및 변경 사항을 의결하기 위한 총회의 개최일부터 1개월 전에 분양대상자별 분양예정인 대지 또는 건축물의 추산액, 분양대상자별 종전의 토지 또는 건축물의 명세 및 사업시행계획인가의 고시가 있은 날을 기준으로 한 가격, 정비사업비의 추산액 및 그에 따른 조합원 부담규모 및 부담시기 해당하는 사항을 각 조합원에게 문서로 통지하여야 한다."는 규정(구 법 제48조 제1항)이 도입되었다.

그 후 법이 2017. 2. 8. 법률 제14567호로 전부개정되면서 보류지 등의 명세와 추산액 및 추산방법이 관리처분계획서의 필수적 기재사항으로 포함되었고, 위 내용도 또한 반드시 포함되어야 할 통지사항이 되었다.

나. 쟁점

(1) 총회의결의 전제로서 안건에 대한 통지

(가) 조합장 등이 마련한 관리처분계획서(안)에 대한 이사회 의결 이후 총회의 의결을 거쳐야 한다. 총회의 의결을 위해서는 안건에 대한 통지가 필요하다. 표준정관 제20조 제6항은 총회를 소집하는 경우 각 조합원에게는 회의개최 7일전까지 등기우편으로 이를 발송, 통지하여야 한다고 규정하고 있다. 그러나 법은 종후자산에 대한 권리 귀속과 그 비용 분담에 관한 사항을 규정하는 관리처분계획이 조합원에게 미치는 영향을 고려하여 조합은 관리처분계획의 수립 및 변경의 사항을 의결하기 위한 총회의 개최일부터 1개월 전에 분양대상자별 분양예정인 건축물의 추산액, 보류지 등의 명세와 추산액 및 처분방법, 분양대상자별 종전자산의 명세 및 사업시행계획인가 고시일을 기준으로 한 가액, 정비사업비 추산액 및 그에 따른 조합원 분담규모 및 분담시기에 관한 사항을 각 조합원에게 문서로 통지하도

록 특칙 규정을 두고 있다.

(나) 총회개최에 일정한 유예기간을 두고 소집통지를 하도록 규정한 취지는 그 구성원의 토의권과 의결권의 행사를 보장하기 위한 것이다. 일반적 안건에 적용되는 7일 전 통지의 경우에는 회원에 대한 소집통지가 단순히 법정기한을 1일이나 2일 지연하였을 뿐이고 회원들이 사전에 회의의 목적사항을 알고 있는 등의 사정이 있었다면 그 총회결의는 유효하나, 기한이 4~5일 이상 늦추어졌다면 그 총회결의는 무효로 보아야 할 것인바(앞서 본 총회결의 참조), 위 판례의 법리를 조합원에 대한 관리처분계획서의 통지에도 적용하면, 관리처분계획총회 개최일 1개월 이전 통지에 대하여 상당한 기간을 위반하면 무효라고 보아야 할 것이나, 경미한 기간 위반의 경우에는 무효로 볼 수 없다.

(2) 통지의 방법

통지의 방법은 발송으로 족하다 할 것이다(표준정관 제7조 제2항 제4호). 분양대상자별 분양예정인 대지 또는 건축물의 추산액, 분양대상자별 종전의 토지 또는 건축물 명세 및 사업시행계획인가 고시가 있은 날을 기준으로 한 가격, 정비사업비의 추산액 및 그에 따른 조합원 분담규모, 분담시기, 계산근거 및 내역 외에 분양대상자의 종전 토지 또는 건축물에 관한 소유권 외의 권리명세 등 조합원 개인에 관한 사항은 밀봉하여 통지한다. 나머지 관리처분계획서의 내용(분양대상자 결정의 기준이나 권리가액 산정 기준의 주된 내용, 종전자산 내지 분양예정 대지 및 건축물의 총 평가액 등)은 책자의 형태로 통지한다.

따라서 조합원에게 일괄하여 발송되거나 총회 당시 배포된 관리처분계획안의 기재만으로는 개별 조합원들의 권리내역에 관하여 다소 불분명한 부분이 있다 하더라도, 개별 조합원들과 관련한 사항은 별도로 통지하였으므로, 그것만으로 관리처분계획에 법령 및 서울시 조례가 정하고 있는 사항이 누락된 위법이 있다고 단정할 수는 없다.

(3) 2009. 5. 27. 법률 제9729호로 개정되기 이전의 통지의무 존부

(가) 문제의 소재

법이 2009. 5. 27. 법률 제9729호로 개정되기 이전에는 관리처분계획 의결의 전제로서 '분양대상자별 분야예정인 건축물의 추산액, 분양대상자별 종전자산의 명세 및 가액, 정비사업비 추산액'의 조합원에 대한 통지의무를 규정하고 있지 아니하였다. 그러나 표준정관 제20조 제6항은 총회를 소집하는 경우에는 회의개최 7일전까지 회의목적, 안건, 일시 및 장소 등을 각 조합원에게는 등기우편으로 이를 발송, 통지하여야 한다고 규정하고 있고, 법이 2009. 5. 27. 법률 제9729호로 개정하면서 명시적으로 통지할 것을 규정한 사항은 그 중요도에 비추어 해석상 조합의 통지의무 대상으로 인정할 수 있으므로, 이를 통지하지 아니하면 총회결의가 위법하게 된다는 의견이 대두되었다.

㈏ 판례(부정)

판례는 법이 2009. 5. 27. 법률 제9729호로 개정되면서 명시적으로 통지할 것을 규정한 법정사항에 대하여 위 개정 법령 시행 이전에는 조합이 총회 개최 전에 반드시 통지할 대상으로 볼 수 없다고 판시하였다.[40] 그 논거는 다음과 같다.

① 일반적으로 회의체를 소집함에 있어서 그 소집통지에 포함될 회의의 목적사항은 구성원들의 회의참석에 관한 의사결정이나 준비를 가능하게 할 정도이면 충분하고, 상정될 안건의 구체적 내용이나 그에 관한 판단자료까지 반드시 소집통지에 포함해야 하는 것은 아니다.

② 법이 2009. 5. 27. 법률 제9729호로 개정되면서 명시적으로 통지할 것을 규정한 법정사항은 이미 분양신청통지의 대상이거나 분양공고의 대상이었고, 관리처분계획의 총회결의 이후에도 공람의 대상이거나 인가 이후에는 분양신청자들에 대한 통지의 대상이다.

3. 총회의결

가. 총회의결 요건

⑴ 관리처분계획을 수립·변경하기 위해서는 총회의결을 거쳐야 한다.

조합원 과반수의 찬성으로 의결하되, 다만 정비사업비가 100분의 10 이상 늘어나는 경우에는 조합원 3분의 2 이상의 찬성으로 의결하여야 한다. 총회의 의결을 위해서는 반드시 조합원 100분의 20 이상이 출석하여야 한다. 총회의 의결방법, 서면의결권 행사, 본인확인방법 등에 필요한 사항은 정관으로 정한다(법 제45

---

40) 대법원 2014. 2. 13. 선고 2011두21652 판결.

조 제9항).

조합원 과반수 찬성이라는 의결정족수 강화규정은 조합원의 재산에 중대한 영향을 미치는 관리처분계획의 성격을 고려하여 법이 2009. 5. 27. 법률 제9729호로 개정되면서 도입되었고, 같은 날 총회의결에 조합원 100분 10 이상 출석규정이 도입되었다가, 법이 2012. 2. 1. 법률 제11293호로 관리처분계획총회 의결을 위해서는 100분의 20 이상의 조합원이 직접 출석하여야 하는 것으로 요건이 강화되었다. 서면의결권 행사가 가능하고, 대리의결권의 행사는 제한적으로 인정되며 재난 발생 등으로 인한 전자적 방법에 의한 의결권 행사가 가능함은 제4편 제5장 제3절 Ⅲ. "3의 나. 의결방법"에서 자세히 살펴보았다.

(2) 정비사업비 100분의 10 이상 증가의 해석과 관련하여서는 정비사업비 추산액의 전체 액수를 별도의 환산 없이 단순 비교하여야 하는 것이 판례인 점은 제6편 제6장 Ⅲ. "1의 가(3) 정비사업비 100분의 10 이상 증가와 가중다수결"에서 자세히 살펴보았다. '조합의 비용부담'이나 '시공자·설계자의 선정 및 계약서에 포함될 내용'에 관한 사항이 당초 재건축결의 당시와 비교하여 볼 때 조합원들의 이해관계에 중대한 영향을 미칠 정도로 실질적으로 변경된 경우에는 조합원 3분의 2 이상의 동의가 필요함은 제4편 제5장 제2절 Ⅳ. "2의 다. 특별다수 결의사항"에서 자세히 살펴보았다.

나. 부가적인 결의사항

의결한 관리처분계획에 대하여 인가를 신청하는 과정에서 하자가 발견되어 수정이 필요한 경우, 또는 총회의결 이후의 공람 및 의견청취절차에서 제시된 의견을 반영하여 관리처분계획을 수정하는 경우, 원칙적으로 수정된 관리처분계획에 대하여 다시 총회의결을 받아야 한다. 그러나 관리처분변경계획에 대한 총회 소집에는 상당한 시간적, 비용적인 부담이 있고, 또한 조합원 100분의 20 이상이 직접 출석하는 것도 용이하지 아니한 점을 고려하여 관리처분계획 의결 당시 추후 새로운 의결 없이 수정이 가능하도록 하는 수권조항에 대한 부가적인 결의가 이루어지는 것이 일반적이다. 예를 들면 아래와 같다.

① 법, 법 시행령, 서울시 조례 등 관련 규정의 변경과 행정관청의 인허가 협의 과정에서 발생하는 변경사항 등에 따라 정관이나 본 관리처분계획(안)을 변경 하여야 할 사유가 발생될 시에도 조합원에게 추가 부담이 없는 사안일 경우 (또는 비례율을 변경하지 않은 경우) 총회의 재소집이나 재공람 없이 변경 또 는 정정 시행함

② 인가과정에서 관리처분계획에 중대한 영향을 미치지 않는 범위 내에서 오기, 누락, 착오 등의 사유로 수정을 요할 사항이 있을 때에는 별도의 결의 없이 가능함

③ 공람기간 중에 제출된 의견이 있을 경우 이사회 심사에 의하여 채택되는 사항 이 있으면 별도의 의결 없이 관리처분변경계획에 반영함(또는 대의원회 결의 에 의한다 등)

④ 본 관리처분계획 기준(안) 내용 중 법령과 조례 등 관련 법령에 배치되는 사 항이 있는 경우 해당 법령이 강행규정인 경우 해당 법률이 우선 적용됨

⑤ 공람의견 반영여부에 따라 일부 내용이 변경될 수 있음

다. 관리처분계획총회결의의 하자를 다투는 소송

관리처분계획 총회결의의 하자를 다투는 소송은 행정처분에 이르는 절차적 요 건의 존부나 효력 유무에 관한 소송으로서 행정소송법상의 당사자소송이다. 다만 관리처분계획인가·고시가 있은 후에는 관리처분계획총회결의의 하자를 다투는 소송은 소의 이익이 없다. 관리처분계획 총회결의 무효확인 소송이 계속 중에 인 가가 이루어지면, 관리처분계획의 취소를 구하는 항고소송으로의 소변경이 필요하 고, 당사자가 이를 간과하면, 법원은 석명권을 행사하여야 함은 앞서 사업시행계 획인가에서 자세히 살펴보았다.

제2절 공통된 관리처분방법

I. 총 설

법 제74조 제6항은 재개발·재건축사업에 따른 관리처분계획의 내용, 관리처분의 방법 등에 필요한 사항을 대통령령에 위임하고 있고, 위 규정에 따라 법 시행령 제63조가 구체적 관리처분방법을 정하고 있다.

한편 재개발·재건축사업에 공통된 관리처분방법으로 법은 제77조로 정비사업을 통하여 신축되는 건축물의 분양받을 권리를 산정하기 위한 기준일을 분양신청기간 종료일이 아니라 정비구역 지정이나 정비계획결정에 따른 고시가 있는 날 또는 시·도지사가 투기를 억제하기 위하여 기본계획 수립 후 정비구역 지정·고시 전에 따로 정하는 날(이하 '권리산정기준일'이라 한다, 서울시 조례 제2조 제11호)의 다음날이라고 규정하고 있다. 이하에서는 법 제77조의 권리산정기준일에 대하여 살펴보고, 이와 관련된 서울시 조례의 내용에 대하여도 간단하게 살펴본다.

II. 규 정

1. 규 정

> **법 제77조(주택 등 건축물을 분양받을 권리의 산정 기준일)**
>
> ① 정비사업을 통하여 분양받을 건축물이 다음 각 호의 어느 하나에 해당하는 경우에는 제16조 제2항 전단(정비구역 지정 또는 정비계획결정)에 따른 고시가 있은 날 또는 시·도지사가 투기를 억제하기 위하여 기본계획 수립 후 정비구역 지정·고시 전에 따로 정하는 날의 다음 날을 기준으로 건축물을 분양받을 권리를 산정한다.
>
> 1. 1필지의 토지가 여러 개의 필지로 분할되는 경우
> 2. 단독주택 또는 다가구주택이 다세대주택으로 전환되는 경우
> 3. 하나의 대지 범위에 속하는 동일인 소유의 토지와 주택 등 건축물을 토지와 주택 등 건축물로 각각 분리하여 소유하는 경우
> 4. 나대지에 건축물을 새로 건축하거나 기존 건축물을 철거하고 다세대주택,

그 밖의 공동주택을 건축하여 토지등소유자의 수가 증가하는 경우

② 시·도지사는 제1항에 따라 기준일을 따로 정하는 경우에는 기준일·지정사유·건축물을 분양받을 권리의 산정 기준 등을 해당 지방자치단체의 공보에 고시하여야 한다.

2. 규정의 해석

가. 연혁 및 입법경위

권리산정기준일 관련 규정은 법이 2009. 2. 6. 법률 제9444호로 구 법 제50조의2를 신설하면서 처음으로 도입되었고, 부칙으로 경과규정을 두지 않아 2009. 2. 6. 곧바로 시행되었다. 위 규정이 도입되기 이전에는 구 법 제48조 제2항 제5호가 분양설계에 관한 계획은 분양신청기간이 만료되는 날을 기준으로 하여 수립한다는 일반규정만 존재하여 토지의 분할, 단독 또는 다가구주택의 다세대주택으로 전환, 동일인 소유 토지와 주택 등의 소유자 분리, 다세대주택 또는 공동주택의 신축 등 이른바 지분 쪼개기를 통한 분양권 취득이 용인되었다. 이에 따라 재개발사업에 의하여 공급되는 공동주택을 취득할 목적으로 행하여지는 지분 쪼개기가 극심하였다. 위 구 법 제50조의2에 따른 권리산정기준일의 도입은 부당이득을 노리는 투기세력 등의 유입을 사전에 근본적으로 차단하고 기존 조합원의 권익보호를 위하여 지분 쪼개기의 경우 수분양권을 제한하려는 것이다.

나. 규정의 내용 해석

(1) 법 제77조는 재개발·재건축사업에 공통적으로 적용되는 관리처분방법으로 종후자산을 분양받을 권리의 산정기준일을 정하고 있다. 즉, 1필지의 토지가 여러 개의 필지로 분할되는 경우, 단독주택 또는 다가구주택이 다세대주택으로 전환되는 경우, 하나의 대지 범위에 속하는 동일인 소유의 토지와 주택 등 건축물을 분리하여 소유하는 경우, 나대지에 건축물을 새로 건축하거나 기존 건축물을 철거하고 다세대주택, 그 밖의 공동주택을 건축하여 토지등소유자의 수가 증가하는 경우에는 정비사업을 통하여 분양받을 건축물(종후자산)에 대하여 정비구역 지정 또는 정비계획결정에 따른 고시가 있은 날 또는 시·도지사가 투기를 억제하기 위하여

기본계획 수립 후 정비구역 지정·고시 전에 따로 정하는 날(기준일)의 다음 날을 기준으로 건축물을 분양받을 권리를 산정한다. 이는 지분 쪼개기의 경우, 조합원 지위는 인정하되 분양대상자의 지위를 인정하지 아니한다는 것이다.

(2) 조합원의 자격과 관련한 법 제39조는 토지 또는 건축물의 소유권과 지상권 이 여러 명의 공유에 속하는 때, 여러 명의 토지등소유자가 1세대에 속하는 때에 는 대표자 1명을 조합원으로 하고, 조합설립인가 이후 1명의 토지등소유자로부터 토지등의 소유권 등을 양수받은 때에도 대표자 1명을 조합원으로 하며, 투기과열 지구로 지정된 지역에서의 재개발사업의 경우 관리처분계획 인가 후, 재건축사업 의 경우 조합설립인가 이후 정비구역 내 토지등을 양수한 자에 대하여는 원칙적 으로 조합원의 지위를 부여하지 아니한다고 규정하고 있다.

위와 같이 각각 토지등을 소유한 다수의 토지등소유자에 대하여 1조합원의 지 위를 인정하거나 조합원 자격을 인정하지 아니하는 것은 광의로는 분양대상자의 제한이다. 광의의 분양대상자 제한은 제4편 제5장 제1절 "IV. 조합원의 자격"에서 자세히 살펴보았다.

Ⅲ. 서울시 조례의 내용

서울에서는 위 권리산정기준일 조항 신설 전부터 이미 구 서울시 조례 제27 조 등과 같이 지분 쪼개기 등을 통한 분양권 취득을 방지하는 장치를 마련하고 있었으므로, 위 구 법 제50조의2의 신설은 조례에 별도의 장치를 마련하고 있지 아니한 서울시 외의 다른 시·도 등에서 지분 쪼개기 등을 통한 투기행위를 방 지하고 기존 조합원의 이익을 보호함에 유용한 기능을 하였고, 이로써 조합원과 분양대상자를 구분하였다. 그 내용을 간단히 소개한다.

1. 2010. 7. 15. 조례 제5007호로 개정되기 전의 것

제27조(주택재개발사업의 분양대상 등)
① 현재의 조례 제36조(분양대상 관련 일반 규정으로 다음에서 살펴본다)와 유 사함

② 제1항에도 불구하고 다음 각 호의 어느 하나에 해당하는 경우에는 수인의 분양신청자를 1인의 분양대상자로 본다.

1. 단독주택 또는 다가구주택이 건축물준공 이후 다세대주택으로 전환된 경우[41]

2. 관리처분계획기준일 현재 수인의 분양신청자가 하나의 세대인 경우. 이 경우 동일한 세대별 주민등록표 상에 등재되어 있지 아니한 배우자 및 미혼인 20세 미만의 직계비속은 1세대로 보며, 1세대로 구성된 수인의 토지등소유자가 조합설립인가 후 세대를 분리하여 동일한 세대에 속하지 아니하는 때에도 이혼 및 20세 이상 자녀의 분가를 제외하고는 1세대로 보고, 권리가액은 세대원 전원의 가액을 합산하여 산정한다.

3. 하나의 주택 또는 한 필지의 토지를 수인이 소유하고 있는 경우[42]. 다만, 2003년 12월 30일 전부터 공유지분으로 소유한 토지의 지분면적이 건축조례 제29조에 따른 규모(주거지역 90㎡) 이상인 자는 그러하지 아니하다.[43]

4. 2003년 12월 30일 이후 한 필지의 토지를 수개의 필지로 분할한 경우

5. 하나의 대지범위 안에 속하는 동일인 소유의 토지와 주택을 건축물 준공 이후 토지와 주택으로 각각 분리하여 소유한 경우. 다만, 2003년 12월 30일 전에 토지와 주택으로 각각 분리하여 소유한 경우로서 토지의 규모가 건축조례 제25조 제1호에 따른 규모 이상인 경우에는 그러하지 아니하다.

6. 단독주택 또는 비주거용건축물을 공동주택으로 신축한 경우(기존의 공동주택을 세대수를 늘려 신축한 경우를 포함한다). 다만, 신축한 공동주택의 주거전용면적이 해당 정비사업으로 건립되는 분양용 공동주택의 최소 주거전용면적 이상인 경우에는 그러하지 아니하다(6호는 2008. 7. 30. 조례 4857호로 개정되어 도입되었다).

---

41) 조례 제정 당시 부칙 제5조[제27조 제2항 제1호(제정 당시는 24조 제2항 제1호)의 규정에 불구하고 이 조례 시행 전에 단독 또는 다가구주택을 다세대주택으로 전환하여 구분등기를 완료한 주택에 대하여는 전용면적 60㎡ 이하의 주택을 공급하거나 정비구역안의 임대주택을 공급할 수 있으며, 다세대주택의 주거전용면적이 60㎡를 초과하는 경우에는 종전 관련조례의 규정에 의한다]에 의하여 조례 제정 이전에 다세대주택으로 전환하여 구분등기를 완료한 주택 등에 대하여만 예외적으로 수개의 분양권을 인정하였다.

42) 조례 제정 당시 부칙 제7조(1997년 1월 15일 이전에 가구별로 지분 또는 구분소유등기를 필한 다가구 주택은 제27조 제2항 제3호의 규정에 불구하고 다가구로 건축허가 받은 가구수에 한하여 가구별 각각 1인을 분양대상자로 한다)고 규정하고 있었다. 이는 다가구주택이 건축법상으로는 단독주택이나 공동주택처럼 가구별로 거래되어 온 현실을 반영하여 일정범위 내의 다가구주택 공유자를 보호하기 위해, 위 부칙 제7조를 규정하였다. 그 후 위 부칙조항은 2005. 11. 10. 조례 제4330호로

2. 2010. 7. 15. 조례 제5007호로 개정된 규정

서울시 조례는 2010. 7. 15. 조례 제5007호로 개정되면서, 위 2009. 2. 6. 법률 제9444호로 도입된 구 법 제50조의2의 권리산정기준일 규정이 처음으로 도입되었고, 위 조례 규정은 2018. 7. 19. 서울특별시 조례 제6899호로 전부 개정되었으나, 내용 그대로 현재 제36조가 되었다. 한편, 위 개정 규정의 적용과 관련하여 부칙 제3조는 '조례 시행 전에 기본계획이 수립되어 있는 지역 및 지구단위계획이 결정 · 고시된 지역은 종전 규정에 따른다.'고 규정하고 있다.

제27조(주택재개발사업의 분양대상 등)
① 현재의 조례 36조(분양대상 관련 일반 규정으로 다음에서 살펴본다)와 유사함
② 제1항에도 불구하고 다음 각 호의 어느 하나에 해당하는 경우에는 수인의 분양신청자를 1인의 분양대상자로 본다.
 1. 단독주택 또는 다가구주택을 권리산정기준일 후 다세대주택으로 전환한 경우
 2. 법 제19조 제1항 제2호에 따라 수인의 분양신청자가 1세대에 속하는 때
 3. 1주택 또는 1필지의 토지를 수인이 소유하고 있는 경우. 다만, 권리산정기준일 이전부터 공유로 소유한 토지의 지분이 제1항 제2호 또는 권리가액이 제1항 제3호에 해당하는 경우에는 그러하지 아니하다(후단은 2014. 5. 14. 조례 제5701호로 개정되어 도입되었다).
 4. 1필지의 토지를 권리산정기준일 후 수개의 필지로 분할한 경우
 5. 하나의 대지범위 안에 속하는 동일인 소유의 토지와 주택을 건축물 준공 이후 토지와 건축물로 각각 분리하여 소유하는 경우. 다만, 권리산정기준일 이전부터 소유한 토지의 면적이 90㎡ 이상인 자는 그러하지 아니한다.
 6. 권리산정기준일 후 나대지에 건축물을 새로이 건축하거나 기존 건축물을 철거하고 다세대주택, 그 밖에 공동주택을 건축하여 토지등소유자가 증가되는 경우

개정되어 "1990년 4월 21일 다가구주택제도 도입이전에 단독주택으로 건축허가를 받아 지분 또는 구분등기를 필한 사실상의 다가구주택"도 예외가 인정되었다. 결국 제27조 제2항 제3호에 해당되더라도 '① 다가구주택으로 건축허가를 받아 1997. 1. 15. 이전에 가구별로 지분 또는 구분소유 등기를 경료한 경우와, ② 사실상 다가구주택으로서 (다가구주택으로 건축허가를 받을 수 있는 제도가 시행된) 1990. 4. 21. 이전에 단독주택으로 건축허가를 받아 가구별로 지분 또는 구분소유등기를 경료한 경우' 등의 경우에는 각 가구별로 분양할 수 있도록 하는 경과규정을 두고 있다.
43) 단서는 재량규정이다.

제3절 재개발사업 특유 관리처분방법

Ⅰ. 일반론

1. 규 정

법 제74조 제6항은 재개발사업에 따른 관리처분계획의 내용, 관리처분의 방법 등 필요한 사항에 관하여 대통령령에 위임하고 있고, 위 규정에 따라 법 시행령 제63조 제1항은 재개발사업에서의 관리처분방법을 규정하고 있다. 한편 법 시행령 제63조 제1항 제7호의 위임에 따라 서울시 조례 제38조는 주택 및 부대시설·복리시설의 공급순위에 관한 구체적인 기준을 정하고 있다.

2. 관리처분의 방법

가. 관리처분의 방법(법 시행령 제63조 제1항)

⑴ 시·도조례로 분양주택의 규모를 제한하는 경우에는 그 규모 이하로 주택을 공급할 것.

지방자치단체 중 강원도 도시 및 주거환경정비조례 제25조는 분양주택의 1세대 당 규모는 전용면적기준 165㎡ 범위로 하여야 하고, 건설예정 총세대수의 40% 이상은 주택의 전용면적이 85㎡ 이하인 규모로 건설하고 총 건설 세대수의 8.5% 이상은 주택의 전용면적이 60㎡ 이하인 규모로 건설하여야 한다고 규정하고 있다. 현재 서울시 조례는 분양주택의 규모를 제한하고 있지 아니한다.

⑵ 1개의 건축물의 대지는 1필지의 토지가 되도록 정할 것. 다만, 주택단지의 경우에는 그러하지 아니하다.

이에 사업시행자는 이전고시 전에 정비구역 내 토지에 대한 합필절차를 거치게 된다.

⑶ 정비구역의 토지등소유자(지상권자는 제외한다)에게 분양할 것. 다만, 공동주택을 분양하는 경우 시·도조례로 정하는 금액·규모·취득 시기 또는 유형에 대한 기준에 부합하지 아니하는 토지등소유자는 시·도조례로 정하는 바에 따라 분

양대상에서 제외할 수 있다.

위 규정에 의하여 지상권자는 분양신청권이 인정되지 아니한다. 또한 위 규정의 위임에 의하여 서울시 조례 제36조는 1조합원에 대하여 1주택의 분양을 원칙으로 하되, 종전 주택의 용도나 면적에 따라 분양대상을 제한하고, 다수의 조합원에 대하여 1개의 수분양권만을 부여하거나 1조합원에 대하여 수개의 수분양권을 부여하는 등의 규정을 두고 있다. 서울시 조례 제36조는 법령의 위임에 따른 것으로서 법규적 효력이 있다. 구체적인 내용은 다음 항에서 살펴본다.

⑷ 1필지의 대지 및 그 대지에 건축된 건축물(법 제79조 제4항 전단에 따라 보류지로 정하거나 조합원 외의 자에게 분양하는 부분은 제외한다)을 2인 이상에게 분양하는 때에는 기존의 토지 및 건축물의 가격(제93조에 따라 사업시행방식이 전환된 경우에는 환지예정지의 권리가액을 말한다)과 제59조 제4항 및 제62조 제3호에 따라 토지등소유자가 부담하는 비용의 비율에 따라 분양할 것.

이는 종후자산 배분의 기준으로 강행규정이라 할 것이다.

⑸ 분양대상자가 공동으로 취득하게 되는 건축물의 공용부분은 각 권리자의 공유로 하되, 해당 공용부분에 대한 각 권리자의 지분비율은 그가 취득하게 되는 부분의 위치 및 바닥면적 등의 사항을 고려하여 정할 것.

이는 공동주택이나 1동의 건물을 구분소유 하는 상가의 경우에 적용되는 일반원칙을 선언한 것이다. 이는 재건축사업에도 적용되는 관리처분방법이다.

⑹ 1필지의 대지 위에 2인 이상에게 분양될 건축물이 설치된 경우에는 건축물의 분양면적의 비율에 따라 그 대지소유권이 주어지도록 할 것(주택과 그 밖의 용도의 건축물이 함께 설치된 경우에는 건축물의 용도 및 규모 등을 고려하여 대지지분이 합리적으로 배분될 수 있도록 한다). 이 경우 토지의 소유관계는 공유로 한다.

이 또한 공동주택, 1동의 상가 건물 또는 주상복합건물을 구분소유 하는 경우에 적용되는 일반원칙을 선언한 것이다. 이는 재건축사업에도 적용되는 관리처분방법이다. 일반적으로 사업시행자는 정비구역 내의 전체 수백필지의 부지에 대하여 정비기반시설을 제외한 나머지 토지에 대하여는 전체를 수개의 필지로 지적정리하여 분양대상자별로 건축시설의 분양면적비율에 의하여 공유지분으로 소유권을 부여하도록 분양설계를 한다(부지 중 일부 토지가 존치되거나 일부 토지를 종교시설에 분양하거나 일부 토지에 대하여 사업에 필요한 경비에 충당하기 위하여 체비지로 한 경우는 위 각각의 토지에 대하여 별개로 지적정리를 한다).

(7) 주택 및 부대시설·복리시설의 공급순위는 기존의 토지 또는 건축물의 가격을 고려하여 정할 것. 이 경우 그 구체적인 기준은 시·도조례로 정할 수 있다.

종전자산 가액에 따라 종후자산 공급순위를 정한다는 원칙은 앞서 본 권리배분의 기준과 동일한 의미이다. 이와 관련하여 서울시 조례 제38조가 그 순위를 구체적으로 규정하고 있다. 이는 법령의 위임에 따른 것으로 법규적 효력이 있다.

나. 주택 및 부대·복리시설 공급 기준 등(서울시 조례 제38조)

(1) 주택공급기준(제1항)

> **서울시 조례 제38조 제1항**
> 재개발사업의 주택공급에 관한 기준은 다음 각 호와 같다.
> 1. 권리가액에 해당하는 분양주택가액의 주택을 분양한다. 이 경우 권리가액이 2개의 분양주택가액의 사이에 해당하는 경우에는 분양대상자의 신청에 따른다.
> 2. 제1호에도 불구하고 정관등으로 정하는 경우 권리가액이 많은 순서로 분양할 수 있다.
> 3. 법 제76조 제1항 제7호 (다)목(종전 가격의 범위 또는 종전 주택의 주거전용면적의 범위에서 2주택을 공급할 수 있고 그 중 1주택은 주거전용면적 60㎡ 이하로 한다)에 따라 2주택을 공급하는 경우에는 권리가액에서 1주택 분양신청에 따른 분양주택가액을 제외하고 나머지 권리가액이 많은 순서로 60㎡ 이하의 주택을 공급할 수 있다.
> 4. 동일규모의 주택분양에 경합이 있는 경우에는 권리가액이 많은 순서로 분양하고, 권리가액이 동일한 경우에는 공개추첨에 따르며, 주택의 동·층 및 호의 결정은 주택규모별 공개추첨에 따른다.

(2) 상가 등 부대·복리시설 공급기준(제2항)

> **서울시 조례 제38조 제2항**
> 재개발사업으로 조성되는 상가 등 부대·복리시설 공급기준은 관리처분계획기준일 현재 다음 각 호의 순위를 기준으로 공급한다. 이 경우 동일 순위의 상가 등 부대·복리시설에 경합이 있는 경우에는 제1항 제4호(동일규모의 분양에 경합이

있는 경우에는 권리가액이 많은 순서로 분양하고, 권리가액이 동일한 경우에는 공개추첨)에 따라 정한다.

1. 제1순위: 종전 건축물의 용도가 분양건축물 용도와 동일하거나 비슷한 시설이며 사업자등록(인가 · 허가 또는 신고 등을 포함한다)을 하고 영업을 하는 건축물의 소유자로서 권리가액(공동주택을 분양받은 경우에는 그 분양가격을 제외한 가액을 말한다)이 분양건축물의 최소분양단위규모 추산액 이상인 자

2. 제2순위: 종전 건축물의 용도가 분양건축물 용도와 동일하거나 비슷한 시설인 건축물의 소유자로서 권리가액이 분양건축물의 최소분양단위규모 추산액 이상인 자

3. 제3순위: 종전 건축물의 용도가 분양건축물 용도와 동일하거나 비슷한 시설이며 사업자등록을 필한 건축물의 소유자로서 권리가액이 분양건축물의 최소분양단위규모 추산액에 미달되나 공동주택을 분양받지 않은 자

4. 제4순위: 종전 건축물의 용도가 분양건축물 용도와 동일하거나 비슷한 시설인 건축물의 소유자로서 권리가액이 분양건축물의 최소분양단위규모 추산액에 미달되나 공동주택을 분양받지 않은 자

5. 제5순위: 공동주택을 분양받지 않은 자로서 권리가액이 분양건축물의 최소분양단위규모 추산액 이상인 자

6. 제6순위: 공동주택을 분양받은 자로서 권리가액이 분양건축물의 최소분양단위규모 추산액 이상인 자

다. 관리처분방법 규정의 의미(강행규정)

법 시행령 제63조 제1항은 재개발사업의 관리처분방법에 대하여 자세하게 규정하고 있다. 또한 법 시행령의 위임을 받은 시 · 도조례 또한 매우 구체적으로 규정하고 있다(앞서 본 서울시 조례 제38조 및 다음에 살펴볼 제36조, 앞서 본 강원도 주거환경정비조례 제25조 등). 재개발사업의 경우에는 재건축사업과 달리 공익성 및 공공성의 정도가 중하여 법령 및 조례로 종후자산의 권리배분과 관련한 관리처분방법에 대하여 엄격하게 규율하고 있고, 이는 법규적 효력을 가진 규정으로서 강행규정이다.

Ⅱ. 서울시 조례 제36조

1. 의 의

재개발사업의 관리처분방법과 관련하여 법 시행령 제63조 제1항 제3호는 지상권자를 제외한 정비구역의 토지등소유자에게 분양함을 원칙으로 한다는 것만을 선언하고, 공동주택을 분양하는 경우 기준이 되는 종전자산의 내용, 기준에 부합하지 아니하는 조합원에 대한 처리방법 등 수분양권과 관련하여 시·도조례에 제한 없이 포괄적으로 위임하고 있다. 그 취지는 정비사업이 종전자산을 출자하고 공사비 등을 투입하여 신주택 등을 건축하여 이를 분배받는 공용환권을 본질로 하나, 공익사업이고 특히 재개발사업은 공익성 및 공공성이 중대하여 종후자산 배분과 관련하여 수분양권을 제한하거나 확대할 필요성이 있으며, 그 정도는 개별 시·도의 실정에 따라 다른 관계로 시·도조례에 포괄적으로 위임한 것이다.

현재 서울시 조례 제36조는 1조합원에 대하여 1주택 분양을 원칙으로 하되, 주택의 용도나 토지의 면적에 따라 개별 조합원의 분양신청권을 부인하거나 다수의 조합원에 대하여 1개의 수분양권만을 부여하기도 하고, 예외적으로 1조합원에 대하여 다수의 수분양권을 부여하기도 한다.

한편 법 제76조 제1항은 관리처분계획의 수립기준을 규정하고 있다. 제6호는 "1세대 또는 1명이 하나 이상의 주택 또는 토지를 소유한 경우 1주택을 공급하고, 같은 세대에 속하지 아니하는 2명 이상이 1주택 또는 1토지를 공유한 경우에는 1주택만 공급한다."고 규정하고 있다. 재개발사업의 경우 재건축사업과 달리 공익성 및 공공성이 중대하여 위 관리처분계획 수립기준은 엄격하게 준수되어야 하므로, 2명 이상이 1주택 또는 1토지를 공유한 경우에는 1주택만이 공급되어야 한다. 다만, 법 제76조 제1항 제7호 가목은 "2명 이상이 1토지를 공유한 경우로서 시·도조례로 주택공급을 따로 정하고 있는 경우에는 시·도조례로 정하는 바에 따라 주택을 공급할 수 있다."고 규정하고 있고, 이에 따라 서울시 조례 제36조 제2항 제3호가 단서규정을 두고 있다.

서울시 조례 제36조는 원칙적으로 법령의 위임에 따른 법규적 효력이 있고, 강행규정이다(다만 법 제76조 제1항 제7호 가목의 위임에 따른 서울시 조례 제36조 제2항 제3호 단서 규정은 사업시행자의 채택 여부에 대한 재량이 있다). 종후자산의 취득 및 제한은 실무상 가장 빈번하게 발생하는 다툼이고, 이는 주로 서울시 조례 제36조의 해석과 관련된다. 이하에서는 서울시 조례 36조에 대하여 자세히 살펴본다.

2. 규 정

제36조(재개발사업의 분양대상 등)

① 영 제63조 제1항 제3호에 따라 재개발사업으로 건립되는 공동주택의 분양대상자는 관리처분계획기준일 현재 다음 각 호의 어느 하나에 해당하는 토지등소유자로 한다.

1. 종전의 건축물 중 주택(주거용으로 사용하고 있는 특정무허가건축물 중 조합의 정관등에서 정한 건축물을 포함한다)을 소유한 자

2. 분양신청자가 소유하고 있는 종전토지의 총면적이 90㎡ 이상인 자

3. 분양신청자가 소유하고 있는 권리가액이 분양용 최소규모 공동주택 1가구의 추산액 이상인 자. 다만, 분양신청자가 동일한 세대인 경우의 권리가액은 세대원 전원의 가액을 합하여 산정할 수 있다.

4. 사업시행방식전환의 경우에는 전환되기 전의 사업방식에 따라 환지를 지정받은 자. 이 경우 제1호부터 제3호까지는 적용하지 아니할 수 있다.

5. 도시재정비법 제11조 제4항에 따라 재정비촉진계획에 따른 기반시설을 설치하게 되는 경우로서 종전의 주택(사실상 주거용으로 사용되고 있는 건축물을 포함한다)에 관한 보상을 받은 자

② 제1항에도 불구하고 다음 각 호의 어느 하나에 해당하는 경우에는 여러 명의 분양신청자를 1명의 분양대상자로 본다.

1. 단독주택 또는 다가구주택을 권리산정기준일 후 다세대주택으로 전환한 경우

2. 법 제39조 제1항 제2호에 따라 여러 명의 분양신청자가 1세대에 속하는 경우

3. 1주택 또는 1필지의 토지를 여러 명이 소유하고 있는 경우. 다만, 권리산정기준일 이전부터 공유로 소유한 토지의 지분이 제1항 제2호 또는 권리가액이 제1항 제3호에 해당하는 경우는 예외로 한다.

4. 1필지의 토지를 권리산정기준일 후 여러 개의 필지로 분할한 경우

5. 하나의 대지범위에 속하는 동일인 소유의 토지와 주택을 건축물 준공 이

후 토지와 건축물로 각각 분리하여 소유하는 경우. 다만, 권리산정기준일
이전부터 소유한 토지의 면적이 90㎡ 이상인 자는 예외로 한다.

6. 권리산정기준일 후 나대지에 건축물을 새로 건축하거나 기존 건축물을 철
거하고 다세대주택, 그 밖에 공동주택을 건축하여 토지등소유자가 증가되
는 경우

③ 제1항 제2호의 종전 토지의 총면적 및 제1항 제3호의 권리가액을 산정함에
있어 다음 각 호의 어느 하나에 해당하는 토지는 포함하지 않는다.

1. 건축법 제2조 제1항 제1호에 따른 하나의 대지범위 안에 속하는 토지가
여러 필지인 경우 권리산정기준일 후에 그 토지의 일부를 취득하였거나
공유지분으로 취득한 토지

2. 하나의 건축물이 하나의 대지범위 안에 속하는 토지를 점유하고 있는 경
우로서 권리산정기준일 후 그 건축물과 분리하여 취득한 토지

3. 1필지의 토지를 권리산정기준일 후 분할하여 취득하거나 공유로 취득한
토지

④ 제1항부터 제3항까지에도 불구하고 사업시행방식전환의 경우에는 환지면적의
크기, 공동환지 여부에 관계없이 환지를 지정받은 자 전부를 각각 분양대상자
로 할 수 있다.

3. 규정의 해석

제36조는 1조합원에 대하여 1주택 분양을 원칙으로 하되, 제1항에서 개별 조
합원의 분양신청권을 제한하는 내용을 규정하고, 제2항에서는 다수의 조합원에 대
하여 1개의 수분양권만을 부여하는 경우 또는 1조합원임에도 불구하고 수개의 수
분양권을 부여하여 분양대상자를 확대하는 경우에 대하여 자세히 규정하고 있다.

가. 공동주택 분양대상자의 제한(제1항)

재개발사업으로 건립되는 공동주택의 분양대상자는 관리처분계획기준일(분양신
청기간 종료일, 서울시 조례 제2조 제3호) 현재 정비구역 내 토지등을 소유한 자로
하되, 다음과 같은 제한이 있다.

⑴ 종전자산이 주택일 것

종전자산으로 주택을 소유한 경우나 주거용으로 사용하고 있는 특정무허가건

축물 중 조합의 정관등에서 정한 건축물을 소유한 경우에 한하여 공동주택의 분양이 가능하다(제1항 제1호). 정비구역 내 건축물 소유자 중 주거용으로 사용되지 않는 건축물 즉, 창고 등의 소유자는 공동주택 분양대상자가 될 수 없다.

'특정무허가건축물'이란 건설교통부령 제444호 토지보상법 시행규칙 부칙 제5조에서 "1989년 1월 24일 당시의 무허가건축물등"을 말한다(서울시 조례 제2조 제1호). 조합설립인가에서 본 바와 같이 일반적으로 조합 정관은 1989. 1. 24. 이전에 건축된 무허가건축물의 소유자에 대하여는 조합설립인가 이후 조합원의 지위를 부여하고 있다[제4편 제3장 제1절 Ⅱ. "1. 재개발사업(무허가건물)" 참조]. 1989. 1. 24.의 유래는 토지보상법 제정으로 폐지된 공공용지의 취득 및 손실보상에 관한 특례법 시행규칙이 1989. 1. 24. 이전에는 무허가 건축물을 적법한 건축물로 취급하여 보상하여 왔기 때문이다. 자세한 내용은 제9편에서 살펴본다.

결국 종전자산 중 적법한 건축물 소유자는 모두 조합원의 지위를 가지나 주택을 소유한 자만이 공동주택의 분양대상이 되고, 그와 마찬가지로 특정무허가건축물의 소유자는 모두 조합원의 지위를 가지나, 다만 공동주택의 분양대상자는 주거용으로 사용하고 있는 경우에 한정된다.

⑵ 과소필지 이상의 토지등소유자일 것

분양신청자가 소유하고 있는 종전토지의 총 면적이 90㎡ 이상인 자일 것을 요한다(제1항 제2호).

㈎ 종전토지의 총 면적이 90㎡ 미만인 경우는 과소토지로서 공동주택의 분양대상에서 제외하고 있다. 2010. 7. 15. 서울시 조례 제5007호로 개정되기 전에는 서울시 건축조례와 연동하여 건축조례 제29조 제1호의 규모 이상의 토지를 소유한 자에 한하여 공동주택의 분양대상자로 인정하였으나, 2010. 7. 15. 조례개정으로 현재와 같이 고정된 면적인 90㎡ 이상 소유가 공동주택 분양의 기준이 되었다.

㈏ 여기에는 2가지 예외가 있다.

① 명문 규정은 없으나, 여러 명의 분양신청자가 1세대에 속하는 경우에는 법 제39조 제1항 제2호에 따라 1인의 조합원으로 인정하고 있으므로, 해석상 분양신청자가 동일한 세대인 경우 그 면적은 합하여 산정할 수 있다.

② 관리처분계획기준일(분양신청기간 종료일)을 기준으로 하되, 권리산정기준일

이후 취득한 토지는 제외된다. 즉, 종전토지의 총면적을 산정함에 있어, 건축법 제2조 제1항 제1호에 따른 하나의 대지범위 안에 속하는 토지가 여러 필지인 경우 권리산정기준일 후에 그 토지의 일부를 취득하였거나 공유지분으로 취득한 토지(제1호), 하나의 건축물이 하나의 대지범위 안에 속하는 토지를 점유하고 있는 경우로서 권리산정기준일 후 그 건축물과 분리하여 취득한 토지(제2호), 1필지의 토지를 권리산정기준일 후 분할하여 취득하거나 공유로 취득한 토지(제3호)는 포함하지 아니한다(서울시 조례 제36조 제3항).

(대) 90㎡ 미만의 토지를 소유한 자로서 정비구역 내에 건축물을 소유하지 아니한 자는 국토교통부장관 등에게 재개발조합이 건설하여 인수한 임대주택에 대하여 주택법에 따른 토지임대부 분양주택으로 전환하여 공급하여 줄 것을 청구할 수 있고, 국토교통부장관은 반드시 이에 응하여야 한다(법 제80조 제2항, 법 시행령 제71조 제1항 제1호). 그 경우 국가 또는 지방자치단체는 해당 공급비용의 전부 또는 일부를 보조 또는 융자할 수 있다(법 제95조 제6항).

(3) 권리가액이 분양용 최소규모 공동주택 1가구의 추산액 이상일 것

분양신청자가 소유하고 있는 권리가액이 분양용 최소규모 공동주택 1가구의 추산액 이상인 자에 해당되어야 한다(제1항 제3호 본문). 여기에는 2가지 예외가 있다.

(가) 분양신청자가 동일한 세대인 경우의 권리가액은 세대원 전원의 가액을 합하여 산정할 수 있다(제1항 제3호 단서).

(나) 관리처분계획기준일(분양신청기간의 종료일)을 기준으로 하되, 권리산정기준일 이후 취득한 토지는 제외된다(위 서울시 조례 제36조 제3항).

(4) 사업시행방식전환의 경우 환지지정자일 것

사업시행방식전환의 경우에는 전환되기 전의 사업방식에 따라 환지를 지정받은 자일 것을 요한다. 이 경우 제1호부터 제3호까지는 적용하지 아니할 수 있다(제1항 제4호).

(가) 재개발사업의 시행방식은 인가받은 관리처분계획에 따라 건축물을 건설하여 공급하는 방식과 도시개발법의 규정에 따른 환지방식(사업시행자가 환지계획서

작성하여 인가받은 후, 환지예정지 지정과 이에 따라 환지하는 방식)이 있다. '사업시행방식전환'이란 토지등소유자의 5분의 4 이상의 요구가 있고 재개발사업의 시행방식의 전환이 필요하다고 인정하는 경우, 시장·군수등의 승인에 의하여 환지를 공급하는 방식으로 실시하는 재개발사업이 관리처분계획에 따라 건축물을 건설하여 공급하는 방식으로 전환되는 것을 의미한다(서울시 조례 제2조 제6호, 법 제123조 제1항).[44]

위와 같이 사업시행의 방식이 전환된 경우에는 전환되기 전의 사업방식에 따라 환지를 지정받은 자를 분양대상자로 한다.

(나) 사업시행방식전환의 경우에는 종전의 건축물 중 주택을 소유한 자, 90㎡ 이상 토지 소유 및 권리가액이 분양용 최소규모 공동주택 1가구 추산액 이상인 분양신청자만이 분양대상이라는 규정은 각 적용하지 아니할 수 있다(제1항 제4호 단서).

(다) 조례 제36조 제4항은 "제1항부터 제3항까지에도 불구하고 사업시행방식전환의 경우에는 환지면적의 크기, 공동환지 여부에 관계없이 환지를 지정받은 자 전부를 각각 분양대상자로 할 수 있다."고 규정하고 있는바, 위 조례규정의 해석이 문제된다.

'종전의 건축물 중 주택 또는 토지를 소유한 자' 대신 '전환되기 전의 사업방식에 따라 환지예정지를 지정받은 자'를 조합원 및 분양대상자로 정한다. 종전의 토지등을 수인이 공유하는 때에는 수인을 대표하는 1인을 조합원으로 보아 공유하는 토지등에 대하여 하나의 주택만을 공급하듯이, 사업시행방식이 전환되었을 때에도 하나의 환지예정지를 지정받은 사람이 수인인 경우에는 수인을 대표하는 1인을 조합원으로 보고 환지예정지에 대하여 하나의 공동주택만을 공급하고, 또한 환지예정지가 다수이고, 환지예정지 지정자가 수인인 경우라도, 위 환지예정지 지정자가 1세대에 속하는 경우에는 하나의 공동주택만을 공급하는 것을 원칙으로 한다.

다만 사업시행자가 재량으로 환지면적의 크기나 공동환지 여부에 관계없이 환지예정지를 지정받은 자 전부를 각각 단독의 분양대상자로 정할 수도 있다.[45]

---

44) 법 제정 당시의 부칙 제14조에 의한 재개발사업의 시행방식이 전환되는 것도 포함된다.
45) 대법원 2014. 10. 27. 선고 2014두8179 판결.

⑸ 재정비촉진계획에 의거한 기반시설설치로 인한 손실보상대상자 중 주택의 보상대상자

도시재정비법 제11조 제4항에 따라 재정비촉진계획에 따른 기반시설을 설치하게 되는 경우로서 종전의 주택(사실상 주거용으로 사용되고 있는 건축물을 포함한다)에 관한 보상을 받은 자만이 공동주택을 분양받을 수 있다(제5호).

나. 다수의 조합원에 대하여 1명의 분양대상자로 보거나 1조합원에 대하여 다수의 분양대상자로 보는 경우(제2항)

'권리산정기준일'이란 건축물의 분양받을 권리를 산정하기 위한 기준일로서 정비구역지정 고시일 또는 시·도지사가 기본계획 수립 후 정비구역 지정·고시 전에 따로 정하는 날을 의미하고, 그 다음날을 기준으로 권리를 산정한다.

⑴ 단독주택 또는 다가구주택을 권리산정기준일 후 다세대주택으로 전환한 경우(제1호)

㈎ 권리산정기준일 이후로서 조합설립인가 이전에 단독주택 또는 다가구주택이 다세대주택으로 전환되었다면, 각각의 소유자는 조합원의 지위에 있다. 그러나 각각의 소유자가 분양신청을 한다 하더라도 1명의 분양대상자에 해당된다. 다만 권리산정기준일 이전에 다세대주택으로 전환한 경우에는 가구별 소유자의 분양신청권을 인정한다(서울시 조례 제정 당시에는 2003. 12. 30. 이전에 다세대주택으로의 전환이 이루어진 경우에 한하여 가구별 분양신청을 인정한다).

이는 다가구주택(다가구주택 제도가 도입되기 이전의 사실상 다가구인 단독주택 포함)처럼 독립된 구조를 가져 가구별로 구분거래 되는 실정을 반영하면서도, 재개발사업에 의하여 공급되는 공동주택을 다수 취득할 목적으로 행하여지는 지분 쪼개기의 폐해를 방지하기 위하여 일정한 시점 이전까지 다세대주택으로의 전환이 행하여진 경우에 한하여 각각의 분양대상자임을 인정하는 것이다.

㈏ 다만 제3호(1997. 1. 15. 이전에 가구별로 지분이전등기를 마친 다가구주택은 각 지분권자 별로 분양대상이다)와의 조화적 해석으로 1997. 1. 15. 이전에 가구별로 지분이전등기를 마친 다가구주택이 가구 수의 증가 없이 다세대주택으로 전환한 경우에는 전환시점이 권리산정기준일 이후이든 2003. 12. 30. 이후이든 불문하

고 가구 별로 1명을 분양대상자로 한다. 왜냐하면 1997. 1. 15. 이전에 가구별로 지분이전등기를 마친 다가구주택은 각 지분권자 별로 분양대상인데, 권리산정기준일 이후에 다세대주택으로 전환되었다는 이유로 전체에 대하여 하나의 분양대상자로 함은 부당하기 때문이다.

부칙 제27조(다세대주택으로 전환된 주택의 분양기준에 관한 경과조치)는 "제36조 제2항 제1호의 개정규정에도 불구하고 서울시 조례 제4824호 서울시 조례 일부개정조례 시행 당시 최초로 사업시행계획인가를 신청하는 분부터 1997년 1월 15일 전에 가구별로 지분 또는 구분소유등기를 필한 다가구주택이 건축허가 받은 가구수의 증가 없이 다세대주택으로 전환된 경우에는 가구별 각각 1명을 분양대상자로 하여 적용한다."고 규정하여 이를 명확히 하고 있다.

㈐ 다세대주택으로의 전환의 개념이 무엇인가에 대하여 다툼이 있다. 즉, 집합건물로 구분등기가 경료된 것만으로 족한 것인지 또는 건축물대장까지 전환이 이루어져야 하는지의 문제이다. 판례는 이때의 '전환'이란 구 '건축물대장의 기재 및 관리 등에 관한 규칙'(2007. 1. 16. 건설교통부령 제547호로 전부개정되기 전의 것) 제6조 제1항에 의한 건축물대장까지 전환이 이루어져야 함을 의미한다고 판시하였다(대법원 2009. 9. 10. 선고 2009두10628 판결, 위 규정은 서울시 조례가 시행될 당시인 2003. 12. 30. 이전에 단독 또는 다가구주택이 다세대주택으로 전환하여 구분등기를 완료한 경우에는 각 가구별로 1분양권을 부여한다는 부칙 제5항[46]과 1997. 1. 15. 이전에 가구별로 지분등기 또는 구분등기를 마친 다가구주택에 한하여 각 가구별로 1분양권을 부여하는 부칙 제7항과의 조화로운 해석에 기인한 것이다).

---

46) 조례 제정 당시 위 부칙이 제정된 경위를 살펴보면, '서울시 도시재개발사업조례'(이하 '구 조례'라 한다)는 원래 정비구역지정고시일 이후 다세대주택을 취득한 경우에도 가구별로 개별분양을 인정하였으나, 2000. 5. 20.에 "구역지정 이후 분할 취득되는 토지 및 건축물의 경우 분양대상에서 제외되는 것과의 형평을 기하기 위하여 구역지정고시일 이전에 다가구 등 단독주택에서 다세대 등 공동주택으로 전환된 경우에 한하여 가구별 개별분양을 할 수 있도록 분양대상기준을 변경"하는 내용으로 그 제27조 제3항이 개정되면서 "2000. 5. 20. 전에 다세대주택으로 전환하여 구분소유등기를 필한 주택"에 대하여는 위 개정에 불구하고 가구별 개별분양을 할 수 있도록 하는 경과규정(부칙 제2조)을 두었다가, 서울시 조례 제24조 제2항 제1호가 구역지정고시일과 상관없이 단독주택 또는 다가구주택이 준공 이후 다세대주택으로 전환된 경우를 모두 공동분양대상으로 보면서 그 경과규정으로 앞서 살핀 바와 같이 그 기준일을 2003. 12. 30.로 하는 부칙 제5조를 두게 된 것이다.

⑵ 제39조 제1항 제2호에 따라 여러 명의 분양신청자가 1세대에 속하는 경우 (제2호)

이는 처음부터 1조합원의 지위만이 인정되고 대표조합원을 통하여 분양신청을 하여야 하나, 다수가 분양신청을 하더라도 1분양권만이 부여된다.

⑶ 1주택 또는 1필지의 토지를 여러 명이 소유하고 있는 경우. 다만, 권리산 정기준일 이전부터 공유로 소유한 토지의 지분이 제1항 제2호 또는 권리 가액이 제1항 제3호에 해당하는 경우는 예외로 한다(제3호)

⑺ 원칙

1주택 또는 1필지의 토지를 여러 명이 소유하고 있는 경우에는 법 제39조 제1 항 제1호에 따라 공유자 전체가 1조합원의 지위에 있고, 1분양대상자로서 대표조 합원을 통하여 분양신청을 하여야 한다.

⑷ 예외

① 1997. 1. 15. 또는 1990. 4. 21. 이전 지분이전등기를 경료한 다가구주택 또는 단독주택의 경우 가구별로 1분양대상자로 한다.

㉮ 요건

1997. 1. 15. 이전에 가구별로 지분이전등기를 필한 다가구 주택은 다가구로 건축허가 받은 가구 수에 한하여 가구별 각각 1인을 분양대상자로 한다. 또는 사 실상 다가구주택으로서 (다가구주택으로 건축허가를 받을 수 있는 제도가 시행된) 1990. 4. 21. 이전에 단독주택으로 건축허가를 받아 가구별로 지분이전등기를 경 료한 경우에도 가구별로 1인을 분양대상자로 한다(서울시 조례 부칙 제28조).[47]

다가구주택이 독립된 구조를 가진 가구별로 구분 거래되기도 하는 현실을 반 영하여, 설계 및 건축 단계부터 독립된 구조를 가지고 있고 그에 상응한 지분등기 가 마쳐짐으로써 그 지분등기를 이전하는 방법에 의하여 사실상 가구별로 독립적 거래가 가능한 경우에는 예외적으로 다가구주택의 가구별로 개별 분양대상자격을

---

47) 부칙 제28조(다가구주택의 분양기준에 관한 경과조치) 제1항은 "1997년 1월 15일 전에 가구별로 지 분 또는 구분소유등기를 필한 다가구주택(1990년 4월 21일 다가구주택 제도 도입 이전에 단독주택 으로 건축허가를 받아 지분 또는 구분등기를 필한 사실상의 다가구주택을 포함한다)은 제36조 제2 항 제3호의 개정규정에도 불구하고 다가구주택으로 건축허가 받은 가구 수로 한정하여 가구별 각 각 1명을 분양대상자로 한다."고 규정하고 있다.

인정하되, 다만 주택재개발사업에 의하여 공급되는 주택을 다수 취득할 목적으로 지분 쪼개기와 같은 행위를 하는 폐해를 방지하기 위해서 일정한 시점까지 지분 등기를 마칠 것을 요구하는 것으로 보이는바, 이는 다가구주택의 거래실정 및 재개발사업에 따른 주택분양 법률관계의 현실에 비추어 합리성이 인정된다.[48]

ⓝ 실무상 쟁점

실무상 법정기한 이전에 지분소유권이전등기가 경료되었는지 여부(다가구주택의 경우 1997. 1. 15. 이전에, 단독주택의 경우 1990. 4. 21. 이전에 각 지분소유권 이전등기가 경료되었는지 여부, 지분이전등기의 방법으로 전전양도 여부), 건축단계부터 가구별로 독립적인 주거생활을 영위할 수 있는 구조를 갖추고 있는지 여부(화장실, 주방 및 출입문 별도 여부 등), 실제로 각 가구는 독립적인 주거생활을 영위하였는지 여부(도시가스공급계약, 전기공급계약 등) 등에 대한 심리가 이루어지고, 다양한 다툼이 있다.

각각의 지분소유권 이전등기권자(각 가구별 1인)는 법률상으로는 공유자에 불과하여 지분권자 전원이 1인의 조합원이고, 조합에 대한 관계에서 1인의 조합원으로서 권리를 행사하고 의무를 부담하며, 단독의 조합원 지위에 있지 않지만,[49] 각각의 가구별로 분양신청권을 가지고, 분양대상자격을 보유하고 있다.

② 권리산정기준일 이전부터 공유로 소유한 토지의 지분이 90㎡ 이상인 경우, 공유로 소유한 토지의 권리가액이 분양용 최소규모 공동주택 1가구의 추산액 이상에 해당하는 경우 사업시행자가 각 공유자를 각 분양대상자로 할 수 있다.

㉮ 조례의 취지

재개발사업에 있어 1세대 또는 1인이 하나 이상의 주택 또는 토지를 소유한 경우라 하더라도 정비사업의 시행에 따라 1주택만을 공급하고, 수인이 주택 또는 토지를 공유하고 있는 경우에도 그 수인에게 1주택을 공급하는 것이 원칙이다.

그럼에도 불구하고 수인이 1토지를 공유한 경우로서 권리산정기준일 이전부터 공유지분으로 소유한 토지의 지분면적이 90㎡ 이상인 자 또는 지분의 권리가액이 분양용 최소규모 공동주택 1가구의 추산액 이상인 자에 대하여는 별도로 1주택을 공급할 수 있도록 한 것은, 토지의 면적이 90㎡ 이상이면 1토지를 소유하고 있는

---

48) 대법원 2009. 4. 23. 선고 2008두22853 판결.
49) 대법원 2011. 3. 10. 선고 2010두4377 판결(각각 단독의 조합원 지위확인청구는 이유 없다).

자는 1주택을 공급받을 권리가 있다는 점과 비교하여 볼 때 토지의 공유자가 그 공유지분의 면적이 아무리 크다고 하더라도 공유자 전원이 1주택만을 분양받을 수 있다고 보는 경우 정비사업으로 인한 개발이익의 균등한 배분이라는 측면에서 형평에 맞지 않기 때문이다.

또한 다가구주택과 같은 경우에는 실질적으로 주택의 일부분을 독립적으로 구분하여 사용하고 있고, 그 전용면적의 비율에 상응하는 토지의 공유지분을 소유하고 있음에도 언제나 수인의 다가구주택의 소유자들이 하나의 주택밖에 공급받지 못하게 되므로, 정비사업의 시행으로 인하여 주거의 근거지를 상실하게 되는 자들을 양산하게 된다는 점을 고려하여, 권리산정기준일 이전부터 다가구 주택의 토지를 공유하고 있는 자의 지분면적이 90㎡ 이상인 자, 지분의 권리가액이 분양용 최소규모 공동주택 1가구의 추산액 이상인 자에 대하여는 별도로 1주택을 공급받을 자격을 부여함으로써 개발이익의 공평한 분배라는 정비사업의 주된 가치를 달성할 수 있도록 함에 그 취지가 있다.

㉰ 실무상 쟁점

위 조항의 의미가 단독으로 지분 면적이 90㎡ 이상인 경우에만 인정되는 것인지, 공동으로 90㎡ 이상인 경우에도 적용되는지 여부가 문제된다. 예를 들면 3인이 권리산정기준일 이전에 공유로서 A 102㎡, B 33㎡, C 66㎡인 경우 몇 개의 수분양권이 부여되는지 살펴본다.

판례는 이 경우 A에게 1분양권, B, C에게는 공동으로 1분양권이 인정된다고 판시하였다.[50] 또한 주의할 점은 앞서 본 입법취지에서 본 바와 같이 순수하게 나대지인 토지의 공유자뿐만 아니라 다가구주택의 주거전용면적에 따른 토지의 공유지분이 90㎡ 이상인 경우에도 적용된다.

한편, 위 제3호 단서규정은 관리처분계획의 수립기준을 규정한 도시정비법 제76조 제1항 제7호 가목의 규정(2명 이상이 1 토지를 공유한 경우에는 1주택만 공급하나, 2명 이상이 1토지를 공유한 경우로서 시·도조례로 주택공급을 따로 정하고 있는 경우에는 시·도조례로 정하는 바에 따라 주택을 공급할 수 있다)에 따른 것이므로, 이는 사업시행자의 재량규정이다. 또다른 예외규정인 1997. 1. 15. 또는 1990. 1.

---

50) 대법원 2019. 12. 13. 선고 2019두39277 판결 및 각 하급심인 서울고등법원 2019. 4. 11. 선고 2018누77830 판결, 서울행정법원 2018. 11. 30. 선고 2018구합63471 판결.

21. 이전 지분이전등기를 경료한 다가구주택 또는 단독주택의 경우 법령에 의하여 가구별로 수분양권이 부여되는 점과 구별된다.

(4) 1필지의 토지를 권리산정기준일 후 여러 개의 필지로 분할한 경우(제4호)

권리산정기준일 이후로서 조합설립 전에 1필지의 토지를 여러 개의 필지로 분할한 경우, 다수의 조합원이 존재한다. 다만 그들 모두에게 1분양권만이 부여된다.

(5) 하나의 대지범위에 속하는 동일인 소유의 토지와 주택을 건축물 준공 이후 토지와 건축물로 각각 분리하여 소유하는 경우(제5호)

㈎ 동일인 소유의 토지와 주택을 건축물 준공 이후로서 조합설립 전에 토지와 건축물로 각각 분리하여 소유하는 경우, 각각 소유자별로 조합원이 존재한다. 다만 그들 모두에게 1분양권만이 부여된다.

㈏ 단 예외가 있다. 권리산정기준일 이전부터 소유한 토지의 면적이 90㎡ 이상인자는 그러하지 아니하다(제5호 단서). 위 단서규정에 권리산정기준일 이전에 토지와 건축물의 소유권이 분리되어야 하는지 여부에 관한 명시적 규정이 없어 그 해석에 논란이 있다.

비록 명시적 규정은 없으나, 권리산정기준일 이전에 동일인 소유의 토지와 주택이 토지와 건축물로 각각 소유권이 분리되었고, 토지의 면적이 90㎡ 이상인 경우인 한하여 그 예외를 인정할 수 있을 것이다. 그 논거는 다음과 같다.

① 위 단서 조항은 서울시 조례 2010. 7. 15. 조례 제5007호로 개정되면서 규정된 것인데, 그에 상응하는 위 조례 개정이전의 규정은 "다만, 2003년 12월 30일 전에 토지와 주택으로 각각 분리하여 소유한 경우로서 토지의 규모가 건축조례 제25조 제1호에 따른 규모 이상인 경우에는 그러하지 아니하다."인바, 조례 개정이 요건을 완화하기 위한 것으로 볼 수 없는 이상, 조례 개정 전 규정취지를 고려하여야 한다.

② 권리산정기준일 이전부터 소유한 토지의 면적이 90㎡ 이상이라 하더라도, 권리산정기준일 이후 토지와 건축물의 소유권이 분리되었음에도 각각 수분양권을 인정함은 위 본문의 취지를 몰각한다.

⑹ 권리산정기준일 후 나대지에 건축물을 새로 건축하거나 기존 건축물을 철거하고 다세대주택, 그 밖에 공동주택을 건축하여 토지등소유자가 증가되는 경우

권리산정기준일 이후로서 조합설립 전에 나대지에 건축물을 새로 건축하거나 기존 건축물을 철거하고 다세대주택, 그 밖에 공동주택을 건축하여 토지등소유자가 증가되는 경우, 다수의 조합원이 존재한다. 다만 그들 모두에게 1분양권만이 부여된다.

4. 권리산정기준일 관련 적용상의 문제

가. 문제의 소재

정비구역지정 고시일 또는 시·도지사가 기본계획 수립 후 정비구역 지정·고시 전에 따로 정하는 날 등 권리산정기준일 다음날을 기준으로 분양받을 권리를 산정하도록 규정한 구 법 제50조의2는 2009. 2. 6. 신설됨과 동시에 곧바로 시행되었다(해당 법률의 부칙에서 시행시기를 제한하지 않았고, 위 규정이나 부칙에서 그 시행 시기를 조례에 위임한다는 취지의 규정도 두지 않았다).

앞서 본 바와 같이 구 서울시 조례 제27조 역시 2010. 7. 15. 조례 제5007호로 위 권리산정기준일 규정의 신설에 맞추어 개정되었다. 그러나 개정 조례 부칙 제3조는 위 규정의 적용과 관련하여 '조례 시행 전에 기본계획이 수립되어 있는 지역 및 지구단위계획이 결정·고시된 지역은 종전 규정에 따른다.'고 규정하여 이미 기본계획이 수립되어 있는 지역 등에서는 구 법 제50조의2가 곧바로 적용될 수 없도록 하고 있다. 따라서 위와 같은 서울시 조례 부칙규정은 법률에 반하는 것인지 여부가 문제된다.

나. 판 례

판례는 구 서울시 조례 부칙 제3조가 제27조 개정 규정의 적용 시점에 관한 경과규정을 두었다 하더라도, 이를 두고 법률의 위임이 없다거나 상위 법률을 위반한 것으로 볼 수 없다고 판시하였다.[51] 그 논거는 다음과 같다.

---

51) 대법원 2017. 10. 31.자 2017두54555 심리불속행 판결 및 하급심인 서울고등법원 2017. 6. 14. 선고 2017누30964 판결, 서울행정법원 2020. 9. 11. 선고 2019구합77651 판결(확정).

① 2010. 7. 15. 서울시 조례 제5007호로 개정되기 전의 서울시 조례는 그 자체로 지분 쪼개기 방지기능을 수행하고 있으므로, 개정된 서울시 조례 제27조 대신 구 조례가 적용된다고 하여 신설된 법 제50조의2 규정의 취지가 몰각된다고 보기 어렵다.

② 위 조례 부칙 제3조가 제27조의 개정 규정에 대하여 최초로 기본계획을 수립하는 분부터 적용하기로 하고(제1항), 해당 조례 시행 전에 지구단위계획이 결정·고시된 지역은 종전 규정에 따르도록 한 것(제2항)은 구 법령상 위임 범위 내에서 구 서울시 조례가 규정하고 있던 지분 쪼개기 등 방지 취지와 구 법 제50조의2 신설 취지를 조화시키려는 것으로 그 합리성을 인정할 수 있다.

다. 현행 제36조와의 관계

현재 서울시 조례는 2018. 7. 29. 서울시 조례 제6899호로 전부개정 되었고, 제36조의 적용과 관련하여 종전 2010. 7. 15.자 개정 조례 부칙 제3조를 고려하여 현행 부칙 제29조(권리산정기준일에 관한 적용례 및 경과조치)는 제1항에서 제36조 개정규정은 서울시 조례 제5007호 시행 이후 최초로 기본계획(정비예정구역에 신규로 편입지역 포함)을 수립하는 분부터 적용하고, 제2항은 위 제5007호 조례 시행 전에 기본계획이 수립되어 있는 지역 및 지구단위계획이 결정·고시된 지역은 종전의 서울시 조례(서울시 조례 제5007호로 개정되기 전의 것) 제27조 및 제28조에 따르며, 제3항은 분양대상 적용 시 제2항을 따르는 경우 2003. 12. 30. 전부터 공유지분으로 소유한 토지의 권리가액이 분양용 최소규모 공동주택 1가구의 추산액 이상인 자는 종전의 서울시 조례(서울시 조례 제5007호로 개정되기 전의 것) 제27조 제2항 제3호에 따른 분양대상자로 본다고 각 규정하고 있다.

5. 각각의 내용이 다른 1수분양권을 가지는 다수 조합원들의 분양신청

다수의 조합원이 1수분양권만 보유함에도, 각각의 분양신청의 내용이 다른 경우, 즉, 일부 조합원은 상가를, 나머지 조합원은 공동주택을 분양신청한 경우 또는 각각 공동주택이나 상가에 대하여 분양신청 하였으나, 내용상 분양희망 주택이나 상가의 규모나 면적 등이 다른 경우의 처리방법이 문제된다.

실무상 사업시행자는 다양하게 처리하고 있다. 즉, ① 각기 다른 내용의 분양신청이므로 적법한 분양신청으로 볼 수 없다는 이유로 엄격하게 현금청산대상자로 처리하는 방법, ② 공동분양대상자임에도 각각 단독분양을 주장하여 협의가 이루어지지 않았다는 이유를 들어 잠정적으로 현금청산대상자로 처리하되, 분양대상을 확정할 수 없지만 토지등소유자들의 분양신청 의사가 확고한 사정을 고려하여 '분양대상의 누락, 착오 등의 사유로 관리처분계획의 변경이 예상되거나 소송 등의 사유로 향후 추가분양이 예상되는 경우 등'에 관한 표준정관 제50조(보류지 등)를 근거로 각 토지등소유자들 주장의 상가나 공동주택을 법 제74조 제1항 제4호의 보류지로 정하는 방법(추후 당사자들 사이에 합의가 되거나 소송의 결과에 따라 분양내용을 확정하고 그 수만큼 보류지를 줄이는 내용으로 관리처분계획의 변경을 예정한다), ③ 각 분양신청 내용을 고려하여 조합원들에게 가장 이익이 되는 방안을 사업시행자가 독자적으로 판단하여 수분양권을 배분하는 방법 등이 있다.

시장·군수등은 각각의 경우 모두 적법한 것으로 보아 각각의 내용대로 인가를 하고 있는 듯하다. 법리를 엄격하게 적용하면 현금청산대상자로 하여야 하나, 사업시행자는 개개의 사정을 고려하여 적절하게 관리처분계획을 수립하여야 할 것이다.

제4절 재건축사업 특유 관리처분방법

Ⅰ. 관리처분의 방법

1. 법령의 내용

법 제74조 제6항은 재건축사업에 따른 관리처분계획의 내용, 관리처분의 방법 등에 필요한 사항에 관하여 대통령령에 위임하고 있고, 위 규정에 따라 법 시행령 제63조 제2항은 재건축사업에서의 관리처분방법을 규정하고 있다. 관리처분의 방법은 다음과 같다(시행령 제63조 제2항). 다만, 조합이 조합원 전원의 동의를 받아 그 기준을 따로 정하는 경우에는 그에 따른다.

가. 제1호

제1항 제5호 및 제6호를 적용한다.

(1) 분양대상자가 공동으로 취득하게 되는 건축물의 공용부분은 각 권리자의 공유로 하되, 해당 공용부분에 대한 각 권리자의 지분비율은 그가 취득하게 되는 부분의 위치 및 바닥면적 등의 사항을 고려하여 정할 것(제1호, 제1항 제5호)

(2) 1필지의 대지 위에 2인 이상에게 분양될 건축물이 설치된 경우에는 건축물의 분양면적의 비율에 따라 그 대지소유권이 주어지도록 할 것(주택과 그 밖의 용도의 건축물이 함께 설치된 경우에는 건축물의 용도 및 규모 등을 고려하여 대지지분이 합리적으로 배분될 수 있도록 한다). 이 경우 토지의 소유관계는 공유로 한다(제1호, 제1항 제6호).

나. 제2호

부대시설·복리시설(부속토지를 포함한다)의 소유자에게는 부대시설·복리시설을 공급할 것. 다만, 다음 각 목의 어느 하나에 해당하는 경우에는 1주택을 공급할 수 있다.

(1) 새로운 부대시설·복리시설을 건설하지 아니하는 경우로서 기존 부대시설·복리시설의 가액이 분양주택 중 최소분양단위규모의 추산액에 정관등으로 정하는 비율(정관등으로 정하지 아니하는 경우에는 1로 한다)을 곱한 가액보다 클 것

(2) 기존 부대시설·복리시설의 가액에서 새로 공급받는 부대시설·복리시설의 추산액을 뺀 금액이 분양주택 중 최소분양단위규모의 추산액에 정관등으로 정하는 비율을 곱한 가액보다 클 것

(3) 새로 건설한 부대시설·복리시설 중 최소분양단위규모의 추산액이 분양주택 중 최소분양단위규모의 추산액보다 클 것

2. 재건축조합 표준정관의 규정(제46조)[52]

조합원의 소유재산에 관한 관리처분계획은 분양신청 및 공사비가 확정된 후 건축물철거 전에 수립하며 다음 각 호의 기준에 따라 수립하여야 한다.

---

52) 부산 표준정관은 법 제76조 제1항과 거의 동일하다(제44조).

⑴ 조합원이 출자한 종전의 토지 및 건축물의 가격/면적을 기준으로 새로이 건설되는 주택 등을 분양함을 원칙으로 한다.

실무상 조합은 종전 토지 및 건축물의 가격을 기준으로 한다.

⑵ 사업시행 후 분양받을 건축물의 면적은 분양면적을 기준으로 하고, 1필지의 대지 위에 2인 이상에게 분양될 건축물이 설치된 경우에는 건축물의 분양면적의 비율에 따라 그 대지소유권이 주어지도록 할 것

⑶ 조합원에게 분양하는 주택의 규모는 건축계획을 작성하여 사업시행계획인가를 받은 후 평형별로 확정한다.

⑷ 조합원에 대한 신축건축물의 평형별 배정에 있어 조합원 소유 종전건축물의 가격, 면적, 유형, 규모 등에 따라 우선순위를 정할 수 있다. 분양신청 시 조합원은 공동주택이든 부대시설·복리시설(상가)이든 모두 분양희망의견을 제출하여야 하고, 공동주택의 경우 일정평형에 신청이 몰리거나 상가의 경우 호수가 특정되어 있거나 호수가 특정되어 있지 않더라도 상가별, 층별, 위치별로 다툼이 예상되는 바, 이에 대한 기준을 미리 설정할 수 있다.

⑸ 조합원이 출자한 종전의 토지 및 건축물의 면적을 기준으로 산정한 주택의 분양대상면적과 사업시행 후 조합원이 분양받을 주택의 규모에 차이가 있을 때에는 당해 사업계획서에 의하여 산정하는 평형별 가격을 기준으로 환산한 금액의 부과 및 지급은 제54조, 제55조(각 청산금)의 규정을 준용한다.

⑹ 사업시행구역 안에 건립하는 상가 등 부대·복리시설은 조합이 시공자와 협의하여 별도로 정하는 약정에 따라 공동주택과 구분하여 관리처분계획을 수립할 수 있다.

⑺ 분양예정인 주택 및 부대복리시설의 평가는 감정평가업자 2인 이상이 평가한 금액을 산술평가한 금액으로 한다.

⑻ 그 밖에 관리처분계획을 수립하기 위하여 필요한 세부적인 사항은 관계규정 등에 따라 조합장이 정하여 대의원회의 의결을 거쳐 시행한다.

Ⅱ. 재건축사업 특유 관리처분방법의 특징

재건축사업의 특유한 관리처분방법에 관하여 규정한 법 시행령 제63조 제2항

제1호는 재개발사업에도 적용되는 것으로서 공동주택이나 1동의 건물을 구분소유하는 상가의 경우에 적용되는 일반원칙을 선언한 것에 불과함은 앞서 본 바이다. 다만 재건축사업에서는 재개발사업과 달리 조합이 조합원 전원의 동의를 받아 그 기준을 따로 정할 수 있다. 제2호 또한 부대시설·복리시설의 소유자에게는 종후자산으로 부대시설·복리시설을 배분하되, 예외적으로 주택을 분양할 수 있는 일반적인 경우를 규정한데 불과하다. 나아가 조합이 조합원 전원의 동의를 받아 그 기준을 따로 정하는 경우에는 그에 따른다.

위와 같이 사실상 재건축사업의 경우 재개발사업과 달리 법령에서 관리처분 방법을 구체적으로 규율하지 아니한 것은 공익성 및 공공성이 상대적으로 약하므로 법령이 적극적으로 관여하기보다 조합 스스로의 자율성을 존중하기 위함이다. 조합은 조합과 조합원에 대하여 구속력을 가지는 단체법적 법률관계를 규율하는 자치법규로서의 정관에 관리처분의 방법을 자세히 규정하고 있는 것이 일반적이다.

실무상 조합원에 대한 건축시설물의 분양기준에 관하여 ① 권리가액이 다액인 기존의 아파트를 소유한 조합원(기존에 큰 평수의 아파트를 소유한 조합원)부터 큰 평수의 신축 아파트를 배정하는 내림차순 우선 평형배정방식으로 평형을 결정하되, ② 내림차순 해당 조합원들에 대한 평형 배정 후 잔여분에 대하여 다른 조합원들의 분양신청이 경합하는 경우 권리가액 다액 순에 따르고, 권리가액이 동일한 조합원 사이에 경합이 생길 경우 무작위 전산추첨방식에 의하여 평형을 결정하며, ③ 평형신청을 하지 않은 조합원의 경우에는 분양평형 신청을 마친 조합원들에게 평형과 동·호수를 배정한 후 잔여세대를 임의로 배정한다는 내용으로 관리처분 계획을 수립하여 총회의결을 받기도 한다.

관리처분의 방법은 종전 주택 소유자가 재건축조합 가입을 결정하는 중요한 요소이므로, 재건축조합 표준정관에 첨부되어 있는 <별지 1 주택재건축정비사업 조합가입 동의서>에는 주택을 소유한 조합원의 신축 건축물에 대한 분양평형 결정은 조합원 분양신청 및 종전권리가액의 다액순에 의한다는 내용이 기재되어 있다. 부산 표준정관에는 별도의 조합가입 동의서 양식을 마련해 놓고 있지 않다.

제5절 관리처분계획의 수립기준

Ⅰ. 법령 및 조례에 의한 관리처분계획 수립기준

1. 법 제76조

가. 법 제76조 제1항은 관리처분계획의 내용은 다음 각 호의 기준에 따른다고 규정하고 있다.

(1) 종전의 토지 또는 건축물의 면적·이용 상황·환경, 그 밖의 사항을 종합적으로 고려하여 대지 또는 건축물이 균형 있게 분양신청자에게 배분되고 합리적으로 이용되도록 한다(제1호).

이는 관리처분계획 수립기준의 기본원칙이다.

(2) 지나치게 좁거나 넓은 토지 또는 건축물은 넓히거나 좁혀 대지 또는 건축물이 적정 규모가 되도록 한다(제2호).

(3) 너무 좁은 토지 또는 건축물이나 정비구역 지정 후 분할된 토지를 취득한 자에게는 현금으로 청산할 수 있다(제3호).

재개발사업의 경우 관리처분방법으로 분양신청자가 소유하고 있는 종전 토지의 총 면적이 90㎡ 미만인 경우 현금청산대상자로 함은 강행규정이다(서울시 조례 제36조 제1항 제2호). 따라서 '너무 좁은 토지'의 의미는 재개발사업의 경우 90㎡ 이상이나 다른 조합원들 소유 토지의 면적 기타 종후자산의 내용 등에 비추어 분양대상으로 하기에 적절하지 아니한 정도의 좁은 면적으로 해석하여야 한다.

재개발·재건축사업 모두 법 제77조의 권리산정기준일 규정이 적용되어 정비구역지정 후 분할된 토지를 취득한 경우에는 조합설립인가 전이어서 토지등소유자 모두가 조합원이 된다 하더라도 각 조합원 모두에 대하여 1개의 수분양권만 부여되므로, 현금으로 청산할 수 있는 '정비구역 지정 후 분할된 토지를 취득한 자'의 의미가 문제된다.

재건축사업에서 정비구역지정 이후 토지등이 분할되었는데, 분할 전 토지등소유자는 조합설립에 동의하지 않았으나, 분할된 토지등을 취득한 자가 조합설립에 동의한 경우, 조합설립에 동의한 정비구역 지정 후 분할된 토지등을 취득한 자에 대하여 현금청산이 가능하다는 의미로 해석될 수 있다.

⑷ 재해 또는 위생상의 위해를 방지하기 위하여 토지의 규모를 조정할 특별한 필요가 있는 때에는 너무 좁은 토지를 넓혀 토지를 갈음하여 보상을 하거나 건축물의 일부와 그 건축물이 있는 대지의 공유지분을 교부할 수 있다(제4호).

⑸ 분양설계에 관한 계획은 분양신청기간이 만료하는 날을 기준으로 하여 수립한다(제5호).

분양대상 조합원에 해당하는지 여부 판정의 기준일은 '분양신청기간 종료일'이고, 이는 임의로 변경할 수 없다(위 2000두604 판결).

⑹ 1세대 또는 1명이 하나 이상의 주택 또는 토지를 소유한 경우 1주택을 공급하고, 같은 세대에 속하지 아니하는 2명 이상이 1주택 또는 1토지를 공유한 경우에는 1주택만 공급한다(제6호).

재개발사업의 경우 재건축사업과 달리 공익성 및 공공성이 중대하므로 위 관리처분계획 수립기준은 엄격하게 준수되어 토지등소유자가 보유한 토지등의 개수, 가격, 면적 등을 불문하고 원칙적으로 1주택 분양만 인정되고, 다음에서 살펴보듯이 예외적으로 가액이나 면적에 따라 사업시행자가 재량으로 2주택을 분양할 수 있을 뿐이며, 2명 이상이 1주택 또는 1토지를 공유한 경우에는 1주택만이 공급되어야 한다.

⑺ 제6호에도 불구하고 다음 각 목의 경우에는 각 목의 방법에 따라 주택을 공급할 수 있다(제7호).

㈎ 2명 이상이 1토지를 공유한 경우로서 시 · 도조례로 주택공급을 따로 정하고 있는 경우에는 시 · 도조례로 정하는 바에 따라 주택을 공급할 수 있다.

이와 관련하여 앞서 본 서울시 조례 제36조 제2항 제3호 단서가 "권리산정기준일 이전부터 공유로 소유한 토지의 지분이 제1항 제2호(90㎡ 이상) 또는 권리가액이 제1항 제3호(분양용 최소규모 공동주택 1가구 추산액 이상)에 해당하는 경우는 예외로 한다."고 규정하고 있고, 위 규정의 내용에 대하여는 앞서 자세히 살펴보았으며, 재량규정인 점도 밝혔다.

㈏ 다음 어느 하나에 해당하는 토지등소유자에게는 소유한 주택 수만큼 공급할 수 있다.

① 사유

㉮ 과밀억제권역에 위치하지 아니한 재건축사업의 토지등소유자. 다만, 과밀억제권역에 위치한 재건축사업의 경우에는 토지등소유자가 소유한 주택의 범위에서 3주택까지 공급이 가능하나, 투기과열지구 또는 주택법 제63조의2 제1항 제1호에 따라 지정된 조정대상지역에서 사업시행계획인가(최초 사업시행계획인가를 말한다)를 신청하는 재건축사업의 토지등소유자의 경우에는 1주택만 가능하다.

㉯ 근로자(공무원인 근로자를 포함한다) 숙소, 기숙사 용도로 주택을 소유하고 있는 토지등소유자

㉰ 국가, 지방자치단체 및 토지주택공사등

㉱ 국가균형발전 특별법 제18조에 따른 공공기관 지방이전 및 혁신도시 활성화를 위한 시책 등에 따라 이전하는 공공기관이 소유한 주택을 양수한 자

② 재건축사업 주택공급상의 특성

재개발·재건축사업 모두 원칙적으로 1세대 또는 1명이 하나 이상의 주택 또는 토지를 소유한 경우 1주택을 공급하고, 다만 다음에서 살펴보듯이 사업시행자인 조합의 재량으로 종전 주택 가격의 범위 또는 종전 주택의 주거전용면적의 범위에서 2주택을 공급할 수 있으며, 이 중 1주택은 주거전용면적을 $60m^2$ 이하로 한다. 그러나 재건축사업의 경우에는 조합의 재량으로 소유한 주택 수만큼 공급할 수도 있고, 과밀억제권역에 위치한 경우에는 소유한 주택의 범위에서 3주택까지 공급할 수 있으며, 다만 투기과열지구 및 주택법 제63조의2 제1항 제1호에 따라 지정된 조정대상지역의 경우에만 원칙으로 돌아가 1주택만 공급할 수 있다(위 조항은 법이 2017. 10. 24. 법률 제14943호로 개정되면서 신설되었다. 다만 부칙 제3조에 의하여 최초 사업시행계획인가를 신청하는 분부터 적용한다), 그 경우에도 앞서 본 바와 같이 예외적으로 가액이나 면적에 따라 조합이 재량으로 2주택을 분양할 수 있다.

위와 같이 조합원에 대하여 공급하는 주택의 수에 있어 재건축조합에 폭넓은 재량이 부여된다. 이는 재건축사업이 재개발사업에 비하여 상대적으로 공공성 및 공익성이 약하기 때문이다. 관리처분계획 수립기준과 관련하여 재개발·재건축사업에서 나타나는 가장 뚜렷한 차이이다.

재건축조합이 재량으로 조합원이 소유한 주택 수만큼 공급할 수 있고, 과밀억제권역에 위치한 경우에는 토지등소유자가 소유한 주택의 범위에서 3주택까지 공급이 가능하며, 이는 여러 명의 토지소유자가 1세대에 속하는 때, 조합설립인가 후 1명의 토지등소유자로부터 다수가 토지등의 소유권을 양수한 경우도 포함한다. 그 경우의 분양신청에 대하여는 주택별로 하되, 대표조합원 명의로 하여야 함은 앞서 본 바이다.

㈐ 법 제74조 제1항 제5호[사업시행계획인가 고시가 있은 날(사업시행계획인가 전에 철거된 건축물은 시장·군수등에게 허가를 받은 날을 기준으로 한 가격)]에 따른 종전자산 가격의 범위 또는 종전 주택의 주거전용면적의 범위에서 2주택을 공급할 수 있고, 이 중 1주택은 주거전용면적을 60㎡ 이하로 한다. 다만, 60㎡ 이하로 공급받은 1주택은 이전고시일 다음 날부터 3년이 지나기 전에는 주택을 전매(매매·증여나 그 밖에 권리의 변동을 수반하는 모든 행위를 포함하되 상속의 경우는 제외한다)하거나 전매를 알선할 수 없다. 이 부분에 관하여는 실무상 다툼이 많은 바, 구체적인 내용은 다음 항에서 살펴본다.

나. 한편, 법 제76조 제2항은 제1항에 따른 관리처분계획의 수립기준 등에 필요한 사항은 대통령령으로 정한다고 규정하고 있으나, 현행 시행령에는 어떠한 규정도 없다.

2. 서울시 조례 제34조

가. 법 제76조 제1항 제7호 (가)목과 관련한 서울시 조례 제36조 제2항 제3호 단서 규정의 의미에 대하여는 앞서 본 바이다.

나. 한편 서울시 조례 제34조는 관리처분계획의 수립기준으로 다음과 같은 사항을 규정하고 있다.

⑴ 종전 토지의 소유면적은 관리처분계획기준일 현재 공간정보관리법 제2조 제19호에 따른 소유토지별 지적공부(사업시행방식전환의 경우에는 환지예정지증명원)에 따른다. 다만, 1필지의 토지를 여러 명이 공유로 소유하고 있는 경우에는 부동산등기부(사업시행방식전환의 경우에는 환지예정지증명원)의 지분비율을 기준으로 한다(제1호).

⑵ 국·공유지의 점유연고권은 그 경계를 기준으로 실시한 지적측량성과에 따

라 관계 법령과 정관등이 정하는 바에 따라 인정한다(제2호).

(3) 종전 건축물의 소유면적은 관리처분계획기준일 현재 소유건축물별 건축물대장을 기준으로 하되, 법령에 위반하여 건축된 부분의 면적은 제외한다. 다만, 정관등이 따로 정하는 경우에는 재산세과세대장 또는 측량성과를 기준으로 할 수 있다(제3호).

조합원은 종전 주택의 주거전용면적 범위에서 2주택을 공급받을 수 있으므로, 그 기준을 확정한 것이다.

(4) 종전 토지등의 소유권은 관리처분계획기준일 현재 부동산등기부(사업시행방식전환의 경우에는 환지예정지증명원)에 따르며, 소유권 취득일은 부동산등기부상의 접수일자를 기준으로 한다. 다만, 특정무허가건축물(미사용승인건축물을 포함한다)인 경우에는 구청장 또는 동장이 발행한 기존무허가건축물확인원이나 그 밖에 소유자임을 증명하는 자료를 기준으로 한다(제4호).

법 제129조는 정비사업과 관련하여 권리를 갖는 자의 변동이 있은 때에는 종전의 권리자의 권리·의무는 새로 권리자로 된 자가 승계한다고 규정하고 있다. 표준정관 제11조 제1항은 조합원이 건축물의 소유권을 양도하였을 때에는 조합원의 자격을 즉시 상실한다고 규정하고 있고, 제9조 제5항도 양도·상속·증여 및 판결 등으로 조합원의 권리가 이전된 때에는 조합원의 권리를 취득한 자로 조합원이 변경된 것으로 보며, 권리를 양수받은 자는 조합원의 권리와 의무 및 종전의 권리자가 행하였거나 조합이 종전의 권리자에게 행한 처분, 청산 시 권리·의무에 관한 범위 등을 포괄승계 한다고 규정하고 있다. 결국 조합원 자격 취득과 관련한 소유권 취득일은 관리처분계획 수립 대상인지 여부와 관련되고 있으므로 조례에서 그 기준을 확정하였다.

(5) 국·공유지의 점유연고권자는 제2호에 따라 인정된 점유연고권을 기준으로 한다(제5호).

(6) 건축법 제2조 제1항 제1호에 따른 대지부분 중 국·공유재산의 감정평가는 법 제74조 제4항 제1호를 준용하며, 법 제98조 제5항 및 제6항에 따라 평가한다(제6호).

Ⅱ. 법 제76조 제1항 제7호 (다)목의 해석과 관련한 쟁점

투기과열지구 또는 주택법 제63조의2 제1항 제1호에 따라 지정된 조정대상지역인지 여부를 불문하고, 재개발 · 재건축사업에 있어 사업시행자는 재량으로 종전 자산에 따른 가격의 범위 또는 종전 주택의 주거전용면적의 범위에서 2주택을 공급할 수 있다. 아파트 가격 상승기에 있어 종후자산으로 2주택을 공급받는 것은 상당한 이득이므로, 그 요건의 구비여부와 관련하여 사업시행자와 조합원 사이에 실무상 다툼이 많다.

1. 연혁 및 입법취지

가. 연 혁

위 규정은 법이 2012. 2. 1. 법률 제11293호로 일부 개정되면서 '제1항 제4호에 따른 가격의 범위에서 2주택을 공급할 수 있고, 이 중 1주택은 주거전용면적을 60㎡ 이하로 한다.'는 규정이 신설되었고, 다시 법이 2013. 12. 24. 법률 제12116호로 '제1항 제4호에 따른 가격의 범위 또는 종전 주택의 주거전용면적의 범위에서 2주택을 공급할 수 있고, 이 중 1주택은 주거전용면적을 60㎡ 이하로 한다.'는 내용으로 일부 개정되어 현재에 이르고 있다.

나. 입법취지

위 규정은 법 제76조 제1항 제1호가 관리처분계획은 대지 또는 건축물이 균형 있게 분양신청자에게 배분되고 합리적으로 이용되도록 한다고 규정하고 있음에도, 제6호에 의하여 종전 주택의 개수, 종전 주택의 가액이나 주택의 면적에도 불구하고 반드시 조합원 당 1주택만을 분양받을 수 있도록 규정하고 있음에 따라 발생할 수 있는 종후자산의 합리적 배분 및 이용이 저해되는 문제점, 조합원들 사이의 형평성, 탈법행위의 가능성 등을 고려하여, 사업시행자에게 예외적으로 2주택까지 분양할 수 있는 폭넓은 계획재량을 부여한 것이고 소형주택의 공급확대를 유도하기 위한 측면도 있다. 따라서 종전자산에 따른 가격의 범위 또는 종전 주택의 주거전용면적의 범위에서 2주택을 공급할 것인지 여부는 사업시행자인 조합의 재량이고 분양신청이 이루어지기 전에 확정되어야 할 것이다.

다만, 사업시행자인 조합으로서는 종전 자산의 가격이나 주거전용면적 범위에서 2주택을 공급하기로 하였고, 그 요건에 해당하여 조합원에게 2주택을 공급하는 경우라고 하더라도 그 중 1주택은 반드시 주거전용면적을 60㎡ 이하로 하여야 하고, 60㎡ 이하로 공급받은 1주택은 이전고시일 다음 날부터 3년이 지나기 전에는 주택을 전매(매매·증여나 그 밖에 권리의 변동을 수반하는 모든 행위를 포함하되 상속의 경우는 제외한다)하거나 이의 전매를 알선할 수 없다.

다. 강행규정

이는 1(인)세대 1주택 분양원칙에 반하여 2주택을 공급하는 예외를 인정하는 규정이므로, 사업시행자가 그 요건을 완화시킬 수 없는 강행규정이다. 나아가 공급하는 2주택 중 1주택은 반드시 주거전용면적이 60㎡ 이하여야 하고, 그 주택의 처분에 필요한 보유기간도 1(인)세대 1주택 분양원칙에 반하여 예외적으로 2주택을 공급함에 따른 준수사항이므로, 강행규정이다. 60㎡ 이하로 공급받은 1주택에 대한 3년간 전매 및 전매알선 금지규정 위반하여 주택을 전매하거나 전매를 알선한 자는 법 제136조 제8호에 의하여 3년 이하의 징역 또는 3천만원 이하의 벌금이라는 형사처벌까지 받게 된다. 종전 자산의 가격은 사업시행계획인가 고시일을 기준으로 하고, 주거전용면적은 건축물 대장을 기준으로 함은 앞서 본 바이다.

2. 관련 쟁점

가. 사업시행계획인가 고시일의 의미

종전자산 가격의 기준일은 사업시행계획인가 고시일이지만, 사업시행계획은 관리처분계획 수립 전에 여러 차례 변경될 수 있는바, 2주택 공급 가능여부를 결정하는 법 제74조 제1항 제5호가 정한 '사업시행계획인가 고시일'이란 '최초 사업시행계획인가 고시일'을 의미한다.[53]

나. 가격의 범위

(1) 문제의 소재

2주택의 요건이 되는 법 제74조 제1항 제5호에 따른 가격의 범위에는 종전자

---

53) 대법원 2015. 10. 29. 선고 2014두13294 판결.

산 가격 중 주택가격만을 기준으로 할 것인지 또는 종전 주택가격 외에 다른 자산(상가 등)가격을 포함할 수 있는지 여부가 문제된다. 왜냐하면 법 제76조 제1항 제7호 (다)목이 면적에 대하여는 '종전 주택'의 주거전용면적이라고 명시적으로 적시하고 있으나, 가격에 대하여는 법 제74조 제1항 제5호에 따른 가격의 범위라고 하여 종전자산으로 주택 외에 상가 등을 보유한 조합원의 경우, 상가 등의 가격도 포함되는 것으로 해석할 여지가 있기 때문이다.

(2) 판단

법 제74조 제1항 제5호에 따른 가격의 범위에는 종전자산 가격 중 주택가격만을 기준으로 해야 한다. 그 논거는 다음과 같다.

① 위 조항은 2012. 2. 1. 법률 제11293호로 일부 개정되면서 도입되었는데, 그 입법취지에 조합은 조합원이 소유한 기존 주택의 감정평가액 범위에서 2주택 분양을 허용하는 것임을 명시하고 있다.

② 이는 1(인)세대 1주택 분양원칙에 반하여 예외적으로 인정하는 것이므로 엄격하게 해석하여야 하고, 법은 제76조 제1항 제7호 (다)목상의 면적의 경우에는 종전 주택의 '주거전용면적'이라고 명시적으로 규정하고 있는데, 종전자산 가격은 위 주거전용면적의 대구(對句) 조항이다.

다. 특정무허가건축물에 대하여도 그 가격 또는 주거전용면적에 따른 2주택 공급여부

(1) 문제의 소재

특정무허가건축물의 소유자는 정관에 의하여 조합원의 지위가 인정되고, 주거용인 경우에는 공동주택 분양의 대상이 된다. 문제는 그와 같은 무허가건축물에 대하여도 주거전용면적을 기준으로 2주택의 공급이 가능한지 여부이다. 이는 주택의 적법한 주거전용면적(건축물대장상의 적법한 면적)에 1989. 1. 24. 이전에 축조된 무허가 주거전용면적 부분을 합한 결과 2주택이 가능한 주거전용면적이 되는 경우에도 동일한 문제가 제기된다. 특정무허가 건축물의 가격은 일반적으로 적법한 건축물에 비하여 상당히 낮을 것으로 보여 종전 주택가격이 종후자산 2주택의 분양이 가능한 경우는 거의 상정하기 어려우나, 극히 이례적인 사안에서는 이 또한 문제될 소지가 있다.

(2) **학설**

㈎ **긍정설**

정관에서는 특정무허가건축물 소유자는 조합원으로 인정한다고 규정하고 있고, 2주택자 분양대상에서 특정무허가건축물 소유자를 제외하고 있지 않는 점, 표준정관 제45조 제2호는 관리처분계획의 기준으로, "종전건축물의 소유면적은 관리처분계획기준일 현재 소유 건축물별 건축물대장을 기준으로 하되, 다만 건축물 관리대장에 등재되어 있지 아니한 종전 건축물에 대하여는 재산세과세대장 또는 측량성과를 기준으로 할 수 있다. 이 경우 위법하게 건축된 부분의 면적(무허가 건축물의 경우에는 기존 무허가 건축물에 추가된 면적을 말한다)은 제외한다."라고 규정하는바, 위와 같이 관리처분계획의 수립기준으로 무허가 건축물의 경우 기존 무허가 건축물에 추가된 면적은 위법하여 제외한다고 규정함은 특정무허가건축물의 경우에는 그 건물면적이 정당함을 전제로 하고 있다. 따라서 특정무허가건축물에 대하여도 그 가격 또는 주거전용면적에 따른 2주택 공급이 허용되어야 한다.

㈏ **부정설**

원래 무허가 건축물은 철거될 건축물이므로 그 소유자를 조합원으로 인정할 수 없으나, 정관에 의하여 예외적으로 조합원 지위가 부여되므로, 무허가 건축물 소유자의 조합원 지위는 엄격히 해석해야 한다. 주택 가격 또는 주거전용면적에 기초한 2주택 부여는 1(인)세대 1주택에 대한 예외 규정이므로 더더욱 엄격히 해석해야 하므로, 특정무허가건축물에 대하여 그 가격 또는 주거전용면적에 따른 2주택 공급은 허용될 수 없다.

㈐ **결론**

서울시 조례 제34조 제3호는 관리처분계획의 수립기준으로 종전 건축물의 소유면적은 관리처분계획기준일 현재 소유건축물별 건축물대장을 기준으로 하되, 법령에 위반하여 건축된 부분의 면적은 제외한다고 규정하고 있는 점, 무허가 건축물은 철거될 건축물이나 특별히 특정무허가건축물에 대하여만 예외를 인정하고 있는데, 철거될 건축물에 대하여 2주택까지 부여함은 정의관념에 반하고, 이를 조장할 우려가 있는 점 등에 비추어 부정설이 타당하다.

종전 주택 건축물 대장상 1, 2층의 용도가 주택으로 되어 있고, 그 면적만으로는 2주택을 분양받을 수 있는 면적에 미달하지만, 주택의 지층이 건축물 대장상으로 용도가 지하실(또는 점포)로 되어 있음에도, 실제로 주거용으로 사용하고 있고, 주거용으로 사용하기 시작한 시점이 1989. 1. 24. 이전이며, 위 면적을 합하면 2주택을 분양받을 수 있는 면적에 해당한다 하더라도 2주택의 분양이 허용될 수는 없다.

다만 법률에 의하여 조합원의 지위가 인정된 자들 사이에 권리의 차등을 두는 내용의 결의는 무효이나, 정관에 의하여 비로소 조합원의 지위가 인정되는 조합원의 권리내용은 법률에 의하여 조합원의 지위가 인정되는 조합원의 권리내용보다 제한하더라도 그 총회결의는 유효하고, 정관규정도 유효하므로(위 2012두5572 판결), 해석상의 논란을 잠재우기 위해 사업시행자로서는 특정무허가건축물에 대하여 2주택의 지위가 부여되지 아니함을 정관이나 총회결의로 명확히 해두는 것이 필요하다.

Ⅲ. 법 제39조 제1항 각 호의 사유와 양도 시의 수분양권

1. 다수가 1조합원이거나 1인이 다수 토지등을 소유한 경우의 정비사업 전체 과정 정리

1토지등을 다수가 공유하거나, 여러 명의 토지등소유자가 1세대에 속하는 경우 등 다수가 1조합원이거나 1인이 다수 토지등을 소유한 경우의 정비사업 전체 과정에 대하여 살펴본다.

가. 조합설립단계에서 조합설립요건으로서의 정족수 산정 관련(법 시행령 제33조 제1항)

⑴ 다수가 1토지등을 공유하는 경우, 1인이 다수 토지등을 소유한 경우는 모두 1인의 토지등소유자로 한다. 다만 여러 명의 토지등소유자가 1세대에 속하더라도 조합설립단계에서는 각각 토지등소유자로 한다(조합설립인가 이후에는 전체를 1조합원으로 한다는 규정으로 사전에 지분 쪼개기를 방지할 뿐이다). 또한 공유자의 구조가 동일한 경우에는 다수의 토지등에 대하여 모두 1인의 토지등소유자로 한다.

⑵ 조합설립단계에서는 관리처분계획에서의 권리산정기준일과 같은 기준일 제

도가 없어 동의정족수 충족을 위한 지분 쪼개기가 만연하다.

나. 조합설립인가 이후의 조합원(법 제39조)

(1) 다수가 1토지등을 공유하는 경우

1인이 다수 필지의 토지 또는 다수의 건축물을 소유한 경우는 모두 1인의 조합원으로 함은 조합설립단계와 동일하다.

(2) 조합설립인가 단계와의 차이

여러 명의 토지등소유자가 1세대에 속하는 경우에는 1조합원으로 하고, 조합설립인가 이후 1명의 토지등소유자로부터 토지 또는 건축물의 소유권이 양도되어 수인이 소유하게 된 때에도 1인의 조합원이다. 이는 지분 쪼개기를 방지하기 위함이다. 투기방지를 위하여 투기과열지구에서의 재건축사업은 조합설립인가 후, 재개발사업은 관리처분계획인가 후 토지등을 양수한 자에 대하여 원칙적으로 조합원 지위가 부여되지 않는다.

다. 공동주택 분양신청권 관련

(1) 정비사업 관련 분양신청권

㈎ 재건축사업

과밀억제권역에 위치하지 아니한 경우에는 사업시행자는 소유한 주택 수만큼 공급할 수 있고(재량행위), 과밀억제권역에 위치한 경우에도 3주택까지는 공급할 수 있다(재량행위).

㈏ 재개발사업 또는 투기과열지구 등에서의 재건축사업

원칙적으로 1조합원(1세대, 1인, 공유자)에게 1주택을 분양하고, 예외적으로 사업시행자는 종전자산 가격 또는 종전주택의 주거전용면적의 범위에서 2주택을 공급할 수 있다(재량행위).

(2) 1조합원(1세대, 1인, 공유자) 1주택 분양원칙

㈎ 재개발, 재건축 공통(법 제77조)

권리산정기준일 이후 취득의 경우 다수 조합원에 대한 1 수분양권(지분 쪼개기 방지 목적)

㈏ 재개발사업 예외

① 1조합원의 분양신청권 제외(서울시 조례 제36조 제1항)

㉮ 주택 이외의 지장물 소유자

㉯ 90㎡ 미만 과소토지 소유자

㉰ 권리가액이 분양용 최소규모 공동주택 1가구의 추산액 미만

② 다수의 조합원에게 1개의 분양신청권(서울시 조례 제36조 제2항)

㉮ 단독주택 또는 다가구주택을 권리산정기준일 후 다세대주택으로 전환한 경우

㉯ 1필지의 토지를 권리산정기준일 후 여러 개의 필지로 분할한 경우

㉰ 하나의 대지범위에 속하는 동일인 소유의 토지와 주택을 건축물 준공 이후 토지와 건축물로 각각 분리하여 소유하는 경우. 다만, 권리산정기준일 이전에 분리되었고, 토지의 면적이 90㎡ 이상인 경우는 예외로 한다.

㉱ 권리산정기준일 후 나대지에 건축물을 새로 건축하거나 기존 건축물을 철거하고 다세대주택, 그 밖에 공동주택을 건축하여 토지등소유자가 증가되는 경우

③ 공유임에도 1조합원에게 수개의 분양신청권

㉮ 필수적인 수개의 분양신청권: 다가구주택의 경우 1997. 1. 15. 전에, 단독주택의 경우 1990. 4. 21. 이전에 각 지분소유권 이전등기가 경료되고, 지분이전등기의 방법으로 전전 양도된 경우, 가구별 1인의 분양신청권(서울시 조례 2018. 7. 19. 제6889호 부칙 제28조)

㉯ 사업시행자의 재량에 의한 수개의 분양신청권: 권리산정기준일 이전부터 공유로 소유한 토지의 지분이 90㎡ 이상 또는 권리가액이 분양용 최소규모 공동주택 1가구의 추산액 이상에 해당하는 경우(법 76조 제1항 제7호 가목, 서울시 조례 36조 제2항 제3호 단서)

2. 다수 토지등소유자의 조합설립인가 이후 양도 시의 법률관계

조합설립인가 이후 다수의 토지 또는 건축물을 소유한 1인의 조합원이 이를 양도하였고, 양도인과 양수인이 모두 분양신청을 한 경우의 법률관계에 대하여 살펴본다.

가. 실무상 견해의 대립

(1) 수개의 수분양권 긍정설[54]

양도인 및 양수인 모두에게 수분양권을 인정해야 한다는 견해이다. 이는 종래 이른바 물딱지(분양받을 자격이 없는 지분을 의미)가 딱지(분양받을 자격이 있는 지분)가 되었음을 처음 인정한 판례로 상당한 반향을 불러 일으켰다. 그 논거는 다음과 같다.

① 1필지의 토지나 1건축물에 대한 지분 쪼개기는 위법하나, 수인이 각각 토지등을 소유하였더라면 각각 수분양권이 인정되었을 것이므로, 다수의 토지등을 소유한 1조합원이 각각 토지등을 양도하였다면 양수인 모두에게 수분양권을 인정하더라도 합리적이다.

② 조합설립인가 이후 다수의 토지 또는 건축물을 소유한 1인의 조합원이 이를 양도하는 경우 법령에 1수분양권을 인정한다는 명문의 규정이 없으므로, 이는 수명의 분양대상자를 허용한다는 의미이고, 법 제72조는 제1항에서 사업시행자로 하여금 조합원이 아닌 '토지등소유자'에게 분양신청 통지하도록 규정하고 있으며, 제3항에서는 조합원이 아닌 '토지등소유자'가 분양신청기간 내에 사업시행자에게 분양신청을 하도록 규정하는 등 법은 분양대상자를 조합원이 아닌 '토지등소유자'로 규정하고 있다.

(2) 수개의 수분양권 부정설[55]

양도인 및 양수인 모두에게 1개의 수분양권만을 인정해야 한다. 그 논거는 다음과 같다.

① 양도 시 각각 수분양권이 인정된다면, 이는 '1명이 하나 이상의 주택 또는 토지를 소유하고 있는 경우 1주택을 공급'하도록 규정하고 있는 법 제76조 제1항 제6호를 잠탈하게 되는 결과가 발생한다.

② 법리상 조합설립인가 당시를 기준으로 다수의 부동산을 소유하고 있는 경우 1인의 조합원으로 산정하고, 조합원으로 산정된 숫자만큼 수분양권이 인정되므

---

54) 대법원 2020. 5. 28.자 2020두35325 심리불속행 판결의 하급심인 광주고등법원 2020. 1. 23. 선고 2018누6446 판결.

55) 부산고등법원 2020. 2. 12. 선고 2019누23845(대법원 2020두36724 계속 중).

로, 위 1인으로부터 조합설립인가 후에 부동산을 양도받은 양수인들은 1개의 수분양권 중 자신의 권리 범위에 따른 공유지분만큼의 수분양권만을 가지게 된다고 보아야 한다.

나. 결 론

수개의 수분양권 부정설이 타당하다. 그 논거는 다음과 같다.

① 법 제76조 제1항 제6호의 1세대 또는 1명이 하나 이상의 주택 또는 토지를 소유한 경우 1주택을 공급한다는 것이 관리처분계획의 수립기준이고 이는 재개발사업에서 원칙적 강행규정이다. 또한 법 제39조 제1항 제3호는 조합설립인가 후 1명의 토지등소유자로부터 토지 또는 건축물의 소유권이나 지상권을 양수하여 여러 명이 소유하게 된 때에도 여러 명을 대표하는 1명을 조합원으로 본다고 규정하고 있으며, 이 또한 강행규정이다. 위 규정의 조화로운 해석상 1세대 또는 1명이 하나 이상이 주택 또는 토지를 소유하다가 그 중 일부를 양도한 경우 모두에게 1주택만 공급한다고 해석되어야 한다.

② 법령이나 조례의 명문규정이 없다고 하여 이를 모두 허용하는 규정으로 해석할 수는 없고, 오히려 누구나 수긍하는 당연한 내용인 경우에는 명시적으로 기재하지 않는 것이 일반적이다. 조합설립인가 이후 다수의 토지 또는 건축물을 소유한 1인의 조합원이 토지등을 양도하는 경우의 수분양권 개수에 관하여 명문규정이 없는 것은 그 경우 1조합원만 인정되듯이 1수분양권만 인정되는 것이 너무나 당연하기 때문이다.

③ 법 제72조 제1항, 제3항, 법 제74조 제4항, 법 시행령 제63조 제1항 제3호가 재개발사업에 관한 관리처분의 방법을 규정하면서 분양대상자를 조합원이 아닌 '토지등소유자'로 규정하고 있는 것은 재개발사업의 사업시행자는 조합 외에 토지등소유자 개인(토지등소유자가 20인 미만인 재개발사업)도 가능하고, 그 경우에는 조합이 설립되지 않아 조합원 자체가 존재하지 아니하므로 이를 포괄하는 개념으로 '토지등소유자'라는 용어를 사용한 것일 뿐, 조합이 사업시행자인 사건에서 조합원 외에 별도의 분양신청권자로서 토지등소유자의 지위를 인정하기 때문은 아니다.

3. 기 타

재건축사업에서 조합설립인가 당시 1인이 다수의 소유권을 가지고 있다가 조합설립 인가 이후 이를 양도하였고, 양수인은 재건축사업에 동의한 반면, 양도인은 동의하지 않아 현금청산대상자가 된 경우의 법률관계와 관련하여 조합설립에 동의하기 위해서는 대표조합원 선임절차를 거쳐야 하는지 여부가 다투어지나, 양도인 및 양수인 모두를 토지등소유자로 하여 대표조합원을 선임할 필요가 없고, 양수인이 대표조합원 선임 없이 단독으로 조합설립동의 및 분양신청이 가능하다.

또한 재개발사업에서 A, B, C, D가 1세대로서 각각 수개의 토지등을 소유하다가(모두 1조합원이다) 조합설립인가 이후 A가 자신의 토지등 중 일부를 갑에게 양도하고, B가 자신의 토지등 중 일부를 을에게 양도하며, C가 자신의 부동산 중 전부를 병에게 양도한 경우, A, B, 甲, 乙, 丙, D가 1개의 수분양권을 가지는지 또는 같은 세대를 형성하지 아니한 토지등 양수인은 별개의 수분양권을 가지는지 여부가 다투어지나, 모두가 1조합원의 지위에 있고, 모두 1분양대상자임이 타당하다. 자세한 내용은 제4편 제5장 제1절 Ⅳ. "4. 법 제39조 제1항 제2호 및 제3호의 해석상의 쟁점"에서 살펴보았다.

제4장 관리처분계획인가 절차

제4장

Ⅰ. 관리처분계획 수립 이후 인가신청 시까지 절차

1. 관리처분계획의 공람

가. 규 정

> **법 제78조(관리처분계획의 공람 및 인가절차 등)**
> ① 사업시행자는 제74조에 따른 관리처분계획인가를 신청하기 전에 관계 서류의 사본을 30일 이상 토지등소유자에게 공람하게 하고 의견을 들어야 한다. 다만, 대통령령으로 정하는 경미한 사항을 변경하려는 경우에는 토지등소유자의 공람 및 의견청취 절차를 거치지 아니할 수 있다.
> ⑤ 사업시행자는 제1항에 따라 공람을 실시하려는 때에는 대통령령으로 정하는 방법과 절차에 따라 토지등소유자에게는 공람계획을 통지하여야 한다.
>
> **시행령 제65조(통지사항)**
> ① 사업시행자는 법 제78조 제5항에 따라 공람을 실시하려는 경우 공람기간·장소 등 공람계획에 관한 사항과 개략적인 공람사항을 미리 토지등소유자에게 통지하여야 한다.

나. 내 용

⑴ 앞서 본 바와 같이 각각의 사업시행자에 따라 관리처분계획(안)에 대하여 총회의결 이전, 총회의결 이후, 총회의결일 전후 기간 등 다양한 방법으로 공람절차를 이행하나, 일반적으로는 총회의결을 통하여 관리처분계획을 수립한 이후 인가 전 단계에서 공람절차를 거치게 된다. 조합은 공람을 실시하기 위하여 조합원들에게 관리처분계획(안) 공람안내문을 등기우편의 방법으로 발송하여 통지한다.

반송 시에는 일반우편으로 발송한다. 공람안내문에는 관리처분계획에 대한 공람기간·자료·장소·대상 및 의견제출기간 등 공람계획에 관한 사항과 개략적인 공람사항이 포함된다.

(2) 공람은 조합원들에게 의결된 관리처분계획의 내용을 알리고, 조합원들의 의견청취를 통하여 오류를 시정하기 위함이다. 공람 및 의견청취절차를 통하여 오류가 발견된 경우 새롭게 총회소집절차 등을 통하여 관리처분계획을 변경하는 의결절차를 거쳐야 하는지 여부가 문제된다. 이는 인가신청 이후 행정청의 심사과정에서 오류가 발견되어 보완을 요청받은 경우에도 동일하게 적용된다.

(개) 실질적 내용 변경과 무관한 오기, 위산, 누락 등의 경우 새로운 총회결의 없이 이를 시정할 수 있다고 보아야 할 것이다. 왜냐하면 이해관계가 상충되는 다수의 토지등소유자들의 개별적이고 구체적인 이익을 적절히 형량·조정하여 관리처분계획이 수립되는데 그 과정에서 착오, 오기, 위산, 누락 등은 불가피하고, 법이 그와 같은 오류를 시정하기 위한 절차로 공람 및 의견청취절차 제도를 둔 것은 새로운 총회결의 없이 시정함을 전제로 한 것으로 보아야 한다.

(내) 관리처분계획의 내용이 위법한 경우, 예를 들면 일부 조합원에게 2주택을 분양하는 내용으로 관리처분계획이 수립된 후, 공람과정에서 2주택 분양의 위법함이 확인된 경우 조합장 등이 이를 임의로 변경할 수 있는 지 여부가 문제되나, 이 또한 일종의 오류의 시정으로 볼 수 있고, 관리처분계획의 수립기준은 강행규정이며, 강행법규에 반하는 총회결의는 그 효력이 없으므로,[56] 위법한 결의의 경우 이를 시정하는 내용으로 정정함에는 별도의 총회결의를 필요로 하지 않는다고 해석하여야 할 것이다.

(대) 그 외 관리처분계획의 실질적 내용변경은 총회에서 의결된 사항을 조합장 등이 임의로 변경하는 것이어서 원칙적으로 허용될 수 없다. 그러나 실무에서는 제3장 제1절 Ⅳ. "3의 나. 부가적인 결의사항"에서 본 바와 같이 관리처분계획을 의결하는 총회에서 실질적인 내용변경을 포함하여 변경 권한을 조합장, 이사회, 대의원회 등에 이를 수권하는 내용의 결의가 이루어진다. 관리처분계획변경을 위한 총회 소집에는 상당한 시간적, 비용적인 부담이 있고, 또한 조합원 100분의 20 이상이 직접 출석하는 것도 용이하지 아니한 점을 고려하면 이는 불가피하고 위

---

56) 대법원 2014. 5. 29. 선고 2011두33051 판결.

법한 것으로 볼 수 없다.

(3) 관리처분계획총회 의결 전에 공람절차를 거친 경우, 총회의결 이후 인가신청 전에 또다시 공람절차를 거쳐야 하는지 여부가 문제된다.

법 제78조 제1항 본문이 사업시행자로 하여금 관리처분계획인가를 신청하기 전에 관계 서류의 사본을 30일 이상 토지등소유자에게 공람하게 하고 의견을 들어야 한다고만 규정하고 있을 뿐, 관리처분계획을 수립하는 총회 결의를 거친 후 반드시 공람절차를 거쳐 인가를 신청해야 한다고 규정하고 있지 않으므로, 다시 공람절차를 거칠 필요는 없다.[57]

(4) 사업시행계획의 경우 사업시행자는 별도의 공람절차 없이 사업시행계획인가 신청할 수 있고, 신청 이후 시장 · 군수등은 사업시행계획인가를 하려는 경우에는 관계 서류의 사본을 14일 이상 일반인이 공람할 수 있게 하여야 하고 이를 공보 등에 공고하며, 토지등소유자에게 공고내용을 통지하는 점과 구별된다(법 제56조 제1항, 법 시행령 제49조).

2. 관리처분계획인가 신청

가. 규 정

법 시행규칙 제12조(관리처분계획인가의 신청)
사업시행자는 법 제74조 제1항에 따라 관리처분계획의 인가 또는 변경 · 중지 · 폐지의 인가를 받으려는 때에는 [별지 제9호 서식] '관리처분계획(변경 · 중지 또는 폐지)인가신청서'에 다음 각 호의 구분에 따른 서류를 첨부하여 시장 · 군수등에게 제출하여야 한다.
① 관리처분계획인가: 다음 각 목의 서류
  ㉮ 관리처분계획서
  ㉯ 총회의결서 사본
② 관리처분계획변경 · 중지 또는 폐지인가: 변경 · 중지 또는 폐지의 사유와 그 내용을 설명하는 서류

---

57) 서울행정법원 2021. 1. 29. 선고 2018구합80056 판결(현재 서울고등법원 2021누36440호로 계속 중).

나. 내 용

위 관리처분계획인가신청서에는 신청인이 제출하는 서류로서 관리처분계획서 외에 총회의결서 사본만이 기재되어 있으나, 그 외에 서울시 조례 제33조가 규정한 분양신청서(권리신고사항 포함) 사본, 세입자별 손실보상을 위한 권리명세 및 그 평가액과 현금으로 청산하여야 하는 토지등소유자별 권리명세 및 이에 대한 청산방법 작성 시 제67조(손실보상 협의 대상자 및 세입자와 조합 간에 분쟁조정 위한 협의체가 구성된 경우)에 따른 협의체 운영 결과 또는 도시분쟁조정위원회 조정 결과 등 토지등소유자 및 세입자와 진행된 협의 경과, 용적률 완화를 위하여 조합이 정비구역에 있는 대지를 기부하되, 그 중 일부를 현금납부함에 있어 현금납부액 산정을 위한 감정평가서, 납부방법 및 납부기한 등을 포함한 협약 관련 서류, 그 밖의 관리처분계획 내용을 증명하는 서류 등이 관리처분계획의 내용에 포함되므로 이 부분도 첨부되어야 한다(법 제74조 제1항 제9호, 법 시행령 제62조 제6호, 서울시 조례 제33조).

II. 관리처분계획인가 신청 이후 행정절차

1. 관리처분계획인가 시까지 절차

가. 규 정

법 제78조(관리처분계획의 공람 및 인가절차 등)

② 시장·군수등은 사업시행자의 관리처분계획인가의 신청이 있은 날부터 30일 이내에 인가 여부를 결정하여 사업시행자에게 통보하여야 한다. 다만, 시장·군수등은 제3항에 따라 관리처분계획의 타당성 검증을 요청하는 경우에는 관리처분계획인가의 신청을 받은 날부터 60일 이내에 인가 여부를 결정하여 사업시행자에게 통지하여야 한다.

③ 시장·군수등은 다음 각 호의 어느 하나에 해당하는 경우에는 대통령령으로 정하는 공공기관에 관리처분계획의 타당성 검증을 요청하여야 한다. 이 경우 시장·군수등은 타당성 검증 비용을 사업시행자에게 부담하게 할 수 있다.

1. 관리처분계획서상 정비사업비가 제52조 제1항 제12호(사업시행계획서)에 따른 정비사업비 기준으로 100분의 10 이상으로서 대통령령으로 정하는

비율 이상 늘어나는 경우

2. 관리처분계획서상 정비사업비의 조합원 분담규모가 제72조 제1항 제2호 (분양신청서)에 따른 분양대상자별 분담금의 추산액 총액 기준으로 100분의 20 이상으로서 대통령령으로 정하는 비율 이상 늘어나는 경우

3. 조합원 5분의 1 이상이 관리처분계획인가 신청이 있은 날부터 15일 이내에 시장·군수등에게 타당성 검증을 요청한 경우

4. 그 밖에 시장·군수등이 필요하다고 인정하는 경우

시행령 제64조(관리처분계획의 타당성 검증)

① 법 제78조 제3항 각 호 외의 부분 전단에서 "대통령령으로 정하는 공공기관"이란 다음 각 호의 기관을 말한다.

1. 토지주택공사등

2. 한국부동산원

② 법 제78조 제3항 제1호에서 "대통령령으로 정하는 비율"이란 100분의 10을 말한다.

③ 법 제78조 제3항 제2호에서 "대통령령으로 정하는 비율"이란 100분의 20을 말한다.

나. 내 용

(1) 관할 행정청의 심사

관할 행정청은 관리처분계획인가 신청서가 접수되면, 인가신청서의 내용이 모두 완성되어 있는지, 그 내용이 적법, 적절한지 여부를 검토하여 인가여부를 결정하고, 인가신청서의 기재에 공란이 있거나 첨부서류에 누락이 있는 경우 보완을 명한다.

(2) 타당성 검증

타당성 검증규정은 법이 2012. 2. 1. 법률 제11293호로 개정되면서 관리처분계획인가신청이 있는 경우 시장·군수등은 재량으로 대통령령으로 정하는 공공기관에 관리처분계획의 타당성 검증을 요청할 수 있다는 규정이 신설되었다(구 법 제49조 제2항 단서). 그 후 법이 2017. 8. 9. 법률 제14857호로 개정되면서 사업시행계획 대비 관리처분계획상 정비사업비가 일정비율 이상, 조합원 분담규모가 분

양신청서 대비 일정비율 이상 각 증가하거나 일정비율 이상의 조합원이 요구하는 경우 시장·군수등은 인가 전에 해당 관리처분계획에 대하여 공공기관의 타당성 검증을 반드시 받도록 함으로써 관리처분계획의 검증을 강화하고, 이로써 정비사업의 투명성을 개선하려는 목적이다.[58]

시장·군수등은 위와 같은 요건이 구비되어 있음에도 불구하고, 타당성 검증을 요청하지 아니한 채 인가한 경우, 이는 기본행위에는 없는 보충행위로서 인가의 고유한 위법에 해당한다. 한편 종전과 마찬가지로 시장·군수등은 위와 같은 필수적 검증요건에 해당하지 않더라도 필요하다고 인정하는 경우 정비사업비에 대한 타당성 검증을 요청할 수 있다.

(3) 인가처리기간

행정청이 신청일로부터 30일 이내에 인가 여부를 결정하여야 하는 기간(타당성 검증절차를 거치는 경우에는 60일)조항은 훈시규정이다.

법은 제정 당시부터 관리처분계획인가의 경우에는 그 신청이 있은 날부터 30일 이내에 인가 여부를 결정하여야 한다고 규정하고 있었음에 반해, 사업시행계획의 경우에는 2017. 2. 8. 법률 제14567호로 전부개정 되면서 처음으로 60일의 처리기간 규정이 도입된 점, 사업시행계획의 경우에는 '특별한 사정이 없으면' 사업시행계획서의 제출이 있은 날부터 60일 이내에 인가여부를 결정하여야 한다고 규정(법 제50조 제4항)함에 반해, 관리처분계획의 경우에는 그와 같은 규정이 없는 점, 조합설립인가와 관련하여서는 처리기간에 관하여 현재 아무런 규정이 없는 점 등에 비추어 볼 때, 시장·군수등은 가급적 위 기간을 준수함이 바람직하다.

(4) 관리처분계획인가의 시기조정

정비사업의 시행으로 주변지역에 현저한 주택부족이나 주택시장 불안정 등의 사유가 발생하는 경우 1년의 범위에서 정비사업의 관리처분계획 인가의 시기를 조정할 수 있다(법 제75조 제1항). 이는 사업시행계획인가와 동일하다. 인가의 시기조정에 대하여는 제6편 제2장 제2절 VI. "2. 시장·군수등의 심사"에서 자세히 살펴보았다.

---

58) 위 개정 법률의 부칙 제3조는 "제78조의 개정규정은 이 법 시행 후 최초로 관리처분계획인가를 신청하는 경우부터 적용한다."라고 규정하고 있다.

2. 인가 후의 후속절차

가. 규 정

> **법 제78조(관리처분계획의 공람 및 인가절차 등)**
> ④ 시장·군수등이 관리처분계획을 인가하는 때에는 그 내용을 해당 지방자치단
> 체의 공보에 고시하여야 한다.
> ⑤ 사업시행자는 제4항에 따른 시장·군수등의 고시가 있은 때에는 대통령령으
> 로 정하는 방법과 절차에 따라 분양신청을 한 자에게는 관리처분계획인가의
> 내용 등을 통지하여야 한다.
>
> **시행령 제65조(통지사항)**
> ② 사업시행자는 법 제78조 제5항에 따라 분양신청을 한 자에게 다음 각 호의
> 사항을 통지하여야 하며, 관리처분계획 변경의 고시가 있는 때에는 변경내용
> 을 통지하여야 한다.
> 1. 정비사업의 종류 및 명칭
> 2. 정비사업 시행구역의 면적
> 3. 사업시행자의 성명 및 주소
> 4. 관리처분계획의 인가일
> 5. 분양대상자별 기존의 토지 또는 건축물의 명세 및 가격과 분양예정인 대
> 지 또는 건축물의 명세 및 추산가액
>
> **시행규칙 제13조(관리처분계획인가의 고시)**
> 시장·군수등은 법 제78조 제4항에 따라 관리처분계획의 인가내용을 고시하는
> 경우에는 다음 각 호의 사항을 포함하여야 한다.
> 1. 정비사업의 종류 및 명칭
> 2. 정비구역의 위치 및 면적
> 3. 사업시행자의 성명 및 주소
> 4. 관리처분계획인가일
> 5. 다음 각 목의 사항을 포함한 관리처분계획인가의 요지
> 　가. 대지 및 건축물의 규모 등 건축계획
> 　나. 분양 또는 보류지의 규모 등 분양계획
> 　다. 신설 또는 폐지하는 정비기반시설의 명세
> 　라. 기존 건축물의 철거 예정시기 등

나. 내 용

⑴ 인가

시장·군수등은 앞서 본 관리처분계획인가 시까지의 절차를 거쳐 관리처분계획(변경, 중지, 폐지)인가를 한다.

⑵ 인가내용의 고시

⑺ 시장·군수등은 관리처분계획(변경, 중지, 폐지)인가를 하는 경우, 관리처분계획(변경, 중지, 폐지)인가서를 사업시행자에게 교부하고, 지방자치단체의 공보에 법 시행규칙 제13조의 내용을 포함하여 이를 고시하여야 한다. 사업시행계획인가 고시와 달리 해당 지방자치단체의 인터넷 홈페이지에 게재할 필요는 없다.

⑴ 관리처분계획인가는 행정 효율과 협업 촉진에 관한 규정 제4조 제3호 및 제6조 제3항에 의하여 인가 및 고시가 있은 후 5일이 경과한 때부터 효력이 발생하므로 이해관계인은 특별한 사정이 없으면 그때 처분이 있음을 알았다고 할 것이고, 따라서 그 취소를 구하는 소의 제소기간은 그때부터 기산한다.

⑶ 분양신청자에 대한 관리처분계획인가 내용 등의 통지

관리처분계획은 종후자산에 대한 권리배분계획이므로, 사업시행자는 관리처분계획의 인가·고시가 있은 때에는 분양신청자에게 종후자산의 명세 및 추산가액 등 배분된 권리의 내용, 종전자산의 가액 등을 통지하여야 한다. 통지의 방법은 정관에서 정한 등기우편의 방법으로 발송하여야 한다.

분양신청기간 내에 분양신청을 하지 아니하여 분양신청기간 종료일 다음날 조합원의 지위를 상실한 현금청산대상자는 관리처분계획인가 내용의 통지대상이 아니다. 따라서 사업시행자인 조합으로부터 적법한 분양신청통지를 받지 못하여 현금청산대상자가 된 토지등소유자로서는 관리처분계획의 존재 및 자신이 현금청산대상자로 분류된 사실을 제소기간 내에 인지하는 것은 사실상 어렵다 할 것이므로, 그와 같은 관리처분계획의 하자는 중대·명백하여 무효라고 보아야 할 것이다[제2장 제1절 Ⅳ. "3. 분양신청통지의 하자(누락)를 이유로 한 관리처분계획에 대한 쟁송" 참조].

Ⅰ. 개 관

　정비사업은 조합의 설립, 사업시행계획, 관리처분계획, 이전고시 등의 단계를
거쳐 순차 진행되고, 각 단계에서 선행 행정처분이 이루어짐에 따라 다음 절차가
진행되는 것이 특성이므로, 관리처분계획인가를 통하여 이전고시로 나아갈 수 있
다. 관리처분계획은 인가·고시되면 효과가 발생한다. 우선 관리처분계획이 인가
되면 종후자산의 권리배분 및 귀속과 부담할 비용이 확정된다.

　또한 사업시행계획인가에 의하여 건축허가가 의제되어 건축법상으로는 착공이
가능하였으나, 관리처분계획인가를 받은 후에야 기존 건축물의 철거가 가능하므로
관리처분계획인가의 효과로서 사실상 공사착공이 가능하다. 또한 관리처분계획인
가·고시로 종전자산에 대한 사용·수익이 정지되는바, 이는 약자 보호를 위하여
권리존속기간을 강제하고 있는 민법, 주택임대차법, 상가임대차법에 우선할 정도
로 강력한 효과가 있다. 기타 관리처분계획인가와 관련한 각종 효과 및 관련 쟁점
에 대하여 살펴본다.

Ⅱ. 효 과

1. 종후자산 권리배분 및 비용부담 확정

　사업시행의 결과 설치되는 대지를 포함한 각종 시설물의 권리배분 및 귀속에
관한 사항, 그 비용 분담에 관한 사항, 현금청산대상자 및 그들의 권리 청산방법
까지 관리처분계획인가에 의하여 일응 확정된다. 다만, 관리처분계획의 위와 같은
내용은 후속행위인 이전고시 및 청산금(부과금)부과처분에 의하여 구체화된다.

한편, 사업시행자인 조합이 정관에서 분양계약체결제도를 도입하고 있는 경우, 조합원들은 이를 통하여 관리처분계획 수립 이후에도 조합원 지위에서 이탈하여 현금청산을 받을 기회가 부여됨으로써 종후자산의 권리귀속에 관한 사항이 변동될 수 있다. 또한 조합원들은 분양계약을 통하여 이전고시 이전 단계에서 청산금이나 비용을 실제로 부담하게 된다. 자세한 내용은 제8편 제4장 분양계약에서 살펴본다. 관리처분계획에서 확정된 비용부담에 관한 사항은 추후 비례율의 변경 등 관리처분계획의 변경을 통하여 그 내용이 변경될 수 있다.[59]

2. 공사착공 및 사용수익 정지

가. 규 정

> **법 제81조(건축물 등의 사용·수익의 중지 및 철거 등)**
> ① 종전의 토지 또는 건축물의 소유자·지상권자·전세권자·임차권자 등 권리자는 관리처분계획인가의 고시가 있은 때에는 이전고시가 있는 날까지 종전의 토지 또는 건축물을 사용하거나 수익할 수 없다. 다만, 다음 각 호의 어느 하나에 해당하는 경우에는 그러하지 아니하다.
>   1. 사업시행자의 동의를 받은 경우
>   2. 토지보상법에 따른 손실보상이 완료되지 아니한 경우
> ② 사업시행자는 제74조 제1항에 따른 관리처분계획인가를 받은 후 기존의 건축물을 철거하여야 한다.
> ③ 사업시행자는 다음 각 호의 어느 하나에 해당하는 경우에는 제2항에도 불구하고 기존 건축물 소유자의 동의 및 시장·군수등의 허가를 받아 해당 건축물을 철거할 수 있다. 이 경우 건축물의 철거는 토지등소유자로서의 권리·의무에 영향을 주지 아니한다.
>   1. 재난안전법·주택법·건축법 등 관계 법령에서 정하는 기존 건축물의 붕

---

59) 최초 관리처분계획보다 변경된 관리처분계획의 비례율이 대폭하락하는 경우, 분양신청통지의 대상인 분양대상자별 분담금의 추산액이 변경되었으므로, 새롭게 분양신청통지절차를 거치는 등으로 정비사업에서 이탈할 기회를 주어야 하는지 여부가 문제되나, 분양신청통지의 대상은 분담금의 '추산액'인 점, 정비사업은 장기간에 걸쳐 진행되는 사업으로서 사업진행 과정에서 현금청산대상자의 발생, 물가상승에 따른 건축비 증가, 부동산경기 침체에 따른 일반분양가 하락 등의 사업여건 변화로 인해 종후자산 총 평가액이나 총 사업비용 등의 변동 및 이에 따른 비례율의 변동이 발생할 가능성이 매우 크고, 이와 같은 사정은 최초 분양신청 당시 조합원들로서도 충분히 예상할 수 있는 점 등에 비추어 새롭게 분양신청통지절차를 거칠 필요는 없다.

괴 등 안전사고의 우려가 있는 경우

2. 폐공가(廢空家)의 밀집으로 범죄발생의 우려가 있는 경우

④ 시장·군수등은 사업시행자가 제2항에 따라 기존의 건축물을 철거하는 경우 다음 각 호의 어느 하나에 해당하는 시기에는 건축물의 철거를 제한할 수 있다.

1. 일출 전과 일몰 후

2. 호우, 대설, 폭풍해일, 지진해일, 태풍, 강풍, 풍랑, 한파 등으로 해당 지역에 중대한 재해발생이 예상되어 기상청장이 기상법 제13조에 따라 특보를 발표한 때

3. 재난안전법 제3조에 따른 재난이 발생한 때

4. 제1호부터 제3호까지의 규정에 준하는 시기로 시장·군수등이 인정하는 시기

제70조(지상권 등 계약의 해지)

① 정비사업의 시행으로 지상권·전세권 또는 임차권의 설정 목적을 달성할 수 없는 때에는 그 권리자는 계약을 해지할 수 있다.

② 제1항에 따라 계약을 해지할 수 있는 자가 가지는 전세금·보증금, 그 밖의 계약상의 금전의 반환청구권은 사업시행자에게 행사할 수 있다.

③ 제2항에 따른 금전의 반환청구권의 행사로 해당 금전을 지급한 사업시행자는 해당 토지등소유자에게 구상할 수 있다.

④ 사업시행자는 제3항에 따른 구상이 되지 아니하는 때에는 해당 토지등소유자에게 귀속될 대지 또는 건축물을 압류할 수 있다. 이 경우 압류한 권리는 저당권과 동일한 효력을 가진다.

⑤ 제74조에 따라 관리처분계획의 인가를 받은 경우 지상권·전세권설정계약 또는 임대차계약의 계약기간은 민법 제280조·제281조 및 제312조 제2항, 주택임대차법 제4조 제1항, 상가임대차법 제9조 제1항을 적용하지 아니한다.

나. 공사착공 가능

사업시행계획인가에 의하여 건축허가가 의제되므로, 건축법상으로는 착공이 가능하다. 그러나 법 제81조 제2항은 "사업시행자는 관리처분계획인가를 받은 후 기존의 건축물을 철거하여야 한다."고 규정하여 건축물 신축공사의 전 단계인 구 건축물 철거를 위해서는 관리처분계획인가가 필요하므로 결국 관리처분계획인가

는 공사착공의 요건이다. 한편 건축물의 철거공사 착공을 위해서는 정비구역 내 거주자들의 이주가 전제가 되어야 하는데, 다음에서 살펴보듯이 토지보상법상의 손실보상이 완료되지 아니하거나 임차인이 임대차보증금을 반환받기 이전에는 종전의 토지등을 사용·수익할 수 있으므로, 여전히 그 범위 내에서 공사착공이 제한된다.

재개발사업의 경우 현금청산대상자들이 보상금의 수액을 다투거나 현금청산대상자들 및 세입자들이 주거이전비 등의 지급을 구하는 등 토지보상법상의 손실보상 완료여부가 문제되는 경우가 허다하고, 재건축사업의 경우에도 보증금 반환 및 보상금 수액과 관련하여 다툼이 있어 관리처분계획인가 이후에도 토지등소유자 및 임차인들의 이주에 상당한 시간이 소요된다. 실무상 사업시행자가 관리처분계획인가를 받은 이후 공사착공 시까지 수년이 소요되는 것이 일반적이다.

다. 사용·수익 정지

(1) 사용·수익 정지 원칙

(개) 사용·수익 정지 조항은 정비구역 내 모든 토지 및 건축물에 대하여 적용된다. 관리처분계획의 인가·고시로 원칙적으로 종전자산에 대한 사용·수익이 정지되고, 철거가 이루어진다. 이는 공익사업인 정비사업의 원활하고 신속한 진행을 위한 것인데, 사회적 약자인 임차인 등의 보호를 위하여 법이 권리존속기간을 강제하고 있는 민법, 주택임대차법, 상가임대차법에 우선할 정도로 강력하다.

이에 따라 위 사용·수익 정지 조항의 위헌여부가 문제되었다. 헌법재판소는 주거용 건축물 소유자인 현금청산대상자가 제기한 헌법소원사건에서, 재개발사업과 관련하여 현금청산대상자에게는 청산금은 물론, 이주정착금, 주거이전비, 이사비의 보상이 인정되며, 특히 사용·수익 정지조항 단서는 사용·수익이 정지되기에 앞서 위와 같은 보상적 조치가 완료될 것을 요구하고 있어 현금청산대상자의 주거 안정이 실질적으로 확보될 수 있도록 보장하고 있으며, 재개발사업의 신속하고 원활한 진행이라는 공익과의 형량에서도 비례성을 유지하고 있어 청구인들의 재산권을 침해하는 것이라고 볼 수 없다는 이유로 합헌이라고 판시하였다.[60]

(내) 사용·수익 정지 조항은 사업시행자인 조합이 관리처분계획에서 정한 바에

---

60) 헌재 2015. 11. 26. 선고 2013헌바415 결정, 헌재 2020. 11. 26. 선고 2017헌바350 등 결정.

따라 정비구역 내 토지 또는 건축물을 사용할 수 있는 법적 근거가 되므로,[61] 기존 건축물 철거의 전제로서 사업시행자가 정비구역 안의 종전 토지나 지상물에 대한 사용수익권을 직접 취득한다. 따라서 사업시행자는 관리처분계획 인가·고시가 있게 되면 위 조항을 근거로 정비구역 내에 있는 토지 또는 건축물의 소유권자, 임차권자 등을 상대로 그들이 점유하고 있는 부동산의 인도를 구할 수 있고, 실제로 다수의 건물인도청구 소송이 제기된다.

(2) 구체적 적용

(가) 분양신청 조합원

① 사용·수익 정지 원칙이 엄격히 적용된다. 실무상 조합은 통상적으로 '조합원은 조합이 지정하는 날까지 본인의 소유로 되어 있는 정비구역 안의 토지등에 대하여 조합에 신탁등기를 마치고 이주를 완료하며, 기한 내에 이주를 완료하지 않을 경우 조합이 명도소송을 제기함은 물론 이로 인한 손해배상청구를 제기할 수 있다.'는 내용의 관리처분계획에 대하여 총회의결을 거쳐 인가 받게 되므로, 조합원들은 위 관리처분계획의 효력을 받게 한다.

② 다음에서 살펴보듯이 사업시행자는 이주기간을 정하여 일괄적으로 조합원들로부터 이주비 대출신청을 받아 조합원이 정비구역 내의 자신 소유 부동산을 담보로 감정평가금액의 50% 내지 60% 내외로 대출을 받는 방식으로 이주비를 마련하는 것을 주선하는데, 그 이자는 조합이 이주를 촉진하기 위해 정비사업비에서 부담하는 것이 일반적 형태이고 조합원이 이자를 부담하는 경우도 드물지만 존재한다.

(나) 현금청산대상자

① 현금청산대상자인 토지등소유자는 법 제73조(손실보상 협의, 수용재결 또는 매도청구)의 규정에 의한 항변이 가능하므로, 청산대금을 지급받기 전까지는 사용·수익이 정지되지 아니한다. 사업시행자는 협의취득을 통하여 현금청산대상자의 토지등에 대한 사용·수익을 정지시키거나 협의가 성립되지 아니하는 경우, 그들의 토지등에 대한 수용재결(재개발사업)이나 매도청구(재건축사업)절차를 거쳐야 한다.

---

61) 대법원 2020. 8. 20. 선고 2017다260636 판결.

② 협의취득(매매계약)이 성립한 경우, 사업시행자는 청산금 지급의무를 부담하고, 공평의 원칙상 현금청산대상자는 점유를 이전하고, 권리제한등기가 없는 상태로 토지등의 소유권을 이전할 의무를 부담한다. 이러한 권리제한등기 없는 소유권 이전의무와 사업시행자의 청산금 지급의무는 동시이행관계에 있다.[62]

다만 재개발사업의 현금청산대상자들에 대하여는 청산금 외에 법 제81조 제1항 제2호에 따른 토지보상법에 따른 손실보상 완료라는 특칙이 있다. 이 부분은 다음 항에서 살펴본다.

㈐ 임차권자 등

① 내용

임차권자(지상권자, 전세권자 포함)는 관리처분계획의 인가·고시가 있는 경우 임대차기간이 잔존하더라도 원칙적으로 사용·수익이 정지되어 자신이 점유하고 있는 임대차목적물을 사업시행자에게 인도하여야 할 의무를 부담하게 되고 이로 인해 정비사업이 진행되는 동안 임대차목적물을 사용·수익할 수 없게 된다.

임대인도 원활한 정비사업 시행을 위하여 사업시행자에 대하여 정해진 이주기간 내에 임차권자를 건축물에서 퇴거시킬 의무가 있다.[63] 사용·수익 정지조항은 관리처분계획인가 고시가 있은 때로부터 준공인가 후 이전고시가 있는 날까지 임차권자의 사용·수익을 중지시키고 있을 뿐 임차권자의 임차권을 박탈하는 규정은 아니고, 재산권적 법질서를 정비사업의 관리처분계획인가에 따라 새로이 부각된 공익에 적합하도록 장래를 향하여 획일적으로 확정하려는 것이다.[64]

② 사업시행자에 대한 보증금반환청구권 행사

위와 같이 관리처분계획인가의 고시가 있으며 사용·수익이 정지되어 임차인은 원칙적으로 임차권의 설정목적을 달성할 수 없게 되므로, 이를 이유로 법 제70조 제1, 2항에 따라 임대인에게 임대차계약을 해지하고, 사업시행자를 상대로 보증금반환청구권을 행사할 수 있다.

정비사업의 시행으로 인하여 임차권의 설정목적을 달성할 수 없는 경우 임차인이 임대차 계약을 해지할 수 있을 뿐만 아니라 계약상의 보증금 반환청구권을

---

62) 대법원 2008. 10. 9. 선고 2008다37780 판결.
63) 대법원 2020. 11. 26. 선고 2019다249831 판결.
64) 헌재 2020. 4. 23. 선고 2018헌가17 결정.

임대인이 아니라 사업시행자에게 행사할 수 있도록 규정한 취지는 정비사업의 시행으로 인하여 그 의사에 반하여 임대차목적물의 사용·수익이 정지되는 임차권자의 정당한 권리를 두텁게 보호하는 한편, 임차권 등을 조기에 소멸시켜 정비사업의 원활한 추진을 도모하고자 함에 있다. 재개발사업의 임차권자는 법 제81조 제1항 제2호에 의하여 임대차보증금 외에 토지보상법상의 손실보상을 지급받을 때까지는 관리처분계획이 인가·고시되어도 목적물의 사용·수익이 정지되지 아니한다.[65]

③ 임대차계약 해지 및 보증금반환청구권 행사요건

㉮ 임차인

정비구역 내 토지등의 임차인이라면 재건축사업에서 조합설립에 동의하지 않은 토지등소유자의 임차인이든, 재개발사업에서 분양신청기간 내에 분양신청을 하지 아니하여 현금청산대상자가 된 토지등소유자의 임차인이든 무관하다.

㉯ 임차권

한편 임대차계약은 임대인이 임차인에게 목적물을 사용·수익하게 할 것을 약정하고 임차인이 이에 대하여 차임을 지급할 것을 약정하는 것을 계약의 기본내용으로 하므로(민법 제618조), '정비사업의 시행으로 인하여 임차권의 설정목적을 달성할 수 없다'는 것은 정비사업의 시행으로 인하여 임차인이 임대차목적물을 사용·수익할 수 없게 되거나 임대차목적물을 사용·수익하는 상황 내지 이를 이용하는 형태에 중대한 변화가 생기는 등 임차권자가 이를 이유로 계약 해지권을 행사하는 것이 정당하다고 인정되는 경우를 의미한다.[66] 따라서 정비사업과 무관하게 임차권의 설정목적을 달성할 수 없는 경우에는 위 요건에 해당하지 아니한다. 또한 임차권자가 조합을 상대로 보증금 등의 반환을 구하려면, 임차권자가 적어도 임대인인 토지등소유자에 대하여 보증금반환채권을 가지고 있어야 한다.[67]

④ 임대차보증금 반환의 효과

임차인의 임대차계약 해지에 의하여 임대차보증금을 임차인에게 지급한 사업시행자는 임대인인 해당 토지등소유자에게 구상할 수 있으므로, 토지등소유자가

---

65) 대법원 2011. 11. 24. 선고 2009다28394 판결.
66) 대법원 2020. 8. 20. 선고 2017다260636 판결.
67) 대법원 2014. 7. 24. 선고 2012다62561, 62578 판결.

현금청산대상자인 경우에는 청산금과 상계할 수 있고, 수분양자인 경우에는 수분양자에게 귀속될 종후자산을 압류할 수 있다. 이 경우 압류한 권리는 저당권과 동일한 효력을 가진다(법 제70조 제4항 후문).

만일 토지등소유자가 특정무허가건물이 아닌 무허가 건축물 소유자인 경우처럼 조합원이 아닌 경우에도 임차인이 사업시행자에게 보증금반환청구권을 행사할 수 있는지 여부가 문제된다. 하급심 판례이기는 하나, 무허가 건축물로서 토지등소유자가 조합원이 아니어도 보증금 반환청구권을 행사할 수가 있다고 판시한 사례가 있다.[68] 그와 같은 임차인 또한 다른 임차인과 달리 볼 이유가 없고, 다음에서 살펴보듯이 사업시행자도 지급한 보증금에 대하여 무허가 건축물 소유자의 청산금과 상계가 가능하므로 위 판례가 타당하다.

Ⅲ. 사용 · 수익 정지와 관련한 쟁점

1. 재개발사업의 특칙

가. 법이 2009. 5. 27. 법률 제9729호 개정으로 '토지보상법에 따른 손실보상이 완료되지 아니한 경우'를 사용 · 수익 정지의 예외로 규정하기 이전에도, 재개발사업의 경우 공익적 성격을 고려하여 사업시행자가 공사에 착수하는 전제로 현금청산대상자로부터 그 소유의 토지 또는 건축물을 인도받기 위해서는 단순히 관리처분계획이 인가 · 고시된 것만으로는 부족하고, 반드시 법이 정하는 바에 따라 협의 또는 수용절차를 거쳐야 한다. 만일 사업시행자와 현금청산대상자 사이에 현금청산금에 관한 협의가 성립된다면 사업시행자의 현금청산금 지급의무와 현금청산대상자의 토지등 인도의무는 특별한 사정이 없는 한 동시이행의 관계에 있게 되고, 수용절차에 의할 때에는 부동산 인도에 앞서 현금청산금 등의 지급절차가 이루어져야 한다고 해석함으로써 토지보상법에 따른 손실보상 완료를 사용 · 수익 정지의 요건으로 인정하였다.[69] 현재는 입법으로 해결되었고 위와 같은 협의성립 시 동시이행 및 수용 시 보상 선이행의 법리는 현행법에서도 유효하다. 토지보상법상에 따른 손실보상에는 다음에서 살펴보듯이 주거이전비 등이 포함된다.

---

68) 서울고등법원 2010. 1. 14. 선고 2009나62365(본소), 62372(반소) 판결(확정).
69) 대법원 2020. 9. 3. 선고 2018두48922 판결, 대법원 2011. 7. 28. 선고 2008다91364 판결.

나. 재개발사업의 지상권자 · 전세권자 · 임차권자 등은 앞서 본 바와 같이 임대차보증금에 대하여는 법 제70조 제2항에 의하여, 토지보상법상의 손실보상(영업보상금, 주거이전비, 이사비 등)에 대하여는 법 제81조 제1항 제2호에 의하여 사업시행자에게 항변가능하다.

2. 임차인의 사용 · 수익 정지와 관련한 쟁점

가. 임차인 등의 관리처분계획인가 후 고시 이전의 보증금반환청구권 행사

(1) 문제의 소재

관리처분계획인가 · 고시가 있으면 법 제81조 제1항에 의하여 사용 · 수익이 정지되어 임차인이 설정 목적을 달성할 수 없음이 명백하므로 임대차를 해지할 수 있다. 한편, 관리처분계획인가는 있으나, 고시 이전의 상태에서 임차인이 임대차계약을 해지하고, 보증금 반환청구권을 행사할 수 있는지 여부가 문제된다.

(2) 판단

관리처분계획인가 이후라면 고시 이전이라도 정비사업 계획에 따라 사업시행자에 의한 이주절차가 개시되는 등으로 사회통념상 임차인에게 임대차관계를 유지하도록 하는 것이 부당하다고 볼 수 있는 특별한 사정이 있는 경우에는, 임차인은 제70조 제1, 2항에 따라 임대차계약을 해지하고 사업시행자를 상대로 보증금반환청구권을 행사할 수 있다. 이 경우 임차인이 해지권을 행사할 수 있는 특별한 사정이 있는지 여부는, 정비사업의 진행 단계와 정도, 임대차계약의 목적과 내용, 정비사업으로 임차권이 제한을 받는 정도, 사업시행자나 임대인 등 이해관계인이 보인 태도, 기타 제반 사정을 종합적으로 고려하여 개별적 · 구체적으로 판단하여야 한다.

판례는 이미 관리처분계획의 인가가 이루어졌고, 가까운 시일 내에 관리처분계획인가의 고시가 있을 것으로 예상되던 시기였던 점, 사업시행자 역시 관리처분계획이 인가된 후 정비구역 내에 거주하고 있던 임차인과 조합원들을 상대로 이주안내문을 발송하여 정해진 이주기간 내에 이주할 것을 요구하고 있었던 점, 사업시행자가 정한 이주기간도 임차인이 해지권을 행사한 후 불과 며칠 후부터 시작되는 것으로 예정되어 있었던 점을 고려하여 이는 임차인이 관리처분계획인가의

고시 이전에 해지권을 행사할 수 있는 특별한 사정이 있는 것으로 판시하였다.[70]

나. 사업시행계획 또는 관리처분계획 인가·고시 후 임대차 종료 시, 주택 임대차법 및 상가임대차법상 임대인의 계약갱신거절 가능 여부

⑴ 문제의 소재

상가임대차법상 최초의 임대차기간을 포함한 전체 임대차기간 10년을 초과하지 아니하는 범위에서 임차인의 계약갱신요구권이 있고(상가임대차법 제10조 제2항), 위 기간 내에서 임차인이 임대차기간(통상은 1년 또는 2년이다)이 만료되기 6개월 전부터 1개월 전까지 사이에 계약 갱신을 요구할 경우 임대인은 정당한 사유 없이 이를 거절하지 못한다(상가임대차법 제10조 제1항). 그러나 임차인의 갱신 요구 시 이미 사업시행계획 또는 관리처분계획 인가·고시가 있는 경우, 임대인의 계약갱신 거절이 가능한지 여부가 문제된다.

⑵ 판단

① 관리처분계획인가·고시의 경우

종전 건축물의 소유자나 임차권자는 관리처분계획인가·고시일로부터 이전고시가 있는 날까지 이를 사용·수익할 수 없고, 사업시행자는 소유자, 임차권자 등을 상대로 부동산의 인도를 구할 수 있다. 또한 임대인은 원활한 정비사업 시행을 위하여 정해진 이주기간 내에 세입자를 건물에서 퇴거시킬 의무가 있다.

따라서 갱신 요구 시 관리처분계획인가·고시가 이루어졌다면, 임대인이 관련 법령에 따라 건축물 철거를 위해 점유를 회복할 필요가 있어 상가임대차법 제10조 제1항 제7호 (다)목이 정한 '다른 법령에 따라 철거 또는 재건축이 이루어지는 경우'의 계약갱신 거절사유가 있다고 할 수 있다.[71]

② 사업시행계획인가·고시의 경우

㉮ 원칙(불가)

법상 사업시행계획인가·고시가 있는 때부터 관리처분계획인가·고시가 이루어질 때까지는 일정한 기간의 정함이 없고 정비구역 내 건축물을 사용·수익하는

---

70) 대법원 2020. 8. 20. 선고 2017다260636 판결.
71) 대법원 2020. 11. 26. 선고 2019다249831 판결.

데 별다른 법률적 제한이 없다. 따라서 사업시행계획인가·고시가 이루어졌다는 사정만으로는 임대인이 건축물 철거 등을 위하여 점유를 회복할 필요가 있다고 할 수 없어 상가임대차법 제10조 제1항 제7호 (다)목이 정한 '다른. 법령에 따라 철거 또는 재건축이 이루어지는 경우'의 계약갱신 거절사유가 있다고 할 수 없다.

㉯ 예외(관리처분계획인가·고시가 이루어질 것이 객관적으로 예상되는 경우)

다만, 임차인의 갱신 요구 당시 관리처분계획인가·고시가 이루어질 것이 객관적으로 예상되는 경우에는 이를 특별한 사정으로 보아 임대인의 계약갱신거절이 가능하다. 다만 관리처분계획인가·고시가 이루어질 것이 객관적으로 예상되는 점에 대한 증명책임은 임대인에게 있다(위 2019다249831 판결).

다. 재건축사업 임차인의 토지보상법에 따른 손실보상 완료 전 사용, 수익 가능여부

⑴ 문제의 소재

재개발사업의 임차인은 법 제81조 제1항 제2호에 의하여 토지보상법에 따른 손실보상이 완료되기 전까지 사용·수익이 정지되지 아니하는바, 위 규정이 재건축사업의 임차인에게도 적용될 수 있는지 여부가 문제된다. 재건축사업의 토지등소유자로서 현금청산대상자는 재개발사업과는 달리 개발이익까지 포함된 보상을 받으므로, 토지보상법에 따른 손실보상을 받지 못한다 하더라도 특별한 문제가 없으나, 임차인의 경우 재개발사업에서는 임대차보증금 외에 토지보상법상의 손실보상까지 받게 되나, 재건축사업의 경우에는 이를 전혀 받지 못하게 되므로 위 규정의 적용 또는 유추적용의 필요성이 대두된다.

⑵ 대법원 및 헌법재판소의 견해(부정)

재건축사업의 임차인에 대하여 토지보상법에 따른 손실보상이 완료되지 아니한 경우의 사용·수익 정지 예외규정이 직접 적용되거나 유추적용 된다고 보기 어렵다.[72] 그 논거는 다음과 같다.

① 재개발사업의 경우에는 토지보상법상의 수용권이 인정되고, 그에 따라 논리

---

72) 대법원 2014. 7. 24. 선고 2012다62561, 62578 판결, 헌재 2020. 4. 23. 선고 2018헌가17 결정, 헌재 2014. 1. 28. 선고 2011헌바363 결정.

적으로 토지보상법에 따른 손실보상이 전제가 된다. 그러나 재건축사업의 경우에
는 사업시행자에게 토지등에 대한 수용권을 부여하지 않으므로, 이론적으로 임차
인에 대하여도 위 규정의 유추적용은 타당하지 않다.

② 재건축사업의 매도청구권 행사의 기준인 '시가'는 재건축으로 인하여 발생
할 것으로 예상되는 개발이익이 포함된 가격을 말하는바, 위와 같이 재개발사업과
달리 개발이익이 포함된 보상이 이루어지는 이유는 재건축사업의 토지등소유자로
하여금 임차권자 등에 대한 보상을 임대차계약 등에 따라 스스로 해결하게 할 것
을 전제로 한 것으로 보인다.

라. 사업시행자의 정비구역 내 토지등 무단점유자에 대한 인도청구 가능여부

법 제81조 제1항의 관리처분계획인가·고시로 인한 사용·수익 정지조항과 이
에 따른 사업시행자의 정비구역 안의 토지나 지상물에 대한 사용수익권의 직접
취득은 법의 입법 목적 및 관련 조항의 합리적 해석을 통하여 당연히 귀결된다고
할 것이나, 이는 어디까지나 관리처분계획에서 미리 예정한 바에 따라 그 효과로
서 발생하는 것일 뿐, 관리처분계획에서 전혀 포섭하지 아니한 범위까지 관리처분
계획의 인가·고시의 효력이 미친다고 볼 수 없다.

따라서 무단으로 타인의 소유 토지 또는 건축물을 점거하는 경우와 같이 관리
처분계획에 포함되지 아니한 이해관계인에게는 사업시행자라고 할지라도 법 제81
조 제1항 소정의 관리처분계획의 효력을 직접적인 권원으로 삼아 기존 점유의 배
제를 구할 수는 없다. 다만 사업시행자는 관리처분계획의 인가·고시와 무관하게
조합원으로부터 소유권을 직접 취득한 경우 소유권에 기하여 또는 조합원의 소유
권 기타 권리를 대위하는 등의 방식으로 철거를 포함한 인도를 구할 수 있을 뿐
이다.[73]

---

73) 서울고등법원 2010. 1. 14. 선고 2009나62365(본소), 62372(반소) 판결(확정).

제6장 관리처분계획변경인가

Ⅰ. 총 설

이해관계가 상충되는 다수 토지등소유자들의 개별적이고 구체적인 이익을 적절히 형량·조정하면서 장기에 걸쳐 진행되는 정비사업의 특성상 관리처분계획도 변경의 가능성이 내포되어 있다. 사업시행자가 관리처분계획인가 이후의 사정변경 등으로 인하여 당초 인가받은 사항을 변경하는 경우가 흔히 발생한다.

법은 종후자산의 귀속 및 비용분담과 관련된 관리처분계획의 성격과 이해관계인에게 미치는 영향을 고려하여 그 변경을 위해서는 원칙적으로 조합원 100분의 20 이상이 직접 출석하여야 하고, 과반수 찬성이라는 가중된 총회의결 및 시장·군수등의 인가를 요한다. 다만 변경내용에 따라 정비사업비가 100분의 10 이상 증가하는 경우에는 조합원 3분의 2 이상의 찬성의결을 요구하는 등으로 의결요건을 강화하기도 하고, 또한 경미한 사항인 경우에는 총회의결절차를 거치지 않을 뿐만 아니라 시장·군수등에 대한 인가 대신 단순 신고만으로 가능하도록 하고 있다.

이하에서는 관리처분계획의 변경에 필요한 절차 및 효과, 엄격한 절차를 필요로 하지 않는 경미한 사항에 대하여 자세히 살펴본다. 나아가 실무상 당초 인가받은 사항을 전제로 일부에 대한 취소·철회·변경·추가가 아니라 종전 관리처분계획을 실질적으로 대체하는 새로운 관리처분계획이 수립되는 경우가 있고, 그 법률적 효과와 관련하여 논란이 있으므로, 이 부분에 대하여도 자세히 살펴본다.

Ⅱ. 변경인가사항 및 경미한 사항

1. 관리처분계획변경절차

관리처분계획변경인가를 받는 일반절차에 관하여 살펴본다. 먼저 조합장 등은 관리처분변경계획 초안을 작성하고, 이사회의 심의·결정을 거쳐야 하며, 조합원 100분의 20 이상이 직접 출석한 총회에서 위 초안에 대한 조합원 과반수의 찬성 의결을 받아야 한다(법 제78조 제1항, 제45조 제1항 제10호, 제4항, 제7항 단서). 다만 정비사업비가 100분의 10 이상 늘어나는 경우에는 조합원 3분의 2 이상의 찬성으로 의결하여야 한다(제45조 제4항 단서). 그 후 사업시행자는 관리처분변경계획에 대하여 시장·군수등의 인가를 받아야 하며, 인가한 시장·군수등은 해당 지방자치단체의 공보에 이를 고시하여야 한다. 구체적인 내용은 아래의 경미한 사항 변경의 특칙과 대비하여 자세히 설명한다.

2. 경미한 사항 변경의 특칙

가. 이사회의결 불요

(1) 관리처분계획을 변경하기 위해서는 총회의결을 받기 위한 전제로 먼저 조합장 등이 관리처분변경계획 초안을 작성하고, 조합의 이사회는 총회 상정 안건인 관리처분변경계획안에 대하여 심의·결정하는 등 사전에 의결을 거쳐야 한다(표준정관 제28조 제2호).

(2) 그러나 경미한 사항을 변경하는 경우에는 총회의 의결절차가 필요 없으므로 조합장 등은 관리처분변경계획 초안의 작성으로 충분하고, 이사회의결을 요하지 아니한다.

나. 총회의결 불요

(1) 조합이 사업시행자인 경우 관리처분계획을 변경하기 위해서는 조합원 100분의 20 이상이 직접 출석하여야 하고, 조합원 과반수 찬성이라는 의결을 거쳐야 한다. 대의원회가 이를 대행할 수 없다. 사업시행자는 관리처분계획변경인가 신청 전에 관계 서류의 사본을 30일 이상 토지등소유자에게 공람하게 하고 의견을 들어야 한다(법 제78조 제1항 단서의 반대해석).

(2) 경미한 사항을 변경하는 경우에는 총회의 의결이 필요하지 않다(법 제45조 제1항 제10호). 또한 공람 및 의견청취절차도 필요하지 아니한다(법 제78조 제1항 단서).

다. 신청절차상의 법정 형식 불요

(1) 관리처분계획을 변경하는 경우에는 법정 서식인 시행규칙 [별지 제9호 서식] '관리처분계획변경인가신청서'를 작성하여야 하고, 변경의 사유와 그 내용을 설명하는 서류를 첨부하여야 하는 등 법정의 형식이 요구된다(법 시행규칙 제12조 제2호).

(2) 경미한 사항을 변경하는 경우에는 법정되지 아니한 신고서의 제출로 족하다.

라. 수리 등과 관련한 절차상의 특칙

(1) 원칙적으로 인가받은 사항을 변경하기 위해서는 시장·군수등으로부터 인가를 받아야 한다(법 제74조 제1항 본문). 그러나 경미한 사항의 경우에는 시장·군수등에게 신고하고, 그에 따른 시장·군수등의 수리만으로 족하다(법 제74조 제1항 단서). 시장·군수등은 경미한 사항에 대한 변경의 신고를 받은 날부터 20일 이내에 신고수리 여부를 신고인에게 통지하여야 하며, 시장·군수등이 20일 이내에 신고수리 여부 또는 민원 처리 관련 법령에 따른 처리기간의 연장을 신고인에게 통지하지 아니하면 그 기간(민원 처리 관련 법령에 따라 처리기간이 연장 또는 재연장된 경우에는 해당 처리기간을 말한다)이 끝난 날의 다음 날에 신고를 수리한 것으로 본다(법 제74조 제2, 3항).

(2) 인가받은 사항을 변경인가하는 경우, 시장·군수등은 이를 해당 지방자치단체의 공보에 고시하여야 하나(사업시행계획과 달리 고시한 내용을 해당 지방자치단체의 인터넷 홈페이지에 게재할 필요가 없다), 경미한 사항 변경의 경우에는 이를 필요로 하지 아니한다(법 제78조 제4항).

3. 경미한 사항

위와 같이 관리처분계획의 일반적 변경과 경미한 사항 변경은 요건 및 절차에 있어 뚜렷한 차이가 있으므로, 어떠한 사항이 경미한 사항인지 여부는 매우 중요하다.

가. 규 정

법 제74조(관리처분계획의 인가 등)

① 사업시행자는 다만, 대통령령으로 정하는 경미한 사항을 변경하려는 경우에는 시장·군수등에게 신고하여야 한다.

시행령 제61조(관리처분계획의 경미한 변경)

법 제74조제1항 각 호 외의 부분 단서에서 "대통령령으로 정하는 경미한 사항을 변경하려는 경우"란 다음 각 호의 어느 하나에 해당하는 경우를 말한다.

   1. 계산착오·오기·누락 등에 따른 조서의 단순정정인 경우(불이익을 받는 자가 없는 경우에만 해당한다)

   2. 법 제40조 제3항에 따른 정관 및 법 제50조에 따른 사업시행계획인가의 변경에 따라 관리처분계획을 변경하는 경우

   3. 법 제64조에 따른 매도청구에 대한 판결에 따라 관리처분계획을 변경하는 경우

   4. 법 제129조에 따른 권리·의무의 변동이 있는 경우로서 분양설계의 변경을 수반하지 아니하는 경우

   5. 주택분양에 관한 권리를 포기하는 토지등소유자에 대한 임대주택의 공급에 따라 관리처분계획을 변경하는 경우

   6. 민간임대주택법 제2조 제7호에 따른 임대사업자의 주소(법인인 경우에는 법인의 소재지와 대표자의 성명 및 주소)를 변경하는 경우

나. 규정의 해석

경미한 사항은 조합원에 대한 권리분배나 비용분담 기타 조합원의 권리·의무에 어떠한 영향도 미치지 않는 사항이거나 이미 총회의결 등을 거친 사항으로서 추가로 엄격한 변경절차를 거치는 것이 불필요한 사항이다. 제2호를 제외한 나머지 사항은 조합원의 권리·의무에 영향을 미친다고 보기 어려우므로, 제2호(정관 및 사업시행계획인가의 변경에 따라 관리처분계획을 변경하는 사항)에 대하여 살펴본다.

관리처분계획에 관한 사항은 정관에 반드시 정하여야 하는 사항이므로(법 시행령 제38조 제10호), 조합의 자치법규인 정관과 조합원에 대한 권리배분과 비용분담 등을 정하는 관리처분계획 사이에는 밀접한 관련성이 있다. 또한 관리처분계획은

사업시행계획의 후속처분으로서 선행처분은 그 자체로 처분의 목적이 종료되지 않고 선행 행정처분이 이루어지는 것을 전제로 후속처분이 이루어지는 정비사업의 특성상 밀접한 관련성이 있다. 또한 정관변경이나 사업시행계획변경을 위해서는 조합원 과반수 찬성의 총회의결 등 엄격한 절차를 거쳐야 변경이 가능하다.

따라서 이미 엄격한 요건에 따라 관리처분계획의 내용이 된 사항에 관하여 정관변경이나 사업시행계획변경이 이루어졌다면, 또다시 엄격한 요건에 따른 관리처분계획 변경절차를 거치도록 하는 것은 정비사업의 효율이나 신속에 반하기 때문에 이를 경미한 사항으로 규정한 것이다.

다. 경미한 사항 변경과 관련한 쟁점

⑴ 제한적 또는 예시적 규정인지 여부

㈎ 문제의 소재

관리처분계획이 구속적 행정계획으로서 조합원들의 권리·의무에 중대한 영향을 미치는 점을 고려하면, 원칙적으로 엄격한 관리처분계획 변경절차에 의하여야 하고 법령이 경미한 사항으로 규정한 경우에 한하여 예외를 인정하여야 할 것이나, 한편으로는 그 내용이 조합원들의 이해관계와 무관하다면 정비사업의 신속한 진행을 위해 보다 폭넓게 경미한 사항의 변경을 인정할 수도 있을 것이다. 이와 관련하여 법 시행령 제61조가 열거한 경미한 사항이 제한적 규정인지, 예시적 규정인지 여부가 문제된다.

㈏ 판례(예시적 규정)

관리처분계획의 수립 또는 변경을 위하여 조합 총회의 의결 및 행정청의 인가절차 등을 요구하는 취지는, 관리처분계획의 수립 또는 변경으로 인하여 자신의 권리의무와 법적 지위에 커다란 영향을 받게 되는 조합원 등의 의사가 충분히 반영되어야 할 필요가 있기 때문이다. 반면에 관리처분계획의 경미한 사항을 변경하는 경우에는 이러한 필요성이 그다지 크지 아니하기 때문에 행정청에 신고하는 것으로 족하도록 규정하고 있는 것이다.

판례는 위와 같은 입법취지에 비추어 볼 때, '경미한 사항을 변경하고자 하는 때'란 법 시행령 제61조의 각 호에 규정된 사항들에 한정되는 것이 아니라, 변경 대상이 되는 관리처분계획의 내용을 구체적·개별적으로 살펴보아 ① 조합총회의 의결을 거치지 아니하더라도 그 변경내용이 객관적으로 조합원 등 이해관계인의 의사에 충분히 부합하고 그 권리의무 내지 법적 지위를 침해하지 아니하거나, ② 분양대상자인지 여부에 대한 확정판결에 따라 관리처분계획의 내용을 변경하는 때와 같이 조합총회의 의결을 거친다고 하더라도 그 변경내용과 다르게 의결할 수 있는 여지가 없는 경우 등도 포함한다고 봄이 타당하다고 판시함으로써 이를 예시적 규정으로 본다.

구체적으로 사업시행자가 당초 현금청산대상자로 삼았다가 판결절차를 통하여 공동주택을 단독으로 분양받을 권리가 있다고 확정된 공유지분권자들에게 최초 관리처분계획상 소송을 위한 보류시설로 지정되어 있던 78세대 중 74세대를 분양하는 것으로 일부 내용을 변경하는 관리처분계획을 작성한 후, 경미한 사항의 변경임을 이유로 총회의 결의 없이 관할 행정청에게 신고한 경우, 위와 같은 관리처분계획의 변경내용은 조합총회의 의결을 거치지 아니하더라도 객관적으로 조합원 등 이해관계인의 의사에 충분히 부합하고 그 권리의무 및 법적 지위를 침해하지 아니하거나 조합총회의 의결을 거친다고 하더라도 그 변경내용과 다르게 의결할 수 없는 경우에 해당한다고 보아 경미한 사항에 해당한다고 판시하였다.[74]

(다) 결론

확정판결이 존재함에도 법 시행령 제61조의 열거사항에 해당하지 아니한다는 이유로 엄격한 관리처분계획 변경절차를 거치도록 하는 것은 부당하다는 측면에서 예시설이 타당하다. 다만 실무에서는 명확하게 경미한 사항임에도 절차적 정당성을 확보하거나 장래의 다툼을 미연에 방지하기 위하여 변경인가절차를 거치는 것이 일반적이므로, 법 시행령 제61조 각 호의 사유가 아님에도 사업시행자가 경미한 사항으로 신고하는 경우는 많지 않을 것으로 보인다.

(2) 수리가 필요한 신고인지 여부

조합설립인가에서 살펴본 바와 같이 수리가 필요한 신고이고, 법이 2021. 3. 16. 법률 제17943호로 개정되어 시장·군수등은 경미한 사항에 대한 변경 신고를 받은 날부터 20일 이내에 신고수리 여부를 신고인에게 통지하여야 하고, 이를 하지 아니하면 그 기간이 끝난 날의 다음 날에 신고를 수리한 것으로 본다(제4편 제

---

74) 대법원 2012. 5. 24. 선고 2009두22140 판결.

6장 Ⅲ. "3. 신고의 법률적 의미" 참조).

(3) 경미한 사항임에도 변경인가형식으로 처분한 경우

사업시행자인 조합은 경미한 신고사항임에도 불구하고, 절차적 정당성을 위하여 변경인가처분의 형식으로 처리하는 경우가 있다. 조합설립인가에서 살펴본 바와 같이 사업시행자의 신청에 기하여 행정청이 신고사항을 변경하면서 신고절차가 아닌 변경인가 형식으로 처분을 한 경우, 그 성질은 신고사항을 변경하는 내용의 신고수리에 불과한 것으로 보아야 하므로, 그 적법 여부 역시 변경인가의 절차 및 요건의 구비 여부가 아니라 신고수리에 필요한 절차 및 요건을 구비하였는지 여부에 따라 판단하여야 한다(제4편 제6장 Ⅲ. "4. 경미한 사항에 대한 조합설립변경인가처분의 적법성 심사" 참조).

4. 관리처분계획인가와 변경인가의 관계

가. 관리처분계획변경의 내용

법 제74조 제1항이 규정하고 있는 관리처분계획의 변경은 사업시행자가 인가받은 관리처분계획의 내용에 대하여 인가 이후의 사정변경으로 인하여 이를 변경하는 것으로서, 종전 관리처분계획의 효력은 그대로 유지한 채 내용 중 일부만을 추가·철회·변경하는 것을 전제로 한 것으로 보인다. 실무상 청산금 및 비용분담에 관한 사항은 원칙적으로는 이전고시 후의 청산 시에 청산금 및 부과금 부과처분 등과 관련하여 문제되나 다음에서 살펴보듯이 정관에서 분양계약제도를 규정하고 있는 경우에는 이전고시 전에 청산금 및 비용분담금의 납부시점 및 납부방법이 관리처분계획의 내용에 포함되기도 하며, 청산금 및 비용분담금의 지급시기와 관련하여 수시로 총회의결을 거쳐 변경인가가 이루어진다.

관리처분계획에서는 앞서 본 바와 같이 일반적으로 권리가액의 산정을 위한 비례율을 결의하는데, 비례율은 정비사업의 진행에 따라 소요되는 총 사업비가 계속적으로 변경됨에 따라 정비사업비와 더불어 수시로, 공사완료에 따른 준공인가와 이전고시 직전까지 관리처분계획변경절차를 거쳐 변경된다. 위와 같이 정비사업비 외에 비례율이 주로 관리처분변경계획의 내용이 되는 것은 그것이 그동안 널리 이용되어 왔던 청산금 산정방식이기 때문이다.

나. 쟁송의 대상

(1) 원칙

최초의 관리처분계획과 이후 여러 차례 관리처분변경계획이 수립된 경우, 당사자들은 어떠한 관리처분(변경)계획을 쟁송의 대상으로 하여야 하는지 혼란을 겪는 경우가 많고, 일반적으로는 그 모두를 쟁송의 대상으로 하는 듯하다. 조합설립인가(제4편 제6장 Ⅲ. "5. 조합설립인가와 변경인가의 관계")에서 자세히 살펴본 바와 같이 심리의 형태는 우선 후행의 다수 관리처분변경계획 중 종전의 관리처분계획을 실질적으로 대체한 것이 있는지 여부를 심리하여, 만일 존재한다면 그 이전의 관리처분계획, 변경계획은 이에 흡수·소멸되었으므로 그 부분에 대한 무효확인이나 취소를 구하는 부분은 원칙적으로 소의 이익이 없어 각하하고(다만, 후속처분이 있는 경우 예외), 실질적으로 대체한 관리처분변경계획만이 적법성 여부의 심리의 대상이 된다.

종전의 관리처분계획을 실질적으로 대체하는 관리처분변경계획이 없다면, 당초 관리처분계획이 총회결의 요건을 갖추지 못한 경우 등 성립과 관련한 하자로 인하여 쟁송에 의하여 취소되거나 무효로 확정된 경우에는 이에 기초하여 이루어진 관리처분변경계획도 원칙적으로 그 효력을 상실하거나 무효이고, 당초 관리처분계획 이후 여러 차례 변경이 있었다가 중간에 행하여진 관리처분변경계획이 성립과 관련한 하자로 인하여 쟁송에 의하여 취소되거나 무효로 확정된 경우 후행 관리처분변경계획도 그 효력을 상실하거나 무효이다.

위와 같이 당초 관리처분계획이 성립상의 하자로 쟁송에 의하여 취소되거나 무효로 확정된 경우에는 이에 기초하여 이루어진 관리처분변경계획도 원칙적으로 그 효력을 상실하므로, 조합원 등 이해당사자는 최초의 관리처분계획의 무효나 취소를 주장, 증명하면 족하다. 다만 후행의 관리처분변경계획에는 외관이 존재하여 법률적 불안이나 위험이 있는 점, 최초의 관리처분계획과는 다른 고유의 변경된 부분에 대한 위법이 존재할 수도 있는 점 등에 비추어 최초의 관리처분계획과 함께 또는 후행의 관리처분변경계획에 대하여만 쟁송이 제기된 경우에도 대상적격이나 소의 이익이 인정된다.

후행의 관리처분변경계획에 대하여만 쟁송이 제기된 경우에는 최초의 관리처분계획의 무효사유를 주장, 증명하거나 관리처분변경계획 고유의 무효나 취소사유를 주장, 증명하여 다툴 수 있다. 다만 이는 최초의 관리처분계획이 총회결의의 하자 등 성립요건이 흠결된 경우에 적용되고, 일부 내용상 하자인 경우에는 다음에서 살펴볼 처분일반론이 적용된다.

한편 경미한 변경의 신고는 전제가 되는 선행의 관리처분계획이 취소나 무효 확정되는 경우 당연히 그 효력이 소멸하므로, 그 외관만으로 법률상 이익이 침해된다고 보기는 어렵다 할 것이어서, 다툴 소의 이익이 없다.

(2) 처분 일반론과의 관계

(가) 처분의 내용을 추가·철회·변경하는 후행처분이 있는 경우, 선행처분과 후행처분은 각각의 하자에 대한 쟁송의 대상된다. 즉 선행처분에 대하여 하자가 존재하는 경우 선행처분을 대상으로 하여야 하고, 추가·철회·변경된 부분에 하자가 존재하는 경우 후행처분을 대상으로 하여야 하며, 각각 하자가 존재하는 경우 그 모두가 쟁송의 대상이 된다. 다만, 후행처분이 종전처분을 완전히 대체하는 것이거나 그 주요 부분을 실질적으로 변경하는 내용이 아니라 하더라도, 추가·철회·변경된 부분이 성질상 나머지 부분과 불가분적인 경우에는 후행처분만이 쟁송의 대상이 된다.

따라서 종전처분을 변경하는 내용의 후행처분이 있는 경우 법원으로서는, 후행처분에서 추가·철회·변경된 부분의 내용이 성질상 그 나머지 부분과 가분적인지 여부 등을 살펴 항고소송의 대상이 되는 행정처분을 확정하여야 한다(위 2015두295 판결).

(나) 이는 조합설립인가(제4편 제6장 Ⅲ. "5. 조합설립인가와 변경인가의 관계")에서 자세히 살펴본 바와 행정처분의 요건은 적법하되, 그 일부 내용상의 하자와 관련되는 것이다.

관리처분계획은 현금청산대상자의 권리의 명세와 청산방법을 포함하여 사업시행의 결과 설치되는 종후자산의 권리배분 및 귀속에 관한 사항과 그 비용 분담에 관한 사항을 정하는 행정계획인 관계로 주로는 관리처분계획 내용의 위법성이 문제되어 처분 일반론의 법리가 적용된다. 이 점에서 조합설립인가 및 사업시행계획과 뚜렷이 구분된다.

사업시행자가 관리처분계획을 수립함에 있어서는 이해관계가 상충되는 다수 토지등소유자들의 개별적이고 구체적인 이익을 적절히 형량·조정하여야 하나, 모든 이해관계인들의 이익을 만족해 줄 수는 없기 때문에 그 과정에서 폭 넓은 계획재량이 인정된다. 그러나 법령, 조례 및 정관은 권리산정기준일, 관리처분방법 및 관리처분계획 수립기준 등을 통하여 조합원 지위나 구체적인 권리를 정하고 있고, 사업시행자가 이를 구체화하는 내용으로 권리귀속 및 배분을 정하는 범위에서는 사실상 재량이 개입될 여지는 없는바, 실무상으로는 주로 관리처분계획의 내용이 법령, 조례 및 정관상의 조합원의 지위 및 권리규정에 반하여 위법하다는 내용의 소송이 주를 이룬다.

㈐ 위와 같이 조합원이 자신의 권리와 관련한 관리처분계획의 내용 중 일부에 하자가 있다고 주장하는 사안에서, 그 후 관리처분계획의 내용이 변경된 경우, 그 변경된 부분까지 취소를 구할 수 있는지 여부에 관하여 살펴본다.

변경된 부분이 최초의 관리처분계획의 내용상 하자와 관련된 경우 또는 변경된 관리처분계획에 고유의 내용상 하자가 존재하고, 원고의 권리·의무에 영향을 미치는 경우에는 관리처분변경계획의 위법성을 주장하여 이를 다툴 수 있다.[75]

그러나 변경된 내용이 당해 조합원의 권리·의무에 아무런 영향이 없다면 그 취소를 구할 소의 이익이 없다.

예를 들면 권리가액이나 면적 범위에서 2주택의 분양이 가능함에도 1주택만을 분양하는 내용으로 관리처분계획이 수립되어 위법하다고 다투는 도중, 보류지의 숫자를 변경하거나 비례율과 무관한 상가와 관련된 관리처분계획의 내용이 변경된 경우, 실무상 원고는 만연히 위와 같이 변경된 관리처분계획에 대하여도 그 취소를 구하나, 위와 같이 변경된 관리처분계획은 원고의 권리·의무에 아무런 영향이 없으므로 이를 쟁송의 대상으로 삼을 수는 없다.

Ⅲ. 종전 관리처분계획을 대체하는 새로운 관리처분변경계획

1. 의 의

법 제74조 제1항이 규정하고 있는 관리처분계획의 변경은 사업시행자가 인가

---

75) 서울행정법원 2018. 8. 17. 선고 2017구합84099 판결(확정).

받은 관리처분계획에 대하여 인가 이후의 사정변경으로 인하여 그 내용 중 일부를 변경하는 것을 전제로 한다. 그러나 실무상으로는 사업시행자가 관리처분계획인가 이후의 사정변경이 아니라 최초 관리처분계획상 존재하는 하자를 바로 잡기 위하여 당초 관리처분계획과 동일한 요건, 절차를 거쳐 새로운 관리처분변경계획을 수립하여 시장·군수등으로부터 인가받는 경우가 있고, 또는 당초 관리처분계획을 대체하였다고 평가할 수 있는 정도로 관리처분계획의 주요 부분을 실질적으로 변경하는 관리처분변경계획을 수립한 후 시장·군수등의 인가를 받는 경우도 있다. 위와 같은 관리처분계획변경인가는 유효하다.

사업시행자가 관리처분계획의 수립을 위한 실체적, 절차적 요건을 모두 갖추어 시장·군수등으로부터 관리처분계획변경인가를 받았다면, 당초 관리처분계획은 원칙적으로 변경된 관리처분계획에 흡수·소멸되어 더 이상 존재하지 않는 처분이거나 과거의 법률관계가 됨은 사업시행계획변경에서 본 바이다. 다만, 이는 원칙적으로 관리처분계획 변경시점을 기준으로 당초 관리처분계획이 장래를 향하여 실효된다는 의미일 뿐이고, 소급하여 그 효력을 상실하는 것이 아니다. 그러나 하자의 시정을 목적으로 하는 새로운 관리처분변경계획의 경우에는 예외가 있을 수 있다. 이하에서는 종전 관리처분계획을 대체하는 새로운 관리처분변경계획에 관하여 살펴본다.

2. 하자의 시정을 목적으로 하는 새로운 관리처분변경계획

가. 내 용

사업시행자가 주로 성립상의 관리처분계획의 흠을 바로 잡기 위하여 당초 관리처분계획과 동일한 요건, 절차를 거쳐 새로운 관리처분변경계획을 수립하여 시장·군수등으로부터 인가를 받는 경우가 있다.

나. 구체적 사례

(1) 대법원 2012. 9. 13. 선고 2010두4056 판결

원심에서 총회 이전에 조합원에게 제공한 가격정보가 관리처분계획에 대한 동의여부를 결정할 수 있을 정도의 충분한 정보라고 보기 어려워 관리처분계획이 위법하다는 취지의 판결이 선고되자, 조합이 상고심에 이르러 하자를 시정한 후

새로운 절차를 밟아 총회에서 77.12%의 찬성으로 종전 관리처분계획과 동일한 내용의 관리처분계획을 수립하는 내용의 결의를 하고, 변경인가 된 사안으로, 변경된 관리처분계획이 종전 관리처분계획의 주요 부분을 실질적으로 변경한 것으로 인정하였다.

⑵ 대법원 2013. 7. 25. 선고 2010두24678 판결

원심은 당초 관리처분계획이 총회소집 통지절차 및 의결정족수 산정의 절차상 하자와 주택공급기준 위반의 내용상 하자가 있어 무효라는 판결이 선고되자, 이에 조합이 상고심에 이르러 적법하게 총회를 소집하여 서울시 조례 소정의 주택공급기준에 부합하는 새로운 관리처분계획안을 의결하고 변경인가를 받은 사안으로, 새로운 관리처분계획은 당초 관리처분계획의 절차상 하자를 보완하고 그 주요 부분을 실질적으로 변경하는 것으로서, 당초 관리처분계획이 별개의 새로운 관리처분계획으로 변경됨으로써 그 효력을 상실하였다.

3. 주요부분을 실질적으로 변경하는 관리처분변경계획

가. 의 의

관리처분계획의 내용변경에는 종전 관리처분계획의 내용 중 일부만을 추가·철회·변경하는 것과 당초 관리처분계획의 주요 부분을 실질적으로 변경하여 이를 대체한 경우로 나눌 수 있다. 그 차이는 전자의 경우에는 종전 관리처분계획이 존속하나, 후자의 경우에는 종전의 관리처분계획은 변경된 관리처분계획에 흡수·소멸되어 효력이 상실된다. 실무상 문제되는 것은 사업시행자가 수차례 관리처분계획을 변경한 사안에서, 그 중 주요 부분을 실질적으로 변경하여 이를 대체하는 관리처분계획이 존재한다면, 원칙적으로 그 이전의 관리처분계획은 이미 실효되어 그 대상적격을 상실하기 때문이다.

나. 판단기준

당초 관리처분계획의 주요 부분을 실질적으로 변경하는 내용의 새로운 관리처분계획을 수립하여 당초 관리처분계획을 대체하였는지 여부는, 관리처분계획 중 변경된 내용, 변경의 원인 및 그 정도, 당초 관리처분계획과 변경된 관리처분계획

사이의 기간, 당초 관리처분계획의 유효를 전제로 이루어진 후속행위의 내용 및 그 진행 정도 등을 종합적으로 고려하여 판단하여야 함은 앞서 본 바이다.

다. 구체적 사례

이는 케이스 바이 케이스(case by case)에 따라 결정되므로, 이하에서는 실질적 대체를 인정한 사례를 살펴본다.

⑴ 대법원 2012. 3. 22. 선고 2011두6400 전원합의체 판결

새로운 관리처분계획이 종전 관리처분계획 이후 이루어진 총회 의결에 따른 사업시행계획변경 부분을 포함하고 있을 뿐 아니라 아파트 준공 후 최종적으로 조합원 분담금을 확정하기 위한 것으로서 그 내용에 있어서도 종전과 큰 차이가 있고, 종전 관리처분계획과 전체 조합원 수, 결의 참석자 수 및 동의자 수가 다르며, 종전 관리처분계획으로부터 4년이나 지나서 이루어진 점 등에 비추어 볼 때, 종전 관리처분계획은 별개의 새로운 관리처분계획으로 변경되었다.

⑵ 대법원 2013. 6. 13. 선고 2011두19994 판결

토지등소유자들이 종전 관리처분계획에 대하여 이의를 제기하자 구 도시환경정비사업의 사업시행자가 새롭게 관리처분계획변경총회를 개최하여 대지조성비 중 13,323,697,059원의 '공통부분' 비용을 삭제하고 이를 대지비에 합산하는 내용으로 관리처분계획을 변경함으로써 토지등소유자들의 사업비부담액 및 지분율이 상승한 사안에서, 변경된 관리처분계획은 종전 관리처분계획의 주요 부분을 실질적으로 변경한 것에 해당하여 이로써 종전 관리처분계획은 실효되었다.

⑶ 대법원 2012. 3. 29. 선고 2010두7765 판결

조합은 새롭게 총회를 개최하여 공사비 증가 등으로 인하여 시공자에게 450억 원을 추가부담하게 되는데, 이에 대하여 조합원들이 기존 분담금 이외에 130억 원을 추가로 부담하고, 나머지는 임대주택에서 일반분양으로 전환되는 107세대를 시공자에게 양도하는 방법으로 지급하며, 조합원들의 추가부담금 배분방법에 대하여 균등부담안과 종전자산 지분비율에 따른 분담안 중 종전자산 지분비율에 따른 분담안을 선정하는 내용으로 각 의결한 사안에서, 당초 관리처분계획의 주요 부분을 실질적으로 변경하는 내용으로 새로운 관리처분계획이 수립되어 당초 관리처분계획은 그 효력을 상실한다.

4. 새로운 관리처분계획 수립의 효과

사업시행자가 관리처분계획의 수립을 위한 실체적, 절차적 요건을 모두 갖추어 시장·군수등으로부터 관리처분계획변경인가를 받았다면, 당초 관리처분계획은 원칙적으로 흡수·소멸되어 더 이상 존재하지 않는 처분이거나 과거의 법률관계가 된다.

가. 장래 실효 여부

(1) 문제의 소재

새로운 관리처분계획의 수립으로 인한 종전 관리처분계획의 실효와 관련하여 판례는 장래를 향하여 실효된다는 판시와 소급하여 실효된다는 판시가 혼재하고 있어 그 효력 여부가 문제된다.

(2) 원칙적 장래 실효

종전 관리처분계획을 대체하는 새로운 관리처분계획 수립·인가되면 종전 관리처분은 원칙적으로 장래를 향하여 실효된다.

판례는 당초 관리처분계획의 주요 부분을 실질적으로 변경하는 내용으로 새로운 관리처분계획을 수립하여 시장·군수등의 인가를 받은 경우에는 당초 관리처분계획은 달리 특별한 사정이 없는 한 효력을 상실한다. 이때 당초 관리처분계획이 효력을 상실한다는 것은 당초 관리처분계획이 유효하게 존속하다가 변경 시점을 기준으로 장래를 향하여 실효된다는 의미이지 소급적으로 무효가 된다는 의미가 아니다. 그리고 이러한 법리는 변경된 관리처분계획이 당초 관리처분계획의 주요 부분을 실질적으로 변경하는 정도에 이르지 않는 경우에도 동일하게 적용되므로, 이와 같은 경우 당초 관리처분계획 중 변경되는 부분은 장래를 향하여 실효된다[76]고 판시하여 명시적으로 종전의 관리처분계획은 소급적으로 무효가 되는 것은 아니고, 장래를 향하여 실효됨을 밝히고 있다.

---

76) 대법원 2016. 6. 23. 선고 2014다16500 판결.

(3) 소급하여 실효

(가) 하자의 시정을 목적으로 하는 새로운 관리처분계획 수립의 경우 일부 예외 소급하여 실효되었다고 판시하는 판례를 보면, ① 관리처분계획의 취소를 구한 사건에서 1, 2심에서 사업시행자가 패소하고 상고심에 계속 중 총 사업비의 약 33%를 감액하고, 새로운 분양설계 후 관리처분변경계획에 대한 인가가 이루어진 사안에서, 변경인가 된 관리처분계획은 종전 관리처분계획의 주요부분을 실질적으로 변경한 것에 해당하여 이로써 종전 관리처분계획은 소급하여 실효되었다고 판시하였고,[77] ② 관리처분계획 인가 이후 상가가 축소되고 공동주택 세대수가 증가하는 등으로 사업시행계획에 변경이 있자, 사업시행자는 새로운 분양신청절차를 거쳐 관리처분계획을 수립하고, 변경인가를 받은 사안에서, 기존의 관리처분계획은 소급하여 실효되었다고 봄이 상당하다고 판시하였다.[78]

(나) 의미

행정청은 행정처분에 하자가 있는 경우에는 별도의 법적 근거가 없다 하더라도 원칙적으로 이를 직권취소할 수 있다. 따라서 하자의 시정을 목적으로 하는 새로운 관리처분계획을 수립하였고, 해석상 그와 같은 새로운 처분으로 종전의 하자 있는 관리처분계획을 직권취소한 것으로 볼 수 있는 사안에서, 판례는 종전 관리처분계획은 소급하여 실효되었다고 판시하는 듯하다.[79]

다만, 행정청의 종전 처분에 대한 직권취소는 이례적이므로, 이는 사업시행자가 새로운 관리처분계획의 수립으로 종전 관리처분계획을 직권취소하려는 의사가 명확한 경우에 한하여 예외적으로 인정하여야 할 것이다.

나. 실효된 관리처분계획의 무효확인을 구할 법률상 이익이 있는지 여부

(1) 원칙

종전 관리처분계획을 대체하는 새로운 관리처분계획에 대한 변경인가를 받은 이후 종전 관리처분계획에 대한 무효확인 또는 취소청구의 소는 특별한 사정이

---

77) 대법원 2011. 2. 10. 선고 2010두19799 판결.
78) 대법원 2012. 4. 26. 선고 2011두24927 판결.
79) 위 2011두24927 판결은 판시 내용상으로는 주요 부분을 실질적으로 변경하는 관리처분변경계획이 수립된 사안으로 보이나, 그 하급심인 2011. 9. 2. 서울고등법원 2009누18334호 판결의 내용에 비추어 종전 관리처분계획의 하자를 시정하기 위한 것임이 명백하다.

없는 한 소의 이익이 없다. 왜냐하면 종전 관리처분계획은 변경된 관리처분계획에 흡수·소멸되어 실효되었기 때문이다.

(2) 예외

(가) 다만 실효된 관리처분계획을 전제로 후속행위가 있었다면, 당초 관리처분계획이 무효로 확인되거나 취소될 경우 그것이 유효하게 존재하는 것을 전제로 이루어진 후속행위 역시 소급하여 효력을 상실하게 되므로, 실효된 관리처분계획의 무효확인을 구할 소의 이익이 있다고 볼 여지가 있다. 다만 사업시행계획인가에서 본 바와 같이 새로운 관리처분계획이 수립되고, 그에 기초하여 종전 후속행위를 대체하는 새로운 후속행위가 있었다면 예외이다(제6편 제5장 Ⅲ. "3. 주요 부분을 실질적으로 변경하는 사업시행변경계획" 참조).

(나) 한편, 무엇이 관리처분계획의 후속행위인가에 관하여 살펴본다. 관리처분계획은 종국적인 권리의 배분 및 귀속에 관한 사항, 비용분담을 내용으로 하는 것이므로, 이를 구체화하는 법적 행위인 이전고시 및 청산금부과처분이 있는 경우 이를 후속행위로 볼 수 있다. 우선 이전고시가 있으면, 현재의 유효한 관리처분계획조차도 더 이상 다툴 수 없으므로,[80] 과거의 법률관계인 실효된 관리처분계획의 무효확인을 구하는 소의 이익은 당연히 인정될 수 없다.

법 제89조 제1, 2항에 의하면 사업시행자는 수분양자에 대하여 종후자산 가격과 종전자산 가격과의 차액을 청산금으로 부과하는바, 이는 이전고시 이후에 부과함이 원칙이므로, 관리처분계획의 후속행위로 청산금부과처분이 존재한다 하더라도 이전고시의 효력으로 인하여 더 이상 실효된 관리처분계획의 무효확인을 구하는 소의 이익이 인정될 수 없다.

다만 청산금에 관하여 분양계약을 인정하는 정관등에서 분할징수를 정하고 있거나 총회의 의결로서 이전고시 이전으로 따로 정한 경우에 사업시행자가 행하는 청산금부과처분은 후속행위이고, 그 경우 관리처분계획의 취소나 무효확인 판결이 확정되면, 청산금부과처분도 소급적으로 효력이 상실된다. 결국 이전고시 이전 단계에서 사업시행자의 청산금 부과처분이 존재한다면 실효된 관리처분계획의 무효확인을 구할 소의 이익이 있다.

---

80) 대법원 2012. 3. 22. 선고 2011두6400 전원합의체 판결.

한편, 법 제81조 제2항이 "사업시행자는 제74조 제1항에 따른 관리처분계획인 가를 받은 후 기존의 건축물을 철거하여야 한다."고 규정하고 있으므로, 건물 철거 및 시공이 관리처분계획의 후속행위인가 여부가 문제될 수 있다. 그러나 관리 처분계획은 권리의 배분 및 귀속, 비용부담 등에 관한 행정계획으로서, 건물 철거 및 시공은 이와 무관하므로, 이를 후속행위로 볼 수 없다.

Ⅳ. 보충행위로서의 인가처분의 변경

보충행위로서 관리처분계획인가처분 그 자체에 고유의 하자가 있어 제1심에서 취소되었으나, 그 후 항소심에서 관리처분계획변경인가처분이 이루어진 경우, 또 는 종전 관리처분계획이 인가 이후 주요 부분이 변경되었고, 이에 대하여 변경인 가가 이루어진 경우에는 그와 같은 변경인가도 또한 실질적으로 새로운 보충행위 로서의 인가처분에 해당한다.

위의 경우 모두 종전 인가처분이 변경인가처분에 흡수되어 존재하지 않게 되 었으므로, 종전 인가처분의 취소를 구하는 부분의 소는 권리보호의 이익이 없어 부적법하다.

제7장 관리처분계획인가와 관련한 소송상의 쟁점

제1절 총 설

I. 소송의 형태

법 제45조 제1항 제10호는 관리처분계획의 수립 및 변경은 총회의 의결을 거치도록 규정하고 있다. 총회결의에 하자가 있는 경우에는 소로써 이를 다툴 수 있다. 이는 행정처분에 이르는 절차적 요건의 존부나 효력 유무에 관한 소송으로서 그 소송결과에 따라 행정처분의 위법 여부에 직접 영향을 미치는 공법상 법률관계에 관한 것이므로, 행정소송법상의 당사자소송에 해당한다.

관리처분계획이 총회의결 이후 인가·고시까지 이루어지면 인가와는 별도의 처분으로 성립되므로, 항고소송의 방법으로 관리처분계획의 취소 또는 무효확인을 구할 수 있을 뿐, 절차적 요건에 불과한 총회결의 부분만을 대상으로 그 효력 유무를 다투는 확인의 소를 제기하는 것은 허용될 수 없다. 따라서 총회결의 무효확인 소의 진행 중 관리처분계획에 대한 인가·고시가 이루어지는 경우, 관리처분계획의 취소 또는 무효확인을 구하는 것으로 소변경이 필요하다.

결국 관리처분계획인가 이후에는 관리처분계획 수립을 위한 총회결의에 하자가 있을 때에도 관리처분계획에 대한 취소소송 또는 무효확인소송을 제기하여야 하고, 절차적 요건에 불과한 총회결의 부분만을 대상으로 그 효력 유무를 다투는 확인의 소는 부적법하다.

Ⅱ. 조합원 지위확인소송 및 수분양자 지위확인소송의 관계

1. 수분양자 지위확인소송

가. 문제의 소재

실무상 분양신청통지를 받지 못하여 분양신청하지 않아 현금청산대상자로 분류된 토지등소유자가 사업시행자를 상대로 자신이 분양신청통지를 받았더라면, 분양신청을 하였을 것이므로 관리처분계획상이 수분양자의 지위가 인정되어야 함을 이유로 수분양자 지위확인의 소를 제기하는 경우가 흔히 있다. 또는 사업시행자가 토지등소유자의 조합원 지위를 다투는 경우 분양신청절차를 준비하는 단계에 불과함에도 토지등소유자가 사업시행자를 상대로 수분양자 지위확인의 소를 제기하는 경우가 있고, 조합원이 자신의 분양신청 내용과 다른 종후자산을 배분하거나 현금청산대상자로 분류하는 내용의 관리처분계획이 수립된 경우 사업시행자를 상대로 자신의 분양신청에 부합하는 수분양권이 있음의 확인을 구하는 경우가 가끔씩 있다. 그와 같은 수분양자 지위확인의 소의 적법성에 대하여 살펴본다.

나. 법 리

현행 행정소송법에서는 장래에 행정청이 일정한 내용의 처분을 할 것 또는 하지 못하도록 할 것을 구하는 소송[의무이행소송, 의무확인소송 또는 예방적 금지소송 (행정청이 장래에 처분을 행하는 것을 금지하는 소송)]은 허용되지 않는다.[81]

다. 판 단

(1) 관리처분계획 수립 전

관리처분계획이 수립되기 전 단계에서 조합원이 조합을 상대로 구체적으로 정하여진 바도 없는 수분양권의 확인을 공법상 당사자소송의 방식으로 곧바로 구하는 것은 현존하는 권리·법률관계의 확인이 아닌 장래의 권리·법률관계의 확인을 구하는 것일 뿐만 아니라, 조합으로 하여금 특정한 내용으로 관리처분계획을 수립할 의무가 있음의 확인을 구하는 것이어서 현행 행정소송법상 허용되지 않는 의무확인소송에 해당하여 부적법하다.[82]

---

81) 대법원 1992. 2. 11. 선고 91누4126 판결, 대법원 2006. 5. 25. 선고 2003두11988 판결 참조.

나아가 행정처분인 관리처분계획의 수립으로 결정되어야 할 수분양권자, 수분양권의 내용을 관리처분계획의 수립에 앞서 소송의 형태로 결정하는 것은 예방적 금지소송의 일종이므로 부적법하다. 즉, 만일 당해 조합원에 대한 특정 수분양권이 존재한다는 확인판결이 승소확정 된 이후에 사업시행자가 이와 반대되는 관리처분계획을 수립한다면, 조합원이 그 취소를 구하는 항고소송을 제기함을 가정할 때, 전소인 확인의 소의 기판력, 즉 당해 조합원의 특정 수분양권이 인정된다는 내용이 후소인 관리처분계획의 취소소송에 미치기 때문이다. 결국 관리처분계획이 수립되기 전단계에서는 조합원 지위확인의 소 제기만이 가능하다.

(2) 관리처분계획이 수립되었으나, 현금청산대상자로 분류된 경우 또는 분양신청내용과 달리 분양된 경우

㈎ 분양신청을 하지 아니하여 현금청산대상자로 분류된 경우

사업시행자로부터 적법한 분양신청통지를 받지 못하여 분양신청하지 못한 결과 관리처분계획상 현금청산대상자로 분류된 토지등소유자의 경우에는 자신을 현금청산대상자로 한 관리처분계획의 취소 또는 무효확인을 구하여야 하고, 그와 같은 관리처분계획이 취소되는 경우 사업시행자는 새롭게 당해 토지등소유자를 상대로 분양신청절차를 거쳐 이를 기초로 관리처분계획을 수립하게 된다. 결국 분양신청권도 행사하지 아니한 위 토지등소유자로서는 실질적으로는 자신에 대한 관리처분계획이 수립되기 전 단계에 해당하므로 앞서 본 바와 같이 수분양자 지위확인의 소는 의무확인소송 또는 예방적 금지소송에 해당하여 허용될 수 없다.

㈏ 분양신청내용과 달리 분양되거나 현금청산대상자로 분류된 경우

정비사업에서 사업시행의 결과로 건축되는 신축 주택을 받을 수 있는 지위나 권리 즉, 수분양자 지위나 수분양권은 조합원의 분양신청만으로 당연히 인정되는 것이 아니라 법 제76조 제1항 각 호의 기준에 따라 수립되는 관리처분계획으로 비로소 정하여진다. 따라서 조합원은 자신을 현금청산대상자로 분류하거나 분양신청 내용과 달리 관리처분계획이 수립되는 경우 관리처분계획의 취소 또는 무효확인을 항고소송의 방식으로 구할 수 있을 뿐, 곧바로 사업시행자를 상대로 민사소송이나 공법상 당사자소송으로 수분양권의 확인을 구하는 것은 허용되지 않는

---

82) 대법원 2019. 12. 13. 선고 2019두39277 판결.

다.[83]

2. 조합원 지위확인소송

가. 적법한 분양신청통지 받지 못한 현금청산대상자의 조합원지위확인의 소

(1) 문제의 소재

적법한 분양신청 통지를 받지 못하여 현금청산대상자로 분류된 자로서는 가장 근원적인 해결책인 관리처분계획의 취소 또는 무효확인의 소를 제기할 수 있음에도, 조합원 지위확인의 소를 제기하는 것이 가능한지 여부가 문제된다.

관리처분계획이 존재하므로 처분의 공정력(관리처분계획상 현금청산대상자로 분류되어 있는바, 이는 분양신청기간 종료일 다음날에 조합원 지위를 상실하여 조합원 지위가 없음이 내포되어 있다)에 의하여, 관리처분계획이 당연 무효가 아닌 한 관리처분계획이 취소될 때까지 그 효력을 부인할 수 없으므로, 조합원 지위확인을 구할 수 없는 것이 아닌가 하는 의문이 제기된다.

(2) 실무상 견해 대립

⑺ 조합원 지위확인 부정설

관리처분계획의 공정력에 의하여 조합원 지위확인을 구할 수 없다는 견해이다. 대법원 1996. 2. 15. 선고 94다31235 전원합의체 판결은 분양신청 후에 정하여진 관리처분계획의 내용에 관하여 다툼이 있는 경우에는 그 관리처분계획은 토지등의 소유자에게 구체적이고 결정적인 영향을 미치는 것으로서 조합이 행한 처분에 해당하므로 항고소송에 의하여 관리처분계획 또는 그 내용인 분양거부처분 등의 취소를 구할 수 있다고 판시하였다. 당해 사안은 조합원의 분양신청 행위에 따라 수립된 관리처분계획임을 전제로 하고 있으나, 넓게는 관리처분계획이라는 구체적인 처분이 존재하므로 관리처분계획에 대한 무효확인이나 그 처분의 취소를 구하여야 하는 듯한 취지로 이해될 수 있다.

⑼ 조합원 지위확인 긍정설

그 논거는 다음과 같다.

① 행정소송의 경우에는 확인의 소의 보충성 원칙 예외

---

83) 대법원 1996. 2. 15. 선고 94다31235 전원합의체 판결.

행정처분의 근거 법률에 의하여 보호되는 직접적이고 구체적인 이익이 있는 경우에는 행정소송법 제35조에 규정된 '무효확인을 구할 법률상 이익'이 있다고 보아야 하고, 이와 별도로 무효확인 소송의 보충성이 요구되는 것은 아니므로 행정처분의 무효를 전제로 한 이행소송 등과 같은 직접적인 구제수단이 있는지 여부를 따질 필요가 없다.[84]

② 관리처분계획은 이전고시가 이루어지기 전까지는 변경가능

사업시행자가 조합원임을 주장하는 자의 조합원자격을 부인하는 경우, 조합원임을 주장하는 자는 그의 권리 또는 법적 지위에 현존하는 위험·불안을 제거하는 방법으로 위 조합을 상대로 조합원지위확인을 구할 소의 이익이 있다 할 것이고, 관리처분계획은 이전고시가 이루어지기 전까지는 변경될 수도 있을 뿐만 아니라, 그 계획이 확정되었다고 하여 위와 같은 소의 이익에 관한 법리가 달라지는 것은 아니다.[85]

(3) 판례

조합원 지위확인 부정설의 근거인 위 94다31235 전원합의체 판결 이후 선고된 대법원 2015. 10. 29. 선고 2013두12669 판결은 관리처분계획상 상가를 분양받은 조합원이 적법한 동·호수 추첨이 이루어지지 않아 상가 분양계약체결에 응하지 않았고, 이에 사업시행자가 당해 상가에 관하여 일반분양하는 것으로 관리처분변경계획을 수립한 사안에서, 위 상가조합원이 제기한 조합원지위확인의 소에 대하여 각하 판결하는 대신 일반분양하는 내용의 관리처분변경계획의 하자가 객관적으로 명백하다고 보기는 어려우므로 변경된 관리처분계획이 무효라고 할 수는 없지만, 관리처분변경계획은 이전고시가 이루어지기 전까지는 변경될 수도 있어 원고로서는 여전히 조합원 지위의 확인을 구할 소의 이익이 있다고 판시하였다.[86]

현재 하급심도 위 97누14606 판결 및 위 2013두12669 판결의 취지에 따라 분양신청을 하지 아니하여 현금청산대상자로 분류된 관리처분계획이 존재함에도, 관리처분계획의 무효확인이나 취소를 구하는 대신 조합원 지위확인을 구하는 내용으로 제기된 소에 대하여 본안 전 항변을 배척하고 소의 이익을 인정하고 있

---

84) 대법원 2008. 3. 20. 선고 2007두6342 전원합의체 판결.
85) 대법원 1999. 2. 5. 선고 97누14606 판결.
86) 대법원 1999. 2. 5. 선고 97누14606 판결.

다.[87)]

나. 관리처분계획의 무효확인 또는 취소청구와 조합원 지위확인의 병합청구

실무상 단순병합으로 관리처분계획의 무효확인 또는 취소를 구함과 동시에 조합원 지위 확인을 구하는 경우가 있다. 앞서 본 바와 같이 행정소송에서 무효확인의 소에 있어서는 보충성의 원칙이 적용되지 않는 점, 관리처분계획은 이전고시가 이루어지기 전까지는 변경이 가능한 점, 소가 병합된 사정만으로 소의 이익이 없다고 보기는 어려운 점 등을 고려하면 그 경우에도 조합원 지위확인의 소의 이익이 인정된다.

다. 스스로 현금청산대상자가 된 자의 조합원 지위확인의 소

⑴ 문제의 소재

스스로 분양신청기간 내에 분양신청을 하지 아니하여 현금청산대상자가 되었는데, 그 후 사업시행자가 분양신청 내용에 기초하여 관리처분계획을 수립하는 대신, 사업시행계획을 변경한 후 새롭게 분양신청절차를 진행하는 경우, 종전 사업시행계획의 주요 부분에 대한 실질적 대체가 있었으므로, 사업시행자로서는 새로운 사업시행계획에 기하여 종전 현금청산대상자들에 대하여도 분양신청절차를 거쳐야 함에도 이를 거치지 아니하였음을 들어 여전히 조합원의 지위에 있다고 주장하는 경우가 있다.

⑵ 소의 이익 여부

판례는 사업시행자가 분양신청기간 내에 분양신청을 하지 않았다는 이유를 들어 원고의 조합원 지위를 부인하고 있으므로, 조합원임을 주장하는 원고로서는 그의 권리 또는 법적 지위에 현존하는 위험·불안을 제거하는 방법으로 사업시행자를 상대로 조합원지위확인을 구할 소의 이익이 있다고 보아야 하고, 관리처분계획을 수립한 다음 이를 인가받았다는 등의 사정을 들어 이와 달리 볼 수는 없다고 판시하여 법률상의 이익을 인정하였다.[88)]

---

87) 서울고등법원 2018. 10. 31. 선고 2018누41985 판결(확정), 서울고등법원 2019. 10. 17. 선고 2019누41746 판결(확정), 대법원 2020. 1. 16.자 2019두53921 심리불속행 판결 및 하급심인 서울고등법원 2019. 9. 11. 선고 2019누40446 판결.

(3) 본안(청구기각)

조합이 분양신청 내용에 기초하여 관리처분계획을 수립하는 대신, 사업시행계획을 변경하였고 그 때 사업시행계획의 주요 부분에 대한 실질적 대체가 이루어졌다 하더라도, 종전 사업시행계획은 장래를 향하여 실효할 뿐이다. 따라서 위 규정 내용상 조합이 가중 다수결을 통하여 그들에게 조합원 지위를 부여하는 정관의 변경이나 총회결의가 없는 한 조합원 지위가 존재하는 것으로 보기 어려우므로, 청구를 기각하여야 한다.

제 2 절 소송요건과 관련한 쟁점

Ⅰ. 관리처분계획에 대한 취소소송의 제소기간

통상 고시 또는 공고로 행정처분을 하는 경우에는 그 처분의 상대방이 불특정 다수이고, 그 처분의 효력도 불특정 다수에게 일률적으로 미치는 것이므로, 그 행정처분에 이해관계를 갖는 자는 고시 또는 공고가 효력을 발생하는 날에 그 행정처분이 있음을 알았다고 보아야 한다. 관리처분계획인가는 행정 효율과 협업 촉진에 관한 규정 제4조 제3호 및 제6조 제3항에 의하여 인가 및 고시가 있은 후 5일이 경과한 때부터 효력이 발생하므로 이해관계인은 특별한 사정이 없으면 그때 처분이 있음을 알았다고 할 것이고, 따라서 그 취소를 구하는 소의 제소기간은 그때부터 기산한다.

Ⅱ. 소의 이익

1. 조합원

가. 관리처분계획은 인가를 통해 그 효력을 발생하게 되면 이해관계인에 대한 구속적 행정계획이 되므로, 조합원은 관리처분계획의 성립상 하자가 있거나 내용

---

88) 대법원 2020. 1. 16.자 2019두53921 심리불속행 판결 및 하급심인 서울고등법원 2019. 9. 11. 선고 2019누40446 판결.

이 위법한 경우 이를 다툴 소의 이익이 있다. 구체적인 내용은 다음과 같다.

① 조합원이 분양신청을 하였으나 원하지 않는 내용으로 종후자산의 권리귀속이 이루어진 경우, 그와 같은 관리처분계획의 위법성을 다툴 수 있다.

② 조합원이 분양신청을 하였고 그 내용대로 관리처분계획이 수립되었으나, 분양신청통지나 분양신청서의 접수과정에서 평형선택권이 침해된 경우에는 관리처분계획의 위법성을 다툴 수 있다.

③ 총회결의에 하자가 있는 경우 이를 다툴 수 있다.

자세한 내용은 다음에 살펴본다.

나. 사업시행계획과 관리처분계획은 서로 독립하여 별개의 법적 효과를 발생시키는 것으로서, 사업시행계획에 관한 취소사유인 하자는 관리처분계획에 승계되지 아니하여 그 하자를 들어 관리처분계획의 적법 여부를 다툴 수 없으나, 앞서 본 바와 같이 조합설립인가처분이나 사업시행계획이 효력을 잃으면, 그 후속행위로서 관리처분계획 역시 소급하여 효력을 상실하게 되므로, 조합설립인가 및 사업시행계획의 무효사유를 들어 관리처분계획을 다툴 수 있다.

2. 현금청산대상자

가. 일반론

조합원이 분양신청기간 내에 분양신청을 하지 않는 경우, 분양신청기간 종료일 다음날 조합원 지위를 상실하게 되고, 관리처분계획상 현금청산대상자로 분류된다. 관리처분계획이란 사업시행의 결과 설치되는 대지를 포함한 각종 시설물의 권리배분 및 귀속에 관한 사항과 그 비용 분담에 관한 사항을 정하는 포괄적 행정계획이다. 따라서 법 제78조 제5항은 관리처분계획이 인가되면 그 인가의 내용을 분양신청자에게만 통지하도록 규정하고 있다. 이처럼 관리처분계획상의 권리귀속과 무관한 현금청산대상자가 관리처분계획의 취소를 구하는 소를 제기할 법률상 이익이 있는지 여부가 문제된다.

나. 적극적 요건

(1) 분양신청통지의 하자가 존재하는 경우(긍정)

제2장 제1절 Ⅳ. "3. 분양신청통지의 하자(누락)를 이유로 한 관리처분계획에

대한 쟁송"에서 살펴본 바와 같이 사업시행자로부터 분양신청통지를 받지 못하여 적법한 분양신청기간 내에 분양신청을 할 수 없었다면, 비록 이미 조합원의 지위를 상실한 현금청산대상자라 하더라도, 종후자산을 배분 받기 위하여 관리처분계획을 다툴 소의 이익이 있고 현금청산대상자로 분류한 관리처분계획은 그 하자가 중대·명백하여 무효이다.

⑵ 분양신청 및 현금청산대상자로 분류하는 과정에서 하자가 존재하는 경우

㈎ 투기과열지구로 지정된 지역에서, 사업시행자가 조합설립인가 후 토지등을 양수 받았음을 이유로(재건축사업), 관리처분계획 인가 후 토지등을 양수받았음을 이유로(재개발사업) 양수인에게 조합원의 지위가 인정되지 않는다는 판단 하에 분양신청의 기회 없이 현금청산대상자로 분류한 경우

㈏ 이미 투기과열지구의 정비사업에서 관리처분계획에 따라 조합원 분양분 또는 일반 분양분을 분양받은 수분양자 및 그 세대에 속하는 자가 분양대상자 선정일로부터 5년 내에 투기과열지구에서의 조합원임을 이유로 사업시행자가 당해 조합원에게 분양신청 기회 없이 현금청산대상자로 분류한 경우

㈐ 사업시행자가 주거용의 특정무허가건물 소유자가 아니라 신발생무허가건축물 소유자임을 이유로 분양신청 기회 없이 현금청산대상자로 분류한 경우

㈑ 사업시행자가 종전토지의 총 면적이 90㎡ 미만의 과소 토지 소유자임을 이유로 현금청산대상자로 분류한 경우

㈒ 1필지의 토지 또는 하나의 건축물을 여럿이 공유하는 경우 등 수인을 1조합원으로 하여 1수분양권만 인정하는 경우 또는 권리산정기준일 이후 1필지의 토지가 분할되는 등 수인을 각각의 조합원으로 하되, 수분양권은 1개만을 인정하는 경우, 사업시행자가 토지등소유자들에 대하여 대표조합원을 선임하여 분양신청하지 않거나 각각의 분양신청 내용이 다름을 이유로 현금청산대상자로 한 경우

위 각 사안에서 분양신청 및 현금청산대상자로 분류하는 과정에서 하자가 존재하는 경우, 현금청산대상자들은 자신의 분양신청권이 침해되었음을 이유로 관리처분계획의 취소 또는 무효확인의 소제기가 가능하다.

⑶ **스스로 현금청산대상자가 된 자가 관리처분계획의 위법성을 다툴 수 있는 경우**

㈎ 관리처분계획의 내용은 분양신청한 사람들에 대한 종후자산의 배분과 관련된 것이므로, 스스로 분양신청을 하지 않아 분양신청기간 만료 다음날 조합원 지위를 상실하고 현금청산대상자가 된 자는 관리처분계획에 의하여 권리의무에 직접적·구체적인 영향을 받지 않아 그 취소를 구할 소의 이익이 없다. 다만 다음에서 살펴보듯이 관리처분계획상의 청산금 액수에 대하여만 다툴 수 있을 뿐이다. 그러나 사업시행계획에 당연무효인 하자가 있는 경우(조합설립인가처분에 당연무효의 하자가 있는 경우도 마찬가지이다), 사업시행자는 사업시행계획을 새로이 수립하여 관할 행정청으로부터 인가를 받은 후 다시 분양신청을 받아 관리처분계획을 수립하여야 하고, 토지등소유자는 그때 분양신청을 함으로써 건축물 등을 분양받을 수 있으므로 그와 같은 조건하에서는 종후자산을 배분받기 위하여 관리처분계획이나 그 인가처분을 다툴 법률상 이익이 있다.[89]

다만 심리결과 사업시행계획이 당연무효라고 할 수 없는 경우에는, 현행의 관리처분계획이 취소되거나 무효로 확인되는 어떠한 경우에도 현금청산대상자가 조합원 자격을 회복하거나 직접적인 법률상 이익을 얻게 된다고 할 수 없으므로(종후자산을 배분받을 수 없으므로), 관리처분계획에 의하여 권리의무에 어떠한 영향도 없어 결국 소는 부적법하게 된다.[90]

결국 사업시행계획이 당연무효인 경우에는 후속처분인 관리처분계획도 소급하여 효력이 상실되므로, 현금청산대상자가 승소할 것이나, 사업시행계획이 당연무효로 볼 수 없는 경우에는 소를 각하하여야 한다. 기각판결을 선고하지 않도록 주의해야 한다.

㈏ 실무상 스스로 현금청산대상자가 된 자는 관리처분계획의 무효확인 또는 취소 청구와 병합하여 사업시행계획의 무효확인을 구하는 경우가 있고, 그 경우 사업시행계획에 대한 무효확인을 구하는 소의 이익이 있음은 명백하다. 따라서 사업시행계획에 당연무효의 하자가 없는 경우, 사업시행계획 무효확인 청구 부분은

---

89) 대법원 2011. 12. 8. 선고 2008두18342 판결, 대법원 2014. 2. 27. 선고 2011두25173 판결.
90) 대법원 2013. 10. 31. 선고 2012두19007 판결 및 하급심인 서울고등법원 2012. 7. 13. 선고 2011누44848 판결.

기각, 관리처분계획 무효확인 또는 취소청구 부분은 각하하여야 한다.

⑷ 재건축사업의 특칙(재건축사업에 동의하지 않아 매도청구의 대상이 된 자)

재건축사업은 임의가입제가 원칙이므로, 정비구역 내에 소재한 토지등소유자 중 재건축사업에 동의한 자만이 조합원이 된다. 재건축사업에 동의하지 않은 자는 매도청구의 대상이 될 뿐, 관리처분계획으로 인하여 어떠한 권리·의무에 영향을 받지 아니하므로, 일응 관리처분계획의 확인 또는 취소를 구할 법률상 이익이 없다고 볼 여지가 있다. 실제로 사업시행계획에 당연무효인 하자가 있는 경우 관리처분계획의 위법성을 다툴수 있다는 위 2008두18342 판결은 강제가입제가 적용되는 정비사업에만 적용되는 것으로서, 조합설립에 동의하여야만 조합원이 되는 재건축사업에는 적용되지 아니하므로, 사업시행계획 무효여부에 대한 판단 없이 법률상 이익이 없어 각하한 판결이 있다.[91]

그러나 토지등소유자가 재건축조합에 조합원으로 가입할 수 있는 종기는 분양신청기간 종료일이므로(표준정관 제9조 제1항), 사업시행계획이 당연 무효로 확인되거나 소급적으로 취소되면 사업시행자는 새롭게 사업시행계획을 수립한 후 별도로 분양신청절차를 거쳐야 하고, 그 경우 토지등소유자로서는 분양신청기간 내에 조합설립에 동의하여 조합원이 될 수 있으며, 분양신청을 통하여 관리처분계획상의 수분양자가 될 수 있다 할 것이어서, 재건축사업의 경우에도 관리처분계획의 위법성을 주장하는 전제로 사업시행계획의 무효를 구하는 경우, 위 2008두18342 판결이 적용되어 일응 소의 이익이 있다고 보아야 한다.

다만 심리결과 사업시행계획이 당연무효라고 할 수 없는 경우에는, 이를 전제로 한 관리처분계획이 취소된다고 하여도 현금청산대상자들이 조합원 자격을 회복하거나 직접적인 법률상 이익을 얻게 된다고 할 수 없으므로, 결국 소는 부적법하게 될 것이다.[92]

---

91) 대법원 2012. 6. 14.자 2012두5039 심리불속행 판결 및 하급심인 서울고등법원 2012. 1. 26. 선고 2011누31620 판결.
92) 서울행정법원 2021. 6. 11. 선고 2020구합61119 판결(현재 서울고등법원 2021누49255호로 계속 중).

다. 소극적 요건

(1) 수용재결 확정이나 매도청구 확정 전일 것

(가) 재개발조합이 재결신청을 하고, 토지수용위원회가 이에 기하여 금전보상의 재결을 하여 그 재결이 확정되면, 토지 및 건축물을 수용당한 조합원은 확정적으로 토지 및 건축물에 대한 소유권을 상실하고, 재개발조합의 조합원 지위도 상실하게 된다. 재건축사업에 있어 매도청구가 확정되더라도 마찬가지이다. 따라서 그 경우 토지등소유자는 더 이상 관리처분계획에 관하여 어떠한 영향을 받을 개연성이 완전히 없어졌다고 할 것이므로, 관리처분계획의 무효확인이나 취소를 구할 법률상 이익이 없다.[93]

(나) 다만 재개발사업의 현금청산대상자가 관할 토지수용위원회를 상대로 당해 부동산에 관한 수용재결의 취소를 구하는 소를 제기하여 현재 그 수용재결의 효력을 다투고 있고 위 수용재결 관련 판결이 확정되지 아니하였다면, 수용재결이 취소될 수 있어 현금청산대상자는 당해 부동산의 소유권을 회복할 가능성이 존재하므로, 소의 이익이 있다. 재건축사업에 있어서도 매도청구 관련 소가 제기되어 있고, 그 소가 확정되기 전이라면 소의 이익이 있다.

(2) 이전고시 이전일 것

이전고시가 그 효력을 발생하게 된 이후에는 이전고시 이후 관리처분계획의 무효확인을 구하는 소가 제기되거나, 그 이전에 이미 관리처분계획의 무효확인 또는 취소의 소가 제기되어 있는 경우 모두 법률상 이익이 없어 각하하여야 한다.[94] 자세한 내용은 제8장 "Ⅲ. 이전고시와의 관계"에서 살펴본다.

3. 소송요건과 관련한 기타 쟁점

가. 관리처분계획의 일부에 대한 취소청구 원칙

(1) 관리처분계획은 총회에서 의결된 후 인가된 전체로 하나의 처분이므로 부분적으로 취소를 구할 수 있는지 여부가 문제된다. 실무상 관리처분계획 중 자신

---

93) 대법원 2011. 1. 27. 선고 2008두14340 판결.
94) 대법원 2012. 3. 22. 선고 2011두6400 전원합의체 판결.

을 현금청산대상자로 한 부분의 위법성을 주장하면서 또는 자신의 종전자산 평가의 위법을 주장하며 관리처분계획 전부의 취소를 구하는 경우를 흔히 볼 수 있다.

외형상 하나의 행정처분이라고 하더라도 가분성이 있거나 처분대상의 일부가 특정될 수 있다면 그 일부만의 취소도 가능하고, 당해 취소부분에 관하여 효력이 생긴다.[95] 관리처분계획이 총회의 의결을 거쳐 일체로서 이루어지는 것이라 하더라도 이전고시로 권리관계가 실현되기 전까지는 관리처분계획의 일부 변경이 가능하므로 관리처분계획의 일부에 취소사유가 있는 경우에는 그 부분에 관한 취소를 구할 수 있고,[96] 나아가 일부의 취소만으로 목적의 달성이 가능하다면, 취소를 구하는 나머지 부분은 소의 이익이 없다.

(2) 소송에 의하여 일부 토지등소유자에 대한 현금청산대상자의 지위가 취소되거나, '분양예정 대지 및 건축물의 명세 및 추산액(종후자산)' 부분만이 취소되는 경우, 사업시행자는 그들을 상대로 새롭게 분양신청절차를 거쳐 종후자산에 대하여 분양하게 된다. 그 경우 조합원 분양분으로 공급되는 아파트와 일반 분양분으로 공급되는 아파트의 물량 등에 변동이 생기고 그에 따라 총 수입 추산액 등에 다소 변동이 발생할 여지가 있으나, 위와 같은 변동이 관리처분계획에 따른 추정 비례율에 미치는 영향은 미미할 것이므로(일반적으로 비례율은 관리처분계획의 내용이 된다), 다른 조합원들의 '분양예정 대지 및 건축물의 명세 및 추산액(종후자산)'을 비롯한 관리처분계획 전체에 대하여 취소를 구할 수는 없다.

다만 일부 원고들에 대한 '분양예정 대지 및 건축물의 명세 및 추산액' 부분이 위법하여 취소하는 경우, 사업시행자로서는 그들의 최종적인 분양의사를 재차 확인하여 그에 따라 새로이 관리처분계획을 수립하여야 할 것인데, 그와 같은 숫자가 상당한 경우 당해 조합원들의 분양신청 내용이 달라짐으로써 조합원 분양분의 전체적인 배분내용 및 각 평형별 물량 자체가 변경될 수밖에 없고, 이로써 전체 조합원들의 분담금 내역도 함께 연쇄적으로 변경된다면, 그와 같은 일부 조합원들의 '분양예정 대지 및 건축물의 명세 및 추산액' 부분과 관련한 관리처분계획에 대한 하자는 관리처분계획 전체에 영향을 미친다고 볼 수 있으므로, 관리처분계획 전체가 위법하게 된다 할 것이다.[97]

---

95) 대법원 1995. 11. 16. 선고 95누8850 전원합의체 판결.
96) 대법원 1995. 7. 14. 선고 93누9118 판결.

(3) 특정 조합원의 종전자산 평가의 잘못인 경우에는 당해 조합원의 '종전 토지 및 건축물의 가격' 및 '권리가액' 부분만을 취소한다.

나. 관리처분계획 중 상가 및 공동주택부분이 상호간에 미치는 영향

관리처분계획 중 상가 부분(주로는 '분양예정 대지 및 건축물의 명세 및 추산액'이다)이 하자로 인하여 취소되는 경우, 공동주택 부분에 미치는 효과가 문제된다(반대의 경우도 마찬가지이다). 실무상으로는 상가 수분양자가 상가부분의 하자를 이유로 관리처분계획 중 공동주택 부분까지 취소를 구하는 경우가 있다.

쟁점은 관리처분계획의 내용이 되는 비례율이 변경될 수 있는가 하는 점이다. 상가 종후자산의 분배와 관련하여서만 하자가 존재할 뿐, 상가의 전체 분양면적과 조합원의 분양금액(평균분양면적 기준금액)에 대한 하자가 존재하지 않는다면, 상가 관리처분계획이 취소되더라도, 그로 인하여 총 수입에는 어떠한 영향도 없어 전체 조합원들의 비례율이 변경되지는 아니하므로, 관리처분계획 중 상가 부분이 취소되더라도, 공동주택 부분에는 특별한 영향이 없다. 그 경우 상가부분의 수분양자는 상가 부분의 하자를 이유로 공동주택 부분에 대한 취소를 구할 수 없다.

다. 기타(현금청산대상자의 관리처분계획상의 청산금 액수에 대하여 다툴 수 있는지 여부)

정비사업에서 분양신청을 하지 아니하여 분양신청기간 만료 다음날 조합원의 지위를 상실한 현금청산대상자에 대하여는 관리처분계획상 현금청산대상자로 분류되고, 현금청산대상자가 소유한 토지등에 대한 가액이 관리처분계획에 기재된다. 현금청산대상자가 관리처분계획상의 자신 소유 토지등에 대한 가액 평가에 위법이 있는 경우 이를 다툴 수 있는지 여부가 문제된다. 실무상 기준일 산정에 위법이 있다거나 감정평가의 잘못으로 과소하게 평가되어 정당한 보상이 되지 아니한다고 다툰다.

관리처분계획상 수분양자로 분류된 조합원이 자신에 대한 종전자산 평가가 위법한 경우, 관리처분계획상의 종전자산 평가를 다투는 방법 이외에는 구제수단이 없다. 그렇지만 현금청산대상자의 경우에는 관리처분계획에 자신 소유 토지등에

---

97) 서울고등법원 2017. 4. 7. 선고 2016누46856 판결(확정).

대한 가액이 기재되어 있더라도, 이를 기초로 사업시행자와 협의해야 하고, 협의가 성립되지 아니하는 경우 재개발사업에서는 수용절차를 통하여, 재건축사업의 경우에는 매도청구를 통하여 그 금액을 다툴 기회가 보장되어 있고, 실제로 그와 같은 절차에서 금액이 확정된다. 따라서 특별히 현금청산대상자가 관리처분계획상의 자신 소유 토지등에 대한 가액을 다투는 소의 이익을 인정할 필요가 있는가 하는 의문이 제기된다. 그러나 위 가액은 협의취득의 기준이 되므로 이를 다툴 소의 이익을 인정함이 타당하다. 판례는 그 경우에도 그와 같은 금액을 다투는 소의 이익이 있음을 전제로 본안판단에 나아가고 있다.[98]

제3절 본안과 관련한 쟁점

I. 개 관

관리처분계획 총회결의의 하자는 처분에 이르는 절차적 요건의 존부나 효력에 관한 것이나, 관리처분계획인가·고시가 이루어지면 관리처분계획 자체의 하자로서 본안과 관련이 된다. 그 외에는 주로 관리처분계획의 내용상 하자가 본안과 관련된다. 조합원이 분양신청을 하였으나, 원하지 않는 내용으로 종후자산의 권리귀속이 이루어진 경우, 그와 같은 분양이 관리처분의 방법 및 관리처분계획 수립기준에 반하는 것인지 여부 등이 주로 문제된다. 또한 분양신청통지나 접수과정에서 평형선택권이 침해되었는지 여부, 비례율이 부당한지 여부, 종전자산 가액 및 종후자산 가액의 평가가 위법한지 여부, 분담금 산정방법에 하자가 존재하는지 여부 등이 본안에서 문제된다. 근래에는 상가독립정산제약정 및 그에 반하는 관리처분계획의 위법성이 특히 주목받고 있고, 교회·절 등 종교시설에 대한 관리처분계획 수립상의 특별취급과 관련하여서는 실무상 오랫동안 다툼이 있어 왔다.

---

98) 대법원 2011. 1. 27. 선고 2008두14340 판결.

Ⅱ. 관리처분계획 총회결의의 하자 여부

1. 의결정족수 및 절차 일반요건

관리처분계획의 작성 및 변경에는 총회의 결의를 요한다. 재적 조합원 과반수의 찬성으로 의결하되, 정비사업비가 100분의 10 이상 늘어나는 경우에는 조합원 3분의 2 이상의 찬성으로 의결한다. 관리처분계획서를 수립하거나 변경하는 총회의 경우에는 조합원 100분의 20 이상이 직접 출석하여야 한다. 전자적 방법의 의결권 행사 요건 등에 관하여는 이미 살펴보았다.

2. 절차의 하자

가. 일반절차상의 하자

관리처분계획에 대한 총회결의 과정에서의 절차상 하자 여부와 관련한 일반적 내용은 제4편 제5장 제3절 Ⅲ. "4의 나. 절차의 하자"에서 자세히 살펴보았다. 이하에서는 관리처분계획 등과 관련한 특유 절차의 하자와 관련하여 주로 살펴본다.

나. 정비사업비가 100분의 10 이상 증가와 가중다수결

실무상 정비사업비가 100분의 10 이상이 증가되었거나 정비사업비가 조합원들의 이해관계에 중대한 영향을 미칠 정도로 실질적으로 변경되었음에도, 관리처분계획을 의결한 총회가 조합원 3분이 2 이상의 찬성으로 의결하지 아니하였음을 이유로 관리처분계획의 무효 또는 취소를 구하는 경우가 있다. 여기에는 2가지 쟁점이 있다.

㈎ 액수 기준

정비사업비가 100분의 10 이상 증가하였는지 여부에 관하여 형식적 사업비를 기준으로 판단하는 것이 판례의 견해임은 제6편 제6장 Ⅲ. "1의 가 ⑶ 정비사업비 100분의 10 이상 증가와 가중다수결"에서 자세히 살펴보았다.

㈏ 비교 대상

① 조합을 설립할 때 공사비 등 정비사업비, 분담기준 등에 관하여 조합원들의 동의를 받게 되고, 다음 단계인 사업시행계획의 작성 및 인가를 받을 때 조합원들

의 과반수 찬성의결로 정비사업비가 잠정적으로 정해지며, 그 후 관리처분계획을 수립할 때에 정비사업비 추산액 및 조합원 분담규모가 확정된다.

따라서 관리처분계획서상의 정비사업비 추산액의 증가가 100분의 10 이상인지, 조합원들의 이해관계에 중대한 영향을 미칠 정도로 실질적으로 변경된 것인지 여부의 비교대상은 그 직전 단계에서의 사업비인 사업시행계획상의 사업비를 기준으로 판단하여야 한다[제6편 제6장 Ⅲ. "1의 가 ⑷ 정비사업비가 조합원들의 이해관계에 중대한 영향을 미칠 정도로 변경된 것인지 여부" 참조].[99] 관리처분계획이 수립된 후 정비사업비가 증가되는 내용으로 관리처분계획을 변경하는 경우에도 그 전 단계가 비교대상이 됨은 마찬가지이다.

② 구체적 사례 적용

조합설립인가 당시보다 사업시행계획 수립 당시 조합원들의 이해관계에 중대한 영향을 미칠 정도로 조합의 비용 부분이 변경되었거나 정비사업비가 100분의 10 이상 증가된 경우 위 사업시행계획에 대하여 조합원 2/3 이상의 찬성결의가 있었다면 관리처분계획은 위 사업시행계획상의 정비사업비와 비교한다.

다만 조합원들의 이해관계에 중대한 영향을 미칠 정도로 변경되었음에도 사업시행계획에 대하여 조합원 2/3 찬성결의가 없었다면 원칙적으로 그 하자가 중대하나 명백한 것인지 여부가 문제된다.

판례는 총사업비 증액으로 인한 사업시행계획에 대한 동의 요건이 분명하지 아니한 상황이었던 이상 조합원 3분의 2 이상의 동의 요건을 구비하지 못한 하자가 객관적으로 명백하다고 보기는 어려워 사업시행계획의 수립에 관한 하자는 무효사유가 아니라 취소사유에 불과하다고 판시하였다.[100] 결국 사업시행계획과 관리처분계획은 서로 독립하여 별개의 법적 효과를 발생시키는 것으로서 사업시행계획의 수립에 관한 취소사유인 하자가 관리처분계획에 승계되지 아니하므로, 그 경우에도 관리처분계획상의 정비사업비에 대하여는 사업시행계획상의 정비사업비를 기준으로 비교하여야 한다.

---

99) 대법원 2014. 6. 12. 선고 2012두28520 판결.
100) 대법원 2012. 8. 23. 선고 2010두13463 판결, 대법원 2014. 6. 12. 선고 2012두28520 판결.

Ⅲ. 내용의 하자

1. 일반론

관리처분계획 내용에 관한 하자 일반론에 대하여는 제4편 제5장 제3절 Ⅲ. "4의 다. 내용의 하자"에서 자세히 살펴본 바와 같이 총회 결의의 내용이 상위법령 및 정관에 위배되는 경우, 신뢰보호원칙에 위배되는 경우 위법하다 할 것이다. 이하에서는 관리처분계획에 특유한 내용상의 하자에 관하여 살펴본다.

2. 분양설계상의 하자 여부

가. 분양설계의 의의

'분양설계'라고 함은 분양대상자별로 분양예정위치를 정하고, 적정분양가격을 산정하는 설계를 말하는 것으로서 건축설계와는 그 의미를 달리한다.[101] 분양설계의 일반기준은 종후자산을 균형 있게 분양신청자에게 배분하고 합리적으로 이용되도록 하는 것이다(법 제76조 제1항 제1호).

관리처분계획은 정비사업을 시행함에 있어 반드시 수립하여야 하는 법률이 정한 행정계획으로서 사업시행자에게 조합원의 지위나 권리 · 의무의 인정 자체에 관하여는 재량의 여지가 없지만, 수립하는 구체적인 내용에 관하여는 상당한 재량이 인정된다(이른바 '계획재량행위').

나. 공동주택과 상가의 차이

분양대상자별로 분양예정위치를 정하는 분양설계상의 계획재량의 폭은 종후자산이 공동주택인 경우보다 근린생활시설(상가)인 경우 더 넓게 인정된다. 상가의 경우 동일한 면적과 형태로 공급되는 공동주택에 비해 그 규모가 제한적이고 수요자별 혹은 업종별로 선호하는 위치나 면적, 층수가 모두 다를 수 있으며, 분양이 완료된 이후라도 일반분양 결과를 포함한 전체적인 분양상황이나 실제 입점상황에 따라 내부 설계를 변경해야 하는 경우도 생길 수 있으므로, 반드시 분양신청 및 관리처분계획 단계에서 미리 층별 · 호수별로 면적을 구체적으로 구분지어 분양신청을 받아 분양대상자를 확정하는 것만이 적법하다고 할 수는 없다.

---

101) 대법원 2010. 10. 28. 선고 2009두4029 판결.

상가는 공동주택과 달리 구조상 뚜렷이 구분될 것을 요하지 않아(집합건물법 제1조의2 제3호, 제4호에 따르면, '경계를 명확하게 알아볼 수 있는 표지를 바닥에 견고하게 설치하고 구분점포별로 부여된 건물번호 표지를 견고하게 붙이는 것'만으로도 구분소유가 가능하다) 필요에 따라 탄력적으로 구획을 설정 또는 재설정할 수 있으므로, 관리처분계획 이후 실시될 일반분양의 결과나 수분양자들의 입점계획 등을 반영하여 추후에 상가를 구획하고 면적을 확정하는 것이 오히려 상가 구분소유자의 전체적인 이익을 고려한 방법이라고 볼 수도 있다. 상가에 대한 분양설계의 적법성을 판단할 때에는 위와 같은 상가의 특수성이 고려되어야 한다.[102]

법 시행령 제46조 제2호가 건축물이 아닌 부대시설·복리시설의 경우에는 위치가 변경되지 아니하는 한 설치규모를 확대하는 내용의 사업시행계획변경은 총회의결을 요하지 아니하는 경미한 사항의 변경에 불과하여 시장·군수등에 대한 신고만으로 가능하도록 규정한 것은 그와 같은 상가의 특수성에 기인한다. 이는 다음에서 살펴볼 상가 관리처분방법 및 관리처분계획 수립기준의 적법성과도 관련된다.

다. 분양설계기준일

(1) 의의

분양설계에 관한 계획은 분양신청기간이 만료하는 날을 기준으로 하여 수립하여야 하므로(법 제76조 제1항 제5호), 분양대상 조합원에 해당하는지 여부 판정의 기준일은 '분양신청기간 종료일'이다. 실무상 관리처분계획이 법정 분양설계기준일인 분양신청기간 종료일이 아닌 다른 일자를 기준으로 작성되어 위법함을 이유로 관리처분계획의 무효확인 또는 취소를 구하는 경우가 흔히 있다.

(2) 분양설계기준일 변경 불가의 원칙

(가) 분양대상 조합원에 해당하는지 여부 판정의 기준일을 '분양신청기간 종료일' 이후로 늦추는 내용의 임시 총회결의나 정관변경에 관한 총회결의의 유효성이

---

102) 대법원 2018. 3. 29.자 2017두75309 심리불속행 판결 및 하급심인 서울고등법원 2017. 12. 8. 선고 2017누69351 판결, 대법원 2018. 3. 29.자 2017두75309 심리불속행 판결 및 각 하급심인 서울고등법원 2017. 12. 8. 선고 2017누69351 판결, 서울행정법원 2017. 8. 25. 선고 2016구합 76947 판결.

문제된다.

법이 분양신청기간 종료일을 분양설계기준일로 확정하여 정한 것은 사업시행자가 관리처분계획에 포함되는 분양대상 토지등소유자에 해당하는지 여부 판정기준일을 임의로 분양신청기간 종료일 이후의 '관리처분계획이 수립되는 날' 등으로 정하는 경우 정비사업의 진행에 현저한 지장을 초래하고 토지등소유자의 권리관계에 혼란을 초래할 수 있기 때문이다. 따라서 분양설계기준일을 변경하는 총회결의가 있다 하더라도, 위와 같은 내용의 총회의 결의는 관련 법령의 취지에 배치될 뿐만 아니라 공익에 현저히 반하는 것으로서 그 효력이 없다.[103]

(나) 분양신청기간은 통지한 날부터 30일 이상 60일 이내로 하되, 20일의 범위에서 한 차례 연장할 수 있으나(법 제72조 제2항), 분양신청기간 내에 분양신청을 하지 않은 조합원은 분양신청기간 종료일 다음날에 조합원 지위를 상실하게 되므로, 분양신청기간의 연장결정은 적어도 분양신청기간이 만료되기 전에 결정이 이루어져야 한다. 왜냐하면 분양신청기간이 만료되면 그때까지 분양신청을 하지 아니한 토지등소유자는 조합원이 아니라 현금청산대상자로 신분이 변경되기 때문이다.

조합이 민원에 못 이겨 별도의 총회의결 없이 분양신청기간이 만료되었음에도, 현금청산대상자가 된 조합원에게 추가적인 분양신청기간을 부여하고, 그에 따른 분양신청 내용을 반영하여 관리처분계획을 수립하는 경우의 위법성은 이미 살펴보았다(제2장 제1절 Ⅳ. "4의 다. 분양신청기간 경과 후 임의 연장결정의 적법성" 참조).

(3) 예외

분양대상 조합원인지 여부, 각 조합원의 분양신청 내용은 분양신청기간 종료일을 기준으로 하여야 하나, 분양신청기간 내에 분양신청을 한 조합원들의 분양신청 내용을 취합한 결과, 각 평형별 분양신청자 수가 조합원 공급대상인 평형별 세대수에 미달하는 경우에는, 조합이 분양대상 조합원 자격을 갖추고 분양신청기간 내에 분양신청을 함으로써 분양대상 조합원이 된 사람들에 대하여 관리처분계획 수립을 위한 조합총회 결의 전에 그 분양신청 내용을 변경할 기회를 부여한 경우, 이는 분양설계에 관한 기준일을 변경하는 것이지만, 예외적으로 법률의 규정을 위반한 것으로 볼 수 없다.[104]

---

103) 대법원 2002. 1. 22. 선고 2000두604 판결.

그 근거는 이를 인정하더라도 분양대상 조합원인지 여부는 변경이 없고, 단지 분양대상 조합원의 분양신청 내용이 변경된 것에 불과하며, 그와 같은 변경을 허용하더라도, 기존의 분양신청자들의 이해(利害, 특정평형을 분양받을 권리 내지 기대권)에 아무런 영향을 미치지 않기 때문이다. 따라서 분양신청 내용의 변경 기회를 부여하더라도, 기존의 분양신청자 수가 조합원 공급대상인 평형별 세대수에 미달하는 부분까지만 허용된다.

3. 관리처분의 방법 및 관리처분계획 수립기준에 반하는 종후자산 배분의 위법성

가. 관리처분의 방법 및 수립기준

관리처분의 방법에 대하여, 재개발사업의 경우에는 법 시행령 제63조 제1항, 서울시 조례 제36, 제38조가 종후자산 배분기준, 분양주택 규모 제한, 주택 및 부대·복리시설 공급 순위, 1조합원에 대하여 1주택의 분양을 원칙으로 하되, 종전주택의 용도나 면적에 따라 분양대상을 제한하고, 다수의 조합원에 대하여 1개의 수분양권만을 부여하거나 1조합원에 대하여 수개의 수분양권을 부여하는 등의 규정을 두고 있음에 반해, 재건축사업의 경우에는 시행령 제63조 제2항만이 규정하고 있을 뿐이고, 그나마 일반적인 내용에 불과하여 구체적인 기준은 정관에 의한다. 위와 같이 관리처분방법과 관련하여서는 재개발사업에 비하여 재건축사업이 그 재량의 폭이 넓다.

관리처분계획의 수립기준에 대하여, 재개발사업 및 재건축사업은 공통적으로 1(인)세대 1주택 분양을 원칙으로 하되, 종전자산의 가격 및 면적에 따라 극히 예외적으로만 2주택의 분양이 가능하고, 그 경우에도 반드시 1주택은 주거전용면적이 60㎡ 이하여야 하며, 전매도 제한된다.

재개발사업은 위 원칙이 엄격히 적용됨에 반해, 재건축사업의 경우 조합은 재량으로 과밀억제권역에 위치하지 아니한 경우에는 조합원에게 소유한 주택 수만큼 공급할 수 있고, 과밀억제권역에 해당한다 하더라도 투기과열지구 또는 주택법에 의하여 조정대상지역으로 지정된 곳이 아닌 한 토지등소유자가 소유한 주택수의 범위에서 3주택까지 공급이 가능하다. 위와 같이 관리처분계획 수립기준과 관

---

104) 대법원 2014. 8. 20. 선고 2012두5572 판결.

련하여서도 재개발사업에 비하여 재건축사업이 그 재량의 폭이 넓다.

이처럼 관리처분방법 및 관리처분계획 수립기준과 관련하여 재량의 폭에서 차이가 발생하는 원인은 사업의 공공성 및 공익성 정도에 기인한다.

나. 신축 건물 구분소유권의 귀속이 조합원 간의 형평에 반하는지 여부 판단기준

(1) 문제의 소재

재개발사업에 있어 주택 및 부대 · 복리시설의 공급순위는 종전자산의 가격을 고려하여 정하여야 하는바(법 시행령 제63조 제1항 제7호), 구체적으로는 권리가액에 해당하는 분양가의 주택을 분양하되, 정관등으로 정한 경우에는 권리가액이 많은 순서로 분양한다(서울시 조례 제38조 제1항). 재건축사업에 있어서도 정관상 종전자산의 권리가액을 기준으로 종후자산을 분양한다고 규정하고 있는 것이 일반적이다.

위 기준에 따라 관리처분계획이 수립된 결과 종전자산의 권리가액이 낮은 조합원에 대하여 방향, 위치 등이 열악한 종후자산이 배분된 경우, 이를 위법하다고 다투는 경우가 흔히 있다.

(2) 법리

대규모의 정비사업에 있어서는 신건물의 건축과 관련한 관계법령상의 규제, 사업부지의 위치 및 형상, 주변 편의시설로의 접근성, 조합원들이 종전에 소유하고 있는 건물의 평형과 대지권 지분의 분포 및 용적률 등을 고려하여 최적의 효율성과 사업성을 발휘하도록 신건물의 배치 및 설계를 하게 된다. 그 과정에서 각 구분소유자에게 귀속되는 신건물은 위치, 면적, 층수에 차이가 발생하는 것은 불가피하다.

따라서 신건물에 대한 구분소유권의 귀속이 각 구분소유자 간의 형평에 반하는지 여부를 판단함에 있어서는 단순히 각 구분소유권의 위치, 면적, 층수에 차이가 있다는 점만을 고려할 것이 아니라, 그와 같은 차이가 발생하게 된 경위, 신건물의 배치 및 설계상의 합리성 및 경제적 타당성, 조합원들이 종전에 소유하고 있는 구분건물의 평형과 대지권 지분의 분포와 그 권리가격의 크기, 구분소유권 배분방식의 형평성, 각 구분소유권의 재산적 가치에 대한 불균형의 정도, 그 불균형을 줄일 수 있는 다른 방법의 존재 가능성, 불이익을 입은 구분소유자에 대한 적절한 보상 여부, 재건축의 결의나 관리처분계획안 결의 시 구분소유권의 귀속 등에 관하여 다수 조합원들이 소수 조합원들에게 부당하게 불이익을 강요하였는지 여부 등 제반 사정을 종합하여 판단하여야 할 것이다.[105)

(3) 구체적 사례

위 법리가 적용된 판례를 하나 소개한다.

관리처분계획상 기존에 큰 평수의 아파트를 소유한 조합원부터 큰 평수의 신축 아파트를 배정하는 내림차순 우선 평형배정방식으로 평형을 결정하기로 처분방법이 정해진 사안에서, 1개 단지 5개 동(棟) 총 258세대로 이루어진 기존의 아파트를 철거하고 그 부지 위에 아파트 8개 동(棟)을 신축하기로 하면서 용적률의 제한범위 내에서 최적의 효율성 및 사업성을 발휘하도록 하기 위하여 부득이 2개 동(棟)을 동향으로 배치하게 된 점, 조합원의 분담금을 종후자산가치에서 조합원의 권리가액을 공제한 금액으로 산정하도록 함으로써 동향으로 배치된 2개 동의 아파트를 분양받는 조합원들의 불이익이 그 종후자산 가치의 평가에 반영되어 이에 대한 보상이 이루어지게 되는 결과가 되는 점에 비추어 보면, 관리처분계획상 내림차순 동·호수 배정에 따라 기존의 큰 평형 아파트를 소유하고 있던 세대는 남향인 신축아파트를 배정받게 되나, 기존의 작은 평형 아파트를 소유하고 있던 세대는 동향의 신축아파트를 배정받게 된다는 사정만으로는 신건물의 구분소유권의 귀속에 관하여 조합원 상호간에 현저히 형평에 반한다고 보기 어렵다.[106)

다. 특정 조합원의 재산권을 본질적으로 침해하는지 여부

(1) 법리

관리처분계획상 특정 조합원들에 대하여만 불리하게 종후자산이 배분되었다고 다투는 경우가 있다. 그에 대한 판단기준은 다음과 같다.

정비사업은 이해관계가 상충되는 다수 토지등소유자들의 개별적이고 구체적인 이익을 적절히 형량·조정하여야 하나, 모든 이해관계인들의 이익을 만족해 줄 수

---

105) 대법원 2009. 6. 25. 선고 2006다64559 판결.
106) 대법원 2007. 9. 20. 선고 2006다9842 판결.

는 없으므로, 관리처분계획의 구체적인 내용 수립에 관하여는 이른바 계획재량행위에 해당하여 사업시행자의 상당한 재량이 인정된다.

따라서 적법하게 인가된 관리처분계획이 종전의 토지 또는 건축물의 면적 · 이용상황 · 환경 그 밖의 사항을 종합적으로 고려하여 대지 또는 건축물이 균형 있게 분양신청자에게 배분되고 합리적으로 이용되도록 하는 것인 이상, 그로 인하여 토지등소유자들 사이에 다소 불균형이 초래된다고 하더라도 그것이 특정 토지등소유자의 재산권을 본질적으로 침해하는 것이 아닌 한, 이에 따른 손익관계는 종전자산과 종후자산의 적정한 평가 등을 통하여 청산금을 가감함으로써 조정될 것이므로, 그러한 사정만으로 그 관리처분계획을 위법하다고 볼 수는 없다.[107]

결국 관리처분계획의 내용이 특정 조합원의 재산권을 본질적으로 침해하는 경우에는 위법하나, 청산금의 가감을 통한 조합원들의 이해조정이 가능하다면, 그와 같은 관리처분계획은 계획재량의 범위 내로서 적법하다 할 것이다.

(2) 유형별 적용

(가) 공동주택

공동주택의 수분양자가 평형배정과 관련하여 다투는 경우가 있다. 관리처분방법상의 순위에 따른 배정인 경우 적법할 뿐만 아니라 그에 따른 이해조정은 청산금을 가감함으로써 조정이 가능하므로, 그것만으로 관리처분계획을 위법하다고 볼 수 없다. 다만 다음에서 살펴보듯이 조합이 사전에 일부 조합원들에 대하여 평형선택권을 제한하는 내용으로 분양신청통지하거나 분양신청의 접수를 거부하여 분양신청권을 침해한 경우에는 특정 조합원의 재산권을 본질적으로 침해한 것으로서 위법하다.

(나) 상가

동일한 면적과 형태로 공급되는 공동주택에 비해 그 규모가 제한적이고 수요자별 혹은 업종별로 선호하는 위치나 면적, 층수가 모두 다를 수 있으며, 분양이 완료된 이후라도 일반분양 결과를 포함한 전체적인 분양상황이나 실제 입점상황, 주변의 상권 등에 의하여 내부 설계를 변경해야 하는 경우도 생길 수 있어 분양신청 및 관리처분계획 단계에서 미리 층별 · 호수별로 면적을 구체적으로 구분지

---

107) 대법원 2014. 3. 27. 선고 2011두24057 판결.

어 분양신청을 받아 분양대상자를 확정하는 것이 어려울 수 있다는 특수성 때문에 상가에서 주로 문제된다. 구체적 사례를 살펴본다.

① 원고가 종전에 소유하던 토지의 면적은 46.6㎡로서 상가 전체 면적 5,734.1㎡의 0.81%에 불과한 점, 원고가 종전에 소유하던 토지 및 건물의 평가액과 원고가 분양신청한 신축건물 지상 1층 101호 또는 102호 상가의 평가액 사이에 현저한 격차가 있는 점, 건축설계를 변경하여 신축건물 지상 1층의 근린생활시설을 좁은 면적으로 분할할 경우, 오피스타운이 되고 있는 그 주변 환경에 비추어, 신축건물의 효율적 이용이 저해될 수 있을 것으로 보이는 점 등을 종합하여 지상 1층 근린생활시설의 분양을 신청한 원고에게 그 신청내용과 달리 지하 1층 근린생활시설을 배정하는 관리처분계획을 수립하였다 하더라도, 그와 같은 사정만으로 관리처분계획이 형평에 반하여 위법한 것은 아니라고 판시하였다.[108]

② 재건축조합의 경우에는 상가 등 부대·복리시설의 공급기준을 정관 또는 총회결의를 통하여 자율적으로 결정한다. 상가의 관리처분계획 수립기준은 상가 내 위치가 좋은 조합원의 이해관계를 우선하는 방안(종전자산의 단위면적당 가액이 큰 순서대로 우선배정), 위치와 면적을 모두 고려하여 권리가액이 큰 조합원의 이해관계를 우선하는 방안(종전자산 감정가액이 큰 순서대로 우선배정) 등이 고려될 수 있다.

판례는 층 대 층의 원칙을 세우면서 종전 상가 지하층 소유자의 희망 의사에 따라 신축 상가 지상 1층, 2층, 3층을 지정하여 배정받을 수 있다고 정한 경우, 이는 종전 상가건물 1층 소유자들의 이익을 해치지 않으면서도 종전 상가건물 지하 1층 소유자들로 하여금 신축 상가건물의 1층에서 영업을 영위할 수 있게 하는 것이므로, 상가 조합원들의 전체적 이익에 부합하는 조항이어서 적법하다고 판시하였다.[109] 선택권의 행사방법도 우선권을 가진 조합원이 원하는 위치(전면, 후면 등)의 상가를 먼저 배정받을 수 있게 하는 방안, 원하는 면적의 상가를 먼저 배정받을 수 있게 하는 방안 등이 상정가능하다.

판례는 상가 조합원들로부터 신축 상가의 희망면적을 제출받아 이와 가장 근접

---

108) 대법원 2010. 10. 28. 선고 2009두4029 판결.
109) 대법원 2018. 3. 29.자 2017두75309 심리불속행 판결 및 하급심인 서울고등법원 2017. 12. 8. 선고 2017누69351 판결.

한 면적의 상가를 배정한 뒤 공개 추첨에 의하여 동·호수를 정하는 방법으로 위치를 지정한 사안에서 적법하다고 판시하였다(위 서울고등법원 2017누69351 판결).

③ 조합원이 현재 소유하고 있는 종전 상가의 층을 기준으로 신축 상가의 층을 배정하고 상가 조합원들로부터 신축 상가의 희망면적을 제출받아 이와 가장 근접한 면적의 상가를 배정한 뒤 공개 추첨에 의하여 동·호수를 정하는 방법으로 위치가 지정된다는 내용으로 수립된 관리처분계획에 대하여, 원고가 재건축에 있어 상가의 관리처분 및 신축 상가의 배정기준은 종전 상가의 영업 환경을 최대한 유지할 수 있도록 정하여야 하는 것이므로 종전 상가의 위치적 이점을 반영하기 위하여 상가배정의 우선권은 '단위면적 당 권리가액'의 순서에 따라 부여하여야 함을 들어 위와 같은 관리처분계획이 위법하다고 주장한 사안이다.

판례는 법상 관리처분계획의 구체적인 내용 수립은 이른바 계획재량행위에 해당하여 상당한 재량이 인정되고, 위 관리처분계획의 기준은 건축물의 면적·이용상황·환경 및 그 밖의 사항을 종합적으로 고려하여 건축물을 균형 있게 배분하고 있는 것으로 보이는바, 관리처분계획의 단체적 성격을 고려할 때 모든 상가 조합원들이 자신이 원하는 위치의 상가를 배정받을 수 없다거나 관리처분계획에 다소 불합리한 부분이 있다고 하더라도 이로써 그 계획이 원고들의 재산권을 본질적으로 침해하여 위법에 이르렀다고 보기 어렵다고 판시하였다.[110]

(3) 권리에 차등을 두는 내용의 관리처분계획

실무상 일부 조합원들에 대하여 분양신청상의 우선권 또는 제한을 두는 경우가 있다. 이하에서는 이를 기초로 하여 수립된 관리처분계획의 적법성 여부에 대하여 살펴본다.

(가) 원칙

권리에 차등을 두는 내용의 관리처분계획은 원칙적으로 위법하다. 관리처분계획은 종후자산인 구분소유권의 귀속 및 종후자산의 건축에 소요되는 비용 부담 등에 관한 사항을 정하는 것으로서, 종후자산 구분소유자간의 형평이 유지되어야하므로, 형평에 현저히 반하는 경우 특별한 사정이 없는 한 총회결의는 무효이

---

110) 대법원 2018. 3. 29.자 2017두75309 심리불속행 판결 및 하급심인 서울고등법원 2017. 12. 8. 선고 2017누69351 판결.

다.[111] 법령에 의하여 조합원 지위가 인정되는 조합원들 사이에 권리의 차등을 두는 내용의 총회 결의는 특별한 사정이 없는 이상 무효이므로, 이를 기초로 수립된 관리처분계획은 위법하다.[112]

㈏ 예외

① 일부 구분소유자들에게 평형배정 우선권 부여

㉮ 쟁점

재건축사업에서 적법한 총회결의를 거쳤다 하더라도 일부 구분소유자들에게 평형배정의 우선권을 부여하였다면, 이는 평형배정의 차별로서 그에 따른 관리처분계획의 위법 여부가 문제된다. 정비사업의 효율상 지하철 5호선 00역에 가까운 곳에 위치한 아파트를 사업구역에 편입시키는 것이 필요하여, 그곳에 위치한 아파트 구분소유자들의 조합설립 동의를 얻기 위해 그들에게 아래와 같은 평형배정의 우선권(대형평형 우선배정)을 임시총회의 결의를 통하여 부여하였다. 그 후 조합은 분양공고 및 분양신청안내를 통지하면서, 그와 같은 내용을 명백히 하였다. 이에 따라 일부 아파트 조합원에 대하여 평형배정에 관한 우선권을 부여하는 내용으로 분양신청을 받은 후, 이를 기초로 한 관리처분계획안에 대하여 총회의결을 거쳐 관리처분계획을 수립한 사안이다(위 2012두5572 판결).

임시총회결의의 내용

제3주구에서 건설하는 대형평형 중 □조합원(□아파트의 조합원을 말한다)에게 290세대를 우선배정하고, 나머지 세대에 대하여는 다액순으로 우선 배정한다.
제3주구에서 건설하는 평형 중 ●조합원(●아파트의 조합원을 말한다) 100세대에게 33평형을 배정하고, 나머지 평형에 대하여는 관리처분기준에 의하여 전산추첨한다.

위와 같은 임시 총회의결은 재건축조합 정관의 필요적 기재사항이자 엄격한 정관변경절차를 거쳐야 하는 '조합의 비용부담'에 관한 사항이 당초 재건축결의 당시와 비교하여 볼 때 조합원들의 이해관계에 중대한 영향을 미칠 정도로 실질적으로 변경된 경우에 해당하므로, 비록 그것이 정관변경에 대한 절차가 아니라 하더라도 특별다수의 동의요건을 규정하여 조합원들의 이익을 보호하려는 법 제

---

111) 대법원 2005. 6. 9. 선고 2005다11404 판결.
112) 대법원 2014. 8. 20. 선고 2012두5572 판결.

40조 제3항 단서, 제1항 제8호의 규정을 유추적용하여 조합원 3분의 2 이상의 동의가 필요하다.[113]

㉯ 판례

판례는 위 관리처분계획에 대하여 적법하다고 판시하였다. 논거는 다음과 같다.

ⓐ 제3주구 내 지하철 5호선 00역 가까운 곳에 있는 □아파트와 ●아파트를 이 사건 사업구역에 편입시켜 신축아파트의 가치를 높이기 위한 과정에서 그 구분소유자들의 동의를 얻기 위하여 그들에게 평형배정 우선권을 부여하기로 한 것은 합리적이라고 보이고 나머지 조합원들의 본질적 권리를 침해한 것으로 보기 어렵다.

ⓑ 조합의 비용부담과 관련된 것으로서 조합원 3분의 2 이상 찬성결의가 있다면, 그와 같은 관리처분계획은 관리처분의 방법 및 기준에 관한 법령의 규정을 위반한 것으로 보기 어렵다.

㉰ 결론

특정 동(棟)이 재건축에 포함되는 경우 전체 조합원들에게 이익이 된다고 판단하여 당해 동(棟) 구분소유자들에게 평형배정의 우선권을 부여하는 내용의 조합총회결의는 유효한 것으로 보아야 할 것이다. 특히 아파트에 대한 재건축사업의 경우, 사업시행계획이나 관리처분계획이 단지 내 다수를 차지하는 평형의 소유자들에게 유리하게 작성되는 경우가 많아, 소수인 대형 평형 또는 소형 평형 아파트 소유자들이 불만을 제기하는 경우가 흔히 있고, 이에 따라 재건축 사업이 좌초하기도 하는바, 전체 조합원들에게 이익이 된다면 그와 같은 소수의 조합원들에 대하여 평형배정의 우선권을 부여하는 별도의 약정은 일응 유효하다 할 것이다.

특정 동(棟) 소유자에게 평형 배정의 우선권을 부여하는 법리는 재건축사업의 상가독립정산제 약정과 유사하다. 이와 관련하여 사업시행자가 일부 구분소유자들에게 평형배정 우선권을 부여하기로 하는 결의를 하였다가, 추후 이에 반하여 이를 인정하지 아니하는 내용의 관리처분계획을 수립하여 인가받는 경우 그 효력이 문제된다. 이는 주로 상가독립정산제 약정에서 문제되고, 동일한 법리가 적용되는바 별도의 항목으로 자세히 살펴본다.

---

113) 대법원 2012. 8. 23. 선고 2010두13463 판결.

② 정관(총회의결)에 의한 조합원 지위 부여와 그들에 대한 권리제한

㉮ 사안

조합이 분양신청을 하지 않아 조합원 지위를 상실한 현금청산대상자들에게 가중 다수결의 총회의결을 통하여 조합원 지위를 부여하면서, 그들의 분양신청을 종전 조합원의 분양신청분(동·호수 추첨 포함)을 제외한 잔여분으로 제한한 경우, 이를 기초로 수립된 관리처분계획의 위법여부가 문제된다.

먼저 조합원 분양분 중 잔여분에 대하여 현금청산대상자들에게 조합원의 지위를 부여하면서 분양하는 것이 적법한지 여부에 대하여 보류지 및 일반분양과의 관계에서 살펴본다. 나아가 이는 사실상 조합원들 사이에 권리의 차등을 두는 내용에 관한 관리처분계획이므로, 그 적법성에 대하여도 살펴본다.

㉯ 보류지 및 일반분양과의 관계

ⓐ 법 제79조 제4항 전단은 "분양신청을 받은 후 잔여분이 있는 경우에는 정관등 또는 사업시행계획으로 정하는 목적을 위하여 그 잔여분을 보류지로 정하거나 조합원 또는 토지등소유자 이외의 자에게 분양할 수 있다."고 규정하고 있다.

현행 법에 의하는 경우에는 조합원 분양분 중 잔여분에 대하여 현금청산대상자들에게 조합원 지위를 부여한 후 그들에게 분양할 수 있다. 조합원 분양분 중 잔여분에 대하여 '조합원'에게 분양할 수 있다는 규정은 법이 2017. 2. 8. 법률 제14567호로 전부개정 되면서 처음 도입되었다.

ⓑ 위 전부개정 전의 구 법 제48조 제3항은 "분양신청을 받은 후 잔여분이 있는 경우에는 정관등 또는 사업시행계획으로 정하는 목적을 위하여 그 잔여분을 보류지로 정하거나 조합원 외의 자에게 분양할 수 있다."고 규정하고 있었다. 위 규정에 의하는 경우 조합원 분양분 중 잔여분에 대하여 현금청산대상자들에게 조합원 지위를 부여한 후 분양할 수 있는지 여부가 문제된다.

판례는 보류지 등의 명세와 추산가액 및 처분방법은 관리처분계획의 내용을 구성하는 것인데, 재건축사업의 경우 보류지 확보 범위에 관한 제한 규정을 두고 있지 아니하는 점 등에 비추어 조합이 현금청산대상자들에게 조합원 분양분 중 잔여분에 대하여 추가분양 신청기회를 부여한 후 그 추가분양 신청내역을 반영하여 수립한 관리처분계획이 적법하다고 판시하였다(위 2012두5572 판결).

그러나 위 판례에 의하더라도, 재개발사업의 경우에는 서울시 조례 제44조 제 1항 제1호가 보류지는 분양하는 공동주택 총 건립세대수의 1%로 제한하고 있고, 또한 같은 조 제2항 제1호는 도시정비형 재개발사업의 경우 사업시행계획인가의 내용이 보류지를 적격세입자에게 우선처분한다는 것일 경우 그에 따라야 하므로, 재개발사업의 경우에는 이를 당연히 적법한 것으로 보기 어려운 측면이 있으나, 보류지의 취지, 조합원 분양분에 국한되는 점 및 총회에서 가중 다수결이라는 엄격한 절차를 거치는 점 등에 비추어 재개발사업의 경우에도 사업시행자가 조합원 분양분 중 잔여분에 대하여 현금청산대상자들에게 조합원 지위를 부여한 후 분양할 수 있는 것으로 보아야 한다.

㉲ 종전에 분양신청한 조합원들과의 관계

조합이 분양신청기간 내에 분양신청을 하지 않아 조합원 지위를 상실한 현금 청산대상자들을 상대로 조합원 분양분 중 잔여분에 대하여 추가분양 신청기회를 부여하고 그 분양내역을 반영한 관리처분계획을 수립하더라도 적법하다. 조합 정관의 필요적 기재사항이자 엄격한 정관변경절차를 거쳐야 하는 '조합원의 자격'에 관한 사항에 관하여 정관변경에 대한 절차가 아니라 하더라도 특별다수의 동의요건을 규정하여 조합원들의 이익을 보호하려는 법 제40조 제3항, 제1항 제2호의 규정을 유추적용하여 조합원들의 3분의 2 이상의 찬성결의가 있다면 조합 내부적으로 업무집행기관이나 조합원을 구속하는 규범으로서의 효력이 있고, 조합원의 지위를 상실하는 시점은 분양신청기간 종료일 다음날이므로 특별결의 당시에는 분양신청하지 않은 자는 의사나 의결정족수에서 제외되어야 함은 앞서 본 바이다.

판례는 정관의 규정에 의하여 비로소 조합원 지위가 인정되는 조합원의 권리 내용에 대해서는 정관에서 이를 제한할 수 있으므로, 분양신청을 하지 아니하여 분양신청기간 종료일 다음날 조합원 지위를 상실한 사람들에게 조합 총회에서 다시 조합원 지위를 부여하기로 결의하면서 그들의 권리 내용(법정기간 내에 분양신청한 조합원에게 신청평형을 분양하고, 동·호수를 우선배정하며, 추가분양신청하는 조합원은 잔여세대에 대하여 신청평형 분양 및 동·호수를 배정한다)을 제한하더라도 이는 유효하다고 판시하고 있다(위 2012두5572 판결). 다만 사업시행자는 새롭게 조합원 자격이 주어지는 현금청산대상자들에게 분양신청을 안내함에 있어 제한내용도 통지하여야 한다.

③ 조합설립동의서 제출을 조건으로 한 조합원 자격 부여

사업시행계획에 따라 분양신청절차를 진행하였으나, 분양신청을 하지 않아 현금청산대상자가 된 자들에 대하여, 조합이 새롭게 사업시행계획을 작성하고 총회에서 현금청산대상자들에게 조합원 자격을 부여하되 조합설립동의서의 제출을 분양신청의 조건으로 한 사안에서, 당시 조합이 조합설립동의서의 제출을 조건으로 한 것은 정비사업의 진행을 방해하는 자들로 인하여 정비사업이 차질을 빚게 되자 그와 같은 조건을 부가한 것이다. 소송상 위와 같은 조건의 무효가 다투어졌다.

판례는 분양신청을 하지 아니하여 분양신청기간 종료일 다음날에 조합원 지위를 상실한 사람들에게 조합 총회에서 다시 조합원 지위를 부여하기로 결의하면서 그들의 권리 내용을 위와 같이 제한하였다고 하더라도 그 총회 결의는 유효하다고 판시하였다.[114]

⑷ 신탁등기 미이행을 원인으로 한 분양신청권 제한

분양신청이 종료된 이후에 총회 등을 거쳐 신탁을 원인으로 한 소유권이전등기를 이행하지 아니한 조합원들에 대하여 분양신청권을 제한하는 총회결의(신탁을 원인으로 한 소유권이전등기를 경료한 조합원만 분양신청받기로 한 결의)를 거쳐 이를 기초로 수립된 관리처분계획의 적법여부가 문제된다.

판례는 조합이 조합원에게 신탁을 원인으로 한 소유권이전등기 미이행을 이유로 분양신청권을 제한하려면 분양신청이 이루어지기 전에 미리 총회의 결의를 거쳐야 하고, 분양신청이 종료된 후에 그 권리를 소급하여 제한할 수는 없다고 판시하였다.[115] 결국 사업시행자가 분양신청이 종료된 이후, 일부 조합원들의 분양신청권을 제한하는 것은 위법하고 이를 기초로 수립한 관리처분계획도 위법하다.

4. 상가 관리처분계획의 특수성과 위법 여부

가. 상가(商家)의 의의

주택법상 공동주택에는 아파트, 연립주택, 다세대주택이 있고, 공동주택단지에

---

114) 대법원 2018. 5. 11.자 2018두33265 심리불속행 판결 및 각 하급심인 서울고등법원 2017. 12. 7. 선고 2017누61296 판결, 의정부지방법원 2017. 6. 22. 선고 2016구합105 판결.
115) 대법원 2008. 2. 15. 선고 2006다77272 판결.

는 공동주택 입주자 등의 생활복리를 위한 공동시설로서 근린생활시설, 유치원 등의 복리시설이 있는바, 근린생활시설을 상가라 할 수 있다(주택법 제2조 제3호, 제12호, 14호, 주택법 시행령 제3조). 근린생활시설에 대하여는 건축법에서 제1종, 제2종 근린생활시설로 구분하고 있다.

나. 문제의 소재

공동주택에 대한 관리처분계획을 보면 종전자산 가격, 종후자산 가격이 확정되어 있으므로, 향후 추첨에 의해 동 · 호수가 특정되면, 조합원별로 구체적인 분담금이 확정된다. 그러나 상가의 경우에는 층, 위치, 호수가 특정되지 아니한 채 면적만 확정되거나 면적조차 특정되지 아니한 상태로 종후자산 가격 및 분담금 내역 등 구체적인 내용은 추후 관리처분변경계획을 통하여 확정하겠다는 내용의 관리처분계획이 수립되는 경우가 있다.

이와 관련하여 부담금을 확정하지 않은 상가 부분에 대한 관리처분계획은 내용이 확정되지 않은 불완전한 관리처분계획임을 이유로 위법성을 주장하며 관리처분계획의 무효확인 또는 취소를 구하는 경우가 있다. 상가 부분에 대하여 관리처분계획이 무효확인 또는 취소가 확정되면, 새롭게 총수입, 비용 등이 산출되어야 하고, 이에 따라 비례율에 영향을 미칠 수 있음을 들어 공동주택 부분까지 모두 위법함을 전제로 관리처분계획 전체의 무효확인 또는 취소를 구하기도 한다.

다. 쟁 점

⑴ 무효의 논거

분양대상자별 분담금 추산액은 사업시행자가 조합원에게 상당한 비용을 부담하면서 정비사업에 참여할 것인지, 아니면 현금으로 청산 받고 정비사업에 참여하지 아니할 것인지를 선택함에 있어 판단의 기초가 되는 정보를 제공하는 것으로서 필수적인 분양신청통지의 대상이고(법 제72조 제1항 제2호), 종후자산 가격은 관리처분계획의 필수적인 기재사항이다(법 제74조 제1항 제3호). 따라서 종후자산 가격 및 분담금 내역 등이 확정되지 아니한 관리처분계획은 법정사항을 누락한 위법이 있다.

또한 비록 최초의 관리처분계획이라 하더라도 관리처분계획임에는 변함이 없고, 관리처분계획은 정비사업의 시행 결과 조성되는 대지 또는 건축물의 권리귀속에 관한 사항과 그 비용 분담에 관한 사항 등을 확정하는 계획이라는 면에서 볼때 분양대금, 분담금도 확정되지 아니한 관리처분계획을 적법한 것으로 볼 수는 없다.

(2) 유효의 논거

(가) 상가의 고유한 특성

상가의 경우, 동일한 면적과 형태로 공급되는 공동주택에 비해 그 규모가 제한적이고 수요자별 혹은 업종별로 선호하는 위치나 면적, 층수가 모두 다를 수 있다. 또한, 상가의 가치는 구성되는 업종 및 위치에 따라 달라지는데, MD(merchandising)구성은 분양이 완료된 이후라도 일반분양 결과를 포함한 전체적인 분양상황에 좌우되고 다양한 업종들 중 유사한 업종이 인접하여 영업하지 않도록 구획되어야 한다. 이와 같이 분양신청 및 관리처분계획 단계에서 미리 상가의 개수, 위치, 면적 등을 구체적으로 특정하여 분양하는 것이 어려울 뿐만 아니라, 오히려 이를 확정하지 아니한 채 우선 관리처분계획을 수립한 후, 추후 주변상권의 변화나 일반분양의 결과를 고려하여 업종구성, 점포의 수 및 면적 등을 확정하여 분양하고 이를 내용으로 하는 관리처분변경계획을 수립하는 것이 상가 구분소유자의 전체적인 이익을 고려한 방법이라고 볼 수도 있다.

실무상으로도 최초의 관리처분계획에서는 대강의 내용만 기재하여 인가를 받은 후, 준공이 임박한 시점에서 주변 상권 및 업종을 비교하고, 시장상황 등을 분석하여 MD구성, 점포의 수 및 면적을 확정하고, 조합원 분양분을 제외한 나머지를 일반분양한 후, 최종적으로 관리처분계획의 변경에 이르게 되는 경우가 흔히 있다. 그와 같은 실무현실을 도외시 할 수 없다. 실제로 상가 호수는 상가 면적을 어떻게 정하느냐에 따라 그 수가 다양하게 달라진다. 재개발사업으로 신축된 상가 건물을 보면 300㎡ 이상의 대형 마트와 30㎡ 미만의 공인중개사 사무소가 공존한다. 이와 같이 상가 면적이 동일하지 않은 것은 분양신청한 조합원들의 위치, 분양을 희망하는 면적 등을 종합적으로 고려하여 상가 호수를 결정하기 때문이다.

(나) 법적 논거

집합건물법 제1조의2 제1항 제3호, 제4호에 따르면, 상가건물의 경우 '경계를 명확하게 알아볼 수 있는 표지를 바닥에 견고하게 설치하고 구분점포별로 부여된 건물번호표지를 견고하게 붙이는 것'만으로도 구분소유가 가능하도록 규정하고 있는바, 이는 필요에 따라 탄력적으로 구획을 설정 또는 재설정할 수 있음을 전제로 한 것이다. 따라서 위 규정은 분양신청 및 관리처분계획 단계에서 미리 층별 · 호수별로 면적을 구체적으로 특정하여 분양할 필요가 없음에 대한 법적 근거가 된다고 할 것이다.

라. 판례의 태도

⑴ 유효 및 하자의 중대 · 명백 부정

㈎ 대법원 2013. 6. 27. 선고 2011두1689 판결(재개발사업)

관리처분계획에서 업무 · 상업시설 및 근린생활시설에 관하여 향후 관리처분변경계획을 통하여 권리귀속에 관한 사항 등을 확정하기로 예정되어 있으나, 상가 조합원에 대한 전체 분양면적과 조합원의 분양금액(평균분양면적 기준금액)은 정해져 있어 비록 각각 분양대상자별로 분양 건축물이 차후에 확정된다고 하더라도 그로 인하여 전체 조합원들의 비례율이 변경되지는 아니하는 점, 조합원 부담금의 부담시기는 추후 건축물이 확정된 후 분양계약에서 정해지는 점, 정관에서 분양순위가 정해져 있는 점(재개발사업으로 서울시 조례에서 정한 기준)과 업무 · 상업시설 및 근린생활시설 분양의 특성 등을 들어 관리처분계획에 법 제74조 제1항 제3호에 규정된 '분양대상자별 분양예정인 대지 또는 건축물의 추산액' 또는 제6호에 규정된 '정비사업비의 추산액 및 그에 따른 조합원 분담규모 및 분담시기'에 관한 사항이 포함되지 않아 위법한 것이라는 원고의 주장을 배척한 원심(서울고등법원 2010누4904) 및 제1심의 결론을 유지하였다.

㈏ 부산고등법원 2016. 6. 22. 선고 (창원)2015누11052 판결(확정, 재건축 사업)

관리처분계획이 상가의 면적을 구체적으로 구획 짓고, 구획된 면적을 분양신청자 중 누구에게 분양할 것인지 등에 관한 세부적인 계획을 포함하고 있지는 않아 수분양자별로 분담금이 정해지지 아니한 관리처분계획에 관하여, 분양상가면적 및 분양가는 정해져 있고, 상가평면도는 제공되었으며 관리처분계획에서는 기존 상가 조합원의 경우 원칙적으로 종전자산의 소유현황(종별, 층별 등)을 고려하여 그와 동일하게 배정하되, 변경을 원할 경우 다른 조합원에 대한 배정이 완료되고 남은 물량에 대해 배정하고, 구체적인 층·호수는 조합과 상가 조합원들이 협의하여 결정하되 경합이 발생하는 경우 추첨에 의하여 정하도록 하는 내용을 포함시킴으로써, 기존 상가 조합원들에게 배정될 상가의 업종, 구체적인 층·호수에 대한 일응의 기준은 관리처분계획에 포함하고 있으므로, 적법하다고 판시하였다.

㈐ 서울고등법원 2017. 12. 8. 선고 2017누69351 판결(확정, 재건축사업)

세대 수, 구체적인 구조, 전용면적 및 공용면적이 확정되어 있는 아파트와 달리 상가는 그 특성상 다양한 업종들로 구성되어 있으므로 유사한 업종이 인접하여 영업을 하지 않도록 구획하는 등 각 영업별 특성에 따라 구분소유자들의 이해관계를 조율하는 절차가 필요하다. 이와 같은 상가 분양의 특성상 조합원들의 분양희망면적을 통하여 상가 조합원들의 신축 상가에 대한 수요를 파악하고, 관리처분계획 이후의 실제 분양상황이나 수분양자의 입점 계획 등을 반영하여 상가의 업종, 구획, 위치를 결정하는 방법은 그 자체로 합리성이 인정된다.

㈑ 하자의 중대, 명백 부정(대법원 2011. 7. 28. 선고 2008다91364 판결 및 하급심인 부산지방법원 2008. 11. 7. 선고 2008나11013 판결)

재개발조합이 현금청산대상자를 상대로 부동산명도를 구하는 소송에서, 현금청산대상자가 상가에 관한 관리처분계획의 하자가 중대·명백하여 무효임을 전제로 항변한 사안이다. 비록 관리처분계획 내역서에 조합원의 구체적인 분담금 내역이 기재되어 있지 않지만, 조합원은 상가만을 분양신청 하였고, 상가의 경우 그 구분이 관리처분계획이 인가된 이후에 확정되기 때문에 세부 분양가액을 산정하기 어려웠던 점, 이에 조합도 조합원에 대한 관리처분계획 공람내역서에 상가를 분양신청한 경우 그 상가의 세부 분양가액 등을 향후 정하여 관리처분변경계획수립시에 재통보할 것이라고 기재하였던 점, 관할 관청도 이러한 사정을 고려하여 위 관리처분계획을 그대로 인가하였던 점 등에 비추어 보면, 위 관리처분계획에 무효에 이를 만큼의 중대한 하자가 있다고 보기 어렵다.

⑵ 무효[하자의 중대·명백 긍정(대법원 2010. 12. 9. 선고 2010두4407 판결, 재건축사업)]

① 관리처분계획 제3조에서는 '건축물의 소유면적 및 층별 위치 기준 1:1 분양

이 원칙'이라고 하고, 제8조에서는 '종전 토지 및 건축물 지분 기준 1:1 분양이 원칙'이라고 하여 그 기준이 동일하지 않아 그 자체로 모순되는 점, ② 제3조에 따른다 하더라도, 기존 2동의 상가를 헐고 새로 1동을 건축하는 이 사건에서 층 및 위치에 따라 가격의 폭이 다양한 상가의 특성을 감안할 때 종전 건축물의 소유면적 및 층별 위치를 기준으로 어떻게 1:1로 맞추어 분양한다는 것인지 기준이 모호한 점, ③ 같은 계획 제11조의 '조합원 분양신청 현황'에서는 '상가분양신청자에 대한 동·층·호수 배정은 추후 협의한다.'라고만 기재하고 있어 상가분양자를 따로 확정하지 않은 점 등을 종합해 보면, 관리처분계획 중 상가 부분에 관하여는 관리처분계획서에 반드시 기재되어 있어야 할 내용들이 포함되어 있지 않아 제대로 관리처분계획이 수립되지 않았고, 이러한 하자는 중대하고 위 관리처분계획 내용 자체로 객관적으로 명백하며, 새로이 상가와 관련한 관리처분계획을 수립할 경우 아파트 조합원들에 대한 권리가액비율 및 분담금액도 일부 변경되어야 할 것으로 보여 위와 같은 하자는 관리처분계획 전체에 영향을 미친다 할 것이므로, 관리처분계획은 그 전부가 무효이다.

마. 결 론

(1) 원칙

분양면적, 분양대금 및 분담금을 확정하지 않은 상가 관리처분계획도 내용 자체로 모순이 없고, 분양기준이 수립되어 있다면 일응 적법하다 할 것이다. 그 논거는 다음과 같다.

① 관리처분계획이란 종전자산에 대한 권리를 종후자산에 관한 권리로 일정한 기준 아래 변환시켜 배분하는 일련의 계획인데, 일응의 기준이 수립되어 있다면 종후자산에 관한 가격이나 분담금 추산액이 전혀 기재되지 않은 것으로 볼 수는 없다.

② 정비사업은 이해관계가 상충되는 다수의 토지등소유자들의 개별적이고 구체적인 이익을 적절히 형량·조정하면서 장기에 걸쳐 진행되므로, 최초 관리처분계획을 수립하면서 정비사업에 관한 모든 세부적 사항을 확정한다는 것은 현실적으로 불가능하고, 진행경과에 따라 관리처분계획의 세부적 내용을 구체화하거나 이를 변경해나가는 것이 허용되므로, 최초 수립된 관리처분계획에 일응의 기준이

마련되어 있다면 향후 정비사업이 진행됨에 따라 그 구체적인 세부 항목을 결정하는 것이 가능하다.

실무상 관리처분계획에 '상가 일반분양면적은 조합원 호수배정에 따라 변경될 수 있고, 일반분양금액은 분양시장상황 등에 따라 변경될 수 있으며, 상가업종 구성과 상가분양 위치는 관리처분계획 인가 후 상가분양 전 이사회의 결의로 확정하고, 상가업종 확정 시 분양위치별 분양가를 결정하여 부담금을 납부하며, 조합원 분양계약체결 시기는 이사회의 결의로 확정한다'고 규정해 두기도 하는바, 이는 적법하다.

(2) 한계

최초 상가 관리처분계획 수립 당시 층별·호수별로 면적이 획정되지 않았다 하더라도, 구체적인 상가 구분평면도는 확정되어 자신이 분양을 원하는 구분상가의 위치와 면적을 대략적으로라도 알 수 있어야 하고, 상가 조합원에 대한 전체 분양면적과 분양금액(평균분양면적 기준금액)은 정해져 있어 비록 각각 분양대상자별로 분양 건축물이 차후에 확정된다고 하더라도 그로 인하여 전체 조합원들의 비례율이 변경되지는 아니하여야 하며, 재개발의 경우 서울시 부대·복리시설의 공급기준(서울시 조례 제38조 제2항)에 의하여 기준이 정해져 있으므로 이를 준수하여야 하고, 그와 같은 기준이 없는 재건축의 경우 예측이 가능하도록 동·호수 배정방법으로, ① 종전 '건축물의 소유면적 및 층별 위치 기준 1:1 분양 원칙', '종전 토지 및 건축물 지분 1:1 분양 원칙', '종전 건축물 가격 기준 1:1 분양 원칙' 등을 고려하여 정하거나, ② 우선권을 부여하는 방법 즉, 상가 내 위치가 좋은 조합원의 이해관계를 우선하는 방안(종전자산의 단위면적당 가액이 큰 순서대로 우선배정), 위치와 면적을 모두 고려하여 권리가액이 큰 조합원의 이해관계를 우선하는 방안(종전자산 감정가액이 큰 순서대로 우선배정)등을 고려하여 정하거나, 그리고 ③ 우선권을 가진 조합원의 권리행사 방법 즉, 우선권을 가진 조합원이 원하는 위치(전면, 후면 등)의 상가를 먼저 배정받을 수 있게 하는 방안, 원하는 면적의 상가를 먼저 배정받을 수 있게 하는 방안 등에 관한 일응의 기준은 수립되어야 할 것이다.

5. 분담금 산정방법상 하자의 중대 · 명백 여부(부인)

가. 비례율 및 분양(종후자산)가격 산정상의 하자

관리처분계획 중 비례율이나 분양(종후자산)가격 산정방법에 잘못이 있다 하더라도 이는 단순히 청산금 산정방법의 잘못에 불과하고 그 하자가 중대하고도 명백하다고 볼 수 없다.[116]

나. 분양대금 산정상의 하자

관리처분계획에서 정한 분양대금의 산정방법에 잘못이 있다고 하더라도 그러한 하자는 다른 특별한 사정이 없는 한 중대하고도 명백하다고 볼 수 없어 이러한 하자를 사유로 하여 관리처분계획을 무효로 볼 수는 없다.[117]

6. 종전자산 평가의 위법

실무상 일부 조합원이 관리처분계획 중 자신에 대한 '종전 토지 및 건축물의 가격' 및 '권리가액' 부분의 무효확인 또는 취소를 구하는 경우가 있다.

가. 위법 시 시정 필요성

정비사업은 원칙적으로 토지등소유자가 조합원이 되어 자신의 종전자산을 출자하고 공사비 등을 투입하여 신 주택 등을 건축한 다음, 신 주택 등 중 일부는 조합원에게 배분하고 나머지는 일반분양하여 수입을 얻은 후, 정비사업을 시행하여 얻은 총수입과 총비용을 정산하여 그 손익을 조합원의 종전자산 출자비율대로 분배하는 것이므로, 관리처분계획을 수립하기 위한 종전자산 평가는 조합원들 사이의 상대적 출자비율을 정함에 주된 목적이 있다.

만일 종전자산 평가에 오류가 있는 경우 당해 조합원의 권리가액이 달라지고, 이는 추후 부담하여야 할 청산금에서 커다란 차이가 발생하며, 특히 서울시 조례 제38조 제1항 제4호는 재개발사업의 주택 분양기준으로 동일규모의 주택분양에 경합이 있는 경우에는 권리가액이 많은 순서로 분양한다고 명시하고 있어 종후자산의 분양에도 중대한 영향을 미친다. 따라서 종전자산 평가에 위법이 있는 경우

---

116) 대법원 2002. 12. 10. 선고 2001두6333 판결, 대법원 2007. 9. 6. 선고 2005두11951 판결.
117) 대법원 2005. 7. 15. 선고 2004두12971 판결.

소로써 그 취소나 무효확인을 구할 수 있다.

나. 특정 종전자산의 평가에 명백한 오류가 있을 것

특정 종전자산의 평가에 명백한 오류가 있는 경우 해당 토지등소유자의 재산권을 본질적으로 침해하는 것이다. 실무상 종전자산을 평가하는 감정평가사가 다수의 토지등에 대하여 감정평가를 하는 과정에서, 1989. 1. 24. 이전의 무허가건축물임을 간과하여 그 대지를 임야로 평가하는 경우가 있는바, 이는 위법하다(구체적인 평가 방법은 현금청산대상자 부분에서 자세히 살펴본다).[118]

또는 불법적이거나 일시적인 이용상태가 아닌 한 토지에 대한 감정평가는 기준시점에서의 대상물건의 이용상황을 기준으로 감정평가를 하여야 함에도, 지목을 기준으로 평가하거나, 1필지의 토지라 하더라도 가치를 달리하는 부분은 이를 구분하여 감정평가 하여야 함에도 만연히 하나의 이용상황을 전제로 평가하는 경우가 있다. 예를 들면 일부의 면적은 대지, 일부의 면적은 사실상의 사도임에도 그 전부를 사실상의 사도로 평가하는 경우에는 종전자산의 평가에 하자가 존재한다.[119]

다. 일반적인 감정평가상의 오류

(1) 문제의 소재

일부 조합원이 관리처분계획 중 종전자산 가액의 무효확인 또는 취소를 구하는 소송과정에서 종전자산에 대한 시가감정이 이루어지는 경우가 있고, 그 결과 감정금액이 관리처분계획상의 종전자산 가액보다 증액되었음을 이유로 위와 같은 관리처분계획의 위법을 주장하는 경우가 있다.

(2) 관리처분계획 작성을 위한 종전자산 평가의 목적

앞서 본 바와 같이 관리처분계획을 작성하기 위한 종전자산 평가는 조합원들 사이에 분양 또는 분배기준이 되는 권리가액 산정을 주된 목적으로 하여 상대적 출자비율을 정하는 것이고, 토지보상법에 의한 평가는 공익사업을 시행함에 따른

---

118) 서울행정법원 2021. 1. 29. 선고 2018구합89077 판결(확정).
119) 서울행정법원 2021. 6. 4. 선고 2019구합78074 판결(현재 서울고등법원 2021누49279호로 계속
   중).

수용목적물에 대한 정당한 보상액을 정하는 데에 주된 목적이 있다. 따라서 양 평가 사이에는 '정비사업 시행결과에 대한 조합원 사이의 공평한 분배'와 '정당한 보상'이라는 목적상 차이가 있다.

(3) 하자의 판단기준

감정평가업자가 관리처분계획 수립을 위하여 토지등을 평가하면서 정비구역 전부에 대하여 동일한 감정평가방식을 적용하여 감정평가를 진행한 경우에는 특정한 토지등에 관하여만 관계 법령에서 정한 평가방식을 위반하거나 그와 같은 평가가 조합원들 사이 형평성을 잃게 할 정도로 부당하게 된 경우가 아닌 한 소송과정에서 감정한 결과 금액의 일부 증액이 있다 하더라도 그것만으로 종전자산 평가가 위법하다고 단정하기 어렵다. 그 논거는 다음과 같다.

① 당해 소송에서 특정 토지등에 대한 평가를 진행한 감정평가사가 새롭게 정비구역 내 모든 토지등에 대하여 감정하는 경우 다른 토지등도 당해 토지등처럼 종전자산에 대한 가격이 증가할 가능성을 배제할 수 없다.

② 소송과정에서 법원에서 실시한 개별 감정평가 결과 특정 토지등에 대한 감정금액이 증액되었다 하더라도, 이는 전문가로서 감정평가사의 재량영역에 속하는 것으로 볼 수 있다.

종전자산 평가기준일인 사업시행계획인가일과 관련한 다양한 쟁점들에 대하여는 제4편 제4장 Ⅲ. "1. 사업시행계획인가 고시일의 적용"에서 자세히 살펴보았다.

7. 청산금의 지급시기를 다르게 정한 관리처분계획의 위법 여부

판례는 관리처분계획상 조합원의 사업시행자에 대한 청산금 지급의무의 기한과 사업시행자의 조합원에 대한 청산금 지급의무의 기한에 차이를 두었다 하더라도, 이를 하자로 볼 수 없을 뿐만 아니라 이를 하자로 본다 하더라도, 그 하자가 중대·명백한 것으로 볼 수 없다고 판시하였다.[120] 그 논거는 다음과 같다.

① 조합은 정관에 청산금의 징수·지급의 방법 및 절차를 자율적으로 정할 수 있으며, 총회는 청산금의 징수·지급에 관한 사항을 자유롭게 의결할 수 있다.

② 사업시행자의 조합원에 대한 청산금 지급시기나 조합원으로부터의 청산금

---

120) 서울행정법원 2019. 8. 13. 선고 2018구합67350 판결(확정).

징수시기는 사업시행자가 정할 사항으로 반드시 청산금의 지급시기와 청산금의 징수시기를 동일하게 정하여야 한다고 볼 법적 근거가 없다.

8. 분양신청권 관련 하자로 인한 관리처분계획의 위법 여부

가. 사업시행자인 조합의 잘못된 안내 또는 분양신청서의 접수거부로 인하여 평형선택에 관한 분양신청권이 침해된 채 수립된 관리처분계획(위법)

조합원들은 그들의 자유로운 의사로 희망하는 평형의 주택에 대한 분양신청을 할 수 있고, 사업시행자인 조합은 그와 같은 분양신청을 거부할 수 있는 권한이 없음에도, 일부 평형의 조합원들에게 일부 평형의 공동주택에 대하여 분양신청 할 수 없다고 잘못된 안내를 하거나 또는 분양신청서의 접수를 거부하여 그들이 원하는 평형의 주택을 분양신청 할 수 있는 기회를 보장받지 못한 채 분양신청이 이루어진 경우, 그들에 대하여 평형배정을 한 종후자산 부분은 위법하다.[121]

앞서 분양신청통지에서 본 바와 같이 종전자산 가격의 범위에서 종후자산을 취득하는 내용의 관리처분계획 수립기준이 존재하는 재건축사업에서, 특정 평형을 종전자산으로 가진 조합원의 종전자산 평균 추정가액이 종후자산 중 특정 평형(종후자산 가액)의 평균 추정가격에 미치지 못한다 하더라도, 종전자산 또는 종후자산의 가액은 각 동의 위치와 형상, 면적, 층수 및 주변 편의시설로의 접근성에 따라 천차만별이고, 또한 추후 동·호수 추첨결과에 따라 종후자산의 가격이 확정되므로, 단지 평균 추정가액을 기준으로 특정 평형의 소유자에 대하여 일률적으로 특정 평형의 종후자산에 대한 분양신청을 금지하는 내용의 안내를 하였다면, 이를 기초로 수립된 관리처분계획은 위법하다(만일 종후자산이 종전자산을 초과하여 분양을 받지 못한다 하더라도, 그 위험은 분양신청자가 부담할 뿐이다).

나. 일부 조합원에 대하여만 분양신청의 선택권을 부여 후 수립된 관리처분계획(위법)

위치가 전면부 및 후면부로 구분되는 지상 1, 2층의 2개 상가 동(棟)을 신축하는 재개발사업에서 2개동, 2개층, 전·후면부 구분에 따라 총 8개의 구역으로 나뉘어 분양신청이 이루어진 사안에서, 일부 조합원들에 대하여만 복수의 구역에 대

---

121) 서울고등법원 2020. 12. 24. 선고 2019누55516 판결(판결 후 소취하).

한 분양신청을 허용하는 경우, 이는 조합원들을 차별하는 것이므로, 이를 기초로 수립된 관리처분계획은 위법하다.[122]

Ⅳ. 상가독립정산제 약정

1. 총 설

상가독립정산제 약정이란 재건축사업에서 조합장 등이 상가의 대표자와 사이에 아파트와 상가를 분리하여 개발이익과 비용을 별도로 정산하고, 상가 조합원들로 구성된 별도의 기구인 상가협의회가 상가에 관한 관리처분계획안의 내용을 자율적으로 마련하는 것을 보장하는 약정을 의미한다. 그 후 조합 총회가 상가독립정산제 약정을 의결한 후(또는 정관에 기재한 후), 상가협의회가 마련한 상가 부분에 관한 관리처분계획안이 포함된 관리처분계획이 총회의결을 거쳐 수립 인가됨으로써 위 약정이 최종적으로 이행되는 것이 일반적이다. 실무상 필요에 의하여 상가독립정산제 약정이 오랫동안 인정되어 왔고, 이를 내용으로 하는 관리처분계획이 수립되어 왔다.

위와 같은 관리처분계획은 아파트 조합원과 상가 조합원 사이에 권리의 차등을 두는 내용으로서 법 제76조 제1항 제1호의 관리처분계획의 수립기준에 부합하는 것인지 또는 그것이 아파트 조합원의 재산권을 본질적으로 침해하는 것은 아닌지 여부가 문제된다.

근래에는 상가독립정산제 약정이 확대되어 재건축단지 내 상가들의 성격이 뚜렷이 구분되고 각각의 상가 조합원들 사이에 이해관계가 대립되는 경우에는 조합장 등이 각각의 상가 대표자와 앞서 본 내용을 포함한 별도의 합의를 하고, 조합의 총회가 이를 추인하는 경우도 존재한다.[123] 실무상 상가독립정산제 약정이 반영된 관리처분계획의 위법성을 다투는 사건보다는 상가독립정산제 약정을 체결한 상가 대표자의 대표성을 다투는 사건, 상가독립정산제 약정에 반하는 내용의 관리처분계획이 수립된 경우 그 무효확인 또는 취소를 구하는 소가 다수 제기되

---

122) 서울행정법원 2021. 1. 29. 선고 2018구합80056 판결(현재 서울고등법원 2021누36440호로 계속 중).
123) 서울행정법원 2020구합64064(본소), 64071(반소) 사건 참조.

고 있다.

이하에서는 상가독립정산제 약정의 필요성, 이에 기초하여 수립된 관리처분계획의 적법성, 상가독립정산제 약정에 반하는 관리처분계획의 효력 유무 등에 대하여 자세히 살펴본다.

2. 필요성

종래 상가 조합원은 다음과 같은 실질적인 이유로 재건축에 반대하는 경우가 많았다. 첫째, 재건축 시 상가소유자는 수년이 소요되는 재건축 공사기간 내내 당해 영업장소에서의 영업을 중단하여야 하므로, 소득이 감소하고, 단골 고객이 떨어져 나가는 불이익을 입게 된다. 이는 아파트 조합원의 경우 공사기간 중에 단지 밖으로 이주해야 하는 불편함이 있을 뿐인 점과 대조된다.

둘째, 아파트는 신축건물로서의 가치 등으로 인해 일반분양도 용이하고 개발이익이 확보되는 것이 일반적이나, 상가는 주변상권 변화에 따라 일반분양이 어려울 가능성도 있어 개발이익이 확보되지 않을 여지도 있다.[124]

마지막으로 재건축조합이 아파트 조합원과 상가 조합원으로 구성되고, 조합의

---

124) 상가 조합원들의 반대로 정비사업이 좌초하는 경우가 속출하자, 법령은 조합설립 동의요건을 완화하는 등의 방향으로 점차적으로 개정되어 왔다.
  ① 집합건물법 제47조는 재건축결의에 구분소유자 및 의결권의 각 4/5 이상의 동의를 얻도록 규정하고 있는데, 대법원 판례는 이 동의율 요건을 공동주택단지 전체뿐만 아니라 각 동별로도 충족하여야 한다고 해석하였다(대법원 1998. 3. 13. 선고 97다41868 판결).
  ② 구 주촉법이 1999. 2. 8. 법률 제5908호로 개정되면서 제44조의3 제7항이 신설되어 공동주택단지의 경우 집합건물법 제47조의 규정에도 불구하고 각 동별로 2/3 이상, 단지 전체로 4/5 이상의 동의를 얻어 재건축을 할 수 있다는 규정을 신설하여, 동별 동의율 요건을 완화하였다(2002. 12. 30. 법률 제6852호로 제정된 도시정비법에서도 재건축조합의 설립 요건으로 마찬가지로 규정하였다).
  ③ 구 주촉법이 2000. 1. 28. 법률 제6250호로 개정되면서 제44조의3 제7항에 괄호 부분이 신설되어 하나의 공동주택단지 안에 상가가 여러 동이 있는 경우에도 복리시설의 경우에는 주택단지의 복리시설 전체를 하나의 동으로 간주하게 되었다(도시정비법 35조 제3항도 동일하게 규정).
  ④ 2002. 12. 30. 제정된 도시정비법은 하나의 공동주택단지에 재건축사업을 하고자 하는데 특정 동이 반대하여 조합설립 동의율 요건을 충족하지 못하는 경우에는 일정한 요건 아래 단지 안의 일부 토지를 분할하여 제외하고 나머지 토지로만 재건축사업을 진행할 수 있는 토지분할청구 제도를 도입하였다(법 제67조).
  ⑤ 법이 2007. 12. 21. 법률 제8785호로 개정되어 재건축조합 설립을 위한 단지 전체의 동의율이 종래 4/5 이상에서 3/4 이상으로 완화되었다.
  ⑥ 법이 2016. 1. 27. 법률 제12912호로 개정되어 재건축조합 설립을 위한 동별 동의율이 1/2 이상으로 완화되었다.

다수는 아파트 조합원들이다. 아파트 조합원들은 상가에 대하여는 특별히 관심도 없고, 이해관계도 없다. 그런데 다수결에 의하여 이해관계 없는 아파트 조합원들의 의사에 의하여 신축상가에 대한 권리배분과 귀속을 포함하여 상가에 관한 모든 사항 즉, 상가 조합원들의 이해관계가 결정된다.

상가는 규모가 제한적이고 수요자별 혹은 업종별로 선호하는 위치나 면적, 층수가 모두 다를 수 있으며, 분양이 완료된 이후라도 일반분양 결과를 포함한 전체적인 분양상황이나 실제 입점상황, 주변의 상권 등에 따라 내부 설계를 변경해야 하는 경우도 있는 등의 특성이 있어 관리처분계획의 수립에 이해관계자인 상가 조합원들 의사의 반영 필요성이 상대적으로 큰 영역이다. 그럼에도 불구하고 법령 및 조례에 상가 조합원들의 의사를 반영하는 명시적인 관리처분계획 수립기준이 없어 종래 아파트 조합원들이 자신들의 의사에 의하여 일방적으로 상가 부분에 관한 관리처분계획을 결정하고, 소수인 상가 조합원들은 다수결의 원리에 밀려 전혀 자신들이 의사를 반영하지 못한 채 불리한 관리처분계획의 수립을 지켜볼 수밖에 없었으므로, 더더욱 재건축에 반대해왔다.

재건축사업은 하나의 주택단지를 전제로 진행되는 정비사업인데, 상가 조합원들의 반대로 인하여 정비사업의 진행에 차질을 빚는 주택단지가 속출하자, 그에 대한 대응책으로 법은 토지분할청구제도에 의하여 정비사업에 반대하는 상가동을 제외하는 제도를 마련하였고(법 제67조 제1항 제2호), 조합설립인가의 동의요건을 완화하였으며, 실무에서는 상가독립정산제 약정이 도입되었다. 상가독립정산제 약정을 통하여 상가 조합원들의 권리가 보호되거나 그들에게 인센티브가 부여되자 상가 조합원들이 정비사업에 적극 동의하였고, 이에 따라 정비사업이 아연 활기를 띠게 되었다.

3. 상가독립정산제 약정에 따른 정비절차 진행과정과 쟁점

가. 조합장과 상가 대표자 사이의 상가독립정산제 약정 체결

⑴ 상가협의회의 대표성

주택단지가 대단지인 경우 상가 조합원이 다수이고 상가 조합원들로 구성된 단체가 다수인 경우, 조합으로서는 어떠한 상가 단체와 상가독립정산제 약정을 체결하여야 하는가의 문제가 제기된다.

통상적으로 조합은 상가 조합원 과반수가 참여한 단체(상가 조합원들은 당연회원이어야 하고, 구성 및 가입자 확인을 통하여 과반수 참여가 인정되어야 한다)에 대표성을 인정하여 그들과 상가독립정산제 약정을 체결하고, 그 후 조합은 특정한 상가협의회를 상가대표단체로 승인하는 총회의결을 하기도 한다.[125] 상가 조합원들로 구성된 단체인 상가협의회는 법적 성격이 조합이고, 본 조합 내에 존재하는 또 다른 조합으로서 이를 '조합속 조합'이라 부르기도 한다.[126]

(2) 약정의 내용

아파트와 상가를 분리하여 개발이익과 비용을 별도로 정산하고, 상가 조합원들로 구성된 별도의 기구가 상가에 관한 관리처분계획안의 내용을 자율적으로 마련하는 것을 보장하는 내용이다. 즉, 상가 개발에 따른 이익과 상가 재건축에 소요되는 비용은 상가 조합원들에게만 귀속되거나 분담되고, 상가의 분양면적, 분양시기, 분양가격, 내부설계 및 디자인, 점포용도, 업종구성·마감추가·특화공사 등 상가의 신축계획안, 상가 개발이익의 처분 및 정산 등을 포함한 상가 관리처분계획안 수립은 상가협의회가 주관하며 대외적인 업무는 조합이 적극 협조한다는 것이다.[127]

(3) 약정의 효력

도시정비법상 아파트와 상가를 분리하여 개발이익과 비용을 별도로 정산하는 것은 아파트 조합원들의 비용부담이나 권리·의무에 중대한 영향을 미치는 것으로서, 정관에 기재하여야 할 사항이다. 정관변경은 총회의 의결사항이고(제45조 제1항 제1호, 제40조 제1항 제8호), 관리처분계획의 수립·변경도 총회의 의결사항이며(제45조 제1항 제10호), 법은 조합을 행정주체로 하고 있고, 법에서 조합 내의 기관 간 권한배분을 규정하고 있는 조항은 강제규정으로 보아야 한다. 따라서 조합장이 상가대표자와 사이에 상가독립정산제 약정을 체결하였다 하더라도, 정관변경이나 총회의 결의를 거치지 아니한 채 곧바로 조합에 효력이 미치는 것으로 볼

---

125) 서울행정법원 2020구합61652(소취하 후 확정).
126) 김종보, 재건축에서 상가의 관리처분, 특별법연구 15권(2018), 사법발전재단, 123쪽, 김종보, 재건축에서 상가단체의 법적 성질과 상가의 관리처분, 행정법 연구(51), 제145쪽.
127) 대법원 2018. 3. 13. 선고 2016두35281 판결.

수는 없다.

나. 약정에 따른 총회결의

(1) 의결정족수

아파트와 상가를 분리하여 개발이익과 비용을 별도로 정산하는 것은 이를 별도로 정산하지 않는 경우와 비교하여 아파트 조합원의 조합원별 부담액(총 수입이 달라져 비례율이 달라진다)에 영향을 미칠 수 있다. 따라서 이는 '조합의 비용부담' 및 '조합원의 권리·의무'에 관한 사항에 해당하므로, 정관에 기재해야 할 사항이고, 그와 같은 내용을 정관으로 도입하려면 조합원 3분의 2 이상의 찬성의결을 거쳐야 한다(법 제40조 제3항 단서, 제1항 제8호, 법 시행령 제38조 제15호, 조합의 비용부담부분은 조합원 3분의 2 이상, 조합원의 권리·의무부분은 조합원 과반수 이상의 각 찬성의결을 필요로 한다).

또한 총회 상정안건의 심의·결정에 관한 사항의 권한은 이사회에 있으므로, 총회의결 전단계의 관리처분계획안의 작성권한은 이사회에 있다. 그럼에도 불구하고 상가부분의 작성에 대하여는 이를 상가협의회에게 일임한다는 내용이므로, 이사회의 권한을 침해하여 위법한 것으로 볼 수 있는지 여부가 문제된다.

그러나 이사회는 법에서 정해진 기관이 아니고, 법에서 조합 내의 기관 간 권한배분을 규정하고 있지 아니하므로 그것만으로 위법한 것으로 볼 수 없다.[128] 다만 이는 '조합임원의 권리의무', '임원의 업무의 분담 및 대행 등' 및 '관리처분계획'에 관한 사항으로서, 원칙적으로 조합의 정관에 규정하여야 하는 사항이다(법 제40조 제1항 제5호, 제6호, 법 시행령 제38조 제2호, 10호). 따라서 정관변경에 필요한 조합원 과반수의 찬성의결을 받아야 한다(법 제40조 제3항).

아파트와 상가를 분리하여 개발이익과 비용을 별도로 정산하고 관리처분계획안의 작성권한을 상가협의회에게 일임하는 것은 하나의 안건이므로, 결국 조합은 조합원 3분의 2 이상의 찬성을 받은 후, 이를 기초로 시장·군수등의 인가를 받

---

128) 법은 조합장 1명과 이사를 임원으로 둔다고만 규정하고 있을 뿐, 이사회에 대하여는 아무런 근거 규정이 없고(다만 제124조 제1항 제3호로 이사회 의사록의 공개를 규정하고 있을 뿐이다), 법 제40조 제1항 제18호, 시행령 38조 제17호로 수권된 서울시 조례 제22조 제1호가 이사회의 설치 및 소집, 사무, 의결방법 등 이사회 운영에 관한 사항 등에 관하여 조합 정관으로 규정하도록 정하고 있을 뿐이다.

아 정관변경절차를 완료하여야 한다. 다만 이러한 내용을 조합이 채택하기로 결정하는 조합 총회의 결의가 정관변경의 요건을 완전히 갖추지는 못했다면 형식적으로 정관이 변경된 것은 아니지만, 총회결의로서 유효하게 성립하였고 정관변경을 위한 실질적인 의결정족수를 갖추었다면 적어도 조합 내부적으로 업무집행기관을 구속하는 규범으로서의 효력은 가진다고 보아야 할 것이다. 왜냐하면, 총회가 조합의 최고의사결정기관이고, 정관변경은 조합의 총회결의를 통해서 결정된 후 감독청의 인가를 받아야 하나, 여기에서 감독청의 인가는 기본행위인 총회결의의 효력을 완성시키는 보충행위일 뿐 정관의 내용 형성은 기본행위인 총회결의에서 이루어지기 때문이다.[129)]

(2) 정관(추인하는 결의) 및 이에 따라 수립된 관리처분계획의 유효성

(가) 문제의 소재

아파트와 상가를 분리하여 개발이익과 비용을 별도로 정산하고, 관리처분계획안의 작성권한을 상가협의회에게 일임하는 내용이 정관으로 규정되거나 총회의 결의가 있는 경우, 이는 조합과 조합원에 대하여 구속력을 가지게 되고, 이에 따라 상가협의회가 마련한 상가에 관한 관리처분계획안에 대하여 총회의결을 거쳐 관리처분계획을 수립하게 되는데, 그 유효성이 문제된다. 왜냐하면 이는 아파트 조합원과 상가 조합원 사이에 권리에 차등을 두는 내용의 정관이나 총회결의 및 이에 따른 관리처분계획으로서 그것이 아파트 조합원의 재산권을 본질적으로 침해하는 것은 아닌지 여부가 문제된다.

(나) 판례(유효)

판례는 조합규약이나 총회에서 신축 상가건물의 권리 귀속 등에 관한 사항을 재건축조합과 상가 조합원들 간의 협의 내지 약정을 거쳐 (조합 총회의 승인 권한을) 대의원회에서 이를 인준하는 방식으로 결정하도록 하는 것은 허용된다고 판시하여 유효성을 인정하여 오고 있다.[130)]

또한 판례는 법 시행령 제63조 제2항 제1호가 재건축사업의 관리처분방법으로 같은 조 제1항 제5호, 제6호를 적용하도록 규정하고 있을 뿐, 재개발사업에서 관

---

129) 대법원 2018. 3. 13. 선고 2016두35281 판결.
130) 대법원 2010. 5. 27. 선고 2008다53430 판결.

리처분의 방법으로 규정하고 있는 제7호(주택 및 부대시설·복리시설의 공급순위는 기존의 토지 또는 건축물의 가격을 고려하여 정할 것)를 준용하고 있지 않는 점, 이는 상가를 정비사업의 대상으로 함으로써 정비사업의 효율을 기하기 위한 것으로서, 상가독립정산제 약정의 내용이 비합리적인 것으로 보이지 않고 아파트 조합원들의 본질적 권리를 침해한 것으로 보기 어려운 점을 고려하여 상가독립정산제 약정을 내용으로 하는 관리처분계획에 대하여 적법·유효하다고 판시하였다.[131]

⑶ 상가독립정산제 약정 또는 정관(추인하는 결의)의 한계

㈎ 문제의 소재

상가독립정산제를 내용으로 하는 정관이나 이를 내용으로 하는 총회결의가 존재하는 경우, 약정에 따라 상가협의회가 상가부분에 대한 관리처분계획안을 별도로 마련하면 총회를 거칠 필요 없이 관리처분계획으로 확정되는지 여부 또는 만일 총회결의를 거쳐야 한다면, 총회는 상가협의회가 상가부분에 대하여 별도로 마련한 관리처분계획안을 반드시 의결하여야 하는 의무가 있는지 여부가 문제된다.

㈏ 판단(부정)

그 논거는 다음과 같다.

조합장이 상가협의회 대표와 사이에 상가독립정산제 약정을 체결하였다 하더라도, 아파트와 상가를 분리하여 개발이익과 비용을 별도로 정산하는 것은 총회결의를 요하는 정관변경사항이고, 관리처분계획의 수립·변경도 총회의 의결사항이며, 법에서 조합 내의 기관 간 권한배분을 규정하고 있는 조항은 강제규정이므로, 그 약정 자체가 정관변경이나 총회결의를 거치지 아니한 채 곧바로 조합에 효력이 미치는 것으로 볼 수 없음은 앞서 본 바이다. 동일한 논리로 상가협의회가 상가부분에 대하여 관리처분계획안을 별도로 마련함으로써 관리처분계획으로 확정되는 것이 아니라 반드시 관리처분계획에 관한 총회의결을 거쳐 그 내용이 확정되어야 한다. 또한 관리처분계획안에 대한 결정권자는 총회이므로, 총회는 반드시 상가 협의회가 마련한 상가에 대한 관리처분계획안 대로 의결할 의무도 없다. 다만, 관리처분계획을 의결하는 총회는 정관이나 상가독립정산제 약정을 추인하는 총회 결의에 따른 상가 조합원들의 자율성을 존중하여 상가협의회가 상가부분에

---

131) 대법원 2018. 3. 13. 선고 2016두35281 판결, 대법원 2020. 6. 25. 선고 2018두34732 판결.

대하여 마련한 관리처분계획안대로 결의할 가능성이 높다.

㈐ 강행법규 위반

만일 정관의 내용이나 조합 집행부의 상가독립정산제 약정을 추인하는 총회 결의의 내용이 상가협의회가 상가부분에 대하여 마련한 관리처분계획안이 곧바로 관리처분계획으로 확정되어 조합에 효력을 미친다거나, 조합 총회가 위 약정을 반드시 의결할 의무가 있음을 전제하고 있다면, 이는 도시정비법상 허용될 수 없고 강행법규를 위반한 것이어서 무효라고 할 것이다.[132]

다. 관리처분계획 총회에 안건을 상정할 의무

(1) 내용

조합은 사무를 집행하기 위하여 조합장과 이사로 구성된 이사회를 두는바(표준 정관 제27조 제1항), 총회 상정안건의 심의·결정에 관한 권한은 이사회에 있으므로, 결국 총회의결이 필요한 관리처분계획안의 작성권한은 이사회에 있으나, 이에 반하여 상가 부분 관리처분계획의 작성권한을 상가협의회에게 일임한다는 내용의 정관이나 총회 결의가 이루어진 경우, 그것만으로 이사회의 권한을 침해한 위법한 것으로 볼 수 없음은 앞서 본 바이다. 오히려 이사회가 조합의 기관임은 명백한 바, 재건축조합의 정관은 재건축조합의 조직, 활동, 조합원의 권리의무관계 등 단체법적 법률관계를 규율하는 것으로서 공법인인 재건축조합과 조합원에 대하여 구속력을 가지는 자치법규이므로 이에 위반하는 기관의 활동은 원칙적으로 허용되지 아니하는 점, 총회결의도 또한 조합 내부적으로 업무집행기관을 구속하는 규범으로서의 효력은 가진다고 보아야 하는 점 등에 비추어 이사회는 정관 또는 총회결의대로 상가협의회가 마련한 관리처분계획안을 상정시켜야 할 의무가 있다.

(2) 한계

㈎ 일반적 한계

상가 조합원들이 작성한 관리처분계획안의 내용이 특정되어야 하고, 그 내용이 도시정비법 등 관련 법령, 조합의 정관에 위반되지 않으며, 그 자체로 아파트 조

---

132) 대법원 2018. 2. 8.자 2017두65227 심리불속행 판결 및 하급심인 서울고등법원 2017. 9. 13. 선고 2015누48404 판결.

합원들에게 불이익하지 않아야 한다.

(나) 상가협의회의 대표안인지 여부

상가 조합원들로 구성된 별도의 기구인 상가협의회가 상가에 관한 관리처분계획안의 내용을 자율적으로 마련함에 있어 상가 조합원들의 단일한 의사를 이끌어 내기가 쉽지 않다. 실제로 이해관계가 대립되는 상가 조합원들 사이에 관리처분계획안에 대한 총의(總意)가 도출되지 않아 상가협의회가 대표안을 제출하지 못하는 경우도 발생한다.

실무상 상가 조합원들로 구성된 상가협의회가 상가 조합원 총회 출석 상가 조합원 과반수의 찬성으로 결의하여 도출한 상가에 관한 관리처분계획안을 이사회에 송부하여 오면, 일응 상가들의 대표안으로 볼 수 있다. 그러나 실제로 과반수 의결이 있었는지 여부가 불명확한 경우가 있는바, 그 경우에는 조합 측이 보완을 명하게 된다. 더 나아가 그와 같은 과반수 의결이 상가 조합원들의 다수의사로 간주될 수 있는가 하는 문제점이 있다. 즉, 상가독립정산제 약정을 추진하는 결의 자체가 상가 조합원 과반수의 결의로 가능한데, 그 중 과반수 출석과 출석 상가 조합원 과반수의 찬성으로 도출된 관리처분계획안은 산술적으로 상가주(商家主) 약 75%[133]상당의 의사가 반영되지 아니한 것으로 볼 여지가 있기 때문이다.

(다) 상가협의회가 마련한 관리처분계획안과 배치되는 안건의 상정 권한(긍정)

이사회가 상가협의회가 마련한 관리처분계획안을 상정시켜야 할 의무가 있다 하더라도, 이에 배치되는 안건을 관리처분계획 총회에 상정할 권한이 배제된다고 보기 어렵다. 왜냐하면 관리처분계획안에 대한 결정권자는 총회이므로, 총회는 반드시 상가협의회가 마련한 상가에 대한 관리처분계획안 대로 의결할 의무는 없기 때문이다. 따라서 이사회가 상가협의회가 마련한 관리처분계획안과 다른 안건을 스스로 작성하여 총회에 상정하고(당시 총회는 상가독립정산제 약정에 반하여 이사회가 독자적으로 작성한 안건임을 사전에 인지하게 된다), 조합원들로 구성된 총회가 상가독립정산제 약정에 반하는 그와 같은 안건을 의결한다면, 이는 결국 상가협의회가 마련한 관리처분계획안을 상정하였더라면 부결되었을 것이 전제된다. 넓게

---

133) 극단적인 경우 상가 조합원 중 약 50%는 상가가 독립적으로 개발이익과 비용을 부담하면서 정비사업을 진행함에 반대하는 조합원이고, 약 25%의 조합원은 상가협의회가 마련한 안에 반대하는 조합원이다.

본다면 이는 이사회가 상가협의회가 마련한 관리처분계획안을 상정할 의무를 이행한 것으로 못볼바 아니다.

4. 상가독립정산제 약정에 위반하는 관리처분계획의 의결

가. 의결 가능

상가독립정산제 약정을 채택하기로 정관변경이나 총회의결까지 마쳤음에도 불구하고, 총회가 상가협의회가 제안한 안건과 다른 내용으로 관리처분계획을 의결할 수 있다. 왜냐하면 총회는 조합의 최고의사결정기관이고 정관변경이나 관리처분계획의 수립·변경은 총회의 결의사항이며, 조합 총회는 새로운 총회결의로 종전 총회결의의 내용을 철회하거나 변경할 수 있는 자율성과 형성의 재량을 가지고 있기 때문이다.

나. 한 계

이러한 자율성과 재량이 무제한적일 수는 없다. 조합 내부의 규범을 변경하고자 하는 총회결의가 적법하려면 다음과 같은 기준들을 충족하여야 한다.[134]

⑴ 총회결의가 상위법령 및 정관에서 정한 절차와 의결정족수를 갖추어야 한다. 총회의 절차 및 의결정족수 등에 관하여는 상위법령에서 특별히 정한 바가 없으면 정관으로 정한 바에 따라야 한다. '조합의 비용부담'에 관한 사항이 종전 총회결의와 비교하여 볼 때 조합원들의 이해관계에 중대한 영향을 미칠 정도로 실질적으로 변경된 경우에는 조합원 3분의 2 이상의 동의를 받아야 한다.

⑵ 총회결의의 내용이 상위법령 및 정관에 위배되지 않아야 한다.

⑶ 일단 내부규범이 정립되면 조합원들은 특별한 사정이 없는 한 그것이 존속하리라는 신뢰를 가지게 되므로, 내부규범 변경을 통해 달성하려는 이익이 종전

---

134) 이와 관련하여 상가협의회가 제안한 안건과 다른 안건을 관리처분계획총회에서 의결하는 것은 그 자체로 가능하므로, 일반론에 따라 계획재량권의 일탈·남용인지 여부로서 그와 같은 관리처분계획의 위법성을 심사하되, 다만 상가독립정산제 약정은 유효하므로 조합에게 관리처분계획 중 상가 부분에 관한 사항은 법 등 관련 규정 등에 위반되지 않는 한도 내에서 상가 조합원들의 의사를 반영하여 그 내용을 수립할 의무가 있음에도, 그와 같은 의무를 위반한 것이 되고(위 의무는 불이행시 곧바로 위법하게 되는 것이 아니라 이를 위하여 노력할 의무이다), 이는 계획재량의 일탈·남용을 심사할 때 중요한 요소로 고려될 수 있다고 판시한 하급심도 있다(위 서울고등법원 2015누48404 판결).

내부규범의 존속을 신뢰한 조합원들의 이익보다 우월하여야 한다. 조합 내부규범을 변경하는 총회결의가 신뢰보호원칙에 위반되는지를 판단하기 위해서는, 한편으로는 침해받은 이익의 보호가치, 침해의 중한 정도, 신뢰가 손상된 정도, 신뢰침해의 방법 등과 다른 한편으로는 조합 내부규범의 변경을 통해 실현하고자 하는 공익적 목적을 종합적으로 비교 · 형량하여야 한다.[135] 다만, 변경되는 결의의 내용이 상가 조합원 등 특정 집단의 이해관계에 직접적인 영향을 미치는 경우라 할지라도, 특정 집단의 별도동의는 필요하지 않는다.[136]

다. 구체적 사안의 검토

(1) 대법원 2018. 3. 13. 선고 2016두35281 판결

① 조합장 등은 상가협의회 대표와 상가독립정산제 약정을 체결하였고, 총회결의를 받았다. ② 상가협의회는 자체적으로 상가관리처분계획안을 마련하여 대의원회에서 이를 의결한 후, 조합에 상가관리처분계획안이 수록된 책자를 보냈으나, 조합은 대의원회에서의 의결만으로는 적법하지 않다고 보아 상가협의회에 이를 반환하였다. ③ 상가협의회는 임시총회를 개최하여 상가 조합원 동의율 54.03%로 상가관리처분계획안을 의결하고, 조합에게 위 상가협의회 임시총회의 의사록을 송부하였다. ④ 조합은 과반수가 갓 넘은 것에 불과하여 상가협의회에 상가협의회 임시총회의 참석자 명단, 서면결의서, 임시총회 속기록, 녹취파일 등 상가관리처분계획안이 상가 조합원들의 의사를 반영하여 수립된 것임을 입증할 자료를 제출할 것을 요청하였으나, 상가협의회는 이에 대해 별다른 조치를 취하지 않았다. ⑤ 이에 조합은 관리처분계획총회일이 임박하였으므로, 부득이 2014. 12. 9.자 정기총회를 개최하여, 상가협의회의 상가관리처분계획안을 반영하지 않은 채 조합의 이사회가 별도로 마련한 관리처분계획안(여기에는 아파트에 관한 관리처분계획안뿐만 아니라 상가에 관한 관리처분계획도 포함되어 있고, 상가협의회가 제안한 상가관리처분계획안과 배치된다)을 승인하는 결의를 하였는데, 2014. 12. 9.자 총회결의는 2013. 7. 15.자 총회결의를 통하여 조합 내부적으로 구속력을 갖고 있는 상가 독립정산

---

135) 대법원 2018. 3. 13. 선고 2016두35281 판결.

136) 대법원 2020. 6. 25. 선고 2018두34732 판결(조합설립 단계에서는 각 동별 과반수 및 전체 토지등소유자의 4분의 3 이상의 동의가 필요한바, 그에 준하여 상가소유자들의 과반수 동의가 필요하다는 주장이 있으나, 판례는 이를 요하지 않음을 명확히 하였다).

제 약정의 내용을 일부 철회·변경한 것이라고 볼 수 있다.[137)

(2) 대법원 2020. 6. 25. 선고 2018두34732 판결

(개) 사안

상가독립정산제 약정의 내용은 상가 조합원들이 직접 시공자와 상가의 권리가액에 관하여 협의하여 합의가 이루어진 경우 그 합의사항을 관리처분계획에 반영되도록 할 수 있는 권리를 상가 조합원들에게 인정한 것이다. 조합은 조합설립인가 당시의 최초 정관에 위 약정을 반영하였으나, 그 후 상가 조합원들과 시공자와 사이에 권리가액에 대한 합의가 원만히 이루어지지 않았고, 이에 조합이 상가 등 부대·복리시설에 대한 권리가액에 대하여 2개의 감정평가업자가 평가한 금액을 산술평균하는 것으로 하여 관리처분계획을 수립하였다.

(내) 유효

판례는 상가독립정산제 약정 및 그에 따른 종전 정관과 다른 내용의 관리처분계획을 수립하였더라도 이를 신뢰보호원칙에 위반된다고 볼 수 없다고 판시하였다. 그 논거는 다음과 같다.

① 상가독립정산제 약정은 재건축사업이 확정지분제 방식으로 시행될 것을 전제로 이루어졌는데, 이후 사업시행방식이 도급제 방식으로 변경되었는바, 변경된 방식하에서는 공동주택과 비교하여 상가 등 부대·복리시설의 권리가액이 높게 산정되는 경우 주택소유자들에게 그로 인한 불이익이 돌아갈 수 있게 되는 등 사정이 변경되었다.

② 이 사건 약정에서 상가 조합원들과 시공자는 상가의 권리가액에 관하여 합의에 이르지 못하는 경우 권리가액을 어떻게 정할 것인가에 관하여는 아무것도 정하지 않았는데, 권리가액에 대한 합의가 원만히 이루어지지 않았다.

③ 관리처분계획의 상가 등 부대·복리시설에 대한 권리가액 산정 방식은 2개의 감정평가업자가 평가한 금액을 산술평균하는 것으로 상가 조합원들의 종전자산 평가에 관한 권리를 본질적으로 침해한다고 보기 어렵다.

---

137) 위 대법원 판결의 파기환송심인 서울고등법원 2018. 9. 13. 선고 2018누39944 판결.

라. 불법행위에 기한 손해배상

조합장이 상가대표자와 사이에 상가독립정산제 약정을 체결하고, 이에 따라 정관에 기재하거나, 총회결의를 받은 이후, 조합 측이 위 약정에 반하여 스스로 관리처분계획안을 수립하여 인가까지 받았고, 이로 인하여 상가 조합원들에게 손해가 발생한 경우의 구제수단이 문제된다.

조합장이 상가 대표자와 사이에 상가독립정산제 약정을 체결하였고, 그 내용은 지하 3층 내지 지상 5층의 상가를 신축하기로 하는 것이었으며, 그 후 그와 같은 상가독립정산제 약정에 대하여 총회결의까지 받았으나, 조합 측이 이에 반하여 스스로 만든 관리처분계획안은 지하 2층 내지 지상 5층의 상가를 신축하는 것이었고, 위 안건은 총회의결을 거쳐 인가가 이루어졌으며, 이에 따라 위와 같은 형태로 상가가 건축된 사안에서, 판례는 조합의 상가 조합원들에 대한 채무불이행에 기한 손해배상책임을 인정하였다.[138]

5. 상가독립정산제 약정에 기한 사업시행자의 청산금 지급청구의 가능 여부

가. 문제의 소재

조합장과 상가 대표자 사이에 상가독립정산제 약정을 체결하고, 이에 기하여 관리처분계획이 수립되어 인가받은 경우, 조합이 관리처분계획에 근거한 청산금이나 부과금 부과 외에 상가독립정산제 약정이 사법상의 계약임을 전제로 이에 근거하여 상가 조합원들을 상대로 청산금 또는 사업비 정산금 청구가 가능할 것인지 여부가 문제된다.

나. 판단(부정)

그 논거는 다음과 같다.

① 상가독립정산제 약정은 총회결의 등의 절차를 거쳐 이를 정관에 반영하거나, 관리처분계획을 수립하는 전제가 될 뿐, 이로써 조합과 상가 조합원들 사이에

---

138) 대법원 2019. 7. 24. 선고 2016다56090(본소) 등 판결 및 하급심인 서울고등법원 2016. 11. 18. 선고 2016나5605(본소) 등 판결.

사업비 정산이나 청산에 관한 구체적인 사법상의 권리·의무가 발생하는 합의로
는 볼 수 없다.

② 상가독립정산제 약정이 반영된 관리처분계획에 따른 이전고시 이후 법 제
89조, 제93조의 규정에 의거하여 또는 정관상의 분양계약에 기한 경우에도 총회
의결 등을 거쳐 개별 분양계약을 체결한 경우에 한하여 청산금 또는 사업비 정산
금 청구가 가능하다.[139)]

V. 교회·절 등의 종교시설

1. 일반론

당해 정비구역을 계획적이고 체계적으로 정비하기 위하여 해당 구역과 주변지
역이 상호 유기적이며 효율적으로 정비될 수 있는 체계를 확립하고, 정비구역의
토지이용 및 기반시설의 설치, 개발밀도 설정 등에 관한 사항을 구체화하는 법정
의 행정계획으로 정비계획이 수립된다. 서울시 조례 제8조 제2항 제3호는 정비계
획의 세부내용과 관련하여 종교부지, 분양대상 복리시설 부지는 필요한 경우 획지
로 분할하고 적정한 진입로를 확보하도록 하여야 한다고 규정하고 있다. 실제로
정비계획 수립권자는 정비구역 내 종교시설의 경우 정비사업 과정에서 다툼이 있
는 점을 고려하여 정비구역 내 소재하는 교회 등 종교시설(비법인사단으로서의 교
회나 종교시설의 소유자 개인을 포함한다, 이하 '교회 등'이라고 한다)에 대하여 종교
용지를 분양하는 정비계획을 수립하는 경우가 있다. 그 경우 사업시행자는 정비계
획에 부합하는 사업시행계획을 작성하여 인가받은 후 이를 전제로 분양신청절차
를 진행하게 된다. 교회 등은 분양신청 전 단계에서 사업시행자와 종전 건축물에
대한 보상(신축건물비용까지 포함한다) 등에 대한 합의가 이른 경우 사업시행계획에
서 마련된 대토부지에 대한 분양신청을 하게 된다. 이에 사업시행자는 당해 교회
등에 대하여 종교부지를 분양하고, 합의한 내용대로 새로운 종교시설 등을 신축하
는 비용을 교회 등에게 지급하거나 분담금을 감축하는 내용의 관리처분계획을 수
립하고 인가받게 된다. 정비계획 및 사업시행계획에서 대토부지가 마련된 경우에

---

139) 서울행정법원 2021. 6. 25. 선고 2020구합64064(본소), 64071(반소) 판결(현재 서울고등법원
   2021누54646호로 계속 중).

는 종전 건축물에 대한 보상비용(신축건물비용까지 포함한다) 액수와 관련하여 주로 다투어진다.

한편, 교회 등에 대하여 종교용지를 분양하는 정비계획이 수립되어 있지 않은 경우에는 여러 가지 문제가 있다. 즉, 재건축사업 및 법이 2017. 2. 8. 법률 제14567호로 전부개정되기 전의 재개발사업(환지사업방식이 아닌 한)에서는 법상 관리처분계획방법에 의하여서만 시행이 가능하고, 그 경우에도 주택, 부대 · 복리시설 및 오피스텔(준거주지역 및 상업지역에 한한다)을 건설하여 공급하는 사업만이 가능하였다.

주택법 제2조 제13호는 부대시설이란 주택에 딸린 주차장, 관리사무소, 담장 및 주택단지 안의 도로, 건축법 제2조 제1항 제4호에 따른 건축물에 설치하는 건축설비에 준하는 것으로서 대통령령으로 정한 보안등, 대문 등이라고 규정하고 있고, 주택법 제2조 제14호는 복리시설이란 주택단지의 입주자 등의 생활복리를 위한 어린이놀이터, 근린생활시설, 유치원, 주민운동시설 및 경로당, 그 밖에 입주자 등의 생활복리를 위하여 대통령령으로 정하는 공동시설(주택법 시행령 제7조는 종교시설을 포함하고 있으나, 이 또한 입주자 등의 생활복리를 전제로 하는 시설일 뿐이다)이라고 규정하고 있을 뿐이다.

결국 정비사업 시행방법은 사업시행자가 교회 등에게 주택이나 생활복리 시설만을 공급할 수 있을 뿐, 입주자와 무관한 별도의 종교부지나 종교시설을 종후자산으로 하여 공급하는 방법이 봉쇄되어 있었다. 이에 따라 사업시행자는 종후자산으로 공동주택이나 상가의 공급을 전제로 사업시행계획을 작성하여 인가를 받게 되면, 교회 등에게 일반 공동주택이나 상가에 대한 분양신청통지를 하고, 분양신청기간 내에 분양신청에 이르지 아니하는 경우 현금청산대상자로 취급한다.

이에 대하여 종교부지 및 신축건물비용 등을 구하는 교회 등은 분양신청절차에 응하지 않았다가 추후 조합을 상대로 관리처분계획의 취소나 무효확인을 구하는 소를 제기한다.

2. 쟁 점

가. '뉴타운지구 등 종교시설 처리방안' 관련

⑴ 서울시가 2009. 9. 27. 재정비촉진계획을 수립할 때 종교시설의 경우 존치

를 원칙으로 하고 이전이 불가피한 경우에는 존치에 준하는 이전계획을 수립하도록 하며, 부지에 대하여는 대토를 원칙으로 하고 종교시설의 건축비용 및 이전비용 등을 조합이 부담하게 한다는 내용이 포함된 '뉴타운지구 등 종교시설 처리방안'을 마련하였다. 교회 등은 소송과정에서 사업시행자가 수립한 관리처분계획이 위 지침에 반한다고 주로 다툰다.

(2) 서울시가 2009. 9. 27. 마련한 위 지침은, 뉴타운사업 추진과정에서 종교시설의 존치를 둘러싼 갈등이나 분쟁을 조정하고, 종교단체의 존치요구 민원으로 인하여 재정비촉진사업이 지연되는 것을 방지하기 위하여 서울시가 마련한 일종의 권고 방침에 불과하여 그 자체로 대외적, 법적 구속력을 가지는 것은 아니다. 따라서 소송과정에서의 교회 등의 위 주장은 모두 배척된다.

나. 부관 관련

(1) 시장·군수등은 사업시행계획인가의 부관으로 '관리처분계획 수립 전(철거전) 종교시설의 이전 등에 대하여 신의성실원칙에 따라 적극적으로 종교시설의 소유자와 협의를 진행할 것' 또는 관리처분계획인가의 부관으로 '조합은 철거 전 종교시설 이전 등에 대하여 신의성실원칙에 따라 적극적으로 종교시설의 소유자와 협의를 진행할 것' 등을 부가한다. 교회 등은 소송과정에서 사업시행자가 수립한 관리처분계획이 사업시행계획인가에 부가된 부관에 반하여 위법함을 주장하거나, 사업시행자를 상대로 관리처분계획에 부가된 부관의 이행을 구한다.

(2) 시장·군수등이 사업시행계획인가나 관리처분계획인가의 부관으로 부가한 위 내용들은 사업시행자인 조합에 대하여 법적인 의무를 부과한 것으로 보기 어렵다. 따라서 소송과정에서의 교회 등의 위 주장도 모두 배척된다.

3. 교회 등에 대한 특별 취급의 필요성

상가 조합원의 경우에는 재건축을 반대하는 것이 일반적이고, 그 이유가 재건축 공사기간 중에 종전 영업장소에서 영업을 중단하여야 하므로, 소득이 감소하고 단골 고객이 떨어져 나가며, 아파트와 달리 상가는 개발이익이 확정적으로 확보되지 않기 때문이다. 이는 종교시설의 경우에도 그대로 적용될 여지가 있다.

장기간 당해 지역에서 포교활동을 해 온 교회 등의 경우, 신자 등과 관련하여 상당한 기득권이 존재함에도, 자신들의 뜻과 무관하게 재개발·재건축사업으로 인하여 일체의 기득권을 포기한 채 당해 지역에서의 종교활동을 중단하여야 하고, 신자들이 흩어지는 등 중대한 불이익을 받게 된다. 상가의 경우에는 앞서 본 상가 독립제정산 약정 등을 통하여 상가 조합원들의 권리가 보호될 수 있으나, 종교시설은 현행 법상 종후자산으로 인정되기 어렵고, 또한 종교시설의 소유자 등은 극소수에 불과하여 그들의 권리가 보장되기 어렵다. 공익사업(특히 토지주택공사, 경기주택도시공사 등이 사업시행자가 되는 택지공급사업 등)의 경우 실무상 협의양도 종교용지 공급지침[140] 등을 마련하여 협의양도 하는 종교시설에 대하여는 수의계약에 따라 종교용지를 공급하고 있는바, 이는 위와 같은 종교시설의 특수성을 고려한 것이므로, 동일한 공익사업인 정비사업에서도 참고가 될 수 있다.

4. 실무상의 처리절차

가. 협 의

사업시행자와 교회 등은 분양신청 이전단계에서 협의를 하는 것이 일반적이다. 통상적으로 교회 등은 대토, 새로운 종교시설의 신축비용, 종교시설 이전비, 임시 예배처소 임차 비용, 정비사업이 지연됨에 따른 신자 및 헌금 감소 등에 따른 손해배상금 등을 요구한다. 사업시행자 측으로서는 조합원들 이주비에 대한 이자나 현금청산대상자들에 대한 청산금 지급을 위한 차입금 이자 등 금융비용을 고려하면 관리처분계획의 수립 후 신속한 철거 및 공사착공이 무엇보다 중요한데, 교회 등이 신자들과 합세하여 이주를 거부하는 경우 그들의 완강한 저항으로 강제퇴거와 철거에 따른 사회적 갈등과 물리적 마찰 및 그로 인한 공사의 착공이 장기간 지연될 우려가 있어 교회 등 종교시설과 적극적으로 협의를 진행한다.

나. 협의성립 시

대토부지와 건물신축 비용 등에 대한 협의가 성립되면 교회 등은 사업시행계획상 종교시설부지가 마련된 경우에는 종교시설 부지에 대한 분양희망 의사를 표시하고, 종교시설 부지가 마련되어 있지 않은 경우에는 종교시설에 대한 분양희망

---

140) 행정중심복합도시 토지공급지침(행정중심복합도시건설청 훈령), 택지개발업무처리지침 및 협의양도 종교용지 공급지침(경기도시공사).

의사로 형식적으로 공동주택이나 상가 등에 대한 분양신청을 하게 된다[종교시설의 소유자라도 현금청산을 희망할 수 있고, 그 경우에는 별도의 분양에 관한 협의조차 필요 없으므로, 형식적이나마 분양신청을 하여야 관리처분계획에 반영할 수 있는 분양협의(대토, 신축비용, 이전대책 등)가 가능하다].[141]

사업시행자는 사업시행계획상 종교시설부지가 마련된 경우에는 교회 등에 대하여 그 부지를 분양하고, 종교시설 부지가 마련되지 않은 경우에는 공동주택이나 상가의 수분양자로 하되, 협의에 따라 대토부지 마련 비용이나 건물신축 비용 등을 사업비에 반영하는 관리처분계획을 수립하여 총회의 의결을 받게 된다.

한편, 대토부지와 건물신축 비용 등에 대한 협의가 성립되었음에도, 사업시행자가 대토부지 마련 비용이나 건물신축 비용 등을 사업비에 반영하는 관리처분계획을 수립하지 아니하는 경우 교회 등의 구제수단으로는 상가독립정산제 약정에서 본 바와 같이 사업시행자를 상대로 채무불이행에 기한 손해배상을 구할 수 있을 것으로 보인다.

다. 협의 불성립 시

(1) 사업시행계획상 종교시설부지가 마련된 경우, 종전자산(교회 소유의 토지 및 건물 등)의 가액보다 종후자산으로서의 대토 가액이 훨씬 고액인 경우가 많다. 그럼에도 불구하고 교회 등이 다액의 건물 신축비용, 종교시설 이전비(임시예배처소 임차 비용 포함) 등을 요구하는 경우를 흔히 본다. 그 경우 사업시행자가 대토의 가액이 고액임을 들어 건물신축비용이나 이전비 등의 협상에 소극적으로 응하여 합의가 성립되지 않고 결렬되는 경우가 있다. 이에 따라 교회 등은 종교시설부지에 대하여만 분양받거나 분양신청에 나아가지 않아 현금청산대상자가 된다. 사업시행계획상 종교시설부지가 마련되어 있지 않은 경우 사업시행자와 교회 등 사이에 대토부지와 건물신축 비용, 종교시설 이전비 등에 관한 포괄적 합의가 성립되어야 하나, 결렬되는 경우가 많이 있다. 그 경우 교회 등은 아파트나 상가에 대하여만 분양받거나 분양신청을 하지 아니하여 현금청산대상자가 된다.

(2) 사업시행자와 교회시설 등의 소유자 사이에 최종적으로 합의에 이르지 못

---

141) 교회 등 종교시설의 경우 인근에 종교시설 소유의 사택이 존재하는 경우가 많아 그에 대하여는 별도로 공동주택을 분양신청하게 된다.

하는 경우에는 수용, 매도청구의 절차를 거치게 된다.

5. 입법론

가. 2017. 2. 8. 법률 제14567호로 전부개정에 따른 해석상 종교시설 분양가능여부

(1) 2017. 2. 8. 법률 제14567호로 전부개정되기 전에는 구 도시환경정비사업은 관리처분계획에 따라 건축물을 건설하여 공급하는 방법(구 법 제6조 제4항), 구 주택재개발사업은 주택재건축사업과 동일하게 주택, 부대·복리시설 및 오피스텔을 건설하여 공급하는 사업으로 규정하고 있었다.

위 전부개정 이후 재건축사업은 종전 규정과 동일하나, 재개발사업은 구 주택재개발사업과 구 도시환경정비사업이 통합됨에 따라 사업의 내용이 관리처분계획에 따라 건축물을 건설하여 공급하는 방법으로 변경되었다.[142]

건축법 제2조 제2호는 건축물이란 토지에 정착(定着)하는 공작물 중 지붕과 기둥 또는 벽이 있는 것과 이에 딸린 시설물, 지하나 고가(高架)의 공작물에 설치하는 사무소·공연장·점포·차고·창고, 그 밖에 대통령령으로 정하는 것을 말한다고 규정하고 있다. 따라서 문언상으로는 주택정비형 재개발사업(구 주택재개발사업)의 경우, 관리처분계획방법으로 사업을 시행함에 있어서도, 주택, 상가 등을 건설하여 공급하는 외에 주택과는 별도의 종교시설을 설치하여 공급하는 것이 해석상 가능하다고 볼 여지가 없지는 않다.

(2) 그러나 입법경위에 비추어 볼 때, 재개발사업에서 건축물을 건설하여 공급하는 방법이 시행방법으로 규정된 것은 성격이 다른 두개의 정비사업이 단일화된 재개발사업으로 포섭됨에 따라 불가피하게 보다 포괄적인 표현인 건축물을 건설하여 공급하는 사업으로 규정한 것일 뿐, 주택정비형 재개발사업이 주택과 그에 부속하는 시설 외에 그와 무관한 건축물의 공급이 가능한 방법으로 정비사업의 성격이 변화된 것으로는 보이지 않으므로, 주택정비형 재개발사업에서는 여전히 종교시설을 설치하여 공급하는 것은 불가능하다고 보아야 할 것이다.

또한 재건축사업의 경우에는 환지라는 사업방법이 불가능하고, 관리처분계획방

---

142) 이는 부칙 규정에 의하여 이 법 시행 후 최초로 관리처분계획인가를 신청하는 경우부터 적용한다.

법에 의하더라도, 주택을 공급하거나 생활복리 시설만을 설치할 수 있을 뿐, 입주자와 무관한 별도의 종교부지나 종교시설을 종후자산으로 하여 공급하는 방법이 원천적으로 봉쇄되어 있다.

나. 입법론

앞서 본 바와 같이 교회 등 종교시설에 대하여는 특별 취급의 필요성이 존재하는바, 재개발·재건축사업에 있어 사업구역 내 종교시설 등에 대하여는 종후자산으로 종교시설을 공급하는 내용의 입법을 고려할 필요가 있다.

Ⅰ. 선행행위의 무효 또는 취소로 인한 후속행위인 관리처분계 획의 효력

조합설립인가처분의 무효확인 또는 취소와 후속행위로서의 관리처분계획, 동·호수 추첨, 분양계약의 효력이 문제되나, 앞서 본 바와 같이 조합설립인가처분이 무효로 확인되거나 취소될 경우 이를 전제로 하는 관리처분계획 및 인가, 동·호수 추첨, 분양계약도 소급하여 효력을 상실한다(위 2008다95885 판결 등).

사업시행계획의 무효확인 또는 취소와 후속행위로서의 관리처분계획, 동·호수 추첨, 분양계약의 효력 역시 문제되나, 사업시행계획이 무효로 확인되고 취소되는 경우 이를 전제로 분양공고 및 분양신청 절차, 협의 및 수용절차(재개발사업), 관리처분계획의 수립 및 인가, 동·호수 추첨 및 분양계약과 같은 여러 후속행위들도 역시 소급하여 효력이 소멸한다.

Ⅱ. 선행의 관리처분계획과 후속의 청산금(부과금)부과처분

관리처분계획은 정비사업에서 사업시행자가 작성하는 포괄적 행정계획으로서 사업시행의 결과 설치되는 대지를 포함한 각종 시설물의 권리배분과 귀속에 관한 사항과 그 비용 분담에 관한 사항을 정하는 행정처분이고, 청산금부과처분은 관리처분계획에서 정한 비용 분담에 관한 사항에 근거하여 종후자산의 수분양자에게 청산금(부과금)납부의무를 발생시키는 구체적인 행정처분으로서, 청산금(부과금)부과처분은 선행처분인 관리처분계획을 전제로 하는 후속처분이다.[143]

그러나 위 두 처분은 각각 단계적으로 별개의 법률효과를 발생시키는 독립된

---

143) 대법원 2007. 9. 6. 선고 2005두11951 판결.

행정처분이라고 할 것이므로, 관리처분계획에 불가쟁력이 생겨 그 효력을 다툴 수 없게 된 경우에는 그 관리처분계획에 위법사유가 있다 할지라도 그것이 당연무효의 사유가 아닌 한 관리처분계획상의 하자를 이유로 후속처분인 청산금부과처분의 위법을 주장할 수는 없다. 다만 관리처분계획이 취소되거나 무효임이 확인되면 후속의 청산금 부과처분도 소급하여 효력을 상실한다.

관리처분계획과 후속의 청산금(부과금)부과처분은 별개의 행정처분이므로, 설령 관리처분계획에서 청산금의 액수가 특정된다고 하더라도 청산금납부의무 내지 청산금수납권리를 구체적으로 발생시키기 위해서는 사업시행자가 법 제89조, 제93조에 따라 별도로 청산금부과처분 내지 지급결정을 하여야 한다.[144] 통상은 청산금의 사전 징수의 일환으로 분양계약이 체결되므로 관리처분계획에서 정해진 청산금을 징수하는 행정처분이 실무상 흔하지는 않다.

Ⅲ. 이전고시와의 관계

이전고시는 관리처분계획의 후속행위이므로, 관리처분계획이 무효로 확정되거나 취소가 확정되면 이전고시가 이루어질 수 없다. 그러나 대법원 2011두6400 전원합의체 판결에서 보듯이 이전고시가 존재하면 관리처분계획은 더 이상 다툴 수 없다. 관리처분계획은 권리귀속에 관한 사항 및 비용 분담에 관한 사항을 정하는 행정계획이므로, 사업시행이 완료되는 준공인가 직전까지 관리처분계획이 수회에 걸쳐 변경이 이루어지고 있고, 이를 다투는 소송이 제기된다. 그와 같은 관리처분계획을 다투는 소송 진행 중에 준공인가가 이루어지는 등 이전고시가 임박한 경우 관리처분계획을 다투는 소송의 법률상 이익을 유지하기 위해서는 후속행위인 이전고시가 이루어지는 것을 방지할 필요가 있다. 따라서 관리처분계획에 대한 가구제로서 관리처분계획에 대한 효력정지가 필요하다.

---

144) 서울고등법원 2015. 3. 5. 선고 2014나2033343 판결.

제 8 편

관리처분계획인가 이후 준공인가 시까지의 법률관계

제1장 총 설

　관리처분계획인가가 이루어지면 사업시행자는 신속히 건물의 철거를 비롯한 시공행위에 착수하게 된다. 사업시행자는 이미 시공자와 사이에 기존 건물의 철거를 포함한 시공계약을 체결하였음은 앞서 본 바이다. 사업시행자는 시공이 지체되어 공기(工期)가 지연될수록 현금청산대상자에 대한 청산금 지급을 위하여 금융기관 등으로부터 받은 대출금과 이자 등으로 정비사업비가 기하급수적으로 증가하므로, 건물철거의 전제가 되는 수분양 조합원, 현금청산대상자 및 임차인(세입자)들의 정비구역 밖으로의 이주를 위하여 노력하게 된다.

　사업시행자는 수분양 조합원에 대하여는 이주를 독려하기 위하여 이주비 대출을 알선하고, 그 이자를 정비사업비로 지급한다. 또한 사업시행자는 현금청산대상자 및 임차인(세입자)에 대하여는 재개발사업의 경우 청산금, 영업손실금 또는 주거이전비, 이사비, 이주정착금을, 재건축사업의 경우 청산금을 각 지급하여 그들의 토지등을 인도받게 된다. 사업시행자는 토지등의 신속한 인도를 위하여 현금청산대상자 및 임차인(세입자)과 사이에 협의취득을 위하여 노력하되, 협의가 성립하지 아니하는 경우 수용절차(재개발사업) 또는 매도청구절차(재건축사업)를 통하여 현금청산대상자 등의 의사에 반하여 이를 취득하게 된다. 협의, 수용 및 매도청구에 대하여는 제9편 현금청산대상자 및 세입자에 대한 법률관계에서 자세히 살펴본다.

　수분양 조합원, 현금청산대상자 및 세입자가 모두 정비구역 밖으로 이주하면, 시공자는 건물철거를 비롯한 공사에 착수하게 된다. 시공자 선정과 시공계약에 대하여는 제5편 제2장에서 이미 살펴보았으므로, 이하에서는 실제 철거행위, 시공행위와 관련한 법률관계에 대하여 자세히 살펴본다.

　한편 사업시행자는 시공에 착수할 무렵 정관의 규정에 따라 수분양 조합원과 사이에 분양계약을 체결하게 된다. 또한 분양계약체결의 전제로서 동·호수 추첨이 선행된다. 이는 사업시행자가 조합원에 대하여 분양계약의 체결을 거절하는 방법으로 정비사업에서 이탈할 수 있는 기회를 추가로 부여한 측면이 있으나, 이를 통하여 이전고시 이후 처분으로 부과될 청산금이나 부과금이 선납된다는 의미에서 그 유효성 여부가 다투어져 왔는바, 분양계약 및 선행행위로서의 동·호수 추첨과 관련된 법률관계에 관하여 자세히 살펴본다. 착공 이후 수년이 경과하여 공사가 완료되면 사업시행자는 시장·군수등으로부터 준공인가를 받게 된다. 준공인가는 관할 관청이 정비사업이 사업시행계획대로 완료되었음을 확정하는 행위이다. 이하에서는 준공인가와 관련한 법률관계에 관하여도 자세히 살펴본다.

한편, 준공인가가 이루어지면 사업시행자는 관리처분계획에 따른 처분행위를 행하게 되는바, 준공인가 이후의 구체적인 처분절차는 제10편 준공인가 이후의 이전고시 등 처분에서 자세히 살펴본다.

제2장

이주 및 건물철거 등

Ⅰ. 수분양 조합원의 이주

이하에서는 이주비, 신탁등기 등 수분양 조합원의 이주와 관련된 법률관계를 살펴보고, 현금청산대상자 및 세입자에 대한 청산 등 이주와 관련된 법률관계에 대하여는 제9편 현금청산대상자 및 세입자에 대한 법률관계에서 살펴본다.

1. 수분양 조합원의 이주비

가. 의 의

정비구역에 거주(영업)하는 수분양 조합원은 시공을 위하여 정비구역 밖으로 이주하여 공사가 완료될 때까지 수년간 거주하여야 하므로 전세 또는 월세로 거주함에 필요한 이주비가 필요하다. 이는 현금청산대상자나 세입자의 주거이전비, 이주정착금 및 이사비와는 별개의 개념이다. 과거에는 시공자가 수분양 조합원들에게 이주비 등을 지원하였으나, 국토교통부가 2017. 12. 이후 시공자에 대하여 시공과 무관한 이사비나 이주비, 이주촉진비, 재건축초과이익 부담금 납부 등의 편의제공을 전면적으로 금지하였다.

나. 이주비의 조달방법

사업시행자는 정관으로 정비구역 안의 거주자 중 사업시행으로 주택이 철거되는 조합원에게 사업시행 기간동안 임시수용시설에 수용하거나 주택자금을 융자알선하고, 이주비의 지원을 희망하는 조합원에게 사업시행자가 직접 금융기관과 약정을 체결하여 지원하도록 알선할 수 있으며, 이 경우 이주비를 지원받는 조합원은 정비구역 안의 소유 토지 및 건축물을 담보로 제공하여야 한다고 규정하고 있는 것이 일반적이다(표준정관 제35조 제1, 2항).

통상적으로 사업시행자가 이주기간을 정하여 일괄적으로 조합원들로부터 이주비 대출신청을 받고, 그의 알선으로 조합원이 금융기관으로부터 정비구역 내 자신의 부동산을 담보로 감정평가금액의 50% 내지 60% 내외로 대출받는 방식으로 이주비가 마련된다. 이자는 사업시행자가 이주를 촉진하기 위해 정비사업비에서 부담하는 것이 일반적 행태이며, 금융기관 명의의 근저당권이 설정되거나 주택도시보증공사가 사업시행자(조합원)의 금융기관으로부터의 이주비 대출에 지급보증한 경우, 주택도시보증공사 명의의 근저당권이 설정된다. 이주비 원금은 분양받은 아파트의 실제 입주일 또는 입주기간 만료일 중 먼저 도래하는 날에 상환하되, 다만 대출계약 시 조합원이 원할 경우 이주비의 일부 또는 전부를 조기 상환할 수 있다고 약정한다.

다. 쟁 점

(1) 이자비용의 조합원에 대한 배당소득세 부과

법 제35조에 따라 설립된 사업시행자인 조합에 대하여는 조세특례제한법 제104조의7 제2항에 따라 법인세법이 적용된다. 조합이 이주를 촉진하기 위해 정비사업비에서 수분양 조합원이 대출받은 이주비의 이자를 지급하는 경우, 이는 조합이 사업진행을 위하여 사용하는 비용인지 또는 조합이 장차 일반분양을 통하여 얻을 수 있는 이익 즉, 사업소득을 조합원에게 미리 배당하는 것인지 여부가 문제된다.

과세관청은 조합원이 해당 조합으로부터 무상으로 지원받게 되는 이주비 이자비용 상당액은 소득세법 제17조의 배당소득으로 보아 조합원에게 과세하고 있다.

(2) 이주비 이자를 정비사업비로 처리함에 따른 위법여부

이주비 대출금에 대한 이자는 재개발 또는 재건축 사업비용이 아닌 조합원 각자가 개별적으로 부담할 비용임에도, 이를 정비사업비로 처리하는 것이 적법한지 여부가 문제된다.

판례는 정비사업은 기존 건물을 철거하고 그 대지 위에 새로운 아파트 및 상가를 신축하는 사업으로 조합원 및 기타 입주자들의 이주가 지체되면 될수록 그 비용이 크게 증가할 수밖에 없기 때문에 사업시행자로서는 정비사업의 성공을 위하여 조합원 및 기타 입주자들의 조기 이주를 장려하여 사업추진을 원활하게 하는 것이 중요하므로, 정비사업을 위한 사업비로 봄이 타당하고, 이를 사업비로 하는 내용의 총회의결을 거치는 경우 적법하다고 판시하고 있다.[1]

(3) 이주비 대출을 받지 아니한 조합원에 대한 사업시행자의 비용보전

(가) 지급시기

사업시행자는 조합원과 사이에 이주비 대출을 받지 아니하거나 중도에 상환한 경우 그 기간에 상당한 대출이자를 청산금에서 감액하여 주는 약정을 체결하는 것이 일반적이다. 그러나 종전자산이 종후자산보다 큰 경우에는 사업시행자가 오히려 청산금을 지급할 의무를 부담하는바, 그 경우 이행기가 문제된다.

판례는 사업시행자의 청산금 지급채무의 이행기와 동일하다고 보아 그 경우의 이행기도 이전고시일이라고 판시하였다.[2]

(나) 범위와 관련한 판례

사업시행자는 관리처분계획 수립 총회에서 "공사착공 시부터 입주 시까지의 이자 상당 금원에 대하여 사업시행자가 이주비 대출을 받지 아니한 조합원에게 이를 지급하거나 부담금 산정에서 공제해야 한다."고 결의하는 것이 일반적이다. 문제는 그 후 일부 토지등소유자가 점유이전을 하지 않아 예상치 못하게 공사가 착공될 때까지 9개월 정도 지체되었는데, 위 총회결의의 내용상 시기가 공사착공 시로 되어 있어 착공될 때까지 지체된 9개월 동안의 대출이자 부분이 부담금 산정에서 공제되지 아니하자, 이주비 대출을 받지 아니한 조합원들이 위 기간 동안 이주비 대출이자 상당액을 부담금 산정에서 공제하지 아니한 것이 위법함을 이유로 위 총회결의가 무효임을 주장하였다.

판례는 이주비 대출은 정비사업의 원활한 진행을 위한 것이고, 부담금 산정에서 제외된 부분의 금액이 크지 않아 현저히 형평에 반하는 것으로 볼 수 없으며, 공사착공 시부터 입주 시까지의 이자 상당 금원에 대하여만 부담금 산정에서 공제한다는 총회결의가 다수 구분소유자들이 소수 구분소유자들에게 부당하게 불이

---

1) 대법원 2010. 4. 15.자 2010다1333 심리불속행 판결 및 하급심인 서울고등법원 2009. 12. 3. 선고 2009나60574 판결.
2) 대법원 2015. 11. 26. 선고 2013다70668 판결 및 하급심인 서울고등법원 2013. 8. 23. 선고 2012 나105132 판결.

익을 강요한 것으로 보이지 아니함을 이유로 총회결의가 유효하다고 판시하였다.[3]

(4) 이주비 지급 관련 채무의 양수인 승계 여부

(가) 문제의 소재

조합원은 일반적으로 금융기관으로부터 이주비를 대출받으면 이주가 가능하게 되나, 대출받은 이주비가 소액인 경우 여전히 이주를 하지 못하게 된다. 그 경우 사업시행자는 정비사업의 원활한 추진을 위하여 사업시행자의 비용으로 추가이주비를 지급하는 경우가 있다. 그 후 당해 조합원이 토지등 소유권을 양도한 경우 추가이주비는 양도인이 부담하는 것인지 또는 양수인이 부담하는 것인지 여부가 문제된다.

(나) 판례

추가 이주비 수령 조합원의 조합에 대한 추가이주비 관련 채무는 조합원 지위와 함께 양수인에게로 이전된다.[4] 그 논거는 다음과 같다.

① 법 제129조는 정비사업과 관련하여 권리를 갖는 자의 변동이 있은 때에는 종전의 권리자의 권리 · 의무는 새로 권리자로 된 자가 승계한다고 규정하고 있다.

② 조합 정관도 일반적으로 양도 · 상속 · 증여 및 판결 등으로 조합원의 권리가 이전된 때에는 조합원의 권리를 취득한 자로 조합원이 변경된 것으로 보며, 권리를 양수받은 자는 조합원의 권리와 의무 및 종전의 권리자가 행하였거나 조합이 종전의 권리자에게 행한 처분, 청산 시 권리 · 의무에 관한 범위 등을 포괄승계 한다고 규정하고 있다(표준정관 제9조 제5항).

2. 신탁등기

가. 정비사업은 토지등소유자가 종전자산을 출자한 후 종후자산을 배분받는 사업인바, 공사비 등을 투입하여 구 주택 등을 철거하고 신 주택 등을 건축하는 구체적 행위는 사업시행자가 행한다. 토지등소유자가 조합원인 경우에는 사업시행자에 대한 자발적인 협조가 가능하므로 조합원들이 사업시행자에게 자신들 소유의 토지등에 대한 소유권이전등기를 경료하여 주지는 않는다. 다만 법령에 명문의

---

3) 위 서울고등법원 2009나60574 판결.

4) 서울고등법원 2018. 5. 31. 선고 2017나2075966 판결(확정).

규정은 없으나, 정비사업의 원활한 진행을 위하여 정관으로 조합원의 사업시행자에 대한 토지등에 관한 신탁등기의무 등을 규정하고 있거나 신탁등기의무에 대한 총회결의가 이루어진다.

일반적으로 조합원들이 관리처분계획인가 이후 정비구역 밖으로 이주하는 과정에서 이주비를 대출받고 금융기관 명의의 근저당권이 설정되는 기회에 자신의 토지등에 대하여 사업시행자에게 신탁을 원인으로 하는 소유권이전등기를 경료하게 된다. 그 취지는 사업시행자가 조합원 변동 시 이를 용이하게 파악할 수 있는 등 정비사업의 효율적 수행에 도움이 되기 때문이다.

나. 신탁이란 신탁을 설정하는 자와 신탁을 인수하는 자 간의 신임관계에 기하여 위탁자가 수탁자에게 특정의 재산을 이전하거나 담보권의 설정 또는 그 밖의 처분을 하고 수탁자로 하여금 일정한 자의 이익 또는 특정의 목적을 위하여 그 재산의 관리, 처분, 운용, 개발, 그 밖에 신탁 목적의 달성을 위하여 필요한 행위를 하게 하는 법률관계를 말한다(신탁법 제2조). 위탁자의 지위는 신탁행위로 정한 방법에 따라 제3자에게 이전할 수 있고, 이전방법이 정하여지지 아니한 경우 위탁자의 지위는 수탁자와 수익자의 동의를 받아 제3자에게 이전할 수 있다(제10조 제1, 2항).

Ⅱ. 건물철거 및 시공

수분양 조합원이 이주비를 대출받아 정비구역 밖으로 이주하고, 현금청산대상자 및 임차인(세입자) 모두 제9편 현금청산대상자 및 세입자에 대한 법률관계에서 살펴보는 바와 같이 청산금 및 손실보상금 등을 지급받아 정비구역 밖으로 이주하면 건물철거 및 시공이 이루어진다.

1. 건물철거

가. 규 정

⑴ 도시정비법

> **법 제29조(계약의 방법 및 시공자 선정 등)**
> ⑨ 사업시행자(사업대행자를 포함한다)는 제4항부터 제8항까지의 규정에 따라 선정된 시공자와 공사에 관한 계약을 체결할 때에는 기존 건축물의 철거 공사(석면안전관리법에 따른 석면 조사 · 해체 · 제거를 포함한다)에 관한 사항을 포함시켜야 한다.
>
> **법 제81조(건축물 등의 사용 · 수익의 중지 및 철거 등)**
> ② 사업시행자는 제74조 제1항에 따른 관리처분계획인가를 받은 후 기존의 건축물을 철거하여야 한다.

⑵ 규정의 해석

구 건물의 철거와 신 건물의 신축은 별개의 행위이나, 법은 사업시행자가 총회의 의결에 따라 선정된 시공자와 공사에 관한 계약을 체결할 때에는 기존 건축물의 철거 공사에 관한 사항을 포함시키도록 규정하고 있으므로, 일괄하여 선정되어야 한다. 특히 법은 석면이 발암물질이고 철거과정에서 다수 발생하므로, 시공자는 반드시 석면안전관리법에 따라 석면 조사 · 해체 · 제거절차를 거쳐야 함을 명시하고 있다.

나. 쟁 점

⑴ 철거절차

철거절차와 관련하여 일반적으로 정관에 사업시행자는 건축물을 철거하고자 하는 때에는 30일 이상의 기간을 정하여 구체적인 철거계획에 관한 내용을 미리 조합원 등에게 통지하여야 한다고 규정하고 있다(표준정관 제36조 제2항). 또한 정관에 사업시행자는 정비구역안의 통신시설 · 전기시설 · 급수시설 · 도시가스시설등 공급시설에 대하여는 당해 시설물 관리권자와 협의하여 철거기간이나 방법 등을 따로 정할 수 있다고 규정하고 있다(표준정관 제36조 제3항).

(2) 멸실등기

사업시행자는 수분양 조합원이 정비구역 밖으로 이주하는 단계에서 그들로부터 신탁을 원인으로 한 소유권이전등기를 경료받음과 동시에 건물철거동의서도 징구하게 된다. 정비사업의 시행으로 건물의 철거가 이루어지면 당해 건물에 관하여 멸실등기가 마쳐지고 폐쇄되는데, 구분건물의 경우 마쳐져 있던 대지권등기도 말소되고 해당 집합건물등기부도 폐쇄된다. 조합원의 이주 후 철거 및 멸실신고는 사업시행자가 일괄 위임받아 처리한다(표준정관 제36조 제4항).

(3) 명의신탁관계의 종료는 철거·멸실 시

주택에 관하여 명의신탁약정에 따라 수탁자 명의로 소유권이전등기가 마쳐진 후, 위 주택 일원에 재개발사업이 시행되어 명의수탁자가 분양신청을 하여 아파트를 분양받는 내용의 관리처분계획인가가 이루어지고, 그 후 종전의 주택이 철거되고 명의수탁자가 동·호수 추첨 이후 분양계약까지 체결한 경우, 종전 주택에 관한 기존 명의신탁의 연장선상에서 수분양자 지위에 관하여도 별개의 명의신탁약정이 존재하는 것으로 보아야 하는지 여부가 문제된다.

부동산 실권리자명의 등기에 관한 법률 제4조 제3항에 따르면 명의수탁자가 신탁부동산을 임의로 처분하거나 강제수용이나 공공용지 협의취득 등을 원인으로 제3취득자 명의로 이전등기가 마쳐진 경우, 특별한 사정이 없는 한 그 제3취득자는 유효하게 소유권을 취득하고,[5] 이 경우 명의신탁관계는 당사자의 의사표시 등을 기다릴 필요 없이 당연히 종료되었다고 볼 것이므로, 그에 상응하여 재개발사업의 시행으로 명의수탁자가 사업시행자에게 제공한 주택이 철거·멸실됨으로써 명의신탁관계는 종료되고, 재개발사업으로 인해 분양받게 될 대지 또는 건축시설물에 대해서도 명의신탁관계가 그대로 존속한다고 볼 수 없다.[6]

2. 시 공

가. 시공자 선정 및 시공계약

법은 시공자의 선정 및 시공계약에 포함될 내용은 사업시행자 및 조합원들을

---

5) 대법원 2011. 9. 8. 선고 2009다49193, 49209 판결 등 참조.
6) 대법원 2021. 7. 8. 선고 2021다209225, 209232 판결.

구속하는 자치법적 단체법규인 정관에 기재하여할 사항으로 규정하고 있고(법 제40조 제1항 제15호), 시공자의 선정 및 변경은 반드시 조합의 최고의사결정기구인 총회의 의결을 거치도록 규정하고 있으며(법 제45조 제1항 제5호), 이는 대의원회가 대행할 수 없는 사항이다(시행령 제43조 제4호).

제5편 제1, 2장에서 살펴본 바와 같이 법은 사업시행자가 시공자를 선정함에 있어 원칙적으로 경쟁입찰의 방법으로 하도록 하는 등 계약의 방법에 관하여 상세하게 규정하고, 시공계약 체결 이후에도 일정한 경우 한국부동산원 등 정비사업 지원기구를 통한 공사비에 대한 검증을 규정하고 있다.

나. 시공행위

법은 정비사업이 공익사업인 점을 고려하여 시공자의 시공의무 불이행에 대비하기 위하여 시공자에 대하여 시공자가 공사계약상 의무를 이행하지 못하거나 의무이행을 하지 아니할 경우 보증기관에서 시공자를 대신하여 계약이행의무를 부담하거나 총 공사금액의 100분의 30의 범위에서 사업시행자가 정하는 금액을 납부할 것을 보증하는 내용의 시공보증서 제출의무를 부과시키고 있다(법 제82조 제1항).

다. 쟁 점

⑴ 시공행위 착수 이후의 시공자 취소가능

제5편 제1, 2장에서 살펴본 바와 같이 시공행위가 착수된 이후에도, 시공자가 직접 또는 제3자를 통하여 금품, 향응 또는 그 밖의 재산상 이익을 제공하거나 제공의사를 표시하거나 제공을 약속하는 행위(제132조) 또는 시공자는 시공자 선정과 관련한 홍보 등을 위하여 계약한 용역업체의 임직원이 위 제132조의 행위를 위반하지 아니하도록 교육, 용역비 집행 점검, 용역업체 관리·감독 등 필요한 조치를 하여야 하는바, 그와 같은 의무를 위반하여 관리·감독 등 필요한 조치를 하지 아니한 경우로서 용역업체의 임직원(건설업자가 고용한 개인을 포함한다)이 제132조를 위반한 경우임이 밝혀진 경우, 시공자 취소도 가능하다.

(2) 건설공사와 관련한 부가가치세 부담 관련

시공자가 사업시행자와 체결한 공사도급계약에 따라 국민주택 규모를 초과하는 주택을 신축하는 건설용역을 제공한 경우, 시공자는 부가가치세 납부의무를 부담하므로 그 용역을 공급받는 자인 사업시행자로부터 부가가치세를 징수할 수 있다. 다만 그 부가가치세를 최종적으로 누가 부담할 것인가는 공사업자, 사업시행자, 조합원 사이의 약정에 의하여 정하여질 수 있다.

거래당사자 사이에 부가가치세를 부담하기로 하는 약정이 따로 있는 경우에는 공사업자는 그 약정에 기하여 공급을 받는 자에게 부가가치세 상당액의 지급을 직접 청구할 수 있다. 약정에 따라 부가가치세를 부담하게 된 사업시행자가 이를 내부적으로 조합원들에게 어떻게 분담시킬지를 정하는 것은 사업시행자인 조합 내부의 문제로서, 이로 인하여 시공자가 사업시행자로부터 약정에 따른 부가가치세를 수령할 권리가 어떠한 영향을 받는 것은 아니다.[7]

(3) 시공 이후 시공자와 일반수분양자들 사이의 법률관계 쟁송

사업시행자와 시공자 사이에 체결한 공사도급계약서에 시공자와 수분양자 사이의 권리관계를 규정하는 아무런 조항이 없고, 일반 분양분에 대한 아파트 공급계약서에도 시공자는 매도인 내지 공급자가 아닌 시공사로만 표시되어 있으며, 일반분양 아파트에 관하여는 이전고시로 사업시행자가 소유권을 취득한 후 이를 직접 수분양자들에게 이전등기를 경료하여 준다. 따라서 시공자는 일반 수분양자와 관계에서 사업시행자와 공동으로 아파트를 분양하였다고 볼 수 없으므로, 일반 수분양자에 대하여 민법 제667조 내지 제671조에 따른 담보책임을 부담하지 아니한다.[8]

(4) 시공 이후 시공자와 조합원 사이의 법률관계 쟁송

재개발사업에 관하여 참여조합원으로 가입한 시공자가 사업시행자인 조합의 전문성 및 재정적 능력 부족을 보완하기 위하여 재개발사업의 시행준비 단계부터 입주 단계에 이르기까지 재개발조합을 대행하여 주도적으로 재개발사업의 시행에

---

7) 대법원 2006. 7. 13. 선고 2004다7408 판결.
8) 대법원 2014. 3. 27. 선고 2013다30424 판결.

간여하고 공사대금 지급에 관하여 지분(도급)제 방식을 채택함으로써 재개발사업의 성패가 곧장 시공사의 경제적 이익 또는 손실로 귀속되게 된다 하더라도, 그와 같은 사정만으로는 시공자가 재개발사업에 관하여 공동시행자로서 조합원에 대하여 조합과 동등한 책임을 진다고 할 근거가 될 수 없다.[9]

(5) 조합임원의 연대보증책임

시공자는 시공계약상의 공사대금채무와 관련하여 조합임원들의 연대보증을 받게 된다.

판례는 재건축사업에 참여한 시공자로서는 공사대금 등 사업시행자에 대한 채권의 확보책이 필요하여 일정한 인적 담보를 요구하는 것은 당연한 것이고, 재건축사업에 주도적으로 관여하여 그 사업의 원만한 추진에 중대한 이해관계를 가지고 있었던 조합임원들로서는 그러한 거래에 이르게 된 제반 경위와 거래조건 및 그 당시로서도 이미 특정이 가능하였던 예상되는 보증책임의 범위 등을 두루 이해하는 바탕 하에서 사업시행자의 시공자에 대한 채무를 연대보증하게 된 것으로서, 조합임원들이 그들의 자유로운 의사에 따라 연대보증계약을 체결한 것으로 보아, 연대보증한 조합임원들의 착오로 인한 법률행위 또는 의사표시에 하자가 있다는 주장을 배척하였다.[10]

---

9) 대법원 2007. 12. 27. 선고 2004다26256 판결, 대법원 2010. 2. 11. 선고 2009다79729 판결.
10) 대법원 2003. 3. 14. 선고 2000다16145 판결.

제3장 동·호수 추첨

Ⅰ. 의 의

사업시행자는 정관 및 관리처분계획에 따라 수분양 조합원들을 상대로 동·호수 추첨을 행한다. 현재는 전산추첨이 이루어지고 있다. 관리처분계획의 내용이 되었던 수분양자의 분양예정인 대지 또는 건축물의 추산액은 관리처분계획 당시의 감정평가를 통하여 수립되었으나, 이는 개별 조합원들의 동·호수가 정해지기 전의 평균가액이고, 동·호수 추첨에 의하여 각 수분양자의 종후자산이 특정되고, 가액이 구체화 된다. 동·호수 추첨의 법적 성질은 사실행위이다.

Ⅱ. 내 용

1. 법률적 의미

가. 일반적인 절차

조합원이 수분양권을 확정적으로 취득하는 시기는 관리처분계획의 인가·고시가 있는 때이다. 수분양권에 따른 종후자산(공동주택, 상가)을 특정하는 동·호수 추첨은 일반적으로 준공인가 후 이전고시 직전 무렵 이루어지고, 사업시행자는 그에 따라 특정된 종후자산에 대한 이전고시 절차를 이행한 후 확정된 종후자산의 가액에서 종전자산 가액을 공제한 금액을 종후자산의 소유자에게 청산금으로 부과하게 된다.

나. 분양계약을 전제로 한 절차

⑴ 사업시행자인 조합은 일반적으로 정관에 분양계약 체결제도를 두고 있다. 이에 따라 실무상 동·호수 추첨은 관리처분계획인가 고시 후 구체적인 철거행위

에 나아갈 무렵 이루어진다. 왜냐하면 구체적인 동·호수가 특정되어야 분양계약을 체결할 수 있기 때문이다. 결국 관리처분계획 인가 고시 직후 이루어지는 동·호수 추첨은 정관이 정하고 있는 분양계약 체결의 전제로서 계약 목적물의 특정을 위한 것이다.

(2) 조합은 일반적으로 정관에 "조합원의 동·호수 추첨은 ○○은행 전산추첨을 원칙으로 경찰관입회하에 공정하게 실시하여야 하며 추첨결과는 시장·군수에게 통보하여야 한다."고 규정하고 있다(표준정관 제53조).[11] 기존에는 국민은행 또는 금융결제원의 시스템으로 전산추첨하도록 하는 것이 일반적이었으나, 주택법 개정으로 청약관련 업무를 이관받은 한국부동산원(한국감정원) 전산추첨으로 하는 것이 일반적이다. 사업시행자가 수립하는 관리처분계획에 "조합원 분양의 평형 결정과 동·호수 결정은 조합정관 및 관리처분(변경)계획에서 정한 방식에 따라 실시한다."는 내용이 포함되어 있는 경우가 일반적이다.

(3) 사업시행자는 조합원에게 정관에 규정된 조합원의 권리·의무에 관한 사항을 고지하는 절차와 방법에 따라 동·호수 추첨에 참여할 수 있도록 통지하여야 한다. 적법한 동·호수 추첨에 따른 참여기회를 부여하였음에도, 조합원이 불참한 경우에는 관리처분계획에서 정한 방법에 따라 동·호수를 결정하여야 한다. 현재는 한국감정원 전산추첨에 의하여 추첨이 이루어지므로 조합원의 현장 참여가 큰 의미를 가지지 아니한다.

2. 동·호수 추첨 및 결과 통지

가. 동·호수 추첨

수분양 조합원에 대하여는 전산에 따른 동·호수 추첨이 이루어지고, 그에 따라 수분양 조합원의 종후자산에 대한 동·호수가 특정된다. 문제는 보류지이다. 보류지는 현재 수분양자가 없으므로 우선적으로 수분양 조합원에 대한 선호 동·호수에 대한 추첨 이후 잔여지를 보류지의 동·호수로 할 수 있는지 여부가 쟁점이다.

보류지는 분양대상의 누락·착오 및 소송 등에 따른 수분양 대상자(서울시 조

---

11) 부산 표준정관은 한국감정원 전산추첨을 원칙으로 한다고 규정하고 있다(제53조 제5항).

례 제44조 제2항 제1호)에게 우선 처분하는 것이므로, 진정한 수분양자이나 사업시행자의 잘못으로 배제되었다가 향후 수분양 조합원으로 인정받는 사람들에 대한 것이다. 따라서 본래의 수분양 조합원과 동등하게 취급함이 공평에 부합한다.

그렇다면 일반 수분양 조합원에 대한 동·호수 추첨방식과 동일하게 보류지에 대한 동·호수 추첨이 이루어져야 하고, 수분양 조합원들에게 우선적으로 선호하는 동·호수에 대한 추첨을 하고, 그 잔여분에 대하여 보류지의 동·호수로 배정하여서는 아니 된다.

나. 동·호수 추첨 결과 통지

사업시행자는 동·호수 추첨 이후 곧바로 조합원들에게 동·호수 추첨결과 및 확정된 종후자산에 대한 분양계약체결의 안내, 분양계약 체결기간 내에 계약체결을 하지 않는 경우의 불이익 등을 통지한다.

Ⅲ. 동·호수 추첨 무효확인의 소

1. 관 할

가. 대상적격

동·호수 추첨행위는 사실행위이므로, 그에 대한 무효확인의 소제기 가능여부가 문제된다. 사업시행자가 신축아파트의 배정을 위해 실시하는 동·호수 추첨 및 배정은 조합원들 전원의 이해관계가 걸린 단체법적인 행위로써 그러한 동·호수 추첨 및 배정을 기초로 하여 수많은 법률관계가 계속하여 발생할 뿐만 아니라 일단 동·호수 추첨 및 배정이 이루어지면 특별한 사정이 없는 한 그 동·호수 추첨 및 배정이 무효로 확인되기 전에는 새로운 동·호수 추첨 및 배정을 실시하는 것이 불가능하다. 따라서 동·호수추첨으로 권리가 침해된 조합원은 사업시행자를 상대로 동·호수 추첨 및 배정과 그에 기한 분양계약의 무효를 구하는 것이 분쟁해결을 위한 유효·적절한 수단이라고 할 것이고, 설령 조합원들과 사업시행자 사이에 동·호수 추첨내용을 기초로 신축아파트에 관한 분양계약 체결이 완료되었다 하더라도, 동·호수 추첨 및 배정을 다시 하는 것이 불가능하지 않으므로, 무효확인의 소의 대상이 된다.[12]

나. 관할(민사법원)

동·호수 추첨 및 배정행위 자체가 처분은 아니고, 행정처분에 이르기 위하여 반드시 필요한 절차적 요건에 해당하지 아니하며, 공법상의 법률관계 즉 공익을 규율하는 법률관계로 보기도 어려우므로 이는 민사사건으로 보아야 할 것이다.

다만 실무상 동·호수 추첨 이후 종전 관리처분계획에 대한 취소 및 무효확인 소송이 제기되는 경우, 사업시행자가 이를 대체하는 새로운 관리처분계획을 수립하는 과정에서 동·호수 추첨에 따른 결과를 반영하여 관리처분계획을 수립하는 경우가 있고, 그 경우 동·호수 추첨행위는 이미 행정처분인 관리처분계획의 내용으로 편입되었으므로, 위 관리처분계획의 무효확인 또는 취소를 구하는 방법으로 다투어야 한다.[13)

2. 소의 이익

가. 동·호수 추첨 과정에 하자가 있지만, 정당한 동·호수 추첨절차를 거치더라도, 선호가 높은 동·호수를 배정받을 확률면에서 차이가 없는 경우 그 무효확인을 구할 소의 이익이 있는지 여부가 문제된다.

판례는 동·호수 추첨을 다시 한다면 선호도가 더 높은 동·호수를 배정받을 가능성이 있는 이상 그 경우에도 동·호수 추첨 등의 무효 확인을 구할 소의 이익이 있다고 판시하였다(위 2006다77272 판결).

나. 사업시행자인 조합의 신축아파트 배정을 위한 동·호수 추첨 절차에 하자가 있다고 주장하면서 그 무효를 다투던 조합원이 조합과 사이에 그 동·호수 추첨으로 배정받은 아파트를 포기하고 일반 분양분으로 예정되어 있던 아파트를 배정받기로 하는 별도의 약정을 체결하였다면, 특별한 사정이 없는 한 그 조합원은 더 이상 조합의 동·호수 추첨 등의 무효확인을 구할 소의 이익이 없다(위 2006다77272 판결).

---

12) 대법원 2008. 2. 15. 선고 2006다77272 판결.
13) 조합설립인가처분이 무효가 됨으로 인하여 그 후속행위인 사업시행계획, 관리처분계획, 동·호수 추첨행위, 분양계약이 모두 무효가 되었으나, 그 후 조합이 새로운 조합설립인가처분의 요건을 구비한 후 새롭게 사업시행계획을 작성하여, 종전 분양신청 내용, 동·호수 추첨행위, 분양계약이 모두 유효함을 전제로 관리처분계획을 수립하면서 종전 동·호수 추첨행위의 내용을 반영하여 관리처분계획을 수립하여 인가받은 사안이다(서울고등법원 2017. 5. 26. 선고 2016누82081 판결의 사실관계 참조).

3. 본안(동·호수 추첨행위의 무효여부)

가. 동·호수 추첨의 기준 위반

(1) 법 리

사업시행자가 신축건물의 동·호수를 배정하면서 관리처분계획에서 정한 기준을 적용하지 않았다면 그러한 동·호수 배정에는 하자가 있다. 다만, 이미 다수의 조합원과 비조합원들에 대하여 동·호수 배정 및 일반분양절차가 완료된 경우에는 정비사업의 공익적·단체법적인 성격을 고려하여, 동·호수 배정에 하자가 있는 경우라도 언제나 동·호수 배정 자체를 무효라고 볼 것은 아니고, 그 하자가 조합원의 분양신청권을 본질적으로 침해하였다고 평가될 수 있을 만큼 중대한 경우에만 이를 무효로 보는 것이 타당하다고 할 것이다.[14]

(2) 구체적 사례

(가) 조합원의 본질적 권리 침해 인정

판례는 관리처분계획상 종전자산의 가액 등에 따라 60평형을 우선 배정받을 권리가 있고, 당해 조합원들이 1지망으로 60평형의 배정을 신청하였음에도, 사업시행자가 60평형에 대한 동·호수 추첨을 함에 있어 분양신청자를 배제하거나 60평형에 대한 우선배정권이 없는 조합원들까지 포함하여 1, 2차로 동·호수 추첨을 마친 후 남은 세대를 추첨을 거쳐 분양신청 조합원들에게 배정한 사안에서, 분양신청 조합원들의 동·호수 추첨권을 박탈하였고, 이는 조합원으로서의 기본적인 권리를 침해한 것으로 동·호수 추첨절차에 중대한 하자가 있음을 들어 무효라고 판시하였다.

위 판례는 특히 조합원들이 결과적으로 60평형을 배정받았다거나 동·호수 추첨 과정에서 선호도가 높은 동·호수를 배정받을 확률 면에서 차이가 없었다고 하더라도, 60평형에 대하여 동·호수 추첨을 다시 한다면 선호도가 더 높은 동·호수를 배정받을 가능성이 있는 이상 동·호수 추첨 등의 무효 확인을 구할 소의 이익이 있고, 60평형에 대한 동·호수 추첨 및 배정이 무효로 될 경우 나머지 평형의 배정도 일부씩 순차로 변경될 수밖에 없는 등 각 평형별로 일부라도 변경이

---

14) 대법원 2021. 7. 21.자 2021다228172 심리불속행 판결 및 서울고등법원 2021. 4. 1. 선고 2020나 2016097 판결.

불가피하여 무효가 되는 이상 모든 동·호수에 대한 추첨 및 배정 전체가 무효라고 판시하였다(위 2006다77272 판결).

(나) 조합원의 본질적 권리 침해 부인(근린생활시설 관련)

관리처분계획에서 "신축 근린생활시설의 배정면적은 종전 소유면적(전용면적) 대비 신축건축물 면적(전용면적) 약 111%를 적용하여 배정한다."라고 정하고 있음에도, 일부 조합원들에게 위 기준을 초과한 점포를 배정하였고, 이미 다수의 조합원과 비조합원들에 대하여 동·호수배정 및 일반분양절차가 완료된 사안에서, 근린생활시설에 대한 관리처분계획에서는 신축 상가의 면적과 구획 및 배정기준을 정밀하게 정해놓지 않았으므로, 위 배정기준은 조합원들로 하여금 자신이 분양받을 상가의 층과 면적 및 분담금 규모를 사전에 어느 정도 예측할 수 있도록 하는 대략적인 기준으로서 기능할 수밖에 없고, 실제 동·호수배정 단계에서 점포의 구획 등이 관리처분계획 수립 당시와 달라질 수 있는 점을 들어 일부 조합원들에 대한 기준 초과 면적 배정이 조합원 동·호수 배정 전부를 무효로 할 만큼 중대한 하자라고 보기는 어렵다고 판시하였다.[15]

(3) 결론

공동주택이든 근린생활시설이든 분양신청의 순위를 위반한 동·호수 추첨은 엄격히 무효로 보아야 한다. 다만 근린생활시설의 경우 분양신청 및 관리처분계획 단계에서 미리 층별·호수별로 면적을 구체적으로 구분지어 분양신청을 받아 분양대상자를 확정하는 것이 아니라 면적배분과 관련한 일응의 기준만을 제시한 것에 불과하다면, 기준에 위반한 면적배분만으로 동·호수 추첨이 당연히 위법한 것으로 보기는 어렵다.

나. 임기만료 된 조합장의 동·호수 추첨행위 진행

(1) 문제의 제기

표준정관 제15조 제5항이 임기가 만료된 임원은 그 후임자가 선임될 때까지 그 직무를 수행한다고 규정하고 있으나, 그 직무수행 범위는 제한적일 수밖에 없다. 동·호수 추첨행위가 임기만료 된 조합장으로 하여금 업무를 수행하게 할 필

---

15) 서울고등법원 2021. 4. 1. 선고 2020나2016097 판결.

요가 있는 대상인지 여부가 문제된다. 임기만료된 조합장의 업무수행의 범위에 관하여는 제4편 제5장 제3절 Ⅳ. "2의 바. 임기만료 조합장의 업무수행범위"에서 살펴보았다.

(2) 판단(긍정)

동·호수 배정에 관한 사무는 임기만료 후 조합장의 통상적인 사무 범위에 속한다.[16] 그 논거는 다음과 같다.

① 임기만료 후 조합장의 업무범위가 통상적인 사무에 국한되어야 한다고 보더라도, 동·호수 배정에 관한 일련의 절차는 예정에 없던 새로운 업무를 수행하는 것이 아니라 이미 예정되어 있던 업무를 수행하는 것에 불과하다.

② 조합원들의 수분양권이 동·호수 배정을 통해 구체화되었을 뿐, 법적인 측면에서 권리·의무관계의 변동이 발생하였다고 보기 어렵고, 조합장이 동·호수 추첨절차에서 조합의 대표자로서 한 역할은 한국감정원에 전산추첨을 의뢰한 것이 전부이다.

다. 임원들에 대한 동·호수 우선선택권 부여의 적법성

(1) 문제의 소재

조합임원들은 시공자의 요구로 시공계약상의 공사대금채무에 대하여 연대보증하는 것이 일반적이고, 그에 대한 대가로 조합이 임원들에게 동·호수의 우선선택권을 부여하는 정관규정을 두는 경우가 있다. 그와 같은 정관규정의 효력이 문제된다. 특히 서울시 조례 제83조 제1항 제2호 (마)목, 제2항에 근거한 '서울특별시 정비사업 조합 등 표준 행정업무규정'에서 조합 등은 조합임원에게 규정에서 정한 상여금 외에 별도의 성과급을 지급하지 않는 것을 원칙으로 한다고 규정하고 있는바(제19조 제8항), 위 정관규정이 위 표준 행정업무규정을 위반한 것인지 여부가 쟁점이다.

(2) 판단(부정)

위 '서울특별시 정비사업 조합 등 표준 행정업무규정'은 단지 조합임원이라는

---

16) 서울행정법원 2020. 12. 11. 선고 2019구합78920 판결(확정).

이유만으로 상여금 외에 별도의 성과급을 받는 것을 금지하고 있을 뿐인바(실제로 위반 시의 제재규정도 없다), 동·호수 배정의 우선선택권은 성과급이 아니고 임원들이 연대보증이라는 위험을 직접 부담하게 된 것에 대한 대가인 점, 조합의 정관은 조합의 조직, 활동, 조합원의 권리의무관계 등 단체법적 법률관계를 규율하는 것으로서, 그 내용형성에 조합의 포괄적인 재량이 있고, 또한 위와 같은 내용이 강행법규에 반한다고 보기 어려우므로 이는 적법하다(위 2019구합78920 판결).

Ⅳ. 기타 쟁점

1. 사업시행자의 재산세 납부의무 부담여부

가. 사실관계

조합이 재건축한 공동주택에 관하여 시장·군수등으로부터 준공인가 전 사용허가를 받은 후, 동·호수 추첨에 대한 무효확정판결이 있었음에도 불구하고, 당초의 추첨 결과에 따른 집합건축물대장 작성절차를 강행하자, 이에 조합원들이 법원으로부터 '기존의 동·호수 추첨 결과에 따라 배정된 주택에 잠정적으로 입주하는 것을 허용하되, 이로 인하여 입주한 동·호수를 분양받은 것으로 의제하는 것은 아니다'라는 취지의 가처분결정을 받은 후, 배정받은 동·호수의 아파트에 관하여 소유권보존등기절차를 마치고 입주하였다. 이에 과세관청이 사용승인 이후부터 조합원들이 소유권보존등기를 마치기 전까지의 기간에 대하여 사업시행자인 조합이 공동주택의 사실상 소유자라고 보아 조합에 재산세를 부과하는 처분을 하였다.

나. 판 례

재산세 납세의무자인 '사실상 소유자'라 함은 공부상 소유자로 등재된 여부를 불문하고 해당 재산에 대한 실질적인 소유권을 가진 자를 말하는바,[17] 조합은 특별한 사정이 없는 한 위 기간 동안 조합원 분양주택에 관한 재산세 납세의무자인 '사실상 소유자'에 해당하지 아니한다.[18] 그 논거는 다음과 같다.

---

17) 대법원 2006. 3. 23. 선고 2005두15045 판결 등 참조.
18) 대법원 2016. 12. 29. 선고 2014두2980, 2997 판결.

① 사용승인 이후부터 조합원들이 소유권보존등기를 마치기 전까지 기간 동안 조합이 공동주택을 사용·수익하였다고 보기 어렵다

② 조합원 분양용 주택이 신축되어 건축물대장이 작성된 후에는 부동산등기법 제65조 제1호에 의하여 건축물대장에 최초 소유자로 등록된 조합원만이 소유권보존등기를 신청할 수 있고, 조합도 이를 막을 수 없는바, 이는 소유권을 가진 자의 지위에 부합하지 않는다.

2. 동·호수 추첨과 분양계약의 관계

수분양자가 동·호수 추첨 행위의 방식이 무효여서 추첨행위에 참여하지 않았고, 이에 따라 분양계약을 체결하지 않은 경우 분양계약 체결기간 만료일 다음날 조합원 지위를 상실하는지 여부가 문제된다.

판례는 재개발조합이 상가에 대하여 서울시 조례 제38조 제2항이 정한 부대·복리시설 공급기준(정관에서도 동일한 공급기준을 규정하고 있다)에 반하여 분양신청을 한 조합원들에게 무작위 추첨의 방식으로 공급할 상가를 정하는 방식을 채택한 사안에서, 위와 같은 추첨 방식이 위법하므로, 수분양 조합원이 위 추첨에 참여하지 아니하였고, 이에 따라 분양계약을 체결하지 아니하였다 하더라도, 조합 정관의 "조합원이 분양계약을 체결하지 않은 경우"에 해당한다고 볼 수 없어 조합원의 지위를 상실하지 아니한다고 판시하였다.[19]

---

19) 대법원 2015. 10. 29. 선고 2013두12669 판결(다만 조합이 분양계약을 체결하지 않는 조합원들을 현금청산대상자로 보아 그들 몫의 상가를 일반 분양하는 것으로 종전 관리처분계획 중 상가 부분을 변경한 후 이를 인가받은 것과 관련하여, 조합이 무작위 추첨 방식으로 상가를 공급하기로 한 것이 정관에 반하여 위법하다 할지라도, 조합 정관의 체계와 규정 방식, 분쟁 경위와 과정 등에 비추어 그와 같은 하자가 객관적으로 명백하다고 보기는 어려워 변경된 관리처분계획이 무효라고 할 수는 없다고 판시하였다).

제4장 분양계약체결

I. 총 설

사업시행자는 정관에서 수분양 조합원에 대하여 분양계약을 체결하여야 하고, 분양계약을 체결하지 아니하는 경우 현금청산대상자가 된다고 규정하고 있으며, 동일한 내용의 관리처분계획을 수립하는 것이 일반적이다. 구체적으로는 조합의 정관에서 '관리처분계획 인가 후 일정한 기간 내에 분양계약을 체결하여야 하고, 그 기간 내에 분양계약을 체결하지 않으면 그 권리를 현금으로 청산한다.'고 정한 경우가 대부분이다(표준정관 제44조 제5항).[20]

실무상 사업시행자는 동·호수 추첨 이후 분양신청을 한 조합원에게 분양계약 체결할 것을 통지한다. 사업시행자는 조합원과 동·호수 추첨에 따라 확정된 종후 자산에 관하여 분양계약을 체결하는데, 일반적으로 분양계약의 내용에는 조합원이 사업시행자에게 공사의 진행정도에 따라 종전자산과 종후자산의 차액 즉, 분양대 금을 분할하여 지급하는 것이 포함된다.

사업시행자가 조합원으로부터 분양계약을 통하여 청산금을 이전고시 이전에 지급받는 이유는 이전고시 이후에서야 이를 지급받는다면, 조합으로서는 공사비 등을 우선 외부에서 차입하여 지급하고 사업완료 시에 조합원으로부터 청산금을 지급받아 충당하여야 한다. 그 경우 장기간의 차입금 이자 등 금융비용의 부담 내 지 그에 따른 경제적 손실이 사업비용의 종국적 부담자인 조합원에게 고스란히 돌아가게 된다. 이는 오히려 조합원에게 불리하게 될 수도 있어 조합이 공사비 등 을 차입 없이 지급할 수 있도록 조합원들로부터 사전에 청산금 상당액을 분담하 여 지급받는 것이다.

---

20) 조합에 따라서는 착공신고필증교부일로부터 0일이라고 정하기도 한다.

분양대금 지급내용은 사업시행자에 따라 매우 다양하다. 계약금 10%는 분양계약 체결 시, 중도금 약 60%는 여러 차례에 걸쳐 특정일에, 잔금 30%은 입주 지정일에 지급하는 경우, 계약금 20%는 분양계약 시, 중도금 40%는 2회에 걸쳐 특정일, 잔금 40%는 입주 시, 계약금 20%는 계약 시, 중도금 40%는 4회 분납, 잔금 40%는 입주시 등 여러 유형이 있다. 종전자산이 종후자산보다 큰 경우에도 분양계약이 체결되는데, 그 경우에도 조합이 차액을 분할하여 지급하는 것으로 정하기도 하나, 청산금 전액을 입주 시 지급하는 내용으로 정하는 것이 일반적인 듯하다.

II. 분양계약의 유효여부

1. 문제의 소재

조합원이 수분양권을 확정적으로 취득하는 시기는 관리처분계획의 인가·고시가 있는 때이다. 사업시행자는 공사의 준공 이후 동·호수 추첨을 하고, 이에 따라 수분양 조합원에게 이전고시하여 확정적으로 종후자산에 대한 권리를 취득하게 한 다음, 그들로부터 취득한 종후자산을 기준으로 종전자산과의 과부족을 정산하는 청산절차를 진행하는 것이 원칙이다.

법 제89조 제1항도 종전자산과 종후자산의 차액 즉 청산금은 원칙적으로 사업시행자가 이전고시 후에 징수하도록 규정하고 있고, 또한 행정처분에 의하여 이를 부과하도록 규정하고 있다. 그러나 분양계약제도는 수분양 조합원으로 하여금 이전고시 이전에 종전자산과 종후자산의 차액 즉 청산금을 지급하는 것을 내용으로 하고 있고, 또한 사업시행자와 조합원 사이의 계약에 의하여 청산금을 지급하도록 하고 있다.

비록 정관이 공법인인 조합과 조합원에 대하여 구속력을 가지는 자치법규이나, 정관에서 인정하고 있는 분양계약제도가 법 제89조의 입법취지를 몰각시키는 것이라면, 이를 내용으로 하는 정관규정은 법상의 강행규정을 위반하여 무효로 볼 수 있으므로(총회 의결로 분양계약을 인정하는 경우에도 마찬가지이다), 분양계약제도의 유효성이 문제된다.

2. 학 설

가. 무효설

분양계약은 본질이 청산금을 선납받는 것이다. 법은 조합원의 분담금과 사업비용 납부 방식에 관하여 크게 청산금과 부과금으로 나누어 규정하고 있고, 청산금 및 부과금은 부과처분이라는 사업시행자의 행정처분에 의하여 징수하도록 하고 있다.

비록 법이 청산금의 분납 및 선납이라는 예외를 인정하고 있지만, 사업시행자가 청산금의 분납과 선납을 조합원과의 계약에 의하도록 허용하고 있지는 않고, 분양계약을 통하여 조합원의 분담금 선납의무가 사실상 강제되어 부당하다. 결국 분양계약은 법적근거가 없으므로, 청산금 부과처분 또는 부과금 부과처분이 아닌 당사자 간의 계약에 의한 방식으로 분담금 선납의무를 이행하기로 합의하는 것은 법의 규정에 위반되어 무효이다.[21)]

나. 유효설

분양계약의 본질이 청산금을 선납받는 의미 외에 조합원에게 정비사업에서 이탈할 최종적 기회를 주는 것이어서 조합원에게 반드시 불리한 것만은 아니다. 법 제89조 제2항은 사업시행자는 정관등에서 분할징수 및 분할지급을 정하고 있거나 총회의 의결을 거쳐 따로 정한 경우에는 관리처분계획인가 후부터 이전고시가 있은 날까지 일정 기간별로 분할징수 할 수 있다고 규정하고 있으므로, 청산금을 선납받는 것이 위법하지 않다.

3. 판 례

정관이 인정하는 분양계약제도는 사업시행자인 조합이 조합원에게 해당 기간에 분양계약의 체결을 거절하는 방법으로 정비사업에서 이탈할 수 있는 기회를 추가로 부여한 것이다. 따라서 조합이 조합원들에게 분양계약 체결을 요구하는데도 분양계약 체결의무를 위반하여 분양계약을 체결하지 않은 조합원을 현금청산 대상자로 한다고 하여 당해 조합원에게 불리한 것이 아니므로, 분양계약을 체결하

---

21) 김종보, 전게서, 665쪽, 666쪽, 조합원 분양계약의 위법성, 사법 제23호(2013. 3), 사법발전재단, 30쪽.

도록 정한 정관이나 관리처분계획은 적법하다.[22)]

또한 분양계약은 비용분담 문제의 해결을 위하여 조합과 해당 조합원이 개별적인 합의를 통하여 일단 분양대금을 전액 납부하기로 약정하고 이를 가지고 공사비채무 등을 변제함으로써 신축 아파트 입주가 가능하도록 함과 아울러 불필요한 연체료 채무의 증가를 방지하기 위한 것이다. 이는 종국적으로 조합원들이 부담하여야 할 정비사업비를 '분양대금의 선납부 후정산(先納付 後精算)'의 방식으로 분담하기로 하고 이를 개별적인 의사의 합치에 기한 사법상 계약의 형식으로 정한 것이다.

결국 신축 아파트의 적기 입주와 사업비용 증가의 방지라는 목적을 달성하기 위하여 체결된 분양계약에 따른 분양대금 납부의무의 부담이나 그 내용은 법을 포함한 전체 법질서에 비추어 허용될 수 있고, 분양계약의 체결에 이르게 된 동기, 경위 및 목적 등에 비추어 필요성과 상당성을 인정할 수 있으므로, 분양계약을 무효로 보기는 어렵다.[23)]

4. 결 론

앞서의 유효설 및 판례가 든 근거에 비추어 분양계약제도는 적법하다. 다만 문제는 조합이 분양계약체결 안내문에 '조합원 개별 분양대금 납부 예정금액 및 납부시기'를 기재하는 등으로 조합이 정한 청산금의 사전 납부내용을 전제로 해서만 분양계약 체결할 것을 강제하는 경우 이는 정비사업에서 이탈할 기회를 준다는 미명하에 조합원의 자유의사를 배제한 채 청산금의 사전납부를 강제하는 결과를 초래할 수 있다는 것이다.

한편, 사업시행자인 조합 측으로서도 각각의 조합원별로 분양대금의 납부시기를 달리하는 경우 형평의 문제 및 이자 부분을 따로 정산해야 하는 결과가 초래된다. 따라서 분양계약제도를 도입하는 정관에 분양대금의 분납횟수, 납부시기 등을 규정하거나 관리처분계획에 그 내용을 명시하여 총회 의결을 받을 필요가 있다. 실제로 상당수의 조합의 경우에는 분양대금의 분납의 회수, 시기 및 금액에 대하여 총회 의결절차를 거치고 있다.

---

22) 대법원 2016. 12. 15. 선고 2015두51309 판결, 대법원 2011. 7. 28. 선고 2008다91364 판결.
23) 대법원 2008. 12. 24. 선고 2006다73096 판결.

결국 조합정관에 반드시 근거조항이 있거나 관리처분계획으로 정해진 경우, 조합이 분양계약 체결기간을 설정하여야 통지하였다면, 이를 통하여 조합원은 정비사업에서의 이탈이 가능하나, 분양계약 체결 시에는 분양계약상의 의무를 이행하여 한다. 다만 분양신청을 한 조합원은 분양계약체결에 응하지 아니하여 정비사업에서 이탈하기 전까지는 일정한 기간 내 건축물에서의 이주의무, 신탁등기를 경료할 의무 등 조합원으로서 부담하는 의무를 이행하여야 한다.

Ⅲ. 분양계약체결 또는 거부

1. 분양계약체결의 통지 등

가. 의 의

분양계약체결 통지는 사업시행자가 관리처분계획인가 고시로 수분양권을 확정적으로 취득한 조합원에게 해당 기간에 분양계약체결을 거절하는 방법으로 정비사업에서 이탈할 수 있는 기회를 추가로 부여하는 절차이다. 분양신청통지가 조합원에 대하여 정비사업에서 이탈하여 현금청산대상자가 될 것인지 또는 종후자산을 분양받을 것인지 여부를 결정하는 기회를 부여하는 절차임은 앞서 본 바인바, 그 내용의 유사성에 비추어 원칙적으로 분양계약체결의 통지도 분양신청통지에 준하여 적법성 여부를 판단하여야 한다.

다만 분양신청통지는 법률에서 규정하고 있으나, 분양계약체결 통지는 정관에서 규정한 제도이고, 관리처분계획으로 수분양권이 확정되나 예외적으로 사업에서 이탈할 수 있는 기회를 주는 것인 점 등에 비추어 분양계약체결통지의 적법성은 분양신청통지보다 더욱 엄격하게 판단하여야 한다.

나. 분양계약체결 통지의 적법성

⑴ 절차

사업시행자는 조합원에게 조합원의 권리·의무에 관한 사항을 고지함에 있어서 등기우편으로 개별 고지하여야 하고, 등기우편이 주소불명, 수취거절 등의 사유로 반송되는 경우에는 1회에 한하여 일반우편으로 추가 발송하여야 하는바(표준정관 제7조 제2항 제1호 및 제4호), 이는 분양계약체결통지에도 적용된다.

우편물이 등기취급의 방법으로 발송된 경우 그것이 도중에 유실되었거나 반송되었다는 등의 특별한 사정에 대한 반증이 없는 한 그 무렵 수취인에게 배달되었다고 추정할 수 있음은 앞서 본 바이다.

(2) 내용

(개) 분양계약체결의 통지가 적법하기 위해서는 분양대상이 되는 공동주택이나 근린생활시설을 특정하여야 하고[분양계약 체결의 전제로서 분양계약의 목적물 특정을 위한 동·호수 추첨이 선행되는바, 추첨된 특정 호수가 분양대상이 될 것이다(다만 동·호수 추첨에 참여하지 않은 조합원의 경우에는 추첨 후의 잔여세대 등이 분양대상에 해당한다)[24]], 공급시기, 그 대가로 부담하게 될 분담금의 액수, 납부시기, 방법 등도 특정되어 있어야 한다.

(나) 분양계약체결의 통지에 동·호수 추첨에 따른 특정 공동주택이나 근린생활시설을 특정하지 아니한 채, 향후 사업시행자가 확보하는 공동주택을 공급함을 전제로 하는 분양계약체결통지 또는 다른 조합원들의 경우에는 약 2년에 걸쳐 계약금 및 중도금을 분납하는 내용임에도, 특정한 조합원에 대하여만 계약체결일에 공급가액의 80%에 달하는 계약금 및 중도금의 일시 납부를 내용으로 하는 분양계약체결통지 등은 적법한 것으로 볼 수 없다.[25]

다만 조합설립인가처분이 무효가 됨으로 인하여 그 후속행위인 사업시행계획, 관리처분계획, 동·호수 추첨행위, 분양계약이 모두 무효가 되었으나, 그 후 조합이 새로운 조합설립인가처분의 요건을 구비한 후 새롭게 사업시행계획을 수립하여, 종전 분양신청 내용, 동·호수 추첨행위, 분양계약이 모두 유효함을 전제로 관리처분계획을 수립하면서 종전 동·호수 추첨행위의 내용을 반영하여 관리처분계획을 수립하여 인가받았다면, 조합이 분양계약의 체결을 통지하면서, 동·호수를 특정하지 않았다 하더라도, 동·호수는 관리처분계획에 이미 포함되어 있으므로

---

24) 추첨 방식이 위법하여 수분양 조합원이 위 추첨에 참여하지 아니하였고, 이에 따라 분양계약을 체결하지 아니하였다 하더라도, 그 분양계약은 효력이 없고, 여전히 조합원의 지위를 보유함은 앞서 본 바이다.

25) 서울행정법원 2021. 1. 22. 선고 2018구합6478 판결(현재 서울고등법원 2021누35591호로 계속 중), 서울고등법원 2021. 12. 22. 선고 2021누40227 판결 및 그 하급심인 서울행정법원 2021. 3. 19. 선고 2020구합52757 판결.

분양계약체결통지는 유효하다.[26]

(3) 공고의 필요성 여부

분양계약체결통지는 분양신청통지와 유사한바, 분양신청의 경우 법정사항을 토지등소유자에게 통지하는 외에, 분양의 대상이 되는 대지 또는 건축물의 내역 등 법정사항을 해당 지역에서 발간되는 일간신문에 공고하여야 하므로(법 제72조 제1항), 분양계약체결 통지의 경우에도 공고가 필요한지 여부가 문제된다.

그러나 분양계약체결 통지의 경우에는 공고가 필요하지 아니하다.[27] 그 논거는 다음과 같다.

① 공고는 일정한 집단을 이루고 있는 대상자들에게 일률적으로 적용할 수 있는 사항에 대하여 알리는 방법의 일종이다. 법령에서 규정하고 있는 '공고'의 경우에는 공고의 사유, 내용, 방법을 명시하고 있다.

② 조합 정관에서도 일반적으로 일간신문에 공고할 사항으로 법령에서 규정하고 있는 소유자의 확인이 곤란한 건축물 등에 대한 처분 시의 공고(법 제71조 제1항, 표준정관 제42조), 분양신청에 대한 통지 및 공고(법 제72조 제1항, 표준정관 제43조 제1항), 시공자의 선정을 위한 경쟁입찰의 공고(시행령 제24조 제4항 제2호, 표준정관 제12조 제1항)만을 규정하고 있을 뿐, 분양계약체결 통지에 관하여는 아무런 규정이 없다.

2. 분양계약체결 또는 미체결의 효과

가. 분양계약미체결의 효과

(1) 적법한 분양계약체결 통지가 이루어진 경우

조합원이 적법한 분양계약체결 통지를 받고도, 분양계약체결 기간 동안 분양계약을 체결하지 아니한 경우에는 '분양계약 체결기간의 종료일 다음 날' 현금청산 대상자가 되고, 그때 사업시행자의 청산금 지급의무가 발생한다.

---

26) 서울고등법원 2017. 5. 26. 선고 2016누82081 판결.
27) 서울고등법원 2020. 7. 3. 선고 2019누67236 판결(확정) 및 하급심인 서울행정법원 2019. 11. 20. 선고 2018구합75887 판결.

(2) 적법한 분양계약체결 통지가 이루어지지 않은 경우

(가) 내용

조합이 조합원에게 분양계약체결 통지 자체를 하지 않아 조합원이 조합과 사이에 분양계약을 체결하지 못한 경우에는 분양계약 미체결에 따른 현금청산대상자에 해당하지 않고, 여전히 수분양자의 지위를 갖는다.[28] 또한 사업시행자가 동·호수 추첨에 따른 공동주택조차 특정하지 아니한 채 조합원에게 분양계약체결을 통지한 경우, 동·호수 추첨 방식이 적법한 방식이 아니어서 그에 따른 분양계약체결 통지에 응하지 아니한 경우 등에 있어, 조합원이 분양계약 체결기간 내에 분양계약에 이르지 아니하였다 하더라도 수분양자의 지위를 상실하지 아니하고, 현금청산대상자가 된다고 볼 수 없다.

(나) 쟁송방법

① 수분양자 지위확인의 소제기가 가능하다. 사업시행자가 당해 조합원을 수분양자로 하는 관리처분계획을 수립하고, 동·호수 추첨절차를 거쳐 특정 동·호수로 확정된 경우, 그 후 분양계약체결 과정에서 사업시행자의 귀책사유로 적법한 분양계약체결 통지가 이루어지지 않아 분양계획을 체결하지 못하여 조합원이 분양계약 체결기간 만료일 다음날 일응 현금청산대상자로 취급되고, 그 후 사업시행자가 당해 조합원의 특정 동·호수에 대하여 일반분양으로 하는 관리처분변경계획을 수립하였다 하더라도, 당해 조합원으로서는 여전히 특정 동·호수에 대한 수분양자의 지위에 있으므로, 특정 동·호수에 대한 수분양자 지위확인의 소제기가 가능하다.

② 조합원 지위확인의 소제기가 가능한지 여부가 문제된다.

사업시행자를 상대로 쟁송하는 적절한 방법은 특정 동·호수에 대한 수분양자 지위확인 소송이고, '단지 조합원으로서의 지위만을 공법상의 당사자소송으로 확인받도록 하는 방식'은 소를 제기한 목적에 부합하지 않을 뿐만 아니라 권리 또는 지위의 불안을 해소시킴에 있어 유효·적절한 수단으로 볼 수 없으므로 조합원 지위확인 청구 부분은 소의 이익이 없어 부적법하다.[29]

---

28) 대법원 2016. 12. 15. 선고 2015두51309 판결.
29) 서울고등법원 2020. 7. 3. 선고 2019누67236 판결(확정) 및 하급심인 서울행정법원 2019. 11. 20. 선고 2018구합75887 판결.

③ 다만 적법한 분양신청통지를 받지 아니한 현금청산대상자에서 살펴본 바와 마찬가지로 분양계약 체결기간 만료일 다음날 조합원 지위 상실을 전제로 수용재결이 이루어졌고, 그와 같은 수용재결이 확정된 경우에는 더 이상 관리처분계획이나 수분양권 여부에 관하여 권리 · 의무에 영향을 받을 수 없게 된다. 이전고시가 이루어진 경우에도 마찬가지이다. 그 경우에는 소의 이익이 없다.

나. 분양계약체결의 효과

(1) 분양계약의 법적 성질

조합원이 정비사업의 시행 결과 조성된 대지 및 건물에 관한 소유권을 취득하는지 여부는 인가 · 고시된 관리처분계획 및 이에 따른 이전고시에 의하여 정해지지만, 분양대금의 지급과 관련한 분양계약은 조합과 조합원이 정비사업 시행과정에서 시공자에 대한 공사비 지급, 신축건물에 대한 조합원의 입주 및 분양대금 납부 등을 둘러싼 권리 · 의무관계를 원활하게 조정하고 이를 구체화하기 위하여 사법상 계약의 형태로 체결되는 개별적인 약정이다. 위와 같은 사법상 계약의 체결이 조합과 조합원의 자유로운 의사의 합치에 기하여 이루어진 것인 이상, 조합이 전체 조합원에게 행정처분의 방식으로 일률적으로 청산금이나 부과금 등을 부과할 경우에 거쳐야 하는 총회의결 절차는 반드시 거쳐야 한다고 볼 수는 없다.

공사비 등의 지급을 위한 조합원의 급부의무의 부담 및 그 내용이 법을 포함한 전체 법질서에 비추어 허용될 수 있고 그 사법상 계약의 체결에 이르게 된 동기, 경위 및 목적 등에 비추어 필요성과 상당성이 있다고 인정되는 때에는 사법상 계약에서 조합원에게 정관이나 관리처분계획 등에서 예정하지 아니한 급부의무에 관하여 정하고 있다는 사정만으로 이러한 사법상 계약이 무효로 되는 것은 아니라고 할 것이다.[30]

분양계약이 사법상의 계약이므로, 분양계약의 미이행을 이유로 한 조합 또는 조합원이 상대방을 피고로 하여 제기하는 금원의 지급청구는 민사법원의 관할이라 할 것이다. 실무에서도 민사소송으로 처리해 오고 있다.[31] 이는 이전고시 이후 도시정비법에 따른 청산금부과처분이나 청산금지급결정과 이에 따른 금원의 지급

---

30) 대법원 2008. 12. 24. 선고 2006다73096 판결.
31) 서울고등법원 2013. 8. 23. 선고 2012나105132 판결.

을 구하는 소송이 공법상 당사자소송에 해당하는 것과 대비된다.

⑵ 분양계약 불이행의 효과

분양계약상 종후자산이 종전자산보다 큰 경우 조합원이 사업시행자에게 분양대금을 여러 차례에 걸쳐 분할하여 납부할 의무를 부담하고, 종전자산이 종후자산보다 큰 경우 사업시행자가 조합원에게 청산금을 여러 차례에 걸쳐 나누어 지급하거나 입주일 무렵 일시에 지급하는 것으로 약정한다.

분양계약에 따른 분양대금을 납부하지 아니한 경우의 법률관계를 살펴본다. 즉, 사업시행자가 분양계약상 약정된 청산금을 지급하지 아니하는 경우 또는 조합원이 분양계약상 약정된 분양대금을 지급하지 아니하는 경우, 분양계약은 사법상 계약상이므로 분양계약을 해제할 수 있다. 문제는 그 경우 수분양 조합원이 조합탈퇴자와 동일하게 조합원 지위를 상실하고 현금청산대상자가 되는지 여부이다.

정비사업에서 조합원과 사업시행자인 조합 사이의 분양에 관한 법률관계는 법, 조합 정관, 관리처분계획 등에 의하여 형성되는 것이지 분양계약에 의하여 비로소 형성되는 것은 아니다. 관리처분계획이 인가된 이후 조합원과 조합과 사이에 체결된 분양계약은 관리처분계획 등에 의하여 이미 형성된 조합원과 조합 사이의 법률관계를 구체화하고 보충하는 의미를 갖는 것에 불과하다.

따라서 조합의 정관이나 총회 결의 등에 달리 정함이 없는 한, 조합이나 조합원이 분양계약상의 채무불이행을 이유로 분양계약을 해제한다고 하더라도 조합정관이나 관리처분계획 등에 의하여 형성된 법률관계까지 실효된다고 해석할 수는 없으므로, 분양계약의 해제로 인하여 그 조합원의 조합원 지위가 상실된다거나 또는 현금청산대상자가 된다고 할 수 없다.[32]

Ⅳ. 기타 쟁점

1. 분양계약체결 통지 안내문의 처분성 여부 등

사업시행자는 동·호수 추첨이후 조합원들에게 정해진 기한까지 분양계약에

---

32) 대법원 2015. 3. 12.자 2014다78232 심리불속행 판결 및 하급심인 서울고등법원 2014. 10. 15. 선고 2013나35797 판결, 대법원 2016. 4. 12.자 2015다256862 심리불속행 판결 및 하급심인 서울고등법원 2015. 11. 27. 선고 2015나2008894 판결.

응해 줄 것을 안내하는 '조합원 분양계약에 대한 안내서'를 보내게 된다. 이에 대하여 처분임을 전제로 무효확인 또는 취소청구의 소를 제기하는 경우가 있다.

그러나 그와 같은 분양계약체결 통지 안내문은 조합원들에게 안내문에 기재된 기한까지 분양계약에 응해 줄 것을 순수하게 안내하는 것일 뿐이어서, 조합원들에게 분양계약의 체결 또는 분양대금의 납부를 명하거나 기타 법률상 효과를 발생하게 하는 등 조합원들의 구체적인 권리의무에 직접적 변동을 초래하는 항고소송의 대상이 되는 행정처분에 해당한다고 할 수 없고, 또한 그와 같은 통보로 인하여 조합원들의 권리 또는 법률상 지위에 현존하는 불안·위험이 있다고 할 수 없으므로 그 무효확인을 구할 법률상 이익도 없다.[33]

2. 수인이 1인의 조합원의 지위에서 분양계약을 체결하는 경우

가. 실무의 내용

조합이 조합원들에게 정해진 기한까지 분양계약에 응해 줄 것을 안내하는 '조합원 분양계약에 대한 안내서'를 보내면서, 수인이 1인의 조합원의 지위에 있는 경우에는 대표조합원 외에 나머지 수인의 분양계약서, 신분증 사본, 인감증명서, 주민등록표 등본, 계약금 입금증 등을 제출하도록 요구한다.

이 같이 대표조합원 외에 나머지 수인의 분양계약서를 요구하는 것은 제7편 제2장 제2절 Ⅱ. 분양신청의 방법에서 살펴본 바와 같이 법규적 효력이 있는 서울시 조례 시행규칙 제14조가 수인이 1인의 조합원의 지위에서 분양신청을 하는 경우 [별지 24호 서식]과 같이 반드시 '수인이 1인의 분양대상자로 신청하는 경우에는 함께 신청하는 분양신청서의 각 1부'를 작성하여 제출하도록 함을 고려한 것으로 보인다.

분양계약체결과 관련하여 대표조합원 외의 나머지 수인의 분양계약서를 반드시 첨부하도록 요구하는 것이 적법한지 여부에 관하여 살펴본다.

나. 판단(위법)

(1) 조합이 대표조합원 외에 나머지 수인의 분양계약서, 신분증 사본, 인감증명서, 주민등록표 등본, 계약금 입금증 등을 제출하도록 요구하는 것은 부당하다.[34]

---

33) 대법원 2002. 12. 27. 선고 2001두2799 판결.

그 논거는 다음과 같다.

① 사업시행자는 정관으로 토지등의 소유권이 수인의 공유에 속하는 경우, 수인은 대표자 1인을 대표조합원으로 지정하고 대표조합원 선임동의서를 작성하여 조합에 신고하여야 하며, 조합원으로서의 법률행위는 그 대표조합원이 행한다고 규정하고 있는바(표준정관 제9조 제4항), 이는 원칙적으로 대표조합원의 단독행위를 전체 수인의 행위로 간주하겠다는 것으로서, 조합과 조합원에 대하여 구속력을 가지는 자치법규의 내용이다.

② 분양신청의 경우 대표조합원이 분양신청을 하는 때에도 수인의 조합원의 분양신청서를 함께 제출하는 경우에 한하여 분양신청서를 유효한 것으로 보는 것은 서울시 조례 시행규칙 제14조가 법규적 효력이 있어 위 정관 규정에 우선하기 때문인데, 분양계약과 관련하여서는 반드시 대표조합원 외의 나머지 사람들의 분양계약 체결의 의사를 확인할 수 있는 서류의 제출을 요구하는 법령이나 정관의 규정이 없다.

③ 분양신청 당시 대표조합원 외에 나머지 수인도 각각의 분양신청서를 제출하였다면, 그 후 정비사업에서 이탈할 기회를 추가로 부여함에 불과한 분양계약에 반드시 각각의 분양계약서를 모두 제출하도록 함은 타당하지 않다.

(2) 따라서 대표조합원이 나머지 수인의 분양계약서, 신분증 사본, 인감증명서 등을 첨부하지 아니한 채 신청한 분양계약체결 청약도 적법하고, 조합은 분양계약 청약을 거절할 수 없으며, 이를 이유로 한 분양계약체결 거부는 위법하므로, 설령 조합의 분양계약체결 거부로 분양신청기간이 도과되었다 하더라도 수분양자의 지위는 계속하여 유지된다.

3. 조합이 장기간 분양계약체결을 요구하지 아니하는 경우

가. 문제의 소재

조합이 관리처분계획인가 고시시점부터 상당한 기간이 경과하도록 정관에서 정한 분양계약 체결절차를 진행하지 않아 조합원으로서 (정관 규정 또는 총회의결 시) 청산금 등의 비용납부의무, 철거·이주 및 신탁등기 의무를 부담한 채 정비사

---

34) 서울행정법원 2021. 9. 10. 선고 2019구합78425 판결(확정).

업이 진행되고 있는 경우, 사업시행자에게 분양계약체결을 요구하도록 요청할 수 있는지, 사업시행자의 장기간 분양계약체결 요구가 없는 경우 현금청산대상자로 의제될 수 있는지 여부가 문제된다.

향후 부동산 가치의 하락이 예상되어 분양계약체결 통지를 하면 다수의 조합원이 현금청산대상자로 이탈할 우려가 있는 경우 조합은 최대한 분양계약체결 통지를 미루게 되고, 그 경우 위와 같은 다툼이 발생한다.

나. 판단(부정)

정관상의 분양계약체결 조항은 사업시행자인 조합이 조합원에게 분양계약 체결을 요구함에도 분양계약 체결의무를 위반하여 분양계약을 체결하지 아니한 조합원을 현금청산대상자로 한다는 의미일 뿐, 조합이 사업 진행상 조합원에게 분양계약 체결 자체를 요구하지 아니한 경우에 그러한 사정만으로 조합원이 당연히 그 요구를 요청할 수 있다거나 현금청산대상자가 된다는 의미는 아니며, 조합이 분양계약 체결절차를 진행하여 추가적인 현금청산대상자가 될 기회를 부여하지 않고 부동산의 인도를 구하는 것이 정의관념에 비추어 도저히 용인할 수 없는 정도는 아니다.[35]

4. 관리처분계획과 분양계약

가. 관리처분계획에 반하는 분양계약

관리처분계획상 현금청산대상자로 분류되어 있었으나, 새롭게 당해 현금청산대상자를 수분양자로 하는 관리처분계획을 수립하였을 뿐, 인가가 이루어지지 아니한 상태에서 체결한 분양계약은 유효한 종전 관리처분계약에 반하여는 것으로서 그 효력이 없다.[36]

나. 관리처분계획의 변경과 분양계약의 효력

⑴ 관리처분계획의 변경

관리처분계획은 종후자산의 권리귀속에 관한 사항뿐만 아니라 비용분담에 관

---

35) 대법원 2018. 12. 27. 선고 2018다260015 판결.
36) 대법원 2005. 7. 15. 선고 2004두12971 판결 및 하급심인 서울고등법원 2004. 10. 13. 선고 2002
누2323 판결.

한 사항을 정하는 행정처분으로서, 최종적인 비용분담을 위하여 그 내용인 비례율은 여러 차례 변경된다. 또한 사업시행자가 종전자산이 종후자산보다 큰 조합원에게 지급해야 할 청산금의 지급시기, 종전자산이 종후자산보다 작은 조합원들이 사업시행자에게 청산금을 분납하는 횟수, 기한 등(계약금 20%는 계약시, 중도금 40%는 4회 분납, 잔금 40% 등)에 대한 관리처분계획의 내용이 변경되기도 한다.

(2) 종전 관리처분계획의 변경과 분양계약의 효력

(가) 문제의 소재

종전 관리처분계획상의 비례율에 기초하여 분양계약을 체결하였으나, 그 후 비례율을 변경하는 관리처분변경계획이 수립된 경우 또는 관리처분계획상의 내용에 따라 청산금 분납횟수, 청산금 지급시기 등에 대한 분양계약을 체결하였으나, 그 후 이를 다르게 정하는 내용의 관리처분변경계획이 수립된 경우, 각 종전 분양계약의 효력이 문제된다.

일반적으로 비례율이 대폭변경(통상적으로 대폭 감소된 경우이다)되거나 청산금 지급시기를 다르게 정한 경우, 사업시행인 조합은 조합원들에게 새로운 분양계약의 체결을 요구하여 이에 부합하는 새로운 분양계약이 성립되나, 새로운 분양계약이 체결되지 아니한 경우, 종전 비례율이나 종전 청산금 분담지급 시기나 횟수 관련 내용이 적용되는 것인지 또는 변경된 비례율이나 변경된 청산금 분담지급 시기나 횟수 관련 규정이 적용되는지 여부에 대하여 당사자 사이에 다툼이 있다.

(나) 판단(변경된 관리처분계획의 내용 적용)

관리처분계획에 기하여 조합과 조합원 사이에 체결되는 분양계약은 관리처분계획 등에 의하여 이미 형성된 법률관계를 구체화하고 보충하는 것에 불과하므로, 분양계약의 전제가 되었던 관리처분계획이 변경되면, 그 범위에서 분양계약의 내용이 실효되고, 새로운 관리처분계획이 적용된다고 보아야 한다.[37] 다만 기존 분양계약은 변경된 관리처분계획과 저촉되는 범위 내에서 장래를 향하여 실효된다.

(다) 구체적 사례

① 비록 조합과 조합원 사이에 체결된 각 분양계약(아파트 분양계약 및 상가 분

---

[37] 대법원 2015. 3. 12.자 2014다78232 심리불속행 판결 및 하급심인 서울고등법원 2014. 10. 15. 선고 2013나35797 판결.

양계약)에는 종후자산보다 종전자산이 큰 경우 조합이 지급하여야 하는 청산금에 대하여 '이전고시 이후 청산 시'에 지급한다고 규정하고 있으나, 각 분양계약의 전제가 되었던 관리처분계획이 총회 의결에 의하여 변경되어 청산금의 지급시기가 '준공 이후 입주기간(60일) 만료일까지(입주자에 한함)'로 변경되었다면, 그 범위에서 종전 분양계약의 내용이 실효되고, 새로운 관리처분계획이 적용된다. 따라서 사업시행자가 변경된 지급시기에 이를 지급하지 아니하는 경우 지연손해금을 부담한다.

② 분양계약 내용을 결정하는 전제가 되었던 관리처분계획의 비례율이 변경되는 경우, 그와 같은 변경이 분양계약의 내용으로 적용되는 시점이 관리처분변경계획의 총회의결 시를 기준으로 할 것인지 또는 시장·군수등의 인가 시를 기준으로 할 것인지 여부가 문제된다.

정비사업의 경우에는 관리처분계획의 수립과 그 변경은 총회의 의결을 통해 조합 내부적으로 효력을 갖게 되고, 그에 관한 인가는 관리처분계획에 대한 법률상의 효력을 완성시키는 보충행위에 불과하므로, 정비사업에서의 비례율이 변경되는 시점은 각각의 의결이 있었던 일자로 보아야 할 것이다.[38]

③ 분양계약상 약정된 지급의무일에 사업시행자인 조합이 조합원에게 정산금을 지급하지 아니한 채 기한이 경과하였다가, 추후 비례율의 변경되어 지급의무가 상실된 경우, 이미 발생한 지연손해금이 소멸하는지 여부가 문제된다.

실무상 관리처분계획에 따라 사업시행자가 종전자산이 종후자산보다 큰 조합원과 사이에 분양계약을 체결하여 청산금을 약정기일에 지급하기로 하였으나, 그 기일이 도래하고도 조합이 조합원에게 이를 지급하지 아니한 상태에서, 관리처분계획이 변경되면서, 비례율이 낮아져 조합이 더 이상 청산금 지급의무를 부담하지 않게 되는 경우가 흔히 있다(비례율에 관한 부분은 수입과 비용의 정산과정에서 수시로 변동되고, 이를 내용으로 하는 관리처분변경계획이 수립된다). 종전 관리처분계획 중 비례율에 관한 부분은 장래를 향하여 소멸하므로 이미 발생한 지연손해금은 존속하고, 조합은 조합원에게 이를 지급하여야 한다.

④ 조합이 관리처분계획에 따라 수분양 조합원들과 분양계약을 체결하여 분담금을 지급받은 상태에서, 일반분양가가 상향되고 임대주택 건설의무가 면제되는

---

38) 서울행정법원 2020. 11. 13. 선고 2019구합69414 판결(확정).

등으로 인하여 예상되는 사업수입이 증가하고 사업비용이 감소되었다는 이유로 종전 관리처분계획에서 정한 분담금의 액수를 낮추는 내용의 관리처분계획을 수립하여 시장·군수등으로부터 변경인가를 받는 경우가 있다.

당시 일부 조합원들이 종전 관리처분계획에 따른 분양계약상의 분담금을 연체하였고, 추후 분담금과 함께 연체이자까지 납부한 사안에서, 비록 관리처분변경계획이 수립되었으나, 장래를 향하여만 효력을 가지므로, 조합은 관리처분계획 변경인가 후 이들에게 분담금 감액분(원금)만을 반환하는 것으로 족하고, 이미 수령한 감액분에 대한 연체이자는 반환할 필요가 없다.[39]

5. 청산금, 정비사업비와 분양계약

가. 청산금 및 정비사업비 부과 일반론

수분양자가 종전에 소유하고 있던 토지 또는 건축물의 가격과 분양받은 대지 또는 건축물의 가격 사이에 차이가 있는 경우 조합은 이전고시가 있은 후에 그 차액에 상당하는 금액을 수분양자로부터 징수하거나 지급하여야 한다(법 제89조 제1항).

사업시행자인 조합은 이전고시 이후 조합원에게 정비사업의 시행과정에서 발생한 수입(일반분양분 등)에서 소요된 정비사업비의 차액을 조합원에게 부과·징수할 수 있다(법 제93조 제1항). 통상적으로 조합은 위와 같은 정비사업비 차액에 대하여 전체 조합원의 종전자산 평가액 중 조합원의 종전자산 평가액이 차지하는 비율을 곱한 금액으로 하여 비용을 부과하게 된다. 정비사업비의 조합원 별 분담내역은 총회의결사항이므로(법 제45조 제1항 제8호), 사업시행자는 총회의결을 거쳐 조합원들에게 부과처분의 형태로 정비사업비를 부과한다.

종전자산과 종후자산과의 차액에 관한 청산금은 원칙적으로는 이전고시가 효력을 발생한 이후 청산금 부과처분(청산금 지급결정)에 의하나, 정관상 분양계약규정이 있는 경우에는 관리처분계획에 반하지 않는 한 조합과 조합원은 자유로운 계약에 의하여 청산금에 대한 분납약정을 체결하듯이 사업비와 관련하여 분납하는 약정으로서의 분양계약을 체결하게 된다. 특히 정비사업비의 추산액 및 그에

---

39) 대법원 2016. 6. 23. 선고 2014다16500 판결.

따른 조합원 분담규모, 분담시기는 관리처분계획의 내용이다(법 제74조 제1항 제6호).

나. 쟁 점

(1) 분양계약상의 내용 중 정비사업비 부분에 대한 총회의결 여부

(가) 분양계약에는 청산금 외에 정비사업비를 이전고시 전에 분담하는 내용이 포함된다. 관리처분계획의 수립 및 변경은 총회의 의결사항이고(법 제45조 제10호), 분양대상자별 종전자산의 가격, 정비사업비의 추산액 및 그에 따른 조합원 분담규모, 분담시기는 관리처분계획의 필수적 기재사항이므로(법 제74조 제1항 제5호, 제6호), 이 부분은 총회의결이 이루어진다. 한편 법 제45조 제8호는 위와 같은 관리처분계획의 내용과는 별도로 정비사업비의 조합원별 분담내역을 총회의 의결사항으로 규정하고 있다.

(나) 사업시행자는 분양계약체결의 전제로 사업비를 이전고시 이전에 조합원이 분담하는 내용의 관리처분계획을 의결한다. 정비사업비의 조합원별 분담내역은 위 법 제45조 제8호가 정한 총회 의결사항이므로, 위 안건도 반드시 총회에서 의결하여야 함에도 이를 간과하는 경우가 있다. 관리처분계획상의 정비사업비 분담규모는 조합원이 전체적으로 부담할 규모가 얼마인가에 관하여 대강의 내용을 정한 것임에 반해, 정비사업비의 조합원별 분담내역은 보다 세분화된 분담관련 내역을 의미하므로, 반드시 별도로 의결되어야 한다.

실무상 조합은 관리처분계획 총회 전에 개인의 사생활보호를 위하여 정비사업비의 조합원별 분담내역을 분양대상자별 종전자산의 가격과 함께 개별적으로 밀봉하여 따로 발송할 뿐, 총회 책자에 기재하지 아니하여 총회에서 관리처분계획만을 안건으로 하여 의결하고, 정비사업비의 조합원별 분담내역에 대하여는 의결절차를 생략하는 경우가 흔히 있다. 특히 법이 일정한 사항에 관하여 총회의 의결을 거치도록 하고 있음에도, 조합임원이 이를 위반한 경우 형사처벌까지 하고 있으므로(제137조 제6호), 주의를 요한다.

(다) 판례[40]는 관리처분계획 총회에서 별도의 안건으로 상정되지 않는다 하더라도, 적어도 조합원별 사업비 분담내역안에 대하여 총회에 상정, 토의하고 의결하

---

40) 위 2018도14424 판결의 하급심인 서울북부지방법원 2018. 8. 23. 선고 2018노299 판결.

는 절차를 반드시 거쳐야 한다고 판시하고 있다.

(2) 지연손해금 비율

사업시행자인 조합이 조합원과 분양계약을 체결함에 있어, 종후자산이 종전자산보다 큰 일반적인 사안에서는 조합원이 조합에 각각의 분담금을 앞서 본 바와 같이 입주 전에 수회에 걸쳐 나누어 지급하고, 그 이행기에 이를 이행하지 아니하는 경우 고율의 지연손해금을 부담하는 것으로 약정하나, 종전자산이 종후자산보다 큰 이례적인 사안에서는 조합이 차액을 지급하는 시기를 입주 시 등으로 하고, 지연손해금 비율도 약정하지 아니하는 경우가 많다.

종전자산이 종후자산보다 큰 경우에만 청산금 지급시기를 늦춘 분양계약이 형평에 반하여 무효인지 여부가 문제되나, 분양계약은 조합과 조합원 사이의 사법상 계약이므로 그것만으로 무효로 보기 어렵다. 또한 종전자산보다 종후자산의 가격이 큰 경우에 약정한 고율의 지연손해금이 종전자산이 종후자산보다 큰 사안에 똑같이 적용될 것인지 여부도 문제되나, 지연손해금 비율은 개별 사적 계약인 각 분양계약상 조합원이 분양대금 지급을 지체하였을 경우에 적용되는 것으로서, 조합의 청산금 지급과 관련한 개별 약정에 명시적인 규정이 없는 한 다른 분양계약상의 지연손해금 비율이 당연히 적용된다고 볼 수는 없다.[41]

---

41) 대법원 2012. 3. 29. 선고 2010다590 판결.

제5장 준공인가

Ⅰ. 의 의

사업시행계획인가는 정비구역 내 대상 토지에서의 건축 등 개발을 승인하는 것으로서, 이로써 건축허가가 의제되고, 건축법상으로는 착공이 가능하다. 그러나 법 제81조 제2항은 관리처분계획인가를 받은 후에야 기존의 건축물을 철거할 수 있다고 규정하여 실제로 사업시행자는 관리처분계획인가 이후 착공에 나서게 된다. 사업시행자가 관리처분계획인가 이후 공사에 착수하여 완공한 경우에 이루어지는 후속절차가 준공인가이다. 그러나 준공인가는 사업시행이 완료되었다는 의미이므로, 사업시행계획의 후속행위이다.

준공인가는 관할 행정청이 사업시행자에 의하여 건축한 건물이 사업시행계획 내용대로 이행되어 건축행정 목적에 적합한지 여부를 확인하고 준공인가증을 교부하여 줌으로써 사업시행자로 하여금 건물을 사용·수익할 수 있도록 하는 법률효과를 발생시키는 행정처분이다.[42] 준공인가는 시공을 위하여 정비구역 밖으로 이주하였던 수분양 조합원 등이 신축건물에 입주하여 이를 사용할 수 있다는 점에서 중요한 의미를 가진다. 이하에서는 준공인가의 법적성질 및 그 법률관계에 대하여 자세히 살펴본다.

Ⅱ. 법적 성질

준공인가는 관할 행정청이 공사가 사업시행계획대로 완료되었음을 확정하는 행위로서, 강학상 준법률행위적 행정행위 중 확인행위에 해당한다. 법 제83조 제3항은 시장·군수등이 사업시행자의 신청에 따라 준공검사를 실시한 결과 정비사

---

42) 대법원 1992. 4. 10. 선고 91누5358 판결.

업이 인가받은 사업시행계획대로 완료되었다고 인정되는 때에는 준공인가를 한다고 규정하고 있으므로, 이는 기속행위에 해당한다. 이에 따라 주로 소송상 다투어지는 쟁점은 사업시행계획대로 공사가 완료되지 않았음에도 불구하고 준공인가가 이루어졌음을 이유로 준공인가의 무효확인 또는 취소를 구하거나 사업시행계획대로 완료되지 않음을 이유로 한 시장·군수등의 준공인가반려(거부)처분에 대하여 사업시행계획대로 완료되었다고 주장하며 그 거부처분의 취소를 구하는 것이다.

Ⅲ. 준공인가 절차

1. 준공인가신청

사업시행자는 관리처분계획인가 후 공사에 착수하였다가 공사를 완료한 때에는 법 시행규칙 [별지 제10호 서식] '준공인가신청서'에 건축물, 정비기반시설 및 공동이용시설 등의 설치내역서, 공사감리자의 의견서, 정비기반시설의 기부에 따른 용적률 완화의 일종으로 대지 일부의 가액에 해당하는 금액을 현금으로 납부하기로 한 경우의 현금납부액의 납부증명서류를 첨부하여 시장·군수등에게 제출하여야 한다(법 시행령 제74조 제1항, 법 시행규칙 제15조).

준공인가신청서에는 사업시행자인 조합, 설계자, 시공자 및 공사감리자, 사업위치, 공사착공일, 공사완료일, 건축물개요(주용도, 주요구조, 세대수, 층수) 등이 기재된다. 사업시행자는 법 제57조 즉 사업시행계획인가에 따라 의제되는 인·허가 등에 대한 준공인가, 사용승인 등의 의제를 받으려는 경우에는 준공인가를 신청하는 때에 해당 법률에서 정하는 관계 서류를 함께 제출하여야 한다(법 제85조 제1, 2항).

2. 시장·군수등의 심사

준공인가신청을 받은 시장·군수등은 지체 없이 준공검사를 실시하여야 하고, 이 경우 시장·군수등은 효율적인 준공검사를 위하여 필요한 때에는 관계 행정기관·공공기관·연구기관, 그 밖의 전문기관 또는 단체에게 준공검사의 실시를 의뢰할 수 있다(법 제83조 제2항). 시장·군수등은 우선 관련 서류의 검토 및 현지조사를 실시한다.

시장·군수등은 준공인가를 함에 있어 법 제57조에 따라 의제되는 인·허가등에 따른 준공검사·사용승인 등에 해당하는 사항이 있는 때에는 미리 관계 행정기관의 장과 협의하여야 한다. 관계 행정기관의 장은 협의를 요청받은 날부터 10일 이내에 의견을 제출하여야 한다. 관계 행정기관의 장이 위 기간 내에 의견을 제출하지 아니하면 협의가 이루어진 것으로 본다(법 제85조 제3 내지 5항).

위 협의간주 규정은 법이 2021. 3. 16. 법률 제17943호로 개정되어 신설되었는데, 이는 정비사업의 신속한 처리와 일선 행정기관의 적극행정을 유도하기 위함이 목적이다.

3. 준공인가 및 공사완료의 고시

시장·군수등은 준공검사를 실시한 결과 인가받은 사업시행계획대로 완료되었다고 인정되는 때에는 준공인가를 하고 공사의 완료를 해당 지방자치단체의 공보에 고시하여야 한다(법 제83조 제3항). 일반적으로 서울시 00구 고시 제000호로 준공인가 및 공사완료고시가 이루어진다. 시장·군수등은 준공인가를 한 때에는 시행규칙 [별지 제11호 서식] '준공인가증'에 정비사업의 종류 및 명칭, 정비사업시행구역의 위치 및 명칭, 사업시행자의 성명 및 주소, 준공인가의 내역[사업위치, 공사착공일, 공사완료일, 건축물의 개요(주용도, 세대수, 주요구조, 층수)] 등을 기재하여 사업시행자에게 교부한다(법 시행령 74조 제2항, 법 시행규칙 제15조 제2항).

시장·군수등은 준공인가를 해당 지방자치단체의 공보에 고시함에 있어서도 정비사업의 종류 및 명칭, 정비구역의 위치 및 명칭, 사업시행자의 성명 및 주소, 준공인가의 내역 등을 포함하여 고시하여야 한다(법 시행령 74조 제4항). 사업시행자는 준공인가증을 교부받은 때에는 그 사실을 분양대상자에게 지체 없이 통지하여야 한다(법 시행령 제74조 제3항).

Ⅳ. 준공인가의 효과[43]

1. 의제된 인·허가등에 대한 준공인가 등 의제

사업시행계획인가에 따라 의제되는 인·허가등에 대한 준공검사·준공인가·사용검사·사용승인 등에 관하여는 준공인가 고시가 있는 경우 시장·군수등이 관계 행정기관의 장과 협의한 사항은 해당 준공검사·인가 등을 받은 것으로 본다(법 제85조 제1항).

시장·군수등이 천재지변이나 그 밖의 불가피한 사유로 긴급히 정비사업을 시행할 필요가 있다고 인정하여 관계 행정기관의 장 및 교육감 또는 교육장과 협의를 마치기 전에 사업시행계획인가를 통하여 의제되었던 인·허가등에 대하여도 마찬가지이다(법 제85조 제6항). 사업시행자가 위와 같은 준공검사·인가등을 의제받기 위해서는 준공인가 신청하는 때에 해당 법률에서 정하는 관계 서류를 함께 제출하여야 하고, 시장·군수등의 관계 행정기관의 장과 협의에 관하여는 간주규정이 존재함은 앞서 본 바이다.

2. 수분양자 입주가능

가. 원 칙

건축주가 건축허가를 받은 건축물의 건축공사를 완료한 후 당해 건축물을 사용하려면 허가권자에게 감리완료보고서 등을 첨부하여 사용승인을 신청하여야 한다(건축법 제22조 제1항). 시장·군수등이 사업시행계획인가에 따라 의제되는 인·허가등에 대한 사용승인 등에 관하여 관계 행정기관의 장과 협의한 사항은 준공인가가 고시된 경우 해당 사용승인 등을 받은 것으로 본다고 규정함은 앞서 본 바이고, 여기에는 건축법상의 사용승인도 포함된다.

따라서 건축법상의 사용승인 서류가 제출되어 협의가 이루어졌다면, 준공인가 (건축법상의 사용승인)에 의하여 신축 건물의 사용이 가능하므로, 시공을 위하여 정비구역 밖으로 이주하였던 수분양 조합원들은 준공인가 이후 신축건물에 입주

---

43) 관리처분계획을 수립하지 아니하는 정비사업의 경우, 정비구역의 지정은 제83조에 따른 준공인가의 고시가 있은 날의 다음 날에 해제된 것으로 보고, 그 경우 지방자치단체는 해당 지역을 국토계획법에 따른 지구단위계획으로 관리하여야 하나(법 제84조 제1항), 재개발·재건축사업에서 관리처분계획을 수립하지 아니하는 경우를 찾기 어려우므로, 이는 이전고시에서 살펴본다.

하여 이를 사용할 수 있다. 준공인가를 받지 아니하고 건축물 등을 사용한 자와 다음에서 살펴볼 시장·군수등의 사용허가를 받지 아니하고 건축물을 사용한 자는 법 제138조 제1항 제3호에 의하여 1년 이하의 징역 또는 1천만원 이하의 벌금이라는 형사처벌을 받게 된다.

건축법 제22조 제2항에 따라 사용승인(다른 법령에 따라 사용승인으로 의제되는 준공검사·준공인가 등 포함)이 이루어지면 시장·군수등은 사용승인된 내용에 따라 건축물대장을 생성해야 한다(건축물대장의 기재 및 관리 등에 관한 규칙 제12조 제1항 제1호). 따라서 이전고시 이전이더라도 준공인가가 이루어지면 신축 건물의 건축물대장이 생성된다.

시장·군수등이 사업시행자의 준공인가신청을 심의하면, 주로 사업시행계획의 내용 중 정비기반시설의 설치 등이 이행되지 아니하거나 불충분한 경우가 많고, 그 경우 사업시행자에게 보완을 명하게 된다. 이때 사업시행자는 입주가 시급한 관계로 공동주택이나 부대복리시설 부분에 대한 준공 전 사용허가를 신청하는 경우가 흔히 있다.

나. 예 외

⑴ 조합은 준공인가 전 건축물의 사용을 위해서는 법 시행규칙 [별지 제12호 서식] '준공인가 전 사용허가신청서'를 시장·군수등에게 제출하여야 한다(법 시행령 제75조 제2항, 시행규칙 제15조 제3항). 준공인가 전 사용허가신청서의 기재내용은 준공인가신청서와 동일하다.

⑵ 시장·군수등은 준공인가를 하기 전이라도 완공된 건축물이 사용에 지장이 없는 등 대통령령으로 정하는 기준 즉, 완공된 건축물에 전기·수도·난방 및 상·하수도 시설 등이 갖추어져 있어 해당 건축물을 사용하는 데 지장이 없을 것, 완공된 건축물이 관리처분계획에 적합할 것, 입주자가 공사에 따른 차량통행·소음·분진 등의 위해로부터 안전할 것 등에 적합한 경우에는 입주예정자가 완공된 건축물을 사용할 수 있도록 사업시행자에게 허가할 수 있다(법 제83조 제5항, 시행령 제75조 제1항).

⑶ 시장·군수등은 위와 같이 사용허가를 하는 때에는 동별·세대별 또는 구획별로 사용허가를 할 수 있다(법 시행령 제75조 제3항).

3. 정비사업의 목적달성과 관련한 효과

정비사업은 원칙적으로 토지등소유자가 조합원이 되어 자신의 종전자산을 출자하고 공사비 등을 투입하여 신 주택 등을 건축한 후 이를 분배받는 것이 목적이므로, 건물의 완공으로 이전고시 및 청산을 제외하고는 사실상 정비사업의 목적이 달성된 것이다. 이에 따른 효과에 관하여 살펴본다.

가. 주식회사의 외부감사에 관한 법률 제3조의 규정에 의한 감사인의 회계감사

조합은 일반적으로 정관에 준공인가신청일까지 납부 또는 지출된 금액이 14억원 이상인 경우에 준공검사의 신청일부터 7일 이내 주식회사의 외부감사에 관한 법률 제3조의 규정에 의한 감사인의 회계감사를 받아야 한다고 규정하고 있다(표준정관 제32조 제4항 제3호).

나. 준공인가 후 1년 이내 해산

조합은 일반적으로 정관에 준공인가를 받은 날로부터 1년 이내에 이전고시 및 건축물 등에 대한 등기절차를 완료하고 총회를 소집하여 해산 의결을 하여야 한다고 규정하고 있다(표준정관 제61조 제1항).

V. 준공인가와 정비기반시설

1. 정비기반시설의 소유권 귀속

사업시행자는 관할 지방자치단체의 장과의 협의를 거쳐 정비구역에 정비기반시설을 설치하여야 한다(법 제96조). 정비기반시설계획은 기본계획의 내용에 포함된다(법 제5조 제1항 제5호). 정비계획의 입안권자는 정비기반시설 및 국·공유재산의 귀속 및 처분에 관한 사항이 포함된 정비계획을 입안하려면 미리 해당 정비기반시설 및 국·공유재산의 관리청의 의견을 들어야 하며(법 제15조 제4항), 정비기반시설의 설치계획은 정비계획의 내용에 포함된다(법 제9조 제1항 제3호, 법 시행령 제8조 제3항 제6호).

사업시행계획서에는 정비사업의 시행으로 용도가 폐지되는 정비기반시설 및 새로 설치할 정비기반시설이 조서 및 도면, 감정평가서와 설치비용계산서가 그 내용으로 포함되며(법 제52조 제1항 제13호, 법 시행령 제47조 제1항 제10호, 제11호), 관리처분계획서에는 용도폐지되는 정비기반시설의 종류 및 규모, 신설되는 정비기반시설의 종류, 규모, 설치비용, 관리청이 특정하여 기재된다(법 시행규칙 별지 제9호 서식인 관리처분계획인가신청서).

한편, 정비사업의 시행으로 조성된 대지 및 건축물은 관리처분계획에 따라 처분 또는 관리하여야 하는바(법 제79조 제1항), 정비기반시설은 준공인가가 이루어지면 관리처분계획에 따른 처분이 완성된다. 즉, 준공인가에 의하여 사업시행자가 정비사업의 시행으로 새로 설치한 정비기반시설은 그 시설을 관리할 국가 또는 지방자치단체에 무상으로 귀속되고, 정비사업의 시행으로 용도가 폐지되는 국가 또는 지방자치단체 소유의 정비기반시설은 사업시행자가 새로 설치한 정비기반시설의 설치비용에 상당하는 범위에서 그에게 무상으로 양도된다(법 제97조 제2항).[44]

위 제97조 제2항 후단(용도폐지되는 정비기반시설의 사업시행자에 대한 무상귀속) 규정은 강행규정으로서, 이에 반하는 부관이나 매매계약이 무효임은 사업시행계획인가 부분에서 자세히 살펴보았다[제6편 제6장 Ⅲ. "2. 부관(정비기반시설)" 참조].

이하에서는 사업시행자의 건설공사에 따라 새로이 설치되는 정비기반시설의 완공 및 종전 정비기반시설의 폐지에 따른 소유권 취득의 법적 성질, 취득시기 및 그에 따른 관련 법률상의 쟁점에 대하여 살펴본다.

2. 정비기반시설 관련 소유권 취득의 법적 성질

가. 법적 성질

⑴ 법률의 규정에 의한 물권취득

㈎ 사업시행자에 의하여 새로이 설치된 정비기반시설에 대하여 법 제97조 제2항 전단 규정에 따라 당연히 국가 또는 지방자치단체에 무상귀속되는 것으로 한 것은 공공시설의 확보와 효율적인 유지·관리를 위하여는 국가 등에게 그 관리권

---

44) 시장·군수등 또는 토지주택공사등이 사업시행자인 경우에는 정비사업의 시행으로 새로 정비기반시설을 설치하거나 기존의 정비기반시설을 대체하는 정비기반시설을 설치한 경우에는 국유재산법 및 공유재산법에도 불구하고 종래의 정비기반시설이 사업시행자에게 당연히 무상으로 귀속되는 점에서 차이가 있다(법 제97조 제1항).

과 함께 소유권까지 일률적으로 귀속시킬 필요가 있었기 때문이다. 한편, 그로 인한 사업시행자의 재산상 손실을 합리적인 범위 안에서 보전해 주기 위하여 법 제97조 제2항 후단 규정에 따라 새로 설치한 정비기반시설의 설치비용에 상당하는 범위 안에서 용도폐지 되는 정비기반시설을 사업시행자에게 무상양도 하도록 강제함으로써 형평을 기하고 있다.[45]

따라서 사업시행자가 정비사업의 시행으로 새로 설치한 정비기반시설이 그 시설을 관리할 국가 또는 지방자치단체에 무상으로 귀속되거나 폐지되는 정비기반시설의 소유권이 사업시행자에게 무상으로 양도되는 것은 법률행위로 인한 부동산 물권취득이 아니라 민법 제187조의 법률의 규정에 의한 부동산 물권취득이다.[46]

(나) 사업시행자가 정비사업의 시행으로 정비기반시설을 설치하면 법 제97조 제5항이 규정한 취득시기에 소유권보존등기를 경료할 필요 없이 정비기반시설을 구성하는 토지와 시설물의 소유권이 그 시설을 관리할 국가 또는 지방자치단체에 직접 원시적으로 귀속된다. 한편 폐지되는 정비기반시설을 구성하는 토지등은 사업시행자에게 무상으로 양도되어 사업시행자는 대가의 출연 없이 무상으로 이를 취득하되, 신설된 정비기반시설과는 달리 소유권을 창설적으로 취득한다고 볼 수 없고, 단지 무상으로 승계취득한다(위 2017두66824 판결).

(2) 법 제87조 제3항에서의 보류지에 정비기반시설용지의 포함 여부

(가) 법 제79조 제1항은 정비사업의 시행으로 조성된 대지 및 건축물은 관리처분계획에 따라 처분 또는 관리하여야 한다고 규정하고 있다. 법 제87조 제3항은 법 제79조 제4항에 따른 보류지와 일반에게 분양하는 대지 또는 건축물은 도시개발법 제34조에 따른 보류지 또는 체비지로 본다고 규정하고 있고, 도시개발법 제34조 제1항은 시행자는 도시개발사업에 필요한 경비에 충당하거나 규약·정관·시행규정 또는 실시계획으로 정하는 목적을 위하여 일정한 토지를 환지로 정하지 아니하고 보류지로 정할 수 있으며, 그 중 일부를 체비지로 정하여 도시개발사업에 필요한 경비에 충당할 수 있다고 규정하고 있다.

---

45) 대법원 2019. 4. 3. 선고 2017두66824 판결.
46) 대법원 1999. 4. 15. 선고 96다24897 전원합의체 판결 등 참조.

따라서 도시개발법상 체비지는 사업시행자가 사업경비 충당의 목적으로 환지로 정하지 아니하고 직접 취득하여 매각하는 토지이고, 보류지는 사업경비 충당 목적 이외에 사업계획이 정하는 목적을 위하여 환지로 정하지 아니한 토지로서 공공시설용지를 포함함이 상당하므로,[47] 법 제87조 제3항에서의 보류지에 정비기반시설용지가 포함되는지 여부가 문제된다.

(나) 법 제87조 제3항은 "법 제79조 제4항에 따른 보류지와 일반에게 분양하는 대지 또는 건축물"이라고 규정하고 있고, 법 제79조 제4항은 "분양신청을 받은 후 잔여분이 있는 경우에는 정관등 또는 사업시행계획으로 정하는 목적을 위하여 그 잔여분을 보류지(건축물을 포함한다)로 정하거나 조합원 또는 토지등소유자 이외의 자에게 분양한다."고 규정하고 있으며, 서울시 조례 제44조는 "사업시행자는 주택 등을 공급하는 경우 분양대상자의 누락 · 착오 및 소송 등에 대비하기 위하여 법 제79조 제4항에 따른 보류지(건축물을 포함한다)를 확보하여야 한다."라고 규정하고 있으므로, 법 제87조 제3항의 보류지는 조합원 분양분 중 분양신청하지 않은 잔여분을 의미하므로 정비기반시설용지가 포함되지 않음이 명백하다. 따라서 도시개발법 제34조에 따른 보류지 규정이 적용되지 아니한다.

나. 사업시행자의 취득세 납부의무

지방세법 제6조 제1호는 취득세의 과세대상인 취득을 '매매 등과 그 밖에 이와 유사한 취득으로서 원시취득, 승계취득 또는 유상 · 무상의 모든 취득'으로 정의하고 있다. 제11조 제1항은 부동산 취득의 세율을 상속으로 인한 취득 이외의 무상 취득은 1천분의 28(제2호), 원시취득은 1천분의 28(제3호), 제1호 내지 제6호 이외의 원인으로 인한 농지 외의 부동산에 대한 취득[제7호 (나)목]은 1천분의 40으로 각 정하고 있다. 사업시행자가 폐지되는 정비기반시설을 구성하는 부동산을 취득한 것은 무상의 승계취득에 해당하므로, 상속으로 인한 취득 이외의 무상취득에서 정한 세율을 적용한 취득세 등을 납부할 의무가 있다.[48]

---

47) 대법원 2006. 9. 14. 선고 2005두333 판결 등 참조.
48) 대법원 2019. 4. 3. 선고 2017두66824 판결.

3. 정비기반시설의 취득시기

가. 문제의 소재

법 제97조 제2항에 의한 정비기반시설의 취득은 법률의 규정에 의한 부동산 물권취득이므로, 그 취득시기가 중요하다. 왜냐하면 그 취득시기에 따라 점유의 적법 또는 사용료 발생여부 등이 문제되고, 취득세의 부과제척기간 도과여부도 문제된다.

나. 쟁 점

⑴ 규정

법 제97조 제5항은 "사업시행자는 관리청에 귀속될 정비기반시설과 사업시행자에게 귀속 또는 양도될 재산의 종류와 세목을 정비사업의 준공 전에 관리청에 통지하여야 하며, 해당 정비기반시설은 그 정비사업이 준공인가 되어 관리청에 준공인가통지를 한 때에 국가 또는 지방자치단체에 귀속되거나 사업시행자에게 귀속 또는 양도된 것으로 본다."고 규정하고 있다. 위 규정의 해석과 관련하여 학설이 대립한다.

⑵ 학설

㈎ 사업시행자의 해당 관리청에 대한 준공인가통지 시

법 제97조 제5항의 해석상 해당 정비기반시설은 관리청에 준공인가 통지를 한 때에 소유권이 국가 등 또는 사업시행자에게 귀속되는데, 후단의 해석상 통지의무는 사업시행자에게 있으므로, 사업시행자가 해당 관리청에 대한 준공인가 통지를 한 때로 보아야 한다.

㈏ 시장·군수등의 해당 관리청에 대한 준공인가통지 시

법 제97조 제5항의 해석상 준공인가권자인 시장·군수등의 해당 관리청에 대한 준공인가통지 시이다.

㈐ 시장·군수등의 준공인가고시 시

정비사업의 시행으로 정비기반시설이 설치되면 준공인가고시와 동시에 당해 정비기반시설을 구성하는 토지와 시설물의 소유권이 그 시설을 관리할 국가 또는 지방자치단체에 직접 원시적으로 귀속되고, 폐지되는 정비기반시설에 대한 소유권도 그때 사업시행자가 취득한다.

(3) 판례(대법원 2020. 1. 16. 선고 2019두53075 판결)

대법원은 '정비사업이 준공인가 되어 관리청에 준공인가통지를 한 때인 2015. 8. 28.이 소유권취득일'이라는 원심을 긍정하였다. 그러나 원심인 대구고등법원 2019. 8 30. 선고 2018누4312 판결 및 그 하급심인 대구지방법원 2018. 8. 17. 선고 2017구합24235 판결은 시장·군수등이 해당 관리청에 준공인가를 통지한 것인지, 사업시행자가 준공인가를 통지한 것인지를 특정하지 아니하고, 구체적인 통지일자도 특정함이 없이 준공인가고시일인 2015. 8. 28. 무렵 통지되었음을 전제로 하고 있다.

(4) 결론(준공인가 시)

(가) 구 도시계획법(2000. 7. 1. 법률 제6243호로 전부개정되기 전의 것)
① 규정

구 도시계획법 제83조 제1항은 "행정청이 제25조의 규정에 의한 실시계획의 인가 또는 제4조의 규정에 의한 허가를 받아 새로이 공공시설을 설치하거나 기존의 공공시설에 대체되는 공공시설을 설치한 경우에는 국유재산법 및 지방재정법등의 규정에 불구하고 종래의 공공시설은 인가 또는 허가를 받은 자에게 무상으로 귀속되고, 새로이 설치된 공공시설은 그 시설을 관리할 행정청에 무상으로 귀속된다."고 규정한다.

그리고 제2항은 "행정청이 아닌 자가 제25조의 규정에 의한 실시계획의 인가 또는 제4조의 규정에 의한 허가를 받아 새로이 설치한 공공시설은 그 시설을 관리할 행정청에 무상으로 귀속되며, 도시계획사업 또는 토지의 형질변경등의 시행으로 인하여 그 기능이 대체되어 용도가 폐지되는 행정청의 공공시설은 국유재산법 및 지방재정법등의 규정에 불구하고 그가 새로 설치한 공공시설의 설치비용에 상당하는 범위안에서 그 인가 또는 허가를 받은 자에게 이를 무상으로 양도할 수 있다."고 규정한다.

또한, 제6항은 "행정청이 아닌 자는 제2항의 규정에 의하여 그에게 양도되거나 관리청에 귀속될 공공시설에 관하여 도시계획사업 또는 토지의 형질변경등의 공사가 완료되기 전에 당해 시설의 관리청에 그 종류 및 토지의 세목을 통지하여야 하며, 그 사업 또는 공사가 완료되어 준공검사를 마친 후에 관리청에 사업 또는 공사의 완료통지를 함으로써 해당 공공시설은 제2항에 규정된 자에게 각각 귀속되거나 양도된 것으로 본다."고 규정한다.

② 판례(대법원 1999. 4. 15. 선고 96다24897 전원합의체 판결)

행정청이 아닌 사업시행자가 그 공공시설을 관리할 지방자치단체장에게 도시계획사업의 완료(준공검사) 후에 사업완료통지를 하지 아니하였고, 그 사이에 공공시설을 설치한 부지가 타인에게 경락되어 소유권 이전등기까지 마쳐진 사건에서, 도시계획사업의 시행으로 공공시설이 설치되면 그 사업완료(준공검사)와 동시에 당해 공공시설을 구성하는 토지와 시설물의 소유권이 그 시설을 관리할 국가 또는 지방자치단체에 직접 원시적으로 귀속되고, 위 제6항은 공공시설에 관한 개별법의 관리권 귀속규정과 달리 관리권 귀속에 관한 일반적 규정으로 이해하여야 할 것이지 권리귀속에 관한 기준시점을 규정한 것이라고 볼 것은 아니라고 판시하였다.

㈏ 2000. 7. 1. 법률 제6243호로 구 도시계획법의 전부 개정

① 구 도시계획법 제52조 제1항은 "개발행위허가를 받은 자가 행정청인 경우 개발행위허가를 받은 자가 새로이 공공시설을 설치하거나 기존의 공공시설에 대체되는 공공시설을 설치한 때에는 국유재산법 및 지방재정법의 규정에 불구하고 새로이 설치된 공공시설은 그 시설을 관리할 관리청에 무상으로 귀속되고, 종래의 공공시설은 개발행위허가를 받은 자에게 무상으로 귀속된다."고 규정한다.

제2항은 "개발행위허가를 받은 자가 행정청이 아닌 경우 개발행위허가를 받은 자가 새로이 설치한 공공시설은 그 시설을 관리할 관리청에 무상으로 귀속되며, 개발행위로 인하여 용도가 폐지되는 공공시설은 국유재산법 및 지방재정법의 규정에 불구하고 새로이 설치한 공공시설의 설치비용에 상당하는 범위안에서 개발행위허가를 받은 자에게 무상으로 이를 양도할 수 있다."고 규정한다.

또한, 제5항은 "개발행위허가를 받은 자가 행정청인 경우 개발행위허가를 받은 자는 개발행위가 완료되어 준공검사를 마친 때에는 해당 시설의 관리청에 공공시

설의 종류 및 토지의 세목을 통지하여야 한다. 이 경우 공공시설은 그 통지한 날에 당해 시설을 관리할 관리청과 개발행위허가를 받은 자에게 각각 귀속된 것으로 본다."고 규정한다.

그리고 제6항은 "개발행위허가를 받은 자가 행정청이 아닌 경우 개발행위허가를 받은 자는 제2항의 규정에 의하여 관리청에 귀속되거나 그에게 양도될 공공시설에 관하여 개발행위가 완료되기 전에 당해 시설의 관리청에 그 종류 및 토지의 세목을 통지하여야 하고, 준공검사를 한 특별시장·광역시장·시장 또는 군수는 그 내용을 당해 시설의 관리청에 통보하여야 한다. 이 경우 공공시설은 준공검사를 받음으로써 당해 시설을 관리할 관리청과 개발행위허가를 받은 자에게 각각 귀속되거나 양도된 것으로 본다."고 규정한다.

② 위 전원합의체 판결 이후 전부개정된 구 도시계획법은 개발행위 허가받은 자가 행정청이 아닌 경우에는 개발행위 완료 전에 당해 시설의 관리청에 그 종류 및 세목을 통지하되, 준공검사 이후에는 준공검사한 행정청이 당해 시설의 관리청에 통보하여야 하고, 그 경우 준공검사 받음으로써 각각 소유권이 귀속되거나 양도된 것으로 본다고 규정하여 개발행위 허가받은 자가 행정청이 아닌 경우의 준공검사 이후의 통지절차 및 소유권 귀속이나 취득시기를 입법적으로 해결하였고, 위 규정은 현재 국토계획법 제65조에 동일하게 규정하고 있다.

㈐ 도시정비법의 규정

법은 제정 시부터 현재까지 일관되게 제97조 제1항은 "시장·군수등 또는 토지주택공사등이 정비사업의 시행으로 새로 정비기반시설을 설치하거나 기존의 정비기반시설을 대체하는 정비기반시설을 설치한 경우에는 국유재산법 및 공유재산법에도 불구하고 종래의 정비기반시설은 사업시행자에게 무상으로 귀속되고, 새로 설치된 정비기반시설은 그 시설을 관리할 국가 또는 지방자치단체에 무상으로 귀속된다."고 규정한다.

그리고 제2항은 "시장·군수등 또는 토지주택공사등이 아닌 사업시행자가 정비사업의 시행으로 새로 설치한 정비기반시설은 그 시설을 관리할 국가 또는 지방자치단체에 무상으로 귀속되고, 정비사업의 시행으로 용도가 폐지되는 국가 또는 지방자치단체 소유의 정비기반시설은 사업시행자가 새로 설치한 정비기반시설의 설치비용에 상당하는 범위에서 그에게 무상으로 양도된다."고 규정한다.

또한, 제5항은 "사업시행자는 제1항부터 제3항까지의 규정에 따라 관리청에 귀속될 정비기반시설과 사업시행자에게 귀속 또는 양도될 재산의 종류와 세목을 정비사업의 준공 전에 관리청에 통지하여야 하며, 해당 정비기반시설은 그 정비사업이 준공인가되어 관리청에 준공인가통지를 한 때에 국가 또는 지방자치단체에 귀속되거나 사업시행자에게 귀속 또는 양도된 것으로 본다."고 규정한다.

㈑ 제97조 제5항의 해석

정비기반시설의 부동산(물권) 취득시기는 준공인가 시로 보아야 한다. 그 논거는 다음과 같다.

① '해당 정비기반시설은 그 정비사업이 준공인가되어 관리청에 준공인가통지를 한 때'의 의미에 관하여 살펴보면, 위 조항은 구 도시계획법(2000. 7. 1. 법률 제6243호로 전부개정되기 전의 것) 제83조 제6항과 달리 준공인가통지의 주체가 사업시행자인지 여부가 명확하지 않으나, 전단과의 조화로운 해석상 이는 사업시행자로 보아야 하고, 위 도시정비법 규정은 2000. 7. 1. 법률 제6243호로 전부개정되기 이전의 도시계획법 규정을 도입한 것으로 보인다.

② 실제로 도시정비법은 준공인가권자인 시장·군수등이 준공검사를 실시한 결과 정비사업이 인가받은 사업시행계획대로 완료되었다고 인정되는 때에는 준공인가를 하고 공사의 완료를 해당 지방자치단체의 공보에 고시하며, 사업시행자에게 준공인가증을 교부할 뿐, 별도로 새로이 설치되는 정비기반시설을 관리하거나 폐지되는 정비기반시설의 해당 국가 또는 지방자치단체나 그 관리청에 통지하는 어떠한 규정도 없다.

③ 행정청이 아닌 개발행위자가 준공검사결과를 통지하지 않는 경우의 문제점을 고려하여 2000. 7. 1. 법률 제6243호로 전부개정되어 구 도시계획법 제52조 제6항은 명시적으로 준공검사권자가 이를 통지하도록 규정하고, 위 96다24897 전원합의체 판결 및 2000. 7. 1. 법률 제6243호로 전부개정된 구 도시계획법의 개정 법령 및 현행 국토계획법의 규정은 '공공시설은 준공검사를 받음으로써' 소유권이 귀속된다고 규정하고 있다.

4. 도시정비법 제97조 제2항 후단에 의하여 사업시행자에게 무상양도되는 범위

가. 사업시행계획인가 시에 확정

정비사업의 시행으로 법 제97조 제2항에 따라 용도가 폐지되는 정비기반시설의 조서·도면 및 그 정비기반시설에 대한 둘 이상의 감정평가업자의 감정평가서와 새로 설치할 정비기반시설의 조서·도면 및 그 설치비용 계산서는 사업시행계획서의 필수적 기재사항이고, 사업시행계획 인가권자인 시장·군수등은 정비기반시설의 귀속 및 양도에 관한 사항이 포함된 정비사업을 시행하거나 그 시행을 인가하려는 경우에는 미리 그 관리청의 의견을 들어야 하고 인가받은 사항을 변경하려는 경우에도 마찬가지임은 앞서 본 바이다. 결국 시장·군수등이 용도폐지 되는 정비기반시설 해당 국·공유지 소유자 또는 관리청의 의견을 들어 이를 인가하였으므로, 사업시행계획인가에 의하여 설치할 정비기반시설 및 그 설치비용, 폐지되는 정비기반시설 및 가액이 확정된다.

행정청이 사업시행계획을 인가하면서 위 제97조 제2항에 반하여 폐지되는 정비기반시설에 대하여 매수의 부관을 붙이거나 별도의 용적률 완화를 조건으로 부관을 붙이더라도 그 부관이 무효임은 제6편 제6장 Ⅲ. "2. 부관(정비기반시설)"에서 자세히 살펴보았다.

나. 폐지되는 정비기반시설 가액이 설치 비용을 초과하는 경우

재개발사업 중 주택정비형 재개발사업은 정비기반시설이 열악한 지역에서의 주거환경개선사업이므로 새로 설치되는 정비기반시설이 폐지되는 정비기반시설보다 훨씬 많은 것이 일반적이고, 도시정비형 재개발사업이나 정비기반시설이 양호한 지역에서의 주거환경개선사업인 재건축사업의 경우에도 또한 마찬가지이므로, 일반적으로 정비사업의 시행으로 용도가 폐지되는 국가 또는 지방자치단체 소유의 정비기반시설은 사업시행자에게 무상으로 귀속된다. 다만 극히 이례적으로 폐지되는 정비기반시설 및 가액이 새로 설치되는 정비기반시설 및 그 설치비용을 초과하는 경우에는 시장·군수등은 사업시행자에 대하여 준공인가를 통지하면서 그 차액에 대한 청산금을 부과하게 된다.

다. 법 제97조 제2항 후단에 의하여 사업시행자에 무상양도되는 범위

법 제97조 제2항 후단은 강행규정인바, 실무상 사업시행자에게 무상양도되는 정비기반시설의 범위가 중요하므로, 그에 관하여 살펴본다. 종래 정비사업의 시행으로 용도가 폐지되는 국가 또는 지방자치단체 소유의 정비기반시설 중 사업시행자에게 무상양도 되는 것으로 주로 문제되는 것은 도로이다.

(1) 객관적 요건

(개) 현행 규정의 내용

법 제97조 제3항은 사업시행자에게 무상양도되는 정비기반시설에 해당하는 도로에 관하여, 국토계획법 제30조에 따라 도시·군관리계획으로 결정되어 설치된 도로(제1호), 도로법 제23조에 따라 도로관리청이 관리하는 도로(제2호), 도시개발법 등 다른 법률에 따라 설치된 국가 또는 지방자치단체 소유의 도로(제3호), 그 밖에 공유재산법에 따른 공유재산 중 일반인의 교통을 위하여 제공되고 있는 부지. 이 경우 부지의 사용 형태, 규모, 기능 등 구체적인 기준은 시·도조례로 정할 수 있다(제4호)라고 규정하고 있다. 제4호와 관련하여 서울시 조례 제54조 제1항은 공유재산 중 사업시행자에게 무상으로 양도되는 도로는 일반인의 통행에 제공되어 실제 도로로 이용하고 있는 부지를 말한다고 규정하고 있다.

무상양도의 대상이 되는 정비기반시설에 해당하는 도로에 공유재산 중 일반인의 교통을 위하여 제공하고 있는 부지 즉, 현황이 도로인 부지가 포함된다는 규정은 도시정비법이 2015. 9. 1. 법률 제13508호로 개정되면서 처음으로 도입되었지만, 당시에는 사업시행자가 시장·군수등 또는 토지주택공사등인 경우에 한하여 적용되었고, 민간이 사업시행자인 경우에는 적용되지 않았다. 그 후 법이 2017. 2. 8. 법률 제14567호로 전부개정되면서 위 조항은 민간이 사업시행자인 경우에도 적용하되(법 제97조 제3항 제4호), 다만 부칙 제21조로 위 법률의 시행(2018. 2. 9.) 이후 최초로 사업시행계획인가를 신청하는 경우부터 적용된다고 규정하고 있다.

㈏ 2017. 2. 8. 법률 제14567호로 전부개정되기 이전 규정 및 쟁점

① 개관적 요건

㉮ 문제의 소재

구 법 제65조 제2항은 현재의 법 제97조 제2항과 동일한 내용이고, 무상양도의 범위를 정한 현행 제97조 제3항은 존재하지 않았다. 위와 같이 정비사업의 시행으로 인하여 용도가 폐지되는 국가 또는 지방자치단체 소유의 정비기반시설 중 도로의 의미와 관련하여 아무런 규정이 없으므로, 관련 법령상의 도로의 의미로 해석되어야 한다.

국토계획법 제30조에 의하여 도시관리계획으로 결정되어 설치된 국가 또는 지방자치단체 소유의 정비기반시설인 '도로'이거나 도로법 제23조에 따라 도로관리청이 관리하는 '도로'이든 모두 도로의 설치에는 법정 절차가 필요한데, 모든 법정 절차가 이행되어 완료된 것만을 의미하는 것인지 또는 그와 같은 절차가 모두 이행되지 않더라도 현황이 도로인 경우 즉, 국·공유재산 중 일반인의 교통을 위하여 제공하고 있는 부지가 포함되는지 여부가 문제된다.

㉯ 판례(공용개시행위 필요)

판례는 현황이 도로의 형태를 갖추고 있는 것만으로는 부족하고, 사업시행계획인가 전에 반드시 국토계획법상의 법정절차(도시계획시설사업결정, 사업시행계획인가, 수용절차)가 모두 구비되어야 하고, 도로법에 따라 노선의 지정·인정 공고와 도로구역 결정·고시가 반드시 필요하다고 판시하였다.[49] 왜냐하면 그와 같은 행위가 있어야 비로소 공용개시행위가 있다고 볼 수 있어 도로로 인정되기 때문이다.

따라서 정비구역 내에 있는 토지로서 도로관리청이 노선인정 공고 등을 하지 않았거나, 설령 노선인정 공고가 있었다 하더라도, 도로법령의 규정에 따라 도로로 사용 또는 수용할 토지의 지번 및 소유자 등을 특정하여 도로구역으로 결정·고시한 적이 없는 '현황도로'는 도시정비법 제97조 제2항에 정한 '정비사업으로 인하여 용도가 폐지되는 정비기반시설'에 해당하지 않는다.[50]

---

49) 대법원 2018. 5. 11. 선고 2015다41671 판결, 대법원 2000. 2. 25. 선고 99다54332 판결, 대법원 2019. 6. 27. 선고 2016다241072 판결.

50) 대법원 2011. 2. 24. 선고 2010두22498 판결, 대법원 2019. 6. 27. 선고 2016다241072 판결.

⑵ 시기적 요건

사업시행계획인가 이전에 국토계획법상의 도시관리계획으로 결정되어 설치되거나 도로법에 따라 노선의 지정·인정 공고와 도로구역 결정·고시를 거쳐 설치되어야 한다.[51] 왜냐하면 용도 폐지되는 정비기반시설 부지를 포함하여 사업시행자가 매입할 국·공유지의 대상 및 그 가액은 사업시행계획인가 시에 확정되기 때문이다. 다만 종전 사업시행계획을 대체하는 새로운 사업시행변경계획의 경우에는 변경된 사업시행계획인가 시가 기준이 된다.

⑶ 증명책임

무상으로 양도되는 정비기반시설이라는 사실에 관한 증명책임은 이를 주장하는 사업시행자가 부담한다.[52]

⑷ 국가 또는 지방자치단체의 항변 관련

신설되는 정비기반시설의 소유권이 국가에 귀속됨에 반해, 폐지되는 정비기반시설의 소유자가 지방자치단체인 경우, 당해 지방자치단체로서는 정비사업으로 정비기반시설의 소유권을 상실하나, 그에 따른 신설 정비기반시설의 소유권을 전혀 취득할 수 없음을 들어 무상양도에 대하여 다툴 수 있는지 여부가 문제된다.

법 제97조 제2항의 규정이 반드시 '정비사업의 시행으로 새로이 설치된 정비기반시설이 귀속되는 국가 또는 지방자치단체'와 '정비사업의 시행으로 용도가 폐지되어 무상양도 되는 정비기반시설의 소유자인 국가 또는 지방자치단체'가 동일하여야 한다고 규정하고 있지 아니하고, 달리 위 조항을 위와 같이 한정하여 해석할 근거가 없으므로 이를 다툴 수 없다.[53]

---

51) 대법원 2008. 11. 27. 선고 2007두24289 판결.
52) 대법원 2015. 10. 29. 선고 2012두19410 판결.
53) 서울고등법원 2020. 5. 7. 선고 2019나2028612 판결(확정, 다른 쟁점으로 상고심에서 파기되었을 뿐이다).

5. 폐지되는 정비기반시설의 사업시행자에 대한 귀속과 관련한 쟁점

가. 문제의 소재

시장 · 군수등으로부터 사업시행계획인가를 받을 때 무상양도의 대상인 국가 또는 지방자치단체 소유의 정비기반시설(주로 도로 등이다)이 확정되고 그 용도가 폐지된다(법 제98조 제4, 5항). 그 경우 사업시행자가 정비사업 시행기간 동안 해당 정비기반시설에 대한 대부료(사용료) 또는 변상금을 납부하여야 하는지 여부가 문제된다.

법 제97조 제5항은 폐지되는 정비기반시설의 사업시행자로의 소유권 귀속시기를 사업시행계획인가 시(나아가 철거가 가능한 관리처분계획인가 시로 본다면 아무런 문제가 없다)가 아니라 정비사업이 준공인가되어 관리청에 준공인가통지를 한 때에 사업시행자에게 귀속 또는 양도된 것으로 본다고 규정하고 있기 때문이다(귀속시기에 관하여는 앞서 본 바와 같이 해석상 준공인가 시로 봄이 타당하다).

법 제97조 제7항(정비사업의 시행으로 용도가 폐지되는 국가 또는 지방자치단체 소유의 정비기반시설의 경우 정비사업의 시행 기간 동안 해당 시설의 대부료는 면제된다)이 2017. 2. 8. 법률 제14567호로 신설되어 현재 위와 같은 문제는 입법적으로 해결되었다. 그러나 부칙에서 위 신설 조항의 소급적용에 대한 명확한 경과규정을 두지 않았으므로 부칙 제1조에 따른 개정법의 시행일인 공포 후 1년이 경과한 2018. 2. 9. 이후부터 위 신설 규정이 적용된다.[54] 따라서 위 2018. 2. 9. 이전의 정비사업 시행으로 용도가 폐지되는 국가 또는 지방자치단체 소유의 정비기반시설의 경우 사업시행자가 정비사업 시행기간 동안 해당 시설의 사용료를 납부하여야 하는지 여부가 여전히 문제된다.

나. 판 단

(1) 국유재산법 및 공유재산법

국유재산법 및 공유재산법상 '변상금'이란 국 · 공유재산에 대한 사용허가나 대부계약 없이 국 · 공유재산을 사용 · 수익하거나 점유한 자에게 부과되는 금액이고(국유재산법 및 공유재산법 각 제2조 제9호), 사용허가란 국 · 공유재산을 행정청이

---

54) 대법원 2021. 7. 15. 선고 2019다269385 판결.

일정기간 유상 등으로 사용·수익할 수 있도록 허가하는 것을 말한다(국유재산법 제30조. 공유재산법 제20조).

(2) 재개발사업

(개) 구 법(2017. 2. 8. 법률 제14567호로 전부개정되기 전의 것) 제32조 제1항은 사업시행계획인가를 받은 때에는 도로법 제61조에 의한 점용허가(3호), 국유재산법 제30조에 따른 사용허가[재개발사업(개정 전의 주택재개발사업 및 도시환경정비사업)으로 한정한다, 제12호], 공유재산법 제20조에 따른 사용·수익허가[재개발사업(개정 전 주택재개발사업 및 도시환경정비사업, 제13호]를 받은 것으로 본다고 규정하고 있고, 같은 조 제6항은 제1항에 따라 인·허가등을 받은 것으로 보는 경우에는 관계 법률 또는 시·도조례에 따라 해당 인·허가등의 대가로 부과되는 수수료와 해당 국·공유지의 사용 또는 점용에 따른 사용료 또는 점용료를 면제한다고 규정하고 있다.

위 국·공유지의 사용 또는 점용에 따른 사용료 또는 점용료 면제에 대한 규정은 2012. 2. 1. 법률 제11293호로 처음 도입되었다.

(내) 2012. 2. 1. 법률 제11293호 법률개정 이전에도 구 법 제32조 제1항 제12호, 제13호는, 위 법에 따른 사업시행자가 사업시행계획인가를 받은 때에는 개정 전 주택재개발사업 및 도시환경정비사업에 한하여 국유재산법 제24조의 규정에 의한 사용·수익허가 및 지방재정법 제82조의 규정에 의한 사용·수익허가를 받은 것으로 본다고 규정하면서, 같은 조 제6항에서는 제1항의 규정에 의하여 다른 법률에 의한 인·허가 등이 있은 것으로 보는 경우에는 관계 법률 또는 시·도조례에 의하여 당해 인·허가 등의 대가로 부과되는 '수수료 등'은 이를 면제한다고 규정하고 있었고, 여기에 점용료 등이 포함되는 것인지 여부가 문제되었다.

이에 대하여 판례는 2012. 2. 1. 법률 제11293호로 개정된 법 제32조 제6항은 구 법의 같은 조항에 '해당 국유지·공유지의 사용 또는 점용에 따른 사용료 또는 점용료'라는 문구를 추가하는 것으로 개정되어 그 문언의 해석상 면제 대상이 추가·확대된 것으로 보이는 점, 위 2012. 2. 1. 법률 제11293호로 개정된 부칙의 시행과 관련한 경과규정, 입법과정에서의 제안 이유 등에 비추어, 구 법 제32조 제6항에 의하여 면제되는 '수수료 등'에는 이 사건 도로의 점용 등으로 인한 점용료가

포함된다고 볼 수 없다고 판시하였다.[55]

㈐ 결국 재개발사업의 시행자는 2012. 2. 1. 법률 제11293호 개정 법률에 의하여 처음으로 원칙적으로 도로를 포함하여 사업시행기간 동안 해당 시설의 사용료를 납부할 필요가 없게 되었다.[56] 따라서, 2012. 2. 1. 법률 제11293호 개정 법률이 시행되기 이전의 사안에서는 어떠한 법률규정도 없는 아래 재건축의 경우와 동일하다 할 것이다.

(3) 재건축사업

㈎ 2012. 2. 1. 법률 제11293호로 제정된 구 법 제32조 제6항의 적용 제외 사업시행계획인가가 있으면 앞서 본 바와 같이 도로점용허가가 의제되고(구 법 제32조 제1항 제3호), 2012. 2. 1. 법률 제11293호로 개정된 제32조 제6항이 재개발사업 및 재건축사업의 제한 없이 '점용료'를 면제한다고 규정하고 있으므로, 폐지되는 정비기반시설이 도로인 경우에는 재건축사업의 경우에도 점용료(사용료)가 면제된다고 해석될 여지가 있고(도로점용허가는 재건축·재개발 모두 의제되나, 도로를 제외한 공원부지 등 나머지 정비기반시설은 재건축사업의 경우 국·공유재산법상 사용허가 또는 사용수익허가가 인정되지 아니하므로 제외), 실제로 일부 행정청은 도로에 대하여는 사용료 또는 점용료를 부과하고 있지 않는 경우도 있다.

그러나 2012. 2. 1. 법률 제11293호의 입법과정에서의 제안 이유 및 주요 내용에 따르면, 2012. 2. 1. 법률 제11293호로 개정된 제32조 제6항은 주택재개발사업 등의 원활한 추진을 지원하기 위하여 제안되었고, 그 지원방법으로 정비사업에 대하여 다른 법률에 따른 인·허가 등을 받은 것으로 보는 경우 관계 법령에 따라 부과되는 해당 국유지·공유지의 점용료·사용료를 면제하는 내용을 추가한 것으로서, 주택재건축사업이 제외됨을 명확히 한 점, 같은 조 제6항의 점용을 도로에 국한하여 적용될 수는 없고, 위 점용의 개념은 국유지·공유지 사용 및 점용의 개념으로 이해되는 점, 재개발사업의 경우에는 재건축사업과 달리 공익성이

55) 대법원 2015. 10. 15. 선고 2013두19677 판결.
56) 당시 부칙 제1조(시행일)에서 "이 법은 공포 후 6개월이 경과한 날부터 시행한다. 다만 제32조 제6항의 개정규정은 공포한 날부터 시행한다."고 규정하고, 부칙 제7조 (국유지·공유지 사용 및 점용에 관한 적용례)는 "제32조 제6항의 개정규정은 이 법 시행 후 최초로 사업시행계획인가를 신청하는 분부터 적용한다."고 따로 규정하였다.

중대하여 해당 국·공유지의 점용료·사용료를 면제하여 주는 점 등을 종합하여 보면, 재건축사업의 경우 도로부지에 대하여도 점용료가 면제되는 것으로 해석될 수는 없다. 따라서 사업시행자는 도로를 포함한 일체의 정비기반시설에 대하여 원칙적으로 2012. 2. 1. 이후에도 정비사업 시행기간 동안 해당 시설의 사용료를 일응 납부할 의무가 있다.

㈏ 행정청의 사용료 징수방법

① 쟁점

재건축사업의 시행으로 용도가 폐지되는 국가 또는 지방자치단체 소유의 정비기반시설은 준공인가가 있어야 비로소 소유권이 사업시행자에게 귀속되므로, 해당 정비기반시설의 관리청은 사업시행자로부터 정비사업 시행기간 동안 해당 시설에 대하여 일응 사용료를 납부 받아야 한다(정비기반시설 중 도로가 보편적이므로 이를 기준으로 살펴본다).

그 경우 도로점용료 부과처분을 할 수 있는지, 변상금 부과처분을 할 수 있는지, 또는 대부계약체결로 의제될 수 있는지, 민사상 부당이득반환청구는 가능한 것인지 여부에 관하여 살펴본다.

② 도로점용료 부과처분 여부(불가)

㉮ 쟁점

앞서 본 바와 같이 구 법 제32조 제1항 제3호는 사업시행자는 사업시행계획인가를 받은 때에는 도로법 제61조에 따른 도로점용허가를 받은 것으로 의제한다고 규정하고 있고, 도로법 제66조는 도로관리청은 도로점용허가를 받아 도로를 점용하는 자로부터 점용료를 징수할 수 있다고 규정하고 있으므로, 국유지의 경우 국토교통부장관, 공유지의 경우 시장 등은 사업시행자에게 일응 도로점용료를 부과할 수 있는 것으로 보이기는 한다.

㉯ 판단(불가)

관할 행정청은 도로점용료 부과처분을 할 수 없다. 그 논거는 다음과 같다.

ⓐ 국·공유재산은 행정재산(공용재산, 공공용재산, 기업용재산, 보존용재산으로 구분되는데, 그 중 공공용재산은 국가나 지방자치단체가 직접 공공용으로 사용하는 등의 재산을 말한다)과 행정재산 외의 모든 국·공유재산인 일반재산으로 구분된다.

행정재산은 처분하지 못하고, 다만 그 용도나 목적에 장애가 되지 아니하는 범위에서 사용허가만 가능한 반면, 일반재산은 행정재산과 달리 사용·수익허가의 대상이 될 수 없고 대부계약의 대상이 될 뿐으로, 행정재산을 대상으로 하는 사용·수익허가 및 사용료 부과처분과는 그 적용대상과 근거법률 및 법률효과를 달리하는 별개이다. 행정재산이라고 하더라도 그 용도가 폐지되면 행정재산으로서의 성질을 상실하여 일반재산이 되므로, 그에 대한 국·공유재산법상의 제한이 소멸되고, 강학상 특허에 해당하는 행정재산의 사용·수익에 대한 허가는 그 효력이 소멸된다.

ⓑ 구 법 제66조 제4항은 "정비구역안의 국·공유 재산은 국유재산법 제9조 또는 공유재산법 제10조에 따른 국유재산관리계획 또는 공유재산관리계획과 국유재산법 제43조 및 공유재산법 제29조에 따른 계약의 방법에도 불구하고 사업시행자 또는 점유자 및 사용자에게 다른 사람에 우선하여 수의계약으로 매각 또는 임대할 수 있다."고, 구 법 제66조 제5항은 "제4항의 규정에 의하여 다른 사람에 우선하여 매각 또는 임대할 수 있는 국·공유재산은 국유재산법·지방재정법 그 밖에 국·공유지의 관리와 처분에 관하여 규정한 관계 법령의 규정에 불구하고 사업시행계획인가의 '고시'가 있은 날부터 종전의 용도가 폐지된 것으로 본다."고 각 규정하고 있다.

위 각 규정에 따르면 정비구역안의 도로, 공원 부지 등 정비기반시설의 부지는 사업시행계획인가의 고시일에 용도폐지 되어 일반재산이 된다. 도로 용도를 폐지하고 재건축아파트의 부지 등 일반재산으로 사용하게 되면 구 도로법이 정한 도로로서의 기능을 상실하게 되므로 이에 대한 점용허가는 더 이상 불가능하다. 또한 도로에 대한 점용허가처분을 하였을 경우에 인정되는 점용료 부과처분과 같은 침익적 행정처분의 근거가 되는 행정법규는 엄격하게 해석·적용되어야 하므로, 일반재산에 관하여 대부계약을 체결하고 그에 기초하여 대부료를 징수하는 절차를 거치는 대신 관리청의 처분에 의하여 일방적으로 점용료를 부과할 수 있다고 해석하는 것은 행정의 법률유보원칙과 행정법관계의 명확성원칙에도 반한다.[57]

---

[57] 대법원 2015. 2. 26. 선고 2012두6612 판결, 도로가 용도폐지로 일반재산이 된 경우에 용도폐지 되기 이전에 의제된 점용허가의 효력은 소멸되므로, 그때부터 관리청은 도로법의 소정 조항을 근거로 점용료를 부과할 수 없다(대법원 2015. 11. 12. 선고 2014두5903 판결).

공유재산법 제33조 제2항도 "다른 법률에 따른 사용료 또는 점용료의 납부대상인 행정재산이 용도 폐지 등의 사유로 이 법에 따른 대부료 납부대상으로 된 경우 그 대부료 산출에 관하여는 제33조 제1항을 준용한다."고 규정하여 이를 명확히 하고 있다.

ⓒ 따라서 도로관리청이 이론상으로는 사업시행자에 대하여 (사업시행계획인가로 인하여 도로점용허가가 의제되어 조합은 인가 시부터 도로를 점용하는 것이 가능하므로) 사업시행계획인가 시부터 고시일까지 단 며칠간만 도로점용료를 부과할 수 있으나, 통상적으로는 공사의 실제 착공일에서야 사업시행자가 도로를 처음 점유하기 시작할 것이므로, 결국 도로점용료 부과처분은 불가능하다.

③ 변상금부과처분(불가)

㉮ 문제의 소재

사업시행계획인가 고시가 있은 날부터 정비구역 내 도로, 공원 부지 등은 용도 폐지 되어 일반재산이 된다. 특정인이 일반재산에 대하여 일정기간 사용·수익하려면 국가 또는 지방자치단체와 대부계약을 체결하여야 한다.

한편, '변상금'이란 관할 행정청이 대부계약 없이 국·공유재산을 사용·수익하거나 점유한 자(사용허가나 대부계약 기간이 끝난 후 다시 사용허가나 대부계약 없이 국유재산을 계속 사용·수익하거나 점유한 무단점유자 포함)에게 부과하는 금액을 말하는바, 이 경우 정비사업시행자는 대한민국(또는 해당 지방자치단체)과 대부계약을 체결하기 전에 이미 정비구역 내 도로를 비롯한 정비기반시설 등을 점유·사용하고 있으므로, 관할 행정청이 사업시행자에게 일응 변상금을 부과할 수 있는 것으로 볼 여지가 있기는 하다.

문제는 국유재산법 제72조 제1항은 중앙관서의 장등은 무단점유자에 대하여 대통령령으로 정하는 바에 따라 그 재산에 대한 사용료나 대부료의 100분의 120에 상당하는 변상금을 징수한다고 규정하고 있고, 공유재산법 제81조 제1항도 지방자치단체의 장은 사용·수익허가나 대부계약 없이 공유재산 또는 물품을 사용·수익하거나 점유를 한 자에 대하여 대통령령으로 정하는 바에 따라 공유재산 또는 물품에 대한 사용료 또는 대부료의 100분의 120에 해당하는 금액을 징수한다고 규정하고 있다. 실질적인 측면에서 볼 때 위와 같이 변상금은 과다한 사용료의 납부를 전제로 함에도, 관할 행정청이 사업시행자와 사이에 대부계약체결과 관련한 어떠한 절차도 거치지 않고 곧바로 변상금 부과처분을 한다면 사업시행자에게 가혹한 측면이 있다. 이하에서는 법리적으로 타당성 여부를 검토한다.

㉯ 쟁점

변상금 부과처분은 국 · 공유재산에 대한 점유나 사용 · 수익 그 자체가 법률상 아무런 권원 없이 이루어진 경우에는 정상적인 대부료나 사용료를 징수할 수 없기 때문에 그 대부료나 사용료 대신에 변상금을 부과하는 취지이므로, 점유나 사용 · 수익을 정당화할 법적 지위에 있는 자에 대하여는 그 적용이 없다. 그러한 자에 대한 변상금 부과처분은 당연 무효라고 할 것이다.[58] 따라서 쟁점은 사업시행자가 정비구역 내 도로 등의 점유나 사용 · 수익을 정당화할 법적 지위에 있는 자에 해당하는지 여부이다.

㉰ 판단(점유나 사용 · 수익을 정당화할 법적 지위 긍정)

사업시행자가 아무런 점유 권원 없이 정비구역 내 도로 · 공원부지에 대한 점유를 개시하였다거나 도로부지 등에 대하여 점유 · 사용할 정당한 권한이 없다고 볼 수 없으므로, 관할 행정청은 변상금 부과처분을 할 수 없다.[59] 그 논거는 다음과 같다. 다만, 관할 행정청이 사업시행계획인가조건에서 도로부지 등을 비롯한 행정재산 등에 대하여 점유 또는 사용금지나 그와 관련한 제한이나 조건을 설정한 경우는 예외로 보아야 할 것이다(위 2007다51536 판결 등 참조).

ⓐ 일반재산에 대하여 무단 점유를 하였을 경우에 인정되는 변상금 부과처분과 같은 침익적 행정처분의 근거가 되는 행정법규는 엄격하게 해석 · 적용되어야 한다. 그런데 재건축사업시행자는 도로 · 공원부지를 사업부지에 포함하여 재건축사업을 시행하겠다는 내용의 사업시행계획을 수립한 후 이를 시장 · 군수등에 제출하여 인가가 이루어져 도로, 공원부지가 정비사업을 위한 사업부지로 사용되고 있다(인가과정에서 시장 · 군수등은 정비기반시설의 관리청의 의견을 들어 결정한다). 그럼에도 불구하고 무단점유자에 대한 징벌적 · 제재적 의미가 포함된 변상금을 부과함은 부당하다.

ⓑ 법상 사업시행계획인가가 고시되면 건축허가가 의제되어 사업시행자에게

---

58) 대법원 2007. 12. 13. 선고 2007다51536 판결, 2007. 6. 14. 선고 2007두3688 판결 등 참조.
59) 서울행정법원 2008. 10. 8. 선고 2008구합10485 판결(항소심에서 관할 행정청은 변상금부과처분을 직권취소하였다).

사업구역 부지 내에서 공사에 착수할 수 있는 공법적 지위가 부여되고, 정비기반
시설의 부지는 사업시행계획인가로 인하여 용도가 폐지되면 일반재산이 되고, 사
업시행자 등이 다른 사람에 우선하여 수의계약으로 매수하거나, 향후 사업시행자
측에 무상으로 소유권이 귀속될 것이 예정되어 있다.

④ 대부계약체결

㉮ 대부계약체결의무

'대부계약'이란 제3자가 일반재산을 국가(해당 지방자치단체)와 사이에 일정 기
간 사용·수익할 수 있도록 체결하는 계약을 말한다. 일반재산에 대한 대부계약을
체결하였을 때에는 대통령령으로 정하는 요율과 산출방법에 따라 매년 대부료를
징수한다(공유재산법 제32조 제1항). 다른 법률에 따른 사용료 또는 점용료의 납부
대상인 행정재산이 용도 폐지 등의 사유로 공유재산법에 따른 대부료 납부대상으
로 된 경우 그 대부료 산출에 관하여는 제33조 제1항을 준용한다(공유재산법 제33
조 제2항). 따라서 사업시행계획인가 고시 이후 사업시행자가 도로 등 정비기반시
설 부지를 정당하게 사용하기 위해서는 국가 또는 해당 지방자치단체와 대부계약
을 체결해야 하고, 그에 따라 대부료를 납부할 의무가 있다.[60]

실무상 국가 또는 해당 지방자치단체는 사업시행계획인가고시 이후 사업시행
자에게 도로 등 정비기반시설 부지 등에 대하여 대부계약체결을 신청할 것을 예
상 대부료 액수와 함께 안내하고, 이에 따라 사업시행자는 국가 또는 해당 지방자
치단체와 대부계약을 체결하게 된다. 문제는 사업시행자가 대부계약 체결을 거절
하는 경우이다. 현행 법상 대부계약 체결을 강제할 수 있는 규정이 없으므로, 만
일 사업시행자가 대부계약체결을 거절한다면, 대부료를 부과할 수 없다.

㉯ 대부계약체결 간주여부(불가)

ⓐ 문제의 소재

정비구역 내 도로, 공원부지 등은 사업시행계획인가 고시일에 용도폐지되어 일
반재산이 되는바, 사업시행자가 그와 같은 도로, 공원부지 등을 점유함에 있어 정

---

60) 사업시행자가 국가(해당 지방자치단체)와 사이에 대부계약을 체결하고 대부료를 납부하였다가, 대
부계약체결은 강행규정위반이나 불공정한 법률행위로서 무효임을 전제로 대부료 상당의 부당이득반
환을 청구한 사건에서, 사업시행자가 정비사업 시행을 위해 기반시설 부지 등에 관하여 대부계약
을 체결하고, 대부료를 지급할 의무가 있다고 판시하였다(대법원 2021. 7. 15. 선고 2019다269385
판결).

당한 권한이 없다고 볼 수 없으므로, 국가 등은 대부계약체결을 통하여 사용료 징수만이 가능하다. 그런데 사업시행자가 대부계약체결을 거절하는 경우 이를 강제할 방법이 없으므로 도로, 공원부지 등에 관하여 사업시행계획인가 고시일에 대부계약이 체결된 것으로 간주될 수 있는지 여부가 검토된다.

ⓑ 간주규정

국유재산법에는 다음과 같이 대부계약으로 전환되었다는 간주규정이 있다.

즉, 국유재산법 제8조 제1항은 "총괄청(기획재정부장관)은 국유재산에 관한 사무를 총괄하고 그 국유재산을 관리·처분한다."라고 규정하고, 제5항은 "총괄청의 행정재산의 관리·처분에 관한 사무는 그 일부를 중앙관서의 장에게 위임할 수 있다."라고 규정하며, 제22조 제1항은 "총괄청은 중앙관서의 장에게 그 소관에 속하는 국유재산의 용도를 폐지하거나 변경할 것을 요구할 수 있으며 그 국유재산을 관리전환하게 하거나 총괄청에 인계하게 할 수 있다."라고 규정하고, 제23조는 "총괄청은 용도를 폐지함으로써 일반재산으로 된 국유재산에 대하여 필요하다고 인정하는 경우에는 그 처리방법을 지정하거나 이를 인계받아 직접 처리할 수 있다."라고 규정하며, 제40조 제1항은 "중앙관서의 장은 대통령령으로 정하는 기준에 따라 행정재산의 용도를 폐지한다."라고 규정하고, 제2항은 "중앙관서의 장은 용도를 폐지한 때에는 그 재산을 지체 없이 총괄청에 인계하여야 한다."라고 규정한다.

위 국유재산법의 규정과 국유재산법 시행규칙 제14조 제4항(사용허가 중인 행정재산이 용도폐지 되어 총괄청에 인계되는 경우 해당 재산에 대한 사용허가는 대부계약으로 전환된 것으로 본다)의 규정을 종합하면, 중앙관서의 장이 총괄청의 위임으로 행정재산에 대한 관리·처분의 사무를 맡아 행정재산에 대하여 사용허가를 하였다가 용도폐지로 이를 총괄청에 인계하게 되는 경우, 예외적으로 용도폐지된 행정재산에 관하여 대부계약으로 전환된 것으로 간주함으로써 총괄청의 관리·처분을 용이하게 하고 있다. 위 조항을 유추적용하여 사업시행자와 사이에 정비구역 내 도로, 공원부지 등에 관하여 사업시행계획인가 고시일에 대부계약체결이 간주된 것으로 해석할 수 있는지 여부가 쟁점이다.

ⓒ 판례

대부계약체결 간주규정은 예외조항으로서 엄격히 해석되어야 할 것인바, 도로,

공원부지 등은 사업시행계획인가 고시일에 용도폐지 되어 일반재산으로 되었을 뿐, 사용허가권자인 관할 행정청이 이를 상위 관리청 등에 인계한 경우에 해당하지 아니하므로, 위 국유재산법령의 입법취지상 국유재산법 시행규칙 제14조 제4항을 공유재산인 공원부지 등 정비기반시설에 준용하거나 유추적용할 수 없다.[61]

⑤ 민사상 부당이득반환청구 가능

㉮ 문제의 소재

국유재산 중 일반재산에 관한 법률관계는 사경제주체로서 국가, 지방자치단체를 거래 당사자로 하는 것이어서 사법의 적용을 받는 것이 원칙인바, 도로 등 정비기반시설 부지에 대하여 사업시행자가 대부계약 체결을 거절하여 대부료를 징수할 수는 없고, 또한 변상금 부과처분을 하지 못하는 경우 민사상 부당이득반환청구는 가능한지 여부가 문제된다.

㉯ 판단

사업시행자에게 도로 등의 점유나 사용·수익을 정당화할 법적 지위가 있기는 하나, 그와 같은 법적 지위에 무상으로 점유나 사용·수익할 권원이 존재하는 것으로 보기 어려우므로, 민사상 부당이득청구는 가능하다.

판례도 대부계약 또는 사용·수익허가 없이 국유재산을 점유하거나 사용·수익하였지만 변상금 부과처분을 할 수 없는 때에도 민사상 부당이득반환청구권은 성립하는 경우가 있다고 판시함으로써 민사상 부당이득청구는 가능함을 전제로 하고 있는 것으로 보인다.[62]

㉰ 부당이득반환 범위(대부료 상당)

부당이득반환의 경우 수익자가 반환하여야 할 이득의 범위는 손실자가 입은 손해의 범위에 한정되고, 손실자의 손해는 사회통념상 손실자가 당해 재산으로부터 통상 수익할 수 있을 것으로 예상되는 이익 상당액이다.

판례는 국가가 일반재산으로부터 통상 수익할 수 있는 이익은 그에 관하여 대부계약이 체결되는 경우의 대부료이므로, 일반재산의 무단점유자가 반환하여야 할

---

61) 대법원 2016. 1. 28.자 2015두3652 심리불속행 판결 및 하급심인 서울고등법원 2015. 9. 15. 선고 2015누853 판결.

62) 대법원 2014. 7. 16. 선고 2011다76402 전원합의체 판결.

부당이득은 특별한 사정이 없는 한 국유재산 관련 법령에서 정한 대부료 상당액
이라고 판시하였다.[63]

---

63) 국유재산법 제47조, 제33조 제1항은 일반재산에 대하여 1년을 초과하여 계속 대부하는 경우 대부
    료의 감액 조정 조항을 두고 있기는 하나, 이는 의무적인 것이 아니고 행정청의 재량에 의하여 정
    할 수 있도록 되어 있고, 대부료의 감액 조정은 적법하게 대부계약을 체결한 후 1년을 초과하여 일
    반재산을 점유 또는 사용·수익하는 성실한 대부계약자를 위한 제도인바, 무단점유자에 대하여도
    같은 기준을 적용하여 부당이득을 산정하는 것은 대부료 조정제도의 취지에 부합하지 아니하며, 무
    단점유자가 1년을 초과하여 점유한 경우 조정대부료를 기준으로 부당이득을 산정하면, 장기간의 무
    단점유자가 오히려 대부기간의 제한을 받는 적법한 대부계약자나 단기간의 무단점유자에 비하여 이
    익을 얻는 셈이어서 형평에 반하는 점 등을 고려하면, 부당이득 산정의 기초가 되는 대부료는 조정
    대부료가 아니라 국유재산법 제47조, 제33조 제1항이 정한 일반적인 방법에 따라 산출되는 대부료
    이다.

제 9 편

현금청산대상자 및 세입자 보상

제1장　현금청산일반론

제1절　현금청산규정

I. 현금청산규정의 취지

정비사업은 정비구역 내 토지등소유자 전원이 정비사업에 참가하는 상태를 형성하여야 진행이 가능하다. 왜냐하면 정비구역 내 토지 전부가 관리처분계획에 따른 처분 또는 관리의 대상인 정비사업의 시행으로 조성되는 대지 등을 구성하기 때문이다. 정비구역 내 토지등소유자 모두가 조합원의 지위를 유지하는 경우 사업시행자로서는 정비사업을 원만하게 수행할 수 있으나, 토지등소유자 중 일부가 처음부터 조합원 지위가 없거나 조합원의 지위를 상실한 경우 사업시행자로서는 정비구역 내 토지등소유자 전원이 정비사업에 참가하는 상태를 형성하도록 하기 위하여 이들의 정비구역 내 토지등에 대한 소유권의 확보에 나아가게 된다.

법 및 조합 정관은 토지등소유자가 정비사업에의 참여를 원하지 않는 경우 이를 허용하되, 사업시행자가 그들로부터 종전자산을 취득하여 정비사업의 진행을 원하는 조합원들만으로 사업진행이 가능하게 함으로써 정비사업을 신속하고도 차질 없이 효율적으로 추진할 수 있도록 현금청산규정을 두고 있다.

현금청산과 관련하여서는 재개발·재건축사업 모두 협의에 의한 현금청산절차를 우선한다. 다만 협의가 성립되지 아니한 경우 재개발사업에서는 수용절차, 재건축사업에서는 매도청구절차로 진행된다. 현금청산은 그 전제로서 임차인에 대한 임대차보증금 반환이 선행되고, 재개발사업의 경우에는 임차인(세입자)에 대한 손실보상도 포함된다. 임차인의 임대차보증금 반환과 관련하여서는 제7편 제5장 II. "2의 다(2)(다) 임차권자 등"에서 그 요건과 효과를 자세히 살펴보았다.

Ⅱ. 규정 및 해석

1. 연 혁

가. 법 제정 전

재개발사업에 대하여 적용되는 구 도시재개발법에서는 현금청산대상자에 대한 청산금(종전권리가액)은 사업시행계획인가 고시일을 기준으로 평가하도록 하고 있었음에도 불구하고, 실제 청산은 수분양자에 대한 청산방법에 의하도록 하였다(제36조). 이에 따라 현금청산대상자에 대한 청산금이 분양처분에서야 지급됨으로써 사업시행계획인가 고시일로부터 오랜 세월이 경과할 경우 현금청산대상자에 대한 청산금에는 그 동안의 물가변동 등이 전혀 반영되지 않은 과소한 금액만 인정되는 문제가 있었다.

나. 제정 당시

법 제정 이전의 현금청산대상자에 대한 청산이 갖는 위와 같은 문제점을 고려하여 사업시행자는 분양신청을 하지 아니한 자, 분양신청을 철회한 자, 관리처분계획에 의하여 분양대상에서 제외된 자 등에 대하여 그 해당하게 된 날부터 150일 이내에 토지·건축물 또는 그 밖의 권리에 대하여 현금으로 청산하여야 한다고 규정하였다(법 제47조).

위 제정 당시 규정에 대하여는 해당하게 된 날의 의미가 불명확하다는 비판과 만일 사업시행자가 위 기간까지 지급하지 아니하는 경우의 지연손해금에 대한 규정이 없다는 비판이 있었다.

다. 2012. 2. 1. 법률 제11293호로 개정

법 제47조
① 사업시행자는 토지등소유자가 다음 각 호의 어느 하나에 해당하는 경우에는 다음 각 호의 구분에 따른 날부터 150일 이내에 대통령령으로 정하는 절차에 따라 토지·건축물 또는 그 밖의 권리에 대하여 현금으로 청산하여야 한다.
  1. 분양신청을 하지 아니한 자 또는 분양신청기간 종료 이전에 분양신청을 철회한 자: 제46조 제1항에 따른 분양신청기간 종료일의 다음 날

> 2. 제48조에 따라 인가된 관리처분계획에 따라 분양대상에서 제외된 자: 그 관리처분계획의 인가를 받은 날의 다음 날
>
> ② 사업시행자는 제1항에 따른 기간 내에 현금으로 청산하지 아니한 경우에는 정관등으로 정하는 바에 따라 해당 토지등소유자에게 이자를 지급하여야 한다.

앞서의 비판을 수용하여 개정이 이루어졌다.

라. 2013. 12. 24. 법률 제12116호로 개정

> **법 제47조**
>
> ① 사업시행자는 분양신청을 하지 아니한 자, 분양신청기간 종료 이전에 분양신청을 철회한 자 또는 제48조에 따라 인가된 관리처분계획에 따라 분양대상에서 제외된 자에 대해서는 관리처분계획 인가를 받은 날의 다음 날로부터 90일 이내에 대통령령으로 정하는 절차에 따라 토지·건축물 또는 그 밖의 권리에 대하여 현금으로 청산하여야 한다.
>
> ② 사업시행자는 제1항에 따른 기간 내에 현금으로 청산하지 아니한 경우에는 정관등으로 정하는 바에 따라 해당 토지등소유자에게 이자를 지급하여야 한다.

현금청산기간이 대폭 늦추어졌는데, 이는 관리처분계획인가 이전에는 분양수입이 없어 현금청산금 등을 자체 조달하기 어려운 사업시행자의 특수성과 부동산 경기 침체로 인한 사업성 악화로 현금청산이 증가하고 있던 당시 상황 등을 고려하여 정비사업 추진을 원활하게 하기 위한 것이다. 이는 사업시행자의 재원 마련과 관련하여 편의를 제공하려는 입법정책적 배려로 보인다.[1]

마. 2017. 10. 24. 법률 제14943호로 개정

> **법 제47조(분양신청을 하지 아니한 자 등에 대한 조치)**
>
> ① 사업시행자는 분양신청을 하지 아니한 자, 분양신청기간 종료 이전에 분양신청을 철회한 자, 제46조 제3항 본문에 따라 분양신청을 할 수 없는 자 또는 제48조에 따라 인가된 관리처분계획에 따라 분양대상에서 제외된 자에 대해

---

1) 헌재 2020. 9. 24. 선고 2018헌바239 결정.

서는 관리처분계획 인가를 받은 날의 다음 날로부터 90일 이내에 대통령령으로 정하는 절차에 따라 토지·건축물 또는 그 밖의 권리에 대하여 현금으로 청산하여야 한다.

② 사업시행자는 제1항에 따른 기간 내에 현금으로 청산하지 아니한 경우에는 정관등으로 정하는 바에 따라 해당 토지등소유자에게 이자를 지급하여야 한다.

법이 2017. 10. 24. 법률 제14943호로 개정되어 제46조 제3항 즉 "투기과열지구에서의 정비사업에서 관리처분계획에 따라 수분양 조합원이나 일반분양받은 자 및 그 세대에 속한 자는 분양대상자 선정일부터 5년 이내에는 투기과열지구에서 분양신청을 할 수 없다."는 규정이 새롭게 도입되었으므로, 위와 같은 분양신청을 할 수 없는 자에 대한 현금청산 규정을 마련하였다.

2. 현행 규정

법 제73조(분양신청을 하지 아니한 자 등에 대한 조치)

① 사업시행자는 관리처분계획이 인가·고시된 다음 날부터 90일 이내에 다음 각 호에서 정하는 자와 토지, 건축물 또는 그 밖의 권리의 손실보상에 관한 협의를 하여야 한다. 다만, 사업시행자는 분양신청기간 종료일의 다음 날부터 협의를 시작할 수 있다.

1. 분양신청을 하지 아니한 자
2. 분양신청기간 종료 이전에 분양신청을 철회한 자
3. 제72조 제6항 본문에 따라 분양신청을 할 수 없는 자
4. 제74조에 따라 인가된 관리처분계획에 따라 분양대상에서 제외된 자

② 사업시행자는 제1항에 따른 협의가 성립되지 아니하면 그 기간의 만료일 다음 날부터 60일 이내에 수용재결을 신청하거나 매도청구소송을 제기하여야 한다.

③ 사업시행자는 제2항에 따른 기간을 넘겨서 수용재결을 신청하거나 매도청구소송을 제기한 경우에는 해당 토지등소유자에게 지연일수(遲延日數)에 따른 이자를 지급하여야 한다. 이 경우 이자는 100분의 15 이하의 범위에서 대통령령으로 정하는 이율을 적용하여 산정한다.

> **법 시행령 제60조**
> ② 법 제73조 제3항 후단에서 "대통령으로 정하는 이율"이란 다음 각 호를 말한다.
>   1. 6개월 이내의 지연일수에 따른 이자의 이율: 100분의 5
>   2. 6개월 초과 12개월 이내의 지연일수에 따른 이자의 이율: 100분의 10
>   3. 12개월 초과의 지연일수에 따른 이자의 이율: 100분의 15

3. 규정의 해석

가. 2017. 2. 8. 법률 제14567호로 전부개정된 현행 규정의 특칙

도시정비법이 2017. 2. 8. 법률 제14567호로 전부개정되기 전에는 사업시행자는 관리처분계획인가를 받은 날의 다음날부터 90일 이내에 현금으로 청산하여야 하고, 위 기간 내에 청산하지 아니한 경우에는 정관등으로 정하는 바에 따라 토지등소유자에게 이자를 지급하여야 한다는 규정만 존재하였으나, 위 전부개정으로 90일 이내에 협의가 성립되지 아니하면 사업시행자는 60일 이내에 수용재결을 신청하거나 매도청구소송을 제기하여야 하고, 위 기간을 넘겨 수용재결을 신청하거나 매도청구소송을 제기한 경우에는 지연일수의 기간에 따라 100분의 5 내지 100분의 15까지의 지연손해금을 지급하도록 하는 규정이 도입되었다.

위 규정은 토지보상법 제30조의 규정 내용을 변형하여 도시정비법에 도입한 것으로서, 현금청산대상자등의 수용재결신청 청구 유무를 불문하고 사업시행자는 반드시 60일 이내에 수용재결신청(재건축의 경우 매도청구소송제기)을 하여야 하고, 기간을 넘겨서 수용재결을 신청하거나 매도청구소송을 제기한 경우에는 해당 토지등소유자에게 지연일수에 따른 법정 지연손해금을 지급하되, 지연기간에 따라 지연손해금의 이율을 달리 규정하여 사업시행자와 현금청산대상자등의 이익을 조정하였다.

이로써 재건축사업의 현금청산대상자에게는 새로운 가중된 법정 지연손해금을 지급받을 수 있는 길이 열렸고, 재개발사업의 현금청산대상자등에게도 수용재결신청 청구와 무관하게 법정 지연손해금을 지급받을 수 있게 되었다.

한편 위 전부개정 법률의 부칙 제18조(분양신청을 하지 아니한 자 등에 대한 조

치에 관한 적용례)는 "제73조의 개정규정은 이 법 시행 후 최초로 관리처분계획인
가를 신청하는 경우부터 적용한다. 다만, 토지등소유자가 토지보상법 제30조 제1
항의 재결 신청을 청구한 경우에는 제73조의 개정규정에도 불구하고 종전의 규정
을 적용한다."고 규정하고 있다.

따라서 위와 같은 법정 지연손해금은 시행일인 2018. 2. 9. 이후 최초로 관리
처분계획인가를 신청하는 경우부터 적용되므로 현재 실무상 위 규정이 적용되지
않는 경우가 많다. 또한 위 시행일 이후라 하더라도 토지등소유자가 토지보상법
제30조 제1항의 재결신청을 청구하는 경우에는 종전 규정을 적용하므로, 사업시
행자는 현금청산대상자등으로부터 법정의 수용재결신청 청구를 받은 경우 60일
이내에 재결을 신청하지 아니하면 그 지연기간에 대하여 곧바로 소송촉진등에관
한특례법(이하 '소송촉진법'이라고 한다)상의 법정이율을 적용받게 된다.

나. 청산과 관련한 규정의 해석

(1) 청산규정의 의미

사업시행자가 정비사업을 신속하고도 차질 없이 효율적으로 추진하기 위해서
는 반드시 분양신청을 하지 아니한 자, 분양신청기간 종료 이전에 분양신청을 철
회한 자, 투기과열지구에서 이미 분양받아 다시 분양신청을 할 수 없는 자, 인가
된 관리처분계획에 따라 분양대상에서 제외된 자 등 탈퇴조합원인 현금청산대상
자들로부터 종전자산을 취득하여야 함은 앞서 본 바인바, 그 방법으로 법은 먼저
사업시행자에게 보상협의를 진행하도록 하되, 보상협의가 성립되지 아니한 경우에
는 정비사업의 공익성 정도에 따라 강제력에 의해 이를 취득하게 하거나(수용),
사적자치에 의한 계약체결 의제(매도청구)를 통하여 이를 취득하게 하고 있다.

(2) 조합원 지위 상실 시점

분양신청을 하지 아니한 자, 분양신청기간 종료 이전에 분양신청을 철회한 자,
투기과열지구에서 이미 분양받아 다시 분양신청을 할 수 없는 자, 인가된 관리처
분계획에 따라 분양대상에서 제외된 자 모두 분양신청기간 종료일 다음날 조합원
의 지위를 상실함은 앞서 본 바이다(제7편 제2장 제2절 "Ⅳ. 현금청산대상자" 참조).
사업시행자는 분양신청기간 종료일 다음날부터 위 현금청산대상자들과 협의를 시

작할 수 있다.

다. 지연손해금

(1) 청산금 지급 이행기

법이 2017. 2. 8. 법률 제14567호로 전부개정되기 이전까지 구 법의 규정은 모두 위와 같이 관리처분계획의 인가를 받은 날의 다음날부터 90일(2013. 12. 24. 법률 제12116호로 개정된 이후), 분양신청기간 종료일 다음날 등으로부터 150일 (2013. 12. 24. 법률 제12116호로 개정되기 이전) 이내에 '현금으로 청산하여야 한다.'고 규정하고 있었으므로, 그 의미와 관련하여 논란이 있었다.

판례는 관리처분계획의 인가를 받은 날(분양신청기간 종료일)의 다음날 등이 청산금 지급의무 발생일이고, 90일(또는 150일)을 지급 이행기간이라고 판시하였다. 법이 2017. 2. 8. 법률 제14567호로 전부개정된 현행 규정은 관리처분계획이 인가·고시된 다음 날부터 90일 이내에 '협의를 하여야 한다.'고 규정함으로써 사업시행자의 청산금 지급의무 발생시기는 관리처분계획이 인가·고시된 다음날이고 이행기는 그로부터 90일임을 명확히 하였다.

(2) 청산금 지급지체에 따른 지연손해금과 법 제73조 제3항의 지연손해금의 관계

(가) 문제의 소재

법 제73조는 사업시행자는 관리처분계획 인가·고시를 받은 날의 다음 날로부터 90일 이내에 협의가 성립하지 아니한 경우, 그로부터 60일 이내에 수용재결이나 매도청구소송을 제기하여야 하고, 위 기간을 넘겨 수용재결을 신청하거나 매도청구소송을 제기한 경우 법 시행령 제60조가 정한 지연손해금을 지급하도록 규정하고 있다.

한편, 법이 2017. 2. 8. 법률 제14567호로 전부개정되기 이전에는 사업시행자는 분양신청을 하지 아니한 자 등에 대하여 관리처분계획 인가를 받은 날의 다음 날로부터 90일 이내에 현금으로 청산하지 아니하는 경우 그 다음날부터 정관등으로 정하는 바에 따라 해당 토지등소유자에게 이자를 지급하여야 하는 규정을 두고 있었으나, 전부 개정된 현행 법령에서는 정관등에 따른 지연손해금 지급규정이 삭제되었으므로, 관리처분계획 인가·고시를 받은 날부터 90일 이내에 현금으로 청산하지 아니하는 경우 그 다음날부터 60일까지의 기간 동안 지연손해금이 발생하는지 여부, 만일 정관등에서 정한 지연손해금 이율이 법 시행령 제60조 제2항의 이율을 초과하는 경우 정관등에서 정한 지연손해금 이율이 적용될 수 있는지 여부가 문제된다.

(나) 반대급부 이행을 전제로 한 청산금 지급지체

종전에는 사업시행자가 현금청산대상자에게 청산금을 지급하지 아니한 채 관리처분계획이 인가된 다음 날부터 90일이 경과하면 정관등에서 정한 지연손해금이 발생한다는 명문규정이 있었으나(이는 다음에서 살펴보는 바와 같이 반대급부관계에 있는 현금청산대상자의 토지등의 소유권이 사업시행자에게 이전한 경우에 한한다), 도시정비법이 2017. 2. 8. 법률 제14567호로 전부개정 된 현행 법률에는 이 부분에 관한 명시적 규정이 없기는 하다.

그러나 사업시행자의 청산금 지급의무 발생일은 관리처분계획이 인가·고시된 다음 날이고, 그 이행기는 그로부터 90일이므로, 비록 명시적 규정은 없다 하더라도 법리상 현금청산대상자가 자신의 토지등에 대한 소유권을 이전하는 등으로 관리처분계획이 인가·고시된 다음 날부터 90일까지 반대급부를 이행하였다면 사업시행자는 그 다음날부터 청산금 지급지체에 따른 지연손해금이 발생한다 할 것이다.

그 지연손해금 비율은 정관등에서 정해져 있는 경우에는 그 이율로 하고, 정관등에 정해져 있지 않은 경우에는 민법상의 연 5%로 한다. 이는 다음에서 살펴볼 반대급부의 이행과 무관한 법 제73조 제3항의 법정 지연손해금과는 별개이다. 자세한 내용은 제3장 제1절 "Ⅱ. 현금청산금 지급지체에 따른 지연손해금"에서 살펴본다.

(다) 반대급부와 무관한 법 제73조 제3항의 법정 지연손해금

사업시행자는 현금청산대상자가 자신의 토지등에 대한 소유권이전등기를 이전하는 등의 반대급부가 없더라도, 관리처분계획이 인가·고시된 다음 날부터 90일이 경과한 다음날 이후 60일 이내에 수용재결신청(매도청구소송제기)을 하여야 하고, 만일 이를 하지 않는 경우 그로부터 6개월 이내인 경우 연 5%, 6개월 초과 12개월 이내의 경우 연 10%, 12개월 초과의 경우 연 15%의 지연손해금이 발생한다(법 제73조 제3항, 법 시행령 제60조 제2항).

이는 자신의 의사와 무관하게 토지등을 강제로 **빼앗기는** 현금청산대상자에 대한 두터운 보호를 통하여 적기의 현금청산을 보장하려는 취지이다. 토지등소유자가 토지보상법 제30조 제1항의 재결 신청을 청구한 경우에는 위 규정에도 불구하고 위 토지보상법 제30조 제1항이 적용됨은 앞서 본 바이다.

㈏ **선택적 행사**

만일 토지등소유자가 관리처분계획이 인가·고시된 다음 날부터 90일이 될 때까지 소유권이전등기를 마쳐주는 등으로 이미 반대급부를 이행한 경우, 청산금 지급지체에 대한 지연손해금과 법 제73조 제3항의 법정 지연손해금의 관계가 문제된다. 우선 관리처분계획 인가·고시를 받은 날의 다음날부터 90일 이내에 현금으로 청산하지 아니하는 경우, 그 다음날부터 60일까지의 기간 동안에는 청산금 지급지체에 대한 지연손해금만이 발생한다(정관등에서 정하고 있는 이율 또는 민법상의 연 5%).

그 이후의 지연손해금과 관련하여서는 양자의 청구권이 동시에 성립하더라도 현금청산대상자는 어느 하나만을 선택적으로 행사할 수 있을 뿐이다(제3장 제2절 Ⅵ. "2. 현금청산금 지급 지체에 따른 지연손해금과의 관계" 참조). 왜냐하면 사업시행자의 수용재결신청(매도청구소송제기) 지연가산금에는 이미 '손해 전보'라는 요소가 포함되어 있어 같은 기간에 대하여 양자의 청구권을 동시에 행사할 수 있다고 본다면 이중배상의 문제가 발생하기 때문이다.

제2절 협의(재개발·재건축사업 공통)

Ⅰ. 협의의 방법 및 절차

1. 재건축사업

사업시행자는 법 제73조 제1항에 따른 현금청산대상자와 토지등에 대한 청산금액에 관하여 협의하여 산정한다. 협의의 전제로 감정평가절차는 필요하지 않다. 임차인의 경우 임대차보증금 외에 손실보상을 받을 권리가 없으므로 별도의 협의

절차를 진행하지 아니한다.

2. 재개발사업

가. 토지, 건축물 등의 지장물, 영업손실보상

(1) 협의의 대상자

사업시행자는 법 제73조 제1항에 따른 현금청산대상자 등과 토지, 건축물 등의 지장물 또는 그 밖의 권리에 대한 청산금액에 관하여 협의하여 산정하되, 협의의 전제로 먼저 감정평가를 거쳐야 하고, 감정평가업자 선정에 관하여는 토지보상법 제68조 제1항에 따른다(법 시행령 제60조 제1항). 현금청산대상자 및 임차인에 대한 토지, 건축물 등의 지장물, 영업에 관한 각 손실보상과 관련한 협의에 대하여 살펴본다.

먼저 토지 또는 지장물에 대한 손실보상협의는 그 요건이 명확하여 특별한 문제가 없다. 그러나 영업손실보상의 경우에는 그 요건이 엄격하여 보상대상자 해당 여부와 관련하여 실무상 문제된다. 협의에 의한 영업손실보상의 대상은 현금청산대상자 또는 임차인 모두 정비계획 입안권자의 정비계획안에 대한 공람공고일 당시 영업자로서 적법한 장소에서 인적·물적시설을 갖추고 계속적으로 행하고 있는 영업이고, 영업을 행함에 있어서 관계법령에 의한 허가 등을 필요로 하는 경우에는 공람공고일 이전에 허가 등을 취득하였을 것을 요한다.

다만 무허가건축물등에서 임차인이 행하는 영업의 경우에는 비록 적법한 장소에서의 영업이 아니지만, 그 임차인이 정비계획안에 대한 공람공고일 1년 이전부터 부가가치세법 제8조에 따른 사업자등록을 하고 행하고 있는 영업의 경우에는 보상의 대상이 된다(법 시행령 제54조 제3항, 토지보상법 시행규칙 제45조 제1호 단서). 영업손실보상의 대상은 계속적 영업이므로, 협의성립 시까지 영업이 유지되어야 한다.[2] 자세한 내용은 제2장 제5절 영업손실보상에서 살펴본다. 사업시행자는 협의의 대상이 특정되면 보상의 대상에 관하여 감정평가를 진행하여야 한다.

(2) 감정평가법인 선정 방법

감정평가법인등을 선정할 때 해당 토지를 관할하는 시·도지사, 사업시행자 및

---

[2] 대법원 2010. 9. 9. 선고 2010두11641 판결.

토지등소유자는 감정평가법인등을 각 1인씩 추천할 수 있고, 3인에 의한 감정평가가 원칙이다. 그러나 사업시행자는 시·도지사와 토지등소유자가 모두 감정평가법인등을 추천하지 아니하거나 시·도지사 또는 토지등소유자 중 어느 한쪽이 감정평가법인등을 추천하지 아니하는 경우에는 2인을 선정하여 토지등 및 영업손실보상에 대한 감정평가를 의뢰하여야 한다(토지보상법 제68조 제1항).

나. 이주정착금, 주거이전비, 이사비

이주정착금, 주거이전비, 이사비도 협의의 대상이 된다.

현금청산대상자의 경우 주거이전비, 이주정착금의 지급대상이 되기 위해서는 적법한 주거용 건축물에서 협의에 의한 매매계약 체결일까지 계속하여 거주하여야 하므로(이주정착금의 경우에는 명시적 규정이 있다, 도시정비법 시행령 제54조 제1항, 토지보상법 시행령 제40조 제5항 제2호), 협의에 의한 계약체결일 이전에 이미 해당 건축물에서 이주한 경우에는 지급대상자에 해당한다고 볼 수 없다. 또한 정비계획 입안권자의 정비계획안에 대한 공람공고일 당시 당해 주거용 건축물에 거주하여야 한다. 주거용 건축물에 대한 협의계약체결일에 주거이전비(이주정착금) 청구권을 취득한다.[3]

세입자(영업보상금과 달리 주거이전비, 이사비의 경우 임차인보다 그 요건이 완화된 세입자가 그 대상이다)의 경우 주거이전비 지급대상이 되기 위해서는 정비계획 입안권자의 정비계획안에 대한 공람공고일 당시 당해 정비구역 안에서 3월 이상 거주하여야 하고, 정비사업으로 인하여 이주하여야 한다.

현금청산대상자 및 세입자에 대한 이사비는 주거이전비보다 그 요건이 완화된다. 세입자의 주거이전비 청구권, 현금청산대상자 및 세입자의 이사비 청구권은 사업시행계획인가 고시일에 발생하는바, 사업시행계획인가 고시일까지 거주하여야 하는지 여부에 관하여는 견해의 대립이 있으나, 이를 요하지 아니한다. 자세한 내용은 제4장 이주정착금, 주거이전비 및 이사비 등에서 살펴본다.

다. 재개발사업에서 용적률 완화에 따른 세입자 보상확대

(1) 사업시행자가 법 시행령 제54조의 손실보상 기준(정비계획 입안권자의 정비

---

3) 대법원 2016. 12. 15. 선고 2016두49754 판결, 대법원 2015. 2. 26. 선고 2012두19519 판결.

계획안에 대한 공람공고일을 기준으로 주거이전비 지급, 휴업손실기간 원칙적 최대 4개월, 폐업 시 손실보상기간 2년) 이상으로 세입자에게 주거이전비를 지급하거나, 영업손실을 보상하는 경우(제1호), 또는 위 시행령 제54조의 손실보상에 더하여 임대주택을 추가로 건설하거나 임대상가를 건설하는 등 추가적인 세입자 손실보상 대책을 수립하여 시행하는 경우(제2호)에는 해당 정비구역에 적용되는 용적률의 100분의 125 이하의 범위에서 대통령령으로 정하는 바에 따라 특별시·광역시·특별자치시·특별자치도·시 또는 군의 조례로 용적률을 완화하여 정할 수 있다 (법 제66조).

(2) 위와 같이 용적률 완화를 대가로 세입자에 대하여 법 시행령 제54조 규정 이상의 주거이전비, 영업손실을 보상하기로 시장·군수등과 협의하고, 그와 같은 내용의 세입자에 대한 손실보상계획이 사업시행계획의 내용이 되어 인가된 경우, 사업시행자는 세입자와의 협의를 통하여 사업시행계획 내용대로 보상을 확대하거나 확대된 보상금을 지급하여야 한다.

II. 쟁 점

1. 기준시점, 이행기

가. 2013. 12. 24. 법률 제12116호로 개정되기 이전

법이 2013. 12. 24. 법률 제12116호로 개정되기 이전에는 앞서 본 바와 같이 청산금 지급의무 발생시기는 분양신청기간 종료일 다음날이고 이행기는 그로부터 150일이다. 이는 위 150일 이내에 청산금액이 확정되었는지 여부와는 무관하다. 따라서 사업시행자가 현금청산대상자에게 현금으로 청산하는 경우 현금청산의 목적물인 토지·건축물 또는 그 밖의 권리의 가액을 평가하는 기준시점은 청산금 지급의무가 발생하는 시기인 '분양신청기간의 종료일 다음날'로 봄이 상당하다. 분양신청기간 종료 후에 발생한 분양 상황, 분양 수입금 및 사업비 지출액 등을 고려하여 현금청산금이 변동된다고 보기 위하여는 정관이나 관리처분계획 등에 이러한 취지가 명백히 표시된 규정이 필요하다고 할 것이다.[4] 현금청산대상자의 사

---

4) 대법원 2012. 5. 24. 선고 2010다15141 판결.

업비 분담에 대하여는 제6장에서 살펴본다.

나. 2013. 12. 24. 법률 제12116호로 개정 이후 현재까지

(1) 사업시행자는 분양신청기간 종료일의 다음 날부터 현금청산대상자와 사이에 협의를 시작할 수 있고 이에 따라 협의가 성립되는 경우 현금청산대상자의 토지등을 취득할 수 있으나, 원칙적으로 사업시행자의 청산금 지급의무 발생시기는 관리처분계획이 인가·고시된 다음날이고 이행기는 그로부터 90일이다. 따라서 사업시행자가 현금청산대상자에게 현금으로 청산하는 경우 현금청산의 목적물인 토지·건축물 또는 그 밖의 권리의 가액을 평가하는 기준시점은 청산금 지급의무가 발생하는 시기인 '관리처분계획이 인가·고시된 다음날'로 봄이 상당하다.

(2) 청산금 지급지체에 따른 지연손해금과 법 제73조 제3항의 지연손해금에 대하여는 앞서 자세히 살펴보았다.

다. 실 무

앞서 본 바와 같이 재개발사업의 경우 반드시 사전에 감정평가절차를 거쳐야 하는바, 재개발조합이 감정평가를 의뢰하는 경우 기준시점을 관리처분계획이 인가·고시된 다음날로 특정하는 것이 아니라 향후의 협의계약체결예정일로 특정하는 경우가 많고, 그 경우 감정평가법인은 대상물건에 대한 가격조사를 실시한 시점을 기준시점으로 하는 것이 일반적이다.

정비사업 실무상 기준시점을 위와 같은 계약체결예정일로 하는 이유는 토지보상법 제67조 제1항이 협의에 의한 보상액 산정의 시점은 협의성립 당시의 가격을 기준으로 한다는 규정 때문으로 보인다. 그러나 도시정비법 제65조 제1항은 정비사업의 시행을 위한 '수용'에 대하여는 토지보상법을 준용하나, 그 전 단계의 협의에 대하여는 아무런 준용규정이 없으므로 이는 타당하지 아니하다.

라. 분양계약체결에 응하지 아니하여 현금청산대상자가 된 경우

정관이나 총회의결로 조합원에게 현금청산대상자가 되는 기회를 추가로 부여하는 분양계약제도에 따라 조합원이 분양계약 체결기간 내에 분양계약에 응하지 하지 아니하여 현금청산대상자가 된 경우의 협의와 관련한 기준시점은 분양계약 체결기간 종료일 다음날이고, 이행기는 정관이나 총회결의로 정한 날이다.

2. 승계취득

가. 법적 성격

협의취득의 성격은 사법상 매매계약이므로 그 이행으로 인한 사업시행자의 토지등의 소유권 취득은 원시취득이 아니라 승계취득이다.

나. 재개발사업에서 토지보상법 제29조의 적용 여부

(1) 문제의 소재

재개발사업에 있어 사업시행자의 수용에 의한 토지등 소유권 취득은 원시취득이다. 이와 관련하여 토지보상법은 협의 성립의 확인제도를 두고 있다. 즉 토지보상법 제29조는 사업시행자가 토지등소유자와 사이에 협의가 성립되었을 때에는 재결 신청기간 이내에 해당 토지등소유자의 동의를 받아 관할 토지수용위원회에 협의 성립의 확인을 신청할 수 있고 절차에 따라 협의 성립이 확인되는 경우, 재결이 있었던 것으로 의제되고, 그에 따라 사업시행자는 확인대상 토지를 수용재결의 경우와 동일하게 원시취득하는 효과를 누리게 된다. 위 토지보상법 제29조의 규정이 재개발사업에도 적용될 수 있는지 여부가 문제된다.

(2) 판단(불가)

도시정비법 제65조 제1항은 '수용'에 대하여는 토지보상법을 준용하나, 그 전단계의 협의에 대하여는 토지보상법을 준용하는 규정이 없다. 따라서 토지보상법 제29조의 규정이 재개발사업에 적용될 수 없다. 사업시행자가 협의 성립 확인신청을 하는 경우 관할 토지수용위원회는 이를 반려해야 한다.

3. 동시이행관계

가. 동시이행관계

재개발·재건축사업에 있어 협의가 성립된 경우 사업시행자와 현금청산대상자 등의 상호간의 의무는 특별한 사정이 없는 한 동시이행관계에 있다.

(1) 재건축사업

사업시행자와 현금청산대상자 사이에 토지 및 건축물에 대한 협의가 성립되면, 사업시행자의 토지 및 건축물에 대한 현금청산금 지급의무와 현금청산대상자의 소유권이전등기의무 및 인도의무는 동시이행관계에 있다.

(2) 재개발사업

사업시행자와 현금청산대상자 또는 임차인(세입자)과 사이에 토지, 지장물 및 영업손실보상, 이주정착금, 주거이전비 및 이사비 등의 손실보상에 대한 협의가 성립되면, 사업시행자의 위 손실보상금 일체의 지급의무와 현금청산대상자 또는 임차인(세입자)의 소유권이전등기의무 및 인도의무는 동시이행관계에 있다.[5]

(3) 이행지체 관련

(가) 쌍무계약에 있어서 당사자의 채무에 관하여 이행의 제공을 엄격하게 요구하면 불성실한 상대 당사자에게 구실을 주게 될 수도 있으므로 당사자가 하여야 할 제공의 정도는 그 시기와 구체적인 상황에 따라 신의성실의 원칙에 어긋나지 않게 합리적으로 정하여야 하는 것이며, 부동산매매계약에서 매도인의 소유권이전등기절차 이행의무와 매수인의 매매잔대금 지급의무가 동시이행관계에 있는 한 쌍방이 이행을 제공하지 않는 상태에서는 이행지체로 되는 일이 없을 것인바, 매도인이 매수인을 이행지체로 되게 하기 위하여는 소유권이전등기에 필요한 서류 등을 현실적으로 제공하거나 그렇지 않더라도 그 서류 등을 준비하여 두고 매수인에게 그 뜻을 통지하고 수령하여 갈 것을 최고하면 된다.

(나) 甲 주택재건축조합이 정비구역 내의 부동산을 소유하고 있는 乙을 상대로 현금청산대상자라는 이유로 매도청구권을 행사하자, 乙이 위 부동산에서 퇴거한 후 변호사에게 위 부동산 관련 소유권이전등기절차 이행을 위해 필요한 등기위임장 등 서류 및 출입문 열쇠 등을 보관시키면서 부동산 관련 청산금 지급과 무관하게 언제든지 변호사로부터 위 서류 등을 수령할 수 있다는 취지의 내용증명우편을 甲 조합에 송달하였는데, 甲 조합이 위 서류 등을 수령해 가지 않자 乙이 이를 공탁한 사안에서, 통상적인 매매계약과 다르게 甲 조합의 일방적인 매도청구권

---

5) 대법원 2021. 6. 30. 선고 2019다207813 판결(이주정착금, 주거이전비 및 이사비에 대하여 사업시행자와 현금청산대상자나 세입자 사이에 협의가 성립하면 사업시행자의 주거이전비 등 지급의무와 현금청산대상자나 세입자의 부동산 인도의무는 동시이행의 관계에 있게 되나, 재결절차에 의할 때는 주거이전비 등의 지급절차가 부동산 인도에 선행되어야 함을 명확히 하였다).

행사에 따라 위 부동산에 관한 매매계약 성립이 의제되는 상황에서, 乙이 소유권이전등기 및 인도의무 이행과 관련하여 자신이 단독으로 제공할 수 있는 일체의 서류를 변호사에게 보관시키면서 甲 조합의 반대급부 제공과 무관하게 언제든지 그 서류 등을 수령할 수 있음을 통지하였고, 甲 조합이 그 수령에 응하지 않자 이를 공탁하기도 하였는바, 乙이 소유권이전등기절차 이행의사를 분명하게 밝히면서 자신이 단독으로 제공할 수 있는 서류 등에 대하여는 모두 이행제공을 한 이상, 甲 조합으로서는 소송에 의하지 아니하고 소유권이전등기를 마치기 위하여 필요한 노력을 하는 것이 마땅하므로(甲 조합으로서는 乙과 사이에 청산금에 관한 합의를 진행한 다음, 원만한 합의가 이루어지는 경우 그에 따른 매매계약서를 작성하고, 그와 같은 합의에 이르지 못하는 경우에는 일응 합리적이라고 평가될 만한 금액을 청산금으로 제시하면서 우선 그에 따라 매매계약서를 작성하여 소유권이전등기절차를 마치되 최종적인 청산금은 재판이나 별도의 감정 등을 통하여 확정하자고 요청하는 등 소송에 의하지 아니하고 소유권이전등기를 마치기 위하여 필요한 노력을 하는 것), 이를 행하지 않았다면, 乙이 위 부동산에 관한 자신의 소유권이전등기의무 및 인도의무와 관련하여 합리적인 범위 내에서 신의칙에 따라 요구되는 이행제공을 마쳤다고 볼 여지가 많다.[6]

나. 근저당권설정등기 내지 가압류등기 등과 동시이행관계

(1) 동시이행관계의 취지

법 제87조 제3항은 사업시행자가 조합원 분양분 중 분양신청 후 잔여분에 대하여 보류지로 정한 경우 도시개발법 제34조에 따른 체비지로 본다고 규정하고 있다. 이에 따라 사업시행자가 조합원 분양분 중 분양신청을 받은 후 잔여분에 대하여 일반분양하는 경우 수분양자는 그에 상응하는 종전의 토지등에 아무런 권리제한이 없는 상태로 소유권을 취득한다. 위와 같이 이전고시로 인하여 종전자산상의 근저당권 등이 소멸하므로, 종전자산상에 존재하는 권리를 보호하기 위하여 판례는 분양신청에 나아가지 아니한 조합원 또는 수분양을 받았으나 그 후 분양계약체결에 나아가지 아니한 조합원에 대하여 사업시행자가 청산을 함에 있어 공평의 원칙상 현금청산대상자는 권리제한등기가 없는 상태로 토지등의 소유권을 사

---

6) 대법원 2021. 10. 28. 선고 2020다278354(본소) 등 판결.

업시행자에게 이전할 의무를 부담하고, 이러한 권리제한등기 없는 소유권 이전의
무와 사업시행자의 청산금 지급의무는 동시이행관계에 있다.[7]

(2) 범위

현금청산대상자가 부동산에 관한 소유권이전등기를 마쳐주었고, 인도까지 이행
하였음에도, 당해 부동산에 근저당권설정등기나 가압류가 존재하는 경우 동시이행
의 범위가 문제된다. 사업시행자가 현금청산에서 근저당권설정등기말소나 가압류
등기말소와의 동시이행을 주장하여 지급을 거절할 수 있는 청산금의 범위는 말소
되지 아니한 근저당권의 채권최고액(또는 채권최고액의 범위 내에서 확정된 피담보채
무액)이나 가압류의 피보전채권액에 해당하는 청산금이다.[8]

4. 간과된 이주정착금, 주거이전비 및 이사비와의 관계

가. 문제의 소재

재개발사업에서 협의단계에서는 토지, 지장물 및 영업손실보상이 주로 협의의
대상이 되고, 이주대책으로서의 이주정착금(현금청산대상자), 주거이전비 및 이사비
(현금청산대상자 및 세입자)에 대한 논의가 간과되는 경우가 있다. 그 경우 현금청
산대상자 및 세입자가 추후 이를 청구할 수 있는지 여부가 문제된다.

나. 판단(긍정)

현금청산대상자나 세입자가 협의에 의하여 사업시행자에게 주거용 건축물의
소유권을 이전하였다 하더라도, 현금청산에 관한 협의가 성립되지 아니하여 토지
보상법에 의하여 주거용 건축물이 수용되는 자와 마찬가지로 토지보상법을 준용
하여 추후 사업시행자로부터 이주정착금, 주거이전비 및 이사비를 지급받을 수 있
다.[9] 다만 현금청산대상자 및 세입자 모두 이주정착금, 주거이전비 및 이사비의
지급요건을 보상협의일까지 구비한 경우에 한한다.

---

7) 대법원 2018. 9. 28. 선고 2016다246800 판결.
8) 대법원 2015. 11. 19. 선고 2012다114776 전원합의체 판결.
9) 대법원 2013. 1. 16. 선고 2012두34 판결, 대법원 2013. 4. 11. 선고 2012두22232 판결, 대법원
   2013. 1. 24. 선고 2011두1429, 2011두1436(병합) 판결.

제2장 재개발사업

제1절 재 결

Ⅰ. 총 설

재개발사업의 시행자는 정비구역에서 정비사업을 시행하기 위하여 토지보상법 제3조에 따른 토지·물건 또는 그 밖의 권리를 취득하거나 사용할 수 있다(법 제63조). 재건축사업의 경우에는 천재지변 등 제26조 제1항 제1호의 사유에 해당하여 시장·군수등이 직접 시행하거나 토지주택공사등을 지정하여 정비사업을 시행하는 경우, 천재지변 등 제27조 제1항 제1호의 사유에 해당하여 시장·군수등이 토지등소유자나 법정 요건 갖춘 자를 지정개발자로 하여 정비사업을 시행하는 경우에만 예외적으로 토지보상법 제3조에 따른 토지·건물 또는 그밖의 권리를 취득하거나 사용할 수 있는바, 이하에서는 재개발사업을 전제로 살펴본다.

도시정비법은 시행령으로 손실보상의 기준 및 절차를 규정한 내용(법 시행령 54조 등) 외에는 정비구역에서 정비사업의 시행을 위한 토지 또는 건축물의 소유권과 그 밖의 권리에 대한 수용 또는 사용은 법에 규정된 사항을 제외하고는 토지보상법을 준용한다고 규정하고 있다(법 제65조 제1항).

토지보상법은 수용권 발생의 근거에 관하여 국토교통부장관의 사업인정 및 고시로 규정하고 있는바(토지보상법 제20조 제1항), 재개발사업의 경우 사업인정 및 고시는 시장·군수등이 행한 사업시행계획인가·고시라 할 것이다(법 제65조 제2항). 따라서 사업시행계획인가·고시에 의하여 수용권이 발생한다.

토지등의 수용을 전제로 하는 공익사업은 연혁적으로 도로·철도·항만·공원·학교·청사 등 공공용 또는 공용시설에 관한 사업이 주 대상이었으나, 복리

행정의 수요가 증가하면서 주거용지·산업용지 등의 공급을 위한 토지개발사업도 그 중요한 대상이 되고 있는바,[10] 그 연장선상에서 재개발사업에 토지수용권을 부여하고 있다.

재개발사업은 재건축사업과 달리 공공성 및 공익성이 중대하여 정비사업의 안정적이고 원활한 진행을 위하여 현금청산대상자들 소유의 토지등을 강제로 취득할 수 있는 수용권을 부여한 것이다.

재개발사업 시행자는 관리처분계획이 인가·고시된 다음 날부터 90일 이내에 현금청산대상자(임차인을 포함한다, 이하 '현금청산대상자등'이라고 한다)와 사이에 토지등의 손실보상에 관한 협의를 하여야 하고, 협의가 성립되지 아니하면 90일이 경과한 다음 날부터 60일 이내에 관할 토지수용위원회에 수용재결을 신청하여야 하며, 이에 따라 재결절차가 진행된다. 관할 토지수용위원회는 재결신청서가 접수되는 경우 열람을 거쳐 심리를 시작한 날부터 14일 이내에 수용재결을 하고, 사업시행자 또는 현금청산대상자등이 수용재결에 불복할 때에는 이의신청하거나 행정소송을 제기할 수 있다.

Ⅱ. 토지보상법과 다른 특칙

1. 재결신청기간

토지보상법상 사업시행자는 반드시 사업인정의 고시가 된 날부터 1년 이내에 재결신청을 하여야 하고 그 기간이 경과되면 사업인정고시가 그 효력을 상실하나(토지보상법 제23조 제1항), 재개발사업의 경우 사업시행자는 사업시행계획인가(사업시행계획변경인가를 포함한다)를 할 때 정한 사업시행기간 이내에 재결신청하면 적법하다(법 제65조 제3항).

토지보상법상의 일반적 공익사업은 사업내용이 사업인정고시로 확정되므로 토지등소유자의 권리보호를 위하여 1년이라는 단기간의 재결신청기간만을 부여하나, 정비사업의 경우에는 이해관계가 상충되는 다수의 토지등소유자들의 개별적이고 구체적인 이익을 적절히 형량·조정하면서 장기에 걸쳐 진행되고 다양한 변수가

---

10) 헌재 2011. 11. 24. 선고 2010헌가95 등 결정.

존재하는 사업이어서 정비사업의 시행을 예정하고 있는 사업시행기간의 종기까지의 재결신청을 허용하고 있다.

2. 현물보상의 허용

토지보상법상 사업시행자가 수용 또는 사용의 개시일까지 관할 토지수용위원회가 재결한 보상금을 지급하거나 공탁하지 아니하였을 때에는 해당 토지수용위원회의 재결은 효력을 상실한다(토지보상법 제42조). 재개발사업의 경우에도 재결에서 보상금으로 현금의 지급을 명한 경우에는 마찬가지이다. 그러나 대지 또는 건축물을 현물보상하는 내용으로 재결이 이루어진 경우에는 토지보상법 제42조에도 불구하고 제83조에 따른 준공인가 이후에 이를 보상할 수 있다(법 제65조 제4항).

재개발사업은 원칙적으로 다수의 일반분양분을 건축·분양하여 그 대금을 공사비에 충당하므로, 신축 건축물의 현물보상과 친한 사업이라 할 것이다. 그러나 종후자산을 분배받는 것을 거절하여 현금청산대상자가 된 자로서는 종후자산에 해당하는 현물보상을 수긍하지 아니하는 것이 일반적이어서 실무상으로는 거의 활용되고 있지 않는 듯하다.

III. 수용재결

1. 재결절차

가. 수용재결신청

사업시행자만이 관할 토지수용위원회에 수용재결을 신청할 수 있고(법 제73조 제2항, 토지보상법 제28조 제1항), 토지, 지장물 및 영업손실보상을 위한 현금청산대상자나 영업손실보상을 위한 임차인은 재결신청권이 없으며, 사업시행자에게 재결신청 할 것을 청구할 수 있을 뿐이다[일단의 토지 중 일부가 정비구역 내에 속하여 조합원이 된 자가 현금청산대상자가 되어 정비구역 밖의 잔여지의 보상을 구하는 경우에는 직접 관할 토지수용위원회에 수용재결을 신청할 수 있으나(토지보상법 제74조 제1항), 실무상 거의 존재하지 않으므로 이는 논외로 한다].

이에 도시정비법 및 토지보상법은 강제수용당하는 현금청산대상자등의 보호를 위하여 사업시행자가 법정 기간 내에 재결을 신청하지 아니하는 경우 재결신청 지연가산금을 지급하도록 규정하고 있다. 나아가 현금청산대상자등의 재결신청청구권은 사업시행자에 대한 법적인 권리로서의 청구권이므로, 현금청산대상자등의 재결신청 청구에도 사업시행자가 재결신청을 하지 않는 경우 현금청산대상자등은 사업시행자를 상대로 거부 시에는 거부처분취소소송, 부작위 시에는 부작위위법확인소송의 방법으로 구제받을 수 있다.[11]

나. 재결신청서 접수 이후의 공고 및 열람, 통지

(1) 공고 및 통지

관할 토지수용위원회는 재결신청서를 접수한 경우 신청서 및 관계 서류의 사본을 토지등의 소재지를 관할하는 시장·군수 또는 구청장에게 송부하여 공고 및 열람을 의뢰하여야 한다(토지보상법 제31조, 토지보상법 시행령 제15조 제1항).

시장·군수 또는 구청장은 송부된 서류를 받았을 때에는 지체 없이 재결신청 내용을 시·군 또는 구의 게시판에 공고하고, 공고한 날부터 14일 이상 그 서류를 일반인이 열람할 수 있도록 하여야 한다. 다만, 시장·군수 또는 구청장이 천재지변이나 그 밖의 긴급한 사정으로 이를 이행하지 못하는 경우 관할 토지수용위원회는 직접 재결신청 내용을 공고(중앙토지수용위원회는 관보에, 지방토지수용위원회는 공보에 게재하는 방법으로 한다)하고, 재결신청서와 관계 서류의 사본을 일반인이 14일 이상 열람할 수 있도록 할 수 있다(토지보상법 시행령 제15조 제2항).

시장·군수·구청장 또는 관할 토지수용위원회는 위와 같이 공고를 한 경우에는 그 공고의 내용과 의견이 있으면 의견서를 제출할 수 있다는 뜻을 현금청산대상자등 및 관계인에게 통지하여야 한다(토지보상법 시행령 제15조 제3항). 위 통지는 반드시 도달을 전제로 하는 것으로 볼 수 없으므로, 현금청산대상자등의 주소지로 등기우편으로 송달하는 경우 그와 같은 통지는 적법하다.[12]

---

[11] 대법원 2011. 7. 14. 선고 2011두2309 판결, 대법원 2019. 8. 29. 선고 2018두57865 판결(거부처분취소소송 또는 부작위위법확인소송에서의 심리와 관련하여, 구체적인 사안에서 현금청산대상자의 재결신청 청구가 적법하여 사업시행자가 재결신청을 할 의무가 있는지 여부는 본안에서 사업시행자의 거부처분이나 부작위가 적법한가를 판단하는 단계에서 고려할 요소이지, 소송요건 심사단계에서 고려할 요소가 아니다).
[12] 대법원 2018. 12. 13.자 2018두55524 심리불속행 판결 및 하급심인 서울고등법원 2018. 8. 10. 선고 2017누62978 판결.

(2) 의견제출

현금청산대상자등 또는 관계인은 위 열람기간에 해당 시장 · 군수 · 구청장 또는 관할 토지수용위원회에 의견서를 제출할 수 있다(토지보상법 시행령 제15조 제4항). 시장 · 군수 또는 구청장은 열람기간이 끝나면 제출된 의견서를 지체 없이 관할 토지수용위원회에 송부하여야 하며, 제출된 의견서가 없는 경우에는 그 사실을 통지하여야 한다(토지보상법 시행령 제15조 제5항). 관할 토지수용위원회는 상당한 이유가 있다고 인정하는 경우에는 열람기간이 지난 후 제출된 의견서를 수리할 수 있다(토지보상법 시행령 제15조 제6항).

다. 심리, 화해권고 및 재결절차

(1) 심리

관할 토지수용위원회는 열람기간이 지나면 지체 없이 해당 재결신청에 대한 조사 및 심리를 진행하여야 한다. 관할 토지수용위원회는 심리에 필요하다고 인정할 때에는 감정평가법인등이나 그 밖의 감정인에게 감정평가를 의뢰하거나 사업시행자, 현금청산대상자등에게 토지수용위원회에 출석하여 진술하게 하는 것이 가능하다(토지보상법 제58조 제1항 제1, 2호). 실제로 2곳의 감정평가법인에게 감정평가를 의뢰하는 것이 일반적이다. 감정수수료는 사업시행자의 부담으로 지급할 수 있다(토지보상법 제58조 제3항).

(2) 화해권고가능

토지수용위원회는 재결이 있기 전에는 위원 3명으로 구성되는 소위원회로 하여금 사업시행자나 현금청산대상자등에게 화해를 권고하게 할 수 있다. 이 경우 소위원회는 위원장이 지명하거나 위원회에서 선임한 위원으로 구성하며, 그 밖에 그 구성에 필요한 사항은 대통령령으로 정한다(토지보상법 제33조 제1항). 화해가 성립된 경우 해당 토지수용위원회는 화해조서를 작성하여 화해에 참여한 위원, 사업시행자, 현금청산대상자등에게 서명 또는 날인을 하도록 하여야 하고, 화해조서에 서명 또는 날인이 된 경우에는 당사자 간에 화해조서와 동일한 내용의 합의가 성립된 것으로 본다(토지보상법 제33조 제2, 3항).

(3) 재결

관할 토지수용위원회는 심리를 시작한 날부터 14일 이내에 재결을 하여야 하고, 특별한 사유가 있을 때에는 14일의 범위에서 한 차례만 연장할 수 있다(토지보상법 제35조). 다만 이는 훈시규정이다. 관할 토지수용위원회의 재결은 서면으로 하고, 재결서에는 주문 및 그 이유와 재결일이 기재되며, 정본(正本)은 사업시행자, 현금청산대상자등에게 송달된다(토지보상법 제34조 제2항).

2. 재결의 효력발생 요건

가. 보상금 지급 또는 공탁

(1) 원칙적 현금 지급 및 예외적 공탁

재결이 있는 경우 사업시행자는 수용의 개시일까지 현금청산대상자등에게 관할 토지수용위원회가 재결한 보상금을 지급하여야 한다(토지보상법 제40조 제1항). 만일 현금청산대상자등이 수령을 거부하거나 수령할 수 없을 때, 사업시행자의 과실 없이 보상금을 받을 자를 알 수 없을 때, 재결한 보상금에 대하여 사업시행자가 불복할 때, 압류나 가압류에 의하여 보상금의 지급이 금지되었을 때 중 어느 하나에 해당하는 경우 사업시행자는 수용개시일까지 토지등 소재지의 공탁소에 보상금을 공탁(供託)할 수 있다(토지보상법 제40조 제2항).

사업시행자는 현금청산대상자등이 보상금의 수령을 거절하거나 거절할 것이 명백하다고 인정되는 경우 현실제공을 하지 않고 바로 보상금을 공탁할 수 있다. 사업시행자가 토지수용위원회가 재결한 수용보상금을 공탁하는 경우의 공탁은 현금청산대상자등에 대하여 부담하는 토지등 수용에 따른 보상금 지급채무의 이행을 위한 것으로서 민법상의 변제공탁과 같다.[13]

사업시행자가 재결보상금에 대하여 불복하는 경우 보상금을 받을 자에게 자기가 산정한 보상금을 지급하고 그 금액과 토지수용위원회가 재결한 보상금과의 차액(差額)을 공탁하여야 하고, 이 경우 보상금을 받을 자는 그 불복의 절차가 종결될 때까지 공탁된 보상금을 수령할 수 없다(토지보상법 제40조 제4항).

---

13) 대법원 1995. 6. 13. 선고 94누9085 판결, 대법원 1991. 8. 27. 선고 90누7081 판결.

(2) 보상금의 의미

보상금에 토지, 지장물 및 영업손실보상금이 포함됨은 명백하다. 한편, 토지보상법 제30조 제3항에 의한 재결신청 지연가산금은 관할 토지수용위원회가 재결서에 보상금과 함께 이를 기재한다(토지보상법 시행령 제14조 제2항). 재결 신청 지연가산금은 현금청산대상자에게 발생한 손해의 전보 의미도 내포되어 있으므로, 반드시 위 금액까지 포함하여 지급 또는 공탁되어야 한다. 다만 이주정착금, 주거이전비 및 이사비 등이 대상이 되는지 여부에 대하여는 다음에서 살펴본다.

(3) 토지등의 양수인

보상협의 당시 현금청산대상자등이 자신의 토지등을 처분한 경우에는 그 양수인이 보상금 또는 공탁금을 받는다(토지보상법 제40조 제3항).

나. 보상금 미지급 또는 미공탁의 효과

(1) 재결의 효력상실

사업시행자가 수용개시일까지 관할 토지수용위원회가 재결한 보상금(재결신청 지연가산금 포함)을 지급하거나 공탁하지 아니하였을 때에는 해당 토지수용위원회의 재결은 효력을 상실한다(토지보상법 제42조 제1항).

(2) 손실보상

사업시행자는 재결의 효력이 상실됨으로 인하여 현금청산대상자등이 입은 손실을 보상하여야 한다(토지보상법 제42조 제2항). 위와 같은 손실의 보상은 손실이 있음을 안 날부터 1년이 지났거나 손실이 발생한 날부터 3년이 지난 후에는 청구할 수 없고, 위와 같은 손실의 보상은 사업시행자와 현금청산대상자등이 협의하여 결정하되, 협의가 성립되지 아니하면 사업시행자나 현금청산대상자등은 관할 토지수용위원회에 재결을 신청할 수 있다(토지보상법 제42조 제3항, 제9조 제5항 내지 7항).

3. 재결의 효과

가. 원시취득

사업시행자는 수용개시일에 현금청산대상자등의 토지등에 대한 소유권을 취득한다. 토지보상법 제45조 제1항은 사업시행자는 수용의 개시일에 토지나 물건의 소유권을 취득하며, 그 토지나 물건에 관한 다른 권리는 이와 동시에 소멸한다고 규정하고 있고, 토지보상법 제47조는 담보물권의 목적물이 수용된 경우 그 담보물권은 그 목적물의 수용으로 인하여 채무자가 받을 보상금에 대하여 행사할 수 있되, 그 보상금이 채무자에게 지급되기 전에 압류하여야 한다고 규정하고 있다. 이는 수용재결에 따른 소유권 취득이 원시취득임을 전제로 한다. 판례도 이를 원시취득이라고 본다.

나. 현금청산대상자등의 인도의무

위와 같이 사업시행자는 재결로 토지등을 원시취득하고, 그에 관한 다른 권리는 소멸하므로 현금청산대상자등은 토지등을 인도할 의무가 있다.

(1) 보상금액이 적정하지 아니한 경우

(가) 문제의 소재

현금청산대상자로서는 수용재결상의 보상금액이 적정하지 아니한 경우, 다음에서 살펴보듯이 이의신청 또는 행정소송으로 다투게 되고 실제로 그 과정에서 금액이 증가하는 경우가 흔히 있다. 위와 같이 수용재결상의 보상금이 적정하지 아니할 가능성이 있다. 그럼에도 불구하고 수용재결만으로 현금청산대상자에게 토지등의 인도의무가 발생할 것인지 여부가 문제된다.

(나) 판단(인도의무 긍정)

① 이의재결이나 행정소송에서 보상액이 늘어났다는 것만으로 사업시행자가 소유권을 원시취득하고 그 토지등에 관한 일체의 권리가 소멸함에 대하여 달리 볼 수 없다.[14] 그 논거는 다음과 같다.

㉮ 사업시행자는 관할 토지수용위원회가 재결로써 결정한 수용개시일에 토지

---

14) 대법원 2002. 10. 11. 선고 2002다35461 판결, 대법원 2017. 3. 30. 선고 2014두43387 판결.

나 물건의 소유권을 취득하고, 그 토지나 물건에 관한 다른 권리는 이와 동시에 소멸한다. 토지보상법은 제43조로 현금청산대상자 및 그 밖에 현금청산대상자에 포함되지 아니하는 자로서 수용할 토지나 그 토지에 있는 물건에 관한 권리를 가진 자는 수용개시일까지 그 토지나 물건을 사업시행자에게 인도하거나 이전하여야 한다고 명확히 규정하고 있다.

㉴ 토지보상법 제88조는 수용재결에 대한 이의의 신청이나 행정소송의 제기는 사업의 진행 및 토지의 수용을 정지시키지 아니함을 명시하고 있다. 따라서 이의신청이나 행정소송의 제기만으로 수용재결의 효과를 정지시킬 수 없다.

② 다만 임차인의 임대차보증금이 반환되지 아니한 경우에는 임차인은 이로써 사업시행자에게 대항할 수 있다. 다음에서 살펴보듯이 이주정착금, 주거이전비 또는 이사비가 재결의 대상이 되지 않은 경우 현금청산대상자등은 이로써 사업시행자에게 대항할 수 있다.

⑵ 사업시행자가 재결에 불복하여 보상금을 공탁한 경우

㈎ 문제의 소재

사업시행자가 보상금을 공탁한 후 토지수용위원회의 재결에 불복함으로써 현금청산대상자가 이를 수령할 수 없는 경우, 인도의무를 인정할 수 있을 것인지 여부가 문제된다. 현금청산대상자등으로서는 보상금을 현실로 교부받지 못하여 토지등을 이전하고 정비구역 밖으로 이주하는 것이 불가능하다고 항변하는 경우를 실무상 본다.

㈏ 판단

현금청산대상자등이 자신의 주거지를 강제로 뺏기는 것뿐만 아니라 어떠한 보상도 손에 쥐지 못한 채 당장 정비구역 밖으로 이주하여야 하는 현실적 문제점이 없지는 않다. 그러나 토지보상법 제40조 제2항 제3호는 사업시행자의 위와 같은 공탁을 적법, 유효한 것으로 규정하고 있는 점, 비록 현금청산대상자등은 불복의 절차가 종결될 때까지 공탁된 보상금을 수령할 수 없으나, 사업시행자가 패소하는 경우 고율의 가산금을 지급받는 점, 만일 사업시행자가 토지등을 인도받을 수 없다면 공익사업의 신속한 진행이 불가능한 점 등에 비추어 그 경우에도 토지등을 인도할 의무가 있다고 보아야 한다.

다. 인도의무 불이행 시의 조치

재결에도 불구하고 현금청산대상자등이 부동산 인도의무를 이행하지 아니하는 경우의 조치에 대하여 살펴본다.

(1) 민사소송

(가) 인도청구

수용재결 이후 사업시행자는 현금청산대상자등을 상대로 토지등의 인도를 구하는 민사소송을 제기하게 된다. 앞서 본 바와 같이 위 소송절차에서 현금청산대상자등은 수용재결상의 보상금액이 적정하지 아니하다는 항변으로 대항할 수 없다. 그러나 이주정착금, 주거이전비 또는 이사비가 재결의 대상이 되지 않은 경우 현금청산대상자등은 위 금원의 미지급을 이유로 사업시행자에게 대항할 수 있다 (위 금원은 손실보상의 일종으로서, 사업시행자에게 선지급의무가 있다).

(나) 부당이득반환청구

현금청산대상자등이 인도를 거절할 뿐만 아니라 수용일 개시일 다음날부터 수용 대상 부동산을 사용·수익하였다면 그 점용이익은 부당이득에 해당하므로, 특별한 사정이 없는 한 사업시행자에게 차임 상당을 부당이득으로 반환할 의무가 있다.

(다) 불법행위에 기한 손해배상청구

① 문제는 사업시행자가 부동산 인도 거부로 사업시행에 차질이 빚어졌음을 이유로 현금청산대상자등을 상대로 인도를 거부한 기간 동안의 대출금(정비사업비) 이자 상당액을 불법행위에 기한 손해배상으로 청구하는 경우이다. 고의 또는 과실 여부, 상당인과관계 등과 관련하여 엄격한 심리가 요구된다.

② 이주정착금, 주거이전비 또는 이사비가 미지급된 경우에는 사업시행자의 인도청구에 대하여 적법하게 항변할 수 있음은 앞서 본 바인바, 목적물을 인도할 의무가 있는 경우에도, 목적물의 점유자가 동시이행항변권을 갖는다면, 인도청구를 하는 자가 동시이행의 관계에 있는 자신의 급부를 이행하거나 적법하게 이행제공하는 등의 사유로 점유자의 동시이행항변권을 상실시키지 아니한 이상, 점유자가 목적물을 계속 점유하더라도 그 점유를 불법점유라고 할 수 없고, 점유자는 이에

대한 손해배상의무를 지지 아니한다. 또한 이러한 효과는 손해배상책임이 없다고 주장하는 자가 반드시 동시이행의 항변권을 행사하여야만 발생하는 것이 아니다.[15]

(2) 형사책임

현금청산대상자등이 수용재결 이후 토지등을 인도할 의무가 있음에도 그에 위반하여 토지 또는 물건을 인도하거나 이전하지 아니하는 경우, 1년 이하의 징역 또는 1천만 원 이하의 벌금에 처해진다(토지보상법 제95조의2 제2호, 제43조). 토지보상법은 위와 같은 의무위반에 대하여 제정 시부터 계속하여 200만 원 이하의 벌금에 처하는 것으로 규정하고 있었으나, 2015. 1. 6. 법률 제12972호로 개정되면서 법정형이 강화되었다.

4. 재결의 불복 및 확정

가. 이의신청

(1) 방법

관할 토지수용위원회의 수용재결에 이의가 있는 사업시행자 또는 현금청산대상자등은 이의를 신청할 수 있다(토지보상법 제83조 제1항). 사업시행자는 반드시 재결보상금에 대하여 불복하는 경우 보상금을 받을 자에게 자기가 산정한 보상금을 지급하고 그 금액과 토지수용위원회가 재결한 보상금과의 차액(差額)을 공탁하여야 한다. 현금청산대상자등은 재결보상금에 대하여 불복하는 경우 현금수령을 거부하여야 하고, 현금청산대상자등의 현금수령 거부에 따라 사업시행자가 공탁한 경우 이를 수령함에 있어서는 반드시 이의를 유보하여야 한다. 왜냐하면 사업시행자의 수용보상금 공탁은 보상금 지급채무의 이행을 위한 민법상의 변제공탁이기 때문이다.

수용재결에 불복하여 보상금 증액의 행정소송을 이미 제기하여 계속한 상태에서 이의유보 없이 수령한 경우에도, 공탁금 수령에 관한 이의유보의 의사표시가 있는 것과 같이 볼 수는 없다.[16]

---

15) 대법원 2010. 10. 14. 선고 2010다47438 판결, 대법원 2015. 10. 29. 선고 2015다32585 판결.
16) 대법원 1991. 8. 27. 선고 90누7081 판결.

(2) 절차

관할 토지수용위원회가 중앙토지수용위원회인 경우 수용재결에 이의가 있는 자는 중앙토지수용위원회에 이의를 신청할 수 있다. 그러나 관할 토지수용위원회가 지방토지수용위원회인 경우 수용재결에 이의가 있는 자는 해당 지방토지수용위원회를 거쳐 중앙토지수용위원회에 이의를 신청할 수 있다(토지보상법 제83조 제1, 2항).

(3) 기한

사업시행자 또는 현금청산대상자는 수용재결에 불복할 때에는 수용재결서의 정본을 받은 날부터 30일 이내에 이의신청하여야 한다(토지보상법 제83조 제3항).

나. 선택적 행정소송 제기

(1) 행정소송제기 가능

사업시행자 또는 현금청산대상자등은 수용재결서를 받은 날부터 90일 이내에 행정소송을 제기할 수 있다(토지보상법 제85조 제1항). 토지보상법 제85조 제1항에 따라 제기하려는 행정소송이 보상금의 증감(增減)에 관한 소송인 경우 그 소송을 제기하는 자가 현금청산대상자등일 때에는 사업시행자를, 사업시행자일 때에는 현금청산대상자등을 각각 피고로 한다(토지보상법 제85조 제2항). 행정소송에 관한 자세한 내용은 제2절에서 살펴본다.

(2) 주관적, 예비적 병합 소제기 가능

사업시행자 또는 현금청산대상자등은 주위적으로 수용재결이 위법함을 들어 관할 토지수용위원회를 상대로 수용재결의 취소를 구하고, 다만 예비적으로 토지보상법 제85조 제2항에 의하여 상대방을 피고로 보상금 증(감)액을 구하는 소를 제기하는 것이 가능하다.

다. 수용재결 확정의 효과

수용재결이 확정되면 민사소송법상의 확정판결이 있는 것으로 보며, 재결서 정본은 집행력 있는 판결의 정본과 동일한 효력을 가진다(토지보상법 제86조 제1항).

수용재결정본은 위와 같이 집행문이 붙어 있는 확정판결과 동일한 효력이 있으므로, 현금청산대상자등은 수용재결에서 확정된 보상금에 대하여 수용재결정본으로 사업시행자의 재산에 대한 강제집행이 가능하다.

토지보상법은 수용재결에 대하여 위와 같이 중대한 효과를 부여하고 있다. 이는 자신의 의사에 반하여 재산을 강제로 수용당하는 현금청산대상자등을 보호하기 위한 것이다.

5. 위법한 관리처분계획과의 관계

가. 적법한 분양신청통지가 흠결되어 현금청산대상자가 된 자의 수용재결 취소청구

적법한 분양신청통지를 받지 못하여 분양신청기간 내에 분양신청을 할 수 없어 현금청산대상자로 분류된 경우, 토지등소유자가 사업시행자를 상대로 자신을 현금청산대상자로 분류한 관리처분계획의 위법성을 주장하면서 그 무효확인 또는 취소청구의 소를 제기한다.

한편, 사업시행자는 토지등소유자에 대하여 현금청산대상자임을 이유로 형식적 협의절차를 거쳐 수용재결을 신청하고 재결이 이루어진다. 현금청산대상자는 수용재결이 확정되면, 토지등에 관한 소유권 및 조합원 지위를 확정적으로 상실하여 더 이상 관리처분계획상의 권리관계에 관하여 어떠한 영향을 받을 개연성이 없어져 관리처분계획의 무효확인 또는 취소를 구할 법률상 이익이 없으므로, 반드시 토지수용위원회를 상대로 수용재결의 취소를 구하는 소를 제기하여야 하고, 관리처분계획의 무효확인 또는 취소소송의 판결확정 시까지 수용재결취소의 소는 계속 중이어야 한다.

나. 적법한 분양계약체결 통지가 흠결되어 현금청산대상자가 된 자의 수용재결 취소청구

조합 정관에 따른 분양계약체결 기간 내에 분양계약을 체결하지 않아 현금청산대상자가 된 경우에도, 분양계약체결에 관한 적법한 통지를 받지 못한 조합원은 그에 따른 수용재결의 취소를 구할 수 있다.[17] 덧붙여 사업시행자를 상대로 수분

---

17) 서울행정법원 2021. 3. 19. 선고 2020구합52757 판결(현재 서울고등법원 2021누40227호로 계속 중).

양자 지위확인의 소를 제기할 수 있다.

Ⅳ. 이의재결

1. 의 의

관할 토지수용위원회의 수용재결에 대한 이의신청에 대한 재결이다. 실질적으로 행정심판의 성질을 가지므로, 토지보상법에 특별한 규정이 있는 것을 제외하고는 행정심판법의 규정이 적용된다. 중앙토지수용위원회의 관할이고, 이의의 신청은 수용재결서의 정본을 받은 날부터 30일 이내에 제기하여야 함은 앞서 본 바이다. 중앙토지수용위원회는 심리에 필요하다고 인정할 때에는 감정평가법인등이나 그 밖의 감정인에게 감정평가를 의뢰하거나 당사자에게 토지수용위원회에 출석하여 진술하게 하는 것이 가능하다(토지보상법 제58조 제1항 제2호). 실제로 2곳의 감정평가법인에게 감정평가를 의뢰하는 것이 일반적임은 수용재결과 동일하다.

중앙토지수용위원회는 이의신청이 이유 없으면 이를 기각한다. 그러나 관할 토지수용위원회의 재결이 위법하거나 부당하다고 인정할 때에는 그 재결의 전부 또는 일부를 취소하거나 보상액을 변경할 수 있다(토지보상법 제84조 제1항).

2. 효 과

가. 보상금 증액 시 절차

보상금을 증액하는 이의재결이 이루어진 경우 사업시행자는 이의재결서 정본을 받은 날부터 30일 이내에 보상금을 받을 자에게 그 늘어난 보상금을 지급하여야 한다. 다만, 현금청산대상자가 수령을 거부하거나 수령할 수 없을 때, 압류나 가압류에 의하여 보상금의 지급이 금지되었을 때에는 이를 공탁(供託)할 수 있다(토지보상법 제84조 제2항).

나. 이의재결에 불복하는 절차

사업시행자 및 현금청산대상자등은 이의재결을 거친 후 행정소송을 제기할 수 있다. 사업시행자가 이의재결에 불복하여 행정소송을 제기하는 경우 소제기 전에 늘어난 보상금을 공탁하여야 하며(토지보상법 제40조 제2항 제3호), 보상금을 받을 자는 공탁된 보상금을 소송이 종결될 때까지 수령할 수 없다. 현금청산대상자등이 이의재결에 불복할 때에는 보상금의 수령을 거부하여야 하고, 그 경우 사업시행자는 이를 공탁한다.

현금청산대상자가 수용재결에서 정한 보상금(공탁금)을 수령할 당시 이의유보의 의사표시를 하였다 하여도 이의재결에서 증액된 보상금(공탁금)을 수령하면서 일부수령이라는 등 유보의 의사표시를 하지 않은 이상 이는 중앙토지수용위원회가 이의재결에서 정한 결과에 승복하여 그 공탁의 취지에 따라 수령한 것이라고 봄이 상당하다. 설령 공탁금 수령 당시 이의재결을 다투는 행정소송이 계속 중이라는 사실만으로 공탁금 수령에 관한 이의유보의 의사표시가 있는 것과 같이 볼 수는 없다.[18]

다. 증액된 보상금 미지급 시의 법률관계

(1) 문제의 소재

이의재결에 있어서는 토지보상법 제42조와 같은 수용재결에 존재하는 실효제도가 없다. 이는 실효를 통한 보상금 증액을 내용으로 하는 이의재결의 무력화를 방지하기 위함이다. 사업시행자가 이의재결에서 증액된 보상금을 지급하거나 공탁하지도 않은 채, 행정소송을 제기할 수 있는지 여부, 쌍방 모두 이의재결에 대한 불복기간이 도과되어 확정된 경우 그 효과를 어떻게 해석할 것인가의 문제가 제기된다.

(2) 판단

(가) 토지보상법 제86조 제1항은 이의재결이 확정되면 민사소송법상의 확정판결이 있는 것으로 보며, 재결서 정본을 집행력 있는 판결의 정본과 동일한 효력을 가진다고 규정하고 있다. 따라서 현금청산대상자는 이의재결에서 증액된 보상금에 대하여는 이의재결정본으로 사업시행자의 재산에 대한 강제집행이 가능하다. 현금청산대상자등 또는 사업시행자는 이의신청에 대한 재결이 확정되었을 때에는 관할 토지수용위원회에 대통령령으로 정하는 바에 따라 재결확정증명서의 발급을 청구할 수 있다(토지보상법 제86조 제2항).

---

18) 대법원 1991. 8. 27. 선고 90누7081 판결.

㈏ 사업시행자가 이의재결에서 증액된 보상금을 지급하거나 공탁하지도 않은 채, 행정소송을 제기할 수 있는지 여부에 대하여 살펴본다. 토지보상법 제85조 제1항 단서는 사업시행자는 행정소송을 제기하기 전에 이의재결에 따라 늘어난 보상금을 공탁하여야 하며, 보상금을 받을 자는 공탁된 보상금을 소송이 종결될 때까지 수령할 수 없다고 규정하고 있다. 따라서 사업시행자가 이의재결에서 증가된 보상금을 공탁하지 아니한 채 행정소송을 제기하면 부적법하다.

한편, 현금청산대상자등은 사업시행자가 이의재결에서 증액된 보상금을 공탁하지 아니하더라도, 행정소송을 제기할 수 있다. 추후 이의재결에서 확정된 금액보다 소송을 통하여 보상금이 증액되는 경우, 이의재결을 통하여 증액된 금액은 이의재결이 집행권원이 되고, 소송을 통하여 증액된 금액은 확정판결이 집행권원이 된다.

라. 수용재결과의 관계

수용의 효과를 복멸시키기 위해서는 이의재결을 거친 경우에도 수용재결을 한 관할 토지수용위원회를 피고로 하여 수용재결의 취소를 구하여야 한다. 이의재결에 고유한 위법이 있는 경우에는 중앙토지수용위원회를 상대로 이의재결의 취소를 구하여야 하나, 설령 이의재결이 취소된다 하더라도 수용재결은 존속하므로, 재산권의 강제박탈이라는 수용재결의 효과가 복멸되지 아니한다. 따라서 이의재결 취소청구의 소에서 승소하더라도, 수용재결의 효과를 복멸시키기 위해서는 별도의 수용재결 취소청구의 소를 제기하여야 한다.

Ⅴ. 재결과 관련한 소송상 쟁점

1. 필요적 수용재결절차

사업시행자와 현금청산대상자등 사이에 손실보상에 관한 협의가 성립되지 않는 경우 사업시행자가 토지등을 취득하거나 현금청산대상자등이 손실보상을 받기 위해서는 반드시 토지보상법 제34조 등에 규정된 수용재결절차를 거쳐야 한다(토지보상법 제34조, 제50조, 제61조, 제83조 내지 제85조). 현금청산대상자등은 수용재결에 대하여 불복이 있는 때에 비로소 토지보상법 제83조 내지 제85조(이의신청 또는 행정소송)에 따라 권리구제를 받을 수 있을 뿐, 이러한 수용재결절차를 거치지 않은 채 곧바로 사업시행자를 상대로 손실보상을 청구하는 것은 허용되지 않는다.[19]

토지보상법이 위와 같이 재결을 거치도록 한 취지는 공익사업의 시행으로 인한 손실보상과 관련하여서는 손실 발생 여부 및 손실의 범위에 관하여 행정청의 전문적 판단을 거치도록 함으로써 그 절차를 효율적으로 운영하고자 함에 있다. 다만 행정소송을 제기할 당시 재결을 거치지 않았다고 하더라도, 사실심 변론종결 시까지 재결을 거쳤다면 흠결의 하자가 치유된다.[20] 손실보상청구의 소송요건으로서 재결절차를 거쳤는지 여부는 직권조사사항에 해당한다.

2. 재결의 유탈

행정소송 과정에서 사업시행자는 현금청산대상자등의 손실보상청구가 수용재결절차를 거치지 않아 부적법한 소라고 다투고, 현금청산대상자등은 재결이 이미 이루어졌다고 다투는 경우가 있다. 그 경우에는 재결서의 기재내용으로 이를 판단한다. 간혹 재결신청서에는 기재되어 있음에도, 재결서에 판단이 누락된 경우가 있다. 이는 관할 토지수용위원회가 신청의 일부에 대한 재결을 빠뜨린 경우로서 재결의 유탈이고, 그 빠뜨린 부분의 신청은 계속하여 토지수용위원회에 계속(係屬)된다(토지보상법 제37조).

사실심 변론종결 시까지 재결을 거쳤다면 흠결의 하자가 치유되므로, 재결의 유탈이 있는 경우 법원은 현금청산대상자등으로 하여금 관할 토지수용위원회에 유탈된 재결신청에 대한 신속한 판단을 촉구하도록 권유한다.

제 2 절 행정소송

Ⅰ. 총 설

사업시행자 또는 현금청산대상자등은 수용재결 또는 이의재결에 대하여 취소

---

19) 대법원 2011. 8. 25. 선고 2010두26551 판결.
20) 대법원 2018. 6. 15. 선고 2018두35681 판결, 대법원 2008. 2. 15. 선고 2006두9832 판결.

를 구하는 행정소송을 제기할 수 있다. 위법성의 내용으로는 수용재결의 경우 수용 자체의 하자 또는 수용재결상의 보상금 산정의 하자가 있고, 이의재결의 경우에도 이의재결 그 자체의 하자 또는 이의재결상의 보상금 산정의 하자가 있다.

각각의 위법성에 대하여 행정소송으로 다투는 방법에 대하여는 여러 차례 입법상의 변천을 거쳤다. 2002. 2. 4. 법률 제6656호로 종래 강제수용 및 그 불복절차를 규정한 토지수용법이 폐지되고, 토지보상법이 제정되었다. 종전 토지수용법은 이의재결만을 행정소송의 대상으로 하였고(이른바 '재결주의'라고 한다), 중앙토지수용위원회의 전문성을 이유로 이의재결이 행정소송의 필요적 전치절차로 해석되었다. 이에 따라 수용이나 이의재결 자체의 하자이든 각 재결상의 보상금 산정의 하자이든(보상금의 증감을 구하는) 행정소송은 모두 중앙토지수용위원회를 피고로 하여 이의재결의 취소를 구하는 형태였다.[21] 위와 같은 필요적 전치절차에 대하여는 헌법 제27조 제1항의 재판청구권 및 제3항의 신속한 재판을 받을 권리에 대한 과도한 제한이라는 비판이 제기되어 왔다.

이에 2002. 2. 4. 토지보상법이 새로 제정되면서 행정소송의 필요적 전치절차로 규정되어 있던 이의재결을 임의적 전치절차로 변경하는 한편(제83조), 이의재결만을 행정소송의 대상으로 함으로써 행정소송법 제18조 원처분주의의 예외로 규정하였던 것을 고쳐 수용재결에 대하여 곧바로 행정소송을 제기할 수 있도록 하였다(제85조 제1항).

현재의 소송실무에서도 구 토지수용법에 따라 여전히 수용 자체의 위법을 주장하거나 수용재결상의 보상금에 대하여 다투면서 중앙토지수용위원회를 상대로 이의재결의 취소를 구하는 경우가 흔히 있다.

이하에서는 행정소송과 관련한 대상적격, 제소기간, 보상금 증감소송, 손실보상에 관한 행정소송의 일반론에 관하여 자세히 살펴본다.

---

21) 다만 1990. 4. 7. 법률 제4231호로 제75조의2 제2항이 신설되어 보상금의 증감에 관한 소송인 경우에는 사업시행자가 원고인 경우에는 반드시 현금청산대상자등을, 현금청산대상자등이 원고인 경우에는 반드시 사업시행자를 중앙토지수용위원회와 공동피고로 하도록 하였다.

Ⅱ. 소송요건

1. 수용자체의 하자 또는 이의재결 자체의 하자(항고소송)

가. 대상적격

사업시행자 또는 현금청산대상자등은 수용재결에 이의가 있는 경우 중앙토지수용위원회에 이의를 신청할 수 있다(토지보상법 제83조). 사업시행자 또는 현금청산대상자등은 수용재결에 불복할 때에는 수용재결서를 받은 날부터 90일 이내에, 이의재결에 불복할 때에는 이의재결서를 받은 날부터 60일 이내에 각각 행정소송을 제기할 수 있다(토지보상법 제85조 제1항). 수용재결과 이의재결 모두 대상적격을 가진다.

나. 원처분주의

(1) 문제의 소재

앞서 본 바와 같이 수용재결과 이의재결 모두 대상적격을 가진다. 행정소송법 제19조는 "취소소송은 처분등을 대상으로 한다. 다만, 재결취소소송의 경우에는 재결 자체에 고유한 위법이 있음을 이유로 하는 경우에 한한다."고 규정하여 행정소송의 대상에 대하여 이른바 원처분주의를 선언하고 있다. 현행 토지보상법이 비록 이의재결을 임의절차로 하고 있으나, 만일 이의재결을 거친 경우에는 구 토지수용법과 같이 이의재결만을 행정소송의 대상으로 하는 재결주의를 채택하고 있는지 아니면 원처분주의를 채택하고 있는지 여부가 명확하지 아니하여 논란이 되었다.

(2) 판례(원처분주의)

판례는 현행 토지보상법상 수용재결에 불복하여 취소소송을 제기하는 때에는 이의신청을 거친 경우에도 수용재결을 한 중앙토지수용위원회 또는 지방토지수용위원회를 피고로 하여 수용재결의 취소를 구하여야 한다고 판시하여 원처분주의를 채택하고 있음을 명확히 하였다.[22] 그 논거는 다음과 같다.

① 토지보상법 제85조 제1항 전단의 문언 내용과 토지보상법 제83조, 제85조

---

22) 대법원 2010. 9. 30. 선고 2008두1061 판결.

가 중앙토지수용위원회에 대한 이의신청을 임의적 절차로 규정하고 있다.

② 행정소송법 제19조 본문은 취소소송의 대상을 원처분으로 규정하고 있고, 그 단서가 행정심판에 대한 재결은 재결 자체에 고유한 위법이 있음을 이유로 하는 경우에 한하여 취소소송의 대상으로 삼을 수 있도록 규정하고 있는바, 이의재결은 행정심판의 성격을 가진다.

다. 이의재결의 고유한 위법

(1) 원처분주의 예외로서 이의재결의 고유한 위법

행정소송법 제19조 단서에 의하여 이의재결 자체에 고유한 위법이 있음을 이유로 하는 경우에는 예외적으로 이의재결을 한 중앙토지수용위원회를 피고로 하여 이의재결의 취소를 구할 수 있다. '이의재결 자체에 고유한 위법'이란 수용재결에는 없고 이의재결에만 있는 중앙토지수용위원회의 권한 또는 구성의 위법, 이의재결의 절차나 형식 또는 내용의 위법 등을 뜻한다.[23]

(2) 실무상 쟁점

실무상 이의재결의 고유한 위법으로 주로 문제되는 것은 수용재결서의 정본을 받은 날부터 30일 이내에 이의신청을 제기하였음에도(토지보상법 제83조 제3항), 그와 같은 이의신청 제기기간이 도과된 것으로 보아 각하한 재결 또는 현금청산대상자가 수용재결에 따라 사업시행자가 공탁한 수용보상금을 수령하면서 이의를 유보하는 의사를 분명히 표시하였음에도, 이를 간과한 채 이의를 유보하지 아니하고 수용보상금을 수령하였음을 전제로 각하한 재결 등이다.

위와 같이 이의신청 사유에 대한 구체적인 심리·판단을 생략한 채 이의재결 신청이 부적법하지 않음에도 이를 부적법하다고 보아 각하한 재결은 이의신청인의 실체심리를 받을 권리를 박탈한 것으로서 원처분에 없는 고유한 하자가 있는 경우에 해당한다.[24] 실무상 중앙토지수용위원회의 권한 또는 구성의 위법이 문제되는 경우는 거의 없다.

---

23) 대법원 2010. 1. 28. 선고 2008두1504 판결, 2010. 9. 30. 선고 2008두1061 판결.
24) 대법원 2001. 7. 27. 선고 99두2970 판결, 서울행정법원 2019. 7. 12. 선고 2018구합65903 판결 (확정).

⑶ 주문

이의재결에 대한 취소소송의 경우 이의재결 자체에 고유한 위법이 있는지 여부만을 심리할 것이고, 이의재결 자체에 고유한 위법이 없는 경우에는 수용재결의 당부와는 상관없이 당해 이의재결에 대한 취소청구를 기각하여야 한다.

2. 보상금의 존부 및 증감소송

가. 의 의

수용재결 또는 이의재결에 불복하여 제기하는 행정소송이 보상금의 증감(增減)에 관한 소송인 경우 그 소송을 제기하는 자가 사업시행자인 경우에는 현금청산대상자등을 상대로 보상금감액소송을, 현금청산대상자등일 때에는 사업시행자를 상대로 보상금증액소송을 제기한다(토지보상법 제85조 제2항). 사업시행자는 재결상의 보상금을 다투더라도 토지보상법상 반드시 이를 공탁한 후 행정소송을 제기하여야 하므로, 채무부존재확인소송의 형태로 제기한다.

토지보상법 제85조 제2항에서 명시적으로 규정하고 있지 않지만, 보상금 자체가 존재하지 아니하는 경우 사업시행자가 현금청산대상자등을 상대로 채무부존재확인소송을 제기할 수 있다. 또는 관할 토지수용위원회가 사실을 오인하거나 법리를 오해함으로써 손실보상의 대상에 해당하지 않는다고 잘못된 내용의 재결을 한 경우, 현금청산대상자등은 관할 토지수용위원회를 상대로 그 재결에 대한 취소소송을 제기할 것이 아니라 사업시행자를 상대로 토지보상법 제85조 제2항에 따른 보상금 지급(증액)의 소를 제기하여야 한다.[25] 다만 본안에 대한 심리를 진행하는 등으로 토지수용위원회의 전문적 판단을 거친 것으로 볼 수 있어야 한다.

나. 형식적 당사자소송

현행 토지보상법상 보상금증감소송은 실질적으로는 수용재결의 내용인 보상여부 또는 보상금액에 대하여 불복하는 것이나, 법률이 관할 토지수용위원회가 아니라 사업시행자를 피고로 하도록 규정하고 있는 관계로 당사자소송이 된 것이므로 이는 형식적 당사자소송에 해당한다.

---

25) 대법원 2010. 8. 19. 선고 2008두822 판결, 대법원 2020. 4. 9. 선고 2017두275 판결.

다. 구 토지수용법에 의한 제소 시의 처리방법

현재도 현금청산대상자등이 손실보상금의 증액을 구하면서 구 토지수용법에 따라 중앙토지수용위원회를 피고로 하고, 이의재결의 취소를 구하는 경우가 가끔씩 있다. 이는 피고적격과 대상적격 모두에 하자가 있는 소제기에 해당한다.

특히 토지보상법 제85조 제1항의 엄격한 제소기간 제한으로 인하여 그 처리방법이 문제된다. 행정소송법 제21조 제1항은 취소소송을 당해 처분등에 관계되는 사무가 귀속하는 국가 또는 공공단체에 대한 당사자소송으로 변경하는 것이 상당하다고 인정할 때에는 청구의 기초에 변경이 없는 한 사실심의 변론종결 시까지 원고의 신청에 의하여 결정으로써 소의 변경을 허가할 수 있다고 규정하고 있으므로, 위 규정에 따라 소변경절차를 취한다.

위와 같이 소변경절차를 취하는 이유는 소변경허가결정이 있는 때에는 새로운 피고에 대한 소송은 처음에 소를 제기한 때에 제기된 것으로 간주하여 제소기간 준수가 문제되지 않기 때문이다(행정소송법 제21조 제4항, 제14조 제4항).

3. 주관적, 예비적 병합

실무상 현금청산대상자등이 사업시행자로부터 적법한 분양신청통지를 받지 아니하여 분양신청을 할 수 없었음에도 불구하고, 자신을 현금청산대상자로 분류한 관리처분계획이 수립되었고 이에 따라 수용재결이 이루어진 경우, 현금청산대상자등은 위법한 관리처분계획을 기초로 한 수용 자체가 위법함을 이유로 관할 토지수용위원회를 상대로 수용재결의 취소를 구하고, 나아가 보상금이 과소함을 이유로 사업시행자를 상대로 보상금의 증액을 구하는 소송을 병합하여 제기하는 경우가 흔히 있다.

구 토지수용법과 달리 수용 자체의 위법성을 이유로 그 취소를 구하는 것은 항고소송으로, 보상금의 증액을 구하는 것은 형식적 당사자소송으로 하고, 각각 피고를 달리 규정한 현행 토지보상법으로 인하여 파생된 문제이다. 현금청산대상자등이 소를 제기한 취지를 고려하여 주위적으로는 관할 토지수용위원회를 상대로 수용재결의 취소를, 예비적으로 사업시행자를 상대로 보상금의 증액을 구하는 소를 제기한 주관적, 예비적 병합으로 처리한다.

4. 제소기간

가. 내 용

사업시행자 또는 현금청산대상자등은 수용재결에 불복이 있는 때에는 재결서를 받은 날부터 90일 이내에, 이의신청을 거친 때에는 이의신청에 대한 재결서를 받은 날부터 60일 이내에 각각 행정소송을 제기할 수 있다(토지보상법 제85조 제1항). 위 규정은 토지보상법이 2018. 12. 31. 법률 제16138호로 개정되면서 제소기간이 확장되었다. 위 개정 규정 이전에는 비교적 단기인 수용재결서를 받은 날로부터 60일, 이의재결서를 받은 날로부터 30일이 제소기간이었다. 국민의 재판청구권을 폭넓게 보장해 주기 위한 것으로서 타당한 입법이다. 위 개정 규정은 이 법 시행(2019. 7. 1.) 후 최초로 수용재결서 또는 이의재결서 정본을 받은 자부터 적용된다.

이는 수용 자체가 위법함을 이유로 현금청산대상자등이 관할 토지수용위원회를 상대로 수용재결의 취소를 구하는 소를 제기하는 경우이든, 보상금 산정이 위법함을 이유로 현금청산대상자등 또는 사업시행자가 상대방을 피고로 하여 보상금증액청구 또는 감액의 의미로 일부 채무부존재확인의 소를 제기하는 경우이든 모두 동일하다.

나. 관련 쟁점

(1) 이의재결의 고유한 위법

토지보상법 제85조 제1항은 수용 자체가 위법하여 그 취소를 구하거나 수용·이의재결상의 보상금의 증감과 관련된 경우의 제소기간이고, 원처분주의의 예외인 이의재결에 고유한 위법이 있는 경우에는 위 규정이 적용될 수 없다. 따라서 이의재결에 고유한 위법이 있는 경우로서 처분인 이의재결의 취소를 구하는 경우에는 행정소송법 제20조 제1, 2항에 의하여 이의재결이 있음을 안 날로부터 90일, 있은 날로부터 1년 이내에 제기할 수 있다. 통상적으로 이의재결서를 받은 날부터 90일이 제소기간이 된다.

(2) 재결신청 지연가산금

수용재결서에는 재결신청의 대상이 된 토지등에 대한 보상금뿐만 아니라 재결신청 지연에 따른 지연가산금까지 포함되어 판단이 이루어진다. 사업시행자 또는 현금청산대상자등은 보상금 외에 위 지연가산금에 대하여도 증액 또는 감액의 소를 제기한다. 그 경우 제소기간이 문제된다. 재결신청 지연가산금 청구권은 재결보상금에 부수하여 토지보상법상 인정되는 공법상 청구권이므로, 재결보상금청구에 대한 제소기간이 준수되었다면, 제소기간 이후에도 재결보상금청구 소송절차에서 청구취지변경을 통하여 재결신청 지연가산금을 청구하는 것이 가능하다.[26]

(3) 이의재결신청의 하자

현금청산대상자등이 보상금 산정의 위법을 이유로 수용재결에 불복하여 이의신청을 제기하는 경우 수용재결서의 정본을 받은 날부터 30일 이내에 제기하여야 하나, 위 기간이 도과되었음에도 불구하고 중앙토지수용위원회가 이를 간과한 채 수용재결상의 금액을 일부 증액하는 이의재결을 하고, 현금청산대상자등이 그로부터 60일의 적법한 행정소송 제기기간 내에 사업시행자를 상대로 보상금증액청구의 소를 제기한 경우 그 행정소송의 적법성이 문제된다. 적법한 기간 내에 제기되지 않은 이의신청의 하자가 치유된다고 보기 어려우므로, 행정소송이 부적법하게 된다고 보아야 할 것이다.

(4) 청구취지변경

청구취지변경의 경우 제소기간 준수여부는 원칙적으로는 청구취지변경 당시를 기준으로 한다. 그러나 청구취지의 기재 자체만으로는 당사자가 주장하는 소송물인지 분명하지 않으나 청구원인으로 당사자가 소송물인 점을 주장하고 있다면 법원은 청구취지가 청구원인 사실에서 주장하는 것과 같은 것인지 여부를 석명하여야 하고, 뒤에 청구취지를 청구원인사실 대로 변경하여 명확히 한 때에는 이를 새로운 청구라고 볼 수는 없으므로 청구취지변경을 가리켜 새로운 제소라고 볼 수 없다. 또한 소장에 기재된 청구취지의 기재 자체만으로는 특정한 행정법규에서 규정하고 있는 불복방법이 아니어서 부적법한 소로 보여진다 하더라도, 그 청구원인에서 특정 행정처분의 위법을 이유로 그 행정처분에 대하여 불복하고 있으며, 또 그 청구취지의 기재가 착오로 인한 것임이 명백하다면, 당사자가 후에 적법한 불

---

26) 대법원 2012. 12. 27. 선고 2010두9457 판결.

복방법에 따라 청구취지를 변경하여 명확히 한 경우에는 이를 가리켜 새로운 청구라고 볼 수는 없다.[27] 결국 소장의 청구원인에 기재된 부분을 기초로 한 청구취지변경은 가급적 제소기간이 준수된 것으로 해석하여야 한다.

Ⅲ. 본안(손실보상)일반론

1. 손실보상 항목

피보상자별로 어떤 토지, 물건, 권리 또는 영업이 손실보상대상에 해당하는지, 나아가 보상금액이 얼마인지를 심리·판단하는 기초 단위를 손실보상 항목이라고 한다. 현금청산대상자등에 대한 손실보상 항목에는 토지, 건축물 등 지장물이 있다. 또한 당해 건축물 등이 영업용으로 사용되는 경우에는 현금청산대상자 또는 임차인에 대한 영업손실이 보상항목이 되고, 당해 건축물이 주거용으로 사용되는 경우에는 현금청산대상자에 대한 이주정착금, 현금청산대상자 또는 세입자에 대한 주거이전비 및 이사비 등이 보상항목이 된다.

2. 감정평가

가. 쟁 점

현금청산대상자등이 보상금이 과소함을 이유로 사업시행자를 상대로 보상금의 증액을 구하는 소를 제기하는 것이 실무상 일반적이다. 앞서 본 바와 같이 수용재결 및 이의재결을 거치는 과정에서 각각 2개의 감정평가법인의 감정평가서가 존재한다. 재개발사업의 경우에는 협의단계에서도 2개 또는 3개의 감정평가법인의 감정평가서가 존재한다. 보상금 증액을 구하는 소제기 단계에서는 위와 같이 다수의 감정평가서가 이미 존재함에도, 소송절차과정에서 다시 현금청산대상자등의 토지, 건물 등 지장물 및 영업손실보상 등과 관련한 감정평가를 시행할 것인지 여부가 문제된다.

---

27) 대법원 1989. 8. 8. 선고 88누10251 판결, 대법원 1991. 3. 12. 선고 90누4341 판결.

나. 필수적 감정평가여부(부정)

도시정비법 제73조 제1항, 법 시행령 제60조 제1항은 재개발사업에서 보상협의를 하기 위해서는 반드시 손실보상액 산정을 위한 감정평가절차를 거치도록 규정하고 있다. 수용과 관련한 행정소송에 있어서도 위 규정이 적용되는지 여부가 문제된다.

판례는 위 규정은 재개발사업에서 사업시행자와 토지등소유자 사이에 청산금액을 협의하여 정할 경우의 평가방법에 관한 것일 뿐이므로, 청산금의 지급을 구하는 소송에 있어서 법원은 적절한 방법으로 청산금액을 평가하면 족한 것이지, 반드시 법 시행령 제60조에서 정한 방법으로 청산금액을 산정하여야 하는 것은 아니라고 판시하여 이를 부정하였다.[28]

다. 행정소송에서의 감정실시요건

⑴ 문제의 소재

보상금 감정평가와 관련하여 감정평가사들이 협의, 수용재결, 이의재결이라는 매 단계마다 약 5% 이내의 범위에서 근소하게 평가액을 인상하는 것이 비공식적 관행이며, 이를 통해 감정평가사들은 국토교통부의 징계를 회피하면서도 자신의 업계의 일거리를 지키고 있다는 세간의 평가가 있고, 이에 따라 현금청산대상자등이 무분별하게 수용재결에 대한 이의신청뿐만 아니라 보상금증액의 행정소송을 제기하는 분위기가 있는바,[29] 이를 고려하면 보다 엄격한 조건하에서 감정을 실시할 필요가 있다.

한편 토지보상법 제85조 제2항 소정의 손실보상금 증액청구의 소에 있어 재결에서 정한 손실보상금액보다 정당한 손실보상금액이 더 많다는 점에 대한 증명책임은 원고인 현금청산대상자등에게 있고, 이를 증명할 수단이 감정평가임에도 감정신청의 채택을 엄격히 제한하는 경우 원고에게 증명의 기회를 봉쇄하는 것이 아닌가 하는 의문이 제기된다. 원고가 재결 당시 감정평가의 하자나 위법성을 적시하면서 감정을 신청하는 경우 새롭게 감정을 실시함에 이론이 없으나, 그와 같

---

28) 대법원 2009. 9. 10. 선고 2009다32850, 32867 판결.
29) 이상덕, 보상금증감소송의 소송물이론과 보상항목 유용 법리에 관한 고찰, 사법 49호(2019. 9.), 사법발전재단, 422쪽.

은 적시 없이 단순히 시가감정을 신청하는 경우 법원으로서는 이를 채택하여야 하는지 여부와 관련하여 견해의 대립이 있다.

(2) 학설

(가) 부정설

보상금 증액소송은 실질적으로는 재결의 내용인 보상금액에 대하여 불복하는 항고소송이나 단지 법률에 의하여 형식적 당사자소송에 해당할 뿐이므로, 재결 감정 자체에 특별한 위법사항이 없음에도 법원에서 새롭게 감정을 실시하는 것은 항고소송의 본질에 부합하지 않고, 재결 감정보다 법원 감정이 더욱 정확하다거나 신뢰할 수 있다고 볼 제도적 장치나 실정법적 근거가 없다는 견해이다.[30] 위 견해에 의하면 재결 감정에 위법사항이 있는 경우에 한하여 법원 감정을 실시하여야 한다.

(나) 긍정설

법률이 규정한 소송의 형태가 재결 그 자체의 취소를 구하는 것이 아니라 보상여부 및 보상금 수액의 증감이므로, 재결 감정 자체에 특별한 위법사항이 없다 하더라도 법원 감정을 실시할 수 있다.

(3) 판례

판례는 토지보상금 증감에 관한 소송에서 주로 하급심이 재결 감정의 위법성과 무관하게 법원에서 감정을 실시하고, 재결 감정보다 증액된 법원 감정을 채택한 것과 관련하여, 재결의 기초가 된 각 감정기관의 감정평가와 법원 감정인의 감정평가가 평가방법에 있어 위법사유가 없고 개별요인비교를 제외한 나머지 가격산정요인의 참작에 있어서는 서로 견해가 일치하나 개별요인비교에 관하여만 평가를 다소 달리한 관계로 감정결과(수용대상토지의 보상평가액)에 차이가 생기게 된 경우 그중 어느 감정평가의 개별요인비교의 내용에 오류가 있음을 인정할 자료가 없는 이상 각 감정평가 중 어느 것을 취신하여 정당보상가액으로 인정하는가 하는 것은 그것이 논리칙과 경험에 반하지 않는 이상 사실심 법원의 재량에 속한다고 판시하고 있다.[31]

---

30) 이상덕, 전게 논문, 423쪽.

또한 판례는 지장물보상이나 영업손실보상 관련 감정은 법원이 어떤 사항을 판단함에 있어서 특별한 지식과 경험을 필요로 하는 경우 그 판단의 보조수단으로 그러한 지식이나 경험을 이용하는데 지나지 아니하는 것이므로, 보상금의 증감에 관한 소송에 있어서 동일한 사실에 관하여 상반되는 수개의 감정평가가 있고, 그중 어느 하나의 감정평가가 오류가 있음을 인정할 자료가 없는 이상 법원이 각 감정평가 중 어느 하나를 채용하거나 하나의 감정평가 중 일부 만에 의거하여 사실을 인정하였다 하더라도 그것이 경험법칙이나 논리법칙에 위배되지 않는 한 위법하다고 할 수 없다고 판시하고 있다.[32] 감정평가사가 전문인으로서 일정한 재량이 있음을 전제로 한다. 재결감정에 특별한 위법사항이 없음에도 법원이 감정을 실시한 것 자체가 항고소송의 본질에 부합하지 않음을 이유로 감정채택결정이나 그에 기초한 판결의 위법성을 적시한 판례는 찾기 어렵다. 따라서 긍정설의 견해로 보인다.

(4) 결론

㈎ 긍정설이 타당하다. 그 논거는 다음과 같다.

① 토지에 대한 손실보상은 최초의 사업시행계획인가일이 속한 해의 1. 1.자 공시지가를 토대로 수용재결 시까지 시점수정을 통하여 보상금액이 산정되므로 가격시점은 수용재결일이다. 비록 재결단계에 이르기까지 여러 차례 감정절차를 거치기는 하나, 보상협의단계에서의 가격시점은 관리처분계획인가고시일 다음날(실무상 보상협의계약 체결예정시점)이므로 가격시점이 달라 행정소송에서 그대로 채용하기 어렵다. 또한 수용재결단계에서의 감정평가 또한 가격시점인 수용재결일 이전에 이루어지므로 부득이 일부는 예측자료에 기인한 것이어서 그 자체로 적정하다고 보기 어려운 측면이 있음을 부인하기 어렵다.

② 수용재결, 이의재결에서는 수십, 수백 명의 현금청산대상자등에 대하여 감정평가법인들이 단기간에 감정평가절차를 진행한다는 점에서 정확성을 담보하기 쉽지 않다. 특히 토지에 대한 손실보상의 경우 다수 현금청산대상자등의 각 토지

---

31) 대법원 2005. 1. 28. 선고 2002두4679 판결.
32) 대법원 1995. 9. 5. 선고 94누14919 판결, 대법원 2000. 1. 28. 선고 97누11720 판결(영업손실보상금을 인정함에 있어 위와 같은 법리가 적용되고, 설령 다액의 영업손실보상 금액을 인정한 감정평가를 채택하였다 하더라도, 과다한 영업손실보상 금액을 인정한 사실오인의 위법이 없다).

에 대하여 비교표준지와 사이의 지역요인, 개별요인(가로조건, 접근조건, 환경조건, 획지조건) 등을 정확하게 반영하기에는 시간적, 물리적으로 어려운 측면이 있다(실제로 재결감정에서는 감정평가서에 개별토지별 품등비교 내용을 자세하게 기재하고 있지 않다). 또한 재결단계에서는 그 밖의 요인 보정으로 각각의 토지에 대하여 거래사례 또는 보상선례를 정확히 확인하여 참작할 것을 기대하기도 난망한 측면이 있고, 또한 인근 유사 토지의 정상거래 사례에 해당한다고 볼 수 있는 거래 사례가 있고 그것을 참작함으로써 보상액 산정에 영향을 미친다고 하는 사정은 이를 주장하는 자에게 증명책임이 있는바, 당사자가 재결 단계에서 그 증명책임을 다하지 못한 경우에는 소송에서 이를 이행할 기회를 부여하는 것이 정의관념에 부합한다.

③ 감정평가사는 전문인으로서 상당한 재량이 있는바, 재결감정의 위법성을 증명하는 것은 극히 어렵다.

(나) 다만 최근의 실무에서는 수백 명에 이르는 현금청산대상자등이 재결단계에서부터 손실보상을 전문으로 하는 변호사를 선임하여 감정과정에서 적극적으로 주장하고, 나아가 이의재결 이후 그대로 행정소송을 제기하는 경우를 볼 수 있다. 그 경우에는 행정소송과정에서의 감정채택에 신중을 기할 필요가 있다.

(다) 행정소송단계에서 감정을 실시하는 경우에는 가급적 감정인 신문절차로 진행하는 것이 바람직하다. 왜냐하면 감정인 신문절차를 통해 진행하는 경우에는 감정인이 허위감정의 벌을 받는다는 선서까지 한다는 점에서 재결감정과는 뚜렷한 차이가 있어 정확성을 담보하는 한 방편이 되기 때문이다. 또한 그 과정에서 법원 감정인으로 하여금 감정과정에서 쌍방에게 절차적 참여권을 보장해 주도록 명하고, 품등비교 등의 수치조정으로 5% 이내의 근소한 인상이 관행적으로 이루어진다는 비판이 존재함을 상기시키면서 법원 감정인에게 재결감정과 달리 판단하는 경우에는 그 근거를 명확히 밝히도록 명할 필요가 있다.

종국적으로는 재판부가 법원 감정결과를 만연히 받아들이기 보다는 재결의 감정평가서와 법원 감정평가서의 당부를 판단하여 취신하여야 할 것이다.

라. 감정평가 일반론

감정평가란 토지 및 그 정착물, 동산, 영업권 등의 경제적 가치를 판정하여 그 결과를 가액으로 표시하는 것을 말한다(감정평가법 제2조 제1, 2호). 감정평가법은 제3조 제1항에서 토지를 감정평가함에 있어 표준지 공시지가를 기준으로 하되, 적정한 실거래가가 있는 경우에는 이를 기준으로 할 수 있다고 규정하여 토지에 대한 감정평가 기준만을 규정하고 있다.

한편, 감정평가법 제3조 제3항에 따라 감정평가업자가 감정평가를 할 때 준수하여야 할 원칙과 기준을 정하고 있는 감정평가에 관한 규칙(이하 '감정평가규칙'이라 한다)은 감정평가의 일반원칙을 규정하고 있고, 감정평가법 제3조 제3항 및 감정평가규칙 제28조에 따라 국토교통부 고시로 정한 감정평가 실무기준(이하 '감정평가기준'이라 한다)은 감정평가의 공정성과 신뢰성의 제고를 위하여 감정평가 시에 준수하여야할 기준을 정하고 있다.

감정평가와 관련한 기본원칙을 살펴보면, 대상물건에 대한 감정평가액은 원칙적으로 시장가치를 기준으로 결정하고(시장가치기준원칙, 감정평가규칙 제5조 제1항, 감정평가기준 400 – 2.1), 감정평가는 기준시점에서의 대상물건의 이용상황 및 공법상 제한을 받는 상태를 기준으로 하며(현황기준원칙, 감정평가 규칙 제6조 제1항, 감정평가기준 400 – 2.2), 감정평가는 대상물건마다 개별로 하고(개별물건기준원칙, 감정평가규칙 제7조 제1항, 감정평가기준 400 – 2.3), 감정평가를 할 때에는 실지조사를 하여 대상물건을 확인하여야 한다(실지조사확인원칙, 감정평가규칙 제10조 제1항, 감정평가기준 400 – 1 제4항)는 것이다. 위와 같은 감정평가의 원칙에는 예외가 있는바, 그와 관련하여서는 각각의 감정평가 대상과 관련한 부분에서 논하기로 한다.

마. 감정평가와 관련한 쟁점

⑴ 관리처분계획상 종전자산 평가와의 차이

현금청산대상자등 소유의 토지등에 대한 토지보상법에 의한 감정평가는 공익사업인 정비사업을 시행함에 있어 정당한 보상가액을 정하는 데에 주된 목적이 있다.

한편, 관리처분계획을 작성하기 위한 조합원에 대한 종전자산 평가는 조합원들 사이의 상대적 출자비율을 정하기 위한 것에 주된 목적이 있다. 그와 같은 차이로 인하여 전자의 경우에는 재결감정의 하자 여부를 불문하고 원칙적으로 법원 감정이 이루어지나, 후자의 경우에는 종전 관리처분계획 수립 단계에서의 감정이 당해 조합원에 대하여만 감정평가의 원칙을 위반하는 등의 특별한 사정이 없는 한 법원 감정이 이루어지지는 않는다. 다만 각각은 모두 적정한 평가를 전제로 한다는 점에서는 동일하다.

(2) 감정평가가 위법한 경우의 처리방법

토지등 수용과 관련한 손실보상금 산정을 위한 감정평가에 어느 한 가지 점이라도 위법사유가 있으면 그것으로써 그 감정평가결과는 위법하게 된다. 비록 감정평가가 위법하다고 하여도 법원은 그 감정내용 중 위법하지 않은 부분을 추출하여 판결에서 참작하는 등 정당한 손실보상액을 스스로 산정할 수 있다. 그러나 이러한 직권 보정방식은 객관성과 합리성을 갖추고 논리나 경험의 법칙에 반하지 않는 범위 내에서만 허용되는 것이므로, 감정평가에 위법이 있다면 법원으로서는 적법한 감정평가방법에 따른 재감정을 명하거나 감정인에게 사실조회를 하는 등의 방법으로 충분한 심리를 거치는 것이 타당하다.[33]

3. 개인별 보상원칙과 보상항목의 유용

가. 인(人)별 보상 원칙

현금청산대상자등이 사업시행자를 상대로 보상금 증액소송을 제기하는 것이 일반적임은 앞서 본 바이다. 현금청산대상자등은 대개의 경우 토지, 각종의 지장물, 수목, 영업 등 다양한 손실보상을 구한다. 이와 관련하여 토지보상법 제64조가 손실보상은 수용의 대상이 되는 물건별로(토지, 지장물, 영업 등) 하는 것이 아니라 현금청산대상자등에게 개인별로 하여야 한다고 규정하고 있다.

나. 보상항목의 유용

(1) 내용

법원은 현금청산대상자등이 보상의 과소함을 이유로 불복한 범위에서 심판하되, 불복신청한 보상항목들에 관해서 감정을 실시하는 등 심리한 결과, 재결에서 정한 보상금액이 일부 보상항목의 경우 과소하고 다른 보상항목의 경우 과다한 것으로 판명되었다면, 개인별 보상이 원칙이므로 법원은 보상항목 상호 간의 유용

---

33) 대법원 2014. 12. 11. 선고 2012두1570 판결, 대법원 1999. 8. 24. 선고 99두4754 판결.

을 허용하여 항목별로 과다 부분과 과소 부분을 합산하여 그 합계액을 정당한 보상금으로 결정할 수 있다.[34]

(2) 소송실무

위와 같은 보상항목의 유용은 주로 지장물과 관련하여 발생한다. 법원 감정이 재결 감정보다 전반적으로 높게 산정되는 것이 일반적이나, 다양한 지장물이 심판대상이 된 경우에는 일부 지장물의 경우 재결에서의 감정금액보다 과소하게 감정되는 경우도 드물지 않다. 그 경우 법원은 개인별 보상원칙상 보상항목을 유용하여 항목별로 과다 부분과 과소 부분을 합산한 합계액을 정당한 보상금으로 산정한다.

다. 보상항목유용의 적용 면탈

(1) 문제의 소재

현금청산대상자등이 당초 여러 보상항목들에 관해 불복하여 보상금증액 청구소송을 제기하였으나, 법원에서 실시한 감정 결과 그중 일부 보상항목의 평가액이 재결에서 정한 보상금액보다 적게 나온 경우, 보상항목의 유용을 회피하기 위하여 해당 보상항목에 관하여 소를 일부 취하하거나 사업시행자가 부동의하는 경우 스스로 그 부분의 청구를 포기하였다. 이에 따라 사실상 보상항목유용의 적용을 면탈하는 효과가 발생하였다. 왜냐하면 보상항목의 유용은 당해 보상항목이 심판대상임을 전제로 하기 때문이다.

사업시행자가 특정 보상항목에 관해 보상금 감액을 청구하는 권리는 토지보상법 제85조 제1항에서 정한 제소기간 내에 보상금 감액 청구소송을 제기하는 방식으로 행사함이 원칙이다. 그러나 사업시행자에 대한 위 제소기간이 지나기 전에 현금청산대상자등이 이미 사업시행자가 제기하려 한 보상항목을 포함한 여러 보상항목에 관해 불복하여 보상금 증액 청구소송을 제기한 경우, 사업시행자로서는 보상항목유용 법리에 따라 위 소송에서 과다 부분과 과소 부분을 합산하는 방식으로 보상항목에 대한 정당한 보상금액이 얼마인지 판단 받을 수 있으므로, 군이 중복하여 동일 보상항목에 관해 불복하는 보상금 감액 청구소송을 별도로 제기하

---

34) 대법원 2014. 12. 11. 선고 2012두1570 판결.

926 재개발·재건축 법규의 이해와 실무

는 대신 현금청산대상자등이 제기한 보상금 증액 청구소송을 통해 자신의 감액청구권을 실현하는 것이 합리적이라고 생각하고 제소하지 않는 경우가 있다. 그런데 현금청산대상자등의 소취하나 청구의 포기를 통한 보상항목유용 적용 면탈을 허용한다면 사업시행자로서는 반드시 보상금 감액청구소송을 제기하여야 하는 문제가 발생하고, 이는 소송경제상으로도 부당하다. 이에 따라 소취하나 청구의 포기를 통한 보상항목유용 적용의 면탈을 허용할 것인지 여부가 문제되었다.

(2) 판례(사업시행자의 보상항목유용 항변 허용)

판례는 사업시행자가 현금청산대상자등의 보상금 증액 청구소송을 통해 감액청구권을 실현하려는 의사로 제소기간 내에 별도의 보상금 감액 청구소송을 제기하지 않았는데, 현금청산대상자등이 법원에서 실시한 감정평가액이 재결절차의 그것보다 적게 나오자 그 보상항목을 법원의 심판범위에서 제외하여 달라는 소송상 의사표시를 하는 경우에는, 사업시행자는 그에 대응하여 법원이 현금청산대상자등에게 불리하게 나온 보상항목들에 관한 법원의 감정 결과가 정당하다고 인정하는 경우 이를 적용하여 과다하게 산정된 금액을 보상금액에서 공제하는 등으로 과다 부분과 과소 부분을 합산하여 당초 불복신청 된 보상항목들 전부에 관하여 정당한 보상금액을 산정하여 달라는 소송상 의사표시를 할 수 있다고 봄이 타당하다고 판시하였다.[35]

이러한 법리는 정반대의 상황, 즉 사업시행자가 여러 보상항목들에 관해 불복하여 보상금 감액 청구소송을 제기하였다가 그중 일부 보상항목에 관해 법원 감정 결과가 불리하게 나오자 해당 보상항목에 관한 불복신청을 철회하는 경우에도 마찬가지로 적용될 수 있다고 판시하였다. 결국 법원으로서는 현금청산대상자등의 소제기 이후 일부 취하나 포기한 부분과 관련하여 사업시행자가 보상항목유용을 주장하면, 그 요건에 해당하는 경우 이를 받아들여 보상금을 산정할 수 있다.

4. 지연손해금

행정소송 절차에서 확정된 손실보상금액이 재결상의 금액보다 큰 경우, 그 차액에 대하여 지연손해금을 인정할 것인지 여부가 문제된다. 왜냐하면 사업시행자

---

35) 대법원 2018. 5. 15. 선고 2017두41221 판결.

는 토지수용위원회가 결정한 금액 그대로 지급하였고, 만일 토지수용위원회가 행정소송에서 증액된 금액으로 재결단계에서 결정하였더라면 이를 지급하였을 것인바, 보상금을 과소하게 결정한 것은 토지수용위원회의 잘못이고, 사업시행자로서는 과소 금액 지급에 고의나 과실 등 아무런 잘못이 없음에도, 증액된 금액뿐만 아니라 지연손해금까지 지급하여야 하는가 하는 의문이 제기된다.

그러나 수용으로 인한 사업시행자의 손실보상금 지급의무는 수용재결 시부터 발생하고, 구체적인 손실보상금액이 행정소송의 절차에 의하여 현실적으로 확정되어진다 하여 달리 볼 것이 아니며, 수용재결절차에서 정한 보상액과 행정소송절차에서 정한 보상액과의 차액 역시 수용과 대가관계에 있는 손실보상의 일부이므로 위 차액이 수용의 시기에 지급되지 않은 이상, 이에 대하여는 지연손해금이 발생한다 할 것이다.[36] 사업시행자의 손실보상금을 지급하여야 하는 기한은 수용개시일이므로, 지연손해금 발생시기는 수용개시일 다음 날이다.

제3절 토지보상

I. 총 설

토지란 소유권의 대상이 되는 땅으로서 지하·공중 등 정당한 이익이 있는 범위에서 그 상하를 포함한다.[37] 현금청산대상자 소유의 토지에 대한 손실보상은 토지보상법이 적용된다. 토지보상법은 토지에 대한 손실보상과 관련하여 개발이익 배제의 원칙이 적용되고, 이는 재건축사업에서의 보상과 가장 뚜렷이 구별된다.

헌법 제23조 제3항은 공공필요에 의한 수용 및 그에 대한 보상은 법률로써 하되 정당한 보상을 지급하여야 한다고 규정하고 있으므로, 개발이익 배제가 정당한 보상원칙과 부합할 수 있는지 등 개발이익 배제의 원칙에 대하여 자세히 살펴본다. 현금청산대상자의 토지에 대한 보상에는 토지에 대한 일반적인 손실보상방법인 공시지가기준법에 의한 감정평가방법이 적용되므로 그 내용을 자세히 살펴보고, 특수한 보상으로서의 사실상의 사도 및 토지에 매장된 물건에 대한 보상부분

---

36) 대법원 1992. 9. 14. 선고 91누11254 판결.
37) 감정평가실무기준 660-1.1.

도 살펴본다.

II. 개발이익 배제의 원칙

1. 내 용

토지보상법 제67조 제1항은 재결에 의한 보상액 산정은 수용재결 당시의 가격을 기준으로 한다고 규정하고 있다. 한편 토지보상법 제70조 제1, 4항은 사업시행자가 재결에 의하여 취득하는 토지에 대하여는 사업시행계획인가고시일(사업인정고시일)과 가장 가까운 시점에 공시된 부동산공시법에 따른 공시지가를 기준으로 하여 수용재결일까지 당해 정비사업으로 인한 지가의 영향을 받지 아니하는 지가변동률, 생산자물가상승률 등을 고려하여 평가한 적정가격으로 보상한다고 규정하고 있다. 결국 재개발사업의 경우에는 정비사업에 따른 개발이익이 모두 반영된 수용재결일 당시의 시가가 아니라 개발이익이 완전히 배제되어 사업시행계획인가고시일이 속하는 해의 1월 1일의 공시지가에 수용재결일까지 정상 지가변동률, 물가상승률 등으로 시점수정하여 산정된 가격으로 보상이 이루어지게 된다.

2. 위헌여부

가. 문제의 소재

재개발사업의 경우에는 개발이익이 배제된 채 보상금이 지급되는 반면, 재건축사업의 경우에는 개발이익이 포함된 보상금이 지급되므로 이와 비교하여 형평에 반하는 것인지, 이를 정당한 보상으로 볼 수 있는지 여부가 문제된다.

나. 판단(합헌)

(1) 개발이익의 의미

공익사업인 정비사업의 시행으로 지가가 상승하여 발생하는 개발이익은 사업시행자의 정비사업에 의한 것으로서 피수용자인 현금청산대상자의 노력이나 자본에 의하여 발생한 것이 아니므로, 이러한 개발이익은 형평의 관념에 비추어 볼 때 현금청산대상자에게 당연히 귀속되어야 할 성질의 것이 아니고, 오히려 사업시행

자 또는 궁극적으로는 국민 모두에게 귀속되어야 할 성질의 것이다.[38]

(2) 재건축과의 차이 근거

재건축사업에서 조합이 행사하는 매도청구권은 법 제64조(집합건물법 제48조)에 따른 것으로서 토지보상법상의 수용과는 입법목적을 달리한다. 따라서 재건축사업의 경우 매도청구의 상대방이 시가 상당의 매매대금을 지급받음으로써 개발이익이 포함된 가격으로 보상을 받는다 하더라도 이는 수용과 매도청구가 그 행사로 인한 법률관계의 성질을 달리 함에 기인하는 것이므로 그 차별에는 합리적인 이유가 인정되는 것이다.

다. 방 법

개발이익배제를 위한 토지에 대한 감정평가방법으로 토지보상법 제70조 제1항은 공시지가기준법을 규정하고 있다. 자세한 내용은 아래에서 살펴본다.

III. 일반적인 토지보상금 산정방법

1. 개 관

토지보상금을 산정하기 위해서는 먼저 수용대상토지에 대한 정확한 평가를 하여야 한다. 정확한 평가를 기초로 표준지 중 당해 토지와 가치형성요인이 같거나 비슷하여 유사한 이용가치를 지닌다고 인정되는 비교표준지를 선정한다. 그 후 개발이익을 배제하기 위하여 사업인정 시점인 최초의 사업시행계획인가고시일 이전으로서 가장 가까운 시점에 공시된 공시지가, 즉 사업시행계획인가고시일이 속하는 해의 1월 1일의 비교표준지 공시지가를 기준으로 가격시점인 수용재결 시까지의 해당 정비사업으로 인한 지가의 영향을 받지 아니하는 지역의 지가변동률, 생산자물가상승률을 곱하여 시점수정을 함으로써 재결당시의 가격을 산정한다.

한편 비교표준지와 평가대상토지는 상이하므로, 지역요인의 격차를 보완하고, 개별요인의 격차는 품등비교에 의한 격차율을 통하여 보완하며, 기타 거래사례나

---

38) 헌재 2011. 8. 30. 선고 2009헌바245 결정, 헌재 2010. 3. 25. 선고 2008헌바102 결정, 헌재 2009. 9. 24. 선고 2008헌바112 결정, 헌재 2001. 4. 26. 선고 2000헌바31 결정.

보상선례 등 그 밖의 요인 보정절차를 거침으로써 평가대상토지의 가격과 비교표
준지의 가격이 균형을 유지하도록 감정평가한다(감정평가사법 제3조 제1항, 감정평
가 규칙 제14조, 제2조 제9호도 공시지가기준법을 적용하도록 규정하고 있다).[39] 이하
에서는 각 단계별 실무상 쟁점에 관하여 살펴본다.

2. 당해 토지의 평가 방법

비교표준지를 선정하기 전에 먼저 수용대상토지에 대한 정확한 평가가 이루어
져야 함은 앞서 본 바인바, 당해 토지의 평가와 관련하여서는 다음과 같은 쟁점이
있다.

가. 현황기준 평가원칙 및 예외

(1) 규정 및 해석

토지에 대한 보상액은 가격시점에서의 현실적인 이용상황과 일반적인 이용방
법에 의한 객관적 상황을 고려하여 산정하되, 일시적인 이용상황과 토지소유자나
관계인이 갖는 주관적 가치 및 특별한 용도에 사용할 것을 전제로 한 경우 등은
고려하지 아니한다(토지보상법 제70조 제2항). 일시적인 이용상황은 관계 법령에 따
른 국가 또는 지방자치단체의 계획이나 명령 등에 따라 해당 토지를 본래의 용도
로 이용하는 것이 일시적으로 금지되거나 제한되어 그 본래의 용도와 다른 용도
로 이용되고 있거나 해당 토지의 주위환경의 사정으로 보아 현재의 이용방법이
임시적인 것을 의미한다(토지보상법 시행령 제38조).

감정평가규칙 제6조 제1항은 "감정평가는 기준시점에서의 대상물건의 이용상
황(불법적이거나 일시적인 이용은 제외한다)을 받는 상태를 기준으로 한다."고 규정
하고 있다. 결국 토지에 대한 평가는 그 지목이 무엇이든 현실적인 이용상황과 일
반적인 이용방법에 의한 객관적 상황을 고려하여 산정하나, 여기에는 몇 가지 예
외가 있다.

---

39) 대법원 2009. 9. 10. 선고 2006다64627 판결.

(2) 일시적인 이용상황 또는 불법형질변경의 경우에 본래 또는 변경 이전의 이용상황으로 평가

㈎ 의의

불법형질변경토지란 국토계획법 등 관련 법령에 따라 허가를 받거나 신고를 하고 형질변경을 하여야 하는 토지를 허가를 받지 아니하거나 신고를 하지 아니하고 형질변경한 토지를 말한다(감정평가기준 810-3 제4호). 현재의 이용상황이 일시적인 이용상황에 불과하거나 불법형질변경토지는 본래 또는 형질변경 전 현황대로 평가하여야 한다. 왜냐하면 정상적인 이용상황이 아닌 평가 당시의 일시적 이용상황에 따라 보상한다면 이는 적정보상 원칙에 반하고, 또한 불법으로 형질변경된 토지에 대하여는 관계 법령에서 원상회복을 명할 수 있고, 허가 등을 받음이 없이 형질변경행위를 한 자에 대하여는 형사처벌할 수 있음에도, 그러한 토지에 대하여 형질변경된 상태에 따라 상승된 가치로 평가한다면, 위법행위로 조성된 부가가치 등을 인정하는 결과를 초래하여 적정보상의 원칙이 훼손될 우려가 있다.

따라서 이와 같은 부당한 결과를 방지하기 위하여 일시적 이용상황 토지에 대하여는 본래의 이용상황으로, 불법으로 형질변경된 토지에 대하여는 형질변경될 당시의 이용상황을 상정하여 평가함으로써 적정가격을 초과하는 부분을 배제한다.

㈏ 증명책임

예외적인 보상액 산정방법의 적용을 주장하는 측에서 수용대상토지의 현재 이용상황이 일시적이라거나 불법형질변경토지임을 증명하여야 한다. 그리고 수용대상토지가 불법형질변경토지에 해당한다고 인정하기 위해서는 단순히 수용대상토지의 형질이 공부상 지목과 다르다는 점만으로는 부족하고, 수용대상토지의 형질변경 당시 관계 법령에 의한 허가 또는 신고의무가 존재하였고 그럼에도 허가를 받거나 신고를 하지 않은 채 형질변경이 이루어졌다는 점이 증명되어야 한다.[40]

토지보상법 시행령 제38조 및 감정평가 실무기준 100-2 9호는 이에 대한 판단기준을 제시하고 있다. 즉 현재의 이용방법이 임시적인지 여부는 해당 토지의 주위환경의 사정으로 보아 판단하되(해당 토지 주변지역 토지들의 이용상황, 현재의 이용상황에 이르게 된 경위 등을 고려하여 표준적인 이용상황과 다른 것으로서 일시적

---

40) 대법원 2011. 9. 29. 선고 2011두4299 판결, 대법원 2008. 7. 24. 선고 2007두6939 판결.

임이 명백한 경우 일시적 이용상황으로 인정할 수 있다), 관계 법령에 따른 국가 또는 지방자치단체의 계획이나 명령 등에 따라 해당 토지를 본래의 용도로 이용하는 것이 일시적으로 금지되거나 제한되어 그 본래의 용도와 다른 용도로 이용되고 있는 경우에는 현재의 이용방법을 일시적인 이용상황으로 본다.

⒟ 실무상 쟁점

① 일시적 이용상황 관련

지목에 비하여 이용상황의 가치가 높은 경우에는 사업시행자가 일시적 이용상황임을 증명하여야 하고, 지목에 비하여 이용상황의 가치가 낮은 경우에는 현금청산대상자가 증명하여야 한다. 실무상 지목에 비하여 그 이용상황의 가치가 높은 경우가 많아 통상적으로는 일시적 이용상황임을 사업시행자가 증명하여야 한다. 그러나 지목이 공장용지임에도 당해 토지의 용도지역이 도시지역 중 녹지지역 또는 자연녹지지역인 경우 법정 건폐율이 20% 이하인 관계로 일부 토지만이 공장건물로 사용되고, 나머지는 전, 밭 또는 잡초, 수목지 등으로 이용되는 경우가 있다.

위와 같이 용도지역에 따른 건폐율로 인하여 공장건물의 면적을 늘리지 못하여 지목대로 이용하지 못할 뿐이라면, 주위 토지의 이용상황 등을 고려하여 나머지 면적의 현재 이용상황은 일시적인 것에 불과하므로, 그 모두를 표준적 이용상황인 공장으로의 이용으로 볼 수 있다.[41] 이는 현금청산대상자가 증명하여야 한다.

② 불법형질변경 관련

㉮ 건축법 등 관계법령에 의하여 허가를 받거나 신고를 하고 건축 또는 용도변경을 하여야 하는 건축물을 허가를 받지 아니하거나 신고를 하지 아니하고 건축 또는 용도변경한 건축물의 부지 또는 국토계획법 등 관계법령에 의하여 허가를 받거나 신고를 하고 형질변경을 하여야 하는 토지를 허가를 받지 아니하거나 신고를 하지 아니하고 형질변경한 토지에 대하여는 무허가건축물 등이 건축, 용도변경될 당시 또는 토지가 형질변경될 당시의 이용상황을 상정하여 평가한다(토지보상법 시행규칙 제24조). 사업시행자가 건축 또는 형질변경된 시점을 확인한 후 그때 당시의 관계 법령을 검토하여 그와 같은 건축 또는 형질변경에 허가 또는

---

41) 대법원 2020. 4. 9.자 2019두62840 심리불속행 판결 및 각 하급심인 서울고등법원 2019. 11. 26. 선고 2018누73876 판결, 의정부지방법원 2018. 10. 18. 선고 2017구합11065 판결.

신고를 요함을 증명하여야 한다.

㉯ 건축물이 존재하는 경우 사업시행자는 건축물대장 등을 통하여 용이하게 이를 증명할 수 있다. 그러나 건축물이 존재하지 않은 채 형질만 변경된 경우가 문제된다. 특히 다양한 형태로 개간이 이루어지는 임야가 문제된다. 임야에서는 전, 답, 과수원, 심지어 대지로 형질이 변경된다.

구 삼림령(1911. 6. 20. 제정 조선총독부제령 제10호, 1961. 12. 27. 법률 제881호로 제정되어 1962. 1. 20. 시행된 산림법 부칙 제2조에 의하여 폐지되기 전의 것) 제2조, 구 사유임야시업제한규칙(1933. 3. 17. 전부 개정된 조선총독부법령 제5호, 위 산림법 부칙 제2조에 의하여 폐지되기 전의 것) 제1조 제3호에 의하면, 1962. 1. 19. 이전에는 보안림에 속하지 아니한 산림이나 경사 20° 미만의 사유 임야에서는 원칙적으로 개간, 화전경작 등의 형질변경행위에 대하여 허가나 신고 등이 불필요하였다.

또한 구 임산물 단속에 관한 법률(1961. 6. 27. 법률 제635호로 제정, 1980. 1. 4. 법률 제3232호로 전부 개정된 산림법 부칙 제2조에 의하여 폐지되기 전의 것) 제2조, 구 산림법(1980. 1. 4. 법률 제3232호로 전부 개정되기 전의 것) 제8조 제3항, 제10조, 구 산림법(2002. 12. 30. 법률 제6841호로 개정되기 전의 것) 제90조 제1항, 산지관리법(2002. 12. 30. 법률 제6841호로 제정된 것) 제14조, 제15조에 의하면, 위 구 임산물 단속에 관한 법률이 제정·시행된 1961. 6. 27. 이후부터 지목과 현황이 임야이던 토지를 개간하거나 그 토지의 형질을 변경하기 위해서는 관할 행정청 등의 허가 내지 신고 등이 필요하다.[42]

결국 사업시행자로서는 임야의 경우 현재 형질로의 변경이 1961. 6. 27. 이후에 이루어졌음을 증명하여야 하고, 이는 항공사진 감정을 통하여 입증하고 있다. 전국 단위의 항공사진이 처음 촬영된 것이 1966년이므로, 1966년 항공사진상의 이용상황이 1961년 이전에도 동일한 것으로 추정하여 그때의 항공사진 감정을 통한 이용상황에 따라 불법형질변경여부를 판단한다. 다만 1966년 당시 현실적 이용상황이 대지나 전이었다 하더라도, 그 후 장기간이 경과하는 과정에서 임야로 다시 복구되었다가 새롭게 대지 등으로 형질이 변경되기도 하는데, 임야로의 복구가 일시적인 것으로 볼 수 없는 한 새롭게 대지 등으로 적법하게 형질변경하기

---

42) 대법원 2011. 12. 8. 선고 2011두13385 판결, 대법원 2018. 6. 28. 선고 2015두55769 판결.

위해서는 허가나 신고 등이 필요하다. 따라서 1966년 당시 현실적 이용상황이 변경 없이 현재에 이른 경우에 한하여 현실적 이용상황으로 인정하여야 할 것이다. 그 경우에도 중간에 이루어진 복구와 새로운 형질변경 역시 사업시행자가 증명하여야 하고, 이는 수년 단위의 항공사진 전체에 대한 감정을 통하여 이를 확인할 수 있다.

㈐ **불법형질변경의 예외(1989. 1. 24. 이전의 무허가 건축물)**

① 토지보상법은 공공용지의 취득 및 손실보상에 관한 특례법 및 토지수용법이 폐지되면서 법률 제6656호로 2002. 2. 4. 제정되어 2003. 1. 1.부터 시행되었는데, 토지보상법 시행규칙(건설교통부령 제344호, 2002. 12. 31.) 부칙 제5조가 1989. 1. 24. 당시의 무허가건축물에 대하여는 보상을 함에 있어 적법한 건축물로 본다고 규정하였다. 따라서 1989. 1. 24. 이전에 축조된 무허가 건축물은 적법한 건축물로 간주되어 그 부지 역시 현실적 이용상황인 대지(주택인 경우), 공장용지(공장건물), 창고용지(창고) 등으로 평가하여 보상되어야 한다.

위 1989. 1. 24. 이전의 무허가건축물에 대하여 적법한 건축물로 본다는 유래는 구 공공용지의 취득 및 손실보상에 관한 특례법 시행규칙이 1989. 1. 24. 건설부령 444호로 개정되기 이전에는 무허가 건축물 및 대지에 대하여는 적법한 건축물 및 대지와 동일하게 평가하여 보상하였으므로, 그 기득권을 보호해 주기 위함이다. 1989. 1. 24. 이전에 축조되었는지 여부는 비록 무허가 건축물의 정비에 관한 행정상 사무처리의 편의를 위하여 작성 비치된 대장이기는 하나 무허가건물관리대장 또는 항공사진 등을 통하여 확인된다.

② 무허가건축물의 부지는 해당 무허가건축물의 용도 · 규모 등 제반 여건과 현실적인 이용상황을 감안하여 해당 무허가건축물의 사용 · 수익에 필요한 범위 내의 토지와 그 용도에 따라 불가분적으로 사용되는 범위의 토지를 의미한다.[43]

따라서 무허가건축물의 부지를 어느 경우에나 그 건축면적(바닥면적)에 국한하여 인정할 수는 없다. 통상적으로 담장으로 둘러싸인 부분은 불가분적으로 사용되는 범위의 토지로 인정한다. 다만, 2013. 4. 25. 국토교통부령 제5호에 따라 신설된 토지보상법 시행규칙 부칙 제5조 제2항이 "해당 무허가건축물 등의 부지 면적

---

43) 대법원 2012. 8. 30. 선고 2012두7363 판결, 대법원 2002. 9. 4. 선고 2000두8325 판결.

은 국토계획법 제77조에 따른 건폐율을 적용하여 산정한 면적을 초과할 수 없다."고 규정하고 있다(위 부칙 조항은 2013. 4. 25. 국토교통부령 제5호로 개정된 토지보상법 시행규칙의 시행 후 보상계획을 공고하고 토지소유자 및 관계인에게 보상계획을 통지하는 공익사업부터 적용된다).

③ 실무상 무허가건축물의 건축면적(바닥면적)을 먼저 산정한 후, 당해 토지의 용도지역에 따른 건폐율(국토계획법 제77조 제1항, 제2항, 국토계획법 시행령 제84조 제1항, 서울특별시 도시계획 조례)을 적용하여 산정한 면적을 도출하여 실제 불가분적으로 사용되는 것으로 인정되는 범위의 토지 면적과 비교하여 무허가건축물의 부지를 결정한다. 무허가 건축물에 이르는 통로, 주차장 등은 무허가건축물의 부지가 아니라 불법으로 형질변경된 토지이므로, 형질변경 당시의 이용상황을 상정하여 평가하여야 한다.

나. 일반적 계획제한 존중 및 당해 정비사업 영향 배제원칙

(1) 일반적 계획제한 존중 원칙

공법상 제한을 받는 토지에 대하여는 제한받는 상태대로 평가한다. 즉, 당해 정비사업과 무관하게 당해 토지가 국토계획법에 따른 용도지역·용도지구·용도구역의 지정 또는 변경과 같이 그 자체로 제한목적이 달성되는 일반적 계획제한을 받고 있는 경우에는 제한받는 상태로 평가한다(토지보상법 시행규칙 제23조 제1항 본문, 감정평가규칙 제6조 제1항). 일반적 계획제한으로는 개발제한구역법상의 개발제한구역 지정이 대표적이다. 국토계획법에 의한 도시자연공원구역의 지정도 마찬가지이다.

자연공원법에 의한 '자연공원 지정' 및 '공원용도지구계획에 따른 용도지구 지정' 역시 그와 동시에 구체적인 공원시설을 설치·조성하는 내용의 '공원시설계획'이 이루어졌다는 특별한 사정이 없는 한 '일반적 계획제한'에 해당한다.

(2) 당해 정비사업 시행목적의 경우 예외

① 당해 토지에 대한 공법상 제한이 당해 정비사업의 시행을 직접 목적으로 하여 가하여진 경우에는 제한이 없는 상태를 상정하여 평가한다(토지보상법 시행규칙 제23조 제1항 단서). 또한 당해 공익사업의 시행을 직접 목적으로 하여 용도지

역 또는 용도지구 등이 변경된 토지에 대하여는 변경되기 전의 용도지역 또는 용도지구 등을 기준으로 평가한다(토지보상법 시행규칙 제23조 제2항).

② 도시정비형 재개발사업은 상업지역 등에서 상권활성화를 위한 사업인바, 일반적으로 그 대상토지는 용도지역이 일반상업지역이나 일부가 제3종일반주거지역인 경우가 있고, 그 경우 도시환경정비구역으로 지정된 날에 제3종일반주거지역의 토지에 대하여 일반상업지역으로 용도지역을 변경하는 경우가 있다. 그 경우 당해 토지의 손실보상에 있어서는 변경 전 용도지역인 제3종일반주거지역임을 전제로 현황평가를 하여야 한다.[44]

(3) 미지급용지

(가) 토지보상법 시행규칙 제25조 제1항은 종전에 시행된 공익사업의 부지로서 보상금이 지급되지 아니한 토지(이하 '미지급용지'라 한다)에 대하여는 종전의 공익사업에 편입될 당시의 이용상황을 상정하여 평가하되, 다만, 종전의 공익사업에 편입될 당시의 이용상황을 알 수 없는 경우에는 편입될 당시의 지목과 인근토지의 이용상황 등을 참작하여 평가한다고 규정하고 있다.

종전에 시행된 공익사업은 보상금의 지급 필요성이 있음을 전제로 하므로, 설령 관할 관청이 도로 포장공사 등을 하였다 하더라도, 보상금이 지급될 필요가 있는 공익사업에 의한 것이라기보다는 토지 소유자를 포함한 주민들의 필요에 따라 주민자조사업의 지원 등으로 행하여진 것이거나 이미 자연적으로 하천으로 편입된 후 하천정비공사가 시행되었다면 미지급용지로 볼 수 없다.[45] 오히려 도로인 경우 사실상의 사도로 볼 여지가 있다.

(나) 종전에 시행된 공공사업의 부지로서 보상금이 지급되지 아니한 토지에 대하여 종전의 공공사업에 편입될 당시의 이용상황을 상정하여 평가하도록 한 취지는 공공사업의 시행으로 인하여 정당한 보상금이 지급되지 아니한 채 그 공공사업의 부지로 편입되어버린 이른바 미지급용지는, 그 용도가 공공사업의 부지로 제한됨으로 인하여 거래가격이 아예 형성되지 못하거나 상당히 감가되는 것이 보통인바, 그럼에도 불구하고 사업시행자가 이와 같은 미지급용지를 뒤늦게 취득하면

---

44) 대법원 2012. 2. 23. 선고 2010두19782 판결.
45) 대법원 2009. 3. 26. 선고 2008두22129 판결.

서 수용재결 시점에 있어서의 이용상황인 공공사업의 부지로만 평가하여 손실보
상액을 산정한다면, 적정가격으로 보상액을 정한 것이라고는 볼 수 없게 되므로,
이와 같은 부당한 결과를 구제하기 위하여 종전에 시행된 공공사업의 부지로 편
입됨으로써 그 거래가격을 평가하기 어렵게 된 미보상용지에 대하여는 특별히 종
전의 공공사업에 편입될 당시의 이용상황을 상정하여 평가함으로써 그 적정가격
으로 손실보상을 하여 주려는 것이다.

　한편 공공사업의 시행자가 적법한 절차를 취하지 아니하여 아직 공공사업의
부지로 취득하지도 못한 단계에서 공공사업을 시행하여 토지의 현실적인 이용상
황을 변경시킴으로써, 오히려 토지의 거래가격이 상승된 경우까지 미지급용지의
개념에 포함되는 것이라고 볼 수는 없다.[46)]

　㈐ 도시계획시설로 결정고시된 토지가 정비사업에 편입된 경우, 도시계획시설
로서의 제한을 받는 상태대로 평가하여야 하는지 여부가 문제된다. 즉, 공법상 제
한이 당해 정비사업의 시행을 직접 목적으로 하여 가하여진 경우에는 제한이 없
는 상태를 상정하여 평가하여야 하나, 도시계획시설로서의 제한을 받는 상태는 당
해 정비사업의 시행을 직접 목적으로 하여 가하여진 제한이 아니기 때문이다.

　도시계획시설로 결정고시 된 토지가 당초의 목적 사업에 편입수용 되는 경우
는 물론 당초의 목적사업과는 다른 목적의 공공사업인 정비사업에 편입수용 되는
경우에도 당해 공공사업의 시행을 직접목적으로 제한이 가하여진 경우에 포함된
다고 해석하여야 할 것이다. 왜냐하면 만약 이와 달리 도시계획시설결정고시로 이
른바 특별제한이 가해진 토지, 즉 가령 도로로 고시된 토지를 정비사업의 대상으
로 하는 것과 같이 당초의 목적사업과 다른 공공사업에 편입되는 경우에 당해 공
공사업의 시행을 직접 목적으로 하여 가해진 제한이 아니라는 이유로 당초에 결
정고시 된 도시계획시설로서의 공법상 제한이 있는 상태대로 평가하여야 한다고
해석한다면 도시계획시설로 결정고시 된 토지가 그 후에 당초의 목적사업에 편입
되는 경우(그 경우에는 당연히 도시계획시설결정 이전의 현황대로 보상된다)인가 아니
면 당초의 목적사업과는 다른 정비사업에 편입되는가의 사정에 의하여 평가방법
이 크게 달라지게 되는 매우 불합리한 결과를 초래하기 때문이다.[47)]

---

46) 대법원 1992. 11. 10. 선고 92누4833 판결.
47) 대법원 1989. 7. 11. 선고 88누11797 판결, 대법원 1998. 9. 18. 선고 98두4498 판결.

또한 위와 같은 사안에서 도시계획시설 중 시설녹지, 공원 등의 결정이 이루어지는 경우 뒤이어 용도지역을 주거지역, 상업지역 등에서 자연녹지지역 등으로 변경하는 경우가 흔히 있다. 그와 같은 도시계획시설로 결정고시 된 토지가 정비사업에 편입된 경우에는 용도지역도 변경되기 전의 용도지역을 기준으로 평가하여야 한다.

⑷ 기타

어느 수용대상토지에 관하여 특정 시점에서 용도지역·지구·구역을 지정 또는 변경하지 않은 것이 특정 정비사업의 시행을 위한 것일 경우, 이는 해당 정비사업의 시행을 직접 목적으로 하는 제한이라고 보아 용도지역 등의 지정 또는 변경이 이루어진 상태를 상정하여 토지가격을 평가하여야 한다.

여기에서 특정 정비사업의 시행을 위하여 용도지역 등을 지정 또는 변경하지 않았다고 볼 수 있으려면, 당해 토지가 특정 정비사업에 제공된다는 사정을 배제할 경우 용도지역 등을 지정 또는 변경하지 않은 행위가 계획재량권의 일탈·남용에 해당함이 객관적으로 명백하여야만 한다.[48]

다. 사업시행계획인가고시 이후의 현상변경 불고려의 원칙

⑴ 규정

토지보상법 제25조 제1항은 사업인정고시가 된 후에는 누구든지 고시된 토지에 대하여 사업에 지장을 줄 우려가 있는 형질의 변경이나 물건을 손괴하거나 수거하는 행위를 하지 못한다고 규정하고, 같은 조 제2항은 사업인정고시가 된 후에 고시된 토지에 건축물의 건축·대수선, 공작물(工作物)의 설치 또는 물건의 부가(附加)·증치(增置)를 하려는 자는 특별자치도지사, 시장·군수 또는 구청장의 허가를 받아야 하며, 같은 조 제3항은 허가를 받지 아니하고 건축물의 건축·대수선, 공작물의 설치 또는 물건의 부가·증치를 한 토지소유자 또는 관계인은 해당 건축물·공작물 또는 물건을 원상으로 회복하여야 하며 이에 관한 손실의 보상을 청구할 수 없다고 규정하고 있다.

---

48) 대법원 2018. 1. 25. 선고 2017두61799 판결.

(2) 내용

사업인정고시에 해당하는 사업시행계획인가고시가 된 후에 보상금의 증액을 목적으로 토지에 대한 대수선 등으로 현상을 변경하더라도, 이는 원상회복의 대상이 될 뿐, 손실보상의 대상이 될 수 없다. 따라서 현상변경이전의 상태를 전제로 비교표준지를 선정하여야 한다.

라. 건축물 등이 없는 상태 상정의 원칙

토지 보상평가는 설령 토지 지상에 건축물이 있다 하더라도 건축물 등이 없는 상태를 상정하여 감정평가한다(토지보상법 시행규칙 제22조 제2항). 다만, 건축물 등이 토지와 함께 거래되는 사례나 관행이 있어 그 건축물 등과 토지를 일괄하여 감정평가하는 경우에는 그러하지 아니하다(감정평가기준 810 - 5.4).

마. 당해 정비사업과 무관한 개발사업의 현황 반영의 원칙

수용대상토지의 인근에 해당 정비사업과 관계없는 다른 사업의 시행으로 인한 개발이익이 발생한 경우에는 토지보상액을 산정함에 있어 이를 반영하여야 하고, 개발이익이 해당 공익사업의 사업인정고시일 후에 발생한 경우에도 마찬가지이다.[49] 통상적으로는 수용대상토지 인근의 개발사업으로 인하여 도로가 개설되는 경우이다. 당해 정비구역의 토지가 인근의 개발사업으로 인한 도로의 개설로 가치가 상승할 수 있다. 당해 정비사업과 무관한 개발사업으로 인하여 개설된 도로는 그대로 현황으로 반영된다.

3. 비교표준지의 공시지가

가. 비교표준지 선정

(1) 의의

표준지란 토지이용상황이나 주변 환경, 그 밖의 자연적·사회적 조건이 일반적으로 유사하다고 인정되는 일단의 토지 중에서 가장 대표성을 가지는 토지로서, 전국에 수십만 개가 선정되어 있다. 국토교통부장관은 매년 2월에 표준지에 대한

---

49) 대법원 2014. 2. 27. 선고 2013두21182 판결.

공시지가(표준지의 단위면적 당 적정가격)를 발표한다(부동산공시법 제3조 제1항).[50)]

비교표준지란 위와 같은 전국 수십만 개의 표준지 중 수용대상토지와 가치형성요인이 같거나 비슷하여 해당 평가대상 토지와 유사한 이용가치를 지닌다고 인정되는 표준지를 말한다(토지보상법 시행령 제37조 제1항). 토지보상법 시행규칙 제22조 제1항은 수용대상토지를 평가함에 있어서는 당해 토지와 유사한 이용가치를 지닌다고 인정되는 하나 이상의 표준지의 공시지가를 기준으로 한다고 규정하고 있으므로, 당해 토지에 대한 평가절차를 거친 후, 이를 기초로 수십만 개의 전국 표준지 중 당해 토지와 유사한 이용가치를 지닌다고 인정되는 비교표준지를 선정하여야 한다. 이는 손실보상의 가장 기본적이고 핵심적인 것이다.

(2) 비교표준지 선정의 일반기준

(개) 평가대상토지와 유사한 이용가치를 지닌다고 인정되는 표준지를 비교표준지로 선정하여야 하는바, 유사한 이용가치를 지닌다고 평가하는 기준으로 토지보상법 시행규칙 제22조 제3항은 특별한 사유가 있는 경우를 제외하고는 첫째 국토계획법상의 용도지역, 용도지구, 용도구역 등 공법상 제한이 같거나 유사할 것, 만일 공법상 제한이 같거나 유사한 표준지가 다수라면, 둘째, 평가대상 토지와 실제 이용상황이 같거나 유사할 것, 그와 같은 실제 이용상황까지 동일한 표준지가 다수라면 평가대상 토지와 주위 환경 등이 같거나 유사한 것 중 선택하되, 마지막으로 모든 조건이 동일하다면 평가대상 토지와 지리적으로 가까운 표준지를 선택하여야 한다고 규정하고 있다. 이는 감정평가 실무기준에서도 동일하게 규정하고 있고, 한국감정평가사협회가 내부적으로 마련한 토지보상평가지침도 동일하게 규정하고 있다.

---

50) 표준지 공시지가는 토지의 수용에 대한 보상에 적용된다(부동산공시법 제8조 제2호 가목). 또한 시장·군수 또는 구청장이 국세·지방세 등 각종 세금의 부과 등의 목적으로 매년 공시지가의 공시기준일 현재 관할 구역 안의 개별토지의 단위면적당 가격 즉, 개별공시지가를 결정·공시하는데, 시장·군수 또는 구청장은 개별공시지가를 결정·공시하는 경우에는 해당 토지와 유사한 이용가치를 지닌다고 인정되는 하나 또는 둘 이상의 표준지의 공시지가를 기준으로 토지가격비준표를 사용하여 지가를 산정하되, 해당 토지의 가격과 표준지공시지가가 균형을 유지하도록 하여야 한다(부동산공시법 제10조 제1 내지 4항). 기존 표준지는 특별한 사유가 없는 한 교체되지 아니하나, 개별공시지가의 산정 시에 비교표준지로의 활용성이 낮아 실질적으로 기준성을 상실한 경우 등 특별한 사정이 있으면 인근의 다른 토지로 교체되거나 삭제된다(표준지의 선정 및 관리지침 제11조 제1, 2항).

(나) 감정평가규칙 제14조 제2항 제1호는 비교표준지 선정의 기준으로, 인근지역에 있는 표준지 중에서 대상토지와 용도지역·이용상황·주변환경 등이 같거나 비슷한 표준지를 선정할 것, 다만, 인근지역에 적절한 표준지가 없는 경우에는 인근지역과 유사한 지역적 특성을 갖는 동일수급권(同一需給圈)[51] 안의 유사지역에 있는 표준지를 선정할 수 있다고 규정하고 있다.

(다) 결국 당해 수용대상토지와 '유사한 이용가치를 지닌다고 인정되는 표준지'란 공부상의 지목과는 관계없이 토지이용상황이나 주변환경 기타 자연적·사회적 조건이 같거나 유사하다고 인정되는 표준지를 의미하고, 비교표준지 선정에 있어 요구되는 '유사성'은 상대적 유사성으로서, 다수의 표준지 중 당해 토지와 상대적으로 가장 유사한 표준지를 의미한다.[52]

당해 토지와 상대적으로 가장 유사한 표준지를 선정하여야 하므로, 1필지의 토지의 이용상황이 동일하면, 원칙적으로 1개의 표준지를 선정하여야 한다(감정평가기준 610-1.5.2.1. 제1항).

재개발 및 재건축사업 등 정비구역 안에 있는 토지를 감정평가할 때에는 그 정비구역 안에 있는 표준지 공시지가를 선정하되, 특별한 이유가 있는 경우에는 해당 정비구역 안에 있는 표준지의 일부를 선정대상에서 제외하거나, 해당 정비구역 밖에 있는 표준지를 선정할 수 있다. 이 경우에는 그 이유를 감정평가서에 기재하여야 한다(감정평가기준 810-5.6.2 제2, 3항).

(3) 구체적 선정기준(도시지역과 비도시지역)

(가) 판례의 내용

비교표준지는 특별한 사정이 없는 한 도시지역 내에서는 용도지역을 우선으로 하고, 도시지역 외에서는 현실적 이용상황에 따른 실제 지목을 우선으로 하여 선정해야 한다. 또한 수용대상토지가 도시지역 내에 있는 경우 용도지역이 같은 표준지가 여러 개 있을 때에는 현실적 이용상황, 공부상 지목, 주위환경, 위치 등의

---

51) 동일수급권이란 대상부동산과 대체·경쟁 관계가 성립하고 가치 형성에 서로 영향을 미치는 관계에 있는 다른 부동산이 존재하는 권역(圈域)을 말하며, 인근지역(감정평가의 대상이 된 부동산이 속한 지역으로서 부동산의 이용이 동질적이고 가치형성요인 중 지역요인을 공유하는 지역)과 유사지역(대상 부동산이 속하지 아니하는 지역으로서 인근지역과 유사한 특성을 갖는 지역)을 포함한다(감정평가규칙 제2조 제13 내지 15호).

52) 대법원 2009. 9. 10. 선고 2006다64627 판결, 헌재 2009. 6. 25. 선고 2007헌바60 결정.

제반 특성을 참작하여 자연적, 사회적 조건이 수용대상토지와 동일 또는 유사한 토지를 당해 토지에 적용할 비교표준지로 선정해야 하고, 마찬가지로 수용대상토지가 도시지역 외에 있는 경우 현실적 이용상황이 같은 표준지가 여러 개 있을 때에는 용도지역까지 동일한 비교표준지가 있다면 이를 당해 토지에 적용할 비교표준지로 선정해야 한다.[53]

(나) 판례의 취지

용도지구, 용도구역은 용도지역을 보완하기 위하여 예외적으로 정한 것이므로 용도지역이 주된 고려의 대상이다. 국토계획법은 용도지역을 크게는 도시지역, 관리지역, 농림지역, 자연환경보전지역으로 나누고, 세부적으로는 총 21개로 구분하며, 그에 따라 건폐율, 용적률, 행위제한, 높이제한 등에서 차이가 있다. 원칙적으로 도시지역은 개발용도이고, 나머지 지역은 보전용도이다. 개발용도인 도시지역의 경우에는 16개로 다시 세분화하고 있다.

판례가 도시지역의 경우 비교표준지 선정에서 용도지역을 우선으로 하는 이유는 당해 토지에 대한 건폐율, 용적율, 행위제한, 높이제한 등은 잠재적 또는 현실적 이용상황을 결정하는 본질적 요소이기 때문이다. 그러나 도시지역 외의 경우에는 기본적으로 보전이 주된 용도여서 용도지역을 세밀하게 구분하지 않았으므로, 용도지역으로 인한 공법상 제한은 도시지역만큼 큰 의미가 없다. 따라서 현실적 이용상황을 우선으로 비교표준지를 선정한다.

(다) 결론

수용대상토지가 도시계획구역 내에 있는 경우에는 용도지역이 토지의 가격형성에 미치는 영향을 고려하여 볼 때, 당해 토지와 같은 용도지역의 표준지가 있으면 다른 특별한 사정이 없는 한 이를 당해 토지에 적용할 비교표준지로 선정함이 상당하고, 가령 그 표준지와 당해 토지의 이용상황이나 주변환경 등에 다소 상이한 점이 있다 하더라도 이러한 점은 지역요인이나 개별요인의 분석 등 품등비교에서 참작하면 된다.[54]

다만 반드시 당해 토지와 용도지역이 같은 토지만을 비교표준지로 삼아야 한

---

53) 대법원 2011. 9. 8. 선고 2009두4340 판결.
54) 대법원 2001. 12. 8. 선고 99두9957 판결.

다든가 용도지역이 같은 표준지는 다른 요소를 고려함이 없이 용도지역이 다른
표준지에 절대적으로 우선하여 비교표준지로 선정하여야 하는 것은 아니다. 또한
평가대상토지 주위에 달리 적절한 표준지가 없는 이상, 비교표준지가 수용대상토
지와 상당히 떨어져 있다는 것만으로는 그 표준지 선정이 위법하다고 할 수는 없
다.55)

(4) 관련 소송상 쟁점

(개) 대상토지의 필지 별로 표준지 선정 원칙

① 원칙

감정평가는 대상물건마다 개별로 하여야 한다(감정평가규칙 제7조 제1항). 감정
평가 실무기준 810 – 5.3 제1항도 토지보상평가를 함에 있어서는 대상토지마다 개
별로 하는 것이 원칙임을 선언하고 있다.

② 예외

㉮ 1필지의 토지이지만 이용상황 등이 다른 경우 비교표준지의 선정 관련

개별물건기준 원칙의 예외로 하나의 대상물건이라도 가치를 달리하는 부분은
이를 구분하여 감정평가 할 수 있는바, 구체적으로는 한 필지의 토지가 둘 이상의
이용상황으로 이용되거나 용도지역 등을 달리하는 경우에는 이용상황 또는 용도
지역 등 별로 구분하여 감정평가한다(감정평가규칙 제7조 제2항, 감정평가 실무기준
810 – 5.3 제2항 제2호 본문).

다만 다른 이용상황으로 이용되거나 용도지역 등을 달리하는 부분이 주된 이
용상황 또는 용도지역 등과 가치가 비슷하거나 면적비율이 뚜렷하게 낮아 주된
이용상황 또는 용도지역등의 가치를 기준으로 거래될 것으로 추정되는 경우에는
주된 이용상황 또는 용도지역등의 가치를 기준으로 감정평가할 수 있다(감정평가
실무기준 810 – 5.3 제2항 제2호 단서).

㉯ 일단지 토지

둘 이상의 대상물건이 일체로 거래되거나 대상물건 상호 간에 용도상 불가분
의 관계가 있는 경우에는 일괄하여 감정평가할 수 있다(감정평가규칙 제7조 제2항).

여러 필지의 토지가 일단을 이루어 일체로 거래되거나 용도상 불가분의 관계

---

55) 대법원 2002. 4. 12. 선고 2000두5982 판결.

에 있는 경우에는 일단의 토지 전체를 1필지로 보고 토지특성을 조사하여 그 전체에 대하여 단일한 가격으로 평가하여야 하므로, 일괄하여 1개의 비교표준지를 선정하여야 한다.

여기에서 '용도상 불가분의 관계'에 있는지 여부는 일단의 토지로 이용되고 있는 상황이 사회적 · 경제적 · 행정적 측면에서 합리적이고 그 토지의 가치 형성적 측면에서도 타당하다고 인정되는 관계에 있는 경우를 뜻하고,[56] 2개 이상의 토지가 용도상 불가분의 관계에 있는지 여부를 판단함에 있어 일시적인 이용상황 등을 고려해서는 안 된다. 2개 이상의 토지가 용도상 불가분의 관계에 있음에도 개별 필지를 기준으로 감정한다면, 비교표준지가 달라질 가능성이 높을 뿐만 아니라 나아가 설령 개별필지가 동일한 비교표준지로 선정된다고 하더라도, 도로 접면, 형상 등에서 매우 불리할 것이므로 이는 부당하다. 일단지 토지라는 예외적인 사정은 현금청산대상자가 적극적으로 주장, 증명하여야 한다.

현금청산대상자가 주장하는 용도가 사회적 · 경제적 · 행정적인 측면이나 가치 형성적 측면에서 일체로서 관리 · 이용되고 있었다고 볼 수 있는지 여부를 결정함에 있어서는 현금청산대상자가 일괄하여 매수하였는지 여부, 계속적으로 동일한 용도로 사용하였는지 여부, 일시적인 이용상황인지 여부, 지목이 동일한지 여부, 형상이 동일한지 여부 등이 검토되어야 한다.

원래 1필지였던 토지가 지하 부분의 구분지상권 설정을 위해 여러 필지로 분할되었다고 하더라도, 지상 부분에서는 그러한 토지분할이나 지하 부분의 구분지상권 설정에 별다른 영향을 받지 않고 토지분할 전과 같이 마치 하나의 필지처럼 계속 관리 · 이용되었다면, 토지분할 전에는 1필지였으나 여러 필지로 분할된 토지들은 그 1필지 중 일부가 다른 용도로 사용되고 있었다는 등의 특별한 사정이 없는 한 용도상 불가분의 관계에 있다고 보는 것이 사회적 · 경제적 · 행정적 · 가치형성적 측면에서 타당하다.[57]

㈐ 일반적 계획제한 토지의 표준지 선정

일반적 계획제한을 받는 토지에 대하여는 비슷한 공법상 제한상태의 표준지를 선택한다. 다만, 그러한 표준지가 없는 경우에는 일반적 선정기준을 충족하는 다

---

56) 대법원 2001. 7. 27. 선고 99두8824 판결, 대법원 2005. 5. 26. 선고 2005두1428 판결.
57) 대법원 2017. 3. 22. 선고 2016두940 판결.

른 표준지를 선택하여 그 공시지가를 기준으로 한 가액에서 공법상 제한의 정도를 고려하여 감정평가 할 수 있다.[58]

(다) 미지급용지의 표준지 선정

미지급용지는 종전의 공익사업에 편입될 당시의 이용상황을 기준으로 감정평가 하므로, 미지급용지의 비교표준지는 종전 및 해당 공익사업의 시행에 따른 가격의 변동이 포함되지 않은 표준지를 선정하여야 한다. 그러나 종전 공익사업에 편입될 당시와 달리 주위환경 변동이나 형질변경 등으로 종전의 공익사업에 편입될 당시의 이용상황과 비슷한 이용상황의 표준지가 근처에 존재하지 않을 여지가 매우 높다. 이에 따라 인근지역의 표준적인 이용상황의 표준지를 비교표준지로 선정하게 되는 경우가 많은데, 그 경우에는 형질변경 등에 드는 비용 등을 고려하여야 한다(감정평가기준 810 – 6.2.3).

나. 공시지가

(1) 최초의 사업시행계획인가 고시일이 속한 해의 1월 1일자 공시지가

해당 토지에 대한 비교표준지의 공시지가 중 사업시행계획인가 고시일과 가장 가까운 시점에 공시된 공시지가 즉, 최초의 사업시행계획인가일이 속한 해의 1월 1일이 공시기준일로 된 공시지가로 한다. 그 이유는 당해 정비사업으로 인한 개발이익을 배제하기 위함이다.

표준지의 공시지가에 수용의 목적이 되는 당해 공익사업과 무관한 개발사업으로 인한 개발이익이 특별히 포함되어 있는 경우에도 그와 같은 개발사업에 의하여 개선된 환경이나 조건 등은 표준지와 수용대상토지와의 품등비교 과정에서 고려되는 것이므로 그러한 사정 때문에 기준 공시지가를 그 개발사업 이전의 것으로 하여야 한다거나 표준지를 변경하여야 하는 것은 아니라고 할 것이다.[59]

(2) 예외

정비사업의 계획 또는 시행이 공고되거나 고시됨으로 인하여 취득하여야 할 토지의 가격이 변동되었다고 인정되는 경우의 공시지가는 해당 공고일 또는 고시일 전의 시점을 공시기준일로 하는 공시지가로서 그 토지의 가격시점 당시 공시

---

58) 감정평가기준 610 – 1.7.5 제1항.
59) 대법원 1993. 5. 25. 선고 92누15215 판결.

된 공시지가 중 그 공익사업의 공고일 또는 고시일과 가장 가까운 시점에 공시된 공시지가로 한다(토지보상법 제70조 제5항). 이는 보상의 기준인 공시지가 기준일을 사업시행계획인가 고시일이 속한 해의 1월 1일이 아니라 그 이전으로 앞당기는 것으로서 현금청산대상자에게 불리하므로, 그 요건은 엄격하게 해석되어야 한다.

이와 관련하여 토지보상법 시행령 제38조의2 제1항은 그 요건으로 해당 공익사업의 면적이 20만㎡ 이상일 것, 해당 정비구역 안에 있는 표준지 공시지가의 평균변동률과 평가대상 토지가 소재하는 시·군 또는 구 전체의 표준지 공시지가 평균변동률과의 차이가 3% 이상일 것, 해당 정비구역 안에 있는 표준지 공시지가의 평균변동률이 평가대상 토지가 소재하는 시·군 또는 구 전체의 표준지 공시지가 평균변동률보다 30% 이상 높거나 낮을 것 등을 모두 구비한 경우로 제한하고 있다.

⑶ 수용재결 단계에서 표준지 공시지가 금액을 다툴 수 있는지 여부

⑺ 문제의 소재

표준지 공시지가 결정에 대한 제소기간이 도과한 수용재결 단계에서 현금청산대상자가 표준지 공시지가의 금액이 과소하다거나, 사업시행자가 그 금액이 과다하다고 다툴 수 있는지 여부가 문제된다. 표준지의 공시지가는 해당 토지의 수용보상금액 결정의 본질적 요소이나, 논리적으로는 표준지 공시지가결정은 이를 기초로 한 수용재결 등과는 별개의 독립된 처분이고, 서로 독립하여 별개의 법률효과를 목적으로 하므로, 표준지 공시지가결정에 당연 무효의 하자가 존재하지 않는한 위 결정상의 하자를 이유로 수용재결을 다툴 수는 없다.

⑴ 판례

표준지 공시지가결정이 위법한 경우에는 그 자체를 행정소송의 대상이 되는 행정처분으로 보아 그 위법 여부를 다툴 수 있음은 물론, 수용보상금의 증(감)액을 구하는 소송에서도 선행처분으로서 그 수용대상토지 가격 산정의 기초가 된 비교표준지 공시지가결정의 위법을 독립한 사유로 주장할 수 있다.[60] 그 논거는 다음과 같다.

① 표준지의 공시지가는 인근 토지의 소유자 등에게 개별적으로 고지되지 않

---

60) 대법원 2008. 8. 21. 선고 2007두13845 판결.

아 그들로서는 표준지 공시지가결정 내용을 알 수 없고, 더구나 표준지 공시지가가 공시될 당시 위 표준지가 추후 보상금 산정의 기준이 되는 인근 토지를 함께 공시하는 것이 아니어서 인근 토지 소유자로서는 표준지의 공시지가가 확정되기 전에 이를 다투는 것은 불가능하다.

② 인근 토지소유자 등으로 하여금 결정된 표준지 공시지가를 기초로 하여 장차 토지보상 등이 이루어질 것에 대비하여 항상 표준지의 가격을 주시하고 표준지 공시지가결정이 잘못된 경우 정해진 시정절차를 통하여 이를 시정하도록 요구하는 것은 부당하게 높은 주의의무를 지우는 것이고, 수용재결 등 후속 행정처분에서 표준지 공시지가결정의 위법을 주장할 수 없도록 하는 것은 수인한도를 넘는 불이익을 강요하는 것이다.

다. 시점수정

(1) 의의

가격시점이 수용재결일이므로 최초의 사업시행계획인가 고시일이 속한 해의 1월 1일이 공시기준일로 된 공시지가로부터 수용재결일까지 시점수정을 하여야 한다.

(2) 내용

(가) 지가변동률

토지보상법 제70조 제1항은 재결에 의하여 취득하는 토지에 대하여는 부동산공시법에 따른 공시지가를 기준으로 하여 보상하되, 그 공시기준일부터 가격시점까지의 관계 법령에 따른 그 토지의 이용계획, 해당 공익사업으로 인한 지가의 영향을 받지 아니하는 지역의 대통령령으로 정하는 지가변동률, 생산자물가상승률과 그 밖에 그 토지의 위치·형상·환경·이용상황 등을 고려하여 평가한 적정가격으로 보상하여야 한다고 규정하고 있다. 위 규정에 의하면 시점수정을 위하여 고려되는 요소는 생산자물가상승률과 지가변동률 등이 있다.

생산자물가상승률은 일반재화의 전국적이고 평균적인 가격변동추이를 반영하는 의미가 있으나, 개별성이 강한 당해 지역의 지가변동은 적절하게 반영하지 못한다.[61] 따라서 통상적으로는 지가변동률로 시점수정을 한다.

---

61) 조성비용 등을 기준으로 감정평가하거나 그 밖에 특별한 이유가 있는 경우에만 생산자물가상승률을 적용하여 시점수정을 한다(감정평가기준 610 – 1.5.2.3.2 제1항).

판례도 지가변동률 외에 생산자물가상승률을 참작하라고 하는 취지는 지가변동률이 지가추세를 적절히 반영하지 못한 특별한 사정 있는 경우 이를 통하여 보완하기 위한 것일 뿐이므로 지가변동률이 지가추세를 적절히 반영한 경우에는 이를 필요적으로 참작하여야 하는 것은 아니라고 판시하였다.[62]

⑷ 지가변동률 시점수정

① 원칙(비교표준지 소재 시·군 또는 구의 동일 용도지역의 지가변동률)

'해당 정비사업으로 인한 지가의 영향을 받지 아니하는 지역의 대통령령으로 정하는 지가변동률'과 관련하여, 토지보상법 시행령 제37조 제1항은 부동산거래신고법 시행령 제17조에 따라 국토교통부장관이 조사·발표하는 지가변동률로서 평가대상 토지의 비교표준지가 소재하는 시·군 또는 구의 용도지역별 지가변동률을 말한다고 규정하고 있다.

비교표준지가 소재하는 시·군 또는 구의 같은 용도지역 지가변동률을 시점수정에 적용하는 이유는 그것이 수용대상토지의 가격을 반영하는 데에 적절하여 헌법이 보장하고 있는 재산권의 정당한 보상에 가장 가깝기 때문이다. 다만 수용대상토지가 도시계획구역 내에 있다 하더라도 개발제한구역으로 지정되어 있는 경우에는 특별한 사정이 없는 한, 지목별 지가변동률을 적용하여야 한다.[63] 왜냐하면 도시지역이라 하더라도 개발제한구역으로 지정되어 있는 경우에는 용도지역은 의미가 없고, 이용상황이 중요하기 때문이다.

② 예외

㉮ 비교표준지가 소재하는 시·군 또는 구의 지가변동률이 정비사업에 영향 받은 경우

비교표준지가 소재하는 시·군 또는 구의 지가가 해당 공익사업으로 인하여 변동된 경우에는 해당 공익사업과 관계없는 인근 시·군 또는 구의 지가변동률을 적용한다(토지보상법 시행령 제37조 제2항 본문).[64] 해당 정비사업으로 인한 개발이익이 발생하여 비교표준지가 소재하는 시·군 또는 구의 지가변동률에까지 영향을 미쳤다고 보이는 경우에는 이를 배제한 손실보상액을 산정하는 것이 오히려

---

62) 대법원 1999. 8. 24. 선고 99두4754 판결.

63) 대법원 1993. 8. 27. 선고 93누7068 판결, 대법원 2014. 6. 12. 선고 2013두4620 판결.

64) 다만, 비교표준지가 소재하는 시·군 또는 구의 지가변동률이 인근 시·군 또는 구의 지가변동률보다 작은 경우에는 그러하지 아니하다(토지보상법 시행령 제37조 제2항 단서).

수용대상토지의 객관적 가치를 정확하게 반영하는 것이어서 정당보상의 원칙에 부합하기 때문에 인근 시·군 또는 구의 지가변동률을 적용함이 타당하다.

㉯ 요건

토지보상법 시행령 제37조 제3항은 비교표준지가 소재하는 시·군 또는 구의 지가가 해당 공익사업으로 인하여 변동된 경우의 요건으로, ⓐ 해당 공익사업의 면적이 20만㎡ 이상일 것(제1호), ⓑ 비교표준지가 소재하는 시·군 또는 구의 사업시행계획인가 고시일부터 수용재결 일까지의 지가변동률이 3% 이상일 것(다만, 해당 정비사업의 계획 또는 시행이 공고되거나 고시됨으로 인하여 비교표준지의 가격이 변동되었다고 인정되는 경우에는 그 계획 또는 시행이 공고되거나 고시된 날부터 가격시점까지의 지가변동률이 5% 이상인 경우, 제2호), ⓒ 사업시행계획인가 고시일부터 수용재결일까지 비교표준지가 소재하는 시·군 또는 구의 지가변동률이 비교표준지가 소재하는 시·도의 지가변동률보다 30% 이상 높거나 낮을 것(제3호) 등을 모두 충족할 것을 요구한다.

특히 제3호와 관련하여서는 현금청산대상자 소유의 토지등에 대하여 개발이익을 배제하기 위하여 시점수정을 하므로 당해 비교표준지가 소재하는 시·군 또는 구의 지가변동률이 비교표준지가 소재하는 시·도의 전체 지가변동률보다 30% 이상 높은 경우에 한하여 예외적으로 인근 시·군 또는 구의 지가변동률이 적용되어야 한다.

(3) 시점수정의 구체적 방법

㉮ 가격시점이 수용재결일이므로 최초의 사업시행계획인가일이 속한 해의 1월 1일이 공시기준일로 된 공시지가로부터 수용재결일까지 시점수정을 하여야 한다. 지가변동률의 산정은 수용재결일 직전 월까지의 지가변동률 누계에 수용재결일 해당 월의 경과일수(해당 월의 첫날과 기준시점일을 포함한다) 상당의 지가변동률을 곱하는 방법으로 구하되, 백분율로서 소수점 이하 셋째 자리까지 표시하고 넷째 자리 이하는 반올림한다(감정평가기준 610-1.5.2.3.1 제5항).

㉯ 수용재결을 위한 감정평가서는 수용재결일보다 약 1개월 이상 앞서서 작성되고, 또한 작성일 이전의 특정일(통상적으로 작성일보다 1개월 이전이다)까지를 기준으로 조사가 진행되므로, 위 특정일(수용재결일 보다 약 2개월 이전)까지는 실제

의 지가변동율을 고려하나, 그 이후부터 수용재결일까지의 약 2개월 동안 지가변동율은 추정치를 반영하여 작성된다. 이는 수용재결 전에 감정평가서를 작성해야 하는 절차상 한계 때문에 불가피한 것이므로, 그것만으로 감정평가서가 위법하다고 보기는 어렵다. 다만 추후 소송으로 진행되어 법원 감정이 이루어지는 경우, 수용재결일까지 모두 실제 지가변동율을 반영하는 감정평가서가 작성되므로 그 점에서는 법원감정이 보다 더 정확성이 담보된다.

4. 품등비교

가. 의 의

현금청산대상자의 수용대상토지에 대하여 비교표준지의 공시지가를 기준으로 보상하는 경우, 비교표준지와 수용대상토지 사이에는 가격을 좌우하는 지역적 요인, 도로가 접한 상태, 대중교통 등과의 접근조건, 토지의 형태 등 획지조건, 자연적, 인문적 환경조건, 행정적 조건 등에서 중대한 차이가 존재하므로 정당한 보상이 될 수 없다. 이 같은 여러 상이한 점은 품등비교에 의한 격차율을 통하여 보완한다. 수용대상토지의 비교표준지에 대한 우열의 정도를 수치상으로 객관화시킨다 (동등한 경우는 1, 10% 열세인 경우는 0.9, 10% 우세인 경우는 1.1로 산정한다).

품등비교를 함에 있어서는 관계 법령에서 들고 있는 모든 산정요인을 구체적 · 종합적으로 참작하여 각 요인들을 모두 반영하되, 가격시점에 있어서의 현실적인 이용상황에 따라 평가되어야 하므로 비교표준지와 수용대상토지의 지역요인 및 개별요인 등 품등비교를 함에 있어 현실적인 이용상황에 따른 비교수치 외에 다시 공부상의 지목에 따른 비교수치를 중복적용하는 것은 허용되지 아니한다.[65]

나. 지역요인 비교

수용대상토지가 속한 지역과 비교표준지가 속한 지역의 각 지역적 특성을 비교하여 수용대상토지가 속한 지역이 비교표준지가 속한 지역보다 우세하거나 열세한 경우 이를 격차율을 통하여 반영한다.

앞서 본 바와 같이 비교표준지 선정의 마지막 기준으로 모든 조건이 동일하다면 평가대상 토지와 지리적으로 가까운 표준지를 선택하여야 하므로 비교표준지

---

65) 대법원 2001. 3. 27. 선고 99두7968 판결.

로 수용대상토지 인근 지역의 표준지가 선정되는 것이 일반적이어서 통상적으로 지역요인은 동등하다. 다만 인근지역이나 유사지역에 소재하지 아니한 표준지가 비교표준지로 선정되는 경우에 문제가 되는 보정요인이다.

다. 개별요인 비교

(1) 가로(街路)조건

(가) 개별공시지가 조사·산정지침에 의하면 조사대상 필지가 어떤 도로에 몇 면이 접해 있는지 등 도로와의 관계를 다음과 같이 분류하고 있다.

도로접면	약 어	적 용 범 위
광대로 한 면	광대 한 면	폭 25m 이상의 도로에 한 면이 접하고 있는 토지
광대로-광대로 광대로-중로 광대로-소로	광대소각	광대로에 한 면이 접하고 소로(폭 8m 이상 12m 미만) 이상의 도로에 한 면 이상 접하고 있는 토지
광대로-세로(가)	광대세각	광대로에 한면이 접하면서 자동차 통행이 가능한 세로(폭 8m 미만)에 한 면 이상 접하고 있는 토지
중로 한 면	중로 한 면	폭 12m 이상 25m 미만 도로에 한 면이 접하고 있는 토지
중로-중로 중로-소로 중로-세로(가)	중로각지	중로에 한 면이 접하면서 중로, 소로, 자동차 통행이 가능한 세로(가)에 한 면 이상 접하고 있는 토지
소로 한 면	소로 한 면	폭 8m 이상 12m 미만의 도로에 한 면이 접하고 있는 토지
소로-소로 소로-세로(가)	소로각지	소로에 두 면 이상이 접하거나 소로에 한 면이 접하면서 자동차 통행이 가능한 세로(가)에 한 면 이상 접하고 있는 토지
세로 한 면(가)	세로(가)	자동차 통행이 가능한 폭 8m 미만의 도로에 한 면이 접하고 있는 토지
세로(가)-세로(가)	세각(가)	자동차 통행이 가능한 세로에 두 면 이상이 접하고 있는 토지
세로 한 면(불)	세로(불)	자동차 통행이 불가능하나 이륜자동차의 통행이 가능한 세로에 한 면이 접하고 있는 토지
세로(불)-세로(불)	세각(불)	자동차 통행이 불가능하나 이륜자동차의 통행이 가능한 세로에 두 면 이상 접하고 있는 토지

| 맹지 | 맹지 | 이륜자동차의 통행이 불가능한 도로에 접한 토지와 도로에 접하지 아니한 토지 |

당해 수용대상토지와 접한 도로가 어떠한 형태의 도로인가가 가로조건이고, 이를 비교표준지와 비교하여 보정한다. 다만, 도로의 한쪽 면만이 접하고 있는지, 둘 이상의 면이 접하고 있는 각지인지 여부 등은 획지조건에서 고려된다.

큰 도로에 접하고 있는지 여부(도로의 폭), 도로의 포장정도, 계통 및 연속성에 따라 가중치가 달라진다. 다만 고속국도와 자동차전용도로의 경우에는 당해 토지에서 곧바로 도로로 나아갈 수 없으므로 가로조건여부를 판단함에 있어 간선도로로 보지 아니한다(개별공시지가 조사·산정지침 참조).

(나) 판례는 수용대상토지 인근의 도로가 당해 정비사업과 별개의 사업으로 개설되었다면 당해 토지의 평가 시 위 도로가 개설된 사정을 고려하여 가로조건을 평가하여야 함에도, 별개의 사업으로 인한 노폭 35m의 광대로를 참작하지 않고, 위 도로 개설 전의 토지 상태인 자동차통행이 불가능한 세로(불)을 기준으로 하여 평가한 사안에서, 위법한 감정평가에 따른 보상금산정으로 수용재결이 위법하다고 판시하였다.[66]

(2) 접근조건

교통시설과의 접근성, 상가, 유치원, 초등학교, 공원, 병원, 관공서 등 공공 및 편익시설과의 거리 및 접근성 등이 고려된다.

(3) 환경조건

일조, 통풍 등, 조망, 경관, 지반, 지질 등의 자연환경, 인근 토지의 이용상황 및 인근토지 이용상황과의 적합성 등 인근환경, 상수도, 하수도 및 도시가스 등의 공급시설 및 처리시설의 상태, 변전소, 가스탱크, 오수처리장 등의 유무, 특별고압선 등과의 거리 등 위험 및 혐오시설 등이 고려된다.

(4) 획지조건

토지의 면적, 접면너비, 깊이, 부정형지, 삼각지, 자루형 등의 형상, 방위, 고저,

---

66) 대법원 1999. 1. 15. 선고 98두8896 판결.

경사지, 접면도로 상태[일면, 각지(2면 각지, 3면각지, 4면각지) 등] 등이 고려된다. 해당 토지가 속해 있는 시장지역에서 일반적으로 사용하는 표준적 규모(최유효이용 규모)보다 규모가 과대한 토지(광평수) 또는 과소한 토지의 경우에는 일정비율을 감가하여 격차율을 산정한다. 그 이유는 면적이 과대하거나 과소한 경우에는 통상적인 토지거래시장에서 충분한 기간 거래됨으로써 정상가격이 형성될 것을 기대하는 것이 현실적으로 어렵기 때문이다.[67]

⑸ 행정적 조건

지목, 용도지역, 용도지구, 용도구역 등과 입체이용제한 등 행정상의 규제 및 그 정도 등이 고려된다.

⑹ 기타 조건

장래의 동향, 기타 사항들이 고려된다.

라. 소송상 쟁점

⑴ 문제의 소재

국토교통부장관은 개별공시지가의 산정을 위하여 필요하다고 인정하는 경우에는 표준지와 산정대상 개별 토지의 가격형성요인에 관한 표준적인 비교표를 작성하여 시장·군수 또는 구청장에게 제공한다(부동산공시법 제3조 제8항). 이는 개별 공시지가 산정 시 표준지와 당해 토지의 토지특성상의 차이를 비준율로 나타낸 것이다. 실무상 감정평가상의 품등비교 내용이 이와 다른 경우 이를 이유로 감정 평가의 위법성을 다투는 경우가 흔히 있다.

⑵ 판례(적법)

국토교통부장관이 작성하여 관계 행정기관에 제공하는 토지가격비준표는 개별 토지가격을 산정하기 위한 자료로 제공되는 것으로서, 토지수용에 따른 보상액 산정의 기준이 되는 것은 아니고 단지 참작자료에 불과할 뿐이므로, 이와 달리 감정 평가 하였다고 위법한 것으로 볼 수는 없다. 한편으로는 감정평가사가 품등비교를 함에 있어 토지가격비준표를 근거자료로 한 경우에 그 적법성도 문제가 된다.

---

67) 대법원 2014. 12. 11. 선고 2012두1570 판결.

판례는 감정을 함에 있어 토지가격비준표를 그대로 적용하여서는 아니되나, 이를 참작하여 비교 수치를 산정할 수는 있고, 만일 토지가격비준표를 근거자료로 하면서도 수치를 달리 산정하는 경우에는 토지가격비준표상의 수치와 비교하여 어떠한 산정요소가 어떻게 참작되어 그러한 비교 수치가 나왔는지 알 수 있도록 비교 수치 산정요소를 구체적으로 특정 · 명시하여 기술하여야 한다고 판시하고 있다.[68]

5. 그 밖의 요인 보정

가. 규 정

감정평가규칙 제14조 제2항 제5호는 감정평가업자는 감정평가를 할 때 대상토지의 인근지역 또는 동일수급권내 유사지역의 가치형성요인이 유사한 정상적인 거래사례 또는 평가사례 등을 고려하도록 규정하고 있다. 이를 그 밖의 요인 보정이라 한다.

나. 내 용

수용대상토지에 대한 보상액을 산정하는 경우 거래사례나 보상선례 등을 반드시 조사하여 참작하여야 하는 것은 아니다. 다만 인근 유사토지가 거래된 사례가 있고 그 가격이 정상적인 것으로서 적정한 보상액 평가에 영향을 미칠 수 있는 것임이 증명된 경우에는 인근 유사토지의 정상거래가격을 참작할 수 있다. 또한 보상선례가 인근 유사토지에 관한 것으로서 당해 수용대상토지의 적정가격을 평가하는 데 있어 중요한 자료가 되는 경우에는 이를 참작하는 것이 상당하다.[69]

'인근 유사토지의 정상거래가격'이라고 함은 그 토지가 수용대상토지의 인근지역에 위치하고 용도지역, 지목, 등급, 지적, 형태, 이용상황, 법령상의 제한 등 자연적 · 사회적 조건이 수용대상토지와 동일하거나 유사한 토지에 관하여 통상의 거래에서 성립된 가격으로서, 개발이익이 포함되지 아니하고, 투기적인 거래에서 형성된 것이 아닌 가격을 의미하며, 단순한 호가시세나 담보목적으로 평가한 가격에 불과한 경우에는 고려의 대상이 되지 않고, 당해 정비사업의 영향을 받은 인근

---

68) 대법원 2001. 3. 27. 선고 99두7968 판결.
69) 대법원 2007. 7. 12. 선고 2006두11507 판결.

토지의 보상은 오히려 참작할 만한 선례가 될 수 없다.[70]

다만 보상사례의 가격이 개발이익을 포함하고 있어 정상적인 것이 아닌 경우라도 그 개발이익을 배제하여 정상적인 가격으로 보정할 수 있는 합리적인 방법이 있다면 그러한 방법에 의하여 보정한 보상사례의 가격은 수용대상토지의 보상액을 산정하면서 이를 참작할 수 있다.[71] 반드시 동일한 정비구역에 존재하여야 하는 것은 아니다.

다. 실무상 쟁점

인근 유사토지의 정상거래 사례에 해당한다고 볼 수 있는 거래 사례가 있고 그것을 참작함으로써 보상액 산정에 영향을 미친다고 하는 점은 이를 주장하는 자에게 증명책임이 있다. 실무상 인근 유사토지의 정상거래 사례, 보상선례의 존재와 관련하여 상당한 다툼이 있다.

왜냐하면 나머지 요건들은 법정요건이어서 예측이 가능하고 안정적이나, 그 밖의 요인 보정은 사안에 따라 인정여부가 달라지고, 경우에 따라서는 보상금액에 상당한 영향을 미치기 때문이다. 정비구역 내·외의 매매계약이나 재결상의 금액, 행정소송에서 확정된 금액, 경매에서의 경락대금 등 다양한 보상선례가 제시되고 있다. 그 중 행정소송이나 이의재결에서 확정된 금액은 '인근 유사토지의 정상거래가격'으로 적극적으로 고려될 수 있다.

라. 구체적 참작방법

인근 유사토지의 정상거래, 보상선례를 기준으로 한 수용토지의 단가(선례단가×시점수정×지역요인×개별요인)와 표준지의 공시지가를 기준으로 한 수용토지의 단가(표준지공시지가×시점수정×지역요인×개별요인)를 비교하여 그 가격 격차율을 그 밖의 요인 보정치로 결정하는 방법이 주로 사용된다. 보상선례를 참작하는 것이 상당하다고 보아 이를 보상액 산정요인으로 반영하여 평가하는 경우에는 감정평가서에 보상선례 토지와 평가대상인 토지의 개별요인을 비교하여 평가한 내용 등 산정요인을 구체적으로 밝혀 기재하여야 하므로, 보상선례를 참작하면서도 위

---

70) 대법원 2002. 4. 12. 선고 2001두9783 판결, 대법원 2003. 2. 28. 선고 2001두3808 판결, 대법원 1994. 10. 14. 선고 94누2664 판결, 대법원 2002. 4. 12. 선고 2001두9783 판결.
71) 대법원 2010. 4. 29. 선고 2009두17360 판결.

와 같은 사항을 명시하지 않은 감정평가서를 기초로 보상액을 산정하는 것은 위법하다.[72]

6. 감정평가에 따른 보상과 관련한 쟁점

가. 감정평가서 기재 관련

(1) 가격특정요인들의 명시

토지수용 보상액을 평가함에 있어서는 관계법령에서 들고 있는 모든 가격산정요인들을 구체적, 종합적으로 참작하여 각 요인들이 빠짐없이 반영된 적정가격을 산출하여야 한다. 이 경우 감정평가서에는 모든 가격산정요인의 세세한 부분까지 일일이 설시하거나 그 요소가 평가에 미치는 영향을 수치적으로 표현할 수는 없다 하더라도 적어도 가격산정요인들을 특정 명시하고 그 요인들이 어떻게 참작되었는지를 알아볼 수 있는 정도로 기술하여야 한다.[73]

(2) 비교표준지 특정 및 명시

비교표준지를 특정하고, 선정이유를 감정평가서에 기재하여야 한다(감정평가규칙 제13조 제3항 제2호, 감정평가기준 810 – 5.6.2 제4항).

판례도 재결 당시 수백 명의 현금청산대상자들 소유의 수백필지에 대한 감정평가가 이루어진 사안에서, 각 감정평가서에 수백필지의 수용대상토지들에 대한 표준지로 10필지의 토지가 각 기재되어 있을 뿐, 구체적 관련 내용을 적시하지 아니하여 각 수용대상토지에 대하여 위 10필지의 표준지 중 어떤 표준지를 비교표준지로 선정하였는지를 확인할 수 없음을 이유로 각 수용대상토지에 관한 감정평가는 적정성을 결여하였다고 판시하였다.[74]

(3) 품등비교 및 보상선례 참작의 명시

판례는 재결의 기초가 된 감정평가법인들의 각 감정평가가 모두 개별 요인을 품등비교함에 있어 구체적으로 어떤 요인들을 어떻게 품등비교 하였는지에 관하여 아무런 이유 설시를 하지 아니하였다면 위법하고, 또한 보상선례 참작에 관한

---

72) 대법원 2013. 6. 27. 선고 2013두2587 판결.
73) 대법원 1994. 1. 25. 선고 93누11524 판결, 대법원 2002. 6. 28. 선고 2002두2727 판결.
74) 대법원 1991. 4. 23. 선고 90누3539 판결.

구체적인 내용을 명시하지 아니한 경우 토지수용보상액의 평가방법을 그르친 위법이 있다고 판시하였다.[75]

나. 공유지분의 평가방법

1필지의 토지를 2인 이상이 공동으로 소유하고 있는 토지의 지분을 감정평가할 때에는 대상토지 전체의 가액에 지분비율을 적용하여 감정평가한다.

그러나 구분소유적 공유관계처럼 대상지분의 위치가 확인되는 경우에는 그 위치에 따라 감정평가 할 수 있다. 공유지분 토지의 위치는 공유지분자 전원 또는 인근 공유자 2인 이상의 위치확인동의서를 받아 확인한다. 다만, 공유지분 토지 지상에 건축물이 있는 토지인 경우에는 합법적인 건축허가도면이나 합법적으로 건축된 건물 등에 따라 위치확인을 할 수 있으며 감정평가서에 그 내용을 기재한다.[76]

위와 같은 감정평가기준이 수립되기 전의 판례이나, 대법원은 수인이 각기 한 필지의 특정부분을 매수하면서도 편의상 공유지분등기를 경료하여 각자의 특정부분에 관한 공유지분등기가 상호명의신탁 관계에 있는 이른바 구분소유적 공유토지라고 할지라도 명의신탁된 부동산은 대외적으로 수탁자의 소유에 속하는 것이니 만큼, 일반 공유토지와 마찬가지로 한 필지의 토지 전체를 기준으로 평가한 다음 이를 공유지분 비율에 따라 안분하여 각 공유지분권자에 대한 보상액을 정하여야 한다고 판시하기도 하였다.[77]

다. 토지보상평가지침의 법규성

한국감정평가사협회가 제정한 토지보상평가지침은 단지 협회 내부적으로 기준을 정한 것에 불과하여 일반 국민이나 법원을 기속하는 것이 아니므로 위 지침에 반하여 감정평가하였다는 사정만으로 감정평가가 위법하게 되는 것은 아니다.

---

75) 대법원 1996. 5. 28. 선고 95누13173 판결, 대법원 1991. 10. 8. 선고 89누7801 판결.
76) 감정평가기준 610－1.7.9 제1, 2항.
77) 대법원 1998. 7. 10. 선고 98두6067 판결.

Ⅳ. 특수한 토지보상

1. 사실상의 사도

토지의 지목은 대지임에도 실제로는 공중의 통행에 이용되는 경우 사실상의 사도인지 여부에 대한 실무상 다툼이 많다. 왜냐하면 사실상의 사도 부지는 인근 토지에 대한 평가액의 3분의 1 이내로 평가하기 때문이다(토지보상법 시행규칙 제26조 제1항 제2호).

가. 요 건

(1) 규정

토지보상법 시행규칙 제26조 제2항은 '사실상의 사도'라 함은 사도법에 의한 사도 외의 도로(단 국토계획법에 의한 도시·군관리계획에 의하여 도로로 결정된 후부터 도로로 사용되고 있는 것 제외)로서 도로개설 당시의 토지소유자가 자기 토지의 편익을 위하여 스스로 설치한 도로(제1호), 토지소유자가 그 의사에 의하여 타인의 통행을 제한할 수 없는 도로(제2호), 건축법 제45조에 따라 건축허가권자가 그 위치를 지정·공고한 도로(제3호), 도로개설당시의 토지소유자가 대지 또는 공장용지 등을 조성하기 위하여 설치한 도로(제4호)라고 규정하고 있다.

(2) 공통된 요건(일반의 통행에 제공)

어느 토지를 토지보상법 시행규칙 제26조 제1항 제2호에 의하여 '사실상의 사도' 부지로 보고 인근 토지 평가액의 3분의 1 이내로 보상액을 평가하려면, 도로법에 의한 일반 도로 등에 연결되어 일반의 통행에 제공되는 등으로 사도법에 의한 사도에 준하는 실질을 갖추고 있어야 한다.[78] 또한 위 시행규칙 제26조 제2항 제1호 내지 제4호 중 어느 하나에 해당하여야 한다.

---

78) 대법원 2014. 12. 11. 선고 2012두1570 판결(이 사건 토지는 김포시 운양동 일대 한강제방도로 남서 측 인근에 위치하고 주위는 '전' 또는 '답'으로 형성되어 있는 시 외곽 농경지대인 사실, 원고는 이 사건 토지 인근에 있는 한강 하천의 지선에 제방을 축조하여 제내지로 조성된 폐천부지인 이 사건 토지 등을 양여 받은 후 경작의 편의를 위하여 이 사건 토지의 일부에 도로를 개설한 사실 등을 알 수 있고, 이러한 이 사건 토지의 주변환경이나 도로 부분의 개설 경위 등에 비추어 볼 때 이 사건 토지 중 현황 상 도로 부분이 일반인의 통행에 제공되는 등으로 사도법에 의한 사도에 준하는 실질을 갖추고 있었는지 여부가 분명하지 아니하다고 판시하였다).

⑶ 도로개설당시의 토지소유자가 자기 토지의 편익을 위하여 **스스로 설치한** **도로(제1호)**

⑺ 요건

여기에는 2가지 요건이 있다. 우선 토지소유자가 자기 소유 토지 중 일부에 도로를 스스로 설치하여야 한다. 다음으로 그와 같이 도로를 설치한 결과 도로 부지로 제공된 부분으로 인하여 자신 소유의 나머지 토지의 편익이 증진되는 등으로 가치가 상승됨으로써 도로부지로 제공된 부분의 가치를 낮게 평가하여 보상하더라도 전체적으로 정당보상의 원칙에 어긋나지 않는다고 볼 만한 객관적인 사유가 있음이 인정되어야 한다.

이는 도로개설 경위와 목적, 주위환경, 인접토지의 획지면적, 소유관계 및 이용상태 등 제반 사정을 종합적으로 고려하여 판단한다. 일단의 토지소유자가 토지를 분할하여 매도하거나 일단의 토지 중 일부에 건축물을 축조한 후, 분할하여 매도된 토지의 통행로나 자신이 축조한 건물의 통행로로 제공하기 위하여 자신 소유의 토지 중 일부에 도로를 설치한 경우가 전형적인 형태이다.

⑷ 실무상 쟁점

① **사실상 사도 부정 사안**

⑺ 장기미집행 도시계획시설의 실시계획인가 이전 일반 공중의 통행로로 제공된 경우

도시계획시설의 장기미집행상태로 방치되고 있는 도로 즉, 도시관리계획(도로)의 결정·고시 이후 당해 토지가 현황도로로 이용되고 있지만 실시계획인가가 이루어지지 않은 상태에서 계속하여 일반 공중의 통행로로 제공되고 있는 예정공도부지의 경우 사실상의 사도로 평가하는 경우가 흔히 있다. 그러나 예정공도부지는 토지보상법 시행규칙 제26조 제2항에서 정한 사실상의 사도에서 제외된다.[79] 그 논거는 다음과 같다.

---

[79] 대법원 2014. 9. 4. 선고 2014두6425 판결, 대법원 2019. 1. 17. 선고 2018두55753 판결(1977. 7. 12. 전라북도 고시 제125호에 의해 소로2류의 도로예정지로 지정·고시된 이후부터 관리처분계획의 인가 무렵까지 30여 년간 인근 주민의 통행로로 사용되어 왔으며 공로에 이르는 유일한 통행로에 해당하여 인근 토지에서 이 사건 토지를 이용하지 않고서는 자동차를 이용한 공로로 통행할 수 없는 토지에 관하여, 판례는 사실상의 사도로 평가함은 부당하고, 사업시행계획인가고시일인 2012. 12. 4.경을 기준으로 이 사건 토지의 현황을 그 지목대로 답이라고 평가하여야 한다고 판시하였다).

ⓐ 국토계획법에 의한 도시 · 군 관리계획에 의하여 도로로 결정된 후부터 도로로 사용되고 있는 것은 토지보상법 시행규칙 제26조 제2항의 각 호 어디에도 해당하지 않는다.

ⓑ 장기미집행상태로 방치되고 있는 도시계획시설인 도로에 대한 보상액을 사실상의 사도를 기준으로 평가한다면 토지가 도시관리계획에 의하여 도로로 결정된 후 곧바로 실시계획인가가 이루어지는 경우 수용 전의 사용현황을 기준으로 보상액을 산정하는 것과 비교하여 토지소유자에게 지나치게 불리한 결과를 초래한다.

㉯ 도시계획시설(도로) 결정 및 지적고시가 된 후, 지적고시선에 맞추어 토지가 분할된 경우

토지소유자가 도시계획시설(도로) 결정 및 지적고시가 된 후, 그 지적고시선에 맞추어 토지를 분할하였고, 그 후 일부 토지에 근린생활시설 3층 건물을 건축한 무렵부터 도시계획시설(도로)로 정해진 토지가 일반인의 통행로로 이용되어 오고 있는 사안에서, 판례는 위 토지의 분할경위, 이용상태, 주위환경 등에 비추어 보면, 통행로로 제공되고 있는 토지는 당해 토지의 소유자가 자기 토지의 편익을 위하여 스스로 도로로 설치한 것이 아니어서 사실상의 사도로 평가할 수 없다고 판시하였다.[80]

② 사실상 사도 긍정 사안

토지소유자가 분할 전 토지를 택지로 개발하여 매각하기 위하여 다른 토지의 효용가치를 높이기 위한 방편으로 일부 토지에 대한 독점적이고 배타적인 사용수익권을 포기한 채 스스로 일반 공중의 통로로서 제공하였다면, 위 토지가 도로에 제공된 이후에 도시계획결정고시가 있다 하더라도, 도로에 제공된 토지는 그 전체가 '사실상의 사도'에 해당하는 것으로 보아야 할 것이다.[81] 이는 앞서 본 도시관리계획(도로)의 결정 · 고시 때문에 부득이 현황도로로 이용되는 경우와는 구분된다.

---

80) 대법원 1997. 7. 22. 선고 96누13675 판결.
81) 대법원 1997. 8. 29. 선고 96누2569 판결.

(4) 토지소유자가 그 의사에 의하여 타인의 통행을 제한할 수 없는 도로(제2호)

이는 사유지가 종전부터 자연발생적으로 또는 도로예정지로 편입되어 있는 등으로 일반 공중의 교통에 공용되고 있고 그 이용상황이 고착되어 있어, 도로부지로 이용되지 아니하였을 경우에 예상되는 표준적인 이용상태로 원상회복하는 것이 법률상 허용되지 아니하거나 사실상 현저히 곤란한 정도에 이른 경우를 의미한다.

어느 토지가 불특정 다수인의 통행에 장기간 제공되어 왔고 이를 소유자가 용인하여 왔다는 사정이 있다는 것만으로 언제나 도로로서의 이용상황이 고착되었다고 볼 것은 아니고, 이는 당해 토지가 도로로 이용되게 된 경위, 일반의 통행에 제공된 기간, 도로로 이용되고 있는 토지의 면적 등과 더불어 그 도로가 주위 토지로 통하는 유일한 통로인지 여부 등 주변 상황과 해당 토지의 도로로서의 역할과 기능 등을 종합하여 원래의 지목 등에 따른 표준적인 이용상태로 회복하는 것이 용이한지 여부 등을 가려서 판단해야 한다.

판례는 약 40년 전부터 불특정 다수가 이용하는 도로로 이용되었고, 그로부터 약 25년 후 행정청이 도로포장까지 한 사안에서는 토지가 도로로서의 이용상황이 고착되어 표준적 이용상태로 원상회복하는 것이 쉽지 않아 사실상의 사도라고 판시하였다.[82]

(5) 건축법 제45조에 따라 건축허가권자가 그 위치를 지정·공고한 도로(제3호)

건축허가권자는 토지소유자 등 이해관계인의 동의를 받아 도로의 위치를 지정·공고할 수 있고, 그 경우에는 사실상의 사도로 본다(건축법 제45조 제1항 본문). 이는 토지소유자 등 이해관계인의 동의를 받은 것이므로 특별한 문제가 없다. 그러나 건축법 제45조 제1항 단서는 토지소유자 등 이해관계인이 해외에 거주하는 등의 사유로 이해관계인의 동의를 받기가 곤란하다고 인정하는 경우(제1호)나 주민이 오랫동안 통행로로 이용하고 있는 사실상의 통로로서 해당 지방자치단체의 조례로 정하는 것인 경우(제2호)에는 이해관계인의 동의를 받지 아니하고 건축위원회의 심의를 거쳐 도로를 지정할 수 있다고 규정하고 있다. 건축허가권자가 건축법 제45조에 따라 도로로 위치를 지정·공고하는 경우 토지소유자 등 이해관

---

82) 대법원 2013. 6. 13. 선고 2011두7007 판결, 대법원 2014. 11. 27. 선고 2013두20219 판결.

계인에게는 중대한 불이익이 가해지므로, 건축법 제45조 제1항 단서에 따라 도로를 지정함에 있어서는 신중을 기하여야 한다.

⑹ **도로개설당시의 토지소유자가 대지 또는 공장용지 등을 조성하기 위하여 설치한 도로(제4호)**

제1호의 도로개설당시의 토지소유자가 자기 토지의 편익을 위하여 스스로 설치한 도로와 동일한 요건에서 인정될 수 있다.

나. 증명책임

사업시행자가 사실상의 사도 요건을 증명하여야 한다. 그 논거는 다음과 같다.

① 비록 당해 토지가 일반의 통행에 제공되고 있기는 하나 인근 토지의 이용상황 즉, 표준적 이용상황에 비추어 이는 이례적이므로 일시적 이용상황으로 볼 여지가 있다.

② 사실상의 사도 부지는 감정평가를 함에 있어 당해 도로부지가 도로로 이용되는 것이 이례적인 상황임을 전제로 우선 표준적 이용상황에 따른 보상금을 산정한 후 1/3로 감액하는 방식을 취하고 있다.

다. 손실보상액

사실상의 사도의 부지는 인근토지에 대한 평가액의 3분의 1 이내로 평가한다. 인근토지라 함은 당해 도로부지가 도로로 이용되지 아니하였을 경우에 예상되는 표준적인 이용상황과 유사한 토지로서 당해 토지와 위치상 가까운 토지를 말한다(토지보상법 시행규칙 제26조 제4항). 구체적인 평가방법은 당해 사실상의 사도 부지가 도로로 이용되지 않는 표준적 이용상황을 전제로 비교표준지를 선정하고, 최초의 사업시행계획인가고시일이 속한 해의 1. 1.자 공시지가에 지가변동률 등에 의한 시점수정과 품등비교 등의 절차를 거쳐 보상금액을 산정한 후, 1/3을 곱하여 보상액을 산정한다. 일반적으로는 품등비교 중 개별요인에서 기타 조건의 수치를 '0.33'으로 하여 보정하는 방법을 사용한다.

2. 토지에 묻힌 물건의 보상

가. 규 정

토지에 속한 흙·돌·모래 또는 자갈(흙·돌·모래 또는 자갈이 해당 토지와 별도로 취득 또는 사용의 대상이 되는 경우만 해당한다)에 대하여는 거래가격 등을 고려하여 평가한 적정가격으로 보상하여야 한다(토지보상법 제75조 제3항). 토지란 소유권의 대상이 되는 땅으로서 지하·공중 등 정당한 이익이 있는 범위에서 그 상하를 포함하므로 이는 토지보상의 일종이다.

나. 규정의 해석

흙·돌·모래 또는 자갈이 당해 토지와 별도로 취득 또는 사용의 대상이 되는 경우란 흙·돌·모래 또는 자갈이 속한 수용대상토지에 관하여 토지의 형질변경 또는 채석·채취를 적법하게 할 수 있는 행정적 조치가 있거나 그것이 가능하고 구체적으로 토지의 가격에 영향을 미치고 있음이 객관적으로 인정되어 토지와는 별도의 경제적 가치가 있다고 평가되는 경우 등을 의미한다.[83]

제4절 건축물 등 지장물 보상

Ⅰ. 규 정

토지보상법 제75조(건축물등 물건에 대한 보상)
① 건축물·입목·공작물과 그 밖에 토지에 정착한 물건에 대하여는 이전에 필요한 비용으로 보상하여야 한다. 다만, 다음 각 호의 어느 하나에 해당하는 경우에는 해당 물건의 가격으로 보상하여야 한다.
  1. 건축물등을 이전하기 어렵거나 그 이전으로 인하여 건축물등을 종래의 목적대로 사용할 수 없게 된 경우
  2. 건축물등의 이전비가 그 물건의 가격을 넘는 경우
⑤ 사업시행자는 사업예정지에 있는 건축물 등이 제1항 제1호 또는 제2호에 해당하는 경우에는 관할 토지수용위원회에 그 물건의 수용 재결을 신청할 수

---

83) 대법원 2003. 4. 8. 선고 2002두4518 판결.

있다.

⑥ 제1항부터 제4항까지의 규정에 따른 물건 및 그 밖의 물건에 대한 보상액의 구체적인 산정 및 평가방법과 보상기준은 국토교통부령으로 정한다.

토지보상법 시행규칙 제20조(구분평가 등)

① 취득할 토지에 건축물 · 입목 · 공작물 그 밖에 토지에 정착한 물건이 있는 경우에는 토지와 그 건축물 등을 각각 평가하여야 한다. 다만, 건축물등이 토지와 함께 거래되는 사례나 관행이 있는 경우에는 그 건축물등과 토지를 일괄하여 평가하여야 하며, 이 경우 보상평가서에 그 내용을 기재하여야 한다.

② 건축물등의 면적 또는 규모의 산정은 건축법 등 관계법령이 정하는 바에 의한다.

Ⅱ. 이전비 보상의 원칙

1. 내 용

건축물 등 지장물에 대한 보상은 이전비 보상이 원칙이다. 다만 이전이 사실상 불가능한 경우(이전이 물리적으로 어렵거나 물리적으로는 이전이 가능하나 이전으로 인하여 건축물 등을 종래의 목적대로 사용할 수 없게 되는 경우)나 이전비용이 당해 물건가격을 초과하는 경우 등 이전이 경제적으로 불가능한 경우에는 당해 물건가격으로 보상한다. 결국 이전이 가능한지 여부는 기술적인 문제뿐만 아니라 경제적인 관점에서 판단하여야 한다.

공작물 중 건축물[지붕과 기둥 또는 벽이 있는 것과 이에 부수되는 시설물, 지하 또는 고가(高架)의 공작물에 설치하는 사무소, 공연상, 점포, 차고, 창고, 그 밖에 건축법 시행령으로 정하는 것을 말한다, 감정평가기준 610 − 2.1]의 경우에는 이전이 사실상 불가능하여 사업시행자가 관할 토지수용위원회에 그 물건의 수용재결을 신청한다. 또한 수목이나 일반적인 공작물의 경우에도 경제적으로 이전이 불가능한 경우에 해당하는 사례를 흔히 볼 수 있다.

판례는 비닐하우스와 균상은 그 구성재료에 비추어 볼 때 기술적으로는 이를 분리이전하여 재사용할 수 있을지 모르나 경제적으로는 이것이 불가능하거나 현저히 곤란하다고 판시하였다.[84]

2. 철 거

물건의 가격으로 보상한 건축물의 철거비용은 사업시행자가 부담한다(토지보상법 시행규칙 제33조 제4항). 정비사업상으로도 시공계약에는 기존 건축물의 철거공사에 관한 사항을 포함시켜야 하고(법 제29조 제9항), 기존 건축물의 철거계획서 및 철거비용을 포함한 정비사업비는 사업시행계획서의 필수적 기재사항이다(법 제52조 제1항 제12호, 시행령 제47조 제2항 제14호).

Ⅲ. 건축물의 가격 평가

1. 규 정

> **토지보상법 시행규칙 제33조(건축물의 평가)**
> ① 건축물(담장 및 우물 등의 부대시설을 포함한다)에 대하여는 그 구조·이용상태·면적·내구연한·유용성 및 이전가능성 그 밖에 가격형성에 관련되는 제 요인을 종합적으로 고려하여 평가한다.
> ② 건축물의 가격은 원가법으로 평가한다. 다만, 주거용 건축물에 있어서는 거래사례비교법에 의하여 평가한 금액(공익사업의 시행에 따라 이주대책을 수립·실시하거나 주택입주권 등을 당해 건축물의 소유자에게 주는 경우)이 원가법에 의하여 평가한 금액보다 큰 경우와 집합건물법에 의한 구분소유권의 대상이 되는 건물의 가격은 거래사례비교법으로 평가한다.

2. 평가의 일반 원칙

건축물은 이전이 사실상 불가능하여 당해 물건가격으로 보상함은 앞서 본 바이다.

가. 원가법에 의한 평가

(1) 원칙

㈎ 건축물의 그 가격은 원가법으로 평가한다. 원가법이란 대상물건의 재조달원가(대상물건을 기준시점인 수용재결시점에 일반적인 방법으로 생산하거나 취득하는 데

---

84) 대법원 1991. 10. 22. 선고 90누10117 판결.

필요한 적정원가의 총액)에 감가수정(減價修正)을 하여 대상물건의 가액을 산정하는 감정평가방법을 말한다. 감가수정이란 대상물건에 대한 재조달원가를 감액하여야 할 요인이 있는 경우에 물리적 감가, 기능적 감가 또는 경제적 감가 등을 고려하여 그에 해당하는 금액을 재조달원가에서 공제하여 기준시점에 있어서의 대상물건의 가액을 적정화하는 작업을 말한다(감정평가규칙 제2조 제5호, 제12호, 감정평가기준 400−3.2.1.1. 제1항).

㈏ 건축물의 재조달원가는 직접법이나 간접법으로 산정하되, 직접법으로 구하는 경우에는 대상 건축물의 건축비를 기준으로 하고, 간접법으로 구하는 경우에는 건물신축단가표와 비교하거나 비슷한 건축물의 신축원가 사례를 조사한 후 사정보정(事情補正) 및 시점수정 등을 하여 대상 건물의 재조달원가를 산정할 수 있다(감정평가기준 610−2.4 제2항). 건축물의 일반적인 효용을 위한 전기설비, 냉·난방설비, 승강기설비, 소화전설비 등 부대설비는 건축물에 포함하여 감정평가한다. 다만, 특수한 목적의 경우에는 구분하여 감정평가 할 수 있다(감정평가기준 610−2.4 제5항).

(2) 예외
㈎ 주거용 건축물

주거용 건축물에 있어서는 거래사례비교법에 의하여 평가한 금액이 원가법에 의하여 평가한 금액보다 큰 경우에는 거래사례비교법에 의하여 평가한다. 거래사례비교법이란 대상물건과 가치형성요인이 같거나 비슷한 물건의 거래사례와 비교하여 대상물건의 현황에 맞게 사정보정, 시점수정, 가치형성요인 비교 등의 과정을 거쳐 대상물건의 가액을 산정하는 감정평가방법을 말한다(감정평가규칙 제2조 제7호). 다만, 적절한 건축물만의 거래사례가 없는 경우에는 토지와 건축물을 일체로 한 거래사례를 선정하여 토지가액을 빼는 공제방식이나 토지와 건축물의 가액 구성비율을 적용하는 비율방식 등을 적용하여 건축물 가액을 배분할 수 있다(감정평가기준 610−2.4 제3항 단서).

다음에서 살펴보듯이 집합건물법에 의한 구분소유권의 대상이 되는 건물은 대지사용권과 일체로 평가하고, 그 경우 거래사례비교법을 적용하여야 한다.

㈏ 토지와 건축물의 소유자가 다른 경우

재개발사업에 있어서는 건축물의 소유자와 그 건축물이 소재하는 토지의 소유자가 다른 경우가 흔하다(건축물의 일부가 인접 토지상에 있는 건축물의 경우도 마찬가지이다). 그 경우 건축물의 평가방법이 문제된다. 토지와 건축물의 소유자가 달라 정상적인 사용·수익이 곤란한 건축물의 경우에는 그 정도를 고려하여 감정평가 한다. 다만 건축물의 사용·수익에 지장이 없다고 인정되는 경우에는 이에 따른 제한 등을 고려하지 않고 감정평가 할 수 있다(감정평가기준 610-2.5.3).

㈐ 공법상 제한받는 건축물

공법상 제한을 받는 건축물이 제한을 받는 상태대로의 가격이 형성되어 있을 경우에는 그 가격을 기초로 하여 감정평가하여야 한다. 다만, 제한을 받는 상태대로의 가격이 형성되어 있지 아니한 경우에는 제한을 받지 않는 상태를 기준으로 하되 그 제한의 정도를 고려하여 감정평가한다(감정평가기준 610-2.5.1 제1항).

건축물의 일부가 도시·군계획시설에 저촉되어 저촉되지 않은 잔여부분이 건축물로서 효용가치가 없는 경우에는 건축물 전체가 저촉되는 것으로 감정평가하고, 잔여부분만으로도 독립건물로서의 가치가 있다고 인정되는 경우에는 그 잔여부분의 벽체나 기둥 등의 보수에 드는 비용 등을 고려하여 감정평가한다(감정평가기준 610-2.5.1 제2항). 공법상 제한을 받는 건축물로서 현재의 용도로 계속 사용할 수 있는 경우에는 이에 따른 제한 등을 고려하지 않고 감정평가한다(감정평가기준 610-2.5.1 제3항).

나. 개별물건기준 평가

(1) 원칙

감정평가는 대상물건마다 개별로 하여야 하고, 다만 둘 이상의 대상 물건이 일체로 거래되거나 대상물건 상호 간에 용도상 불가분의 관계가 있는 경우에는 일괄하여 감정평가한다(감정평가규칙 제7조 제1, 2항). 하나의 대상물건이라도 가치를 달리하는 부분은 이를 구분하여 감정평가할 수 있으나(감정평가규칙 제7조 제3항), 토지와 달리 건축물의 경우 하나의 대상물건 중 가치를 달리하는 부분이 존재하는 것을 상정하기 어렵다.

(2) 쟁점

㈎ 집합건물법에 의한 구분소유권의 대상이 되는 건물

집합건물법에 의한 구분소유권의 대상이 되는 건물의 경우에는 그 대지사용권과 별도로 평가되어야 하는지 여부, 그 경우의 평가방법 등이 문제된다. 집합건물법 제20조 제2항은 규약으로 달리 정한 경우가 아닌 한 구분소유자는 그가 가지는 전유부분과 분리하여 대지사용권을 처분할 수 없다고 규정하고 있다. 구분소유자의 대지사용권은 그가 가지는 전유부분의 처분에 따르고, 구분소유자는 규약으로써 달리 정하지 않는 한 그가 가지는 전유부분과 분리하여 대지사용권을 처분할 수 없는데, 이는 집합건물의 전유부분과 대지사용권이 분리되는 것을 최대한 억제하여 대지사용권이 없는 구분소유권의 발생을 방지함으로써 집합건물에 관한 법률관계의 안정과 합리적 규율을 도모하려는 데 있으므로, 전유부분과 대지사용권의 일체성에 반하는 대지의 처분행위는 효력이 없다.[85]

위 규정의 내용 및 판례의 취지에 비추어 구분소유 부동산을 감정평가할 때에는 건물(전유부분과 공유부분)과 대지사용권을 일체로 하여 평가하여야 하고, 그 경우 거래사례비교법을 적용하여야 한다(토지보상법 시행규칙 제33조 제2항 단서, 감정평가규칙 제16조, 감정평가기준 610 – 3.1.3 제1항). 감정평가액은 합리적인 기준에 따라 토지가액과 건물가액으로 구분하여 표시할 수 있다. 다만 대지사용권을 수반하지 않는 구분건물의 감정평가는 건물만의 가액으로 감정평가 하되, 추후 토지의 적정지분이 정리될 것을 전제로 가격이 형성되는 경우에는 대지사용권을 포함한 가액으로 감정평가 할 수 있다(감정평가기준 610 – 3.1.4).

㈏ 교회소유 건축물의 일괄감정

감정평가사가 감정평가 과정에서 교회가 다수의 건축물을 교회의 부속시설인 소예배실, 성경공부방, 휴게실로 각 이용하고 있음을 이유로 교회 측의 요구로 교회 소유 건축물을 일괄하여 감정평가하는 경우가 있다.

판례는 각 건축물은 개별적으로 거래대상이 되는바, 교회가 위 건축물들을 교회의 부속시설로 이용하고 있다는 등의 사정만으로 위 건축물들이 일체로 거래되거나 용도상 불가분의 관계에 있다고 단정하기 어려워 일괄감정은 위법하다고 판

---

85) 대법원 2013. 1. 17. 선고 2010다71578 전원합의체 판결.

시하였다.[86]

3. 무허가건축물

가. 의 의

토지보상법 시행규칙 제24조는 건축법 등 관계법령에 의하여 허가를 받거나 신고를 하고 건축 또는 용도변경을 하여야 하는 건축물을 허가를 받지 아니하거나 신고를 하지 아니하고 건축 또는 용도변경 한 건축물을 무허가건축물이라고 한다(감정평가기준 810-3. 제3호). 다만 건축허가를 받은 후 사용승인을 받지 못한 건축물은 무허가 건축물에 해당하지 아니한다. 1989. 1. 24. 이전의 무허가건축물에 대하여는 적법한 건축물로 봄은 앞서 본 바이다.

나. 보상의 대상 여부(긍정)

무허가건축물이 보상의 대상이 되는지 여부가 문제된다.

(1) 원칙

㈎ 사업시행계획인가 고시일 이전에 건축된 무허가 건축물은 손실보상의 대상이 된다.[87] 그 논거는 다음과 같다.

① 토지보상법은 지장물인 건축물을 보상의 대상으로 함에 있어 건축허가의 유무에 따른 구분을 두고 있지 않다. 특히 토지보상법 시행규칙 제58조 제1항은 주거용 건축물 등의 보상에 대한 특례를 규정하면서 무허가건축물 등에 대하여는 적용하지 아니함을 명시하고 있는바, 만일 무허가건축물이 보상대상이 아니라면 특례규정이 적용되지 아니함을 적시할 이유가 없다.

② 토지보상법 시행규칙 부칙 제5조가 1989. 1. 24. 당시의 무허가건축물에 대하여는 주거이전비의 보상, 주거용 건축물 등의 보상에 대한 특례 규정을 적용함에 있어 적법한 건축물로 본다고 규정한 취지는 무허가건축물도 보상의 대상이나, 1989. 1. 24. 당시의 무허가건축물에 대하여는 적법한 건축물로 취급하여 보상하여야 함을 밝힌 것으로 보인다.

---

86) 대법원 2020. 12. 10. 선고 2020다226490 판결.
87) 대법원 2000. 3. 10. 선고 99두10896 판결.

㈐ 허가를 받지 아니하고 건축물을 증·개축하거나 대수선한 결과 면적, 구조, 재질 등이 건물등기부나 건축물대장과 다르게 된 경우에도 보상을 위한 평가를 함에 있어서는 실제 현황에 따라야 한다.[88]

(2) 예외

㈎ 주거용 건축물이 아닌 위법 건축물로서, 관계 법령의 입법 취지와 그 법령에 위반된 행위에 대한 비난가능성과 위법성의 정도, 합법화될 가능성, 사회통념상 거래 객체가 되는지 여부 등을 종합하여 구체적·개별적으로 판단한 결과 그 위법의 정도가 관계 법령의 규정이나 사회통념상 용인할 수 없을 정도로 크고 객관적으로도 합법화될 가능성이 거의 없어 거래의 객체도 되지 아니하는 경우에는 예외적으로 보상 대상이 되지 아니한다.[89]

㈏ 사업인정고시가 된 후에 대상이 된 토지에 건축물을 건축한 경우 토지소유자 등은 해당 건축물을 원상으로 회복하여야 하고, 이에 관하여 손실의 보상을 청구할 수 없으므로(토지보상법 제25조 제3항), 사업인정고시일인 사업시행계획인가 고시일 이후에 건축된 무허가 건축물은 손실보상에서 제외된다.

Ⅳ. 기 타

1. 공작물 등의 평가

공작물 그 밖의 시설(이하 '공작물등'이라 한다)에 대한 평가는 건축물에 대한 평가원칙이 그대로 적용된다(토지보상법 시행규칙 제36조 제1항). 공작물등에 대한 감정평가액이 크지 않아 실무상 문제되는 경우는 드물다. 다만 공작물등의 용도가 폐지되었거나 기능이 상실되어 경제적 가치가 없는 경우, 공작물등의 가치가 보상이 되는 다른 토지등의 가치에 충분히 반영되어 토지등의 가격이 증가한 경우, 사업시행자가 정비사업에 편입되는 공작물등에 대한 대체시설을 하는 경우에 있어서는 별도의 가치가 있는 것으로 평가하여서는 아니 된다(토지보상법 시행규칙 제36조 제2항). 주의를 요한다.

---

88) 서울행정법원 실무연구회, 행정소송의 이론과 실무(2013년 개정판), 사법발전재단, 497쪽.
89) 대법원 2001. 4. 13. 선고 2000두6411 판결.

2. 수목 등의 평가

토지보상법 시행규칙 제37조에는 과수에 대하여, 제38조 내지 제40조는 묘목이나 입목 등에 대하여 그 평가와 관련하여 자세하게 규정하고 있다. 정비사업 실무상 토지에 부착된 수목의 집단으로서 입목이 문제되는 경우는 거의 없고, 주로는 단독주택의 마당에 심어져 있는 소량의 수목이 보상대상이므로, 특별히 그 가액에 대하여 다툼이 있는 경우는 드물다. 수목의 가치와 관련하여 사업시행자와 현금청산대상자 사이에 첨예하게 의견이 대립하는 경우에는 수목 감정의 특수성을 고려하여 감정평가사 자격을 가진 수목전문가를 감정인으로 선정할 필요가 있다.

Ⅴ. 지장물 보상금 증감 소송의 심리 관련 쟁점

행정소송이 제기될 무렵이면 수용재결일로부터 상당한 기간이 이미 경과되어 건축물 등 지장물이 철거되어 버린 경우가 많다. 감정평가규칙 제10조 제1항은 "감정평가업자가 감정평가를 할 때에는 실지조사를 하여 대상물건을 확인하여야 한다."고 규정하고 있고, 제2항은 "감정평가업자는 제1항에도 불구하고 다음 각 호의 어느 하나의 예외사유에 해당하는 경우로서 실지조사를 하지 아니하고도 객관적이고 신뢰할 수 있는 자료를 충분히 확보할 수 있는 경우에는 실지조사를 하지 아니할 수 있다."고 규정하면서, 제1호에서 "천재지변, 전시·사변, 법령에 따른 제한 및 물리적인 접근 곤란 등으로 실지조사가 불가능하거나 매우 곤란한 경우"를, 제2호에서 "유가증권 등 대상물건의 특성상 실지조사가 불가능하거나 불필요한 경우"를 들고 있다.

사업시행자가 정비사업의 수행으로 지장물을 철거한 것은 위 제1, 2호 예외사유에 해당하지 아니하므로, 결국 철거된 지장물에 대하여 실지조사를 행할 수 없어 감정이 불가능하고, 설령 감정이 이루어진다 하더라도 이를 믿기 어려운 것으로 볼 여지가 있기는 하다.

그러나 위 감정평가규칙이 그 자체로 실지조사 없는 감정이 가능함을 전제로 하고 있으므로, 실지조사 없는 감정이 당연히 효력이 없는 것으로 볼 수는 없는 점, 철거 전 현황 사진을 현금청산대상자 측이 충분히 보유하고 있거나 또한 여러 차례 감정평가를 거치는 과정에서 관련 사진 등 자료가 충분히 수집되어 있다면 그것만으로 감정이 가능할 수 있는 점 등에 비추어 실지조사 없는 감정이 가능할 정도로 객관적이고 신뢰할 수 있는 자료가 충분히 확보된 경우에는 소송과정에서의 감정이 가능하고, 그 경우 감정이 위법거나 감정결과가 당연히 신빙성이 없는 것으로 볼 수는 없다.

제5절 영업손실보상

Ⅰ. 총 설

현금청산대상자나 세입자가 정비구역내 주거용 건축물에서 거주하다가 정비사업 시행으로 인하여 이주한 경우에는 이주정착금, 주거이전비 및 이사비의 보상이 문제되나, 영업용 건축물에서 영업을 영위하다가 정비사업 시행으로 인하여 영업이 폐업 또는 휴업된 경우에는 현금청산대상자나 임차인의 영업손실보상이 문제된다. 다만 토지보상법 시행규칙 제45조는 그 요건을 강화하여 영업에 허가등을 필요로 하는 경우에는 반드시 허가등을 취득하여야 하고, 원칙적으로 적법한 장소에서 인적·물적시설을 갖추고 계속적으로 행하고 있는 영업으로 보상대상을 제한하고 있다.

덧붙여 도시정비법은 사업시행자에 대하여 사업시행으로 이주하는 상가임차인이 사용할 수 있도록 정비구역 또는 정비구역 인근에 임시상가를 설치함에 관한 재량을 부여하고 있는바(법 제61조 제5항), 만일 사업시행자가 임시상가를 설치한 경우에는 상가임차인은 영업시설 등의 이전에 드는 비용 및 영업시설 등의 이전에 따른 감손상당액, 그 밖의 부대비용을 모두 더한 금액만을 보상받을 수 있고 (감정평가 실무기준 840-6.9. 제1항 제2, 3호), 그 경우 사업시행자는 임시상가를 설치함에 그 토지나 시설을 제공한 공공단체(지방자치단체는 제외한다) 또는 개인에 대하여 이를 일시 사용함에 따른 손실을 보상하여야 한다(법 제62조).

대상 토지가 농지인 경우 영농보상도 손실보상의 대상이 되나, 재개발사업은 주로 도시지역에서 문제되는 것으로서 실무상 영농보상이 손실보상의 대상이 되는 경우는 찾아보기 어렵다.

재개발 사업시행자가 현금청산대상자 또는 임차인에게 영업손실보상액을 지급하지 않고, 승낙도 받지 않은 채 공사에 착수하여 현금청산대상자 또는 임차인에게 손해를 입힌 경우에는 불법행위에 기한 손해배상책임을 부담하고, 손해배상액의 범위는 법정의 폐업 또는 휴업손실보상액이며, 별도의 손해가 발생한 경우, 사업시행자가 이를 배상할 책임이 있으나, 그 증명책임은 이를 주장하는 자에게 있다.[90]

영업손실보상은 재개발사업의 현금청산대상자 또는 임차인에게만 인정되고, 재건축사업의 경우 토지등에 대하여 개발이익이 포함된 보상이 이루어지므로, 현금청산대상자에게 영업손실보상이 인정되지 않으며, 또한 현금청산대상자로 하여금 임차권자 등에 대한 영업손실보상을 비롯한 일체의 보상 등을 임대차계약 등에 따라 스스로 해결하게 할 것을 전제로 하므로, 임차인에 대한 영업손실보상이 인정되지 아니한다.

Ⅱ. 영업손실보상의 요건

1. 정비계획안에 대한 공람공고일 당시 영업자일 것

영업손실보상 대상자의 인정시점은 정비계획 입안권자의 정비계획안에 대한 공람공고일 이므로(법 시행령 제54조 제3항, 제13조 제1항), 현금청산대상자 또는 임차인은 적어도 정비계획안에 대한 주민 공람공고일 당시 영업자인 경우에 한하여 영업손실보상을 받을 수 있고, 그 이후의 영업자는 해당하지 아니한다.

영업손실보상에 대응하는 주거이전비 등의 경우 세입자는 정비계획안에 대한 공람공고일 당시 3개월 이상 거주한 자인 점과 대비된다.

2. 적법한 장소에서 인적·물적시설을 갖춘 계속적 영업일 것

가. 원 칙

현금청산대상자등은 정비계획안에 대한 공람공고일 이전부터 적법한 장소(무허가건축물등, 불법형질변경토지, 그 밖에 다른 법령에서 물건을 쌓아놓는 행위가 금지되는 장소가 아닌 곳을 말한다)에서 인적·물적시설을 갖추고 계속적으로 행하고 있

---

90) 대법원 2021. 11. 11. 선고 2018다204022 판결.

는 영업일 것을 요한다(토지보상법 시행규칙 제45조 제1호). 무허가건축물등, 불법형질변경토지, 그 밖에 다른 법령에서 물건을 쌓아놓는 행위가 금지되는 장소는 위 토지보상법 제45조 제1호의 규정상 적법한 장소가 아님이 명백하다.

영업의 계속성과 영업시설의 고정성이 인정되는 경우라면, 눈썰매장처럼 매년 일정한 계절이나 일정한 기간 동안에만 인적 · 물적시설을 갖추어 영리를 목적으로 영업을 하는 경우도 포함되고, 5일장처럼 장이 서는 날에만 영업하는 경우도 포함된다.[91]

나. 적법한 장소의 예외(무허가건축물에서의 임차인)

무허가건축물에서 임차인이 영업하는 경우에는 비록 적법한 장소에서의 영업이 아니지만, 2가지 요건을 구비한 경우에는 보상의 대상이 된다. 즉, 임차인이 정비계획안에 대한 공람공고일 1년 이전부터 영업을 하여야 하고, 부가가치세법 제8조에 따른 사업자등록을 한 후 수행하고 있는 영업의 경우에 한하여 보상의 대상이 된다(토지보상법 시행규칙 제45조 제1호 단서, 다음에서 살펴보듯이 적법한 건축물에서의 영업의 경우에는 부가가치세법 제8조에 따른 사업자등록을 요하지 아니한다). 다만 그 경우 영업손실보상의 범위에서도 제한이 있다.

불법형질변경토지, 다른 법령에서 물건을 쌓아놓는 행위가 금지되는 장소에서의 임차인은 전혀 영업손실보상을 받을 수 없음에도, 이와 달리 무허가 건축물에서의 임차인의 경우에는 엄격한 요건 아래 제한적이나마 영업손실보상을 인정하는 이유는 무허가건축물에서의 임차인은 영세한 것이 일반적이므로 이를 고려한 것으로 보인다.

3. 허가등을 취득하였을 것

가. 내 용

영업을 함에 있어 관계법령에 의한 허가등을 필요로 하는 경우에는 정비계획안에 대한 공람공고일 전에 허가등을 받아 그 내용대로 행하고 있는 영업을 보상대상으로 한다(토지보상법 시행규칙 제45조 제2호). 이는 위법한 영업은 보상대상에서 제외한다는 의미로서 헌법에서 보장한 '정당한 보상의 원칙'에 부합한다.

---

91) 대법원 2012. 12. 13. 선고 2010두12842 판결, 대법원 2012. 3. 15. 선고 2010두26513 판결.

'내용대로 행하고 있는 영업'의 의미와 관련하여, 영업의 실질적인 내용이 허가 등의 내용에 사소하게 어긋나는 경우까지 보상대상에서 제외함은 타당하지 않고, 영업의 실질이 허가등의 본질적인 내용에 반하거나 허가등의 취지를 잠탈하는 정도에 이른 경우에 한하여 '내용대로 행하고 있지 아니한 영업'으로 보상대상에서 제외하여야 할 것이다.[92]

나. 쟁 점

(1) 부가가치세법에 의한 사업자등록의 필요성(부정)

과세관청은 재화 또는 용역의 공급거래, 재화의 수입거래에 대해 부가가치세를 부과한다. 사업상 독립적으로 재화 또는 용역을 공급하는 사업자는 부가가치세를 납부할 의무가 있다. 부가가치세는 사업장마다 납부해야 하고, 신규로 사업을 개시하는 자는 사업개시일로부터 20일 안에 관할 세무서장에게 사업자등록을 신청해야 한다. 부가가치세법에 의한 등록을 하지 아니하고 행하는 영업이 보상의 대상이 되는지 여부가 문제되나, 이는 영업 그 자체와 관련된 것이 아니라 부가가치세라는 조세와 관련한 것에 불과하므로, 부가가치세법에 의한 사업자 등록이 없다 하더라도 영업손실보상의 대상이 된다.

다만 앞서 본 바와 같이 무허가건축물등에서 임차인의 영업손실보상 요건으로서는 반드시 필요하다.

(2) 영업양도의 경우 신고 등

영업의 종류에 따라서는 관련 행정법규에서 일정한 사항을 신고하도록 규정하고는 있지만, 그러한 신고를 하도록 한 목적이나 관련 규정의 체제 및 내용 등에 비추어 볼 때 신고를 하지 않았다고 하여 영업 자체가 위법성을 가진다고 평가할 것은 아닌 경우도 적지 않은바, 그러한 경우라면 신고 등을 하지 않았다고 하더라도 그 영업손실 등에 대해서는 보상을 하는 것이 헌법상 정당보상의 원칙에 합치하므로, 그와 같은 범위에서 위 토지보상법 시행규칙 제45조 제2호의 규정은 제한적으로 해석되어야 한다.

예를 들면 체육시설업의 영업주체가 영업시설의 양도나 임대 등에 의하여 변

---

92) 김영하, 영업손실보상에 관한 연구, 재판자료 제139집(2020년): 행정재판실무연구 Ⅵ, 229쪽.

경되었음에도 그에 관한 신고를 하지 않은 채 영업을 하던 중에 정비사업으로 영업을 폐지 또는 휴업하게 된 경우라 하더라도, 체육시설의 운영주체에 관하여 자격기준 등을 따로 제한한 것으로 보이지 않고, 신고 절차에서도 운영주체에 관하여 심사할 수 있는 등의 근거 규정은 전혀 없으며, 오히려 기존 체육시설업자가 영업을 양도하거나 법인의 합병 등으로 운영주체가 변경되는 경우 그로 인한 체육시설업의 승계는 당연히 인정되는 전제에서 사업계획이나 회원과의 약정사항을 승계함에 대한 규정만을 두고 있을 뿐인 점 등에 비추어 그 양수인의 영업 자체가 위법성을 가진다고 평가할 수 없으므로 이는 영업손실보상의 대상이 된다.[93]

(3) 적법한 장소에서 허가등을 받지 아니한 영업의 손실보상

정비계획안에 대한 공람공고일 전부터 허가등을 받아야 행할 수 있는 영업을 허가등을 받지 않은 채 영업해 온 자의 경우에는 원칙적으로 손실보상의 대상이 아니나, 예외적으로 최소한의 영업손실은 보상하고 있다. 현금청산대상자 또는 임차인을 불문한다. 그 범위는 다음과 같다.

정비계획안에 대한 공람공고일 전부터 허가등을 받아야 행할 수 있는 영업을 허가등을 받지 아니한 채 영업해 온 자가 공익사업의 시행으로 인하여 적법한 장소에서 영업을 계속할 수 없게 된 경우에는 통계법 제3조 제3호에 따른 통계작성기관이 조사·발표하는 가계조사통계의 도시근로자가구 월평균 가계지출비를 기준으로 산정한 3인 가구 3개월분 가계지출비에 해당하는 금액을 영업손실에 대한 보상금으로 지급하되, 제47조 제1항 제2호에 따른 영업시설·원재료·제품 및 상품의 이전에 소요되는 비용 및 그 이전에 따른 감손상당액은 별도로 보상한다(토지보상법 시행규칙 제52조 본문).

다만, 본인 또는 생계를 같이 하는 동일 세대안의 직계존속·비속 및 배우자가 해당 정비사업으로 다른 영업에 대한 보상을 받은 경우에는 영업시설 등의 이전비용만을 보상받는다(토지보상법 시행규칙 제52조 단서).

4. 수용재결 시까지 계속 영업할 것

앞서 본 바와 같이 토지보상법 시행규칙 제45조 제1호는 영업손실을 보상하여

---

93) 대법원 2012. 12. 13. 선고 2010두12842 판결.

야 하는 영업은 계속적으로 행하고 있는 영업일 것을 요한다. 영업손실보상의 대상은 계속적 영업이므로, 수용재결 시까지 영업이 유지되어야 한다.[94] 설령 정비계획의 공람공고일 이후 정비구역 내의 다른 토지등을 매수 또는 임차하여 영업장소를 이전하였다 하더라도 수용재결 시까지 영업을 계속한 경우에는 보상요건을 충족한다.

정비계획안에 대한 공람공고일 이후 영업장소 등이 이전되어 수용재결 당시에는 해당 토지 위에 영업시설 등이 존재하지 않게 된 경우 정비계획안에 대한 공람공고일 이전부터 그 토지상에서 영업을 해 왔고 그 당시 영업을 위한 시설이나 지장물이 존재하고 있었다는 점은 이를 주장하는 자가 증명하여야 한다.[95] 주로 임대차계약이 만료되어 영업장소를 이전하는 임차인의 경우에 문제된다. 관리처분계획의 인가·고시가 있더라도 현금청산대상자등은 영업손실보상이 완료되기 전까지는 토지등을 사용할 수 있으므로 영업이 가능하다.

Ⅲ. 보상의 범위

1. 폐업손실보상

가. 요 건

정비사업의 시행으로 인하여 영업을 폐지하는 경우 폐업손실보상의 대상이 된다. 다음 어느 하나에 해당하여야 영업을 폐지하는 경우로 인정된다(토지보상법 시행규칙 제46조 제2항).

(1) 이전 불가능

영업장소 또는 배후지(당해 영업의 고객이 소재하는 지역을 말한다)의 특수성으로 인하여 당해 영업소가 소재하고 있는 시·군·구(자치구를 말한다) 또는 인접하고 있는 시·군·구의 지역안의 다른 장소에 이전하여서는 당해 영업을 할 수 없는 경우(제1호) 폐업손실보상의 대상이 된다.

(개) 배후지는 당해 영업이 제공하는 재화 또는 용역에 관한 잠재적인 소비자가

---

94) 대법원 2012. 12. 27. 선고 2011두27827 판결, 대법원 2010. 9. 9. 선고 2010두11641 판결.
95) 대법원 2012. 12. 27. 선고 2011두27827 판결.

소재하는 지역을 의미한다. 배후지의 범위는 영업에서 제공하는 재화나 용역의 종류나 특성, 입지조건, 교통여건, 영업소의 규모 등을 종합적으로 고려하여 판단하여야 한다.

(나) 반드시 '인접'하고 있는 시 · 군 · 구로 이전하지 못할 것을 요건으로 한다. 위 규정은 '연접(서로 잇닿음 또는 이어 맞닿게 함)'과 달리 '인접'을 요건으로 하므로, 근처의 모든 시 · 군 · 구 지역 안의 다른 장소로 이전하는 것이 가능한지 여부를 검토하여야 한다. 따라서 그 범위는 상당부분 확장될 것이다. 이전가능성 여부의 판단기준은 법령상의 이전 장애사유 유무와 당해 영업의 종류와 특성, 영업시설의 규모, 인접지역의 현황과 특성, 그 이전을 위하여 당사자가 들인 노력 등과 인근 주민들의 이전 반대 등과 같은 사실상의 이전 장애사유 유무 등을 종합하여야 한다.[96]

(다) 판례는 특별한 법령상의 이전 장애사유가 없다면, 주민들의 반대가 있을 가능성만으로는 폐업손실보상의 요건으로 보지 아니하고, 가맹점의 경우 가맹계약에 따라 영업지역이 제한되는데, 정비구역이 가맹계약상의 영업지역 중 일부에 불과한 경우에는 영업지역 내의 다른 지역으로 가맹점을 이전하여 영업을 할 수 없지 않은 것으로 보고 있다.[97]

(2) 영업허가등의 불가능

당해 영업소가 소재하고 있는 시 · 군 · 구 또는 인접하고 있는 시 · 군 · 구의 지역안의 다른 장소에서는 당해 영업의 허가등을 받을 수 없는 경우(제2호) 폐업손실보상의 대상이 된다.

공업용 및 의료용 고압가스 도소매업이 실무상 문제되었다. 고압가스 판매업은 건축법령, 고압가스 안전관리법령 등에 따라 엄격한 요건 하에 허가를 받을 수 있는 업종이고, 그 자체가 위험시설임을 이유로 폐업손실보상을 주장하는 사안에서, 인근 각 지방자치단체에 대하여 사실조회 한 결과 요건에 부합한다면 이전이 가능하다는 회신이 다수였던 관계로 원고가 위 주장을 철회하기도 하였다.[98]

---

96) 대법원 2002. 10. 8. 선고 2002두5498 판결, 대법원 2003. 10. 10. 선고 2002두8992 판결, 대법원 2005. 9. 15. 선고 2004두14649 판결.
97) 대전고등법원 2018. 7. 26. 선고 2017누13248 판결.
98) 서울행정법원 2018구합76026 판결.

(3) 혐오시설로서 이전의 곤란

도축장 등 악취 등이 심하여 인근주민에게 혐오감을 주는 영업시설로서 해당 영업소가 소재하고 있는 시·군·구 또는 인접하고 있는 시·군·구의 지역안의 다른 장소로 이전하는 것이 현저히 곤란하다고 특별자치도지사·시장·군수 또는 구청장이 객관적인 사실에 근거하여 인정하는 경우(제3호)도 폐업손실보상의 대상이 된다.

나. 예외적 폐업손실보상의 취지

토지보상법 시행규칙 제46조 제2항이 위와 같이 엄격하게 폐업손실보상의 요건을 규정한 것은 영업장소를 이전하여 영업을 할 수 있는지 여부를 불문하고 정비사업으로 인하여 영업을 폐지한 모든 경우를 폐업손실보상의 대상으로 할 경우, 폐업 여부가 피수용자의 의사에 따라 결정되고 이로써 사회적으로 폐업을 조장하게 되는 부작용이 초래될 수 있기 때문으로 보인다. 폐업손실보상은 예외적 사정이므로 이를 주장하는 자가 증명하여야 한다.

다. 범 위

(1) 내용

정비사업의 시행으로 영업을 폐업함에 따른 영업손실에 대하여는 영업이익과 시설의 이전비용 등을 고려하여 보상하여야 한다(토지보상법 제77조 제1항). 정비사업의 시행으로 인하여 영업을 폐지하는 경우의 손실보상의 범위는 2년간의 영업이익에 영업용 고정자산·원재료·제품 및 상품 등의 매각손실액을 더한 금액이다(토지보상법 시행규칙 제46조 제1항).

영업이익과 관련하여서는 개인영업인 경우에는 소득을 의미하는데, 개인의 주된 영업활동에 따라 발생된 이익으로서 자가노력비 상당액(생계를 함께 하는 같은 세대안의 직계존속·비속 및 배우자의 것을 포함한다)이 포함된 것을 말하고, 기업인 경우에는 기업의 영업활동에 따라 발생된 이익으로서 매출총액에서 매출원가와 판매비 및 일반관리비를 뺀 것을 의미한다(감정평가기준 840-3의 1, 2호). 단 무허가 건축물에서 예외적으로 인정되는 임차인의 영업에 대한 폐업손실의 보상범위는 영업에 대한 보상액 중 영업용 고정자산·원재료·제품 및 상품 등의 매각손실액을 제외한 금액은 1천만 원을 초과하지 못한다(토지보상법 시행규칙 제46조 제5항).

(2) 영업이익 평가방법

(가) 기업

영업이익은 해당 영업의 최근 3년간(특별한 사정으로 인하여 정상적인 영업이 이루어지지 아니한 연도를 제외한다)의 평균 영업이익을 기준으로 하여 이를 평가하되, 정비사업의 계획 또는 시행이 공고 또는 고시됨으로 인하여 영업이익이 감소된 경우에는 해당 공고 또는 고시일 전 3년간의 평균 영업이익을 기준으로 평가한다(토지보상법 시행규칙 제46조 제3항 전단).[99]

해당 영업의 실제 영업기간이 3년 미만이거나 영업시설의 확장 또는 축소, 그 밖에 영업환경의 변동 등으로 최근 3년간의 영업실적을 기준으로 영업이익을 산정하는 것이 곤란하거나 현저히 부적정한 경우에는 해당 영업의 실제 영업기간의 영업실적이나 그 영업시설규모 또는 영업환경 변동 이후의 영업실적을 기준으로 산정할 수 있다(감정평가기준 840-5.2 제1, 2항).

(나) 개인

개인영업으로서 최근 3년간의 평균 영업이익(소득)이 제조부문 보통인부의 노임단가(통계법 제3조 제3호에 따른 통계작성기관이 같은 법 제18조에 따른 승인을 받아 작성·공표한 것)×25(일)×12(월)에 미달하는 경우에는 위 금액을 기준으로 한다(토지보상법 시행규칙 제46조 제3항 후단, 감정평가기준 840-5.2 제3항). 개인영업의 경우에는 영업이익 관련 자료가 제대로 갖추어지지 않은 경우가 많은데, 이러한 경우에 위 규정으로써 보상금 산정의 어려움을 해소함과 동시에 개인 영업자에게 최소한의 보상금액을 보장할 수 있게 된다.[100]

---

99) 영업이익을 산정함에 있어 회계자료 등 결산서류로 산정이 가능한 기간에 대하여는 그 기간 동안의 결산서류에 의하여 산정하고, 회계자료 등 결산서류만으로는 영업이익을 산정하기 곤란한 기간에 대하여는 그 기간 동안의 부가가치세 신고 사업수입금액을 매출액으로 하여 회계자료 등 결산서류에 의하여 영업이익 산정이 가능한 기간의 평균 원가율과 판매 및 일반관리비율을 적용하여 산정하는 방식이 실제의 영업이익을 반영한 합리적인 산정 방법이다(대법원 2004. 10. 28. 선고 2002다3662, 3679 판결).

100) 김영하, 전게논문, 236쪽.

(3) 영업용 고정자산 등의 매각손실액

제품 등 재고자산의 매각손실액이란 영업의 폐지로 인하여 제품 등을 정상적인 영업을 통하여 판매하지 못하고 일시에 매각해야 하거나 필요 없게 된 원재료 등을 매각해야 함으로써 발생하는 손실을 말한다. 한편 앞서 본 영업이익에는 이윤이 이미 포함되어 있는 점 등에 비추어 보면 매각손실액 산정의 기초가 되는 재고자산의 가격에 당해 재고자산을 판매할 경우 거둘 수 있는 이윤은 포함되지 않는다.[101]

라. 환 수

사업시행자는 현금청산대상자등이 영업의 폐지 후 2년 이내에 해당 영업소가 소재하고 있는 시·군·구 또는 인접하고 있는 시·군·구의 지역 안에서 동일한 영업을 하는 경우에는 영업의 폐지에 대한 보상금을 환수하고 영업의 휴업 등에 대한 손실만을 보상한다(토지보상법 시행규칙 제46조 제4항).

2. 휴업손실보상

정비사업으로 인하여 영업장소를 이전하는 경우와 임시영업소를 설치하여 영업을 계속하는 경우로 구분된다.

가. 영업장소 이전으로 인한 휴업손실보상의 범위

정비사업의 시행으로 영업을 휴업함에 따른 영업손실에 대하여는 영업이익과 시설의 이전비용 등을 고려하여 보상하여야 한다(토지보상법 제77조 제1항). 정비사업의 시행으로 인하여 영업장소를 이전하여야 하는 경우의 영업손실은 다음의 합계액이다.

(1) 휴업기간에 해당하는 영업이익

(가) 영업이익

영업이익은 앞서의 폐업손실보상에서 살펴본 바와 같다. 다만 개인영업으로서 휴업기간에 해당하는 영업이익이 통계법 제3조 제3호에 따른 통계작성기관이 조

---

101) 대법원 2014. 6. 26. 선고 2013두13457 판결.

사·발표하는 가계조사통계의 도시근로자가구 월평균 가계지출비를 기준으로 산정한 3인 가구의 휴업기간의 가계지출비(휴업기간이 4개월을 초과하는 경우에는 4개월분의 가계지출비를 기준으로 한다)에 미달하는 경우에는 그 가계지출비를 휴업기간에 해당하는 영업이익으로 본다는 점이 차이가 있다(토지보상법 시행규칙 제47조 제5항, 감정평가기준 840-6.2 제2항).

(나) 휴업기간

① 휴업기간이 실무상 주로 다투어 진다. 휴업기간은 4개월 이내로 한다. 다만 해당 정비사업을 위한 영업의 금지 또는 제한으로 인하여 4개월 이상의 기간 동안 영업을 할 수 없는 경우(제1호), 영업시설의 규모가 크거나 이전에 고도의 정밀성을 요구하는 등 당해 영업의 고유한 특수성으로 인하여 4개월 이내에 다른 장소로 이전하는 것이 어렵다고 객관적으로 인정되는 경우(제2호) 등에 있어서는 실제 휴업기간으로 하되, 그 휴업기간은 2년을 초과할 수 없다(도시정비법 시행령 제54조 제2항).

② 실제 휴업기간은 현실적으로 영업을 중단한 기간이 아니라 수용재결에서 정한 수용개시일에 영업을 중단하고 영업시설의 이전을 시작할 경우 장차 영업을 재개할 때까지 통상 소요될 것으로 예상되는 기간으로 규범적 판단이 필요하다. 만일 실제 휴업기간 모두를 영업손실보상 산정에 있어 휴업기간으로 고려한다면, 수용대상자로서는 가급적 법정 최장 휴업기간인 2년간 천천히 영업시설을 이전할 것인바, 이는 그 자체로 수긍하기 어렵다.

③ 피수용자 개개인의 구구한 현실적인 이전계획에 맞추어 휴업기간을 평가하는 경우 자의에 좌우되기 쉬워 평가의 공정성을 유지하기가 어려운 점에 비추어 통상 필요한 이전기간으로 누구든지 수긍할 수 있는 것으로 보이는 4월의 기준을 정하여 통상의 경우에는 이 기준에서 정한 4월의 기간 내에서 휴업기간을 정하도록 하되, 4월 이상이 소요될 것으로 누구든지 수긍할 수 있는 특별한 경우임이 증명된 경우에는 그 증명된 기간을 휴업기간으로 정할 수 있다.[102] 여기서 누구든지 수긍할 수 있는 특별한 경우라 함은 앞서 본 도시정비법 시행령 제54조 제2항 각 호의 사유라 할 것이다. 4개월 이상의 휴업기간을 인정한다 하더라도, 폐업손

---

102) 대법원 2007. 3. 15. 선고 2006두17123 판결.

실보상의 영업손실 범위가 2년간의 영업이익이므로 2년 이하로 한다.

(2) 영업장소 이전 후 발생하는 영업이익 감소액

영업장소 이전 후 발생하는 영업이익 감소액은 휴업기간에 해당하는 영업이익(개인영업으로 가계지출비를 영업이익으로 인정하는 예외적인 경우에는 이를 의미한다)의 100분의 20으로 하되, 그 금액은 1천만 원을 초과하지 못한다(토지보상법 시행규칙 제47조 제1항, 제7항).

(3) 실비보상

① 휴업기간중의 영업용 자산에 대한 감가상각비·유지관리비와 휴업기간중에도 정상적으로 근무하여야 하는 최소인원에 대한 인건비 등 고정적 비용

고정적 비용은 영업장소의 이전 등으로 휴업기간 중에도 해당 영업활동을 계속하기 위하여 지출이 예상되는 인건비, 제세공과금, 임차료, 감가상각비(고정자산의 감가상각비상당액), (화재)보험료, 광고선전비, 그 밖의 비용(휴업기간 중에도 계속 지출하게 되는 위 각 호와 비슷한 성질의 것)을 더한 금액으로 산정한다. 다만, 감가상각비 등은 이전이 사실상 곤란하거나 이전비가 취득비를 초과하여 취득하는 경우에는 제외한다.

인건비는 휴업기간 중에도 휴직하지 아니하고 정상적으로 근무하여야 할 최소인원에 대한 실제지출이 예상되는 인건비 상당액으로, 최소인원은 일반관리직 근로자 및 영업시설 등의 이전·설치 계획 등을 위하여 정상적인 근무가 필요한 근로자 등으로서 보상계획의 공고가 있은 날 현재 3개월 이상 근무한 자로 한정한다(토지보상법 시행규칙 제47조 제1항, 감정평가기준 840 – 6.4).

수용으로 인한 휴업기간 중의 인건비 손실보상은 휴업기간이 4개월을 초과하는지 여부를 불문하고 그 기간 전체에 걸쳐 지급되었거나 지급되어야 할 휴업수당이나 휴업수당 상당금 등의 인건비를 모두 그 대상으로 하는 것이나, 그 중 휴업수당 또는 휴업수당 상당금으로 인한 손실은 달리 그 평가 기준에 관한 자료가 없을 경우에는 당해 영업의 형태·규모·내용과 근로자의 수·업무의 내용·일정기간 동안의 근로자의 변동추이·휴업기간 등 모든 관련 사정을 고려하여 그 지급대상·지급액(지급률)·지급기간 등을 산정한 후 이를 기초로 그 보상액을 합리적으로 평가하여야 한다.[103]

② 영업시설·원재료·제품 및 상품의 이전에 소요되는 비용 및 그 이전에 따른 감손상당액

해체·운반·재설치 및 시험가동 등에 소요되는 일체의 비용으로 하되, 개량 또는 개선비용은 포함하지 아니한다. 영업시설 등의 이전에 소요되는 비용이 취득가격을 초과하는 경우에는 취득가격을 기준으로 산정된다. 단, 이전으로 인하여 본래의 용도로 사용할 수 없거나 현저히 곤란한 영업시설 등에 대해서는 매각손실액을 기준으로 산정된다(토지보상법 시행규칙 제47조 제1항 제2호, 감정평가기준 840−6.5 제1항). 영업시설 등의 이전에 따른 감손상당액은 현재가액에서 이전 후의 가액을 뺀 금액으로 하고, 이전 전에 가격에 영향을 받지 아니하고 현 영업장소에서 매각할 수 있는 것에 대한 이전비는 제외한다(감정평가기준 840−6.5 제2항, 840−6.6 제1항).

③ 이전광고비 및 개업비 등 영업장소를 이전함으로 인하여 소요되는 부대비용

영업장소의 이전에 따른 그 밖의 부대비용은 이전광고비 및 개업비 등 지출상당액으로 한다(토지보상법 시행규칙 제47조 제1항 제3호, 감정평가기준 840−6.7).

나. 영업을 휴업하지 아니하고 임시영업소 설치 시의 보상

영업을 휴업하지 아니하고 임시영업소를 설치하여 영업을 계속하는 경우의 영업손실은 임시영업소의 설치비용으로 평가하되, 그 보상액은 휴업손실보상액을 초과하지 못한다. 이와 관련하여 임시영업소를 임차하는 경우의 설치비용은 임시영업기간 중의 임차료 상당액과 설정비용 등 그 밖의 부대비용을 더한 금액, 영업시설 등의 이전에 드는 비용 및 영업시설 등의 이전에 따른 감손상당액, 그 밖의 부대비용을 더한 금액으로 산정한다. 임시영업소를 가설하는 경우의 설치비용은 임시영업소의 지료 상당액과 설정비용 등 그 밖의 부대비용을 더한 금액, 임시영업소 신축비용 및 해체·철거비(해체철거 시에 발생자재가 있을 때에는 그 가액을 뺀 금액), 영업시설 등의 이전에 드는 비용 및 영업시설 등의 이전에 따른 감손상당액, 그 밖의 부대비용을 더한 금액으로 산정한다(감정평가기준 840−6.9 제1, 2항).

---

103) 대법원 2001. 3. 23. 선고 99두851 판결.

다. 무허가 건축물 임차인의 휴업손실보상 범위

무허가 건축물에서의 예외적으로 인정되는 임차인의 영업에 대한 휴업손실의 보상범위는 임차인의 영업에 대한 보상액 중 영업시설·원재료·제품 및 상품의 이전에 소요되는 비용 및 그 이전에 따른 감손상당액을 제외한 금액은 1천만 원을 초과하지 못한다(토지보상법 시행규칙 제47조 제6항).

Ⅳ. 영업손실보상과 관련한 소송상 쟁점

재결절차를 거쳤는지 여부는 보상항목별로 판단하여야 한다.

피보상자별로 어떤 토지, 물건, 권리 또는 영업이 손실보상대상에 해당하는지, 나아가 보상금액이 얼마인지를 심리·판단하는 기초 단위를 손실보상항목이라고 함은 앞서 본 바이다. 현금청산대상자등의 소유 토지나 물건의 경우에는 원칙적으로 개별 물건별로 하나의 보상항목이 되지만, 영업손실보상의 경우에는 '전체적으로 단일한 시설 일체로서의 영업' 자체가 보상항목이 되고, 세부 영업시설이나 영업이익, 휴업기간 등은 영업손실보상금 산정에서 고려하는 요소에 불과하므로, 영업의 단일성·동일성이 인정되는 범위에서 보상금 산정의 세부요소를 추가로 주장하는 것은 하나의 보상항목 내에서 허용되는 공격방법일 뿐이므로, 별도로 재결절차를 거쳐야 하는 것은 아니다.[104] 즉, 재결단계에서는 휴업기간에 해당하는 영업이익만을 주장하다가, 행정소송 (1심 또는 2심) 제기 이후 영업시설의 이전에 소요되는 비용 등을 비롯한 다른 항목을 주장하는 것은 공격방법일 뿐이다.

---

104) 대법원 2018. 7. 20. 선고 2015두4044 판결.

제3장 가산금

제1절 청산금에 대한 지연손해금

Ⅰ. 총 설

재개발사업의 사업시행자는 정비사업의 효율적이고 신속한 진행을 위하여 현금청산규정에 따라 현금청산대상자등의 토지등을 협의취득하거나 수용재결에 따라 이를 취득한다. 도시정비법 제73조 제1항은 사업시행자는 관리처분계획이 인가·고시된 다음날부터 90일 이내에 현금청산대상자등과 토지등에 대한 손실보상에 관한 협의를 하여야 한다고 규정하고 있고, 이에 따라 관리처분계획이 인가·고시된 다음 날 사업시행자의 청산금 지급의무가 발생하며, 그 이행기는 그로부터 90일임은 앞서 본 바이다.

사업시행자가 청산금을 지급하지 아니한 채 이행기를 도과하는 경우 지연손해금이 발생하는지 여부 및 그 요건, 정관에 지연손해금 지급조항이 있는 경우 이는 협의취득에 한하여 적용되는 것인지, 협의가 결렬되어 수용으로 나아간 경우에도 적용되는지 여부, 현금청산대상자의 토지등에 근저당권이나 압류가 설정된 경우에도 적용되는지 여부, 도시정비법 제73조 제2, 3항의 재결신청 지연가산금과의 관계에 대하여 살펴본다. 기타 토지보상법상 수용재결에서의 이행기 등에 관하여도 살펴본다.

Ⅱ. 현금청산금 지급지체에 따른 지연손해금

1. 도시정비법에 의한 청산금

도시정비법 제73조 제1항의 지연손해금에 관하여 살펴본다.

가. 지연손해금 발생요건

⑴ 반대급부의 이행

현금청산금은 현금청산대상자의 종전자산 출자에 대한 반대급부이다. 민법 제587조 후단은 "매수인은 목적물의 인도를 받은 날로부터 대금의 이자를 지급하여야 한다. 그러나 대금의 지급에 대하여 기한이 있는 때에는 그러하지 아니하다."라고 규정하고 있다. 따라서 사업시행자가 관리처분계획 인가·고시된 다음날부터 90일의 기간 내에 현금청산금을 지급하지 못한 것에 대하여 지체책임을 부담하는지 여부는 현금청산대상자의 종전자산 출자시점과 사업시행자가 실제 현금청산금을 지급한 시점을 비교하여 판단하여야 한다.

⑵ 구체적 경우

㈎ 현금청산대상자가 관리처분계획 인가·고시된 다음날부터 90일의 기간 내에 자신의 토지등 소유권을 이전한 경우, 사업시행자는 그 다음날부터 청산금 지급지체에 따른 지연손해금을 부담한다(설령 현금청산대상자가 관리처분계획 인가·고시된 직후 사업시행자에게 토지등 소유권을 이전하였다 하더라도, 지연손해금은 기한인 관리처분계획 인가·고시된 다음날부터 90일 이후 발생한다).

㈏ 현금청산대상자가 관리처분계획 인가·고시된 다음날부터 90일의 기간 이후 자신의 토지등 소유권을 이전한 경우, 사업시행자는 그때부터 청산금 지급지체에 따른 지연손해금을 부담한다.

㈐ 토지등소유자가 조합원의 지위를 유지하는 동안에 종전자산을 출자하지 않은 채 계속 점유하다가 조합관계에서 탈퇴하여 현금청산대상자가 되었고 보상협의 또는 수용재결에서 정한 현금청산금을 지급받은 이후에야 비로소 사업시행자에게 종전자산의 점유를 인도하게 된 경우, 사업시행자가 해당 현금청산대상자에게 현금청산금을 실제 지급한 시점이 관리처분계획 인가·고시된 다음날부터 90

일의 이행기간이 경과한 시점이라고 하더라도 사업시행자는 90일의 이행기간을 초과한 지연일수에 대하여 현금청산금 지급이 지연된 데에 따른 지체책임을 부담하지는 않는다.

나. 지연손해금 비율

현금청산대상자가 관리처분계획 인가·고시된 다음날부터 90일의 이행기간 내에 종전자산의 출자 즉, 소유권이전등기를 경료하여 주었음에도, 사업시행자가 위 기간 내에 현금청산금을 지급하지 아니하면, 사업시행자는 위 이행기간이 경과한 다음 날부터는 정관에 특별한 정함이 있는 경우에는 정관에서 정한 비율(재개발조합 정관에 '기간 내에 청산하지 아니한 경우에는 시중은행 주택담보대출 최저 금리를 적용하여 이자를 지급하여야 한다.'라고 규정하기도 한다), 정관에 특별한 정함이 없는 경우에는 민법에서 정한 연 5%의 비율로 계산한 지연이자를 지급할 의무가 있다고 보아야 한다.[105]

다. 적용범위

(1) 만일 정관에 지연가산금 지급조항이 있는 경우, 위 정관조항은 현금청산에 관한 보상협의가 성립된 경우, 즉 사업시행자가 이행기간을 도과한 이후에서야 현금청산대상자와 협의가 성립하고, 그 대금을 지급한 경우에만 적용되는 것인지, 또는 수용재결절차까지 나아간 경우에도 적용될 수 있는지 여부에 관하여 논란이 있다.

수용재결절차로 나아간 경우를 제외할 아무런 근거가 없으므로 이행기간을 도과한 후 현금청산대상자와 협의가 성립한 경우뿐만 아니라 협의결렬로 수용재결까지 나아간 경우에도 지연가산금 지급조항이 적용된다.[106]

(2) 사업시행자가 관리처분계획이 인가·고시된 다음 날부터 90일이 경과한 다음날 이후 60일 이내에 수용재결신청을 하지 않은 경우 법 제73조 제3항, 법 시행령 제2항이 정한 법정 지연손해금이 발생하고, 이는 반대급부의 이행과 무관한 바, 청산금 지급지체 지연손해금과의 관계가 문제되나, 같은 기간에 대하여 양자의 청구권이 동시에 성립하더라도 현금청산대상자는 어느 하나만을 선택적으로

---

105) 대법원 2020. 9. 3. 선고 2018두48922 판결, 대법원 2017. 4. 7. 선고 2016두63361 판결.
106) 대법원 2020. 7. 23. 선고 2019두46411 판결.

행사할 수 있을 뿐이다(제1장 제1절 Ⅱ. "3. 규정의 해석" 참조).

라. 현금청산대상자가 반대급부로 이전한 토지등에 근저당권(가압류)이 설정된 경우 지연손해금 발생 여부

사업시행자가 현금청산대상자로부터 토지등에 대한 소유권을 이전받았고, 점유까지 인도받았다 하더라도, 근저당권(가압류)이 설정되어 있는 경우 지연손해금이 발생하는지 여부가 문제된다.

(1) 이전고시 이전

공평의 원칙상 현금청산대상자는 권리제한등기가 없는 상태로 토지등의 소유권을 사업시행자에게 이전할 의무를 부담하고, 이러한 권리제한등기 없는 소유권 이전의무와 사업시행자의 청산금 지급의무는 동시이행관계에 있다. 따라서 사업시행자는 말소되지 아니한 근저당권의 채권최고액(가압류의 피보전채권액) 또는 채권최고액의 범위 내에서 확정된 피담보채무액에 해당하는 청산금에 대하여는 동시이행의 항변권에 기초하여 현금청산금의 지급을 거절할 수 있고 그 범위에서 90일의 이행기간 이후의 지연손해금을 지급할 필요가 없으며, 만일 현금청산대상자에 대한 청산금이 말소되지 아니한 근저당권의 채권최고액(만일 채권최고액 범위에서 피담보채무액이 확정되었다면 확정액) 및 가압류의 피보전채권액에 미치지 못하는 경우 지연손해금의 지급의무는 없다. 자세한 내용은 제10편 제1장 제4절 Ⅱ. "2. 이전고시의 효과"에서 살펴본다.

(2) 이전고시 이후

종전자산에 관하여 설정되어 있던 기존의 권리제한은 이전고시로 소멸하게 된다. 이처럼 이전고시로 저당권이나 가압류와 같은 권리제한이 소멸하게 되는 이상, 이전고시 이후 사업시행자로서는 권리제한등기 말소의무를 이유로 한 동시이행 항변권을 행사할 수 없게 된다.

2. 토지보상법에 의한 수용재결상의 이행기(수용개시일)

토지보상법 제40조 제1항은 사업시행자에게 수용개시일까지 관할 토지수용위원회가 재결한 보상금을 피수용자에게 지급할 의무를 부과하고 있으므로, 이론상으로는 사업시행자가 위 수용개시일까지 보상금을 지급하지 아니하는 경우 지연손해금이 그 다음날부터 발생할 수 있다. 그러나 토지보상법 제42조 제1항은 사업시행자가 수용개시일까지 관할 토지수용위원회가 재결한 보상금을 지급하거나 공탁하지 아니하였을 때에는 해당 토지수용위원회의 재결은 효력을 상실한다고 규정하고 있으므로, 수용재결 단계에서 지연손해금이 발생하는 경우는 없다.

다만 이의재결에서 보상금이 증액된 경우 사업시행자는 재결서 정본을 받은 날부터 30일 이내에 현금청산대상자등에게 그 늘어난 보상금을 지급하거나 공탁하여야 하므로(토지보상법 제84조 제2항), 위 기한까지 이의재결상의 증액보상금을 지급하거나 공탁하지 아니하는 경우 지연손해금이 발생한다.

제2절 토지보상법 제30조 제1항에 의한 재결신청 지연가산금

Ⅰ. 총 설

재개발 사업시행자는 현금청산대상자등과 사이에 토지등에 대한 청산금 및 영업손실보상금에 대한 보상협의가 결렬되면 수용재결절차로 나아가게 된다. 도시정비법이 준용하는 토지보상법은 사업시행자에 대하여만 토지등에 대한 재결신청권을 부여하고, 현금청산대상자등에게는 재결신청권을 배제하고 있다. 한편, 재결신청권을 가진 사업시행자는 가급적 수용재결절차를 늦추려는 경향이 있다. 왜냐하면 수용재결로 나아가는 경우 사업시행자는 수용개시일까지 반드시 현금청산대상자등에게 현금을 지급 또는 공탁하여야 하고, 이를 위하여 부득이 금융기관으로부터 다액의 현금을 대출받을 수밖에 없어 그 이자의 압박 등으로 정비사업의 추진에 지장을 초래하기 때문이다. 이에 따라 수용재결이 늦춰져 현금청산대상자등으로서는 적기에 현금청산을 받지 못하는 어려움을 겪기 쉽다. 그에 대한 구제책이 현금청산대상자등의 재결신청 청구권제도이다. 즉, 현금청산대상자등은 사업시행자에게 재결신청 청구를 할 수 있고, 사업시행자는 그때부터 60일을 지나 재결신청한 경우, 지연된 기간에 대하여 소송촉진법 제3조에 따른 법정이율을 적용하여 산정한 금액을 재결한 보상금에 가산하여 지급할 의무를 부담한다(토지보상법 제30조 제3항).

　도시정비법이 2017. 2. 8. 법률 제14567호로 전부개정되어 사업시행자는 현금청산대상자등과 90일 이내에 협의가 성립되지 아니하면 그 다음날부터 60일 이내에 수용재결을 신청하여야 하고, 위 기간을 넘겨 수용재결을 신청한 경우에는 지연일수의 기간에 따라 100분의 5 내지 100분의 15까지의 지연손해금을 지급하여야 하며, 이로써 재개발사업의 현금청산대상자등은 수용재결신청 청구와 무관하게 법정 지연손해금을 지급받을 수 있게 되었으나, 위 규정은 부칙규정에 의하여 2018. 2. 9. 이후 최초로 관리처분계획인가를 신청하는 경우부터 적용되고, 또한 시행일 이후라 하더라도 토지등소유자가 토지보상법 제30조 제1항의 재결신청을 청구하는 경우에는 위 규정이 적용되며 지연손해금 이율도 차이가 있으므로, 여전히 현금청산대상자등의 권리구제수단으로 토지보상법 제30조 제1항에 의한 재결신청 지연가산금은 효력이 있다.

　실무상으로는 현금청산대상자등이 자신의 권리를 보호하기 위하여 협의기간 종료 전 또는 종료 직후 토지보상법 제30조 제1항에 의한 수용재결신청 청구를 하는 것이 일반적이다. 이하에서는 재결신청 지연가산금의 법적 성격, 요건 및 효과 등에 관하여 자세히 살펴본다.

Ⅱ. 법적 성격 및 적용범위

1. 법적 성격

　토지보상법 제30조 제3항이 정한 재결신청 지연가산금은 수용보상금에 대한 법정 지연손해금의 성격을 가진다. 토지보상법이 현금청산대상자등에게 재결신청 청구권을 부여한 이유는 사업시행자로서는 재개발사업의 사업시행기간 내에 언제든지 재결을 신청할 수 있는 반면, 현금청산대상자등은 재결신청권이 없으므로 수용을 둘러싼 법률관계의 조속한 확정을 바라는 현금청산대상자등의 이익을 보호하고 수용당사자 간의 공평을 기하기 위한 것이다.

　위와 같이 사업시행자에게만 재결신청권이 있고, 현금청산대상자등에게는 재결신청청구권만 인정됨에 따라 파생된 재결신청 지연가산금은 토지보상법이 특별히 정한 책임으로서, 사업시행자가 정해진 기간 내에 재결신청을 하지 않고 지연한데 대한 제재와 현금청산대상자등의 손해에 대한 전보라는 성격을 아울러 가지고 있다. 따라서 현금청산대상자등이 적법하게 재결신청청구를 하였다고 볼 수 없거나 사업시행자가 재결신청을 지연하였다고 볼 수 없는 특별한 사정이 있는 경우에는 그 해당 기간 동안은 지연가산금이 발생하지 않는다.

2. 분양계약체결에의 적용여부

정관상의 분양계약규정에 따른 분양계약 체결기간 내에 분양계약체결에 응하지 아니하여 정관규정에 따라 현금청산대상자가 된 자에 대하여 토지보상법 제30조에 의한 재결신청 지연가산금이 적용될 수 있는지 여부가 문제된다. 왜냐하면 토지보상법 제30조는 사업인정에 따른 협의불성립과 그에 따른 재결신청을 전제로 하기 때문이다. 그러나 비록 현금청산대상자가 된 형식적 근거가 다르기는 하나, 분양신청기간에 분양에 응하지 않아 현금청산대상자가 되는 경우와 분양계약 체결기간에 분양에 응하지 아니하여 현금청산대상자가 되는 경우를 달리 취급할 실질적 근거를 찾기 어렵고, 오히려 재결신청 지연에 따른 제재와 현금청산대상자에 대한 손해 전보의 필요성이라는 입법취지는 동일하게 적용된다 할 것이므로 분양계약 체결기간 내에 분양계약체결에 응하지 아니하여 현금청산대상자가 된 자에 대하여도 토지보상법 제30조 규정이 적용된다 할 것이다.[107]

Ⅲ. 요 건

1. 협의기간 내에 협의가 성립하지 아니할 것

사업시행자와 현금청산대상자등은 관리처분계획 인가 · 고시된 다음 날부터 90일 이내에 손실보상의 협의가 성립하지 아니하여야 한다. 다만 구 도시정비법 (2013. 12. 24. 법률 제12116호로 개정되기 전의 것) 제47조 제1항이 적용되는 사안

---

107) 정면에서 이 부분을 설시한 판례는 없으나, 위 규정이 적용됨을 전제로 토지보상법 제30조에서 정한 재결신청 지연가산금 요건에 해당하지 않는다고 설시한 판례들은 존재한다(대법원 2014. 7. 10. 선고 2013두5074 판결, 대법원 2011. 12. 22. 선고 2011두17936 판결, 만일 분양계약 체결기간 내에 분양계약체결에 응하지 아니하여 현금청산대상자가 된 자에 대하여 토지보상법 제30조 규정이 적용되지 아니한다면 주장 자체로 이유없다고 배척하였을 것으로 보인다).

의 경우에는 분양신청기간 종료일 다음날부터 150일 이내에 보상협의가 성립하지 않아야 한다.

정관에 의하여 분양계약제도가 인정되는 재개발사업에서는 사업시행자의 현금 청산대상자에 대한 청산금 지급의무 발생일인 분양계약 체결기간 종료일 다음날부터 정관에서 정한 협의기간 내에 보상협의가 성립하지 않아야 한다. 일반적으로 사업시행자는 정관으로 법 제73조 제1항의 손실보상 협의기간 규정을 준용하되 (표준정관 제44조 제5항), 이사회의 의결을 통하여 30일의 범위 내에서 1회 연장이 가능하다고 규정하기도 하므로, 정관에 연장규정이 있지 아니하는 한 분양계약 체결기간 종료일 다음날부터 90일 이내에 보상협의가 성립하지 아니하여 한다.

2. 법정사항이 기재된 서면에 의한 재결신청 청구가 있을 것

재결신청 청구의 법적효과는 지연기간에 대하여 소송촉진법상의 지연가산금이 발생하는 것으로서, 그 효과가 매우 중대하므로 재결신청 청구가 존재함을 명확히 하기 위해 이를 엄격한 요식행위로 규정하고 있다.

현금청산대상자등은 사업시행자의 성명 또는 명칭, 정비사업의 종류 및 명칭, 현금청산대상자등의 성명 또는 명칭 및 주소, 대상 토지등(영업손실보상 포함)의 소재지·지번·지목 및 면적과 토지에 있는 물건의 종류·구조 및 수량, 협의가 성립되지 아니한 사유 등을 기재한 재결신청청구서를 사업시행자에게 제출하여야 한다(토지보상법 제30조 제1항, 토지보상법 시행령 제14조 제1항). 재결신청청구서는 사업시행자에게 직접 제출하거나 우편법 시행규칙 제25조 제1항 제4호(내용·배달 증명취급우편물)에 따른 증명취급의 방법으로 한다(토지보상법 시행규칙 제12조).

3. 60일 이내 수용 재결신청 미이행

사업시행자가 재결신청 청구를 받고도, 그때부터 60일 이내에 관할 토지수용위원회에 재결을 신청하지 아니하여야 한다(토지보상법 제30조 제2항).

Ⅳ. 효 과

1. 재결신청 지연가산금 발생

사업시행자가 재결신청 청구를 받고도 그때부터 60일을 넘겨서 재결을 신청하였을 때에는 그 지연된 기간에 대하여 소송촉진법 제3조에 따른 법정이율을 적용하여 산정한 금액을 관할 토지수용위원회에서 재결한 보상금에 가산(加算)하여 지급하여야 한다(토지보상법 제30조 제2항). 위와 같이 중대한 효과가 발생하므로, 위규정에 대하여는 여러 차례 위헌여부에 대한 헌법소원 등이 있었으나, 헌법재판소는 2020. 9. 24. 선고 2018헌바239 결정 및 2019. 5. 30. 선고 2017헌바503 결정으로 모두 합헌을 선고하였다.

2. 지급기한(수용개시일)

재결신청 지연가산금은 관할 토지수용위원회가 재결서에 적어야 할 사항이므로(토지보상법 시행령 제14조 제2항 전단), 지연가산금도 재결보상금과 마찬가지로 수용재결로 정해진다. 사업시행자는 수용개시일까지 보상금과 함께 이를 지급하여야 한다(토지보상법 시행령 제14조 제2항 후단).

Ⅴ. 지연가산금 산출방법

재결신청 지연가산금 액수는 재결신청 지연기간, 관할 토지수용위원회에서 재결한 보상금, 소송촉진법 제3조에 따른 이율이라는 3개요소에 의하여 결정된다. 소송촉진법 제3조에 따른 이율은 법정되어 있으므로 나머지에 관하여 살펴본다.

1. 재결신청 지연기간

가. 원 칙

현금청산대상자등이 현금청산기간 만료 후 재결신청의 청구를 한 경우에는 사업시행자가 재결신청의 청구를 받은 날부터 60일이 경과한 날이 재결신청 지연기간의 시기가 되고, 사업시행자가 관할 토지수용위원회에 재결신청을 한 날이 종기가 되어 지연기간이 계산된다. 그러나 사업시행자가 재결신청 청구를 받은 날로부터 60일 내에 재결신청을 하지 않았더라도, 법적 성격상 사업시행자가 재결신청을 지연하였다고 볼 수 없는 특별한 사정이 있는 경우에는 그 해당 기간 동안은 지연가산금이 발생하지 않음은 앞서 본 바이다.

나. 재결신청 청구 및 재결신청 지연과 관련한 쟁점

(1) 재결신청 청구의 전제로서 토지보상법상의 협의절차 요부

(가) 문제의 소재

재결신청 지연가산금 발생요건으로서의 현금청산대상자등의 재결신청 청구는 적법함을 전제로 한다. 도시정비법 제73조 제1항 제1호는 사업시행자는 관리처분계획이 인가·고시된 다음 날부터 90일 이내에 현금청산대상자등과 토지, 건축물 또는 그 밖의 권리의 손실보상에 관한 협의를 하여야 한다고 규정하고, 같은 법 제63조는 사업시행자는 정비구역에서 정비사업을 시행하기 위하여 토지보상법 제3조에 따른 토지등을 수용할 수 있다고 규정하며, 같은 법 제65조 제1항 본문은 정비구역에서 정비사업의 시행을 위한 토지등의 수용은 이 법에 규정된 사항을 제외하고는 토지보상법을 준용한다고 규정하고 있다.

한편, 토지보상법 제14조는 사업시행자가 공익사업의 수행을 위하여 사업인정 전에 협의에 의한 토지등의 취득이 필요할 때에는 토지조서와 물건조서를 작성하여 서명 또는 날인을 하고 토지소유자등의 서명 또는 날인을 받아야 한다고 규정하고, 같은 법 제15조 제1항은 사업시행자는 토지조서와 물건조서를 작성하였을 때에는 공익사업의 개요, 토지조서 및 물건조서의 내용과 보상의 시기·방법 및 절차 등이 포함된 보상계획을 일간신문에 공고하고, 토지소유자등에게 각각 통지하여야 한다고 규정하며, 같은 법 제16조는 사업시행자는 토지등에 대한 보상에 관하여 토지소유자 및 관계인과 성실하게 협의한다고 규정하고, 같은 법 제68조 제1항은 사업시행자는 토지등에 대한 보상액을 산정하려는 경우에는 감정평가법인등을 선정하여 토지등의 평가를 의뢰하여야 한다고 규정하고 있으므로, 현금청산대상자등의 사업시행자에 대한 분양신청청구가 적법하려면 토지보상법상의 위 절차규정을 모두 거쳐야 하는지 여부가 문제된다.

(나) 판례

판례는 토지보상법상 협의 및 사전절차를 정한 각 규정은 도시정비법 제65조

제1항 본문에서 말하는 '도시정비법에 규정된 사항'에 해당하므로 현금청산대상자등에 대하여는 준용될 여지가 없다고 판시하였다.[108] 그 논거는 다음과 같다.

① 도시정비법상 정비사업의 단계별 진행과정을 보면, 현금청산대상자등과 사업시행자 사이의 청산금 협의에 앞서 사업시행계획인가신청과 그 인가처분 · 고시 및 분양신청 통지 · 공고 절차가 선행하게 되는데, 이를 통하여 수용의 대상이 되는 토지등의 명세가 작성되고 그 개요가 대외적으로 고시되며, 세부사항이 토지등소유자에게 개별적으로 통지되거나 공고되므로,[109] 현금청산대상자등에 대하여는 위와 같은 도시정비법 고유의 절차와 별도로 토지보상법상 토지조서 및 물건조서의 작성(제14조)이나 보상계획의 공고 · 통지 및 열람(제15조)의 절차를 새로이 거쳐야 할 필요나 이유가 없다.

② 도시정비법령은 협의의 기준이 되는 감정평가액의 산정에 관하여 별도의 규정을 두고 있으므로(법 시행령 제60조 제1항), 토지보상법상 감정평가업자를 통한 보상액의 산정(제68조)이나 이를 기초로 한 사업시행자와의 협의(제16조) 절차를 따로 거칠 필요도 없다.

⑭ **결론**

토지보상법의 협의절차 규정은 토지등소유자를 보호하기 위한 규정이다. 정비사업은 조합의 설립, 사업시행계획, 관리처분계획 등의 단계를 거쳐 순차로 진행되고, 각 단계별 절차진행과정에서 토지등소유자에게 사실상 토지보상법상의 엄격한 협의절차에 준하는 절차보장을 하고 있으므로, 토지보상법의 각종 엄격한 협의절차를 다시 거치게 하는 것은 절차의 중복이다. 따라서 도시정비법상 현금청산대상자와 사업시행자는 도시정비법에 따른 자유로운 협의절차를 거치는 것만으로 족하다.

---

108) 대법원 2015. 11. 27. 선고 2015두48877 판결.

109) 사업시행자는 사업시행계획인가신청 시 수용 또는 사용할 토지 또는 건축물의 명세 및 소유권 외의 권리의 명세서를 첨부하여야 하고[법 시행규칙 제10조 제2항 제1호 (라)목], 시장 · 군수가 사업시행계획인가처분에 따라 지방자치단체의 공보에 '수용 또는 사용할 토지 또는 건축물의 명세 및 소유권외의 권리의 명세'를 고시하며[법 시행규칙 제10조 제3항 제1호 (바)목], 사업시행자는 분양공고 절차로서 토지등소유자에게 '분양신청기간 및 장소', '분양대상 대지 또는 건축물의 내역', '개략적인 부담금 내역', '분양신청자격', '분양신청방법', '분양을 신청하지 아니한 자에 대한 조치' 등의 사항을 통지하고 일간신문에 공고하여야 한다(법 제72조 제1항 제4호, 시행령 제59조 제1항).

(2) 현금청산기간 만료 전 재결신청 청구의 적법여부

원칙적으로는 현금청산대상자등이 현금청산기간 만료 후 재결신청의 청구를 하여야 적법하다. 다만, 현금청산대상자등이 현금청산기간이 만료되기 이전에 사업시행자에게 재결신청의 청구를 하였다 하더라도 현금청산대상자등과 사업시행자 사이에 청산금 지급대상 여부나 청산금 범위에 관한 다툼이 심하여 협의가 성립될 가능성이 없다고 볼 수 있는 명백한 사정이 있는 경우에는 그러한 재결신청 청구도 유효하다고 보아야 한다. 그 경우에는 현금청산기간의 만료일로부터 재결신청기간이 기산되어야 하므로 관리처분계획인가·고시일 다음날에서 90일이 경과한 때부터 60일이 지난날이 재결신청 지연기간의 시기가 되고, 종기는 사업시행자가 관할 토지수용위원회에 재결신청을 한 날이 된다.[110]

(3) 재결신청의 판단기준

토지보상법상 재결신청은 관할 토지수용위원회가 재결절차를 개시하는 요건으로 재결의 대상 및 범위를 결정하는 절차상 의미를 지니고, 토지수용위원회는 적법한 재결신청에 따라 개시된 절차에서 재결을 통하여 보상금 및 재결신청 지연가산금을 판단하며 사업시행자는 재결에서 인정된 보상금과 함께 재결신청 지연가산금을 지급할 의무가 발생한다.

따라서 토지보상법상 재결신청의 의미를 통일적, 체계적으로 해석하고 지연가산금 판단에 관한 절차적 안정성과 명확성을 확보하기 위해서는 지연가산금 산정의 종기에 해당하는 '재결신청일'은 당해 재결절차의 개시 원인이 된 재결신청을 의미한다고 보아야 하고, 사업시행자가 종전에 이와 별개로 재결신청을 한 적이 있었더라도 이는 고려요소가 아니다.

만일 종전 재결신청도 이에 포함된다고 본다면, 토지수용위원회가 지연가산금 판단을 위해 사업시행자가 당해 재결절차의 개시 원인이 된 재결신청 이전에 동일한 사업인정을 토대로 재결신청을 한 적이 있었는지 여부 및 그 재결신청의 적법·유효 여부를 조사, 판단하게 되어 수용에 관한 권리관계를 신속히 확정하려는 재결절차의 취지에 반한다.[111]

---

110) 대법원 2015. 12. 23. 선고 2015두50535 판결.
111) 서울고등법원 2020. 11. 13. 선고 2020누39213 판결(확정) 및 하급심인 서울행정법원 2020. 4. 3.

⑷ 재결이 실효된 경우

㈎ 판례

토지보상법 제42조 제1항에 의하여 사업시행자가 수용의 개시일까지 재결보상금을 지급 또는 공탁하지 아니한 때에는 재결은 효력을 상실하고, 그 경우 사업시행자의 재결신청도 효력을 상실하므로, 사업시행자는 다시 토지수용위원회에 재결을 신청하여야 한다. 그 신청은 재결실효 전에 현금청산대상자등이 이미 재결신청을 청구한 바가 있을 때에는 재결실효일로부터 60일 내에 하여야 하고, 그 기간을 넘겨서 재결신청을 하면 지연된 기간에 대하여도 토지보상법 제30조 제3항에 따라 소송촉진법 제3조에 따른 법정이율을 적용하여 산정한 지연가산금을 지급하여야 한다.[112]

즉 재결이 실효된 이후 사업시행자가 다시 재결을 신청할 경우 재결실효일부터 60일이 경과하기 전이면 재결신청 지연가산금이 발생하지 않고, 60일이 경과한 후이면 재결신청 지연가산금이 발생함이 원칙이다. 그러나 사업시행자가 재결실효 후 60일 내에 재결신청을 하지 않았더라도, 재결신청을 지연하였다고 볼 수 없는 특별한 사정이 있는 경우에는 그 해당 기간 동안은 지연가산금이 발생하지 않는다. 예를 들면 재결실효 후 현금청산대상자등과 사업시행자 사이에 보상협의 절차를 다시 진행하기로 합의한 데 따라 협의가 진행된 기간은 그와 같은 경우에 속한다.

㈏ 비판

① 위 판례는 사실상 지연가산금 산정에 있어 토지보상법이 예정하고 있는 60일을 거듭 부여하는 것이고, 현금청산대상자의 불안정한 법률적 지위를 지속시키는 것이어서 부당하다는 견해가 있다.[113]

② 아마도 판례는 재결이 실효되었다면, 사업시행자는 새롭게 재결을 신청하여야 하고, 재결신청을 위해서는 법정의 서식에 각종의 법정서류를 첨부하여 하는 등으로 일정한 기간이 소요됨이 자명하며, 법이 60일의 유예기간을 둔 것도 이러한 점을 고려한 것이고, 재결실효에 따른 현금청산대상자등의 손실은 토지보상법

선고 2018구합86245 판결.

112) 대법원 2015. 2. 26. 선고 2012두11287 판결, 대법원 2017. 4. 7. 선고 2016두63361 판결.

113) 강민기, 토지보상법상 지연가산금의 산정에 관한 실무상 문제, 재판자료 제139집(2020년): 행정재판실무연구 Ⅵ, 266쪽.

제42조 제2항에 의하여 보상받을 수 있다는 점에 근거를 둔 것으로 보인다. 재개발사업의 시행자로서는 수용재결절차로 진행하는 경우 청산금 지급을 위한 대출과 그 이자의 압박 등으로 정비사업의 추진에 지장을 초래하므로 가급적 수용재결의 절차를 늦추려는 경향이 있고, 이를 방지하기 위한 제도가 재결신청 지연가산금임은 앞서 본 바이다.

위 판례에 따르면 재개발 사업시행자로서는 재결신청 청구를 받게 되는 경우, 고율의 지연가산금을 부담하지 않기 위하여 일단 60일 내에 재결신청을 하였다가, 재결이 이루어진 후, 재결상의 보상금에 대하여 고의로 수용개시일까지 재결보상금을 지급 또는 공탁하지 아니하여 이를 실효시킨 후 다시 60일 이내에 재결신청하는 행위를 반복하게 될 것이고, 그 경우 현금청산대상자로서는 청산금을 계속하여 지급받지 못할 뿐만 아니라 지연가산금을 전혀 지급받을 수 없는 문제점이 있으며, 이로써 재결신청 지연가산금 제도의 취지가 몰각되게 될 것이다[재결실효에 따른 손실보상을 받는 절차는 손실이 있음을 안 날로부터 1년 또는 손실이 발생한 날로부터 3년이라는 제척기간이 있고(토지보상법 제42조 제3항, 제9조 제5항), 손실보상의 방법도 사업시행자와 현금청산대상자등이 협의하여 결정하되, 협의가 성립되지 않으면 현금청산대상자가 재결을 신청하여 발생한 손실을 적극적으로 증명하여야 하므로(토지보상법 제42조 제3항, 제9조 제6항, 제7항). 현금청산대상자에 대한 적시의 유효한 구제수단으로 보기 어렵다].

따라서 사업시행자가 재결보상금을 수용개시일까지 지급 또는 공탁하지 아니하는 경우에는 재결신청이 없는 것으로 보아 추후 재결신청서 제출일을 종기로 하여 지연가산금을 산출함이 타당하다. 다만 위 대법원 판례가 유지되는 동안에는 실무상 위 토지보상법 제42조 제2항의 규정을 적용함에 있어 재결실효로 인하여 현금청산대상자등이 입은 손실을 특별한 증명없이 재결신청 지연가산금 상당으로 인정해 주어야 할 것이다.

③ 나아가 토지수용위원회가 재결신청서 자체의 하자가 중대하거나 요건을 갖추지 못하였음을 이유로(보정에 불응하는 경우 등 포함) 재결신청을 각하하는 재결을 한 경우, 그와 같은 하자 있는 재결신청서 제출이 재결신청 지연가산금의 면탈을 목적으로 하는 형식적 재결신청임이 명백하면 그 또한 적법한 재결신청으로 인정할 수 없다.

⑸ **사업시행기간 만료 시의 재결신청 지연기간 진행여부**[114]

㈎ **문제의 소재**

현행 도시정비법상 사업시행자는 관리처분계획 인가 · 고시된 다음 날부터 90일 이내에 협의를 진행하여야 하고, 위 기간 내에 협의가 성립되지 아니하면 그 기간의 만료일 다음 날부터 60일 이내에 수용재결을 신청하여야 한다. 그러나 앞서 본 바와 같이 구 도시정비법(2013. 12. 24. 법률 제12116호로 개정되기 전의 것) 제47조 제1항은 분양신청을 하지 아니한 경우 분양신청기간 종료일 다음날부터 150일 이내에 현금으로 청산하여야 하고, 위 기간 내에 청산이 되지 않는 경우 현금청산대상자등은 토지보상법 제30조 제1항에 의하여 재결신청을 청구할 수 있고, 사업시행자는 청구를 받은 날부터 60일 이내에 재결신청을 하지 아니하는 경우 재결신청 지연가산금을 부담하게 된다.

특히 관리처분계획 인가 · 고시된 다음 날부터 90일 내에 현금청산을 협의하여야 한다는 내용의 2013. 12. 24. 법률 제12116호 개정규정은 부칙상 개정규정이 시행된 후 최초로 조합설립인가를 신청하는 분부터 적용되므로, 실무상 위 개정 전 구 도시정비법 규정이 적용되는 경우가 매우 많다. 문제는 청산기간 진행 중 사업시행계획의 기간이 만료되는 경우 또는 재결신청 청구 이후 사업시행계획의 기간이 만료되는 경우 등 사업시행기간 종료와 관련한 다양한 경우의 수가 존재하므로 이에 관하여 살펴본다.

㈏ **법리**

사업시행계획인가는 사업시행자에게 토지등에 대한 수용권이 부여되는 토지보상법상의 사업인정으로 의제되고, 위와 같은 수용권은 사업시행기간 내에서만 효력이 있다. 따라서 재개발 사업시행자는 사업시행계획인가에 정해진 사업시행기간 이내에 재결신청을 하여야 하고(다만 재결은 사업시행기간 이후에 이루어져도 적법하다), 사업시행기간 이내에 재결신청을 하지 않은 경우에는 사업시행계획인가로 인하여 설권된 수용권은 그 효력이 상실된다. 다만, 사업시행기간이 경과되었다고 하여 유효하게 수립된 사업시행계획 및 그에 기초하여 이루어진 사업시행의 법적

---

114) 대법원 2020. 11. 26.자 2020두47106 심리불속행 판결 및 각 하급심인 서울고등법원 2020. 7. 16. 선고 2019누63661 판결, 서울행정법원 2019. 10. 16. 선고 2018구합86351 판결.

효과가 소급하여 그 효력을 상실하여 무효로 된다고 볼 수 없고, 또한 사업시행기간이 사업시행계획의 효력기간을 정한 것도 아니다.

재개발 사업의 사업시행계획인가는 사업시행기간 경과로 실효되고, 그 후에 실효된 사업시행계획에 대한 변경인가를 통하여 그 시행기간을 연장하였다고 하여 실효된 사업시행계획의 인가가 효력을 회복하여 소급적으로 유효하게 될 수는 없으나, 사업시행변경인가도 사업시행자에게 정비사업을 실시할 수 있는 권한을 설정하여 주는 처분인 점에서는 당초의 인가와 다를 바 없으므로 사업시행계획인가고시에 정해진 사업시행기간 경과 후에 이루어진 변경인가고시도 그것이 새로운 인가로서의 요건을 갖춘 경우에는 그에 따른 효과가 있다 할 것이다.[115]

㈐ **분양신청기간 종료일 다음날부터 사업시행기간이 150일에 미치는 못하는 경우**

① 사업시행기간은 사업시행계획의 효력기간으로 볼 수 없고, 사업시행기간이 만료되었다는 것만으로 사업시행계획이 소급하여 효력을 상실하지는 아니하는 점, 사업시행기간 내에 수용재결신청이 있으면 관할 토지수용위원회는 사업시행기간 이후에도 유효하게 재결할 수 있는 점 등에 비추어 볼 때, 사업시행자는 분양신청기간 종료일 다음날부터 위 사업시행기간이 만료된 이후에도 계속하여 현금청산대상자등과 협의를 진행하고 청산금을 지급할 수 있다. 따라서 사업시행기간이 만료 이후에도 계속하여 150일의 현금청산기간은 진행되어 사업시행기간 만료 이후 현금청산기간이 만료된다.

② 현금청산대상자등이 현금청산기간 만료 이후(이미 사업시행기간이 만료된 이후이다) 재결신청 청구를 한 경우, 사업시행자는 그로부터 60일이 될 때까지 재결신청하지 아니하면 재결신청 지연 가산금을 부담하는가 하는 점이 문제되나, 사업시행자는 사업시행기간이 만료되면 당해 사업시행계획에 기한 재결신청이 불가능하므로(법 제65조 제3항), 새로운 사업시행변경인가(사업시행기간을 연장하는 등)·고시될 때까지는 재결신청 지연으로 인한 가산금을 부담하지 아니한다. 다만 사업인정 및 수용의 전제가 된 사업시행계획인가가 소급하여 소멸한 것은 아니므로, 재결신청 청구 자체는 유효하다 할 것이어서, 사업시행변경인가·고시된 날부터

---

115) 대법원 1991. 11. 26. 선고 90누9971 판결, 대법원 2005. 7. 28. 선고 2003두9312 판결, 대법원 2017. 6. 19. 선고 2015다70679 판결, 대법원 2016. 12. 1. 선고 2016두34905 판결.

60일까지 기간 내에 재결신청이 없으면 그 다음날부터 지연가산금이 발생한다.

㈑ 현금청산기간 150일이 경과하였고, 현금청산대상자등의 재결신청 청구 이후 60일의 재결신청기간 경과 후에 사업시행기간이 만료되는 경우[116]

판례는 사업시행기간 만료 전 발생한 재결신청 지연가산금은 유효하되, 도시정비법 제65조 제3항은 재결신청은 사업시행기간 이내에만 가능하므로, 사업시행계획인가에서의 사업시행기간이 만료된 이후 새로운 사업시행계획변경인가가 고시된 날의 전날까지는 재결신청이 법률상 불가능하다 할 것이어서, 재결신청을 지연하였다고 볼 수 없는 특별한 사정이 있는 것으로 보아 위 기간 동안에는 지연가산금이 발생하지 않고, 사업시행계획변경인가 등의 형태로 새로운 사업시행계획인가가 이루어진 경우 사업시행자는 새로운 사업시행계획인가에 따라 새롭게 수용재결 신청을 할 수 있고, 사업시행기간 내에 적법하게 이루어졌던 기존 재결신청 청구의 법적 효력이 사업시행계획인가의 실효로 인하여 소멸하는 것은 아니므로, 새롭게 사업시행계획(변경)인가가 고시된 날부터는 사업시행자가 다시 재결신청의무를 부담하게 되어 이를 전제로 한 지연가산금 역시 발생한다고 판시하였다.[117]

이에 대하여 최초 사업시행기간이 경과된 이후 새롭게 사업시행계획변경인가가 이루어진 경우, 기간경과 전 재결신청 청구를 기준으로 지연가산금을 산정하는 것은 부당하고, 사업시행계획변경인가에 따른 새로운 재결신청청구를 기준으로 재결신청 지연가산금을 산정하여야 한다는 견해가 있다.[118] 그러나 위 견해는 사업시행기간이 경과되었다고 하여 유효하게 수립된 사업시행계획 및 그에 기초하여 이루어진 사업시행의 법적 효과가 소급하여 그 효력을 상실하여 무효로 된다고 볼 수 없고, 또한 사업시행기간이 사업시행계획의 효력기간을 정한 것이 아니라 할 것이며, 자신의 의사와 무관하게 재산권을 박탈당하는 현금청산대상자의 열악한 지위를 도외시한 것으로 부당하다.

법리상 그리고 도시정비법상 사업시행자에게 사업시행기간을 연장하여 계속하여 정비사업을 시행할 의무를 부과하는 규정이 존재하지 아니하므로 일응 판례의

---

116) 이와 관련하여 적극설, 소극설, 절충설로 나누어 설명하는 견해도 있다(강민기, 전게논문, 270쪽 내지 278쪽).
117) 대법원 2018. 11. 16.자 2018두53764 심리불속행 판결 및 그 하급심인 서울고등법원 2018. 6. 21. 선고 2017누66307(본소), 66314(반소) 판결.
118) 강민기, 전게논문, 273쪽.

견해가 타당하다. 그러나 판례의 견해를 엄격히 일관하여 새로운 사업시행계획변경인가(사업시행기간을 연장하는 등)ㆍ고시될 때까지는 무조건 재결신청 지연기간이 진행되지 아니하는 것으로 본다면, 사업시행자로서는 최대한 사업시행계획변경인가를 늦출 여지가 있고, 사업시행자에게 사업시행기간을 연장하여 계속하여 정비사업을 시행할 의무는 없지만, 기간 연장의 방법으로 정비사업을 계속하는 것이 일반적인 점, 사업시행자로서는 과다한 현금청산금 및 가산금을 피하기 위하여 고의로 사업시행기간이 경과할 무렵에서야 분양신청절차를 진행할 가능성이 높고 이는 가산금제도의 취지를 몰각시킬 수 있는 점, 특히 현금청산제도의 취지, 자신의 의사와 무관하게 재산권을 박탈당하는 현금청산대상자의 지위 및 수용을 둘러싼 법률관계의 조속한 확정을 바라는 현금청산대상자의 이익[119] 등에 비추어 부당한 측면이 있다.

따라서 종전 사업시행계획인가일로부터 사업시행계획변경인가일까지의 기간의 장단, 기간이 장기간인 경우 그와 같이 장기간으로 된 경위, 기타 현금청산대상자 등의 숫자, 현금청산대상자등의 총 청산금액, 기타 절차 진행 내용 등을 종합하여 사업시행자가 토지보상법상의 재결신청 지연가산금을 면탈하기 위하여 새로운 사업시행변경인가(사업시행기간을 연장하는 등)ㆍ고시를 늦춘 것이 명백하다면, 그에 상응하는 기간은 재결신청을 지연하였다고 볼 수 없는 특별한 사정이 있는 것으로 볼 수 없다. 다만 증명책임은 현금청산대상자등에게 있다.

㈐ 현금청산기간 150일이 경과하였고, 현금청산대상자등으로부터 재결신청 청구가 있었으나, 잔여 사업시행기간이 60일에 미달하는 경우

현금청산기간 150일이 경과하였고 현금청산대상자등으로부터 재결신청 청구가 있었으나, 잔여 사업시행기간이 60일에 미달하는 경우, 사업시행자로서는 어쨌든 사업시행 기간 내에 수용재결신청이 가능하였으므로 비록 사업시행기간 이후에는 사업시행자가 재결신청을 할 수 없다 하더라도, 사업시행기간 만료 이후로서 60일까지의 기간이 경과되는 경우 재결신청 지연가산금을 부담하여야 한다는 견해가 있을 수 있다. 그러나 이는 수용재결신청 청구일로부터 60일 이내의 재결신청은

---

119) 비록 토지보상법이 제23조 제2항으로 사업인정이 실효됨으로 인하여 토지소유자등이 받게 되는 손실에 대한 보상규정을 두고 있으나, 이는 현금청산대상자등이 손실을 적극적으로 증명하여야 하고, 손실이 있음을 안 날부터 1년이 지났거나 손실이 발생한 날로부터 3년이 지난 후에는 청구할 수 없으므로 이를 통한 손실보전이 용이하지 않을 것으로 보인다.

적법하여 가산금이 발생하지 아니하는 것으로 규정하고 있는 토지보상법 제30조 제2, 3항의 취지에 반하고, 위 견해에 의하는 경우 사업시행자의 권리를 과도하게 제한하므로 타당하지 않다. 따라서 사업시행자가 재결신청이 가능하였던 잔여 사업시행기간은 경과된 것으로 하고, 60일 중 이를 제외한 나머지 기간은 새롭게 사업시행계획변경인가(사업시행기간을 연장하는 등) · 고시가 된 날부터 진행되며, 그 사이의 기간 동안에 대하여는 사업시행자가 지연가산금을 부담하지 아니한다.

다만 앞서 본 바와 같이 예외적으로 토지보상법상의 재결신청 지연가산금을 면탈하기 위하여 새로운 사업시행계획변경인가 · 고시를 늦춘 것이 명백하다면, 그에 상응하는 기간은 재결신청을 지연하였다고 볼 수 없는 특별한 사정이 있는 것으로 볼 수 없으나, 사업시행기간 만료 시까지 수용재결 신청기간이 잔존하고 있는 경우, 위 요건은 더욱 엄격하게 인정되어야 할 것이다.

⑹ 수용재결신청과 관련한 동시이행항변 가능 여부

㈎ 문제의 소재

현금청산대상자등과 사업시행자 사이에 현금청산에 관한 협의가 성립되면, 현금청산대상자등의 소유권이전등기의무, 부동산 인도의무와 사업시행자의 현금청산금 지급의무는 동시이행관계에 있다. 수용재결과 관련하여서도 사업시행자는 현금청산대상자등의 수용재결신청 청구 이후 60일이 경과하였다 하더라도, 동시이행관계에 있는 현금청산대상자등의 의무가 이행되지 않았으므로, 재결신청 지연기간 가산금을 지급할 수 없다고 항변하는 경우가 있다.

㈏ 판단

수용재결이 이루어지면 사업시행자는 수용개시일까지 재결 보상금을 지급하여야 하고, 그 경우 수용개시일에 토지나 물건의 소유권을 취득하며 그 토지나 물건에 관한 다른 권리는 이와 동시에 소멸하고, 또 현금청산대상자등은 수용 토지를 수용개시일까지 사업시행자에게 인도하여야 함은 앞서 본 바이다. 따라서 관할 토지수용위원회의 수용재결에 따라 수용개시일에 수용대상인 토지등에 관한 법률상 소유권이 사업시행자에게 귀속되고, 근저당권 등 다른 권리도 동시에 소멸하는 권리변동의 효력이 발생하므로, 현금청산대상자등에게 재결신청 청구 이전에 수용대상인 토지등에 관하여 소유권이전등의무나 토지등에 붙은 부담을 소멸시킬 의무가 동시이행의 관계에 있다고 보기 어렵다. 따라서 사업시행자의 동시이행항변은 이유 없다.

(7) 적법한 재결신청 청구 관련(재결신청 청구 우편물의 수취거부)

(가) 문재의 소재

현금청산대상자등이 적법하게 재결신청 청구를 하였다고 볼 수 없는 경우에는 재결신청 지연가산금이 발생하지 않는다. 재결신청 청구는 앞서 본 바와 같이 법정사항이 기재된 서면을 사업시행자에게 직접 제출하거나 내용증명 및 배달증명취급 우편물에 의한 방법이 가능하다. 사안에 따라서는 내용증명 및 배달증명취급 우편물로 재결신청을 청구한 것으로 볼 수 있는지, 상대방이 수취를 거부한 것으로 볼 수 있는지 여부가 문제된다.

(나) 법리

상대방이 부당하게 배달증명취급 우편물의 수취를 거부함으로써 그 우편물의 내용을 알 수 있는 객관적 상태의 형성을 방해한 경우 그러한 상태가 형성되지 아니하였다는 사정만으로 발송인의 의사표시의 효력을 부정하는 것은 신의성실의 원칙에 반하므로 허용되지 아니한다.

이러한 경우에는 부당한 수취 거부가 없었더라면 상대방이 우편물의 내용을 알 수 있는 객관적 상태에 놓일 수 있었던 때, 즉 수취 거부 시에 의사표시의 효력이 생긴 것으로 보아야 한다. 여기서 우편물의 수취 거부가 신의성실의 원칙에 반하는지 여부는 발송인과 상대방과의 관계, 우편물의 발송전에 발송인과 상대방 사이에 그 우편물의 내용과 관련된 법률관계나 의사교환이 있었는지, 상대방이 발송인에 의한 우편물의 발송을 예상할 수 있었는지 등 여러 사정을 종합하여 판단하여야 한다. 이때 우편물의 수취를 거부한 것에 정당한 사유가 있는지에 관해서는 수취 거부를 한 상대방이 이를 증명할 책임이 있다.[120]

(다) 구체적 사안

사업시행자는 현금청산대상자등과 사이에 종전자산을 취득하기 위한 보상협의가 성립하지 않아 현금청산대상자등에게 청산기간인 분양신청기간 종료일 다음날부터 150일 이내에 청산금을 지급하지 못했으므로, 그 무렵부터는 현금청산대상

---

120) 대법원 2020. 8. 20. 선고 2019두34630 판결.

자등이 사업시행자에게 재결신청을 청구할 가능성이 높은 상황이었던 사안에서, 판례는 우편물의 봉투 겉면에는 발송인이 "법무법인 OO 대표변호사 OOO"이라고만 기재되어 있어서, 그 봉투 겉면만으로는 재결신청청구서가 포함되어 있다는 점을 파악하기는 어려운 측면이 있었지만, 우편물의 발송인이 '법무법인'이고 내용증명 및 배달증명 방식의 우편물이었으므로, 사회통념상 중요한 권리행사를 위한 것이었음을 넉넉히 추단할 수 있는 점, 현금청산대상자등의 대리인이었던 '법무법인 OO'가 10일 간격으로 3회 반복하여 동일한 내용의 우편물을 발송하였음에도 사업시행자가 매번 수취를 거부한 점, 사업시행자가 우편물에 재결신청청구서가 포함되어 있는지 여부를 정확히 알지는 못했다고 하더라도, 적어도 재개발사업의 시행에 관한 이해관계인의 정당한 권리행사를 방해하려는 목적의식을 가지고 수취를 거부한 것이라고 추단할 수 있는 점 등을 종합하여 사업시행자의 수취 거부에도 불구하고 현금청산대상자의 재결신청청구서는 우편물을 통해 사업시행자에게 도달한 것으로 볼 수 있다고 판시하였다.

㈃ 결론

현금청산대상자등으로서는 명확성을 기한다는 측면에서 내용증명 및 배달증명 방식의 우편물을 발송함에 있어 겉봉투에 본인의 성명, 주소를 기재하고, 재결신청청구서임을 명확히 표시해 두는 것이 바람직하다(우편법 시행규칙 제51조 제1항에 의하면, 내용증명우편물의 내용문서 원본과 우편물의 봉투에 기재하는 발송인 및 수취인의 성명·주소는 동일하여야 한다고 규정하고 있다).

다. 지연가산금 발생의 예외인 특별한 사정

사업시행자가 재결신청 청구를 받고 60일 이내에 재결신청을 하지 않았다 하더라도, 재결신청을 지연하였다고 볼 수 없는 특별한 사정이 있는 경우에는 그 해당 기간 동안은 지연가산금이 발생하지 않는바, 구체적 사례에 관하여 살펴본다.

⑴ 재결신청 청구 후 별도의 보상협의 약정이 있는 경우

현금청산대상자등이 재결신청을 청구하였으나, 그 이후 현금청산대상자등과 사업시행자 사이에 보상협의절차를 다시 진행하기로 합의하였다면, 협의가 진행된 기간은 그와 같은 특별한 사정이 있는 경우에 해당한다.[121]

⑵ 관할 지방토지수용위원회가 사업시행자의 재결신청을 반려한 경우

㈎ 관할 지방토지수용위원회가 사업시행자의 재결신청을 반려하는 경우가 있다. 관할 토지수용위원회는 사업시행자로부터 재결신청을 받으면 그 즉시 이를 접수한 뒤 관할 시장 등으로 하여금 지체 없이 공고하게 하고, 일반인이 열람할 수 있도록 하는 절차를 거쳐야 하므로(토지보상법 제31조 제1항), 위 규정에 비추어 재결신청반려가 허용될 수 있는지 여부가 문제된다.

관할 토지수용위원회는 재결신청에 대하여 조사 및 심리에 나아갈 수 있을 뿐, 재결신청서의 접수 단계에서 이를 거부할 권한이 있다고 보기 어려우므로, 재결신청을 반려한 경우는 사업시행자에게 귀책사유가 없어 재결신청을 지연하였다고 볼 수 없는 특별한 사정으로 인정되어야 한다.[122) 그 논거는 다음과 같다.

① 토지보상법 제29조 제3항이 사업시행자가 관할 토지수용위원회에 협의 성립의 확인을 신청하였을 때에는 관할 토지수용위원회가 이를 '수리'함으로써 협의 성립이 확인된 것으로 본다고 규정하고 있는 것과 달리, 같은 법 제31조 제1항은 관할 토지수용위원회가 재결신청서를 '접수'하였을 때 '지체 없이' 이를 공고하여야 한다고만 규정하고 있으므로, 재결신청서를 접수하는 단계에서 토지수용위원회가 실질적인 심사권을 행사하여 재결신청을 반려할 수 없다.

② 관할 토지수용위원회로서는 재결신청서의 기재 내용 또는 첨부 서류 등에 흠결이 있다 하더라도, 일단 재결신청서를 접수한 뒤 사업시행자에게 일정한 기간을 정하여 보완하도록 요구할 수 있다. 그럼에도 불구하고, 토지수용위원회가 보완 요구를 거치지 아니한 채 곧바로 재결신청 자체를 반려하는 것은 사업시행자로 하여금 피할 수도 있었을 지연가산금 지급의무를 부담하게 하여 부당하다. 만약 사업시행자의 재결신청에 단순한 보완의 정도로 치유할 수 없는 중대하고 명백한 하자가 있다면, 관할 토지수용위원회로서는 해당 신청을 각하하는 재결을 하면 된다.

㈏ 관할 토지수용위원회의 재결신청반려가 특별한 사정으로 인정되는 경우, 수용을 둘러싼 법률관계의 조속한 확정을 바라는 현금청산대상자의 이익이 부당하

---

121) 대법원 2017. 4. 7. 선고 2016두63361 판결.
122) 서울고등법원 2019. 11. 5. 선고 2019누44059 판결(확정) 및 하급심인 서울행정법원 2019. 4. 26. 선고 2018구합53078 판결.

게 침해될 수 있으므로, 주의를 요한다.

2. 관할 토지수용위원회에서 재결한 보상금

가. 문제의 소재

재결신청이 지연됨에 따른 가산금은 관할 토지수용위원회에서 재결한 보상금을 기준으로 산출되는바, 이를 수용재결 보상금으로 할 것인지, 이의재결 보상금으로 할 것인지 또는 행정소송이 제기된 경우 그에 따라 확정된 정당한 보상금으로 할 것인지 여부가 문제된다.

나. 판 례

(1) 판례는 토지보상법 제30조 제3항에서 말하는 '관할 토지수용위원회에서 정한 보상금'은 '토지보상법 제34조에 따른 재결, 즉 수용재결에서 정한 보상금'으로 보아야 한다고 판시하였다.[123] 따라서 중앙토지수용위원회가 보상금을 증액하는 이의재결을 하거나 행정소송에서 보상금이 증액된다 하더라도 이는 고려대상이 아니다. 그 논거는 다음과 같다.

① 토지보상법 제30조 제3항에서 말하는 '관할 토지수용위원회'는 '제51조에 따른 관할 토지수용위원회'의 약칭이므로(토지보상법 제9조 제7항), '관할 토지수용위원회'란 토지보상법 제34조에 따른 재결, 즉 수용재결을 하는 토지수용위원회를 의미한다(토지보상법 제51조).

② 지연가산금 제도는 사업시행자가 재결신청을 지연하지 않도록 강제함으로써 재결신청 청구권의 실효성을 확보하여 수용을 둘러싼 법률관계의 조속한 확정에 그 의의를 가진 것으로서, 수용에 따라 재산권을 상실하게 됨으로써 발생하는 손실에 대한 정당한 보상금을 산정하기 위한 손실보상금 제도와는 그 목적이나 성격을 달리한다.

(2) 헌법재판소도 '관할 토지수용위원회에서 정한 보상금'에 대하여 재결신청 지연행위가 종료되는 사업시행자의 재결신청일과 가까운 시점에 객관적으로 정하여지는 금액임을 전제로 충분한 합리성을 갖추고 있다고 판시하였는바,[124] 이는

---

123) 대법원 2019. 1. 17.자 2018두58547 심리불속행 판결 및 하급심인 서울고등법원 2018. 9. 13. 선고 2018누38033 판결.

'관할 토지수용위원회에서 정한 보상금'에 대하여 수용재결에서 정한 보상금으로 해석하고 있는 것으로 보인다.

Ⅵ. 소송상의 쟁점

1. 불복방법(공법상 당사자소송)

재결에 기재된 재결신청 지연가산금을 다투는 경우, 사업시행자는 이를 공탁한 후 행정소송을 제기할 수 있다(비록 토지보상법 제40조 제2항 제3호는 보상금이라고 기재되어 있으나, 이는 재결신청 지연가산금을 포함한다). 현금청산대상자등 또한 재결 신청 지연가산금에 대하여 불복할 수 있다. 그 경우 사업시행자이든 현금청산대상자등이든 모두 토지보상법 제85조 제2항에 따라 각각 상대방을 피고로 하여 재결신청 지연가산금의 증감에 관한 당사자소송을 제기하여야 한다.

보상금의 증감뿐만 아니라 보상금의 발생여부에 대한 다툼도 당사자소송에 의하여야 하듯이, 단순히 재결신청 지연가산금의 증감뿐 아니라 지연가산금의 발생 자체를 다투는 경우도 역시 같은 형식의 소에 의하여야 한다. 재결신청 지연가산금 청구를 보상금의 증감에 관한 행정소송이 아닌 민사소송을 제기하는 경우가 흔히 있으나, 이는 전속관할의 위반이다.[125]

2. 현금청산금 지급 지체에 따른 지연손해금과의 관계

가. 문제의 소재

앞서본 바와 같이 현금청산대상자가 사업시행자에게 자신의 종전자산에 대한 소유권이전등기를 경료하여 주었음에도, 사업시행자가 관리처분계획 인가·고시된 다음 날부터 90일까지 청산금을 지급하지 아니하는 경우 현금청산금 지급 지체에 따른 지연손해금이 발생하게 된다. 재결신청 지연가산금과의 관계가 문제된다.

나. 판 례

현금청산금 지급 지체에 따른 지연이자 청구권과 재결신청 지연가산금 청구권

---

124) 헌재 2020. 9. 24. 선고 2018헌바239 결정.
125) 대법원 1997. 10. 24. 선고 97다31175 판결.

은 그 근거 규정과 요건·효과를 달리하는 것으로서, 각 요건이 충족되면 성립하는 별개의 청구권이다. 다만 재결신청 지연가산금에는 이미 '손해 전보'라는 요소가 포함되어 있어 같은 기간에 대하여 양자의 청구권을 동시에 행사할 수 있다고 본다면 이중배상의 문제가 발생하므로, 같은 기간에 대하여 양자의 청구권이 동시에 성립하더라도 현금청산대상자는 어느 하나만을 선택적으로 행사할 수 있을 뿐이고, 양자의 청구권을 동시에 행사할 수는 없다.[126]

3. 제소기간

사업시행자 또는 현금청산대상자등은 제소기간 내에 상대를 피고로 하여 보상금 증감에 관한 당사자소송을 제기한 경우, 재결신청 지연가산금에 대하여 제소기간 경과 이후라도 당해 소송절차에서 청구가 가능한 것인지 여부가 문제되나, 재결신청지연 가산금 청구권은 재결 보상금에 부수하여 토지보상법상 인정되는 공법상 청구권이므로, 재결보상금에 대한 제소기간이 준수되었다면, 제소기간 이후에도 소송절차에서 청구취지변경을 통하여 재결신청 지연가산금을 청구하는 것이 가능하다(제2장 제2절 Ⅱ. "4 제소기간" 참조).

제3절 토지보상법 제87조에 의한 가산금

Ⅰ. 규정 및 해석

1. 법 령

토지보상법 제40조(보상금의 지급 또는 공탁)
① 사업시행자는 수용의 개시일까지 관할 토지수용위원회가 재결한 보상금을 지급하여야 한다.
② 사업시행자는 다음 각 호의 어느 하나에 해당할 때에는 수용의 개시일까지 수용하려는 토지등의 소재지의 공탁소에 보상금을 공탁(供託)할 수 있다.

---

126) 대법원 2020. 7. 23. 선고 2019두46411 판결.

3. 관할 토지수용위원회가 재결한 보상금에 대하여 사업시행자가 불복할 때

④ 사업시행자는 제2항 제3호의 경우 보상금을 받을 자에게 자기가 산정한 보상금을 지급하고 그 금액과 토지수용위원회가 재결한 보상금과의 차액(差額)을 공탁하여야 한다. 이 경우 보상금을 받을 자는 그 불복의 절차가 종결될 때까지 공탁된 보상금을 수령할 수 없다.

토지보상법 제84조(이의신청에 대한 재결)

① 중앙토지수용위원회는 제83조에 따른 이의신청을 받은 경우 제34조에 따른 재결이 위법하거나 부당하다고 인정할 때에는 그 재결의 전부 또는 일부를 취소하거나 보상액을 변경할 수 있다.

② 제1항에 따라 보상금이 늘어난 경우 사업시행자는 재결의 취소 또는 변경의 재결서 정본을 받은 날부터 30일 이내에 보상금을 받을 자에게 그 늘어난 보상금을 지급하여야 한다. 다만, 제40조 제2항 제1호·제2호 또는 제4호에 해당할 때에는 그 금액을 공탁할 수 있다.

토지보상법 제85조(행정소송의 제기)

① 사업시행자, 토지소유자 또는 관계인은 제34조에 따른 재결에 불복할 때에는 재결서를 받은 날부터 90일 이내에, 이의신청을 거쳤을 때에는 이의신청에 대한 재결서를 받은 날부터 60일 이내에 각각 행정소송을 제기할 수 있다. 이 경우 사업시행자는 행정소송을 제기하기 전에 제84조에 따라 늘어난 보상금을 공탁하여야 하며, 보상금을 받을 자는 공탁된 보상금을 소송이 종결될 때까지 수령할 수 없다.

토지보상법 제87조(법정이율에 따른 가산지급)

사업시행자는 제85조 제1항에 따라 사업시행자가 제기한 행정소송이 각하·기각 또는 취하된 경우 다음 각 호의 어느 하나에 해당하는 날부터 판결일 또는 취하일까지의 기간에 대하여 소송촉진법 제3조에 따른 법정이율을 적용하여 산정한 금액을 보상금에 가산하여 지급하여야 한다.

1. 재결이 있은 후 소송을 제기하였을 때에는 재결서 정본을 받은 날
2. 이의신청에 대한 재결이 있은 후 소송을 제기하였을 때에는 그 재결서 정본을 받은 날

2. 해 석

가. 연 혁

구 토지수용법은 행정소송이 각하, 기각 또는 취하된 경우 기업자는 이의신청에 대한 재결서의 정본을 송달받은 날로부터 판결일까지의 기간에 대하여 소송촉진법 제3조의 규정에 의한 법정이율을 적용하여 산정한 금액을 보상금에 가산하여 지급하여야 한다고 규정하고 있었다(제75조의3). 이는 구 토지수용법이 이의재결을 행정소송의 필요적 전치절차로 하고, 이의재결만을 행정소송의 대상으로 하였기 때문이다.

그 후 토지보상법이 새로 제정되면서 종전에 행정소송의 필요적 전치절차로 되어 있던 이의재결을 임의적 전치절차로 바꾸는 한편(제83조), 이의재결만을 행정소송의 대상으로 하도록 하여 행정소송법 제18조 원처분주의의 예외를 규정하였던 것을 고쳐 수용재결에 대하여 곧바로 행정소송을 제기할 수 있도록 하였다(제85조 제1항). 이에 따라 새롭게 토지보상법 제87조가 규정되었다.

나. 규정의 내용

토지보상법은 수용재결이 있는 경우 사업시행자는 반드시 수용재결상의 보상금을 지급하도록 규정하고, 만일 이를 지급하지 아니하는 경우 수용재결의 효력은 실효된다(토지보상법 제40조 제1항, 제42조 제1항). 이에 사업시행자는 재결한 보상금에 불복할 때는 보상금을 공탁한 후 행정소송 등을 제기할 수 있고, 그 경우 현금청산대상자등은 소송이 종결될 때까지 공탁금을 수령할 수 없다.

사업시행자가 수용재결의 보상금액에 대하여 불복함에도 불구하고, 현금청산대상자등에게 반드시 이를 지급하도록 한다면, 추후 소송에서 승소확정판결을 받더라도 사실상 정당한 보상금과의 차액을 회수하지 못하는 불합리가 발생할 수 있으므로, 이를 방지하기 위하여 위 규정은 불가피한 측면이 있다. 그러나 문제는 사업시행자의 행정소송 제기가 적절하지 아니한 경우 현금청산대상자등으로서는 자신의 토지등이 강제로 수용당하면서도 적시에 손실보상을 받지 못하고, 또한 수용재결 이후에는 보상금을 수령하지도 아니한 상태에서 강제로 거주지에서 퇴거해야 하며, 불응 시 형사처벌까지 받게 되는 문제가 발생한다.

이에 토지보상법 제87조로 행정소송이 각하·기각 또는 취하된 경우 사업시행자는 현금청산대상자등에게 소송촉진법 제3조에 따른 법정이율을 적용하여 산정한 금액을 보상금에 가산하여 지급한다는 규정을 두게 되었다. 토지보상법 제87조의 취지는 공용수용에 의하여 수용개시일에 강제적으로 목적물을 취득함에도 사업시행자가 보상금 지급을 지연시킬 목적으로 행정소송을 남용하는 것을 방지하고, 사업시행자의 일방적인 행정소송으로 인해 피수용자인 현금청산대상자등의 보상금을 수령하지 못하는 기간 동안에 발생하는 손해를 보전하여 사업시행자와 현금청산대상자등 사이의 형평을 도모하려는 것이다.[127]

Ⅱ. 소송상의 쟁점

1. 토지보상법 제30조 제1항에 의한 재결신청 지연가산금의 포함여부

가. 문제의 소재

재결신청 지연가산금이 발생한 경우, 토지수용위원회는 재결서에 보상금 외에 재결신청 지연가산금까지 기재한다(토지보상법 시행령 제14조 제2항). 사업시행자는 수용재결서상의 재결신청 지연가산금에 대하여 불복하는 경우 이를 공탁한 후 행정소송을 제기할 수 있다. 사업시행자가 재결상의 보상금 및 재결신청 지연가산금 전부에 대하여 또는 재결신청 지연가산금 부분에 대하여만 불복하여 이를 공탁하고 행정소송을 제기하였다가, 사업시행자가 패소판결을 받는 경우 재결신청 지연가산금에 대하여도 토지보상법 제87조에 의한 가산금이 부가되는 것인지 여부가 문제된다. 이는 2017. 2. 8. 법률 제14567호로 전부개정되면서 신설된 사업시행자가 관리처분계획인가를 받은 날의 다음날부터 90일 이내에 협의가 성립되지 아니함에도 60일 이내에 수용재결을 신청하지 아니하는 경우에 발생하는 지연가산금에 대하여도 마찬가지이다.

나. 판례(긍정)

재결신청 지연가산금을 포함한다.[128] 그 논거는 다음과 같다.

---

127) 대법원 2019. 1. 17. 선고 2018두54675 판결.
128) 대법원 2019. 1. 17. 선고 2018두54675 판결.

① 토지보상법 제87조 제1항은 사업시행자가 제기한 행정소송에서 패소(각하 · 기각 또는 취하)한 경우 가산금을 지급하여야 한다고만 기재할 뿐, 가산금 지급대상을 보상금으로 한정한다거나 재결 신청 지연가산금을 배제하고 있지 않다.

② 토지보상법 제87조의 취지는 사업시행자가 보상금의 지급을 지연시킬 목적으로 행정소송을 남용하는 것을 방지하고 보상금을 수령하지 못하는 기간 동안 현금청산대상자의 손해를 보전하여 사업시행자와 현금청산대상자 사이의 형평을 도모하려는 것인데, 재결보상금과 재결신청 지연가산금을 달리 취급할 합리적인 이유가 없다.

2. 판결일의 의미

가. 문제의 소재

토지보상법 제87조 소정의 '판결일'의 해석이 문제된다. 문언상의 기재대로 판결선고일로 해석할 것인가의 여부이다.

나. 판 단

사업시행자가 재결에서 정한 보상금에 대하여 소로써 불복하고자 한다면 스스로 산정한 보상금과 토지수용위원회가 재결한 보상금과의 차액을 공탁하여야 하고, 보상금을 받을 자는 그 '불복의 절차가 종결될 때'까지 공탁된 보상금을 수령할 수 없다(토지보상법 제40조 제4항, 제2항 제3호). 다만 현금청산대상자등이 보상금을 수령하지 못하는 기간 동안 입을 손해를 보전할 필요성이 존재하므로, 토지보상법 제87조가 "사업시행자가 재결이 있은 후 토지보상법 제85조 제1항에 따라 소송을 제기한 경우 행정소송이 각하 · 기각 또는 취하된 때에는 재결서 정본을 받은 날부터 판결일까지의 기간에 대하여 소송촉진법 제3조에 따른 법정이율을 적용하여 산정한 금액을 보상금에 가산하여 지급하여야 한다."고 규정하고 있다.

위 각 조항을 유기적으로 해석하면, 토지보상법 제87조 소정의 '판결일'은 토지보상법 제40조 제4항 소정의 '그 불복의 절차가 종결될 때'와 동일한 개념으로 봄이 타당하다. 이와 달리 '판결이 선고된 날'을 의미한다고 볼 경우에는, 그때부터 불복의 절차가 종결될 때까지 보상금 등을 수령할 수 없음에도 불구하고, 현금청산대상자등은 그 기간동안 발생하는 손해를 전혀 보전할 수 없게 되어 토지보상

법 제87조의 입법취지에 정면으로 반하는 결과가 발생한다.[129]

3. 기각판결 중 일부 기각판결의 포함여부

가. 문제의 소재

토지보상법 제87조는 사업시행자가 제기한 행정소송이 각하·기각 또는 취하된 경우 가산금을 지급한다고 규정하고 있다. 취하나 각하의 경우에는 해석상 특별한 문제가 없으나, 기각에는 일부 기각도 포함되는지 여부에 대하여 해석상 다툼이 있다.

이는 소송촉진법 제3조 제2항이 "채무자에게 그 이행의무가 있음을 선언하는 사실심(事實審) 판결이 선고되기 전까지 채무자가 그 이행의무의 존재 여부나 범위에 관하여 항쟁(抗爭)하는 것이 타당하다고 인정되는 경우에는 그 타당한 범위에서 가중된 법정이율을 적용하지 아니한다."고 규정하고 있고, 이에 따라 일부 인용판결이 선고되더라도, 이행의무의 존부 및 범위에 관하여 항쟁함이 타당하다고 인정되는 경우에는 인용된 부분 외의 기각부분에 대하여도 가중된 지연가산금을 인정하지 않을 수 있다.

위 규정의 입법취지는 채무자가 당해 소송에 응소하여 항쟁함이 타당하다고 인정되는 경우까지 벌칙의 뜻을 갖는 높은 이율을 전면적으로 적용하는 것이 채무자에게 가혹할 뿐더러 경우에 따라서는 높은 금리의 부담 때문에 채무자의 방어권행사를 위축시킬 수도 있기 때문이다. 위 규정이 토지보상법 제87조에도 적용될 수 있는지 여부가 문제된다.

나. 판단(일부 기각판결 포함)

토지보상법 제87조의 행정소송이 '기각'된 경우란 '해당 소송에서 청구가 전부 기각되는 경우'뿐만 아니라, 불복하고자 하는 재결의 내용이 가분적이거나 그 내용의 일부가 특정될 수 있는 때에는 전부에 대하여 반드시 항쟁하여야 하는 특별한 사정이 없는 한 '해당 소송에서 청구 중 일부가 인용되는 경우'에도 나머지 기각부분에 대하여는 토지보상법 제87조에 따라 소송촉진법상의 가산금이 발생한다.[130] 그 논거는 다음과 같다.

---

129) 서울행정법원 2019. 4. 26. 선고 2018구합76835 판결(확정).

① 사업시행자가 처음부터 특정 가분부분이나 일부에 대하여만 제소가 가능함에도, 의도적으로 이를 초과하여 제소하였음에도 불구하고, 그중 일부 청구가 인용되었다고 하여 사업시행자의 행정소송 제기로 인해 수령하지 못한 나머지 기각청구 부분까지 현금청산대상자등의 손해를 보전해주지 않는 것은 토지보상법 제87조의 입법취지에 반한다.

② 재결서에는 재결상의 보상금에 대한 판단근거가 기재되어 있어 사업시행자로서는 그중 자기가 산정한 보상금을 현금청산대상자등에게 지급하고 그 금액과 재결한 보상금과의 차액만을 공탁하는 방법으로 제소가 가능하므로(토지보상법 제40조 제4항, 제2항 제3호는 사업시행자가 재결에서 정한 보상금에 대하여 소로써 불복하고자 한다면 스스로 산정한 보상금과 토지수용위원회가 재결한 보상금과의 차액을 공탁하여야 한다고 명시적으로 규정하고 있다), 기각된 부분에 대하여 소송촉진법상의 가산금이 발생하는 것으로 본다 하더라도 높은 금리의 부담으로 인한 사업시행자의 방어권행사를 위축시킨다고 보기 어렵다.

③ 자신의 의사와 무관하게 토지등 재산권이 박탈되는 현금청산대상자의 지위를 고려할 때, 수용에 따른 보상금을 적시에 지급받을 필요성은 매우 중대하다.

4. 토지보상법 제87조 제2호의 해석

가. 문제의 소재

사업시행자가 수용재결에 불복하여 보상금을 공탁한 후, 이의신청하였다가 기각되자 이의재결에 대하여도 불복하여 소송을 제기하는 경우가 있다. 그 경우에는 제87조 제2호(이의재결서 송달을 받은 날부터 소송종결일까지 법정이율에 따른 가산금)를 적용하여야 하는지, 제87조 제1호(수용재결서 송달을 받은 날부터 소송종결일까지 법정이율에 따른 가산금)를 적용하여야 하는지 여부와 관련하여 견해의 대립이 있다.

나. 내 용

① 서울행정법원 2021. 1. 15. 선고 2020구합61645 판결

사업시행자가 수용재결 보상금에 대하여 처음부터 행정소송으로 불복하거나,

---

130) 서울행정법원 2019. 10. 16. 선고 2018구합85808 판결(확정).

이의신청하여 이의재결을 거쳐 행정소송으로 불복하는 경우 모두, 사업시행자는 수용개시일까지 보상금을 공탁하게 되고 보상금을 받을 자는 그때부터 소송종결 시까지 공탁된 보상금을 수령할 수 없게 되므로, 이러한 경우 소송종결 시까지 보상금을 수령하지 못한 현금청산대상자등의 손해를 전보하기 위해서는 수용재결서 정본을 받은 날부터 법정이율가산금이 산정되는 것이 타당하므로, 토지보상법 제87조 제1호는 그와 같은 경우를 모두 포괄하여 규정한 것으로 해석된다.

한편 수용재결상의 보상금에 대하여 현금청산대상자등이 이의신청으로 이를 다투었고, 그 결과 이의재결로 보상금이 증액된 경우, 사업시행자로서는 이의재결서를 받은 날부터 30일 이내에 보상금을 받을 자에게 증액된 금액을 지급하여야 하나(토지보상법 제84조 제2항), 사업시행자가 이에 대하여 소송으로 불복한다면 토지보상법 제85조 제1항 후단에 따라 늘어난 보상금을 공탁하게 되고 보상금을 받을 자는 공탁된 보상금을 소송이 종결될 때까지 수령할 수 없게 된다.

제87조 제2호는 그와 같이 수용재결에 대하여는 불복하지 아니한 사업시행자가 현금청산대상자등의 신청에 의한 이의재결 절차에서 증액된 금액에 대하여 불복하였고, 이에 따라 위 금액을 소송종결 시까지 수령하지 못한 현금청산대상자등의 손해를 전보해주기 위하여 늘어난 보상금에 대하여 이의재결서 정본을 수령한 때부터 기산하여 법정이율의 가산금을 지급하도록 규정한 것으로 해석된다.

② 서울고등법원 2021. 10. 29. 선고 2021누34406 판결

사업시행자가 수용재결에 불복하여 이의신청을 한 후 다시 이의재결에 불복하여 행정소송을 제기하였으나 행정소송이 각하·기각 또는 취하된 경우에는 토지보상법 제87조 제2호가 적용되어 사업시행자는 이의재결서 정본을 받은 날부터 판결일 또는 취하일까지의 기간에 대하여 지연가산금을 지급할 의무가 있는 것이고, 위 경우에까지 토지보상법 제87조 제1호가 동시에 적용된다고 볼 수는 없다.

그 논거는 토지보상법 제87조가 지연가산금 기산일을 '재결이 있은 후 소송을 제기하였을 때'와 '이의신청에 대한 재결이 있은 후 소송을 제기하였을 때'로 구분하여 규정하고 있는 점에 근거를 두고 있다. 현재 대법원 2021두57667호로 계속 중이다.

제1절 일반론

I. 총 설

토지, 건축물에 대한 손실보상을 제외한 나머지 손실보상에 관하여 살펴본다. 현금청산대상자의 정비구역 내 소유 건축물이 영업용 건물(점포)인 경우 재개발 사업시행자는 정비사업으로 인하여 폐업 또는 휴업하게 되는 현금청산대상자 또는 임차인에게 영업손실보상금을 지급하게 된다.

현금청산대상자의 정비구역 내 소유 건축물이 주거용인 경우 재개발 사업시행자는 정비사업으로 편입되어 주거를 이전하게 되는 현금청산대상자 또는 세입자(임차인 보다 넓은 개념임은 앞서 본 바이다)에게 토지보상법이 규정하고 있는 이주정착금(현금청산대상자), 주거이전비 및 이사비(현금청산대상자 및 세입자)를 지급하게 된다. 그 중 영업손실보상에 대하여는 앞서 본 바이고, 이하에서는 주거이전비, 이주정착금 및 이사비에 대하여 그 요건 및 효과 중심으로 살펴본다.

한편, 도시정비법은 세입자의 주거 및 이주대책을 사업시행계획서의 필수적인 기재사항으로 규정하고 있고(법 제52조 제1항 제4호), 세입자별 손실보상을 위한 권리명세 및 평가액도 관리처분계획서의 필수적인 기재사항으로 규정하고 있으므로(법 제74조 제1항 제8호), 사업시행자인 재개발조합은 주거용 건축물 세입자의 주거이전비, 이사비 등에 대하여 미리 현황조사와 평가를 실시한 후, 총회결의를 거치게 된다.

주거이전비 등은 재개발사업의 현금청산대상자 또는 임차인에게만 인정되고, 재건축사업의 경우 토지등에 대하여 개발이익이 포함된 보상이 이루어지므로, 현금청산대상자에게 주거이전비 등이 인정되지 않고, 또한 현금청산대상자로 하여금 임차권자 등에 대한 주거이전비 등을 비롯한 일체의 보상 등을 임대차계약 등에 따라 스스로 해결하게 할 것을 전제로 하므로, 임차인에 대한 주거이전비 등이 인 정되지 아니한다.

정비사업에 동의하여 분양신청을 함으로써 정비사업에 참여한 토지등소유자(수 분양 조합원)는 자신의 토지등을 정비사업에 제공하는 대신 정비사업의 시행으로 완공되는 건축물을 분양받고 종전에 소유하고 있던 토지등의 가격과 분양받은 토 지등의 가격 사이에 차이가 있는 경우 이를 청산할 의무가 있는 사람으로서 사업 시행자에 준하는 지위를 가지고 있다고 할 것이므로, 토지보상법에 규정된 주거이 전비 청구권등이 발생하지 아니한다.[131)]

II. 임시거주시설의 설치

1. 규 정

법 제61조(임시거주시설·임시상가의 설치 등)

① 사업시행자는 재개발사업의 시행으로 철거되는 주택의 소유자 또는 세입자에 게 해당 정비구역 안과 밖에 위치한 임대주택 등의 시설에 임시로 거주하게 하거나 주택자금의 융자를 알선하는 등 임시거주에 상응하는 조치를 하여야 한다.

② 사업시행자는 제1항에 따라 임시거주시설의 설치 등을 위하여 필요한 때에는 국가·지방자치단체, 그 밖의 공공단체 또는 개인의 시설이나 토지를 일시 사 용할 수 있다.

③ 국가 또는 지방자치단체는 사업시행자로부터 임시거주시설에 필요한 건축물이 나 토지의 사용신청을 받은 때에는 대통령령으로 정하는 사유가 없으면 이를 거절하지 못한다. 이 경우 사용료 또는 대부료는 면제한다.

④ 사업시행자는 정비사업의 공사를 완료한 때에는 완료한 날부터 30일 이내에 임시거주시설을 철거하고, 사용한 건축물이나 토지를 원상회복하여야 한다.

⑤ 재개발사업의 사업시행자는 사업시행으로 이주하는 상가세입자가 사용할 수

---

131) 대법원 2011. 11. 24. 선고 2009다28394 판결.

있도록 정비구역 또는 정비구역 인근에 임시상가를 설치할 수 있다.

법 제62조(임시거주시설 · 임시상가의 설치 등에 따른 손실보상)

① 사업시행자는 제61조에 따라 공공단체(지방자치단체는 제외한다) 또는 개인의 시설이나 토지를 일시 사용함으로써 손실을 입은 자가 있는 경우에는 손실을 보상하여야 하며, 손실을 보상하는 경우에는 손실을 입은 자와 협의하여야 한다.

② 사업시행자 또는 손실을 입은 자는 제1항에 따른 손실보상에 관한 협의가 성립되지 아니하거나 협의할 수 없는 경우에는 토지보상법 제49조에 따라 설치되는 관할 토지수용위원회에 재결을 신청할 수 있다.

③ 제1항 또는 제2항에 따른 손실보상은 이 법에 규정된 사항을 제외하고는 토지보상법을 준용한다.

2. 해 석

가. 임시거주시설 설치의무 등

재개발 사업시행자는 철거되는 주택(주거용 건축물)의 소유자 또는 세입자에게 임대주택 등의 시설에 임시로 거주하게 하거나 주택자금의 융자를 알선하는 등 임시거주에 상응하는 조치를 하여야 한다. 이는 사업시행기간 동안 세입자 등의 주거안정을 도모하기 위한 조치로서 사업시행자의 의무사항이다.

재개발 사업시행자는 임시거주시설의 설치 등을 위하여 필요한 경우, 타인의 시설이나 토지를 일시 사용할 수 있고, 그 경우 국가 또는 지방자치단체는 원칙적으로 거절하지 못하고, 사용료도 면제된다. 이는 공익을 위한 조치이기 때문이다 다만 사업시행자가 지방자치단체를 제외한 공공단체나 개인의 시설이나 토지를 일시 사용함으로써 손실을 입힌 경우 이를 보상하여야 한다.

나. 소송상 쟁점

임시수용시설을 제공받은 세입자의 경우 주거이전비를 별도로 청구할 수 있는지 여부가 문제된다. 세입자에 대한 주거이전비는 다음에서 살펴보듯이 사업추진을 원활하게 하려는 정책적인 목적과 세입자들을 위한 사회보장적인 차원에서 지급하는 돈의 성격을 갖는 것으로 임시수용시설 제공과는 별개이므로, 임시수용시

설을 제공받는 세입자라 하더라도 토지보상법 및 토지보상법 시행규칙에 따른 주
거이전비를 별도로 청구할 수 있다.[132)]

제 2 절 주거이전비

Ⅰ. 의 의

법 제65조 제1항은 정비구역에서 정비사업의 시행을 위한 토지 또는 건축물의
소유권과 그 밖의 권리에 대한 수용 등은 이 법에 규정된 사항을 제외하고는 토
지보상법을 준용한다고 규정하고 있다.

토지보상법 제78조 제5항은 사업시행자는 주거용 건축물의 거주자에 대하여는
주거 이전에 필요한 비용을 산정하여 보상하여야 한다고 규정하고 있다. 이에 따
라 사업시행자는 정비구역 내의 주거용 건축물의 소유자인 현금청산대상자에 대
하여는 가구원수에 따라 2개월분의 주거이전비를, 주거용 건축물의 세입자의 경우
에는 가구원수에 따라 4개월분의 주거이전비를 각 보상하여야 한다(토지보상법 시
행규칙 제54조 제1, 2항).

소유자인 현금청산대상자는 주거용 건축물을 공공사업에 제공함으로써 생활의
근거를 영구적으로 상실하나, 세입자는 원래 임대차계약 기간에만 해당 건축물을
임차하여 생활의 임시 근거지로 사용하는 것이어서 생활 근거의 상실 정도에 차
이가 있기는 하나, 생활의 근거지를 상실하는 점에서는 동일하므로 현금청산대상
자 및 세입자 모두 주거이전비의 대상이다. 다만 토지보상법은 생활근거 상실정도
의 차이에 대하여는 주거이전비의 지급요건에서 반영하고 있다.

---

132) 대법원 2011. 7. 14. 선고 2011두3685 판결.

Ⅱ. 법적 성격

1. 세입자에 대한 주거이전비

가. 사회보장적 금원

주거이전비는 당해 정비구역 안에 거주하는 세입자의 조기이주를 장려하여 사업추진을 원활하게 하려는 정책적인 목적과 주거이전으로 인하여 특별한 어려움을 겪게 될 세입자를 대상으로 하는 사회보장적인 차원에서 지급하는 성격의 것이므로, 사업시행자의 세입자에 대한 주거이전비 지급의무를 정하고 있는 토지보상법 시행규칙 제54조 제2항은 당사자 합의 또는 사업시행자의 재량에 의하여 적용을 배제할 수 없는 강행규정이다.[133]

따라서 주거용 건축물의 세입자가 임시수용시설에 거주함을 조건으로 주거이전비 청구권을 포기하는 내용의 각서를 제출하였더라도 이는 무효이고, 세입자가 사업시행자가 제공한 임시수용시설에 거주하였다 하더라도 주거이전비를 지급받을 수 있다.

나. 손실보상 금원

도시정비법상 세입자의 사업시행자에 대한 주거이전비 청구권(이사비 포함)은 '토지보상법에 따른 손실보상'에 해당한다.[134] 주거용 건축물 세입자에 대한 주거이전비 및 이사비는 정비구역 내 영업용 건축물 임차인의 영업손실보상에 대응하는 것으로서 토지보상법에 따른 손실보상의 일종으로 봄이 타당하다. 그 법적 성격에 대하여는 Ⅳ. "4. 부동산 인도의무와 주거이전비 지급의무의 관계"에서 자세히 살펴본다.

2. 현금청산대상자에 대한 주거이전비

도시정비법상 현금청산대상자의 사업시행자에 대한 주거이전비, 이주정착금 및 이사비 청구권은 영업용 건축물에서의 영업손실보상에 대응하는 것으로서 토지보

---

133) 대법원 2017. 10. 31. 선고 2017두40068 판결, 대법원 2010. 11. 11. 선고 2010두5332 판결, 대법원 2011. 7. 14. 선고 2011두3685 판결.
134) 대법원 2021. 6. 30. 선고 2019다207813 판결.

상법에 따른 손실보상에 해당한다.

Ⅲ. 주거이전비 보상의 요건

정비사업의 시행으로 인하여 이주하는 주거용 건축물의 소유자인 현금청산대
상자 및 세입자이어야 한다. 즉, 주거용 건축물의 소유자 또는 세입자여야 하고,
정비사업의 시행과 이주사이에는 상당인과관계가 있어야 한다. 이는 이사비도 동
일하다. 구체적 요건에 대하여 살펴본다.

1. 토지등소유자인 현금청산대상자

가. 주거용 건축물의 소유자일 것

주거이전비의 지급대상은 적법한 주거용 건축물일 것을 요한다(토지보상법 시행
규칙 제54조 제1항 단서). 이는 건축물 소유자인 현금청산대상자에 대하여는 엄격
히 적용된다(다만 무허가건축물도 그 자체로 손실보상의 대상임은 앞서 본 바이다).

주거용 건축물 소유자인 현금청산대상자의 이주정착금, 주거이전비 및 이사비
에 대응하는 영업용 점포에서의 영업손실보상 역시 무허가 건축물인 경우 보상의
대상에서 제외됨은 앞서 본 바이다. 다만 토지보상법 시행규칙 부칙에 의하여
1989. 1. 24. 이전에 축조된 무허가 건축물은 적법한 건축물로 간주된다. 건축시
점이 1989. 1. 24. 이전이라면 그 이후 이를 양수한 자도 주거이전비의 대상이 될
수 있다 할 것이다.

나. 정비계획안에 대한 공람공고일부터 수용재결 시까지 소유 및 거주할 것

⑴ 해당 건축물에 대한 소유 및 거주

도시정비법 시행령 제54조 제4항은 주거이전비를 보상하는 경우 보상대상자의
인정시점은 법 시행령 제13조 제1항(정비계획 입안권자의 정비계획안)에 따른 공람
공고일로 본다고 규정하고 있고, 토지보상법 시행규칙 제54조 제1항 단서는 건축
물의 소유자가 해당 건축물 또는 공익사업시행지구 내 타인의 건축물에 실제 거
주하고 있지 아니한 경우에는 보상대상에서 제외하고 있으므로, 원칙적으로 정비
계획안에 대한 공람공고일부터 수용재결 시까지 해당 건축물에서 계속하여 소유

하고, 거주하여야 수용재결일에 주거이전비 청구권을 취득한다.[135]

⑵ 정비구역 내 주거용 건축물 소유자로서 타인의 주거용 건축물 세입자인 경우(예외)

⒜ 토지보상법 시행규칙은 2016. 1. 6. 국토교통부령 제272호로 제54조 제1항을 개정하여 단서로 현금청산대상자인 주거용 건축물 소유자의 거주요건을 완화하여 정비구역 내 자신의 건축물뿐만 아니라 타인의 건축물에 거주한 경우도 이를 포섭함으로써 정비구역 내 주거용 건축물 소유자로서 타인 소유 주거용 건축물의 세입자인 경우에도 수용재결 시까지 계속하여 거주한다면 다음에서 살펴볼 주거용 건축물 소유자로서의 주거이전비를 지급받을 수 있다.

⒝ 주거용 건축물의 세입자인 경우에는 가구원수에 따라 4개월분의 주거이전비를 지급받는 등 보상의 범위가 넓은바, 정비구역 내 주거용 건축물 소유자로서 타인 소유 주거용 건축물의 세입자인 경우 세입자로서 보상받을 수 있는지 여부가 문제된다.

토지보상법 시행규칙 제54조 제2항은 2016. 1. 6. 국토교통부령 제272호로 개정되어, 법 제78조 제1항에 따른 이주대책대상자인 세입자(정비구역 내 주거용 건축물 소유자로서 이주대책대상자인 타인의 주거용 건축물 세입자)는 주거이전비 보상대상인 세입자에서 제외한다고 명시하고 있으므로, 결국 주거용 건축물의 소유자가 정비구역 내 타인의 건축물에 거주한 경우에는 세입자로 거주하였다 하더라도, 주거용 건축물 소유자로서 주거이전비를 지급받게 된다.

⑶ 토지보상법 시행령 제40조 제5항 제2호의 적용여부

토지보상법 시행령 제40조 제5항 제2호는 토지등소유자인 현금청산대상자에 대하여 이주정착금(이주대책대상자)의 지급요건으로 수용재결일까지 계속하여 거주하여야 하나, 다만 질병으로 인한 요양[(가)목], 징집으로 인한 입영[(나)목], 공무[(다)목], 취학[(라)목], 해당 정비구역 내 타인이 소유하고 있는 건축물에의 거주[(마)목], 그 밖에 (가)목부터 (라)목까지에 준하는 부득이한 사유[(바)목]가 있는 경우에는 예외를 인정하고 있는바, 주거이전비의 경우에도 이를 유추적용할 수 있는지 여부가 문제된다.

---

135) 대법원 2016. 12. 15. 선고 2016두49754 판결.

우선 그 중 해당 정비구역 내 타인이 소유하고 있는 건축물에의 거주는 토지보상법 제54조 제1항 단서에서 이를 명시적으로 인정하고 있으므로, 나머지 질병으로 인한 요양 등의 경우가 쟁점이다. 주거이전비와 이주정착금은 모두 토지보상법에 따른 손실보상에 해당하는 점, 해당 정비구역 내 타인이 소유하고 있는 건축물에의 거주사유는 주거이전비에서 이미 명시적으로 예외사유로 인정하고 있고, 나머지 사유에 대하여도 적용되지 아니한다고 볼 근거가 없는 점 등에 비추어 유추적용함이 타당하다.

(4) 정비구역 밖으로 이주한 분양계약 미체결자

조합원이 분양신청기간 내에 분양신청을 함으로써 이주의무의 이행을 위하여 정비구역 밖으로 이주하였다가, 그 후 정관에서 인정된 분양계약을 체결하지 아니하여 현금청산대상자가 된 경우, 이주의무의 이행을 위한 불가피한 것이었다 하더라도, 정비구역 내 건축물에서 수용재결 시까지 거주하지 않았으므로 주거이전비의 지급대상자가 될 수 없다. 이는 토지보상법 시행령 제40조 제5항 제2호 단서의 사유에도 해당하지 아니한다. 자세한 내용은 이주정착금에서 살펴본다.

(5) 거주사실의 증명방법

거주사실의 증명은 주민등록법 제2조에 따라 해당 지역의 주민등록에 관한 사무를 관장하는 특별자치도지사·시장·군수·구청장 또는 그 권한을 위임받은 읍·면·동장 또는 출장소장의 확인을 받아 입증하는 방법(제1호), 공공요금영수증(제2의 가), 국민연금보험료, 건강보험료 또는 고용보험료 납입증명서(제2의 나), 전화사용료, 케이블텔레비전 수신료 또는 인터넷 사용료 납부확인서(제2의 다), 신용카드 대중교통 이용명세서(제2의 라), 자녀의 재학증명서(제2의 마), 연말정산 등 납세 자료(제2의 바), 그 밖에 실제 거주사실을 증명하는 객관적 자료(제2의 사) 등의 방법으로 할 수 있다(토지보상법 시행규칙 제54조 제3항, 제15조 제1항).

다. 청구권자는 현금청산대상자 본인일 것

주거이전비 지급청구권은 현금청산대상자 본인에게만 있으므로, 본인이 아닌 가구원은 직접 주거이전비를 청구할 수 없다.

라. 정비사업으로 인한 이주일 것

소유자의 경우에는 모두 정비사업으로 인하여 이주하게 될 것이므로, 정비사업과 이주 사이의 상당인과관계는 당연히 인정된다.

2. 세입자

가. 주거용 건축물의 세입자일 것

주거용 건축물의 세입자에 대한 주거이전비의 보상은 원칙적으로는 적법한 주거용 건축물일 것을 요한다. 다만, 무허가 건축물에 입주한 세입자인 경우에는 법정 거주요건을 더욱 엄격히 하여 정비계획안에 대한 공람공고일 당시 정비구역 내에서 1년 이상 거주한 자여야 한다.

주거용 건축물 세입자의 주거이전비, 이사비에 대응하는 영업용 건축물 임차인에 대한 영업손실보상 역시 원칙적으로 적법한 건축물임을 전제로 하되, 무허가 건축물인 경우에는 임차인이 정비계획안에 대한 공람공고일 1년 이전부터 영업하여야 하는 것과 동일하다(다만 영업손실보상의 경우에는 부가가치세법 제8조에 따른 사업자등록을 요하며, 보상의 범위도 제한적이다). 1989. 1. 24. 이전에 축조된 무허가 건축물은 적법한 건축물로 간주된다.

(1) 무허가 건축물 요건 기준

모든 무허가 건축물이 주거이전비의 지급대상이 될 수 있는 것이 아니라 적어도 기존에 주거용으로 사용되어 온 무허가 건축물 등에 입주하여 일정기간 거주한 세입자만이 주거이전비의 지급대상이고, 공부상 주거용 용도가 아닌 건축물을 임차한 후 임의로 주거용으로 용도를 변경하여 거주한 세입자는 이에 해당한다고 할 수 없다. 따라서 공부상 주거용 용도가 아닌 창고 등을 임차한 후 임의로 개조하여 주거용으로 용도를 변경하여 사용한 세입자의 경우에는 주거이전비의 지급대상이 될 수 없다.[136)]

---

136) 대법원 2013. 5. 23. 선고 2012두11072 판결.

(2) 무상으로 사용하는 거주자 포함

토지보상법 시행규칙 제54조 제2항이 2020. 12. 11. 국토교통부령 제788호로 개정되기 전에는 '주거용 건축물의 세입자'라고만 규정하고 있었다. 이에 따라 판례도 '세입자'란 '세를 내고 남의 집이나 방 따위를 빌려 쓰는 사람'을 가리키고 사용대차의 차주는 위 '세입자'에 해당하지 않는다고 판시하였다.[137] 그러나 제54조 제2항이 2020. 12. 11. 국토교통부령 제788호로 '주거용 건축물의 세입자(무상으로 사용하는 거주자를 포함한다)'로 개정되고, 공포한 날부터 시행되었다. 이에 따라 세입자에는 무상으로 사용하는 사용대차의 차주도 포함된다 할 것이고, 위 판례는 더 이상 유지될 수 없다.

위와 같은 규칙개정으로 무상으로 사용하는 거주자까지로 주거이전비의 지급대상이 확대되었다. 종래 유상의 임차인을 전제로 한 법제하에서도 실질적으로는 소유자의 가구원에 해당함에도 세입자임을 주장하며 별도의 주거이전비를 청구하는 사건을 실무상 흔히 볼 수 있고, 그 경우 중요한 판단기준이 차임을 지급하였는지 여부였다. 향후 세입자로서 주거이전비의 지급을 구하는 사건이 상당히 늘어날 것으로 예상되고, 소유자의 가구원인지 또는 무상의 거주자인 세입자인지 여부 판단에 상당한 어려움이 예상된다.

나. 법정기간 거주

주거용 건축물에서 법정기간 거주한 세입자이어야 한다. 거주사실의 증명방법은 앞서 본 바와 같이 토지보상법 시행규칙 제54조 제3항, 제15조 제1항에서 정한 방법으로 할 수 있다.

(1) 정비계획안에 대한 공람공고일 당시 3개월 이상 거주

(가) 문제의 소재

도시정비법 시행령 제54조 제4항은 주거이전비 보상대상자의 인정시점은 정비계획안에 대한 공람공고일로 본다고 규정하고 있고, 토지보상법 시행규칙 제54조 제2항은 주거이전비의 지급대상으로 주거용 건축물의 세입자로서 사업인정고

---

137) 대법원 2017. 10. 31. 선고 2017두40068 판결 및 하급심인 서울고등법원 2017. 2. 23. 선고 2016누66164 판결.

시일등 당시 또는 공익사업을 위한 관계 법령에 따른 고시 등이 있은 당시 해당 공익사업시행지구 안에서 3개월 이상 거주한 자로 규정하고 있어 양자의 해석이 문제된다.

⑴ **판단**

① 법 시행령 제54조 제4항은 토지보상법 시행규칙 제54조 제2항의 특례규정이므로 정비사업에서의 세입자에 대한 주거이전비 보상은 정비계획안에 대한 공람공고일 이전 3개월 거주요건을 요하지 않고, 정비계획 공람공고일 당시 거주한 세입자는 모두 대상이 된다는 견해가 있다.[138]

② 그러나 재개발사업에서의 주거용 건축물 세입자에 대한 주거이전비의 보상은 정비계획안에 대한 공람공고일 당시 당해 정비구역 안에서 3개월 이상 거주한 자로 한정하여야 한다. 그 논거는 다음과 같다.

㉮ 세입자에 대하여 일정기간의 주거생활을 요하고, 무허가 건축물인 경우에는 더욱 엄격한 법정기간의 거주를 요하는 이유는 영구적인 생활의 근거를 상실하는 소유자와 달리 세입자는 정비구역 내 거주지가 처음부터 한시적인 생활의 근거지로 사용한 것이고, 주거이전비를 목적으로 한 정비구역으로의 거주이전이 용이하다. 기본계획상의 정비예정구역이 정비구역으로 지정되는 것이 일반적이므로 정비계획안에 대한 공람공고일로 하는 경우 주거이전비를 노린 세입자의 이주가 만연할 우려가 있다.

㉯ 사업시행자는 정비사업의 시행으로 임대주택을 건설하는 경우에는 임차인의 자격 · 선정방법 등에 관하여 대통령령으로 정하는 범위에서 시장 · 군수등의 승인을 받아 따로 정할 수 있는바(법 제79조 제6항), 이에 따라 같은 법 시행령 제69조 제1항은 사업시행자가 [별표 3]에 규정된 범위에서 시장 · 군수등의 승인을 받아 따로 정할 수 있다고 규정하고 있다.

한편 [별표 3]은 재개발사업과 관련하여 기준일(정비계획안에 대한 공람공고일, 제54조 제4항) 3개월 전부터 해당 재개발사업을 위한 정비구역 또는 다른 재개발사업을 위한 정비구역에 거주하는 세입자를 그 대상으로 하고 있다.

③ 판례도 재개발사업에서의 주거용 건축물의 세입자에 대한 주거이전비의 보

---

138) 이도행, 주택재개발사업에서의 주거이전비, 이사비 및 이주정착금과 관련된 실무상 문제점, 재판자료 제139집(2020년), 188쪽.

상은 정비계획안에 대한 공람공고일 당시 당해 정비구역 안에서 3개월 이상 거주한 자로 제한하고 있다.[139]

⑵ 최초의 사업시행계획 인가 시까지 거주의 필요성

세입자의 경우 소유자인 현금청산대상자와 달리 재결 시까지 거주할 필요는 없으나, 적어도 사업시행계획인가 시까지 거주하여야 하는지 여부가 문제된다.

㈎ 부정설

일부 하급심은 주거이전비 청구권은 장차 그 성부가 불확실한 사실인 '사업시행계획인가고시'를 조건으로 정비계획안에 대한 공람공고일에 권리가 바로 발생하고, 그 후 조건이 성취(즉, 사업시행계획의 인가고시)되면 사업시행자를 상대로 구체적인 보상금액의 청구가 가능하다고 판시하고 있다.[140] 따라서 사업시행계획 인가 시까지 거주를 요하지 아니한다.

㈏ 긍정설

토지보상법 시행규칙 제54조 제2항이 공익사업의 시행으로 인하여 이주하게 되는 주거용 건축물의 세입자에게 주거이전비를 보상한다고 규정하여 '공익사업의 시행으로 인한 이주'를 주거이전비의 요건으로 하고 있는데, 정비계획안에 대한 공람공고일 당시에는 주거이전비의 지급을 청구할 상대방인 사업시행자가 확정되어 있지 아니하고 사업시행 여부도 확실하지 아니하므로, 사업시행자가 정해지고 수용권까지 발생하는 시점인 사업시행계획인가 고시일까지는 거주하다가 이주한 경우에 한하여 공익사업의 시행으로 인하여 이주하게 되는 세입자에 해당한다고 보아야한다는 견해가 있다.[141] 일부 하급심도 사업시행계획인가일까지 거주하여야 주거이전비 청구가 가능하다고 판시하고 있다.[142]

---

139) 대법원 2012. 9. 27. 선고 2010두13890 판결, 대법원 2017. 10. 26. 선고 2015두41913 판결.

140) 수원지방법원 2021. 8. 11. 선고 2021구단7208 판결.

141) 이도행, 전계논문, 190쪽.

142) 대법원 2020. 2. 6.자 2019두56661 심리불속행 판결 및 하급심인 수원고등법원 2019. 10. 16. 선고 2019누11107 판결 및 수원지방법원 2019. 5. 22. 선고 2017구단6956 판결, 수원고등법원 2021. 8. 20. 선고 2021누10350 판결(대법원 2021두49628호로 계속 중) 및 하급심인 수원지방법원 2020. 12. 24. 선고 2020구합67019 판결.

㈐ **결론**

① **부정설 비판**

토지보상법 제54조 제2항은 '공익사업의 시행으로 인하여 이주하게 되는' 주거용 건축물의 세입자를 주거이전비의 지급대상으로 규정하고 있다. 또한 주거용 건축물 세입자의 주거이전비는 영업용 건물(점포) 임차인의 영업손실보상에 대응하는 것인바, 영업손실을 보상하는 경우 보상대상자의 인정시점은 정비계획안에 대한 공람공고일로 하되, 보상의 대상을 인적 · 물적시설을 갖추고 계속적으로 행하고 있는 영업으로 한정하고 있으므로, 위 계속적 영업이라는 요건에는 공익사업의 시행과 폐업과 휴업 사이의 상당인과관계가 포함되어 있다.

위와 같은 사정들에 비추어 보면, 적어도 세입자가 주거이전비를 지급받기 위해서는 정비사업으로 인하여 이주한 경우에 한한다. 그럼에도 불구하고 부정설은 정비사업의 시행과 이주 사이의 상당인과관계를 도외시한 견해로서 부당하다.

② **긍정설 비판**

'공익사업의 시행으로 인하여 이주'함을 요건으로 보면서도, 그 요건충족을 위해서는 반드시 사업시행계획인가 고시일까지 거주하여야 한다고 주장하나 다음의 점에 비추어 부당하다.

㉮ 세입자는 사업시행계획인가 고시 이전에도 정비사업의 시행으로 인하여 이주할 수 있고, 특히 사업시행계획인가 고시일까지 거주하여야 하는 명시적 근거가 없다.

㉯ 앞서 본 바와 같이 사업시행자는 정비사업의 시행에 따른 임대주택 건설의 무가 있는바, 법령에서 입주자격으로 기준일(정비계획안에 대한 공람공고일) 3개월 전부터 정비구역 또는 다른 재개발사업을 위한 정비구역에 거주하는 세입자를 그 대상으로 하고 있다. 만일 사업시행계획인가 고시일까지 반드시 거주하여야 한다면, 법령에서 임대주택의 입주요건으로 이를 명시하였을 것이다.[143]

---

143) 다만 서울시 조례 제46조 제1항 제1호는 "해당 정비구역에 거주하는 세입자로서 세대별 주민등록표에 등재된 날을 기준으로 영 제13조에 따른 정비구역의 지정을 위한 공람공고일 3개월 전부터 사업시행계획인가로 인하여 이주하는 날까지 계속하여 거주하고 있는 무주택세대주"라고 규정하여 임대주택의 입주대상자는 사업시행계획인가로 인하여 이주하는 날까지 계속하여 거주하고 있음을 전제로 하고 있기는 하나, 이는 서울시가 별도로 그 요건을 강화한 것으로 보인다.

③ 정리

정비계획안에 대한 공람공고일 당시 당해 정비구역 안에서 3개월 이상 거주한 세입자로서, 정비사업의 시행으로 이주하여야 한다.[144] 다만 정비계획안에 대한 공람 이후의 정비구역지정으로 법 제19조 제1항에 의하여 건축물의 건축 등의 행위제한을 받기는 하나, 그것만으로는 세입자가 당해 건축물에서 거주함에 특별한 문제가 없고(판례는 도시정비법상 사업시행인가·고시가 있는 때에도 정비구역 내 건물을 사용·수익하는 데 별다른 법률적 제한이 없다고 판시하였다),[145] 주변환경에도 변화가 없는 것이 일반적인 점, 세입자로서는 임대차계약서 등의 제출로 정비사업의 시행과 이주 사이의 인과관계를 증명하는 것이 용이한 사정 등 증거와의 거리 및 증명의 난이(다음에서 살펴볼 세입자 관련 상당인과관계 판단기준 참조), 영업손실보상의 경우에는 계속적 영업을 요건으로 하여 그 인과관계의 증명책임이 영업손실보상을 청구하는 자에게 있는 점 등을 고려할 때, 사업시행계획인가 이전에 세입자가 이주한 경우에는 세입자가 정비사업 시행과 이주 사이의 상당인과관계에 대한 증명책임이 있다.

㈔ 세입자 관련 상당인과관계 판단기준

실무상 주거용 건축물의 소유자는 기본계획의 수립 등으로 정비사업이 예정되면, 세입자와 사이에 정비사업이 본격화될 시 해지됨을 전제로 저렴한 차임으로 단기의 임대차계약을 체결하는 경우가 흔히 있다. 그와 같은 경우의 세입자의 이주는 정비사업과 상당인과관계가 없다. 이주를 전제로 저렴한 차임으로 거주하다가 주거이전비까지 지급받고 이주하는 것은 정의(正義)관념에도 반한다.

세입자가 정비사업으로 인하여 이주한 것인지 여부는 임대차계약의 내용, 존속기간이나 특약사항(임대차의 종기가 정비사업 시점인지 여부, 정비사업 시작을 임대차 종기로 함에 따른 시세보다 낮은 차임인지 여부 등), 세입자와 주거용 건축물 소유자와의 관계 등이 판단요소가 된다.

다. 청구권자는 세입자 본인일 것

비록 주거이전비는 가구원 수에 따라 지급되기는 하지만, 주거이전비 지급청구

---

144) 대법원 2016. 12. 15. 선고 2016두49754 판결.
145) 대법원 2020. 11. 26. 선고 2019다249831 판결.

권은 세입자에게만 있으므로, 세입자 본인이 아닌 가구원은 직접 주거이전비를 청구할 수 없다.[146)]

Ⅳ. 세입자에 대한 주거이전비 청구권의 발생시점

현금청산대상자에 대한 주거이전비청구권은 원칙적으로 수용재결 시까지 해당 건축물에서 계속하여 소유하고, 거주하여야 발생하므로, 주거이전비 청구권의 발생시점이 수용재결 시임은 명백하나, 세입자에 대한 주거이전비 청구권 발생시점이 문제된다.

1. 사업시행계획인가 고시일

주거이전비 보상의 방법, 금액 등 보상내용은 정비사업의 종류 및 내용, 사업시행자, 세입자의 주거대책, 비용부담에 관한 사항, 자금계획 등이 구체적으로 정해지는 최초의 사업시행계획인가 고시일에 확정되므로 주거이전비청구권은 그때 발생한다.[147)]

세입자는 구체적인 주거이전비 청구권이 발생한 사업시행계획인가 고시일 이후에는 계속하여 거주할 필요가 없고, 사업시행자의 주거이전비 산정 통보를 기다릴 필요도 없다. 다만 주거이전비 청구권의 근거가 된 사업시행계획이 당연무효이거나 법원의 확정판결로 취소된다면 주거이전비 청구권은 효력이 없다.

2. 사업시행기간과의 관계

주거이전비 청구권의 근거가 된 사업시행계획에서 정한 사업시행기간이 도과하였더라도, 유효하게 수립된 사업시행계획 및 그에 기초한 토지의 매수, 수용을 비롯한 사업시행의 법적 효과가 소급하여 효력을 상실하여 무효로 된다고 할 수 없듯이 보상내용이 확정되어 세입자가 이미 취득한 주거이전비 청구권에 아무런 영향이 없다.

---

146) 대법원 2011. 8. 25. 선고 2010두4131 판결.
147) 대법원 2012. 9. 27. 선고 2010두13890 판결, 대법원 2017. 10. 26. 선고 2015두46673 판결.

V. 주거이전비 보상의 범위

1. 세입자

사업시행자는 세입자에게 가구원수에 따라 4개월분의 주거이전비를 보상해야 한다(토지보상법 시행규칙 제54조 제2항 본문).

통계법 제3조 제3호에 따른 통계작성기관이 조사·발표하는 가계조사통계의 도시근로자가구의 가구원수별 월평균 명목 가계지출비를 기준으로 산정한다. 이 경우 가구원수가 5인인 경우에는 5인 이상 기준의 월평균 가계지출비를 적용하며, 가구원수가 6인 이상인 경우에는 5인 이상 기준의 월평균 가계지출비에 5인을 초과하는 가구원수에 [1인당 평균비용＝(5인 이상 기준의 도시근로자가구 월평균 가계지출비－2인 기준의 도시근로자가구 월평균 가계지출비)÷3]의 산식에 의하여 산정한 1인당 평균비용을 곱한 금액을 더한 금액으로 산정한다(토지보상법 시행규칙 제54조 제4항).

앞서 본 바와 같이 세입자에 대한 주거이전비 청구권은 사업시행계획인가 고시일에 발생하므로, 위 일자를 기준으로 한 통계작성기관이 작성한 가계조사통계를 기초로 금액이 산출되고, 당시의 가구원의 숫자를 기준으로 금액이 산출된다.

가계지출비는 국가통계포털(http://kosis.kr)의 가계동향조사 중 가구원수별 가구당 월평균 가계지출(도시, 1인 이상)을 참조하는데, 2017년도부터 가계동향조사의 지출과 소득 부문이 분리되면서 지출 부문은 분기별 통계에서 연간 통계로 개편되었다.

2. 현금청산대상자

현금청산대상자인 주거용 건축물의 소유자에 대하여는 가구원수에 따라 2개월분의 주거이전비를 보상하여야 한다(토지보상법 시행규칙 제54조 제1항). 가구원수에 따른 금원 산출방식은 앞서 본 세입자의 경우와 동일하다. 현금청산대상자에 대한 주거이전비 청구권은 수용재결일에 발생하므로, 위 일자를 기준으로 한 통계작성기관이 작성한 가계조사통계를 기초로 금액이 산출되고, 당시의 가구원의 숫자를 기준으로 금액이 산출된다.

VI. 소송상 쟁점[148]

1. 행정소송 및 재결과의 관계

가. 행정소송

적법하게 시행된 정비사업으로 인하여 이주하게 된 주거용 건축물의 소유자인 현금청산대상자 및 세입자의 주거이전비 청구권은 공법상의 권리이고, 주거이전비 청구권은 그 요건을 충족하는 경우에 당연히 발생하는 것이므로 주거이전비 청구소송은 행정소송법 제3조 제2호에 규정된 당사자소송에 의하여야 하고, 민사소송이 아니다.[149]

나. 재결과의 관계

⑴ 재결의 필요성 여부

주거이전비 청구권은 그 요건에 해당하면 당연히 발생하고, 그 범위도 법정되어 있으므로 반드시 토지수용위원회의 전문적 판단이 선행될 필요가 없어 앞서의 손실보상과 달리 반드시 재결절차를 거쳐야 하는 것은 아니다(위 2018두55326 판결).

⑵ 재결신청이 있는 경우의 처리

사업시행자에게 주거이전비에 대한 재결신청권이 있는지 여부가 문제된다. 만일 신청권이 있다면 관할 토지수용위원회는 사업시행자가 재결신청한 범위에서 반드시 재결을 하여야 하기 때문이다(토지보상법 제50조 제2항). 또한 현금청산대상자 및 세입자에게도 재결신청권이 있는지 여부가 문제된다.

판례는 사업시행자에게 주거이전비에 대한 재결신청권이 있고, 이에 따라 관할 토지수용위원회는 주거이전비 등에 대하여 재결하여야 한다고 판시하고 있다.[150]

사업시행자는 토지보상법 제28조 제1항, 제26조, 제2조 제5호에 의하여 현금청산대상자나 세입자와 주거이전비에 대하여 협의할 수 있고 협의가 성립되지 아니하거나 협의를 할 수 없을 때 관할 토지수용위원회에 재결을 신청할 수 있다고

---

148) 이는 다음에서 살펴볼 이주정착금 및 이사비에 공통적으로 적용되는 소송상 쟁점이다.
149) 대법원 2019. 4. 23. 선고 2018두55326 판결.
150) 대법원 2021. 6. 30. 선고 2019다207813 판결.

해석된다. 현금청산대상자 및 세입자도 마찬가지이다(세입자는 관계인으로서 협의하고 재결신청 가능하다). 이와 관련하여 법적 근거에 관하여 다툼이 있다.

토지보상법 제50조 제1항은 토지수용위원회의 재결사항으로 '수용하거나 사용할 토지의 구역과 사용방법(제1호), 손실보상(제2호), 수용 또는 사용의 개시일과 기간(제3호), 그 밖에 이 법과 다른 법률에서 규정한 사항(제4호)'을 규정하고 있는바, 주거이전비를 손실보상으로 보는 견해에 의하면 근거는 제2호(손실보상)이고, 주거이전비를 손실보상으로 보지 않는 견해에 의하면, 제4호(그 밖에 이 법과 다른 법률에서 규정한 사항)이다. 앞서 본 바와 같이 주거이전비는 '토지보상법에 따른 손실보상'의 일종이므로 제2호가 타당하고, 판례도 같은 견해이다.

실제로 재개발사업의 시행자는 현금청산대상자나 세입자와 주거이전비등에 대하여 협의를 진행한 결과 협의가 성립하지 아니하는 경우, 사업의 신속한 진행을 위하여 주거이전비에 대하여 관할 토지수용위원회에 재결을 신청하는 경우가 흔히 있다. 사업시행자가 주거이전비에 대하여 재결을 신청하는 이유는 재결상의 주거이전비 금액에 대하여 현금청산대상자등에게 이를 지급하거나 공탁하는 경우, 현금청산대상자등의 인도의무가 발생하기 때문이다.

재결상의 주거이전비에 대하여 다툼이 있는 경우, 현금청산대상자나 세입자 또는 사업시행자 모두 토지보상법 제85조 제2항에 따라 상대방을 피고로 하여 주거이전비의 존부나 증감을 구하는 행정소송을 제기할 수 있다.

(3) 소결론

현금청산대상자나 세입자는 재결절차 없이 곧바로 행정소송법상의 공법상 당사자소송의 형식으로 직접 사업시행자를 상대로 주거이전비를 청구할 수 있다. 다만 사업시행자의 재결신청에 따라 수용재결을 거친 경우에는, 현금청산대상자나 세입자 또는 사업시행자 모두 재결에 관한 쟁송의 형식으로 토지보상법 제85조 제2항에 따라 행정소송을 제기할 수 있다.

2. 이행기의 정함이 없는 채무

사업시행자가 정비사업의 시행에 따라 이주하는 주거용 건축물의 현금청산대상자 및 세입자에게 지급해야 하는 주거이전비의 지급의무는 사업시행계획인가고시일(세입자), 수용재결일(현금청산대상자)에 곧바로 발생한다. 그러나 이행기에 관하여는 관계 법령에 특별한 규정이 없으므로, 주거이전비 지급의무는 이사비 지급의무와 마찬가지로 이행기의 정함이 없는 채무로서 채무자인 사업시행자는 현금청산대상자 또는 세입자로부터 이행청구를 받은 다음 날부터 이행지체 책임이 있다.[151]

3. 이주의 선 이행의무 여부(부정)

주거이전비는 세입자의 이주(移住)를 전제로 하는 것이므로, 이를 담보하기 위하여 주거용 건축물의 세입자가 사업시행자로부터 주거이전비를 지급받기 위해서는 반드시 정비구역 밖으로 먼저 이주하여야 하는지 여부가 문제된다.

토지보상법 시행규칙 제54조 제2항은 공익사업의 시행으로 인하여 '이주하게 되는' 세입자를 주거이전비 지급대상으로 정하고 있어 그 문언 자체에서 주거이전비 지급을 위하여 먼저 세입자가 이주하였을 것을 전제하고 있지는 아니하고, 사회보장적 차원에서 정비사업 등으로 희생될 수 있는 세입자를 보호할 필요성과 주거이전비는 손실보상의 성격이 있으므로, 세입자가 주거이전비를 지급받기 전에 먼저 정비구역 밖으로 이주하여야 한다고 볼 수는 없다.[152] 현금청산대상자도 마찬가지이다.

4. 부동산 인도의무와 주거이전비 지급의무의 관계

가. 문제의 소재

사업시행자는 수용재결상의 보상금을 수용개시일까지 현금청산대상자(세입자 포함)에게 이를 지급하거나 공탁하면 토지등에 대한 소유권을 취득하고, 현금청산대상자등은 토지등을 인도할 의무를 부담한다. 현금청산대상자등이 수용재결 이후 토지등을 인도할 의무가 있음에도 이를 위반하는 경우 토지보상법 제96조의2에 의하여 형사처벌까지 받게 된다.

사업시행자의 신청으로 재결에서 주거이전비에 대한 결정이 이루어졌다면, 주거이전비가 수용개시일까지 지급되었을 것이므로 문제되지 아니하나, 재결절차에

---

151) 대법원 2012. 4. 26. 선고 2010두7475 판결.
152) 대법원 2017. 10. 26. 선고 2015두46673 판결.

의하여 주거이전비가 결정되지 아니하였고, 현금청산대상자등이 주거이전비를 실제로 지급받지 못한 경우, 비록 토지등에 대한 수용보상금 등을 지급받았다 하더라도, 주거이전비의 부지급을 이유로 사업시행자의 부동산 인도청구에 항변할 수 있는지 여부가 문제된다.

나. 구 도시정비법의 규정과 종전 대법원 판례

(1) 구 법(2009. 5. 27. 법률 제9729호로 개정되기 전의 것) 제49조 제6항은 아래 좌측과 같고, 2009. 5. 27. 개정된 규정은 아래 우측과 같으며, 현행 법 제81조 제1항과 거의 동일하다.[153]

개정 전	개정 후
제49조(관리처분계획의 공람 및 인가절차 등) ⑥ 제3항의 규정에 의한 고시가 있은 때에는 종전의 토지 또는 건축물의 소유자·지상권자·전세권자·임차권자 등 권리자는 제54조의 규정에 의한 이전의 고시가 있은 날까지 종전의 토지 또는 건축물에 대하여 이를 사용하거나 수익할 수 없다. <u>다만, 사업시행자의 동의를 얻은 경우에는 그러하지 아니하다.</u>	제49조(관리처분계획의 공람 및 인가절차 등) ⑥ 제3항의 규정에 의한 고시가 있은 때에는 종전의 토지 또는 건축물의 소유자·지상권자·전세권자·임차권자 등 권리자는 제54조의 규정에 의한 이전의 고시가 있은 날까지 종전의 토지 또는 건축물에 대하여 이를 사용하거나 수익할 수 없다. <u>다만, 사업시행자의 동의를 받거나 제40조 및 토지보상법에 따른 손실보상이 완료되지 아니한 권리자의 경우에는 그러하지 아니하다.</u>

(2) 구 법(2009. 5. 27. 법률 제9729호로 개정되기 전의 것)하에서의 대법원은 2017. 2. 15. 선고 2013다40643 판결로서, 적법하게 시행된 공익사업으로 이주하게 된 주거용 건축물 거주자의 주거이전비 청구권은 공법상의 권리이며, 사업시행자가 주거용 건축물의 거주자에 대하여 위와 같은 주거이전비를 보상하여야 할 의무는 공법상의 의무인 반면, 적법한 수용절차에 따라 소유권을 취득한 사업시행자에게 수용보상금을 지급받은 점유·사용자가 부담하는 부동산 인도의무는 사법

---

153) 2009. 5. 27. 법률 제9729호로 개정된 제49조 제6항은 현행 법 제81조 제1항과 달리 '제40조' 규정이 추가로 존재하나, 구 도시정비법 제40조는 정비사업의 시행을 위하여 수용에 있어 토지보상법을 준용한다는 규정이므로, 이 또한 토지보상법의 손실보상의 일종으로 무의미한 중복규정으로 볼 여지가 있다. 이에 따라 2017. 8. 9. 법률 제14857호로 개정되면서 '제40조'가 삭제되었다.

상의 의무로서, 양 의무는 상호 별개의 원인에 의하여 발생한 것이므로, 서로 간에 이행상의 견련관계를 인정할 수 없다고 판시하였다. 이에 따라 현금청산대상자및 세입자는 주거이전비 지급의무가 이행되지 아니하였음을 들어 사업시행자의부동산 인도청구를 거부할 수 없었다.

다. 현행 도시정비법에 따른 쟁점

현행 도시정비법 제81조 제1항에 의하는 경우, 사업시행자가 현금청산대상자및 세입자에 대하여 부동산을 인도청구하기 위해서는 '토지보상법에 따른 손실보상이 완료될 것'이 필요하므로, 종전 대법원 판결이 정당하다고 선언한 해당 원심판결의 '공법상의 의무인 주거이전비 지급의무와 사법상의 의무인 부동산 인도의무 간에 이행상의 견련관계를 인정할 수 없다'는 논리는 더 이상 그대로 유지될수 없다. 오히려 '주거이전비 청구권'이 위 단서 규정에서 정한 '토지보상법에 따른 손실보상'에 해당하는지 여부가 문제될 뿐이다.

라. 학 설

⑴ 주거이전비를 토지보상법상의 손실보상으로 보는 견해

법 제65조 제1항은 본문에서 정비사업의 시행을 위한 수용에 관하여 도시정비법에 특별한 규정이 있는 경우를 제외하고는 토지보상법을 준용한다고 규정하고있으며, 단서에서는 '정비사업의 시행에 따른 손실보상의 기준 및 절차'에 관하여대통령령으로 따로 정할 수 있도록 위임하고 있는데, 그 위임에 따른 법 시행령제54조 제4항은 "주거이전비를 보상하는 경우 보상대상자의 인정시점은 제13조제1항에 따른 공람공고일로 본다."고 규정하고 있다.

위와 같이 법의 '손실보상의 기준 및 절차'에 대한 위임으로 시행령이 주거이전비 보상규정을 두고 있으므로, 주거이전비는 토지보상법상의 손실보상으로 보아야 한다.[154] 헌법재판소는 2014. 7. 24. 선고 2012헌마662 결정에서, 이사비의 보상도 도시정비법 및 토지보상법에 따른 손실보상에 해당한다고 판시하였다.

---

154) 서울고등법원 2021. 6. 2. 선고 2020나2038141 판결(확정).

⑵ 주거이전비를 토지보상법상의 손실보상으로 보지 않는 견해

법 시행령 제54조가 영업손실보상, 이주대책, 주거이전비를 규정하면 그 표제를 '손실보상'이라고 기재한 것이 아니라 '손실보상 등'이라고 기재한 것은 손실보상임이 명백한 영업손실보상 외의 이주대책 및 주거이전비는 손실보상이 아님을 전제로 한 것이다.

마. 판례(위 2019다207813 판결)

⑴ 주거이전비도 법 제81조 제1항 제2호의 '토지보상법에 따른 손실보상'에 해당[155]

그 논거는 다음과 같다.

① 법이 2009. 5. 27. 법률 제9729호로 개정될 때 '제40조 및 토지보상법에 따른 손실보상이 완료되지 아니한 권리자'의 경우를 추가한 것은 사업시행으로 인하여 소유권 등 권리를 상실하는 권리자가 주거공간을 인도하기 이전에 손실보상을 받을 수 있도록 법적으로 보장함으로써 현금청산대상자나 세입자 등 권리자의 재산권에 대한 손실을 보전하고 안정적인 주거 이전을 확보하기 위한 것이다. 이러한 도시정비법의 개정경위와 입법목적을 고려하면 사업시행자의 현금청산대상자나 세입자에 대한 주거이전비 등의 지급을 실질적으로 보장할 수 있는 방향으로 해석되어야 한다.

② 도시정비법 제65조 제1항 본문은 토지수용에 관하여 토지보상법을 준용하고 있고, 토지보상법 제6장 제2절은 '손실보상의 종류와 기준 등'이라는 제목 아래 여러 종류의 손실보상을 규정하고 있다. 그 중 사업시행자의 이주대책을 수립·실시하거나 이주정착금을 지급하는 규정(토지보상법 제78조 제1항), 주거용 건축물의 거주자에 대하여는 주거 이전에 필요한 비용과 가재도구 등 동산의 운반에 필요한 비용을 산정하여 보상하는 규정(토지보상법 제78조 제5항)을 두고 있다.

---

155) 대법원 2021. 7. 29. 선고 2019도13010 판결(토지보상법 제95조의2 제2호는 토지등소유자는 수용개시일까지 토지등을 사업시행자에게 인도하여야 하고, 이를 이행하지 아니하는 경우 1년 이하의 징역 또는 1,000만 원 이하의 벌금에 처하도록 규정하고 있는바, 현금청산대상자나 임차인이 주거이전비, 이주정착금, 이사비 등을 지급받지 못하였다면 설령 손실보상금이 지급 또는 공탁되었다 하더라도, 인도를 거절할 수 있으므로, 현금청산대상자등이 이를 이유로 수용개시일까지 수용대상 부동산을 인도하지 않았다 하더라도, 위 공익사업을위한토지등의취득및보상에관한법률위반죄가 성립할 수 없다고 판시하였다).

따라서 토지보상법 제78조 제1항의 이주정착금 및 같은 조 제5항의 주거이전비와 이사비의 보상은 도시정비법 제65조 제1항 본문에 의하여 준용되는 토지보상법에서 명문으로 규정한 손실보상에 해당한다.

(2) 판례의 적용

(개) 주거이전비 등에 대한 협의성립 시

사업시행자와 현금청산대상자나 세입자 사이에 주거이전비에 관한 협의가 성립된다면 다른 특약이 없는 한 사업시행자의 주거이전비 지급의무와 현금청산대상자나 세입자의 부동산 인도의무는 동시이행의 관계에 있게 된다.

(내) 재결 시

재개발사업의 사업시행자는 주거이전비에 대하여 토지수용위원회에 재결을 신청할 수 있고, 그 경우 관할 토지수용위원회는 주거이전비에 대하여 재결하여야 한다. 사업시행자가 수용재결에서 정한 주거이전비를 수용개시일까지 지급하거나 공탁한 경우 토지보상법에 따른 손실보상이 완료되고, 현금청산대상자나 세입자는 행정소송을 통해 주거이전비의 증액을 구할 수 있음은 별론으로 하고 사업시행자의 인도청구를 거절할 수는 없다.

(대) 재결을 거치지 아니한 경우

사업시행자가 수용재결에서 정해진 토지나 지장물 등 보상금을 수용개시일까지 지급 또는 공탁한 것만으로 법 제81조 제1항 제2호의 '토지보상법에 따른 손실보상'이 완료된 것으로 보기 어렵고, 추가로 주거이전비를 지급하여야 하고, 현금청산대상자나 세입자는 주거이전비를 지급받기 전에는 사업시행자의 부동산인도를 거절할 수 있다.

바. 결 론

주거이전비 지급의무는 이행기가 없는 채무로서 사업시행자는 이행의 청구를 받는 이후에야 지체가 인정되고, 손실보상은 실제 손실의 전보가 전제되어야 하나, 주거이전비의 경우 보상범위는 일률적으로 법정되어 있는 점 등에서 다른 일반적인 손실보상과 뚜렷이 구분된다. 법 시행령 제54조의 표제가 '손실보상 등'이라고 기재한 것은 주거이전비를 손실보상으로 볼 수 없어 '등'이라는 표현을 사용한 것으로 볼 여지가 있기는 하다.

그러나 주거용 건축물의 거주자에게 지급되는 주거이전비(이주정착금, 이사비 포함)는 영업용 건축물에서의 영업수행자에게 지급되는 영업손실보상에 대응하는 것인바, 영업손실보상금은 법적 성격이 손실보상이 명백하므로 주거이전비도 영업 손실보상에 준하는 손실보상으로 보아야 할 것인 점, 자신의 의사와 무관하게 주 거지를 이탈하게 되는 현금청산대상자나 세입자에 대한 두터운 보호가 필요한 점, 토지보상법 제6장 2절에서 '손실보상의 종류와 기준 등'이라는 제목 아래 주거이 전비, 동산이전비(이사비)가 규정되어 있는 점 등에 비추어 보면, 주거이전비는 법 제81조 제1항 제2호가 규정하고 있는 '토지보상법에 따른 손실보상'에 포함된다 할 것이므로, 위 대법원 판례는 타당하다.

제3절 이주정착금 및 이사비

Ⅰ. 이주정착금(이주대책)

1. 일반론

법 제65조 제1항이 정비사업의 시행을 위한 토지등의 수용에 관하여 토지보상 법을 준용함에 따라 사업시행자는 공익사업의 시행으로 인하여 주거용 건축물을 제공하여 생활의 근거를 상실하게 되는 자를 위하여 이주대책을 수립·실시하거 나 이주정착금을 지급하여야 한다(토지보상법 제78조 제1항).

사업시행자는 이주대책을 수립하려면 미리 관할 지방자치단체의 장과 협의하 여야 하고, 국가나 지방자치단체는 이주대책의 실시에 따른 주택지의 조성 및 주 택의 건설에 대하여 주택도시기금법에 따른 주택도시기금을 우선적으로 지원하여 야 하며, 이주대책의 내용에는 이주정착지(이주대책의 실시로 건설하는 주택단지를 포함한다)에 대한 도로, 급수시설, 배수시설, 그 밖의 공공시설 등 통상적인 수준 의 생활기본시설이 포함되어야 하며, 이에 필요한 비용은 사업시행자가 부담한다. 다만, 행정청이 아닌 사업시행자가 이주대책을 수립·실시하는 경우에 지방자치단 체는 비용의 일부를 보조할 수 있다(토지보상법 제78조 제2항 내지 4항). 사업시행자가 이주대책을 수립하려는 경우에는 미리 그 내용을 이주대책대상자에게 통지하여야 한다(토지보상법 시행령 제40조 제1항).

사업시행자는 정비구역 내 토지등의 소유자인 현금청산대상자 중 이주정착지에 이주를 희망하는 자의 가구 수가 10호 이상인 경우에는 원칙적으로 이주대책을 수립하여야 하나(토지보상법 시행령 제40조 제2항), 정비구역의 인근에 택지 조성에 적합한 토지가 없거나 이주대책에 필요한 비용이 당해 정비사업의 본래의 목적을 위한 소요비용을 초과하는 등 이주대책의 수립·실시로 인하여 당해 정비사업의 시행이 사실상 곤란하게 되는 등의 사유가 있는 경우에는 이주정착금을 지급할 수 있다(토지보상법 시행규칙 제53조 제1항). 실무상 사업시행자는 토지보상법 시행규칙 제53조 제1항 등에 기하여 현금청산대상자에게 이주정착금을 지급하는 것이 일반적이다.

2. 법적 성격

이주정착금(이주대책)이 손실보상의 일종인 점은 주거이전비, 이사비와 동일하나, 이주정착금(이주대책)은 공익사업의 시행으로 생활근거를 상실하게 되는 자를 위하여 종전 생활상태를 원상으로 회복시키면서 동시에 인간다운 생활을 보장하여 주기 위한 이른바 생활보상의 일환이다.[156] 이는 주거용 건축물의 소유자만이 그 대상이고, 세입자는 해당하지 아니하며 수분양자인 조합원에게도 인정되지 아니한다. 이주정착금 지급청구소송은 행정소송법 제3조 제2호에 규정된 당사자소송으로서 재결을 거쳤는지 여부에 따라 그 형태가 달라지며, 이행기의 정함이 없는 채무이고, 사업시행자는 부동산을 인도받기 위해서는 이주정착금을 선이행하여야 한다(협의취득인 경우 동시이행관계)는 점은 주거이전비와 동일하다.

3. 요 건

가. 적법한 주거용 건축물일 것

허가를 받거나 신고를 하고 건축 또는 용도변경을 하여야 하는 건축물을 허가를 받지 아니하거나 신고를 하지 아니하고 건축 또는 용도변경을 한 건축물인 경

---

156) 대법원 2011. 6. 23. 선고 2007다63089, 63096 전원합의체 판결, 대법원 2016. 9. 28. 선고 2016다20244 판결.

우에는 이주정착금 지급 대상에서 제외된다(토지보상법 시행령 제40조 제5항 제1
호). 다만 1989. 1. 24. 이전에 축조된 무허가 건축물은 적법한 건축물로 간주됨
은 주거이전비와 동일하다.

나. 주거용 건축물의 소유자일 것

이주대책의 대상자는 건축물의 소유자인 현금청산대상자에 국한된다(법 시행령
제54조 제1항, 토지보상법 시행령 제40조 제5항). 세입자에게도 인정되는 주거이전비
및 이사비와의 차이에 해당한다.

다. 수용재결일까지 계속하여 거주할 것

(1) 근거

정비계획안에 대한 공람공고일부터 수용재결일까지 계속하여 거주하고 있어야
한다(법 시행령 제54조 제1항, 토지보상법 시행령 제40조 제5항 제2호). 다만, 토지보
상법 시행령 제40조 제5항 제2호 단서의 경우에는 예외가 인정되나, 그 중 마목
은 예외사유에서 제외된다(도시정비법 시행령 제54조 제1항). 따라서 질병으로 인한
요양(가목), 징집으로 인한 입영(나목), 공무(다목), 취학(라목)이나 각 그에 준하는
부득이한 사유(바목)로 인하여 계속하여 거주하지 못한 경우에는 계속거주한 것으
로 본다.

다만 해당 정비구역 내 주거용 건축물의 소유자가 타인이 소유하고 있는 건축
물에 세입자로 거주한 경우에는 계속하여 거주한 것으로 볼 수 없어 이주정착금
의 대상이 되지 아니한다. 그 경우 주거용 건축물의 소유자로서 주거이전비의 지
급대상이 되는 점(토지보상법 시행규칙 제54조 제1항 단서)과 구분된다.

(2) 계속거주 판단기준

㈎ 원칙

이주대책대상자에 해당하기 위한 거주요건을 갖추었는지 여부를 판단함에 있
어서는 해당 대상자가 실제로 이주대책기준에서 정하는 기간 동안 당해 건축물을
생활근거지로 삼아 거주하였는지 여부가 기본적인 판단기준이 되어야 한다.

⒩ 질병으로 인한 요양(가목), 징집으로 인한 입영(나목), 공무(다목), 취학 (라목)이나 각 그에 준하는 부득이한 사유(바목)의 판단기준

① 기준

토지보상법 시행령 제40조 제5항 제2호 단서에서 말하는 취학 등의 부득이한 사유는 해당 대상자가 책임질 수 없거나 불가피한 사유로 일시적으로 당해 건축물에 거주하지 못한 경우로서, 구체적으로는 주장되는 사유의 내용 및 불가피성과 더불어 당해 건축물에서 거주하지 않은 총 기간, 해당 사유에 비추어 미거주 기간이 합리적인지 여부, 해당 사유가 종료된 후 얼마 만에 당해 건축물로 다시 주거를 옮겼는지, 거주하지 못한 기간 동안 당해 건축물의 관리 현황은 어떠하였는지 등의 여러 사정을 종합적으로 고려하여 판단하여야 한다.[157]

② 사업시행자의 요청으로 일시적으로 임시거주시설로 이주한 경우

사업시행자가 원활한 정비사업의 추진을 위하여 정비구역 외에 임시거주시설을 마련하고, 현금청산대상자로서 주거용 건축물의 소유자에게 이주를 요청하였으며, 이에 현금청산대상자가 그 요청에 응하여 이주한 경우에는 토지보상법 시행령 제40조 제5항 제2호 단서 (바)목에 해당하여 책임질 수 없거나 불가피한 사유로 일시적으로 건축물에 거주하지 못한 것으로 볼 수 있다.[158]

③ 분양계약 미체결자

수분양 조합원이 이주의무의 이행을 위하여 정비구역 밖으로 이주하였다가, 그후 분양계약을 체결하지 아니하여 현금청산대상자가 된 경우, 협의계약 체결일 또는 수용재결 시까지 거주하지 않았으나, 이주의무의 이행을 위한 불가피한 것이었으므로, 이주정착금의 지급대상자가 될 수 있는 것인지 여부가 문제된다.

예외사유는 토지보상법 시행령 제40조 제5항 제2호 단서사유로 엄격히 제한되는바, 정비사업의 조합원 지위에서 정비사업의 원활한 진행을 위하여 정비구역 밖으로 이주하였다가 자신의 선택으로 분양계약을 체결하지 아니하고 현금청산대상자가 된 경우는 '질병으로 인한 요양, 징집으로 인한 입영, 공무, 취학 그 밖에 이에 준하는 부득이한 사유로 인하여 거주하지 아니한 경우'에 해당한다고 보기 어려우므로, 이주정착금 지급자로서의 요건을 갖추었다고 볼 수 없다.[159]

---

157) 대법원 2009. 9. 24. 선고 2009두8830 판결.
158) 서울고등법원 2019. 4. 4. 선고 2018누69693 판결(확정).

4. 범 위

이주정착금은 수용재결일에 발생한다. 보상대상인 주거용 건축물에 대한 평가액의 30%에 해당하는 금액으로 하되, 그 금액이 1천 2백만 원 미만인 경우에는 1천 2백만 원으로 하고, 2천 4백만 원을 초과하는 경우에는 2천 4백만 원으로 한다(토지보상법 시행규칙 제53조 제2항).

토지보상법 시행규칙이 2020. 12. 11 국토교통부령 제788호로 개정되면서, 금액이 증액되었다. 위 규정은 부칙 제3조에 의하여 위 규칙 시행이후 최초로 이주정착금을 지급하는 정비구역부터 적용된다. 종전 규정은 보상대상인 주거용 건축물에 대한 평가액의 30%에 해당하는 금액으로 하되, 그 금액이 6백만 원 미만인 경우에는 6백만 원으로 하고, 1천 2백만 원을 초과하는 경우에는 1천 2백만 원으로 하였다.

Ⅱ. 이사(移徙)비

1. 일반론

법 제65조 제1항이 정비사업의 시행을 위한 토지등의 수용에 관하여 토지보상법을 준용하고, 토지보상법 제78조 제5항은 사업시행자는 주거용 건축물의 거주자에 대하여 가재도구 등 동산의 운반에 필요한 비용을 산정하여 보상하여야 한다고 규정하고 있다. 이에 따라 사업시행자는 정비구역 내 주거용 건축물의 거주자가 정비사업으로 인하여 정비구역 밖으로 이사를 하는 경우에는 토지보상법 시행규칙 [별표 4] '이사비 기준'에 의하여 산정된 이사비(가재도구 등 동산의 운반에 필요한 비용) 및 동산의 이전에 따른 감손상당액을 보상하여야 한다(토지보상법 시행규칙 제55조 제1, 2항).

이사비가 생활보상으로서 손실보상의 일종인 점은 주거이전비, 이주정착금과 동일하나, 주거용 건축물의 소유자 및 거주자(다음에서 살펴보듯이 세입자와 동일한 개념이다)가 모두 대상인 점에서 주거이전비와 동일하고, 소유자만을 대상으로 하는 이주정착금과 구분된다.

---

159) 대법원 2016. 12. 15. 선고 2016두49754 판결.

이사비 지급청구소송은 행정소송법 제3조 제2호에 규정된 당사자소송으로서 재결을 거쳤는지 여부에 따라 그 형태가 달라지며, 이행기의 정함이 없는 채무이고, 사업시행자는 부동산을 인도받기 위해서는 이사비를 선이행하여야 한다(협의취득인 경우 동시이행관계)는 점은 주거이전비, 이주정착금과 동일하다.

2. 요 건

정비사업의 시행으로 인하여 이주하게 되는 주거용 건축물의 소유자인 현금청산대상자와 거주자일 것

가. 주거용 건축물의 소유자인 현금청산대상자와 거주자

(1) 정비구역 안의 주거용 건축물에서 거주하다가 정비사업의 시행으로 인하여 이주하게 되었다면 모두 이사비의 지급대상이다. 주거이전비의 경우에는 세입자가 요건임에 반해, 이사비의 경우에는 거주자가 요건이다(토지보상법 제78조 제5항, 토지보상법 시행규칙 제55조 제2항). 이사비의 지급대상인 거주자와 주거이전비의 지급대상인 세입자가 동일한 것인지 여부가 문제된다. 종래 주거이전비의 지급대상인 세입자를 유상의 임대차로 해석하는 경우에는 구분의 의미가 있었으나, 현재는 사용차주도 주거이전비의 지급대상이므로 세입자와 거주자 사이에는 특별한 차이가 없다.

(2) 건축물이 허가를 받았는지 여부를 불문하고, 주거용으로 사용되면 족하다.

주거이전비, 이주정착금과 구분된다. 다만 앞서 본 바와 같이 창고 등을 임차한 후 임의로 개조하여 주거용으로 사용하는 경우까지 포함된다고 보기는 어렵다.

나. 거주할 것

(1) 주거이전비의 경우에는 정비계획안에 대한 공람공고일(세입자의 경우에는 공람공고일 이전 3개월) 이전부터 거주함이 요건임에 반해, 이사비의 경우에는 이를 요하지 않는다. 정비계획안에 대한 공람공고일 이후 정비구역으로 이주한 경우에도 이사비의 지급대상이다.

(2) 다만 이사비와 관련하여서는 거주자(세입자)가 실제로 거주하였는지 여부가 실무상 주로 다투어진다. 정비계획안에 대한 공람공고일 무렵에는 오랫동안 보수

가 이루어지지 않아 실거주가 곤란한 낡은 건축물들이 상당수 있는바, 이사비 취득을 목적으로 실거주가 어려운 건축물에 거주한 듯한 외관을 작출한 후, 정비사업의 시행으로 이사가 이루어졌음을 이유로 사업시행자를 상대로 이사비를 청구하는 경우가 흔히 있다. 이와 관련하여서는 주로 앞서 본 토지보상법 시행규칙 제15조 제1항의 거주사실 증명방법에 따라 거주사실 여부를 판단한다.

다. 정비사업의 시행과 이사 사이의 상당인과관계

정비사업의 시행과 이사 사이에는 상당인과관계가 인정되어야 한다. 현금청산대상자의 경우에는 정비사업으로 인한 이사가 명확하나, 세입자의 경우가 문제된다. 주거이전비에서 살펴본 바와 같이 세입자가 정비사업으로 인하여 이주한 것인지 여부는 임대차계약의 내용, 존속기간이나 특약사항(임대차의 종기가 정비사업 시점인지 여부, 정비사업을 임대차 종기로 함에 따른 시세보다 낮은 차임인지 여부 등), 세입자와 주거용 건축물 소유자와의 관계 등을 기준으로 판단한다.

3. 이사비 청구권의 발생시점

가. 사업시행계획인가고시일

토지등소유자인 현금청산대상자의 경우 이주정착금과 주거이전비는 수용재결 시까지 거주하여야 하고, 그때 청구권이 발생하나, 이사비에 대하여는 수용재결 시까지 거주를 요하지 아니한다. 따라서 수용재결 이전에 정비사업으로 인하여 이사한 현금청산대상자는 사업시행계획인가 고시일에 이사비 청구권을 취득한다.[160] 세입자의 경우에는 주거이전비와 마찬가지로 사업시행계획인가 고시일에 이사비 청구권을 취득한다.

이사비청구권이 발생한 사업시행계획인가 고시일 이후에는 계속하여 거주할 필요가 없고, 사업시행자의 이사비 산정 통보를 기다릴 필요가 없다. 주거이전비와 동일하다.

---

160) 대법원 2016. 12. 15. 선고 2016두49754 판결(분양신청을 한 조합원이 정비구역지정 이후 이주의무를 이행하기 위해 정비구역 밖으로 이사하였다가, 분양계약체결에 응하지 아니하여 현금청산대상자가 된 경우, 주거이전비와 이주정착금의 지급요건에 해당하지는 않으나, 이사비 지급요건에는 해당한다).

나. 사업시행계획인가고시일 이전 이사한 경우

이사비 지급요건으로 사업시행계획인가 고시일까지 거주하여야 하는지 여부가 문제된다. 세입자의 주거이전비와 관련하여 사업시행계획인가 고시일까지 거주하여야 하는지 여부에 대하여 실무가 나누어짐은 앞서 본 바이고, 이는 이사비에서도 그대로 적용된다. 현금청산대상자가 당해 건축물에서 거주하다가 사업시행계획인가 고시일 이전에 이사하였거나, 세입자가 정비계획안 공람공고일 이전이든 이후이든 당해 정비구역 내 건축물에서 거주하다가 사업시행계획인가 고시일 이전에 이사하였다 하더라도, 현금청산대상자 또는 세입자가 정비사업으로 인하여 사업시행계획인가 고시일 이전에 이주하였음에 대한 상당인과관계를 증명하면 이사비청구권을 인정하여야 할 것이다(위 제2절 Ⅲ. "2. 세입자" 참조).

다. 사업시행기간 경과와 관련

최초의 사업시행계획인가 고시일에 이사비청구권의 발생이 확정된 후 사업시행기간이 도과하였더라도, 여전히 유효함은 주거이전비 청구권과 같다.

4. 임시수용시설로의 이사에 필요한 이사비가 지급된 경우

재개발사업의 시행자는 현금청산대상자 또는 세입자에게 임대주택 등 임시거주시설에 임시로 거주하게 하는 등의 의무를 부담한다(법 제61조 제1항). 이에 따라 현금청산대상자나 세입자가 사업시행자가 제공한 임시거주시설로 이사하였고, 그 과정에서 이사비를 지급받은 경우, 별도로 사업시행자를 상대로 토지보상법상의 이사비를 청구할 수 있는지 여부가 문제된다.

거주자(세입자)는 임시거주시설에서 종국적으로는 이와는 다른 거주지로 이사해야 하므로, 토지보상법에서 정한 이사비를 별도로 전액 청구할 수 있다고 보는 것이 타당하다.[161]

---

161) 서울고등법원 2019. 4. 4. 선고 2018누69693 판결(확정) 및 하급심인 의정부지방법원 2018. 10. 11. 선고 2017구합13641 판결.

5. 범 위

가. 일반 이사비

사업시행자는 이사비의 경우 실제 이전할 동산의 유무나 다과를 묻지 않고 토지보상법 시행규칙 제55조 제2항 [별표 4]에 따라 주택연면적을 기준으로 이사비를 산정하고, 그와 같은 법정 금액을 지급하여야 한다(토지보상법 시행규칙 제55조 제2항).[162)]

[별표 4] 이사비 기준

주택연면적기준	이사비			비고
	노임	차량운임	포장비	
1. 33제곱미터 미만	3명분	1대분	(노임＋차량운임) ×0.15	1. 노임은 「통계법」 제3조제3호에 따른 통계작성기관이 같은 법 제18조에 따른 승인을 받아 작성·공표한 공사부문 보통인부의 노임을 기준으로 한다.
2. 33제곱미터 이상 49.5제곱미터 미만	4명분	2대분	(노임＋차량운임) ×0.15	
3. 49.5제곱미터 이상 66제곱미터 미만	5명분	2.5대분	(노임＋차량운임) ×0.15	2. 차량운임은 한국교통연구원이 발표하는 최대적재량이 5톤인 화물자동차의 1일 8시간 운임을 기준으로 한다.
4. 66제곱미터 이상 99제곱미터 미만	6명분	3대분	(노임＋차량운임) ×0.15	3. 한 주택에서 여러 세대가 거주하는 경우 주택연면적 기준은 세대별 점유면적에 따라 각 세대별로 계산·적용한다.
5. 99제곱미터 이상	8명분	4대분	(노임＋차량운임) ×0.15	

건설업임금실태조사 보고서 중 공사부문 보통인부 1인당 일용노임은 일반적으로 국가통계포털(KOSIS), 건설업임금실태조사 중 개별직종 노임단가(대한건설협회)로 확인하고, 5톤 화물차량의 1일 8시간 운임의 1대당 가격은 한국교통연구원(KOTI) 화물운송시장정보센터, 화물자동차운송·주선업체 조사보고서가 주로 이용된다. 이는 사업시행계획인가 고시일을 기준으로 한다.

---

162) 대법원 2006. 4. 27. 선고 2006두2435 판결.

나. 이전에 따른 감손상당액

사업시행자는 현금청산대상자나 거주자에게 동산의 이전에 따른 감손상당액을 보상하여야 하나(토지보상법 시행규칙 제55조 제1항), 실무상 이를 청구하거나 인정되는 사례는 거의 없다.

제1절 일반론

천재지변 등 불가피한 사유로 긴급하게 재건축사업을 시행할 필요가 있다고 인정하는 때에는 시장, 군수등이 직접 시행하거나 토지주택공사등을 사업시행자로 지정하여 이를 시행하게 할 수 있고(법 제26조 제1항 제1호), 또는 시장, 군수등은 법정의 지정개발자를 사업시행자로 지정하여 재건축사업을 시행할 수 있다(도시정비법 제27조 제1항 제1호). 그와 같은 예외적인 경우의 재건축사업 시행자는 신속한 재건축사업을 위하여 토지보상법에 따라 토지등소유자의 토지등을 수용할 수 있고, 그에 따른 보상절차를 이행하여야 한다(법 제63조).

그러나 일반적인 재건축사업의 경우 사업시행자는 조합설립에 동의하지 않은 자, 분양신청을 하지 않거나 분양신청기간 종료 이전에 분양신청을 철회한 자 또는 정관에서 정한 분양계약체결을 하지 아니한 자와 사이에 보상협의가 성립하지 아니하는 경우, 정비사업의 진행을 원하는 조합원들만으로 사업진행이 가능하게 함으로써 정비사업을 신속하고도 차질 없이 효율적으로 추진하기 위하여 매도청구절차를 통하여 토지등소유자의 종전자산을 취득하게 된다. 재건축사업은 재개발사업에 비해 상대적으로 공공성과 공익성이 약한 점을 고려하여 법은 재건축사업 시행자와 토지등소유자등 사이에 협의가 성립하지 않는 경우의 해결방법으로, 수용 등의 공적 수단에 의하지 않고 위와 같이 매도청구권의 행사를 통한 사적 자치에 의해 해결하도록 규정하고 있다.

종전의 토지 또는 건축물의 임차권자 등은 관리처분계획인가의 고시가 있은 때에는 이전고시가 있는 날까지 종전의 토지 또는 건축물을 사용하거나 수익할 수 없으나, 토지보상법에 따른 손실보상이 완료되지 아니한 경우에는 계속하여 사용, 수익할 수 있다(법 제81조 제1항 제2호). 그러나 이는 재개발사업의 임차인에게만 해당하고, 재건축사업의 임차인에게는 적용될 수 없음은 제7편 제5장 Ⅲ. "2의 다. 재건축사업 임차인의 토지보상법에 따른 손실보상 완료 전 사용, 수익가능여부"에서 자세히 살펴보았다. 또한 이 규정은 재건축사업의 토지등소유자에게도 적용되지 않아 영업손실보상을 받을 수 없다.

제2절 매도청구

Ⅰ. 개 관

재건축사업에서 매도청구권을 행사하는 경우는 사업시행자가 사업시행계획인가 고시 이후 조합설립에 동의하지 않은 자를 상대로 하는 경우와 분양신청기간 종료 이후 분양신청을 하지 않거나 분양신청기간 종료 이전에 분양신청을 철회한 자(분양신청 할 수 없는 자, 관리처분계획에 따라 분양대상에서 제외된 자 포함)를 상대로 하는 경우로 크게 나누어진다. 전자의 경우에는 사업시행자가 요건에 따라 절차나 기간을 준수하여 매도청구권을 행사하여야 하고, 만일 이를 준수하지 아니한 경우에는 매도청구권이 상실되는 효과가 발생됨에 반해, 후자의 경우에는 법정의 청산기간 내에 협의되지 아니하면 반드시 60일 이내에 매도청구소송을 제기하여야 하고, 사업시행자가 위 기간을 넘겨 매도청구소송을 제기하는 경우에는 법정지연가산금을 지급할 의무를 부담할 뿐, 매도청구권의 상실과는 무관하다.

구체적으로 살펴보면, 전자와 관련하여서는 재건축사업의 사업시행자는 사업시행계획인가의 고시가 있은 날부터 30일 이내에 조합설립에 동의하지 않는 자에게 조합설립에 관한 동의 여부를 회답할 것을 서면으로 촉구하여야 하고, 그로부터 2개월 이내에 동의하지 아니하거나 회답하지 아니한 토지등소유자와 건축물 또는 토지만을 소유한 자를 상대로 토지등을 매도할 것을 청구할 수 있다(법 제64조).

후자와 관련하여서는 재건축 사업시행자는 분양신청을 하지 아니한 자 등을 상대로 관리처분계획이 인가·고시된 다음 날부터 90일 이내에 협의를 하여야 하

고, 협의가 성립되지 아니하면 위 기간 만료일 다음날부터 60일 이내에 매도청구
소송을 제기하여야 하고, 위 기간을 넘겨 매도청구소송을 제기한 경우에는 현금청
산대상자에게 지연일수의 기간에 따라 100분의 5 내지 100분의 15까지의 지연손
해금을 지급하여야 한다(법 제73조).

한편 사업시행자가 분양계약 체결기간 종료 이후 분양계약을 체결하지 아니한
자를 상대로 매도청구권을 행사하는 것은 분양신청기간 종료 이후 분양신청을 하
지 않은 자에 대한 매도청구권 행사와 그 절차가 동일하므로, 법 제73조의 적용
여부가 문제된다.

Ⅱ. 법적 성격 및 위헌여부

1. 법적 성격

가. 근 거

재개발사업의 시행자는 정비사업의 신속하고 원활한 진행을 위하여 정비사업
에의 참여를 원하지 아니하는 토지등소유자로부터 수용의 방법으로 토지등을 취
득하되, 재개발사업은 강제가입제이므로 이미 조합관계에 편입된 토지등소유자에
대하여 근거 법령뿐만 아니라 정관의 규정, 조합원 총회의 결의 등에 기한 단체법
적 규율로써 토지등을 확보하는 측면이 있다.

재건축사업에 동의하여 조합원이 되었던 토지등소유자가 분양신청기간 내에
분양신청을 하지 아니하거나 분양계약 체결기간 내에 분양신청을 하지 않은 경우
재건축사업 시행자가 그들로부터 토지등을 취득하는 것은 재개발사업과 마찬가지
로 이미 조합관계에 편입된 토지등소유자에 대한 단체법적 규율로써 토지등을 확
보하는 측면이 있어 특별히 문제되지 아니한다. 그러나 재건축사업의 경우 임의가
입제로 인하여 처음부터 조합설립에 동의하지 아니한 토지등소유자는 조합관계로
편입되지 않았으므로, 재건축사업 시행자가 조합설립에 동의하지 아니한 토지등소
유자로부터 그 토지등을 취득하는 것은 조합관계와는 무관하게 법률의 규정에 의
하여야 하고, 그것이 법 제64조가 규정하고 있는 매도청구제도이다.

따라서 조합설립에 동의하지 아니한 토지등소유자에 대한 매도청구권은 재건

축사업의 원활한 진행을 위하여 법이 사업시행자에게 재건축 불참자의 의사에 반하여 그 재산권을 박탈할 수 있도록 특별히 규정한 것으로서, 그 실질은 수용과 같다.

나. 매매계약

(1) 매도청구는 사업시행자가 조합설립에 동의하지 않은 자, 분양신청기간 내에 분양신청을 하지 아니한 자 등을 상대로 행사하는 매매계약의 의사표시이다. 매도청구권은 형성권이기 때문에 매도청구권의 행사 결과, 이를 행사한 자와 상대방과 사이에 상대방의 구분소유권 등에 대해 시가에 따른 매매계약이 성립된 것으로 의제된다.[163] 시가에 따른 매매계약이 성립된 것으로 의제되어 토지등소유자는 현금청산에 따라 개발이익이 포함된 손실보상을 받게 된다.

(2) 정비구역 내 토지등소유자가 재단법인이고 토지등이 재단법인의 기본재산이며, 재단법인이 기본재산을 처분하기 위해서는 정관변경이 필요한 경우, 매도청구만으로 매매계약이 성립된 것으로 볼 수 있는지 여부가 문제된다.

판례는 사업시행자의 매도청구가 있으면, 기본재산에 대한 매매계약의 성립뿐만 아니라 기본재산의 변경을 내용으로 하는 재단법인의 정관변경까지 강제된다고 본다.[164] 그 근거는 사업시행자가 사업구역 내 재단법인의 기본재산을 매도청구를 통하여 취득하기 위하여 반드시 재단법인의 별도의 정관변경이 필요하다고 본다면, 재단법인이 스스로 그 기본재산을 처분하는 내용으로 정관변경을 하지 않는 이상 사업시행자는 영원히 재단법인의 기본재산을 취득할 수 없게 되고, 정비사업을 진행할 수 없게 되는바, 이는 매도청구 대상자의 의사에 반하여 그 재산권을 박탈하도록 한 매도청구권의 본질에 반한다.

2. 위헌여부(합헌)

조합설립에 동의하지 아니한 토지등소유자에 대한 매도청구권은 그 실질이 수용과 같아 매도청구 대상자의 재산권을 침해하는 것으로서, 위헌인지 여부가 여러 차례 문제되었다.

---

163) 대법원 2009. 3. 26. 선고 2008다21549, 21556, 21563 판결.
164) 대법원 2008. 7. 10. 선고 2008다12453 판결.

가. 매도청구권에 관하여 헌법재판소는 1999. 9. 16.자 97헌바73, 98헌바62, 98헌바60(병합) 결정, 2010. 12. 28. 선고 2008헌마571 결정, 2017. 10. 26. 2016 헌바301 결정, 2020. 11. 26. 2018헌바407 등 결정 등으로 여러 차례 합헌으로 결정하였다. 그 논거는 다음과 같다.

① 매도청구권은 노후·불량주택을 재건축하여 도시환경을 개선하고 주거생활의 질을 높인다는 공공복리 및 공공필요를 실현하기 위한 것이다.

② 매도청구권 행사의 요건이나 절차, 기간 등을 제한함으로써 상대방의 이익을 충분히 보장하고 있고, 같은 입법목적을 달성하면서 재산권을 보다 덜 침해하는 다른 수단이 존재하지 아니하며, 개발이익까지 포함된 시가에 의한 보상을 하고 있다.

나. 도시정비법이 시행되기 이전 주택재건축사업은 주촉법상 사인에 의해 시행되는 민간의 주택건설사업임에도 헌법재판소는 매도청구권에 대하여 합헌 결정을 하였는바, 현행 도시정비법상의 재건축사업은 공익사업임이 명백하므로, 더더욱 매도청구권에 대하여는 합헌으로 보아야 한다.

Ⅲ. 조합설립에 동의하지 아니한 경우

먼저 조합설립에 동의하지 아니한 토지등소유자에 대한 매도청구권 행사의 요건 및 효과에 대하여 살펴본다.

1. 요건(최고)

가. 조합설립에 관한 동의여부 회답의 촉구

조합설립에 관한 동의여부의 회답 촉구와 관련하여서는 도시정비법이 2017. 2. 8. 법률 제14567호로 전부개정되기 이전과 이후에는 시기에서 커다란 차이가 있으므로, 이를 나누어 살펴본다.

⑴ 법이 2017. 2. 8. 법률 제14567호로 전부개정 되기 이전(조합설립등기 이후 지체 없이 최고)

㈎ 집합건물법 제48조의 준용

법이 2017. 2. 8. 법률 제14567호로 전부개정 되어 제64조가 신설되었는데,

위 개정법률 부칙 제16조는 위 제64조에 대하여 이 법 시행 후 최초로 조합설립인가를 신청하거나 사업시행자를 지정하는 경우부터 적용한다고 규정하고 있으므로, 그 이전의 재건축사업에는 구 법이 적용된다.

법이 2017. 2. 8. 전부개정되기 이전에는 구 법 제39조로 조합설립에 동의하지 아니한 자(제1호), 건축물 또는 토지만 소유한 자(제2호)의 토지 또는 건축물에 대하여는 집합건물법 제48조[165]의 규정을 준용하여 매도청구를 할 수 있다고 규정함으로써 집합건물법이 적용되었다.

㈏ 조합설립등기 이후 지체 없이 최고

① '지체 없이'의 의미

집합건물법 제48조 제1항은 재건축의 결의가 있은 후 '지체 없이' 조합설립에 동의하지 아니한 자 또는 건축물 또는 토지만 소유한 자에 대하여 재건축에 참가할 것인지 여부를 회답할 것을 서면으로 촉구하도록 규정하고 있다. 재건축조합은 설립인가를 받은 후 등기하여야 성립하므로, 여기에서 '지체 없이'는 조합설립등기가 이루어진 후 '즉시'를 의미하는지 여부가 문제되었다.

판례는 '지체 없이'는 조합설립등기가 이루어진 후 '즉시' 최고를 하여야 한다는 의미가 아니라, 재건축사업의 진행 정도에 비추어 '적절한 시점'에 최고가 이루어져야 한다는 의미라고 판시하였다.[166]

② 구체적 사안

㉮ 재건축조합이 2004. 7. 3. 조합설립(변경)인가를 받고 그로부터 5개월 이후

---

165) 집합건물법 제48조(구분소유권 등의 매도청구 등)
　① 재건축의 결의가 있으면 집회를 소집한 자는 지체 없이 그 결의에 찬성하지 아니한 구분소유자(그의 승계인을 포함한다)에 대하여 그 결의 내용에 따른 재건축에 참가할 것인지 여부를 회답할 것을 서면으로 촉구하여야 한다.
　② 제1항의 촉구를 받은 구분소유자는 촉구를 받은 날부터 2개월 이내에 회답하여야 한다.
　③ 제2항의 기간 내에 회답하지 아니한 경우 그 구분소유자는 재건축에 참가하지 아니하겠다는 뜻을 회답한 것으로 본다.
　④ 제2항의 기간이 지나면 재건축 결의에 찬성한 각 구분소유자, 재건축 결의 내용에 따른 재건축에 참가할 뜻을 회답한 각 구분소유자 또는 이들 전원의 합의에 따라 구분소유권과 대지사용권을 매수하도록 지정된 자는 제2항의 기간 만료일부터 2개월 이내에 재건축에 참가하지 아니하겠다는 뜻을 회답한 구분소유자(그의 승계인을 포함한다)에게 구분소유권과 대지사용권을 시가로 매도할 것을 청구할 수 있다. 재건축 결의가 있은 후에 이 구분소유자로부터 대지사용권만을 취득한 자의 대지사용권에 대하여도 또한 같다.
166) 대법원 2009. 1. 15. 선고 2008다40991 판결.

인 2004. 12. 1.경 재건축 참가여부 회답을 촉구한 사안에서, 위 조합설립(변경)인 가 이후인 2004. 10. 25.에도 구분소유자 25명이 추가로 동의함으로써 조합설립 변경인가를 받는 등 구분소유자들의 추가 동의로 인하여 수시로 조합원을 새로이 확정하여야 하는 상황에 있었던 사정을 고려하여 2004. 12. 1.자에 행한 최고가 지체 없이 이루어진 최고라고 판시하였다(위 2008다40991 판결).

㉯ 재건축조합이 조합설립등기를 마친 때로부터 2년이 지나 토지등소유자에게 재건축사업 참가 여부를 묻는 최고를 한 것은 지체 없이 최고를 하도록 한 규정 을 위반한 것이다.[167)]

③ 위헌여부

현행 법은 매도청구의 행사시점을 사업시행계획인가의 고시 이후로 하고 있으 나, 구 법은 정비사업의 시행 초기인 조합설립등기 직후 회답을 촉구하고, 불참자 에 대하여 매도청구를 하도록 한 것이 위헌인지 여부가 문제되었다. 헌법재판소는 매도청구 시점을 재건축조합 설립 직후로 정한 것에 대하여 합헌이라고 결정하였 다.[168)] 그 논거는 다음과 같다.

㉮ 조합설립등기 전에 주민공청회, 지방의회 의견청취, 주민들에 대한 통보를 거치고, 토지등소유자 과반수의 동의로 추진위원회가 구성된 이후에서야 조합이 설립된다. 그 과정에서 토지등소유자는 해당 정비구역에서 진행예정인 재건축사업 의 내용을 충분히 알 수 있고 이에 대한 본인의 의견을 개진할 수 있는 다양한 기회도 보장된다.

㉯ 조합설립동의서에는 건설되는 건축물의 설계 개요, 공사비 등 정비사업에 드는 비용 및 분담기준, 사업완료 후 소유권 귀속에 관한 사항 등이 포함되어 있 기 때문에 토지등소유자는 이를 기초로 재건축 참여 여부를 결정할 수 있다. 또한 매도청구는 조합설립에 동의하지 않은 토지등소유자에게 대하여 2개월 간 재건축 참가여부에 대하여 다시 숙고할 시간적 여유를 부여하고 있다.

---

167) 대법원 2015. 2. 12. 선고 2013다15623, 15630 판결.
168) 헌재 2020. 11. 26. 선고 2018헌바407 등 결정.

⑵ 법이 2017. 2. 8. 법률 제14567호로 전부개정 이후(사업시행계획인가의 고시가 있은 날부터 30일 이내에 최고)

㈎ 사업시행계획인가의 고시가 있은 날부터 30일 이내에 최고

① 재건축사업의 시행자는 사업시행계획인가의 고시가 있은 날부터 30일 이내에 조합설립에 동의하지 아니한 자에게 조합설립에 관한 동의 여부를 회답할 것을 서면으로 촉구하여야 한다(법 제64조 제1항).

② 사업시행자에게 매도청구권을 인정하는 것은 정비사업의 안정적이고 원활한 진행을 위해 정비구역 내 토지소유권의 확보를 보장하기 위함이다. 위와 같은 취지에 비추어 보면 사업시행자가 정비사업 진행 초기 단계에서 토지등소유자로 하여금 재건축에 참여할지 여부를 확인하고 참여하지 아니하기로 한다면, 곧바로 매도청구권을 행사할 수 있게 하는 것이 정비사업의 본질에 부합하는 측면이 없지는 않다. 그러나 조합설립인가 이후 시공자를 선정하고 시공계약이 체결되어야 정비사업비의 대부분을 차지하는 공사비가 일응 확정되므로, 조합설립등기 직후에는 토지등소유자로서는 조합설립 동의여부를 결정할 만한 구체적인 자료가 부족하다는 문제가 제기되었다.

위 개정 법률은 토지등소유자에게 공사비용 등이 반영된 구체적인 사업계획을 기초로 재건축사업에의 참여여부를 결정할 수 있는 충분한 기회를 제공한다는 점에서 타당하다. 사업시행자로서도 구체적인 사업시행계획이 수립되기 전에 토지등소유자에게 동의여부에 대한 선택을 강요함에 따른 토지등소유자의 항의나 반감 등의 부작용으로부터 벗어날 수 있게 되었다. 또한 종래 구 법이 매도청구의 시점을 재건축사업의 초기단계인 조합설립 직후로 정하고 있어 사실상 개발이익이 제대로 반영되지 않은 채 매매계약이 이루어져 토지등소유자가 정당한 보상을 받지 못한다는 비판도 해소되었다.

나. 서면에 의한 회답촉구

매도청구권을 행사하기 위한 전제로서의 최고는 반드시 서면으로 하여야 한다(법 제64조 제1항, 집합건물법 제48조 제1항). 최고를 받은 토지등소유자가 재건축결의의 구체적 사항을 검토하여 재건축에 참가할지 여부를 결정하여야 하므로 최고서(서면)에는 재건축결의사항이 구체적으로 적시되어 있어야 한다. 2017. 2. 8.자

전부개정된 법률에 의하는 경우 사업시행계획의 개략적인 내용이 적시되어 있어야 한다.

다만 그러한 사항들이 재건축사업의 추진과정에서 총회결의나 재건축에의 참여 권유 또는 종용 등을 통하여 최고의 대상자들에게 널리 알려짐에 따라 재건축 참가의 기회가 충분히 부여되었다면 재건축결의사항(사업시행계획의 개략적인 내용) 등이 기재되지 아니한 참가최고도 적법하다고 할 것이다.[169]

다. 토지등소유자의 부동의 또는 부동의 간주

회답촉구를 받은 토지등소유자는 촉구를 받은 날부터 2개월 이내에 회답하여야 하고, 위 기간 내에 회답하지 아니한 경우 그 토지등소유자는 조합설립에 동의하지 아니하겠다는 뜻을 회답한 것으로 본다(법 제64조 제2, 3항, 집합건물법 제48조 제2, 3항). 따라서 매도청구의 요건으로는 조합설립에 대한 동의여부의 회답을 촉구 받은 토지등소유자가 동의하지 아니하겠다는 뜻을 회답하거나 촉구를 받은 날부터 2개월 이내에 회답하지 아니한 경우에 한한다.

라. 건축물 또는 토지만 소유한 자에 대한 최고 여부

⑴ 주택단지 내 토지 또는 건축물만의 소유자(최고 불요)

㈎ 재건축사업은 정비구역에 위치한 건축물 및 그 부속토지의 소유자가 조합원이 된다 할 것이므로(법 제2조 제9호 나목), 건축물 또는 토지만 소유한 자는 조합원이 될 수 없어 동의권이 없다.

㈏ 2017. 2. 8. 법률 제14567호로 전부개정되기 전의 구 법 제39조 제2호는 건축물 또는 토지만 소유한 자에 대하여도 동의여부에 대하여 최고하도록 규정하고 있으므로, 그 해석이 문제되었다. 구 법 하에서의 판례는 재건축사업의 주택단지 내에 토지만을 소유하고 있어 조합설립 동의의 상대방이 되지 아니하는 자에 대하여는 집합건물법 제48조 제1항에서 규정한 최고 절차에 대하여 법률상 이해관계를 갖지 아니하므로 이러한 자에 대한 매도청구에 있어서는 매도청구 전에 동의여부에 대한 최고 절차를 거치지 않았더라도 그 매도청구가 위법하다거나 무효로 된다고 할 수 없다고 판시하였다.[170]

---

169) 대법원 2005. 6. 24. 선고 2003다55455 판결.

㈐ 현행 법 제64조는 건축물 또는 토지만 소유한 자에 대하여는 동의여부에 대한 최고의 대상에서 제외하고 있으므로, 최고의 필요성이 없음은 명백하다.

⑵ **주택단지 아닌 지역이 정비구역에 포함된 경우의 토지 또는 건축물 소유자 (최고 필요)**

주택단지가 아닌 지역이 정비구역에 포함된 재건축조합이 조합설립인가를 받기 위해서는 법 제35조 제4항에 따라 '주택단지가 아닌 지역' 안에 있는 토지 또는 건축물 소유자의 동의를 얻어야 한다. 따라서 '주택단지가 아닌 지역' 안에 있는 토지 또는 건축물 소유자는 '주택단지' 내에 토지 또는 건축물만을 소유하고 있는 자와는 달리 법에서 규정한 최고 절차에 대하여도 법률상 이해관계를 갖는다. 따라서 재건축조합이 법에 따라 '주택단지가 아닌 지역' 안에 있는 토지 또는 건축물만을 소유한 자에 대하여 매도청구를 함에 있어서는 특별한 사정이 없는 한 그 매도청구 전에 법에서 정한 최고 절차를 거쳐야 한다.[171]

2. 매도청구권 행사

가. 매도청구권의 법적 성질

매도청구권은 형성권이기 때문에 매도청구권의 행사 결과, 이를 행사한 자와 상대방인 재건축불참자 사이에 재건축불참자의 토지등에 대해 시가에 따른 매매계약이 성립된 것으로 의제된다. 매매계약의 성립시점은 매도청구 의사표시의 도달시점이다. 즉, 매도청구권 행사의 의사표시가 도달함과 동시에 재건축사업에 참가하지 않은 자의 토지등에 관하여 시가에 의한 매매계약이 성립된다.

나. 적법한 행사 요건(2개월 내의 매도청구권 행사)

⑴ 행사기간 및 방법

㈎ 회답촉구일 후 2개월 경과 시부터 2개월 이내 행사

토지등소유자가 부동의하거나 회답촉구를 받은 날부터 2개월 이내에 회답하지 아니하여 부동의로 간주된 경우, 회답촉구일 후 2개월의 기간이 경과하면 사업시행자는 그때부터 2개월 이내에 조합설립에 동의하지 아니하겠다는 뜻을 회답하거

---

170) 대법원 2008. 2. 29. 선고 2006다56572 판결.
171) 대법원 2010. 5. 27. 선고 2009다95578 판결.

나 간주된 토지등소유자와 건축물 또는 토지만 소유한 자에게 토지등의 소유권과 그 밖의 권리를 매도할 것을 청구할 수 있다(법 제64조 제4항, 집합건물법 제48조 제4항).

법 제64조 제4항은 '회답촉구를 받은 날로부터 2개월의 기간이 지나면' 매도청구권을 행사할 수 있다고 규정하고 있다. 이는 설령 토지등소유자가 회답촉구를 받자마자 곧바로 부동의 의사를 표시하더라도, 회답촉구일로부터 2개월의 기간 내에는 번의할 수 있으므로, 사업시행자는 적어도 토지등소유자가 회답촉구를 받은 날부터 2개월의 기간이 경과된 이후에야 적법하게 매도청구권을 행사할 수 있도록 한 것이다.

⑷ 매도청구의 의사표시는 재판상 또는 재판 외에서도 행사 가능

사업시행자로서는 조합설립에 동의하지 아니하는 토지등소유자의 토지등을 신속히 취득하기 위하여 토지등소유자를 상대로 토지등에 관한 소유권이전등기절차의 이행 및 인도를 구하는 소를 제기하면서 소장 부본의 송달로 토지등소유자에 대한 매도청구의 의사를 표시하는 경우가 흔하다. 나아가 사업시행자는 조합설립에 동의하지 않는 자에게 소유권이전등기절차이행을 구하는 소를 제기하면서, 소장 부본에 재건축 참여 여부에 대한 회답 최고서를 첨부하여 그 소장 부본의 송달로써 상대방에게 매도청구권에 관한 최고를 하기도 한다. 이로써 상대방이 최고기간 내에 재건축사업에 불참할 것을 정지조건으로, 회답기간 만료 다음날 매도청구권을 행사한 것과 동일한 효과가 발생하게 된다.[172]

(2) **제척기간**

⑺ **입법취지**

집합건물법 제48조 제4항 및 법 제64조에서 매도청구권의 행사기간을 규정한 취지는 다음과 같다.

① 매도청구권이 형성권으로서 토지등소유자의 의사에 반하여 매매계약의 성립을 강제하는 것임에도 불구하고, 행사기간을 제한하지 아니하면 매도청구의 상대방은 매도청구권자가 언제 매도청구를 할지 모르게 되어 그 법적 지위가 불안정하게 된다.

---

172) 대법원 2010. 7. 15. 선고 2009다63380 판결.

② 행사기간을 제한하지 아니하면 매도청구권자가 매수대상인 토지등의 시가가 가장 낮아지는 시기를 임의로 정하여 매도청구를 할 수 있게 되어 매도청구 상대방의 권익을 부당하게 침해할 우려가 있다.

(나) 제척기간

매도청구권은 행사기간 내에 이를 행사하지 아니하면 그 효력을 상실한다. 다만 제척기간 도과 전에 소를 제기하였다면, 우연히 소장부본의 송달이 제척기간도 과 후에 이루어졌다 하더라도 그와 같은 매도청구권의 행사가 부적법하다고 할 수는 없다.[173)]

(다) 예외

제척기간이 도과된 경우 사업시행자는 더 이상 매도청구권을 행사할 수 없으나, 매도청구권이 완전히 소멸하는 것이 아니다. 즉 재건축사업 시행자는 다시 조합설립인가(구 도시정비법 제39조가 적용되는 경우)나 새로운 사업시행계획인가(현행 도시정비법 제64조가 적용되는 경우)의 절차를 밟아 매도청구권을 다시 행사할 수 있다.

구 도시정비법 제39조가 적용되는 사안에서 판례는 사업시행자가 새로운 조합설립인가처분의 요건을 갖춘 조합설립변경인가를 받은 경우 그에 터 잡아 매도청구권을 행사하는 것에 대하여 적법하다고 판시하고 있다.[174)]

현행 도시정비법 제64조에 의하면 사업시행자는 새로운 사업시행계획인가의 요건을 갖춘 사업시행계획변경인가를 받아 그에 터 잡아 매도청구권을 행사할 수 있다. 이는 제척기간 경과 후에는 사업시행자로서는 비동의자에게 사정 변경에 따른 새로운 동의의 기회를 부여해 준 이후에야 매도청구권을 행사할 수 있도록 하는 것이다.

3. 매도청구권 행사 효과

가. 매매계약의 성립

매도청구권이 행사되면 그 의사표시가 도달함과 동시에 토지등소유자의 토지 등에 관하여 시가에 따른 매매계약이 성립하게 된다. 사업시행자 및 토지등소유자

---

173) 대법원 2003. 5. 27. 선고 2002다14532, 14549 판결.
174) 대법원 2013. 2. 28. 선고 2012다74816 판결 등 참조.

는 매매대금에 관하여 합의에 이르게 되면 그에 따르나, 합의에 이르지 아니하는 경우 매도청구권 행사로 매매계약이 성립되는 법률효과가 있을 뿐이고 구체적 매매대금은 소송과정에서 당사자의 시가 산정을 위한 감정신청과 법원이 지정한 감정평가사의 감정평가를 거쳐 판결에 의해 확정된다.

시가란 매도청구권이 행사된 당시의 토지나 건축물의 객관적 거래가격으로서, 노후 되어 철거될 상태를 전제로 하거나 재건축사업이 시행되지 않은 현재의 현황을 전제로 한 거래가격이 아니라 그 토지나 건축물에 관하여 재건축사업이 시행됨을 전제로 하여 평가한 가격, 즉 재건축으로 인하여 발생할 것으로 예상되는 개발이익이 포함된 가격을 말한다.[175] 다만 발생할 것으로 예상되는 개발이익은 재건축사업이 완료되기 전까지 현실화·구체화되지 아니한 미실현이익인바, 개발이익이 포함된다는 의미는 장래 비용부담을 전제로 한 개발이익을 현재 시점에서 미리 예측하여 이를 전부 반영하라는 취지가 아니라, 재건축사업이 진행됨에 따라 점차 구체화되는 당시의 개발이익을 그 시가 산정에 반영하라는 취지로 보아야 한다.

나. 동시이행관계

매도청구권의 행사로 매도청구 의사표시의 도달시점에 시가에 따른 매매계약의 성립이 의제되어 소유권이전등기와 매매대금지급은 동시이행관계에 있다. 공평의 원칙상 토지등소유자에게는 권리제한등기가 없는 상태로 토지등의 소유권을 재건축조합에게 이전할 의무가 있으므로, 토지등에 권리제한등기가 설정되어 있는 경우 사업시행자는 토지등소유자에게 토지등의 가액에서 권리제한등기를 말소하는 데 필요한 금액을 공제한 나머지를 청산금으로 지급할 의무가 있다. 따라서 사업시행자는 토지등소유자를 상대로 근저당권의 채권최고액을 공제한 나머지 금액의 지급과 상환으로 소유권이전등기절차의 이행 및 부동산의 인도를 구할 수 있다.

다. 매매계약의 해제 가능

매도청구권의 행사에 따라 매매계약이 성립되었으나 일방 당사자가 이에 따른 채무를 이행하지 않거나 그 이행을 거절하는 경우 상대방이 매매계약을 해제할

---

175) 대법원 2009. 3. 26. 선고 2008다21549, 21556, 21563 판결.

수 있다.[176]

4. 매도청구권 행사 및 효과와 관련한 쟁점

가. 조합설립 동의가 가능한 종기(분양신청기간 종료일)

재건축조합은 일반적으로 정관에 조합원은 토지등소유자로서 조합설립에 동의한 자로 하되, 다만 조합설립에 동의하지 아니한 자는 분양신청기한까지 동의서를 제출하여 조합원이 될 수 있다고 규정하고 있으므로(재건축조합 표준정관 제9조 제1항), 토지등소유자가 조합설립에 대하여 동의할 수 있는 있는 종기는 분양신청기간 종료일이다. 한편 부산 표준정관은 이를 삭제하였음은 앞서 본 바이다.

나. 매도청구권 행사로 인한 소유권이전등기청구 소송절차상의 쟁점

(1) 실무상 사업시행자가 소로써 토지등소유자에게 매도청구권을 행사하여(소장 부본의 송달로 이루어지는 경우가 많다) 토지등에 대한 이전등기 및 인도청구를 구하는 경우가 일반적임은 앞서 본 바이다. 매도청구권 행사로 매매계약이 성립되는 법률효과가 있으나, 토지등소유자가 매매계약의 내용을 위 소송절차에서 다투는 경우에는 일반적으로 시가감정 등 절차를 거치게 되므로, 매도청구에 따른 매매계약이 확정되기까지에는 상당한 시간이 소요된다.

(2) 소송과정에서 토지등소유자는 분양신청기간 종료 전이면 조합설립 동의서를 제출하여 조합에 가입할 수 있고, 그 경우 당해 매도청구는 이유 없게 된다. 이에 재건축조합의 정관에 사업시행자가 매도청구권에 기하여 소를 제기하였다가 그 소송과정에서 토지등소유자가 조합설립 동의서를 제출하는 경우 소송비용은 토지등소유자가 부담한다는 규정을 두기도 한다.

다. 조합설립에 동의하지 아니한 토지등소유자의 처분과 관련한 소의 이익

(1) 조합설립인가처분취소 및 무효확인의 소

토지등소유자는 매도청구로 인하여 자신의 의사에 반하여 매매계약 체결이 강제되는 불이익이 있고, 매도청구권은 적법한 재건축조합이 행사하는 것을 전제로 하므로, 조합설립에 동의하지 아니한 토지등소유자라 하더라도, 조합설립인가처분

176) 대법원 2013. 3. 26.자 2012마1940 결정 등 참조.

의 취소 및 무효확인을 구할 소의 이익이 있다. 실무상 조합설립에 동의하지 아니한 토지등소유자가 재건축조합을 상대로 조합설립인가처분취소 및 무효확인의 소를 제기한 후, 조합이 징구한 동의서에 하자가 있는 등으로 동의의 정족수를 충족하지 못하였다는 주장을 하는 것이 일반적이다.

⑵ 조합설립에 동의하지 아니한 토지등소유자의 사업시행계획등의 취소 및 무효확인의 소

㈎ 조합설립에 동의하지 아니한 토지등소유자는 조합원이 아니어서 사업시행계획의 권리관계에 관하여 어떠한 영향을 받을 개연성이 없다 할 것이므로, 사업시행계획의 효력을 다툴 법률상 이익이 있는지 여부가 문제된다. 인가된 사업시행계획만이 존재하고 분양신청절차가 진행되지 아니하였거나 분양신청기간이 경과되지 아니하였다면, 분양신청기간 내에 동의서를 제출하여 조합원이 될 가능성이 있으므로, 조합설립에 동의하지 아니한 토지등소유자도 일응 사업시행계획의 효력을 다툴 원고 적격이나 법률상 이익을 인정하여야 할 것이다.

㈏ 만일 이미 분양신청절차가 진행되어 분양신청기간이 만료되거나 그 이후 관리처분계획까지 수립된 경우 사업시행계획을 다툴 수 있는지 여부가 문제된다. 조합 설립에 동의하지 않은 토지등소유자는 비록 소제기 당시에는 조합원이 아니고, 사업시행계획에 대하여 무효확인 등의 판결을 받는다고 하더라도, 그러한 사정만으로 곧바로 조합원이 되는 것은 아니라 하더라도, 사업시행계획이 무효로 확인되거나 취소되는 경우 사업시행자인 조합은 새롭게 사업시행계획을 작성하여 인가를 받아야 하고, 그 경우 도시정비법 제72조 제1항에 따라 사업시행계획인가의 고시가 있은 날부터 120일 이내에 분양신청기간 등의 사항을 토지등소유자에게 통지하고 이를 공고하는 등 분양신청절차를 거쳐야 한다.

조합설립에 동의하지 않은 토지등소유자는 위와 같이 다시 진행되는 분양신청절차에서 조합에 동의서를 제출함으로써 조합원이 될 수 있는 가능성이 있다. 따라서 그 경우에도 원고 적격 및 소의 이익이 있다.[177] 한편, 관리처분계획의 취소나 무효확인의 소제기가 가능할 것인지 여부가 문제되나, 사업시행계획의 하자가 중대, 명백하여 무효인 경우, 후속행위인 관리처분계획도 위법하다 할 것이므로,

---

177) 서울행정법원 2021. 6. 11. 선고 2020구합61119 판결(현재 서울고등법원 2021누49255호로 계속 중).

그 범위에서 관리처분계획을 다툴 수 있으며, 심리결과 사업시행계획이 무효가 아니라면 관리처분계획에 의하여 권리의무에 어떠한 영향도 받을 수 없어 결국 소는 부적법하게 된다.

㈐ 토지등소유자가 위와 같은 처분을 다툴 소의 이익이 인정되기 위해서는 사업시행자가 소로써 토지등소유자에게 매도청구권을 행사하여 이전등기 및 인도청구를 구하는 소송이 계속 중인 것을 전제로 한다. 만일 그와 같은 매도청구소송이 확정되면 토지등소유자는 더 이상 사업시행계획이나 관리처분계획에 의하여 어떠한 법률상 영향도 받지 아니하므로 소의 이익이 없다.

라. 토지등의 특정승계와 관련한 쟁점

⑴ 최고 이후 토지등의 특정승계 시

㈎ 문제의 소재

집합건물법 제48조 제4항은 '재건축에 참가하지 아니하겠다는 뜻을 회답한 구분소유자'뿐만 아니라 '그 승계인'에 대하여도 매도청구권을 행사할 수 있다고 규정하고 있으므로, 최고 이후 토지등이 특정승계된 경우에는 승계인에 대하여 별도의 최고 없이 매도청구권을 행사할 수 있음이 명백하다. 종전 구 법 제39조는 집합건물법 제48조의 규정을 준용하여 매도청구를 할 수 있다고 규정하고 있으므로 특정승계의 경우 특별한 문제가 없었으나, 현행 법 제64조는 집합건물법 제48조를 준용하지 않고 독자적으로 규정하고 있음에도 집합건물법 제48조 제4항과 같은 명시적 규정이 없어 해석상 문제된다.

㈏ 판단

특별히 법 제64조가 집합건물법 제48조와 달리 볼 사정이 없는 점, 만일 최고 이후 토지등의 특정승계의 경우에도 반드시 양수인에게 다시 최고를 해야 한다면 악의적인 토지등소유자로 인하여 공익사업인 정비사업의 진행이 지체될 수밖에 없는 점, 승계인도 정비사업의 현황 등을 인식한 채 양수하였을 것이므로 전 소유자가 최고 등을 받은 사실을 인식하고 있었을 여지도 있고, 최고받은 이후의 승계인이라도 분양신청기간 종료일까지 동의하여 조합원 지위의 획득이 가능한 점 등에 비추어 현행 법 제64조에 의하더라도, 집합건물법 제48조 제4항을 유추적용하여 최고 이후 토지등이 특정승계된 경우 사업시행자는 승계인에게 다시 새로운 최고를 할 필요 없이 곧바로 승계인을 상대로 매도청구권을 행사할 수 있다고 보아야 한다.

⑵ 매도청구 이후 토지등이 특정승계 시

㈎ 문제의 소재

집합건물법 제48조 제4항은 최고 이후에는 승계인에게 매도청구권을 행사할 수 있다고 규정하고 있으나, 매도청구권 행사 이후의 승계인에 관하여는 명문의 규정이 없으므로, 그 경우에도 승계인에게 매도청구권 행사의 효과가 승계되는지 여부가 문제된다.

㈏ 판례

① 사업시행자가 매도청구권을 행사한 이후에 비로소 토지등의 특정승계가 이루어진 경우 이미 성립한 매매계약상의 의무가 그대로 승계인에게 승계된다고 볼 수는 없다.[178] 그 논거는 다음과 같다.

㉮ 집합건물법 제48조 제4항은 '재건축에 참가하지 아니하겠다는 뜻을 회답한 구분소유자'뿐만 아니라 '그 승계인'에 대하여도 매도청구권을 행사할 수 있다고 규정하고 있으나, 그것만으로 매도청구권자가 피승계인을 상대로 이미 매도청구권을 행사하는 소를 제기한 후 그 사실심 변론종결 이전에 목적 부동산에 관하여 특정승계가 이루어진 경우 당연히 승계인에게 매도청구권자와 피승계인 사이에 이미 성립한 매매계약상의 의무가 그대로 승계된다는 취지로 해석할 수는 없고, 매도청구권은 채권적 청구권에 불과하다.

㉯ 법 제129조는 "사업시행자와 정비사업과 관련하여 권리를 갖는 자의 변동이 있은 때에는 종전의 사업시행자와 권리자의 권리·의무는 새로이 사업시행자와 권리자로 된 자가 이를 승계한다."라고 정하고 있으나, 여기에서 '정비사업과 관련하여 권리를 갖는 자'는 조합원 등을 가리키는 것이고, 사업시행자로부터 매도청구를 받은 토지 또는 건축물 소유자는 이에 포함되지 않는다.

② 따라서 사업시행자는 매도청구권을 행사한 이후에는 반드시 처분금지가처분을 신청하여 그 결정을 받아두어야 한다.

---

178) 대법원 2019. 2. 28. 선고 2016다255613 판결.

마. 조합설립인가처분의 무효·취소의 경우 후속행위로서의 매도청구권의 효력

재건축조합이 정비사업 진행과정에서 매도청구권을 행사하였으나, 그 후 조합설립인가처분이 무효로 확인되거나 취소될 경우 그것이 유효하게 존재하는 것을 전제로 이루어진 위와 같은 후속 행위인 매도청구 역시 소급하여 효력을 상실하게 된다.

Ⅳ. 분양신청을 하지 아니하거나 철회 및 분양계약체결 거부

1. 매도청구권 인정 근거

분양신청기간 내에 적법한 분양신청통지를 받고도 분양신청을 하지 아니한 경우, 분양신청을 하였으나 분양신청기간 종료 이전에 분양신청을 철회한자의 경우에는 분양신청기간 종료 다음날, 분양신청을 하여 수분양자가 된 토지등소유자가 정관에서 정한 분양계약체결 기간 내에 분양계약을 체결하지 아니한 경우에는 분양계약 체결기간 다음날 각 조합원 지위를 상실하고 현금청산대상자가 된다.

종래 법이 2017. 2. 8. 법률 제14567호로 전부개정되기 이전에는 현행의 법 제73조 제1항과 같이 사업시행자인 재건축조합이 분양신청을 하지 아니한 현금청산대상자에 대하여 부담하는 현금청산의무만을 규정하고 있었으므로, 재건축조합이 위 조항을 근거로 하여 곧바로 현금청산대상자를 상대로 정비구역 내 부동산에 관한 소유권이전등기를 청구할 수는 없고, 사업시행자인 재건축조합에게는 원칙적으로 정비구역 내 부동산에 관한 수용권한도 인정되지 않으며, 구 법 제39조, 집합건물법 제48조의 매도청구권도 처음부터 조합원이 아닌 자를 상대로 하는 것으로서 조합설립에 동의한 조합원이었던 현금청산대상자에 대하여 곧바로 적용할 수는 없었으므로, 분양신청하지 아니한 현금청산대상자에 대한 매도청구의 법적근거와 관련하여 논란이 있었다.

이에 판례는 현금청산대상자는 조합원 지위도 상실하게 되어 조합탈퇴자에 준하는 신분을 가지는 것이므로, 매도청구에 관한 구 법 제39조, 집합건물법 제48조(현행 제64조)를 준용하여 재건축조합은 현금청산대상자를 상대로 정비구역 내 부동산에 관한 소유권이전등기를 청구할 수 있다고 봄이 상당하다고 판시하여,[179] 매도청구권의 법적 근거를 밝혔다. 그러나 법이 2017. 2. 8. 법률 제14567호로 전부개정된 이후에는 법 제73조 제2항으로 재건축사업 시행자는 관리처분계획이 인가·고시된 다음 날부터 90일 이내에 협의가 성립되지 아니하면 그 기간의 만료일 다음 날부터 60일 이내에 매도청구소송을 제기하여야 한다고 규정하여 매도청구의 근거 규정을 마련하였다.

한편 위 개정 규정은 부칙 제18조에 의하여 시행일인 2018. 2. 9. 최초로 관리처분계획인가를 신청하는 경우부터 적용된다.

2. 매도청구권 행사 요건

가. 최고절차

현금청산대상자는 조합설립에 동의하였다가 분양신청을 하지 아니하는 등 후발적 사유로 매도청구의 대상이 되었으므로, 사업시행자는 현금청산대상자에 대해 법 제64조 제1항의 조합설립 동의에 대한 확답을 촉구하는 최고절차가 필요하지 아니한다.

나. 매도청구 의사표시

(1) 매도청구의 의사표시는 필요하다.

다만 법 제64조 제4항에 의한 분양신청기간 종료일이나 분양계약 체결기간 만료일부터 2개월이라는 기간 내에 이를 행사할 필요는 없다(위 2010다73215 판결).

(2) 상당한 기간 내 행사

상당한 기간 내에 매도청구권을 행사하면 충분하다.[180] 그 논거는 다음과 같다.

① 매도청구권 행사기간을 엄격히 제한하는 것은 사업시행자가 그 행사시점을 임의로 선택하게 하는 경우 토지등소유자에게 불리한 시기에 매매계약이 체결될 수 있는 불합리 때문인데, 현금청산대상자의 경우는 매도청구권 행사시기에 관계

---

179) 대법원 2010. 12. 23. 선고 2010다73215 판결.
180) 강문경, 재건축조합원이 신탁을 원인으로 한 소유권이전등기를 마친 후 제명되거나 탈퇴한 경우 재건축조합이 토지의 소유권을 취득하기 위하여 매도청구권을 행사하여야 하는지 여부, 대법원 판례해설 제97호 하, 273쪽.

없이 법 제73조에 따라 청산금지급의무의 발생시기나 시가 산정시기, 지연손해금 발생 시기 등이 특정되어 있어 매도청구권자가 시가가 가장 낮은 시기를 임의로 선택할 여지가 없다.

② 재건축조합이 매도청구권을 행사하지 않더라도 현금청산대상자는 스스로 소유권 이전을 전제로 얼마든지 조합을 상대로 청산금지급소송을 할 수 있다는 점에서 법적 지위가 불안전한 상태에 있다고 보기 어렵다.

(3) 구체적 사례

사업시행자는 분양신청기간 종료일인 2008. 9. 23. 현금청산대상자와 사이에 협의를 진행하였으나, 결렬되자 그로부터 8개월의 기간이 경과한 2009. 5. 25. 현금청산대상자를 상대로 청산금을 지급받음과 동시에 소유권이전등기를 구하는 소장을 제출하는 방법으로 매도청구의 의사표시를 제기한 사안에서, 위 매도청구가 적법함을 전제로 본안판단을 하였다(위 2010다73215 판결의 1심인 서울남부지방법원 2009가합11106 판결).

3. 매도청구권 행사 효과

사업시행자인 재건축조합이 분양신청기간 종료일이나 분양계약 체결기간 만료일 이후 현금청산대상자와 사이에 협의를 진행하고, 협의가 결렬되면 현금청산대상자를 상대로 청산금을 지급받음과 동시에 매매를 원인으로 소유권이전등기를 구하는 취지의 소장을 제출하는 방법으로 매도청구권을 행사하게 된다. 이에 따라 현금청산대상자는 사업시행자로부터 청산금을 지급받음과 동시에 사업시행자에게 매매를 원인으로 한 소유권이전등기절차를 이행할 의무가 있다. 이와 관련하여 매매계약 성립의제일이 문제된다.

가. 분양신청을 하지 아니하거나 분양신청기간 철회한 자

(1) 2013. 12. 24. 법률 제12116호로 개정(부칙에 의하여 최초로 조합설립인 가를 신청하는 분부터 적용한다)되기 이전

2013. 12. 24. 법률 제12116호로 개정되기 이전 구 도시정비법 제47조는 분양신청을 하지 아니한 자 또는 분양신청기간 종료 이전에 분양신청을 철회한 자에

대하여는 분양신청기간 종료일의 다음 날부터 150일 이내에 현금으로 청산하여야 한다고 규정하고 있으므로, 청산금 지급의무 발생시기는 분양신청기간 종료일 다음날이고, 이행기는 그로부터 150일이다.

위와 같이 사업시행자의 현금청산대상자에 대한 청산금 지급의무가 발생하는 시기는 '분양신청기간의 종료일 다음날'이고, 협의에 의한 현금청산의 목적물인 토지·건축물 또는 그 밖의 권리의 가액을 평가하는 기준시점도 같은 날이므로, 현금청산대상자에 대한 매도청구권의 행사로 매매계약의 성립이 의제되는 날도 같은 날로 보아야 한다(위 2010다73215 판결).

(2) 2013. 12. 24. 법률 제12116호로 개정 이후

사업시행자는 관리처분계획이 인가·고시된 다음 날부터 90일 이내에 분양신청을 하지 아니한 자 또는 분양신청기간 종료 이전에 분양신청을 철회한 자와 토지, 건축물 또는 그 밖의 권리의 손실보상에 관한 협의를 하여야 한다. 다만, 사업시행자는 분양신청기간 종료일의 다음 날부터 협의를 시작할 수 있다(법 제73조 제1항).

사업시행자는 분양신청기간 종료일의 다음 날부터 현금청산대상자와 사이에 협의를 시작할 수 있고 이에 따라 협의가 성립되는 경우 현금청산대상자의 토지 등을 취득할 수 있으나, 원칙적으로 사업시행자의 현금청산대상자에 대한 청산금 지급의무가 발생하는 시기는 관리처분계획인가·고시일 다음날이고, 그날이 매매계약의 성립의제일이 된다할 것이다(제1장 제2절 Ⅱ. "1. 기준시점, 이행기" 참조).

나. 분양계약체결에 응하지 아니하여 현금청산대상자가 된 경우

정관에 의하여 현금청산대상자가 되는 기회를 부여하는 분양계약 체결제도에 따라 수분양자가 분양계약 체결기간 내에 분양계약에 응하지 하지 아니하여 현금청산대상자가 된 경우, 사업시행자의 현금청산대상자에 대한 청산금 지급의무가 발생하는 시기는 분양계약 체결기간 만료일 다음날이고, 그때가 매매계약의 성립의제일이 된다.

다. 지연가산금

법이 2017. 2. 8. 법률 제14567호로 전부개정되어 사업시행자는 분양신청을 하지 아니한 자, 분양신청기간 종료 이전에 분양신청을 철회한 자 등과 사이에 관리처분계획이 인가 · 고시된 다음 날부터 90일 이내에 현금청산에 관한 협의를 하여야 하고, 위 기간 내에 협의가 성립하지 아니하면 그 기간의 만료일 다음날부터 60일 내에 매도청구소송을 제기하여야 하고, 위 기간을 넘겨서 매도청구소송을 제기하는 경우에는 현금청산대상자에게 지연된 기간이 6개월 이내인 경우에는 100분의 5, 6개월 초과 12개월 이내인 경우에는 100분의 10, 12개월 초과인 경우에는 100분의 15의 이율에 따른 지연손해금을 지급하여야 한다(도시정비법 제73조, 법 시행령 제60조 제2항).

종래 재개발사업의 경우에는 토지보상법 제30조 제1항에 의하여 사업시행자의 수용재결신청 지연에 대한 제재나 현금청산대상자의 손실에 대한 전보가 가능하였음에 반해, 재건축사업의 경우에는 매도청구소송 지연에 따른 제재나 현금청산대상자의 손실을 전보받을 수 있는 방법이 전혀 없었으나, 이로써 재건축사업 현금청산대상자에 대한 보호수단이 마련되었음은 앞서 본 바이다.

한편 분양계약 체결기간 내에 분양계약을 체결하지 아니하여 현금청산대상자가 된 자에 대하여도 도시정비법 제73조, 법 시행령 제60조 제2항에 따른 지연가산금의 보장을 받을 수 있는지 여부가 문제된다.

분양신청기간 내에 분양신청을 하지 않은 자와 분양계약 체결기간 내에 분양계약 체결에 이르지 아니한 자는 실질적으로 동등한 지위에 있으므로, 위 법 제73조를 유추적용 할 수 있을 듯하나, 분양계약은 정관에 의하여 인정되는 제도이므로 사업시행자는 정관에 법 제73조와 같은 규정을 마련해 두는 것이 좋을 듯하다(재개발사업에 있어 분양계약 체결기간 내에 분양계약을 체결하지 아니한 자에 대하여 토지보상법 제30조의 적용이 가능한지 여부와 관련하여 판례가 인정하는 듯한 취지임은 제3장 제2절 Ⅱ. 법적 성격 및 적용범위에서 살펴본 바이다).

4. 매도청구권 행사의 예외(신탁)

가. 문제의 소재

정비사업의 원활한 진행을 위하여 사업시행자는 정관으로 조합원의 토지등에 대한 신탁등기의무를 규정하고 있거나 조합원에 대한 신탁등기의무에 관한 총회 결의가 이루어지고, 이에 따라 관리처분계획인가 이후 조합원이 정비구역 밖으로 이주하는 과정에서 자신의 토지등에 대하여 사업시행자에게 신탁을 원인으로 하는 소유권이전등기를 경료하게 됨은 앞서 본 바이다. 실제로 분양계약 체결기간 동안 분양계약에 응하지 아니한 현금청산대상자인 경우 이미 사업시행자에게 신탁을 원인으로 한 소유권이전등기를 마쳐 준 상태임이 일반적이고, 분양신청을 하지 아니하거나 분양신청을 철회한 조합원의 경우에도 이미 신탁을 원인으로 한 소유권이전등기를 마쳐 주기도 한다.

조합원이 분양신청을 하지 아니하거나 분양계약을 체결하지 아니하는 등으로 분양신청기간 종료일 다음날 또 분양계약 체결기간 만료일 다음날 조합원 지위를 상실하고 현금청산대상자가 되면 신탁법 제98조 제1호의 신탁의 목적을 달성할 수 없게 된 경우에 해당하여 신탁은 종료하고, 신탁법 제101조 제1항에 의하여 신탁재산은 수익자나 귀속권리자에게 귀속하므로, 원칙적으로 사업시행자는 위탁자인 현금청산대상자에게 당해 토지등에 대한 소유권이전등기를 경료하여 주어야 한다. 문제는 현금청산대상자에 대한 토지등은 매도청구의 대상이고, 이를 통하여 사업시행자가 토지등에 대한 소유권이전등기를 경료받아야 함에도, 신탁등기를 말소하고 그들에게 소유권을 이전하여 준 후 다시 이전등기를 경료받는 절차를 진행하여야 하는지 여부이다.

나. 판 례

법 제73조에서 사업시행자가 분양신청을 하지 아니하거나 철회한 현금청산대상자를 상대로 그가 출자한 토지등에 대하여 현금으로 청산하도록 규정한 취지는, 조합원이 정관에 따라 현물출자의무를 이행한 후 조합원 지위를 상실함으로써 청산을 하여야 하는 경우에 그가 출자한 현물의 반환을 인정하지 아니하고 현금으로 지급하도록 정한 것으로 보아야 한다. 이는 조합원이 그 소유의 토지등에 관하여 재건축조합 앞으로 신탁을 원인으로 한 소유권이전등기를 마친 후 조합원의 지위를 상실함으로써 신탁관계가 그 목적 달성 불능을 이유로 종료된 경우에도 달리 볼 것은 아니므로, 사업시행자는 위 토지등의 소유권을 취득하기 위하여 법 제64조를 준용하여 새로이 매도청구권을 행사할 필요가 없다.

또한 조합원이 조합원 지위를 상실함으로써 신탁관계가 그 목적 달성 불능을 이유로 종료된 경우 신탁재산이었던 부동산은 당연히 사업시행자에게 귀속되므로 사업시행자가 먼저 토지등소유자에게 신탁등기의 말소등기와 신탁재산의 귀속을 원인으로 한 소유권이전등기를 경료하여 준 뒤 다시 토지등소유자가 사업시행자 앞으로 청산을 원인으로 하는 소유권이전등기절차를 이행할 필요는 없다.[181]

결국 사업시행자는 매도청구권 행사 없이 분양신청기간 종료일 다음날 또는 분양계약 체결기간 만료일 다음날 당해 토지등에 관하여 확정적으로 소유권을 취득하고, 현금청산대상자에게 청산금을 지급할 의무가 있다.

V. 공공시행 재건축 및 개발자 지정 재건축에서의 매도청구

사업시행자는 제26조 제1항 및 제27조 제1항에 따라 시장 · 군수등, 토지주택공사등 또는 신탁업자의 사업시행자 지정에 동의하지 아니한 자에 대하여 사업시행자 지정 또는 지정개발자 지정 고시가 있는 날부터 30일 이내에 사업시행자 지정에 관한 동의여부를 2개월의 기간을 정하여 회답할 것을 촉구하고, 동의하지 않거나 회답하지 않아 부동의로 간주되는 경우, 사업시행자는 그들이 촉구를 받은 날부터 2개월이 지나면 2개월 이내에 매도청구권을 행사할 수 있다(법 제64조 제1항 제2호).

해당 정비구역의 토지면적 2분의 1 이상의 토지소유자와 토지등소유자의 3분의 2 이상에 해당하는 자가 시장 · 군수등 또는 토지주택공사등을 사업시행자로 지정할 것을 요청하는 때 등 법 제26조 제1항 각호에 해당하여 시장 · 군수등이 직접 재건축사업을 시행하거나 토지주택공사등을 사업시행자로 지정하고 재건축사업을 시행하는 경우, 재건축사업의 조합설립을 위한 동의요건(각 동 별 구분소유자의 과반수 동의와 주택단지의 전체 구분소유자의 4분의 3 이상 동의 및 토지면적 4분

---

181) 대법원 2013. 11. 28. 선고 2012다110477, 110484 판결.

의 3 이상의 토지소유자의 동의, 주택단지가 아닌 지역의 토지 또는 건축물 소유자의 4분의 3 이상 동의 및 토지면적 3분의 2 이상의 토지소유자의 동의) 이상에 해당하는 토지등소유자들이 신탁업자를 사업시행자로 지정하는 것에 동의하는 때 등 법 제27조 제1항 각호에 해당하여 시장·군수등이 신탁업자 등을 지정개발자로 지정하고 재건축사업을 시행하는 경우가 있다.

그와 같이 사업시행자를 지정·고시한 때에는 그 고시일 다음 날에 추진위원회의 구성승인 또는 조합설립인가가 취소된 것으로 본다(법 제26조 제3항, 제27조 제5항).

위와 같이 재건축조합설립인가가 취소된 것으로 간주되는 등 공공시행 재건축 및 개발자 지정 재건축의 경우 토지등소유자를 조합원으로 하는 조합은 사업시행에서 배제되는바(다만 도시정비법 제47조의 주민대표회의, 제48조의 토지등소유자 전체회의를 통하여 관여할 뿐이다), 위와 같은 공공시행 재건축 및 개발자 지정 재건축으로 진행되는 경우, 그와 같은 사업진행에 동의하지 않는 토지등소유자로 하여금 정비사업에서 이탈할 기회를 부여하는 것이다.

다만 천재지변 등 제26조 제1항 제1호, 제27조 제1항 제1호의 사유에 해당하는 경우 위 사업시행자가 토지등소유자의 토지등을 수용할 수 있음은 앞서 본 바이다(법 제63조).

제6장

재개발·재건축사업 현금청산대상자의 조합비용 부담

I. 총 설

사업시행자가 분양신청을 하지 아니하거나 분양신청을 철회한 자 등 법 제73조에 의하여 분양대상에서 제외된 현금청산대상자에게 그때까지의 정비사업비를 부과할 수 있는지 여부가 문제된다. 분양계약 체결기간 내에 분양계약을 체결하지 않아 현금청산대상자가 된 자에 대하여 사업시행자가 그때까지의 정비사업비를 부과할 수 있는지 여부도 마찬가지이다. 실무상 사업시행자는 당해 토지등소유자가 조합원이 된 시점부터 조합원의 지위를 상실하는 현금청산대상자가 되기까지 발생한 총 사업비에 전체 조합원의 종전자산 평가액 중 현금청산대상자의 종전자산 평가액이 차지하는 비율을 곱한 금액을 비용으로 부과한다.

이하에서는 실무상 보편적으로 이루어지고 있는 조합원의 지위를 상실한 현금청산대상자에 대한 사업시행자의 정비사업비 부과의 법적 근거 및 타당성에 대하여 살펴본다.

II. 법적 근거

1. 법 제93조에 의한 부과금 부과처분의 가부

도시정비법 제93조 제1항은 "사업시행자는 토지등소유자로부터 제92조 제1항에 따른 비용과 정비사업의 시행과정에서 발생한 수입의 차액을 부과금으로 부과·징수할 수 있다."고 규정하고 있다. 정비사업의 시행과정에서 수입을 초과하는 비용이 발생한 경우 위 규정에 근거하여 사업시행자가 조합원에 대하여 그 비용을 부과할 수 있듯이, 현금청산대상자인 토지등소유자에 대하여도 위 규정에 의하여 부과금을 부과할 수 있다는 견해가 있다. 그 근거는 위 규정이 '조합원'이 아

니라 '토지등소유자'라고 규정하고 있고, 이는 입법자가 현금청산대상자에 대하여
도 정비사업비를 부과 징수함을 전제로 한 것이라고 주장한다.

그러나 법 제93조 제1항이 '조합원'이 아니라 '토지등소유자'라고 규정한 것은
토지등소유자가 20인 미만의 재개발사업의 경우에는 조합을 설립하지 아니하고
토지등소유자 개인이 사업시행자가 될 수 있기 때문에 그와 같이 규정한 것이므
로 위 견해는 부당하다.

판례도 법 제93조 제1항의 토지등소유자는 관리처분계획 당시 분양을 받은 수
분양자로서 조합원인 토지등소유자를 의미하고, 이미 현금청산대상자가 되어 조합
원의 지위를 상실하여 더 이상 조합원의 지위에 있지 아니한 자들에 대하여는 위
조항을 근거로 사업비를 부과할 수 없다고 판시하고 있다.[182]

2. 정관, 총회결의 또는 약정

가. 판 례

도시정비법에 따른 사업시행자인 조합과 그 조합원 사이의 법률관계는 그 근
거 법령이나 정관의 규정, 조합원 총회의 결의 또는 조합과 조합원 사이의 약정에
따라 규율되므로, 현금청산대상자가 조합원의 지위를 상실하기 전까지 발생한 조
합의 정비사업비 중 일정 부분을 분담하여야 한다는 취지를 조합 정관이나 조합
원 총회의 결의 또는 조합과 조합원 사이의 약정 등으로 미리 정한 경우 등에 한
하여, 조합은 법 제89조에 규정된 청산절차 등에서 이를 청산하거나 별도로 그
반환을 구할 수 있다.[183]

나. 정관 규정의 의미

(1) 통상적으로 사업시행자인 조합은 현금청산대상자의 정비사업비 부담과 관
련하여 정관에 "현금청산 시까지 발생한 정비 사업비를 부담해야 한다." 또는 "현
금청산금에서 발생한 사업비용을 공제한다."라고만 규정하고 있다.

(2) 이와 관련하여 판례는 사업시행자가 현금청산대상자에게 정관으로 조합원

---

182) 대법원 2014. 12. 24. 선고 2013두19486 판결(재개발), 대법원 2016. 8. 30. 선고 2015다207785
판결(재건축), 대법원 2016. 12. 29. 선고 2013다217412 판결(분양계약 미체결).
183) 대법원 2014. 12. 24. 선고 2013두19486 판결(재개발), 대법원 2016. 8. 30. 선고 2015다207785
판결(재건축).

지위를 상실하기 전까지 발생한 정비사업비 중 일부를 부담하도록 하기 위해서는 정관 또는 정관에서 지정하는 방식으로 현금청산대상자가 부담하게 될 비용의 발생 근거, 분담 기준과 내역, 범위 등을 구체적으로 규정하여야 한다. 이와 달리 단순히 사업비용을 부담해야 한다는 추상적인 정관의 조항만으로는, 현금청산대상자에게 조합관계에서 탈퇴할 때까지 발생한 사업비용을 부담하도록 할 수 없다고 판시하였다.[184] 그 논거는 다음과 같다.

① 탈퇴하고자 하는 조합원에게 합리적으로 탈퇴 여부를 결정할 수 있도록 탈퇴 시점에서 부담하게 될 비용의 발생 근거, 분담 기준과 내역, 범위 등에 관한 구체적 정보가 정관등으로 규정되어야 한다. 만일 추상적으로 사업비용을 부담한다는 내용의 정관 조항만을 근거로 현금청산대상자가 예상하지 못한 내용과 규모의 정비사업비를 부담하도록 하는 것은 잔존 조합원과 탈퇴 조합원 사이의 형평에 반한다(잔존 조합원에 대해서는 정비사업에서 발생한 수입을 반영하여 부과금의 액수와 징수 방법, 조합원별 분담내역 등을 정하여 조합원 총회의 결의를 거치도록 함으로써 그 이익을 보호하고 있다).

② 도시정비법령에서 현금청산대상자를 상대로 현금청산 시점 이전에 발생한 비용을 부담하도록 할 수 있는지 여부 등 일반적 조항을 전혀 규정하고 있지 않으므로, 정관만이 현금청산대상자에게 정비사업비 중 일정 부분을 부담하게 하는 근거가 되는데, 정관이 현금청산대상자가 부담하게 될 비용의 항목과 부담 기준 등 핵심적인 내용 없이 단순히 현금청산금 산정 과정에서 사업비용 등을 공제하고 청산할 수 있다고 추상적으로만 규정하면 현금청산대상자로서는 조합관계에서의 탈퇴 전에 자신이 부담하게 될 비용을 합리적으로 예측하기 어렵다.

다. 현금청산대상자가 부담하는 구체적 범위

(1) 제한 필요성

정관등으로 현금청산대상자에게 정비사업비 중 일정 부분을 부담하도록 정한다 하더라도, 정비사업의 시행에 따른 손익은 조합원이 부담하는 것이 원칙인 점과 현금청산대상자는 정비사업의 종료 이전에 조합 관계에서 탈퇴하는 점을 고려

---

184) 대법원 2021. 6. 30. 선고 2020다291340 판결, 대법원 2021. 4. 29. 선고 2017두48437 판결(재건축), 대법원 2021. 4. 29. 선고 2018두51836 판결(재개발).

하여 그 비용 항목과 금액은 탈퇴 시점에서 현금청산대상자가 부담하는 것이 타당한 범위 내의 합리적 비용만을 한정하여 규정할 필요가 있다.

(2) 기준

특정 항목의 사업비용이 현금청산대상자에게 부담시킬 수 있는 합리적인 범위 내의 것인지 여부는 기본적으로 그 비용 지출로 인하여 현금청산대상자가 이익을 얻었거나 얻게 되는지 여부 또는 그러한 목적으로 지출되었는지 여부를 기준으로 하되, 비용의 지출 시점이나 경위, 정비사업의 진척 상황 등의 여러 사정을 종합적으로 고려해야 한다.

(3) 구체적 범위

㈎ 정비사업이 기존의 건축물을 철거한 후 그 대지 위에 새로운 건축물을 건축하여 분양함으로써 그로 인한 수익을 조합원들에게 분배하는 것을 목적으로 함에도 현금청산대상자는 정비사업의 중간단계에서 조합관계에서 탈퇴하여 그와 같은 분양 수익을 누리지 못하므로 적어도 분양 수익에만 기여하는 비용은 현금청산대상자에게 부담하도록 할 수 없다.

㈏ 잔존 조합원들의 이익으로만 귀속되는 비용(정비기반시설 공사비 등)이나 전적으로 새롭게 건축되는 건물의 형성에만 기여하는 비용(신축 건물의 대지조성·건축 공사비 등) 등도 특별한 사정이 없는 한 합리적인 범위 내의 비용으로 보기 어렵다.

㈐ 현금청산을 선택하는 자에게 조합관계에서 탈퇴할 기회를 보장하는 법 제73조의 취지에 비추어 볼 때, 현금청산금을 산정·지급하지 않은 상태에서 조합관계에서의 탈퇴 시점까지 발생한 정비사업비를 미리 청구할 수 있도록 한다면 자력이 부족한 조합원은 조합관계에서 탈퇴하기 위한 비용을 마련하지 못하여 현금청산을 선택하지 못하는 등으로 조합관계에서의 탈퇴를 부당하게 제한받거나 그 재산권을 중대하게 침해당하는 결과가 될 수 있다.

따라서 정관으로 정비사업비 중 일정 부분을 공제하는 방식으로 현금청산금을 산정하도록 정해 둔 경우 그 조항을 근거로 현금청산대상자에게 현금청산금을 산정·지급하지 아니한 상태에서 위 현금청산과 별개의 절차로 정비사업비 중 일정

부분의 지급을 구할 수는 없다.[185]

3. 재개발사업에 있어 조합설립에 동의하지 아니한 토지등소유자(예외)

가. 재개발사업에 있어 조합설립에 동의하지 아니한 토지등소유자는 정관이나 총회결의에 의한 정비사업비의 부담대상에서 제외되어야 한다. 그 논거는 다음과 같다.

① 재건축사업은 임의가입제로서 토지등소유자가 스스로 조합설립에 동의한 경우에 한하여 조합원이 됨에 반해, 재개발사업은 토지등소유자의 의사와 무관하게 강제가입제이다. 토지등소유자로서는 처음부터 재개발사업에의 참여를 원하지 않더라도, 분양신청기간 종료일까지는 조합원의 지위에서 벗어날 수 없다.

② 사업비용은 건축 등 주로 개발사업이나 그 준비행위와 관련된 것이다. 재건축사업의 경우에는 개발이익이 포함된 보상을 받으므로 현금청산대상자도 개발에 따른 비용을 부담할 여지가 있으나, 재개발사업의 경우 현금청산대상자는 개발이익이 배제된 채 보상을 받으므로 개발과 관련한 비용을 부담하는 것은 타당하지 않다.

③ 특히 정비사업의 실무는 추진위원회가 정비구역 내 토지등소유자들에게 오에스 요원[오에스(OS, Outsourcing) 재개발 · 재건축 현장에서 활동하는 외주 용역회사의 직원]까지 동원하여 정비사업의 이점 등을 집요할 정도로 홍보하면서 조합설립 동의서를 징구하는 현실에 비추어 재개발사업에서 조합설립에 동의하지 않은 자는 적극적으로 정비사업의 진행에 반대하는 의사인 것으로 보인다. 위와 같이 자신이 사실상 반대하는 정비사업으로 인하여 재산권까지 박탈되는 토지등소유자들에게 그와 같은 정비사업으로 인한 사업비까지 자신의 의사와 무관하게 약정이 아닌 정관 또는 총회결의에 의하여 그 비용을 부담하게 하는 것은 부당하다.

나. 다만 현금청산대상자가 스스로 사업시행자와의 약정에 의하여 사업비의 일부를 부담하는 것은 가능하다.

---

185) 대법원 2021. 4. 29. 선고 2017두48512 판결.

제10편

준공인가 이후의
이전고시 등 처분 및 청산

제1장 준공인가 이후 처분행위

제1절 총 설

정비사업의 시행으로 조성된 대지 및 건축물은 관리처분계획에 따라 처분 또는 관리하여야 한다(법 제79조 제1항). 정비사업으로 조성되거나 용도폐지 되는 정비기반시설에 대한 관리처분계획에 따른 처분은 법 제97조 제2항에 의하여 준공인가를 통하여 법률의 규정에 의한 물권변동이 발생하므로, 제8편 제5장 "Ⅴ. 준공인가와 정비기반시설"에서 자세히 살펴보았다.

준공인가 이후에는 정비기반시설을 제외한 정비사업의 시행으로 조성된 나머지 대지 및 건축물에 대한 관리처분계획에 따른 처분행위가 남게 된다. 정비사업의 시행으로 조성된 대지 및 건축물 중 관리처분계획에 따라 처분해야 하는 대상으로는 조합원 분양분, 일반 분양분, 보류지, 임대주택 및 국민주택규모 주택 등이 있다. 정비사업의 시행으로 조성된 대지 및 건축물의 처분에는 교회 등 종교시설에 대하여 종교용지에 관한 소유권이전등기를 경료하는 주는 경우도 있으나, 일반적으로는 공동주택 및 상가(복리시설 중 근린생활시설)에 대한 처분이다.

수분양 조합원분에 대하여 간단히 살펴본다. 관리처분계획은 종전자산의 출자에 따른 종후자산의 권리귀속에 관한 사항을 정한 포괄적 행정계획으로서, 관리처분계획의 인가·고시에 의하여 조합원들은 종후자산의 수분양권을 확정적으로 취득하나, 이는 종전자산에 대한 권리가 종후자산의 권리에 대한 잠정적 권리로서의 수분양권(입주자의 지위, 부동산을 취득할 수 있는 권리)으로 변환된 것에 불과하고, 사업시행자가 관리처분계획에 기하여 이전고시를 하는 경우 조합원의 종전자산에 관한 권리가 종후자산에 관한 권리로 확정적으로 변환된다. 따라서 사업시행자가 정비사업으로 건설된 대지 및 건축물 중 조합원 분양분에 대하여 관리처분계획에 따라 수분양 조합원에게 공급하는 것은 이전고시에 의하여 최종적으로 처분이 완료된다.

이전고시는 관리처분계획에서 정한 바에 따라 소유권을 귀속시키는 행정처분으로서 이에 따라 소유권 변동이 발생하고, 수분양 조합원은 등기를 경료하지 않더라도 그 소유권을 취득한다. 이로써 사업시행자인 조합은 정비사업의 완료로 설립목적이 달성되어, 더 이상 존속될 이유가 없으므로 청산절차로 나아가게 된다.

사업시행자는 조합원들을 상대로 이전고시에 따라 취득한 재산을 기준으로 종전재산과의 과부족을 정산하는 청산절차 및 총 수입보다 총 지출이 많은 경우 비용부과절차를 진행한다. 그러나 정비사업의 실무는 대부분의 조합이 정관에 의거한 분양계약을 통하여 청산금(비용포함)을 이전고시 이전에 여러 차례 분할 징수한다. 분양계약 및 이를 통한 청산에 대하여는 제8편 제4장 분양계약에서 자세히 살펴보았다. 이하에서는 이전고시 및 이전고시 이후에 이루어지는 청산에 관한 일반론에 대하여 살펴본다.

관리처분계획상 처음부터 일반 분양분으로 예정된 부분은 종전자산과 무관하게 사업시행자가 정비사업에 소요되는 비용을 충당하기 위한 것이므로, 이전고시를 통하여 사업시행자가 이를 취득한 후 일반 수분양자에게 소유권이전등기를 경료하여 줌으로써 관리처분계획에 따른 처분이 완료된다. 사업시행자가 조합원 외의 제3자에게 일반분양하기 위해서는 공고·신청절차·공급조건·방법 및 절차 등에 관한 주택법 제54조를 준수하여야 하므로, 그 절차에 대하여도 자세히 살펴본다.

관리처분계획상 처음부터 보류지로 예정된 부분은 준공인가 이전까지 분양대상자의 누락·착오의 정정 및 소송에 의한 수분양자 확정의 과정을 통하여 상당부분 조합원 분양분으로 관리처분계획의 변경이 이루어질 것이나, 준공인가 이후에도 보류지가 남아있는 경우에는 이전고시를 통하여 사업시행자가 이를 취득함으로써 관리처분계획에 따른 처분이 완료된다.

한편 조합원 분양분 중 분양신청을 받은 후 잔여분이 있는 경우, 사업시행자는 이를 보류지로 정하거나 조합원 또는 토지등소유자 이외의 자에게 분양할 수 있다(법 제79조 제4항). 사업시행자가 총회의결이나 정관변경절차를 통하여 현금청산대상자에게 조합원의 지위를 부여한 후 위 잔여분에 대한 추가 분양신청기회를 제공하고, 당해 절차에서 현금청산대상자가 분양을 받는 경우에는 앞서 본 수분양 조합원분과 동일하게 처리한다. 그러나 사업시행자가 위 잔여분을 관리처분계획변 경절차를 거쳐 보류지나 조합원 이외의 자인 일반 분양분으로 처리하는 경우에는 종전자산에 대한 권리가 잔여분에 이전되는지 또는 소멸되는지 여부가 문제된다. 이 부분에 관하여도 자세히 살펴본다.

관리처분계획상의 임대주택(재개발사업), 용적률 인센티브를 조건으로 건설된 국민주택규모 주택은 이전고시에 의하여 사업시행자가 소유권을 취득한다. 다만 국민주택규모 주택은 사업시행자가 반드시 국토교통부장관 등에게 이를 인수시켜 야 하고, 또한 임대주택은 재개발 사업시행자가 사전에 국토교통부장관 등에게 인 수를 요청하는 경우 국토교통부장관 등이 이를 인수하여야 하는바, 그 경우 사업 시행자가 각 일반 분양분과 동일하게 국토교통부장관 등에게 소유권이전등기를 경료하여 줌으로써 관리처분계획에 따른 처분이 완료된다.

제 2 절 이전고시

Ⅰ. 의 의

이전고시는 관리처분계획에서 정한 바에 따라 정비사업으로 조성된 대지 또는 건축물에 대하여 위치 및 범위 등을 정하여 그 소유권을 분양받을 자에게 이전하 고 그 가격의 차액에 상당하는 금액을 청산하거나 대지 또는 건축물을 정하지 않 고 금전적으로 청산하는 공법상 처분이다.[1] 사업시행자인 조합은 정비사업의 시행 으로 조성된 대지 및 건축물을 인가받은 관리처분계획에 따라 조합원에게 공급하 여야 한다(법 제79조 제1, 2항). 토지등소유자가 20인 미만으로서 개인이 사업시행 자인 재개발사업에 있어서는 관리처분계획상의 수분양 토지등소유자에게 이를 공 급한다.

시장·군수등이 해당 지방자치단체의 공보에 정비사업 공사에 대한 준공인가

---

1) 대법원 2012. 3. 22. 선고 2011두6400 전원합의체 판결.

및 공사완료의 고시를 한 경우, 사업시행자는 관리처분계획에 따른 처분행위를 위하여 대지확정측량을 하고, 토지 분할절차를 거친 후, 관리처분계획에서 정한 사항을 수분양자에게 통지하고 그들에게 대지 또는 건축물의 소유권을 이전하는 내용을 해당 지방자치단체의 공보에 고시한다(법 제86조). 이를 이전고시라고 하고, 도시정비법 제정 이전의 도시재개발법에서는 이를 분양처분이라고 하였다(구 도시재개발법 제38조 제3항).

이전고시는 일반적으로 '서울특별시 00구 고시 제00호, 00재개발(재건축)조합 고시 제00호'로 하게 된다.

이전고시가 있는 경우 대지 또는 건축물을 분양받을 자는 고시가 있은 날의 다음 날에 그 대지 또는 건축물의 소유권을 취득한다(법 제86조 제2항 후단). 이전고시는 관리처분계획에서 정한 권리배분내용에 따라 해당하는 자에게 소유권을 확정적으로 귀속시키는 행정처분으로서, 이에 따라 소유권변동이 생기고, 해당하는 자는 등기를 하지 않더라도 당연히 그 소유권을 취득하므로 민법 제187조의 법률의 규정에 의한 부동산 물권취득이다. 이는 법 제97조 제2항에 의하여 준공인가 시 새로 설치하거나 폐지되는 정비기반시설의 소유권이 법률의 규정에 의하여 물권변동이 발생하는 것과 동일하다.

Ⅱ. 이전고시의 법적 성질 및 요건

1. 이전고시의 법적 성질

가. 이전고시는 관리처분계획의 후속행위인 공법상 처분으로서, 관리처분계획이 확정한 권리의무관계를 완성하는 집행행위이다. 사업시행자가 수분양자에게 소유권을 이전하는 내용으로 해당 지방자치단체 공보에 고시하는 이전고시는 별도의 조합(주민)총회 결의 없이 관리처분계획의 내용에 따라 기계적으로 처리한다. 따라서 이전고시의 전제가 되는 관리처분계획은 반드시 시장·군수등의 인가를 받아야 하고, 만일 관리처분계획인가를 받지 아니하고 이전고시에 따른 이전을 한 자는 법 제137조 제8호에 의하여 2년 이하의 징역 또는 2천만원 이하의 벌금이라는 형사처벌을 받게 된다.

이전고시에 청산에 관한 내용이 포함되는지 여부와 관련하여 견해의 대립이 있는바, 이는 Ⅴ. "2. 이전고시 이후 관리처분계획을 다툴 수 있는지 여부"에서 살펴본다. 관리처분계획의 후속행위이므로, 관리처분계획의 효력정지결정이 있게 되면 이전고시는 불가능하다.

나. 이전고시에 의하여 종전자산에 대한 권리가 소멸하고, 종후자산에 대한 권리가 부여되므로 형성적 처분이다. 또한 이전고시가 있게 되면 새로 분양받은 부동산은 환지로 보게 되어(법 제87조 제2항) 종전자산에 존속하였던 권리관계가 동일성을 유지하면서 종후자산에 이전된다는 점에서 이전고시에는 대물적 처분으로서의 성격도 있으나, 정비사업에서는 토지등소유자(조합원)의 분양신청절차가 존재하여 토지등소유자(조합원)가 분양을 받고자 하는 대상을 스스로 선택하여야 하며, 또한 이전고시가 입체환지적 성격을 갖고 있어 창설적 설권효를 갖는다고 볼 수 있고, 관리처분계획에는 분양대상자 등을 명시하여야 하므로 이 부분 역시 행정처분으로서 공정력을 갖게 되는 점 등을 고려하면 환지처분처럼 순수한 대물적 처분으로만 보기는 어렵고 대인적 요소도 포함된 혼합적 처분으로 보아야 할 것이다.[2]

2. 이전고시 요건

가. 준공인가 및 공사완료 고시가 있을 것

이전고시에 의하여 조합원의 종전자산에 관한 권리가 종후자산에 관한 권리로 확정적으로 변환되므로, 종후자산에 대한 공사가 완료될 것을 전제로 한다. 따라서 이전고시는 원칙적으로 시장·군수등이 해당 지방자치단체의 공보에 정비사업 공사에 대한 준공인가 및 공사완료의 고시를 한 경우에 한하여 가능하다. 다만, 정비사업의 효율적인 추진을 위하여 필요한 경우 사업시행자는 해당 정비사업에 관한 공사가 전부 완료되기 전이라도 완공된 부분에 대한 준공인가를 받아 대지 또는 건축물별로 분양받을 자에게 소유권을 이전할 수 있다(법 제86조 제1항 단서).

나. 정비구역 내 토지의 소유권 확보

정비사업은 사업시행자 측(조합원)이 정비구역 내 토지등소유권을 확보한 후,

---

2) 노경필, 이전고시에 관한 소고, 사법 제23호(2013. 3.), 110쪽, 115쪽.

그 토지 지상에 건물을 건축하여 조합원 및 일반분양하는 것을 본질로 하므로, 적어도 정비구역 내 토지 전부에 대한 사업시행자 측의 소유권이 확보되어야 이전고시가 가능하다.[3] 이를 위하여 법은 수용재결 및 매도청구제도를 두고 있음은 앞서 본 바이다. 만일 적법한 분양신청통지나 분양계약체결의 통지가 이루어지지 않았다면 토지등소유자가 관리처분계획상 현금청산대상자로 분류되었다 하더라도, 이는 위법하므로 사업시행자는 그에 기초한 수용절차 또는 매도청구절차에서 현금청산대상자의 토지등에 대한 소유권을 취득하지 못하게 된다. 이에 따라 실무상 준공인가 및 입주가 완료되었음에도, 사업시행자가 정비구역 내 토지 일부의 소유권을 취득하지 못하여 이전고시가 이루어지지 않아 전체 수분양자의 소유권 취득 및 처분이 제한되는 정비사업 현장이 존재하기도 한다.

다. 대지확정측량과 토지의 합필, 분할절차

사업시행자는 준공인가와 공사의 완료에 관한 고시가 있은 때에는 지체 없이 대지확정측량을 하고, 정비기반시설의 부지 등에 대한 분할절차와 나머지 토지에 대한 하나 또는 소수(少數) 필지로의 합필절차를 거치게 된다(법 제86조 제1항 본문).

라. 당해 지방자치단체 공보에 고시 및 보고

사업시행자는 관리처분계획에서 정한 사항을 분양받을 자에게 통지하고 대지 또는 건축물의 소유권을 이전하는 내용을 당해 지방자치단체의 공보에 고시(이전고시)한 후 이를 시장·군수등에게 보고하여야 한다(법 제86조 제1, 2항). 이전고시 내역으로는 건축규모(동, 세대 수, 연면적, 용적률, 건폐율), 대지의 용도별 내역(택지 또는 정비기반시설), 건축시설 내역, 건축시설 분양내역(조합원, 보류지, 일반분양 등), 대지 또는 건축시설 별 분양대상 권리자 수, 신설 또는 폐지하는 기반시설의 명세, 지적확정조서, 분양받은 건축시설 또는 대지에 존속하는 담보권 등 소유권 이외의 권리내역 등이 있다.

---

3) 이완희, 도시 및 주거환경정비법상 이전고시가 효력을 발생한 이후에도 조합원 등이 관리처분계획의 취소 또는 무효확인을 구할 법률상 이익이 있는지 여부, 대법원 판례 해설 91호(2012 상반기), 법원도서관, 915쪽.

Ⅲ. 이전고시 후의 등기절차

1. 법률의 규정

사업시행자는 이전고시가 있은 때에는 지체 없이 대지 및 건축물에 관한 등기를 지방법원지원 또는 등기소에 촉탁 또는 신청하여야 한다. 위 등기가 경료될 때까지는 저당권 등의 다른 등기를 하지 못한다(법 제88조 제1, 3항).

2. 도시 및 주거환경정비 등기규칙

가. 원 칙

사업시행자가 이전고시 이후 대지 및 건축물에 관한 등기를 신청함에 있어 필요한 사항을 대법원규칙인 '도시 및 주거환경정비 등기규칙'에서 자세히 규정하고 있다(법 제88조 제2항). 사업시행자는 이전고시를 한 때에는 지체 없이 그 사실을 관할 등기소에 통지하고 정비사업 시행에 의한 종전 토지에 관한 등기의 말소등기, 정비사업 시행으로 축조된 건축시설과 조성된 대지에 관한 소유권보존등기, 종전 건물과 토지에 관한 지상권, 전세권, 임차권, 저당권, 가등기, 환매특약이나 권리소멸의 약정, 처분제한의 등기로서 분양받은 건축시설과 대지에 존속하게 되는 등기를 신청하여야 한다(도시 및 주거환경정비 등기규칙 제5조 제1항).

사업시행자는 공사가 전부 완공되지 아니한 채 일부 공사의 완공부분에 대해서만 이전고시를 한 때를 제외하고는 위 등기를 신청함에 있어서는 1개의 건축시설 및 그 대지인 토지를 1개의 단위로 하여, 1필의 토지 위에 수개의 건축시설이 있는 경우에는 그 건축시설 전부와 그 대지를 1개의 단위로 하여, 수필의 토지를 공동대지로 하여 그 위에 수개의 건축시설이 있는 경우에는 그 건축시설 및 대지 전부를 1개 단위로 하여 동시에 하여야 한다(위 등기규칙 제5조 제2항).

나. 종전 건물 및 종전 토지에 관한 등기

1개의 단위를 이루는 토지 위에 있던 종전 건물에 관한 등기, 종전 토지에 관한 등기의 말소등기를 신청하는 때에는 동일한 신청서로 해야 하고, 등기관은 각 등기부 중 표제부에 정비사업 시행으로 인하여 말소한 취지를 기록하고 부동산의 표시를 말소하는 기호를 기록하고 그 등기부를 폐쇄하여야 한다(위 등기규칙 제6조 내지 9조).

다. 건축시설 및 대지에 관한 등기

건축시설에 관한 소유권보존등기 및 담보권 등에 관한 권리의 등기 신청을 하는 때에는 건축시설(구분건물인 경우에는 1동의 건물에 속하는 구분건물 전부)에 관하여 동일한 신청서로 하여야 하고, 대지에 관한 소유권보존등기 및 담보권 등에 관한 권리의 등기를 신청하는 때에는 1필의 토지에 관하여 동일한 신청서로 하여야 한다(위 등기규칙 제10조, 제12조).

구분건물에 관하여 각 신청된 등기를 하는 때에는 등기관은 건물등기부에는 대지권의 등기를, 토지등기부에는 대지권인 취지의 등기를 하여야 한다(등기규칙 제14조).

Ⅳ. 이전고시의 효력

1. 확정적 공용환권

앞서 본 바와 같이 새로 조성되는 대지 및 건축물은 일반적으로 공동주택 또는 상가이므로, 그 구분소유권을 취득하는 것을 전제로 살펴본다.

가. 내 용

이전고시의 효력과 관련하여 주로 문제되는 것은 조합원이 종전자산에 갈음하여 종후자산을 취득하는 경우이다. 이전고시에 의하여 종전자산인 토지등에 갈음하여 종후자산인 건축물의 일부와 그 건축물이 있는 토지의 공유지분으로 확정적으로 공용환권된다. 이에 대하여 공용환권에는 환권처분에 의하여 구 소유권이 모두 소멸하는 것이 전제되어 있으나, 현행 도시정비법은 이전고시의 법적 효과로 구 소유권의 소멸을 거론하지 않고 있고,[4] 공용환권의 경우 청산금을 처분 시 결정하나, 이전고시에는 구 소유권 소멸이라는 인식이 없어 보상금 조항이 마련되어

---

4) 공용환권 사업에서는 환권처분에 의하여 구 소유권이 모두 소멸하므로, 사업시행자에게 반대하는 자들을 배제하기 위한 수용권을 부여하는 것이 불필요하나, 오히려 현행 도시정비법은 재개발 · 재건축 사업시행자에게 수용권, 매도청구권을 부여하여 반대하는 토지등소유자의 소유권을 박탈하여 그 소유권을 취득하도록 설계되어 있다.

있지 않음을 들어 공용환권으로 볼 수 없다는 견해가 있다.[5]

그러나 다음에서 살펴보듯이 도시정비법상의 이전고시에 의하더라도, 새로 조성된 종후자산은 환지(법 제87조 제2항)나 체비지 또는 보류지(법 제87조 제3항)로 간주되므로 토지등소유자(조합원)는 종전 부동산에 대한 소유권을 상실하고 분양받은 새로운 부동산의 소유권을 취득하며(단지 종전 부동산에 있던 권리가 동일성을 유지한 채 새로운 부동산으로 이전된다), 나아가 조합원 분양분 중 분양신청을 받은 후의 잔여분으로서 보류지나 일반 분양분으로 분류된 것은 그에 상응하는 종전 부동산에 대한 권리가 모두 소멸하므로, 이전고시를 이와 같은 의미에서 공용환권으로 이해하는 한 판례의 입장은 타당하다.[6]

나. 소유권취득(입체환지)

(1) 조합원 분양분

⑺ 수분양 조합원은 이전고시가 있은 날의 다음 날 당해 종후자산의 소유권을 취득한다(법 제86조 제2항 후단). 이는 민법 제187조에 의한 법률의 규정에 의한 물권변동이다. 다만 이를 처분하기 위해서는 소유권보존등기를 경료하여야 한다(민법 제187조 단서). 사업시행자가 이전고시에 따라 수분양 조합원에게 분양하는 종후자산은 도시개발법 제40조에 따라 행하여진 환지로 본다(법 제87조 제2항).

한편 도시개발법 제42조 제1항은 환지계획에서 정하여진 환지는 그 환지처분이 공고된 날의 다음 날부터 종전의 토지로 본다고 규정하고 있으므로, 수분양 조합원은 이전고시에 따른 종후자산에 대한 소유권 취득으로 종전자산에 대한 소유권을 상실하되, 각각의 소유권은 동일성이 유지된다. 이에 따라 다음에서 살펴보듯이 종전자산에 설정된 지상권, 저당권 등이 종후자산에 설정된 것으로 보는 것은 논리상 당연하다.

⑻ 도시개발법 제32조에서 규정하는 입체환지는 시행자가 도시개발사업을 원활히 시행하기 위하여 환지의 목적인 토지에 갈음하여 토지 또는 건축물 소유자의 신청을 받아 건축물의 일부와 그 건축물이 있는 토지의 공유지분을 부여하는 것을 말한다. 도시정비법상 이전고시는 종전 부동산과 새로운 부동산 사이에 형태

---

5) 김종보, 전게서, 615-616쪽.
6) 노경필, 전게논문, 106쪽.

상 일치가 존재하지 않는 점, 새로 취득하는 부동산이 건물과 그 부지의 지분인 점, 또한 그것이 토지등소유자의 신청에 기초한다는 점에서 도시개발법상의 입체환지와 유사하므로, 도시정비법상 토지등소유자가 분양받은 대지 또는 건축물에 관하여는 법에서 특별히 규정하는 내용을 제외하고는 원칙적으로 도시개발법상 환지에 관한 법리, 그중에서도 특히 입체환지에 관한 규정이 준용될 수 있다.[7]

법 제79조 제4항 및 서울시 조례 제44조 제1항은 이전고시가 도시개발법상의 환지이나, 그 중에서도 도시개발법 제32조에서 규정하는 입체환지임을 명확히 하기 위하여 보류지에는 토지뿐만 아니라 건축물을 포함함을 명시하고 있다.

⑵ 일반 분양분, 보류지, 임대주택 및 국민주택규모 주택

일반 분양분, 보류지, 임대주택 및 국민주택규모 주택에 관하여는 이전고시가 있는 날의 다음날에 사업시행자가 소유권을 취득한다. 나아가 사업시행자는 임대주택(재개발사업) 및 국민주택규모 주택, 관리처분계획상 처음부터 일반 분양분이나 보류지로 예정된 분의 경우에는 종전자산과 무관하므로 이전고시에 따라 당연히 소유권을 원시적으로 취득한다. 다만 사업시행자가 조합원 분양분 중 분양신청을 받은 후의 잔여분에 대하여 보류지로 정하거나 일반분양하는 경우 그에 상응하는 종전자산이 존재하나, 이는 이전고시로 인하여 소멸하고, 종후자산과 동일성이 없다. 자세한 내용은 일반 분양분 및 보류지에서 살펴본다.

다. 기타 권리의 이전효과

㈎ 조합원 분양분

수분양 조합원에게 종후자산에 대한 소유권이 이전됨과 동시에 종전자산에 설정된 지상권 등 등기된 권리 및 주택임대차법 제3조 제1항의 요건을 갖춘 임차권은 소유권을 이전받은 대지 또는 건축물에 설정된 것으로 본다(법 제87조 제1항). 이는 이전고시에 의하여 종전자산에 관한 권리가 권리자의 의사에 관계없이 동일성을 유지한 채 종후자산에 관한 권리로 강제적으로 교환·변경되어 공용환권된 것이므로 논리상 당연함을 확인하는 규정에 불과하다. 따라서 종전자산에 대하여 상가임대차법 제3조 제1항의 요건을 갖춘 임차권의 경우 명문의 규정이 없으나,

---

7) 대법원 2016. 12. 29. 선고 2013다73551 판결.

당연히 종후자산에 설정된 것으로 본다.

위와 같은 공용환권은 관리처분계획인가와 이에 따른 이전고시에 따른 효과로서, 만일 위와 같은 절차를 거치지 않은 채 조합원에게 신 주택(상가)이나 토지가 분양된 경우 해당 조합원은 조합규약이나 분양계약에 따라 구 주택(상가)이나 토지와는 다른 신 주택(상가)이나 토지에 관한 소유권을 취득한 것에 불과할 뿐이고 구 주택(상가)이나 토지에 관한 소유권이 신 주택(상가)이나 토지에 관한 소유권으로 강제적으로 교환변경되어 공용환권된 것으로 볼 수는 없으므로 양자 간에 동일성이 유지된다고 할 수 없고, 이에 따라 기타 권리의 이전효과가 발생한다고 볼 수 없다.[8]

문제는 다수의 종전자산에 대하여 수분양자가 하나의 종후자산의 소유권을 취득하고, 종전의 다수 토지 또는 건축물 중 일부의 토지 또는 건축물에 근저당권이 설정되어 있는 경우이다.

환지등기절차 등에 관한 업무처리지침 상 합필환지의 규정을 준용하여, 법 제87조 제1항에 의하여 소유권이 이전되는 하나의 대지 또는 건축물에 설정된 것으로 보게 되는 근저당권의 목적물 범위는 하나의 대지 또는 건축물 중 위 근저당권이 설정되어 있던 종전의 토지 또는 건축물의 지분에 한정되는 것으로 볼 수 있다(위 2013다73551 판결).

(내) 일반 분양분, 보류지, 임대주택 및 국민주택규모 주택

일반 분양분, 보류지 중 관리처분계획상 처음부터 예정된 경우, 임대주택 및 국민주택규모 주택은 종전자산과 무관하므로 기타 권리의 이전효과가 발생될 여지는 없다. 또한 사업시행자가 조합원 분양분 중 분양신청을 받은 후 잔여분에 대하여 일반 분양분이나 보류지로 한 경우에도 기타 권리의 이전효과가 발생하지 아니하는바, 구체적인 내용은 다음에서 살펴본다.

2. 정비구역지정의 해제

관리처분계획을 수립하는 일반적 정비사업에 있어 정비구역의 지정은 이전고시가 있은 날의 다음 날에 해제된 것으로 본다. 이 경우 지방자치단체는 해당 지

---

8) 대법원 2020. 9. 3. 선고 2019다272343 판결.

역을 국토계획법에 따른 지구단위계획으로 관리하여야 한다(법 제84조 제1항). 이전고시에 따른 정비구역의 해제는 조합의 존속에 영향을 주지 아니한다(법 제84조 제2항). 관리처분계획을 수립하지 아니하는 경우에는 이전고시가 없으므로, 준공인가의 고시가 있은 날 다음 날에 정비구역의 지정이 해제된 것으로 본다.

3. 청산금(부과금) 부과처분 가능

수분양 조합원이 분양받은 종후자산 가격과 그의 종전자산 가격과 사이에 차이가 있는 경우 사업시행자는 이전고시가 있은 후에 그 차액에 상당하는 금액(청산금)을 수분양 조합원으로부터 징수하거나 그에게 지급한다. 사업시행자는 조합원에게 정비사업에 소요된 비용과 정비사업의 시행과정에서 발생한 수입의 차액을 부과금으로 부과·징수할 수 있다. 다만 정관 등에서 분할징수 및 분할지급에 대하여 정하고 있거나 총회의 의결을 거쳐 따로 정한 경우로서 사업시행자가 관리처분계획인가 후부터 이전고시일까지 일정기간별로 분할징수하거나 분할지급한 경우에는 예외이다. 자세한 내용은 다음에서 살펴본다.

V. 소송상의 쟁점

1. 이전고시 그 자체를 다툴 수 있는지 여부

가. 이전고시 중 일부에 하자가 있는 경우

이전고시 중 일부에 위법이 있는 경우 이전고시 그 자체를 다툴 수 있는지 여부가 문제된다.

판례는 이전고시의 효력 발생으로 대다수 조합원 등에 대하여 권리귀속 관계가 획일적·일률적으로 처리되는 이상 이전고시의 일부에 위법이 있다 하더라도 그 일부 내용만을 분리하여 변경할 수 없으므로, 그 전체의 절차를 처음부터 다시 밟지 않는 한 그 일부만을 따로 떼어 이전고시를 변경할 길이 없다. 또한 일부의 하자만으로는 다른 부분에 대한 이전고시까지 당연히 무효가 되는 것이 아니어서 확정된 이전고시 전부에 대하여 취소를 구할 수도 없으며, 실제로 그 경우 전체 이전고시를 모두 무효화시켜 처음부터 다시 관리처분계획을 수립하여 이전고시

절차를 거치도록 하는 것도 정비사업의 공익적·단체법적 성격에 배치되어 허용될 수 없다고 판시하고 있다.[9] 위 판례는 관리처분계획 중 일부에 하자가 있고, 이에 따라 이전고시 중 일부가 위법한 경우인 사안에서의 판시이다.

한편 사업시행자인 조합의 이전고시행위는 별도의 조합 총회결의 없이 관리처분계획의 내용에 따라 기계적으로 처리하는 것이므로, 관리처분계획에 명확한 기재내용이 있는 경우에는 특별히 문제되지 아니하나, 상가와 같이 관리처분계획에서 순위만 정해진 경우에는 이전고시를 통하여 구체화되고, 그 경우에는 관리처분계획의 위법과 무관하게 이전고시 자체의 위법이 문제가 된다.

일부 상가 분양대상자의 배정에 잘못이 있는 경우, 일부 변경을 구하는 취지로 이전고시의 일부의 취소를 구하는 경우에는 소의 이익이 없다. 또한 이전고시의 일부 잘못이 있음을 이유로 전체 이전고시 전부의 취소를 구하는 것은 당사자가 주장하는 위법사유를 넘어서 처분을 취소하는 것이 될 뿐만 아니라 정비사업의 공익적·단체법적 성격에 배치되어 부적법하다.

나. 하자가 이전고시 전부와 관련된 경우

정비구역 내 토지 전부에 대한 사업시행자 측의 소유권이 확보되어야 함에도 일부 토지가 타인 소유의 토지인 경우 또는 관리처분계획이 수립되지 아니한 채 이전고시가 이루어진 경우 등 그 하자가 이전고시 전부와 관련된 경우에는 이전고시 전부에 대한 무효확인 또는 취소청구가 가능하다.

2. 이전고시 이후 관리처분계획을 다툴 수 있는지 여부

가. 문제의 소재

앞서 본 바와 같이 사업시행자인 조합의 이전고시행위는 별도의 조합 총회결의 없이 관리처분계획의 내용에 따라 기계적으로 처리하는 것이므로, 관리처분계획에 반하는 이전고시가 이루어질 가능성은 거의 없고, 실제로 이전고시의 하자는 관리처분계획의 하자와 관련되는 경우가 대부분이다. 따라서 이전고시 이후 관리처분계획에 대하여 쟁송이 가능한지 여부가 문제된다.

---

9) 대법원 2012. 3. 22. 선고 2011두6400 전원합의체 판결, 대법원 2014. 9. 25. 선고 2011두20680 판결, 대법원 2020. 9. 24.자 심리불속행 판결 및 하급심인 대구고등법원 2020. 5. 22. 선고 2019누4265 판결.

나. 판 례

(1) 불가

이전고시 이후 관리처분계획의 무효확인을 구하는 소가 제기되거나, 이미 관리처분계획의 무효확인 또는 취소의 소가 제기되어 있더라도, 그 후 이전고시가 있는 경우 각 관리처분계획에 대한 소는 법률상 이익이 없어 각하하여야 한다.[10] 그 논거는 다음과 같다.

(개) 법적 논거

법 제87조 제2항은 이전고시에 따라 조합원에게 분양하는 대지 또는 건축물은 도시개발법 제40조에 따라 행하여진 환지로 본다고 규정하고 있는데, 도시개발법상의 환지처분은 일단 공고되어 효력을 발생하게 된 후에는 일부 토지에 관한 환지지정에 위법이 있더라도 그 사유만으로는 다른 부분에 대한 환지확정처분까지 당연히 무효가 되는 것이 아니므로 환지전체의 절차를 처음부터 다시 밟지 않는 한 그 일부만을 따로 떼어 환지처분을 변경할 길이 없으므로 그 환지확정처분의 일부에 대하여 취소 또는 무효확인을 구할 법률상의 이익이 없다.

위와 같이 분양처분의 일부만을 따로 떼어 분양처분을 변경할 수 없으므로 분양처분의 일부 변경을 위한 관리처분계획의 변경도 분양처분이 이루어지기 전에만 가능하고, 분양처분이 효력을 발생한 이후에는 조합원은 관리처분계획의 변경을 구할 수 없으며, 사업시행자로서도 분양처분의 내용을 일부 변경하는 취지로 관리처분계획을 변경할 수 없다. 이전고시는 도시정비법에 통합되면서 폐지된 구 도시재개발법에 규정된 분양처분과 동일한 법적성격이다.

(내) 필요성에 따른 논거

① 실질적 필요성

다수의 조합원 및 이해관계인들이 관여하고 관련 법령에 정해진 여러 절차를 거쳐 수립된 관리처분계획에 따라 이전고시까지 행해졌음에도, 관리처분계획의 하자를 이유로 다시 처음부터 관리처분계획을 작성하여 이전고시를 거치는 절차를

---

10) 대법원 2012. 3. 22. 선고 2011두6400 전원합의체 판결, 대법원 2012. 3. 29. 선고 2010두19751 판결.

반복하여야 한다면, 이는 대다수 조합원의 단체법적인 의사와 정비사업의 공익적 성격에도 어긋나는 것이라고 볼 수밖에 없다.

② 당사자의 입장에서도 중대한 불이익이 아님

관리처분계획에 대한 인가·고시가 있은 후에 이전고시가 행해지기까지 상당한 기간이 소요되므로 관리처분계획의 하자로 인하여 자신의 권리를 침해당한 조합원 등으로서는 이전고시가 행해지기 전에 얼마든지 그 관리처분계획의 효력을 다툴 수 있는 여지가 있고, 특히 조합원 등이 관리처분계획의 취소 또는 무효확인 소송을 제기하여 계속 중인 경우에는 그 관리처분계획에 대하여 행정소송법에 규정된 효력정지결정을 받아 후속절차인 이전고시까지 나아가지 않도록 할 수도 있다. 또한 다음에서 보듯이 별도의 구제수단이 보장되어 있다.

(2) 구제수단

조합원 등으로서는 보류지에 관한 권리관계를 다투는 소송(적법한 관리처분계획이었더라면 아파트를 분양받을 수 있었을 것임에도 조합원이 아파트를 분양받지 못하였다거나 자신이 원하는 평형을 배정받지 못한 경우 이전고시의 효력이 발생한 후에는 관리처분계획의 무효확인을 구할 법률상 이익은 없지만, 보류지로 지정된 아파트가 있다면 자신에게 분양해 달라는 소송을 통하여 권리구제를 받을 수 있다[11])이나 청산금 부과처분에 관한 항고소송, 무효인 관리처분계획으로 인한 손해배상청구소송 등과 같은 다른 권리구제수단을 통하여 그 권리를 회복할 수 있다.

다. 판례의 반대견해 및 재반박

(1) 반대견해

도시개발법의 경우에는 환지처분에서 청산금에 관한 사항을 포함하여 함께 결정하나, 도시정비법에서는 청산금에 관하여 별도의 규정을 두고 있고, 더구나 실무상 정관 등에 의하여 이전고시 전에 청산금이 징수 또는 지급될 수 있으므로, 이전고시는 준공인가 이후 관리처분계획에서 정한 바에 따라 정비사업으로 조성된 대지 또는 건축물의 소유권을 분양받을 자에게 이전하는 것을 내용으로 하는 행정처분일 뿐이다. 그러나 관리처분계획에는 청산금에 관련된 사항들을 비롯하여

---

11) 이완희, 전게논문, 924-925쪽.

이전고시의 대상이 되지 아니하는 사항들이 포함되어 있으므로 그 사항들은 이전고시에 의하여 아무런 영향이 없다 할 것이어서, 관리처분계획의 취소 또는 무효확인을 구할 법률상 이익이 있다고 보아야 한다는 반대의견이 있다.[12)

(2) 재반박

비록 정관이나 총회의 의결을 거쳐 따로 정한 경우에는 관리처분계획인가 후부터 이전고시일까지 청산금을 분할징수 또는 분할지급할 수 있으나, 그와 같은 예외적인 사정을 들어 이전고시의 법적 성격을 달리 볼 것은 아니라는 판례 다수의견의 재비판이 있다.

3. 이전고시 이후 조합설립인가처분 및 재결을 다툴 수 있는지 여부

정비사업의 공익적 · 단체법적 성격과 이전고시에 따라 이미 형성된 법률관계를 유지하여 법적 안정성을 보호할 필요성이 현저한 점 등을 고려할 때, 조합설립인가처분의 취소나 무효확인 판결이 확정되기 전에 이전고시의 효력이 발생하였다면 더 이상 정비사업 결과를 원상으로 되돌리는 것은 허용될 수 없으므로 이전고시의 효력이 발생한 후에는 원칙적으로 조합설립인가처분의 취소 또는 무효확인을 구할 법률상 이익이 없고, 또한 수용재결이나 이의재결의 취소 또는 무효확인을 구할 법률상 이익도 없다.[13) 이전고시 이후 조합설립인가처분의 취소 또는 무효확인을 구할 법률상 이익이 없다면, 사업시행계획인가의 경우에도 그 취소 또는 무효확인을 구할 법률상 이익이 없다고 해석해야 할 것이다.

4. 진정한 소유자와 분양신청 조합원

가. 문제의 소재

조합원의 지위에서 분양신청을 하여 권리처분계획에서 분양대상자로 지정된 자가, 종전자산의 진정한 소유자가 아닌 경우, 이전고시에 의한 종후자산의 소유권을 누가 취득할 것인지 여부가 문제된다. 관리처분계획이 수립된 단계이고, 이전고시가 이루어지기 이전이라면 진정한 소유자는 관리처분계획의 위법성을 다투

---

12) 대법원 2012. 3. 22. 선고 2011두6400 전원합의체 판결의 별개의견.
13) 대법원 2014. 9. 25. 선고 2011두20680 판결, 대법원 2017. 3. 16. 선고 2013두11536 판결.

는 방법으로 시정이 가능하나, 이전고시 이후에는 더 이상 관리처분계획을 다툴 수 없기 때문에 이전고시 이후의 소유권 확정은 실무상 중요한 문제이다.

나. 판 단

토지등소유자가 분양받은 종후자산이 종전자산으로 간주되고 각각의 소유권은 동일성이 유지되므로, 종전자산의 권리관계에 따라 종전자산의 진정한 소유자가 종후자산의 소유권을 취득한다고 보는 것이 일응 논리적이다. 그러나 아래와 같은 논거에 따르면 진정한 소유자가 아님에도 분양신청을 하여 권리처분계획에서 분양대상자로 지정된 자가 종후자산의 소유권을 취득함이 타당하다.[14]

① 관리처분계획은 행정처분으로 공정력이 있으므로 관리처분계획에서 진정한 소유자가 아닌 분양신청자를 분양대상자로 잘못 지정하였다 하더라도 그것이 적법하게 취소되거나 당연무효가 아닌 한 분양대상자로 지정된 자가 이전고시에 의해 새로운 부동산의 소유권을 취득한다.

② 종후자산은 분양신청에 기초한 것인데, 비록 진정한 소유자라 하더라도, 분양신청하지 않은 종후자산을 취득한다는 것은 부당하다.

제3절 청산금 및 부과금

Ⅰ. 총 설

관리처분계획에 따른 여러 처분 중 가장 문제되는 것은 조합원 분양분에 대한 처분이다. 정비사업은 원칙적으로 토지등소유자가 조합원이 되어 종전자산을 출자하고 공사비 등을 투입하여 신 주택 등을 건축한 다음 이를 분배하는 공용환권을 목적으로 하는 사업이므로, 조합원 분양분에 대한 이전고시로써 사업시행자는 사실상 정비사업의 목적을 달성하게 된다. 이로써 사업시행자는 청산절차로 나아간다.

수분양 조합원이 종전에 소유하고 있던 토지 또는 건축물의 가격과 분양받은

---

14) 노경필, 전게논문, 119－120쪽.

대지 또는 건축물의 가격 사이에 차이가 있는 경우 사업시행자는 원칙적으로 이전고시가 있은 후 그 차액에 상당하는 금액을 수분양 조합원으로부터 징수하거나 이를 수분양 조합원에게 지급하여야 한다(법 제89조 제1항).

정비사업비는 사업시행자가 부담하는바, 토지등소유자 개인이 사업시행자가 되는 토지등소유자 20인 미만의 재개발사업에서는 당해 사업시행자 개인이 정비사업비를 부담하나, 조합이 사업시행자가 되는 일반적 정비사업에서는 당해 조합이 이전고시 후 수분양 조합원으로부터 정비사업에 소요된 비용과 정비사업의 시행과정에서 발생한 수입의 차액을 부과금으로 부과·징수한다(법 제92조 제1항, 법 제93조 제1항).

위와 같이 사업시행자는 이전고시 이후 청산절차로써 수분양 조합원들에게 종후자산과 종전자산과의 차액에 대한 청산금 부과처분(지급결정)을 하고, 정비사업비에 대하여 부과금 부과처분을 하게 된다. 위와 같은 청산금 및 부과금과 관련한 법률관계를 이하에서 자세히 살펴본다.

한편, 정비사업비와 관련하여 현금청산대상자에 대하여도 현금청산대상자가 될 때까지 소요된 비용 중 일부를 분담할 의무가 있는지 여부가 문제되나, 이는 제9편 "제6장 재개발·재건축사업 현금청산대상자의 조합비용 부담"에서 자세히 살펴보았다.

II. 청산금

1. 의 의

청산금은 정비사업이 완료되어 사업시행자인 조합이 설립목적의 달성으로 더 이상 존속할 이유가 없게 되었을 때 청산절차로 종후자산을 배분받은 조합원들과 사이에 종전자산과의 과부족을 정산하는 것이다. 이전고시는 사업시행자가 관리처분계획에서 정한 바에 따라 조합원들에 대하여 종후자산의 소유권을 확정적으로 귀속시키는 행정처분인바, 청산금은 이전고시에 따라 취득하는 재산을 기준으로 종전자산과 종후자산의 과부족을 정산하는 것이므로 이전고시가 있음을 전제로 하는 것이 원칙이다(법 제89조 제1항).

사업시행자는 종후자산의 가액이 종전자산보다 큰 조합원에 대하여는 청산금 부과처분을 하고, 종전자산의 가액이 종후자산보다 큰 조합원에 대하여는 청산금 지급결정을 하게 된다. 청산금 부과처분(청산금 지급결정 포함)은 법 제89조 제1항에 근거하여 사업시행자가 관리처분계획에서 정한 청산금 산정방법에 따라 총회의 의결 후 대지 또는 건축시설의 수분양자에게 부과하여 청산금 납부의무(청산금의 지급받을 권리)를 발생시키는 구체적인 행정처분으로서 관리처분계획과는 별개의 법률효과를 발생시키는 독립된 행정처분이다.[15]

관리처분계획에는 분양대상자별 종전자산의 가격, 종후자산의 추산액이 기재될 뿐만 아니라 관리처분계획의 변경과정에서 청산금의 액수가 특정될 수도 있다. 그러나 조합원의 사업시행자에 대한 청산금 납부의무나 사업시행자의 조합원에 대한 청산금 지급의무가 구체적으로 발생하기 위해서는 사업시행자가 별도로 조합원에 대한 청산금 부과처분이나 청산금 지급결정처분을 하여야 한다.[16]

청산금 부과처분은 원칙적으로 이전고시가 효력을 발생한 후에 관리처분계획의 내용 중 일부를 집행하는 것이다(위 2011두20680). 그러나 법 제89조 제2항은 사업시행자가 정관등에서 분할징수 및 분할지급을 정하고 있거나 총회의 의결을 거쳐 따로 정한 경우에는 관리처분계획인가 후부터 이전고시가 있은 날까지 일정 기간별로 분할징수하거나 분할지급할 수 있다고 규정하고 있고, 실제로는 제8편 제4장 분양계약에서 살펴본 바와 같이 이전고시 이전에 분할징수, 분할지급하는 것이 일반적이다.

이하에서는 청산금과 관련한 법률관계를 법령의 내용을 중심으로 살펴보되, 정비사업이 종결된 때의 청산절차, 청산금의 징수·지급의 방법 및 절차는 모두 조합 정관의 기재사항이고(법 제40조 제1항 제14, 15호), 총회의 의결사항이므로(법 제45조 제1항 제11호, 다만 법 시행령 제43조에 의하여 대의원회가 대행할 수 있다), 조합이 일반적으로 정관으로 채택하고 있는 표준정관의 내용에 대하여 함께 살펴본다.

---

15) 대법원 2007. 9. 6. 선고 2005두11951 판결.
16) 서울고등법원 2015. 3. 5. 선고 2014나2033343 판결(확정).

2. 청산금 부과처분과 확정

가. 청산금 산정방법

(1) 감정평가

청산금을 산정하기 위해서는 종전자산 및 종후자산에 대한 평가가 필요하다. 사업시행자는 위와 같은 자산을 평가함에 있어 그 토지 또는 건축물의 규모·위치·용도·이용 상황·정비사업비 등을 참작하여 평가하여야 한다(법 제89조 제3항). 재개발사업의 경우 종전자산 및 종후자산의 금액은 시장·군수등이 선정·계약한 2인 이상의 감정평가법인등에 의하여 평가한 금액을 산술평균하여 산정한다(법 시행령 제76조 제1항 제1호, 제2항, 법 제74조 제2항 제1호 가목).

재건축사업의 경우에는 사업시행자가 정하는 바에 따라 평가하되, 다만, 감정평가업자의 평가를 받으려는 경우에는 시장·군수등이 선정·계약한 1인 이상의 감정평가법인등과 조합총회의 의결로 선정·계약한 1인 이상의 감정평가법인등에 의하여 평가한 금액을 산술평균하는 방법으로 한다(법 시행령 제76조 제1항 제2호, 제2항, 법 제74조 제2항 제1호 나목). 건축물의 가격평가를 할 때 층별·위치별 가중치를 참작할 수 있다(법 시행령 제76조 제4항).

한편 종전자산의 가액은 사업시행계획인가 고시가 있는 날을 기준으로 한 가격이고, 사업시행계획인가 전에 안전사고나 범죄발생의 우려 등으로 조합이 조합원의 동의 및 시장·군수등의 허가를 받아 종전자산을 철거한 경우에는 시장·군수등의 허가를 받은 날이 기준시점이 된다(법 제74조 제1항 제5호). 사업시행계획인가 고시일이란 최초 사업시행계획인가 고시일을 의미한다(제6편 제4장 Ⅲ. "1의 가. 종전자산 평가기준일" 참조).

(2) 종후자산 평가 시의 고려사항

종후자산을 평가함에 있어서는 정비사업의 조사·측량·설계 및 감리에 소요된 비용, 공사비, 정비사업의 관리에 소요된 등기비용·인건비·통신비·사무용품비·이자 그 밖에 필요한 경비, 법 제95조에 따른 융자금이 있는 경우에는 그 이자에 해당하는 금액, 정비기반시설 및 공동이용시설의 설치에 소요된 비용(법 제95조 제1항에 따라 시장·군수등이 부담한 비용은 제외한다), 안전진단의 실시, 전문관리업자의 선정, 회계감사, 감정평가, 그 밖에 정비사업 추진과 관련하여 지출한 비용으로서 정관등에서 정한 비용 등은 가산하여야 하고, 법 제95조에 따른 보조금은 공제하여야 한다(시행령 제76조 제3항). 한편 표준정관 제59조 제3항 제7호는 정비사업 추진과 관련하여 지출한 비용으로서 총회에서 포함하기로 정한 것도 종후자산을 평가함에 있어 가산되어야 한다고 규정하고 있다.

나. 청산금 부과처분의 요건(총회결의)

청산금 부과처분의 전제가 되는 종전자산의 가액, 종후자산의 가액은 관리처분계획의 필수적 기재사항인바, 이에 대하여는 이미 조합원 100분의 20 이상이 출석한 총회에서 조합원 과반수의 찬성으로 의결이 이루어졌다. 그러나 청산금의 징수·지급은 그 자체가 총회의결 사항이다(법 제45조 제1항 제11호).

따라서 사업시행자는 앞서 본 청산금 산정방법에 따라 확정한 각 조합원별 청산금의 액수와 징수방법, 조합원별 분담내역 등을 정하여 반드시 조합원 총회의 결의를 거쳐야 한다(관리처분계획 의결 당시의 종후자산 가액에는 앞서 본 종후자산 평가시의 고려사항 중 일부가 누락되었을 여지가 있다). 청산금 부과처분(지급결정)은 조합원의 권리·의무에 미치는 영향이 중대하므로, 그 이익을 보호하기 위함이다.

다. 쟁송과 확정

(1) 종후자산 가액이 종전자산 가액을 초과하여 사업시행자가 조합원에 대하여 청산금 부과처분을 한 경우, 이는 행정처분이므로 항고소송의 대상이 된다. 따라서 청산금 부과 그 자체나 금액에 다툼이 있는 조합원은 청산금 부과처분의 취소 또는 무효확인소송을 제기할 수 있다. 종전자산 가액이 종후자산 가액을 초과하여 조합원이 청산금을 지급받아야 하는 경우에도 사업시행자의 청산금 지급결정이라는 행정처분이 선행되어야 하는바, 다음과 같은 구제수단이 있다.

즉 이전고시 이후에도 사업시행자의 청산금 지급결정이 없는 경우, 조합원은 사업시행자에 대하여 청산금의 지급을 구하고, 이에 대하여 사업시행자가 지급할 청산금이 없다는 거부의 결정을 하면 그 거부처분의 취소를 구하거나 아무런 응답이 없는 경우 부작위위법확인 청구의 소를 제기하여야 하고, 만일 사업시행자가 지급하기로 결정한 청산금의 액수가 적정 금액에 미치지 못하는 경우 청산금 교부결정의 취소나 무효확인을 구하는 소를 제기하여야 한다. 위와 같은 과정을 거쳐 청산금이 확정된다.

(2) 실무에서는 정관이나 총회의결을 통한 분양계약제도의 도입으로 수분양 조합원은 분양계약을 통하여 사업시행자에게 관리처분계획인가일부터 이전고시일까지 여러 차례에 걸쳐 분양대금을 지급함으로써 사실상 종전자산과 종후자산과의 차액인 청산금에 대한 징수가 이루어지고, 이전고시 이후 사업시행자에 의한 청산금 부과처분 및 시장·군수에 의한 청산금 징수는 예외적이다. 종전자산의 가액이 종후자산보다 큰 경우에도 사업시행자가 분양계약을 통하여 조합원에게 청산금을 지급하나, 종후자산의 가액이 종전 자산보다 큰 경우와 달리 분할하여 지급하는 대신 입주일에 청산금을 일괄지급하는 것이 일반적임은 앞서 본 바이다.

분양계약 체결이 이루어진 이후 그 이행과정에서 금액 및 기한 등과 관련하여 분쟁이 발생하는바, 이를 사업시행자와 조합원 사이의 청산금에 관한 쟁송으로 본다면, 공법상 법률관계에 관한 분쟁으로서 이론상 행정소송으로 볼 수도 있으나, 사법상의 계약인 분양계약에 대한 다툼이므로 민사소송으로 봄이 타당하고, 실무도 마찬가지임은 앞서 본 바이다(제8편 제4장 Ⅲ. "2. 분양계약체결 또는 미체결의 효과" 참조).

3. 청산금 징수 상의 특칙

가. 시장·군수등에 대한 징수위탁

(1) 규정 및 연혁

청산금 부과처분(교부결정) 등의 절차를 통하여 청산금이 확정되면, 그 징수가 문제된다. 사업시행자는 시장·군수등에게 청산금의 징수를 위탁할 수 있고, 그 경우 시장·군수등은 지방세 체납처분의 예에 따라 조합원으로부터 청산금을 징수할 수 있다. 이 경우 조합은 징수한 금액의 100분의 4에 해당하는 금액을 해당 시장·군수등에게 교부하여야 한다(법 제90조 제1항 후단, 제93조 제5항). 이는 정비사업이 공익사업이므로 청산금의 징수에 있어 특칙을 규정한 것이다. 시장·군수등이 아닌 사업시행자의 경우 시장·군수등에게 청산금의 징수를 위탁할 수 있다는 규정은 법 제정 당시부터 도입이 되었다.

법이 제정되기 이전에도 구 도시재개발법상 재개발조합은 행정주체로서 관리처분계획에서 정한 비용 분담에 관한 사항에 근거하여 수분양자에게 행정처분으로 금전납부를 명하는 청산금 부과처분을 하였을 뿐만 아니라 시장·군수등에게 청산금의 징수를 위탁할 수 있었다(구 도시재개발법 제43조 제2항). 그러나 재건축사업은 주축법상 사인에 의해 시행되는 민간의 주택건설사업이므로 사업시행자가 시장·군수등에게 청산금의 징수를 위탁할 수 있다는 규정이 존재하지 않았다.

⑵ 강제조항 여부

㈎ 강제조항

사업시행자는 시장·군수등에게 청산금의 징수를 위탁할 수 있다고 규정하고 있으므로, 그와 같은 징수위탁이 사업시행자의 재량인지 여부가 문제되나, 청산금에 관하여는 지방세 체납처분의 예에 의한 징수 또는 징수 위탁과 같은 간이하고 경제적인 특별구제절차가 마련되어 있으므로, 시장·군수등이 사업시행자의 청산금 징수 위탁에 응하지 아니하였다는 등의 특별한 사정이 없는 한 시장·군수가 아닌 사업시행자가 이와 별개로 공법상 당사자소송의 방법으로 청산금 청구를 할 수는 없다.[17] 따라서 사업시행자가 조합원에 대하여 청산금 부과처분을 한 경우, 사업시행자는 우선적으로 시장·군수등에게 청산금 징수 위탁을 하여야 하고, 만일 시장·군수등이 이를 거절하면 조합원을 상대로 청산금의 지급을 구하는 공법상 당사자소송을 제기할 수 있다.

㈏ 실무상 절차

징수 위탁과 같은 특별구제절차가 마련되어 있음에도 불구하고, 사업시행자가 시장·군수등에게 징수위탁하지 않고 곧바로 청산금의 지급을 구하는 공법상 당사자소송을 제기한 경우에는 위법하고 권리보호의 이익이 없어 부적법하므로 각하하여야 할 것이다. 일반적으로 사업시행자는 관할 시장·군수등에게 청산금의 징수를 위탁하는 취지로 업무협조를 구하고, 이에 대하여 관할 시장·군수등이 이를 거절하면 조합원들을 상대로 공법상 당사자소송에 의하여 청산금의 지급을 구하는 소를 제기한다.

---

17) 대법원 2017. 4. 28. 선고 2016두39498 판결.

㈐ 시장 · 군수등의 청산금 징수위탁 거부 시 쟁점

① 문제의 소재

사업시행자와 조합원 사이에는 청산금 존재 여부 및 그 액수 등에 대하여 첨예한 대립이 있고, 청산금 부과처분이나 지급결정이 확정된 이후에도 분쟁관계가 계속되는 경우가 많다. 이에 제3자인 시장 · 군수등은 섣불리 청산금 관련 법률관계에 개입하여 분쟁에 휘말리기 보다는 이해관계자인 당사자들 사이에 자율적으로 분쟁을 해결하는 것이 타당하다고 보아 청산금 징수위탁을 거부하는 경우가 흔하다. 이에 사업시행자가 시장 · 군수등을 상대로 징수위탁거부처분의 취소를 구하는 소를 제기하는바, 그 적법성이 문제된다.

② 재량행위

법 제90조 제1항, 제93조 제5항은 청산금의 부과 · 징수를 위탁받은 시장 · 군수등은 지방세 체납처분의 예에 의하여 이를 '부과 · 징수할 수 있다'라고 규정하고 있는 점, 시장 · 군수등이 청산금의 징수 위탁에 응하지 아니하는 경우 사업시행자가 직접 공법상 당사자소송의 방법으로 조합원을 상대로 청산금의 지급을 청구할 수 있는 점 등에 비추어 시장 · 군수등은 사업시행자의 징수위탁에 대하여 승인 여부를 결정할 재량이 있다.

③ 재량권 일탈·남용 부인

판례는 사업시행자와 조합원 사이에 청산금의 존재 여부 및 그 액수 등에 대하여 다툼이 있음을 들어 시장 · 군수등이 징수위탁을 거부한 사안에서, 시장 · 군수등이 지방세 체납처분의 예에 따라 청산금을 부과 · 징수하는 경우 조합원에게 미치는 영향이 중대함에도, 제3자로서 청산금 관련 법률관계를 정확히 알지 못하고 있는 경우가 많은 점, 사업시행자와 조합원 사이에 다툼이 있는 경우 제3자인 시장 · 군수등이 이에 개입하기보다는 이해관계자인 당사자들로 하여금 분쟁을 직접 해결하게 하는 것이 타당한 것으로 보이는 점 등에 비추어 시장 · 군수등의 징수위탁 거부처분에는 재량권을 일탈 · 남용한 위법이 있다고 볼 수도 없다고 판시하였다.[18] 결국 시장 · 군수등이 사업시행자의 징수위탁에 대하여 승인 여부를 결정함에 있어서는 폭넓은 재량이 있다고 보아야 할 것이다.

---

18) 서울고등법원 2017. 9. 28. 선고 2017누64288 판결(확정).

나. 단기의 소멸시효

청산금을 지급(분할지급을 포함한다)받을 권리 또는 이를 징수할 권리는 이전고
시일의 다음 날부터 5년간 행사하지 아니하면 소멸한다(법 제90조 제3항). 이에 따
라 종전자산의 가액이 종후자산보다 큰 조합원의 경우 사업시행자가 이전고시 이
후에도 청산금 지급결정이 없는 경우, 사업시행자에 대하여 청산금의 지급을 청구
하여 신속히 청산금 지급결정을 받아야 한다.

다. 종전자산에 설정된 지상권 등 등기된 권리 및 주택임대차법 제3조 제1 항의 요건을 갖춘 임차권자의 압류

수분양 조합원은 이전고시에 따라 종후자산에 대한 소유권을 취득하고, 종전자
산에 대한 소유권을 상실하되, 각각의 소유권은 동일성이 유지되므로, 종전자산에
설정된 지상권 등 등기된 권리 및 주택임대차법 제3조 제1항의 요건을 갖춘 임차
권은 소유권을 이전받은 대지 또는 건축물에 설정된 것으로 본다(법 제87조 제1
항). 종후자산의 가액이 종전자산보다 큰 경우에는 지상권, 근저당권자 등의 권리
보호에 문제가 없으나, 종전자산의 가액이 종후자산보다 큰 경우에는 사실상 권리
중 일부가 소멸되는 효과가 발생한다. 이에 법은 종전자산에 저당권을 설정한 권
리자는 사업시행자가 저당권이 설정된 토지 또는 건축물의 소유자에게 청산금을
지급하기 전에 압류절차를 거쳐 저당권을 행사할 수 있다고 규정하고 있다(법 제
91조).

법은 근저당권에 대하여만 규정하고 있으나, 지상권자, 주택임대차법상의 임차
권자, 상가임대차법상의 임차권자의 경우에도 우선변제권의 측면에서 달리 볼 이
유가 없으므로, 위 규정을 유추적용하여 청산금에 대하여 동일한 압류절차를 거쳐
이를 행사할 수 있다고 보아야 할 것이다. 입법의 불비이다.

4. 청산금과 관련한 쟁점

가. 선행의 관리처분계획과 후속의 청산금 부과처분

⑴ 법리

관리처분계획은 정비사업에서 사업시행자가 작성하는 포괄적 행정계획으로서

사업시행의 결과 설치되는 대지를 포함한 각종 시설물의 권리귀속에 관한 사항과 그 비용 분담에 관한 사항을 정하는 행정처분이고, 청산금 부과처분은 관리처분계획에 근거하여 종후자산의 수분양자에게 청산금 납부의무를 발생시키는 구체적인 행정처분이다. 위와 같이 청산금 부과처분은 선행처분인 관리처분계획을 전제로 하는 것이고 밀접한 관련이 있다. 청산금 지급결정도 마찬가지이다.

그러나 위 두 처분은 각각 단계적으로 별개의 법률효과를 발생시키는 독립된 행정처분이므로, 관리처분계획에 불가쟁력이 생겨 그 효력을 다툴 수 없게 된 경우에는 그 관리처분계획에 위법사유가 있다 할지라도 그것이 당연무효의 사유가 아닌 한 관리처분계획상의 하자를 이유로 후행처분인 청산금 부과처분의 위법을 주장할 수는 없다. 다만 관리처분계획이 취소되거나 무효임이 확인되면 후속행위인 청산금 부과처분도 소급하여 효력을 상실한다. 마찬가지로 종전자산의 가액이 종후자산보다 큰 조합원이 사업시행자를 상대로 청산금의 지급을 구함에 있어서도 관리처분계획에 당연 무효의 하자가 존재하지 아니하는 한 관리처분계획에 반하는 청산금의 지급을 구할 수 없다.

(2) 구체적 사안

㈎ 비례율의 산정, 종후자산 평가의 위법을 이유로 한 청산금 부과처분의 하자 주장

사업시행자가 시공자와 사이에 시공계약을 체결함에 있어서 공사단가를 조합원에게는 고액으로, 일반수분양자에게는 저렴하게 하는 등 부당하게 차별적으로 책정함으로써 조합원들에게 차액 상당의 손실이 발생하자, 이를 조합원들에게 부담시키기 위하여 비례율을 낮게 평가하여 조합원의 종전 재산 평가액을 부당하게 감액하였고, 또한 조합원들의 종후자산을 과대하게 평가한 내용으로 관리처분계획을 수립하여 무효이므로, 위와 같은 관리처분계획에 근거한 청산금 부과처분이 위법하다는 이유로 그 취소를 구한 사안이다.

판례는 비례율의 산정, 종후자산 평가와 관련하여 하자가 있다 하더라도, 이는 청산금 산정방법의 잘못에 불과하여 그 하자가 중대하고도 명백하다고 볼 수 없어 관리처분계획의 당연무효 사유에는 해당하지 아니하므로(위 2005두11951 판결, 제7편 제7장 제3절 Ⅲ "5. 분담금 산정방법상 하자의 중대 · 명백 여부" 참조), 설령 그 주장과 같은 하자가 관리처분계획에 있다 하더라도 이미 불가쟁력이 발생하였다면 청산금 부과처분은 적법하다고 판시하였다.[19]

(나) 관리처분계획상 조합원과 사업시행자의 청산금 지급의무 기한에 차이를 두는 관리처분계획이 무효임을 이유로 청산금 지급결정 또는 청산금 부과처분의 위법 주장

관리처분계획상 종후자산의 가액이 종전자산보다 큰 조합원의 사업시행자에 대한 청산금 지급의무의 기한과 사업시행자의 종전자산의 가액이 종후자산보다 큰 조합원에 대한 청산금 지급의무의 기한에 차이를 두었다 하더라도, 이를 하자로 볼 수 없을 뿐만 아니라 설령 하자로 본다 하더라도, 그 하자가 중대·명백하다고 볼 수 없다[위 서울행정법원 2018구합67350 판결(확정), 제7편 제7장 제3절 Ⅲ "7. 청산금의 지급시기를 다르게 정한 관리처분계획의 위법 여부" 참조]. 따라서 청산금 지급결정 또는 청산금 부과처분은 적법하다.

나. 청산금 지급채무의 이행기

(1) 원칙적 이행기

청산금 지급채무의 이행기는 정관이나 관리처분계획 또는 총회 결의로 별도로 정하고 있지 아니하는 한 이전고시일로 보아야 한다.[20] 그 논거는 다음과 같다.

① 법 제89조 제1항은 사업시행자는 이전고시가 있은 후에 수분양 조합원으로부터 종후자산과 종전자산의 차액에 해당하는 청산금을 징수하거나 지급하여야 한다고 규정하고 있다(표준정관 제59조 제1항도 동일하다).

② 법 제90조 제3항은 청산금을 지급(분할지급을 포함한다)받을 권리 또는 이를 징수할 권리는 이전고시일의 다음 날부터 5년간 이를 행사하지 아니하면 소멸한다고 규정하고 있는바, 이는 이전고시일이 채무의 이행기이기 때문이다.

(2) 실무상 문제

사업시행자가 이전고시 이후 청산금 부과처분을 하면서 별도의 이행기를 정한 경우에는 수분양 조합원의 이익을 위한 것이므로 특별히 문제가 없다. 그러나 사

---

19) 대법원 2002. 12. 10. 선고 2001두6333 판결.
20) 대법원 2015. 11. 26. 선고 2013다70668 판결 및 하급심인 서울고등법원 2013. 8. 23. 선고 2012나105132 판결.

업시행자가 이전고시 이후 종전자산 가액이 종후자산 가액을 초과하는 조합원에 대하여 청산금을 지급하여야 함에도 지급결정을 미루는 경우가 있고, 당해 조합원은 사업시행자에 대하여 청산금의 지급을 청구하고, 거부나 부작위 시 쟁송에 이르게 된다.

추후 쟁송에 따라 사업시행자가 청산금 지급결정을 하면서 따로 이행기를 지정하였다 하더라도, 법정 청산금 지급채무의 이행기는 이전고시일 이므로, 당해 조합원은 이전고시일 다음날부터 지연손해금의 지급을 구할 수 있고, 그 이율은 민법상의 연 5%로 봄이 상당하다. 그러나 실무상으로는 청산금 지급채무의 이행기를 관리처분계획 등에서 별도로 정하거나 별도의 총회의 결의로 정하고, 조합의 최고 의사결정기관인 총회결의는 조합 및 조합원들에게 효력을 미치므로 특별히 문제되지 아니한다.

다. 청산금 부과처분에 대한 조합원의 행정심판

청산금 부과처분은 행정주체의 처분에 해당하므로, 조합원은 행정심판을 제기할 수 있다. 행정심판에서 조합원의 청구가 인용되는 경우, 사업시행자가 인용재결의 취소를 구하는 소를 제기하는 경우가 있다.

인가받은 조합은 조합원에 대한 법률관계에서 특수한 존립목적을 부여받은 특수한 행정주체로서 국가의 감독 하에 그 존립 목적인 특정한 공공사무를 행하고 있다고 볼 수 있는 범위 내에서는 공법인의 지위에 있다. 국가가 행정감독적인 수단으로 통일적이고 능률적인 행정을 위하여 중앙 및 지방행정기관 내부의 의사를 자율적으로 통제하고 국민의 권리구제를 신속하게 할 목적의 일환으로 행정심판 제도를 도입하였는데, 심판청구의 대상이 된 행정청에 대하여 재결에 관한 항쟁수단을 별도로 인정하는 것은 행정상의 통제를 스스로 파괴하고, 국민의 신속한 권리구제를 지연시키는 작용을 하게 될 것이다. 그리하여 행정심판법 제37조 제1항은 "재결은 피청구인인 행정청과 그 밖의 관계행정청을 기속한다."고 규정하였고, 이에 따라 처분행정청은 재결에 기속되어 재결의 취지에 따른 처분의무를 부담하게 되므로 이에 불복하여 행정소송을 제기할 수 없다.[21] 따라서 사업시행자가 행정심판위원회를 상대로 인용재결의 취소를 구하는 소는 부적법하다.

---

21) 대법원 1998. 5. 8. 선고 97누15432 판결.

Ⅲ. 부과금

1. 의 의

정비사업비는 정비사업에 소요된 비용과 정비사업의 시행과정에서 발생한 수입의 차액이다. 이는 원칙적으로 사업시행자가 부담한다(법 제92조 제1항). 따라서 정비구역 내 토지등소유자가 조합원이 되어 조합을 설립하여 사업을 시행하는 경우에는 공법인인 조합이, 토지등소유자가 20인 미만인 재개발사업에서 토지등소유자 개인이 사업시행자가 된 경우에는 그 토지등소유자 개인이 각 정비사업비를 부담함은 앞서 본 바이다.

정비사업은 토지등소유자가 종전자산을 출자하고 공사비 등을 투입하여 신 주택 등을 건설한 후 이를 분배받는 것을 본질로 하므로, 이전고시로 인하여 그 목적을 달성하게 되고, 이에 따라 사업시행자인 조합은 소멸한다. 조합은 소멸의 전제로 정산을 위하여 이전고시 이후 조합원으로부터 정비사업비를 부과금으로 부과·징수하게 된다(법 제93조 제1항). 정비사업비의 부담 시기 및 절차는 정관의 기재사항이고(법 제40조 제1항 제13호), 또한 정비사업비의 조합원별 분담내역 및 조합원별 정비사업 비용금액 및 징수방법은 총회의 의결사항이다(법 제45조 제1항 제8호, 12호, 다만 법 시행령 제43조에 의하여 대의원회가 대행가능하다).

한편 법 제93조 제3항은 부과금 및 연체료의 부과·징수에 필요한 사항은 정관등으로 정한다고 규정하고 있고, 이와 관련하여 조합이 일반적으로 정관으로 채택하고 있는 표준정관은 정비사업비, 부과금 및 연체료에 관하여 규정하고 있다. 그 중 연체금 규정은 청산금과 다른 점이다. 일반적으로 사업시행자인 조합은 이전고시 이후 조합원에게 부과금을 특정시점까지 납부하고, 만일 이를 납부하지 않는 경우 연체료를 부담한다는 내용으로 통지하게 된다.

부과금 부과처분은 법 제93조 제1항에 근거하여 사업시행자가 관리처분계획에서 정한 정비사업비 분담규모 및 분담시기 등에 기초한 정비사업비의 조합원별 분담내역에 관하여 총회의 의결을 거친 후 종후자산을 이전받은 조합원에게 부과하여 부과금 납부의무를 발생시키는 구체적인 행정처분으로서 관리처분계획과는 별개의 법률효과를 발생시키는 독립된 행정처분이다. 조합이 조합원에 대하여 부과금 부과처분을 한 경우, 이는 행정처분이므로 항고소송의 대상이 된다. 따라서 부과금의 존부 자체나 금액에 다툼이 있는 조합원은 부과금 부과처분의 취소 또는 무효확인소송을 제기할 수 있다.

부과금 부과처분은 원칙적으로 이전고시가 효력을 발생한 후에 관리처분계획의 내용 중 일부를 집행하는 것이다. 그러나 실무에서는 정관이나 총회의결을 통한 분양계약제도의 도입으로 관리처분계획인가일부터 이전고시일까지 분양계약을 통하여 조합원이 조합에 여러 차례에 걸쳐 분양대금을 지급함으로써 사실상 종전자산과 종후자산과의 차액인 청산금뿐만 아니라 부과금에 대한 징수가 이루어지고, 이전고시 이후 조합에 의한 부과금 부과처분 및 시장·군수에 의한 부과금 징수는 예외적이다.

이하에서는 부과금과 관련한 법률관계를 법령의 내용을 중심으로 살펴보되, 조합이 일반적으로 정관으로 채택하고 있는 표준정관의 내용에 대하여 함께 살펴본다.

2. 부과금 부과처분의 요건 및 내용

가. 절차적 요건

정비사업비의 추산액(재건축사업의 경우에는 재건축이익환수법상의 재건축부담금에 관한 사항 포함) 및 그에 따른 조합원 분담규모 및 분담시기는 관리처분계획의 필수적 기재사항이다. 따라서 정비사업비와 관련한 위 내용은 조합원 100분의 20 이상이 출석한 총회에서 조합원 과반수의 찬성으로 의결하여야 한다.

한편 정비사업비와 관련하여서는 법 제45조 제1항 제8호가 정비사업비의 조합원별 분담내역을 별도의 총회의 의결사항으로 규정하고 있다. 따라서 사업시행자는 정비사업에서 발생한 수입을 반영하여 부과금의 액수와 징수 방법, 조합원별 분담내역 등을 정하여 조합원 총회의 결의를 거쳐야 한다. 이는 부과금 부과처분이 조합원의 권리·의무에 미치는 영향을 고려하여 그 이익을 보호하기 위함이다.

관리처분계획 총회결의에서 정비사업비의 조합원별 분담내역에 대한 총회의결이 함께 이루어졌는지 여부가 다투어지고 있음은 앞서 본 바이다. 관리처분계획상의 정비사업비 분담규모는 조합원이 전체적으로 부담할 규모가 얼마인가에 관하여 대강의 내용을 정한 것임에 반해, 정비사업비의 조합원별 분담내역은 보다 세분화된 분담관련 내역을 의미한다. 따라서 조합이 이전고시 이후 조합원에 대하여 정비사업비를 부과금으로 부과하기 위해서는 반드시 관리처분계획(안)과 별도로 정비사업비의 조합원별 분담내역(안)을 의결하여야 한다(자세한 내용은 제8편, 제4장 Ⅳ. "5. 청산금, 정비사업비와 분양계약" 참조).

사업비는 조합원에게 중대한 부담이 되므로, 표준정관 제21조 제4호는 정비사업비의 사용계획등 예산안은 총회의결 사항으로 규정하고 있고, 제21조 제3호는 부과금의 금액 및 징수방법에 대하여도 총회의 의결사항으로 규정하고 있으며, 제34조 제2, 3항도 정비사업비는 총회의결을 거쳐 부과할 수 있으며, 조합은 납부기한 내에 정비사업비를 납부하지 아니한 조합원에 대하여는 금융기관에서 적용하는 연체금리의 범위 내에서 연체료를 부과할 수 있다고 규정하고 있다.

나. 부과금 부과처분의 내용

(1) 정비사업비의 내용

정비사업비는 정비사업에 소요된 비용과 정비사업의 시행과정에서 발생한 수입의 차액이다. 시장·군수등은 조합 등 사업시행자가 시행하는 정비사업의 정비계획에 따라 설치되는 도시·군계획시설 중 대통령령으로 정하는 주요 정비기반시설 및 공동이용시설(도로, 상·하수도, 공원, 공용주차장, 공동구, 녹지, 하천, 공공공지, 광장), 임시거주시설에 대하여는 그 건설에 드는 비용의 전부 또는 일부를 부담할 수 있는바(법 제92조 제2항, 법 시행령 제77조), 시장·군수등이 비용을 부담한 부분은 정비사업에 소요된 비용에서 제외된다.

(2) 부과금 부과처분의 기준

조합원에게 부과금을 부과함에 있어서는 정비구역안의 토지 및 건축물 등의 위치·면적·이용상황·환경 등 제반여건을 종합적으로 고려하여 관리처분계획에 따라 공평하게 금액을 조정하여야 한다(표준정관 제34조 제2항). 사업시행자는 정비사업비 총액에 대하여 전체 수분양 조합원의 종전자산 평가액 중 당해 조합원의 종전자산 평가액이 차지하는 비율을 곱한 금액을 부과금으로 부과하게 된다.

3. 부과금 징수 상의 특칙

사업시행자는 부과금 또는 연체료를 체납하는 자가 있는 때에는 시장·군수등에게 그 부과·징수를 위탁할 수 있고, 그 경우 시장·군수등은 지방세 체납처분의 예에 따라 부과·징수할 수 있다. 이 경우 사업시행자는 징수한 금액의 100분의 4에 해당하는 금액을 해당 시장·군수등에게 교부하여야 한다(법 제93조 제4, 5항).

사업시행자가 조합원에 대하여 부과금 부과처분을 한 경우, 우선적으로 시장·군수등에게 부과금 징수 위탁을 하여야 하고, 만일 시장·군수등이 이를 거절하면 조합원을 상대로 부과금의 지급을 구하는 공법상 당사자소송을 제기할 수 있다. 이는 청산금과 동일하다.

사업시행자가 시장·군수등에게 징수위탁하지 않고 곧바로 부과금 및 연체료의 지급을 구하는 공법상 당사자소송을 제기한 경우에는 위법하고, 권리보호의 이익이 없어 부적법하므로 각하하여야 할 것이다. 시장·군수등의 부과금 및 연체료 징수위탁 거부행위는 재량행위이고, 시장·군수등이 징수위탁을 거부하였다고 하더라도 특별한 사정이 없는 한 재량권을 일탈·남용한 위법이 있다고 볼 수도 없다. 이 부분도 앞서 본 청산금과 동일하다.

제4절 일반 분양분 및 보류지

Ⅰ. 총 설

정비사업의 시행으로 조성된 대지 및 건축물은 관리처분계획에 따라 처분 또는 관리하여야 한다(법 제79조 제1항). 관리처분계획에는 처음부터 일반 분양분 또는 보류지로 지정된 부분이 있다. 사업시행자는 조합원 분양분 중 분양신청 후 잔여분이 있는 경우 보류지로 정하거나 일반 제3자에게 분양할 수 있으므로, 후발적으로 일반 분양분과 보류지는 확대될 수 있다. 서울시 조례 제40조가 수분양 조합원분 및 보류지를 제외한 조합원 이외의 자에 대한 분양분을 '체비시설'이라고 하며, 이에 대한 분양기준을 규정하고 있으므로, 관리처분계획상의 일반 분양분은 사업시행자가 정비사업에 필요한 경비에 충당하기 위하여 정한 체비지로 보아야한다.

서울시 조례 제44조는 사업시행자가 주택 등을 공급하는 경우 분양대상자의누락·착오 및 소송 등에 대비하기 위하여 법 제79조 제4항에 따른 보류지를 확보하여야 한다고 규정하고 있으므로, 보류지는 정비사업 시행과정에서 발생하는오류 등을 시정하기 위하여 사업시행자가 마련해 둔 것이다.

II. 일반 분양분의 처분

1. 분양절차

가. 관리처분계획상의 일반 분양분에 대한 분양절차

사업시행자는 일반 분양분이 공동주택 30세대 이상인 경우 주택법상의 사업계획승인을 받아야 하나, 사업시행계획인가를 받으면 주택법 제15조에 따른 사업계획승인이 의제된다(법 제57조 제1항 제1호, 주택법 제15조, 주택법 시행령 제27조 제1항). 건축법과 달리 주택법이 적용되는 경우 주택공급에 관한 규칙이 정한 절차를준수해야 한다(주택법 제54조, 주택공급에 관한 규칙 제20조 등).

재개발·재건축사업의 경우에도 사업시행자가 조합원 외의 자에게 분양하는경우의 공고·신청절차·공급조건·방법 및 절차 등은 주택법 제54조를 준용한다. 이 경우 사업주체는 사업시행자로 본다(법 시행령 제67조). 따라서 사업시행자가 일반분양을 하는 경우 반드시 주택법령에 규정된 절차와 방법에 의하여야 할것이고, 그에 따라 분양가 심사위원회의 분양가 결정(분양가 상한제), 관할 구청의일반분양 승인, 주택공급규칙에 따른 분양순위에 의한 공급 등 엄격한 주택법상의절차를 준수하여야 한다.[22]

사업시행자가 매도청구소송을 통하여 법원의 승소판결을 받은 후 입주예정자에게 피해가 없도록 손실보상금을 공탁하고 분양예정인 건축물을 담보한 경우에

---

22) 법 시행령 제66조는 관리형 주거환경개선사업, 수용 및 환지 주거환경개선사업의 시행자 또는 환지주거환경개선사업에 따라 대지를 공급받아 주택을 건설하는 자가 정비구역에 주택을 건설하는 경우주택의 공급에 관하여는 시행령 [별표2]에 규정된 범위 내에서 시장·군수등의 승인을 받아 사업시행자가 따로 정할 수 있도록 하고 있다. 이는 주거환경개선사업 중 위 각 사업의 공익성이 특별히중대한 점을 고려한 것으로 보인다.

는 법원의 승소판결이 확정되기 전이라도 주택법 제54조에도 불구하고 입주자를 모집할 수 있으나, 제83조에 따른 준공인가 신청 전까지 해당 주택건설 대지의 소유권을 반드시 확보하여야 한다(법 제79조 제8항). 왜냐하면 앞서 본 바와 같이 일반 분양분에 대한 처분이 이루어지기 위해서는 당해 분양분에 대한 사업시행자 명의로의 이전고시가 선행되어야 하는데, 해당 주택건설 대지의 소유권이 확보되지 아니하면 이전고시가 이루어질 수 없기 때문이다.

나. 추가 일반분양절차

일반 분양분은 최초 관리처분계획상 일반 분양분으로 계획된 부분뿐만 아니라 앞서 본 바와 같이 사업시행자가 조합원 분양분에 대하여 분양신청을 받은 후 잔여분이 있는 경우에도 가능하다(법 제79조 제4항). 나아가 법 제79조 제7항은 "사업시행자는 제2항부터 제6항까지의 규정에 따른 공급대상자에게 주택을 공급하고 남은 주택을 제2항부터 제6항까지의 규정에 따른 공급대상자 외의 자에게 공급할 수 있다."고 규정하고 있으므로, 사업시행자가 관리처분계획 및 법률의 규정에 따라 적법한 처분행위로 공급대상자에게 주택을 공급하였음에도 불구하고 잔여 주택이 남은 경우에는 일반분양이 가능하다.

다. 매매계약

주택법 제54조의 절차를 거쳐 일반 분양분을 공급받는 자가 정해지면, 사업시행자는 일반 분양분의 수분양자와 사이에 민사상 매매계약인 분양계약을 체결한다.

2. 이전고시의 효과

가. 관리처분계획상 처음부터 일반 분양분으로 예정된 경우의 분양

조합원 분양분과 달리 이전고시 다음날 사업시행자가 일반 분양분에 대한 소유권을 취득한다. 이는 사업시행자가 소유권을 원시적으로 취득하는 것이다.

조합은 정관에 일반 분양분에 대하여는 조합이 소유권을 취득하고, 자신의 명의로 소유권보존등기를 마친 후, 일반수분양자에게 소유권이전등기절차를 이행하여 준다고 규정함이 일반적이다(표준정관 제55조 제2항). 따라서 관리처분계획상의 일반 분양분은 사업시행자가 일반 수분양자에게 소유권이전등기를 경료하여 줌으로써 처분이 완성된다.

나. 조합원 분양분 중 분양신청 후 잔여분에 대한 일반분양

(1) 법 제87조 제3항의 일반 분양분의 의미

법 제87조 제3항은 "제79조 제4항에 따른 일반에게 분양하는 대지 또는 건축물은 도시개발법 제34조에 따른 체비지로 본다."고 규정하고 있고, 도시개발법 제34조는 "시행자는 도시개발사업에 필요한 경비에 충당하거나 규약·정관·시행규정 또는 실시계획으로 정하는 목적을 위하여 일정한 토지를 환지로 정하지 아니하고 그 중 일부를 체비지로 정하여 도시개발사업에 필요한 경비에 충당할 수 있다."라고 정하고 있다.

법 제79조 제4항은 사업시행자가 조합원 분양분에 대하여 분양신청을 받은 후 잔여분이 있는 경우임을 의미하는 점, 도시개발법 제34조는 종전자산을 전제로 환지 없이 체비지로 정한 것을 내용으로 하는 점 등에 비추어 법 제87조 제3항의 일반에게 분양하는 대지 또는 건축물은 사업시행자가 종전자산을 전제로 하는 조합원 분양분 중 분양신청 후 잔여분이 있는 경우 이를 관리처분계획의 변경을 통하여 일반분양으로 한 경우로 해석된다.

(2) 사업시행자의 권리취득

법 제87조 제3항은 조합원 분양분 중 분양신청 후 잔여분 가운데 일반에게 분양하는 대지 또는 건축물은 도시개발법 제34조에 따른 체비지로 본다고 규정하고 있고, 도시개발법 제42조 제5항은 체비지는 환지처분이 공고된 다음 날 시행자가 소유권을 취득한다고 규정하고 있으므로, 사업시행자는 이전고시 다음날 위 일반 분양분에 대한 소유권을 취득한다. 따라서 사업시행자가 이전고시 이후 일반 수분양자에게 조합원 분양분 중 분양신청 후 잔여분으로서 일반 분양분에 대한 소유권이전등기를 경료하여 줌으로써 처분이 완성된다.

⑶ 종전자산에 관한 권리의 소멸

㈎ 종전자산 소유자를 채무자로 하는 권리의 소멸

① 법률의 규정

법 제87조 제3항은 사업시행자가 조합원 분양분 중 분양신청 후 잔여분에 대하여 일반분양하는 경우에는 도시개발법 제34조에 따른 체비지로 본다고 규정하여, 같은 조 제2항의 수분양 조합원이 취득하는 종후자산에 대하여는 도시개발법 제40조에 따라 행하여진 환지로 본다는 규정과 명확히 구분하고 있다.

법이 2017. 2. 8. 법률 제14567호로 전부개정되기 전에는 현행의 제87조 제2항 및 제3항이 구 법 제55조 제2항에 같이 규정하고 있었으나, 그 성격이 뚜렷이 구분되는 점을 고려하여 전부개정 과정에서 별도의 항으로 규정하였다. 도시개발법 제34조가 체비지는 경비에 충당하기 위하여 환지를 정하지 않은 것이라고 규정함은 앞서 본 바이고, 도시개발법 제42조 제1항은 "환지 계획에서 환지를 정하지 아니한 종전의 토지에 있던 권리는 그 환지처분이 공고된 날이 끝나는 때에 소멸한다."고 규정하고 있다. 따라서 정비사업의 관리처분계획상 조합원 분양분 중 분양신청 후 잔여분(환지를 정하지 아니한 종전토지)의 종전자산에 관한 근저당권, 지상권, 가압류 등의 권리는 환지처분이 공고된 날이 끝나는 때에 대응하는 이전고시일 다음날에 소멸하게 된다.

② 판례

사업시행자가 조합원 분양분 중 분양신청을 받은 후 잔여분에 대하여 일반분양 하는 경우 일반 분양분(체비지)은 그에 상응하는 종전의 토지에 아무런 권리제한이 없는 상태로 도시개발법 제42조 제5항이 정한 자가 소유권을 취득한다. 위와 같이 종전자산상의 근저당권 등이 이전고시로 소멸하므로, 그들의 권리를 보호하기 위하여 분양신청에 나아가지 아니한 조합원 또는 수분양을 받았으나 그 후 분양계약체결에 나아가지 아니한 조합원에 대하여 사업시행자가 청산을 함에 있어 공평의 원칙상 조합원은 권리제한등기가 없는 상태로 토지등의 소유권을 조합에게 이전할 의무를 부담하고, 이러한 권리제한등기 없는 소유권 이전의무와 사업시행자의 청산금 지급의무는 동시이행관계에 있다.

따라서 사업시행자가 부동산을 인도받았다 하더라도 현금청산대상자에 대한 청산금이 말소되지 아니한 근저당권의 채권최고액(만일 채권최고액 범위에서 피담보 채무액이 확정되었다면 확정액) 및 가압류의 피보전채권액에 미치지 못한다면, 근저 당권설정등기 내지 가압류등기 등의 말소의무를 이행하지 않는 이상 현금청산대 상자에게 청산금 및 그에 대한 이자를 지급할 필요는 없다.[23]

그러나 위와 같이 현금청산대상자가 사업시행자에게 부동산의 인도까지 마쳤 음에도 근저당권설정등기(가압류)를 말소하지 아니하였으나, 청산금이 근저당권 채 권최고액이나 가압류 피보전채권을 초과하는 경우에는, 사업시행자가 현금청산에 서 근저당권설정등기말소(가압류등기말소)와의 동시이행을 주장하며 지급을 거절할 수 있는 청산금의 범위는 말소되지 아니한 근저당권의 채권최고액 또는 채권최고 액의 범위 내에서 확정된 피담보채무액(가압류의 피보전채권액)에 해당하는 금액이 므로 그 범위에서만 이자를 지급할 필요가 없다.[24]

㈔ 사업시행자를 채무자로 하는 권리의 소멸

① 문제의 소재

법 제79조 제4항에 의하면, 조합원 분양분에 대한 분양신청을 받은 후 잔여분 이 있는 경우 사업시행자는 이를 보류지로 정하거나 조합원 또는 토지등소유자 이외의 자에게 분양할 수 있다. 사업시행자는 위 잔여분에 대하여 새롭게 가중 다 수결의 총회의결로 이미 분양신청기간의 경과로 현금청산대상자가 된 토지등소유 자에 대하여 조합원의 자격을 부여하는 방법으로 추가분양신청의 기회를 줄 수 있음은 앞서 본 바이다. 만일 이를 일반분양하는 경우 사업시행자는 그들의 종전 자산을 자신의 소유로 취득한 후, 그에 상응하는 조합원 분양분을 일반 분양분으 로 하는 관리처분계획변경의 절차를 거친다. 법은 이를 위하여 재개발조합에 대하 여 수용권, 재건축조합에 대하여 매도청구권을 부여하고 있고 그 전단계로 협의매 수가 이루어지기도 한다.

관리처분변경계획상 일반분양하기로 하였던 종전 조합원 소유의 토지등에 대 하여 사업시행자가 소유권을 취득하자 사업시행자의 채권자가 압류 등 권리를 행 사한 경우, 그 종전자산에 상응하는 종후자산에 위와 같은 압류권 등의 권리가 이

---

23) 대법원 2018. 9. 28. 선고 2016다246800 판결.
24) 대법원 2015. 11. 19. 선고 2012다114776 전원합의체 판결.

전되는 효과가 발생하는지 여부가 문제된다.

② 판례

판례는 재개발사업에서 사업시행자가 정비사업에 필요한 경비에 충당하는 등의 목적을 위하여 관리처분계획에서 조합원 외의 자에게 분양하는 새로운 소유지적의 체비지를 창설하고 이를 이전고시 전에 이미 매도한 경우, 당해 체비지는 사업시행자가 이전고시가 있은 날의 다음 날에 소유권을 원시적으로 취득하고 당해 체비지를 매수한 자는 소유권이전등기를 마친 때에 소유권을 취득하게 된다고 하여 사업시행자인 조합 채권자의 압류 등의 권리를 소멸한 것으로 판시하였다.[25]

㈐ 결론

법 제87조 제3항은 사업시행자가 조합원 분양분 중 분양신청 후 잔여분에 대하여 일반분양하는 경우 도시개발법 제34조에 따른 체비지로 본다고 규정하고 있는바, 도시개발법 제34조, 제42조 제1항에 비추어 종전자산에 있던 종전 조합원을 채무자로 하는 근저당권, 지상권, 가압류 등의 권리이든, 그 후 사업시행자가 소유권을 취득한 이후로서 사업시행자를 채무자로 하는 가압류 등의 권리이든 불문하고, 사업시행자는 이전고시로 그 일반 분양분(체비지)에 대하여 그에 상응하는 종전의 토지에 아무런 권리제한이 없는 상태로 소유권을 취득한다. 따라서 정비사업의 관리처분계획상 일반 분양분에 대응하는 종전자산에 관한 현금청산대상자 또는 사업시행자에 대한 가압류 등 일체의 권리는 이전고시일 다음날에 소멸하게 된다.

Ⅲ. 보류지의 처분

1. 법 제87조 제3항의 보류지의 의미

법 제87조 제3항은 "제79조 제4항에 따른 보류지(조합원 분양분 중 잔여분에 대하여 정한 보류지)는 도시개발법 제34조에 따른 보류지로 본다."고 규정하고 있고, 도시개발법 제34조는 "시행자는 도시개발사업에 필요한 경비에 충당하거나 규약·정관·시행규정 또는 실시계획으로 정하는 목적을 위하여 일정한 토지를 환

---

25) 대법원 2020. 5. 28. 선고 2016다233729 판결.

지로 정하지 아니하고 보류지로 정할 수 있다."라고 정하고 있다.

도시개발법상 보류지는 사업경비 충당 목적 이외에 사업계획이 정하는 목적을 위하여 환지로 정하지 아니한 토지로서 넓게 공공시설용지까지 포함하고 있으므로,[26] 법 제87조 제3항에서의 보류지의 의미가 무엇인지가 문제되나, 협의의 보류지로 해석됨은 앞서 본 바이다.

2. 이전고시의 효과

가. 관리처분계획상 처음부터 보류지로 예정된 경우

관리처분계획상 처음부터 보류지로 예정되었고, 사업시행자가 관리처분계획 수립 이후 준공인가 전까지 분양대상자의 누락·착오 및 소송에 의한 수분양자 확정의 과정을 통하여 조합원 분양분으로 관리처분계획을 변경하여 인가받은 경우에는 앞서 본 수분양 조합원분과 동일하게 처리한다. 나머지 잔여 보류지에 대하여는 재개발사업에서 사업시행계획인가 당시 보류지를 제3자에 우선하여 적격세입자[27]에게 처분하기로 한 경우에는 그들에게 우선적으로 분양하고, 그 외는 일반 분양하기로 하는 내용의 총회의결을 통하여(서울시 조례 제44조 제2항), 재건축사업의 경우에는 특별한 제한 없이 총회의결로 처분이 가능하다. 구체적인 내용은 제7편 제3장 제1절 III. 관리처분계획서 작성에서 자세히 살펴보았다. 이는 일반 분양분과 동일하게 처리한다.

준공인가 이후에도 보류지가 남아있는 경우에는 이전고시를 통하여 사업시행자인 조합이 이를 취득함으로써 관리처분계획에 따른 처분이 완성된다. 다만 조합

---

26) 대법원 2006. 9. 14. 선고 2005두333 판결 등 참조.

27) 서울시 조례 제46조 제1항은 해당 정비구역에 거주하는 세입자로서 세대별 주민등록표에 등재된 날을 기준으로 영 제13조에 따른 정비구역의 지정을 위한 공람공고일 3개월 전부터 사업시행계획 인가로 인하여 이주하는 날(법 제81조 제3항에 따라 건축물을 철거하는 경우 구청장의 허가를 받아 이주하는 날)까지 계속하여 거주하고 있는 무주택세대주 및 해당 정비구역에 거주하는 토지등소유자로서 최소 분양주택가액의 4분의 1보다 권리가액이 적은 자 중 해당 정비사업으로 인해 무주택자가 되는 세대주(1호), 해당 정비구역의 주택을 공급받을 자격을 가진 분양대상 토지등소유자로서 분양신청을 포기한 자(철거되는 주택 이외의 다른 주택을 소유하지 않은 자로 한정한다, 제2호), 소속 대학의 장(총장 또는 학장)의 추천에 따라 선정된 저소득가구의 대학생(제8조 제1항 제2호에 따라 임대주택을 계획한 해당구역으로 한정한다, 제3호), 해당 정비구역 이외의 재개발구역 안의 세입자로서 제1호 또는 토지등소유자로서 제2호에 해당하는 입주자격을 가진 자(제4호), 해당 정비구역에 인접하여 시행하는 도시계획사업(법·영·시행규칙 및 이 조례에 따른 정비사업을 제외한다)으로 철거되는 주택의 소유자 또는 무주택세대주로서 구청장이 추천하여 시장이 선정한 자(제5호), 그 밖에 규칙으로 정하는 자(제6호)를 적격세입자로 규정하고 있다.

은 그 후 이를 일반분양하여 정비사업비에 충당한다.

나. 조합원 분양분 중 분양신청 후 잔여분에 대하여 보류지로 한 경우

⑴ 사업시행자의 권리취득

법 제87조 제3항은 조합원 분양분 중 분양신청 후 잔여분을 보류지로 한 대지 또는 건축물은 도시개발법 제34조에 따른 보류지로 본다고 규정하고 있고, 도시개발법 제42조 제5항은 보류지는 환지처분이 공고된 다음 날 시행자가 소유권을 취득한다고 규정하고 있으므로, 사업시행자는 이전고시 다음날 위 보류지에 대한 소유권을 취득한다.

⑵ 종전자산에 관한 권리의 소멸

종전자산에 있던 종전 조합원을 채무자로 하는 근저당권, 가압류 등의 권리이든, 그 후 사업시행자가 소유권을 취득한 이후로서 사업시행자를 채무자로 하는 가압류 등의 권리이든 불문하고, 사업시행자는 보류지에 대하여 그에 상응하는 종전의 토지에 아무런 권리제한이 없는 상태로 소유권을 취득한다.

제5절 임대주택 및 국민주택규모 주택

Ⅰ. 총 설

정비사업의 시행으로 조성된 대지 및 건축물은 관리처분계획에 따라 처분 또는 관리하여야 한다(법 제79조 제1항). 이에 따라 관리처분계획상의 임대주택 또는 국민주택규모 주택에 대한 처분행위가 필요하다. 재개발 사업시행자가 의무적으로 건설한 임대주택과 용적률의 인센티브를 받아 그 대가로 재개발 · 재건축 사업시행자가 건설한 국민주택규모 주택의 처분에는 뚜렷한 차이가 있다.

재개발사업상의 임대주택은 사업시행자에게 건설의무가 부과되어 있지만, 재개발 사업시행자는 재개발 임대주택을 건설한 후, 이를 직접 분양하거나 국토교통부장관, 시 · 도지사, 시장, 군수, 구청장 또는 토지주택공사등에게 실비 상당의 가격으로 인수시킬 수 있음에 반해, 용적률의 인센티브를 받아 건설된 재개발 · 재건축사업상의 국민주택규모 주택에 대하여는 사업시행자가 국토교통부장관 등에게 사실상 기부채납을 하게 된다. 이하에서는 재개발사업상의 임대주택과 재개발·재건축사업상의 위 국민주택규모 주택의 법률관계에 대하여 자세히 살펴본다.

Ⅱ. 임대주택

1. 개 관

재개발 사업시행자에게 있어 임대주택 건설계획은 사업시행계획서의 필수적 기재사항이다(법 제52조 제1항 제6호). 재개발 사업시행자는 건설하는 주택 전체 세대 수의 20%(전체 임대주택 세대 수의 30% 이상 또는 건설하는 주택 전체 세대 수의 5% 이상을 주거전용면적이 40㎡ 이하 규모의 임대주택으로 건설하여야 한다)를 임대주택으로 건설하여야 한다[법 제10조 제1항 제2호, 시행령 제9조 제1항 제2호 나목, '정비사업의 임대주택 및 주택규모별 건설비율'(국토교통부 고시) 제4조 제3항].

법 제9조 제1항 제12호, 법 시행령 제8조 제3항 제11호의 위임을 받은 서울시 조례 제8조 제1항 제2호는 임대주택의 건설에 관한 계획(자치구청장은 대학 주변지역 및 역세권에 위치한 정비구역에 대해서는 대학생 및 청년에게 공급할 수 있는 임대주택 건설계획을 입안할 수 있다)을 정비계획에 포함하도록 규정하고 있다.

재개발 사업시행자에게 임대주택의 건설을 의무화시킨 것은 정비구역 지정 전에 정비사업구역에 거주하는 세입자 등에게 향후 임대주택을 공급하여 저소득 시민의 주거안정을 도모하기 위함이다. 구체적인 입주자격은 법 제79조 제6항, 법 시행령 제69조 제2항이 규정하고 있다.

2. 조합이 임대주택을 인수시키는 경우

가. 재개발 사업시행자는 재개발 임대주택을 건설한 후, 이를 직접 분양할 수 있고, 사업시행자가 조합인 경우 국토교통부장관, 시·도지사, 시장, 군수, 구청장 또는 토지주택공사등에게 인수를 요청할 수 있으며, 그 경우 국토교통부장관 등은 법정의 내용대로 반드시 인수하여야 한다(법 제79조 제5항 본문). 개인이 사업을 시행하는 토지등소유자가 20인 미만의 재개발사업은 해당되지 아니한다.

시·도지사 또는 시장, 군수, 구청장이 우선하여 인수하여야 하며, 시·도지사 또는 시장, 군수, 구청장이 예산·관리인력의 부족 등 부득이한 사정으로 인수하기 어려운 경우에는 국토교통부장관에게 토지주택공사등을 인수자로 지정할 것을 요청할 수 있다(시행령 제68조 제1항).

국가는 시·도지사, 시장, 군수, 구청장 또는 토지주택공사등이 재개발 임대주택을 인수하는 경우 그 인수 비용의 전부 또는 일부를 지방자치단체 또는 토지주택공사등에 보조 또는 융자할 수 있다(법 제95조 제5항 제2호).

나. 재개발 임대주택의 인수가격은 공공주택 특별법 시행령 제54조 제5항에 따라 정해진 분양전환가격의 산정기준 중 건축비에 부속토지의 가격을 합한 금액으로 하는바, 분양전환가격의 산정기준은 공공주택 특별법 시행규칙 제40조 [별표 7]이 규정하고 있으며 부속토지의 가격은 사업시행계획인가 고시가 있는 날을 기준으로 감정평가업자 둘 이상이 평가한 금액을 산술평균한 금액으로 한다. 이 경우 건축비 및 부속토지의 가격에 가산할 항목은 인수자가 조합과 협의하여 정할 수 있다(법 제79조 제5항 단서, 시행령 제68조 제2항).

재개발 임대주택의 인수계약 체결을 위한 사전협의, 인수계약의 체결, 인수대금의 지급방법 등 필요한 사항은 인수자가 따로 정하는 바에 따른다(시행령 제68조 제3항). 결국 임대주택은 재개발 사업시행자에게 건설의무가 부과되나, 사업시행자가 직접 분양하거나 사업시행자가 조합인 경우 국토교통부장관 등에게 강제로 인수시킬 수 있고, 그 인수비용도 부속토지는 개발이익이 배제되기는 하지만 시가로, 건축비도 실비보전이 가능하다.

조합이 국토교통부장관 등에게 임대주택을 인수시키는 경우 정비사업 절차상 최초 일반분양 입주자 모집공고를 하는 무렵 인수자인 국토교통부장관 등과 사이에 매매계약을 체결하고, 그 무렵부터 이전고시 이후까지 수회에 걸쳐 대금을 분할지급 받는 것이 일반적이다. 임대주택에 대하여는 이전고시가 있은 다음 날에 조합이 소유권을 취득하고, 그 후 매매계약에 따라 대한민국이나 시·도에 소유권 이전등기를 경료하여 준다.

다. 재개발 임대주택이 인수되는 경우, 최초의 임차인 선정이 아닌 경우에는 대통령령으로 정하는 범위에서 임차인의 자격 등을 인수자가 따로 정한다(법 제79조 제6항 단서). 이와 관련하여 법 시행령 제69조 제2항은 인수자는 다음 각 호의 범위에서 재개발 임대주택의 임차인의 자격 등에 관한 사항을 정하여야 한다고 규정하고 있다.

① 임차인의 자격은 무주택 기간과 해당 정비사업이 위치한 지역에 거주한 기간이 각각 1년 이상인 범위에서 오래된 순으로 할 것. 다만, 시ㆍ도지사가 법 제79조 제5항 및 법 시행령 제48조 제2항에 따라 임대주택을 인수한 경우에는 거주지역, 거주기간 등 임차인의 자격을 별도로 정할 수 있다.

② 임대보증금과 임대료는 정비사업이 위치한 지역의 시세의 100분의 90 이하의 범위로 할 것

③ 임대주택의 계약방법 등에 관한 사항은 공공주택 특별법에서 정하는 바에 따를 것

④ 관리비 등 주택의 관리에 관한 사항은 공동주택관리법에서 정하는 바에 따를 것

라. 국토교통부장관 등이 조합으로부터 임대주택을 인수한 경우 정비구역 소재 세입자와 분양대상에서 제외되는 면적인 90㎡ 미만의 토지를 소유한 자로서 건축물을 소유하지 아니한 자, 바닥면적이 40㎡ 미만의 사실상 주거를 위하여 사용하는 건축물을 소유한 자로서 토지를 소유하지 아니한 자의 요청이 있는 경우에는 인수한 임대주택의 일부를 주택법에 따른 토지임대부 분양주택으로 전환하여 공급하여야 한다(법 제80조 제2항, 법 시행령 제71조 제1항).

국가 또는 지방자치단체는 위 제80조 제2항에 따라 인수한 임대주택을 토지임대부 분양주택으로 전환하여 공급하는 경우, 이를 공급받는 자에게 해당 공급비용의 전부 또는 일부를 보조 또는 융자할 수 있다(법 95조 제6항).

3. 사업시행자가 임대주택을 직접 분양하는 경우

가. 법 제74조 제1항 4호는 다음 각 목에 해당하는 보류지 등의 명세와 추산액 및 처분방법이 관리처분계획의 내용으로 수립되어야 함을 규정하고 있고, 각 목에는 일반 분양분, 공공지원민간임대주택, 임대주택, 그 밖에 부대시설ㆍ복리시설 등이 규정되어 있는바, 위와 같이 임대주택이 일반 분양분과 병렬적으로 규정된 점, 재개발 사업시행자가 임대주택을 직접 분양하는 경우 그 대금은 사업비용에 충당되는 점 등에 비추어 보면, 재개발 사업시행자가 직접 분양하는 경우의 임대주택은 일반 분양분과 그 성격이 유사하다 할 것이다.

나. 그러나 일반분양과 달리 재개발 사업시행자의 임대주택 분양에는 일정한 제한이 있다. 재개발 사업시행자가 정비사업의 시행으로 건설한 임대주택을 직접 분양하는 경우에는 임차인의 자격·선정방법·임대보증금·임대료 등 임대조건에 관한 기준 및 무주택 세대주에게 우선 매각하도록 하는 기준 등에 관하여 민간임대주택법 제42조 및 제44조, 공공주택 특별법 제48조, 제49조 및 제50조의3에도 불구하고 대통령령으로 정하는 범위에서 시장·군수등의 승인을 받아 따로 정할 수 있다(법 제79조 제6항).

이와 관련하여 법 시행령 제69조 제1항, [별표3] 임대주택의 공급조건(임대주택의 공급조건으로, 주거환경개선사업과 재개발사업으로 나누어 규정하고 있다)은 기준일 3개월 전부터 해당 재개발사업을 위한 정비구역 또는 다른 재개발사업을 위한 정비구역에 거주하는 세입자, 기준일 현재 해당 재개발사업을 위한 정비구역에 주택이 건설될 토지 또는 철거예정인 건축물을 소유한 자로서 주택분양에 관한 권리를 포기한 자 등 그 범위를 자세히 규정하고 있고, 위 규정의 수권에 의하여 서울시 조례 제46조가 보다 구체화하고 있다.

Ⅲ. 국민주택규모 주택

1. 용적률 인센티브

가. 재개발·재건축 사업시행자가 시장·군수등으로부터 용적률의 인센티브를 받기 위하여 재량에 의하여 국민주택규모 주택을 건설할 수 있다(법 제52조 제1항 제7호). 수도권에서는 수도권정비계획법 제6조 제1항 제1호에 따른 과밀억제권역에서 시행하는 재개발사업 및 재건축사업(국토계획법 제78조에 따른 주거지역으로 한정한다)[28]의 경우, 수도권 외에서는 시·도조례로 정하는 지역에서 시행하는 재개발사업 및 재건축사업의 경우, 국민주택규모 주택의 건설을 조건으로 사업시행자는 정비계획으로 정하여진 용적률에도 불구하고 지방도시계획위원회의 심의를 거쳐 국토계획법 제78조 및 관계 법률에 따른 용적률의 상한까지 건축할 수 있으므로, 이를 전제로 사업시행계획을 수립할 수 있다. 그 경우 국토계획법 제78조에

---

28) 도시재정비법 제2조 제1호에 따른 재정비촉진지구에서 시행되는 재개발사업 및 재건축사업은 제외한다.

따라 시·도조례로 정한 용적률 제한 및 정비계획으로 정한 허용세대수의 제한은 받지 아니한다(법 제54조 제1, 2항).

나. 다만 사업시행자는 법적상한 용적률에서 정비계획으로 정하여진 용적률을 뺀 초과용적률의 100분의 30 이상 100분의 50 이하로서 시·도조례로 정하는 비율에 해당하는 면적에 국민주택규모 주택을 건설하여야 한다. 초과 용적률의 범위는 과밀억제권역인지 여부, 재개발사업인지 재건축사업인지 여부에 따라 아래와 같이 달라진다(법 제54조 제4항).

⑴ 과밀억제권역에서 시행하는 재건축사업은 초과용적률의 100분의 30 이상 100분의 50 이하로서 시·도조례로 정하는 비율인데, 서울시 조례 제30조 제1항은 100분의 50으로 규정하고 있다.

⑵ 과밀억제권역에서 시행하는 재개발사업은 초과용적률의 100분의 50 이상 100분의 75 이하로서 시·도조례로 정하는 비율인데, 서울시 조례 제30조 제1항은 100분의 50으로 규정하고 있다.

⑶ 과밀억제권역 외의 지역에서 시행하는 재건축사업은 초과용적률의 100분의 50 이하로서 시·도조례로 정하는 비율인데, 부산시 조례 제31조 제1호는 100분의 30으로 규정하고 있다.

⑷ 과밀억제권역 외의 지역에서 시행하는 재개발사업은 초과용적률의 100분의 75 이하로서 시·도조례로 정하는 비율인데, 부산시 조례 제31조 제2호는 100분의 50으로 규정하고 있다.

다. 위와 같이 재개발·재건축사업 시행자는 용적률의 인센티브를 받고, 국민주택규모 주택을 건설할 수 있다. 사업시행자가 제54조 제1항 및 제2항에 따라 정비계획상 용적률을 초과하여 건축하려는 경우에는 사업시행계획인가를 신청하기 전에 미리 국민주택규모 주택에 관한 사항을 인수자와 협의하여 사업시행계획서에 반영하여야 한다(법 제55조 제3항).

2. 국토교통부장관 등에 대한 필수적 공급

가. 공급방법

임대주택과 달리 사업시행자는 건설하는 국민주택규모 주택 전부를 반드시 국토교통부장관, 시·도지사, 시장, 군수, 구청장 또는 토지주택공사등에게 공급하여야 하고, 또한 공급가격도 주택의 가격은 공공주택 특별법 제50조의4에 따라 국토교통부장관이 고시하는 공공건설임대주택의 표준건축비로 하며, 부속 토지는 인수자에게 기부채납한 것으로 본다(법 제55조 제1, 2항).

국토교통부 고시로 '공공건설임대주택 표준건축비'가 제정되어 있고, 5층 이하, 6~10층 이하, 11~20층 이하, 21층 이상으로 구분하되, 각 주거전용면적이 40㎡ 이하, 40㎡ 초과~50㎡ 이하, 50㎡ 초과~60㎡ 이하, 60㎡ 초과로 나누어 규정하고 있다. 결국 사업시행자는 용적률의 인센티브를 받는 대신 국민주택규모 주택을 건설하여 국토교통부장관 등에게 사실상 기부채납하는 것으로 보인다. 위와 같은 국민주택규모 주택의 국토교통부장관 등에 대한 사실상 기부가 다음에서 살펴볼 학교용지부담금의 부과대상인지 여부와 직접적으로 관련된다.

다만 국토교통부장관 등이 인도받은 주택을 장기공공임대주택이 아닌 임대주택으로 활용하는 경우에는 임대의무기간에 따라 감정평가액의 100분의 50 이하의 범위에서 대통령령으로 정하는 가격(임대의무기간이 10년 이상인 경우: 감정평가액의 100분의 30에 해당하는 가격, 임대의무기간이 10년 미만인 경우: 감정평가액의 100분의 50에 해당하는 가격)으로 부속 토지를 인수하여야 한다(법 제55조 제5항, 법 시행령 제48조 제6항).

나. 공급절차

사업시행자는 건설한 국민주택규모 주택 중 인수자에게 공급해야 하는 국민주택규모 주택을 공개추첨의 방법으로 선정해야 하며, 그 선정결과를 지체 없이 인수자에게 통보해야 한다(법 시행령 제48조 제1항). 사업시행자가 위와 같이 선정된 국민주택규모 주택을 공급하는 경우에는 시·도지사, 시장·군수·구청장 순으로 우선하여 인수할 수 있다. 다만, 시·도지사 및 시장·군수·구청장이 국민주택규모 주택을 인수할 수 없는 경우에는 시·도지사는 국토교통부장관에게 인수자 지정을 요청해야 한다(법 시행령 제48조 제2항).

국토교통부장관은 제2항 단서에 따라 시·도지사로부터 인수자 지정 요청이 있는 경우에는 30일 이내에 인수자를 지정하여 시·도지사에게 통보해야 하며, 시·도지사는 지체 없이 이를 시장·군수·구청장에게 보내어 그 인수자와 국민주택규모 주택의 공급에 관하여 협의하도록 해야 한다(법 시행령 제48조 제3항).

다. 공급된 주택의 활용

(1) 원칙(장기공공임대주택)

인수된 국민주택규모 주택은 대통령령으로 정하는 장기공공임대주택(공공임대주택으로서 공공주택 특별법 제50조의2 제1항에 따른 임대의무기간이 20년 이상인 것)으로 활용하여야 한다(법 제55조 제4항 본문, 법 시행령 제48조 제4항).

(2) 예외(임대주택)

(개) 요건

토지등소유자의 부담 완화 등 다음과 같은 법 시행령 제48조 제5항 각 요건에 해당하여야 한다.

① 비례율(정비사업 후 대지 및 건축물의 총 가액에서 총사업비를 제외한 가액/정비사업 전 토지 및 건축물의 가액)이 100분의 80 미만인 경우

② 시·도지사가 정비구역의 입지, 토지등소유자의 조합설립 동의율, 정비사업비의 증가규모, 사업기간 등을 고려하여 토지등소유자의 부담이 지나치게 높다고 인정하는 경우

(내) 효과

국토교통부장관이 국민주택규모 주택을 인수하여 임대주택으로 활용하는 경우에는 사업시행자인 조합으로부터 이를 인수함에 있어 부속토지에 대하여도 앞서 본 바와 같이 유상으로 인수하여야 한다(법 시행령 제48조 제6항).

제2장 해산 및 청산

제1절 이전고시 이후 조합 운용과 조합원의 지위

Ⅰ. 이전고시 이후 조합 및 조합원의 지위

이전고시 이후에도 사업시행자인 조합은 조합원들과 사이의 청산금 및 부과금 정산 등 잔존 목적사업을 완수하고 해산을 거쳐 법인청산이 완료될 때까지 존립 목적 범위 내에서 그 법인격을 유지하게 되고, 아울러 조합원의 지위 역시 그 한도에서 계속 유지되고 있다.

Ⅱ. 종후자산 양도와 조합원 지위의 이전 여부

1. 이전고시 이전 종전자산의 양도와 관련한 법률관계

법 제129조는 정비사업과 관련하여 권리를 갖는 자의 변동이 있는 때에는 종전 권리자의 권리·의무는 새로 권리자로 된 자가 승계한다고 규정하고 있다. 조합은 일반적으로 정관의 내용으로 "양도·상속·증여 및 판결 등으로 조합원의 권리가 이전된 때에는 조합원의 권리를 취득한 자로 조합원이 변경된 것으로 보며, 권리를 양수받은 자는 조합원의 권리와 의무 및 종전의 권리자가 행하였거나 조합이 종전의 권리자에게 행한 처분, 청산 시 권리·의무에 관한 범위 등을 포괄승계한다."고 규정하고 있고(표준정관 제9조 제5항), "조합원이 그 권리를 양도하였을 경우에는 그 양수자 또는 변경 당사자는 그 행위의 종료일부터 14일 이내에 조합에 그 변경내용을 신고하여야 한다. 이 경우 신고하지 아니하여 발생되는 불이익 등에 대하여 해당 조합원은 조합에 이의를 제기할 수 없다."고 규정하고 있다(제10조 제3항).

이전고시가 있기 이전까지 조합원은 정비사업 시행 중에도 토지등을 자유롭게 양도할 수 있고 그에 따라 조합원으로서의 지위 내지 권리의무도 당연히 이전·승계되며 사업시행 과정에서 종전 건물이 멸실되는 경우와 같은 예외적인 경우를 제외하면 소유권과 조합원으로서의 지위를 분리하여 양도하는 것은 상정할 수 없다.

2. 이전고시 이후 종후자산의 양도와 조합원 지위 이전여부

가. 수분양 조합원은 이전고시일 다음날 종후자산에 대한 소유권을 취득한다. 그 이후에도 조합과 조합원의 지위는 유지된다. 문제는 종후자산을 취득한 조합원이 자신의 종후자산을 양도한 경우 법 제129조가 적용되어 종후자산을 취득한 자에게 조합원 지위가 당연히 이전되는지 여부이다.

조합원 지위의 자동승계에 관한 위 도시정비법령 및 조합의 정관 규정은 이전고시 이전에 종전 토지 또는 건축물을 제3자에게 양도하거나 입주자로 선정된 지위 자체를 제3자에게 양도하는 경우에 적용될 뿐, 이전고시 이후 조합원이 종후자산을 처분하는 경우에는 적용되지 아니한다. 그 논거는 다음과 같다.

① 이전고시 이전과는 달리 이전고시 이후에는 반드시 조합원의 지위와 분양받은 대지 또는 건축물의 소유권을 결부지어 조합 사무를 처리할 필연성이 없다.

② 종후자산의 소유권을 취득한 조합원이 종후자산의 소유권만을 조합원의 지위와 별도로 처분하는 것을 금지할 특별한 근거가 없는 이상 사적 자치의 원칙에 따라 당연히 허용된다. 따라서 종후자산과 조합원 지위를 별개로 양도할 수 있다.

나. 조합원이 이전고시 이후 종후자산을 제3자에게 양도 등으로 처분한 경우에 조합원으로서의 지위도 함께 이전된 것인지 여부는 조합원과 제3자 사이에 이루어진 양도 등 법률행위의 해석 및 정관에 규정된 절차요건의 충족 문제로 귀결된다. 법 제49조는 조합에 관하여는 이 법에 규정된 것을 제외하고는 민법 중 사단법인에 관한 규정을 준용한다고 규정하고 있으므로, 민법상 사단법인 사원의 지위 및 그 득실변경에 관한 일반 법리에 따라 종전 조합원과 제3자 사이에 조합원의 지위승계에 관한 개별특약을 하고 제3자가 조합에 대하여 조합원으로서의 지위를 승계한 사실을 신고하는 등 정관에 정해진 절차를 이행한 경우에 한하여 제3자에게 조합원으로서의 지위도 함께 이전된 것으로 보아야 한다.[29]

이전고시 이후 종후자산의 소유자인 조합원이 자신의 종후자산을 처분하였다 하더라도, 위와 같은 특별한 요건이 구비되었음이 증명되지 않는 한 조합원의 지위는 여전히 양도인에게 있으므로, 조합은 총회를 개최함에 있어 양도인에게 총회 소집통지 등을 하여야 하고, 의사 및 의결정족수의 산정에 있어서도 양도인을 기준으로 하여야 한다.[30]

제2절 **해산 및 청산**

Ⅰ. 해 산

1. 의 의

정비사업은 원칙적으로 토지등소유자가 조합원이 되어 종전자산을 출자하고 공사비 등을 투입하여 신 주택 등을 건축한 다음 이를 분배하는 공용환권을 목적으로 하는 사업이므로, 이전고시가 이루어지면 사업시행자인 조합은 사업이 완료되어 더 이상 존속할 필요가 없다. 법령 및 조례에는 사업시행자인 조합의 구체적인 해산절차에 관한 규정이 없다.

법 제49조는 조합에 관하여는 이 법에 규정된 사항을 제외하고는 민법 중 사단법인에 관한 규정을 준용한다고 규정하고 있고, 조합의 해산에 관한 사항은 정관에 반드시 기재되어야 할 사항이다(법 제40조 제1항 제18호, 시행령 제38조 제12호). 따라서 조합의 해산에 관한 법률관계는 민법의 규정과 조합이 일반적으로 정관으로 채택하고 있는 표준정관에 의하여 규율되므로 이를 기초로 살펴본다.

시장·군수등은 정비사업의 투명성 강화 및 효율성 제고를 위하여 시·도조례로 정하는 정비사업(서울시 조례는 조합이 시행하는 정비사업을 대상으로 규정하고 있다, 제73조)에 대하여 사업시행 과정을 지원하거나 토지주택공사등에 공공지원을 위탁할 수 있는바, 그와 같은 공공지원자의 업무범위 중 조합 해산 준비업무에 관

---

29) 대법원 1992. 4. 14. 선고 91다26850 판결, 대법원 2003. 9. 26. 선고 2001다64479 판결.
30) 서울고등법원 2021. 8. 12. 선고 2020누60217 판결(확정) 및 하급심인 서울행정법원 2020. 9. 25. 선고 2019구합2183 판결.

한 지원도 포함된다(법 제118조 제2항 제6호, 서울시 조례 제75조 제9호). 조합장은 위 공공지원자에게 조합해산계획 및 추진사항에 관한 자료를 제출하여야 한다(서울시 조례 제86조 제4호).

2. 해산시기 및 절차

가. 해산시기

서울시 조례는 이전고시에 따른 권리의 확정, 이전고시에 따른 등기절차, 조합원에 대한 청산금 등의 징수 및 지급이 완료된 후의 조합 해산을 위한 총회 또는 대의원회의 소집 일정에 관한 사항을 정관에 반드시 기재하여야 한다고 규정하고 있다(제22조 제9호). 조합은 일반적으로 정관에 준공인가를 받은 날로부터 1년 이내에 이전고시 및 건축물 등에 대한 등기절차를 완료하고 총회를 소집하여 해산의결을 하여야 한다고 규정하고 있으므로(표준정관 제61조 제1항), 준공인가 이후 1년 이내에 해산의결을 하여야 한다.

서울시의 경우 시장은 이전고시로부터 1년이 경과한 조합으로, 조합임원의 부재 등 법 제41조 제5항 단서의 사유로 청산 및 해산의 진행이 곤란하다고 인정되는 조합의 해산을 위하여 전문조합관리인을 선정하도록 구청장에게 권고할 수 있고, 시장은 매년 이전고시를 받은 날로부터 1년이 경과한 조합을 대상으로 법 제111조 제2항에 따라 해산과 관련한 자료의 제출을 명할 수 있다(서울시 조례 제24조의2).

나. 해산절차

(1) 회계보고

조합을 해산하기 위해서는 회계보고를 하여야 하고, 이는 총회의결절차를 거쳐야 한다(법 제45조 제1항 제11호). 왜냐하면 해산 시까지의 회계는 조합원들의 이해관계에 중대한 영향을 미치는 내용이기 때문이다.

(2) 총회의결 또는 대의원회 의결

(개) 사업완료로 인한 해산의 대의원회 의결

조합에 관하여는 민법 중 사단법인에 관한 규정을 준용하고(법 제49조), 법인은 존립기간의 만료, 법인의 목적의 달성 또는 달성의 불능 기타 정관에 정한 해산사유의 발생, 파산 또는 설립허가의 취소로 해산하고, 사단법인은 사원이 없게 되거나 총회의 결의로도 해산한다(민법 제77조). 조합의 해산에 관한 사항은 총회의결사항이나(법 제45조 제1항 제13호, 시행령 제42조 제1항 제1호), 사업완료로 인한 해산의 경우에는 대의원회가 총회의 권한을 대행할 수 있다(법 제46조 제4항, 법 시행령 제43조 제10호 단서).

총회 개최에 상당한 시간적, 경제적 비용이 소요되므로 조합은 정관에서 사업완료로 인한 해산은 총회의결사항에서 제외하고 있음이 일반적이다(표준정관 제21조 제12호). 한편, 부산 표준정관은 총회의결사항에서 사업완료로 인한 해산을 제외하지 아니하고 있다(제19조 제1항 제13호). 대의원회 의결로 대행이 가능하기 위해서는 사업완료가 요건인바, 사업완료의 의미가 무엇인지 문제된다.

판례는 사업완료는 조합이 이전고시 이후 조합원들에 대하여 소유권보존등기를 경료하여 주는 것을 의미하고, 설령 예산집행에 대한 결산이 종료되지 않았다고 하여 달리 볼 것은 아니라고 판시하였는바,[31] 법인은 해산되더라도 청산의 목적범위 내에서는 여전히 권리·의무의 주체가 되고, 조합의 예산집행에 대한 결산 등은 청산과정에서도 가능하므로, 사업완료의 의미를 제한적으로 해석하는 판례의 견해가 타당하다.

(나) 총회 의결정족수

민법 제78조는 정관에 다른 규정이 없으면, 사단법인은 총 사원 4분의 3 이상의 동의가 없으면 해산을 결의하지 못한다고 규정하고 있다. 그러나 법 제45조 제3항은 총회의 의결은 이 법 또는 정관에 다른 규정이 없으면 조합원 과반수의 출석과 출석 조합원의 과반수 찬성으로 한다고 규정하고 있으므로, 도시정비법의 위 규정이 민법 제78조에 대한 특칙이다. 따라서 의결정족수는 법 제45조 제3항이 적용된다.

(다) 총회결의나 대의원결의의 하자

소집절차나 내용상의 하자 등으로 해산을 의결한 총회결의나 대의원결의에 대하여 추후 무효확인 판결이 확정되면, 설령 후속행위로 해산등기 및 청산절차까지

---

31) 대법원 2007. 1. 11. 선고 2005다63542 판결.

모두 완료되었다 하더라도, 효력이 없다.

(3) 해산등기

청산인은 취임 후 3주간 내에 해산의 사유 및 연월일, 청산인의 성명 및 주소와 청산인의 대표권을 제한한 때에는 그 제한을 등기하여야 한다(민법 제85조 제1항). 다만 위와 같은 해산등기는 민법 제54조 제1항에 따른 대항요건에 해당한다.

3. 해산의 효과

조합이 해산되더라도 법인격이 소멸되는 것이 아니고 청산절차로 진행하게 된다. 조합의 해산은 법원이 검사, 감독한다(민법 제95조).

Ⅱ. 청 산

1. 의 의

조합이 해산되면 청산법인으로서 청산을 위한 목적 범위에서 존속하게 된다(민법 제81조). 해산 후 청산 중의 법인이라고 하더라도 청산의 목적 범위 내에서는 권리능력이 있다.[32] 정비사업이 종결된 때의 청산절차는 반드시 정관에 기재하여야 할 사항이다(법 제40조 제1항 제14호). 일반적으로 조합은 정관에 사업기간은 조합설립인가일부터 청산업무가 종료되는 날까지로 규정하고 있고(표준정관 제6조[33]), 해산의결 당시 별도의 청산인에 대한 선임결의가 없다면 당시 임원이 청산인이 된다고 규정하고 있다(표준정관 제61조 제2항).

2. 청산인의 임무

가. 내 용

일반적으로 조합은 정관에 청산인의 임무로 현존하는 조합의 사무종결, 채권의 추심 및 채무의 변제, 잔여재산의 처분, 그 밖에 청산에 필요한 사항이라고 규정하고 있다(표준정관 제62조).

---

32) 대법원 2007. 9. 21. 선고 2005다67896 판결.
33) 부산 표준정관은 종기를 '청산종결등기를 하는 날'까지로 정하고 있다(제6조).

청산인은 업무처리 현황을 인터넷과 그 밖의 방법을 병행하여 공개하여야 하고(법 제124조 제1항 제10호), 위 정보를 인터넷을 통하여 공개하는 경우 클린업시스템을 이용하여야 한다(서울시 조례 제69조 제4항).[34] 청산인은 정비사업 e-조합 시스템을 이용하여 예산 · 회계관리 및 문서 등의 작성된 자료를 공개하여야 한다(서울시 조례 제69조 제5항). 중요한 사유가 있는 때에는 법원은 직권 또는 이해관계인이나 검사의 청구에 의하여 청산인을 해임할 수 있다(민법 제84조).

나. 잔여재산의 처분

(1) 문제의 소재

민법상 조합이 해산된 경우 처리할 잔무가 없고 잔여재산의 분배만이 남아 있을 때에는 따로 청산절차를 밟을 필요 없이 잔여재산을 분배할 수 있는바,[35] 위와 같은 법리가 재개발, 재건축조합의 경우에도 유추 적용할 수 있는지 여부가 문제된다.

(2) 판례(부정)

처리할 잔무 없이 잔여재산의 분배만이 남아 있을 경우 청산절차를 밟을 필요 없이 출자가액에 비례하여 이를 분배한다는 법리는 재개발 · 재건축조합이 해산된 경우에 적용될 수 없고, 반드시 정관 및 민법 규정에 따라 잔여재산을 분배하여야 한다.[36] 그 논거는 다음과 같다.

① 정비사업이 종결된 때의 청산절차는 반드시 정관에 기재하여야 할 사항이고, 조합은 일반적으로 정관으로 조합이 해산하는 경우의 청산에 관한 업무와 채권의 추심 및 채무의 변제 등에 관하여 필요한 사항은 민법의 관계규정에 따른다고 규정하고 있다(표준정관 제61조 제3항).

② 법은 조합에 관하여 다른 정함이 없는 한 민법 중 '사단법인'에 관한 규정을 준용하고 있고(제49조), 민법은 사단법인의 해산과 청산에 관하여 제77조 내지 제96조로 규정하고 있다.

---

34) 다만 토지등소유자가 단독으로 시행하는 20인 미만의 재개발사업의 경우에는 제외할 수 있다(서울시 조례 제69조 제4항 단서).
35) 대법원 2007. 11. 15. 선고 2007다48370, 48387 판결 참조.
36) 대법원 2018. 5. 30. 선고 2017다50440 판결.

(3) 결론

민법 제80조는 해산한 법인의 재산은 정관으로 지정한 자에게 귀속하되, 정관으로 귀속권리자를 지정하지 아니하거나 이를 지정하는 방법을 정하지 아니한 때에는 청산인은 주무관청의 허가를 얻어 그 법인의 목적에 유사한 목적을 위하여 그 재산을 처분할 수 있으나 사단법인에 있어서는 총회의 결의가 있어야 한다고 규정하고 있다. 일반적으로 조합은 정관으로 청산 종결 후 조합의 채무 및 잔여재산이 있을 때에는 해산 당시의 조합원에게 분양받은 토지 또는 건축물의 부담비용 등을 종합적으로 고려하여 형평이 유지되도록 공정하게 배분하여야 한다(표준정관 제63조)고만 규정할 뿐, 잔여재산이나 채무의 귀속에 관한 구체적 기준을 마련해 두지 않는 것이 일반적이다. 결국 총회 결의로 잔여재산의 귀속 또는 분배를 정해야 한다.[37)

3. 청산의 종결

가. 시장의 청산에 대한 지원

서울시의 경우 시장은 이전고시로부터 1년이 경과한 조합으로, 조합임원의 사임, 해임 등으로 인한 부재 등 법 제41조 제5항 단서의 사유로 청산의 진행이 곤란하다고 인정되는 조합의 청산을 위하여 전문조합관리인을 선정하도록 구청장에게 권고할 수 있고, 시장은 매년 이전고시를 받은 날로부터 1년이 경과한 조합을 대상으로 법 제111조 제2항에 따라 청산과 관련한 자료의 제출을 명할 수 있다(서울시 조례 제24조의2). 이는 앞서 본 해산의 경우와 동일하다.

나. 청산관계서류의 인계

청산인은 청산이 종결된 경우 청산관계 서류를 구청장에게 인계하여야 한다(서울시 조례 제88조).

다. 청산등기

청산이 종결한 때에는 청산인은 3주간 내에 이를 등기하고 주무관청에 신고하여야 한다(민법 제94조). 조합의 청산은 법원이 검사, 감독한다(민법 제95조).

---

37) 위 2017다50440판결의 파기환송심인 서울북부지방법원 2019. 10. 10. 선고 2018나1894 판결.

Ⅰ. 재개발·재건축사업에서의 학교용지부담금

학교용지법 제2조 제1호는 '학교용지'란 공립 유치원·초등학교·중학교 및 고등학교의 교사(校舍)·체육장 및 실습지, 그 밖의 학교시설을 신설하는 데에 필요한 토지를 말한다고 규정하고, 제2호 (다)목은 도시정비법에 따라 시행하는 사업 중 100세대 규모 이상의 주택건설용 토지를 조성·개발하거나 공동주택(학교용지법 시행령 제1조의2 요건을 갖춘 오피스텔 포함)을 건설하는 사업을 '개발사업'으로 규정하고 있다. 학교용지법 제5조 제1항 제5호는 시·도지사는 개발사업 지역에서 공동주택을 분양하는 자에게 부담금을 부과·징수할 수 있되, "재개발·재건축사업 시행 결과 해당 정비구역 내 세대 수가 증가하지 아니하는 경우"에는 예외로 한다고 규정하고 있다.

위 각 규정들을 종합하여 보면, 100세대 이상의 공동주택을 건설하는 재개발·재건축사업으로 해당 정비구역 내 세대 수가 증가하는 경우에는 원칙적으로 학교용지부담금의 부과대상이 된다.

학교용지법 제5조 제1항 제5호는 2015. 1. 20. 법률 제13006호로 개정되기 이전에는 "재개발·재건축사업 시행 결과 정비사업지역의 기존 거주자와 토지 및 건축물의 소유자에게 분양하는 경우"를 예외사유로 규정하고 있었으나, 위 규정에 대하여는 2014. 4. 24. '위 규정은 기존 조합원이 분양받는 부분만 학교용지부담금에서 제외하나, 기존 조합원이 현금청산의 대상이 되어 그 분양분을 일반분양하는 경우와 같이 기존에 비하여 가구 수가 증가하지 아니하는 개발사업분을 학교용지부담금 부과 대상에서 제외하는 규정을 두지 아니한 것이 평등원칙에 위배된다'는 이유로 헌법재판소의 헌법불합치결정이 있었고,[38] 이에 따라 법률이 개정되었다.

Ⅱ. 임대주택 및 국민주택규모 주택

1. 임대주택

가. 문제의 소재

재개발사업 시행자는 의무적으로 임대주택을 건설하여야 한다(법 제52조 제1항 제6호). 이로써 해당 정비구역 내 세대 수가 증가하므로, 학교용지법 제5조 제1항 단서 제5호에 의하여 세대수 증가분에 대하여는 재개발사업 시행자가 학교용지부담금을 부담하여야 한다. 한편 학교용지법 제5조 제1항 단서 제2호는 임대주택을 분양하는 경우를 학교용지부담금의 부과·징수대상에서 제외하고 있다. 위와 같은 학교용지법 제5조 제1항 단서 제2호 및 제5호 사이의 상호모순되는 것처럼 보이는 규정의 해석이 문제된다.

나. 학   설

(1) 학교용지부담금 부과·징수대상 긍정설

학교용지법 제5조 제1항 단서 제5호가 정비구역 내 세대 수가 증가하지 아니하는 경우에 학교용지부담금을 부과하지 아니한다고 규정하고 있고, 여기에는 임대 또는 분양 세대인지 여부는 불문하므로, 원칙적으로 임대주택에 대하여도 학교용지부담금을 부과하여야 한다.

다만 단서 제2호가 임대주택의 '분양'의 경우에는 예외를 인정하고 있으므로, 재개발사업 시행자가 정비사업에 따라 공급하는 임대주택 중 '공공임대주택'이나 '공공분양주택'처럼 향후 분양 내지 분양전환을 전제로 할 때에만 학교용지부담금이 면제된다.

(2) 학교용지부담금 부과·징수대상 부정설

학교용지법 제5조 제1항 단서 제2호는 학교용지부담금 부과와 관련한 원칙 규정(학교용지법 제5조 제1항 단서 제5호)에 대한 예외규정이므로, 재개발사업 시행자가 건설하는 임대주택에 대하여는 학교용지부담금을 부과할 수 없다. 재개발 임대주택을 학교용지 부담금의 부과 대상에서 제외한 입법자의 의도는 임대주택에 해

---

38) 헌재 2014. 4. 24. 선고 2013헌가28 결정.

당하는 세대 일체를 학교용지부담금의 부과 대상에서 제외하려는 것에 있을 뿐, 향후 일반에 분양 내지 분양전환이 될지 여부를 기준으로 재차 임대주택의 성격을 구분하는 것에 있지 않다.

다. 실 무

교육부장관이 2018. 6. 20. 서울특별시장·광역시장·특별자치시장·제주특별자치도지사·도지사 등에게 도시정비사업 관련 학교용지부담금 부과 해석례를 안내하였는데, 학교용지부담금 부과면제의 취지는 실제 학생이 추가로 발생하지 않은 부분에 대하여 면제하고자 하는 것인 점 및 위 학교용지부담금 부과·징수대상 긍정설의 근거를 들어 임대주택에 대하여도 학교용지부담금을 부과하여야 한다는 것이 교육부 측의 견해였다. 이에 따라 행정청은 일반 임대주택에 대하여도 증가된 세대수만큼 재개발사업 시행자에게 학교용지부담금을 부과하여 왔다.

라. 하급심 판례

하급심 판례는 '임대주택을 건축하여 공급하는 경우'에는 재개발사업 시행자에 대하여 학교용지부담금을 부과할 수 없다고 판시하였다.[39] 그 논거는 다음과 같다.

① 학교용지법 제5조 제1항 단서 제2호가 '임대주택을 분양하는 경우'에 해당하는 개발사업분에 대하여 학교용지부담금을 부과·징수할 수 없도록 규정한 입법 취지는 개발사업 시행 시 임대주택의 건설을 촉진하여 저소득층의 주거 문제를 해결하고자 하려는 것에 있다.

② 입법 형식을 보면 최초에는 부과 대상에서 '임대주택'을 직접 제외하는 형식[40]을 취하고 있었다. 이후 그 문언의 형태를 유지하면서(다만 부과 대상자가 '분양받는 자'에서 '분양하는 자'로 변경되었다) 추가로 '부과금 부과·징수 대상에서 제외되는 사유 등에 관한 단서' 규정을 별도로 신설하는 의안[41]이 제안되었는데, 해

---

39) 서울행정법원 2021. 1. 29. 선고 2020구합63610 판결(확정).
40) 구 학교용지법(2005. 3. 24. 법률 제7397호로 개정되기 전의 것)
　　제5조 (부담금의 부과·징수)
　　① 시·도지사는 학교용지의 확보를 위하여 개발사업지역에서 단독주택 건축을 위한 토지(공익사업을위한토지등의취득및보상에관한법률에 의한 이주용 택지로 분양받은 토지를 제외한다) 또는 공동주택(임대주택을 제외한다)등을 분양받는 자에게 부담금을 부과·징수할 수 있다. 다만, 도시및주거환경정비법 제2조 제2호의 규정에 의한 정비사업을 시행하는 지역에서 토지 또는 주택을 분양받는 자(주택재건축사업의 경우에는 조합원에 한한다)의 경우에는 그러하지 아니하다.

당 의안의 심사 과정에서 '입법기술상 부담금 부과·징수 대상에서 제외되는 개발 사업을 일관되게 열거하여 법률에 대한 이해도를 제고할 필요성이 있다'는 지적[42] 이 있어, '임대주택'에 관한 사항을 현재와 같이 다른 부담금 면제 대상들과 함께 일률적으로 규정하는 방식으로 개정 작업이 진행되었다. 위와 같은 개정 경과를 고려할 때, 이는 당시 학교용지법 제5조 제1항 단서 제5호와는 별개의 의미이므로, 위 제5호의 조항은 임대주택을 제외하고, 나머지 세대 수의 증가가 없는 경우로 해석해야 한다.

마. 결론(부정설)

학교용지법 제5조 제1항 단서 제2호의 입법취지, 입법의 경과 및 일반 임대주택과 향후 분양 내지 분양전환을 전제로 하는 임대주택은 세대 수 증가와 관련하여서는 아무런 차이가 없어 향후 분양 내지 분양전환을 전제로 하는 임대주택에 대하여만 학교용지부담금을 면제하여 준다는 긍정설의 논거는 설득력이 없는 점등에 비추어 부정설이 타당하다.

---

41) 학교용지법 중 개정법률안(정부 발의, 의안번호 170191)
제5조(부담금의 부과·징수)
① 시·도지사는 개발사업지역에서 단독주택 건축을 위한 토지(토지보상법에 의한 이주용 택지로 분양받은 토지를 제외한다)를 개발하여 분양하거나 공동주택(임대주택을 제외한다)을 분양하는 자에게 부담금을 부과·징수할 수 있다. 다만, 개발사업이 다음 각 호의 1에 해당하는 경우에는 그러하지 아니하다.
  1. 도시개발법 제2조 제1항 제2호의 규정에 의한 도시개발사업지역의 기존 거주자와 토지 및 건축물의 소유자에게 분양하는 경우
  2. 도시정비법 제2조 제2호 가목에 의한 주거환경개선사업의 경우
  3. 도시정비법 제2조 제2호 나목 내지 라목의 규정에 의한 정비사업지역의 기존 거주자와 토지 및 건축물의 소유자에게 분양하는 경우
  4. 주택법 제2조 제9호 라목의 규정에 의한 리모델링주택조합의 구성원에게 분양하는 경우
42) 당시 교육위원회 수석전문위원은 개정 법률안(정부 발의, 의안번호 170191)에 대한 심사 과정에서 "안 제5조 제1항은 제1호 내지 제4호를 신설하여 부담금의 부과·징수대상에서 제외되는 개발사업의 종류를 열거하고 있으나, 동조 동항 본문에서도 공동주택 중 임대주택을 부담금 부과·징수대상에서 제외하도록 규정하고 있음. 따라서 입법기술상 부담금 부과·징수대상에서 제외되는 개발사업을 일관되게 열거하여 법률에 대한 이해도를 제고할 필요성이 있다는 측면에서 본문에서 규정하고 있는 사항들을 안 제5조 제1항 각호의 사업들에 추가하여 규정하도록 수정하는 것이 타당할 것으로 판단됨"이라는 검토의견을 밝혔다.

2. 국민주택규모 주택[43]

가. 문제의 소재

재개발 · 재건축 사업시행자는 시장 · 군수등으로부터 용적률의 인센티브를 받기 위하여 국민주택규모 주택을 건설할 수 있다. 사업시행자는 용적률의 인센티브를 받는 경우 법적상한용적률에서 정비계획으로 정하여진 용적률을 뺀 초과용적률의 법정 비율에 해당하는 면적에 반드시 국민주택규모 주택을 건설하여 국토교통부장관 등에게 공급하여야 하고, 이후 임대주택으로 활용된다(법 제54조 제1, 4항, 제55조 제1, 4항).

재개발 · 재건축 사업시행자가 국민주택규모 주택(구 소형주택)을 건설하는 경우 해당 정비구역 내 세대 수가 증가하나, 건설된 국민주택규모 주택은 국토교통부장관 등에게 인도되어 임대주택으로 활용되므로 학교용지법 제5조 제1항 단서 제2호의 임대주택을 분양하는 경우로 볼 여지도 있어 실무상 국민주택규모 주택의 공급이 학교용지부담금의 부과대상인지 여부가 논란이 되어 왔다.

나. 학 설

(1) 학교용지부담금 부과 · 징수대상 긍정설

국민주택규모 주택을 건설하는 경우, 해당 정비구역 내 세대 수가 증가하는 점, 임대주택과 달리 국민주택규모 주택에 대하여는 학교용지부담금의 부과 · 징수대상에서 제외하는 명문의 규정이 없는 점, 재개발 · 재건축 사업시행자는 국민주택규모 주택의 건설에 재량이 있고, 또한 용적률의 인센티브를 받기 위한 것인바, 용적률의 인센티브를 받음과 동시에 학교용지부담금 부과 · 징수대상에서도 면제되는 것은 과도한 특혜인 점 등이 논거로 제시된다.

(2) 학교용지부담금 부과 · 징수대상 부정설

재개발 · 재건축 사업시행자가 건설하는 국민주택규모 주택은 반드시 국토교통부장관 등에게 인수하여야 하고, 이를 인수한 행정청은 국민주택규모 주택을 모두 장기공공임대주택 또는 임대주택으로 활용하여야 하므로, 그 실질에 있어 재개발

---

43) 법이 2021. 4. 13. 법률 제18406호로 개정되어 종전의 '주거전용면적 60㎡ 이하의 소규모 주택'이 '국민주택규모 주택'으로 변경되었다.

사업 시행자가 건설하는 임대주택과 동일한 점 등이 논거로 제시된다.

다. 실 무

교육부는 서울시의 질의에 대하여[공동주택과-17656(2018. 10. 22.)] 학교용지법 제5조 제1항 단서 제5호가 재개발·재건축사업의 시행결과 해당 정비구역 내 세대 수가 증가하지 아니하는 경우에만 학교용지부담금을 면제하고 있으므로, 국민주택규모 주택(구 소형주택) 건설의 경우 세대 수가 증가됨을 이유로 학교용지부담금이 부과되어야 한다는 견해를 밝혔고, 이에 따라 행정청은 국민주택규모 주택에 대하여도 증가된 세대수만큼 재개발·재건축사업 시행자에게 학교용지부담금을 부과하여 왔다.

다. 하급심 판례

하급심은 용적률의 인센티브를 받는 재개발·재건축사업 시행자가 건설하여 국토교통부장관 등에게 공급한 국민주택규모 주택은 학교용지법 제5조 제1항 단서 제2호에서 정한 학교용지부담금 부과대상에서 제외되는 '임대주택'이고, 사업시행자가 교육부장관 등에게 국민주택규모 주택을 인도한 것은 '분양'한 것에 해당한다고 판시하였다.[44] 그 논거는 다음과 같다.

① 국민주택규모 주택은 처음부터 국토교통부장관 등에게 인수되어 '장기공공임대주택 또는 임대주택'으로 활용될 것이 법률상 예정되어 있다. 또한 국민주택규모 주택은 규모에 따른 분류이고, 임대주택은 주택 제공의 목적이나 방식에 따른 분류에 불과하여 서로 배치되는 개념이 아니다.

② 재개발사업에서의 임대주택의 경우 사업시행자는 이를 직접 분양하거나 국토교통부장관 등에게 인수를 요청할 수 있는 재량이 있고, 국토교통부장관 등에게 인수시키더라도 어느 정도의 실비 보전이 가능함에 반해, 국민주택규모 주택의 경우에는 국토교통부장관 등에게 사실상 기부채납(의무적으로 공급하여야 하고, 부속토지의 경우에는 인수자에게 무상으로, 주택은 공공건설 임대주택의 건축비만을 지급받는다)하는 것이므로, 실질적으로 재개발사업의 임대주택과 동일한 기능을 한다.

---

44) 대법원 2021. 9. 16.자 2021두41037 심리불속행 판결 및 각 하급심인 서울고등법원 2021. 5. 12. 선고 2020누59217 판결, 서울행정법원 2020. 9. 25. 선고 2019구합65122 판결, 서울행정법원 2021. 6. 4. 선고 2020구합80639 판결(현재 서울고등법원 2021누49248호로 계속 중).

라. 결론(부정설)

도시정비법 제정 당시에는 주택재개발사업에 대해서만 임대주택 건설의무를 부과하다가, 법이 2005. 3. 18. 법률 제7392호로 개정하면서 과밀억제권역에서의 주택재건축사업에 대하여도 임대주택 건설의무를 부과하였고, 다시 법이 2009. 4. 22. 법률 제9632호로 개정하면서 주택재건축사업에서는 이를 제외하고 현행 법 제54조와 거의 동일한 내용의 제30조의3(주택재건축사업의 용적률 완화 및 소형주택 건설 등) 조항이 신설되었는데, 당시 사업시행계획서의 작성과 관련한 규정(제30조 제5호)에서는 "임대주택의 건설계획(주택재건축사업의 경우 제30조의3 제2항에 따른 재건축소형주택의 건설계획을 말한다)"이라고 규정하여 주택재개발사업에서의 임대 주택 건설계획과 주택재건축사업에서의 소형주택 건설계획을 동일한 의미로 규정 하였던 점(그 후 도시정비법이 2017. 2. 8. 법률 제14567호로 전부개정되면서 제52조 제6호 및 7호로 분리되었는데, 이는 재개발사업에도 인센티브를 전제로 한 국민주택규 모 주택 건설을 허용하였기 때문이다) 등의 입법연혁에 비추어 용적률의 인센티브를 받는 재개발·재건축사업 시행자가 건설하여 국토교통부장관 등에게 공급한 국민 주택규모 주택은 재개발사업의 임대주택과 법적 성질이 동일하므로 부정설이 타 당하다.

Ⅲ. 학교용지부담금 부과기준이 되는 세대 수와 기준시점

1. 가구의 의미

가. 문제의 소재

2020. 5. 19. 법률 제17255호로 개정되기 전 학교용지법 제5조 제1항 단서 제 5호는 도시정비법 시행 결과 해당 정비구역 및 사업시행구역 내 '가구' 수가 증가 하지 아니하는 경우를 학교용지부담금 면제사유로 규정하고 있었으나, 위 개정 법 률로 '세대' 수가 증가하지 아니하는 경우로 변경되었다.

나. 가 구

구 법상의 학교용지부담금 부과의 기준이 되는 '가구'의 의미가 무엇인지가 문제된다. 개발사업이 진행되는 지역에서 단기간에 형성된 취학 수요에 부응하기 위한 학교의 신설 및 증축은 일반적 공익사업으로 교육시설을 확보하는 것과 달리 개발지역의 정비기반시설을 확보하는 성격을 가진다. 따라서 행정청이 그에 필요한 재정을 충당하기 위하여 조세 이외의 부담금인 학교용지부담금을 개발사업의 시행자에게 부과하는 것은, 그가 학교시설 확보의 필요성을 유발하였기 때문인데, 학교시설 확보의 필요성은 개발사업에 따른 인구 유입으로 인한 취학 수요의 증가로 초래된다.

결국 학교용지부담금은 사업 시행 후의 인구유입으로 인한 취학 수요의 증가 여부를 따져 그 증가분에 한하여 부과되어야 하는데, 취학 수요의 증가 여부는 세대 수의 증가 여부와 밀접하게 관련이 되어 있고, 2020. 5. 19. 개정 법률에서는 가구 대신 세대로 변경한 점 등에 비추어 이는 '세대'로 봄이 상당하다.

2. 세대 수 산정기준

가. 산정기준

정비사업의 시행으로 증가되는 세대 수는 '정비사업에 따라 공급되는 공동주택의 세대수'에서 '정비사업 시행 이전 해당 정비구역 내 전체 세대 수'를 공제하는 방법으로 산정해야 한다. 학교용지법상 부담금 부과요건인 '사업시행으로 인한 세대 수 증가'에 관한 증명책임은 행정청에게 있다.

나. 정비사업에 따라 공급되는 공동주택의 세대

(1) 임대주택 및 국민주택규모 주택의·건축은 학교용지부담금 부과대상인 개발사업에서 제외되므로, 임대주택 등의 세대 수는 '정비사업에 따라 공급되는 세대 수'에서 당연히 공제하여야 한다. 실제 분양되지 않은 미분양 및 보류지 세대를 증가되는 세대 수에 포함할 것인지 여부가 문제된다.

(2) 실제 분양되지 않은 미분양 및 보류지 세대는 학교용지부담금의 부과요건이 충족되지 않아 정비사업의 시행으로 증가되는 세대 수 산정에서 제외되어야 한다.[45] 그 논거는 다음과 같다.

---

45) 대법원 2021. 6. 3.자 2021두34176 심리불속행 판결 및 하급심인 광주고등법원(전주) 2021. 1. 21. 선고 2020누1204 판결.

① 학교용지법 제5조의2 제2항은 학교용지부담금의 산정은 '분양가격'을 기준으로 산정하도록 규정하고 있는데, 미분양 및 보류지 세대는 분양가격이 확정되지 않았다.

② 학교용지법 제5조 제2항은 공동주택을 분양하는 자로 하여금 공동주택을 분양한 때에는 분양공급계약자 및 분양공급내역 등의 분양자료를 시·도지사에게 제출하도록 하고 있고, 같은 조 제3항은 시·도지사는 그 분양자료를 받은 때 즉시 부담금의 금액 등을 기재한 납부고지서를 해당 공동주택분양자등에게 발부하여야 한다고 규정하고 있는바, 이는 학교용지부담금의 부과요건 충족 시기를 '분양공급 계약 체결 시'로 명시한 것이다.[46]

다. 정비사업 시행 이전 해당 정비구역 내 전체 세대 수

(1) 세입자 세대를 포함시켜야 하는지 여부

(가) 정비사업 시행 이전 해당 정비구역 내 전체 세대 수를 산정함에 있어 세입자 세대를 포함시켜야 하는지 여부가 문제된다. 교육부장관이 2018. 6. 20. 서울특별시장·광역시장·특별자치시장·제주특별자치도지사·도지사 등에게 도시정비사업 관련 학교용지부담금 부과 해석례를 안내하였는데, 다가구주택 세입자의 경우 단독주택에 일부 공간을 임대하는 성격임을 고려할 때 기존 세대 수 산정 시 세입자를 포함하지 않은 건축허가 기준으로 세대 수를 산정하는 것이 적절하다는 것이었고, 이에 따라 행정청은 이를 전제로 세대 수를 산정하여 학교용지부담금을 부과하여 왔다.

(나) 그러나 '기존 세대 수'에는 기존 아파트나 주택의 소유자 세대뿐만 아니라 일체의 세입자 세대를 모두 포함하여야 한다.[47] 그 논거는 다음과 같다.

① 학교용지부담금을 부과하는 이유는 '정비사업으로 인한 인구 유입 및 그에 따른 취학 수요의 증가'로 인하여 학교시설 확보의 필요성을 유발하였기 때문인데, 기존 아파트나 주택의 소유자 세대뿐만 아니라 세입자 세대 사이에 취학에 대한 수요 측면에서는 아무런 차이가 없으므로, 정비사업으로 인한 학교시설 확보의 필요성 유발 여부를 판단함에 있어 조합원 세대와 세입자 세대를 구분하지 않고

---

46) 헌재 2008. 9. 25. 선고 2007헌가1 결정.
47) 서울고등법원 2020. 9. 18. 선고 2020누31646 판결(확정).

기존의 전체 세대 수를 기준으로 산정하는 것이 학교용지부담금의 취지와 목적에 부합한다.

② 구 학교용지법 제5조 제1항 단서 제5호에서 말하는 '세대'의 사전적 의미는 '현실적으로 주거 및 생계를 같이 하는 사람의 집단'이므로 '세대 수'의 의미를 반드시 '주택 수' 또는 '주택 소유자가 구성하는 세대 수'로 제한하여 해석하여야만 한다고 보기 어렵다.

따라서 건축법상 단독주택으로 취급되나 그 건물 안에 수개의 세대가 존재하는 다가구주택에서의 각 세대 수를 비롯하여 세입자 세대는 전부 포함되어야 한다.

(2) 세대 수 산정의 구체적 방법

(가) 학설

① 건축물대장 기준설

정비구역 내 각 건축물의 건축물대장에는 세대 수를 기재하고 있으므로(건축물대장에는 호수/가구수/세대수의 표기가 있다), 이를 기준으로 산정하여야 한다는 견해이다. 다가구 주택이 아닌 아파트가 보편적 주거형태이고, 아파트의 특성상 하나의 건축물에 여러 세대가 거주하는 주거형태가 많지 않을 수는 있다는 점에 근거를 두고 있다.

② 전입신고 기준설

주민등록법은 주민의 거주관계 등 인구의 동태를 항상 명확하게 파악하여 주민생활의 편익을 증진시키고 행정사무를 적정하게 처리하기 위하여 '30일 이상 거주할 목적으로 그 관할구역 안에 주소 또는 거소를 가질 것'을 요건으로 하여 주민등록을 마치도록 하고 있고(주민등록법 제6조 제1항), 실제로 거주자들은 거주주택으로의 주민등록 전입신고를 마치는 것이 일반적이므로, 전입신고한 세대 수를 기준으로 하여야 한다.

(나) 하급심 판례

주민등록법에 따라 전입신고를 마친 세대 수는 정비구역 내 기존 세대 수를 산정함에 있어 보다 유력한 기초자료이므로 이를 기준으로 하여야 한다.[48] 그 논

---

48) 서울행정법원 2021. 1. 22. 선고 2019구합86181 판결(확정).

거는 다음과 같다.

① 주민등록법은 '30일 이상 거주할 목적으로 그 관할구역 안에 주소 또는 거소를 가질 것'을 요건으로 하여 주민등록을 마치도록 하고 있는바, 위 요건은 단순히 외형상 그러한 요건을 갖춘 경우를 말하는 것이 아니라, 주민등록법의 입법 목적과 주민등록의 법률상 효과 및 지방자치의 이념에 부합하는 실질적 의미에서의 거주지를 갖춘 경우를 의미하는 것으로 주민등록을 담당하는 행정청으로서는 주민등록 대상자가 이러한 실질적 요건을 갖추지 못하였다고 볼 만한 특별한 사정이 있는 경우에는 그 등록을 거부할 수 있다.[49]

② 주민등록법은 2014. 1. 21. 법률 제12279호로 개정되면서 주민등록에 관하여 거짓의 사실을 신고 또는 신청한 사람에 대하여는 3년 이하의 징역 또는 3천만 원 이하의 벌금에 처하도록 규정하고 있으므로(주민등록법 제37조 제3의2호), 형사처벌을 통하여 진실성을 담보하고 있다.

㈐ 결론

아파트가 대상인 재건축사업의 경우에는 건축물대장설이 일응 타당한 측면이 없지 않으나, 그 경우에도 하나의 아파트 내에 다수의 세대가 존재할 개연성이 전혀 없지는 않은 점, 재개발사업의 경우에는 단독주택, 다가구주택이 다수 존재하므로 건축물 대장설의 근거가 타당하지 아니한 점, 건축물대장은 건축물의 소유·이용 및 유지·관리 상태를 확인하거나 건축정책의 기초 자료로 활용하기 위하여 건축물과 그 대지의 현황 및 국토교통부령으로 정하는 건축물의 구조내력에 관한 정보를 기재하는 공문서로, 건축 이후 실제 거주하는 세대 수의 현황과는 무관한 점 등에 비추어 건축물대장설은 부당하다.

오히려 주민등록법의 규정, 입법취지 등에 비추어 전입신고를 마친 세대는 특별한 사정이 없는 한 해당 지역에서 실제 거주하는 것으로 추정되므로, 이를 기준으로 함이 타당하다.

(3) 정비사업 시행 이전 세대 수의 산정 기준시점

정비사업 시행 이전 세대 수의 산정 기준시점을 무엇으로 할 것인가에 관하여 견해가 나뉘어진다.

---

49) 대법원 2002. 7. 9. 선고 2002두1748 판결.

㈎ 정비구역의 지정·고시일

정비사업은 정비계획 수립 및 정비구역 지정·고시, 조합 설립, 사업시행계획 인가 등의 단계를 거쳐 시행되는바, 정비구역으로 지정·고시된 이후에는 정비구 역 안에서 건축물 건축, 공작물 설치, 토지 형질변경 등의 행위가 엄격히 제한되 므로, 정비사업의 시행으로 주거환경이 최초로 변화되는 시점인 '정비구역의 지 정·고시일'를 기준으로 '기존 세대 수'를 산정하는 것이 타당하다.[50] 실제로 일부 행정청은 정비구역 지정·고시일을 기준으로 정비사업 시행 이전 세대 수를 산정 하여 학교용지부담금을 부과하기도 한다.

㈏ 사업시행계획인가·고시일

법 제50조, 제52조 제1항에 의하면, 사업시행계획에 따라 정비사업으로 신축되 는 건축물이 특정되고, 주민이주대책, 세입자의 주거 및 이주대책 등이 확정되는 점, 법 제57조 제1항에 의하면, 사업시행자는 사업시행계획인가를 받은 때에 관계 법률에 따른 각종 인·허가 등을 받은 것으로 간주되어 정비사업을 시행할 수 있 는 법률적인 지위 또는 권리를 부여받게 되는 점 등에 비추어 정비사업 시행 이 전 세대 수의 산정 기준시점은 정비사업이 본격화되는 사업시행계획인가고시일로 하여야 한다.[51]

㈐ 교육부장관의 견해

교육부장관이 2018. 6. 20. 서울특별시장·광역시장·특별자치시장·제주특별 자치도지사·도지사 등에게 도시정비사업 관련 학교용지부담금 부과 해석례를 안 내하였는데, 기존 세대 수 산정의 시점에 대하여 정비사업이 전반적으로 확정되는 사업시행계획인가일로 하는 것이 적정하다는 것이다.

㈑ 결론

정비사업은 사업시행자가 사업시행계획인가를 받게 된 때에 비로소 본격화되 고, 정비구역지정고시 단계에서는 정비사업 주체조차 특정되지 않을 정도로 정비 사업이 구체화되지 않는 점, 정비구역지정고시로 정비구역 안에서 건축물 건축,

---

50) 서울행정법원 2021. 7. 16. 선고 2019구합87870 판결(확정).
51) 서울고등법원 2018. 2. 2. 선고 2017누78133 판결(확정) 및 하급심인 서울행정법원 2017. 9. 29. 선고 2017구합56070 판결.

공작물 설치, 토지 형질변경 등의 행위가 제한되기는 하나, 이를 주거환경의 급격한 변화로 보기는 어려운 점(판례는 도시정비법상 사업시행계획인가·고시가 있는 때에도 정비구역 내 건물을 사용·수익하는 데 별다른 법률적 제한이 없다고 판시하였다),[52] 오히려 주거환경의 변화는 건축허가의 성격을 가지는 사업시행계획인가고시일 또는 더 이상 건물의 사용·수익이 금지되는 관리처분계획인가고시 시점으로 볼 수 있는 점, 세입자에 대한 주거이전비 보상대상은 정비계획안에 대한 공람공고일 이전 3개월 거주이므로 정비구역지정고시 이후 전입하는 세입자의 경우 주거이전비를 목적으로 한 것으로 볼 수는 없는 점, 정비구역지정고시 이후 사업시행자 측이 학교용지부담금의 감액을 목적으로 사업시행계획인가고시일까지 사업시행구역 내로 다수 세대의 이전을 획책한다는 것은 예상하기 어려운 점, 주거이전비청구권, 이사비 청구권은 정비사업이 본격적으로 시작되는 사업시행계획인가고시일에 발생하는 점 등에 비추어 사업시행계획인가고시일이 타당하다.

Ⅳ. 학교용지부담금의 산정기준

1. 쟁 점

가. 규 정

학교용지법 제5조의2(부담금의 산정기준)
① 제5조 제1항에 따른 부담금은 공동주택인 경우에는 분양가격을 기준으로 부과한다.
② 제1항에 따른 부담금은 다음 각 호의 기준에 따라 산정한다.
　1. 공동주택 : 세대별 공동주택 분양가격×1천분의 8

나. 문제의 소재

세대별 공동주택 분양가격을 기준으로 학교용지부담금이 산정되는데, 개발사업의 시행으로 신축된 공동주택 각 세대의 분양가격이 동·호수별로 다르고, 일반분양 및 조합원 분양의 경우에도 차이가 발생하므로, 학교용지법 제5조의2 소정의

---

52) 대법원 2020. 11. 26. 선고 2019다249831 판결.

'세대별 공동주택 분양가격' 산정방법에 대하여 논란이 있다.

예상 가능한 '세대별 공동주택 분양가격'을 산정하는 방식에는 ① 일반분양 세대의 평균 분양가격을 기준으로 하여 산정하는 방식, ② 일반분양 뿐만 아니라 조합원분양도 포함한 전체 세대의 평균 분양가격을 기준으로 하여 산정하는 방식, ③ 각 세대의 분양가격 중 낮은 분양가격 순으로 증가한 세대 수 만큼의 분양가격을 합산한 금액을 기준으로 하여 산정하는 방식 등 여러 가지 산정방식을 상정할 수 있고, 그 산정방식에 따라 학교용지부담금의 금액에 상당한 차이가 발생한다.

다. 교육부장관의 견해

교육부장관이 2018. 6. 20. 서울특별시장·광역시장·특별자치시장·제주특별자치도지사·도지사 등에게 도시정비사업 관련 학교용지부담금 부과 해석례를 안내하였는데, 학교용지부담금 금액 산정을 위한 세대별 공동주택 분양가격은 일반분양세대 분양가격 합계액을 총 일반분양세대 수로 나눈 금액(평균금액)으로 하는 것이 타당하다는 것이다.

2. 판 단

가. 판 례

하급심 판례는 학교용지법 제5조2 제2항의 '세대별 공동주택 분양가격'은 '임대주택과 조합원분양 세대를 제외한 일반분양세대 중 학교용지부담금의 부과조건을 충족하지 못한 미분양 및 보류지를 제외한 나머지 세대의 평균 분양가격을 기준으로 산정함이 타당하다고 판시하고 있다.[53]

나. 결론(원칙적 일반분양 세대의 평균 분양가격 기준)

조합원 분양가격을 포함한 전체 분양세대의 평균 분양가격을 기준으로 하여 산정하는 것이 타당한 것인지, 일반분양 세대의 평균 분양가격을 기준으로 산정함이 타당한 것인지 여부가 쟁점이고, 이는 조합원 분양분에 대한 평균가격이 일반분양분 보다 훨씬 저렴하기 때문에 발생하는 문제이다.

---

[53] 대법원 2021. 6. 3.자 2021두34176 심리불속행 판결 및 하급심인 광주고등법원(전주) 2021. 1. 21. 선고 2020누1204 판결.

조합원 분양세대는 개발사업 시행 이전 기존 세대 수에 포함되어 정비사업의 시행으로 증가되는 세대 수 산정에서 제외된다. 따라서 논리적으로는 조합원 분양세대의 분양가격은 학교용지부담금 산정의 기준인 세대별 공동주택 분양가격 산정에 포함시키지 않는 것이 타당하다.

다만 문제는 조합원 분양분 중 분양신청하지 않아 일반분양으로 전환한 세대의 경우 당해 세대 수는 조합원 분양세대와 마찬가지로 기존 가구 수에 해당하므로, 그와 같은 세대 수는 제외되어야 한다.

제11편

기타 정비사업

제1장 총 설

    정비사업은 도시환경을 개선하고 주거생활의 질을 높이는 데 이바지하는 공익사업이다. 정비사업은 특별시장 등의 기본계획수립부터 진행된다. 그 후 재건축사업의 경우 정비계획이 수립되기 전에 안전진단 절차를 거쳐야 한다. 이어서 행정처분인 정비구역지정 및 정비계획결정으로 정비사업이 구체화되고, 조합설립인가, 사업시행계획인가, 관리처분계획인가 등으로 순차 진행된다. 관리처분계획인가가 이루어지면 사업시행자는 철거 및 시공행위에 착수하게 되고, 공사가 완료되면 준공인가를 받게 되며, 이로써 정비사업의 시행으로 조성되거나 폐지되는 정비기반시설에 대한 처분이 완료된다. 나머지 공동주택 등은 이전고시에 의하여 처분이 완료되고, 그 후속절차로 소유권보존 또는 이전등기절차가 이행되며, 사업시행자는 청산금 및 부과금 부과·징수절차를 거쳐 해산 및 청산을 통해 정비사업이 종료된다.

    정비사업은 각각의 단계를 거쳐 순차 진행되고, 각 단계에서 조합설립인가, 사업시행계획인가, 관리처분계획인가, 이전고시 등의 선행 행정처분이 이루어짐에 따라 후속절차가 진행되며, 각각의 처분과 관련한 단계별 쟁점에 대하여는 앞서 자세히 살펴보았다. 이하에서는 정비사업과 관련한 각각의 단계별 쟁점에 속하지 아니하는 사항 즉, 비용부담, 보조 및 융자, 국·공유재산의 처분 등에 관하여 살펴보고, 전문성을 요하는 정비사업의 특성상 전문관리업자는 추진위원회 단계부터 청산 시까지 모두 관여하고 있고, 그로 인하여 법이 전문관리업자에 대하여 상세히 규율하고 있으므로, 전문관리업자의 등록, 업무 및 지위 등에 관하여 살펴본다. 또한 법은 조합 등 사업시행자에 대하여 제한적 범위에서 행정주체의 지위를 부여하고 있으므로, 행정청이 정비사업 전반에 걸쳐 관여하며 감독하고 지원하는바, 그 내용을 살펴보며, 기타 정비사업 전반에 관여하는 행위주체들의 권한이나 의무 등에 관하여도 살펴본다.

Ⅰ. 비용부담

1. 개 관

정비사업비는 정비사업에 소요된 비용과 정비사업의 시행과정에서 발생한 수입의 차액이다. 이는 원칙적으로 사업시행자가 부담하므로 사업시행자가 조합인 경우에는 조합이 부담하고, 개인이 사업을 시행하는 토지등소유자가 20인 미만인 재개발사업에서는 토지등소유자 개인이 부담한다. 다만 사업시행자가 조합인 경우에는 이전고시 이후 조합원에게 정비사업비 총액에 대하여 전체 수분양 조합원의 종전자산 평가액 중 당해 조합원의 종전자산 평가액이 차지하는 비율을 곱한 금액으로 하여 비용을 부과함은 앞서 본 바이다. 법은 정비사업이 공익사업임을 고려하여 시장·군수등이 일부 사업비를 부담하거나 기타 정비사업비 부담과 관련한 특칙을 규정하고 있으므로, 이에 관하여 자세히 살펴본다.

2. 시장·군수등의 사업비 부담

시장·군수등은 민간인 사업시행자가 시행하는 정비사업의 정비계획에 따라 설치되는 도시·군계획시설 중 대통령령으로 정하는 주요 정비기반시설 및 공동이용시설(도로, 상·하수도, 공원, 공용주차장, 공동구, 녹지, 하천, 공공공지, 광장), 임시거주시설에 대하여는 그 건설에 드는 비용의 전부 또는 일부를 부담할 수 있다(법 제92조 제2항, 법 시행령 제77조). 법이 제정될 당시에는 시장·군수등이 주요 정비기반시설 설치의 경우에만 사업비의 전부 또는 일부를 부담할 수 있었으나, 법이 2005. 3. 18. 법률 제7392호로 개정되어 임시거주시설에 대하여도 건설비용을 부담할 수 있게 되었다. 다시 법이 2012. 2. 1. 법률 제11293호로 개정되어 공동이용시설에 대하여도 사업비를 부담할 수 있게 되었다.

정비기반시설은 원칙적으로 국가나 지방자치단체가 설치할 의무를 부담하는 것이고, 수혜자가 모든 국민으로 볼 수 있는 점, 정비사업으로 인하여 부득이 생활의 터전을 떠나게 되는 주택의 소유자 또는 세입자를 위하여 사업시행자가 설치하는 임시거주시설은 정비기반시설에 준할 정도로 공익성이 강한 점, 공동이용시설은 정비기반시설에 준하는 점 등에 비추어 위 시장·군수등의 사업비 부담 규정은 타당하다. 시장·군수등이 비용을 부담한 부분은 정비사업에 소요된 비용에서 제외된다.

3. 비용부담의 특칙

가. 시장·군수등이 사업시행자인 정비사업의 특칙

(1) 요건

시장·군수등은 자신이 시행하는 정비사업으로 현저한 이익을 받는 정비기반시설의 관리자가 있는 경우에는 대통령령으로 정하는 방법 및 절차에 따라 해당 정비사업비의 일부를 그 정비기반시설의 관리자와 협의하여 그 관리자에게 부담시킬 수 있다(법 제94조 제1항). 정비사업으로 현저한 이익을 받는지 여부에 대한 명확한 기준이 없어 다툼의 여지가 있다.

(2) 범위

정비기반시설 관리자가 부담하는 비용의 총액은 해당 정비사업에 소요된 비용(정비사업의 조사·측량·설계 및 감리에 소요된 비용은 제외)의 3분의 1을 초과해서는 아니 된다(법 시행령 제78조 제1항 본문). 다만, 다른 정비기반시설의 정비가 그 정비사업의 주된 내용이 되는 경우에는 그 부담비용의 총액은 해당 정비사업에 소요된 비용의 2분의 1까지로 할 수 있다(법 시행령 제78조 제1항 단서).

(3) 절차

시장·군수등은 정비사업비의 일부를 정비기반시설의 관리자에게 부담시키려는 때에는 정비사업에 소요된 비용의 명세와 부담 금액을 명시하여 해당 관리자에게 통지하여야 한다(법 시행령 제78조 제2항).

나. 공동구에 수용될 설치의무자 부담

(1) 요건

㈎ 설치 요건

공동구의 설치에 관한 사항은 사업시행계획서에 기재하여야 할 사항이다(법 시행령 제47조 제2항 제9호). '공동구'란 전기·가스·수도 등의 공급설비, 통신시설, 하수도시설 등 지하매설물을 공동 수용함으로써 미관의 개선, 도로구조의 보전 및 교통의 원활한 소통을 위하여 지하에 설치하는 시설물을 의미한다(국토계획법 제2조 제9호).

사업시행자는 공동구에 수용되어야 할 시설을 설치하기 위하여 공동구를 점용하려는 자에게 공동구를 설치하기 전에 미리 공동구의 위치, 구조, 공동구 점용예정자의 명세, 공동구 점용예정자별 점용예정부문의 개요, 공동구의 설치에 필요한 비용과 그 비용의 분담에 관한 사항, 공사 착수 예정일 및 공사 준공 예정일을 통지하여야 한다(법 시행령 제47조 제3항, 국토계획법 시행령 제36조 제1항). 공동구의 설치에 관한 통지를 받은 공동구 점용예정자는 사업시행자가 정한 기한까지 해당 시설을 개별적으로 매설할 때 필요한 비용 등을 포함한 의견서를 제출하여야 한다(법 시행령 제47조 제3항, 국토계획법 시행령 제36조 제2항).

사업시행자는 공동구의 설치공사를 완료한 때에는 지체 없이 공동구에 수용될 시설의 점용공사 기간, 공동구 설치위치 및 설계도면, 공동구에 수용할 수 있는 시설의 종류, 공동구 점용공사 시 고려할 사항을 공동구 점용예정자에게 개별적으로 통지하여야 한다(법 시행령 제47조 제3항, 국토계획법 시행령 제37조 제1항). 공동구 점용예정자는 점용공사 기간 내에 공동구에 수용될 시설을 공동구에 수용하여야 한다. 다만, 그 기간 내에 점용공사를 완료하지 못하는 특별한 사정이 있어서 미리 사업시행자와 협의한 경우에는 그러하지 아니하다(법 시행령 제47조 제3항, 국토계획법 시행령 제37조 제2항).

㈏ 비용부담

사업시행자가 정비사업을 시행하는 지역에 전기·가스 등의 공급시설을 설치하기 위하여 공동구를 설치하는 경우에는 다른 법령에 따라 그 공동구에 수용될 시설을 설치할 의무가 있는 자에게 공동구의 설치에 드는 비용을 부담시킬 수 있다(법 제94조 제2항).

(2) 비용부담 범위

(가) 전체 범위

공동구의 설치에 드는 비용에는 법 제95조에 따른 보조금이 있는 경우에는 이를 제외하고, 설치공사의 비용(제1호), 내부공사의 비용(제2호), 설치를 위한 측량·설계비용(제3호), 공동구의 설치로 인한 보상의 필요가 있는 경우에는 그 보상비용(제4호), 공동구 부대시설의 설치비용(제5호), 법 제95조에 따른 융자금이 있는 경우에는 그 이자에 해당하는 금액(제5호)이 포함된다(법 시행규칙 제16조 제1항).

(나) 부담비율

공동구에 수용될 전기·가스·수도의 공급시설과 전기통신시설 등의 관리자 등 공동구 점용예정자가 부담할 공동구의 설치에 드는 비용의 부담비율은 공동구의 점용예정 면적비율에 따른다(법 시행규칙 제16조 제2항).

(3) 절차

(가) 납부통지

사업시행자는 법 제50조 제7항 본문에 따른 사업시행계획인가의 고시가 있은 후 지체 없이 공동구 점용예정자에게 위 시행규칙 제1, 2항 따라 산정된 부담금의 납부를 통지하여야 한다(법 시행규칙 제16조 제3항).

(나) 납부

법 시행규칙 제16조 제3항에 따라 부담금의 납부통지를 받은 공동구 점용예정자는 공동구의 설치공사가 착수되기 전에 부담금액의 3분의 1 이상을 납부하여야 하며, 그 잔액은 공사완료 고시일전까지 납부하여야 한다(법 시행규칙 제16조 제4항).

(4) 공동구의 관리

사업시행자가 설치한 공동구는 시장·군수등이 관리한다(법 시행규칙 제17조 제1항). 시장·군수등은 공동구 관리비용(유지·수선비를 말하며, 조명·배수·통풍·방수·개축·재축·그 밖의 시설비 및 인건비를 포함한다)의 일부를 그 공동구를 점용하는 자에게 부담시킬 수 있으며, 그 부담비율은 점용면적비율을 고려하여 시장·군수등이 정한다(법 시행규칙 제17조 제2항). 공동구 관리비용은 연도별로 산출하여 부과한다(법 시행규칙 제17조 제3항).

공동구 관리비용의 납입기한은 매년 3. 31.까지로 하며, 시장·군수등은 납입기한 1개월 전까지 납입통지서를 발부하여야 한다. 다만, 필요한 경우에는 2회로 분할하여 납부하게 할 수 있으며 이 경우 분할금의 납입기한은 3. 31.과 9. 30.로 한다(법 시행규칙 제17조 제4항).

II. 보조 및 융자

1. 행정청, 공공기관 등에 대한 보조

가. 국가 또는 시·도의 시장, 군수 또는 토지주택공사등에 대한 재량적 보조

(1) 지원대상

국가 또는 시·도는 시장, 군수 또는 토지주택공사등이 시행하는 정비사업에 관한 기초조사 및 정비사업의 시행에 필요한 시설로서 대통령령으로 정하는 정비기반시설, 임시거주시설 및 주거환경개선사업에 따른 공동이용시설의 건설에 드는 비용의 일부를 보조하거나 융자할 수 있다(법 제95조 제1항). 여기에는 우선적 보조 또는 융자사업과 일반적 보조 또는 융자사업으로 나뉜다. 아래의 우선적 보조 또는 융자사업 외에는 모두 일반적 보조 또는 융자사업이다.

(2) 우선적 보조 또는 융자사업(법 제95조 제1항 단서)

㈎ 법정기간의 경과에 따른 필요적 정비구역 해제(법 제20조), 일정한 요건에 따른 재량적 정비구역 해제(법 제21조)에 따라 해제된 정비구역 등에서의 시장, 군수 또는 토지주택공사등이 시행하는 주거환경개선사업, 도시재정비법 제7조 제2항에 따라 재정비촉진지구가 해제된 지역에서의 시장, 군수 또는 토지주택공사등이 시행하는 주거환경개선사업(제1호)은 우선적으로 보조하거나 융자할 수 있다.

㈏ 국가 또는 지방자치단체가 도시영세민을 이주시켜 형성된 낙후지역으로서 대통령령으로 정하는 지역(토지보상법 제4조에 따른 공익사업의 시행으로 다른 지역

으로 이주하게 된 자가 집단으로 정착한 지역이고, 이주 당시 300세대 이상의 주택을 건설하여 정착한 지역으로서, 정비구역 전체 건축물 중 준공 후 20년이 지난 건축물의 비율이 100분의 50 이상인 지역을 의미한다, 법 시행령 제79조 제2항)에서 시장·군수등 또는 토지주택공사등이 단독으로 시행하는 재개발사업(제2호)도 우선적으로 보조·융자할 수 있다. 이는 다음에서 살펴보듯이 국·공유지 무상양여의 대상에 해당하기도 한다.

(3) 보조 또는 융자의 범위

법 제95조 제1항에 따라 국가 또는 지방자치단체가 보조하거나 융자할 수 있는 금액은 기초조사비, 정비기반시설 및 임시거주시설의 사업비의 각 80%(단, 관리형 주거환경개선사업을 시행하는 정비구역에서 시·도지사가 시장·군수등에게 보조하거나 융자하는 경우에는 100%) 이내로 한다(법 시행령 제79조 제3항).

나. 시장·군수등의 토지주택공사등에 의무적 보조

시장·군수등은 사업시행자가 토지주택공사등인 법정기간의 경과에 따른 필요적 정비구역 해제(법 제20조), 일정한 요건에 따른 재량적 정비구역 해제(법 제21조)에 따라 해제된 정비구역 등, 도시재정비법 제7조 제2항에 따라 재정비촉진지구가 해제된 지역에서의 각 주거환경개선사업과 관련하여 정비기반시설 및 공동이용시설, 임시거주시설을 건설하는 경우 건설에 드는 비용의 전부 또는 일부를 토지주택공사등에게 보조하여야 한다(법 제95조 제2항).

다. 순환정비방식 정비사업 최우선 지원 원칙

국가 또는 지방자치단체는 위 법 제95조 제1, 2항에 따라 정비사업에 필요한 비용을 보조 또는 융자하는 경우 순환정비방식의 정비사업(사업시행자는 정비구역의 안과 밖에 새로 건설한 주택 또는 이미 건설되어 있는 주택의 경우 그 정비사업의 시행으로 철거되는 주택의 소유자 또는 세입자를 임시로 거주하게 하는 등 그 정비구역을 순차적으로 정비하여 주택의 소유자 또는 세입자의 이주대책을 수립하여야 한다, 법 제59조 제1항)에 최우선적으로 지원할 수 있다. 이 경우 순환정비방식의 정비사업의 원활한 시행을 위하여 국가 또는 지방자치단체는 순환용주택의 건설비, 순환용주택의 단열보완 및 창호교체 등 에너지 성능 향상과 효율개선을 위한 리모델링

비용, 공가(空家)관리비의 비용 일부를 보조 또는 융자할 수 있다(법 제95조 제4 항).

순환정비방식은 정비사업 시행으로 이주하게 되는 거주자들의 주거권을 최대한 배려하는 사업방식으로 가장 공익성이 중대하여 우선적으로 지원하는 것이다.

2. 지방자치단체 또는 토지주택공사등에 대한 보조

국가는 토지주택공사등이 보유한 공공임대주택을 순환용주택으로 조합에게 제공하는 경우 그 건설비 및 공가관리비 등의 비용(제1호), 시 · 도지사, 시장, 군수, 구청장 또는 토지주택공사등이 재개발 임대주택을 인수하는 경우 그 인수 비용(제2호)의 어느 하나에 해당하는 비용의 전부 또는 일부를 지방자치단체 또는 토지주택공사등에 보조 또는 융자할 수 있다(법 제95조 제5항).

3. 민간 사업시행자 또는 개인에 대한 보조

가. 국가 또는 지방자치단체의 민간 사업시행자에 대한 보조

(1) 요건

국가 또는 지방자치단체는 민간인 사업시행자가 시행하는 정비사업에 드는 비용의 일부를 보조 또는 융자하거나 융자를 알선할 수 있다(법 제95조 제3항).

(2) 범위

㈎ 보조의 범위

국가 또는 지방자치단체가 보조할 수 있는 금액은 기초조사비, 정비기반시설 및 임시거주시설의 사업비, 조합 운영경비의 각 50% 이내로 한다(법 시행령 제79 조 제4항).

㈏ 융자 또는 융자 알선의 범위

국가 또는 지방자치단체는 기초조사비, 정비기반시설 및 임시거주시설의 사업비, 세입자 보상비, 주민 이주비, 그 밖에 시 · 도조례¹⁾로 정하는 사항(지방자치단

---

1) 서울시 조례 제53조
  ① 시장은 도시의 기능회복 등을 위하여 도시정비형 재개발사업을 시행하는 자에게 다음 각 호의 범위에서 정비사업에 소요되는 비용의 일부를 융자할 수 있다.
    1. 구청장이 시행하는 사업은 건축공사비의 80% 이내

체가 융자하거나 융자를 알선하는 경우만 해당한다)의 각 80% 이내에서 융자하거나 융자를 알선할 수 있다(법 시행령 제79조 제5항).

나. 국가 또는 지방자치단체의 토지임대부 분양주택을 공급받는 자에 대한 보조

국가 또는 지방자치단체는 제80조 제2항(국토교통부장관, 시·도지사, 시장, 군수, 구청장 또는 토지주택공사등은 정비구역내 세입자와 법정 면적 이하의 토지 또는 주택을 소유한 자의 요청이 있는 경우에는 인수한 재개발 임대주택의 일부를 주택법에 따른 토지임대부 분양주택으로 전환하여 공급하여야 한다)에 따라 인수한 임대주택을 토지임대부 분양주택으로 전환하여 공급하는 경우, 이를 공급받는 자에게 해당 공급비용의 전부 또는 일부를 보조 또는 융자할 수 있다(법 95조 제6항).

Ⅲ. 국·공유재산의 처분, 임대 등

1. 국·공유재산의 처분 또는 임대

가. 국·공유재산의 처분

앞서 본 바와 같이 정비사업은 원칙적으로 사업시행자 측이 정비구역 내 토지 등을 취득함을 전제로 하므로, 정비구역 내에 국·공유재산이 존재하는 경우 사업시행계획서에 그에 대한 처분이 포함되는 것이 일반적이다. 국·공유재산의 처분

---

    2. 구청장 이외의 자가 시행하는 사업은 건축공사비의 40% 이내

② 영 제79조 제5항 제5호에서 "그 밖에 시·도조례로 정하는 사항"이란 추진위원회·조합의 운영자금 및 설계비 등 용역비를 말한다.

③ 융자는 영 제79조 제5항에서 정하는 범위에서 다음 각 호의 기준에 따라 할 수 있다.
    1. 융자금에 대한 대출 이율은 한국은행의 기준금리를 고려하여 정책자금으로서의 기능을 유지하는 수준에서 시장이 정하되, 추진위원회 및 조합의 운영자금 및 용역비 등 융자 비목에 따라 대출이율을 차등 적용할 수 있다.
    2. 사업시행자는 정비사업의 준공인가 신청 전에 융자금을 상환하여야 한다.

④ 추진위원회 또는 조합은 총회의 의결을 거쳐 시장에게 융자를 신청할 수 있으며, 다음 각 호의 내용이 포함된 운영규정 또는 정관을 제출하여야 한다.
    1. 융자금액 상환에 관한 사항
    2. 융자 신청 당시 담보 등을 제공한 추진위원장 또는 조합장 등이 변경될 경우 채무 승계에 관한 사항

⑤ 시장은 관리형 주거환경개선사업구역의 주택개량 및 신축공사비를 80% 이내에서 융자할 수 있다.

⑥ 제2항부터 제4항까지에서 정한 것 이외에 융자에 관하여 필요한 사항은 규칙으로 정한다.

에 관한 내용이 사업시행계획서에 포함되어 있는 경우, 시장·군수등의 사업시행 계획인가의 효과로서 정비사업의 목적으로만 매각할 수 있고, 그 경우 사업시행자 또는 점유자 및 사용자에게 우선적으로 수의계약으로 매각할 수 있으며, 사업시행 계획인가의 고시가 있는 날부터 종전의 용도가 폐지된 것으로 보고, 사업시행계획 인가의 고시가 있는 날을 기준으로 매매대금을 평가하며, 주거환경개선사업의 경 우에는 매각금액이 100분의 80으로 함은 제6편 제2장 제2절 Ⅵ. "2. 시장·군수 등의 심사"에서 살펴보았다. 그리고 국·공유재산 중 정비기반시설에 대한 처분은 별도의 법리가 적용되는바, 이는 제8편 제5장 "Ⅴ. 준공인가와 정비기반시설"에서 자세히 살펴보았다.

나. 국·공유재산의 임대

⑴ 의의

정비사업은 원칙적으로 사업시행자 측이 정비구역 내 토지등을 취득함을 전제 로 하나, 정비계획상 토지이용계획에서 정비구역 내의 국·공유재산에 지방자치단 체 또는 토지주택공사등이 임대주택을 건설하는 것으로 예정된 경우에는 예외가 인정된다. 지방자치단체 또는 토지주택공사등이 주거환경개선구역 및 재개발구역 에서 국·공유지에 임대주택을 건설하는 경우, 법은 국유재산법 및 공유재산법의 특칙을 규정하고 있다(법 제99조 제1항).

⑵ 특칙의 내용

⑺ 임대기간 제한의 예외

국유재산법 제46조 제1항 또는 공유재산법 제31조은 임대기간에 대한 제한이 있다. 그러나 지방자치단체 또는 토지주택공사등이 주거환경개선구역 및 재개발구 역에서 임대주택을 건설하는 경우에는 국·공유지 관리청과 협의하여 정한 기간 동안 국·공유지를 임대할 수 있다(법 제99조 제1항).

⑷ 영구시설물 축조금지의 예외

국유재산법 제18조 제1항 또는 공유재산법 제13조는 국·공유재산에 영구시설 물을 축조하는 것을 엄격히 금지한다. 그러나 지방자치단체 또는 토지주택공사등 이 주거환경개선구역 및 재개발구역에서 임대주택을 건설하는 경우에는 임대하는 국·공유지 위에 공동주택, 그 밖의 영구시설물을 축조하게 할 수 있다. 이 경우 해당 시설물의 임대기간이 종료되는 때에는 임대한 국·공유지 관리청에 기부 또는 원상으로 회복하여 반환하거나 국·공유지 관리청으로부터 이를 매입하여야 한다(법 제99조 제2항).

다. 임대료

임대하는 국·공유지의 임대료는 국유재산법 또는 공유재산법에서 정한다(법 제99조 제3항).

2. 공동이용시설 사용료의 면제

가. 공익목적의 공동이용시설 사용에 대한 사용료 면제

지방자치단체의 장은 마을공동체 활성화 등 공익 목적을 위하여 공유재산법 제20조에 따라 주거환경개선구역 내 공동이용시설에 대한 사용 허가를 하는 경우 같은 법 제22조의 사용료 징수규정에도 불구하고 사용료를 면제할 수 있다(법 제100조 제1항). 공익 목적의 기준, 사용료 면제 대상 및 그 밖에 필요한 사항은 시·도조례로 정한다(법 제100조 제2항).

나. 공동이용시설 사용료 면제를 위한 공익 목적 기준

관리형 주거환경개선구역 내 공동이용시설 사용료 면제를 위한 공익 목적 기준은 주거환경을 보호 및 정비하고 주민의 건강, 안전, 이익을 보장하며, 지역사회가 당면한 문제를 해결하는 활동일 것 또는 복지, 의료, 환경 등의 분야에서 사회서비스 또는 일자리 제공을 통해 지역경제를 활성화하여 지역주민의 삶의 질을 높이는 활동일 것에 해당하여야 한다(서울시 조례 제56조 제1항).

다. 사용료 면제 대상

공동이용시설의 사용료를 면제할 수 있는 대상은 구청장, 주민공동체운영회, 위 제1항의 공익 목적의 달성을 위해 주민공동체운영회와 연계되어 지역주민 주도로 구성된 조직에 한한다(서울시 조례 제56조 제2항).

라. 한 계

제1항 및 제2항에 따라 공동이용시설의 사용료를 면제받는 대상은 기존상권을 침해하지 않는 범위에서 지역에서 요구되는 수익시설을 운영할 수 있으며, 수익금 창출 시 이를 마을기금으로 적립하고 제1항의 공익 목적의 달성을 위하여 투명하게 활용하여야 한다(서울시 조례 제56조 제3항). 시장은 제3항에 따른 마을기금의 적립, 사용 등에 관해서는 제61조(주민공동체운영회의 지도 · 감독)를 준용하여 지도 · 감독할 수 있다(서울시 조례 제56조 제4항).

3. 국 · 공유지의 무상양여 등

가. 의 의

주거환경개선구역 또는 국가 또는 지방자치단체가 도시영세민을 이주시켜 형성된 낙후지역으로서 법 시행령 제79조 제2항(정비구역 지정 당시 토지보상법 제4조에 따른 공익사업의 시행으로 다른 지역으로 이주하게 된 자가 집단으로 정착한 이주 당시 300세대 이상의 주택을 건설하여 정착한 지역으로서, 정비구역 전체 건축물 중 준공 후 20년이 지난 건축물의 비율이 100분의 50 이상인 지역)으로 정하는 재개발구역에서 시행하는 정비사업 중 시장 · 군수등 또는 토지주택공사등이 단독으로 사업시행자가 되는 사업의 경우, 국가 또는 지방자치단체가 소유하는 토지는 사업시행계획인가의 고시가 있은 날부터 종전의 용도가 폐지된 것으로 보며, 또한 국유재산법, 공유재산법 및 그 밖에 국 · 공유지의 관리 및 처분에 관하여 규정한 관계 법령에도 불구하고 해당 사업시행자에게 무상으로 양여된다(법 제101조 제1항, 법 시행령 제80조 제2항).

주거환경개선사업은 본질적으로 공익성이 중대하고, 사업시행자도 시장 · 군수등 또는 토지주택공사등으로 토지등소유자 등 민간은 사업시행자가 될 수 없기 때문이다. 또한 국가 또는 지방자치단체가 도시영세민을 이주시켜 형성된 낙후지역에서의 재개발사업은 그 대상에 비추어 재개발사업 중 가장 공익성이 중대하고, 또한 시장 · 군수등 또는 토지주택공사등이 단독으로 사업을 시행하는 경우로 한정하여 토지등소유자 등 민간은 사업시행자에서 제외하고 있기 때문이다.

나. 대 상

(1) 원칙

국가 또는 지방자치단체가 소유하는 토지는 위 요건에 해당하는 경우 사업시행계획인가의 고시가 있은 날부터 종전의 용도가 폐지된 것으로 볼 뿐만 아니라, 국유재산법, 공유재산법 및 그 밖에 국·공유지의 관리 및 처분에 관하여 규정한 관계 법령에도 불구하고 해당 사업시행자에게 무상으로 양여된다. 다만 국가 또는 지방자치단체가 도시영세민을 이주시켜 형성된 낙후지역에서의 재개발사업에서는 무상양여의 대상에서 국유지는 제외된다(법 제101조 제1항).

(2) 예외

국유재산법 또는 공유재산법상의 행정재산은 제외된다. 또한 국가 또는 지방자치단체가 이미 양도계약을 체결하여 정비구역지정 고시일 현재 대금의 일부를 수령한 토지에 대하여도 무상양여의 대상에서 제외된다(법 제101조 제1항 단서).

다. 절 차

(1) 사전 협의

시장·군수등 사업시행자는 제1항에 따른 무상양여의 대상이 되는 국·공유지를 소유 또는 관리하고 있는 국가 또는 지방자치단체와 협의를 하여야 한다(법 제101조 제4항).

(2) 등기절차

국가 또는 지방자치단체로부터 토지를 무상으로 양여받은 사업시행자는 사업시행계획인가 고시문 사본을 그 토지의 관리청 또는 지방자치단체의 장에게 제출하여 그 토지에 대한 소유권이전등기절차의 이행을 요청하여야 한다. 이 경우 토지의 관리청 또는 지방자치단체의 장은 전자정부법 제36조 제1항에 따른 행정정보의 공동이용을 통하여 그 토지의 토지대장 등본 또는 등기사항증명서를 확인하여야 하고, 즉시 소유권이전등기에 필요한 서류를 사업시행자에게 교부하여야 한다(법 시행령 제80조 제1, 3항).

라. 한 계

(1) 제1항에 따라 무상양여된 토지의 사용수익 또는 처분으로 발생한 수입은 주거환경개선사업 또는 위 재개발사업 외의 용도로 사용할 수 없다(법 제101조 제3항). 사업시행자에게 양여된 토지의 관리처분에 필요한 사항은 국토교통부장관의 승인을 받아 해당 시·도조례 또는 토지주택공사등의 시행규정으로 정한다(법 제101조 제5항).

(2) 정비사업의 시행이 이 법 또는 이 법에 따른 명령·처분 등에 위반되었다고 인정되어 법 제113조에 따라 사업시행계획인가가 취소된 경우, 사업시행자는 무상양여 된 토지를 원소유자인 국가 또는 지방자치단체에 반환하기 위하여 필요한 조치를 하고, 즉시 관할 등기소에 소유권이전등기를 신청하여야 한다(법 시행령 제80조 제4항).

제3장 정비사업전문관리업자

Ⅰ. 총 설

정비사업은 도시환경을 개선하고 주거생활의 질을 높이는 데 이바지하는 공익사업이고, 또한 원칙적으로 토지등소유자가 조합원이 되어 종전자산을 출자하고 공사비 등을 투입하여 구 주택을 철거한 후 신 주택 등을 건축한 다음, 이를 배분받는 공용환권을 목적으로 하는 사업으로서, 이해관계가 상충되는 다수의 토지등소유자들의 개별적이고 구체적인 이익을 적절히 형량·조정하면서 장기에 걸쳐 진행되는 전문성을 요하는 사업이다. 그런데 사업시행자인 조합이나 개인인 토지등소유자(20인 미만의 토지등소유자로 구성되는 재개발사업)는 정비사업에 대한 전문지식이 부족하고, 다양한 이해관계를 조정할 능력을 갖추지 못하고 있으며, 특히 사업비용 중 가장 큰 비중을 차지하는 시공자의 선정과 계약업무를 진행하는 것이 용이하지 않다.

이에 사업시행자의 비전문성을 보완하고 사업추진의 효율성을 도모하기 위하여 정비사업에 관한 법률·행정·설계·시공·감리 등 각 분야에서 전문지식을 갖춘 인력의 도움을 받을 수 있도록 법 제정 당시부터 전문관리업제도가 도입되었다.[2] 다만 법은 전문성을 갖추지 못한 전문관리업자의 난립으로 인한 폐해를 방지하기 위하여 등록제도를 통하여 정비사업의 전문관리를 위탁받을 수 있는 능력(자본, 기술인력 등)을 갖추었음이 확인된 업체에 한하여 사업시행자로부터 정비사업에 대한 전문관리를 위탁받을 수 있도록 하였다. 현재 서울시에 등록한 전문관리업자는 수백 개에 이른다.

사업시행자(조합이 사업시행자인 경우 추진위원회 포함)는 일반적으로 전문관리업자를 선정하여 정비사업 업무를 위탁하게 되는바, 전문관리업자로 선정될 수 있는

---

2) 대법원 2019. 9. 25. 선고 2016도1306 판결.

요건을 갖춘 업체를 상대로 하여 선정 및 변경하는 절차에 관하여는 제5편 제3장 전문관리업자 또는 설계자의 선정에서 자세히 살펴보았다.

이하에서는 전문관리업자로 선정되기 위한 전제로서의 등록기준 및 결격사유, 등록취소, 전문관리업자의 업무 및 지위, 행정청의 전문관리업자에 대한 조사 및 감독, 관리 등 일반론에 관하여 자세히 살펴본다.

II. 등 록

1. 등록기준 및 결격사유

가. 등록취지 및 내용

사업시행자(조합이 사업시행자인 경우 추진위원회 포함)로부터 전문관리를 위탁받거나 이와 관련한 자문을 하려는 자는 대통령령으로 정하는 자본·기술인력 등의 기준을 갖춰 시·도지사에게 등록 또는 변경(대통령령으로 정하는 경미한 사항의 변경은 제외한다)등록하여야 한다(법 제102조 제1항). 이는 전문관리업자가 수행하는 정비업무의 전문성 및 공익성에 비추어 전문관리업자로 선정되기 위해서는 업무를 수행할 만한 자본·기술인력 등 일정한 능력을 갖출 것이 요구되기 때문이다. 다만 정비사업 관련 업무를 하는 공공기관으로 전문성 및 공정성이 담보되는 토지주택공사나 한국부동산원의 경우에는 예외이다(법 제102조 제1항 단서, 법 시행령 제81조 제3항).

시·도지사는 전문관리업의 등록 또는 변경등록한 현황, 전문관리업의 등록취소 또는 업무정지를 명한 현황을 국토교통부령으로 정하는 방법 및 절차에 따라 국토교통부장관에게 보고하여야 한다(법 제102조 제3항).

나. 등록기준

법 시행령 제81조 제1항 [별표 4]에서 전문관리업 등록기준을 규정하고 있다. 여기에는 자본금 기준, 인력확보기준, 사무실기준이 있다.

(1) 자본금

자산총액에서 부채총액을 차감한 금액이 적어도 10억 원(법인인 경우 5억 원)

이상이어야 한다.

(2) **인력확보기준**

㈎ 다음의 어느 하나에 해당하는 상근인력(다른 직무를 겸하지 않는 인력을 말한다)을 5명 이상 확보하여야 한다. 다만, 전문관리업자가 관계 법령에 따른 감정평가법인·회계법인 또는 법무법인·법무법인(유한)·법무조합과 정비사업의 공동수행을 위한 업무협약을 체결하는 경우에는 협약을 체결한 업체의 수가 1개인 경우에는 4명, 2개인 경우에는 3명으로 한다.

① 건축사 또는 국가기술자격법에 따른 도시계획 및 건축분야 기술사와 건설기술 진흥법 시행령 제4조에 따라 이와 동등하다고 인정되는 특급기술인으로서 특급기술인의 자격을 갖춘 후 건축 및 도시계획 관련 업무에 3년 이상 종사한 자

② 감정평가사·공인회계사 또는 변호사

③ 법무사 또는 세무사

④ 정비사업 관련 업무에 3년 이상 종사한 사람으로서 다음의 어느 하나에 해당하는 자

㉮ 공인중개사·행정사

㉯ 정부기관·공공기관 또는 토지주택공사, 한국부동산원에서 근무한 사람

㉰ 도시계획·건축·부동산·감정평가 등 정비사업 관련 분야의 석사 이상의 학위 소지자

㉱ 2003. 7. 1. 당시 관계 법률에 따라 재개발사업 또는 재건축사업의 시행을 목적으로 하는 토지등소유자, 조합 또는 기존의 추진위원회와 민사계약을 하여 정비사업을 위탁받거나 자문을 한 업체에 근무한 사람으로서 법 제102조 제1항 제2호부터 제6호까지의 업무를 수행한 실적이 국토교통부장관이 정하는 기준에 해당하는 자

㈏ 위 ㈎항의 인력확보기준을 적용할 때 ① 및 ②의 인력은 각각 1명 이상을 확보하여야 하며, ④의 인력이 2명을 초과하는 경우에는 2명으로 본다.

(3) **사무실 기준**

건축법 및 그 밖의 법령에 적합한 사무실을 갖추어야 한다.

다. 결격사유

미성년자(대표 또는 임원이 되는 경우로 한정한다)·피성년후견인 또는 피한정후견인(제1호), 파산선고를 받은 자로서 복권되지 아니한 자(제2호), 정비사업의 시행과 관련한 범죄행위로 인하여 금고 이상의 실형의 선고를 받고 그 집행이 종료(종료된 것으로 보는 경우를 포함한다)되거나 집행이 면제된 날부터 2년이 지나지 아니한 자(제3호), 정비사업의 시행과 관련한 범죄행위로 인하여 금고 이상의 형의 집행유예를 받고 그 유예기간 중에 있는 자(제4호), 도시정비법을 위반하여 벌금형 이상의 선고를 받고 2년이 지나지 아니한 자(제5호), 등록이 취소된 후 2년이 지나지 아니한 자(법인인 경우 그 대표자를 말한다, 제6호), 법인의 업무를 대표 또는 보조하는 임직원 중 제1호부터 제6호까지 중 어느 하나에 해당하는 자가 있는 법인(제7호) 중 어느 하나에 해당하는 자는 전문관리업의 등록을 신청할 수 없으며, 전문관리업자의 업무를 대표 또는 보조하는 임직원이 될 수 없다(법 제105조 제1항). 전문관리업자의 업무를 대표 또는 보조하는 임직원이 위 어느 하나에 해당하게 되거나 선임 당시 그에 해당하였던 자로 밝혀진 때에는 당연 퇴직한다. 다만 그 경우 퇴직된 임직원이 퇴직 전에 관여한 행위는 효력을 잃지 아니한다(법 제105조 제2, 3항).

2. 등록취소 등

가. 기속적 등록취소 사유

시·도지사는 전문관리업자가 거짓, 그 밖의 부정한 방법으로 등록을 한 때(제1호), 위탁이나 자문약정상의 전문관리업무를 직접 수행하지 아니한 때(제4호), 최근 3년간 2회 이상의 업무정지처분을 받은 자로서 그 정지처분을 받은 기간이 합산하여 12개월을 초과한 때(제8호), 다른 사람에게 자기의 성명 또는 상호를 사용하여 도시정비법에서 정한 업무를 수행하게 하거나 등록증을 대여한 때(제9호)에는 전문관리업자의 등록을 반드시 취소하여야 한다(법 제106조 제1항 단서). 전문관리업의 등록취소를 하기 위해서는 반드시 청문을 하여야 한다(법 제121조 제1호).

나. 재량적 등록취소 또는 업무정지사유

시·도지사는 전문관리업자가 등록기준에 미달하게 된 때(제2호), 추진위원회, 사업시행자 또는 시장·군수등의 위탁이나 자문에 관한 계약 없이 업무를 수행한 때(제3호), 고의 또는 과실로 조합에게 총 계약금액(전문관리업자가 조합과 체결한 총 계약금액을 말한다)의 3분의 1 이상의 재산상 손실을 끼친 때(제5호), 법 위반여부 확인필요 또는 분쟁발생의 경우 국토교통부장관 또는 시·도지사의 전문관리업자의 업무에 관한 조사 시 보고·자료제출을 하지 아니하거나 거짓으로 한 때 또는 조사·검사를 거부·방해 또는 기피한 때(제6호), 국토교통부장관 또는 시·도지사 등의 일반적 감독권 행사에 따른 보고·자료제출을 하지 아니하거나 거짓으로 한 때 또는 조사를 거부·방해 또는 기피한 때(제7호), (법인의 경우에는 그 소속 임직원을 포함하여) 도시정비법을 위반하여 벌금형 이상의 선고를 받은 경우(제10호), 그 밖에 도시정비법 또는 도시정비법에 따른 명령이나 처분을 위반한 때(11호)에는 그 등록을 취소하거나 1년 이내의 기간을 정하여 업무의 전부 또는 일부의 정지를 명할 수 있다(법 제106조 제1항 본문).

다. 등록취소처분 등의 통지

등록취소처분 등을 받은 전문관리업자와 등록취소처분 등을 명한 시·도지사는 추진위원회 또는 사업시행자에게 해당 내용을 지체 없이 통지하여야 한다(법 제106조 제3항).

법이 2019. 8. 20. 법률 제16493호로 개정되기 전에는 전문관리업자가 등록취소처분 등을 받은 경우 해당 전문관리업자만이 그 내용을 사업시행자에게 통지하도록 되어 있었다. 이로 인하여 전문관리업자가 이를 고의로 누락하는 경우 사업시행자가 계약해지 등 적절한 조치를 취할 수 없는 문제가 노정되었고, 이에 위 법률 개정으로 등록취소처분 등을 명한 시·도지사도 추진위원회 또는 사업시행자에게 그 내용을 통지하도록 하였다. 다만 정비사업 업무의 혼란을 방지하기 위하여 전문관리업자는 등록취소처분 등을 받기 전에 계약을 체결한 업무는 계속하여 수행할 수 있다(법 제106조 제4항).

다만 사업시행자가 등록취소처분 통지 등을 받거나 처분사실을 안 날부터 3개

월 이내에 총회 또는 대의원회의 의결을 거쳐 해당 업무계약을 해지하거나 전문
관리업자가 등록취소처분 등을 받은 날부터 3개월 이내에 사업시행자로부터 업무
의 계속 수행에 대하여 동의를 받지 못한 경우(이 경우 사업시행자가 동의를 하려는
때에는 총회 또는 대의원회의 의결을 거쳐야 한다), 기속적 등록취소사유에 따라 취
소된 경우에는 업무를 계속하여 수행할 수 없다(법 제106조 제4, 5항).

3. 형사처벌

등록을 하지 아니하고 도시정비법에 따른 정비사업을 위탁받은 자 또는 거짓,
그 밖의 부정한 방법으로 등록을 한 전문관리업자, 전문관리업의 등록이 취소되었
음에도 불구하고 영업을 하는 자는 법 제137조 제9, 10호에 의하여 2년 이하의
징역 또는 2천만원 이하의 벌금이라는 형사처벌을 받게 된다.

Ⅲ. 전문관리업자 업무 및 지위

1. 업 무

가. 원칙적 업무

전문관리업자는 원칙적으로 조합설립의 동의 및 정비사업의 동의에 관한 업무
의 대행(제1호), 조합설립인가의 신청에 관한 업무의 대행(제2호), 사업성 검토 및
정비사업의 시행계획서의 작성(제3호), 설계자 및 시공자 선정에 관한 업무의 지
원(제4호), 사업시행계획인가의 신청에 관한 업무의 대행(제5호), 관리처분계획의
수립에 관한 업무의 대행(제6호) 등의 업무를 수행한다(법 제102조 제1항). 다만 시
장·군수등이 정비사업의 투명성 강화 및 효율성 제고를 위하여 조합이 수행하는
정비사업에 대하여 사업시행 과정을 지원함에 따라 전문관리업자를 선정한 경우
에는 추진위원회 설립에 필요한 동의서 제출의 접수, 운영규정 작성 지원, 그 밖
에 시·도조례로 정하는 사항 등의 업무도 추가로 수행한다(법 제102조 제1항 제7
호).

나. 제외되는 업무

전문관리업자는 동일한 정비사업에 대하여 건축물의 철거, 정비사업의 설계,

정비사업의 시공, 정비사업의 회계감사, 그 밖에 정비사업의 공정한 질서유지에 필요하다고 인정하여 대통령령으로 정하는 업무(안전진단 업무, 시행령 제83조 제2항)를 병행하여 수행할 수 없다(법 제103조). 전문관리업자는 시공자, 설계자 등을 상대로 하여 사업시행자를 위하여 업무를 수행해야 하므로 동일한 정비사업에 관하여 건축물철거·설계·시공·회계감사 등의 업무를 병행할 수 없도록 한 것이다.[3] 전문관리업자가 법인인 경우에는 독점규제 및 공정거래에 관한 법률 제2조 3호에 따른 계열회사나 전문관리업자와 상호 출자한 관계에 있는 회사는 당해 전문관리업자로 간주한다(시행령 제83조 제1항).

2. 지 위

가. 위탁자 등과 관계에서의 수임자

(1) 전문관리업자에게 업무를 위탁하거나 자문을 요청한 자와 전문관리업자의 관계에 관하여 도시정비법에 규정된 사항을 제외하고는 민법 중 위임에 관한 규정을 준용한다(법 제104조). 따라서 추진위원회 또는 사업시행자와의 관계에서는 수임자의 지위에 있다.

민법 제689조는 "위임계약은 각 당사자가 언제든지 해지할 수 있고, 당사자 일방이 부득이한 사유 없이 상대방의 불리한 시기에 계약을 해지한 때에는 그 손해를 배상하여야 한다."고 규정하고 있다. 따라서 법에 의하여 추진위원회 또는 사업시행자가 전문관리업자와 사이에 업무위탁 및 자문요청에 관한 계약을 체결하더라도, 민법 제689조가 그대로 준용될 경우 당사자는 언제든지 위 계약을 해지할 수 있고 그로 인해 상대방이 손해를 입더라도 배상할 의무를 부담하지 않는 것이 원칙이며, 다만 상대방이 불리한 시기에 부득이한 사유 없이 해지한 경우에 한하여 손해를 배상할 의무를 지게 된다.

그러나 전문관리업자는 추진위원회 또는 사업시행자의 수임자로서 그들 단체와 구성원의 이익을 위하여 정비사업 전반에 관하여 자문하고 위탁받은 사항을 처리하지만, 위탁받은 업무를 수행하는 범위 내에서 정비사업의 시행이라는 공공업무를 수행하고 있으므로, 일반적 위임계약과 달리 볼 측면이 있다.

---

3) 대법원 2019. 9. 25. 선고 2016도1306 판결.

⑵ 임의해지권

㈎ 판례의 법리

민법 제689조는 당사자의 약정에 의하여 적용을 배제하거나 그 내용을 달리 정할 수 있는 임의규정에 불과하다. 당사자 사이의 약정은 당사자에게 효력을 미치면서 당사자 간의 법률관계를 명확히 함과 동시에 거래의 안전과 이에 대한 각자의 신뢰를 보호하기 위한 취지라고 볼 수 있으므로, 이를 단순히 주의적인 성격의 것이라고 쉽게 단정해서는 아니 된다. 당사자가 위임계약을 체결하면서 민법 제689조에 규정된 바와 다른 내용으로 해지사유 및 절차, 손해배상책임 등을 정하였다면, 위 약정에서 정한 해지사유 및 절차에 의하지 않고는 계약을 해지할 수 없고, 손해배상책임에 관한 당사자 간 법률관계도 위 약정이 정한 바에 의하여 규율된다.[4]

㈏ 사실관계 및 판시내용

갑(조합)과 을(전문관리업자) 사이의 정비사업에 관한 업무위탁계약의 내용은 다음과 같다.

> **용역계약 제9조(계약의 해제 및 해지)**
> ① 갑(조합)은 다음 각 호의 사유가 발생하여 을(전문관리업자)이 계약을 이행할 수 없다고 판명된 경우에는 10일의 계약 이행 기간을 정하여 서면으로 통보한 후 동 기간 내에 이행되지 아니한 경우 본 계약의 일부 또는 전부를 해제 또는 해지할 수 있다.
> 　1. 을이 정당한 사유 없이 갑의 업무상 지시에 불응하거나 용역기간 내 용역업무를 완성할 가능성이 없다고 판단되는 명백한 사유가 발생한 경우
> 　2. 을이 고의적으로 계약조건을 위반함으로써 계약의 목적을 달성할 수 없다고 판단되는 경우
> ② 을은 갑이 계약을 이행할 수 없다고 판명된 경우에는 충분한 계약 이행 기간을 정하여 서면으로 통보한 후 동 기간 내에 이행되지 아니한 경우 본 계약의 일부 또는 전부를 해제 또는 해지할 수 있다.

---

4) 대법원 2019. 5. 30. 선고 2017다53265 판결.

제11조(손해배상)

① 갑은 아래 각 호의 사유로 을에게 손해를 입게 하였을 경우 그 손해를 배상하여야 한다.

　1. 갑의 본 계약서상에 규정된 자신의 협조의무 등의 의무를 이행하지 않아 을이 입은 손해

　2. 갑이 용역대행 업무를 제3자로 대체하거나 갑의 귀책사유로 본 계약이 해제 또는 해지됨으로써 을이 입은 손해

　3. 갑이 임의 처리한 업무에 의하여 발생한 사업지연으로 을이 입은 손해

판례는 위 제9조 제1항의 해석과 관련하여 조합이 임의해지권을 포기한 것으로 판시하였고, 그 논거는 다음과 같다.

① 제9조 제1항은 조합이 해제 또는 해지를 할 수 있는 사유를 전문관리업자의 채무불이행과 관련된 내용으로 한정하면서, 10일의 계약이행 기간을 둘 것과 서면통보가 이루어질 것까지 절차적 요건으로 설정하고 있다. 제9조 제2항에서는 반대로 전문관리업자가 해제 또는 해지를 할 수 있는 사유를 조합의 채무불이행에 관한 내용으로 정하면서, 위 제1항과 마찬가지로 충분한 계약이행 기간을 둘 것과 서면통보가 이루어질 것을 절차적 요건으로 두고 있다.

제9조 제1항, 제2항에서 당사자인 전문관리업자와 조합이 각자 해제 또는 해지 할 수 있는 사유와 절차를 별도로 정해둔 것은, 당사자가 용역계약을 일방적으로 종료시키는 것을 앞서 본 사유가 존재하는 경우로 제한하고자 하였기 때문으로 볼 여지가 있다.

② 제11조 제1항은 조합이 전문관리업자에게 손해배상을 하여야 할 사유에 관하여 규정하고 있고, 특히 제2호는 조합이 그의 책임 있는 사유로 용역계약을 일방적으로 종료시키는 것을 손해배상책임의 발생원인으로 삼고 있다.

이러한 내용은 위임계약의 당사자가 자유롭게 해지를 할 수 있고 부득이한 사유 없이 상대방의 불리한 시기에 해지한 경우에 한하여 손해배상책임을 지도록 한 민법 제689조의 규정과 양립하기 어려운 측면이 있다.

㈐ **반대견해**

위 판례에 대하여 위임은 결과채무가 아니라 수단채무이므로 당사자 사이의

신뢰관계가 중요하고 그 신뢰관계는 주관적인 것이어서, 위임인이 수임인을 신뢰할 수 없게 된 이상 자유롭게 위임계약을 해지할 수 있도록 하는 것이 헌법상 개인의 행복추구권, 인격권 보장측면에서 타당하다. 특히 위 제9조에는 임의해지권을 언급하는 내용이 없고, 제11조 제1항 제2호는 전문관리업자의 채무불이행이 없음에도 위임인이 용역대행업무를 제3자로 대체하는 경우의 손해배상에 관하여 규정하고 있는데, 위 규정은 위임인에게 임의해지권이 있음을 전제로 한 규정으로 볼 수 있다는 이유로 이를 비판하는 견해가 있다.[5]

㈔ 결론(판례가 타당)

이 사건은 계약해석의 문제이나, 대법원 판례의 판시가 타당하다.

① 당시 조합은 이미 다른 전문관리업자와 위임계약을 체결하였다가 해지하였으나 분쟁이 계속되는 상태에서 전문관리업자(을)와 계약을 체결하였고, 위 을에 대한 위임계약의 해지 이후 또다시 다른 전문관리업자(병)와 계약을 체결한 사정에 비추어 위 제9조, 제11조의 규정이 계약의 내용으로 삽입된 경위가 조합의 임의해지를 방지하기 위한 전문관리업자의 요청이었다면 임의해지권의 포기로 해석될 여지가 많다.

② 일반적인 위임계약은 위임인과 수임인 사이의 의사합치만으로 가능하나, 전문관리업자로 선정되기 위해서는 반드시 시 · 도지사에 대한 등록절차가 선행되어야 하고, 그 선정에는 필수적으로 경쟁입찰 등의 엄격한 절차를 요하므로, 조합이나 전문관리업자 모두 위와 같은 절차의 엄격성을 고려하여 임의해지를 제한하는 전제하에 계약을 체결하였을 여지도 있다.

의사 등 위임계약을 체결하는 일반적인 형태에서는 당사자 간의 신뢰관계가 무엇보다 중요하나, 전문관리업은 정비사업의 공익적 성격상 진행단계별 매뉴얼에 따라 처리하는 것으로서 신뢰관계가 절대적 중요요소로는 보이지 않고, 특히 경쟁입찰에 의한다는 것 자체가 신뢰관계가 중대하지 않음이 전제된 것으로 보인다. 실제로 전문관리업자는 조합의 수임자로서 조합과 조합원의 이익을 위하여 사업 전반에 관하여 자문하고 위탁받은 사항을 처리하지만, 위탁받은 업무를 수행하는

---

5) 홍승면, 위임인의 임의해지권 포기 약정의 효력 및 법인 대표기관의 불법행위책임 성립요건, 판례공보스터디 민사판례해설: 2019. 7. 1.자 공보~2020. 6. 15.자 공보 22 내지 25쪽, 서울고등법원 판례공보스터디(2020).

범위 내에서 정비사업의 시행이라는 공공업무를 수행하고 있다(위 2016도1306 판결).

나. 뇌물죄 등과 관련한 공무원 지위 의제

전문관리업자의 대표자(법인인 경우에는 임원을 말한다) 및 직원은 형법 제129조부터 제132조까지의 규정을 적용할 때에는 공무원으로 본다(법 제134조). 전문관리업자의 대표자(법인인 경우 임원을 말한다), 직원 모두 공무원으로 의제하는 규정은 도시정비법이 제정될 때부터 존재하였다.

이는 정비사업에 관한 주요 업무를 대행하는 전문관리업자 임·직원의 직무수행의 공정성과 청렴성을 확보하여 정비사업이 공정하고 투명하게 진행되도록 하기 위한 것이다. 뇌물죄 적용에서 공무원으로 의제되는 시기, 임원의 판단기준 등 구체적인 쟁점들은 제12편 제1장 Ⅲ. "3의 바. 전문관리업자의 대표자·직원"에서 자세히 살펴본다.

다. 형사처벌

전문관리업자가 다른 사람에게 자기의 성명 또는 상호를 사용하여 도시정비법에서 정한 업무를 수행하게 하거나 등록증을 대여한 경우, 또는 법정 전문관리업무를 다른 용역업체 및 그 직원에게 수행하도록 한 전문관리업자는 법 제138조 제1항 제4, 5호에 의하여 1년 이하의 징역 또는 1천만 원 이하의 벌금이라는 형사처벌을 받게 된다.

Ⅳ. 전문관리업자에 대한 감독 및 전문관리업협회

1. 전문관리업자에 대한 감독

가. 전문관리업자에 대한 조사

⑴ 조사의 의의

국토교통부장관 또는 시·도지사는 등록요건 또는 결격사유 등 도시정비법에서 정한 사항의 위반 여부를 확인할 필요가 있는 경우, 전문관리업자와 토지등소유자, 조합원, 그 밖에 정비사업과 관련한 이해관계인 사이에 분쟁이 발생한 경우,

그 밖에 시·도조례로 정하는 경우에는 전문관리업자에 대하여 그 업무에 관한 사항을 보고하게 하거나 자료의 제출, 그 밖의 필요한 명령을 할 수 있으며, 소속 공무원에게 영업소 등에 출입하여 장부·서류 등을 조사 또는 검사하게 할 수 있다(법 제107조 제1항).

(2) 조사의 절차 및 형식

법 제107조 제1항에 따라 출입·검사 등을 하는 공무원은 권한을 표시하는 증표를 지니고 관계인에게 내보여야 하고, 국토교통부장관 또는 시·도지사가 전문관리업자에게 위 제1항에 따른 업무에 관한 사항의 보고, 자료의 제출을 하게 하거나, 소속 공무원에게 조사 또는 검사하게 하려는 경우에는 행정조사기본법 제17조에 따라 사전통지를 하여야 한다(법 107조 제2, 3항). 사전통지제도는 행정조사 권한의 남용을 방지하기 위하여 법이 2019. 8. 20. 법률 제16493호로 개정되면서 도입되었다.

(3) 전문관리업자의 보고 또는 자료제출의무 및 행정청의 결과통지의무

법 제107조 제1항에 따라 업무에 관한 사항의 보고 또는 자료의 제출 명령을 받은 전문관리업자는 그 명령을 받은 날부터 15일 이내에 이를 보고하거나 자료를 제출(전자문서를 이용한 보고 또는 제출을 포함한다)하여야 하고, 국토교통부장관 또는 시·도지사는 제1항에 따른 업무에 관한 사항의 보고, 자료의 제출, 조사 또는 검사 등이 완료된 날부터 30일 이내에 그 결과를 통지하여야 한다(법 제107조 제4, 5항). 전문관리업자의 보고 또는 제출의무는 조사의 실효성을 확보하기 위하여, 행정청의 결과통지의무는 행정조사 권한의 남용을 방지하고 및 전문관리업자의 권리를 보장하기 위하여 법이 2019. 8. 20. 법률 제16493호로 개정되면서 도입되었다.

나. 국토교통부장관의 전문관리업 정보의 종합관리

국토교통부장관은 전문관리업자의 자본금·사업실적·경영실태 등에 관한 정보를 종합적이고 체계적으로 관리하고 시·도지사, 시장, 군수, 구청장, 추진위원회 또는 사업시행자 등에게 이를 제공하기 위하여 전문관리업 정보종합체계를 구축·운영할 수 있다(법 제108조 제1항). 국토교통부장관은 전문관리업 정보종합체계의 구축·운영에 관한 사무를 한국부동산원에 위탁하고 있고(법 시행령 제96조 제2항 제1호), 한국부동산원은 관계 행정기관 및 전문관리업자에게 전문관리업 정보종합체계의 구축 및 활용에 필요한 각종 자료의 제출을 요청하여 정보종합체계를 구축한다(법 시행규칙 제20조).

2. 정비사업전문관리업협회

가. 설 립

(1) 전문관리업자는 전문관리업의 전문화와 정비사업의 건전한 발전을 도모하기 위하여 전문관리업자단체인 협회를 설립할 수 있고, 협회는 법인으로 한다. 협회는 주된 사무소의 소재지에서 설립등기를 하는 때에 성립하고, 협회를 설립하려는 때에는 회원의 자격이 있는 50명 이상을 발기인으로 하여 정관을 작성한 후 창립총회의 의결을 거쳐 국토교통부장관의 인가를 받아야 하며, 시·도지사로부터 업무정지처분을 받은 회원의 권리·의무는 영업정지기간 중 정지되며, 전문관리업의 등록이 취소된 때에는 회원의 자격을 상실하고, 협회에 관하여 도시정비법에 규정된 사항을 제외하고는 민법 중 사단법인에 관한 규정을 준용한다(법 제109조).

(2) 협회의 정관에는 목적, 명칭, 주된 사무소의 소재지, 회원의 가입 및 탈퇴에 관한 사항, 사업 및 그 집행에 관한 사항, 임원의 정원·임기 및 선출방법에 관한 사항, 총회 및 이사회에 관한 사항, 조직 및 운영에 관한 사항, 자산 및 회계에 관한 사항, 정관의 변경에 관한 사항, 기타 협회의 운영에 필요하다고 인정되는 사항이 포함되어야 한다(법 시행령 제85조 제1항).

(3) 국토교통부장관은 협회설립 인가신청의 내용 중 법인의 목적과 사업이 실현 가능하고, 협회의 회원은 전문관리업자이며, 목적하는 사업을 수행할 수 있는 충분한 능력이 있고, 재정적 기초가 확립되어 있거나 확립될 수 있으며, 다른 법인과 동일한 명칭이 아닌 경우 인가할 수 있다(법 시행령 제86조 제1항).

한편 국토교통부장관은 협회가 거짓이나 부정한 방법으로 설립인가를 받은 경우, 목적 달성이 불가능하게 된 경우에는 설립인가를 취소하여야 하고, 설립인가 조건을 위반한 경우, 목적사업 외의 사업을 한 경우에는 설립인가를 취소할 수 있다(법 시행령 86조 제2항).

나. 협회의 업무 및 감독

(1) 협회의 업무

협회의 업무는 전문관리업 및 정비사업의 건전한 발전을 위한 조사·연구, 회원의 상호 협력증진을 위한 업무, 전문관리 기술 인력과 전문관리업 종사자의 자질향상을 위한 교육 및 연수, 그 밖에 대통령령으로 정하는 업무 등이 있다(법 제110조 제1항). 현재 시행령에서 특별히 규정하고 있는 업무는 없다.

(2) 감독

국토교통부장관은 협회의 업무 수행 현황 또는 도시정비법의 위반 여부를 확인할 필요가 있는 때에는 협회에 대하여 업무에 관한 사항을 보고하게 하거나 자료의 제출, 그 밖에 필요한 명령을 할 수 있으며, 소속 공무원에게 그 사무소 등에 출입하여 장부·서류 등을 조사 또는 검사하게 할 수 있다(법 제110조 제2항).

국토교통부장관의 전문관리협회의 업무에 관한 사항의 보고, 자료의 제출, 조사 또는 검사에 관하여는 전문관리업자에 대한 조사규정인 법 제107조 제2항부터 제5항까지의 규정을 준용한다(법 제110조 제3항).

제1절 총 설

　정비사업은 도시환경을 개선하고 주거생활의 질을 높이는 데 이바지하는 공익사업이다. 관리처분계획의 인가·고시가 이루지는 경우 사회적 약자를 위하여 권리존속기간을 강제하고 있는 민법, 주택임대차법, 상가임대차법에 우선하여 임차인의 목적물에 대한 사용, 수익이 정지될 정도로 정비사업의 공익성 정도가 중하다(법 제70조 제5항). 그러나 토지등소유자로 구성된 조합 또는 토지등소유자가 20인 미만인 재개발사업의 경우에는 토지등소유자 개인이 사업시행자로 행정주체가 되고, 그와 같은 민간에 의하여 공익사업인 정비사업이 수행되므로 관할 행정청의 조합 등 사업시행자에 대한 감독이 반드시 필요하다. 또한 조합 등 사업시행자의 막강한 권한 등에 비추어 조합원이나 토지등소유자 등의 구성원 및 이해관계인을 보호할 필요성이 중대하므로, 그와 같은 측면에서도 행정청의 사업시행자에 대한 감독이 요구되고, 사업시행자의 건전한 운영 등을 위하여 회계처리 등에 대한 감사도 필요하다.

　사업시행자에 대한 인가권 등을 행사하는 관할 행정청의 권한도 작지 않으므로, 그들에 대한 상급행정청의 감독도 필요하다 할 것이다. 정비사업은 합리적 공사비에 의한 적정한 시공이 사업의 승패를 좌우할 만큼 중요한 요소를 차지한다. 따라서 특별히 시공자에 대한 행정청의 감독이 필요하다. 특히 건설사가 시공자 선정을 위해 금품·향응을 제공하는 불법행위가 여전히 근절되지 않고 있어 정비사업의 투명성 확보 및 건전한 수주질서의 확립을 위한 실효성 있는 대책마련이 필요한바, 이에 법이 2018. 6. 12. 법률 제15676호로 개정되면서 시공사 선정 취소명령 또는 과징금, 건설업자의 입찰참가자격제한제도가 도입되었다. 이 부분에 관하여는 제5편 제2장 Ⅴ. "3. 시공자 선정취소 명령 또는 과징금, 입찰참가자격제한"에서 자세히 살펴보았으므로, 이하에서는 행정청 상호간의 감독 및 행정청의 조합 등 사업시행자 및 정비사업 관여자 등에 대한 감독, 감사 등에 관하여 살펴본다.

한편, 공익사업인 정비사업의 원활한 수행을 위해서는 행정청의 각종 지원 등이 필요한바, 행정청은 정비사업지원기구를 설치하거나 교육을 실시하고, 정비사업의 시행으로 인한 분쟁을 조정하기 위하여 도시분쟁조정위원회를 구성하며, 정비사업의 공공지원을 강화하고 정비사업의 효율적이고 투명한 관리를 위한 정비사업관리시스템도 구축하여 운영하고 있으며, 정비사업에 대한 정보공개시스템을 마련하고 있다. 이하에서는 법이 규정하고 있는 행정청의 사업시행자에 대한 각종 지원의 내용에 대하여도 살펴본다.

제2절 감독 등

Ⅰ. 행정청 상호간의 감독

1. 보 고

가. 시 · 도지사의 보고

시 · 도지사는 국토교통부장관에게 정비구역의 지정, 사업시행자의 지정 또는 조합설립인가, 사업시행계획인가, 관리처분계획인가 및 정비사업 완료의 실적을 매 분기가 끝나는 날부터 15일 이내에 보고하여야 한다(법 제111조 제1항, 법 시행규칙 제21조 제1항).

나. 시장, 군수 또는 구청장의 보고

시장, 군수 또는 구청장은 시 · 도조례로 정하는 바에 따라 정비사업의 추진실적을 특별시장 · 광역시장 또는 도지사에게 보고하여야 한다(법 제111조 제1항). 이와 관련하여 서울시 조례는 구청장의 즉시 보고사항, 분기별 보고사항을 나누어 규정하고 있다.

⑴ 즉시 보고사항(서울시 조례 제62조 제1항)

법 제24조·제25조·제26조·제27조에 따른 사업시행자 지정 및 고시, 법 제 28조에 따른 사업대행개시결정 및 고시, 추진위원회의 승인, 조합의 설립(변경)인 가(신고수리), 사업시행계획(변경·중지·폐지)인가(신고수리) 및 고시, 관리처분계 획(변경)인가(신고수리) 및 고시, 일반분양을 위한 입주자 모집승인, 준공인가(준공 인가 전 사용허가 포함) 및 공사완료 고시, 정비계획의 경미한 변경 지정 및 고시에 대하여 구청장은 해당 처분이 있는 날부터 10일 이내 시장에게 보고하여야 한다.

⑵ 분기별 보고사항(서울시 조례 제62조 제2항)

법 제111조 제2항에 따라 사업시행자에게 행한 자료제출의 명령 또는 업무 조 사의 내용, 법 제112조에 따라 사업시행자로부터 보고된 회계감사 결과의 내용, 법 제113조 제1항에 따른 감독처분 현황, 법 제113조 제2항에 따른 점검반 구성 및 현장조사 결과 내용에 대하여 구청장은 매 분기가 끝나는 날부터 7일 이내 시 장에게 보고하여야 한다.

⑶ 기타(서울시 조례 제62조 제3항)

법 제72조 제6항은 투기과열지구의 정비사업에서 관리처분계획에 따라 조합원 분양대상자 또는 일반 분양대상자 및 그 세대에 속한 자는 분양대상자 선정일(조 합원 분양분의 분양대상자는 최초 관리처분계획 인가일을 말한다)부터 5년 이내에는 투기과열지구에서 분양신청을 할 수 없다고 규정하고 있으므로 구청장은 주택공 급에 관한 규칙 제57조에 따라 같은 규칙 제2조 제7호 (나)목에 따른 관리처분계 획인가일 당시 입주대상자로 확정된 조합원명단을 전산관리지정기관에 통보하여 야 한다.

2. 처분의 취소·변경 또는 정지

가. 직근 상급행정청의 조치

⑴ 국토교통부장관

정비사업의 시행이 도시정비법 또는 도시정비법에 따른 명령·처분에 위반되 었다고 인정되는 때에는 정비사업의 적정한 시행을 위하여 필요한 범위에서 국토교통부장관은 시·도지사, 시장, 군수, 구청장에게 처분의 취소·변경 또는 정지 그 밖의 필요한 조치를 취할 수 있다(법 제113조 제1항).

(2) 특별시장, 광역시장 또는 도지사

정비사업의 시행이 도시정비법 또는 도시정비법에 따른 명령·처분에 위반되었다고 인정되는 때에는 정비사업의 적정한 시행을 위하여 필요한 범위에서 특별시장, 광역시장 또는 도지사는 시장, 군수, 구청장에게 처분의 취소·변경 또는 정지 그 밖의 필요한 조치를 취할 수 있다(법 제113조 제1항).

나. 입법취지

이는 처분 행정청의 직근 상급행정청이 감독권의 행사로서 하급행정청인 시장·군수등의 추진위원회 구성승인, 조합설립인가, 사업시행계획인가 및 관리처분계획인가에 대한 취소·변경 또는 정지 등을 통하여 그 하자를 시정하는 것이다. 추진위원회 승인의 취소, 조합설립인가의 취소, 사업시행계획인가의 취소 또는 관리처분계획인가의 취소를 하기 위해서는 반드시 청문을 거쳐야 한다(법 제121조 제2호).

II. 행정청의 사업시행자 등에 대한 감독

1. 감독권

가. 일반적 감독권

(1) 국토교통부장관, 시·도지사, 시장, 군수 또는 구청장은 정비사업의 원활한 시행을 감독하기 위하여 필요한 경우로서 도시정비법의 위반 여부를 확인할 필요가 있는 경우, 토지등소유자, 조합원, 그 밖에 정비사업과 관련한 이해관계인 사이에 분쟁이 발생된 경우, 그 밖에 시·도조례로 정하는 경우에는 추진위원회·사업시행자·전문관리업자·설계자 및 시공자 등 법에 따른 업무를 하는 자에게 그 업무에 관한 사항을 보고하게 하거나 자료의 제출, 그 밖의 필요한 명령을 할 수 있으며, 소속 공무원에게 영업소 등에 출입하여 장부·서류 등을 조사 또는 검사하게 할 수 있다(법 제111조 제2항).

위 업무에 관한 사항의 보고, 자료의 제출, 조사 또는 검사와 관련하여서는 사전통지를 하고, 출입·검사 등을 하는 공무원은 권한을 표시하는 증표를 지니고 관계인에게 내보여야 하며, 명령을 받은 자는 15일 이내에 보고하여야 하고, 국토교통부장관 등은 조사 또는 검사 등이 완료된 날부터 30일 이내에 그 결과를 통지하여야 한다(법 제111조 제3항, 제107조 제2항 내지 제5항).

(2) 국토교통부장관, 시·도지사, 시장, 군수 또는 구청장은 이 법에 따른 정비사업의 원활한 시행을 위하여 관계 공무원 및 전문가로 구성된 점검반을 구성하여 정비사업 현장조사를 통하여 분쟁의 조정, 위법사항의 시정요구 등 필요한 조치를 할 수 있다(법 제113조 제2항 본문).

이 경우 조합 등은 대통령령으로 정하는 자료 즉, 토지등소유자의 동의서, 총회의 의사록, 정비사업과 관련된 계약에 관한 서류, 사업시행계획서·관리처분계획서 및 회계감사보고서를 포함한 회계관련 서류, 정비사업의 추진과 관련하여 분쟁이 발생한 경우에는 해당 분쟁과 관련된 서류 등의 제공 등 점검반의 활동에 적극 협조하여야 한다(법 제113조 제2항 후단, 법 시행령 제89조). 국토교통부장관 등의 조사에 있어 사전통지, 공무원의 권한표시 증표소지, 결과통지 등이 필요하다(법 제113조 제3항).

나. 구체적 감독권

정비사업의 시행이 도시정비법 또는 도시정비법에 따른 명령·처분이나 사업시행계획서 또는 관리처분계획에 위반되었다고 인정되는 때에는 정비사업의 적정한 시행을 위하여 필요한 범위에서 국토교통부장관, 특별시장, 광역시장 또는 도지사, 시장·군수·구청장은 추진위원회, 주민대표회의, 사업시행자 또는 전문관리업자에게 처분의 취소·변경 또는 정지, 공사의 중지·변경, 임원의 개선 권고, 그 밖의 필요한 조치를 취할 수 있다(법 제113조 제1항).

다. 형사처벌

제113조 제1항부터 제3항까지의 규정에 따른 행정청의 처분의 취소·변경 또는 정지, 그 공사의 중지 및 변경에 관한 명령을 받고도 이를 따르지 아니한 추진위원회, 사업시행자, 주민대표회의 및 전문관리업자는 법 제137조 제11호에 의하

여 2년 이하의 징역 또는 2천만원 이하의 벌금이라는 형사처벌을 받게 된다.

2. 회계감사

가. 추진위원회 또는 사업시행자의 회계감사 사항

추진위원회 또는 사업시행자는 정비사업 진행과정에서 다음 사항의 경우 반드시 회계감사를 받아야 한다. 다만 법 제27조 제1항의 지정개발자가 사업시행자인 경우에는 해당하지 아니한다(법 제112조 제1항).

(1) 추진위원회는 조합설립인가일부터 30일 이내에 사용경비를 기재한 회계장부 및 관계 서류를 조합에 인계하여야 하는데, 인계되기 전까지 납부 또는 지출된 금액과 계약 등으로 지출될 것이 확정된 금액의 합이 3억 5천만 원 이상인 경우(법 제112조 제1항 제1호, 법 시행령 제88조 제1호)

(2) 조합이 사업시행계획인가 고시일 전까지 납부 또는 지출된 금액이 7억 원 이상인 경우(법 제112조 제1항 제2호, 법 시행령 제88조 제2호)

(3) 조합이 준공인가 신청일까지 납부 또는 지출된 금액이 14억 원 이상인 경우(법 제112조 제1항 제3호, 법 시행령 제88조 제3호)

(4) 토지등소유자 또는 조합원 5분의 1 이상이 사업시행자에게 회계감사를 요청하는 경우(법 제112조 제1항 제4호)

나. 절 차

(1) 추진위원회 또는 사업시행자는 위 회계감사 사항에 해당하는 경우 아래의 법정 기간 내에 주식회사 등의 외부감사에 관한 법률 제2조 제7호 및 제9조에 따른 감사인의 회계감사를 받기 위하여 시장·군수등에게 회계감사기관의 선정·계약을 요청하여야 한다(법 제112조 제1항).

법정 기간은 위 제1호의 경우에는 추진위원회에서 사업시행자로 인계되기 전 7일 이내이고, 제2호의 경우에는 사업시행계획인가의 고시일부터 20일 이내이며, 제3호의 경우에는 준공인가의 신청일부터 7일 이내이고, 제4호의 경우에는 상당한 기간 이내이다. 추진위원회 또는 사업시행자는 회계감사기관의 선정·계약을 요청하려는 경우 시장·군수등에게 회계감사에 필요한 비용을 미리 예치하여야 한다(법 제112조 제4항).

⑵ 시장·군수등은 제1항에 따른 요청이 있는 경우 즉시 회계감사기관을 선정하여 회계감사가 이루어지도록 하여야 한다(법 제112조 제2항).

시장·군수등은 회계감사기관을 선정·계약하고, 공정한 회계감사를 위하여 선정된 회계감사기관을 감독하여야 하며, 필요한 처분이나 조치를 명할 수 있다(법 제112조 제3항). 시장·군수등은 회계감사가 종료된 경우 예치된 금액에서 회계감사비용을 직접 지급한 후 나머지 비용은 사업시행자와 정산하여야 한다(법 제112조 제4항 단서). 추진위원회 또는 사업시행자는 감사가 종료된 경우 감사결과를 회계감사가 종료된 날부터 15일 이내에 시장·군수등 및 해당 조합에 보고하고 조합원이 공람할 수 있도록 하여야 한다(법 제112조 제1항).

제3절 지원 등

Ⅰ. 행정청의 일반적 정비사업 지원

1. 정비사업 지원기구 설치 및 교육 실시

가. 정비사업 지원기구 설치

국토교통부장관 또는 시·도지사는 정비사업 상담지원업무, 정비사업 전문관리제도의 지원, 전문조합관리인의 교육 및 운영지원, 소규모 영세사업장 등의 사업시행계획 및 관리처분계획 수립지원, 정비사업을 통한 공공지원민간임대주택 공급업무 지원, 제29조의2에 따른 공사비 검증 업무, 공공재개발사업 및 공공재건축사업의 지원, 그 밖에 국토교통부장관이 정하는 업무를 수행하기 위하여 정비사업지원기구를 설치할 수 있다(법 제114조).

이 경우 국토교통부장관은 한국부동산원 또는 토지주택공사에, 시·도지사는 지방공기업법에 따라 주택사업을 수행하기 위하여 설립된 지방공사에 정비사업지원기구의 업무를 대행하게 할 수 있다.

나. 교육 실시

국토교통부장관, 시·도지사, 시장, 군수 또는 구청장은 추진위원장 및 감사,

조합임원, 전문조합관리인, 전문관리업자의 대표자 및 기술인력, 토지등소유자 등에 대하여 대통령령으로 정하는 바에 따라 교육을 실시할 수 있다(법 제115조). 교육의 내용에는 주택건설 제도, 도시 및 주택 정비사업 관련 제도, 정비사업 관련 회계 및 세무 관련 사항, 그 밖에 국토교통부장관이 정하는 사항이 반드시 포함되어야 한다(법 시행령 제90조).

2. 도시분쟁조정위원회의 설치

가. 시 · 군 · 구 소재 도시분쟁조정위원회

(1) 의의

관할 지방자치단체는 정비사업의 시행으로 발생하는 분쟁을 조정하기 위하여 정비구역이 지정된 특별자치시, 특별자치도 또는 시 · 군 · 구에 도시분쟁조정위원회(이하 '조정위원회'라 한다)를 설치하여야 한다(법 제116조 제1항 본문).

(2) 구성

⑺ 조정위원회는 부시장 · 부지사 · 부구청장 또는 부군수를 위원장으로 한 10명 이내의 위원으로 구성한다(법 제116조 제2항). 위원장은 조정위원회의 회의를 소집하여 그 의장이 되며, 조정위원회의 회의를 소집하고자 하는 때에는 회의 개최 5일 전까지 회의 일시 · 장소 및 분쟁조정 안건 등을 위원에게 통지하고, 조정위원회의 심사에 앞서 분과위원회에서 사전심사를 담당하게 할 수 있으며, 효율적인 심사조정을 위하여 필요하다고 인정하는 경우에는 현장조사를 하거나 조정당사자, 관련전문가 및 관계공무원을 회의에 참석하게 하여 의견을 진술하게 할 수 있다(서울시 조례 제65조 제3항).

⑻ 조정위원회 위원은 정비사업에 대한 학식과 경험이 풍부한 사람으로서 해당 특별자치시, 특별자치도 또는 시 · 군 · 구에서 정비사업 관련 업무에 종사하는 5급 이상 공무원(제1호), 대학이나 연구기관에서 부교수 이상 또는 이에 상당하는 직에 재직하고 있는 사람(제2호), 판사, 검사 또는 변호사의 직에 5년 이상 재직한 사람(제3호), 건축사, 감정평가사, 공인회계사로서 5년 이상 종사한 사람(제4호), 그 밖에 정비사업에 전문적 지식을 갖춘 사람으로서 시 · 도조례로 정하는 자(서울시 조례 제64조는 해당 자치구의회 의원, 해당 자치구 도시계획위원회 또는 건축위원회

위원이라고 규정하고 있다, 제5호)의 어느 하나에 해당하는 사람 중에서 시장·군수 등이 임명 또는 위촉한다(법 제116조 제3항). 이 경우 제1호, 제3호 및 제4호에 해당하는 사람이 각 2명 이상 포함되어야 한다. 위원 중 제1호에 해당하는 공무원 및 위원장의 임기는 해당 직에 재직하는 기간으로 하고, 위촉직 위원의 임기는 2년으로 하되, 연임할 수 있다(서울시 조례 제65조 제1항).

(다) 조정위원회에는 위원 3명으로 구성된 분과위원회를 두며, 분과위원회에는 제3항 제1호 및 제3호에 해당하는 사람이 각 1명 이상 포함되어야 한다(법 제116조 제4항). 서울시는 제1, 2분과위원회를 설치하여 조합 또는 추진위원회와 조합원 또는 토지등소유자간의 분쟁 조정에 관하여는 제1분과위원회에, 제1분과위원회에 해당하지 않는 그 밖에 분쟁에 관한 사항의 조정에 관하여는 제2분과위원회에서 처리한다(서울시 조례 제65조 제2항).

(3) 권한

조정위원회는 정비사업의 시행과 관련하여 매도청구권 행사 시 감정가액에 대한 분쟁, 공동주택 평형 배정방법에 대한 분쟁, 건축물 또는 토지 명도에 관한 분쟁, 손실보상 협의에서 발생하는 분쟁, 총회 의결사항에 대한 분쟁, 그 밖에 시·도조례로 정하는 사항에 대한 분쟁의 어느 하나에 해당하는 분쟁 사항을 심사·조정한다(법 제117조 제1항, 법 시행령 제91조). 다만, 주택법, 토지보상법, 그 밖의 관계 법률에 따라 설치된 위원회의 심사대상에 포함되는 사항은 제외할 수 있다(법 제117조 제1항 단서).

(4) 조정절차

(가) 개시절차

① 분쟁당사자가 정비사업의 시행으로 인하여 발생한 분쟁의 조정을 신청하는 경우, 시장·군수등이 조정위원회의 조정이 필요하다고 인정하는 경우 조정위원회가 개최된다(법 제117조 제2항).

조정위원회의 회의는 재적위원 과반수의 출석으로 개회하고, 출석위원 과반수의 찬성으로 의결한다. 다만, 분과위원회는 위원 전원의 찬성으로 의결한다(법 제117조 제7항, 서울시 조례 제65조 제4항). 조정위원회의 사무를 처리하기 위하여 간사 1명과 서기 1명을 두되, 간사는 조정위원회를 주관하는 업무담당 주사가 되고, 서기는 업무담당자로 한다(서울시 조례 제65조 제5항).

② 조정위원회의 위원이 해당 분쟁조정 사건과 관련하여 용역·감정·수용·자문 및 연구 등을 수행하였거나 수행 중에 있는 경우, 해당 분쟁조정 사건의 당사자와 친족관계에 있거나 있었던 경우, 해당 분쟁조정 사건과 직접적인 이해관계가 있는 경우에는 해당 분쟁조정 사건의 심사의결에서 제척된다(서울시 조례 제65조 제6항).

당사자는 위원에게 심사의결의 공정성을 기대하기 어려운 사정이 있는 경우에는 기피신청을 할 수 있다. 이 경우 조정위원회의 위원장은 기피신청에 대하여 조정위원회의 의결을 거치지 아니하고 결정한다(서울시 조례 제65조 제7항). 위원이 제척사유에 해당하는 경우에는 스스로 해당 분쟁조정 사건의 심사·의결에서 회피할 수 있다(서울시 조례 제65조 제8항).

(나) 조정기간

조정위원회는 조정신청을 받은 날부터 60일 이내에 조정절차를 마쳐야 한다. 다만, 조정기간 내에 조정절차를 마칠 수 없는 정당한 사유가 있다고 판단되는 경우에는 조정위원회의 의결로 그 기간을 한 차례만 연장할 수 있으며 그 기간은 30일 이내로 한다(법 제117조 제2항).

(다) 분과위원회의 사전 심사

조정위원회의 위원장은 조정위원회의 심사에 앞서 분과위원회에서 사전 심사를 담당하게 할 수 있다. 분과위원회의 위원 전원이 일치된 의견으로 조정위원회의 심사가 필요 없다고 인정하는 경우에는 조정위원회에 회부하지 아니하고 분과위원회의 심사로 조정절차를 마칠 수 있다(법 제117조 제3항).

(라) 조정성립 및 효과

① 조정위원회 또는 분과위원회는 조정절차를 마친 경우 조정안을 작성하여 지체 없이 각 당사자에게 제시하여야 한다. 이 경우 조정안을 제시받은 각 당사자는 제시받은 날부터 15일 이내에 수락 여부를 조정위원회 또는 분과위원회에 통보하여야 한다(법 제117조 제4항). 당사자가 조정안을 수락한 경우 조정위원회는 즉시 조정서를 작성한 후, 위원장 및 각 당사자는 조정서에 서명·날인하여야 한

다(법 제117조 제5항).

② 법 제117조 제5항에 따라 당사자가 강제집행을 승낙하는 취지의 내용이 기재된 조정서에 서명·날인한 경우 조정서의 정본은 민사집행법 제56조[6])에도 불구하고 집행력 있는 집행권원과 같은 효력을 가진다(법 제117조 제6항). 다만, 청구에 관한 이의의 주장에 대하여는 민사집행법 제44조 제2항을 적용하지 아니한다.

나. 시·도 소재 조정위원회

시장·군수등을 당사자로 하여 발생한 정비사업의 시행과 관련된 분쟁 등의 조정을 위하여 필요한 경우에는 시·도에 조정위원회를 둘 수 있다(법 제116조 제1항 단서).

3. 정비사업관리시스템의 구축과 정보공개

가. 정비사업관리시스템의 구축

(1) 국토교통부장관 또는 시·도지사는 정비사업의 효율적이고 투명한 관리를 위하여 정비사업관리시스템을 구축하여 운영할 수 있다. 국토교통부장관은 시·도지사에게 위 정비사업관리시스템의 구축 등에 필요한 자료의 제출 등 협조를 요청할 수 있다. 이 경우 자료의 제출 등 협조를 요청받은 시·도지사는 정당한 사유가 없으면 이에 따라야 한다. 정비사업관리시스템의 운영방법 등에 필요한 사항은 국토교통부령 또는 시·도조례로 정한다(법 제119조).

(2) 서울시장은 정비사업관리시스템으로, 클린업시스템(정비사업 시행과 관련한 자료 구축 및 정보를 제공하기 위한 시스템), 분담금 추정 프로그램(토지등소유자별 분담금 추산액 등 정보를 제공하기 위한 시스템), 정비사업 e-조합 시스템(예산·회계와 행정업무 등 처리 및 관련 정보를 제공하기 위한 시스템) 등을 구축·운영한다(서울시 조례 제69조 제1항). 또한 추진위원장 또는 사업시행자는 법 제124조에 의하여 인터넷을 통하여 정비사업 시행에 관련한 정보를 공개하여야 하고, 서울시의

---

6) 민사집행법 제56조는 집행문이 있는 판결정본 외에는 항고로만 불복할 수 있는 재판, 가집행의 선고가 내려진 재판, 확정된 지급명령, 공증인이 일정한 금액의 지급이나 대체물 또는 유가증권의 일정한 수량의 급여를 목적으로 하는 청구에 관하여 작성한 공정증서로서 채무자가 강제집행을 승낙한 취지가 적혀 있는 것, 소송상 화해, 청구의 인낙(認諾) 등 그 밖에 확정판결과 같은 효력을 가지는 것을 그 밖의 집행권원으로 열거하고 있다.

경우 반드시 클린업시스템을 이용하여야 하나, 토지등소유자가 단독으로 시행하는 재개발사업의 경우에는 제외할 수 있다(서울시 조례 제69조 제4항). 추진위원장 또는 조합임원은 정비사업 e-조합 시스템을 이용하여 예산·회계관리 및 문서 등의 작성된 자료를 공개하여야 한다(서울시 조례 제69조 제5항).

나. 정보공개

시장·군수등은 정비사업의 투명성 강화를 위하여 조합이 시행하는 정비사업에 관한 사항 가운데 관리처분계획의 인가를 받은 사항 중 법 제29조에 따른 계약(공사, 용역, 물품구매 및 제조 등)금액(제1호), 관리처분계획의 인가를 받은 사항 중 정비사업에서 발생한 이자(제2호), 그 밖에 시·도조례로 정하는 사항(제3호) 등을 매년 1회 이상 인터넷과 그 밖의 방법을 병행하여 공개하여야 한다(법 제120조 전단). 이 경우 공개의 방법 및 시기 등 필요한 사항은 시·도조례로 정한다(법 제120조 후단). 서울시의 경우 구청장이 법 제120조의 사항을 회계연도 종료일부터 90일 이내에 클린업시스템에 공개하여야 한다(서울시 조례 제70조 제1항).

Ⅱ. 공공지원

1. 주체 및 대상

가. 공공지원 주체(시장·군수등의 직접 지원 또는 위탁지원)

시장·군수등은 정비사업의 투명성 강화 및 효율성 제고를 위하여 일정한 정비사업 시행과정을 직접 지원하는 것이 가능하고, 토지주택공사등, 신탁업자, 주택도시보증공사 또는 한국부동산원에 공공지원을 위탁할 수 있다(법 제118조 제1항, 시행령 제81조 제3항). 이들을 위탁지원자라고 한다.[7] 시장·군수등은 위탁지원자의 공정한 업무수행을 위하여 관련 자료의 제출 및 조사, 현장점검 등 필요한 조치를 할 수 있다. 이 경우 위탁지원자의 행위에 대한 대외적인 책임은 시장·군수등에게 있다(법 제118조 제3항).

---

7) 법이 2017. 2. 8. 법률 제14567호로 전부개정되기 이전에는 '위탁관리자'로 칭하였다.

나. 대 상

조합이 시행하는 정비사업(조합이 건설업자 또는 등록사업자와 공동으로 시행하는 사업을 포함한다)은 모두 공공지원 대상이 된다. 다만, 정비구역 지정·고시가 있은 날의 토지등소유자의 수가 100명 미만으로서 주거용 건축물의 건설비율이 50% 미만인 도시정비형 재개발사업은 제외한다(법 제118조 제1항, 서울시 조례 제73조).

2. 업무 및 비용부담

가. 업 무

(1) 구청장(시장·군수등) 및 위탁지원자의 업무

추진위원회 또는 주민대표회의 구성, 전문관리업자의 선정(위탁지원자는 선정을 위한 지원으로 한정한다), 설계자 및 시공자 선정 방법 등, 세입자의 주거 및 이주대책(이주 거부에 따른 협의 대책을 포함한다) 수립, 관리처분계획 수립, 그 밖에 시·도조례로 정하는 사항[8] 등의 업무를 수행한다(법 제118조 제2항, 서울시 조례 제75조).

추진위원회 구성이 공공지원 업무의 대상이므로 정비사업에 대하여 법 제118조에 따른 공공지원을 하려는 경우에는 추진위원회를 구성하지 아니할 수 있다(법 제31조 제4항). 위 정비사업 공공지원 업무 외의 업무를 지원받고자 하는 경우에는 총회의 의결을 거쳐 구청장에게 신청할 수 있다(서울시 조례 74조 제2항).

(2) 시장의 업무

시장은 추진위원회 위원, 조합임원 또는 추진위원회 구성을 생략하는 경우의 토지등소유자의 대표자 선출을 위하여 선거관리기준을 정할 수 있는데, 선거관리

---

8) 서울시 조례 제75조는 추진위원회 구성을 위한 위원 선출업무의 선거관리위원회 위탁, 건설사업관리자 등 그 밖의 용역업체 선정 방법 등에 관한 업무의 지원, 조합설립 준비업무에 관한 지원, 추진위원회 또는 조합의 운영 및 정보공개 업무의 지원, 추진위원회 구성 단계를 생략하는 정비사업의 조합설립에 필요한 토지등소유자의 대표자 선출 등 지원, 법 제118조 제7항 제1호에 따른 건설업자의 선정방법 등에 관한 업무 지원, 법 제87조에 따른 권리의 확정, 법 제88조에 따른 등기 절차, 법 제89조에 따른 청산금 등의 징수 및 지급, 조합 해산 준비업무에 관한 지원 등을 규정하고 있다.

위원회의 업무위탁에 관한 사항, 주민설명회 개최에 관한 사항, 입 · 후보자 등록 공고 및 등록에 관한 사항, 합동연설회 개최에 관한 사항, 주민선거 실시에 관한 사항, 그 밖에 선거관리를 위하여 필요한 사항은 반드시 포함되어야 한다(서울시 조례 제76조).

(3) 시공자 선정의 특칙

정비사업 절차상 사업시행계획인가 이전에 시공자를 선정하는 것이 일반적이나, 공공지원사업의 경우에는 원칙적으로 사업시행계획인가를 받은 후 총회에서 시공자를 선정하여야 한다(법 제118조 제2, 6항, 서울시 조례 제77조 제1항 본문). 다만 법 제118조 제7항 제1호에 따라 조합과 건설업자 사이에 협약을 체결하는 경우에는 시공자 선정시기를 조정할 수 있다(서울시 조례 제77조 제1항 단서).

나. 비용부담

(1) 공공지원에 필요한 비용은 시장 · 군수등이 부담하되, 특별시장, 광역시장 또는 도지사는 관할 구역의 시장, 군수 또는 구청장에게 특별시 · 광역시 또는 도의 조례로 정하는 바에 따라 그 비용의 일부를 지원할 수 있다(법 제118조 제4항).

서울시장은 추진위원회 구성을 위한 소요비용, 공공지원을 위탁함에 따른 수수료, 추진위원회를 구성하지 아니하는 경우의 조합설립 지원을 위한 소요비용에 대하여는 70% 범위에서 서울특별시 지방보조금 관리 조례 제8조에 따라 자치구 재정력을 감안하여 구청장에게 지원할 수 있다(서울시 조례 제84조 본문). 또한 서울시는 법 제44조 제3항에 따라 조합임원의 사임, 해임 또는 임기만료 후 6개월 이상 조합임원이 선임되지 않아 구청장이 조합임원 선출을 위한 총회를 소집하는 경우 소요비용의 일부 또는 전부를 지원할 수 있다(서울시 조례 제84조 단서).

(2) 구청장은 공공지원 업무를 수행하는데 필요한 추진위원회 구성 또는 조합설립(추진위원회를 구성하지 아니하는 경우)을 위한 구청장의 용역 및 선거관리위원회 위탁비용, 위탁지원 수수료를 부담한다(서울시 조례 제74조 제1항).

구청장은 조합이 법 제118조 제2항 외의 공공지원 업무를 지원받기 위하여 총회의 의결을 거쳐 구청장에게 신청하는 경우 법 제118조 제1항의 위탁지원자 중에서 지정하여 조합에 통보하여야 하며, 조합은 해당 기관과 지원 범위 및 수수료 등에 대한 계약을 체결한다(서울시 조례 제74조 제3항).

I. 총 설

정비사업에서의 행위주체들은 정비사업 진행과정에서 각 개별 진행단계에 속하지 아니하거나 포괄하는 여러 법률적 의무를 부담한다. 즉, 정비구역 내 토지등소유자는 정비구역 내 토지등에 대한 거래당사자가 되는 경우 상대방에 대하여 설명의무를 부담하고, 기타 추진위원장 또는 조합임원 등은 정비사업 추진과정상의 각종 관련 자료에 대한 공개의무를 부담하며, 또한 추진위원장, 조합임원 및 전문관리업자는 관련 자료의 보관 및 인계의무를 부담하고, 건설업자는 계약한 용역업체 임직원에 대한 관리·감독 의무를 부담하는바, 그와 같은 각종 의무들에 관하여 살펴본다.

또한 재개발사업에서 시행방식의 전환에 대한 승인, 도시·주거환경정비기금의 설치의무 등, 각종 계획의 수립과 활동 등 행정청의 기타 권한과 의무 및 행정청의 권한 위임 등에 관하여 살펴본다.

II. 토지등소유자 또는 사업시행자의 의무

1. 토지등소유자의 설명의무

토지등소유자는 자신이 소유하는 정비구역 내 토지 또는 건축물에 대하여 매매·전세·임대차 또는 지상권 설정 등 부동산 거래를 위한 계약을 체결하는 경우, 해당 정비사업의 추진단계, 퇴거예정시기(건축물의 경우 철거예정시기를 포함한다), 정비구역 지정에 따른 행위제한, 법 제39조에 따른 조합원의 자격, 관리처분계획인가에 따른 지상권, 주택임대차법, 상가임대차법의 법정존속기간 효력상실과 관련한 계약기간, 제77조에 따른 주택 등 건축물을 분양받을 권리의 산정 기준일, 그 밖에 거래 상대방의 권리 · 의무에 중대한 영향을 미치는 사항으로서 대통령령으로 정하는 사항[분양신청 통지의 대상인 분양대상자별 분담금의 추산액, 관리처분계획의 내용인 정비사업비의 추산액(재건축사업의 경우에는 재건축이익환수법에 따른 재건축부담금에 관한 사항을 포함한다) 및 그에 따른 조합원 분담규모 및 분담시기]을 거래 상대방에게 설명 · 고지하고, 거래 계약서에 기재 후 서명 · 날인하여야 한다(법 제122조 제1항, 법 시행령 제92조).

한편, 정비구역 내 토지 또는 건축물에 대하여 매매 · 전세 · 임대차 또는 지상권 설정 등 부동산 거래를 중개의뢰 받은 개업공인중개사는 중개가 완성되기 전에 법 제122조 제1항에 규정한 사항을 확인하여 이를 해당 중개대상물에 관한 권리를 취득하고자 하는 중개의뢰인에게 성실 · 정확하게 설명하고, 토지대장 등본 또는 부동산종합증명서, 등기사항증명서 등 설명의 근거자료를 제시하여야 한다(공인중개사법 제25조 제1항). 위 법 제122조 제1항에 규정한 사항은 개업공인중개사가 중개의뢰인에게 반드시 성실 · 정확하게 설명해야 할 대상인 법령의 규정에 의한 거래 또는 이용제한사항에 해당하는 것으로 간주한다(법 제122조 제2항, 공인중개사법 제25조 제1항 제2호). 이는 정비구역 내 토지 또는 건축물에 대하여 매매 · 전세 · 임대차 또는 지상권 설정 등의 부동산 거래를 위한 계약을 체결하는 상대방을 보호하기 위한 규정이다.

2. 추진위원장 또는 사업시행자 등의 의무

가. 자료공개의무

(1) 주 체

추진위원장 또는 조합의 경우 청산인을 포함한 조합임원, 토지등소유자가 단독으로 시행하는 재개발사업의 경우에는 그 사업시행자가 정비사업의 시행에 관한 관련 자료의 공개의무자이다.

(2) 공개의 대상

공개의 대상은 정비사업의 시행에 관한 추진위원회 운영규정 및 정관등, 설계자 · 시공자 · 철거업자 및 전문관리업자 등 용역업체의 선정계약서, 추진위원회 ·

주민총회·조합총회 및 조합의 이사회·대의원회의 의사록, 사업시행계획서, 관리처분계획서, 해당 정비사업의 시행에 관한 공문서, 회계감사보고서, 월별 자금의 입금·출금 세부내역, 결산보고서, 청산인의 업무 처리 현황, 그 밖에 정비사업 시행에 관하여 대통령령으로 정하는 서류(분양공고 및 분양신청에 관한 사항, 연간 자금운용 계획에 관한 사항, 정비사업의 월별 공사 진행에 관한 사항, 설계자·시공자·전문관리업자 등 용역업체와의 세부 계약 변경에 관한 사항, 정비사업비 변경에 관한 사항) 및 관련 자료 등이다(법 제124조 제1항, 시행령 제94조 제1항).

(3) 입법취지

추진위원장 또는 조합임원 등은 막대한 사업자금을 운영하는 것을 비롯하여 법령 및 정관상 각종 권한을 가지고 있기 때문에 건설사를 비롯한 각종 업계와의 유착으로 인한 비리가 발생할 소지가 크고, 정비사업과 관련된 비리는 그 조합과 조합원의 피해로 직결되어 지역사회와 국가 전체에 미치는 병폐도 지대하므로, 이를 방지하기 위한 방안으로서 정비사업의 시행과 관련된 서류와 자료를 공개하도록 하여 정비사업의 투명성·공공성을 확보하고 조합원의 알권리를 충족시키기 위한 것이다.[9] 법 제정 당시부터 자료의 공개 등에 관한 규정이 존재하였고, 그 후 여러 차례의 개정을 거쳐 현재에 이르고 있다.

(4) 공개의 시기 및 방법

(가) 인터넷 등

추진위원장 또는 조합임원 등은 앞서 든 서류 및 관련 자료가 작성되거나 변경된 후 15일 이내에 이를 조합원, 토지등소유자 또는 세입자가 알 수 있도록 인터넷과 그 밖의 방법을 병행하여 공개하여야 한다(법 제124조 제1항).

(나) 서면통지

추진위원장 또는 조합임원 등은 공개의 대상이 되는 서류 및 관련 자료의 경우 분기별로 공개대상의 목록, 개략적인 내용, 공개장소, 열람·복사 방법 등을 대통령령으로 정하는 방법과 절차에 따라 조합원 또는 토지등소유자에게 서면으로 통지하여야 한다(법 제124조 제2항). 나아가 추진위원장 또는 조합임원 등은 제

---

9) 대법원 2021. 2. 10. 선고 2019도18700 판결.

124조 제2항 외에 대상자별 정보공개의 범위, 등사에 필요한 비용도 조합원 또는 토지등소유자에게 서면으로 통지하여야 한다(법 시행령 제94조 제2항).

추진위원장 또는 조합임원 등에게는 위와 같이 '열람 · 복사 방법'의 선택에 대한 재량이 있으므로 현장방문으로 특정하거나, 우편, 팩스 또는 정보통신망 중 어느 하나의 방법으로 특정하든 모두 가능하다.[10]

(다) 공개내용

추진위원장 또는 조합임원 등은 공개 및 열람 · 복사 등을 하는 경우에는 주민등록번호를 제외하고 국토교통부령으로 정하는 방법 및 절차에 따라 공개하여야 한다(법 제124조 제3항).

(5) 열람 · 복사

(가) 내용

조합원, 토지등소유자가 법 제124조 제1항에 따른 서류, 토지등소유자 명부, 조합원 명부, 그 밖에 대통령령으로 정하는 서류 및 관련 자료 등을 포함하여 정비사업 시행에 관한 서류와 관련 자료에 대하여 열람 · 복사 요청을 한 경우 추진위원장이나 사업시행자는 15일 이내에 그 요청에 따라야 한다(법 제124조 제4항). 조합원의 전화번호 및 조합원별 신축건물 동 · 호수 배정 결과는 의무조항에 따른 열람 · 복사의 대상이다(위 2019도18700 판결).

(나) 열람 · 복사의 방법

① 사업시행자는 매 분기별로 '열람 · 복사의 방법'을 특정하여 통지하도록 규정되어 있으므로, 통지한 열람 · 복사의 방법에 따라야 한다. 만일 사업시행자가 '열람 · 복사의 방법'을 특정하지 않은 경우, 열람 · 복사를 요청한 조합원으로서는 복사에 필요한 비용을 부담하므로, '현장교부'만이 적법한 열람 · 복사의 방법으로 보아야 하는지 여부가 문제된다.

판례는 열람 · 복사를 요청한 조합원이 복사에 필요한 비용을 부담한다는 규정만으로 현장에서만 열람 및 복사할 것이 요구된다고 해석할 수 없으므로, 현장교부 외에도 통상의 방법인 우편, 팩스 또는 정보통신망 중 어느 하나의 방법을 이용하여 당사자의 열람 · 복사 요청에 응하여야 한다고 판시하였다(위 2016도13811

---

10) 대법원 2018. 4. 26. 선고 2016도13811 판결.

판결).

다음에서 살펴보듯이 수수료는 자료를 통지받은 날부터 10일 이내에 납부하는 후불제가 원칙이므로 이는 타당하다.

② 복사에 필요한 비용은 실비의 범위에서 청구인이 부담한다. 이 경우 비용납부의 방법, 시기 및 금액 등 필요한 사항은 시·도조례로 정한다. 서울시는 자료공개에 따른 수수료 금액에 대하여 서울시 조례 제87조 제2항 [별표 4]로 규정하고 있다. 조합원 및 토지소유자 등은 추진위원장이나 사업시행자로부터 서류 및 관련 자료를 통지받은 날부터 10일 이내에 현금으로 납부하여야 한다(서울시 조례 제87조 제1항).

㈐ 열람·복사자의 의무

열람·복사를 요청한 사람은 제공받은 서류와 자료를 사용목적 외의 용도로 이용·활용하여서는 아니 된다(법 제124조 제6항).

⑹ 형사처벌

서류 및 관련 자료를 거짓으로 공개하거나 열람·복사 요청에 허위의 사실이 포함된 자료를 열람·복사해 준 추진위원장 또는 조합임원은 법 제137조 제12, 13호에 의하여 2년 이하의 징역 또는 2천만원 이하의 벌금이라는 형사처벌을 받게 된다. 정비사업 시행과 관련한 서류 및 자료를 인터넷과 그 밖의 방법을 병행하여 공개하지 아니하거나 조합원 또는 토지등소유자의 열람·복사 요청을 따르지 아니하는 추진위원장, 전문조합관리인 또는 조합임원은 법 제138조 제1항 제7호에 의하여 1년 이하의 징역 또는 1천만원 이하의 벌금이라는 형사처벌을 받게 된다.

나. 관련 자료의 보관 및 인계의무

⑴ 보관의무

㈎ 추진위원장·전문관리업자 또는 조합의 임원 등은 법 제124조 제1항에 따른 서류 및 관련 자료와 총회 또는 중요한 회의(조합원 또는 토지등소유자의 비용부담을 수반하거나 권리·의무의 변동을 발생시키는 경우로서 대통령령으로 정하는 회의를 말한다)가 있은 때에는 속기록·녹음 또는 영상자료를 만들어 청산 시까지 보관하여야 한다(법 제125조 제1항). 대통령령으로 정하는 회의는 용역계약(변경계약

을 포함한다) 및 업체 선정과 관련된 대의원회·이사회 각 회의, 조합임원·대의원의 선임·해임·징계 및 토지등소유자(조합이 설립된 경우에는 조합원을 말한다) 자격에 관한 대의원회·이사회 각 회의가 여기에 해당된다(법 시행령 제94조 제3항).

(나) 자료의 보관의무는 앞서의 자료공개의무와 달리 전문관리업자에게도 그 의무가 부과된다. 제125조 제1항을 위반하여 속기록 등을 만들지 아니하거나 관련 자료를 청산 시까지 보관하지 아니한 추진위원장, 전문조합관리인 또는 조합임원은 법 제138조 제1항 제8호에 의하여 1년 이하의 징역 또는 1천만 원 이하의 벌금이라는 형사처벌을 받게 된다. 보관의무를 위반한 전문관리업자에 대한 형사처벌규정은 없다. 이는 입법의 불비이다.

(2) 인계의무

(가) 사업시행자는 정비사업을 완료하거나 폐지한 때에는 이전고시 관계서류, 확정측량 관계서류, 청산 관계서류, 등기신청 관계서류, 감정평가 관계서류, 손실보상 및 수용 관계서류, 공동구설치 비용부담 관계서류, 회계 및 계약 관계서류, 회계감사 관계서류, 총회, 대의원회, 이사회 및 감사의 감사 관계서류, 보류지 및 체비시설의 처분에 대한 분양 관계서류를 시장·군수등에게 인계하여야 한다(법 제125조 제2항, 서울시 조례 제88조 제1항). 서류의 인계는 이전고시일부터 3개월 또는 정비사업이 폐지되는 경우 폐지일부터 2개월 이내에 하여야 한다. 다만, 구청장이 부득이한 사정이 있다고 인정하는 때에는 사업시행자의 신청에 따라 연기할 수 있다(서울시 조례 제88조 제2항).

(나) 관계 서류를 인계받은 시장·군수등은 해당 정비사업의 관계 서류를 5년간 보관하여야 한다(법 제125조 제3항).

III. 행정청의 권한 및 의무

1. 재개발사업 등의 정비사업 시행방식 전환 승인

가. 의 의

재개발사업은 인가받은 관리처분계획에 따라 건축물을 건설하여 공급하거나 환지로 공급하는 방법이 모두 가능하다(법 제23조 제2항). 재개발사업에서 ① 법

제28조 제1항에 따라 사업대행자를 지정하거나, ② 토지등소유자의 5분의 4 이상의 요구가 있어 재개발사업의 시행방식의 전환이 필요하다고 인정하는 경우 시장·군수등은 정비사업이 완료되기 전이라도 정비구역의 전부 또는 일부에 대하여 환지로 공급하는 방법으로 실시하는 재개발사업을 관리처분계획에 따라 건축물을 건설하여 공급하는 방법으로 시행방식의 전환을 승인할 수 있다(법 제123조 제1항, 법 시행령 제93조).

나. 시행방식 전환을 위한 관리처분계획 변경요건

재개발사업의 사업시행자는 법 제123조 제1항에 따라 시행방식을 전환하기 위하여 관리처분계획을 변경하려는 경우 토지면적 3분의 2 이상의 토지소유자의 동의와 토지등소유자 5분의 4 이상의 동의를 받아야 하며, 변경절차에 관하여는 제74조 제1항의 관리처분계획 변경에 관한 규정을 준용한다(법 제123조 제2항).

다. 정비구역 일부의 시행방식 전환 및 효과

(1) 사업시행자는 정비구역의 일부에 대하여 시행방식을 전환하려는 경우에 재개발사업이 완료된 부분은 준공인가를 거쳐 해당 지방자치단체의 공보에 공사완료의 고시를 하여야 하며, 전환하려는 부분은 이 법에서 정하고 있는 절차에 따라 시행방식을 전환하여야 한다(법 제123조 제3항).

(2) 위와 같이 공사완료의 고시를 한 때에는 공간정보관리법 제86조 제3항에도 불구하고 관리처분계획의 내용에 따라 제86조(이전고시 등)에 따른 이전이 된 것으로 본다(법 제123조 제4항).

라. 주거환경개선사업의 특례

주거환경개선사업은 환지방식, 관리형방식, 수용방식, 관리처분계획방식 등이 모두 가능한데(법 제23조 제1항), 사업시행자가 정비계획이 수립된 종전 주거환경개선사업을 관리처분계획방식으로 변경하려는 경우에는 토지등소유자의 3분의 2 이상의 동의를 받아야 한다(법 제123조 제5항).

2. 도시 · 주거환경정비기금의 설치의무 등

가. 의 의

기본계획을 수립하거나 승인하는 특별시장 · 광역시장 · 특별자치시장 · 도지사 · 특별자치도지사 또는 시장은 정비사업의 원활한 수행을 위하여 도시 · 주거환경정비기금(이하 '정비기금'이라 한다)을 설치하여야 한다(법 제126조 제1항). 다만, 기본계획을 수립하지 아니하는 시장 및 군수도 필요한 경우에는 정비기금을 설치할 수 있다.

나. 정비기금의 재원(법 제126조 제2항)

정비기금은 제17조 제4항에 따라 정비기반시설의 기부에 따라 용적률이 완화되는 경우로서 정비구역에 있는 대지 중 일부에 대하여 현금으로 사업시행자가 납부한 금액(제1호), 제55조 제1항의 용적률 인센티브 하에 건설한 국민주택규모 주택, 제101조의5 제2항의 공공재개발에 따라 건설한 국민주택규모 주택 및 제101조의6 제2항의 공공재건축에 따라 건설한 국민주택규모 주택을 시 · 도지사, 시장, 군수 또는 구청장에게 공급하여 발생한 주택의 임대보증금 및 임대료(제2호), 시장 · 군수등이 사업시행자로서 제94조에 따라 자신이 시행하는 정비사업으로 현저한 이익을 받는 정비기반시설의 관리자에게 해당 정비사업비의 일부를 부담시킨 경우의 그 부담금 및 정비사업으로 발생한 개발이익 환수에 관한 법률에 따른 개발부담금 중 지방자치단체 귀속분의 일부(제3호), 제98조에 따른 정비구역(재건축구역은 제외한다) 안의 국 · 공유지 매각대금 중 대통령령(국유지의 경우에는 20%, 공유지의 경우에는 30%를 말한다)으로 정하는 일정 비율 이상의 금액(제4호, 법 시행령 95조 제1항), 제113조의2에 따라 시공자에게 부과한 과징금(제4의2호), 재건축이익환수법에 따른 재건축부담금 중 같은 법 제4조 제3항 및 제4항에 따른 지방자치단체 귀속분(제5호), 지방세법 제69조에 따라 부과 · 징수되는 지방소비세 또는 같은 법 제112조(같은 조 제1항 제1호는 제외한다)에 따라 부과 · 징수되는 재산세 중 대통령령(지방세법에 따라 부과 · 징수되는 지방소비세의 경우: 3%, 지방세법에 따라 부과 · 징수되는 재산세의 경우: 10%)으로 정하는 일정 비율 이상의 금액(제6호, 법 시행령 제95조 제2항), 그 밖에 시 · 도조례로 정하는 금원(제7호) 등을 재원으로 한다.

다. 정비기금의 사용용도

정비기금은 기본계획의 수립, 안전진단 및 정비계획의 수립, 추진위원회의 운영자금 대여, 그 밖에 이 법과 시·도조례로 정하는 사항,[11] 임대주택의 건설·관리, 임차인의 주거안정 지원, 재건축이익환수법에 따른 재건축부담금의 부과·징수, 주택개량의 지원, 정비예정구역 또는 정비구역이 해제된 지역에서의 정비기반시설의 설치 지원, 소규모주택정비법 제44조에 따른 빈집정비사업 및 소규모주택정비사업에 대한 지원, 주택법 제68조에 따른 증축형 리모델링의 안전진단 지원, 제142조에 따른 신고포상금의 지급 등의 용도 외에는 사용하여서는 아니 된다(법 제126조 제3항). 정비기금의 관리·운용과 개발부담금의 지방자치단체의 귀속분 중 정비기금으로 적립되는 비율 등에 필요한 사항은 시·도조례로 정한다(법 제126조 제4항).

기본계획 수립지침은 특별시장·광역시장·특별자치시장·도지사·특별자치도지사 또는 시장으로 하여금 정비기금의 확대 조성을 추진하고 우선적으로 세입자용 임대주택 건설을 위한 재정확보에 최선의 노력을 하도록 규정하고 있다(4-9-11).

3. 각종 계획 수립, 활동 및 권한의 위임

가. 노후·불량주거지 개선계획의 수립

국토교통부장관은 주택 또는 기반시설이 열악한 주거지의 주거환경개선을 위하여 5년마다 개선대상지역을 조사하고 연차별 재정지원계획 등을 포함한 노후·불량주거지 개선계획을 수립하여야 한다(법 제127조).

나. 정비구역의 범죄 등 예방

시장·군수등은 사업시행계획인가를 한 경우 그 사실을 관할 경찰서장 및 관

---

11) 서울시 조례 제89조 제2항은 추진위원회·조합의 운영경비, 설계비 등 용역비, 세입자 대책비, 조합원 이주비(제1호), 관리형 주거환경개선구역의 신축비용, 주민공동체 활성화를 위한 조직 운영비 및 사업비(제2호), 제52조 제8항에 따라 지원하는 주택개량비용(제3호), 도시정비형 재개발사업의 건축비용(제4호), 추진위원회 및 조합 사용비용 보조금(제5호), 정비구역(전면철거방식이 아닌 정비사업으로 한정한다) 내 범죄예방 등 안전한 주거환경 조성비(제6호), 주택정비형 재개발구역 중 옛길, 옛물길 및 한옥 보전 등에 따른 사업비용(제7호)을 규정하고 있다.

할 소방서장에게 통보하여야 한다(법 제130조 제1항). 시장·군수등은 사업시행계획인가를 한 경우 정비구역 내 주민 안전 등을 위하여 순찰 강화, 순찰초소의 설치 등 범죄 예방을 위하여 필요한 시설의 설치 및 관리, 그 밖에 주민의 안전을 위하여 필요하다고 인정하는 사항을 관할 시·도경찰청장 또는 경찰서장에게 요청할 수 있다(법 제130조 제2항). 시장·군수등은 사업시행계획인가를 한 경우 정비구역 내 주민 안전 등을 위하여 관할 시·도 소방본부장 또는 소방서장에게 화재예방 순찰을 강화하도록 요청할 수 있다(법 제130조 제3항).

시장·군수등의 사업시행계획인가 시 관할 경찰서장에 대한 통보 및 순찰강화 요청은 법이 2017. 2. 8. 법률 제14567호로 전부개정되면서 도입되었고, 관할 소방서장에 대한 통보 및 순찰강화요청은 2021. 8. 10. 법률 제18388호로 개정되면서 도입되었다. 사업시행계획인가로 정비사업이 본격화되므로 정비구역 내 주민 안전 등을 위한 것이다.

다. 권한의 위임

(1) 국토교통부장관의 권한 위임

국토교통부장관은 이 법에 따른 권한의 일부를 대통령령으로 정하는 바에 따라 시·도지사, 시장, 군수 또는 구청장에게 위임할 수 있다(법 제128조 제1항). 이에 따라 국토교통부장관의 전문관리업자에 대한 조사 등의 권한이 시·도지사에게 위임되었다(법 시행령 제96조 제1항).

(2) 국토교통부장관, 시·도지사, 시장, 군수 또는 구청장의 권한 위임

국토교통부장관, 시·도지사, 시장, 군수 또는 구청장은 도시정비법의 효율적인 집행을 위하여 필요한 경우에는 대통령령으로 정하는 바에 따라 제108조에 따른 전문관리업 정보종합체계의 구축·운영, 제115조에 따른 교육의 실시, 제119조에 따른 정비사업관리시스템의 구축·운영, 그 밖에 대통령령으로 정하는 사무를 정비사업지원기구, 전문관리업협회 등 대통령령으로 정하는 기관 또는 단체에 위탁할 수 있다(법 제128조 제2항). 전문관리업 정보종합체계의 구축·운영에 관한 사무 및 정비사업관리시스템의 구축·운영에 관한 사무는 한국부동산원에, 법 제115조에 따른 교육의 실시에 관한 사무는 전문관리업협회에 각 위탁되었다(법 시행령 제96조 제2항).

법 제115조에 따른 교육의 실시에 관한 사무를 위탁받은 전문관리업협회는 같은 조에 따른 교육을 실시하기 전에 교육과정, 교육 대상자, 교육시간 및 교육비 등 교육실시에 필요한 세부 사항을 정하여 국토교통부장관의 승인을 받아야 한다(법 시행령 제96조 제3항).

Ⅳ. 기 타

1. 건설업자의 관리 · 감독 의무

건설업자는 시공자 선정과 관련한 홍보 등을 위하여 계약한 용역업체의 임직원이 제132조를 위반하지 아니하도록 교육, 용역비 집행 점검, 용역업체 관리 · 감독 등 필요한 조치를 하여야 한다(법 제132조의2). 이는 법이 2018. 6. 12. 법률 제15676호로 개정되면서 도입된 규정으로서, 건설사가 시공자 선정을 위해 금품 · 향응을 제공하는 불법행위가 나타나고 있어 정비사업의 투명성 확보 및 건전한 수주질서의 확립을 위한 실효성 있는 대책마련이 필요하여 입법되었다.

2. 조합설립인가 등의 취소에 따른 채권의 손금 산입

조합설립인가 등이 취소된 경우, 시공자 · 설계자 또는 전문관리업자 등은 해당 추진위원회 또는 조합(연대보증인을 포함한다)에 대한 채권(조합 및 연대보증인이 시공자 등과 합의하여 이미 상환하였거나 상환할 예정인 채권은 제외한다)의 전부 또는 일부를 포기하고 이를 조세특례제한법 제104조의26에 따라 손금에 산입하려면 해당 조합등과 합의하여 채권의 금액 및 그 증빙 자료, 채권의 포기에 관한 합의서 및 이후의 처리 계획, 그 밖에 채권의 포기 등에 관하여 시 · 도조례로 정하는 사항을 포함한 채권확인서를 시장 · 군수등에게 제출하여야 한다(법 제133조).

제12편

벌 칙

제1장 형 벌

I. 총 설

법은 정비사업이 공익사업인 점을 고려하여 정비사업 관여자의 법 위반행위에 대하여 위법성의 정도를 고려하여 형벌 또는 과태료를 부과하는 규정을 두고 있다. 먼저 추진위원장·조합임원·청산인·전문조합관리인 및 전문관리업자의 대표자(법인인 경우에는 임원을 말한다)·직원 및 위탁지원자에 대하여 형법 제129조부터 제132조까지의 뇌물죄 관련 규정을 적용할 때에는 공무원으로 간주하는 제134조를 규정하고 있는바, 그 입법취지 및 구체적 내용에 관하여 자세히 살펴본다.

또한 법은 정비사업 전반에 걸쳐 적용되는 일반적 형벌규정을 두고 있다. 즉 법은 정비사업의 시행과정에서 발생하는 각종 비리가 공사, 용역, 물품구매 및 제조 등 계약체결과 주로 관련되는 것임을 고려하여, 계약 체결과 관련하여 금품, 향응 또는 그 밖의 재산상 이익의 제공을 금지하는 제132조를 두고 있고 이를 위반한 경우의 처벌규정인 제135조 제2호를 규정하고 있다.

그리고 정비사업이 조합의 설립, 사업시행계획, 관리처분계획 등의 단계를 거쳐 순차 진행되고, 각 단계에서의 선행 행정처분이 이루어짐에 따라 후속 절차가 진행되는 것임을 고려하여 각 단계별 절차상의 위법행위 중 공익성 및 공공성을 해치는 정도를 고려하여 일부행위에 대하여는 형벌을 부과하는 벌칙규정을 두고 있는바, 위법성의 정도에 따라 법 제135조 제1호 위반죄, 제136조 위반죄, 제137조 위반죄, 제138조 위반죄의 네가지 유형으로 나누어 차등의 법정형을 규정하고 있다. 위와 같은 정비사업과 관련한 일반적, 개별적 형벌규정의 내용에 대하여도 자세히 살펴본다.

Ⅱ. 도시정비법상의 벌칙규정 적용 여부와 관련한 일반론

1. 조합설립인가처분이 무효인 경우

가. 문제의 소재

도시정비법의 각종 벌칙 규정은 조합임원의 지위에 있음을 전제로 한다. 실무상 조합설립인가처분의 하자를 이유로 한 조합설립인가무효확인의 소가 적지 않게 제기되고, 드물지 않게 승소판결이 이루어지기도 한다. 조합설립인가처분이 이후 무효로 확인된 경우 당시 조합임원들의 법 제135조 내지 138조에 관한 각종 벌칙규정 위반행위에 대한 처벌여부가 문제된다. 왜냐하면 이는 구성요건상 조합임원이라는 신분을 전제로 하기 때문이다(다만 이는 도시정비법의 고유한 형벌규정의 적용과 관련된 것이고, 다음에서 살펴보듯이 형법상 뇌물죄의 주체와는 별개이다).

나. 판 례[1]

(1) 전원합의체 판결 다수의견

판례는 조합이 조합설립인가처분을 받았다 하더라도 그 조합설립인가처분이 무효인 경우 조합의 조합장, 이사 또는 감사로 선임된 자는 법 제137조 제6호(총회의 의결을 거치지 아니한 채 사업을 추진한 조합임원 처벌 규정), 제138조 제1항 제7호(조합원의 열람·복사 요청에 응하지 아니한 조합임원 처벌규정) 위반 주체인 '조합임원'에 해당하지 아니하므로, 그러한 자의 행위에 대하여는 위 벌칙 규정 위반죄로 처벌할 수 없다고 판시하였다. 그 논거는 다음과 같다.

① 법 제137조 제6호, 제138조 제1항 제7호 위반죄는 각 규정에서 정한 행위자만이 주체가 될 수 있고, 여기에서 그 주체로 규정된 '조합임원'이란 적법하게 설립된 조합이 법률의 규정에 따라 선임한 조합장, 이사, 감사의 지위에 있는 자이다.

② 조합은 관계 법령에서 정한 요건과 절차를 갖추어 조합설립인가처분을 받은 후 등기함으로써 성립하며, 그때 비로소 정비사업을 시행하는 행정주체로서의 지위가 인정된다. 조합설립인가처분은 조합에 정비사업을 시행할 수 있는 권한을 갖는 행정주체로서의 지위를 부여하는 설권적 처분의 성격을 가진다. 따라서 조합

---

1) 대법원 2014. 5. 22. 선고 2012도7190 전원합의체 판결.

이 조합설립인가처분을 받지 아니하였거나 설령 이를 받았다 하더라도 처음부터 조합설립인가처분으로서 효력이 없는 경우에는, 행정주체인 공법인으로서의 조합이 성립되었다 할 수 없고, 또한 이러한 조합의 조합장, 이사, 감사로 선임된 자 역시 법에서 정한 조합의 임원이라 할 수 없다.

⑵ 반대의견

조합설립인가처분이 무효라 하더라도, 조합의 조합장, 이사 또는 감사로 선임된 자는 법 제137조 제6호, 제138조 제1항 제7호 위반 주체인 '조합임원'에 해당하여 위 벌칙 규정 위반죄로 처벌된다. 그 논거는 다음과 같다.

① 조합원 등과 조합의 법적 이익이 정당하게 보호될 수 있기 위해서는 조합의 최종적인 운명에 관계없이 조합설립인가의 시점부터 조합임원에 대한 법적 명령이나 금지가 유효하게 존재한다고 보아야 한다. 왜냐하면 위 규정들은 조합설립인가처분에 의하여 법적 실체를 갖게 된 조합이 투명하고 공정하게 운영되도록 하기 위한 목적에서 생겨난 것이기 때문이다.

② 조합임원이 법 제137조 제6호, 제138조 제1항 제7호 위반 등의 행위를 저질렀다면 그 시점에서 범죄가 성립된다. 위 각 행위 시점에서 행위자가 객관적으로 조합임원이었고 자신이 조합임원이라는 사실을 분명하게 인식한 상태에서 조합임원에게 주어진 법적 명령이나 금지를 위반한 이상 그 행위 당시의 형벌규정에 의하여 처벌되는 것은 당연하다. 이 점은 범죄가 성립된 시점 이후에 조합설립인가처분 무효확인 또는 취소의 판결이 확정되었다 하더라도 마찬가지이다. 그리고 이러한 결과는 죄형법정주의를 위반하는 것이라고 할 수도 없다. 범죄행위가 기수에 이른 시점 이후에 생겨난 조합설립인가처분의 무효 또는 취소라는 사정을 반영하여 이미 성립된 범죄를 그에 관한 재판의 시점에서 달리 평가할 수 있느냐 하는 문제는 죄형법정주의와는 차원을 달리하는 별개의 문제이기 때문이다.

다. 결 론

조합은 조합설립인가처분에 의하여 비로소 행정주체의 지위를 가지는데, 그와 같은 인가처분이 당연무효라면 조합임원의 지위에 있다고 보기 어렵고, 죄형법정주의 원칙상 도시정비법상의 벌칙규정은 적용될 수 없다. 그와 같은 사실이 나중에 밝혀졌다 하더라도 마찬가지이다. 반대의견에 의하면, 행위자가 조합임원의 지위에 있는지 여부를 행위 당시에 확정적으로 알 수 없어 도시정비법상의 벌칙규정이 행위규범이나 재판규범으로서 기능을 하지 못하여 부당하다고 주장하나, 행위 당시 금지나 명령에 관한 행위규범을 위반한 행위가 추후 무죄로 되는 경우는 피고인의 이익에 부합한다는 측면에서 타당하지 않다. 다수의견이 타당하다.

2. 조합설립인가처분이 취소되는 경우

조합설립인가처분 취소판결이 확정되는 경우 그 조합설립인가처분은 처분 당시로 소급하여 효력을 상실한다고 보아야 하므로 조합설립인가처분이 무효인 경우와 동일한 논리가 적용된다 할 것이어서, 당시의 조합임원들이 법상의 각종 벌칙규정을 위반한 것으로 볼 수 없다. 조합설립인가처분에 하자가 존재하나 그 하자가 중대·명백하지 아니하여 무효가 아닌 경우에는 제소기간이 존재한다. 취소소송은 처분등이 있음을 안 날부터 90일 이내에 제기하여야 한다(행정소송법 제20조 제1항).

시장·군수등은 조합설립을 인가하는 경우 조합에 조합설립인가서를 교부하는 바(서울시 조례 시행규칙 제9조 별지 제12호 서식), 조합임원의 경우에는 인가 무렵 이를 알았다고 보아야 하는 점, 또한 조합은 조합설립인가를 받은 때에는 정관으로 정하는 바에 따라 토지등소유자에게 그 내용을 통지하고 이해관계인이 열람할 수 있도록 하여야 하므로(법 시행령 제30조 제3항), 결국 토지등소유자에 대한 제소기간은 인가 무렵 진행되는 점, 조합설립인가 이후 등기가 경료되어야 조합으로 성립되어 법상의 각종 벌칙규정을 위반한 경우 처벌되는 조합임원이 되는 점 등에 비추어 볼 때, 임원들이 법상의 벌칙 규정을 위반하는 행위 무렵에는 조합설립인가처분 취소소송의 제소기간은 사실상 도과되었을 것으로 보인다.

3. 거주 또는 소유요건의 미비나 결격사유 있는 조합임원의 벌칙규정 적용 여부

가. 규 정

법 제41조 제1항은 정비구역에서 거주하고 있는 자로서 선임일 직전 3년 동안 정비구역 내 거주 기간이 1년 이상이거나 정비구역에 위치한 건축물 또는 토지(재건축사업의 경우에는 건축물과 그 부속토지를 말한다)를 5년 이상 소유하고 있는 경우에 한하여 조합임원으로 선임될 수 있고, 조합장은 관리처분계획인가를 받을 때까지는 해당 정비구역에서 거주(영업을 하는 자의 경우 영업을 말한다)하여야 한다고 규정하고 있다.

또한 법 제43조 제1항은 미성년자·피성년후견인 또는 피한정후견인, 파산선고를 받고 복권되지 아니한 자, 금고 이상의 실형을 선고받고 그 집행이 종료(종료된 것으로 보는 경우를 포함한다)되거나 집행이 면제된 날부터 2년이 지나지 아니한 자, 금고 이상의 형의 집행유예를 받고 그 유예기간 중에 있는 자, 도시정비법을 위반하여 벌금 100만 원 이상의 형을 선고받고 10년이 지나지 아니한 자는 조합임원에 선임될 수 없고, 법 제43조 제2항은 결격사유가 있는 조합임원의 경우 그 후 선임 당시 그에 해당하는 자이었음이 밝혀지면 당연 퇴임한다고 규정하고 있다.

나. 문제의 소재

거주 또는 소유요건을 갖추지 못하였거나 이를 상실한 자 또는 결격사유 있는 자가 조합임원으로 선임되어 등기까지 완료된 상태에서 실질적으로 조합임원으로서의 직무를 수행한 경우, 법 제137조 제6호, 제138조 제1항 제7호 위반 등 도시정비법 고유의 형벌규정의 주체인 '조합임원'에 해당할 것인지 여부가 문제된다. 다만 이는 도시정비법의 고유한 형벌규정의 적용과 관련된 것이고, 다음에서 살펴보듯이 형법상 뇌물죄의 주체와는 별개이다.

다. 판 단

(1) 결격사유 있는 자

국가공무원법 제33조는 공무원으로 임용될 수 없는 결격사유를 규정하고 있고, 같은 법 제69조는 결격사유가 있는 공무원은 당연 퇴직한다고 규정하고 있으며, 임용 당시 공무원 임용 결격사유가 있었다면 비록 국가의 과실에 의하여 임용 결격자임을 밝혀내지 못하였다고 하더라도 그 임용행위는 당연무효로 보아야 하고, 당연무효인 임용행위에 의하여 공무원의 신분을 취득할 수는 없는 점,[2] 앞서 본

---

2) 대법원 1998. 1. 23. 선고 97누16985 판결.

바와 같이 도시정비법도 법 제43조 제1항이 한정적으로 결격사유를 규정하고 있고, 또한 법 제43조 제2항은 결격사유가 있는 조합임원의 경우 당연 퇴임사유로 규정하고 있는 점, 정비사업은 공익사업이고 조합은 행정주체의 지위를 가지고 있어 조합임원은 공무원의 지위와 유사한 점 등에 비추어 결격사유 있는 자는 도시정비법 고유의 형벌규정의 주체인 '조합임원'에 해당한다고 보기 어렵다.

(2) 거주 또는 소유요건을 갖추지 못하였거나 이를 상실한 자

법 제41조 제1항이 조합임원의 선임요건으로 법정기간의 거주 또는 소유, 조합장의 지위유지 요건으로 계속 거주를 요구하고 있는바, 위 규정은 법이 2019. 4. 23. 법률 제16383호로 개정되면서 도입되었는데, 그 취지는 정비사업 관련 비리를 근절하기 위하여 조합임원의 자격요건을 강화하는 것인 점, 법은 거주 또는 소유요건을 결격사유로 규정하고 있지 않고, 당연 퇴임사유로 규정하고 있지 않는 점, 결격사유는 그 자체로 조합임원의 지위를 인정함에 부당한 것이나, 거주 또는 소유요건의 불충족이 조합임원의 지위를 원천적으로 부인할 만한 사정으로 보기 어려운 점 등에 비추어 조합임원의 선임요건인 법정기간의 거주 또는 소유나 조합장의 지위유지 요건인 계속 거주를 구비하지 못한 자라 하더라도, 법 제137조 제6호, 제138조 제1항 제7호 위반 등 도시정비법 고유의 형벌규정의 주체인 '조합임원'에 해당하여 위 벌칙 규정 위반죄로 처벌된다.

Ⅲ. 뇌물죄 적용에 있어 공무원 의제규정

1. 내 용

가. 규정 및 입법취지

법 제134조는 추진위원장·조합임원·청산인·전문조합관리인 및 전문관리업자의 대표자(법인인 경우에는 임원을 말한다)·직원 및 위탁지원자는 형법 제129조(수뢰죄, 사전수뢰죄), 제130조(제3자 뇌물제공), 제131조(수뢰 후 부정처사, 사후수뢰), 제132조(알선수뢰)의 규정을 적용할 때는 공무원으로 간주한다. 이에 따라 이들에게 뇌물을 약속, 공여 또는 공여의 의사를 표시한 자에 대하여도 형법 제133조(뇌물공여 등)를 적용한다.

이는 재개발·재건축사업이 노후·불량 건축물이 밀집하여 주거환경이 불량한 지역을 계획적으로 정비하고 개량하여 주거생활의 질을 높이기 위한 공공적 성격(도시정비형 재개발사업의 경우에도 도시기능을 회복·개선하는 공공적 성격을 띤다)을 띤 사업일 뿐만 아니라 정비구역 내 주민들이나 토지등소유자들의 재산권 행사에 중대한 영향을 미치는 점을 고려하여 정비사업을 직접 수행하는 조합의 임원 등뿐만 아니라 조합이나 추진위원회의 정비사업에 관한 주요 업무를 대행하는 전문관리업자 임·직원 등의 직무수행의 공정성과 청렴성을 확보하여 재개발·재건축사업이 공정하고 투명하게 진행되도록 하기 위한 것이다.[3)]

나. 연 혁

법 제정 이전의 재건축사업은 공익사업이 아니므로 구 주촉법상 재건축조합의 임·직원에 대한 공무원 의제규정이 없었다. 그러나 재개발사업은 공익사업이므로, 도시재개발법은 "형법 제129조 내지 제132조의 적용에 있어서 이 법의 조합의 임·직원은 이를 공무원으로 본다."는 의제규정을 두고 있었다(구 도시재개발법 제61조).

그 후 법이 제정되면서 재건축사업도 공익사업으로 인정됨에 따라 재개발·재건축조합의 임원과 전문관리업자의 대표자(법인인 경우 임원을 말한다), 직원을 공무원으로 의제하였다. 도시재개발법과 달리 조합의 직원은 공무원 의제에서 제외되고, 전문관리업자의 경우 그 대표자 뿐만 아니라 직원도 공무원으로 의제된다.

그 후 법이 2009. 2. 6. 법률 제9444호로 개정되면서 설립추진위원장이 추가되었고, 2010. 4. 15. 법률 제10268호로 개정되면서 위탁관리자가 추가되었다. 다시 법이 2016. 1. 27. 법률 제13912호로 개정되면서 청산인, 전문조합관리인이 추가되었고, 그 후 2017. 2. 8. 법률 제14567호로 전부개정되면서 위탁관리자가 위탁지원자로 명칭이 변경되었다.

2. 위헌여부

헌법재판소는 다음과 같은 이유로 법 제134조의 뇌물죄 적용에 있어 공무원 의제규정은 입법목적이 정당하고 그 목적을 달성하기 위한 적절한 수단이며, 과잉

---

3) 대법원 2010. 5. 13. 선고 2008도5506 판결.

금지원칙에 위반되지 아니하고, 주택법상의 주택조합의 임원이나 시장정비사업조합 임원과의 불합리한 차별이 아니라고 결정하였다.[4]

① 재개발 · 재건축사업의 적정한 시행을 통하여 주거환경을 개선하고 도시기능을 회복 · 개선한다는 공공의 이익이 매우 크다. 또한 정비사업과 관련된 비리는 다수 조합원들의 재산권에 적지 않은 피해를 주고 사회 · 경제에 미치는 영향 또한 매우 커 조합의 임원은 도시정비기능을 수행하는 범위 내에서는 공무원에 버금가는 고도의 청렴성과 업무의 불가매수성이 요구된다. 따라서 뇌물죄 관련 규정을 적용함에 있어 공무원으로 의제하는 규정은 정비사업의 공정성을 확보하고자 하는 것으로서 그 입법목적이 정당하고, 그 목적을 달성하기 위한 적절한 수단이 되며, 위 법률조항이 범죄의 죄질 및 행위자의 책임에 비하여 지나치게 가혹하게 처벌하도록 하여 범죄와 형벌에 관한 입법형성권의 한계를 벗어났다고 보기 어렵다.

② 법은 재건축사업의 공공적인 성격을 강화하여 재개발사업 등과 함께 정비사업으로 규율하고 있으므로, 재건축조합의 임원을 여전히 사적인 경제활동의 영역에 속해 있는 주택법상의 주택조합의 임원이나 사기업의 임원과 달리 뇌물죄의 주체로 의제한다고 하여 불합리한 차별이라고 할 수 없다. 또한 도시정비형 재개발사업과 시장정비사업은 그 목적, 투기나 비리의 발생가능성, 사회 · 경제에 미치는 영향 등에서 중요한 차이가 있으므로, 입법자가 이와 같은 차이들을 고려하여 입법정책적인 차원에서 형법상 뇌물죄의 적용과 관련하여 도시정비형 재개발사업조합의 임원을 전통시장법상의 시장정비사업조합의 임원과 달리 취급하고 있다 하더라도 이를 불합리한 차별이라고 할 수 없다.

3. 대상 및 쟁점

가. 추진위원장

조합을 설립하려는 경우에는 이를 추진하려는 자가 토지등소유자 과반수의 동의를 받아 추진위원장을 포함한 5명 이상의 추진위원을 선정한 후 운영규정과 함께 시장 · 군수등에게 추진위원회 구성승인을 신청하여 승인을 받아야 한다(법 제31조 제1항). 따라서 공무원으로 의제되는 추진위원장은 위와 같은 승인이 이루어져야 그 지위를 취득한다.

---

4) 헌재 2011. 10. 25. 선고 2011헌바13 등 결정.

나. 조합임원

(1) 범위

㈎ 조합방식의 정비사업에 적용

정비사업을 조합의 방식으로 시행하는 것을 전제로 하므로, 20인 미만의 토지등소유자로 구성되는 재개발사업에서 토지등소유자 개인이 정비사업을 추진하는 경우에는 적용되지 아니한다. 그러나 도시정비형 재개발사업에서 주로 활용되는 토지등소유자 개인이 행정주체인 정비사업 또한 공익사업으로서 그의 직무수행의 공정성과 청렴성을 확보하여 정비사업이 공정하고 투명하게 진행되도록 할 필요성은 조합방식에 의한 정비사업에 있어 조합임원과 동일하고, 오히려 토지등소유자 개인이 사업시행자인 경우 조합임원에 비하여 권한이 광대하므로 더욱 엄격하게 요구된다 할 것이다. 향후 이에 대한 보완입법이 필요하다.

㈏ 조합장, 이사, 감사

조합은 조합장 1명과 이사, 감사를 임원으로 둔다고 규정하고 있으므로(법 제41조 제1항), 공무원으로 의제되는 조합임원은 조합장, 이사, 감사를 의미한다.[5] 조합은 추진위원회가 단체로서의 실체를 형성한 후 시장·군수등의 인가를 받아 등기까지 마쳐야 성립하며, 그때 비로소 관할 행정청의 감독 아래 정비구역 안에서 정비사업을 시행하는 행정주체로서의 지위가 인정되므로, 등기 이후에서야 임원은 뇌물죄의 공무원 지위를 취득한다. 대의원은 뇌물죄 적용대상인 조합임원에 해당하지 아니한다.

(2) 쟁점

㈎ 의제 공무원의 범위 확대

① 조합 정관상 조합원만이 임원의 자격이 있다고 규정한 사안에서 조합의 임원이 정비구역 안에 있는 토지 또는 건축물의 소유권 또는 지상권을 상실하는 등으로 조합원 및 조합임원의 지위를 상실한 경우나 임기가 만료된 조합 임원이 관련 규정에 따라 후임자가 선임될 때까지 계속하여 직무를 수행하다가 후임자가 선임되어 직무수행권을 상실하였음에도, 그 조합임원이 그 후에도 조합의 법인 등

---

5) 대법원 2014. 5. 22. 선고 2012도7190 전원합의체 판결.

기부에 임원으로 등기되어 있는 상태에서 계속하여 실질적으로 조합임원으로서의 직무를 수행한 경우, 뇌물죄의 공무원으로 의제되는지 여부가 문제된다.

판례는 직무수행의 공정과 그에 대한 사회의 신뢰 및 직무행위의 불가매수성은 여전히 보호되어야 하므로, 그 조합임원은 임원의 지위 상실이나 직무수행권의 상실에도 불구하고 도시정비법 제134조에 따라 형법 제129조 내지 제132조의 적용에서 공무원으로 보아야 한다고 판시하고 있다.[6] 판례의 취지를 고려하면 법 제41조 제1항이 규정하고 있는 조합임원의 선임요건인 법정기간의 거주 또는 소유나 조합장의 지위유지 요건인 계속 거주를 구비하지 못한 자라 하더라도 이사로 선임되어 등기까지 완료된 경우, 그 후 실질적으로 조합임원으로서의 직무를 수행하였다면, 뇌물죄의 공무원으로 보아야 할 것이다.

② 법 제43조가 규정하고 있는 결격사유 있는 자가 조합임원으로 선임되어 등기까지 완료된 경우에 관하여 살펴본다. 판례는 임명권자에 의하여 법령에 기하여 임용되어 공무에 종사하여 온 사람이 나중에 그가 임용결격자이었음이 밝혀져 당초의 임용행위가 무효라고 하더라도, 그가 임용행위라는 외관을 갖추어 실제로 공무를 수행한 이상 공무 수행의 공정과 그에 대한 사회의 신뢰 및 직무행위의 불가매수성은 여전히 보호되어야 하므로, 이러한 사람은 형법 제129조에서 규정한 공무원으로 봄이 타당하고, 그가 그 직무에 관하여 뇌물을 수수한 때에는 수뢰죄로 처벌할 수 있다고 판시하고 있는바,[7] 위 판례의 취지를 고려하면 법 제43조가 규정하고 있는 결격사유 있는 자가 조합임원으로 선임되어 등기까지 완료된 후 실질적으로 조합임원으로서의 직무를 수행하였다면 뇌물죄의 공무원으로 보아야 할 것이다.

(나) 조합설립인가가 무효나 취소된 경우의 뇌물죄 공무원 의제여부

① 앞서 든 2015도15798 판결 및 2013도11357 판결 등에 비추어 보면, 조합설립인가처분 이후 조합의 조합장, 이사 또는 감사로 선임되어 법인 등기부에 임원으로 등기되어 있는 상태에서 조합임원으로서의 직무를 수행하여 직무에 관하여 뇌물을 수수한 때에는 그 후 조합설립인가처분이 무효로 확인되거나 취소된다 하더라도 수뢰죄로 처벌할 수 있다. 왜냐하면 추후에 조합설립인가처분이 무효로

---

6) 대법원 2016. 1. 14. 선고 2015도15798 판결.
7) 대법원 2014. 3. 27. 선고 2013도11357 판결.

확정되거나 소급적으로 취소된다 하더라도 그가 임원선임 및 등기라는 외관을 갖추어 실제로 임원의 직무를 수행한 이상 직무수행의 공정과 그에 대한 사회의 신뢰 및 직무행위의 불가매수성은 여전히 보호되어야 하기 때문이다.

② 위 2012도7190 전원합의체 판결과의 모순여부

위와 같이 해석하는 경우 조합설립인가처분의 무효로 인하여 '사실상 혹은 외견상 조합임원이었던 자'는 법 제136조 내지 제138조상의 '조합임원'에 해당하지 않는다고 판시한 2012도7190 전원합의체 판결과 모순되는 것인지 여부가 문제된다. 그러나 ㉮ 뇌물죄 주체로서 '공무원'은 형법에 규정되어 있으므로 형법의 독자적 관점에서 공무원을 해석할 수 있음에 반해, 법 제136조 내지 138조의 처벌규정은 도시정비법상의 의무위반에 관한 것으로서 행정형벌에 속하므로 도시정비법상 조합임원 개념에 따라야 하는 점, ㉯ 뇌물죄의 경우 국가의 존재를 전제로 직무행위의 불가매수성 등의 보호법익 침해 여부를 판단하게 되지만, 도시정비법 제136조 내지 제138조 위반죄의 경우 조합설립인가처분이 당연무효인 이상 조합이 유효하게 설립되지 않아 도시정비법상의 보호법익(조합운영의 투명성, 공정성, 조합원의 정보접근권 등) 자체가 존재하지 않거나 그 보호가치가 떨어진다고 평가할 여지가 있는 점 등으로 인해 법 제136조 내지 138조에서의 '조합임원'이라는 개념은 보다 엄격하게 파악되어야 한다.[8]

따라서 추후 조합설립인가처분이 무효로 확인되거나 취소된다 하더라도 조합임원에 대하여 수뢰죄로 처벌할 수 있다는 해석이 2012도7190 전원합의체 판결과 모순되지 아니한다.

다. 청산인

조합이 해산되면 청산법인으로서 청산을 위한 목적 범위에서 존속하게 된다. 조합은 일반적으로 정관에 해산의결 당시 별도의 청산인에 대한 선임결의가 없다면 당시 임원이 청산인이 된다고 규정하고 있다(표준정관 제61조 제2항). 따라서 해산의결 당시 별도의 청산인에 대한 선임결의가 있으면 그 자가, 없는 경우 당시 임원이 청산인이 된다. 청산인은 해산의결 당시부터 뇌물죄의 공무원 지위를 취득하고, 해산등기는 민법 제54조 제1항에 따라 대항요건에 불과하므로 뇌물죄의 공

---

8) 윤민, 범죄성립의 전제가 되는 행정처분과 형사책임, 사법논집 제62집(2017), 577–578쪽.

무원의 지위 여부에 영향을 미치지 아니한다.

라. 전문조합관리인 등

(1) 시장·군수등은 ① 조합임원이 사임, 해임, 임기만료, 그 밖에 불가피한 사유 등으로 직무를 수행할 수 없는 때부터 6개월 이상 선임되지 아니한 경우, ② 총회에서 조합원 과반수의 출석과 출석 조합원 과반수의 동의로 전문조합관리인의 선정을 요청하는 경우 전문조합관리인을 선정하여 조합임원의 업무를 대행하게 할 수 있다(법 제41조 제5항). 전문조합관리인은 변호사·회계사·기술사 등의 자격을 가진 자로서 시장·군수등으로부터 선정되면 그때부터 뇌물죄의 공무원의 지위를 취득한다.

(2) 법 제49조는 "조합에 관하여는 이 법에 규정된 사항을 제외하고는 민법 중 사단법인에 관한 규정을 준용한다."고 규정하고 있고, 민법 제63조는 "이사가 없거나 결원이 있는 경우에 이로 인하여 손해가 생길 염려 있는 때에는 법원은 이해관계인이나 검사의 청구에 의하여 임시이사를 선임하여야 한다."고 규정하고 있다. 법원이 민법 제63조에 기하여 선임한 임시조합장, 이사 또는 감사도 전문조합관리인과 동일한 지위에 있다 할 것이므로, 법원의 선임으로 뇌물죄의 공무원 지위를 취득한다.

마. 위탁지원자

시장·군수등은 정비사업의 투명성 강화 및 효율성 제고를 위하여 조합이 시행하는 정비사업(일부 도시정비형 재개발사업을 제외)에 대하여 토지주택공사등, 신탁업자, 주택도시보증공사 또는 한국부동산원에 공공지원을 위탁할 수 있고, 위탁지원자는 추진위원회 구성, 설계자 및 시공자 선정 방법, 세입자의 주거 및 이주 대책, 관리처분계획 수립 등의 업무를 수행한다(법 제118조 제1, 2항). 위탁지원자가 시장·군수등으로부터 공공지원을 위탁받게 되면 그때부터 뇌물죄의 공무원의 지위를 취득한다.

바. 전문관리업자의 대표자·직원

(1) 입법취지

전문관리업자의 대표자(법인인 경우에는 임원을 말한다) 및 직원에 대하여 형법 제129조부터 제132조까지의 규정을 적용함에 있어 공무원으로 간주하는 규정은 법이 제정될 때부터 존재하였다. 이는 정비사업이 공공적 성격을 띤 사업일 뿐만 아니라 정비구역 내 주민들이나 토지등소유자들의 재산권 행사에 중대한 영향을 미치는 점을 고려하여, 사업시행자 등으로부터 정비사업에 관한 주요 업무를 위임 받아 이를 대행하는 전문관리업자 임·직원의 직무수행의 공정성과 청렴성을 확 보하여 정비사업이 공정하고 투명하게 진행되도록 하기 위한 것이다.[9]

시공자 선정에 관한 업무의 지원은 전문관리업자의 가장 중요한 업무 중 하나 인바, 실무에서는 건설사가 시공계약을 따내기 위한 방편으로 전문관리업자에게 뇌물을 제공하는 사례를 흔히 볼 수 있다. 조합 직원은 공무원 의제규정에서 제외 함에도 불구하고, 전문관리업자의 경우에는 그 직원까지 공무원으로 의제하는 것 은 실무상 조합이 정비사업을 직접 수행하기 보다는 전문관리업자와 위임계약을 체결하여 전문관리업자에게 주요 업무를 위탁하는 것이 일반적이기 때문이다.

(2) 소송상 쟁점

(가) 뇌물죄 적용에서 공무원으로 의제되는 시기

전문관리업자의 임·직원이 추진위원회 또는 사업시행자와 사이에 위임계약을 체결하기 전에 건설사로부터 직무와 관련하여 금품을 수수하는 경우, 공무원으로 의제되어 뇌물죄가 적용될 수 있는지 여부가 문제된다. 전문관리업자의 임·직원 에 대하여 형법 제129조부터 제132조까지의 규정을 적용함에 있어 공무원으로 간 주하는 것은 정비사업이 그 자체로 공공적 성격을 띠고, 정비구역 내 토지등소유 자들의 재산권에 중대한 영향을 미치는 점을 고려한 것인바, 전문관리업자가 추진 위원회나 조합으로부터 업무를 위탁받기 전에 사실상 자문이나 업무를 대행하고, 그 영향력도 막강한 점을 고려하면 업무위탁계약 전이라도 엄격하게 규율할 필요 성이 있다.

따라서 전문관리업자가 시·도지사에게 등록한 후에는 추진위원회나 사업시행

---

9) 대법원 2010. 5. 13. 선고 2008도5506 판결.

자와 사이에 구체적 업무위탁계약을 체결하는 등으로 전문관리업자로 선정되기 전이라도 그 임·직원이 직무에 관하여 뇌물을 수수한 때에 형법 제129조 내지 제132조의 적용대상이 된다.[10]

㈏ 직무관련성과 대가관계

전문관리업자가 사업시행자 등과 업무위탁계약을 체결하기 전에 뇌물죄를 적용함에 있어서는 직무관련성과 대가관계가 문제된다. 뇌물죄에서 말하는 '직무'란 장래에 담당할 직무도 포함하고, 공무원이 얻는 어떤 이익이 직무와 대가관계가 있는 부당한 이익으로서 뇌물에 해당하는지 여부는 당해 공무원의 직무의 내용, 직무와 이익제공자와의 관계, 쌍방 간에 특수한 사적인 친분관계가 존재하는지의 여부, 이익의 다과, 이익을 수수한 경위와 시기 등의 제반 사정을 참작하여 결정하여야 한다. 따라서 전문관리업자가 특정 사업시행자와 업무위탁계약을 체결하기 전이라도, 장래 특정 정비사업에 관한 직무를 수행할 것을 전제로 그 임·직원이 직무에 관하여 금품을 수수한 경우에는 직무관련성과 대가성이 인정된다(위 2008 도2590 판결).

㈐ 전문관리업자의 임·직원이 법인인 전문관리업자에 대하여 뇌물을 공여하 도록 한 경우

전문관리업체의 임·직원이 공여자로 하여금 전문관리업체에 대하여 뇌물을 공여하게 하는 경우, 위 임·직원이 법인인 전문관리업자를 사실상 1인 회사로서 개인기업과 같이 운영하거나, 사회통념상 법인에게 뇌물을 공여한 것이 곧 그 임·직원에게 공여한 것과 같다고 볼 수 있을 정도로 경제적·실질적 이해관계를 같이하는 것으로 평가되는 경우에 한하여 형법 제129조 제1항의 뇌물수수죄가 성립한다(위 2008도2590 판결).

㈑ 임원의 판단기준

① 법은 전문관리업자가 법인인 경우 공무원으로 의제되는 '임원'에 관한 판단기준을 명시하고 있지 않아 해석상 문제된다. 쟁점은 법인등기부상 이사 또는 감사로 등재되지 아니한 법인의 실질적 경영자가 공무원으로 의제되는 임원으로 볼 수 있는가 하는 점이다.

---

10) 대법원 2008. 9. 25. 선고 2008도2590 판결.

② 판례는 법에서 정하는 '전문관리업자'가 주식회사인 경우 법 제134조에 의하여 공무원으로 의제되는 '임원'은 형법 제129조 내지 제132조에 해당하는 수뢰행위 당시 상업등기부에 대표이사, 이사, 감사로 등기된 사람에 한정되고, 설령 실질적 경영자라고 하더라도 해당 주식회사의 임원으로 등기되지 아니한 사람까지 법 제134조에 의하여 공무원으로 의제되는 '임원'에 해당한다고 해석할 수 없다고 판시하였다.[11] 그 논거는 다음과 같다.

㉮ '임원'에 해당하는지 여부는 민법, 상법, 기타의 실체법에 의하여 결정하여야 할 것인데, 그 중 주식회사의 법률관계를 규율하고 있는 상법 제312조는 '임원의 선임'이라는 표제 하에 "창립총회에서는 이사와 감사를 선임하여야 한다."고 규정하고, 상법 제317조 제2항은 주식회사의 설립에 있어 등기하여야 할 사항으로 "이사와 감사의 성명 및 주민등록번호"(제8호), "회사를 대표할 이사의 성명·주민등록번호 및 주소"(제9호) 등을 각 규정하고 있다.

㉯ 설령 실질적 경영자라고 하더라도 해당 주식회사의 임원으로 등기되지 아니한 사람까지 공무원으로 의제되는 전문관리업자의 '임원'에 해당한다고 해석하는 것은 형벌법규를 피고인에게 불리한 방향으로 지나치게 유추하거나 확장해석하는 것으로서 죄형법정주의의 원칙에 어긋난다.

③ 판례에 의하면 법인인 전문관리업체의 대주주로서 실질적 경영자가 형사처벌의 대상에서 제외되어 사실상 전문관리업체가 법인인 경우 법 제134조가 형해화 될 여지가 있으므로, 적어도 대주주의 경우에는 임원에 포섭하는 내용의 입법이 필요하다.

Ⅳ. 개별형벌규정

1. 법 제135조 제2호 위반죄 및 제138조 제2항 위반죄

가. 법 제135조 제2호 위반죄

(1) 의의

정비사업은 그 자체로 공공적 성격을 띠고, 정비구역 내 토지등소유자들의 재산권에 중대한 영향을 미친다. 특히 정비사업에는 수천억 원이라는 천문학적인 사

---

11) 대법원 2014. 1. 23. 선고 2013도9690 판결.

업비가 소요되고, 이는 공사, 용역, 물품구매 및 제조 등 계약을 통하여 대부분 지불되므로 계약체결과 관련한 공정성이 무엇보다 중요하다. 따라서 계약체결을 주도하는 추진위원, 조합임원의 선임에 있어 또는 계약체결과 관련하여 신뢰 및 직무행위의 불가매수성은 엄격히 유지되어야 한다.

이에 법 제132조는 누구든지 추진위원, 조합임원의 선임 또는 제29조에 따른 계약 체결과 관련하여 금품, 향응 또는 그 밖의 재산상 이익을 제공하거나 제공의 사를 표시하거나 제공을 약속하는 행위(제1호), 금품, 향응 또는 그 밖의 재산상 이익을 제공받거나 제공의사 표시를 승낙하는 행위(제2호), 제3자를 통하여 제1호 또는 제2호에 해당하는 행위를 하는 행위(제3호)를 하여서는 아니 된다는 금지규 정을 마련해 두고 있다.

또한 제132조 각 호의 어느 하나를 위반하여 금품, 향응 또는 그 밖의 재산상 이익을 제공하거나 제공의사를 표시하거나 제공을 약속하는 행위를 하거나 제공 을 받거나 제공의사 표시를 승낙한 자는 자는 5년 이하의 징역 또는 5천만원 이 하의 벌금에 처한다는 별도의 벌칙규정인 제135조 제2호를 규정하고 있다. 위 규 정은 2012. 2. 1. 법률 제11293호 개정으로 도입된 것으로서, 정비사업의 투명성 제고 등을 통한 정비사업의 원활한 추진 등을 입법 목적으로 하고 있다.[12]

(2) 쟁점

(가) 뇌물죄와 경합

추진위원, 조합임원의 선임과정에서 또는 제29조 계약체결과 관련하여 금품, 향응, 재산상 이익을 제공받는 등의 경우 추진위원장, 조합임원, 청산인 및 전문 관리업자의 임·직원 및 위탁지원자 등은 수뢰죄와 경합하여 제135조 제2호 위반 죄가 적용되어 처벌된다. 또한 법은 추진위원, 조합임원의 선임 또는 계약체결과 관련하여 금품, 향응 또는 그 밖의 재산상 이익을 제공하거나 제공의사를 표시하 거나 제공을 약속하는 행위를 한 자에 대하여는 형법상의 뇌물공여죄(제133조 제1 항)보다 법정형을 더욱 가중하여 처벌하고 있다(증뢰죄의 법정형은 5년 이하의 징역 또는 2천만원 이하의 벌금이나, 제135조 제2호의 법정형은 5년 이하의 징역 또는 5천만 원 이하의 벌금에 해당한다).

---

12) 대법원 2019. 2. 14. 선고 2016도6497 판결.

(나) 추진위원회 위원 선출 외에 추진위원장 선출이 포함되는지 여부(긍정)

판례는 '추진위원회 위원의 선출'에는 추진위원회의 일반 위원인 추진위원의 선출뿐만 아니라 위원장의 선출도 포함된다고 판시하고 있다(위 2016도6497 판결). 그 논거는 다음과 같다.

① 법 제31조 제1항은 조합을 설립하고자 하는 경우 위원장을 포함한 5인 이상의 위원 등에 대한 토지등소유자 과반수의 동의를 받아 조합설립을 위한 추진위원회를 구성한다고 규정하고 있으므로, 추진위원장은 추진위원의 일원으로 볼 수 있다.

② 정비사업 조합설립추진위원회 운영규정(국토교통부 고시)에 첨부된 '운영규정안' 제15조 제1항은 '위원의 선임 및 변경'이라는 제목 아래 추진위원회 위원으로 '위원장, 부위원장, 감사 및 추진위원'을 병렬적으로 들고 있고, 제17조는 '위원의 직무 등'이라는 제목 아래 제1항에서 '위원장은 추진위원회를 대표하고 추진위원회의 사무를 총괄하며 주민총회 및 추진위원회의 의장이 된다.'라고 규정하고 있다.

나. 제138조 제2항 위반죄

(1) 건설업자의 관리·감독 의무 및 그 위반죄

건설업자는 시공자 선정과 관련하여 홍보 등을 위하여 계약한 용역업체의 임직원이 제132조를 위반하지 아니하도록 교육, 용역비 집행 점검, 용역업체 관리·감독 등 필요한 조치를 하여야 한다(제132조의2). 건설업자가 제132조의2에 따른 조치를 소홀히 하여 용역업체의 임직원이 제132조 각 호의 어느 하나를 위반한 경우 그 건설업자는 5천만 원 이하의 벌금에 처한다(제138조 제2항).

(2) 건설업자의 임직원이 시공자 선정을 위해 직접 금품·향응을 제공하는 경우 법 제135조 제2호 위반죄로 형사처벌을 받게 되고, 그 경우 건설사는 법 제139조의 양벌규정에 의하여 그 위반행위를 방지하기 위하여 해당 업무에 관하여 상당한 주의와 감독을 게을리하지 아니한 경우 외에는 벌금형에 처해진다.

문제는 위 규정을 회피하기 위하여 건설업자가 자신의 임직원이 아닌 제3자인 용역업체 직원을 통하여 시공자 선정을 위해 금품·향응을 제공하는 불법행위가 계속하여 나타날 뿐만 아니라 교묘해지고 있다는 점이다. 이에 법은 정비사업의 투명성 확보 및 건전한 수주질서의 확립을 위해 그 경우의 건설사에 대한 직접 제재 규정을 마련하였다.

① 형벌규정

법이 2018. 6. 12. 법률 제15676호로 개정되면서 건설업자는 시공자 선정과 관련하여 홍보 등을 위하여 계약한 용역업체의 임직원이 제132조를 위반하지 아니하도록 필요한 조치를 하여야 할 의무를 부과하고(제132조의2), 건설업자가 제132조의2에 따른 조치를 소홀히 하여 용역업체의 임직원이 제132조 각 호의 어느 하나를 위반한 경우 그 건설업자를 5천만 원 이하의 벌금에 처하는 제138조 제2항 위반죄를 신설하였다.

② 행정처분

법은 2018. 6. 12. 법률 제15676호로 개정하면서, 건설업자가 임직원을 통하여 직접 제132조를 위반한 경우나 제132조의2를 위반하여 관리·감독 등 필요한 조치를 하지 아니한 경우로서 용역업체의 임직원(건설업자가 고용한 개인을 포함한다)이 제132조를 위반한 경우, 시공자 선정취소 명령 또는 과징금(제113조의2), 입찰참가자격제한(제113조의3)을 별도로 규정하였다. 자세한 내용은 제5편 제2장 Ⅴ. "3. 시공자 선정취소 명령 또는 과징금, 입찰참가자격제한"에서 살펴보았다.

2. 법 제135조 제1호 위반죄

토지등소유자가 재개발 및 재건축사업을 시행하고자 하는 경우에는 원칙적으로 토지등소유자로 구성된 조합을 설립하여야 하고, 조합설립인가는 조합에 행정주체의 지위를 부여하는 설권처분으로서, 정비사업 절차진행상 가장 중요한 행위인 점에 비추어 조합의 성립을 위법하게 하거나 조합원의 의사를 왜곡시키는 토지등소유자의 서면동의서를 위조하는 행위가 정비사업과 관련한 개별 위법행위 중 위법성의 정도에 있어 가장 중하다. 이에 법 제135조 제1호는 토지등소유자의 서면동의서를 위조한 행위에 대하여 5년 이하의 징역 또는 5천만 원 이하의 벌금이라는 가장 중한 법정형을 규정해 두고 있다. 서면동의서의 매도, 매수에 대하여는 정비사업과 관련한 개별 위법행위 중 위법성의 정도가 그 다음으로 중한 것으로 보아 법 제136조 제5호로 처벌하고 있다.

3. 법 제136조 위반죄

가. 규정의 내용

원칙적으로 일반경쟁에 부치도록 규정한 제29조 제1항에 따른 계약의 방법을 위반하여 계약을 체결한 추진위원장, 전문조합관리인 또는 조합임원(조합의 청산인 및 토지등소유자가 시행하는 재개발사업의 경우에는 그 대표자, 지정개발자가 사업시행자인 경우 그 대표자를 말한다, 제1호), 제29조 제4항부터 제8항까지의 규정을 위반하여 시공자를 선정한 자 및 시공자로 선정된 자(제2호), 철거공사(석면 조사, 해제, 제거 포함)에 관한 사항을 포함하여 시공계약을 체결하도록 규정한 제29조 제9항을 위반하여 시공자와 공사에 관한 계약을 체결한 자(제2의2), 시장·군수등으로부터 추진위원회 승인을 받지 아니하고 전문관리업자를 선정한 자(제3호), 일반경쟁에 부치도록 한 제32조 제2항에 따른 계약의 방법을 위반하여 전문관리업자를 선정한 추진위원장(전문조합관리인을 포함한다, 제4호), 제36조에 따른 토지등소유자의 서면동의서를 매도하거나 매수한 자(제5호), 거짓 또는 부정한 방법으로 제39조 제2항을 위반하여 조합원 자격을 취득한 자와 조합원 자격을 취득하게 하여준 토지등소유자 및 조합의 임직원(전문조합관리인을 포함한다, 제6호), 제39조 제2항을 회피하여 제72조에 따른 분양주택을 이전 또는 공급받을 목적으로 건축물 또는 토지의 양도·양수 사실을 은폐한 자(제7호), 제76조 제1항 제7호 (다)목 단서를 위반하여 주택을 전매하거나 전매를 알선한 자(제8호)에 해당하는 자는 3년 이하의 징역 또는 3천만원 이하의 벌금에 처한다.

나. 쟁 점

경쟁입찰을 규정한 법 제29조 제1항이나 제32조 제2항을 위반한 추진위원장은 제136조의 형사처벌의 대상이다. 문제는 추진위원회의 부위원장이나 추진위원 이었다가 추진위원장의 유고 등을 이유로 운영규정에 따라 연장자 순으로 추진위원장 직무대행자가 된 자가 여기에 해당하는지 여부이다.

'추진위원장'이란 같은 법 제31조에 따라 조합을 설립하기 위하여 토지등소유자 과반수의 동의를 얻은 후 시장·군수의 승인을 얻어 구성된 추진위원회의 위원장을 의미한다. 따라서 추진위원회의 부위원장이나 추진위원 이었다가 추진위원장의 유고 등을 이유로 운영규정에 따라 연장자 순으로 추진위원장 직무대행자가 된 자를 법 제29조 제1항이나 제32조 제2항에서 규정한 '추진위원장'에 해당하는 것으로 해석하는 것은 형벌법규를 피고인에게 불리한 방향으로 지나치게 확장 해석하거나 유추 해석하는 것으로서 죄형법정주의의 원칙에 어긋나 허용될 수 없다.[13)]

4. 법 제137조 위반죄

가. 규 정

안전진단 결과보고서를 거짓으로 작성한 자(제1호), 정비구역에서 행위하기 위해서는 허가를 받아야 함에도, 허가 또는 변경허가를 받지 아니하거나 거짓, 그 밖의 부정한 방법으로 허가 또는 변경허가를 받아 행위를 한 자(제2호), 추진위원회 또는 주민대표회의의 승인을 받지 아니하고 추진위원회 업무를 수행하거나 주민대표회의를 구성·운영한 자(제3호), 적법하게 승인받은 추진위원회 또는 주민대표회의가 구성되어 있음에도 불구하고 임의로 추진위원회 또는 주민대표회의를 구성하여 이 법에 따른 정비사업을 추진한 자(제4호), 조합설립인가가 이루어져 조합이 설립되었는데도 불구하고 추진위원회를 계속 운영한 자(제5호), 제45조가 규정한 총회의결사항임에도 불구하고, 총회의 의결을 거치지 아니하고 사업(같은 항 제13호 중 정관으로 정하는 사항은 제외한다)을 임의로 추진한 조합임원(전문조합관리인을 포함한다, 제6호), 사업시행계획인가를 받지 아니하고 정비사업을 시행한 자와 같은 사업시행계획서를 위반하여 건축물을 건축한 자(제7호), 관리처분계획인가를 받지 아니하고 제86조(이전고시)에 따른 이전을 한 자(제8호), 등록을 하지 아니하고 이 법에 따른 정비사업을 위탁받은 자 또는 거짓, 그 밖의 부정한 방법으로 등록을 한 전문관리업자(제9호), 전문관리업의 등록이 취소되었음에도 불구하고 영업을 하는 자(제10호), 제113조 제1항부터 제3항까지의 규정에 따른 행정청의 처분의 취소·변경 또는 정지, 그 공사의 중지 및 변경에 관한 명령을 받고도 이를 따르지 아니한 추진위원회, 사업시행자, 주민대표회의 및 전문관리업자(제11호), 서류 및 관련 자료를 거짓으로 공개한 추진위원장 또는 조합임원(토지등소

---

13) 대법원 2015. 3. 12. 선고 2014도10612 판결.

유자가 시행하는 재개발사업의 경우 그 대표자, 제12호), 열람·복사 요청에 허위의 사실이 포함된 자료를 열람·복사해 준 추진위원장 또는 조합임원(토지등소유자가 시행하는 재개발사업의 경우 그 대표자, 제13호)에 해당하는 자는 2년 이하의 징역 또는 2천만원 이하의 벌금에 처한다.

나. 쟁 점

⑴ 제6호 위반죄

실무상 가장 문제되는 것은 반드시 총회의 의결을 거치도록 규정한 법 제45조 제1항 기재 사항에 대하여 조합임원이 총회결의 없이 정비사업을 임의로 추진하였는지 여부이다.

제137조 제6호가 '제45조에 따른 총회의 의결을 거치지 아니하고 같은 조 제1항 각 호의 사업을 임의로 추진하는 조합의 임원'을 처벌하도록 규정하고 있고, 제45조 제1항은 총회의 의결을 거쳐야 하는 사항을 열거하고 있다. 이처럼 도시정비법이 일정한 사항에 관하여 총회의 의결을 거치도록 하고 이를 위반한 조합임원을 형사처벌하는 규정까지 둔 취지는 조합원들의 권리·의무에 직접적인 영향을 미치는 사항에 대하여 조합원들의 의사가 반영될 수 있도록 절차적 참여 기회를 보장하고 조합임원에 의한 전횡을 방지하기 위한 것이다.[14]

⑺ 법원이 선임한 임시조합장(긍정)

법 제49조, 민법 제63조에 기하여 법원은 임시조합장을 선임할 수 있다. 법원에 의하여 선임된 임시이사는 원칙적으로 정식이사와 동일한 권한을 가지고, 법이 조합 총회에서 선임된 이사와 임시이사의 권한을 특별히 달리 정한 규정을 두고 있지도 않으므로, 임시조합장이 예산으로 정한 사항 외에 조합원의 부담이 될 계약을 총회의결 없이 임의로 계약을 체결하면 법 제137조 제6호 위반으로 처벌되고, 이는 죄형법정주의 명확성의 원칙에 반하지 아니한다.[15]

법원의 가처분명령에 의하여 선임된 조합임원 직무대행자는 조합을 종전과 같이 그대로 유지하면서 관리하는 것과 같은 조합의 통상사무에 속하는 행위를 할 수 있을 뿐인데,[16] 조합 총회의결사항은 조합원들의 권리·의무에 직접적인 영향

---

14) 대법원 2016. 10. 27. 선고 2016도138 판결.
15) 헌재 2014. 5. 29. 선고 2012헌바390 등 결정.

을 미치는 사항이므로 통상사무로 보기 어렵다. 따라서 위 규정 위반이 특별히 문제되지 않을 것이나, 그럼에도 불구하고 총회의결 없이 행위하면 제137조 제6호 위반으로 처벌되어야 한다.

(나) 의결방법 및 범위
① 총회에 상정, 토의, 의결될 것

분양계약에는 청산금 외에 정비사업비를 이전고시 전에 분담하는 내용이 포함된다. 관리처분계획에 따라 분양계약을 체결한 경우, 법 제45조 제8호는 정비사업비의 조합원별 분담내역을 총회의 의결사항으로 규정하고 있으므로, 실무상 위 법 제45조 제8호의 절차를 거쳤는지 여부가 문제된다.

정비사업비의 추산액 및 그에 따른 조합원 분담규모, 분담시기(법 제74조 제1항 제6호)는 관리처분계획의 필수적 기재사항이므로, 이 부분은 총회의결이 이루어지나, 관리처분계획상의 정비사업비 분담규모는 조합원이 전체적으로 부담할 규모가 얼마인가에 관하여 대강의 내용을 정한 것임에 반해, 정비사업비의 조합원별 분담내역은 보다 세분화된 분담관련 내역을 의미하므로, 관리처분계획 총회에서 조합원별 사업비 분담내역안건에 대하여 총회에 상정, 토의하고 의결하는 절차를 반드시 거쳐야 한다.[17]

② 의결범위

정비사업 추진과정에서 사업시행자가 예산으로 정한 사항 외에 조합원의 부담이 될 계약을 체결하게 되는 경우는 흔히 있다. 이는 법 제45조 제1항 제4호가 규정하고 있는 총회의결사항인바, 이와 관련하여 어느 범위에서 총회의결을 받아야 적법한 것인지 여부가 문제된다.

---

16) 민사소송법 제714조 제2항의 임시의 지위를 정하는 가처분은 권리관계에 다툼이 있는 경우에 권리자가 당하는 위험을 제거하거나 방지하기 위한 잠정적이고 임시적인 조치로서 그 분쟁의 종국적인 판단을 받을 때까지 잠정적으로 법적 평화를 유지하기 위한 비상수단에 불과한 것으로, 가처분재판에 의하여 재단법인의 이사의 직무를 대행하는 자를 선임한 경우에 그 직무대행자는 단지 피대행자의 직무를 대행할 수 있는 임시의 지위에 놓여 있음에 불과하므로, 재단법인을 종전과 같이 그대로 유지하면서 관리하는 한도 내의 재단법인의 통상업무에 속하는 사무만을 행할 수 있다고 하여야 할 것이고, 그 가처분재판에 다른 정함이 있는 경우 외에는 재단법인의 근간인 이사회의 구성 자체를 변경하는 것과 같은 법인의 통상업무에 속하지 아니한 행위를 하는 것은 이러한 가처분의 본질에 반한다(대법원 2000. 2. 11. 선고 99두2949 판결).

17) 대법원 2018. 12. 27. 선고 2018도14424 판결 및 하급심인 서울북부지방법원 2018. 8. 23. 선고 2018노299 판결.

정비사업의 성격상 조합이 추진하는 모든 업무의 구체적 내용을 총회에서 사전에 의결하기는 어렵다 하더라도 법 규정 취지에 비추어 보면 사전에 총회에서 추진하려는 계약의 목적과 내용, 그로 인하여 조합원들이 부담하게 될 부담의 정도를 개략적으로 밝히고 그에 관하여 총회의 의결을 거쳐야 한다.[18]

㈐ 총회결의 관련

① 총회의결의 사후추인 가능여부(부정)

법 제45조 제1항 각 호의 사항을 총회의 의결 사항으로 규정한 것은 조합원들의 권리·의무에 직접적인 영향을 미치는 사항이어서 조합원들의 의사가 반영될 수 있도록 절차적으로 보장하고, 조합임원의 전횡을 방지하기 위한 것이며, 이를 위하여 법 제137조 제6호에 벌칙 조항을 둔 것으로 해석되는 점, 총회의 사전 의결 없이 계약이 체결되어 이행된 경우 원상회복이 어려울 뿐만 아니라 법률관계의 혼란을 초래하고 이러한 상황이 조합원들의 자유로운 의사결정에 방해가 될 수 있는 점 등에 비추어 볼 때, '총회의 의결'은 원칙적으로 사전 의결을 의미한다.

따라서 조합의 임원이 총회의 사전 의결을 거치지 아니하고 예산으로 정한 사항 외에 조합원의 부담이 될 계약을 체결하였다면, 이로써 같은 법 제137조 제6호에 위반한 범행이 성립된다고 할 것이고, 이와 달리 그 범행 성립시기가 추후에 이루어지는 총회에서 추인 의결이 부결된 때라거나 추후 총회에서 추인 의결이 이루어진다고 해서 그 범행이 소급적으로 불성립하게 된다고 볼 수도 없다(위 2009도14296 판결).

② 총회결의가 부존재 및 무효의 하자가 있는 경우(유죄)

조합임원이 법 제45조 제1항 각호의 사항에 대하여 형식적으로 총회의 의결을 거쳐 행위하였더라도 총회의 결의에 부존재 또는 무효의 하자가 있는 경우에는 특별한 사정이 없는 한 그 행위는 총회의 의결을 거치지 아니한 것에 해당한다고 보아야 하므로, 행위자는 법 제137조 제6호의 총회의 의결을 거치지 아니하고 임의로 추진한 조합임원에 해당한다.[19]

---

18) 대법원 2010. 6. 24. 선고 2009도14296 판결.
19) 대법원 2014. 7. 10. 선고 2013도11532 판결.

㈜ 예산으로 정한 사항 외에 조합원의 부담이 될 계약의 총회의결 방법

① 엄격해석 사례

조합장이 6개 용역업체들과 용역계약을 체결하기 전에 '사업비 예산'이라는 명목으로 '용역계약추진을 위한 개략적인 전체 지출금액'에 대하여 총회의 의결을 거친 후 총회의결 없이 용역계약을 체결한 사안에서, 전체 용역대금에 대하여 예산으로 총회결의까지 받으므로, '예산으로 정한 사항 외에 조합원의 부담이 되는 계약'이 아니어서 별도의 총회의결을 요하지 아니한다고 다투어졌다.

판례는 '예산'이란 '조합의 정관에서 정한 1회계연도의 수입·지출 계획'을 의미하는바, 위 '사업비 예산'은 수년 동안 소요될 개략적인 사업비로서 1회계연도의 모든 수입과 지출의 내용을 담고 있는 계획서로 볼 수 없어 예산의 요건을 충족하지 아니하였으므로, 법 제137조 제6호 위반죄가 성립된다고 판시하였다.[20]

② 완화된 해석 사례

총회의결 없이 조합의 부담이 늘어나는 계약을 체결하여 조합원의 이익이 침해되는 일이 없도록 하면서도, 기존 총회 의결과정에서 조합원들의 부담 정도를 충분히 예상할 수 있는 정보가 제공된 상태에서 장차 그러한 계약이 체결될 것을 의결한 경우에는 사전의결을 거친 것으로 보아 정비사업의 원활한 추진에 지장이 없도록 조화롭게 해석할 필요가 있다.

판례는 조합장이 조합 총회에서 차용하기로 의결한 이주비 금액 1,170억 원을 초과하여 총회의결 없이 조합원에게 부담이 될 이주비 264억 원을 추가로 차용한 사안에서, 이주비의 대출금액이 얼마이든 그로 인한 조합의 부담은 이자에 국한되고, 그 이자의 총액과 이율의 한도를 이미 총회에서 의결한 후 그 이자와 이율의 한도를 넘지 않는 범위 내에서 이주비를 차용한 이상, 조합장으로서는 조합원의 부담이 될 소비대차계약을 체결하기 전에 이미 법 제137조 제6호에서 정한 총회의 사전 의결을 거쳤다고 볼 여지가 충분하다고 판시하였다.[21]

---

20) 대법원 2015. 5. 14. 선고 2014도8096 판결.
21) 대법원 2018. 6. 15. 선고 2018도1202 판결.

⑵ 제9호 위반죄

㈎ 문제의 소재

제137조 제9호 위반죄는 제102조 제1항을 위반하여 등록을 하지 아니하고 정비사업을 위탁받은 자가 대상인바, 제102조 제1항 제6호는 관리업자가 관리처분계획의 '수립'에 관한 업무의 대행(대통령령으로 정하는 경미한 사항의 변경은 제외한다)을 위해서는 등록하여야 한다고 규정하고 있다.

관리처분계획의 변경을 등록하지 아니한 전문관리업체가 수탁받은 경우 제137조 제9호 위반 여부가 문제된다. 관리처분계획의 '수립'에 대한 해석과 관련하여 최초로 수립하는 경우에만 적용되는지 또는 경미한 사항의 변경이 아닌 관리처분계획의 변경에도 적용되는지 여부가 문제된다.

㈏ 판례(긍정)

판례는 법 제102조 제1항 제6호에서 정한 '관리처분계획의 수립'에는 경미한 사항이 아닌 관리처분계획의 주요 부분을 실질적으로 변경하는 것이 포함된다고 판시하였다.[22] 그 논거는 다음과 같다.

① 관리처분계획의 경미한 사항을 변경하는 경우와는 달리 당초 관리처분계획의 주요 부분을 실질적으로 변경하는 경우에는 새로운 관리처분계획을 수립한 것이다.

② 조합원 등의 권리의무와 법적 지위에 중대한 영향을 미치는 관리처분계획을 최초로 수립하는 경우에만 전문성과 공공성을 갖춘 관리업자에게 위탁하여야 하고, 그 후 경미한 사항이 아닌 관리처분계획의 주요 부분을 실질적으로 변경함에도 무자격자의 관여가 허용된다고 해석하는 것은 법령의 취지와 목적에 부합하지 아니한다.

㈐ 결론

제102조 제1항 제6호가 '관리처분계획의 수립에 관한 업무의 대행(대통령령으로 정하는 경미한 사항의 변경은 제외한다)'이라고 규정한 것은 수립에는 변경을 포함하되, 경미한 사항의 변경만이 제외됨을 명확히 한 것인 점, 법은 수립에 당연

---

22) 대법원 2019. 9. 25. 선고 2016도1306 판결.

히 변경이 내포된 것으로 해석되는 경우 규정의 기술상 '변경'이라는 기재를 생략
하기도 하는바(법 제74조 제7항, 제76조, 법 제78조 제6항의 수립에는 변경이 당연히
내포되어 있다), 위 제102조 제1항 제6호가 그에 해당하는 점 등을 종합하여 보면,
관리처분계획의 주요 부분을 실질적으로 변경하는 것뿐만 아니라 경미한 사항의
변경이 아닌 모든 변경의 경우에 적용된다.

5. 법 제138조 제1항 위반죄

가. 규 정

정비예정구역 또는 정비구역에서의 지역주택조합원 모집금지 규정을 위반하여
주택법 제2조 제11호 가목에 따른 지역주택조합의 조합원을 모집한 자(제1호), 추
진위원회는 조합설립인가일부터 30일 이내에 회계장부 및 관계서류를 조합에 인
계하여야 함에도, 추진위원회의 회계장부 및 관계 서류를 조합에 인계하지 아니한
추진위원장(전문조합관리인을 포함한다, 제2호), 준공인가를 받지 아니하고 건축물
등을 사용한 자와 시장·군수등의 사용허가를 받지 아니하고 건축물을 사용한 자
(제3호), 다른 사람에게 자기의 성명 또는 상호를 사용하여 이 법에서 정한 업무
를 수행하게 하거나 등록증을 대여한 전문관리업자(제4호), 법정 전문관리업무를
다른 용역업체 및 그 직원에게 수행하도록 한 전문관리업자(제5호), 제112조 제1
항에 따른 회계감사를 요청하지 아니한 추진위원장, 전문조합관리인 또는 조합임
원(토지등소유자가 시행하는 재개발사업 또는 제27조에 따라 지정개발자가 시행하는 정
비사업의 경우에는 그 대표자를 말한다, 제6호), 제124조 제1항을 위반하여 정비사업
시행과 관련한 서류 및 자료를 인터넷과 그 밖의 방법을 병행하여 공개하지 아니
하거나 같은 조 제4항을 위반하여 조합원 또는 토지등소유자의 열람·복사 요청
을 따르지 아니하는 추진위원장, 전문조합관리인 또는 조합임원(조합의 청산인 및
토지등소유자가 시행하는 재개발사업의 경우에는 그 대표자, 제27조에 따른 지정개발자
가 사업시행자인 경우 그 대표자를 말한다, 제7호), 제125조 제1항을 위반하여 속기
록 등을 만들지 아니하거나 관련 자료를 청산 시까지 보관하지 아니한 추진위원
장, 전문조합관리인 또는 조합임원(조합의 청산인 및 토지등소유자가 시행하는 재개
발사업의 경우에는 그 대표자, 제27조에 따른 지정개발자가 사업시행자인 경우 그 대표
자를 말한다, 제8호)에 해당하는 자는 1년 이하의 징역 또는 1천만원 이하의 벌금

에 처한다.

나. 쟁 점

주로 제7호 사유 중 조합원 또는 토지등소유자의 열람·복사 요청을 따르지 아니하는 경우가 문제된다.

⑴ 열람·복사 요청권

㈎ '감사'가 '조합원'의 지위를 함께 가지고 있는 경우 열람·복사 요청권 유무(긍정)

'조합원'이자 '감사'인 사람이 정비사업 관련 자료의 열람·복사를 요청한 경우, 조합임원은 의무조항에 따라 열람·복사를 허용할 의무를 부담하고, 이를 위반하여 열람·복사를 허용하지 않는 경우에는 도시정비법 제138조 제1항 제7호에 따라 형사처벌의 대상이 된다.[23] 그 논거는 다음과 같다.

① '감사'가 '조합원'의 지위를 함께 가지고 있다면 '조합원'으로서 열람·복사 요청을 할 수 있고, 어떤 조합원이 조합의 감사가 되었다는 사정만으로 조합원 또는 토지등소유자의 지위에서 가지는 권리를 상실한다고 볼 수는 없다.

② 감사인 조합원이 정보공개청구의 목적에 '감사업무'를 부기하였다고 하여 조합원의 지위에서 한 것이 아니라고 단정하기도 어렵다.

㈏ 현금청산대상자이나 현금청산이 이루지지 않은 경우(긍정)

분양신청을 하지 아니하였거나 분양신청기간 종료 이전에 분양신청을 철회한 토지등소유자는 분양신청기간 종료일 다음날 조합원의 지위를 상실하고, 현금청산대상자가 된다. 다만 현금청산이 이루어지지 전까지는 토지 등의 소유권을 상실하지 아니하는바, 그 경우 열람·복사 요청권이 있는지 여부가 문제된다.

판례는 현금청산대상자가 되었으나 아직 현금청산이 이루어지지 않아 토지등소유권을 보유하고 있다면 법 제138조 제1항 제7호의 토지등소유자에 해당한다고 보아야 하므로 정비사업 시행에 관한 서류와 관련 자료에 대한 열람·복사를 요청할 권한이 있다고 판시하고 있다.[24] 그 논거는 다음과 같다.

① 법 제2조 제9호는 토지등소유자에 대하여 '정비구역 안에 소재한 토지 또

---

23) 대법원 2021. 2. 10. 선고 2019도18700 판결.
24) 대법원 2012. 7. 26. 선고 2011도8267 판결.

는 건축물의 소유자 또는 그 지상권자'라고 정의하고 있는바, 법 제138조 제1항 제7호의 토지등소유자도 이와 같은 의미라고 보아야 한다.

② 법 제73조에 의하여 조합원 지위를 상실한 현금청산대상자라 하더라도 재개발조합과 협의하여 청산금을 지급받거나, 협의가 성립되지 않을 경우 토지보상법에 의한 수용절차를 거쳐 보상금을 지급받을 때까지는 조합의 운영상황, 자산 등의 현황 등에 관하여 이해관계를 여전히 가지고 있다.

(2) 열람·복사의 방법

사업시행자는 매 분기별로 '열람·복사의 방법'을 특정하여 통지하도록 규정되어 있으므로(법 제124조 제2항), 통지한 열람·복사의 방법의 따라야 하나, 사업시행자가 열람·복사의 방법을 특정하지 않은 경우에는 현장에서만 열람 및 복사할 것이 요구된다고 해석할 수 없으므로, 현장교부 외에도 통상의 방법인 우편, 팩스 또는 정보통신망 중 어느 하나의 방법을 이용하여 당사자의 열람·복사 요청에 응하여야 하고, 이에 응하지 않으면 제138조 제1항 제7호 위반죄에 해당함은 제11편 제5장 Ⅱ. "2. 추진위원장 또는 사업시행자 등의 의무"에서 자세히 살펴보았다(위 2016도13811 판결).

6. 양벌규정

법인의 대표자나 법인 또는 개인의 대리인, 사용인, 그 밖의 종업원이 그 법인 또는 개인의 업무에 관하여 제135조부터 제138조까지의 어느 하나에 해당하는 위반행위를 하면 그 행위자를 벌하는 외에 그 법인 또는 개인에게도 해당 조문의 벌금에 처한다. 다만, 법인 또는 개인이 그 위반행위를 방지하기 위하여 해당 업무에 관하여 상당한 주의와 감독을 게을리하지 아니한 경우에는 그러하지 아니하다(법 제139조).

7. 금품, 향응 수수 등과 관련한 특칙

가. 자수자에 대한 특례

법 제132조 각 호의 어느 하나를 위반하여 금품, 향응 또는 그 밖의 재산상 이익을 제공하거나 제공의사를 표시하거나 제공을 약속하는 행위를 하거나 제공을 받거나 제공의사 표시를 승낙한 자가 자수하였을 때에는 그 형벌을 감경 또는 면제한다(법 제141조).

나. 금품·향응 수수행위 등에 대한 신고포상금

시·도지사 또는 대도시의 시장은 제132조 각 호의 행위사실을 신고한 자에게 시·도조례로 정하는 바에 따라 포상금을 지급할 수 있다(법 제142조). 이와 관련하여 서울시 조례는 신고포상금의 지급한도액은 2억 원 이하로 하고(제91조 제1항), 시장은 법 제132조 각 호의 행위 사실을 시장 또는 수사기관에게 신고 또는 고발한 자에게 그 신고 또는 고발사건에 대해 기소유예, 선고유예·집행유예 또는 형의 선고 등이 확정되는 경우 신고포상금 심사위원회의 의결을 거쳐 포상금을 지급할 수 있다(제91조 제2항).

Ⅴ. 다른 법령의 형벌규정 적용

1. 일반 형법

가. 대표권 남용과 배임죄 성부

판례는 조합장이 조합의 용역비 부담 여부가 확실하지 않은 상황에서 조합 총회의 결의 없이 이사회 결의만으로 소송상 화해를 하여 조합에게 2억 5,000만 원의 확정채무를 부담하게 한 행위는 조합장으로서의 임무를 위배한 행위이고, 설령 조합장의 그와 같은 행위가 대표권 남용으로 법률상 무효라고 하더라도 배임죄를 인정하였다.[25]

나. 변호사 비용과 횡령죄

⑴ 문제의 소재

정비사업과 관련하여 다수의 민·형사, 행정사건이 제기된다. 이에 조합은 변호사를 선임하여 대응하게 되고, 변호사 선임료를 지불하게 된다. 그와 같이 지불된 변호사 비용과 관련하여 횡령죄가 문제된다.

---

25) 대법원 2019. 9. 25. 선고 2016도1306 판결 및 하급심인 인천지방법원 2016. 1. 5. 선고 2015노3171 판결.

(2) 판단

㈎ 법리

원칙적으로 단체의 비용으로 지출할 수 있는 변호사 선임료는 단체 자체가 소송당사자가 된 경우에 한하므로 단체의 대표자 개인이 당사자가 된 민·형사사건의 변호사 비용은 단체의 비용으로 지출할 수 없고, 예외적으로 분쟁에 대한 실질적인 이해관계는 단체에게 있으나 법적인 이유로 그 대표자의 지위에 있는 개인이 소송 기타 법적 절차의 당사자가 되었다거나 대표자로서 단체를 위해 적법하게 행한 직무행위 또는 대표자의 지위에 있음으로 말미암아 의무적으로 행한 행위 등과 관련하여 분쟁이 발생한 경우와 같이, 당해 법적 분쟁이 단체와 업무적인 관련이 깊고 당시의 제반 사정에 비추어 단체의 이익을 위하여 소송을 수행하거나 고소에 대응하여야 할 특별한 필요성이 있는 경우에 한하여 단체의 비용으로 변호사 선임료를 지출할 수 있다.[26]

㈏ 구체적 사안

판례는 조합장이 조합장 개인을 위하여 자신의 위법행위에 관한 형사사건의 변호인을 선임하는 것을 재건축조합의 업무라고 볼 수 없으므로, 그가 재건축조합의 자금으로 자신의 변호사 비용을 지출하였다면 이는 횡령에 해당하고, 위 형사사건의 변호사 선임료를 지출함에 있어 이사회 및 대의원회의 승인을 받았다 하여도 재건축조합의 업무집행과 무관한 조합장 개인의 형사사건을 위하여 변호사 선임료를 지출하는 것이 위법한 이상 위 승인은 내재적 한계를 벗어나는 것으로서 횡령죄의 성립에 영향을 미치지 아니한다고 판시하였다(위 2004도6280 판결).

2. 토지보상법 제95조의2 제2호 위반죄

토지보상법 제43조는 토지등소유자인 현금청산대상자나 세입자 등은 수용개시일까지 그 토지나 물건을 사업시행자에게 인도하거나 이전하여야 할 의무를 부과하고 있는바, 이를 위반한 경우 토지보상법 제95조의2 제2호는 1년 이하의 징역 또는 1천만 원 이하의 벌금에 처한다고 규정하고 있다.

제9편 제4장 제2절 Ⅵ. "4. 부동산 인도의무와 주거이전비 지급의무의 관계"에

---

26) 대법원 2006. 10. 26. 선고 2004도6280 판결.

서 본 바와 같이 종래에는 수용재결상의 토지나 건물의 손실보상금, 영업손실보상금이 수용개시일까지 지급되거나 공탁된 경우 현금청산대상자나 세입자 등은 이주정착금, 주거이전비 또는 이사비 등이 지급되지 아니한 경우에도 토지보상법 제43조에 의한 부동산 인도의무를 부담하므로, 수용개시일까지 이를 인도하지 아니한 경우에는 토지보상법 제95조의2 제2호 위반죄로 처벌되었다. 그러나 대법원 2021. 6. 30. 선고 2019다207813 판결 이후 사업시행자가 수용재결에서 정해진 토지나 지장물 등 보상금을 지급 또는 공탁하는 외에 주거이전비 등을 지급하여야 법 제81조 제1항 제2호의 토지보상법에 따른 손실보상이 완료된 것으로 보므로, 사업시행자가 수용재결에 따른 보상금을 지급하거나 공탁하고 토지보상법 제43조에 따라 부동산의 인도를 구하는 경우 현금청산대상자나 세입자 등은 법 제81조 제1항 제2호에 따라 주거이전비 등의 미지급을 이유로 부동산의 인도를 거절할 수 있다.

따라서 이러한 경우 현금청산대상자나 세입자가 수용개시일까지 수용대상 부동산을 인도하지 않았다고 하더라도 토지보상법 제95조의2 제2호 위반죄로 처벌해서는 아니 된다.[27]

---

27) 대법원 2021. 7. 29. 선고 2019도13010 판결.

제2장 과태료

I. 내 용

가. 현장조사 거부 등

법 제113조 제2항에 따른 점검반의 현장조사를 거부·기피 또는 방해한 자에게는 1천만 원의 과태료를 부과한다(법 제140조 제1항).

나. 전자조달시스템을 이용하지 아니한 계약체결 등

법 제29조 제2항을 위반하여 전자조달시스템을 이용하지 아니하고 계약을 체결한 자, 제78조 제5항 또는 제86조 제1항에 따른 통지를 게을리한 자, 제107조 제1항 및 제111조 제2항에 따른 보고 또는 자료의 제출을 게을리한 자, 제125조 제2항에 따른 관계 서류의 인계를 게을리한 자에게는 500만 원 이하의 과태료를 부과한다(법 제140조 제2항).

II. 부과절차 및 기준

과태료는 대통령령으로 정하는 방법 및 절차에 따라 국토교통부장관, 시·도지사, 시장, 군수 또는 구청장이 부과·징수한다. 구체적인 과태료 부과기준은 법 시행령 제99조 [별표 6]에서 자세히 규정하고 있다.

참고문헌

[단행본]

김남진·김연태, 「행정법 1, 2」, 제25판, 법문사, 2021.

김종보, 「건설법의 이해」, 제6판, 피데스, 2018.

서울행정법원 실무연구회, 「행정소송의 이론과 실무Ⅰ(도시정비 및 보건·의료)」, 사법발전재단, 2021.

_____, 「행정소송의 이론과 실무」, 개정판, 사법발전재단, 2013.

이우재, 「조해 도시 및 주거환경정비법(상, 하)」, 진원사, 2009.

하명호, 「행정법」, 제2판, 박영사, 2020.

[논문]

강문경, "재건축조합원이 신탁을 원인으로 한 소유권이전등기를 마친 후 제명되거나 탈퇴한 경우 재건축조합이 토지의 소유권을 취득하기 위하여 매도청구권을 행사하여야 하는지 여부", 「대법원 판례해설」 제97호, 법원도서관, 2014.

강민기, "토지보상법상 지연가산금의 산정에 관한 실무상 문제", 「재판자료」 제139집: 행정재판실무연구 Ⅵ, 법원도서관, 2020.

권영준, "재건축에 관한 의사결정", 「민사법학」 제45-1호, 한국사법행정학회, 2009. 6.

김경란, "도시 및 주거환경정비법(2005. 3. 18. 법률 제7392호로 개정되기 전의 것) 제65조 제2항에서 정하는 '사업시행자에게 무상으로 양도되는 국가 또는 지방자치단체 소유의 정비기반시설'의 의미", 「대법원 판례해설」 제78호, 법원도서관, 2008.

김도형, "구분소유의 성립을 위하여 집합건축물대장의 등록이나 구분건물의 표시에 관한 등기가 필요한지 여부", 「재판과 판례」 제24집, 대구판례연구회, 2015. 12.

김동국, "국가 또는 지방자치단체가 정비구역 안에 토지 또는 건축물을 소유한 경우, 정비사업조합설립과 정비사업추진에 관한 동의의 의사는 서면 등에 의하여 명시적으로 표시하여야 하는지 여부", 「대법원 판례해설」 제99호, 법원도서관, 2014.

_____, "구 서울특별시 도시 및 주거환경정비조례 제4조 제1항 제1호 (나)목에 규정된 정비구역 지정의 요건 중 하나인 주택접도율의 의미", 「대법원 판례

해설」 제97호, 법원도서관, 2014.

_____, "구 서울특별시 도시 및 주거환경 정비조례 제4조 제1항 제2호가 시행령의 위임범위를 일탈하여 무효인지 여부", 「대법원 판례해설」 제93호, 법원도서관, 2013.

김동석, "도시 및 주거환경정비법상 조합의 설립의 효력을 다투는 방법 등", 「건축관련판례 50선(대구판례연구회 300회 발표기념)」, 대구판례연구회, 2012.

김선희, "도시정비법상 추진위원회와 관련한 제반 법률문제", 「사법」 제23호, 사법발전재단, 2013.

김영하, "영업손실보상에 관한 연구", 「재판자료」 제139집: 행정재판실무연구 Ⅵ, 법원도서관, 2020.

김은유, "정비사업 조합 임원의 선임 및 해임에 따른 법률문제", 「사법」 제23호, 사법발전재단, 2013.

김재호, "주택재개발사업에서 분양계약 미체결자의 법적 지위 및 개선방안", 「토지공법연구」 제57집, 한국토지공법학회, 2012.

김종보, "재건축에서 상가의 관리처분", 「특별법연구」 15권, 사법발전재단, 2018.

_____, "조합원 분양계약의 위법성", 「사법」 제23호, 사법발전재단, 2013.

_____, "관리처분계획의 처분성과 그 공정력의 범위", 「행정판례연구」 제7집, 박영사, 2002.

김종수, "'사실상 도로'의 도시정비법상 정비기반시설 포함 여부", 「판례연구」 제23집, 부산판례연구회, 2012.

노경필, "이전고시에 관한 소고", 「사법」 제23호, 사법발전재단, 2013.

_____, "관리처분계획 총회결의 무효확인소송의 법적 취급", 「정의로운 사법: 이용훈대법원장재임기념」, 사법발전재단, 2011.

_____, "도시정비법상 재건축 · 재개발사업과 행정소송", 「사법」 제10호, 사법발전재단, 2009.

류헌종, "도시 및 주거환경정비법상 정비사업전문관리업자 임 · 직원의 공무원 의제시기 등", 「대법원 판례해설」 제78호, 법원도서관, 2008.

문형배, "재개발사업 사업시행인가처분의 취소사유", 「판례연구」 23집, 부산판례연구회, 2012.

민성철, "사실상의 사도의 의미와 인정기준", 「대법원 판례해설」 제95호, 법원도서관, 2013.

민철기, "해당 조합에 대한 설립인가처분이 무효인 경우 도시 및 주거환경정비법상 '조합임원'이 구성요건상 주체로 되어 있는 금지 규정을 위반한 범죄가 성립되는지 여부", 「대법원 판례해설」 제100호, 법원도서관, 2014.

박설아, "재건축조합 임원의 인센티브에 관한 총회결의와 신의칙", 「판례해설」 제 125호, 법원도서관, 2021.

박주봉, "개발사업에 대한 공적 주체의 책임과 기부채납 부관의 한계", 「토지공법연구」 86집, 한국토지공법학회, 2019.

박찬석, "도시정비법상 주민대표회의의 법적 성질 및 주민대표회의가 개최한 주민총회 결의의 효력", 「대법원 판례해설」 제107호, 법원도서관, 2016.

박철홍, "관리단집회의 의사·의결정족수 산정에 관한 실무상 제문제", 「사법논집」 제66집, 법원도서관, 2018.

박혜영, "주택재개발사업의 현금청산절차에 관한 고찰", 「재판자료」 제132집: 행정재판실무연구 V, 법원도서관, 2016.

반병동, "임용결격사유로 인하여 임용이 당연무효인 공무원이 뇌물을 수수한 경우 뇌물죄가 성립되는지 여부", 「판례연구」 제27집, 부산판례연구회, 2016.

성중탁, "조합설립인가처분 무효를 둘러싼 몇 가지 법적 쟁점", 「행정판례연구」 제18-2집, 박영사, 2014.

_____, "주택재개발사업과 주택재건축사업의 법적쟁점 비교 고찰", 「인권과 정의」 제433호, 대한변호사협회, 2013.

손우태, "재개발·재건축조합의 운영상 문제점과 그 개선방안", 「외법논집」 제32집, 한국외국어대학교 법학연구소, 2008.

송미경, "주택재개발사업에 있어 체비지예정지 매도계약, 환지예정지 지정처분 및 관리처분계획과 이전고시의 효력", 「대법원 판례해설」 제123호, 법원도서관, 2020.

예혁준, "재결실효 후 토지소유자와 사업시행자가 보상협의절차를 다시 하기로 합의한 데 따라 협의가 진행된 기간 동안 재결신청 지연가산금이 발생하는지 여부", 「대법원 판례해설」 제111호, 법원도서관, 2017.

유상호, "도시환경정비사업의 시행자인 토지등소유자에 관한 조세법적 문제", 「재판자료」 제121집: 조세법 실무연구 II, 법원도서관, 2010.

윤 민, "범죄성립의 전제가 되는 행정처분과 형사책임", 「사법논집」 제62집, 법원도서관, 2017.

_____, "도시 및 주거환경정비법상 조합의 설립인가처분이 무효인 경우 조합임원의 형사책임", 「재판과 판례」 제24집, 대구판례연구회, 2015.

이강원, "공무원임용결격사유와 당연퇴직", 「행정소송실무연구」 제2권, 서울고등법원, 2002.

이광훈, "도시 및 주거환경정비법상 조합임원에 대한 공무원 개념의 확장", 「법률신문」 제4503호, 법률신문사, 2017.

이남균, "구 도시 및 주거환경정비법 제65조 제2항의 법적 성질과 이를 위반한 정산금 부과처분의 효력 및 그에 대한 구제방법", 「박병대 대법관 재임기념 문집」, 사법발전재단, 2017.

이도행, "주택재개발사업에서의 주거이전비, 이사비 및 이주정착금과 관련된 실무상 문제점", 「재판자료」 제139집, 법원도서관, 2020.

이병희, "관리처분계획 변경인가가 있는 경우 종전 관리처분계획에서 정한 내용이 소급적으로 효력을 상실하는지 여부", 「대법원 판례해설」 제107호, 법원도서관, 2016.

이상덕, "보상금증감소송의 소송물이론과 보상항목 유용 법리에 관한 고찰", 「사법」 제49호, 사법발전재단, 2019.

이상오, "재개발조합 설립에 필요한 토지등소유자의 동의율 산정의 기준시기", 「대법원 판례해설」 제99호, 법원도서관, 2014.

이상훈, "대형마트에 대한 영업시간 제한 및 의무휴업일 지정 처분의 위법 여부", 「대법원 판례해설」 제105호, 법원도서관, 2015.

이승훈, "도시정비사건에서 선행처분과 후행처분의 관계", 「사법논집」 제61집, 법원도서관, 2016.

_____, "조합설립추진위원회 설립승인 무효확인", 「행정판례연구」 제19－2집, 박영사, 2015.

이영동, "재개발・재건축조합의 설립과 설립무효", 「사법논집」 제49집, 법원도서관, 2009.

이완희, "도시 및 주거환경정비법상 이전고시가 효력을 발생한 이후에도 조합원 등이 관리처분계획의 취소 또는 무효확인을 구할 법률상 이익이 있는지 여부", 「대법원 판례해설」 제91호, 법원도서관, 2012.

이은기, "관리처분계획 등 도시정비사업 관련 분쟁의 소송방식에 관한 일고", 「행정법연구」 제33호, 행정법이론실무학회, 2012.

이종채, "주택재개발사업구역 내의 토지 또는 건축물을 수인이 공유하는 경우 그 공유자들이 각자 주택재개발정비사업조합의 단독 조합원 지위에 있는지 여부", 「이인복 대법관 퇴임기념 논문집」, 사법발전재단, 2016.

이현수, "공법상 당사자소송의 연원과 발전방향", 「일감법학」 제32호, 건국대학교 법학연구소, 2015.

임성훈, "주택재건축사업에서 이전고시에 의한 기존 권리제한 소멸, 기존 권리제한 등기 말소와 청산금 지급의 동시이행관계 및 청산금에 대한 이자발생 시기", 「대법원 판례해설」 제117호, 법원도서관, 2019.

임성희, "노후불량건축물 사건", 「양승태 대법원장 재임 3년 주요 판례 평석」, 사법발전재단, 2015.

장한홍, "무허가건축물과 손실보상", 「재판자료」 제132집: 행정재판실무연구 V, 법원도서관, 2016.

정　원, "근저당권 말소시키지 못한 토지 등 소유자에 대한 동시이행항변권 행사 범위", 「법률신문」 제4374호, 법률신문사, 2015.

정기상, "주택재개발사업에 있어 현금청산대상자의 확정과 법적 지위", 「사법」 제21호, 사법발전재단, 2012.

조민석, "토지 등 소유자들이 직접 시행하는 도시환경정비사업에서 사업시행인가처분의 법적 성격", 「대법원 판례해설」 제95호, 법원도서관, 2013.

한경환, "국가·지방자치단체의 조합설립에 관한 동의 의사표시의 방법", 「김신 대법관 재임기념논문집」, 사법발전재단, 2018.

한석종, "도시환경정비사업에서 신탁부동산의 '토지 등 소유자'", 「행정판례 평석 1」, 화우 정부관계·법제팀, 2017.

함인선, "도시정비법상의 주택재개발조합의 법적 지위", 「사법」 제17호, 사법발전재단, 2011.

허성욱, "재건축정비사업 이전고시 효력발생과 관리처분계획 무효확인청구소송의 소익", 「행정판례연구」 제18-2집, 박영사, 2014.

홍득관, "토지소유자가 농업손실보상을 받기 위하여 재결신청의 청구를 하였으나 사업시행자가 이를 거부한 경우 그 거부행위의 처분성 인정 여부 및 재결신청의 청구기간", 「대법원 판례해설」 제121호, 법원도서관, 2020.

홍승면, "위임인의 임의해지권 포기 약정의 효력 및 법인 대표기관의 불법행위책임 성립요건", 「판례공보스터디 민사판례해설」 2019. 7. 1.자 공보~2020. 6. 15.자 공보 22 내지 25쪽, 서울고등법원 판례공보스터디, 2020.

황태윤, "재개발·재건축조합 설립절차와 정비사업조합법인의 법적성질에 대한 연구", 「법학논집」 제19권 제2호, 이화여자대학교 법학연구소, 2014.

판례색인

■ 대법원

■ 헌법재판소

■ 하급심

사항색인

ㅋ

저자 약력

안종화(安鍾和)

>>> **학력**

1985. 대구 계성고등학교 졸업

1992. 고려대학교 법과대학 법학과 졸업

1995. 고려대학교 대학원 법학과 수료(행정법 전공)

2010 U.C. Berkeley Visiting Scholar

>>> **경력**

1997 제39회 사법시험합격

2000 사법연수원 수료(제29기)

2000. 2. ~ 2002. 2. 수원지방법원 예비판사

2002. 2. ~ 2004. 2. 서울지방법원 판사(민사합의부, 건설 전담)

2004. 2. ~ 2007. 2. 창원지방법원 통영지원 판사

2007. 2. ~ 2009. 2. 서울중앙지방법원 판사

2009. 2. ~ 2012. 2. 서울가정법원 판사

2012. 2. ~ 2013. 2. 서울고등법원 판사

2013. 2. ~ 2014. 2. 서울고등법원 판사(행정부, 공정거래 및 노동 전담)

2014. 2. ~ 2015. 2. 서울남부지방법원 판사

2015. 2. ~ 2017. 2. 춘천지방법원 부장판사

　　　　　　　　　　강원 홍천군 선거관리위원회 위원장

2017. 2. ~ 2019. 2. 의정부지방법원 부장판사(행정합의부 재판장)

　　　　　　　　　　동두천시 선거관리위원회 위원장(2018)

2019. 2. ~ 현재　　　서울행정법원 부장판사(합의부 재판장, 도시정비 및 토지수용

　　　　　　　　　　전담)